U0914635

# 2014

# 广西调查年鉴

# GUANGXI SURVEY YEARBOOK

国家统计局广西调查总队 编
Compiled by Survey Office of the National Bureau of Statistics in Guangxi

中国统计出版社
China Statistics Press

©中国统计出版社　2014
版权所有。未经许可，本书的任何部分不得以任何方式在世界任何地区以任何文字翻印、拷贝、仿制或转载。
© 2013 China Statistics Press
All rights reserved. No part of the publication may be reproduced or transmitted in any form or by any means, electronic or mechanical, including photocopying, recording, or any information storage and retrieval system, without written permission from the publisher.

图书在版编目（CIP）数据

广西调查年鉴. 2014：汉英对照/ 国家统计局广西调查总队编. —北京：中国统计出版社，2014.9

ISBN 978-7-5037-7305-1

Ⅰ. ①广…　Ⅱ. ①国…　Ⅲ. ①统计资料—广西—2014—年鉴—汉、英　Ⅳ. ①C832.67-54

中国版本图书馆CIP数据核字（2014）第219324号

# 广西调查年鉴—2014

作　　者/ 国家统计局广西调查总队
责任编辑/ 佘竞雄　施先文　周　旻
封面设计/ 黄小纯
出版发行/ 中国统计出版社
地　　址/ 北京市丰台区西三环南路甲6号　邮政编码/100073
电　　话/ 邮购（010）63376909　书店（010）68783171
网　　址/ http://csp.stats.gov.cn
印　　刷/ 广西民族印刷包装集团有限公司
经　　销/ 新华书店
开　　本/ 890mm×1240mm　1/16
字　　数/ 1050千字
印　　张/ 37
版　　别/ 2014年9月第1版
版　　次/ 2014年9月第1次印刷
定　　价/ 300.00元

如有印装差错，由本社发行部调换。

# 《广西调查年鉴—2014》

## 编委会和编辑工作人员

### 编　委　会


**名誉主任：** 张晓钦

**特邀顾问：** 杨和荣　黄卫东　石日灿　李振杰　李芳源　郑文临　梁杰才　唐　旭

**主　　任：** 邹伟忠

**副 主 任：** 何永东　梁开光　李建茂　杨锡虹

**编　　委：** 邱洪刚　施先文　陈代新　张学宁　林卯来　黄茂平　谢　胜　杜雪勇　孔　杰　莫　林　苏小玲　彭金娥　郝　渭　伍永军　梁　涛　陆奉昌　郑健琳　孙宝华

**主　　编：** 邹伟忠

**副 主 编：** 何永东　梁开光　李建茂　杨锡虹　邱洪刚　施先文


### 编辑工作人员


**责任编辑：** 佘竞雄　施先文　周　旻

**执行编辑：** 文　著　邓维乐

**编辑人员：** （以姓氏笔画为序）

李小雯　许景玲　刘　成　劳　青　吴福海　陈　钧　陆　海　黄岚兰　龚建峰　蒋宏杰

**统计制图：** 吴福海

**英文翻译：** 吴福海

# GUANGXI SURVEY YEARBOOK-2014

## EDITORIAL BOARD AND STAFF


**Editorial Board**

Honorary Director:Zhang Xiaoqin

Special Adviser:Yang Herong Huang Weidong Shi Rican Li Zhenjie Li Fangyuan Zheng Wenlin Liang Jiecai Tang Xu

Chairman:Zou Weizhong

Vice-chairmen:He Yongdong Liang Kaiguang Li Jianmao Yang Xihong

Editorial Board: Qiu Honggang Shi Xianwen Chen Daixin Zhang Xuening Lin Maolai Huang Maoping Xie Sheng Du Xueyong Kong Jie Mo Lin Su Xiaoling Peng Jine Hao Wei Wu Yongjun Liang Tao Liu Fengchang Zheng Jianlin Sun Baohua

Chief-Editor:Zou Weizhong

Deputy Chief-Editor: He Yongdong Liang Kaiguang Li Jianmao Yang Xihong Qiu Honggang Shi Xianwen

**Editorial Staff**

Responsible Editor: She Jingxiong Shi Xianwen Zhou Min

Executive Editor: Wen Zhu Deng Weile

Editorial Staff: (in order of strokes of Chines surname)

Li Xiaowen Xu Jingling Li Jinxian Lao Qing

Wu Fuhai Chen Jun Lu Hai Huang Lanlan

Gong Jianfeng Jiang Hongjie

Statistical Mapping: Wu Fuhai

English Proofreader and Preface Translator:Wu Fuhai

# 编 者 说 明

一、《广西调查年鉴-2014》是国家统计局广西调查总队编辑出版的大型资料性年刊，本年鉴收录了2009—2013年全自治区农村、城市和企业等方面的各项统计调查数据，以及全国重要年份和中国及世界部分国家和地区主要社会经济指标。

二、全书内容分为5个篇章，即：1.综合；2.人民生活；3.价格调查；4.农业农村；5.企业调查；附录一.全国及各省市区主要统计调查指标；附录二. 中国及世界部分国家和地区主要社会经济指标。为方便读者使用，主要篇章末附有《主要统计指标解释》。

三、资料中所使用的度量衡单位均采用国际统一标准计量单位。

四、本年鉴总量指标计算所采用的价格均为现行价格。

五、本年鉴部分数据合计数或相对数由于单位取舍不同产生的计算误差均未作机械调整。

六、本年鉴中中国及世界部分国家和地区统计资料由国家统计局国际统计信息中心提供，广西调查总队进行编辑。（注：中国数据除国土面积外，均未包括中国台湾省、香港特别行政区和澳门特别行政区。）

七、资料中部分药品、化学. 矿产品名称采用中文汉语拼音拼写。

八、符号使用说明：

“…”表示数据不足本表最小计量单位数；

“#”表示其中的主要项；

“—”表示没有、不详或未掌握该项数据；

“①”表示本表下有注解。

九、在本年鉴的编辑过程中，得到了许多单位和同志的大力支持，在此我们深表谢意。限于我们的水平，年鉴中的错误和不足之处在所难免，恳请广大读者给予批评指正。

# Editor's Explanatory Notes

Ⅰ. Guangxi Survey Yearbook-2013 is an annual statistics survey publication Survey Office of the National Bureau of Statistics in Guangxi was founded. The Yearbook has various statistical survey data about agriculture, city and enterprises as Main Social and Economic Indicators of China and Other Countries/Areas.

Ⅱ. The yearbook contains the following five chapters: 1.General Survey; 2. People's Livelihood; 3. Price Survey; 4. Agriculture and Rural Areas 5. Enterprises Survey; Appendix I. Main Statistical Survey Indicators by Province, Municipality and Autonomous Region; Appendix II. Main Social and Economic Indicators of China and Other Countries/Areas. Main Chapters are Equipped with Explanatory Notes of Main Statistical Indicators at the end.

Ⅲ. The units of measurement used in this yearbook are internationally standard measurement units.

Ⅳ. The computation of all the gross indicators in the Yearbook is equipped with current prices.

Ⅴ. The data about Ili Kazak Autonomous Prefecture in the present Xinjiang Survey Yearbook covers counties (cities) direct under Ili Prefecture, Tacheng Prefecture and Altay Prefecture.

Ⅵ. The Yearbook in China and Other Countries/Areas Countries statistics from the National Bureau of Statistics International Statistical Information Center, Guangxi Survey Organization for editing. (Note: All data of China do not cover Taiwan Province, Hong Kong SAR and Macao SAR except data for the surface area.)

Ⅶ. Some of the materia medica, chemistry, mining product is adopted by Chinese spelling translation.

Ⅷ. Description of signs or symbols in the yearbook:

"…" for data with insufficient decimal place;

"#"stands for interim item;

"-" for absence of data indicators or ignorance of them;

"①"indicates footnotes at the end of the table.

Ⅸ. During the editions of this yearbook, we have won wide support from many departments and comrades, and we deeply thanks for this all. Based on our limited level, perhaps there are some mistakes in the book, we welcome all candid comments and criticism from our readers.

2013年7月10日上午，国家统计局局长马建堂（左三）在总队领导班子成员陪同下到国家统计数据灾备中心建设现场视察工作

2013年11月20日，自治区党委书记、自治区人大主任彭清华（前排左一）到田阳调研农民工工作，总队长邹伟忠（后排中）陪同

2013年7月3日，总队长邹伟忠（左二）在北京开会期间向国家统计局副局长谢鸿光（右一）汇报上半年工作等情况

2014年1月10日上午，国家统计局副局长李强（左一）在总队长邹伟忠（左二）、副总队长杨锡虹（前右一）陪同下，在南宁市兴宁区民生街道办现场检查三经普入户登记工作

2014年1月10日下午，国家统计局副局长李强（前排左二）在时任自治区政府副秘书长李杰云的陪同下（右三）视察国家统计数据灾备中心建设现场（南宁）

# 国家统计局广西调查总队

2013年9月4日，总队长邹伟忠（左四）、副总队长杨锡虹（右二）参加东盟博览会指导参会人士满意度现场调查并与调查员合影留念

2013年，在国家统计局的正确领导下，在广西各级党委、政府的关心支持下，广西调查队系统以党的十八大和十八届三中全会精神为指导，以深化调查业务改革为主题，紧紧围绕国家统计局的工作部署，积极践行统计核心价值观，调查能力、服务水平、数据质量不断提升，圆满完成了各项工作任务，推进调查事业跃上了新台阶。

2013年8月8日，副总队长何永东（右二）到藤县深入调查户家中，与记账户亲切交谈了解住户记账情况

## 调查业务改革稳步推进。

按照国家统计局关于住户一体化、粮食大县调查和农村贫困监测（以下简称三项业务改革）有关文件精神和工作要求，总队加强组织领导，加大培训、调研、审

2013年8月6日，总队纪检组长李建茂（左三）到扶绥县检查指导批零住餐调查工作

控制体系。出台了一套表直报平台下数据质量控制办法，建立了统一规范的审核流程。

核、评估力度，统筹协调，扎实工作，较好地推进了三项业务改革工作的纵深开展。

**一是三项业务改革取得阶段性成果。**工作机制运转基本正常。较好地发挥了牵头作用，出台了一系列管理制度，保证了三项业务改革的顺利开展。基础工作进一步夯实。采取多种方式开展培训，提升了基层调查人员的业务技能。制定了从数据采集、录入、审核、上报以及资料存档等各环节的规范操作流程，规范了基层数据生产上报的全过程。严格执行国家方案，加强审核，确保源头数据质量。数据上报顺利完成。全年顺利完成了三项业务的各项报表任务，基本实现了新旧网点数据衔接、新老口径数据平稳过渡。

**二是"三小微"企业调查扎实开展。**网络直报进一步完善。小微商业个体户调查顺利纳入国家一套表报送平台。服务业小微企业调查通过国家一套表报送平台上报综合报表，为2014年实施联网直报积累了经验。积极开展规下工业联网直报摸底工作，为纳入一套表报送平台打好基础。工作流程进一步规范。从数据质量检查细致化等五个方面入手，夯实小微企业调查基础。初步建立直报环境下数据质量

## 国家调查任务圆满完成。

围绕数据质量，狠抓基础工作。完善业务规范化方案，推进全系统业务工作的进一步规范。各专业采取多种方式，强化对一线调查员的业务技能培训。加强样本维护和管理，保证样本代表性。认真执行数据质量控制办法，数据生产全过程实现规范操作。注重信息技术在调查业务中的应用，减轻了基层队的负担。

加强统筹管理，圆满完成国家任务。全年顺利完成一体化住户调查、粮食产量、贫困监测、居民消费价格指数（CPI）、工业生产者出厂价格指数（PPI）、商品零售价格、低收入居民基本生活费用价格、农业生产资料价格、房地产价格、固定资产投资价格、农户固定资产投资、农民工监测、农作物播种面积、农作物产量、农产品生产者价格、主要农产品中间消耗、农产品集贸市场价格、退耕还林、采购经理、主要畜禽、生猪调出大县等21项国家常规调查任务和多项国家专项调查任务。

## 法制工作走向常态化。

积极开展普法宣传教育。以《统计法》颁布

2013年11月1日，总队长邹伟忠（右三）前往都安调查队，深入了解基层队"业务改革深化年"工作开展情况。图为邹伟忠一行检查都安队农产量样本存放区

2014年1月20日，总队在南宁召开2014年全区调查工作会议

30周年为契机，结合统计开放日和法制宣传日，发放《统计法》读本，开展《统计法》及《全国经济普查条例》知识竞赛等一系列法制宣传和教育活动，使社会各界加深对统计法的了解，营造良好的依法调查氛围。严肃查处统计违法案件。全年对658个单位开展统计执法检查，发现统计违法行为82起，立案查处65起，结案62起。有18个县级队开展了统计执法检查，积累了县级队统计执法工作的宝贵经验。规范调查项目的审批管理。严格按照国家统计局调查项目审批管理要求，完成广西县级粮食产量抽样调查等5个地方调查项目申请，并顺利通过国家统计局审批。完成基层队多个地方调查项目的审批，保障基层队依法高效开展统计调查活动。

2014年2月27日下午，总队领导到田阳县那满镇内江村调研农业产业发展情况

## 优质服务能力持续提高。

**一是做好经济分析和信息上报工作。**全年共编发《调查信息》514篇，《调查报告》146篇，其中“中办”、“国办”采用13篇次，国家领导批示4篇次，国家统计局采用36篇次，自治区党委、政府共采用179篇次，自治区党委、政府领导批示共11篇次。信息采用在党委系统名列4位，在政府系统名列第7名。自治区党委书记、自治区人大常委会主任彭清华对广西调查总队与广西区党委政研室、人社厅联合课题组撰写的《田阳县农民工调查报告》以及总队撰写的《2012年广西农村党员教育培训情况调查报告》、《当前各地“清洁乡村”活动存在的问题》等调研报告信息作出批示。自治区党委常委、自治区政府副主席林念修分别对总队研究课题《广西CPI波动规律及对策研究》和《2013年广西投资环境调查报告》作出批示；自治区政府副主席陈章良、黄日波分别对上半年和第三季度农民收入调查信息作出批示。自治区政府办公厅根据林念修副主席的批示精神，将《2013年广西投资环境调查报告》印发自治区区直45个部门及各市党政主要领导，引起了有关部门、地市县党政部门领导对改善投资环境的高度重视。

**队伍建设进一步加强。**

**一是贯彻落实中央“八项规定”。**制定了《广西调查总队党组关于进一步改进工作作风的若干规定》，修订了新的公务接待、会议管理、公务车辆和公务活动管理制度。据统计，截至去年底，总队各类发文数量同比下降了13.6%，各类会议数量同比下降了50%，接待经费明显减少。

**二是扎实开展党的群众路线教育实践活动。**紧紧围绕保持和发展党的先进性和纯洁性，以为民、务实、清廉为主要内容，按照“照镜子、正衣冠、洗洗澡、治治病”的要求，扎实开展教育实践活动。面向全系统42个市县级调查队、17个机关处室、系统外23个单位征求意见，召开征求意见座谈会12次，发放“问计于民”问卷调查表430份，开展面对面听取意见70余次，共收集到意见和建议500多条。总队领导带头梳理问题、带头“认领”意见，主动“对号入座”，切实将“四风”问题查摆清楚。并召开专题民主生活会，总队党组成员之间开展了坦诚的批评和自我批评，真正达到了“红红脸、出出汗、加加油、鼓鼓劲”的目的。坚持边学边改、边查边改、边整边改，共提出七个方面的整改方向和45条整改措施。积极推进建章立制，提出整改路线图、任务书和时间表，并公示了整改方案。

2014年2月28日，总队按照有关文件要求组织干部到总队扶贫联系点百色右江区石平村开展“大种树、优生态、惠民生”主题活动

**二是积极开展课题研究。**立项开展了《广西城镇化发展影响因素研究》等3个经济类课题和《食品采集方法研究》等2个方法制度类课题研究；参加了自治区党委书记彭清华组织的《田阳农民工调查》课题研究；参加了自治区党委常委、自治区政府副主席林念修组织的《广西CPI波动规律及对策研究》课题研究。

**三是积极承接地方的委托调查。**在完成国家调查任务的同时，先后完成党风廉政建设等多个地方调查项目，市县队也积极服务地方，赢得了各级党委、政府的好评。

**四是稳妥推进新闻宣传工作。**印发新闻宣传工作规范和考核办法，规范全系统新闻宣传行为。局队联合新闻发布工作如期完成。多种形式开展第四届“中国统计开放日”系列活动。南宁队邀请媒体记者现场了解住户调查记账工作，向社会解读调查数据；梧州队、马山队邀请部分调查对象及辅助调查员现身说法宣传住户调查工作。

**五是积极服务调查对象。**编印《广西扶持服务业及小微企业政策资料汇编》送给调查企业，做好政策信息传递服务；采购经理调查等项目搜集整理可以公开的信息发给企业共享，使企业得以共享调查结果，更好地指导生产经营；按季度向调查户反馈记账数据，方便调查户理财。

2014年3月17-20日，总队在南宁举办广西调查队系统学习贯彻习近平总书记系列讲话精神培训班

2014年3月19日，副总队长杨锡虹（右二）陪同国家局数管中心领导检查柳州市三经普个体抽样调查试点工作

**三是强化党风政廉政建设。**强化廉政意识教育和培训工作。组织党员干部观看《狠刹浪费之风》等多部廉政教育影片，组织市级调查队新任纪检组长参加自治区纪委举办的纪检监察干部业务学习班。坚持任职廉政谈话制度和廉政责任承诺书制度。发挥纪检监察部门的监督职能，参与内部审计工作。贯彻国家统计局党组纪检组文件精神，在全系统开展会员卡清退工作。

**四是加强干部培养和选拔。**调整充实总队机关处级领导干部力量，提拔1名正处级领导干部，2名正处级非领导干部，6名副处级领导干部。进一步配齐配强市县队领导班子，加强纪检监察队伍建设，目前共有9个市级队配备了纪检组长。充实基层一线调查力量，全年招录31人、选调10人全部充实到市县级调查队。拓宽干部培训渠道，提高干部素质。一年来，先后组织120多名干部参加国家统计局的各类培训班，安排多名干部参加地方组织的干部培训班，举办系统处级领导干部学习贯彻党的十八大精神集中培训班，与广西师范大学合作开办第二期应用统计专业在职研究生班，选派2名干部到地方挂职锻炼，选派总队机关2名干部到国家统计局跟班学习，从市县队抽调5人到总队跟班学习等。

**五是推进调查文化建设。**积极推进统计核心价值观教育，增强干部的“两个意识”。为希望工程捐赠科普读书20套，资助贫困大学生圆梦。成功举办总队机关第四届职工运动会和广西调查队系统第六届职工运动会，推动调查队系统文化建设和精神文明建设。各市县队也开展了形式多样的活动，丰富职工文化生活。

## 保障能力进一步提高。

**一是加强机关管理。**强化督查督办，确保政令畅通和重要工作落到实处。规范执行制度，确保按制度办文、办会和办事。加强政务信息，促进工作交流，全年获得国家统计局内网首页采用195篇，比上年增加48.9%。推进档案室上等级建设，全系统有11个市县队成功创建等级档案室。

**二是增强财务保障。**多渠道筹措资金，缓解调查经费不足，保障调查工作正常开展。加强预算管理，使有限的资金发挥最大的效能。加强内部审计，确保经费使用合法合规。多方筹措资金有效改善南宁、桂林、北海等基层队办公条件。

**三是提高信息技术保障水平。**积极筹措信息化建设资金，争取自治区人民政府安排经费支持总队信息化建设。配置了上网行为管理系统和流量控制系统，改善了视频会议系统。初步完成了总队内网改版。编制了近期信息化建设的具体方案。

**四是“三中心一基地”建设如期推进。**广西遥感技术统计调查监测基地项目主楼主体顺利封顶。国家统计联网直报异地安全备份子系统项目已经国家发展改革委批复同意立项，国家统计局下发文件确定项目落户南宁。

2014年4月21日，副总队长梁开光（左一）到邕宁县督查三经普个体抽样调查工作

城镇居民家庭人均可支配收入（元）

Per Capita Disposal Income of Urban Households (RMB)

农村居民家庭人均纯收入（元）

Per Capita Net Income of Rural Households (RMB)

城镇居民家庭人均消费支出（元）

Per Capita Consumer Expenditure of Urban Households (RMB)

农村居民家庭人均生活消费支出（元）

Per Capita Living Expenditure of Rural Households (RMB)

## 城镇居民家庭人均住房面积（平方米）

Per Capita Floor Space of Urban Households (sq.m)

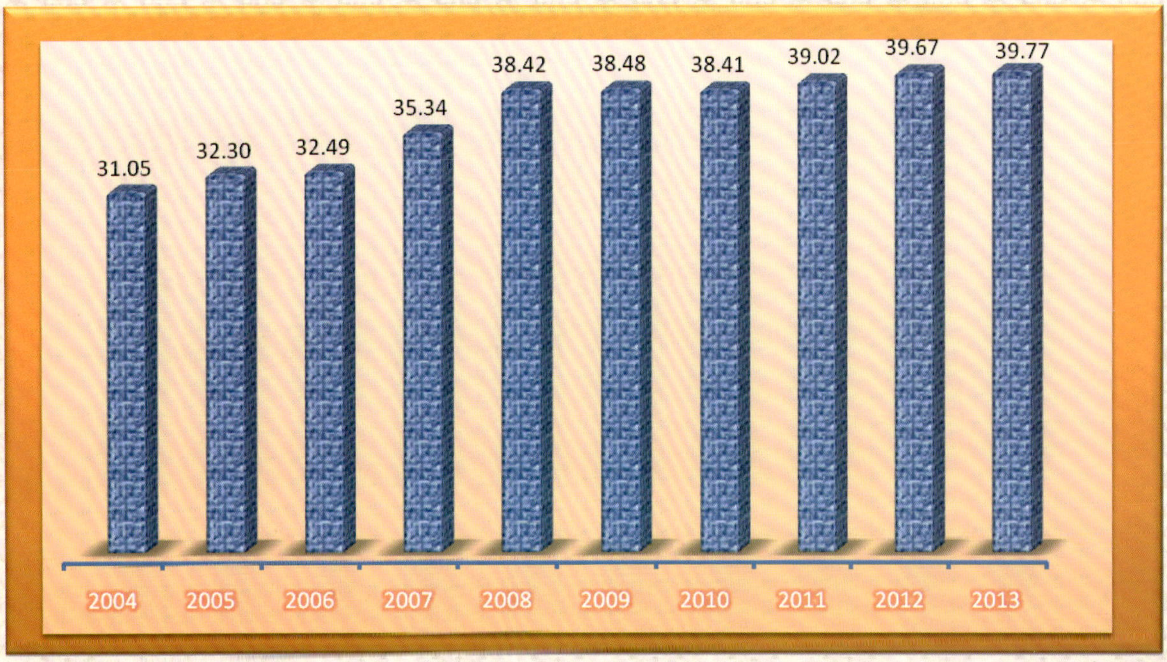


## 农村居民家庭人均住房面积（平方米）

Per Capita Floor Space of Rural Households (sq.m)

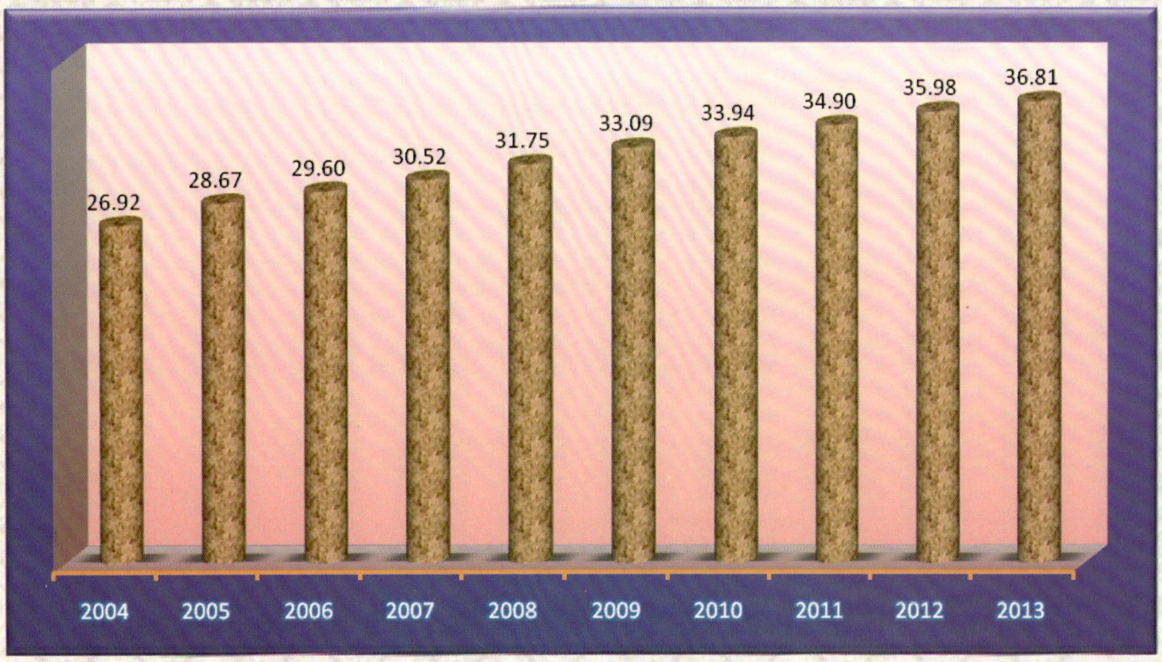

## 全区居民消费价格指数（上年=100）

Consumer Price Indices of Households (Preceding Year=100)

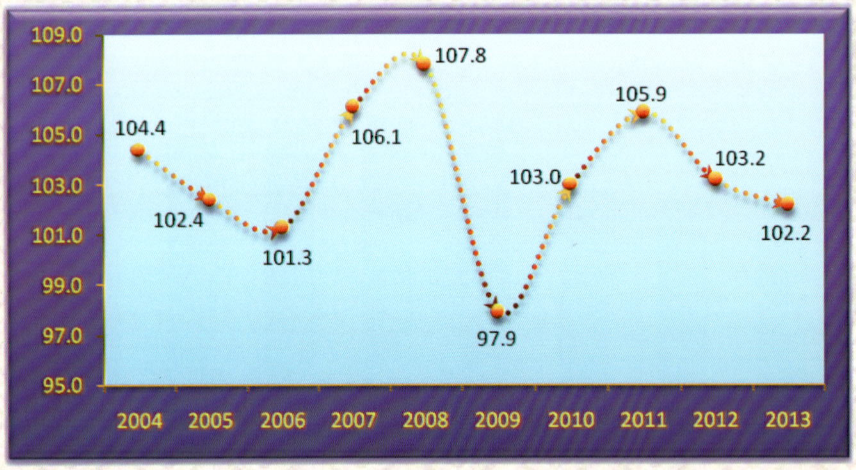


## 城市居民消费价格指数（上年=100）

Consumer Price Indices of Urban Households (Preceding Year=100)

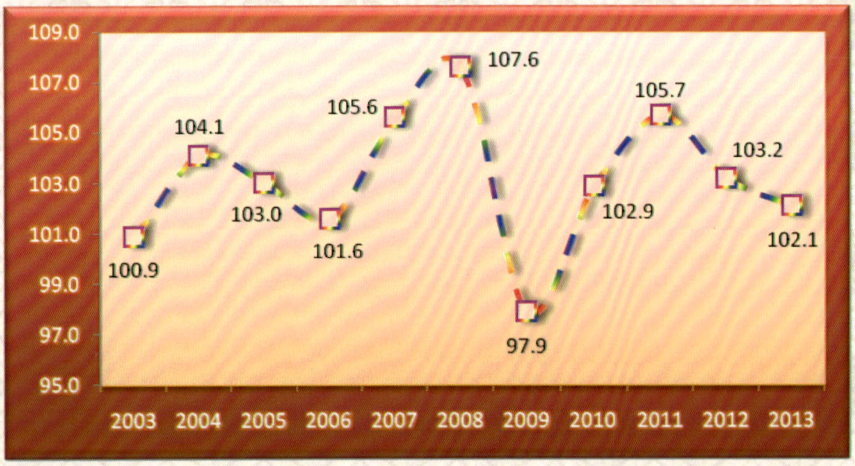


## 农村居民消费价格指数（上年=100）

Consumer Price Indices of Rural Households (Preceding Year=100)

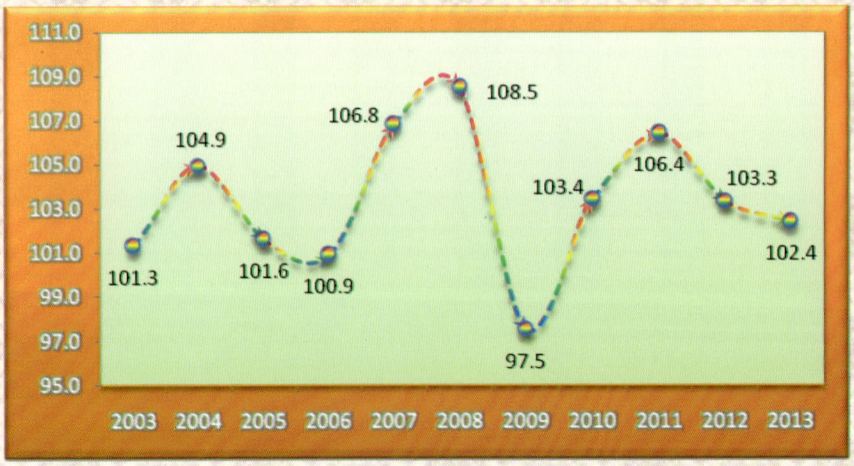

## 全区商品零售价格指数（上年=100）

Retail Price Indices of Province (Preceding Year=100)

## 城市商品零售价格指数（上年=100）

Retail Price Indices of Urban Households (Preceding Year=100)

## 农村商品零售价格指数（上年=100）

Retail Price Indices of RuralHouseholds (Preceding Year=100)

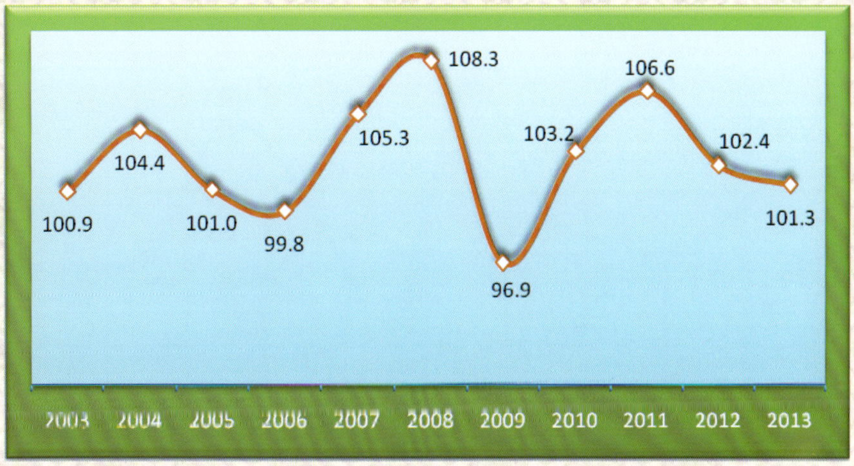

**工业产品出厂价格指数（上年=100）**

Ex-Factory Price Indices of Industrial Products (Preceding Year=100)

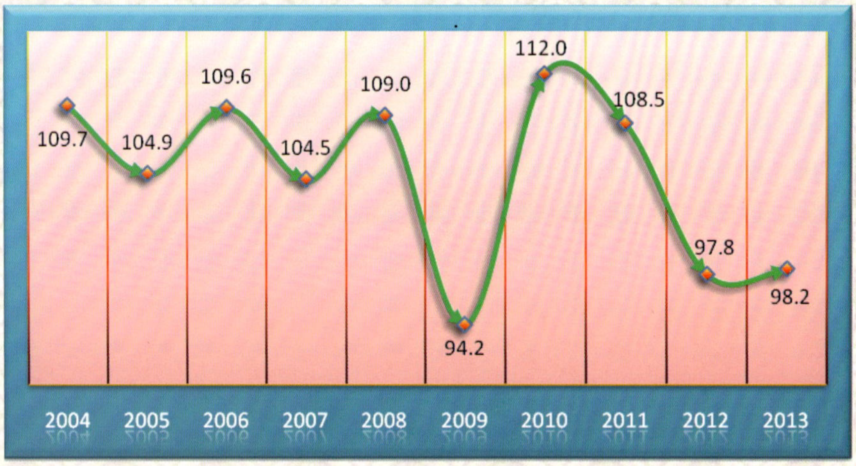


**原材料、燃料、动力购进价格指数（上年=100）**

Indices of Purchasing Prices of Raw Materials, Fuels and Power (Preceding Year=100)

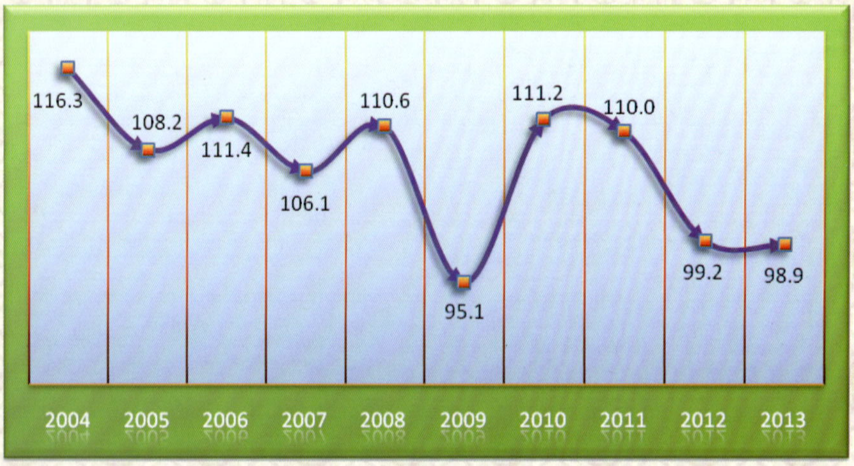


**固定资产投资价格指数（上年=100）**

Price Indices of Investment in Fixed Asset (Preceding Year=100)

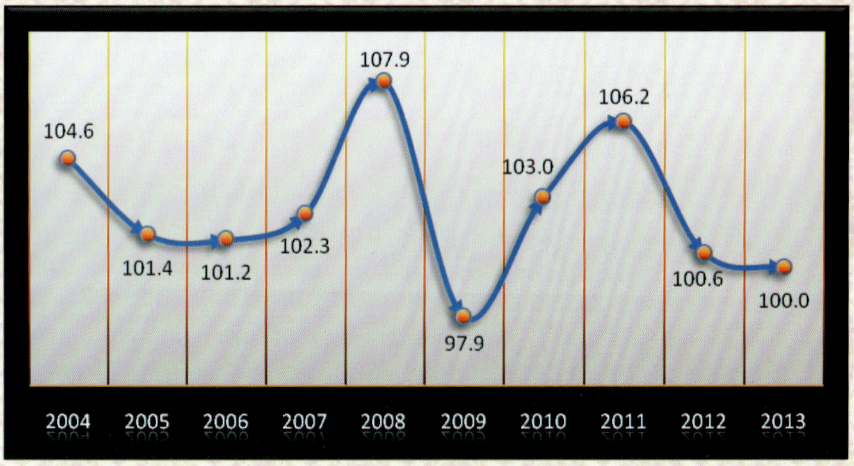

## 农业生产资料价格指数（上年=100）

Price Indices of Farming Production Material (Preceding Year=100)

## 农产品生产价格指数（上年=100）

Indices of Producers' Prices for Farm Products (Preceding Year=100)

## 2013年全区居民消费价格指数（上年同期=100）

Consumer Price Indices by Each Month (2013) (Preceding Year=100)

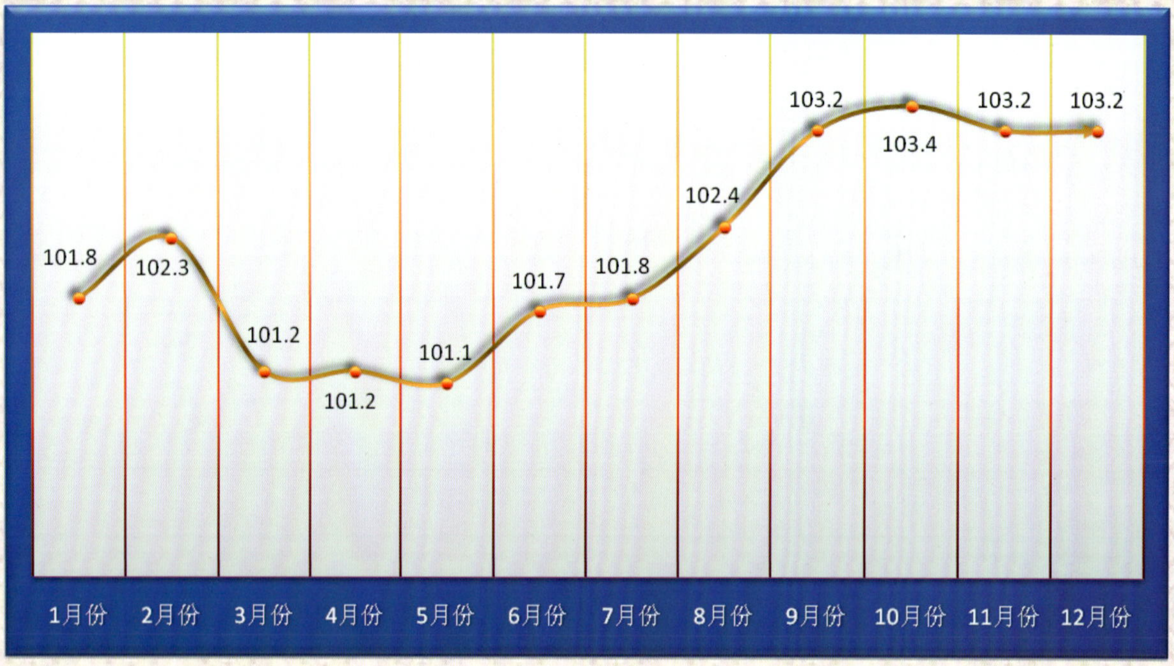


## 2013年全区工业产品出厂价格指数（上年同期=100）

Ex-Factory Price Indices of Industrial Products by Each Month (2013)
(Preceding Year=100)

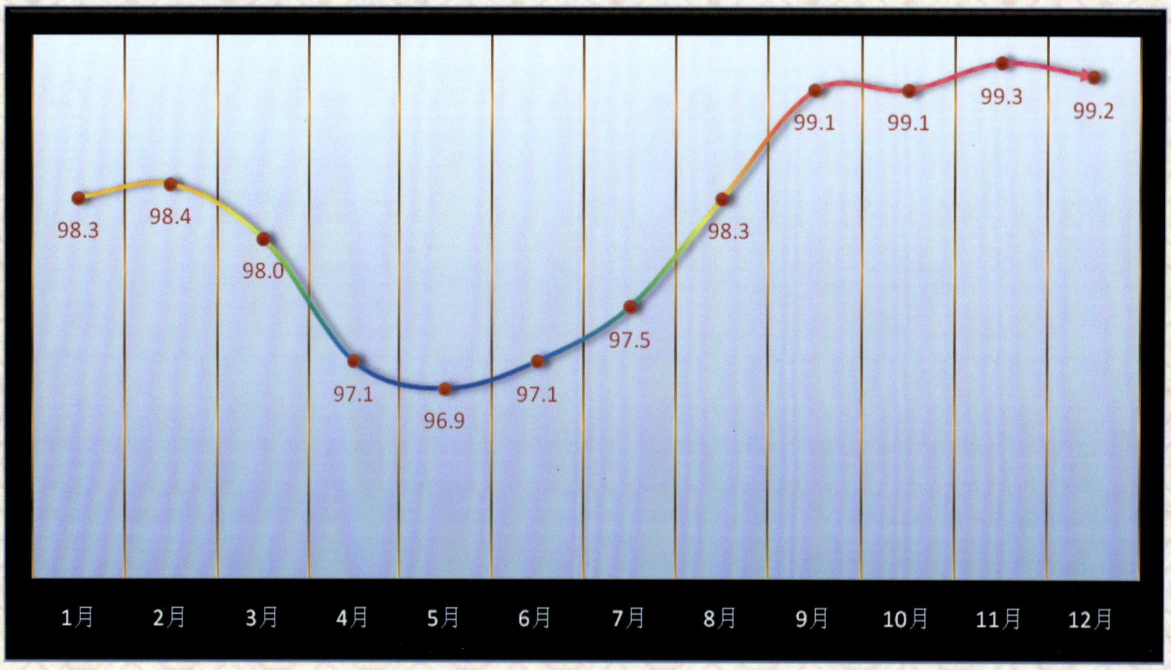

# 目 录

# CONTENTS

## 第一篇 综 合
## Chapter 1 General Survey



## 第二篇 人民生活
## Chapter 2 People's Livelihood

## 第三篇 价格调查
## Chapter 3 Price Survey

## 第四篇　农村农业
## Chapter 4 Agriculture and Rural Areas

## 第五篇 企业调查
Chapter 5 Enterprises Survey

## 附录一：全国及各省市区主要统计调查指标

## APPENDIX I Main Statistical Survey Indicators by Province, Municipality and Autonomous Region

## 附录二：中国及世界主要国家和地区经济、社会统计指标
APPENDIX II Main Social and Economic Indicators of China and Other Countries/Areas

# 第一篇　综　合

# Chapter 1　General Survey

## 1-1 2013年广西城镇居民生活调查报告

# 2013年广西城镇居民可支配收入稳步增长

2013年，广西紧紧围绕自治区党委政府提出的城镇居民收入倍增计划，出台并贯彻落实多项增资政策，着力提高城镇居民的工资收入，逐步改善家庭经营环境，稳步建立健全社会保障体系，使城镇居民收入和支出实现稳步增长。

## 一、四大项收入稳步增长

据调查，2013年广西城镇居民人均家庭总收入25029元，比上年增长7.8%。其中，人均可支配收入23305元，比上年名义增长9.7%，与全国平均水平持平；剔除价格因素后，实际增长7.3%，较全国高0.3个百分点。其中工资、经营、财产和转移四大项收入全面增长。

从收入的四项构成看，工资性收入、转移性收入对家庭总收入增长的作用明显，二者对家庭总收入增加的贡献率分别达到52.5%和30.5%（详见下表）。

2013年广西城镇居民收入情况表（单位：元/人）

| 指标 | 2013年 | 2012年 | 比上年（%） | 构成（%） | 增长贡献率% |
|---|---|---|---|---|---|
| 家庭总收入 | 25029 | 23209 | 7.8 | 100% | — |
| 其中：可支配收入 | 23305 | 21243 | 9.7 | — | — |
| （一）工资性收入 | 15648 | 14693 | 6.5 | 62.5 | 52.5 |
| （二）经营净收入 | 2327 | 2132 | 9.1 | 9.3 | 10.7 |
| （三）财产性收入 | 998 | 884 | 12.9 | 4.0 | 6.3 |
| （四）转移性收入 | 6056 | 5500 | 10.1 | 24.2 | 30.5 |

### （一）工资性收入平稳增长

据调查，2013年广西城镇居民人均工资性收入为15648元，比上年增6.5%，对家庭总收入增加的贡献率为52.5%。促进工资性收入增长的主要因素有：

一是最低工资标准提高。今年广西继续提高最低工资标准，从2013年1月1日开始，广西各类地区最低工资标准均较2012年同比增长20%。最低工资标准的提高对广西工资性收入特别是低收入群体的劳动收入增幅提升较为明显。

二是陆续兑现绩效工资。广西今年继续推进事业单位收入分配改革制度，事业单位实施绩效工资，从2012年下半年开始陆续实行并补发2010—2011年的绩效工资。2013年补发了一部分。

三是进一步推进公务员津补贴改革。广西进一步推进公务员津补贴改革。据相关文件规定，各市县级公务员年津贴水平提高7000～9000元/年。广西14个地级市截至2013年8月已基本将当年增加的津补贴发放到位。在岗职工平均工资增幅约为10%。

四是加强对困难群体的就业援助。促进高校毕业生、城镇就业困难人员特别是零就业家庭成员就业。2013年前三季度，广西城镇新增就业43.56万人，失业人员实现再就业8.42万人，就业困难人员实现就业2.66万人，分别完成年度计划数的96.8%、105.25%、133%；城镇登记失业率为3.3%，低于年度控制任务数1.2个百分点。

**（二）经营净收入保持增长**

调查显示，2013年全年广西城镇居民人均经营净收入为2327元，继续保持增长，同比增幅为9.1%，对家庭总收入的增加贡献率为10.7%。促进经营净收入的主要因素有：

一是2012年5月广西再次上调个体私营经济的增值税和营业税起征点。调高增值税和营业税的起征点，将减轻小型和微型企业负担，尤其是个体户税收压力将大为缓解，生产经营净收入相应增加。例如某月销售额为6000元的个体户，起征点提高到20000元之后，该个体户每年可增加净收入2160元。

二是继续扶持小微企业的发展见成效。通过给中小企业发放资本金补助金，深入实施“引金入桂”战略，贯彻落实“1＋X”模式，帮助解决中小企业融资难等问题。据广西调查总队规模以下工业调查统计，2013年广西规模以下工业企业主营业务收入比上年增3.6%，营业利润增5.5%。

三是受政策影响城镇居民积极投入农业产业建设。受2013年中央一号文件的影响和政府的引导，越来越多的城镇居民利用自身资金、技术和信息方面的优势，抓住农村地区因外出务工导致的农村闲置土地增多和农产品价格走高的机遇，运用规模化、企业化的方式，进行农产品规模生产和土地流转承包等经营，有力地促进了城镇居民经营净收入的增长。

四是“营改增”税收政策提高城镇居民经营净收入。据有关部门初步统计，2013年8月1日起广西推行的“营改增”试点户数5.85万户中，其中小规模纳税人5.69万户。从行业来看，广西现代服务业户数1.76万户，其中小规模纳税人1.69万户；交通运输业4.08万户，其中小规模纳税人3.99万户。由于小规模纳税人的适用税率由5%改为按3%征收，同时计税销售额由含税销售额改为不含税销售额，平均减负40%，涉及面达到所有“营改增”纳税人总数的97.3%。

**（三）财产性收入增幅平稳**

据调查，全年广西城镇居民人均财产性收入998元，增长12.9%，对家庭总收入的贡献率为6.3%。其中，股息与红利收入以及房租收入是拉动财产性收入增加的主要因素。据统计，1—11月广西民间投资6475.67亿元，较上年同期增28.7%，广西民间投资拉动股息和红利收入大幅高速增长。如桂林市、柳州市等部分城市以技术入股的调查户年初得到公司分红。

**（四）转移性收入较快增长**

2013年广西城镇居民人均转移性收入6056元，比上年增10.1%，对家庭总收入的贡献率为30.5%。主要有以下五项：

一是广西事业单位实行绩效改革，补发2010年1月1日至2011年12月31日在岗的事业单位人员绩效奖金，其中对在符合时间段退休的人员也补发了绩效奖。

二是广西继续上调企业退休人员离退休金。自2013年1月1日起，继续上调企业退休人员离退休金，提高幅度按2012年企业退休人员月人均基本养老金的10%确定。

三是城市低保提高。据调查，到2013年12月底广西城市低保对象预计达到49.32万人，基本实现动态管理下的应保尽保；广西城市低保月人均保障标准达到331元，比上年提高61元；广西城市低保对象月人均补助水平预计达到240元（包括元旦、春节一次性补贴）。

四是赡养收入增加。部分县（区）城镇调查小区外出务工的非家庭常住人口寄带回收入增加，提高了赡养收入的增幅。

五是城镇居民医保政府补助标准提高。从2013年1月起每人每年280元，比2012年增加了40元/人年。

## 二、制约城镇可支配收入增长的主要不利因素

### （一）部分市县增资政策落实尚未完全到位

据调查，广西部分市县财政困难，无法按时、按标准贯彻执行自治区有关事业单位和公务员工资改革的相关政策。有些地方仍不能够兑现2011年以前需要补发的增资部分。

### （二）部分中小企业利润增长速度下降

对广西规模以下企业抽样调查的结果表明，2013年1—12月广西规模以下工业企业实现营业利润279.8亿元，增长5.5%，增幅同比下降5.6个百分点。同时，受2013年国家政策调控的影响，住宿餐饮娱乐、印刷、礼品生产和包装装潢等用工较多的生产经营企业竞争压力激增，利润下降。以上多方面因素叠加影响，造成部分经营者的家庭经营净收入增幅下降，企业的职工工资增长受限。

### （三）财产性收入的增长受到制约

目前，广西城镇居民财产投资主要集中在储蓄存款、有价证券、出租房屋、股市等领域，受国内外经济发展环境和国家宏观调控的影响较大，市场风险较大。

### （四）提高居民转移性收入的标准较低

目前，广西执行的提高城镇居民转移性收入的政策当中，除企业养老金或离退休金提高的额度相对较高外，其余像广西城市低保月人均保障标准、城镇居民医保政府补助标准等提高金额有限，标准也不高，对城镇居民可支配收入的促进作用有限。

## 三、关于促进城镇居民收入的几点建议

### （一）进一步深化机关事业单位工资改革力度

一是要加强检查落实，督促尚未落实公务员津补贴标准的市县要尽快兑现、补发到位；二是按照经济增长和财政收入状况，增加公务员、非赢利机构人员工资和离退休人员工资和养老金；三是研究制定方案，尽可能缩小地区间机关企事业单位的收入差距。

### （二）继续加快收入分配制度改革步伐

一是进一步深化企业内部收入分配制度改革，大力推行工资集体协商制度，参照当地经济发展、平均工资和企业利润等因素，通过职工与企业平等协商的方式，依法制定企业内部工资分配制度；二是适当加大政府干预力度，加强对高收入阶层的积极监督，加大维持社会公平的转移支付力度，稳步提高职工收入水平，逐步解决收入分配不均衡问题；三是加强劳动保障监察执法，严肃追查拖欠工资、欠缴职工社会保险等行为，保障职工工资和社保权益的落实。

### （三）努力扩大就业

一是不断拓宽就业渠道，继续利用东部产业转移的契机，引进更多的机械、水泥陶瓷、钢铁、服装皮革、电子信息等产业，提供更多的本地就业的机会；二是以援助“零就业家庭”就业和再就业为重点，全力推进就业和再就业工作；三是引导劳动者采取非全日制、临

时性、阶段性和弹性工作时间等多种灵活的就业形式，加大劳务输出工作力度，引导富余劳动力平稳有序转移。

**（四）引导和规范民间投资**

一是要加强投资理财知识的宣传教育，引导城镇居民积极参与储蓄、债券、股票、基金、保险和不动产等金融产品的投资，促进城镇居民投资理念从存款保值向投资生财转变；二是要继续完善并严格执行民间投资相关法律法规，打击高利贷、非法集资等行为，规范民间投资渠道，创造良好的投资环境。

**（五）加强社会救助体系建设**

一是根据广西实际情况，结合各年度物价的波动幅度，制定实施与物价挂钩的更有效的收入再分配政策，加大对低收入阶层的收入转移支付力度，不断提高最低工资标准，确保城镇低收入群体的补助切实提高；二是同时进一步严格审核社会救助的审批核查力度，发挥实效。

**（六）刺激消费扩大内需**

一是继续保持物价的平稳，健全医疗、住房、教育等的社会保障体系，让更多的城镇居民敢花钱、愿花钱，不断扩大内需；二是改变以提供公务消费为主的娱乐、住宿餐饮等行业的经营理念，提供更多大众化的消费形式，继续实现经济的良性发展，提高城镇居民的生活质量。

## 1-2 2013年广西农村居民生活调查报告

# 2013年广西农村居民收入持续快速增长

据国家统计局广西调查总队抽样调查数据显示，2013年广西农村居民人均纯收入6791元，比上年增加783元，同比名义增长13%，扣除物价因素实际增长10.4%，农村居民收入继续保持快速增长态势。

## 一、2013年广西农村居民增收主要特点

### （一）收入增速快于全国平均水平

2013年，广西农村居民人均纯收入名义增速比全国平均水平高0.6个百分点，增速居全国第8位。扣除物价因素，实际增速比全国收入水平高1.1个百分点。农村居民人均纯收入达到全国平均水平的76.3%，比2012年提高了0.4个百分点。

### （二）广西城乡收入差距进一步缩小

2013年广西农村居民人均纯收入实际增幅高于城镇居民可支配收入实际增幅3.1个百分点，连续四年高于城镇居民。城乡居民收入比为3.43：1（以农村居民人均纯收入为1），较2010、2011、2012年的3.76：1、3.60：1、3.54：1持续缩小。

### （三）收入结构优化，收入渠道多元化

2013年，广西农村居民收入结构不断优化。工资性收入的快速增长成为农村居民增收的最主要动力，对纯收入增长的贡献率达59.5%。工资性收入占纯收入的比重为39.9%，较2011、2012年的34.8%、37.4%持续上升；而家庭经营收入占比则由2011年的57.5%、2012年的53.8%下降至50.4%，二者的差距由2011年的1188元、2012年的989元缩小到708元。财产性纯收入与转移性纯收入占纯收入的比重逐步提高，表明农村居民收入由单纯依赖务农向务农、务工和发展二、三产业转变，收入渠道日益拓展，趋向多元化，增收质量提高。（详见2011—2013年广西农村居民人均纯收入结构对比表）

2011—2013年广西农村居民人均纯收入结构对比表

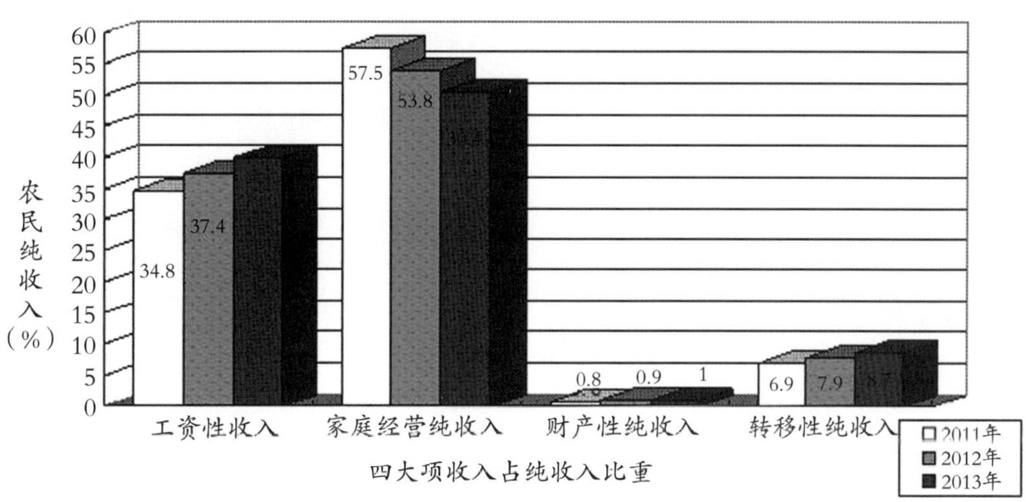

## 二、农村居民收入增长的主要因素

### （一）工资性收入快速增长

2013年广西农村居民人均工资性收入2712元，比上年增长20.8%，占纯收入的比重为39.9%，拉动纯收入上涨7.8个百分点，是今年广西农村居民增收的第一动力。增长的主要因素为：

一是就业能力增强，就业渠道拓宽。2013年，广西增加财政投入完善农村居民转移就业服务平台，加强农村劳动力转移培训，切实提高农村居民非农就业能力；加快产业结构调整，积极扶持中小微企业发展，加快基础实施建设等，提供的工作岗位有所增加，有效推进了农村居民就近务工就业。据调查显示，广西农村居民本地非农务工（离土不离乡）人数同比增长5.2%。

二是调高最低工资标准，用工价格上涨。调查显示，2013年广西农村居民本地非农务工平均月工资水平为2082元，外出农村居民务工月平均工资2583元，比上年分别增长20.6%和8%。2013年，广西各地提高最低工资标准，普遍增幅达20%以上，带动各类用工市场薪资水平的上升，农村居民工资性收入增幅明显。例如甘蔗、水果主产区反映：由于甘蔗、水果产量增加，砍蔗、水果采收工短缺，工价提高20%～30%。

三是城镇化进程加快，美丽乡村建设拉动。一方面，随着城镇化进程加快，大量城市基础设施建设项目快速推进，对劳动力有较大需求，为农村工资性收入快速增长提供了平台。另一方面，2013年开展的“美丽广西·清洁乡村”活动，对本地劳务收入拉动明显，农村居民在乡内参与垃圾处理设施、饮水工程等建设，担任乡村保洁员等，增加了本地劳务收入。

### （二）家庭经营纯收入稳步增长

2013年广西农村居民家庭经营纯收入3420元，增加186元，比上年增长5.7%。其中，第一产业纯收入2943元，增加117元，增长4.1%；二三产业纯收入477元，增加69元，增长16.8%。（详见2013年广西农村居民人均家庭经营纯收入情况表）

**2013年广西农村居民人均家庭经营纯收入情况表**

（单位：元）

| 指标名称 | 2013年 | 2012年 | 增加额 | 涨幅（%） |
|---|---|---|---|---|
| 家庭经营纯收入 | 3420 | 3235 | 185 | 5.7 |
| 1. 第一产业纯收入 | 2943 | 2826 | 117 | 4.1 |
| （1）农业收入 | 2008 | 1963 | 45 | 2.3 |
| （2）林业收入 | 185 | 150 | 35 | 23.2 |
| （3）牧业收入 | 654 | 639 | 15 | 2.3 |
| （4）渔业收入 | 96 | 73 | 23 | 31.3 |
| 2. 第二产业纯收入 | 93 | 82 | 11 | 14.3 |
| 3. 第三产业纯收入 | 384 | 327 | 57 | 17.5 |

广西家庭经营纯收入增长的主要因素为：

一是种植产品产量增加，水果蔬菜等产品价格高。2013年广西气候条件对农业生产较为有利。夏秋收作物产量高，品相好，促进了种植业收入的提高。调查显示，2013年水果和蔬菜价格普遍上涨，对农村居民增收贡献较大，带动农村居民人均纯收入增长169元和21元。而稻谷、糖料价格比上年有所下降，但受产量增长影响，农村居民人均出售粮食和糖料的数量分别比上年增长12.2%和9.3%，带动农村居民人均增收18元和13元。

二是林业收入大幅增长。近年，广西狠抓造林绿化和林木采伐加工，大力发展特色林业和林下经济，加快发展森林旅游，加快落实兑现优惠政策。在部分宜林地区推广栽种的速生桉，经过5～6年生长周期，南宁、梧州、北海、防城港、钦州、百色等地已陆续进入采伐期。百亿油茶产业工程也逐步见成效。2009年以来广西新造油茶林75万亩中，已有15万亩开始挂果，按亩产茶油15公斤计，15万亩新造林茶油产量2000吨。全年农村居民人均林业收入185元，比上年增加35元，增长23.2%。其中出售木材和油茶籽的人均收入分别增加63元和16元。

三是部分牧业产品收入上涨。虽然生猪价格有所下降，但产量的增长还是对农村居民增收起到了积极作用。2013年广西农村居民人均出售猪肉、牛肉数量分别增长9.9%和20.5%，带动农村居民人均纯收入增加37元和13元；蚕茧出售价格上涨12.7%，促进农村居民人均增收11元。

四是渔业收入快速增长。自治区有关部门的统计数据显示：2013年广西海水网箱人工养殖面积及产量同步快速增长，各级渔业部门投放水生生物和珍稀濒危物种苗种40110万尾（只），进一步改善了渔业野生捕捞生态环境，增加了渔民收入。广西农村居民渔业人均纯收入96元，比上年增加23元，增长31.3%。

五是非农产业加快发展，农村居民增收后劲增强。近年广西大力推进农业产业化，发展农产品精深加工，延伸产业链；积极挖掘生态和农业资源优势，大力拓宽农业功能，加快发展休闲农业，推动农村二、三产业加快发展，非农经营收入快速上涨。2013年广西农村居民从事二、三产业人均收入分别增加11元和57元，比上年分别增长14.3%和17.5%。

**（三）财产性收入大幅增长**

2013年广西农村居民人均财产性纯收入71元，比上年增加17元，增长30.7%。2013年，广西加大农机具购置补贴力度，积极健全农村土地经营权流转机制，引导社会资本盘活农村“三资”资源，建立农村居民收益分配新机制，进一步促进了农村生产性固定资产的增加和租赁、乡村旅游业的快速发展以及土地流转整合进程的加快。全年农村居民人均租金（包括房租、农业机械、田亩租金）收入增长25.3%，转让承包土地经营权收入增长1.2倍。

**（四）各项惠农政策促进转移性收入快速增长**

2013年，广西大力推进落实各项支农惠农强农政策，切实增加农村居民转移性收入。2013年1月1日起，农村居民社会养老保险基础养老金由每人每月55元提高到75元；新农合的补助标准由240元提高到280元；农村最低生活保障对象月补助水平由74元提高到84元；大力实施农村危房改造，实施危房改造15.6万户，每户补贴16000元。这些惠农政策的实施促进了农村居民转移性收入的快速增长，广西农村居民人均转移性纯收入588元，比上年增加115元，增长24.2%。

## 三、农村居民生活消费支出平稳增长

2013年广西农村居民人均生活消费支出5206元，比上年增加328元，增长6.7%。

2013年，广西农村居民食品消费支出人均2085元，与上年基本持平。其中，谷物、薯类、食用油、蔬菜等消费与上年相比呈下降趋势，与农村居民在外用餐增多，主动调整膳食结构有较大关系，肉类、水产品、烟酒、茶叶饮料等支出则有显著提升。农村居民人均衣着消费支出171元，增长9.3%；居住消费支出1360元，增长13.3%；家庭设备、用品消费支出281元，增长2.4%；交通和通讯消费支出516元，增长14%；文教娱乐消费支出276元，增长28.9%；医疗保健消费支出413元，增长7.7%；而其他商品和服务类消费支出比上年减少6元，下降5.8%。

调查数据显示，广西农村居民食品消费与2012年基本持平，受生活消费支出上升的影响，恩格尔系数继续下降至40%（同比下降2.76个百分点），农村居民生活质量进一步提高。

## 四、制约广西农村居民收入增长的不利因素

**（一）主要农产品价格下降**

2013年，广西主要农产品价格下降对农村居民纯收入增速放缓产生了明显的影响。据农产品生产者价格指数显示，2013年广西的稻谷、糖料蔗、生猪等大宗农产品的价格分别下降2.5%、4.1%和2.8%，虽靠产量增长起到了一定的缓解作用，但还是对广西农村居民增收速度放缓产生了较大影响。以甘蔗为例，2012/2013榨季广西原料蔗联动收购价格为475元/吨，比前一榨季降低了约5%。2013/2014榨季，收购价格持续降至440元/吨（下降7.4%），对农户种蔗积极性会产生进一步影响。由于预期效益下降导致农村居民种养积极性下降，部分农户已调减大宗农产品的种养，对农村居民增收工作较为不利。

**（二）农村居民收入增长对第一产业的依赖性较强**

2013年，广西农村居民第一产业收入占纯收入的比重达43.3%，但仅比2012年增加117元，同比增幅4.1%，增收空间较为有限，持续增收面临困难。且第一产业要经受天气、生产以及市场的三重考验，农产品价格涨幅收窄和生产成本的增加，使第一产业增收预期的不确定性加大，2013年广西稻谷、甘蔗、生猪大宗农产品价格下降，对农村居民收益带来了较大的影响。

**（三）非农产业收入比重仍偏低**

在2013年广西农村居民的纯收入构成当中，人均工资性收入比全国平均水平少1313元，占农村居民纯收入的比重比全国低5.3个百分点；人均家庭经营二三产业纯收入比全国平均水平少487元，占家庭经营纯收入的比重比全国平均水平低11.4个百分点。非农产业收入增收渠道仍较为狭窄，需进一步拓宽。

**（四）农资价格水平较高，影响农村居民生产积极性**

农业生产用工成本不断上涨，农用种子、饲料等价格仍然较高，据农业生产资料价格指数调查，全年农业用工价格上涨16.1%，农业雇工成本成为生产成本增加最大的因素。而农用种子、饲料价格全年上涨10.3%和3.8%，对农、牧、渔业生产收益产生负面影响。在生产成本上升和主要农产品销售价格下降的双重夹击下，农村居民收入被挤压，农村居民生产的积极性受到影响。

## 五、促进农村居民增收的建议

**（一）加强宏观调控，减少大宗农产品价格波动对农村居民增收的影响**

建立健全农资市场调控体系，形成平抑农资价格的调控机制，防止农资价格的过快增长和劣质农资坑农事件的发生，确保粮食、糖料、生猪等大宗农产品生产持续健康发展；加

快流通体制改革和设施建设，加强对批发、零售环节的价格监管，解决流通环节过多、流通利润过大的问题，降低流通成本，切实保障农村居民收益和权益。

**（二）优化农业产业结构，大力发展二三产业**

优化农业产业结构，引导农村居民合理种植避免盲目跟风，因地制宜的发展特色农业；促进农村地区旅游业、农副产品加工业等二三产业发展，加快形成以创业带动就业、以就业实现创业的互动局面，带动农村居民家庭经营非农产业收入和务工工资水平的快速增长。

**（三）加强技能培训，促进农村劳动力转移就业**

加大力度推进农村劳动力转移培训工作，推进县域经济发展，拓宽就地就业空间，提高农村劳动力素质，促进农村劳动力就地就近转移就业，促进农村居民工资性收入进一步增长。

**（四）提高农业科技水平，以科学技术促进农村居民增收**

进一步增强农业科技攻关和自主创新能力，加大农业科技投入，加快农业技术和良种推广，增加单产，增加农产品市场附加值，以科技化、信息化、产业化引领农业提速增效。

**（五）继续落实强农惠农富农政策，完善农村居民社会保障制度**

落实好中央和自治区种粮、良种、农资、农机具、农业保险等各项补贴政策；加大财政对农村居民生产性补贴的投入，提高农村居民转移性收入；完善农村居民社会保障制度，加快农村养老服务体系建设，提高农村社会保障水平。

**（六）加大土地流转力度，积极稳妥推进各项改革**

全面推进农村土地确权工作，不断规范和完善农村土地承包经营权流转制度，加大对农村土地流转的指导和引导；推进林权抵押贷款等集体林权制度改革的配套改革工作；继续抓好龙头企业扶持及农村居民专业社、家庭农场的培育登记，带动农业生产的规模化、专业化和集约化，多措并举促进农村居民增收。

## 1-3 2013年广西居民消费价格调查报告

# 2013年广西居民消费价格温和上涨

受国内外宏观经济形势和主要农副产品价格变动的影响，2013年广西居民消费价格总水平（CPI）继续保持在温和的上升区间运行，比上年上涨2.2 %。其中，城市和农村分别上涨2.1%和2.4%。

## 一、居民消费价格总体运行特点

**（一）从涨幅看，呈现“前低后高”态势**

分月来看，2013年广西居民消费价格同比涨幅呈前低后高的上涨态势。1—8月，各月同比涨幅在3%以内的较低区间运行，9月开始，连续四个月同比涨幅超3%。另外，12个月环比呈现8涨4跌，以涨为主。

**（二）从结构看，呈现“六涨二跌”格局**

调查的八大类商品与服务中，食品类价格上涨3.8%、居住类价格上涨2.7%、衣着类价格上涨2.3%、家庭设备用品及维修服务类价格上涨1.1%、医疗保健和个人用品价格上涨0.7%、娱乐教育文化用品及服务价格上涨0.8%；烟酒类价格下降0.2%、交通和通信类价格下降0.1%。

**（三）从影响程度看，食品类和居住类价格居前**

八大类商品与服务对CPI的影响程度中，食品类和居住类涨幅影响居前二位。其中，食品类价格上涨拉动居民消费价格总水平上涨约1.3个百分点，影响度为59.1%，其涨幅和影响均居八大类之首。排在第二位的是居住类，涨幅为2.7%，拉动居民消费价格总水平上涨约0.5个百分点，影响程度为22.7%。

**（四）从全国排位看，涨幅在全国排名靠后**

2013年广西居民消费价格上涨2.2%，比全国平均涨幅低0.4个百分点，在全国31个省市中列第31位。分月看，1—8月份广西居民消费价格总水平涨幅比全国分别低0.2、0.9、0.9、1.2、1.0、1.0、0.9和0.2个百分点。9—12月份翘尾因素减弱，导致广西居民消费价格总水平比全国分别高0.1、0.2 、0.2和0.7个百分点。

## 二、主要类别价格运行情况和变动原因

**（一）食品价格涨幅明显回落，但仍是影响CPI上涨的第一要素**

2013年广西食品类价格上涨3.8%，涨幅低于2012年1.4个百分点，影响度有所减弱，但仍是居民消费价格总水平上涨的第一拉动力。调查统计的16个食品中类除糖类价格下降外，其他15类均上涨，上涨类别比2012年增加 1 类。主要食品价格变动特点：

1.粮油价格继续上行，鲜菜鲜瓜果价格双双走高。受生产、流通成本增加等因素影响，粮食和油脂价格同比分别上涨1.4%和1.5%，但涨幅比2012年（分别上涨2.4%和6.7%）均有所收窄。粮食受越南走私米冲击，上涨幅度低于全国平均水平。受极端天气频发，尤其是多次强台风带来暴雨灾害影响，鲜菜价格上涨8.0%，拉动居民消费价格总水平上涨约0.3个

百分点，影响度为13.6%，其中9月和10月涨幅达到28.2%和28.9%。受需求增加及水果减产、运输、储存成本增加影响，鲜瓜果价格上涨9.1%，拉动CPI上涨约0.2个百分点。

2.畜禽肉价格总体上涨。牛肉价格一涨再涨。由于饲养周期长、养殖成本高，加上市场需求逐年增加，导致牛肉供需缺口较大，价格异常坚挺，在2012年上涨37.8%的基础上，2013年再涨19.5%，拉动居民消费价格总水平上涨约0.2个百分点。其中月同比价格自2011年12月起连续25个月出现两位数上涨，目前价格处于历史最高水平。猪肉价格低迷后回升。受生猪生产周期性波动影响，1—7月猪肉价格延续2012年低迷的态势，处于下降通道，1—7月累计下降2.8%，随着猪肉价格调整周期缩短，从8月开始同比价格止跌回升，市场回暖迹象明显，连续五个月呈现上涨。由于前期下降时间较长且幅度大，全年猪肉价格下降0.5%。禽流感事件使禽蛋价格先抑后扬。上半年，禽、蛋类价格受突发的H7N9疫情影响，下降明显。从月度走势来看，自2月份春节出现价格高点后，价格呈快速回落趋势，3—5月份，禽类价格环比分别下降2.9%、7.9%、7.9%，鲜蛋类商品价格环比分别下降2.6%、0.5%、0.5%。6月份随着禽流感疫情得到有效控制，我区禽类需求逐步增加，市场价格回暖，6—8月分别上涨5.0%、3.0%和3.0%，9—12月价格保持稳定。

3.液体乳及乳制品、水产品、在外用膳食品等价格涨势仍然。受国内奶源紧缺等因素影响，液体乳及乳制品价格上涨5.0%。成本上涨和需求的增加推动水产品价格上涨3.9%。受原材料成本、人工费用增加影响，在外用膳食品价格上涨3.9%。三类商品价格合计拉动居民消费品价格上涨约0.4个百分点，影响度为18.2%。

**（二）居住价格全面上涨**

2013年居住价格上涨2.7%，是影响CPI上涨的第二大因素。其中建房及装修材料、住房租金、自有住房及水电燃料全面上涨，分别上涨1.9%、2.5%、3.0%和3.2%。一方面，住房租金上涨是影响居住类价格上涨的主要原因。2013年私房房租和住房估算租金分别上涨5.1%和3.9%，合计上拉居民消费价格总水平0.2个百分点，影响度为9.1%。另一方面，水、电、燃料价格逐步上涨，其中水价上涨9.9%，电价上涨2.5%，液化石油气上涨1.5%。

**（三）服务项目价格呈现快涨苗头**

2013年服务项目价格上涨2.4%，拉动居民消费价格总水平上涨0.6个百分点，影响度为27.1%，居近年较高水平。其中衣着加工服务费价格上涨4.0%，家庭服务类价格上涨6.9%，个人服务费上涨3.8%，床位费上涨7.9%，出租汽车上涨2.9%，城市间交通费上涨3.0%，车辆使用及维修费上涨4.6%，教育服务上涨3.3%，景点门票上涨15.3%，维护修理费用上涨4.0%。公共服务项目价格上涨逐渐成为CPI上涨的重要推手。近年来公共服务项目价格有不同程度的上涨，包括学前教育和高等教育费用、城间交通费、景点门票、医院床位费、家庭服务费用等陆续上调，成为影响服务价格上涨的直接推手，造成了居民生活成本上涨；同时随着居民收入水平、生活水平的提高，居民对服务型消费的质量和价值的要求也同时提升，致使服务行业对设施建设和服务水平进行不断更新、优化，加之水、电、土地等资源性商品价格的刚性上涨，导致服务行业经营成本上升，进而拉高了服务价格。

**（四）工业消费品涨幅较低**

2013年广西工业消费品价格上涨0.6%，低于居民消费价格和服务价格上涨幅度，其中部分工业品价格呈现下降，如白酒价格下降1.5%，首饰价格下降10.6%，交通工具价格下降1.3%，通信工具价格下降5.9%，文娱用耐用消费品类价格下降4.9%等。

## 三、2014年物价走势预测

2014年物价上涨有一定的压力，防止通货膨胀依然是宏观调控的重要任务，稳健的货币政策、产能过剩、输入性通胀压力较轻和粮食丰收等将抑制物价涨幅，但生产要素价格上升、通胀预期增强、蔬菜和猪肉价格回升和翘尾因素增加将推高物价涨幅。综合考虑，预计2014年物价涨幅比2013年有所扩大。对鲜菜、肉禽等农产品价格快速上涨和劳动力成本快速上升的风险应予以重点关注。

### （一）推动物价上涨的主要因素

1.成本推力继续存在，要素价格改革可能会推动部分商品成本上升。一是劳动力成本继续上升。由于我国已出现了劳动年龄人口减少趋势，今年随着经济回升，劳动力需求增加，有可能加剧一些劳动密集型行业的用工紧张情况，导致劳动力成本进一步上升，服务类价格上涨。二是土地价格上涨。近年来土地市场持续升温，土地价格涨幅仍较高。三是要素价格改革可能会推动部分商品成本上升。在中共十八届三中全会审议通过的《中共中央关于全面深化改革若干重大问题的决定》中，谈到我国资源性产品价格改革目标是“建立健全能够灵活反映市场供求关系、资源稀缺程度和环境损害成本的资源性产品价格形成机制”。改革的基本思路是：为减少价格改革对居民生活的影响，对居民生活用电、用气、用水、用热，要区分基本和非基本需求，逐步建立兼顾人民群众基本生活需求和资源要素节约利用的阶梯价格制度，基本生活需求价格保持相对稳定，非基本生活需求价格更多反映市场供求。随着资源性改革的深化，资源性商品整体价格上涨必然会推动物价上涨。

2.蔬菜、猪肉等食品价格周期性波动的深层次矛盾未得到解决。广西CPI具有明显的食品价格驱动特点，广西虽然是蔬菜、猪肉等食品生产大省，人均蔬菜、猪肉产量位居全国前列，但部分产品生产呈现季节不平衡、地域不平衡、结构不平衡等现象，以及冷冻仓储少、流通环节多、费用高等问题仍然较为突出，使得蔬菜、猪肉等食品价格出现大幅度的周期性波动，从而拉动CPI周期性波动。

3.居民消费价格指数惯性运行。从中国物价运行的周期看，2013年物价已经进入新一轮上升周期的初期，2014年将是物价上涨周期的第二年。根据经验，物价高点往往在上涨的第二年出现。广西CPI自2013年9月重新进入“3”时代后，9、10、11、12月份分别上涨3.2%、3.4%、3.2%和3.2%，由于物价上涨存在一定的惯性，如果不是很强外力影响，物价还会保持一定的上涨态势。

4.2014年翘尾因素有所增大。据测算数据显示，2013年物价变动对2014年CPI翘尾因素约为1.1个百分点（全国约为0.9个百分点），其中上半年会更高，大大高于2013年翘尾因素（约为0.2个百分点）0.9个百分点。

### （二）抑制物价上涨的因素

1.国内稳健的货币政策稳定社会总需求。2013年召开的中央经济工作会议提出2014年经济工作重在坚持“稳中求进”，统筹“稳增长、调结构、促改革”三者的关系。因此预计2014年央行可能会维持稳健的货币政策，M2同比增速将继续保持平稳状态。稳健的货币政策对控制社会总需求起到一定作用，因此2014年出现严重通货膨胀的可能性不大。

2.产能过剩对价格上涨形成抑制作用。目前，我国工业消费品供大于求的格局并没有改变，产能过剩情况比较严重，交通和通信、家用电器、纺织服装、一般日用消费品等行业均呈现明显的供大于求的状态，产品更新换代速度的不断加快，市场竞争不断加剧，这种局面对价格上涨有较强的抑制作用。

3.从国际看，世界经济仍将延续缓慢复苏态势，全球货币政策格局出现分化，美联储已经正式开启QE退出，美元趋势性走强已经奠定，大宗商品价格上涨压力减弱。

4.食品价格有保持稳定的基础。我国粮食实现“十连增”，粮食供给增加对保障供应和稳定物价将发挥基础性的作用。鉴于当前国内粮食的供给能力增强，预计粮价维持温和上升走势的可能性较大。

5.各级政府稳定物价政策措施效果逐步显现。一是受益于西气东输二线工程带来的管道天然气运输等各项成本降低，从2013年6月1日起，我区南宁、贵港两市的管道天然气降价，全年管道燃气价格累计下降1.6%，对抑制我区居住类价格上涨起积极作用。二是价格调节基金建立，一些稳定物价的长效机制得以建立，如积极落实鲜活农产品运输“绿色通道”优惠政策等，为稳定农产品价格提供了有力保障。南宁市大力推进的“农超对接”、农副产品平价商店等稳定农副产品价格的长效机制初见成效。三是打造中国—东盟自贸区升级版、与泰国“高铁换大米”等实质性措施出台，利于东盟地区相对便宜农产品价格进入中国市场，对广西农产品价格上涨会有一定抑制作用。

## 1-4 2013年广西工业生产者出厂价格调查报告

# 2013年广西工业生产者出厂价格持续下降

根据国家统计局广西调查总队调查，受国内外经济基本面走弱因素影响，国际大宗产品价格跌宕起伏，2013年广西工业生产者出厂价格（PPI）延续上年下降走势，比上年下降1.8%，降幅较上年缩小0.4个百分点。与全国总水平相比，广西PPI降幅比全国小0.1个百分点，排在全国第18位。

## 一、工业生产者出厂价格运行情况

### （一）PPI总体走势情况及特点

1.2000年以来首次连续两年下降。自1997—1999年亚洲金融危机时期连续3年下降以来，广西工业生产者出厂价格14年里首次出现连续两年下降走势。

2.下降持续时间长。截止至2013年12月份，广西PPI已连续23个月同比下降，下降持续时间为14年来最长，仅次于1997—1999年“亚洲金融危机”时期的39个月。

3.全年各月降幅呈 “总体收窄”走势。1—12月广西工业生产者出厂价格同比分别下降1.7%、1.6%、2.0%、2.9%、3.1%、2.9%、2.5%、1.7%、0.9%、0.9%、0.7%和0.8%。上半年各月降幅明显高于下半年各月。

4.全年走势起伏多变。从同比降幅变动看，1—2月收窄，3月份起连续3个月扩大，6月份起连续6个月收窄或持平，12月份再次扩大。从环比升降情况看，呈现2个月升， 5个月降，4个月升，最后1个月又降的反复升降走势。

5.轻工业降幅大于重工业，生活资料降幅大于生产资料。2013年广西轻工业产品出厂价格比上年下降2.3%，高于重工业的1.6%；生活资料类产品出厂价格下降2.5%，高于生产资料类的1.6%。

6.大类行业下降面较上年扩大。从大类工业行业看，2013年广西36个大类行业中，有19个大类行业价格上涨，1个大类持平，16个大类下降，下降面为44.4%；下降的大类较上年多4个，下降面较上年高11.1个点。

7.重要行业产品价格下降多。2013年广西造纸和纸制品业产品出厂价格下降3.8%，有色金属矿采选业产品下降4.8%，农副食品加工业产品下降6.0%，黑色金属冶炼和压延加工业产品下降6.1%，有色金属冶炼和压延加工业产品下降6.3%，这五个行业产品出厂价格下降共拉低总指数2.0个百分点。

### （二）重要工业品价格走势情况特点

1.食糖价格连续23个月下降，降幅达到两位数。由于全球食糖连续两个榨季高产，市场供大于求，加上进口糖、走私糖和食糖替代品对食糖市场的冲击，自2012年2月份起广西糖价连续23个月下降。2013年制糖业产品出厂价格比上年下降13.0%。由于连续下跌，糖价已跌破成本。

2.产能过剩钢材价格持续低迷。由于国内经济结构调整和转型升级，改变了原有过度依赖投资拉动经济的做法，使得钢材产能过剩矛盾愈发凸显，国内钢材供大于求的形势持续难改，钢材价格持续低迷。自2012年1月份起广西黑色金属冶炼及压延加工业产品出厂价格连续24个月同比下降。2013年黑色金属冶炼及压延加工业产品出厂价格下降6.1%，其中炼钢类产品下降8.3%。黑色金属铸造类产品下降5.9%，钢压延加工类产品下降6.7%，铁合金冶炼类产品下降4.0%。

3.多重打压下有色金属价格持续下跌。在国内房地产投资放缓，制作业复苏缓慢，国际市场受美元升值影响等多方面因素打压下，有色金属价格市场支撑乏力持续低迷下降。2013年广西有色金属冶炼和压延加工业产品出厂价格比上年下降6.3%，且已连续24个月同比下降。其中常用有色金属冶炼产品比上年下降6.3%，贵金属冶炼产品下降17.8%。有色金属价格低迷连带有色金属矿产品价格下降，2013年有色金属矿采选业产品下降4.8%。

4.成本降低，需求不足，造纸和纸制品业价格下降。一方面作为制糖业的重要附属产业，甘蔗压榨增加带来了大量原料蔗渣用于纸浆生产，成本降低；另一方面造纸业市场竞争激烈而需求增长不足，企业为赢得市场降低价格，使得2013年广西造纸和纸制品业产品出厂价格下降3.8%。

## 二、影响广西工业生产者价格走势的因素分析

### （一）房地产调控政策直接影响工业生产者价格下降

2013年2月份房地产“新国五条”措施出台，市场预期降低，房地产投资放缓导致相关产品钢材、水泥、有色金属需求降低，供大于求。“新国五条”发布次月广西工业生产者价格出现第一次反复走势，由1–2月的降幅连续收窄转为连续3个月降幅扩大。

### （二）经济发展模式转变使工业生产者价格下降持续

新一届政府转变经济发展模式推进产业结构转型升级，对经济增速放缓的容忍度增强，使用固定资产投资拉动经济的力度减弱，转为向扩大内需，改变体制，激发市场活力的做法，一方面使固定资产投资增速放缓，固定资产投资类产品需求减少，价格下降。另一方面投入市场的流动性减少，市场调节机制起效慢，供需状况短期难以改变，使得工业品价格长时间处于下行态势。

### （三）产能过剩供需失衡，工业产品降价

1.落后产能及重污染行业整顿对产能过剩局面的影响不明显。在重度污染行业整顿以及落后产能、高能耗产业的调整中，钢材及有色金属行业均是整顿调整的重点，但部分企业的停产整顿并未改变全国产能过剩的困局，产业调整面临职工分流、地方财税减少等诸多困难推进困难，这些行业产能过剩产品价格低迷的局面没有明显改观。

2. 应对产能过剩多个重要行业产品无奈降价。广西工业中，中上游低附加值产业居多。欧美债务危机引起市场需求萎缩，广西许多行业遭受行业产能过剩影响陷入经营困境。2013年广西支柱产业中制糖业、黑色金属业、有色金属业、化工行业均是产能过剩的重灾区。为保持市场竞争力，维持运转，在没有技术、渠道、政策等核心竞争力的情况下企业只能使用最直接有效的降价手段提高市场份额。

### （四）世界经济影响广西工业品价格变动

1.美元走强直接影响广西工业生产者价格。美国经济迈过财政悬崖，日本无限量QE，美债收益率攀升，美国退出QE的暗示，印度、印尼等新兴市场国家资本外逃等使得2013年美元走强。美元升值意味着工业品贬值，国际市

场相关产品价格下跌直接影响广西的有色金属、植物油产品价格持续低迷，石油、肥料产品价格下降。

2.市场高度一体化国内外价格变动迅速反应。目前广西的食糖、有色金属、钢材等重要产品的定价基本与全国市场接轨，又多受国际市场联动。价格透明意味着市场讯息传播迅速，竞争激烈。而市场失衡时期的价格滚动变化更强，单方面的价格调整往往引起连锁反应。全球食糖增产，美元升值大宗商品降价等全球市场的变化广西相关产品价格均快速反应降价。

3.美国退出量化宽松政策牵动工业生产者价格。由于美国经济持续温和复苏，美国退出量化宽松政策的市场预期愈发强烈。在美联储暗示缩减量化宽松的影响下，美债预期收益率提高引发美元升值，全球大宗商品价格下跌，进而推动全球资本包括在中国的资本回流美元资产。一旦资本流出，一是会挤出资产泡沫，房地产等资产贬值，二是引发国内流动性不足出现“钱荒”，市场购买力下降，需求减少。在这样的预期打压下，工业品市场信心不足价格下降。12月美国正式宣布退出QE是12月份广西PPI在同比降幅连续6个月收窄或持平后再次扩大的主要原因之一。

## 三、未来广西工业生产者价格走势预测

2014年广西工业生产者价格的走势，从有利因素看，2013年PPI降幅已较2012年缩小，全年降幅收窄月份比降幅扩大月份多4个月，加上国内经济逐步好转和十八大三中全会的政策刺激，对工业生产者价格向好提供了支撑。从外部环境看，欧洲开始逐步摆脱债务危机阴影，呈现温和向好的迹象，美国经济则持续好转，为工业生产者价格向好提供了积极的国际环境。

从不利因素看，2013年广西工业生产者价格下降面较上年是扩大的，有更多行业供需状况恶化。新榨季全球食糖继续增产，国内外价差持续扩大，广西食糖价格形势更为严峻。广西钢材、有色金属、化工、造纸等主要产品均为面对着产能过剩局面，短期难以逆转。美国正式开始逐步缩减并最终退出量化宽松使得美元升值预期强烈，资金回流美国，国内流动性紧张购买力减弱。

从历史走势看，与上轮PPI39个月下降走势相比较，本轮PPI长时间下降，诱发原因相同，均为外部爆发经济危机；国内经济形势相同，都面临经济结构调整转型问题；下降幅度相似，本轮PPI下降走势中，单月降幅均未超过5个点，而“亚洲金融危机”PPI连续39个月下降走势中，前23个月中单月降幅也均未超过5个点，均呈现温和下降态势。从历史经验看，本轮PPI下降很可能继续持续一段时期。

总的来说，2014年广西PPI存在向好的动力，但不利因素的影响更多更直接，并且已有所体现。2013年12月连续6个月降幅收窄的走势中断，再次降幅扩大。2014年一季度广西PPI走势并不乐观，预计上半年仍将呈现小幅下降走势，下半年能否出现根本性转变仍将由国内外经济形势变化决定。

## 1-5 2013年广西工业生产者购进价格调查报告

# 2013年广西工业生产者购进价格继续下行

受市场需求总体不旺和经济增速放缓的影响，2013年广西工业生产者购进价格延续2012年的下降态势，继续下行，全年累计下降1.1%，降幅比上年扩大了0.3个百分点。

### 一、总体运行情况

**（一）各月同比均处于下降态势，环比小幅波动**

2013年广西工业生产者购进价格各月同比均处于下降态势，降幅逐步收窄后又再次扩大。各月同比分别下降了1.8%、1.4%、1.2%、1.4%、1.4%、1.3%、1.2%、0.9%、0.6%、0.6%、0.8%、1.1%，降幅逐步收窄后又再次扩大，价格前景尚未完全明朗。

2013年广西工业生产者购进价格各月环比小幅波动，1月份环比持平，2、3月份环比均上涨0.2%，4—8月环比分别下降0.2%、0.3%、0.4%、0.4%、0.1%，9、10月份环比均微涨0.1%，11、12月份环比分别下降了0.1%、0.2%。具体如表1：

表1　2013年广西工业生产者购进价格总指数走势图

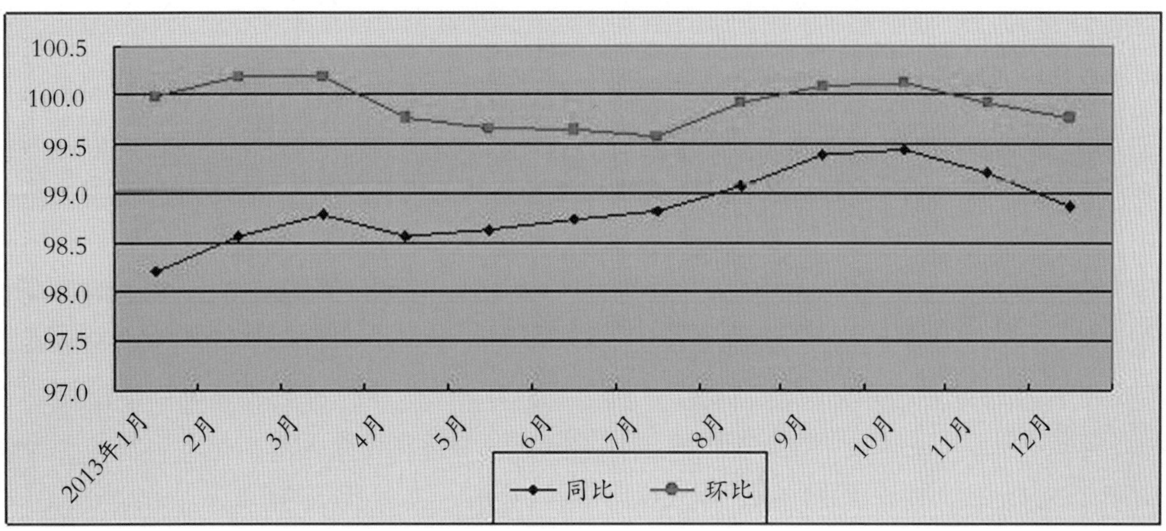


**（二）九大类购进价格2升7降**

调查的九大类原材料中，只有2个大类购进价格上升，其余7个大类购进价格下降，下降态势明显，下降面与2012年持平。其中，木材及纸浆类和农副产品类购进价格分别上涨了0.2%和3.4%，燃料、动力类购进价格下降2.2%、黑色金属材料类购进价格下降2.4%、有色金属材料及电线类购进价格下降4.5%、化工原料类购进价格下降1.9%、建筑材料及非金属类购进价格下降1.4%、其它工业原材料及半成品类购进价格下降1.4%、纺织原料类购进价格下降1.5%。具体情况见表2：

表2　2013年广西工业生产者购进价格变动情况

| 指标名称 | 2012年 | 2013年 |
| --- | --- | --- |
| 总指数 | -0.8 | -1.1 |
| （1）燃料、动力类 | 4.0 | -2.2 |
| （2）黑色金属材料类 | -4.8 | -2.4 |
| （3）有色金属材料及电线类 | -4.8 | -4.5 |
| （4）化工原料类 | -1.7 | -1.9 |
| （5）木材及纸浆类 | -2.5 | 0.2 |
| （6）建筑材料及非金属类 | -1.7 | -1.4 |
| （7）其它工业原材料及半成品类 | -1.5 | -1.4 |
| （8）农副产品类 | 1.3 | 3.4 |
| （9）纺织原料类 | -7.9 | -1.5 |

### （三）行业大类购进价格下降面略微收窄

调查的39个行业大类中，购进价格上涨的有15个，持平的有3个，下降的有21个，下降面为54%，比2012年收窄了5个百分点。购进价格降幅较大的行业大类有：废弃资源综合利用业购进价格比上年下降10.0%，金属制品业、煤炭开采和洗选业、化学纤维制造业、有色金属冶炼和压延加工业、印刷和记录媒介复制业、石油加工、炼焦和核燃料加工业、黑色金属冶炼和压延加工业，购进价格分别比上年下降7.7%、6.8%、6.0%、5.9%、5.2%、3.8%、3.0%。部分大类行业购进价格涨幅较大，渔业、畜牧业、林业、木材加工和木、竹、藤、棕、草制品业购进价格同比涨幅达到14.4%、10.8%、7.2%、4.4%。

### （四）广西工业生产者购进价格降幅低于全国平均水平

2013年广西工业生产者购进价格下降幅度比全国平均水平低0.9个百分点，比降幅最大的省份小3.4个百分点。

## 二、部分主要产品购进价格情况

### （一）废弃资源综合利用业购进价格下降幅度较大

2013年广西工业行业大类中购进价格下降幅度最大的是废弃资源综合利用业，降幅为10.0%。主要是其中的金属废料购进价格下降幅度较大，达到10.3%。这是因为市场供过于求，黑色金属和有色金属2013年价格均在下降，导致熔炼用废钢、废铁购进价格分别下降了10.1%和13.9%。而非金属废料购进价格同比下降幅度稍小，为5.1%。从2013年各月累计数据来看，废弃资源综合利用业的购进价格降幅逐月收窄，1月份的降幅为12.8%，至12月份，降幅已收窄了2.8个百分点。

### （二）甘蔗购进价格继续下降

2013年广西糖料种植购进价格下降3.7%。受食糖价格持续下降的影响，作为蔗糖主产区的广西，虽由自治区物价局制定甘蔗收购价，但甘蔗的收购价格仍不断下降。2012/2013榨季自治区物价局制定的甘蔗首付价为460元/吨，最后二次结算定下的甘蔗最终收购价为475元/

吨。而目前食糖价格仍持续下降，回升势头乏力，因蔗糖价格挂钩联动，2013/2014榨季自治区物价局制定的甘蔗首付价为440元/吨，比上一榨季的首付价减少了20元/吨。依照食糖价格的未来趋势，2013/2014榨季甘蔗二次结算的最终收购价不会有较大涨幅。

**（三）有色金属冶炼和压延加工业购进价格同比不断下降**

2013年，有色金属冶炼和压延加工业购进价格不断下降，1月份降幅为3.9%，至12月份，降幅达到5.9%，扩大了2个百分点。其中，常用有色金属冶炼如铜冶炼、铅锌冶炼、镍钴冶炼、锡锑冶炼、铝镁冶炼购进价格同比下降6.0%；贵金属冶炼购进价格同比下降幅度较大，达到11.2%，其中，金冶炼购进价格同比下降幅度不大，只有0.6%，但银冶炼购进价格同比下降幅度较大，为13.7%，其他贵金属冶炼如铂、钯、铑等购进价格同比下降8.7%；有色金属合金制造如铝合金制造、有色金属铸造和有色金属压延加工等行业购进价格同比分别下降0.7%、12.6%和3.9%。

**（四）黑色金属冶炼和压延加工业购进价格同比全面下降**

2013年，黑色金属冶炼和压延加工业购进价格下降3.0%。其中，炼铁购进价格下降幅度最大，为6.5%，炼钢购进价格下降1.4%，黑色金属铸造购进价格下降2.0%，钢压延加工购进价格下降2.6%。从2013年各月累计数据来看，黑色金属冶炼和压延加工业的购进价格降幅逐月回落，1月份的降幅为5.5%，至12月份，降幅已回落了2.5个百分点。

**（五）渔业购进价格同比涨幅达两位数**

2013年，渔业产品购进价格上涨了14.4%，其中，水产养殖购进价格上涨10.6%，水产捕捞购进价格同比上涨幅度较大，为24.2%。从2013年各月累计数据来看，渔业的购进价格涨幅逐月扩大，1月份的涨幅为0.9%，至12月份，涨幅已扩大了13.5个百分点。渔业购进价格的急速上涨，跟海水捕捞产品的市场需求旺盛有关，尤其是出口需求很大。

**（六）畜牧业购进价格同比上涨幅度较大**

2013年畜牧业购进价格上涨10.8%，其中生奶购进价格上涨10.3%，动物毛购进价格上涨3.9%，禽蛋购进价格上涨8.3%，蚕茧购进价格上涨18.5%。从2013年各月累计数据来看，畜牧业的购进价格涨幅逐月扩大，1月份的涨幅为8.5%，至12月份，涨幅已扩大了2.3个百分点，上涨幅度比较平稳。

## 三、工业生产者购进价格下降的主要原因

**（一）市场方面**

2013年，国际国内市场需求整体疲软，很多商品的市场处于供过于求状态。比如煤炭、钢铁、食糖、化肥等商品因经济不振、产能过剩等原因市场需求不足，出厂价格大幅下降，导致其相关原料如熔炼用废钢、废铁、甘蔗等购进价格下降。但海水鱼、生奶、蚕茧、林产品等因为市场需求旺盛，产品供不应求，购进价格上升较多。

**（二）政策方面**

一是中央政府对经济的调控容忍度放宽，主要关注经济的转型升级，稳增长的政策相对减少，财政政策和货币政策不会有太大的变化，不会再出现四万亿这样的强力促经济增长的政策。二是受天气持续阴霾污染及多地重金属水污染的影响，各级政府加紧治理工业企业的污染问题，紧抓节能降耗，工业企业生产受此影响，短期内将处于内部整顿状态，原料的购进价格回升受阻。

### （三）经济发展步伐放缓

目前，我国经济处于结构调整、转型升级状态，经济发展步伐放缓，回升缓慢。2013年一季度、上半年、前三季度和全年，中国规模以上工业增加值同比增速分别为9.5%、9.3%、9.6%和9.7%，增速平稳，没有大幅波动。2012年，中国规模以上工业增加值同比增速为10.0%，2013年的同比增速比2012年回落了0.3个百分点。同时，从中国制造业采购经理指数（PMI）来看，2013年1月份，中国制造业PMI为50.5，其后数月略有增减，从7月份开始，中国制造业PMI连续5个月回升，但是都还低于历史均值，而且12月份又再次下降，说明国内经济暂时还不会快速复苏。且今年以来，受各种不利因素的影响，广西工业生产增速持续放缓。2013年，全区规模以上工业增加值同比增长12.9%，增幅比前三季度扩大了0.2个百分点，比上年同期回落3个百分点。工业经济的缓慢发展使得工业品购进价格回升乏力。

## 四、2014年走势分析

2013年广西工业生产者购进价格同比仍延续2012年的下降态势，继续下降，期间降幅虽微有收窄，但年底又再次扩大，且目前我国经济形势复杂多变，发展速度放缓，所以2014年初广西工业生产者购进价格仍会处于下降状态。但随着城镇化的发展，产品库存逐渐消化，市场需求有望逐步回升，市场供需矛盾有所缓解，同时经济发展逐渐回暖，新的经济增长点的培育，新的消费方式的发展，国内生产需求将缓慢回升，工业生产和需求也逐步复苏，将推动企业补充原材料库存和增加需求，因此广西工业品购进价格将呈回升态势。但经济结构调整、转型升级所需时间较长，经济复苏步伐缓慢，决定了广西工业品购进价格还存在一定的波动性，预计2014年广西工业生产者购进价格将缓慢波动回升。

# 1-6 2013年广西农产品生产价格调查报告

## 2013年广西农产品生产者价格小幅上涨

据国家统计局广西调查总队农产品生产者价格调查，2013年广西农产品生产者价格呈小幅上涨的态势，比上年上涨2.5%。其中，一、二季度分别下跌1.5%和3.1%，三、四季度分别上涨5.6%和4.5%，呈先跌后涨的态势。

### 一、农产品生产者价格变动情况和特点

**（一）农业产品价格涨多跌少**

2013年广西农业（种植业，下同）产品生产者价格比上年上涨6.4%。调查的11个产品类别呈“七涨四跌”态势，其中，油料、豆类、生麻、未加工烟叶、蔬菜及食用菌、水果及坚果、中草药材分别上涨2.8%、2.2%、16.8%、5.1%、8.0%、32.4%和6.7%，谷物、薯类、糖料、茶及饮料原料价格分别下降1.7%、2.7%、4.1%和2.0%。谷物中，稻谷价格下跌2.5%，玉米上涨0.7%。

**（二）林业产品价格上涨3.7%**

2013年广西林业产品生产者价格比上年上涨3.7%。其中，育种和育苗下跌12.1%，木材采伐产品、竹材采伐产品、林产品分别上涨4.3%、7.4%和14.2%。分季度看，一至四季度各季林业产品价格分别上涨2.2%、4.2%、2.2%和3.9%，呈小幅增长态势。

**（三）畜牧业产品价格先跌后涨**

2013年广西畜牧业产品价格同比下跌1.5%。其中，活牲畜下跌2.8%，活家禽上涨2.7%、畜禽产品上涨12.2%，蚕茧上涨7.9%。

生猪是广西畜牧业中的大宗农产品，其价格涨跌直接影响到畜牧业价格的涨跌。2013年广西生猪生产者价格下跌2.8%，其中，一、二季度生猪价格同比下跌4.7%和10.9%，三、四季度同比上涨0.9%和3.3%，呈先跌后涨的态势。

山羊、活鸡、活鸭的价格呈上涨的趋势，2013年这三类畜禽价格分别上涨12.4%、1.9%和5.4%。山羊的价格同比涨幅较大，主要原因是山羊饲养周期长，货源有限，加上地方美食节的举办助推了山羊价格；受H7N9禽流感的影响，二季度广西活鸡价格下跌了8.4%，之后，活鸡价格恢复性反弹，但反弹幅度不大，三、四季度维持上年价格水平。

**（四）渔业产品价格上涨3.7%**

2013年广西渔业产品生产者价格比上年增长3.7%。其中，海水养殖产品、海水捕捞产品、淡水养殖产品分别上涨7.9%、1.4%和2.5%，淡水捕捞产品下跌6.1%。分季度看，一季度上涨0.4%，二季度下跌1.3%，三、四季度涨幅较大，分别上涨5.0%和8.5%。

### 二、影响大宗农产品价格变动的原因分析

**（一）粮食增产是谷价回落的主因**

一是粮食丰收，供给充足。2013年我国粮食实现“十连增”，广西粮食连续三年增产，国内稻米市场供应充足，这是谷物价格下降的最根本原因。二是种粮食成本稳定。今年除了种子价格略升外，复合肥、尿素、钾肥等主要

农资价格同比有所下降，种粮成本稳定。三是受“镉大米”事件影响。“镉大米”事件出现后，广西稻谷销路也受到一定的影响，致使粮价有所下滑。四是粮食收购指标过少。许多种粮户无法享受国家粮食收购最低保护价，农民有粮销不出，造成家中存粮较多，粮价下滑。

**（二）糖市低迷致使糖料蔗价格下跌**

糖料价格回落的主要原因是国内外糖价持续下跌，受此影响，广西下调糖料蔗收购价格，2012/2013年榨季广西糖料蔗收购价格由上一榨季的500元/吨下调到475元/吨，2013/2014年榨季又下调到440元/吨。

**（三）受猪价拖累畜牧业价格下跌**

2013年畜牧业价格下跌1.5%，主要原因：一是猪价反弹乏力。2013年2—5月份，受节后因素、消费淡季、H7N9禽流感以及中央“八项规定”等因素的影响，畜禽类价格逐月走低，上半年生猪价格下跌幅度达7.6%；进入6月份以后，猪、禽价格虽有所反弹，但反弹乏力。受上半年猪价跌幅过大的影响，全年猪价仍呈下跌的趋势。二是受H7N9禽流感的影响，尽管广西没出现人感染禽流感的现象，但消费者仍心存疑虑，消费锐减。二季度广西家禽生产者价格同比大幅下跌，其中活鸡价格由一季度同比上涨16.3%，逆转为二季度的下跌8.4%，三季度开始缓慢回升，至四季度基本达到上年同期水平。

**（四）受原木价格上调的影响林业产品价格小幅上涨**

调查了解，由于林场上调原木价格，每立方米上涨了20~40元，拉动林业产品价格上涨。另据调查户反映，今年松脂需求量大，产出相对又不足，松脂价格大幅上涨，全年平均价格达到13.6元/公斤，几乎上涨了一倍，助推林产品价格的上涨。

**（五）成本及气候因素推高渔业产品价格上涨**

一是捕捞成本增加。由于柴油价格居高不下，人工费用及渔需物资价格不断上涨，捕捞成本费用加大。二是受强台风影响，渔船出海生产时间较少，海产品供应相对不足，价格上扬。

## 三、一些应引起重视的现象

**（一）粮食等大宗农产品价格下跌，种养效益相对下降**

2013年广西稻谷、糖料、生猪等大宗农产品生产者价格分别下降2.5%、4.1%、2.8%，影响了农民的增收。由于种养效益下降，一些农户调减种植面积，粗放经营，有些地方甚至出现耕地撂荒等现象。一些养殖户因猪价下跌，严重亏损，农民养殖积极性不高。

**（二）蔬菜、水果价格波动过大，损害消费者利益**

2013年二、三季度广西蔬菜生产者价格上涨幅度相差23.8个百分点，一、三季度广西水果价格涨跌幅度相差43.5个百分点，价格波动较大。据南宁市调查队调查，2013年，南宁市市民普遍感觉蔬菜价格越来越贵，昔日每公斤1~2元，2~3元的菜价不见了，4~5元甚至6元以上的菜价屡见不鲜，少数品种如香菜、香葱、大蒜、鸡腿菇、杏鲍菇等每公斤价格甚至高达20元以上。蔬菜、水果与居民生活息息相关，其价格巨幅波动，不仅损害了消费者的利益，也有可能误导生产者。

## 四、应对农产品价格波动的几点建议

**（一）加强宏观调控，防止大宗农产品价格大起大落**

粮食、糖蔗、生猪是广西大宗农产品，是

农民收入的主要来源。2013年广西粮、糖、猪价下跌，影响了农民生产积极性，对增加农民收入也极为不利。政府和有关部门应该加强宏观调控，建立产、供、销等一体化服务，确保粮、糖、猪生产持续健康发展，避免猪粮生产和价格大起大落，保护农民切身利益，让农业经营有效益，让农业成为有奔头的产业，让农民成为体面的职业。

**（二）疏通流通渠道，为农产品流通提供良好环境**

有关部门应及时做好农产品的促销工作，疏通流通渠道，建立产销对接平台和产品供求信息系统，提倡和鼓励少环节、高效率的流通方式，如农超对接、工厂直营店等经营方式，鼓励一些种养大户（企业）直接面对消费者经销，减少中间环节，降低流通费用，实现供需有效对接。

**（三）制定农产品加工储备机制，解决“卖难”问题**

有关部门要加强领导，制定农产品加工和储备机制，做大做强农产品加工业，既解决农产品在增收时出现的“卖难”问题，又使农产品转化增值，确保市场供需基本平衡。对于国庆、元旦、春节这些需求量较大的节假日，往往也是农产品价格上涨的高峰期，应建立重要生活必需品的储备机制，适时启动预案，必要时及时投放储备的各种农产品，增加上市数量，解决不时之需，确保市场不脱销、不断档，确保市场农产品价格平稳。

**（四）适当增加补贴，提高农民种养殖积极性**

继续增加财政支农投入，加大涉农补贴力度，扩大补贴范围，提高补贴标准，完善补贴方式。如粮食生产方面，建立农资价格上涨与对农民补贴挂钩机制，保护和调动农民生产积极性。继续提高粮食最低保护价，针对粮食收购指标过少的现象，适当增加收购指标，让更多农民享受到国家粮食收购最低保护价。在糖料蔗生产方面，尽快建立糖料蔗生产补贴机制，保护蔗农利益。在生猪生产方面，加大对养殖大户的支持力度，鼓励规模养殖，确保生产持续健康发展。

## 五、2014年广西农产品价格走势初步判断

从当前形势看，推动农产品生产者价格上涨的因素依然较多，一是燃油、燃气、水、电等资源性产品价格仍将呈上涨趋势；二是生产农产品所需的种子、饲料、肥料、农膜、农药、机耕费、排灌费、运输费等物质消耗和生产服务支出依然居高不下；三是劳动力成本继续上升，土地市场继续升温。在没有出现重大的自然灾害和其他突发事件情况下，预计2014年广西农产品生产者价格将呈上涨趋势，粮食价格将小幅回升，生猪价格呈反弹上行趋势，蔬菜价格受气象气候因素的影响波动较大。

## 1-7 2013年广西规模以下工业调查报告

# 2013年广西规模以下工业呈稳定增长态势

2013年，在国务院及各级政府一系列促进小微企业发展的有利政策下，广西规模以下工业调动各种积极因素，紧紧围绕保增长、保民生、保稳定的中心任务，努力克服困难，积极生产，经济运行呈稳定增长态势，2013年规模以下工业可比价增速为5.1%。现将全年规模以下工业运行情况分析如下：

## 一、规模以下工业生产运行主要特征

**（一）国家调控政策效果初显**

进入下半年以来，在稳增长、调结构、促改革的宏观调控政策框架下，中国经济逐渐企稳回升，各项经济指标均呈现出良好的态势，从广西规模以下工业走势看，一季度可比价增速为5.0%，上半年4.8%，1—9月上升到5.0%，四季度继续保持上升势头，全年增幅达到5.1%。

**（二）整体经济运行仍然面临较大压力**

调查资料显示，尽管2013年样本企业各项经济指标显示出良好的态势，但部分企业没有达到预期的生产目标。如在柳州调查的17家企业中，5家企业综合经营状况表示不佳，7家反映当前面临的突出问题是用工成本上升。

**（三）个体工业发展速度加快**

2013年广西规模以下个体工业现价全年实现6.8%增幅，增幅比企业高3.2个百分点，是历年没有过的。如柳州调查的14个样本村中，营业收入增幅超过10 %有7个，占50%。

**（四）企业利润有所上升**

2013年尽管广西规模以下企业面临原材料价格上升，人工支出增加等不利因素，但固定资产原价同比还是上涨9.5%，企业利润同比增长5.5%。主要得益于国家减免税收政策的实行。

**（五）企业税金上涨**

2013年，广西规模以下工业企业税金比上年上涨6.2%，税金占主营业务收入的比重为3.9%，比上年略高0.1个百分点。

**（六）企业职工薪酬涨幅明显**

2013年，受企业用工工资提升的影响，广西规模以下工业企业应付职工薪酬上涨9.3%。

**（七）企业出口降幅收窄**

受外部需求不足影响，2013年广西规模以下企业出口产品销售收入下降17.5%，但比三季度缩小1.38个百分点。

**（八）企业负债率高，应收账款增幅明显**

目前小微企业欠债情况比较普遍，2013年广西规模以下工业“负债合计”增速达39.7%，企业应收账款增加13.4%，表明企业资金拖欠现象明显。对530家小微企业调查问卷中，有近四成的企业表示目前流动资金紧张。如钦州市某公司应收账款达2537.52千元，占主营业务收入的47.34%，货款拖欠较严重是因为：一是原材料价格上涨较快，但销售价格涨幅不大，赊销情况较多，货款不能及时结算；二是受市场环境影响，企业自有资金有限，流动资金较难满足需要。桂林某印刷企业半年结账一次，应收账款几乎是主营业务收入的三倍。

## 二、规模以下工业发展的支撑因素

**（一）国家政策扶持**

自国务院常务会议决定从8月1日起，对小微企业中月销售额不超过2万元的增值税小规模纳税人和营业税纳税人，暂免征收增值税和营业税的政策出台后，广西认真按政策执行，一大批符合条件的小微企业享受到了政策带来的实惠。据税务部门反映，享受免征增值税的小微企业可以减少纳税额为680元/月左右；享受免征营业税的小微企业可以减少纳税额为1120元/月左右。一批小微企业缓解了资金紧缺，增加了利润，提高了竞争力。

**（二）金融政策的支持**

近年来，国家和广西加大了对小微企业的支持力度，在金融政策上引导发展小微企业，如只要符合《广西小额担保贷款实施管理办法》规定的对象，可按规定享受财政贴息和担保费用补贴。并在市、县财政设立小微型企业扶持资金，用于对新创办的小微型企业给予资本金补助和实施创业培训。

**（三）财政政策的支持**

简化小、微型企业资本金补助金审批程序，“接受创业培训”作为扶持措施之一，不列为拨付微型企业资本金补助金的前置条件。各级小微型企业资本金评审委员会在审核微型企业申请资本金补助金时要实行每月定期集中评审，并在审批结束后的3个工作日内将结果通报财政部门，财政部门在收到小微型企业资本金补助金审批结果后7个工作日内将资本金补助金划入微型企业按照规定开立的银行账户或通知其开展资本金补助金报账。

**（四）基础设施建设和城镇化建设带动作用**

随着基础设施建设和小城镇建设力度的不断加大，特别是一些高速公路建设和高铁项目的建设，以及镇乡村级公路建设、城镇乡村危房改造以及小城镇房地产开发的兴起，为规模以下工业提供了一定的发展空间，带动了规模以下工业稳步增长。

**（五）规模以上工业发展给规模以下工业注入活力**

2013年广西规模以上工业发展速度较快，在全国一直排在前列，1—11月规模以上工业不变价增长12.9%，12月份增长仍然不低于此，预计全年增长速度也接近13%，广西规上工业在黑色金属、有色金属、汽车制造、农副食品加工的方面都有较快的增长，也带动了相关的规模以下工业在上下游加工配套工业的发展。

## 三、制约规模以下工业发展不利的因素

**（一）需求低迷致企业剩余订单额大幅下降**

2013年，企业的期末剩余订单额大幅下降11.2%，部分企业没有达到预期的生产目标。由于市场需求不旺，订单数减少，部分企业不得不暂时停产，导致生产能力设备利用率下降。生产能力设备利用率同比下降0.11个百分点。期末从业人数与上季度相比下降0.7个百分点。

**（二）停产工业复工难**

随着产业结构调整，经济发展方式转型，不符合政策要求的小冶炼、小煤矿等企业相继被关停取缔。特别是近两年，受河池镉污染和贺江水污染事件影响，广西加大了对涉重金属企业的环境整治力度，一批小微工业面临关停并转。部分工业由于环保资金投入不足，难以达到复产条件，仍处于关停状态。如南丹县涉重金属规模以下企业自2012年2月以来，全县停产，49家被要求关闭，调查的20家样本企业中， 13家停产、4家被关闭。再如贺州市某有

限公司主营业务是铅锌矿开采，由于一直办不到采矿证，该公司已经停产两年，公司负责人反映，目前仍不清楚有关部门何时会发放相关的许可证。2013年7月中旬发生贺江水重金属污染事件后，市政府在全市范围内开展工业企业综合环境治理工作，采矿类、加工类企业停电时间达一个月，企业生产经营受很大影响。同时，与上年相比，从事河沙开采，腐竹加工等行业有所减少，原因是政府加大了查处力度，对证照不齐的食品加工厂和淘沙船进行查处取缔。

**（三）生产成本上涨，影响企业和个体户经营效益**

在北海调查的企业当中，有80%的企业认为原材料成本和用工成本上升较快是企业经营中的突出问题。目前企业普遍面临着原材料成本、人工成本上涨和其他销售费用提高等多重压力，企业利润空间不断受到挤压，给企业生产造成资金压力，甚至亏损。比如上林县某水电公司受用工成本提高所致利润下降。据南丹反映，由于能源及油价价格上涨，企业消耗的成本增加，压力加大。今年采石场用的炸药由原来783元/件（含税），提高到1050元/件（含税、服务费），而油价涨跌不定，产品的销售价格却没有涨，企业的利润空间受到进一步挤压。

**（四）科技含量低，产品难上档次**

规模以下工业科技含量低，设备陈旧老化，产品档次不高，企业发展后劲不足是普遍存在的突出问题。据调查，村级个体企业一般大多是些碾米、豆制品、竹制品、木材、矿粉加工等为主的粗加工工业，科技含量不高，缺乏市场竞争力，难以发展壮大。如某村共有11个个体企业，其中7个为碾米加工作坊，1个酿酒作坊。还有部分地区是承接发达地区低技术含量、劳动密集型的转移行业：如毛针织品制造，日用塑料杂品制造等东部转移产业，主要是利用本地的人力和原料资源，生产低技术产品。企业走的还是传统粗加工、初级产品路子，致使规模以下工业发展缺乏后劲。

**（五）管理水平低，生产技术缺，市场调研少**

据调查，规模以下工业很多从业人员文化程度在初中以下，许多企业没有技术人员。由于人才缺乏，管理手段落后，管理制度不健全，再加上相当一部分企业仍习惯于传统经营管理模式，缺乏对市场的预测能力，生产的盲目性大，短期行为多。很多业主是才脱离土地的农民，在经营管理中实行的是家族式管理、手工作坊式生产，对成本核算、市场营销和资产经营等方面并不懂，因而往往容易造成市场信息不明、产品质量不高、销售渠道不畅、经济效益不佳。

**（六）环保意识差，污染难达标**

规模以下工业一般从事的都是高能耗、高燥音、高污染、高排放的行业，由于环保意识差、治污设施缺、管理难到位，这部分企业对环境的污染情况都较为严重。这种重经济效益轻环境保护的做法将严重制约规模以下工业企业自身的发展，并对整个民营经济造成负面影响。

**（七）流动资金少，融资困难**

规模以下工业在生产经营活动中流动资金少，资金周转困难，融资渠道不畅是制约其发展的又一现实问题。随着国家金融体制改革的不断深入，国内各大商业银行，为了减小风险，保证资金运行的安全，都加大了对发放贷款的风险评估，信贷闸门越来越紧。而规模以下工业因规模不大，生产经营不稳定，其申请银行贷款的难度大，融资渠道窄，这对其做大增加了困难，如某木材加工厂今年由于扩大规模，资金缺口500多万元，经过银行审批，办理资产抵押后，走个人贷款程序仅获贷款50万元，某饮料厂2012年底搬迁、扩建、更新设备，需要投资130万元，只在银行贷到10万元。最后只好向私人借款近100万元，月利率有2.5%、2.7%、3%，年需付利息27.6万元，占营业总收入21%，基本无利可图。小微企业借高利贷扩大生产压力大，发展受到严重制约。

**（八）技术工人普遍缺乏**

企业的发展离不开优秀的技术人才，在调查中我们了解到，由于工资与发达地区相比处于劣势，技术工人流失严重，很多年轻一代的技术工人都选择到广东打工。目前广西工资较去年上涨，但仍然招不到足够的技术工人。造成流失的主要原因一是由于规模以下企业工资福利、工作环境、生活环境不如上规模的企业；二是目前企业货款回笼慢，企业流动资金紧张，少数企业有时会出现拖欠工资现象，导致员工无法接受而辞职。

## 四、几点建议

从规下工业企业经营的状况看，2013年总的形势：一是大部分在产企业收入仍同比上涨。在正常生产的样本企业中，收入同比上升的比重占59.4%。规模以下工业企业总体稳步增长。二是企业景气指数微幅上升。四季度，景气指数为88.6，比三季度提高0.2个百分点。企业营业利润同比上涨5.49%。这些表明规模一下工业企业发展虽然面临困难，但部分企业发展仍然稳中有升。三是从企业调查问卷来，大部分企业经营稳定。据530家企业问卷显示，表示本季度企业综合经营状况“良好”的占12.1%，表示“一般”的占61.7%。从对2014年一季度的生产预期来看，表示“加快”的占10.6%，表示“持平”的占60.8%。表明全区大部分企业生产经营正常。因此，2014年着力在以下几个方面下功夫：

一是要创造小薇企业发展的良好环境。多给中小企业提供支持和技术援助，引导企业提高产品质量。

二是政府应当有计划的有针对性的加大对就业人员的培训，同时在企业招工等环节为企业做好服务，为规模以下工业企业输送人才。

三是进一步降低贷款融资门槛。政府、企业、银行要积极协商，有效促使三方联手合作，降低融资门槛，放宽小企业的融资条件。

四是引导民间资本，切实解决企业融资难的问题。近年来，民间高利借贷多，没有法律保证。政府如能很好的引导民间借贷，也是拓宽小企业资金来源，解决民间高利贷纠纷，解决小企业资金困难的一个良策。

五是加强生产管理，促进节能降耗。据调查，部分小微企业的生产设备落后，作业方式原始，能耗高，环保意识差。随着全社会对环境保护的意识不断加强，企业在生产过程要做到环境保护与经济效益并重，因此要加强小微企业技术改造，引导小微企业改变生产和经营方式。

## 1-8　2013年广西粮食生产调查报告

# 2013年广西粮食总产再跨1500万吨　单产连创新高

2013年，广西各地认真贯彻落实中央农村工作会议和中央1号文件精神，围绕粮食安全战略，坚持把稳定发展粮食生产作为“三农”工作的首要任务，采取有效措施稳定粮食播种面积，依靠农业科技进步，实现了粮食单产提高和总产量增长。全年粮食单产为4947.3公斤/公顷，比2012年提高108.9公斤/公顷，提高了2.2%，单产增幅高于全国0.9个百分点，连续两年创历史新高。全年粮食总产量达到1521.8万吨，比2012年增产36.9万吨，增长2.5%，增幅高于全国0.4个百分点。这是自2002年广西全年粮食总产量跌破1500万吨以后，经过12年的努力，再次跨越1500万吨，提前两年实现“十二五”粮食发展规划目标。

## 一、全年粮食生产喜获丰收

### （一）粮食总产量增长2.5%，再次跨越1500万吨

2013年广西粮食总产量1521.8万吨，比上年增加36.9在万吨，增长2.5%。其中：夏粮（国家口径，下同）36.0万吨，增长24.1%；早稻555.2万吨，增长1.9%；秋粮930.6万吨，增长2.2%。纵观广西粮食生产发展历程，1995年粮食总产量首次跨越1500万吨台阶，之后连续7年保持在1500万吨以上，1999年到达顶峰，为1575万吨。从2000年开始，广西粮食产量呈现下滑趋势，2002年降至1500万吨以下，为1486.8万吨，此后由于农业种植结构调整和自然灾害等各种因素影响，多年来粮食总产量徘徊不

**1985—2013年广西粮食生产变化趋势**

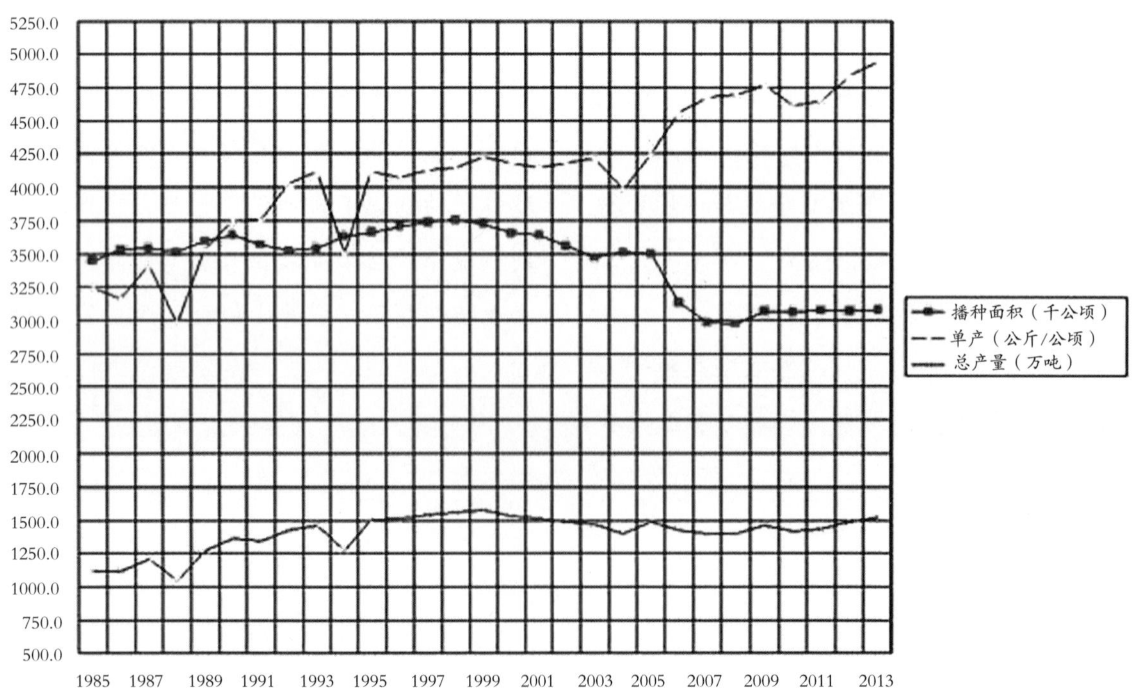

前，其中有3年达不到1400万吨，最低降至2008年的1394.7万吨，成为新世纪以来广西粮食产量最低年份，广西粮食总产量再次跨越1500万吨实属不易。

**（二）粮食单产增长2.3%，连创新高**

2013年，广西粮食单产为4947.3公斤/公顷，比上年增加108.9公斤/公顷，增长2.3%，粮食单产连续两年创历史新高。2013年，早稻单产5983.4公斤/公顷，增长2.1%，与历史最高年1997年持平。晚稻单产5251.5公斤/公顷，增长0.9%；玉米单产4526.1公斤/公顷，增长4.8%，均为历史最高水平。

**（三）粮食播种面积3076千公顷，稳中有增**

2013年，广西粮食播种面积3076.0千公顷，比上年增长0.2%。近年来，广西农业种植结构调整不断深化，粮食播种面积出现波动，2007年全年粮食播种面积首次低于3000千公顷，为2984.0千公顷，成为新中国成立以后广西粮食播种面积最少的年份。在国家连续多年提高粮食最低收购价格等政策背景下，2009年广西粮食播种面积开始回升，全年粮食播种面积回升到3067.5千公顷，之后，粮食播种面积基本稳定在3070千公顷左右，2013年达到3076千公顷，呈现稳中有增的态势。

**2013年广西全年粮食产量情况表**

| | 2013年 | | | 2013年比2012年增减% | | |
|---|---|---|---|---|---|---|
| | 播种面积（千公顷） | 每公顷亩产（公斤） | 产　量（万吨） | 播种面积 | 亩产 | 产量 |
| 全年粮食合计 | 3076.0 | 4947.3 | 1521.8 | 0.2 | 2.3 | 2.5 |
| 1. 夏收 | 108.2 | 3327.2 | 36.0 | 13.4 | 9.5 | 24.1 |
| 2. 早稻 | 927.9 | 5983.4 | 555.2 | -0.2 | 2.1 | 1.9 |
| 3. 秋收 | 2039.9 | 4562.0 | 930.6 | -0.2 | 2.3 | 2.2 |
| 其中：玉米 | 581.3 | 4527.9 | 263.2 | 1.2 | 4.9 | 6.4 |
| 中稻 | 151.3 | 6144.0 | 93.0 | 1.8 | 4.4 | 6.3 |
| 晚稻 | 967.4 | 5251.5 | 508.0 | -1.2 | 0.9 | -0.2 |

## 二、粮食单产、总产双增长的原因分析

**（一）领导重视，落实责任，创新机制，调动种粮积极性**

自治区领导高度重视粮食生产，自治区党委、政府领导深入生产一线指导粮食生产。自治区人民政府与各市人民政府签订粮食生产责任书，要求全面落实粮食生产行政首长负责制，全区各级层层签订粮食生产责任书，分解落实目标任务，同时，加大粮食生产考核奖励力度，自治区本级财政拿出1500万元，奖励粮食生产先进单位和种粮大户。创新抓粮机制，大力扶持培育种粮大户等新型种粮主体，提高粮食生产规模化、组织化、机械化水平，抑制撂荒稳定面积。狠抓良种、农机购置、农资综合补贴等国家扶粮政策落实，进一步调动全区各级重农抓粮积极性和农民务农种粮积极性，有力确保了粮食种植面积稳定。

**（二）粮食播种面积稳定，为总产量增长奠定基础**

2013年广西粮食播种面积初步走出多年来的徘徊状态，也是2007年以来的最高水平。

从主要作物品种看，主导品种播种面积基本平稳，没有出现大幅波动，中稻面积151.3千公顷，比上年增加1.8%；玉米面积587.6千公顷，比上年增加1.2%；早稻面积927.9千公顷，晚稻面积967.4千公顷，同比分别下降0.2%和1.2%。

**（三）单产稳定提高，是总产量增长的决定因素**

据抽样调查结果，主导品种的早稻单产为5983.4公斤/公顷，增长2.1%，由于单产提高而增加的产量约11.4万吨；中稻单产为6144公斤/公顷，增长4.38%，由于单产提高而增加的产量约3.8万吨；玉米单产为4526.1公斤/公顷，增长4.8%，由于单产提高而增加的产量约12.1万吨；晚稻单产为5251.5公斤/公顷，增长0.9%，由于单产提高而增加的产量约4.6万吨。仅稻谷和玉米，由于单产提高而增加的产量共31.9万吨，占粮食总产量增长量的86.4%。

**（四）依靠科技进步夺取粮食稳产高产**

1.大力推广良种工程。广西继续开展“看禾选种”等活动，大力推广以杂交稻、超级稻为代表的稻谷优良品种和以正大系列、迪卡系列、南校、桂丹、亚航为代表的玉米优良品种，种植比重上升，有效地促进主要谷物单产全面提高。据农业部门资料，2013年全区谷物良种覆盖率保持在95%以上，杂交稻总播面积约1589千公顷，占稻谷总播种面积的77.6%，超级稻种植面积约1017千公顷，占稻谷总播种面积的49.7%，玉米杂交品种播种面积约576.7千公顷，占玉米面积的98.1%，其中高产品种正大与迪卡系列播种面积约占玉米总播种面积的47.3%。全年谷物单产5366.7公斤/公顷，比上年提高2.3%，稻谷单产5649.3公斤/公顷，比上年提高1.8%，玉米单产4526.1公斤/公顷，比上年提高4.8%，超级稻和高产玉米品种的推广，对全面提升谷物单产的稳定和提高起主导作用。

2.大力推广合理密植。继续推进“多播一斤种、增收百斤粮”增粮工程，2013年全区“多播一斤种、增收百斤粮”示范面积约400千公顷，带动面积约800千公顷，通过合理密植，增加基本苗和有效穗，为水稻和玉米稳产高产奠定基础。

3.科学防灾减灾。一是在播种时节，根据不同的生态区域，结合种植习惯、自然条件，耕作制度，指导农民科学选用和合理搭配品种，及时调整品种的搭配模式，大力推广集中育秧、防寒育秧、地膜玉米等技术措施，适时播种，抢上季节，既要做到充分利用光、温、水等资源，发挥良种的增产潜力，又能达到有效规避和防御“倒春寒”“寒露风”等灾害性天气。二是主动减灾救灾。加强预警预报，提早防御台风、冰雹、洪涝、干旱等灾害，及时开展灾后农业恢复生产，减轻灾害损失。三是狠抓病虫害防控。强化监测预报，大力推进专业化统防统治工作，防止病虫害暴发流行取得较好的防控效果，全区各地没有出现大面积的病虫暴发危害，实现了虫口夺粮。2013年9月上旬至10月底，广西出现多次“寒露风”天气过程，但由于桂北、桂中等双季稻区地区采用“早中搭配”、“中早搭配”、“中中搭配”等品种搭配模式，为夏收夏种赢得时间，8月7日（立秋）前，桂北、桂中地区晚稻播种基本完毕，为防御寒露风灾害争得了主动，晚稻抽穗扬花期有效地避过寒露风，实现晚稻单产平稳增长。

4.扩大高产创建覆盖面。据农业部门统计，2013年广西98个县（市、区）参与粮食高产创建示范活动，创建国家级粮食高产示范片249个，水稻实施总面积125.7千公顷。其中，早稻高产创建示范片84个，实施面积58.6千公顷；晚稻高产创建示范片84个，实施面积59.6

千公顷；中稻高产创建示范片11个，实施面积7.57千公顷；玉米高产创建示范片52个，实施面积36.6千公顷。万亩示范片覆盖广西国家级产粮大县和自治区级粮源基地县。粮食高产示范片区的创建，有效促进全区粮食单产的增长。

5.农业气象利于粮食生产。历年来，广西对粮食生产有重大影响的灾害性天气，主要有倒春寒、台风、旱灾和寒露风。2013年春耕生产以来，全区各地光温条件配合总体良好，降雨时空分布比较均匀，没有出现“倒春寒”和大范围的洪涝、旱灾等灾害性天气，总体上对全区春播夏收粮食生产没有造成大的影响。8月中、下旬出现的“尤特”和“潭美”台风，仅造成桂东南部分低洼地带水稻受灾，总体上对全区秋收粮食生产还是利大于弊，为晚稻灌溉提供了充足用水，同时增加水库、山塘蓄水，为晚稻中后期灌溉用水提供了保障，尤其是解决了桂北地区初显的旱情和桂西地区中稻、晚玉米的卡脖子旱。虽然9月份北部地区遇寒露风天气，但由于合理选用和合理搭配品种，适时播种，抢上季节，晚稻基本避过寒露风，实现单产平稳增长。11月中旬初，“海燕”台风给广西桂南地区带来大范围的强降雨，但全区晚稻收割已经近8成，只有桂南地区部分晚稻迟熟品种没有收割，降雨时间持续一天左右，随后天气晴朗，农户及时抢收，对整个晚稻产量影响不大。据广西调查总队对早稻、中稻、晚稻、玉米产量调查村受灾情况调查结果，受灾面积、成灾面积、绝收面积占播种面积的比重较低，早稻分别为8.0%、1.1%、0.2%，中稻分别为13.8%、5.0%、0.03%；晚稻分别为20.2%、7.0%、0.1%；玉米分别为7.6%、3.7%、0.3%。2013年粮食作物特别是谷物受灾程度较轻。

## 三、存在的问题与建议

2013年，广西粮食生产取得了单产再创历史新高、总产增长的好成绩，为全区粮食安全提供保障，为促进全区社会经济稳定奠定了坚实基础。但粮食生产仍然面临着种粮比较效益低，生产成本上升，粮食生产发展与耕地资源贫乏矛盾突出，农民种粮积极性有所减弱、务农种粮劳动力结构性短缺，自然灾害多发等不利因素，继续保持稳定增长的难度更大、任务更重。

建议加快农业生产经营模式转变步伐，以稳定粮食播种面积，提高主要品种单产和产品质量，增加粮食生产效益为手段，围绕增产增效的目标，扶持培育种粮大户等新型种粮主体，大力推进粮食和农业生产技术集成化、农机农艺结合化、劳动过程机械化、农田水利化、生产安全法治化建设，推动广西粮食生产的稳步发展。

## 1-9 2013年广西规模以下服务业监测调查报告

# 2013年广西规模以下服务业监测调查报告

为反映广西规模以下服务业企业的经营状况、经营环境，为政府宏观经济政策提供参考依据，国家统计局广西调查总队在全区开展了规模以下服务业企业监测调查。调查结果显示，2013年广西规模以下服务业企业继续呈良性发展态势，在解决社会就业、促进社会稳定和谐方面的贡献突出。现将规模以下服务业监测企业发展情况做如下分析：

## 一、规模以下服务业企业监测调查基本情况

服务业小微企业监测调查采用目录抽样方法，从全区范围内抽取了包括10个服务业行业门类45326家小微企业中的样本企业1262家，调查样本企业分布于各行业、各经济类型、各地市中。

### （一）调查企业的行业分布

在被监测企业中，交通运输、仓储和邮政业264家，信息传输、软件和信息技术服务业87家，房地产业141家，租赁和商务服务业129家，科学研究和技术服务业158家，水利、环境和公共设施管理业72家，居民服务、修理和其他服务业114家，教育82家，卫生和社会工作40家，文化、体育和娱乐业175家。

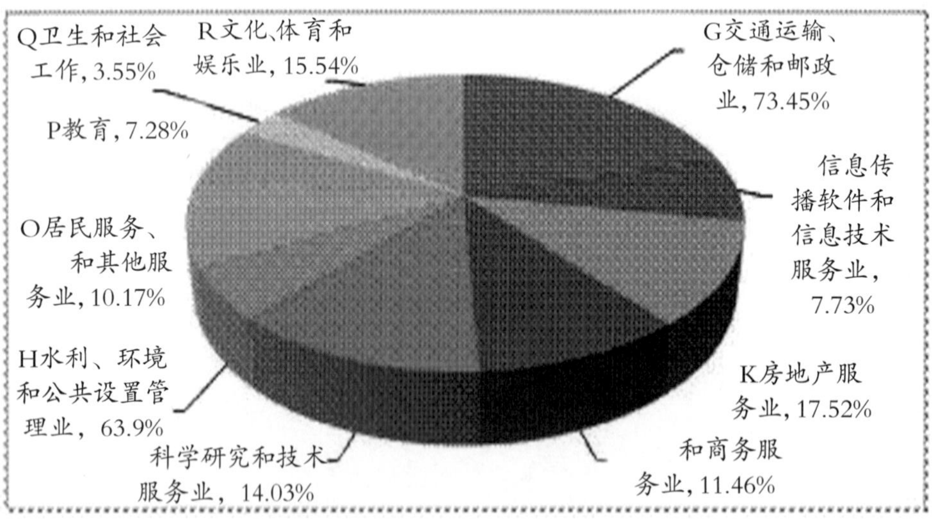


### （二）调查企业经济类型分布

在被监测企业中，国有企业、集体企业、私营企业和港澳台商及外资企业等多种经营形式并存。私营企业个数占85.0%，在服务业小微企业中处于主导地位。国有企业、集体企业和港澳台商及外资企业分别占10.3%、3.7%和1.0%。

## 二、规模以下服务业企业总体发展呈五个改善

2013年广西实施多项政策扶持中小企业发展，特别是规模以下服务业发展的政策措施效

果逐步显现，呈现出五个改善。

**（一）经济总量持续扩张，内部结构逐步优化**

在经济总量上，增速较快。监测结果显示，2013年全区规模以下服务业企业实现营业收入约428.8亿元，比上年增长15.1%；其中，监测企业实现营业收入40亿元，比上年增长12.6%。在内部结构上，成熟度有所提升。2013年监测调查企业中，处于创业阶段的企业占16.3%，比上年下降了9.2个百分点；处于发展阶段的企业占65.2%，提高5.8个百分点；处于成熟阶段的企业占18.5%，比上年提高3.4个百分点。

表2.1：2013年广西规模以下服务业监测企业成熟度与上年对比图

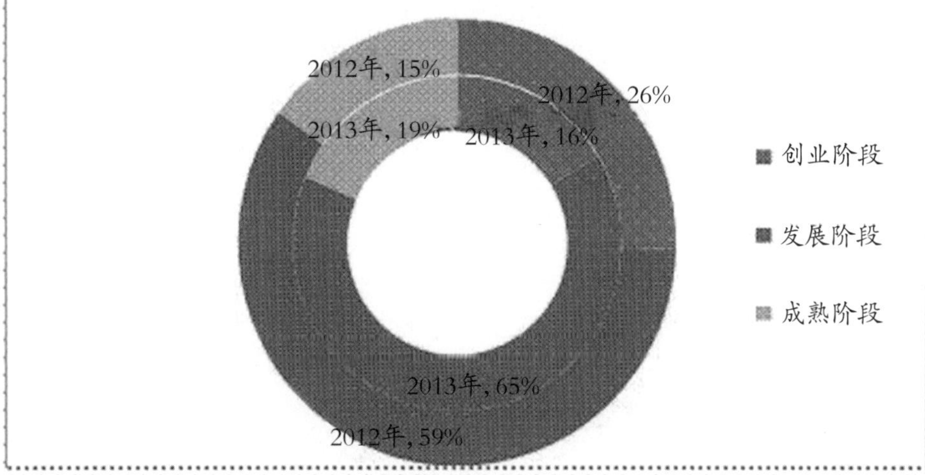


**（二）企业数量快速增长，解决就业能力持续增强**

规模以下服务业是吸引创业、扩大就业的主要渠道。随着广西对中小微企业创业支持力度的加大，规模以下服务业经营单位数增加较快，解决就业能力持续增强。监测结果显示：2013年，规模以下服务业企业数量约4.5万家，比上年增长11.15%；解决就业约45.9万人，比上年增长15.6%，其中，监测企业解决就业2.5万人，比上年增长4.3%。

表2.2：2013年广西规模以下服务业企业增速图

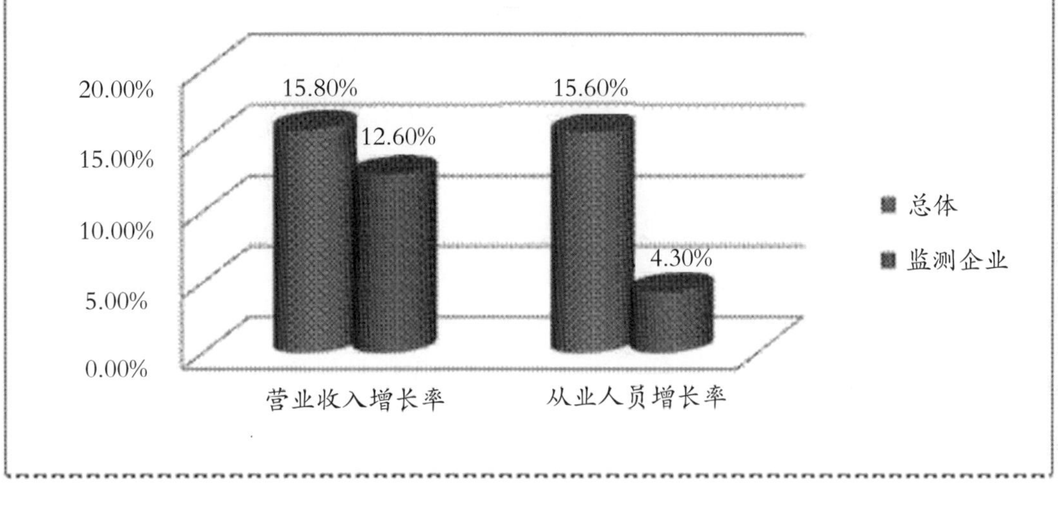

### （三）盈利能力有所增强，行业吸引力提升

盈利能力是行业吸引力的重要考量因素，能够吸引市场资源向服务业转移。2013年监测企业中，亏损企业占41.05%，比上年下降3.45个百分点，盈利能力有三个方面变化：一是营业收入情况有所改善。监测企业中，有42.9%的企业营业收入增加，比上年提高12个百分点；有37.2%的企业营业收入减少，比上年提高1.2个百分点。45.9%的企业认为市场需求是企业营业收入变动的最主要因素；二是营业成本上升势头有所下降。监测企业中，有56.4%的企业营业成本上升，比上年下降了2.0个百分点；有15.5%的企业营业成本下降，提高了6.9个百分分点。企业营业成本上升的最主要原因是劳动力成本，认同率达54.2%，比上年提高11.7个百分点；其次是原材料价格，认同率为22.1%，与上年持平；三是盈余能力有所好转。监测企业中，有35.1%的企业盈利情况改善，提高7.5个百分点；有42.5%的企业盈利能力恶化，降低9.8个百分点；49.0%的企业认为业务量是企业盈利能力变化的最主要因素。

### （四）融资难情况有所缓解

2013年，规模以下服务业融资难的情况依然存在，但随着各项金融扶持政策的深入，融资难的问题已经得到了一定的缓解。一是融资难度有所降低。监测企业中，融资企业，有54.9%的企业认为融资难，认同率比上年下降了31个百分点；有44.5%的企业有融资需求，比上期提高了23.7个百分点。二是银行融资渠道比例上升。监测企业中，有13.9%的企业主要资金来源为银行贷款，比上年提高了1.6个百分点；有10.1%的企业主要资金来源为民间借贷，下降1.2个百分点；有4.5%的企业主要资金来源为专项资金，下降0.5个百分点；有71.6%的企业主要资金来源为其他，比上年提高0.3个百分点。

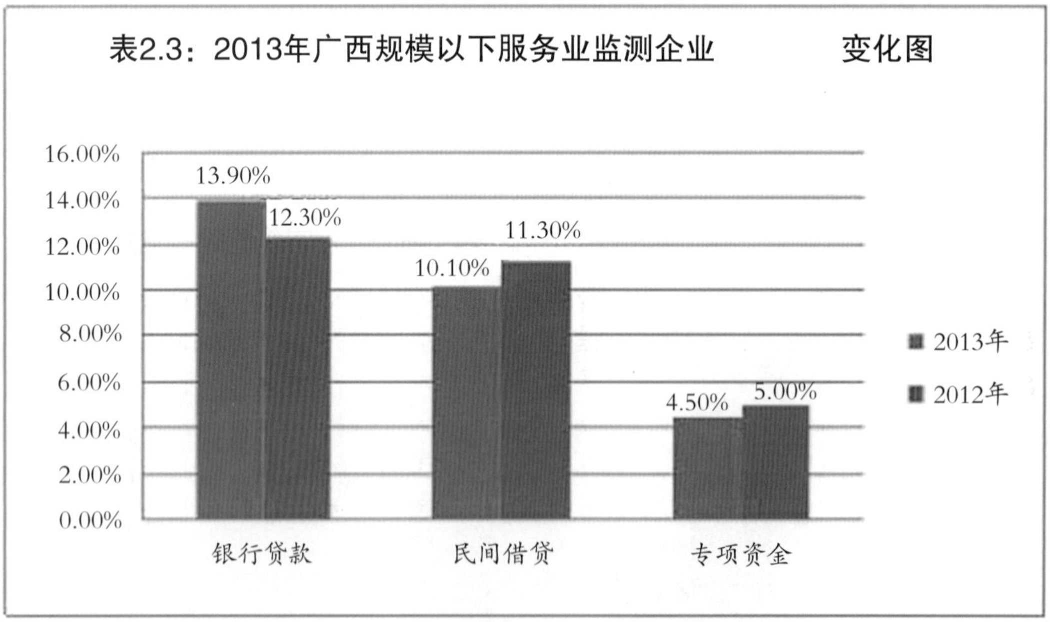


### （五）政府税费政策惠及面扩大

一是税收优惠力度进一步加大。2013年，监测企业中，有35.4%的企业享受了税收优惠政策，比上年增加8.4个百分点；有10.5%的企业免税，比上年提高了2.6个百分点。二是政府部门收费相对减少。有13.8%企业本期的政府部门比上期增加，比上年下降7.7个百分点；有56.1%的企业持平；有9.4%的企业减少，比上年

提高1.0个百分点；有20.7%的企业无政府部门收费。三是营改增税制稳步推进。有32.9%的企业实行了增值税，比上年提高了20.9个百分点。实行增值税的企业营业税金及附加比上年下降了15.8%，实际税赋（营业税金及附加/营业收入）为2.0%，比上年下降了1个百分点，比实行营业税的企业低2.3个百分点。

## 三、规模以下服务业各行业普遍增长

### （一）生产性服务业行业发展各具特点

1.交通运输、仓储和邮政业企业仍保持较高活力。持续改善的物流环境是广西突出的区位竞争优势，沿海、沿江、道路运输、航空运输服务业全面发展。2013年，监测企业中，交通运输、仓储和邮政业企业实现13.8亿元，比上年增长32.2%。其中水上运输业、邮政业、道路运输业和航空运输业营业收入分别增长40.43%、23.7%、23.6%和16.84%。

2.技术能力有限，IT规模以下服务业扩张难。广西信息传输、软件和卫星传输服务业的发展水平相对落后。规模以下服务业企业在人力资源、技术水平上均存在不足。企业主要是依附移动、联通、电信等集团公司提供技术服务，或者为当地企业提供基础技术支持，缺乏核心技术能力，扩张难，行业发展缓慢。2013年监测企业中，信息传输、软件和卫星传输服务业营业收入为4.9亿元，比上年增长4.8%，其中，电信、广播电视和卫星传输服务业、互联网和相关服务业、软件和信息技术服务业营业收入分别增长2.09%、5.25%和11.97%。

3.租赁和商务服务业同样面临转型压力。租赁和商务服务业的发展与全区经济的总体发展息息相关。2013年，生产企业产业升级、压缩成本等措施，对租赁和商务服务业产生一定的影响，一些样本企业跟不上节奏找不到业务，一些新兴服务竞争激烈。企业也面临着新一轮洗牌。监测企业中，租赁和商务服务业企业营业收入为3.2亿元，比上年下降12.1%，其中租赁业、商务服务业分别下降1.65%和13.37%。

4.研究和技术服务业初显成果。近年来，广西不断出台政策扶持广西科研工作，确定了资源型工业、现代农业、节能与新能源、信息产业、先进制造、城镇化和城市发展、环境与水资源、公共卫生安全等8个重点领域。科研领域的发展正逐步加快，逐步有企业开始享受科研成果，营业收入大幅增加。2013年监测企业中，科学研究和技术服务业企业营业收入为5.7亿元，比上年增长19.13%，其中，研究与试验发展、专业技术服务业、科技推广和应用服务业分别增长9.44%、9.3%和42.64%。

5.水利、环境和公共设施管理业稳步推进。广西治理环境卫生，清洁乡村的活动效果明显，水利、环境服务业企业收入增长较快，事业稳步推进。2013年监测企业中，水利、环境和公共设施管理业营业收入为2.2亿元，总体虽比上年下降0.25%，但生态保护和环境治理业发展迅速，营业收入增长17.37%。

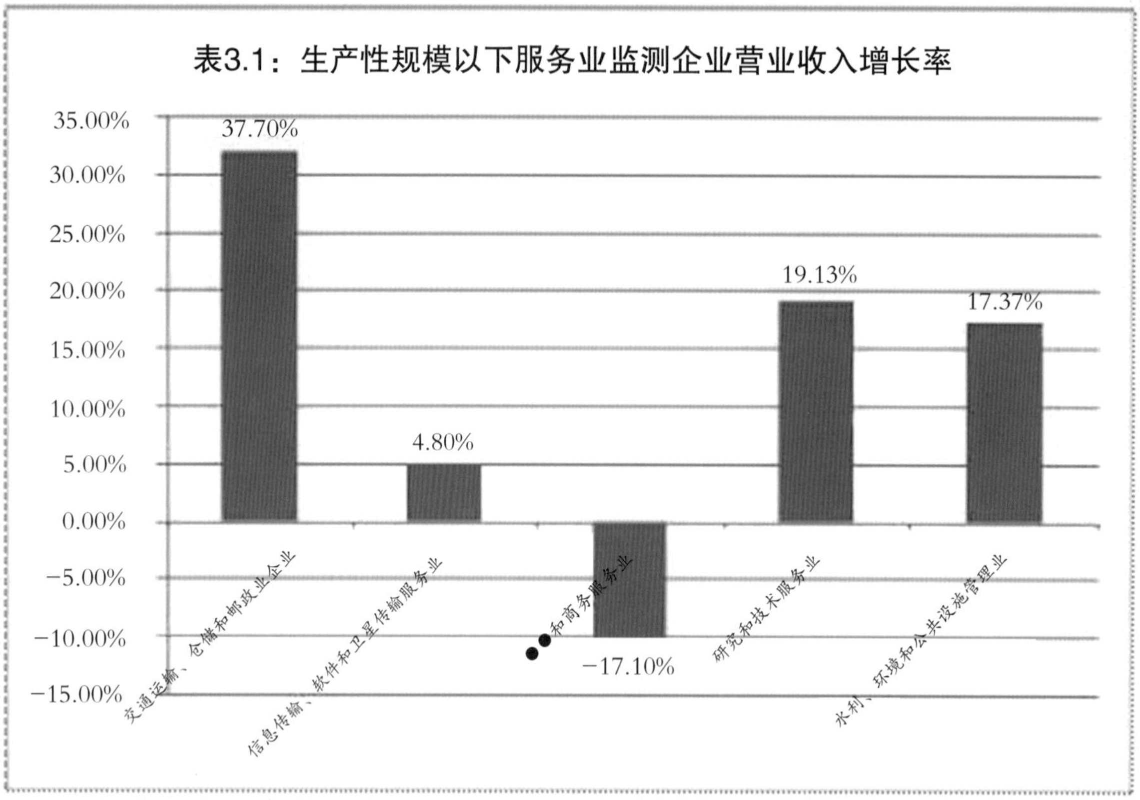


表3.1：生产性规模以下服务业监测企业营业收入增长率

**（二）面向民生的服务业行业平稳发展**

1.房地产服务业：2013年，广西房地产回暖，房地产价格上涨、成交量增加。带动房地产中介服务走出低谷，物业管理行业适度扩张。房地产服务业适度升温。2013年监测企业中，房地产服务业营业收入达3.2亿元，比上年增长4.02%；其中物业管理企业、房地产中介企业营业收入分别增长1.34%和7.91%。

2.居民服务、修理和其他服务业：城镇化进程的不断加快，城市人口的不断增加、居民收入水平持续提高，促进居民服务业、修理和其他服务业企业发展。2013年监测企业中，居民服务业、修理和其他服务业营业收入达2.1亿元，比上年增长5.64%，其中，居民服务业增长9.37%，机动车、电子产品和日用产品修理业增长5.4%，其他服务业下降0.23%

3.教育业：随着城镇人口的迅速增长，本地就业技能培训、驾驶技术培训、幼儿教育资源紧张。越来越多的人从事到教育机构中来。致使企业单位数大幅增加，虽然削低了单个企业的营业收入水平，但是行业总体发展迅速。从单个企业来看，2013年监测企业中，教育业户均营业收入下降了7.2%，但从行业总推规模看，全区规模以下教育业企业数量约为1270家，增长50.56%。

4.卫生和社会工作：卫生和社会工作服务业小微企业，如采血站、卫生所、福利院等，企业数量和规模均受限制，随着市场需求日益增加，形成卖方市场。2013年监测企业中，卫生和社会工作企业营业收入1.4亿元，比上年增长19.24%。其中，卫生和社会工作企业营业收入分别增长19.4%，12.6%

5.文化、体育和娱乐业：体育、娱乐消费氛围较浓、多元化文化消费初步成形。2013年监测企业中，文化、体育和娱乐业企业营业收入为1.8亿元，比上年增长5.32%，其中，文化艺术业增长13.93%、体育业增长25.61%、娱乐业下降4.39%。

表3.2：面向民生的规模以下服务业监测企业营业收入增长率

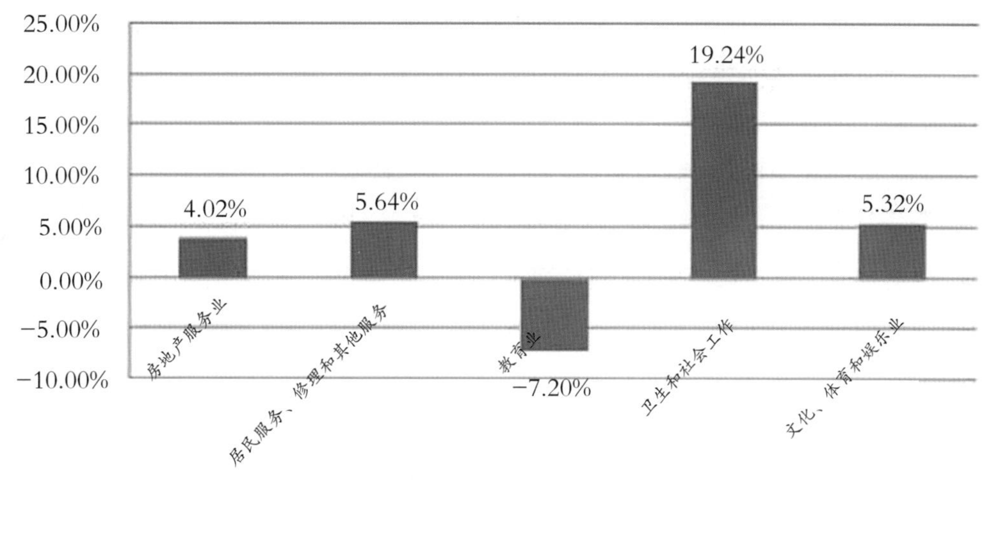


## 四、企业面临的突出问题

（一）用工成本上涨过快。62.4%的企业认为用工成本上涨过快是目前企业面临的突出问题。比上年提高了1.4个百分点。

（二）市场需求不足。38.8%的企业认为市场需求不足是目前企业面临的突出问题。由于企业数增加，市场份额变小了，企业面临的竞争愈发激烈，认同率比上年提高了6.0个百分点。

（三）资金紧张。34.0%的企业认为资金紧张是目前企业面临的突出问题。比上年下降了1.4个百分点。

（四）招工难。29.8%的企业认为招工难是目前企业面临的突出问题，比上年提高了0.6个百分点。

（五）原材料成本上升快。29.8%的企业认为原材料成本上升快是目前企业面临的突出问题，比上年提高了0.9个百分点。

（六）融资难。有13.5%的企业认为融资难是目前企业面临的突出问题，比上年下降了0.5个百分点。

（七）其他。有4.6%的企业认为企业面临的突出问题是“其他”，比上年提高0.4个百分点。

表4.1：规模以下服务业监测企业面临最突出的问题认同率

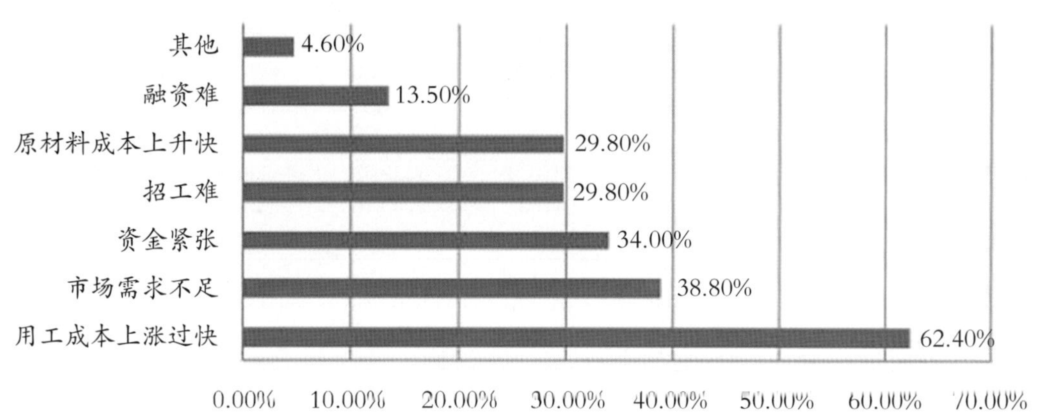

# 1-10 地区生产总值（1978—2013年）

## Gross Domestic Product（1978—2013）

本表按当年价格计算
Data in this table are calculated by current prices.
单位：亿元

| 年份<br>Year | 地区生产总值<br>Gross Domestic Product | 第一产业<br>Primary Industry | 第二产业<br>Secondary Industry | 工业<br>Industry | 建筑业<br>Construction | 第三产业<br>Tertiary Industry | 人均地区生产总值（元/人）<br>Per Capita GDP（yuan/person） |
|---|---|---|---|---|---|---|---|
| 1978 | 75.85 | 31.01 | 25.81 | 23.29 | 2.52 | 19.03 | 225 |
| 1979 | 84.59 | 37.57 | 27.98 | 25.12 | 2.86 | 19.04 | 246 |
| 1980 | 97.33 | 44.07 | 30.79 | 27.78 | 3.01 | 22.47 | 278 |
| 1981 | 113.46 | 52.58 | 33.01 | 29.71 | 3.30 | 27.87 | 317 |
| 1982 | 129.15 | 63.15 | 34.72 | 30.98 | 3.74 | 31.28 | 354 |
| 1983 | 134.60 | 63.59 | 37.09 | 32.39 | 4.70 | 33.92 | 363 |
| 1984 | 150.27 | 66.26 | 43.26 | 36.97 | 6.29 | 40.75 | 399 |
| 1985 | 180.97 | 77.49 | 54.69 | 45.92 | 8.77 | 48.79 | 471 |
| 1986 | 205.46 | 85.62 | 69.03 | 58.41 | 10.62 | 50.81 | 525 |
| 1987 | 241.56 | 99.94 | 81.79 | 70.96 | 10.83 | 59.83 | 607 |
| 1988 | 313.28 | 118.25 | 100.69 | 86.38 | 14.31 | 94.34 | 770 |
| 1989 | 383.44 | 149.98 | 109.97 | 97.11 | 12.86 | 123.49 | 927 |
| 1990 | 449.06 | 176.77 | 118.45 | 104.79 | 13.66 | 153.84 | 1066 |
| 1991 | 518.59 | 195.17 | 141.02 | 123.66 | 17.36 | 182.40 | 1211 |
| 1992 | 646.60 | 233.03 | 187.48 | 161.44 | 26.04 | 226.09 | 1490 |
| 1993 | 871.70 | 250.11 | 321.10 | 273.03 | 48.07 | 300.49 | 1982 |
| 1994 | 1198.29 | 333.79 | 469.81 | 404.59 | 65.22 | 394.69 | 2675 |
| 1995 | 1497.56 | 453.15 | 535.86 | 461.25 | 74.61 | 508.55 | 3304 |
| 1996 | 1697.90 | 534.88 | 587.37 | 503.32 | 84.05 | 575.65 | 3706 |
| 1997 | 1817.25 | 582.74 | 614.07 | 524.49 | 89.58 | 620.44 | 3928 |
| 1998 | 1911.30 | 586.70 | 667.29 | 561.34 | 105.95 | 657.31 | 4346 |
| 1999 | 1971.41 | 567.72 | 682.34 | 570.76 | 111.58 | 721.35 | 4444 |
| 2000 | 2080.04 | 557.38 | 732.76 | 612.33 | 120.43 | 789.90 | 4652 |
| 2001 | 2279.34 | 576.34 | 771.18 | 639.55 | 131.64 | 931.82 | 5058 |
| 2002 | 2523.73 | 601.99 | 846.89 | 699.15 | 147.74 | 1074.85 | 5558 |
| 2003 | 2821.11 | 658.78 | 984.08 | 813.79 | 170.29 | 1178.25 | 6169 |
| 2004 | 3433.50 | 817.88 | 1253.70 | 1044.80 | 208.90 | 1361.92 | 7461 |
| 2005 | 3984.10 | 912.50 | 1510.68 | 1264.84 | 245.84 | 1560.92 | 8590 |
| 2006 | 4746.16 | 1032.47 | 1878.56 | 1592.33 | 286.23 | 1835.12 | 10121 |
| 2007 | 5823.41 | 1241.35 | 2425.29 | 2090.10 | 335.19 | 2156.76 | 12277 |
| 2008 | 7021.00 | 1453.75 | 3037.74 | 2627.39 | 410.35 | 2529.51 | 14652 |
| 2009 | 7759.16 | 1458.49 | 3381.54 | 2863.84 | 517.70 | 2919.13 | 16045 |
| 2010 | 9569.85 | 1675.06 | 4511.68 | 3860.46 | 651.22 | 3383.11 | 20219 |
| 2011 | 11720.87 | 2047.23 | 5675.32 | 4851.37 | 823.95 | 3998.33 | 25326 |
| 2012 | 13035.10 | 2172.37 | 6247.43 | 5279.26 | 968.17 | 4615.30 | 27952 |
| 2013 | 14378.00 | 2343.57 | 6863.04 | 5749.65 | 1113.39 | 5171.39 | 30588 |

# 1-11 财政、金融（1978—2013年）

## Government Finance & Financial Intermediation（1978—2013）

单位：亿元 （100 million yuan）

| 年 份<br>Year | 财 政 Finance | | | 金 融 Banking | | |
|---|---|---|---|---|---|---|
| | 总收入<br>Total Revenue | 总支出<br>Total Expenditure | 收支差额<br>Income & Expenditure Balance | 各项存款年底余额<br>Total Saving Deposit Balance | 各项贷款年底余额<br>Total Loan Balance | 城乡居民储蓄存款年底余额<br>Urban and Rural Savings Deposits |
| 1978 | 14.32 | 20.78 | -6.46 | | | |
| 1979 | 12.05 | 20.60 | -8.54 | | | |
| 1980 | 12.58 | 17.44 | -4.86 | | | |
| 1981 | 12.73 | 16.04 | -3.32 | | | |
| 1982 | 13.03 | 17.44 | -4.41 | | | |
| 1983 | 13.58 | 18.84 | -5.26 | | | |
| 1984 | 13.47 | 23.06 | -9.59 | | | |
| 1985 | 20.18 | 29.75 | -9.57 | 94.96 | 118.38 | 34.23 |
| 1986 | 25.23 | 42.22 | -16.99 | 124.85 | 152.47 | 48.40 |
| 1987 | 30.54 | 47.70 | -17.16 | 100.54 | 188.26 | 67.64 |
| 1988 | 33.89 | 53.27 | -19.39 | 165.67 | 210.61 | 81.73 |
| 1989 | 41.41 | 57.74 | -16.33 | 211.22 | 277.75 | 107.35 |
| 1990 | 46.83 | 65.00 | -18.17 | 271.17 | 326.29 | 152.29 |
| 1991 | 55.92 | 71.61 | -15.69 | 351.85 | 389.76 | 201.39 |
| 1992 | 61.20 | 78.48 | -17.28 | 501.66 | 499.20 | 277.02 |
| 1993 | 95.93 | 107.49 | -11.56 | 662.74 | 664.72 | 406.04 |
| 1994 | 62.26 | 124.93 | -62.67 | 915.24 | 835.52 | 572.34 |
| 1995 | 79.44 | 140.59 | -61.15 | 1152.32 | 1055.67 | 735.50 |
| 1996 | 90.51 | 157.01 | -66.50 | 1361.17 | 1203.41 | 884.55 |
| 1997 | 99.16 | 170.83 | -71.68 | 1568.83 | 1423.48 | 1013.14 |
| 1998 | 119.67 | 198.36 | -78.69 | 1792.10 | 1516.49 | 1150.08 |
| 1999 | 133.56 | 224.98 | -91.41 | 2010.14 | 1719.19 | 1257.26 |
| 2000 | 147.05 | 258.49 | -111.43 | 2269.06 | 1613.25 | 1374.42 |
| 2001 | 178.67 | 351.65 | -172.98 | 2518.94 | 1764.05 | 1538.95 |
| 2002 | 186.73 | 419.86 | -233.13 | 2784.14 | 1941.07 | 1736.60 |
| 2003 | 203.66 | 443.60 | -239.94 | 3175.34 | 2320.66 | 1971.66 |
| 2004 | 237.77 | 507.47 | -269.70 | 3673.19 | 2759.65 | 2240.11 |
| 2005 | 283.04 | 611.48 | -328.44 | 4202.84 | 3056.86 | 2561.34 |
| 2006 | 342.58 | 729.52 | -386.94 | 4971.86 | 3595.25 | 2946.22 |
| 2007 | 418.83 | 985.94 | -567.12 | 5749.94 | 4287.79 | 3185.28 |
| 2008 | 518.42 | 1297.11 | -778.69 | 7024.10 | 5066.68 | 3851.95 |
| 2009 | 620.99 | 1621.82 | -1000.83 | 9583.13 | 7268.41 | 4686.20 |
| 2010 | 771.99 | 2007.59 | -1235.60 | 11746.77 | 8867.52 | 5702.43 |
| 2011 | 947.72 | 2545.28 | -1597.56 | 13527.97 | 10646.43 | 6682.21 |
| 2012 | 1166.06 | 2985.23 | -1819.16 | 15966.65 | 12355.52 | 8042.23 |
| 2013 | 1317.60 | 3208.67 | -1891.06 | 18400.48 | 14081.01 | 9532.48 |

# 1-12 人口（1978—2013年）

## Population（1978—2013）

单位：万人 （10 000 persons）

| 年份 Year | 总户数（万户）Total Households（10 000 households） | 总人口（年末）Total Population（year-end） | 按性别分 By Sex | | 按城乡分 By Residence | | 人口密度（人/平方公里）Population Density（person/sq.km） |
|---|---|---|---|---|---|---|---|
| | | | 男性 Male | 女性 Female | 城镇人口 Urban Population | 乡村人口 Rural Population | |
| 1978 | 661 | 3402 | 1753 | 1649 | | | 144 |
| 1979 | 666 | 3470 | 1786 | 1684 | | | |
| 1980 | 676 | 3538 | 1822 | 1716 | | | 149 |
| 1981 | 694 | 3613 | 1862 | 1751 | | | |
| 1982 | 706 | 3684 | 1902 | 1782 | | | |
| 1983 | 718 | 3733 | 1930 | 1803 | | | |
| 1984 | 734 | 3806 | 1970 | 1836 | | | |
| 1985 | 757 | 3873 | 2005 | 1868 | | | 164 |
| 1986 | 783 | 3946 | 2044 | 1902 | | | |
| 1987 | 808 | 4016 | 2082 | 1934 | | | |
| 1988 | 831 | 4088 | 2119 | 1969 | | | |
| 1989 | 867 | 4150 | 2152 | 1998 | | | |
| 1990 | 896 | 4242 | 2205 | 2037 | 641 | 3601 | 179 |
| 1991 | 918 | 4324 | 2250 | 2074 | | | 183 |
| 1992 | 950 | 4380 | 2285 | 2095 | | | 185 |
| 1993 | 973 | 4438 | 2317 | 2121 | | | 187 |
| 1994 | 997 | 4493 | 2346 | 2147 | | | 190 |
| 1995 | 1020 | 4543 | 2377 | 2166 | 838 | 3705 | 192 |
| 1996 | 1040 | 4589 | 2398 | 2191 | | | 194 |
| 1997 | 1069 | 4633 | 2421 | 2212 | | | 196 |
| 1998 | 1092 | 4675 | 2442 | 2233 | | | 198 |
| 1999 | 1110 | 4713 | 2463 | 2250 | | | 199 |
| 2000 | 1140 | 4751 | 2484 | 2267 | 1337 | 3414 | 201 |
| 2001 | 1178 | 4788 | 2506 | 2282 | 1350 | 3438 | 202 |
| 2002 | 1197 | 4822 | 2521 | 2301 | 1365 | 3457 | 204 |
| 2003 | 1235 | 4857 | 2542 | 2315 | 1411 | 3446 | 205 |
| 2004 | 1285 | 4889 | 2559 | 2330 | 1550 | 3339 | 206 |
| 2005 | 1329 | 4925 | 2587 | 2338 | 1567 | 3093 | 208 |
| 2006 | 1374 | 4961 | 2612 | 2349 | 1635 | 3084 | 209 |
| 2007 | 1416 | 5002 | 2634 | 2368 | 1728 | 3040 | 201 |
| 2008 | 1459 | 5049 | 2659 | 2390 | 1838 | 2978 | 203 |
| 2009 | 1499 | 5092 | 2681 | 2411 | 1904 | 2952 | 205 |
| 2010 | 1347 | 5159 | 2708 | 2451 | 1849 | 2761 | 195 |
| 2011 | 1359 | 5199 | 2730 | 2469 | 1942 | 2703 | 196 |
| 2012 | 1361 | 5240 | 2759 | 2481 | 2038 | 2644 | 197 |
| 2013 | 1383 | 5282 | 2772 | 2510 | 2115 | 2604 | 199 |

# 1-13 行政区划（2013年底）

## Division of Administrative Areas（End of 2013）

单位：个 （unit）

| 市 | City | 市<br>City | 地级市<br>Cities at Pefecture Level | 县级市<br>Cities at County Level | 县<br>County | 市辖区<br>Districts under the Jurisdiction of Cities |
|---|---|---|---|---|---|---|
| 全区合计 | Total | 21 | 14 | 7 | 68 | 34 |
| 南宁市 | Nanning | 1 | 1 | | 6 | 6 |
| 柳州市 | Liuzhou | 1 | 1 | | 6 | 4 |
| 桂林市 | Guilin | 1 | 1 | | 12 | 5 |
| 梧州市 | Wuzhou | 2 | 1 | 1 | 3 | 3 |
| 北海市 | Beihai | 1 | 1 | | 1 | 3 |
| 防城港市 | Fangchenggang | 2 | 1 | 1 | 1 | 2 |
| 钦州市 | Qinzhou | 1 | 1 | | 2 | 2 |
| 贵港市 | Guigang | 2 | 1 | 1 | 1 | 3 |
| 玉林市 | Yulin | 2 | 1 | 1 | 4 | 1 |
| 百色市 | Baise | 1 | 1 | | 11 | 1 |
| 贺州市 | Hezhou | 1 | 1 | | 3 | 1 |
| 河池市 | Hechi | 2 | 1 | 1 | 9 | 1 |
| 来宾市 | Laibin | 2 | 1 | 1 | 4 | 1 |
| 崇左市 | Chongzuo | 2 | 1 | 1 | 5 | 1 |

| 市 | City | 镇<br>Towns | 乡<br>Township | 街道办事处<br>Street Communities | 居民委员会<br>Neighborhood Committees | 村民委员会<br>Village Committees |
|---|---|---|---|---|---|---|
| 全区合计 | Total | 722 | 405 | 120 | 1835 | 14313 |
| 南宁市 | Nanning | 86 | 16 | 25 | 371 | 1382 |
| 柳州市 | Liuzhou | 43 | 43 | 31 | 278 | 935 |
| 桂林市 | Guilin | 67 | 67 | 13 | 228 | 1654 |
| 梧州市 | Wuzhou | 53 | 5 | 9 | 143 | 861 |
| 北海市 | Beihai | 21 | 2 | 7 | 85 | 342 |
| 防城港市 | Fangchenggang | 13 | 11 | 5 | 41 | 282 |
| 钦州市 | Qinzhou | 57 | | 7 | 98 | 932 |
| 贵港市 | Guigang | 53 | 19 | 2 | 78 | 1074 |
| 玉林市 | Yulin | 101 | 1 | 8 | 117 | 1361 |
| 百色市 | Baise | 64 | 69 | 2 | 70 | 1803 |
| 贺州市 | Hezhou | 45 | 12 | 4 | 48 | 707 |
| 河池市 | Hechi | 52 | 86 | 1 | 146 | 1502 |
| 来宾市 | Laibin | 30 | 36 | 3 | 44 | 724 |
| 崇左市 | Chongzuo | 37 | 38 | 3 | 88 | 754 |

# 主要统计指标解释

**地区生产总值（原国内生产总值）** 是指一个地区所有常住单位在一定时期内生产活动的最终成果。地区生产总值有三种表现形态，即价值形态、收入形态和产品形态。从价值形态看，它是所有常住单位在一定时期内所生产的全部货物和服务价值超过同期投入的全部非固定资产货物和服务价值的差额，即所有常住单位的增加值之和；从收入形态看，它是所有常住单位在一定时期内所创造并分配给常住单位和非常住单位的初次分配收入之和；从产品形态看，它是最终使用的货物和服务减去进口货物和服务。在核算中，地区生产总值的三种表现形态表现为三种计算方法，即生产法、收入法和支出法。三种方法分别从不同的方面反映地区生产总值及其构成。根据国家统计局有关我国GDP核算和数据发布制度的规定，广西国内生产总值自2004年起更名为“广西生产总值”，简称“广西GDP”。

**三次产业** 是根据社会生产活动历史发展的顺序对产业结构的划分，产品直接取自然界的部门称为第一产业，对初级产品进行再加工的部门称为第二产业，为生产和消费提供各种服务的部门称为第三产业。

我国的三次产业划分是:

第一产业:农业(包括种植业、林业、牧业和渔业)。

第二产业:工业(包括采掘业，制造业，电力、煤气及水的生产和供应业)和建筑业。

第三产业:除第一、第二产业以外的其他各业。由于第三产业包括的行业多，范围广，根据我国的实际情况，第三产业又分为两大部分:一是流通部门，二是服务部门。

**财政收入** 是指国家财政参与社会产品分配所取得的收入，是实现国家职能的财力保证。财政收入所包括的内容几经变化，目前主要包括：（1）各项税收，包括增值税、营业税、消费税、土地增值税、城市维护建设税、资源税、城市土地使用税、印花税、房产税、车船使用税、屠宰税、个人所得税、企业所得税、关税、契税、农牧业税和耕地占用税等。（2）专项收入：包括征收排污费收入、城市水资源费收入、教育费附加收入、矿产资源补偿费收入。（3）其他收入，包括国有资产经营收益、国有企业计划亏损补贴、基本建设贷款归还收入、基本建设收入、罚没收入、行政性收费收入、其他收入等。

**财政支出** 是指国家为行使其职能，对筹集的财政资金进行有计划的分配使用的总称。国家财政支出，体现政府的活动范围和方向，反映财政资金的分配关系。财政支出主要包括：（1）基本建设支出；（2）企业挖潜改造资金；（3）地质勘探费；（4）科技三项费用；（5）流动资金；（6）支援农村生产支出；（7）农林水利气象等部门的事业费；（8）工业交通等部门事业费；（9）商业部门事业费；（10）城市维护费；（11）文教卫生事业费；（12）科学事业费；（13）其他部门事业费；（14）抚恤和社会福利救济费；（15）国防支出类；（16）行政管理费；（17）公检法支出；（18）价格补贴支出；（19）支援不发达地区支出；（20）专项支出；（21）农业综合开发支出；（22）行政事业单位离退休经费；（23）其他支出等。

**存款** 指企业、机关、团体或居民根据资金必须收回的原则，把货币资金存入银行或其他信用机构保管并取得一定利息的一种信用活动形式。根据存款对象的不同可划分为企业存款、财政存款、机关团体存款、基本建设存款、城镇储蓄存款、农村存款等科目。它是银行信贷资金的主要来源。

**贷款** 指银行或其他信用机构根据资金必须归还的原则，按一定利率，为企业、个人等提供资金的一种信用活动形式。我国银行贷款分为流动资金贷款、固定资产贷款、城乡个体工商户贷款以及农业贷款等科目。

**户数** 包括家庭户(含单身独居)和集体户。

**人口数** 指一定时点、一定地区范围内有生命的个人的总和。

**市镇人口** 指市人口和县辖镇人口。

**乡村人口** 指县辖乡的全部人口。

# Explanatory Notes on Main Statistical Indicators

**Gross Domestic Product(GDP)** refers to the final products of all resident units in a region during a certain period of time. Gross domestic product is expressed in three different forms, i.e. value added, income, and products respectively. The form of value added refers to the total value of all products and services produced by all resident units during a certain period of time minus total value of input of materials and services of the nature of non-fixed assets of the summation of the value added of all resident units; the form of income includes all the income created by all resident units and distributed primarily to all resident and non-resident units; the form of products refers to all final goods and services minus imports of goods and services. In the practice of national accounting, gross domestic product is calculated with three approaches, i.e. product approach, income approach, and expenditure approach respectively to reflect gross domestic product and its composition from different aspects.

**Three Industries** Industry structure has been classified according to the historical sequence of development. Primary industry refers to extraction of natural resources; secondary industry involves processing of primary products; and tertiary industry provides services of various kinds for production and consumption. Industry in China comprises:

Primary industry: agriculture (including farming, forestry, animal husbandry and fishery).

Secondary industry: industry (including mining and quarrying, manufacturing, and electricity, gas and water production and supply).

Tertiary industry: all other industries not included in primary or secondary industry. Since tertiary industry includes various trades and is with extensive coverage, it is divided into 2 parts according to our country's actual situation: circulation department and service department.

**Government Revenue** refers to the revenue of the government finance by means of participating in the distribution of the social products, which are the financial resources for ensuring the government to function. The contents of government revenue have been changed several times. Now it includes the following main items: (1) Various tax revenues, including value added taxes, business tax, consumption tax, land value added tax, tax on city maintenance and construction, resources tax, tax on use of urban land, stamp tax, tax on real estate, tax on the use of vehicles and ships, slaughter tax, personal income tax, enterprise income tax, tariff, contract tax, tax on agriculture and animal husbandry and tax on occupancy of cultivated land, etc. (2) Special income: including revenue collected from imposing fee on sewage treatment, revenue collected from imposing fee on urban water resources, extra-charges for education, and revenue collected from imposing fee on mine resources. (3) Other revenues, including profits from management of state-owned assets, subsidies to loss-making state-owned enterprise, revenue from the repayment of capital construction loan, revenue from capital construction, penalty, administration income and other incomes.

**Government Expenditure** refers to the (1) Expenditure for capital construction; (2) Innovation funds of the enterprises; (3) Geological prospecting expenses; (4) Expenditures for science and technology promotion; (5) Circulating funds; (6) Expenditure for supporting rural production; (7) Operating expenses of the departments of farming, forestry, water conservancy and meteorology etc; (8) Operating expenses of the departments of industry, transport; (9) Operating expenses of the department of commerce;

(10) Expenditure for city maintenance; (11) Operating expenses of the departments of culture, education and public health; (12) Operating expenses of the department of science; (13) Operating expenses of the other departments; (14) Pension for the disabled or for the families of the bereaved and relief funds for social welfare; (15) Expenditures for national defense; (16) Administrative expenses (17) Expenditure for public security agency, procurator agency and court of justice; (18) Expenditure for price subsidies; (19) Expenditure for supporting under-developed areas; (20) Special expenditure; (21) Expenditure for comprehensive development of agriculture; (22) Expenditure for retired persons in administrative department; (23) Other expenditures.

**Deposit** is a form of credit by which enterprises, institutions, organizations or residents can put money into banks and other credit institutions for safekeeping and interest earning under the principle of free withdrawal. According to different depositors, deposits are divided into enterprise deposits, treasury deposits, deposits of government agencies and organizations, capital construction deposits, urban savings deposits, rural deposits and other deposits. Deposits are major sources of the credit funds of banks.

**Loan** is a form of credit by which banks and other credit institutions provide funds at certain interest rate to enterprises and individuals in the light of the principle of unconditional repayment. Loans from Chinese banks include circulating capital loans, fixed assets loans, loans to urban and rural individuals engaged in industrial and commercial business and agricultural loans.

**Households** include family household (including single household) and collective households.

**Total Population** refers to the total number of people alive at a certain point of time within a given area.

**Urban Population** refers to city population and town population.

**Country Population** refers to the total population under the jurisdiction of country.

# 第二篇　人民生活

## Chapter 2　People's Livelihood

# 2-1 城镇居民家庭人均收支及恩格尔系数（1980—2013年）

## Per Capita Annual Income and Expenditure & Engle's Coefficient of Urban Households (1980—2013)

| 年 份 Year | 城镇居民家庭人均可支配收入 Per Captita Annual Disposable Income of Urban Households | | 城镇居民家庭人均消费性支出 Average Urban Household Consumption Expenditure | | 恩格尔系数（%） Engel's Coefficient (%) |
|---|---|---|---|---|---|
| | 绝对数（元） Value (yuan) | 比上年±% Growth Rate Over Preceding Year (%) | 绝对数（元） Value (yuan) | 比上年±% Growth Rate Over Preceding Year(%) | |
| 1980 | 114 | | 103 | | 57.4 |
| 1981 | 429 | | 423 | | 58.7 |
| 1982 | 427 | -0.6 | 442 | 4.5 | 60.4 |
| 1983 | 444 | 4.1 | 466 | 5.3 | 61.4 |
| 1984 | 563 | 26.8 | 542 | 16.4 | 57.9 |
| 1985 | 683 | 21.4 | 664 | 22.5 | 56.6 |
| 1986 | 784 | 14.7 | 740 | 11.4 | 58.0 |
| 1987 | 899 | 14.7 | 861 | 16.4 | 59.1 |
| 1988 | 1159 | 28.9 | 1198 | 39.2 | 54.6 |
| 1989 | 1304 | 12.5 | 1296 | 8.2 | 59.3 |
| 1990 | 1448 | 11.0 | 1338 | 3.2 | 58.6 |
| 1991 | 1614 | 11.4 | 1584 | 18.4 | 55.3 |
| 1992 | 2104 | 30.4 | 1740 | 9.9 | 55.9 |
| 1993 | 2895 | 37.6 | 2303 | 32.4 | 53.7 |
| 1994 | 3981 | 37.5 | 3327 | 44.5 | 50.4 |
| 1995 | 4792 | 20.4 | 4046 | 21.6 | 51.0 |
| 1996 | 5033 | 5.0 | 4339 | 7.3 | 50.4 |
| 1997 | 5110 | 1.5 | 4453 | 2.6 | 47.5 |
| 1998 | 5412 | 5.9 | 4381 | -1.6 | 46.3 |
| 1999 | 5620 | 3.8 | 4587 | 4.7 | 44.3 |
| 2000 | 5834 | 3.8 | 4852 | 5.8 | 39.9 |
| 2001 | 6666 | 14.3 | 5225 | 7.7 | 37.7 |
| 2002 | 7315 | 9.8 | 5413 | 3.6 | 40.7 |
| 2003 | 7785 | 6.4 | 5763 | 6.5 | 40.0 |
| 2004 | 8177 | 5.0 | 5862 | 1.7 | 44.0 |
| 2005 | 8917 | 9.0 | 6424 | 9.6 | 42.5 |
| 2006 | 9899 | 11.0 | 6792 | 5.7 | 42.1 |
| 2007 | 12200 | 23.2 | 8151 | 20.0 | 41.7 |
| 2008 | 14146 | 16.0 | 9627 | 18.1 | 42.4 |
| 2009 | 15451 | 9.2 | 10352 | 7.5 | 39.9 |
| 2010 | 17064 | 10.4 | 11490 | 11.0 | 38.1 |
| 2011 | 18854 | 10.5 | 12848 | 11.8 | 39.5 |
| 2012 | 21243 | 12.7 | 14244 | 10.9 | 39.0 |
| 2013 | 23305 | 9.7 | 15418 | 8.2 | 37.9 |

注：1. 1980年度数据仅为第四季度，2. 1992年前可支配收入为生活费收入。

Note:The fourth quarter of the year 1980 only a few degrees,1992 disposable income beforeDisposable Income for Living Expenses Income.

# 2-2 城镇居民家庭基本情况（2013年）

| 项 目 | Item | 合 计 Total |
|---|---|---|
| 调查户数（户） | Households Surveyed（household） | 2575 |
| 家庭居住人口数（人/户） | Household Size（person/household） | 3.32 |
| 现住房总建筑面积（平方米/人） | Total Floor Space for Current Housing（sq.m/person） | 39.77 |
| 现住房屋总使用面积（平方米/人） | Total Utility Space for Current Residence（sq.m/person） | 29.90 |
| 房屋产权（%） | House Property Right（%） | |
| 租赁公房 | Rental Public Housing | 7.33 |
| 租赁私房 | Rental Privately Owned Housing | 5.17 |
| 原有私房 | Original Privately Owned Housing | 22.71 |
| 房改私房 | Privately Owned House After Housing Reform | 29.20 |
| 商品房 | Commidity House | 29.90 |
| 其他 | Others | 5.54 |
| 住宅建筑式样（%） | House Styles（%） | |
| 单栋住宅 | One-family House | 21.06 |
| 四居室 | Four Room Flat | 6.99 |
| 三居室 | Three Room Flat | 34.70 |
| 二居室 | Two Room Flat | 27.60 |
| 一居室 | One Room Flat | 7.21 |
| 普通楼房 | OrdinaryBuildings | 0.36 |
| 平房及其他 | One-storey House | 1.93 |
| 建筑年份（户） | Construction year（household） | 12.38 |
| 装修状况（%） | Decoration Situation | |
| 有装修 | Decoration | |
| # 最近一次装修花费（元/户） | # Most Recent Renovation Cost（yuan/household） | |
| 未装修 | No Decoration | |
| 现有住房按市场价估计值（元/户） | Existing Housing at Market Value Estimates（yuan/household） | 351831.81 |
| 租赁房房租（元/户） | Rental Housing Rent（yuan/household） | 51.27 |
| 购房总金额（元/户） | Purchase House Total Amount of Money（yuan/household） | 134150.38 |
| 购房实际支出金额（元/户） | Actual Expenditures for Purchase Amount（yuan/household） | 106888.65 |

# Basic Conditions of Urban Households（2013）

| 按收入等级分 Grouped by Percentile of Households | | | | |
|---|---|---|---|---|
| 低收入户 Low Income Households | 中低收入户 Lower Middle Income Households | 中等收入户 Middle Income Households | 中高收入户 Upper Middle Income Households | 高收入户 High Income Households |
| 514 | 516 | 518 | 511 | 516 |
| 3.47 | 3.35 | 3.29 | 3.17 | 3.13 |
| 33.80 | 33.46 | 38.36 | 40.65 | 53.60 |
| 25.42 | 25.15 | 28.84 | 30.56 | 40.30 |
| | | | | |
| 7.08 | 6.96 | 10.09 | 11.73 | 5.16 |
| 3.81 | 3.48 | 3.27 | 3.44 | 5.05 |
| 52.63 | 29.23 | 22.90 | 21.33 | 22.54 |
| 11.67 | 20.19 | 25.70 | 30.33 | 40.85 |
| 20.28 | 34.74 | 34.77 | 28.16 | 22.07 |
| 4.25 | 5.16 | 3.27 | 5.21 | 4.23 |
| | | | | |
| 50.28 | 27.70 | 19.16 | 20.06 | 21.60 |
| 2.36 | 5.63 | 5.61 | 7.58 | 10.33 |
| 14.19 | 28.17 | 38.51 | 35.15 | 42.96 |
| 18.28 | 28.33 | 28.50 | 31.12 | 18.43 |
| 9.91 | 6.65 | 5.88 | 4.86 | 5.16 |
| | 0.47 | 0.47 | | 0.47 |
| 4.72 | 2.82 | 1.87 | 1.42 | 0.94 |
| 12.41 | 13.12 | 11.36 | 11.98 | 12.53 |
| | | | | |
| 78092.29 | 100486.46 | 119688.03 | 128862.52 | 164804.56 |
| 16.84 | 12.49 | 10.30 | 18.90 | 27.73 |
| 33307.16 | 33825.98 | 46848.88 | 46829.37 | 64917.44 |
| 27550.21 | 26275.38 | 36724.64 | 36088.29 | 53316.89 |

2-2 续表 1

| 项 目 | Item | 合 计 Total |
|---|---|---|
| 饮水情况（%） | Drinking Water（%） | |
| 自来水 | Tap Water | 94.52 |
| 矿泉水 | Mineral Water | |
| 纯净水 | Pure Water | 0.71 |
| 井、河水 | Well or River Water | 1.62 |
| 其他 | Others | 3.00 |
| 用水情况（%） | Wataer Utilization（%） | |
| 独用自来水 | Privater Tap Water | 98.40 |
| 公用自来水 | Public Tap Water | 0.74 |
| 井、河水 | Well or River Water | |
| 其他 | Others | 0.72 |
| 卫生设备（%） | Sanitary Install ation（%） | |
| 无卫生设备 | Withour Sanitary Installation | 0.52 |
| 有厕所浴室 | With Toilet and Bathroom | 96.89 |
| 有厕所无浴室 | Only With Toilet | 1.23 |
| 公用 | Pulic Toilet and Bathroom | 1.21 |
| 取暖设备（%） | Warming Facility（%） | |
| 无取暖设备 | No Warming Facility | 57.08 |
| 空调设备 | Air-conditioned | |
| 暖气 | Central Heating | |
| 其他 | Others | 42.78 |
| 炊用燃料使用情况（%） | Cooking Fuel（%） | |
| 煤炭 | Coal | 0.16 |
| 罐装液化石油气 | Canned Liquified Petroleum Gas | 61.63 |
| 管道液化石油气 | Pipeline Liquified Petroleum Gas | 2.92 |
| 管道煤气 | Pipeline Gas | 8.02 |
| 管道天然气 | Pipeline Natural Gas | 11.59 |
| 柴油 | Derv | 0.21 |
| 其他燃料 | Others Fuel | 15.31 |
| 通信设备使用情况 | Communications Facilities | |
| 固定电话（部/百户） | Fixed-line Telephone（set/100 household） | 43.70 |
| 移动电话（部/百户） | Mobile Phone（set/100 household） | 237.71 |
| 接入互联网的计算机（台/百户） | Network-connected Telephone（set/100 household） | 79.33 |

continued

| 按收入等级分 Grouped by Percentile of Households | | | | |
|---|---|---|---|---|
| 低收入户 Low Income Households | 中低收入户 Lower Middle Income Households | 中等收入户 Middle Income Households | 中高收入户 Upper Middle Income Households | 高收入户 High Income Households |
| 95.67 | 93.88 | 94.39 | 94.80 | 93.63 |
| | | | | |
| 0.47 | 0.94 | 0.93 | 0.47 | |
| 2.36 | 0.94 | 2.34 | | 3.75 |
| 1.46 | 4.24 | 2.34 | 4.73 | 2.34 |
| | | | | |
| 94.29 | 96.71 | 98.13 | 100.00 | 98.32 |
| 2.84 | 1.88 | 0.47 | | |
| | | | | |
| 2.84 | 1.41 | 1.40 | | 1.41 |
| | | | | |
| 0.47 | 1.41 | 0.47 | 0.95 | |
| 93.18 | 95.76 | 96.26 | 97.99 | 98.79 |
| 4.41 | 1.88 | 2.34 | | |
| 1.89 | 0.94 | 0.93 | 1.06 | 0.94 |
| | | | | |
| 62.61 | 66.90 | 53.74 | 48.88 | 57.73 |
| | | | | |
| | | | | |
| 37.35 | 33.10 | 46.26 | 51.12 | 41.99 |
| | | | | |
| | 0.47 | | | |
| 68.12 | 66.63 | 58.22 | 64.56 | 59.34 |
| 3.31 | 3.29 | 2.80 | 2.36 | 2.81 |
| 3.35 | 6.98 | 10.94 | 7.37 | 2.93 |
| 5.20 | 9.88 | 9.35 | 9.46 | 13.55 |
| 0.95 | | | | 0.47 |
| 19.03 | 12.75 | 18.69 | 16.24 | 20.63 |
| | | | | |
| 30.14 | 41.33 | 40.77 | 47.93 | 53.71 |
| 239.83 | 249.73 | 248.64 | 224.32 | 227.35 |
| 52.25 | 74.82 | 91.67 | 79.39 | 101.17 |

2-2 续表 2

| 项 目 | Item | 合 计 Total |
|---|---|---|
| 其它住房情况（套/户） | Other Housing Condition（set/household） | 0.09 |
| 出租房（套/户） | Rental Housing（set/household） | 0.04 |
| 建筑面积（平方米/户） | Building area（sq.m/household） | 3.47 |
| 偶尔居住房（套/户） | Occasionally Living Room（set/household） | 0.03 |
| 建筑面积（平方米/户） | Building area（sq.m/household） | |
| 其它用途房（套/户） | Other Uses Room（set/household） | 0.03 |
| 建筑面积（平方米/户） | Building area（sq.m/household） | 4.26 |
| 家庭人口数（人/户） | Family Population（person/household） | |
| 家庭类型（世代层次）（%） | Family Type（Generation Level）（%） | |
| 单身户 | Single Households | |
| 一对夫妇户 | A Couple Households | |
| 两代人单亲 | Two Generations Single | |
| 两代人一个小孩 | Two, A Child | |
| 两代人两个小孩 | Two, two Children | |
| 两代人多个小孩 | More than two Generations of Children Who | |
| 与父母 | Parents | |
| 三代人 | Three generations | |
| 其他 | Others | |
| 人口就业情况 | Employment Situation of Population | |
| 有收入者人数 | Income Earner | 2.15 |
| 就业人口数 | Number of the Employed | 1.71 |
| 国有经济单位职工人数 | Employees in the State-owned Enterprises | 0.69 |
| 城镇集体经济单位职工人数 | Employees in Urban Collective Economy | |
| 其他各种经济类型单位职工 | Employees in Other Forms of Economy | |
| 城镇个体经营者人员数 | Rural Self-employed Individual | 0.27 |
| 城镇个体被雇人员数 | Population Hired by Rural Self-employed Individual | |
| 离退休再就业人员数 | Number of the Retired and Reemployed | 0.07 |
| 其他就业人员数 | Other Employed Population | 0.67 |
| 离退休人数 | Number of the Retired | 0.39 |
| 其他有收入者人数 | Number of Other Income Earner | 0.06 |
| 无收入者人数 | Number of persons with no Income | 0.92 |

continued

| 按收入等级分 Grouped by Percentile of Households | | | | |
|---|---|---|---|---|
| 低收入户 Low Income Households | 中低收入户 Lower Middle Income Households | 中等收入户 Middle Income Households | 中高收入户 Upper Middle Income Households | 高收入户 High Income Households |
| 0.01 | 0.03 | 0.02 | 0.04 | 0.06 |
| 0.00 | 0.01 | 0.01 | 0.02 | 0.02 |
| 0.31 | 0.84 | 0.52 | 1.48 | 3.08 |
| | 0.01 | 0.01 | 0.01 | 0.02 |
| 0.01 | 0.01 | 0.01 | 0.01 | 0.01 |
| 0.79 | 0.81 | 0.86 | 1.41 | 3.70 |
| 0.58 | 0.67 | 0.69 | 0.79 | 0.84 |
| 0.48 | 0.53 | 0.54 | 0.61 | 0.65 |
| 0.11 | 0.16 | 0.24 | 0.31 | 0.38 |
| 0.10 | 0.09 | 0.09 | 0.07 | 0.08 |
| 0.01 | 0.01 | 0.02 | 0.04 | 0.04 |
| 0.27 | 0.27 | 0.19 | 0.20 | 0.15 |
| 0.06 | 0.11 | 0.14 | 0.16 | 0.19 |
| 0.03 | 0.03 | 0.01 | 0.01 | 0.01 |
| 0.42 | 0.33 | 0.31 | 0.21 | 0.16 |

# 2-3 城镇居民家庭人均收入与支出情况（2013年）

单位：元

| 项　目 | Item | 总平均 Total Average |
|---|---|---|
| **家庭总收入** | **Total Income** | **25028.72** |
| # 可支配收入 | # Disposable Income | 23305.38 |
| 工资性收入 | Wages Income | 15647.77 |
| 工资及补贴收入 | Income and Subsidies | 14909.32 |
| 其他劳动收入 | Other Labor Income | 738.45 |
| 经营性收入 | Net Operation Income | 2326.75 |
| 财产性收入 | Property Income | 997.91 |
| 利息收入 | Interest Income | 197.91 |
| 股息与红利收入 | Dividend and Bonus | 218.50 |
| 保险收益 | Insurance Proceeds | 1.76 |
| 其它投资收入 | Income from Other Investments | 93.23 |
| 出租房屋收入 | Rental Income | 464.71 |
| 知识产权收入 | Intellectual Property Income | 4.42 |
| 其他财产性收入 | Other Property Income | 15.69 |
| 转移性收入 | Transferred Income | 6056.30 |
| 养老金或离退休金 | Pensions and Retirement Pay | 4731.83 |
| 社会救济收入 | Social Relief | 21.95 |
| 辞退金 | Dismiss Pensions | 34.44 |
| 赔偿收入 | Compensation Income | 6.73 |
| 保险收入 | Insurance | 11.61 |
| # 失业保险金 | # Unemployment Insurance | 11.61 |
| 赡养收入 | Supporting Income | 365.92 |
| 捐赠收入 | Donation | 318.10 |
| 提取住房公积金 | Withdraw House Accumulation Fund | 107.49 |
| 其他转移性收入 | Other Transferred Income | 458.24 |
| **出售财物收入** | **Property Sale Income** | **140.31** |
| 出售住房收入 | House Sale Income | 136.32 |
| 出售其他物品收入 | Other Atriclese Sale Income | 3.98 |
| **借贷收入** | **Lending and Loaning Income** | **4357.17** |
| 提取储蓄存款 | Saving Deposit | 3763.46 |
| 借入款 | Borrowed funds | 264.18 |
| 收回借出款 | Recall ed Loan | 66.40 |
| 收回储蓄性保险本 | Recall ed Endowment Assurance | 0.04 |
| 兑售有价证券 | Against the Sale of Securities | 63.89 |
| 收回投资本金 | Recalled Original Capital of Investment | 24.27 |
| 住房贷款 | Accomadation Loan | 106.65 |
| 汽车贷款 | Automobile Loan | 9.87 |
| 教育贷款 | Rerurned Education Loan | 2.84 |
| 其他贷款 | Other Loans | 55.01 |
| 其他借贷收入 | Other Income on Loan | 0.56 |

# Per Capita Income and Expenditures of Urban Households（2013）

（yuan）

| 按收入等级分 Grouped by Percentile of Households | | | | |
|---|---|---|---|---|
| 低收入户 Low Income Households | 中低收入户 Lower Middle Income Households | 中等收入户 Middle Income Households | 中高收入户 Upper Middle Income Households | 高收入户 High Income Households |
| **11246.99** | **17016.30** | **22874.91** | **29976.92** | **53400.58** |
| 10192.18 | 15833.11 | 21185.89 | 27850.92 | 50365.86 |
| 7714.73 | 11458.02 | 14712.71 | 19611.36 | 29745.66 |
| 7088.48 | 10946.57 | 14253.77 | 18801.60 | 28261.17 |
| 626.25 | 511.44 | 458.95 | 809.76 | 1484.49 |
| 946.32 | 1345.64 | 1801.70 | 1706.60 | 7073.10 |
| 301.99 | 471.85 | 650.51 | 872.43 | 3324.16 |
| 65.07 | 141.32 | 172.42 | 240.88 | 454.31 |
| 32.55 | 101.20 | 55.88 | 92.24 | 1001.18 |
| 0.27 | 4.24 | 0.79 | | 3.76 |
| | | 4.03 | 118.43 | 441.70 |
| 191.04 | 218.05 | 403.74 | 409.95 | 1345.65 |
| | 1.84 | | | 25.05 |
| 12.61 | 5.21 | 5.78 | 10.92 | 52.50 |
| 2283.94 | 3740.78 | 5709.98 | 7786.53 | 13257.66 |
| 1459.55 | 3012.43 | 4769.89 | 6280.71 | 10102.45 |
| 56.59 | 26.71 | 10.91 | 0.48 | 2.72 |
| 2.27 | 4.61 | 5.80 | 173.67 | |
| | | | 6.61 | 34.44 |
| 29.28 | 1.96 | 10.31 | 11.83 | 0.20 |
| 29.28 | 1.96 | 10.31 | 11.83 | 0.20 |
| 318.99 | 241.66 | 324.13 | 526.64 | 474.99 |
| 106.92 | 115.08 | 163.40 | 188.08 | 1250.15 |
| 10.46 | 43.48 | 54.87 | 120.18 | 389.83 |
| 299.88 | 294.86 | 370.66 | 478.33 | 1002.87 |
| **1.31** | **6.29** | **209.61** | **364.00** | **187.55** |
| | | 207.82 | 361.67 | 178.16 |
| 1.31 | 6.29 | 1.79 | 2.32 | 9.39 |
| **1800.06** | **3301.79** | **3840.81** | **3780.35** | **10878.49** |
| 1537.88 | 2766.77 | 3395.52 | 3593.69 | 9065.99 |
| 100.12 | 283.35 | 353.36 | 139.67 | 509.71 |
| 69.47 | 35.48 | 39.86 | 31.78 | 177.08 |
| | | | | 0.23 |
| | | | | 398.68 |
| 56.97 | 6.29 | 2.03 | 2.32 | 53.69 |
| 3.05 | 0.10 | 4.01 | 5.53 | 649.50 |
| | 0.39 | 23.20 | 7.36 | 23.62 |
| 5.24 | 7.29 | | | |
| 27.29 | 202.12 | 20.06 | | |
| 0.03 | | 2.76 | | |

2-3 续表

单位：元

| 项 目 | Item | 总平均<br>Total Average |
|---|---|---|
| **家庭总支出** | **Total Expenditures** | **19972.33** |
| 消费支出 | Expenditure for Consumption | 15417.62 |
| # 服务性消费支出 | # Consumption Expenditures in Service | |
| 通过互联网购买商品或服务 | Purchase of Goods by Internet | 137.52 |
| 食品 | Food | 5841.16 |
| 衣着 | Clothing | 1015.88 |
| 居住 | Residence | 1662.50 |
| 家庭设备用品及服务 | Household Facilities Articles and Services | 1086.46 |
| 医疗保健 | Medicine and Medical Services | 776.26 |
| 交通和通信 | Traffic and Communications | 2564.92 |
| 教育文化娱乐服务 | Education, Culture and Recreation Articles and Services | 2083.99 |
| 杂项商品和服务 | Miscellanecus Commodities and Services | 386.46 |
| 购房与建房支出 | Expenditure on House-purchase and Building | 986.14 |
| 购房 | House-purchase | 960.87 |
| 建房 | House Building | 25.26 |
| 转移性支出 | Tranferred Expenditure | 1996.66 |
| 交纳的个人收入税 | Paid Individual Income Tax | 76.28 |
| 捐赠支出 | Donation | 1283.73 |
| 购买彩票 | Purchase of Lottery | 16.66 |
| 赡养支出 | Support Expenditure | 298.65 |
| 各种非储蓄性保险支出 | Non-saving Insurance | 114.39 |
| 其他转移性支出 | Other Transferredred Expenditure | 206.95 |
| 财产性支出 | Property Expentidure | 116.74 |
| 非生产性利息支出 | Payout of the Non-Productive Interests | 105.00 |
| 其他 | Others | 11.73 |
| 社会保障支出 | Social Security Expentidure | 1455.17 |
| 个人交纳的养老基金 | Personal Paid Pension Fund | 485.45 |
| 个人交纳的住房公积金 | Personal Paid Housing Accumulation Fund | 726.20 |
| 个人交纳的医疗基金 | Personal Paid Medical Care Fund | 186.75 |
| 个人交纳的失业基金 | Personal Paid Unemployment Fund | 44.85 |
| 其他社会保障支出 | Others | 11.92 |
| **借贷支出** | **Lending and Loaning Expenditures** | **6020.27** |
| 存入储蓄款 | Savings | 4831.10 |
| 借出款 | Lended Funds | 28.83 |
| 归还借款 | Rreturned Loan | 113.67 |
| 储蓄性保险支出 | Endowment Assurance Expentidure | 56.39 |
| 购买有价证券 | Purchase of Securities | 1.78 |
| 其它投资支出 | Other Investment Expenditure | 4.77 |
| 归还住房贷款 | Returned Accomadation Loan | 912.90 |
| 归还汽车贷款 | Returned Automobil Loan | 29.41 |
| 归还教育贷款 | Returned Education Loan | |
| 归还其它贷款 | Returned Others Loan | 26.87 |
| 其他借贷支出 | Others | 14.55 |

continued

(yuan)

| 按收入等级分 Grouped by Percentile of Households | | | | |
|---|---|---|---|---|
| 低收入户 Low Income Households | 中低收入户 Lower Middle Income Households | 中等收入户 Middle Income Households | 中高收入户 Upper Middle Income Households | 高收入户 High Income Households |
| **10191.39** | **14259.95** | **18950.64** | **22980.33** | **40083.16** |
| 8522.41 | 11937.27 | 14229.30 | 18241.40 | 28627.86 |
| | | | | |
| 59.78 | 122.50 | 124.01 | 138.55 | 288.40 |
| 3984.78 | 5224.85 | 5910.50 | 6656.82 | 8406.25 |
| 437.71 | 752.91 | 970.17 | 1252.90 | 2016.10 |
| 993.71 | 1182.69 | 1819.32 | 1706.55 | 3060.67 |
| 455.01 | 675.06 | 922.69 | 1306.07 | 2536.89 |
| 454.63 | 647.10 | 753.12 | 1054.87 | 1138.93 |
| 924.42 | 1739.99 | 1702.28 | 3288.76 | 6370.38 |
| 1152.91 | 1500.40 | 1840.93 | 2487.75 | 4101.88 |
| 119.23 | 214.28 | 310.28 | 487.68 | 996.77 |
| 15.68 | 115.37 | 1469.99 | 478.85 | 3585.17 |
| | 81.76 | 1431.30 | 443.85 | 3585.17 |
| 15.68 | 33.61 | 38.69 | 34.99 | |
| 720.62 | 1134.96 | 1643.02 | 2254.75 | 5209.51 |
| 4.69 | 22.66 | 25.00 | 28.37 | 374.27 |
| 490.67 | 763.27 | 1122.51 | 1513.68 | 3107.15 |
| 14.00 | 10.59 | 4.32 | 18.11 | 42.74 |
| 120.93 | 165.64 | 272.88 | 344.41 | 723.43 |
| 47.60 | 42.58 | 53.59 | 119.68 | 381.59 |
| 42.73 | 130.22 | 164.72 | 230.49 | 580.34 |
| 40.07 | 82.96 | 139.79 | 115.05 | 249.16 |
| 33.41 | 79.49 | 130.31 | 102.93 | 216.20 |
| 6.66 | 3.47 | 9.48 | 12.12 | 32.95 |
| 892.62 | 989.38 | 1468.54 | 1890.29 | 2411.46 |
| 500.05 | 450.20 | 472.14 | 532.56 | 475.40 |
| 237.14 | 337.63 | 750.14 | 1056.12 | 1574.75 |
| 126.33 | 150.16 | 187.36 | 232.36 | 273.31 |
| 25.41 | 32.87 | 47.27 | 56.71 | 73.41 |
| 3.70 | 18.53 | 11.63 | 12.54 | 14.58 |
| **1714.52** | **3367.40** | **5622.12** | **7383.39** | **14954.41** |
| 1370.04 | 2601.76 | 4330.47 | 6094.21 | 12181.05 |
| 2.47 | 12.27 | 2.10 | 27.88 | 124.96 |
| 19.07 | 71.31 | 79.32 | 81.63 | 390.77 |
| 12.85 | 31.29 | 36.43 | 118.08 | 109.71 |
| | 4.40 | | 2.62 | 2.07 |
| | 2.38 | 6.02 | 5.64 | 12.54 |
| 280.88 | 596.89 | 1157.76 | 1017.34 | 1852.70 |
| | 0.99 | 5.32 | 8.82 | 165.43 |
| | | | | |
| 29.16 | 44.32 | 2.99 | 23.29 | 33.50 |
| 0.05 | 1.79 | 1.71 | 3.88 | 81.68 |

# 2-4 城镇居民家庭人均消费支出情况（2013年）

单位：元

| 项 目 | Item | 总平均 Total Average |
|---|---|---|
| **消费支出** | **Total Consumption Expenditure** | **15417.62** |
| # 服务性消费支出 | # Consumption Expenditures of Service | |
| **食品** | **Food** | **5841.16** |
| 粮油类 | Grain and Oil | 775.00 |
| 粮食 | Grain | 446.68 |
| 大米 | Rice | 304.72 |
| 面粉 | Flour | 6.63 |
| 其它粮食及制品 | Others Grain & Products | 135.33 |
| 淀粉及薯类 | Starches and Tubers | 30.06 |
| 干豆类及豆制品 | Bean and Its Products | 65.91 |
| 油脂类 | Oil or Fat | 232.35 |
| 食用植物油 | Edible Oil | 227.23 |
| 食用动物油 | Consumption of Animal Oil | 5.12 |
| 肉禽蛋水产品类 | Poutry, Eggs and Quatic Products | 2308.59 |
| 肉类 | Meat | 1255.55 |
| 猪肉 | Pork | 888.02 |
| 牛肉 | Beef | 172.34 |
| 羊肉 | Lamb | 44.10 |
| 其它肉及制品 | Others Stewed & Products | 151.08 |
| 禽类 | Poultry | 587.89 |
| 鸡 | Chicken | 359.75 |
| 鸭 | Duck | 130.42 |
| 其它禽类及制品 | Others Poultry Processed & Products | 97.72 |
| 蛋类 | Eggs | 87.66 |
| 鲜蛋 | Fresh Eggs | 84.44 |
| 蛋制品 | Eggs Processed Products | 3.22 |
| 水产品类 | Aquatic Products | 377.49 |
| 鱼 | Fish | 261.28 |
| 虾 | Shrimp | 38.75 |
| 其它水产品及制品 | Others Aquatic & Products | 77.46 |
| 蔬菜类 | Vegetables | 611.45 |
| 鲜菜 | Fresh Vegetables | 559.14 |
| 干菜 | Dried Vegetables | 39.35 |
| 菜制品 | Vegetable Products | 12.95 |

# Per Capita Consumption Expenditure of Urban Households（2013）

（yuan）

| 按收入等级分 Grouped by Percentile of Households | | | | |
|---|---|---|---|---|
| 低收入户 Low Income Households | 中低收入户 Lower Middle Income Households | 中等收入户 Middle Income Households | 中高收入户 Upper Middle Income Households | 高收入户 High Income Households |
| **8522.41** | **11937.27** | **14229.30** | **18241.40** | **28627.86** |
| **3984.78** | **5224.85** | **5910.50** | **6656.82** | **8406.25** |
| 652.49 | 724.59 | 828.62 | 827.98 | 897.21 |
| 386.02 | 416.93 | 471.90 | 476.01 | 511.90 |
| 290.00 | 286.45 | 321.05 | 314.61 | 319.83 |
| 3.96 | 3.61 | 8.15 | 9.35 | 9.69 |
| 92.06 | 126.87 | 142.71 | 152.05 | 182.38 |
| 19.12 | 25.56 | 31.96 | 41.67 | 36.75 |
| 55.32 | 62.16 | 73.61 | 70.47 | 71.83 |
| 192.03 | 219.94 | 251.14 | 239.83 | 276.73 |
| 186.23 | 213.00 | 245.55 | 236.60 | 273.57 |
| 5.80 | 6.94 | 5.59 | 3.23 | 3.16 |
| 1801.54 | 2192.85 | 2422.12 | 2475.31 | 2882.36 |
| 1015.76 | 1230.59 | 1295.59 | 1330.27 | 1507.73 |
| 806.39 | 880.05 | 916.36 | 873.85 | 999.90 |
| 104.16 | 171.10 | 180.67 | 207.85 | 223.54 |
| 18.69 | 47.04 | 42.69 | 49.91 | 72.64 |
| 86.52 | 132.41 | 155.87 | 198.66 | 211.64 |
| 471.92 | 555.84 | 582.90 | 628.10 | 763.21 |
| 292.37 | 338.04 | 350.82 | 377.55 | 479.77 |
| 109.97 | 130.82 | 129.69 | 131.04 | 160.22 |
| 69.59 | 86.98 | 102.39 | 119.51 | 123.22 |
| 65.00 | 81.80 | 100.04 | 98.41 | 101.35 |
| 62.89 | 79.14 | 96.97 | 93.55 | 97.41 |
| 2.11 | 2.67 | 3.06 | 4.86 | 3.94 |
| 248.86 | 324.62 | 443.59 | 418.54 | 510.07 |
| 184.67 | 222.84 | 309.82 | 284.82 | 339.37 |
| 18.64 | 33.25 | 44.32 | 48.07 | 58.33 |
| 45.55 | 68.53 | 89.46 | 85.64 | 112.37 |
| 486.18 | 560.76 | 683.35 | 680.62 | 696.76 |
| 450.69 | 510.96 | 626.45 | 622.56 | 628.60 |
| 25.92 | 36.75 | 42.94 | 44.37 | 52.40 |
| 9.58 | 13.05 | 13.96 | 13.70 | 15.68 |

2-4 续表 1

单位：元

| 项 目 | Item | 总平均 Total Average |
|---|---|---|
| 调味品 | Flavoring | 70.03 |
| 糖烟酒饮料类 | Suger, Tobacco, Wine and Beverages | 449.81 |
| 糖类 | Carbohydrate Products | 46.08 |
| 烟草类 | Tobacco | 193.25 |
| 酒类 | Liquors | 118.86 |
| 白酒 | Liquors | 63.73 |
| 果酒 | Wine | 5.81 |
| 啤酒 | Beer | 30.68 |
| 其他酒 | Others | 18.65 |
| 饮料 | Beverage | 91.62 |
| 碳酸饮料 | Carbonated Beverages | |
| 瓶装饮用水 | Bottled Drinking Water | 15.17 |
| 茶叶 | Tea | 24.69 |
| 其他饮料 | Other Beverages | 51.75 |
| 干鲜瓜果类 | Dried and Fresh Melons and Fruits | 403.28 |
| 鲜果 | Fresh Fruits | 283.53 |
| 鲜瓜 | Fresh Melons | 50.03 |
| 其它干鲜瓜果类及制品 | Others Melon and Fruits & Products | 69.72 |
| 糕点、奶及奶制品 | Pastry, Milk and Milk Products | 335.76 |
| 糕点 | Pastry | 112.66 |
| 奶及奶制品 | Milk and Its Products | 223.10 |
| 鲜乳品 | Fresh milk | 93.22 |
| 奶粉 | Milk Powder | 84.25 |
| 酸奶 | Sour Milk | 11.80 |
| 其他奶制品 | Other Dairy Products | 33.82 |
| 其他食品 | Others Food | 94.52 |
| 饮食服务 | Food Service | 777.80 |
| 食品加工服务费 | Food Processing Cost | 2.34 |
| 在外饮食 | Dinars | 775.46 |
| **非食品类** | **Non-food** | |
| **衣着** | **Clothing** | **1015.88** |
| 服装 | Garments | 755.01 |
| 衣着材料 | Clothing Material | 5.51 |

continued

(yuan)

| 按收入等级分 Grouped by Percentile of Households | | | | |
|---|---|---|---|---|
| 低收入户 Low Income Households | 中低收入户 Lower Middle Income Households | 中等收入户 Middle Income Households | 中高收入户 Upper Middle Income Households | 高收入户 High Income Households |
| 48.35 | 62.81 | 79.43 | 83.76 | 84.46 |
| 238.35 | 399.93 | 329.51 | 545.66 | 871.22 |
| 25.41 | 35.88 | 46.97 | 48.18 | 87.03 |
| 107.83 | 185.94 | 121.75 | 220.33 | 387.76 |
| 54.62 | 97.21 | 92.23 | 165.86 | 223.06 |
| 32.79 | 42.93 | 48.11 | 87.55 | 130.32 |
| 1.12 | 5.36 | 8.86 | 6.31 | 8.94 |
| 14.77 | 23.75 | 24.72 | 38.92 | 61.70 |
| 5.94 | 25.17 | 10.54 | 33.08 | 22.10 |
| 50.49 | 80.89 | 68.57 | 111.29 | 173.37 |
| | | | | |
| 11.93 | 12.07 | 11.31 | 14.09 | 30.29 |
| 7.29 | 17.41 | 14.87 | 35.80 | 59.98 |
| 31.27 | 51.42 | 42.39 | 61.41 | 83.10 |
| 215.03 | 337.83 | 410.84 | 494.81 | 656.76 |
| 156.73 | 237.00 | 295.12 | 344.68 | 450.05 |
| 27.66 | 41.82 | 52.08 | 60.83 | 79.42 |
| 30.64 | 59.00 | 63.64 | 89.31 | 127.29 |
| 166.99 | 305.26 | 372.37 | 416.61 | 488.27 |
| 54.91 | 87.47 | 105.45 | 148.21 | 200.89 |
| 112.08 | 217.80 | 266.91 | 268.41 | 287.38 |
| 43.96 | 81.52 | 103.94 | 123.26 | 134.22 |
| 39.04 | 96.04 | 118.23 | 86.87 | 89.12 |
| 4.23 | 10.79 | 8.83 | 17.35 | 21.73 |
| 24.84 | 29.45 | 35.92 | 40.93 | 42.31 |
| 57.00 | 94.02 | 87.04 | 97.71 | 156.17 |
| 318.85 | 546.80 | 664.65 | 1017.47 | 1639.84 |
| 0.96 | 1.43 | 1.02 | 2.59 | 6.97 |
| 317.89 | 545.38 | 663.63 | 1014.88 | 1632.87 |
| | | | | |
| **437.71** | **752.91** | **970.17** | **1252.90** | **2016.10** |
| 322.38 | 548.32 | 732.02 | 893.54 | 1517.27 |
| 1.58 | 4.91 | 2.99 | 6.14 | 14.58 |

2-4 续表 2

单位：元

| 项　目 | Item | 总平均 Total Average |
|---|---|---|
| 鞋类 | Shoes | 210.46 |
| 其他衣着用品 | Other Clothing Articles | 38.90 |
| 衣着加工服务费 | Clothes Processing Service Cost | 2.23 |
| **家庭设备用品及服务** | **Household Facilities, Articles and Service** | **1086.46** |
| 耐用消费品 | Durable Consumer Goods | 502.21 |
| 家具 | Furniture | 168.89 |
| 家庭设备 | Household Facilities | 333.32 |
| 洗衣机 | Washing Machine | 44.50 |
| 电冰箱 | Refrigerator | 44.69 |
| 微波炉 | Microwave Oven | 7.24 |
| 空调器 | Air Conditioner | 69.15 |
| 淋浴热水器 | Shower Water Heaters | 28.27 |
| 消毒碗柜 | Xiaodaiwangui | 3.86 |
| 洗碗机 | Dishwashers | 0.06 |
| 其他 | Others | 135.55 |
| 室内装饰品 | Interior Decorations | 16.65 |
| 床上用品 | Bed Articles | 81.63 |
| 家庭日用杂品 | Daily Use Household Articles | 424.41 |
| 家具材料 | Furniture Material | 3.51 |
| 家庭服务 | Household Service | 57.12 |
| 家政服务 | Domestic Service | 26.08 |
| 加工维修服务费 | Processing Maintenance Services | 31.04 |
| **医疗保健** | **Health Care and Medical Services** | **776.26** |
| 医疗器具 | Medical Appliances | 7.15 |
| 保健器具 | Constitutional Appliances | 6.94 |
| 药品费 | Medicine Expense | 248.73 |
| 滋补保健品 | Nourishing Healthful Products | 63.35 |
| 医疗费 | Medical Care Expense | 620.99 |
| 其他 | Others | |
| **交通和通讯** | **Transport and Communications** | **2564.92** |
| 交通 | Transport | 1766.87 |
| 家庭交通工具 | Household Transportation | 864.12 |
| 摩托车 | Motor | 12.11 |

continued

(yuan)

| 按收入等级分 Grouped by Percentile of Households | | | | |
|---|---|---|---|---|
| 低收入户 Low Income Households | 中低收入户 Lower Middle Income Households | 中等收入户 Middle Income Households | 中高收入户 Upper Middle Income Households | 高收入户 High Income Households |
| 94.13 | 162.70 | 185.23 | 296.45 | 381.02 |
| 19.01 | 35.68 | 39.56 | 46.71 | 62.91 |
| 0.61 | 1.30 | 2.48 | 2.39 | 5.40 |
| **455.01** | **675.06** | **922.69** | **1306.07** | **2536.89** |
| 163.08 | 279.31 | 360.61 | 614.05 | 1357.96 |
| 67.65 | 52.76 | 51.75 | 191.65 | 598.38 |
| 95.44 | 226.55 | 308.86 | 422.40 | 759.58 |
| 15.69 | 43.71 | 28.28 | 72.63 | 76.27 |
| 8.40 | 22.58 | 50.51 | 57.82 | 106.28 |
| 2.78 | 10.61 | 9.89 | 4.45 | 9.03 |
| 16.55 | 54.65 | 61.74 | 64.40 | 181.27 |
| 9.13 | 36.70 | 39.01 | 22.70 | 37.79 |
| 2.58 | 4.65 | 3.28 | | 9.75 |
| | | 0.21 | | 0.12 |
| 40.30 | 53.65 | 115.94 | 200.41 | 339.06 |
| 7.74 | 3.42 | 6.77 | 15.76 | 61.36 |
| 28.39 | 41.28 | 85.89 | 99.24 | 190.10 |
| 241.42 | 325.26 | 402.42 | 476.24 | 798.69 |
| 0.02 | 1.17 | 11.91 | 1.29 | 3.90 |
| 14.36 | 24.61 | 51.45 | 98.52 | 124.70 |
| 0.44 | 5.59 | 22.33 | 68.72 | 48.10 |
| 13.92 | 19.02 | 29.12 | 29.80 | 76.61 |
| **454.63** | **647.10** | **753.12** | **1054.87** | **1138.93** |
| 4.35 | 3.19 | 3.96 | 5.50 | 22.60 |
| 0.12 | 2.26 | 7.52 | 3.72 | 26.35 |
| 166.71 | 266.70 | 226.28 | 268.04 | 350.93 |
| 13.21 | 27.95 | 74.27 | 118.91 | 108.88 |
| 377.89 | 442.65 | 515.93 | 1036.76 | 881.86 |
| **924.42** | **1739.99** | **1702.28** | **3288.76** | **6370.38** |
| 473.13 | 1033.69 | 869.81 | 2385.16 | 5098.86 |
| 133.51 | 529.49 | 208.97 | 1309.82 | 2712.56 |
| 6.99 | 14.36 | | 19.36 | 23.46 |

2-4 续表 3

单位：元

| 项 目 | Item | 总平均 Total Average |
|---|---|---|
| 助力车 | Moped | 85.10 |
| 家用汽车 | Domestic Car | 747.11 |
| 其他交通工具 | Other Modes of Transport | 19.79 |
| 车辆用燃料及零配件 | Fuel and Accessories for Vehicle | 439.01 |
| 燃料 | Fuel | 403.46 |
| 零配件 | Accessories | 35.55 |
| 其他 | Others | |
| 交通工具服务支出 | Transport Services Spending | 241.40 |
| 维修费 | Maintenance Costs | 53.32 |
| 车辆使用税费 | Vehicles Using Tax | 140.92 |
| 其它车辆使用费用 | Other Vehicles Cost | 47.16 |
| 交通费 | Transport | 218.80 |
| 飞机 | Aircraft | 37.83 |
| 火车 | Train | 33.33 |
| 长途汽车 | Long-distance Coach | 69.81 |
| 市内公共交通 | City Bus Transport | 21.28 |
| 出租汽车费 | Taxi Fees | 19.65 |
| 其他交通费 | Other Traffic Charges | 36.90 |
| 通信 | Communication | 798.05 |
| 通信工具 | Communication Tools | 175.97 |
| 电话机 | Telephone | 2.92 |
| 移动电话 | Mobile Telephone | 165.40 |
| 其他通信工具 | Other Communications Tools | 7.34 |
| 通信服务 | Communication Service | 622.08 |
| 电信费 | Communications | 614.29 |
| 邮费 | Postage | 1.98 |
| 其他 | Others | 3.61 |
| **教育文化娱乐服务** | **Recreation, Education and Cultural Services** | **2083.99** |
| 文化娱乐用品 | Recreation, and Cultural Facilities | 323.61 |
| 彩色电视机 | Color TV | 73.47 |
| 家用电脑 | Home Computer | 75.10 |
| 整机电脑 | Unit Computer | |

continued

(yuan)

| 按收入等级分 Grouped by Percentile of Households | | | | |
|---|---|---|---|---|
| 低收入户 Low Income Households | 中低收入户 Lower Middle Income Households | 中等收入户 Middle Income Households | 中高收入户 Upper Middle Income Households | 高收入户 High Income Households |
| 40.12 | 46.55 | 39.40 | 98.56 | 246.25 |
| 76.23 | 433.80 | 147.57 | 1175.60 | 2428.27 |
| 10.16 | 34.78 | 22.00 | 16.29 | 14.58 |
| 161.59 | 226.20 | 408.29 | 520.74 | 1085.52 |
| 144.75 | 209.41 | 379.59 | 471.15 | 1004.06 |
| 16.84 | 16.79 | 28.70 | 49.60 | 81.46 |
| | | | | |
| 72.95 | 129.18 | 100.65 | 295.65 | 758.21 |
| 25.26 | 25.18 | 43.05 | 74.39 | 122.20 |
| 35.18 | 82.38 | 38.17 | 162.17 | 481.55 |
| 12.51 | 21.61 | 19.43 | 59.08 | 154.46 |
| 105.08 | 148.82 | 149.21 | 246.63 | 537.95 |
| 4.56 | 6.29 | 8.08 | 40.72 | 164.14 |
| 13.33 | 27.57 | 11.37 | 39.09 | 91.65 |
| 53.89 | 53.06 | 63.67 | 71.42 | 122.17 |
| 10.72 | 20.29 | 20.65 | 27.21 | 32.23 |
| 5.30 | 12.82 | 10.56 | 20.32 | 60.79 |
| 17.29 | 28.78 | 34.88 | 47.86 | 66.97 |
| 451.30 | 706.30 | 832.48 | 903.59 | 1271.52 |
| 71.10 | 166.64 | 179.27 | 188.28 | 325.10 |
| 0.70 | 7.29 | 3.96 | 0.81 | 1.26 |
| 67.42 | 151.85 | 166.30 | 180.79 | 309.69 |
| 2.97 | 7.50 | 7.91 | 6.20 | 14.15 |
| 380.20 | 539.66 | 653.21 | 715.32 | 946.42 |
| 377.72 | 535.34 | 644.34 | 704.44 | 930.91 |
| 0.38 | 1.48 | 2.11 | 1.27 | 5.69 |
| 2.10 | 2.85 | 3.94 | 2.64 | 7.60 |
| **1152.91** | **1500.40** | **1840.93** | **2487.75** | **4101.88** |
| 137.97 | 242.29 | 252.15 | 405.67 | 704.77 |
| 34.71 | 17.42 | 52.68 | 89.37 | 215.55 |
| 35.68 | 83.75 | 55.94 | 104.49 | 111.77 |

2-4 续表 4

单位：元

| 项　目 | Item | 总平均 Total Average |
|---|---|---|
| 计算机外部设备 | Computer Peripheral Equipment | |
| 各种零配件及耗材 | Various Parts & Supplies | |
| 组合音响 | Machines | 2.25 |
| 摄像机 | Cameras | 1.37 |
| 照相机 | Cameras | 18.70 |
| 钢琴 | Piano | |
| 其他中高档乐器 | Other Middle-grade Instruments | 2.72 |
| 健身器材 | Fitness Equipment | 2.55 |
| 电子辞典 | Electronic Dictionary | |
| 音像制品及软件 | Audio-video Products and Software | 4.06 |
| 体育用品 | Sports | 8.64 |
| 书报杂志 | Newspapers and Magazines | 36.51 |
| 纸张文具 | Paper Stationery | 12.37 |
| 其他文娱用品 | Other Cultural Items | 85.87 |
| 文化娱乐服务 | Recreation, and Culrural Service | 592.08 |
| 参观游览 | Tourists | 23.26 |
| 健身活动 | Fitness Activities | 11.34 |
| 团体旅游 | Tourist Groups | 395.09 |
| 其它文娱活动 | Other Cultural Activities | 144.39 |
| 文娱用品修理服务费 | Civic Supplies Repair Services | 18.00 |
| 教育 | Education | 1161.41 |
| 教材 | Text-book | 22.96 |
| 课本及参考书 | Textbooks and Reference Books | |
| 教育软件 | Educational Software | |
| 其它教材 | Other Materials | |
| 教育费用 | Education Expense | 1138.45 |
| 非义务教育学杂费 | Non-compulsory Education Fees | 452.80 |
| 义务教育学杂费 | Compulsory Fees | 196.03 |
| 托幼费 | Nurseries Charges | 200.45 |
| 成人教育费 | Adult Education Fees | 55.19 |
| 家教费 | Tutor Fee | |
| 培训班 | Courses | 107.61 |
| 学校住宿费 | Boarding Schools | |
| 其他 | Others | 126.37 |

continued

(yuan)

| | 按收入等级分 Grouped by Percentile of Households | | | | |
|---|---|---|---|---|---|
| | 低收入户 Low Income Households | 中低收入户 Lower Middle Income Households | 中等收入户 Middle Income Households | 中高收入户 Upper Middle Income Households | 高收入户 High Income Households |
| | 0.35 | 0.49 | 0.76 | | 11.87 |
| | | | | | 8.54 |
| | 3.38 | 6.70 | 6.56 | 27.06 | 63.46 |
| | | | | | |
| | | | 8.50 | 0.59 | 5.68 |
| | | 0.19 | 4.30 | 7.93 | 1.22 |
| | | | | | |
| | 1.62 | 3.25 | 3.96 | 5.24 | 7.53 |
| | 3.24 | 7.93 | 7.41 | 13.09 | 14.05 |
| | 14.62 | 29.21 | 35.66 | 47.15 | 67.73 |
| | 7.28 | 11.67 | 13.07 | 14.64 | 17.36 |
| | 37.09 | 81.69 | 63.30 | 96.12 | 180.01 |
| | 169.57 | 370.69 | 463.52 | 813.36 | 1427.53 |
| | 7.44 | 9.30 | 18.63 | 27.29 | 66.97 |
| | 2.66 | 4.06 | 9.91 | 2.86 | 45.61 |
| | 72.04 | 212.46 | 300.57 | 561.01 | 1051.23 |
| | 78.33 | 128.25 | 123.55 | 204.13 | 221.87 |
| | 9.10 | 16.63 | 10.86 | 18.08 | 41.85 |
| | 845.37 | 887.41 | 1104.43 | 1254.06 | 1969.39 |
| | 37.18 | 16.10 | 22.32 | 16.54 | 19.55 |
| | | | | | |
| | | | | | |
| | | | | | |
| | 808.18 | 871.31 | 1082.11 | 1237.51 | 1949.84 |
| | 298.05 | 309.34 | 429.81 | 494.41 | 859.34 |
| | 203.38 | 165.00 | 228.86 | 167.89 | 218.86 |
| | 217.78 | 204.26 | 158.79 | 240.24 | 176.47 |
| | 7.37 | 34.06 | 37.88 | 84.64 | 142.80 |
| | | | | | |
| | 53.79 | 73.85 | 151.35 | 84.77 | 204.60 |
| | | | | | |
| | 27.80 | 84.82 | 75.42 | 165.57 | 347.77 |

2-4 续表 5

单位：元

| 项 目 | Item | 总平均 Total Average |
|---|---|---|
| **居住** | **Residence** | **1662.50** |
| 住房 | Accomadation | 515.03 |
| 租赁房房租 | Rental Housing Accommodation | 211.30 |
| 住房装潢支出 | Housing Expenditure Decorating | 151.50 |
| 维修用建筑材料 | Maintenance Materials | 102.81 |
| 其他 | Others | 49.41 |
| 水电燃料及其他 | Water, Electricity and Other Fuels | 981.55 |
| 水 | Water | 142.89 |
| 电 | Electricity | 490.06 |
| 燃料 | Fuels | 343.03 |
| 煤炭 | Coal | 1.65 |
| 罐装液化石油气 | Canned Liquified Petroleum Gas | 257.43 |
| 管道液化石油气 | Pipeline Liquified Petroleum Gas | 1.92 |
| 管道煤气 | Pipeline Gas | 8.30 |
| 管道天然气 | Pipeline Natural Gas | 58.41 |
| 柴油 | Derv | 0.08 |
| 其他燃料 | Others Fuel | 15.23 |
| 其他 | Others | 5.58 |
| 居住服务费 | Esidence Service Fees | 163.34 |
| 物业管理费 | Property Management Fees | 88.23 |
| 维修服务费 | Maintenance Services | 25.70 |
| 其它 | Others | 49.41 |
| **杂项商品和服务** | **Miscellaneous Commodities and Services** | **386.46** |
| 杂项商品 | Miscellaneous Commodities | 216.90 |
| 金银珠宝饰品 | Gold and Silver Jewelry | 62.15 |
| 手表 | Watches | 10.97 |
| 理发美容用具 | Barber Beauty Appliances | |
| 化妆品 | Cosmetic Products | 34.78 |
| 其他杂品 | Other Groceries | 108.88 |
| 服务 | Services | 169.55 |
| 旅馆住宿费 | Hotel Accommodations | 43.48 |
| 理发洗澡费 | Barber Bathing | 28.51 |
| 美容费 | Beauty | 19.01 |
| 其他服务 | Other Services | 77.81 |

continued

(yuan)

| 按收入等级分 | Grouped by Percentile of Households | | | |
|---|---|---|---|---|
| 低收入户<br>Low Income Households | 中低收入户<br>Lower Middle Income Households | 中等收入户<br>Middle Income Households | 中高收入户<br>Upper Middle Income Households | 高收入户<br>High Income Households |
| **993.71** | **1182.69** | **1819.32** | **1706.55** | **3060.67** |
| 217.18 | 241.37 | 572.81 | 479.17 | 1298.49 |
| 153.93 | 141.17 | 225.04 | 313.05 | 259.02 |
| 28.74 | 59.08 | 52.22 | 86.32 | 658.01 |
| 29.68 | 34.98 | 283.62 | 49.90 | 137.73 |
| 4.83 | 6.13 | 11.94 | 29.90 | 243.72 |
| 728.33 | 850.43 | 1059.33 | 1076.04 | 1329.75 |
| 103.74 | 119.41 | 149.51 | 161.68 | 203.11 |
| 343.24 | 397.52 | 543.91 | 544.13 | 704.49 |
| 280.45 | 331.86 | 357.49 | 366.78 | 405.35 |
| 0.29 | 6.93 | 0.21 | | 0.09 |
| 234.89 | 246.29 | 250.73 | 276.96 | 292.11 |
| 1.02 | 2.82 | 0.84 | 3.43 | 1.64 |
| 3.72 | 6.43 | 12.55 | 12.58 | 7.41 |
| 36.18 | 56.68 | 73.15 | 57.48 | 76.14 |
| 0.07 | 0.18 | 0.14 | | |
| 4.28 | 12.55 | 19.88 | 16.33 | 27.97 |
| 0.90 | 1.63 | 8.42 | 3.44 | 16.80 |
| 48.20 | 90.90 | 183.47 | 145.11 | 428.12 |
| 35.95 | 76.02 | 100.63 | 102.74 | 149.97 |
| 7.42 | 8.74 | 70.91 | 12.48 | 34.43 |
| 4.83 | 6.13 | 11.94 | 29.90 | 243.72 |
| **119.23** | **214.28** | **310.28** | **487.68** | **996.77** |
| 83.08 | 107.79 | 198.29 | 282.55 | 512.51 |
| 12.99 | 16.95 | 54.46 | 112.61 | 148.81 |
| 2.29 | 2.99 | 9.61 | 19.87 | 26.26 |
| 9.09 | 19.55 | 28.17 | 43.81 | 91.56 |
| 58.71 | 68.30 | 106.05 | 105.58 | 245.88 |
| 36.15 | 106.49 | 111.99 | 205.13 | 484.26 |
| 6.61 | 13.66 | 19.72 | 76.96 | 130.37 |
| 5.20 | 13.84 | 20.59 | 35.28 | 85.24 |
| 3.47 | 9.23 | 13.73 | 23.52 | 66.82 |
| 20.87 | 69.77 | 56.08 | 67.66 | 211.52 |

# 2–5 城镇居民家庭人均购买商品数量（2013年）

| 项 目 | Item | 总平均 Total Average |
|---|---|---|
| **消费支出（元）** | **Total Consumption Expenditure（yuan）** | **15417.62** |
| **食品（元）** | **Food（yuan）** | **5841.16** |
| 粮油类（千克） | Grain and Oil（kg） | 96.72 |
| 粮食（千克） | Grain（kg） | 81.12 |
| 大米 | Rice | 58.63 |
| 面粉 | Flour | 1.36 |
| 其他粮食及制品 | Others Grain & Products | 21.12 |
| 淀粉及薯类（千克） | Starches and Tubers（kg） | 5.44 |
| 干豆类及豆制品（元） | Bean and Its Products（yuan） | 65.91 |
| 油脂类（千克） | Oil or Fat（kg） | 10.16 |
| 食用植物油 | Edible Oil | 9.80 |
| 食用动物油 | Consumption of Animal Oil | |
| 肉禽蛋水产品类（千克） | Poutry, Eggs and Quatic Products（kg） | 88.18 |
| 肉类（千克） | Meat（kg） | 43.24 |
| 猪肉 | Pork | 35.23 |
| 牛肉 | Beef | 3.11 |
| 羊肉 | Lamb | 0.74 |
| 其他肉及制品 | Others Stewed & Products | 4.16 |
| 禽类（千克） | Poultry（kg） | 21.95 |
| 鸡 | Chicken | 13.08 |
| 鸭 | Duck | 5.67 |
| 其他禽及制品 | Others Poultry Processed & Products | 3.21 |
| 蛋类（千克） | Eggs（kg） | 6.68 |
| 鲜蛋 | Fresh Eggs | 6.47 |
| 蛋制品 | Eggs Processed Products | 0.21 |
| 水产品类（元） | Aquatic Products（yuan） | 377.49 |
| 鱼（千克） | Fish（kg） | 12.92 |
| 虾（千克） | Shrimp（kg） | 0.78 |
| 其它水产品及制品 | Others Aquatic & Products | 2.61 |
| 蔬菜类（元） | Vegetables（yuan） | 611.45 |
| 鲜菜（千克） | Fresh Vegetables（kg） | 107.69 |
| 干菜（千克） | Dried Vegetables（kg） | |
| 菜制品 | Vegetable Products | |

Per Capita Annual Purchases of Commodities of Urban Households（2013）

| 按收入等级分 Grouped by Percentile of Households | | | | |
|---|---|---|---|---|
| 低收入户 Low Income Households | 中低收入户 Lower Middle Income Households | 中等收入户 Middle Income Households | 中高收入户 Upper Middle Income Households | 高收入户 High Income Households |
| **8522.41** | **11937.27** | **14229.30** | **18241.40** | **28627.86** |
| **3984.78** | **5224.85** | **5910.50** | **6656.82** | **8406.25** |
| 86.65 | 90.81 | 102.68 | 102.01 | 106.19 |
| 73.66 | 76.52 | 86.29 | 84.16 | 88.48 |
| 57.50 | 55.08 | 62.76 | 60.00 | 58.42 |
| 0.91 | 0.71 | 1.65 | 1.85 | 2.01 |
| 15.24 | 20.73 | 21.88 | 22.31 | 28.05 |
| 3.89 | 4.47 | 5.60 | 7.38 | 6.60 |
| 55.32 | 62.16 | 73.61 | 70.47 | 71.83 |
| 9.09 | 9.81 | 10.78 | 10.47 | 11.11 |
| 8.71 | 9.27 | 10.40 | 10.24 | 10.90 |
| | | | | |
| 74.51 | 84.89 | 91.87 | 91.06 | 104.96 |
| 38.20 | 42.34 | 44.95 | 43.78 | 49.16 |
| 33.33 | 34.78 | 36.27 | 34.10 | 38.61 |
| 1.99 | 3.04 | 3.27 | 3.70 | 4.01 |
| 0.32 | 0.79 | 0.70 | 0.84 | 1.24 |
| 2.56 | 3.73 | 4.71 | 5.13 | 5.31 |
| 18.51 | 21.50 | 21.49 | 22.63 | 27.46 |
| 11.21 | 12.70 | 12.73 | 13.12 | 16.75 |
| 4.93 | 5.75 | 5.40 | 5.67 | 6.96 |
| 2.36 | 3.04 | 3.37 | 3.83 | 3.75 |
| 5.17 | 6.36 | 7.42 | 7.63 | 7.35 |
| 5.02 | 6.18 | 7.23 | 7.32 | 7.12 |
| 0.15 | 0.18 | 0.19 | 0.31 | 0.23 |
| 248.86 | 324.62 | 443.59 | 418.54 | 510.07 |
| 10.40 | 11.64 | 14.21 | 13.29 | 16.37 |
| 0.42 | 0.67 | 0.92 | 0.90 | 1.12 |
| 1.82 | 2.38 | 2.87 | 2.84 | 3.49 |
| 486.18 | 560.76 | 683.35 | 680.62 | 696.76 |
| 90.94 | 100.32 | 117.06 | 119.68 | 117.10 |

2-5 续表 1

| 项 目 | Item | 总平均 Total Average |
|---|---|---|
| 调味品（元） | Flavoring（yuan） | 70.03 |
| 糖烟酒饮料类（元） | Suger, Tobacco, Wine and Beverages（yuan） | 449.81 |
| 糖类 | Carbohydrate Products | 46.08 |
| 烟草类 | Tobacco | 193.25 |
| 酒类（千克） | Liquors（kg） | 7.59 |
| 白酒 | Liquors | 3.00 |
| 果酒 | Wine | 0.11 |
| 啤酒 | Beer | 4.47 |
| 其他酒 | Others | 0.02 |
| 饮料（元） | Beverage（yuan） | 91.62 |
| 碳酸饮料（千克） | Carbonated Beverages（kg） | |
| 瓶装饮用水（千克） | Bottled Drinking Water（kg） | |
| 茶叶（千克） | Tea（kg） | 0.18 |
| 其他饮料（元） | Other Beverages（yuan） | 51.75 |
| 干鲜瓜果类（元） | Dried and Fresh Melons and Fruits（yuan） | 403.28 |
| 鲜果（千克） | Fresh Fruits（kg） | 43.56 |
| 鲜瓜（千克） | Fresh Melons（kg） | 7.69 |
| 其他干鲜瓜果类及制品（元） | Others Melon and Fruits & Products（yuan） | 69.72 |
| 糕点、奶及奶制品（元） | Pastry, Milk and Milk Products（yuan） | 335.76 |
| 糕点（千克） | Pastry（kg） | 4.18 |
| 奶及奶制品（元） | Milk and Its Products（yuan） | 223.10 |
| 鲜乳品（千克） | Fresh milk（kg） | 10.42 |
| 奶粉（千克） | Milk Powder（kg） | 0.55 |
| 酸奶（千克） | Sour Milk（kg） | 1.16 |
| 其他奶制品（元） | Other Dairy Products（yuan） | 33.82 |
| 其他食品（元） | Others Food（yuan） | 94.52 |
| 饮食服务（元） | Food Service（yuan） | 777.80 |
| 食品加工服务费 | Food Processing Cost | 2.34 |
| 在外饮食 | Dinars | 775.46 |
| **非食品类（元）** | **Non-food（yuan）** | |
| **衣着（元）** | **Clothing（yuan）** | **1015.88** |
| 服装（件） | Garments（piece） | |
| 衣着材料（元） | Clothing Material（yuan） | 5.51 |

continued

| 按收入等级分 Grouped by Percentile of Households | | | | |
|---|---|---|---|---|
| 低收入户 Low Income Households | 中低收入户 Lower Middle Income Households | 中等收入户 Middle Income Households | 中高收入户 Upper Middle Income Households | 高收入户 High Income Households |
| 48.35 | 62.81 | 79.43 | 83.76 | 84.46 |
| 238.35 | 399.93 | 329.51 | 545.66 | 871.22 |
| 25.41 | 35.88 | 46.97 | 48.18 | 87.03 |
| 107.83 | 185.94 | 121.75 | 220.33 | 387.76 |
| 4.84 | 6.64 | 5.94 | 7.99 | 14.57 |
| 2.52 | 2.99 | 2.18 | 2.82 | 4.96 |
| 0.05 | 0.09 | 0.16 | 0.12 | 0.12 |
| 2.27 | 3.53 | 3.58 | 5.02 | 9.47 |
| | 0.03 | 0.02 | 0.03 | 0.01 |
| 50.49 | 80.89 | 68.57 | 111.29 | 173.37 |
| | | | | |
| 0.10 | 0.15 | 0.12 | 0.19 | 0.40 |
| 31.27 | 51.42 | 42.39 | 61.41 | 83.10 |
| 215.03 | 337.83 | 410.84 | 494.81 | 656.76 |
| 26.58 | 38.82 | 47.03 | 51.52 | 61.67 |
| 4.69 | 6.85 | 8.30 | 9.09 | 10.88 |
| 30.64 | 59.00 | 63.64 | 89.31 | 127.29 |
| 166.99 | 305.26 | 372.37 | 416.61 | 488.27 |
| 2.54 | 3.47 | 3.57 | 5.43 | 6.93 |
| 112.08 | 217.80 | 266.91 | 268.41 | 287.38 |
| 5.23 | 9.20 | 11.40 | 13.56 | 14.94 |
| 0.33 | 0.64 | 0.65 | 0.56 | 0.62 |
| 0.42 | 1.05 | 0.84 | 1.73 | 2.14 |
| 24.84 | 29.45 | 35.92 | 40.93 | 42.31 |
| 57.00 | 94.02 | 87.04 | 97.71 | 156.17 |
| 318.85 | 546.80 | 664.65 | 1017.47 | 1639.84 |
| 0.96 | 1.43 | 1.02 | 2.59 | 6.97 |
| 317.89 | 545.38 | 663.63 | 1014.88 | 1632.87 |
| **437.71** | **752.91** | **970.17** | **1252.90** | **2016.10** |
| 1.58 | 4.91 | 2.99 | 6.14 | 14.58 |

2-5 续表 2

| 项 目 | Item | 总平均 Total Average |
|---|---|---|
| 鞋类（双） | Shoes（pair） | 2.40 |
| 其他衣着用品（元） | Other Clothing Articles（yuan） | 38.90 |
| 衣着加工服务费（元） | Clothes Processing Service Cost（yuan） | 2.23 |
| **家庭设备用品及服务（元）** | **Household Facilities, Articles and Service（yuan）** | **1086.46** |
| 耐用消费品（元） | Durable Consumer Goods（yuan） | 502.21 |
| 家具（元） | Furniture（yuan） | 168.89 |
| 家庭设备（元） | Household Facilities（yuan） | 333.32 |
| 洗衣机（台/百户） | Washing Machine（set/100 household） | 95.54 |
| 电冰箱（台/百户） | Refrigerator（set/100 household） | 95.16 |
| 微波炉（台/百户） | Microwave Oven（set/100 household） | 68.81 |
| 空调器（台/百户） | Air Conditioner（set/100 household） | 122.38 |
| 淋浴热水器（台/百户） | Shower Water Heaters（set/100 household） | 99.92 |
| 消毒碗柜（台/百户） | Xiaodaiwangui（set/100 household） | 63.87 |
| 洗碗机（台/百户） | Dishwashers（set/100 household） | 2.12 |
| 其他（元） | Others（yuan） | 135.55 |
| 室内装饰品（元） | Interior Decorations（yuan） | 16.65 |
| 床上用品（元） | Bed Articles（yuan） | 81.63 |
| 家庭日用杂品（元） | Daily Use Household Articles（yuan） | 424.41 |
| 家具材料（元） | Furniture Material（yuan） | 3.51 |
| 家庭服务（元） | Household Service（yuan） | 57.12 |
| 家政服务 | Domestic Service | 26.08 |
| 加工维修服务费 | Processing Maintenance Services | 31.04 |
| **医疗保健（元）** | **Health Care and Medical Services（yuan）** | **776.26** |
| 医疗器具 | Medical Appliances | 7.15 |
| 保健器具 | Constitutional Appliances | 6.94 |
| 药品费 | Medicine Expense | 248.73 |
| 滋补保健品 | Nourishing Healthful Products | 63.35 |
| 医疗费 | Medical Care Expense | 620.99 |
| 其他 | Others | |
| **交通和通讯（元）** | **Transport and Communications（yuan）** | **2564.92** |
| 交通（元） | Transport（yuan） | 1766.87 |
| 家庭交通工具（元） | Household Transportation（yuan） | 864.12 |
| 摩托车（辆/百户） | Motor（set/100 household） | 37.66 |

continued

| 按收入等级分 Grouped by Percentile of Households | | | | |
|---|---|---|---|---|
| 低收入户<br>Low Income Households | 中低收入户<br>Lower Middle Income Households | 中等收入户<br>Middle Income Households | 中高收入户<br>Upper Middle Income Households | 高收入户<br>High Income Households |
| 1.76 | 2.18 | 2.31 | 2.84 | 3.23 |
| 19.01 | 35.68 | 39.56 | 46.71 | 62.91 |
| 0.61 | 1.30 | 2.48 | 2.39 | 5.40 |
| **455.01** | **675.06** | **922.69** | **1306.07** | **2536.89** |
| 163.08 | 279.31 | 360.61 | 614.05 | 1357.96 |
| 67.65 | 52.76 | 51.75 | 191.65 | 598.38 |
| 95.44 | 226.55 | 308.86 | 422.40 | 759.58 |
| 87.19 | 94.67 | 94.86 | 97.16 | 98.79 |
| 89.52 | 95.14 | 94.39 | 97.99 | 97.85 |
| 49.45 | 66.27 | 70.56 | 78.24 | 78.05 |
| 79.79 | 111.25 | 130.69 | 123.93 | 170.00 |
| 93.18 | 99.53 | 103.74 | 99.88 | 101.13 |
| 50.08 | 66.35 | 67.87 | 65.47 | 74.34 |
| 0.95 | 1.88 | 3.27 | 1.42 | 3.75 |
| 40.30 | 53.65 | 115.94 | 200.41 | 339.06 |
| 7.74 | 3.42 | 6.77 | 15.76 | 61.36 |
| 28.39 | 41.28 | 85.89 | 99.24 | 190.10 |
| 241.42 | 325.26 | 402.42 | 476.24 | 798.69 |
| 0.02 | 1.17 | 11.91 | 1.29 | 3.90 |
| 14.36 | 24.61 | 51.45 | 98.52 | 124.70 |
| 0.44 | 5.59 | 22.33 | 68.72 | 48.10 |
| 13.92 | 19.02 | 29.12 | 29.80 | 76.61 |
| **454.63** | **647.10** | **753.12** | **1054.87** | **1138.93** |
| 4.35 | 3.19 | 3.96 | 5.50 | 22.60 |
| 0.12 | 2.26 | 7.52 | 3.72 | 26.35 |
| 166.71 | 266.70 | 226.28 | 268.04 | 350.93 |
| 13.21 | 27.95 | 74.27 | 118.91 | 108.88 |
| 377.89 | 442.65 | 515.93 | 1036.76 | 881.86 |
| | | | | |
| **924.42** | **1739.99** | **1702.28** | **3288.76** | **6370.38** |
| 473.13 | 1033.69 | 869.81 | 2385.16 | 5098.86 |
| 133.51 | 529.19 | 208.97 | 1309.82 | 2712.56 |
| 54.65 | 46.59 | 42.37 | 34.92 | 35.43 |

2-5 续表 3

| 项　目 | Item | 总平均 Total Average |
|---|---|---|
| 助力车（辆/百户） | Moped（set/100 household） | 62.15 |
| 家用汽车（辆/百户） | Domestic Car（set/100 household） | 26.91 |
| 其他交通工具（元） | Other Modes of Transport（yuan） | 19.79 |
| 车辆用燃料及零配件（元） | Fuel and Accessories for Vehicle（yuan） | 439.01 |
| 燃料 | Fuel | 403.46 |
| 零配件 | Accessories | 35.55 |
| 其他 | Others | |
| 交通工具服务支出（元） | Transport Services Spending（yuan） | 241.40 |
| 维修费 | Maintenance Costs | 53.32 |
| 车辆使用税费 | Vehicles Using Tax | 140.92 |
| 其它车辆使用费用 | Other Vehicles Cost | 47.16 |
| 交通费（元） | Transport（yuan） | 218.80 |
| 飞机 | Aircraft | 37.83 |
| 火车 | Train | 33.33 |
| 长途汽车 | Long-distance Coach | 69.81 |
| 市内公共交通 | City Bus Transport | 21.28 |
| 出租汽车费 | Taxi Fees | 19.65 |
| 其他交通费 | Other Traffic Charges | 36.90 |
| 通信（元） | Communication（yuan） | 798.05 |
| 通信工具（元） | Communication Tools（yuan） | 175.97 |
| 电话机（部/百户） | Telephone（set/100 household） | 43.70 |
| 移动电话（部/百户） | Mobile Telephone（set/100 household） | 237.71 |
| 其他通信工具（元） | Other Communications Tools（yuan） | 7.34 |
| 通信服务（元） | Communication Service（yuan） | 622.08 |
| 电信费 | Communications | 614.29 |
| 邮费 | Postage | 1.98 |
| 其他 | Others | 3.61 |
| **教育文化娱乐服务（元）** | **Recreation, Education and Cultural Services（yuan）** | **2083.99** |
| 文化娱乐用品（元） | Recreation, and Cultural Facilities（yuan） | 323.61 |
| 彩色电视机（台/百户） | Color TV（set/100 household） | 115.50 |
| 家用电脑 | Home Computer | 75.10 |
| 整机电脑（台/百户） | Unit Computer（set/100 household） | 95.03 |

continued

| 按收入等级分 Grouped by Percentile of Households | | | | |
|---|---|---|---|---|
| 低收入户 Low Income Households | 中低收入户 Lower Middle Income Households | 中等收入户 Middle Income Households | 中高收入户 Upper Middle Income Households | 高收入户 High Income Households |
| 57.96 | 68.43 | 61.49 | 58.26 | 55.90 |
| 14.11 | 20.12 | 32.71 | 29.92 | 41.80 |
| 10.16 | 34.78 | 22.00 | 16.29 | 14.58 |
| 161.59 | 226.20 | 408.29 | 520.74 | 1085.52 |
| 144.75 | 209.41 | 379.59 | 471.15 | 1004.06 |
| 16.84 | 16.79 | 28.70 | 49.60 | 81.46 |
| | | | | |
| 72.95 | 129.18 | 100.65 | 295.65 | 758.21 |
| 25.26 | 25.18 | 43.05 | 74.39 | 122.20 |
| 35.18 | 82.38 | 38.17 | 162.17 | 481.55 |
| 12.51 | 21.61 | 19.43 | 59.08 | 154.46 |
| 105.08 | 148.82 | 149.21 | 246.63 | 537.95 |
| 4.56 | 6.29 | 8.08 | 40.72 | 164.14 |
| 13.33 | 27.57 | 11.37 | 39.09 | 91.65 |
| 53.89 | 53.06 | 63.67 | 71.42 | 122.17 |
| 10.72 | 20.29 | 20.65 | 27.21 | 32.23 |
| 5.30 | 12.82 | 10.56 | 20.32 | 60.79 |
| 17.29 | 28.78 | 34.88 | 47.86 | 66.97 |
| 451.30 | 706.30 | 832.48 | 903.59 | 1271.52 |
| 71.10 | 166.64 | 179.27 | 188.28 | 325.10 |
| 30.14 | 41.33 | 40.77 | 47.93 | 53.71 |
| 239.83 | 249.73 | 248.64 | 224.32 | 227.34 |
| 2.97 | 7.50 | 7.91 | 6.20 | 14.15 |
| 380.20 | 539.66 | 653.21 | 715.32 | 946.42 |
| 377.72 | 535.34 | 644.34 | 704.44 | 930.91 |
| 0.38 | 1.48 | 2.11 | 1.27 | 5.69 |
| 2.10 | 2.85 | 3.94 | 2.64 | 7.60 |
| **1152.91** | **1500.40** | **1840.93** | **2487.75** | **4101.88** |
| 137.97 | 242.29 | 252.15 | 405.67 | 704.77 |
| 114.97 | 112.39 | 113.86 | 110.56 | 131.88 |
| 35.68 | 83.75 | 55.94 | 104.49 | 111.77 |
| 66.90 | 89.41 | 104.67 | 93.58 | 118.52 |

2-5 续表 4

| 项 目 | Item | 总平均 Total Average |
|---|---|---|
| 计算机外部设备 | Computer Peripheral Equipment | |
| 各种零配件及耗材 | Various Parts & Supplies | |
| 组合音响（台/百户） | Machines (set/100 household) | 17.18 |
| 摄像机（架/百户） | Cameras (set/100 household) | 6.61 |
| 照相机（架/百户） | Cameras (set/100 household) | 41.80 |
| 钢琴（架/百户） | Piano (set/100 household) | |
| 其他中高档乐器（件/百户） | Other Middle-grade Instruments (piece/100 household) | 3.35 |
| 健身器材（件） | Fitness Equipment (piece) | 3.85 |
| 电子辞典（部） | Electronic Dictionary (set) | |
| 音像制品及软件 | Audio-video Products and Software | 4.06 |
| 体育用品 | Sports | 8.64 |
| 书报杂志 | Newspapers and Magazines | 36.51 |
| 纸张文具 | Paper Stationery | 12.37 |
| 其他文娱用品 | Other Cultural Items | 85.87 |
| 文化娱乐服务（元） | Recreation, and Culrural Service (yuan) | 592.08 |
| 参观游览 | Tourists | 23.26 |
| 健身活动 | Fitness Activities | 11.34 |
| 团体旅游 | Tourist Groups | 395.09 |
| 其它文娱活动 | Other Cultural Activities | 144.39 |
| 文娱用品修理服务费 | Civic Supplies Repair Services | 18.00 |
| 教育（元） | Education (yuan) | 1161.41 |
| 教材 | Text-book | 22.96 |
| 课本及参考书 | Textbooks and Reference Books | |
| 教育软件 | Educational Software | |
| 其它教材 | Other Materials | |
| 教育费用（元） | Education Expense (yuan) | 1138.45 |
| 非义务教育学杂费 | Non-compulsory Education Fees | 452.80 |
| 义务教育学杂费 | Compulsory Fees | 196.03 |
| 托幼费 | Nurseries Charges | 200.45 |
| 成人教育费 | Adult Education Fees | 55.19 |
| 家教费 | Tutor Fee | |
| 培训班 | Courses | 107.61 |
| 学校住宿费 | Boarding Schools | |
| 其他 | Others | 126.37 |

continued

| 按收入等级分 Grouped by Percentile of Households | | | | |
|---|---|---|---|---|
| 低收入户 Low Income Households | 中低收入户 Lower Middle Income Households | 中等收入户 Middle Income Households | 中高收入户 Upper Middle Income Households | 高收入户 High Income Households |
| 8.12 | 21.18 | 16.82 | 15.14 | 21.09 |
| 2.84 | 5.65 | 7.48 | 6.15 | 10.31 |
| 20.61 | 31.06 | 37.38 | 44.66 | 64.49 |
| | 1.88 | 4.67 | 1.30 | 10.31 |
| 0.95 | 3.76 | 2.34 | 5.20 | 7.03 |
| 1.62 | 3.25 | 3.96 | 5.24 | 7.53 |
| 3.24 | 7.93 | 7.41 | 13.09 | 14.05 |
| 14.62 | 29.21 | 35.66 | 47.15 | 67.73 |
| 7.28 | 11.67 | 13.07 | 14.64 | 17.36 |
| 37.09 | 81.69 | 63.30 | 96.12 | 180.01 |
| 169.57 | 370.69 | 463.52 | 813.36 | 1427.53 |
| 7.44 | 9.30 | 18.63 | 27.29 | 66.97 |
| 2.66 | 4.06 | 9.91 | 2.86 | 45.61 |
| 72.04 | 212.46 | 300.57 | 561.01 | 1051.23 |
| 78.33 | 128.25 | 123.55 | 204.13 | 221.87 |
| 9.10 | 16.63 | 10.86 | 18.08 | 41.85 |
| 845.37 | 887.41 | 1104.43 | 1254.06 | 1969.39 |
| 37.18 | 16.10 | 22.32 | 16.54 | 19.55 |
| 808.18 | 871.31 | 1082.11 | 1237.51 | 1949.84 |
| 298.05 | 309.34 | 429.81 | 494.41 | 859.34 |
| 203.38 | 165.00 | 228.86 | 167.89 | 218.86 |
| 217.78 | 204.26 | 158.79 | 240.24 | 176.47 |
| 7.37 | 34.06 | 37.88 | 84.64 | 142.80 |
| 53.79 | 73.85 | 151.35 | 84.77 | 204.60 |
| 27.80 | 84.82 | 75.42 | 165.57 | 347.77 |

2-5 续表 5

| 项　目 | Item | 总平均 Total Average |
|---|---|---|
| **居住（元）** | **Residence（yuan）** | **1662.50** |
| 住房（元） | Accomadation（yuan） | 515.03 |
| 租赁房房租 | Rental Housing Accommodation | 211.30 |
| 住房装潢支出 | Housing Expenditure Decorating | 151.50 |
| 维修用建筑材料 | Maintenance Materials | 102.81 |
| 其他 | Others | 49.41 |
| 水电燃料及其他（元） | Water, Electricity and Other Fuels | 981.55 |
| 水（吨） | Water（ton） | 67.06 |
| 电（度） | Electricity（wh） | 842.41 |
| 燃料（千克） | Fuels（kg） | 55.29 |
| 煤炭 | Coal | 0.97 |
| 罐装液化石油气 | Canned Liquified Petroleum Gas | 32.94 |
| 管道液化石油气 | Pipeline Liquified Petroleum Gas | 0.59 |
| 管道煤气（立方米） | Pipeline Gas（cu.m） | 6.47 |
| 管道天然气 | Pipeline Natural Gas | 14.30 |
| 柴油 | Derv | 0.01 |
| 其他燃料（元） | Others Fuel（yuan） | 15.23 |
| 其他 | Others | 5.58 |
| 居住服务费（元） | Esidence Service Fees（yuan） | 163.34 |
| 物业管理费 | Property Management Fees | 88.23 |
| 维修服务费 | Maintenance Services | 25.70 |
| 其它 | Others | 49.41 |
| **杂项商品和服务（元）** | **Miscellaneous Commodities and Services（yuan）** | **386.46** |
| 杂项商品（元） | Miscellaneous Commodities（yuan） | 216.90 |
| 金银珠宝饰品 | Gold and Silver Jewelry | 62.15 |
| 手表（只） | Watches（Only） | |
| 理发美容用具 | Barber Beauty Appliances | |
| 化妆品 | Cosmetic Products | 34.78 |
| 其他杂品 | Other Groceries | 108.88 |
| 服务（元） | Services（yuan） | 169.55 |
| 旅馆住宿费 | Hotel Accommodations | 43.48 |
| 理发洗澡费 | Barber Bathing | 28.51 |
| 美容费 | Beauty | 19.01 |
| 其他服务 | Other Services | 77.81 |

continued

| 按收入等级分 | Grouped by Percentile of Households | | | |
|---|---|---|---|---|
| 低收入户<br>Low Income Households | 中低收入户<br>Lower Middle Income Households | 中等收入户<br>Middle Income Households | 中高收入户<br>Upper Middle Income Households | 高收入户<br>High Income Households |
| **993.71** | **1182.69** | **1819.32** | **1706.55** | **3060.67** |
| 217.18 | 241.37 | 572.81 | 479.17 | 1298.49 |
| 153.93 | 141.17 | 225.04 | 313.05 | 259.02 |
| 28.74 | 59.08 | 52.22 | 86.32 | 658.01 |
| 29.68 | 34.98 | 283.62 | 49.90 | 137.73 |
| 4.83 | 6.13 | 11.94 | 29.90 | 243.72 |
| 728.33 | 850.43 | 1059.33 | 1076.04 | 1329.75 |
| 47.95 | 58.70 | 73.09 | 75.07 | 90.05 |
| 591.85 | 676.26 | 930.49 | 933.51 | 1225.81 |
| 41.96 | 56.99 | 61.88 | 59.01 | 60.06 |
| 0.14 | 4.08 | 0.13 |  | 0.06 |
| 29.77 | 32.32 | 31.81 | 35.35 | 37.12 |
| 0.28 | 1.63 | 0.16 | 0.45 | 0.34 |
| 2.46 | 5.26 | 10.71 | 9.56 | 5.21 |
| 9.29 | 13.68 | 19.05 | 13.65 | 17.33 |
| 0.01 | 0.02 | 0.02 |  |  |
| 4.28 | 12.55 | 19.88 | 16.33 | 27.97 |
| 0.90 | 1.63 | 8.42 | 3.44 | 16.80 |
| 48.20 | 90.90 | 183.47 | 145.11 | 428.12 |
| 35.95 | 76.02 | 100.63 | 102.74 | 149.97 |
| 7.42 | 8.74 | 70.91 | 12.48 | 34.43 |
| 4.83 | 6.13 | 11.94 | 29.90 | 243.72 |
| **119.23** | **214.28** | **310.28** | **487.68** | **996.77** |
| 83.08 | 107.79 | 198.29 | 282.55 | 512.51 |
| 12.99 | 16.95 | 54.46 | 112.61 | 148.81 |
|  |  |  |  |  |
| 9.09 | 19.55 | 28.17 | 43.81 | 91.56 |
| 58.71 | 68.30 | 106.05 | 105.58 | 245.88 |
| 36.15 | 106.49 | 111.99 | 205.13 | 484.26 |
| 6.61 | 13.66 | 19.72 | 76.96 | 130.37 |
| 5.20 | 13.84 | 20.59 | 35.28 | 85.24 |
| 3.47 | 9.23 | 13.73 | 23.52 | 66.82 |
| 20.87 | 69.77 | 56.08 | 67.66 | 211.52 |

# 2-6 城镇居民家庭平均每百户耐用消费品拥有量（2013年）

| 项　目 | Item | 总平均 Total Average |
|---|---|---|
| 摩托车（辆） | Motorcycle（set） | 37.66 |
| 助力车（辆） | Man-drawn Vehicle（set） | 62.15 |
| 家用汽车（辆） | Household Automobile（set） | 26.91 |
| 洗衣机（台） | Washing Machine（set） | 95.54 |
| 电冰箱（台） | Refrigerator（set） | 95.16 |
| 彩色电视机（台） | Color TV（set） | 115.50 |
| 家用电脑（台） | Household Computer（set） | 95.03 |
| 组合音响（套） | Hi-Fi Stereo Component System（set） | 17.18 |
| 摄像机（架） | Video Camera（set） | 6.61 |
| 照相机（架） | Camera（set） | 41.80 |
| 钢琴（架） | Piano（set） | |
| 其他中高档乐器（件） | Other Medium Upscale Musical Instrument（piece） | 3.35 |
| 微波炉（台） | Microwave Oven（set） | 68.81 |
| 空调器（台） | Air Conditioner（set） | 122.38 |
| 淋浴热水器（台） | Shower（set） | 99.92 |
| 消毒碗柜（台） | Disinfectant Machine（set） | 63.87 |
| 洗碗机（台） | Dishwasher（set） | 2.12 |
| 健身器材（套） | Healthy Equipment（set） | 3.85 |
| 普通电话（部） | Telephone（set） | 43.70 |
| 移动电话（部） | Hand Telephone（set） | 237.71 |
| 接入有线电视电视机（台） | Cable Television（set） | 96.47 |
| 接入互连网计算机（台） | Network-connected Computers（set） | 88.68 |
| 接入互连网移动电话（部） | Network-connected Hand Telephone（set） | 79.33 |

# Ownership of Major Durable Consumer Goods Per 100 Urban Households（2013）

| 按收入等级分 Grouped by Percentile of Households | | | | |
|---|---|---|---|---|
| 低收入户 Low Income Households | 中低收入户 Lower Middle Income Households | 中等收入户 Middle Income Households | 中高收入户 Upper Middle Income Households | 高收入户 High Income Households |
| 54.65 | 46.59 | 42.37 | 34.92 | 35.43 |
| 57.96 | 68.43 | 61.49 | 58.26 | 55.90 |
| 14.11 | 20.12 | 32.71 | 29.92 | 41.80 |
| 87.19 | 94.67 | 94.86 | 97.16 | 98.79 |
| 89.52 | 95.14 | 94.39 | 97.99 | 97.85 |
| 114.97 | 112.39 | 113.86 | 110.56 | 131.88 |
| 66.90 | 89.41 | 104.67 | 93.58 | 118.52 |
| 8.12 | 21.18 | 16.82 | 15.14 | 21.09 |
| 2.84 | 5.65 | 7.48 | 6.15 | 10.31 |
| 20.61 | 31.06 | 37.38 | 44.66 | 64.49 |
| | | | | |
| 0.00 | 1.88 | 4.67 | 1.30 | 10.31 |
| 49.45 | 66.27 | 70.56 | 78.24 | 78.05 |
| 79.79 | 111.25 | 130.69 | 123.93 | 170.00 |
| 93.18 | 99.53 | 103.74 | 99.88 | 101.13 |
| 50.08 | 66.35 | 67.87 | 65.47 | 74.34 |
| 0.95 | 1.88 | 3.27 | 1.42 | 3.75 |
| 0.95 | 3.76 | 2.34 | 5.20 | 7.03 |
| 30.14 | 41.33 | 40.77 | 47.93 | 53.71 |
| 239.83 | 249.73 | 248.64 | 224.32 | 227.34 |
| 65.68 | 93.80 | 106.43 | 99.72 | 115.31 |
| 76.99 | 89.41 | 88.63 | 84.04 | 104.10 |
| 52.25 | 74.82 | 91.67 | 79.39 | 101.17 |

# 2-7 各市城镇居民家庭人均收入与支出情况（2013年）

单位：元

| 项 目 | Item | 南宁市 Nanning | 柳州市 Liuzhou | 桂林市 Guilin |
|---|---|---|---|---|
| **家庭总收入** | **Total Income** | **27420.58** | **26576.00** | **25919.00** |
| # 可支配收入 | # Disposable Income | 24817.10 | 24355.00 | 24552.00 |
| 工资性收入 | Wages Income | 19191.23 | 15228.00 | 14421.00 |
| 工资及补贴收入 | Income and Subsidies | 17672.79 | 14933.50 | 13696.28 |
| 其他劳动收入 | Other Labor Income | 1518.44 | 294.50 | 724.72 |
| 经营性收入 | Net Operation Income | 1619.64 | 2675.00 | 3313.00 |
| 财产性收入 | Property Income | 503.96 | 899.00 | 1097.00 |
| 利息收入 | Interest Income | 66.19 | 333.47 | 152.19 |
| 股息与红利收入 | Dividend and Bonus | 154.86 | 67.93 | 366.23 |
| 保险收益 | Insurance Proceeds | 0.23 | 5.44 | 0.37 |
| 其它投资收入 | Income from Other Investments | 0.21 | 2.02 | 188.40 |
| 出租房屋收入 | Rental Income | 243.63 | 483.85 | 367.51 |
| 知识产权收入 | Intellectual Property Income | 0.39 | -0.08 | 0.82 |
| 其他财产性收入 | Other Property Income | 38.45 | 6.38 | 19.74 |
| 转移性收入 | Transferred Income | 6114.15 | 7937.00 | 7088.00 |
| 养老金或离退休金 | Pensions and Retirement Pay | 4920.11 | 6829.36 | 6017.10 |
| 社会救济收入 | Social Relief | 46.50 | 42.58 | 50.15 |
| 辞退金 | Dismiss Pensions | 79.44 | 14.39 | 2.55 |
| 赔偿收入 | Compensation Income | 5.63 |  | 0.94 |
| 保险收入 | Insurance | 11.00 | 7.30 | 23.60 |
| # 失业保险金 | # Unemployment Insurance | 11.00 | 7.30 | 23.60 |
| 赡养收入 | Supporting Income | 543.28 | 330.23 | 262.04 |
| 捐赠收入 | Donation | 136.16 | 204.04 | 269.32 |
| 提取住房公积金 | Withdraw House Accumulation Fund | 72.47 | 124.27 | 89.24 |
| 其他转移性收入 | Other Transferred Income | 299.56 | 384.84 | 373.06 |

Per Capita Income and Expenditure of Urban Residents by City（2013）

（yuan）

| 梧州市 Wuzhou | 北海市 Beihai | 防城港市 Fangchenggang | 钦州市 Qinzhou | 贵港市 Guigang | 玉林市 Yulin | 百色市 Baise | 贺州市 Hezhou | 河池市 Hechi | 来宾市 Laibin | 崇左市 Chongzuo |
|---|---|---|---|---|---|---|---|---|---|---|
| **23926.28** | **24441.86** | **24792.08** | **24681.67** | **23283.31** | **25020.30** | **23155.00** | **23363.49** | **21003.65** | **25487.00** | **22561.34** |
| 22537.05 | 23407.36 | 24423.24 | 23694.99 | 21361.36 | 24365.70 | 21458.14 | 21681.62 | 19653.00 | 23563.00 | 21289.13 |
| 15259.88 | 13595.77 | 11158.97 | 15281.84 | 16569.64 | 14056.39 | 15069.00 | 13801.90 | 13277.65 | 16132.00 | 13971.00 |
| 13424.23 | 12274.81 | 10226.12 | 15239.08 | 15964.63 | 12096.67 | 13125.42 | 13675.35 | 11914.28 | 15636.73 | 13157.52 |
| 1835.65 | 1320.96 | 932.85 | 42.76 | 605.01 | 1959.71 | 1943.58 | 126.55 | 1363.36 | 495.27 | 813.48 |
| 2513.28 | 3256.15 | 8719.12 | 3767.02 | 2777.09 | 4457.80 | 3005.00 | 1579.52 | 2238.88 | 3334.00 | 3779.93 |
| 697.93 | 1171.18 | 1498.31 | 648.70 | 835.46 | 1438.76 | 823.00 | 1961.96 | 1140.99 | 1052.00 | 510.31 |
| 242.80 | 248.00 | 55.81 | 11.11 | 27.22 | 188.32 | 44.52 | 255.89 | 150.36 | 41.35 | 19.87 |
| 39.19 | 239.94 | 376.49 | 22.54 |  | 88.18 | 41.91 | 406.12 | 455.07 | 293.29 | 8.52 |
| 8.27 |  |  |  |  |  | 2.51 |  | 5.50 | 1.00 |  |
| 141.51 |  | 19.51 | 615.05 | 4.27 | 0.47 | 77.69 |  | 3.85 | 493.05 | 9.87 |
| 230.98 | 683.24 | 851.46 |  | 803.76 | 1159.38 | 646.17 | 1101.37 | 452.86 | 216.36 | 470.63 |
|  |  |  |  |  |  | 1.25 |  | 0.60 |  |  |
| 35.17 |  | 195.00 |  | 0.21 | 2.40 | 8.14 | 198.59 | 72.74 | 6.95 | 1.42 |
| 5455.00 | 6419.00 | 3415.68 | 4985.24 | 3100.65 | 5067.26 | 4258.00 | 6020.11 | 4346.14 | 4969.00 | 4299.93 |
| 4108.73 | 3623.51 | 1484.13 | 4031.36 | 2562.30 | 3745.42 | 2600.11 | 4279.15 | 2924.28 | 3717.59 | 3287.46 |
| 80.44 | 7.27 | 95.91 | 13.13 | 26.14 | 260.77 | 104.33 | 67.66 | 86.19 | 96.29 | 23.42 |
| 4.56 |  | 5.89 |  |  |  | 4.86 | 2.60 | 9.61 |  |  |
|  | 0.68 |  |  |  |  | 37.56 |  | 0.79 |  | 1.28 |
| 7.84 | 125.05 |  |  |  |  | 0.36 | 40.93 |  | 0.22 | 0.22 |
| 7.84 | 125.05 |  |  |  |  | 0.36 | 40.93 |  | 0.22 | 0.22 |
| 676.53 | 518.08 | 182.46 | 575.80 | 251.94 | 456.66 | 682.58 | 659.06 | 380.97 | 241.53 | 137.94 |
| 278.89 | 217.64 | 358.18 | 76.52 | 76.67 | 226.47 | 380.31 | 622.98 | 161.77 | 259.09 | 256.71 |
| 10.97 |  |  |  | 0.26 | 5.20 | 131.33 | 67.60 | 49.11 | 70.41 | 194.61 |
| 287.04 | 1926.76 | 1289.82 | 288.42 | 183.33 | 372.76 | 316.56 | 280.13 | 733.42 | 583.86 | 108.94 |

2-7 续表

单位：元

| 项 目 | Item | 南宁市 Nanning | 柳州市 Liuzhou | 桂林市 Guilin |
|---|---|---|---|---|
| **家庭总支出** | **Total Expenditures** | **21832.74** | **20792.00** | **19550.00** |
| 消费支出 | Expenditure for Consumption | 17127.50 | 15398.00 | 15555.00 |
| 食品 | Food | 6684.49 | 6282.00 | 6398.00 |
| 衣着 | Clothing | 1209.02 | 1100.00 | 1288.00 |
| 家庭设备用品及服务 | Household Facilities Articles and Services | 1293.36 | 1077.00 | 944.00 |
| 医疗保健 | Medicine and Medical Services | 1028.94 | 879.00 | 872.00 |
| 交通和通信 | Traffic and Communications | 2863.82 | 2219.00 | 2099.00 |
| 教育文化娱乐服务 | Education, Culture and Recreation Articles and Services | 2196.55 | 1799.00 | 2038.00 |
| 居住 | Residence | 1422.78 | 1596.00 | 1522.00 |
| 杂项商品和服务 | Miscellanecus Commodities and Services | 427.51 | 446.00 | 394.00 |
| 购房与建房支出 | Expenditure on House-purchase and Building | 508.68 | 401.00 | 314.00 |
| 购房 | House-purchase | 451.83 | 397.43 | 298.26 |
| 建房 | House Building | 56.85 | 3.57 | 15.74 |
| 转移性支出 | Tranferred Expenditure | 1871.41 | 2295.00 | 2295.00 |
| 交纳的个人收入税 | Paid Individual Income Tax | 156.00 | 19.13 | 32.11 |
| 捐赠支出 | Donation | 1123.51 | 1644.16 | 1613.89 |
| 购买彩票 | Purchase of Lottery | 19.72 | 14.29 | 16.75 |
| 赡养支出 | Support Expenditure | 258.20 | 451.87 | 273.33 |
| 各种非储蓄性保险支出 | Non-saving Insurance | 123.20 | 99.71 | 63.94 |
| 其他转移性支出 | Other Transferredred Expenditure | 190.78 | 65.85 | 294.99 |
| 财产性支出 | Property Expentiditure | 150.97 | 65.00 | 19.00 |
| 非生产性利息支出 | Payout of the Non-Productive Interests | 150.26 | 64.87 | 18.97 |
| 其他 | Others | 0.71 | 0.13 | 0.03 |
| 社会保障支出 | Social Security Expentiduture | 2241.16 | 2356.00 | 1367.00 |
| 个人交纳的养老基金 | Personal Paid Pension Fund | 855.54 | 1087.43 | 539.72 |
| 个人交纳的住房公积金 | Personal Paid Housing Accumulation Fund | 928.79 | 873.96 | 633.23 |
| 个人交纳的医疗基金 | Personal Paid Medical Care Fund | 357.52 | 317.57 | 156.61 |
| 个人交纳的失业基金 | Personal Paid Unemployment Fund | 75.60 | 62.36 | 28.90 |
| 其他社会保障支出 | Others | 23.71 | 14.68 | 8.54 |

continued

(yuan)

| 梧州市 Wuzhou | 北海市 Beihai | 防城港市 Fangchenggang | 钦州市 Qinzhou | 贵港市 Guigang | 玉林市 Yulin | 百色市 Baise | 贺州市 Hezhou | 河池市 Hechi | 来宾市 Laibin | 崇左市 Chongzuo |
|---|---|---|---|---|---|---|---|---|---|---|
| **19440.13** | **17741.90** | **16126.45** | **16219.12** | **18209.51** | **16984.75** | **18021.00** | **16231.94** | **15794.59** | **19450.00** | **15501.93** |
| 14747.52 | 15191.03 | 14792.25 | 14361.05 | 14645.78 | 14938.04 | 13448.00 | 12634.84 | 12020.78 | 14676.00 | 12377.53 |
| 6465.09 | 7025.29 | 5977.90 | 6577.35 | 6127.17 | 5900.62 | 5326.00 | 4985.05 | 4809.00 | 5546.00 | 5084.06 |
| 1040.75 | 769.13 | 721.85 | 1256.11 | 1037.44 | 935.84 | 1273.00 | 967.28 | 968.65 | 1352.00 | 771.12 |
| 921.49 | 802.53 | 965.22 | 1274.56 | 890.90 | 1059.33 | 975.00 | 772.08 | 797.45 | 993.00 | 799.86 |
| 856.27 | 556.64 | 549.51 | 623.80 | 692.78 | 770.55 | 520.00 | 677.15 | 581.86 | 972.00 | 606.64 |
| 1926.04 | 2723.84 | 1809.92 | 1344.35 | 2652.86 | 2251.24 | 2289.00 | 2416.17 | 1921.00 | 2130.00 | 2335.73 |
| 1550.78 | 1086.70 | 958.04 | 1497.68 | 1522.32 | 2007.12 | 1291.00 | 1352.55 | 1525.88 | 1751.00 | 1041.46 |
| 1537.66 | 1883.06 | 3412.70 | 1458.15 | 1389.68 | 1617.20 | 1398.00 | 1239.45 | 1031.35 | 1509.00 | 1454.02 |
| 449.73 | 343.44 | 400.21 | 328.79 | 332.98 | 397.90 | 376.00 | 225.08 | 386.16 | 423.00 | 284.64 |
| 889.12 | 178.33 | 63.68 | 672.41 |  | 248.32 | 438.00 | 303.17 | 192.12 | 413.20 | 714.34 |
| 533.13 | 178.33 |  |  |  |  | 355.96 | 195.67 | 33.80 | 412.17 | 551.07 |
| 355.99 |  | 63.68 | 672.41 |  | 248.32 | 82.04 | 107.50 | 158.32 | 1.03 | 163.27 |
| 2113.82 | 1373.91 | 865.10 | 963.40 | 1894.38 | 1097.58 | 2367.00 | 1836.08 | 2488.14 | 2238.94 | 1343.57 |
| 5.02 | 10.64 | 3.99 | 5.12 | 87.23 | 14.18 | 72.46 | 17.68 | 86.74 | 32.83 | 14.38 |
| 1599.35 | 940.58 | 445.02 | 821.40 | 1353.15 | 695.06 | 1688.25 | 1341.24 | 1918.65 | 1512.80 | 978.24 |
| 12.53 | 10.39 | 41.28 | 2.04 | 0.42 | 0.02 | 14.66 | 0.64 | 19.71 | 30.79 | 4.48 |
| 380.78 | 207.15 | 84.49 | 52.86 | 260.51 | 314.98 | 392.42 | 247.84 | 163.76 | 382.02 | 113.78 |
| 16.54 | 42.71 | 14.14 | 5.57 | 107.06 | 16.73 | 85.26 | 88.44 | 222.00 | 107.17 | 70.24 |
| 99.60 | 162.44 | 276.18 | 76.41 | 86.02 | 56.62 | 113.95 | 140.25 | 77.27 | 173.34 | 162.45 |
| 83.78 | 60.53 | 15.90 | 68.29 | 28.81 | 9.37 | 99.00 | 37.62 | 13.27 | 34.19 | 57.42 |
| 51.43 | 60.53 | 15.90 | 34.15 | 28.81 | 9.37 | 70.57 | 37.50 | 11.58 | 34.18 | 57.42 |
| 32.35 |  |  | 34.15 |  |  | 28.43 | 0.12 | 1.68 | 0.01 |  |
| 1606.00 | 937.62 | 389.51 | 727.08 | 1641.16 | 647.04 | 1669.00 | 863.56 | 1080.29 | 1743.45 | 1009.02 |
| 746.17 | 546.78 | 74.52 | 277.02 | 670.88 | 92.78 | 397.43 | 278.00 | 348.99 | 380.46 | 316.44 |
| 542.58 | 223.91 | 259.89 | 327.52 | 716.73 | 470.16 | 982.77 | 444.13 | 553.24 | 1121.29 | 516.34 |
| 251.54 | 131.33 | 44.59 | 82.19 | 156.36 | 69.34 | 226.45 | 118.39 | 148.30 | 168.75 | 129.09 |
| 59.16 | 32.41 | 9.55 | 11.79 | 45.18 | 14.59 | 43.42 | 17.80 | 28.01 | 71.43 | 44.95 |
| 6.56 | 3.19 | 0.95 | 28.57 | 52.02 | 0.16 | 18.93 | 5.24 | 1.76 | 1.52 | 2.20 |

# 2-8 各市城镇居民家庭恩格尔系数（1980—2013年）

## Engle's Coefficient of Urban Households by City（1980—2013）

单位：（%） (%)

| 年 份 Year | 南宁市 Nanning | 柳州市 Liuzhou | 桂林市 Guilin | 梧州市 Wuzhou | 北海市 Beihai | 防城港市 Fangchenggang | 钦州市 Qinzhou |
|---|---|---|---|---|---|---|---|
| 1980 | 57.09 | 58.60 | 56.09 | 57.59 | 57.36 | | |
| 1981 | 57.70 | 57.35 | 58.20 | 62.38 | 60.48 | | |
| 1982 | 59.63 | 60.44 | 61.40 | 60.29 | 60.67 | | |
| 1983 | 58.34 | 60.86 | 62.23 | 63.23 | 64.70 | | |
| 1984 | 56.57 | 57.99 | 55.38 | 62.52 | 64.04 | | |
| 1985 | 54.52 | 59.26 | 54.41 | 63.76 | 59.40 | | |
| 1986 | 58.55 | 61.12 | 57.58 | 67.74 | 59.07 | | |
| 1987 | 59.25 | 63.81 | 57.70 | 65.72 | 64.13 | | |
| 1988 | 58.91 | 51.14 | 55.75 | 56.43 | 58.86 | | |
| 1989 | 63.65 | 64.06 | 60.54 | 64.38 | 65.83 | | |
| 1990 | 62.05 | 61.01 | 57.50 | 61.96 | 60.41 | | |
| 1991 | 56.09 | 57.86 | 56.62 | 53.87 | 56.83 | | |
| 1992 | 56.98 | 54.83 | 52.73 | 56.88 | 58.75 | | |
| 1993 | 52.88 | 48.26 | 53.96 | 56.59 | 50.07 | | |
| 1994 | 49.18 | 48.39 | 48.82 | 50.43 | 51.83 | | |
| 1995 | 49.86 | 53.26 | 52.29 | 54.57 | 55.93 | | |
| 1996 | 49.71 | 51.04 | 49.81 | 53.72 | 57.02 | | |
| 1997 | 46.49 | 46.42 | 48.01 | 53.22 | 55.16 | | |
| 1998 | 42.36 | 48.54 | 43.46 | 50.18 | 51.97 | | |
| 1999 | 37.50 | 45.90 | 41.63 | 49.47 | 48.94 | | |
| 2000 | 36.50 | 43.76 | 38.66 | 44.44 | 47.12 | | |
| 2001 | 34.67 | 35.30 | 37.24 | 43.33 | 46.91 | | |
| 2002 | 37.46 | 38.84 | 40.25 | 47.62 | 45.33 | | |
| 2003 | 37.52 | 40.76 | 40.35 | 46.53 | 46.31 | | |
| 2004 | 40.09 | 43.96 | 42.06 | 45.51 | 48.00 | | |
| 2005 | 40.49 | 39.08 | 39.08 | 48.01 | 42.73 | | |
| 2006 | 38.95 | 39.27 | 39.73 | 46.77 | 41.32 | | |
| 2007 | 39.55 | 40.27 | 45.16 | 50.44 | 44.13 | | |
| 2008 | 41.03 | 39.66 | 50.80 | 51.86 | 44.94 | | |
| 2009 | 38.82 | 37.41 | 49.38 | 47.51 | 37.52 | | |
| 2010 | 35.07 | 37.55 | 46.00 | 48.44 | 43.25 | | |
| 2011 | 36.02 | 37.86 | 43.25 | 47.18 | 45.07 | | |
| 2012 | 39.20 | 41.45 | 41.02 | 45.09 | 46.86 | | |
| 2013 | 39.03 | 40.80 | 41.13 | 43.84 | 46.25 | 40.41 | 45.80 |

2-8 续表 continued

单位：（%） （%）

| 年 份 Year | 贵港市 Guigang | 玉林市 Yulin | 百色市 Baise | 贺州市 Hezhou | 河池市 Hechi | 来宾市 Laibin | 崇左市 Chongzuo |
|---|---|---|---|---|---|---|---|
| 1980 | | | | | | | |
| 1981 | | | | | | | |
| 1982 | | | | | | | |
| 1983 | 61.86 | | 56.14 | 56.65 | | | |
| 1984 | 58.61 | | 55.47 | 55.73 | | | |
| 1985 | 49.93 | | 57.79 | 59.22 | | | |
| 1986 | 53.95 | | 55.49 | 55.95 | | | |
| 1987 | 53.42 | | 59.51 | 57.05 | | | |
| 1988 | 49.29 | | 52.91 | 49.84 | | | |
| 1989 | 53.17 | | 59.72 | 46.42 | | | |
| 1990 | 57.05 | | 59.43 | 59.11 | | | |
| 1991 | 53.43 | | 59.49 | 54.12 | | | |
| 1992 | 55.28 | | 57.92 | 57.39 | | | |
| 1993 | 58.01 | | 56.99 | 58.58 | | | |
| 1994 | 48.30 | | 49.92 | 51.10 | | | |
| 1995 | 48.34 | | 47.52 | 50.89 | | | |
| 1996 | 50.22 | | 45.78 | 55.09 | | | |
| 1997 | 47.17 | | 45.81 | 49.33 | | | |
| 1998 | 48.00 | | 45.83 | 47.89 | | | |
| 1999 | 41.05 | | 44.90 | 49.86 | | | |
| 2000 | 41.98 | | 36.44 | 46.78 | | | |
| 2001 | 36.50 | | 35.79 | 39.58 | | | |
| 2002 | 40.84 | | 39.24 | 41.26 | | | |
| 2003 | 35.88 | | 39.02 | 41.95 | | | |
| 2004 | 42.29 | | 38.99 | 40.14 | | | |
| 2005 | 40.29 | | 40.25 | 42.10 | | | |
| 2006 | 40.43 | | 38.07 | 39.88 | | | |
| 2007 | 47.94 | | 42.17 | 38.71 | | | |
| 2008 | 43.82 | | 42.37 | 46.29 | | | |
| 2009 | 46.05 | | 37.26 | 41.85 | | | |
| 2010 | 39.86 | | 35.03 | 36.18 | | | |
| 2011 | 38.75 | | 40.63 | 40.23 | | | |
| 2012 | 42.33 | | 40.02 | 39.84 | | | |
| 2013 | 41.84 | 39.50 | 39.60 | 39.45 | 40.01 | 37.79 | 41.07 |

# 2-9 各市城镇居民家庭人均可支配收入（1980—2013年）

## Per Capita Disposable Income of Urban Households by City（1980—2013）

单位：元 （yuan）

| 年 份 Year | 南宁市 Nanning | 柳州市 Liuzhou | 桂林市 Guilin | 梧州市 Wuzhou | 北海市 Beihai | 防城港市 Fangchenggang | 钦州市 Qinzhou |
|---|---|---|---|---|---|---|---|
| 1980 | 123.66 | 96.96 | 111.33 | 115.35 | 119.88 | | |
| 1981 | 445.20 | 385.32 | 441.96 | 437.64 | 432.48 | | |
| 1982 | 477.72 | 419.64 | 498.48 | 458.52 | 485.52 | | |
| 1983 | 512.64 | 447.24 | 505.08 | 436.20 | 490.92 | | |
| 1984 | 623.64 | 540.00 | 621.24 | 545.04 | 701.04 | | |
| 1985 | 715.56 | 668.28 | 757.44 | 708.12 | 751.44 | | |
| 1986 | 850.56 | 760.92 | 884.28 | 849.12 | 894.96 | | |
| 1987 | 949.08 | 871.20 | 1032.96 | 990.60 | 990.24 | | |
| 1988 | 1165.88 | 1225.56 | 1228.17 | 1188.55 | 1296.31 | | |
| 1989 | 1273.60 | 1307.45 | 1334.58 | 1327.32 | 1376.45 | | |
| 1990 | 1454.31 | 1515.40 | 1500.65 | 1545.49 | 1591.48 | | |
| 1991 | 1658.42 | 1794.30 | 1828.90 | 1789.55 | 1910.27 | | |
| 1992 | 2105.49 | 2305.83 | 2452.66 | 2314.79 | 2726.78 | | |
| 1993 | 3081.21 | 3544.27 | 3167.56 | 3246.26 | 4515.57 | | |
| 1994 | 4543.57 | 4242.70 | 4672.02 | 4309.41 | 5649.18 | | |
| 1995 | 5544.09 | 4884.12 | 5505.97 | 4909.01 | 6365.05 | | |
| 1996 | 5973.40 | 5242.68 | 5976.87 | 4945.33 | 6395.54 | | |
| 1997 | 5930.77 | 5457.12 | 6024.95 | 4933.88 | 6558.19 | | |
| 1998 | 6569.97 | 5552.38 | 6230.04 | 4838.22 | 6305.95 | | |
| 1999 | 6946.50 | 5327.64 | 6493.73 | 5414.77 | 6483.25 | | |
| 2000 | 7447.78 | 5740.08 | 6996.93 | 5221.07 | 6167.29 | | |
| 2001 | 7906.35 | 7546.50 | 7547.47 | 5837.49 | 7013.14 | | |
| 2002 | 8796.24 | 7927.68 | 7852.32 | 6282.12 | 7692.36 | | |
| 2003 | 9162.00 | 8369.28 | 8246.16 | 7062.12 | 8007.48 | | |
| 2004 | 9531.42 | 9154.68 | 8802.81 | 7325.17 | 8773.38 | | |
| 2005 | 10078.20 | 9986.23 | 9501.87 | 8190.26 | 9520.33 | | |
| 2006 | 10905.44 | 10592.40 | 10243.86 | 8854.56 | 11070.89 | | |
| 2007 | 12955.19 | 11919.12 | 11514.11 | 10123.29 | 13090.07 | | |
| 2008 | 14983.46 | 14536.11 | 13664.51 | 13350.78 | 14624.82 | | |
| 2009 | 16530.58 | 15395.24 | 15001.02 | 14617.36 | 15535.64 | | |
| 2010 | 17740.72 | 17531.70 | 16565.78 | 16578.17 | 16611.62 | | |
| 2011 | 19971.94 | 18630.55 | 17914.83 | 18531.24 | 18347.26 | | |
| 2012 | 22024.45 | 22260.73 | 19449.64 | 21416.05 | 20296.07 | | |
| 2013 | 24817.10 | 24355.00 | 24552.00 | 22537.05 | 23407.36 | 24423.24 | 23694.99 |

注：①1980年度数据仅为第四季度，1992年前可支配收入为生活费收入。

Note:①The fourth quarter of the year 1980 only a few degrees,1992 disposable income before income for living expenses.

2-9 续表 continued

单位：元 (yuan)

| 年 份<br>Year | 贵港市<br>Guigang | 玉林市<br>Yulin | 百色市<br>Baise | 贺州市<br>Hezhou | 河池市<br>Hechi | 来宾市<br>Laibin | 崇左市<br>Chongzuo |
|---|---|---|---|---|---|---|---|
| 1980 | | | | | | | |
| 1981 | | | | | | | |
| 1982 | | | | | | | |
| 1983 | 416.04 | | 442.20 | 400.68 | | | |
| 1984 | 525.24 | | 548.88 | 519.72 | | | |
| 1985 | 694.92 | | 663.48 | 653.16 | | | |
| 1986 | 787.20 | | 784.20 | 776.28 | | | |
| 1987 | 981.12 | | 947.16 | 926.16 | | | |
| 1988 | 1178.59 | | 1162.73 | 1251.36 | | | |
| 1989 | 1304.32 | | 1288.42 | 1521.38 | | | |
| 1990 | 1410.30 | | 1421.46 | 1589.91 | | | |
| 1991 | 1522.88 | | 1426.66 | 1615.37 | | | |
| 1992 | 1876.14 | | 2002.29 | 2059.58 | | | |
| 1993 | 2417.35 | | 2703.18 | 2535.84 | | | |
| 1994 | 4240.56 | | 4017.09 | 3493.81 | | | |
| 1995 | 5258.11 | | 5035.19 | 4354.75 | | | |
| 1996 | 4986.71 | | 5180.08 | 4542.32 | | | |
| 1997 | 4927.20 | | 5048.84 | 4520.33 | | | |
| 1998 | 5234.75 | | 5495.07 | 4939.91 | | | |
| 1999 | 5590.27 | | 5607.05 | 5199.48 | | | |
| 2000 | 5468.40 | | 5747.21 | 5549.37 | | | |
| 2001 | 6117.56 | | 6807.43 | 5996.56 | | | |
| 2002 | 6926.88 | | 7215.36 | 7029.60 | | | |
| 2003 | 7607.04 | | 7361.64 | 7868.64 | | | |
| 2004 | 7906.18 | | 8532.36 | 10529.97 | | | |
| 2005 | 8252.75 | | 9510.01 | 10105.01 | | | |
| 2006 | 8964.50 | | 10116.43 | 10612.29 | | | |
| 2007 | 9879.99 | | 11684.61 | 12019.66 | | | |
| 2008 | 11413.86 | | 12984.12 | 13642.92 | | | |
| 2009 | 12455.08 | | 14219.37 | 15013.19 | | | |
| 2010 | 14447.45 | | 15553.69 | 16760.81 | | | |
| 2011 | 16276.43 | | 16928.61 | 18611.82 | | | |
| 2012 | 18594.69 | | 19241.82 | 21442.05 | | | |
| 2013 | 21361.36 | 24365.70 | 21458.14 | 21681.62 | 19653.00 | 23563.00 | 21288.16 |

# 2-10 各市城镇居民家庭人均消费性支出（1980—2013年）

## Per Capita Consumption Expenditure of Urban Households by City（1980—2013）

单位：元 （yuan）

| 年 份 Year | 南宁市 Nanning | 柳州市 Liuzhou | 桂林市 Guilin | 梧州市 Wuzhou | 北海市 Beihai | 防城港市 Fangchenggang | 钦州市 Qinzhou |
|---|---|---|---|---|---|---|---|
| 1980 | 110.67 | 91.17 | 102.00 | 104.40 | 106.44 | | |
| 1981 | 440.28 | 397.80 | 423.48 | 413.76 | 428.16 | | |
| 1982 | 455.64 | 394.32 | 458.28 | 461.16 | 447.00 | | |
| 1983 | 499.04 | 435.30 | 479.93 | 440.12 | 449.62 | | |
| 1984 | 565.56 | 503.04 | 568.32 | 512.28 | 507.84 | | |
| 1985 | 723.51 | 645.42 | 813.48 | 691.06 | 712.60 | | |
| 1986 | 824.83 | 718.34 | 883.36 | 793.76 | 855.16 | | |
| 1987 | 943.83 | 861.89 | 1031.23 | 955.70 | 932.60 | | |
| 1988 | 1229.10 | 1367.22 | 1366.00 | 1223.57 | 1257.32 | | |
| 1989 | 1293.41 | 1357.06 | 1320.04 | 1332.79 | 1326.54 | | |
| 1990 | 1359.96 | 1461.99 | 1444.94 | 1417.87 | 1448.55 | | |
| 1991 | 1667.08 | 1754.98 | 1806.56 | 1780.29 | 1859.73 | | |
| 1992 | 1852.48 | 1936.43 | 2178.59 | 1915.64 | 2091.41 | | |
| 1993 | 2624.19 | 2915.79 | 2594.94 | 2509.90 | 3482.73 | | |
| 1994 | 4287.71 | 3707.60 | 3935.01 | 3794.29 | 4481.94 | | |
| 1995 | 5055.27 | 4385.07 | 4531.36 | 4404.64 | 5014.40 | | |
| 1996 | 5424.63 | 4577.04 | 5081.83 | 4580.42 | 5302.28 | | |
| 1997 | 5456.24 | 4732.44 | 5221.45 | 4454.73 | 5393.83 | | |
| 1998 | 5799.96 | 4273.44 | 5358.01 | 4423.68 | 5213.83 | | |
| 1999 | 6320.57 | 4351.32 | 5786.07 | 4474.75 | 5692.78 | | |
| 2000 | 6705.27 | 4457.64 | 5893.48 | 4604.35 | 5092.22 | | |
| 2001 | 7107.43 | 6010.00 | 6111.28 | 5116.22 | 5406.71 | | |
| 2002 | 6969.72 | 5991.96 | 6123.48 | 5128.56 | 5898.24 | | |
| 2003 | 7216.92 | 6033.48 | 6326.04 | 6136.20 | 5865.00 | | |
| 2004 | 7329.36 | 7116.87 | 6754.74 | 6417.21 | 6680.50 | | |
| 2005 | 7881.79 | 7850.20 | 7186.47 | 6669.79 | 7127.85 | | |
| 2006 | 8160.43 | 7244.87 | 7915.08 | 7099.68 | 8446.68 | | |
| 2007 | 9459.05 | 8722.50 | 8251.95 | 7914.39 | 9288.98 | | |
| 2008 | 10267.97 | 11350.78 | 8991.90 | 9551.60 | 9916.56 | | |
| 2009 | 11120.05 | 11275.98 | 9880.36 | 9964.92 | 12414.00 | | |
| 2010 | 12866.65 | 11978.32 | 10934.37 | 11125.88 | 11745.52 | | |
| 2011 | 14834.01 | 13720.32 | 11890.24 | 12994.90 | 13176.14 | | |
| 2012 | 15291.55 | 14115.18 | 14469.98 | 13629.87 | 14224.03 | | |
| 2013 | 17127.50 | 15398.00 | 15555.00 | 14747.52 | 15191.03 | 14792.25 | 14361.05 |

2-10 续表 continued

单位：元 (yuan)

| 年 份 Year | 贵港市 Guigang | 玉林市 Yulin | 百色市 Baise | 贺州市 Hezhou | 河池市 Hechi | 来宾市 Laibin | 崇左市 Chongzuo |
|---|---|---|---|---|---|---|---|
| 1980 | | | | | | | |
| 1981 | | | | | | | |
| 1982 | | | | | | | |
| 1983 | 374.88 | | 431.49 | 377.31 | | | |
| 1984 | 416.65 | | 485.27 | 447.03 | | | |
| 1985 | 607.91 | | 632.16 | 634.28 | | | |
| 1986 | 667.47 | | 775.54 | 761.97 | | | |
| 1987 | 839.85 | | 885.87 | 903.86 | | | |
| 1988 | 1215.42 | | 1152.62 | 1258.42 | | | |
| 1989 | 1337.09 | | 1259.49 | 1671.64 | | | |
| 1990 | 1344.30 | | 1333.73 | 1335.65 | | | |
| 1991 | 1478.93 | | 1354.56 | 1557.93 | | | |
| 1992 | 1470.25 | | 1622.15 | 1632.86 | | | |
| 1993 | 1844.54 | | 2093.54 | 1878.95 | | | |
| 1994 | 3256.52 | | 3212.72 | 2785.94 | | | |
| 1995 | 4091.63 | | 4396.21 | 3562.32 | | | |
| 1996 | 3922.75 | | 4647.07 | 3514.97 | | | |
| 1997 | 4198.30 | | 4638.59 | 3902.47 | | | |
| 1998 | 4119.70 | | 4661.01 | 3813.13 | | | |
| 1999 | 4739.04 | | 4785.07 | 3791.22 | | | |
| 2000 | 4133.53 | | 5408.94 | 4075.70 | | | |
| 2001 | 4676.86 | | 5700.76 | 4610.23 | | | |
| 2002 | 4563.12 | | 5635.08 | 5075.40 | | | |
| 2003 | 5660.64 | | 5765.88 | 5286.60 | | | |
| 2004 | 5143.47 | | 6404.71 | 6229.74 | | | |
| 2005 | 5996.81 | | 7245.41 | 6791.72 | | | |
| 2006 | 6312.87 | | 7614.56 | 7545.27 | | | |
| 2007 | 6691.78 | | 8176.39 | 8528.64 | | | |
| 2008 | 8188.86 | | 9079.47 | 8062.67 | | | |
| 2009 | 7978.95 | | 10268.33 | 9129.02 | | | |
| 2010 | 9686.22 | | 11528.05 | 11084.39 | | | |
| 2011 | 11505.02 | | 12344.15 | 11492.87 | | | |
| 2012 | 13123.46 | | 12327.27 | 11705.94 | | | |
| 2013 | 14645.78 | 14938.04 | 13448.00 | 12634.84 | 12020.78 | 14676.00 | 12377.53 |

# 2-11 城镇居民家庭基本情况

## Basic Conditions of Urban Households

| 项 目 | Item | 2009 | 2010 |
|---|---|---|---|
| 调查户数（户） | Number of Households Surveyed（household） | 1340 | 1340 |
| 可支配收入（元/人） | Disposable Income（yuan/person） | 15451.48 | 17063.89 |
| 家庭居住人口（人/户） | Household Size（person/household） | 3.01 | 3.03 |
| 现住房总建筑面积（平方米/人） | Total Floor Space for Current Housing（sq.m/person） | 38.48 | 38.41 |
| 现住房屋总使用面积（平方米/人） | Total Utility Space for Current Residence（sq.m/person） | 28.93 | 28.88 |
| 家庭人口数（人/户） | Household Size（person/household） | 3.01 | 3.03 |
| 有收入者人数（人/户） | Income Earner（person/household） | 2.20 | 2.22 |
| 就业人口数 | Number of the Employed | 1.59 | 1.57 |
| 国有经济单位职工人数 | Employees in the State-owned Enterprises | 0.85 | 0.86 |
| 城镇集体经济单位职工人数 | Employees in Urban Collective Economy | 0.06 | 0.05 |
| 其他各种经济类型单位职工 | Employees in Other Forms of Economy | 0.15 | 0.14 |
| 城镇个体经营者人员数 | Rural Self-employed Individual | 0.19 | 0.17 |
| 城镇个体被雇人员数 | Population Hired by Rural Self-employed Individual | 0.20 | 0.21 |
| 离退休再就业人员数 | Number of the Retired and Reemployed | 0.03 | 0.03 |
| 其他就业人员数 | Other Employed Population | 0.11 | 0.11 |
| 离退休人数 | Number of the Retired and Reemployed | 0.56 | 0.61 |
| 其他有收入者人数 | Number of Other Income Earner | 0.05 | 0.04 |
| 无收入者人数（人/户） | Number of persons with no Income（person/household） | 0.82 | 0.81 |
| 期末家庭人口数（人/户） | The end of the Family Population（person/household） | | |

| 项 目 | Item | 2011 | 2012 |
|---|---|---|---|
| 调查户数（户） | Number of Households Surveyed（household） | 1340 | 1340 |
| 可支配收入（元/人） | Disposable Income（yuan/person） | 18854.06 | 21242.80 |
| 家庭居住人口（人/户） | Household Size（person/household） | 3.06 | 3.04 |
| 现住房总建筑面积（平方米/人） | Total Floor Space for Current Housing（sq.m/person） | 39.02 | 39.67 |
| 现住房屋总使用面积（平方米/人） | Total Utility Space for Current Residence（sq.m/person） | 29.34 | 29.83 |
| 家庭人口数（人/户） | Household Size（person/household） | 3.06 | 3.06 |
| 有收入者人数（人/户） | Income Earner（person/household） | 2.27 | 2.26 |
| 就业人口数 | Number of the Employed | 1.66 | 1.63 |
| 国有经济单位职工人数 | Employees in the State-owned Enterprises | 0.86 | 0.85 |
| 城镇集体经济单位职工人数 | Employees in Urban Collective Economy | 0.05 | 0.04 |
| 其他各种经济类型单位职工 | Employees in Other Forms of Economy | 0.15 | 0.17 |
| 城镇个体经营者人员数 | Rural Self-employed Individual | 0.19 | 0.22 |
| 城镇个体被雇人员数 | Population Hired by Rural Self-employed Individual | 0.28 | 0.25 |
| 离退休再就业人员数 | Number of the Retired and Reemployed | 0.03 | 0.04 |
| 其他就业人员数 | Other Employed Population | 0.10 | 0.07 |
| 离退休人数 | Number of the Retired and Reemployed | 0.57 | 0.59 |
| 其他有收入者人数 | Number of Other Income Earner | 0.04 | 0.05 |
| 无收入者人数（人/户） | Number of persons with no Income（person/household） | 0.82 | 0.80 |
| 期末家庭人口数（人/户） | The end of the Family Population（person/household） | | |

# 2-12 城镇居民家庭人均现金收支情况

## Per Capita Cash Income and Expenditures of Urban Households

单位：元 （yuan）

| 项　目 | Item | 2009 | 2010 | 2011 | 2012 |
|---|---|---|---|---|---|
| **期初手存现金** | **Initial Deposit Cash in Hand** | **554.32** | **699.54** | **455.99** | **764.11** |
| **家庭总收入** | **Total Income** | **17032.89** | **18742.21** | **20846.11** | **23209.41** |
| # 可支配收入 | # Disposable Income | 15451.48 | 17063.89 | 18854.06 | 21242.80 |
| 工资性收入 | Wages Income | 11193.64 | 12061.82 | 13550.16 | 14693.47 |
| 工资及补贴收入 | Income and Subsidies | 10718.88 | 11671.49 | 13233.72 | 14228.25 |
| 其他劳动收入 | Other Labor Income | 474.76 | 390.33 | 316.43 | 465.22 |
| 经营净收入 | Net Operation Income | 1385.85 | 1474.90 | 1699.84 | 2131.79 |
| 财产性收入 | Property Income | 493.36 | 576.87 | 844.91 | 883.71 |
| 利息收入 | Interest Income | 54.92 | 42.83 | 48.64 | 62.80 |
| 股息与红利收入 | Dividend and Bonus | 84.85 | 104.02 | 137.06 | 48.33 |
| 保险收益 | Insurance Proceeds | 2.52 | 0.88 | 3.77 | 1.20 |
| 其它投资收入 | Income from Other Investments | 59.35 | 54.73 | 138.58 | 99.55 |
| 出租房屋收入 | Rental Income | 288.22 | 356.13 | 504.25 | 658.95 |
| 知识产权收入 | Intellectual Property Income | 0.18 | | 0.05 | 2.94 |
| 其他财产性收入 | Other Property Income | 3.31 | 18.28 | 12.55 | 9.95 |
| 转移性收入 | Transferred Income | 3960.05 | 4628.62 | 4751.20 | 5500.43 |
| 养老金或离退休金 | Pensions and Retirement Pay | 3368.83 | 4012.34 | 3897.83 | 4507.47 |
| 社会救济收入 | Social Relief | 17.66 | 15.29 | 22.51 | 23.59 |
| 辞退金 | Dismiss Pensions | 10.32 | 2.13 | 20.03 | 44.02 |
| 赔偿收入 | Compensation Income | 0.67 | 3.29 | 0.60 | 4.59 |
| 保险收入 | Insurance | 28.29 | 12.09 | 17.28 | 16.96 |
| # 失业保险金 | # Unemployment Insurance | 24.57 | 8.91 | 13.72 | 9.95 |
| 赡养收入 | Supporting Income | 70.20 | 103.71 | 156.59 | 201.17 |
| 捐赠收入 | Donation | 249.46 | 220.11 | 332.95 | 272.90 |
| 亲友搭伙费 | Relatives Part-time Fees | | | | |
| 提取住房公积金 | Withdraw House Accumulation Fund | 47.42 | 42.64 | 75.07 | 159.36 |
| 其他转移性收入 | Other Transferred Income | 71.37 | 108.58 | 117.41 | 270.35 |
| **出售财物收入** | **Property Sale Income** | **90.09** | **25.22** | **38.26** | **14.70** |
| 出售住房收入 | House Sale Income | 53.12 | 12.63 | 27.93 | |
| 出售其他物品收入 | Other Atriclese Sale Income | 36.96 | 12.59 | 10.33 | 14.70 |
| **借贷收入** | **Lending and Loaning Income** | **5841.90** | **6276.26** | **6444.26** | **7039.81** |
| 提取储蓄存款 | Saving Deposit | 5377.30 | 5947.77 | 6064.33 | 6687.67 |
| 借入款 | Borrowed funds | 307.05 | 213.06 | 226.21 | 128.12 |
| 收回借出款 | Recall ed Loan | 87.69 | 42.49 | 59.46 | 14.14 |
| 收回储蓄性保险本 | Recall ed Endowment Assurance | 3.38 | 0.57 | 2.64 | 0.21 |
| 兑售有价证券 | Against the Sale of Securities | | 7.38 | 4.24 | 11.63 |
| 收回投资本金 | Recalled Original Capital of Investment | 2.35 | 0.99 | 5.49 | |
| 住房贷款 | Accomadation Loan | 57.25 | 35.19 | 2.60 | 157.31 |
| 汽车贷款 | Automobile Loan | | 4.84 | 3.29 | 12.73 |
| 教育贷款 | Rerurned Education Loan | | 3.64 | | |
| 其他贷款 | Other Loans | 4.27 | 16.96 | 14.43 | 6.46 |
| 其他借贷收入 | Other Income on Loan | 2.62 | 3.35 | 61.56 | 21.55 |

2-12 续表 continued

单位：元 (yuan)

| 项目 | Item | 2009 | 2010 | 2011 | 2012 |
|---|---|---|---|---|---|
| **家庭总支出** | **Total Expenditures** | **14787.14** | **16155.17** | **17125.96** | **18889.23** |
| 消费支出 | Expenditure for Consumption | 10352.38 | 11490.08 | 12848.37 | 14243.98 |
| # 服务性消费支出 | # Consumption Expenditures in Service | 2451.02 | 2688.97 | 3038.33 | 3449.47 |
| 食品 | Food | 4129.55 | 4372.75 | 5074.49 | 5552.56 |
| 衣着 | Clothing | 855.60 | 926.42 | 1019.34 | 1146.46 |
| 家庭设备用品及服务 | Expenditure for Consumption | 754.79 | 853.59 | 884.85 | 1125.39 |
| 医疗保健 | Medicine and Medical Service | 538.17 | 625.45 | 779.08 | 883.56 |
| 交通和通信 | Transportation, Post and Communications | 1598.68 | 1973.04 | 2000.57 | 2088.64 |
| 教育文化娱乐服务 | Recreation, Education and Cutural Services | 1111.13 | 1243.71 | 1502.65 | 1626.05 |
| 居住 | Residence | 1021.11 | 1166.85 | 1237.91 | 1377.26 |
| 杂项商品和服务 | Miscellaneous Commodities and Services | 343.33 | 328.27 | 349.48 | 444.06 |
| 购房与建房支出 | Expenditure on House-purchase and Building | 1064.70 | 1096.63 | 352.00 | 396.77 |
| 购房 | Puchase of the House | 1012.57 | 1096.63 | 346.71 | 389.72 |
| 建房 | House Building | 52.13 | | 5.30 | 7.06 |
| 转移性支出 | Transferred Income | 1943.89 | 2091.81 | 2090.62 | 2371.29 |
| 交纳的个人收入税 | Paid Personal Income | 85.62 | 122.45 | 123.82 | 62.03 |
| 捐赠支出 | Donation | 1113.20 | 1258.10 | 1152.84 | 1410.26 |
| 购买彩票 | Purchase of Lottery | 6.51 | 8.77 | 7.37 | 8.77 |
| 赡养支出 | Support Expenditure | 626.28 | 572.71 | 652.22 | 739.19 |
| # 在外就学子女费用 | # Attend Children Expense Outside | 416.63 | 335.32 | 437.40 | 523.77 |
| 各种非储蓄性保险支出 | No-endowment Assurance Expentidutre | 46.32 | 45.61 | 93.85 | 85.85 |
| # 车辆保险支出 | # Vehicle Insurance | 23.99 | 25.04 | 60.64 | 43.25 |
| 其他转移性支出 | Others Expenditure for Transferred | 65.95 | 84.17 | 60.53 | 65.19 |
| 财产性支出 | Property Expenditure | 26.23 | 29.23 | 77.67 | 130.72 |
| 非生产性利息支出 | Payout of the Non-productive Interests | 16.44 | 23.76 | 68.86 | 119.97 |
| 其他 | Others | 9.80 | 5.46 | 8.81 | 10.75 |
| 社会保障支出 | Social Security Expentidutre | 1399.95 | 1447.43 | 1757.29 | 1746.47 |
| 个人交纳的养老基金 | Personal Paid Pension Fund | 472.67 | 463.15 | 578.79 | 579.57 |
| 个人交纳的住房公积金 | Personal Paid Housing Accumulation Fund | 698.86 | 747.65 | 897.76 | 860.40 |
| 个人交纳的医疗基金 | Personal Paid Medical Care Fund | 162.53 | 184.69 | 217.12 | 242.86 |
| 个人交纳的失业基金 | Personal Paid Unemployment Fund | 41.87 | 45.07 | 50.18 | 54.25 |
| 其他社会保障支出 | Others | 24.01 | 6.87 | 13.44 | 9.40 |
| **借贷支出** | **Lending and Loaning Expenditure** | **7956.51** | **8667.54** | **9755.63** | **11278.69** |
| 存入储蓄款 | Savings | 6938.82 | 7856.51 | 8707.27 | 10320.43 |
| 借出款 | Lending Funds | 108.72 | 26.78 | 62.15 | 22.69 |
| 归还借款 | Returned Loan | 315.67 | 162.78 | 131.86 | 133.77 |
| 储蓄性保险支出 | Endowment Assurance Expentidutre | 124.47 | 138.76 | 139.24 | 119.77 |
| 购买有价证券 | Purchase of Securities | 48.56 | 3.33 | 34.46 | 15.21 |
| 其它投资支出 | Other Investment Expenditure | 15.67 | 26.88 | 22.44 | 47.87 |
| 归还住房贷款 | Returned Accomadation Loan | 318.94 | 348.64 | 582.02 | 550.53 |
| 归还汽车贷款 | Returned Automobil Loan | 0.41 | 0.45 | 30.48 | 30.56 |
| 归还教育贷款 | Returned Education Loan | 0.86 | 5.16 | 1.30 | 1.28 |
| 归还其他贷款 | Returned Others Loan | 52.61 | 72.99 | 10.28 | 13.31 |
| 其他借贷支出 | Others | 31.80 | 25.26 | 34.15 | 23.27 |

# 2-13 城镇居民家庭平均每百户耐用消费品拥有量

## Ownership of Major Durable Consumer Goods Per 100 Urban Households

| 项 目 | Item | 2009 | 2010 | 2011 | 2012 |
|---|---|---|---|---|---|
| 成套家具（套） | Furniture（set） | | | | |
| 摩托车（辆） | Motorcycle（unit） | 49.68 | 48.11 | 48.15 | 47.16 |
| 自行车（辆） | Bicycle（unit） | | | | |
| 助力车（辆） | Man-drawn Vehicle（unit） | 37.53 | 43.20 | 58.62 | 63.51 |
| 家用汽车（辆） | Household Automobile（unit） | 10.68 | 13.26 | 17.24 | 22.24 |
| 洗衣机（台） | Washing Machine（set） | 95.88 | 97.77 | 97.04 | 98.33 |
| 电风扇（台） | Electric Fan（set） | | | | |
| 电冰箱（台） | Refrigerator（set） | 96.29 | 97.41 | 98.36 | 100.34 |
| 冰柜（台） | Freezer（set） | | | | |
| 彩色电视机（台） | Color TV（set） | 135.46 | 136.07 | 136.03 | 136.68 |
| 影碟机（台） | Video Disc Player（set） | | | | |
| 录音机（台） | Tape Recorder（set） | | | | |
| 录放像机（台） | Video-recorder（set） | | | | |
| 家用电脑（台） | Household Computer（set） | 71.85 | 78.98 | 91.72 | 98.44 |
| 组合音响（套） | Hi-Fi Stereo Component System（set） | 40.09 | 40.63 | 34.68 | 36.20 |
| 摄像机（架） | Video Camera（set） | 5.52 | 6.56 | 7.29 | 7.48 |
| 照相机（架） | Camera（set） | 40.53 | 43.52 | 47.77 | 50.86 |
| 钢琴（架） | Piano（set） | 1.61 | 1.96 | 1.08 | 1.23 |
| 其他中高档乐器（件） | Other Medium Upscale Musical Instrument（piece） | 5.03 | 5.72 | 5.21 | 6.55 |
| 微波炉（台） | Microwave Oven（set） | 64.84 | 66.82 | 70.18 | 72.54 |
| 空调器（台） | Air Conditioning（set） | 106.34 | 112.40 | 133.60 | 138.96 |
| 取暖器（台） | Heating Appliances（set） | | | | |
| 电炊具（台） | Electric Cooking Appliances（set） | | | | |
| 淋浴热水器（台） | Water Heater（set） | 102.81 | 104.28 | 109.09 | 110.81 |
| 排油烟机（台） | Smoke Absorber（set） | | | | |
| 消毒碗柜（台） | Disinfection Cupboard（set） | 66.13 | 68.49 | 69.52 | 71.86 |
| 洗碗机（台） | Dishwasher（set） | 1.12 | 1.12 | 1.03 | 0.69 |
| 饮水机（台） | Clean Water Fountain（set） | | | | |
| 吸尘器（台） | Dust Catcher（set） | | | | |
| 健身器材（套） | Fitness Equipment（set） | 4.69 | 4.73 | 4.13 | 4.61 |
| 普通电话（部） | Telephone（set） | 76.28 | 75.58 | 57.68 | 58.23 |
| 移动电话（部） | Hand Telephone（set） | 204.18 | 210.37 | 231.85 | 237.15 |
| 传真机（部） | Fax（set） | | | | |
| 接入有线电视电视机（台） | Cable Television（set） | 102.15 | 103.25 | 93.23 | 27.42 |
| 接入互连网计算机（台） | Network-connected Computers（set） | 54.39 | 60.87 | 72.25 | 100.02 |
| 接入互连网移动电话（部） | Network-connected Hand Telephone（set） | 6.94 | 9.45 | 18.45 | 81.49 |

# 2-14 农村居民家庭人均收支及恩格尔系数（1980—2013年）

## Per Capita Annual Income and Expenditure & Engle's Coefficient of Rural Households（1980—2013）

| 年 份<br>Year | 农村居民家庭人均纯收入（元）<br>Per Captita Annual Disposable Income of Rural Households（yuan） | 比上年±%<br>Growth Rate Over Preceding Year（%） | 农村居民家庭人均生活消费支出（元）<br>Per Capita Living Expenditure of Rural Households（yuan） | 比上年±%<br>Growth Rate Over Preceding Year（%） | # 食品消费支出（元）<br># Food Expenditure（yuan） | 比上年±%<br>Growth Rate Over Preceding Year（%） | 恩格尔系数（%）<br>Engel's Coefficient（%） |
|---|---|---|---|---|---|---|---|
| 1980 | 173.44 | | 150.92 | | 95.87 | | 63.52 |
| 1981 | 203.89 | 17.56 | 171.45 | 13.60 | 115.93 | 20.92 | 67.62 |
| 1982 | 235.28 | 15.40 | 210.15 | 22.57 | 139.08 | 19.97 | 66.18 |
| 1983 | 261.69 | 11.22 | 224.05 | 6.61 | 148.32 | 6.64 | 66.20 |
| 1984 | 267.18 | 2.10 | 237.62 | 6.06 | 153.60 | 3.56 | 64.64 |
| 1985 | 302.96 | 13.39 | 268.31 | 12.92 | 166.85 | 8.63 | 62.19 |
| 1986 | 316.10 | 4.34 | 283.87 | 5.80 | 175.68 | 5.29 | 61.89 |
| 1987 | 353.95 | 11.97 | 309.29 | 8.95 | 191.92 | 9.24 | 62.05 |
| 1988 | 424.23 | 19.86 | 361.91 | 17.01 | 215.64 | 12.36 | 59.58 |
| 1989 | 483.04 | 13.86 | 419.04 | 15.79 | 244.20 | 13.24 | 58.28 |
| 1990 | 639.45 | 32.38 | 536.97 | 28.14 | 345.86 | 41.63 | 64.41 |
| 1991 | 657.74 | 2.86 | 580.75 | 8.15 | 360.09 | 4.11 | 62.00 |
| 1992 | 731.69 | 11.24 | 616.33 | 6.13 | 381.07 | 5.83 | 61.83 |
| 1993 | 885.00 | 20.95 | 704.98 | 14.38 | 448.12 | 17.60 | 63.56 |
| 1994 | 1107.02 | 25.09 | 926.14 | 31.37 | 551.98 | 23.18 | 59.60 |
| 1995 | 1446.14 | 30.63 | 1143.04 | 23.42 | 700.40 | 26.89 | 61.28 |
| 1996 | 1703.13 | 17.77 | 1399.07 | 22.40 | 795.30 | 14.63 | 56.84 |
| 1997 | 1875.28 | 10.11 | 1375.66 | -1.67 | 799.89 | 0.58 | 58.15 |
| 1998 | 1971.90 | 5.15 | 1414.76 | 2.84 | 808.82 | 1.12 | 57.17 |
| 1999 | 2048.33 | 3.88 | 1457.43 | 3.02 | 849.38 | 5.01 | 58.28 |
| 2000 | 1864.51 | -8.97 | 1487.96 | 2.09 | 824.97 | -2.87 | 55.44 |
| 2001 | 1944.33 | 4.28 | 1550.62 | 4.21 | 810.95 | -1.70 | 52.30 |
| 2002 | 2012.60 | 3.51 | 1686.11 | 8.74 | 875.08 | 7.91 | 51.90 |
| 2003 | 2094.51 | 4.07 | 1751.23 | 3.86 | 899.07 | 2.74 | 51.34 |
| 2004 | 2305.22 | 10.06 | 1928.60 | 10.13 | 1047.58 | 16.52 | 54.32 |
| 2005 | 2494.67 | 8.22 | 2349.60 | 21.83 | 1186.71 | 13.28 | 50.51 |
| 2006 | 2770.50 | 11.06 | 2413.93 | 2.74 | 1196.07 | 0.79 | 49.55 |
| 2007 | 3224.05 | 16.37 | 2747.47 | 13.82 | 1378.78 | 15.28 | 50.18 |
| 2008 | 3690.28 | 14.46 | 2985.03 | 8.65 | 1594.67 | 15.66 | 53.42 |
| 2009 | 3980.44 | 7.86 | 3231.14 | 8.24 | 1572.82 | -1.37 | 48.68 |
| 2010 | 4543.41 | 14.14 | 3455.29 | 6.94 | 1675.41 | 6.52 | 48.49 |
| 2011 | 5231.33 | 15.14 | 4210.89 | 21.87 | 1844.94 | 10.12 | 43.81 |
| 2012 | 6007.55 | 14.84 | 4877.63 | 15.83 | 2085.63 | 13.05 | 42.76 |
| 2013 | 6790.90 | 13.04 | 5205.60 | 6.72 | 2084.68 | -0.05 | 40.05 |

# 2-15 按收入五等份分农村居民家庭人均收入情况（2013年）

## Per Capita Income of Rural Households by Five Equal Parts of Income（2013）

单位：元 （yuan）

| 项 目 | Item | 低收入户 Low Income Households | 中低收入户 Lower Middle Income Households | 中等收入户 Middle Income Households | 中高收入户 Upper Middle Income Households | 高收入户 High Income Households |
|---|---|---|---|---|---|---|
| **总收入** | **Total Income** | **4351.30** | **6147.48** | **8689.11** | **11517.11** | **18246.68** |
| 工资性收入 | Wages Income | 1246.91 | 2188.35 | 2812.46 | 3450.61 | 4336.29 |
| 家庭经营收入 | Net Income for Household Business | 2575.02 | 3143.16 | 5043.34 | 6918.59 | 12518.92 |
| 农业 | Farming | 1342.76 | 1987.08 | 2576.87 | 3716.71 | 6534.04 |
| 林业 | Forestry | 89.10 | 105.46 | 130.54 | 328.20 | 822.87 |
| 牧业 | Animal Hubabandry | 726.43 | 730.42 | 1504.51 | 1779.12 | 2920.79 |
| 渔业 | Fishery | 43.08 | 10.23 | 82.63 | 116.97 | 656.93 |
| 工业 | Industry | 61.08 | 103.21 | 20.35 | 134.27 | 98.78 |
| 建筑业 | Construction | 2.56 | 25.19 | 98.58 | 126.85 | 118.77 |
| 交通、运输、邮电业 | Transport and Telecommunications Industries | 105.70 | 53.77 | 244.84 | 283.60 | 604.43 |
| 批发和零售贸易、餐饮业 | Wholesale and Retail Trade, Catering Industry | 133.46 | 105.22 | 349.39 | 341.76 | 574.60 |
| 社会服务业 | Social Services Income | 38.98 | 21.77 | 27.48 | 70.53 | 120.46 |
| 其他家庭经营 | Others | 31.87 | 0.83 | 8.16 | 20.59 | 67.25 |
| 财产性收入 | Property Income | 35.05 | 37.83 | 84.87 | 80.71 | 128.52 |
| 转移性收入 | Transferred Income | 494.32 | 778.14 | 748.45 | 1067.20 | 1262.95 |
| **纯收入** | **Net Income** | **2682.89** | **4477.39** | **6204.75** | **8456.99** | **13823.37** |
| 工资性收入 | Wages Income | 1246.91 | 2188.35 | 2812.46 | 3450.61 | 4336.29 |
| 家庭经营纯收入 | Net Income for Household Business | 1074.70 | 1717.63 | 2843.09 | 4165.59 | 8410.44 |
| 农业 | Farming | 743.65 | 1214.05 | 1647.95 | 2319.80 | 4701.75 |
| 林业 | Forestry | -46.27 | 63.96 | 64.44 | 261.65 | 691.94 |
| 牧业 | Animal Hubabandry | 217.98 | 254.33 | 614.86 | 896.71 | 1487.62 |
| 渔业 | Fishery | -31.01 | 6.10 | 67.50 | 66.29 | 436.67 |
| 工业 | Industry | 40.04 | 50.92 | 9.47 | 59.23 | 70.78 |
| 建筑业 | Construction | 2.56 | 23.19 | 74.28 | 57.47 | 97.67 |
| 交通、运输、邮电业 | Transport and Telecommunications Industries | 34.68 | 25.32 | 119.17 | 175.11 | 350.22 |
| 批发和零售贸易、餐饮业 | Wholesale and Retail Trade, Catering Industry | 109.07 | 77.80 | 255.58 | 274.67 | 478.80 |
| 社会服务业 | Social Services | 13.75 | 18.38 | 5.23 | 62.57 | 78.82 |
| 其他家庭经营 | Others | -9.75 | -16.43 | -15.40 | -7.91 | 16.18 |
| 财产性纯收入 | Property Income | 35.05 | 37.83 | 84.87 | 80.71 | 128.52 |
| 转移性纯收入 | Transferred Income | 326.23 | 533.58 | 464.33 | 760.08 | 948.12 |

# 2-16 农村居民家庭人均总收入及构成

## Per Capita Total Income and Composition of Rural Households

| 项 目 | Item | 2010 | 2011 | 2012 | 2013 |
|---|---|---|---|---|---|
| **总收入（元）** | **Total Income（yuan）** | **6181.50** | **7521.10** | **8458.92** | **9364.09** |
| 工资性收入 | Wages Income | 1707.18 | 1820.18 | 2245.95 | 2712.27 |
| 家庭经营收入 | Household Business Income | 4094.31 | 5175.95 | 5550.14 | 5734.29 |
| 第一产业 | Primary Industry | 3669.88 | 4648.88 | 4900.32 | 4974.78 |
| 农业 | Farming | 2366.39 | 2838.81 | 3037.30 | 3074.88 |
| 林业 | Forestry | 134.04 | 187.39 | 182.40 | 273.23 |
| 牧业 | Animal Husbandry | 1074.50 | 1507.98 | 1544.07 | 1462.52 |
| 渔业 | Fishery | 94.95 | 114.70 | 136.55 | 164.15 |
| 第二产业 | Secondary Industry Income | 97.78 | 121.60 | 150.25 | 152.66 |
| 工业 | Industry | 58.49 | 70.61 | 100.67 | 82.35 |
| 建筑业 | Construction | 39.30 | 50.98 | 49.59 | 70.30 |
| 第三产业 | Tertary Industry | 326.65 | 405.47 | 499.56 | 606.86 |
| 交通、运输、邮电业 | Transport and Telecommunications Industries | 120.40 | 178.59 | 204.62 | 242.61 |
| 批发和零售贸易、餐饮业 | Wholesale and Retail Trade, Catering Industry | 139.09 | 168.27 | 228.88 | 286.54 |
| 社会服务业 | Social Services | 14.64 | 17.10 | 18.78 | 53.16 |
| 其他行业 | Other Industry | 28.47 | 25.97 | 28.05 | 24.55 |
| 财产性收入 | Property Income | 33.78 | 41.22 | 53.87 | 70.44 |
| 转移性收入 | Transferred Income | 346.23 | 483.78 | 608.96 | 847.09 |
| **总收入构成（%）** | **Composition of Total Income（%）** | | | | |
| 工资性收入 | Wages Income | 27.62 | 24.20 | 26.55 | 28.96 |
| 家庭经营收入 | Household Business Income | 66.23 | 68.82 | 65.61 | 61.24 |
| 第一产业 | Primary Industry | 59.37 | 61.81 | 57.93 | 53.13 |
| 农业 | Farming | 38.28 | 37.74 | 35.91 | 32.84 |
| 林业 | Forestry | 2.17 | 2.49 | 2.16 | 2.92 |
| 牧业 | Animal Husbandry | 17.38 | 20.05 | 18.25 | 15.62 |
| 渔业 | Fishery | 1.54 | 1.53 | 1.61 | 1.75 |
| 第二产业 | Secondary Industry Income | 1.58 | 1.62 | 1.78 | 1.63 |
| 工业 | Industry | 0.95 | 0.94 | 1.19 | 0.88 |
| 建筑业 | Construction | 0.64 | 0.68 | 0.59 | 0.75 |
| 第三产业 | Tertary Industry | 5.28 | 5.39 | 5.91 | 6.48 |
| 交通、运输、邮电业 | Transport and Telecommunications Industries | 1.95 | 2.37 | 2.42 | 2.59 |
| 批发和零售贸易、餐饮业 | Wholesale and Retail Trade, Catering Industry | 2.25 | 2.24 | 2.71 | 3.06 |
| 社会服务业 | Social Services | 0.24 | 0.23 | 0.22 | 0.57 |
| 其他行业 | Other Industry | 0.46 | 0.35 | 0.33 | 0.26 |
| 财产性收入 | Property Income | 0.55 | 0.55 | 0.64 | 0.75 |
| 转移性收入 | Transferred Income | 5.60 | 6.43 | 7.20 | 9.05 |

# 2-17 农村居民家庭人均纯收入及构成

## Per Capita Annual Net Income and Composition of Rural Households

| 项 目 | Item | 2010 | 2011 | 2012 | 2013 |
|---|---|---|---|---|---|
| **纯收入（元）** | **Net Income（yuan）** | **4543.41** | **5231.33** | **6007.55** | **6790.90** |
| 工资性收入 | Wages Income | 1707.18 | 1820.18 | 2245.95 | 2712.27 |
| 家庭经营纯收入 | Net Income from Household Business | 2510.15 | 3007.93 | 3234.55 | 3420.36 |
| 第一产业 | Primary Industry | 2236.60 | 2687.50 | 2825.94 | 2942.81 |
| 农业 | Farming | 1577.68 | 1804.40 | 1963.29 | 2007.87 |
| 林业 | Forestry | 124.68 | 161.43 | 150.46 | 185.38 |
| 牧业 | Animal Husbandry | 483.69 | 669.50 | 639.25 | 653.76 |
| 渔业 | Fishery | 50.54 | 52.17 | 72.94 | 95.80 |
| 第二产业 | Secondary Industry Income | 60.86 | 62.13 | 81.66 | 93.35 |
| 工业 | Industry | 30.92 | 35.11 | 50.81 | 45.22 |
| 建筑业 | Construction | 29.94 | 27.01 | 30.85 | 48.13 |
| 第三产业 | Tertary Industry | 212.69 | 258.30 | 326.95 | 384.21 |
| 交通、运输、邮电业 | Transport and Telecommunications Industries | 65.03 | 86.89 | 117.47 | 130.88 |
| 批发和零售贸易、餐饮业 | Wholesale and Retail Trade, Catering Industry | 102.16 | 131.65 | 159.01 | 227.18 |
| 社会服务业 | Social Services | 8.09 | 12.88 | 15.36 | 33.60 |
| 其他行业 | Other Industry | 22.96 | 17.63 | 22.90 | -7.45 |
| 财产性收入 | Property Income | 33.78 | 41.22 | 53.87 | 70.44 |
| 转移性收入 | Transferred Income | 292.30 | 362.00 | 473.17 | 587.83 |
| **纯收入构成（%）** | **Composition of Net Income（%）** | | | | |
| 工资性收入 | Wages Income | 37.57 | 34.79 | 37.38 | 39.94 |
| 家庭经营收入 | Net Income from Household Business | 55.25 | 57.50 | 53.84 | 50.37 |
| 第一产业 | Primary Industry | 49.23 | 51.37 | 47.04 | 43.33 |
| 农业 | Farming | 34.72 | 34.49 | 32.68 | 29.57 |
| 林业 | Forestry | 2.74 | 3.09 | 2.50 | 2.73 |
| 牧业 | Animal Husbandry | 10.65 | 12.80 | 10.64 | 9.63 |
| 渔业 | Fishery | 1.11 | 1.00 | 1.21 | 1.41 |
| 第二产业 | Secondary Industry Income | 1.34 | 1.19 | 1.36 | 1.37 |
| 工业 | Industry | 0.68 | 0.67 | 0.85 | 0.67 |
| 建筑业 | Construction | 0.66 | 0.52 | 0.51 | 0.71 |
| 第三产业 | Tertiary Industry | 4.68 | 4.94 | 5.44 | 5.66 |
| 交通、运输、邮电业 | Transport and Telecommunications Industries | 1.43 | 1.66 | 1.96 | 1.93 |
| 批发和零售贸易、餐饮业 | Wholesale and Retail Trade, Catering Industry | 2.25 | 2.52 | 2.65 | 3.35 |
| 社会服务业 | Social Services | 0.18 | 0.25 | 0.26 | 0.49 |
| 其他行业 | Other Industry | 0.51 | 0.34 | 0.38 | |
| 财产性收入 | Property Income | 0.74 | 0.79 | 0.90 | 1.04 |
| 转移性收入 | Transferred Income | 6.43 | 6.92 | 7.88 | 8.66 |

# 2-18 农村居民家庭人均现金收入及构成

## Per Capita Cash Income and Composition of Rural Households

| 项　目 | Item | 2010 | 2011 | 2012 | 2013 |
|---|---|---|---|---|---|
| **现金收入（元）** | **Cash Income（yuan）** | **5151.58** | **6448.80** | **7380.51** | **8393.93** |
| 工资性收入 | Wages Income | 1706.12 | 1820.06 | 2245.92 | 2709.54 |
| 家庭经营现金收入 | Cash Income from Household Business | 3072.29 | 4119.79 | 4488.60 | 4803.28 |
| 第一产业 | Primary Industry | 2647.86 | 3592.73 | 3839.04 | 4043.73 |
| 农业 | Farming | 1454.72 | 1900.21 | 2101.70 | 2265.98 |
| 林业 | Forestry | 129.77 | 185.52 | 182.05 | 281.74 |
| 牧业 | Animal Husbandry | 971.41 | 1395.51 | 1421.65 | 1338.53 |
| 渔业 | Fishery | 91.95 | 111.48 | 133.64 | 157.49 |
| 第二产业 | Secondary Industry Income | 97.78 | 121.60 | 150.23 | 152.69 |
| 工业 | Industry | 58.49 | 70.61 | 100.65 | 82.35 |
| 建筑业 | Construction | 39.30 | 50.98 | 49.59 | 70.34 |
| 第三产业 | Tertary Industry | 326.65 | 405.46 | 499.32 | 606.86 |
| 交通、运输、邮电业 | Transport and Telecommunications Industries | 120.40 | 178.59 | 204.62 | 242.61 |
| 批发和零售贸易、餐饮业 | Wholesale and Retail Trade, Catering Industry | 139.09 | 168.27 | 228.88 | 286.54 |
| 社会服务业 | Social Services | 14.64 | 17.10 | 18.78 | 53.16 |
| 其他行业 | Other Industry | 28.47 | 25.96 | 27.81 | 24.55 |
| 财产性收入 | Property Income | 33.15 | 40.01 | 53.54 | 70.44 |
| 转移性收入 | Transferred Income | 340.01 | 468.94 | 592.46 | 810.66 |
| **现金收入构成（%）** | **Composition of Cash Income（%）** | | | | |
| 工资性收入 | Wages Income | 33.12 | 28.22 | 30.43 | 32.28 |
| 家庭经营现金收入 | Cash Income from Household Business | 59.64 | 63.88 | 60.82 | 57.22 |
| 第一产业 | Primary Industry | 51.40 | 55.71 | 52.02 | 48.17 |
| 农业 | Farming | 28.24 | 29.47 | 28.48 | 27.00 |
| 林业 | Forestry | 2.52 | 2.88 | 2.47 | 3.36 |
| 牧业 | Animal Husbandry | 18.86 | 21.64 | 19.26 | 15.95 |
| 渔业 | Fishery | 1.78 | 1.73 | 1.81 | 1.88 |
| 第二产业 | Secondary Industry Income | 1.90 | 1.89 | 2.04 | 1.82 |
| 工业 | Industry | 1.14 | 1.09 | 1.36 | 0.98 |
| 建筑业 | Construction | 0.76 | 0.79 | 0.67 | 0.84 |
| 第三产业 | Tertary Industry | 6.34 | 6.29 | 6.77 | 7.23 |
| 交通、运输、邮电业 | Transport and Telecommunications Industries | 2.34 | 2.77 | 2.77 | 2.89 |
| 批发和零售贸易、餐饮业 | Wholesale and Retail Trade, Catering Industry | 2.70 | 2.61 | 3.10 | 3.41 |
| 社会服务业 | Social Services | 0.28 | 0.27 | 0.25 | 0.63 |
| 其他行业 | Other Industry | 0.55 | 0.40 | 0.38 | 0.29 |
| 财产性收入 | Property Income | 0.64 | 0.62 | 0.72 | 0.84 |
| 转移性收入 | Transferred Income | 6.60 | 7.27 | 8.03 | 9.66 |

# 2-19 按收入五等份分农村居民家庭人均支出情况（2013年）

## Per Capita Expenditures of Rural Households by Five Equal Parts of Income（2013）

单位：元 （yuan）

| 项　目 | Item | 低收入户 Low Income Households | 中低收入户 Lower Middle Income Households | 中等收入户 Middle Income Households | 中高收入户 Upper Middle Income Households | 高收入户 High Income Households |
|---|---|---|---|---|---|---|
| **总支出** | **Annual Total Expenditures** | **4965.31** | **5523.36** | **8146.54** | **8912.00** | **12581.38** |
| 家庭经营费用支出 | Expenditure for Household Business | 1315.88 | 1289.11 | 2001.08 | 2544.82 | 3800.45 |
| 农业 | Agriculture | 502.27 | 689.30 | 844.03 | 1272.83 | 1655.79 |
| 林业 | Forestry | 135.19 | 40.18 | 63.38 | 62.97 | 127.02 |
| 牧业 | Animal | 480.79 | 446.03 | 862.27 | 845.60 | 1386.34 |
| 渔业 | Fishery | 72.78 | 3.45 | 12.47 | 49.40 | 214.46 |
| 工业 | Industry | 16.71 | 49.05 | 6.08 | 69.52 | 22.67 |
| 建筑业 | Construction | | 1.73 | 22.21 | 67.44 | 20.37 |
| 交通、运输、邮电业 | Transport and Telecommunications Industries | 33.03 | 17.33 | 76.89 | 80.44 | 197.08 |
| 批发和零售贸易、餐饮业 | Wholesale and Retail Trade, Catering Industry | 16.79 | 13.22 | 70.21 | 48.50 | 75.74 |
| 社会服务业 | Social Services | 18.39 | 2.36 | 16.41 | 4.73 | 16.45 |
| 其他家庭经营 | Others | 25.42 | 0.83 | 0.00 | 2.88 | 18.56 |
| 购置生产性固定资产支出 | Expenditure for Productive Fixed Assets | 99.37 | 197.94 | 158.18 | 217.77 | 239.25 |
| 财产性支出 | Property Expenditure | 0.17 | 0.57 | 0.59 | 0.50 | 4.74 |
| 转移性支出 | Transferred Expenditure | 162.01 | 209.81 | 279.59 | 356.62 | 468.83 |
| 生活消费支出 | Consumption Expenditure | 3387.68 | 3825.91 | 5699.07 | 5785.55 | 8057.79 |
| 食品 | Food | 1500.41 | 1763.99 | 2179.35 | 2378.17 | 2806.57 |
| 衣着 | Clothing | 115.83 | 114.83 | 161.00 | 216.38 | 272.73 |
| 居住 | Residence | 748.39 | 731.19 | 1637.65 | 1336.58 | 2636.54 |
| 家庭设备用品及服务 | Household Appliances and Services | 187.85 | 205.46 | 276.54 | 343.00 | 432.11 |
| 医疗保健 | Health Care and Medical Services | 339.67 | 388.94 | 476.37 | 447.47 | 429.34 |
| 交通通讯 | Transport and Telecommunications | 266.76 | 337.85 | 585.22 | 584.87 | 905.25 |
| 文教娱乐用品及服务 | Stationery & Recreation Goods and Services | 168.72 | 204.78 | 271.15 | 358.84 | 418.54 |
| 其他商品和服务 | Other Goods and Services | 60.05 | 78.87 | 111.78 | 120.23 | 156.72 |

# 2-20 农村居民家庭人均总支出及构成

## Per Capita Total Expenditure and Composition of Rural Households

| 项 目 | Item | 2010 | 2011 | 2012 | 2013 |
|---|---|---|---|---|---|
| **总支出（元）** | **Total Expenditure（yuan）** | **5270.80** | **6792.05** | **7753.50** | **7786.70** |
| 家庭经营费用支出 | Expenditure for Household Business | 1475.23 | 2000.09 | 2132.61 | 2110.80 |
| 第一产业 | Primary Industry | 1351.91 | 1831.94 | 1935.03 | 1916.94 |
| 农业 | Farming | 727.15 | 939.89 | 973.20 | 956.35 |
| 林业 | Forestry | 9.28 | 25.59 | 31.53 | 85.62 |
| 牧业 | Animal Husbandry | 572.93 | 806.53 | 869.34 | 775.60 |
| 渔业 | Fishery | 42.54 | 59.93 | 60.95 | 66.13 |
| 第二产业 | Secondary Industry Income | 31.44 | 52.14 | 61.10 | 53.75 |
| 工业 | Industry | 23.25 | 31.73 | 46.08 | 32.54 |
| 建筑业 | Construction | 8.19 | 20.41 | 15.02 | 21.21 |
| 第三产业 | Tertary Industry | 91.89 | 116.02 | 136.48 | 140.12 |
| 交通、运输、邮电业 | Transport and Telecommunications Industries | 39.27 | 68.40 | 63.02 | 75.85 |
| 批发和零售贸易、餐饮业 | Wholesale and Retail Trade, Catering Industry | 34.20 | 31.43 | 63.06 | 42.92 |
| 社会服务业 | Social Services | 4.94 | 3.06 | 2.25 | 11.66 |
| 其他行业 | Other Industry | 5.09 | 9.02 | 2.68 | 9.67 |
| 购置生产性固定资产支出 | Expenditure for Productive Fixed Assets | 152.14 | 215.49 | 233.51 | 178.67 |
| 生活消费支出 | Consumption Expenditure | 3455.29 | 4210.89 | 4877.63 | 5205.60 |
| 食品 | Food | 1675.41 | 1844.94 | 2085.63 | 2084.68 |
| 衣着 | Clothing | 110.46 | 123.93 | 156.47 | 170.94 |
| 居住 | Residence | 692.51 | 1018.56 | 1200.80 | 1360.45 |
| 家庭设备、用品及服务 | Household Facilities, Articles and Services | 192.77 | 241.61 | 274.63 | 281.08 |
| 医疗保健 | Medicines and Medical Services | 228.99 | 301.25 | 383.95 | 413.40 |
| 交通通讯 | Transport, Post and Telecommunications | 310.30 | 384.81 | 453.01 | 516.29 |
| 文化娱乐用品及服务 | Stationery & Recreation Goods and Services | 182.55 | 218.72 | 214.30 | 276.23 |
| 其他商品和服务 | Other Commodities and Services | 62.30 | 77.07 | 108.84 | 102.53 |
| 财产性支出 | Expenditure for Property | 3.94 | 11.35 | 5.77 | 1.19 |
| 转移性支出 | Transferred Expenditure | 181.22 | 347.28 | 494.69 | 285.72 |

2-20 续表 continued

| 项 目 | Item | 2010 | 2011 | 2012 | 2013 |
|---|---|---|---|---|---|
| **总支出构成（%）** | **Composition of Total Expenditure（%）** | | | | |
| 家庭经营费用支出 | Expenditure for Household Business | 27.99 | 29.45 | 27.52 | 27.11 |
| 第一产业 | Primary Industry | 25.65 | 26.97 | 24.96 | 24.62 |
| 农业 | Farming | 13.80 | 13.84 | 12.55 | 12.28 |
| 林业 | Forestry | 0.18 | 0.38 | 0.41 | 1.10 |
| 牧业 | Animal Husbandry | 10.87 | 11.87 | 11.21 | 9.96 |
| 渔业 | Fishery | 0.81 | 0.88 | 0.79 | 0.85 |
| 第二产业 | Secondary Industry Income | 0.60 | 0.77 | 0.79 | 0.69 |
| 工业 | Industry | 0.44 | 0.47 | 0.59 | 0.42 |
| 建筑业 | Construction | 0.16 | 0.30 | 0.19 | 0.27 |
| 第三产业 | Tertary Industry | 1.74 | 1.71 | 1.76 | 1.80 |
| 交通、运输、邮电业 | Transport and Telecommunications Industries | 0.75 | 1.01 | 0.81 | 0.97 |
| 批发和零售贸易、餐饮业 | Wholesale and Retail Trade, Catering Industry | 0.65 | 0.46 | 0.81 | 0.55 |
| 社会服务业 | Social Services | 0.09 | 0.05 | 0.03 | 0.15 |
| 其他行业 | Other Industry | 0.10 | 0.13 | 0.03 | 0.12 |
| 购置生产性固定资产支出 | Expenditure for Productive Fixed Assets | 2.89 | 3.17 | 3.01 | 2.29 |
| 生活消费支出 | Consumption Expenditure | 65.56 | 62.00 | 62.91 | 66.85 |
| 食品 | Food | 31.79 | 27.16 | 26.90 | 26.77 |
| 衣着 | Clothing | 2.10 | 1.82 | 2.02 | 2.20 |
| 居住 | Residence | 13.14 | 15.00 | 15.49 | 17.47 |
| 家庭设备、用品及服务 | Household Facilities, Articles and Services | 3.66 | 3.56 | 3.54 | 3.61 |
| 医疗保健 | Medicines and Medical Services | 4.34 | 4.44 | 4.95 | 5.31 |
| 交通通讯 | Transport, Post and Telecommunications | 5.89 | 5.67 | 5.84 | 6.63 |
| 文化娱乐用品及服务 | Stationery & Recreation Goods and Services | 3.46 | 3.22 | 2.76 | 3.55 |
| 其他商品和服务 | Other Commodities and Services | 1.18 | 1.13 | 1.40 | 1.32 |
| 财产性支出 | Expenditure for Property | 0.07 | 0.17 | 0.08 | 0.02 |
| 转移性支出 | Transferred Expenditure | 3.44 | 5.11 | 6.38 | 3.67 |

# 2-21 农村居民家庭人均现金支出及构成

## Per Capita Cash Expenditure and Composition of Rural Households

| 项 目 | Item | 2010 | 2011 | 2012 | 2013 |
|---|---|---|---|---|---|
| **现金支出（元）** | **Cash Expenditure（yuan）** | **4475.64** | **5959.49** | **6828.22** | **6997.66** |
| 生产费用现金支出 | Cash Expenditure of Productive Costs | 1506.97 | 2078.42 | 2217.33 | 2163.79 |
| 家庭经营费用支出 | Expenditure for Household Business | 1354.69 | 1861.22 | 1981.07 | 1980.41 |
| 第一产业 | Primary Industry | 1231.42 | 1693.18 | 1783.82 | 1786.54 |
| 农业 | Farming | 724.07 | 912.25 | 952.46 | 941.77 |
| 林业 | Forestry | 9.28 | 25.59 | 31.53 | 85.62 |
| 牧业 | Animal Husbandry | 455.52 | 695.42 | 738.88 | 679.04 |
| 渔业 | Fishery | 42.54 | 59.93 | 60.95 | 66.10 |
| 第二产业 | Secondary Industry Income | 31.39 | 52.02 | 60.77 | 53.75 |
| 工业 | Industry | 23.20 | 31.61 | 45.75 | 32.54 |
| 建筑业 | Construction | 8.19 | 20.41 | 15.02 | 21.21 |
| 第三产业 | Tertary Industry | 91.89 | 116.02 | 136.48 | 140.12 |
| 交通、运输、邮电业 | Transport and Telecommunications Industries | 39.27 | 68.40 | 63.02 | 75.85 |
| 批发和零售贸易、餐饮业 | Wholesale and Retail Trade, Catering Industry | 34.20 | 31.43 | 63.06 | 42.92 |
| 社会服务业 | Social Services | 4.94 | 3.06 | 2.25 | 11.66 |
| 其他行业 | Other Industry | 5.09 | 9.02 | 2.68 | 9.67 |
| 购置生产性固定资产支出 | Expenditure for Productive Fixed Assets | 152.14 | 215.49 | 233.51 | 178.67 |
| 生活消费支出 | Consumption Expenditure | 2783.18 | 3522.59 | 4109.25 | 4546.96 |
| 财产性支出 | Expenditure for Property | 3.94 | 11.35 | 5.77 | 1.19 |
| 转移性支出 | Transferred Expenditure | 178.71 | 341.89 | 489.34 | 285.72 |
| **现金支出构成（%）** | **Composition of Cash Expenditure（%）** | | | | |
| 生产费用现金支出 | Cash Expenditure of Productive Costs | 33.67 | 34.88 | 32.47 | 30.92 |
| 家庭经营费用支出 | **Expenditure for Household Business** | 30.27 | 31.23 | 29.01 | 28.30 |
| 第一产业 | Primary Industry | 27.51 | 28.41 | 26.12 | 25.53 |
| 农业 | Farming | 16.18 | 15.31 | 13.95 | 13.46 |
| 林业 | Forestry | 0.21 | 0.43 | 0.46 | 1.22 |
| 牧业 | Animal Husbandry | 10.18 | 11.67 | 10.82 | 9.70 |
| 渔业 | Fishery | 0.95 | 1.01 | 0.89 | 0.94 |
| 第二产业 | Secondary Industry Income | 0.70 | 0.87 | 0.89 | 0.77 |
| 工业 | Industry | 0.52 | 0.53 | 0.67 | 0.47 |
| 建筑业 | Construction | 0.18 | 0.34 | 0.22 | 0.30 |
| 第三产业 | Tertary Industry | 2.05 | 1.95 | 2.00 | 2.00 |
| 交通、运输、邮电业 | Transport and Telecommunications Industries | 0.88 | 1.15 | 0.92 | 1.08 |
| 批发和零售贸易、餐饮业 | Wholesale and Retail Trade, Catering Industry | 0.76 | 0.53 | 0.92 | 0.61 |
| 社会服务业 | Social Services | 0.11 | 0.05 | 0.03 | 0.17 |
| 其他行业 | Other Industry | 0.11 | 0.15 | 0.04 | 0.14 |
| 购置生产性固定资产支出 | Expenditure for Productive Fixed Assets | 3.40 | 3.62 | 3.42 | 2.55 |
| 生活消费支出 | Consumption Expenditure | 62.19 | 59.11 | 60.18 | 64.98 |
| 财产性支出 | Expenditure for Property | 0.09 | 0.19 | 0.08 | 0.02 |
| 转移性支出 | Transferred Expenditure | 3.99 | 5.74 | 7.17 | 4.08 |

# 2-22 按收入五等份分农村居民家庭基本情况（2013年）

## Basic Conditions of Rural Households by Five Equal Parts of Income（2013）

| 项 目<br>Item | 低收入户<br>Low Income Households | 中低收入户<br>Lower Middle Income Households | 中等收入户<br>Middle Income Households | 中高收入户<br>Upper Middle Income Households | 高收入户<br>High Income Households |
|---|---|---|---|---|---|
| 家庭常住人口（人）<br>Number of Permanet Residents Per Households（person） | 2316 | 2200 | 2008 | 1980 | 1768 |
| 劳动力（人）<br>Labor Force（person） | 1530 | 1450 | 1400 | 1344 | 1289 |
| 劳动力文化程度（人）<br>Laborur Force Education Background（person） | | | | | |
| 文盲或半文盲<br>Iuiterate or semi-literate | 55 | 59 | 36 | 39 | 28 |
| 小学程度<br>Primary School | 472 | 418 | 443 | 380 | 301 |
| 初中程度<br>Junior Secondary School | 819 | 772 | 732 | 669 | 657 |
| 高中程度<br>Senior Secondary School | 118 | 151 | 139 | 173 | 196 |
| 中专程度<br>Secondary Technical School | | | | | |
| 大专及以上<br>Junior College and Above | 37 | 30 | 32 | 57 | 85 |
| 人均生产性固定资产原值（元）<br>Per Capita Original Value of Fixed Assets（yuan） | 2766.56 | 2045.89 | 2987.48 | 3122.75 | 4620.50 |
| 人均年内新建房屋面积（平方米）<br>Per Capita New Building Area in the Year-end（sq.m） | 0.87 | 0.54 | 1.50 | 0.98 | 1.73 |
| 人均年内新建房屋价值（元）<br>Per Capita Value of New Building in the Year-end（yuan） | 1036.80 | 316.22 | 1072.77 | 651.68 | 1459.16 |
| 人均年末住房面积（平方米）<br>Per Capita Housing Area at the Year-end（sq.m） | 30.08 | 34.37 | 36.36 | 38.63 | 47.08 |
| 人均年末经营土地面积（亩）<br>Per Capita Arable Land Area Business End（sq.m） | 2.08 | 2.45 | 2.56 | 3.20 | 5.73 |
| 人均主要农产品消费量（公斤）<br>Per Capita Consumption of Major Farm Products（kg） | | | | | |
| 粮食<br>Grain | 125.47 | 128.78 | 141.35 | 152.97 | 161.86 |
| 蔬菜及制品<br>Fresh Vegetables and Related Products | 55.51 | 63.62 | 67.96 | 73.11 | 78.64 |
| 食用油<br>Edible Oil | 4.36 | 4.50 | 5.01 | 5.37 | 7.04 |
| 食糖<br>Sugar | 0.68 | 0.78 | 0.75 | 0.97 | 0.94 |
| 卷烟（盒）<br>Cigarette（Boxes） | 12.35 | 14.57 | 16.83 | 17.34 | 25.59 |
| 水果<br>Fruits | 5.62 | 7.03 | 8.72 | 9.61 | 13.10 |
| 猪肉<br>Pork | 15.32 | 17.41 | 19.76 | 21.25 | 24.94 |
| 牛羊肉<br>Butcher | 0.34 | 0.27 | 0.40 | 0.56 | 0.59 |
| 家禽<br>Poultry | 8.66 | 9.66 | 12.90 | 13.57 | 15.82 |
| 禽蛋及制品<br>Eggs and Related Products | 2.36 | 2.56 | 2.68 | 3.10 | 4.10 |
| 水产品<br>Aquatic Products | 2.36 | 2.59 | 4.95 | 5.47 | 6.87 |

# 2-23 农村居民家庭基本情况

## Basic Conditions of Rural Households

| 项 目 | Item | 2010 | 2011 | 2012 | 2013 |
|---|---|---|---|---|---|
| **调查户数（户）** | **Number of Households Surveyed（household）** | **2310** | **2310** | **2310** | **2298** |
| 调查户从业类型 | Survey types of Households Practitioners | | | | |
| 按总收入比重计算 | By Calculating the Proportion of Total Revenue | | | | |
| 农业户 | Agricultural Households | 422 | 413 | 383 | 327 |
| 农业兼业户 | Agriculture and Industry Operators | 1044 | 1153 | 1088 | 971 |
| 非农业兼业户 | Non-farm Households and Industry | 816 | 704 | 783 | 896 |
| 非农业户 | Non-farm Households | 28 | 40 | 56 | 104 |
| 按从业劳动力比重计算 | By Calculating the Proportion of the Labor Employment | | | | |
| 农业户 | Agricultural Households | 734 | 759 | 666 | 731 |
| 农业兼业户 | Agriculture and Industry Operators | 575 | 444 | 458 | 424 |
| 非农业兼业户 | Non-farm Households and Industry | 895 | 948 | 983 | 930 |
| 非农业户 | Non-farm Households | 106 | 159 | 203 | 213 |
| 户别 | Other Families | | | | |
| 个体工商户 | Individual Businesses | 58 | 53 | 59 | 26 |
| 干部户 | Cadres Households | 190 | 122 | 126 | 107 |
| 个体工商和干部户 | Individually and Cadres Households | 12 | 10 | 9 | 2 |
| 五保户 | Capsized | - | 4 | 3 | |
| 其他户 | Other | 2050 | 2121 | 2113 | 2163 |
| 家庭结构 | Family Structure | | | | |
| 单身或夫妇 | Single or Couples | 88 | 81 | 90 | 95 |
| 夫妇与一个孩子 | Couples with One Child | 288 | 310 | 324 | 338 |
| 夫妇与两个孩子 | Married Couples with Two Children | 567 | 583 | 553 | 522 |
| 夫妇与三个以上孩子 | Couples with Three or More Children | 466 | 433 | 446 | 230 |
| 单亲与孩子 | Single Parents with Children | 58 | 43 | 40 | 38 |
| 三代同堂 | Three Generations Under One Roof | 659 | 718 | 718 | 954 |
| 其他 | Other | 184 | 142 | 139 | 121 |
| **调查户常住人口（人）** | **Number of Permanent Residents Per Households（person）** | **10598** | **10326** | **10345** | **10272** |
| 整半劳动力 | The Whole Part Time Farm Worker | 7776 | 7318 | 7312 | 7013 |
| 不识字或识字很少 | Few Illiteracy and Illiteracy | 104 | 222 | 207 | 221 |
| 小学程度 | Primary School | 1742 | 1879 | 1834 | 2047 |
| 初中程度 | Junior School | 4369 | 4171 | 4189 | 3710 |
| 高中程度 | Senior Secondary School | 1103 | 699 | 720 | 791 |
| 中专程度 | Secondary Technical School | 301 | 209 | 215 | |
| 大专及以上 | Junior College and Above | 157 | 138 | 147 | 244 |
| 外出从业劳动人数 | The Number of Practitioners Working Out | 2403 | 2381 | 2444 | 2330 |
| **期末实际经营的土地面积（亩/人）** | **Land Area Dealing in Actually at the End of Term（mu/person）** | | | | |
| 耕地 | Farmland | 1.43 | 1.30 | 1.37 | 1.47 |
| 山地 | Mountains | 0.64 | 0.81 | 0.83 | 1.49 |
| 园地 | Gardening Land | 0.14 | 0.15 | 0.15 | 0.15 |
| 牧草地 | Grassland | 0.03 | … | … | … |
| 养殖水面 | Aquatic Space | 0.02 | 0.04 | 0.04 | 0.03 |

# 2-24 农村居民家庭建房和居住情况

## Basic Information of Building Construction and Accommodation in Rural Households

| 项 目 | Item | 2010 | 2011 | 2012 | 2013 |
|---|---|---|---|---|---|
| **期末住房情况** | **Housing Conditions at the Year-end** | | | | |
| 住房面积（平方米/人） | Dwelling Space（sq.m/person） | 33.94 | 34.90 | 35.98 | 36.81 |
| 住房价值（元/人） | Value of Houses（yuan/person） | 9140.53 | 15856.60 | 16934.34 | 21425.73 |
| 住房类型（平方米/人） | Housing Styles（sq.m/person） | | | | |
| 楼房面积 | Building Space | 22.14 | 26.86 | 28.09 | 22.99 |
| 砖瓦平房面积 | Bungalow Space | 7.90 | 5.57 | 5.74 | 6.99 |
| 其他 | Others | 3.90 | 2.47 | 2.15 | 0.70 |
| 住房结构（平方米/人） | Housing Structure（sq.m/person） | | | | |
| 钢筋混泥土结构面积 | Reinforced Structure | 24.03 | 27.57 | 28.21 | 27.68 |
| 砖木结构面积 | Brick and Wood Structure | 6.44 | 5.52 | 6.16 | 2.09 |
| 其他 | Others | 3.47 | 1.80 | 1.61 | 0.91 |
| **期内新建（购）住房情况** | **Newly-built Houses Within the Year** | | | | |
| 新建（购）住房面积（平方米/人） | Newly-built House Space（sq.m/person） | 0.89 | 1.74 | 1.55 | 1.09 |
| 新建（购）住房价值（元/人） | Value in Each Squre Meter（yuan/person） | 383.99 | 967.69 | 880.11 | 891.28 |
| **居住条件（户）** | **Living Conditions（household）** | | | | |
| 住房卫生设备使用情况 | Housing use of health equipment | | | | |
| 使用水冲式厕所 | Use Water Washing Type Toilet | 588 | 1056 | 1074 | 1304 |
| 使用旱厕 | Use Dry | 1509 | 1096 | 1051 | 803 |
| 无厕所 | No Toilet | 213 | 158 | 185 | 191 |
| 炊事使用的主要能源 | Main Energy That the Cooking Uses | | | | |
| 使用液化气 | Use the Liquefied Gas | 338 | 266 | 276 | 410 |
| 使用煤炭 | Use Coals | … | … | | 1 |
| 使用柴草 | Use the Firewood | 1555 | 1463 | 1470 | 1423 |
| 使用电 | Use the Electricity | 109 | 366 | 358 | 319 |
| 使用沼气 | Use the Marsh Gas | 299 | 171 | 176 | 127 |
| 使用其他燃料 | Use Other Fuel | 9 | 44 | 30 | 18 |
| 饮用水来源情况 | Drinking Water Source Situation | | | | |
| 饮用自来水 | Drink the Running Water | 991 | 989 | 1056 | 777 |
| 饮用深井水 | Drink the Deep Well Water | 495 | 589 | 557 | 652 |
| 饮用浅井水 | Drink the Shallow Well Water | 410 | 340 | 320 | 689 |
| 饮用其他水源 | Drink the Other Sources of Water | 305 | 382 | 368 | 180 |
| 住宅外道路路面状况 | Road Surface State of the Road Outside the House | | | | |
| 水泥或柏油路面 | Cement or Road Surface of Pitch | 735 | 740 | 893 | 987 |
| 沙石或石板等硬质路面 | Stone, Sand and Gravel or Other Hard-surface | 328 | 623 | 523 | 622 |
| 其他路面 | Other Road Surface | 1247 | 947 | 894 | 689 |

# 2-25 农村居民家庭平均每百户耐用消费品拥有量

## Ownership of Major Durable Consumer Goods Per 100 Rural Households

| 项　目 | Item | 2010 | 2011 | 2012 | 2013 |
|---|---|---|---|---|---|
| 大型家具（件） | Large Writing（piece） | - | - | - | - |
| 洗衣机（台） | Washing Mathine（set） | 15.17 | 28.92 | 35.97 | 46.83 |
| 电冰箱（台） | Refrigerator（set） | 30.71 | 55.71 | 61.08 | 74.05 |
| 空调机（台） | Air Conditioner（set） | 4.33 | 8.22 | 10.35 | 14.01 |
| 抽油烟机（台） | Exhaust Fan（set） | 1.34 | 2.81 | 4.03 | 5.57 |
| 吸尘器（台） | Dust Catcher（set） | 0.30 | 0.13 | 0.35 | 0.00 |
| 微波炉（台） | Oven（set） | 3.72 | 8.27 | 9.65 | 14.83 |
| 热水器（台） | Shower（set） | 20.24 | 28.35 | 33.90 | 39.98 |
| 自行车（辆） | Bicycle（set） | 84.98 | 47.88 | 51.21 | 24.46 |
| 摩托车（台） | Motorcycle（set） | 76.04 | 87.75 | 89.44 | 94.26 |
| 汽车（生活用）（台） | Automobile（set） | 0.26 | 1.47 | 2.25 | 6.43 |
| 电话机（部） | Telephone（set） | 58.83 | 29.31 | 30.04 | 19.43 |
| 移动电话（部） | Mobile Telephone（set） | 140.35 | 210.26 | 215.45 | 238.80 |
| 彩色电视机（台） | Color TV（set） | 99.22 | 109.39 | 109.91 | 111.24 |
| 黑白电视机（台） | Black and White TV（set） | 14.16 | 1.39 | 1.21 | 0.00 |
| 摄像机（台） | Video Camera（set） | 0.04 | 1.13 | 0.78 | 0.48 |
| 照相机（架） | Camera（set） | 2.42 | 2.08 | 2.16 | 2.03 |
| 家用计算机（台） | Computer（set） | 4.50 | 9.57 | 11.73 | 13.57 |
| 中高档乐器（件） | Middle-grade Instruments（piece） | 0.43 | 0.26 | 0.17 | 0.21 |

# 2-26 农村居民家庭人均拥有生产性固定资产

## Per Capita Productive Fixed Assets of Rural Households

| 项　目 | Item | 2010 | 2011 | 2012 | 2013 |
|---|---|---|---|---|---|
| **生产性固定资产原值（元）** | **Initial Value of Productive Fixed Assets（yuan）** | **1591.33** | **2440.34** | **2646.41** | **3046.84** |
| 农业 | Agriculture | 910.63 | 1384.18 | 1455.44 | 1461.45 |
| # 房屋及建筑物 | # House and Building | 211.02 | 439.86 | 434.13 | 205.97 |
| 役畜 | Draught Animals | 237.64 | 324.34 | 339.31 | 401.78 |
| 大中型铁木农具 | Large and Medium Iron or Wood Furniture | 75.14 | 61.59 | 93.76 | 14.49 |
| 农业机械 | Agricultural Machinery | 360.78 | 472.62 | 496.54 | 703.69 |
| 林业 | Forestry | 1.08 | 5.17 | 5.50 | 21.71 |
| # 房屋及建筑物 | # House and Building | - | 3.45 | 3.44 | 5.86 |
| 役畜 | Draught Animals | 0.43 | 0.68 | 0.29 | - |
| 大中型铁木农具 | Large and Medium Iron or Wood Furniture | - | 0.22 | 0.60 | - |
| 林业机械 | Agricultural Machinery | 0.65 | 0.83 | 1.16 | 15.68 |
| 牧业 | Animal Husbandry | 258.34 | 446.13 | 507.54 | 497.25 |
| # 房屋及建筑物 | # House and Building | 188.72 | 332.73 | 369.69 | 327.75 |
| 产品畜 | Draught Animals | 51.60 | 85.49 | 98.80 | 158.31 |
| 大中型铁木农具 | Large and Medium Iron or Wood Furniture | 1.76 | 5.52 | 5.65 | - |
| 牧业机械 | Agricultural Machinery | 9.72 | 17.41 | 24.65 | - |
| 渔业 | Fishery | 27.99 | 38.40 | 39.53 | 33.26 |
| # 房屋及建筑物 | # House and Building | 0.42 | 7.21 | 7.54 | - |
| 大中型铁木农具 | Large and Medium Iron or Wood Furniture | - | - | 1.44 | - |
| 渔业机械 | Fishery's machinery | 25.89 | 24.79 | 25.13 | - |
| 采矿业 | Mining | 19.78 | 16.14 | 8.12 | 30.26 |
| 制造业 | Manufacturing | 44.85 | 40.47 | 48.48 | 36.22 |
| # 房屋及建筑物 | # House and Building | 11.16 | 8.40 | 7.18 | - |
| 生产设备 | Production Equipment | 33.10 | 30.90 | 26.92 | - |
| 电力煤气与水的生产及供应 | Production and Supply of Electricity Gas and Water | - | - | - | 2.40 |
| 建筑业 | Construction | 17.36 | 53.39 | 53.97 | 14.54 |
| 交通运输业、仓储和邮政业 | Tran sportation Storage, Post & Telecommunication Services | 239.98 | 345.49 | 358.26 | 538.17 |
| 批发和零售贸易业 | Wholesale and Retail Trade & Catering Services | 23.61 | 51.37 | 75.37 | 237.83 |
| 住宿和餐饮业 | Accomadation and Catering | - | 20.23 | 19.91 | 8.63 |
| 居民服务与其他服务业 | Services to Households and Other Services | 23.99 | 17.20 | 17.59 | 118.41 |
| 教育 | Education | 6.30 | 2.13 | 11.89 | - |
| 卫生、社会保障和福利业 | Health Social Securities and Social Welfare | 3.51 | 1.22 | 1.02 | - |
| 文化、体育和娱乐业 | Culture Sports and Entertainment | 1.23 | - | - | - |
| 其他 | Other | 12.69 | 18.82 | 43.78 | 46.71 |
| **主要生产性固定资产数量** | **Major Productive Fixed Assets** | | | | |
| 房屋及建筑物（平方米） | House and Building（sq.m） | 5.84 | 5.05 | 5.34 | 3.00 |
| 汽车（辆） | Moto Vehicles（unit） | … | … | … | … |
| 大中型拖拉机（台） | Large and Medium Tractors（set） | … | … | … | … |
| 小型和手扶拖拉机（台） | Mini and Walking Tractors（set） | 0.04 | 0.04 | 0.05 | 0.07 |
| 机动脱粒机（台） | Motorized Threshing Machines（set） | 0.05 | 0.06 | 0.06 | 0.03 |
| 收割机（台） | Harvesters（set） | … | … | … | … |
| 农用动力机械（台） | Machinery for Agricultural Irrigation（set） | 0.06 | 0.07 | 0.08 | 0.03 |
| 胶轮大车（架） | Carts with Rubber Tyres（set） | 0.01 | 0.01 | 0.01 | - |
| 水泵（台） | Pumps（unit） | 0.05 | 0.06 | 0.07 | - |
| 役畜（头） | Draught Animals（head） | 0.10 | 0.10 | 0.09 | 0.07 |
| 产品畜（头） | Commodity Animals（head） | 0.08 | 0.08 | 0.09 | 0.13 |

# 2-27 农村居民家庭人均粮食结存情况

## Basic Conditions of Per Capita Grain in Balance by Rural Households

单位：公斤 （kg）

| 项　目 | Item | 2010 | 2011 | 2012 | 2013 |
|---|---|---|---|---|---|
| **期初粮食结存** | **Inventory of Grain at the Beginning of the year** | **334.81** | **201.81** | **236.24** | **-** |
| 期内粮食收入合计 | Total Debit of Grain | 513.52 | 461.17 | 467.14 | 408.95 |
| 家庭经营生产粮食 | From Household Production | 484.86 | 417.19 | 419.15 | 370.08 |
| 谷物 | Cereal | 480.65 | 409.82 | 414.42 | 366.15 |
| 薯类 | Tuber | 1.82 | 4.71 | 2.37 | 2.06 |
| 豆类 | Beans | 2.39 | 2.66 | 2.37 | 1.87 |
| 购入粮食 | Purchases Grain | 26.23 | 41.67 | 42.52 | 38.87 |
| 谷物 | Cereal | 25.62 | 41.01 | 41.75 | 36.15 |
| 薯类 | Tuber | 0.02 | 0.03 | 0.05 | 0.12 |
| 豆类 | Beans | 0.59 | 0.63 | 0.73 | 2.60 |
| 借入粮食 | Borrowing Grain | - | - | 0.08 | - |
| 收回借出粮 | Recall Lent Grain | 1.64 | 1.79 | 4.72 | - |
| 其他粮食收入 | Others | 0.79 | 0.50 | 0.66 | 0.01 |
| **期内粮食支出合计** | **Total Expenditure of Grain** | **401.35** | **393.03** | **381.52** | **-** |
| 主食用粮 | Staple Food | 180.67 | 179.36 | 172.46 | 140.87 |
| 谷物 | Cereal | 179.36 | 177.81 | 170.87 | 137.32 |
| 薯类 | Tuber | 0.37 | 0.54 | 0.54 | 0.46 |
| 豆类 | Beans | 0.94 | 1.01 | 1.04 | 3.10 |
| 其他生活用粮 | Grain for Other Living | - | - | 0.01 | - |
| 出售粮食 | Sales Grain | 148.24 | 150.23 | 148.34 | 153.68 |
| 谷物 | Cereal | 146.64 | 148.04 | 146.16 | 150.03 |
| 薯类 | Tuber | 0.92 | 0.98 | 0.97 | 2.45 |
| 豆类 | Beans | 0.69 | 1.21 | 1.21 | 1.21 |
| 种籽用粮食 | Seeds Staple | 2.37 | 2.27 | 2.53 | 4.90 |
| 饲料用粮食 | Fodder Staple | 68.41 | 60.48 | 56.69 | 54.91 |
| 借出粮食 | Lending Staple | 0.17 | 0.05 | 0.43 | - |
| 归还借粮 | Return Borrowed Grain | 0.29 | - | - | - |
| 其他粮食支出 | Others | 1.20 | 0.63 | 1.06 | - |
| **期末粮食结存** | **Inventory of Grain at the Year-end** | **310.08** | **244.36** | **264.90** | **-** |
| 谷物 | Cereal | 306.53 | 239.16 | 261.90 | - |
| 薯类 | Tuber | 2.36 | 3.60 | 2.00 | - |
| 豆类 | Beans | 1.20 | 1.59 | 0.99 | - |
| **期末粮食结存用途** | **Use of the Suplus and Stored Grain ate Year-end** | | | | - |
| # 计划用于口粮 | # Planned Rations | - | - | - | - |
| 种子 | Seeds | - | - | - | - |
| 饲料 | Fodder | - | - | - | - |
| 其他用途 | Others | - | - | - | - |
| **期内生产加工用粮** | **During Grain Production and Processing** | **-** | **-** | **-** | **-** |
| # 食品加工用粮 | # Food processing grain | - | - | - | - |
| 饲料加工用粮 | Feed Grain Processing | - | - | - | - |

# 2-28　农村居民家庭人均主要食品消费量

## Per Capita Main Food Consumption of Rural Households

单位：公斤　　　　(kg)

| 项　目 | Item | 2010 | 2011 | 2012 | 2013 |
|---|---|---|---|---|---|
| 谷物消费量 | Cereal Consumption | 179.36 | 177.81 | 170.87 | 137.32 |
| # 稻谷 | # Rice | 167.00 | 165.12 | 156.64 | 124.01 |
| 玉米 | Corn | 9.28 | 10.01 | 11.55 | 8.32 |
| 薯类消费量 | Potato Consumption | 0.37 | 0.54 | 0.54 | 0.46 |
| # 红薯 | # Sweet Potato | 0.30 | 0.50 | 0.49 | 0.37 |
| 马铃薯 | Potato | 0.05 | 0.02 | 0.01 | 0.03 |
| 豆类消费量 | Soy Consumption | 0.94 | 1.01 | 1.04 | 3.10 |
| # 大豆 | # Soybean | 0.42 | 0.55 | 0.50 | 0.82 |
| 油脂类消费量 | Oil and Fats Consumption | 4.95 | 5.56 | 5.59 | 5.18 |
| 植物油 | Vegetable Oil | 3.04 | 3.34 | 3.38 | 3.12 |
| 动物油 | Animal Oil | 1.91 | 2.22 | 2.21 | 2.06 |
| 烟叶消费量 | Tobacco Consumption | 0.09 | 0.09 | 0.08 | 0.09 |
| 豆制品 | Soybean | 1.53 | 1.53 | 1.50 | 2.28 |
| 蔬菜及菜制品消费量 | Vegetables and Food Products Consumption | 96.76 | 87.74 | 86.43 | 67.06 |
| 瓜类 | Melons | 2.42 | 2.23 | 1.65 | 7.07 |
| # 西瓜 | # Watermelon | 2.23 | 2.14 | 1.55 | 0.20 |
| 水果类 | Fruits | 9.75 | 10.52 | 13.49 | 8.59 |
| 消费茶叶 | Tea Consumption | 0.05 | 0.08 | 0.08 | 0.04 |
| 坚果消费量 | Nuts Consumption | 0.20 | 0.31 | 0.32 | 0.53 |
| 肉禽及其制品 | Meat, Poultry and Related Products | 27.75 | 30.92 | 30.91 | 33.56 |
| # 猪肉 | # Pork | 13.87 | 16.06 | 15.89 | 19.44 |
| 牛肉 | Beef | 0.31 | 0.46 | 0.25 | 0.33 |
| 羊肉 | Mutton | 0.07 | 0.09 | 0.06 | 0.09 |
| 家禽 | Poultry | 9.84 | 10.61 | 10.71 | 11.89 |
| 蛋类及蛋制品 | Eggs and Eggs Products | 1.29 | 1.79 | 2.22 | 2.91 |
| 奶和奶制品 | Milk and Dairy Products | 0.33 | 0.77 | 0.88 | 1.25 |
| 水产品 | Aquatic Products | 3.71 | 3.87 | 3.83 | 4.30 |
| # 鱼类 | # Fish | 3.32 | 3.42 | 3.40 | 3.66 |
| 虾、贝、蟹类 | Shrimp, Shells, Crabs | 0.17 | 0.24 | 0.23 | 0.43 |
| 食糖 | Sugar | 1.02 | 0.91 | 0.94 | 0.81 |
| 酒 | Wine | 8.51 | 9.93 | 8.97 | 12.21 |
| # 白酒 | # Liquor | 5.07 | 5.72 | 5.11 | 5.34 |
| 啤酒 | Beer | 3.11 | 3.98 | 3.51 | 4.60 |

# 2-29 农村居民家庭人均出售农产品、畜禽和水产品情况

## Information of Per Capita Sales in Farm Product, Sell Animals, Poultry and Aquatic Products in Rural Households

| 项目 | Item | 2010 | | 2011 | |
|---|---|---|---|---|---|
| | | 数量（公斤）Quantity（kg） | 金额（元）Amount（yuan） | 数量（公斤）Quantity（kg） | 金额（元）Amount（yuan） |
| **农产品出售情况** | **Sale of Agricultural Products** | | | | |
| 农业 | Agriculture | | 1436.35 | | 1876.37 |
| 谷物 | Cereal | 146.64 | 324.21 | 148.04 | 387.01 |
| 普通稻谷 | Ordinary Rice | 121.54 | 276.84 | 118.04 | 323.78 |
| 优质稻谷 | High-quality Rice | - | - | - | - |
| 普通玉米 | Normal Corn | 25.07 | 47.34 | 28.91 | 59.61 |
| 优质玉米 | Quality Corn | - | - | - | - |
| 薯类 | Tuber | 0.92 | 3.57 | 0.98 | 6.11 |
| 豆类 | Beans | 0.69 | 2.93 | 1.21 | 5.68 |
| 油料 | Oil | 2.61 | 14.07 | 2.53 | 20.53 |
| 麻类 | Recipes | 1.24 | 3.35 | 0.94 | 2.97 |
| 糖料 | Sugar | 1445.12 | 497.74 | 1490.22 | 737.08 |
| 烟草 | Tobacco | 1.27 | 17.59 | 2.51 | 45.07 |
| 蔬菜 | Vegetables | 168.66 | 315.40 | 185.52 | 382.09 |
| 瓜类 | Melons | 55.56 | 64.51 | 15.86 | 22.12 |
| 西瓜 | Watermelon | 52.48 | 57.88 | 13.45 | 16.11 |
| 甜瓜 | Melon | 1.22 | 2.67 | - | - |
| 园林水果 | Fruit Gardens | 59.22 | 122.51 | 42.87 | 120.40 |
| 柑桔类 | Citrus | 17.20 | 41.44 | 17.80 | 59.93 |
| 香蕉 | Bananas | 21.75 | 36.65 | 2.58 | 7.78 |
| 荔枝 | Litchi | 1.04 | 4.15 | 2.80 | 6.46 |
| 龙眼 | Longan | 0.24 | 1.58 | 2.38 | 5.81 |
| 葡萄 | Grapes | 1.24 | 7.13 | 1.32 | 6.27 |
| 茶叶 | Tea | 0.21 | 4.23 | 0.23 | 5.49 |
| 香料 | Perfume | 0.01 | 0.03 | 0.19 | 1.47 |
| 中药材 | Medicines | 2.10 | 9.63 | 0.82 | 6.27 |
| 林业 | Forestry | | 129.41 | | 183.66 |
| 油桐籽 | Tung Tree Seeds | 0.65 | 2.84 | 0.77 | 3.14 |
| 木材（立方米） | Wood（cu.m） | 0.10 | 49.23 | 0.10 | 45.15 |
| **畜禽和水产品出售情况** | **Sale of Cattle and Aquastic Products** | | | | |
| 牧业 | Animal Husbandry | | 964.96 | | 1381.09 |
| 肉猪及猪肉 | Pork and pork | 33.46 | 486.20 | 24.70 | 527.59 |
| 菜羊及羊肉 | Sheep and Lamb Dishes | 0.12 | 3.25 | 0.54 | 16.35 |
| 肉牛及牛肉 | Beef and beef | 0.62 | 11.97 | 0.98 | 22.73 |
| 其他活家畜及自宰畜肉 | Other Livestock from Slaughter and Red Meat | 0.03 | 0.38 | 0.06 | 0.95 |
| 家禽 | Poultry | 3.49 | 58.82 | 7.87 | 135.99 |
| 活鸡 | Chickens | 2.19 | 40.73 | 5.14 | 95.09 |
| 活鸭 | Ducks | 1.16 | 15.67 | 2.46 | 35.35 |
| 蛋类 | Eggs | 33.00 | 3.82 | 2.84 | 31.05 |
| 仔猪（只） | Piglets（head） | 0.45 | 103.75 | 0.43 | 155.80 |
| 架子猪（只） | Pigs（head） | 0.06 | 19.14 | 0.09 | 64.02 |
| 蚕茧 | Cocoon | 8.08 | 255.17 | 10.58 | 358.90 |
| 渔业 | Fishery | | 90.74 | | 111.47 |
| 鱼类 | Fish | 2.10 | 22.30 | 3.46 | 43.92 |

2-29 续表 Continued

| 项　目 | Item | 2012 数量（公斤）Quantity (kg) | 2012 金额（元）Amount (yuan) | 2013 数量（公斤）Quantity (kg) | 2013 金额（元）Amount (yuan) |
|---|---|---|---|---|---|
| **农产品出售情况** | **Sale of Agricultural Products** | | | | |
| 农业 | Agriculture | | 2072.97 | | 2200.18 |
| 谷物 | Cereal | 134.60 | 369.03 | 149.86 | 383.18 |
| 普通稻谷 | Ordinary Rice | 111.06 | 310.63 | 110.54 | 294.95 |
| 优质稻谷 | High-quality Rice | - | - | | |
| 普通玉米 | Normal Corn | 22.59 | 49.76 | 38.48 | 83.82 |
| 优质玉米 | Quality Corn | - | - | | |
| 薯类 | Tuber | 0.97 | 6.87 | 2.45 | 9.71 |
| 豆类 | Beans | 1.21 | 5.52 | 1.21 | 6.64 |
| 油料 | Oil | 3.21 | 23.92 | 2.69 | 16.82 |
| 麻类 | Recipes | 0.76 | 2.01 | 0.10 | 0.46 |
| 糖料 | Sugar | 1768.91 | 897.51 | 1933.06 | 910.55 |
| 烟草 | Tobacco | 3.30 | 59.74 | 2.37 | 43.93 |
| 蔬菜 | Vegetables | 149.15 | 353.56 | 135.57 | 374.88 |
| 瓜类 | Melons | 13.44 | 23.78 | 11.85 | 21.73 |
| 西瓜 | Watermelon | 10.33 | 12.88 | 10.56 | 17.41 |
| 甜瓜 | Melon | 0.40 | 1.42 | | |
| 园林水果 | Fruit Gardens | 57.17 | 148.56 | 113.42 | 317.26 |
| 柑桔类 | Citrus | 23.60 | 61.46 | 47.74 | 131.71 |
| 香蕉 | Bananas | 12.80 | 24.39 | 21.98 | 38.33 |
| 荔枝 | Litchi | 0.95 | 3.05 | | |
| 龙眼 | Longan | 1.25 | 3.59 | | |
| 葡萄 | Grapes | 2.52 | 13.33 | | |
| 茶叶 | Tea | 0.24 | 3.23 | 0.06 | 0.57 |
| 香料 | Perfume | 0.02 | 0.15 | 0.38 | 2.09 |
| 中药材 | Medicines | 1.49 | 5.70 | 3.33 | 19.44 |
| 林业 | Forestry | | 180.09 | | 249.78 |
| 油桐籽 | Tung Tree Seeds | 0.97 | 2.67 | 1.13 | 2.59 |
| 木材（立方米） | Wood（cu.m） | 0.09 | 43.78 | 0.20 | 107.28 |
| **畜禽和水产品出售情况** | **Sale of Cattle and Aquastic Products** | | | | |
| 牧业 | Animal Husbandry | | 1402.93 | | 1323.80 |
| 肉猪及猪肉 | Pork and pork | 26.03 | 514.99 | 28.42 | 548.55 |
| 菜羊及羊肉 | Sheep and Lamb Dishes | 0.47 | 17.74 | 0.39 | 15.85 |
| 肉牛及牛肉 | Beef and beef | 1.35 | 37.66 | 1.62 | 50.53 |
| 其他活家畜及自宰畜肉 | Other Livestock from Slaughter and Red Meat | 0.09 | 2.20 | 0.23 | 3.66 |
| 家禽 | Poultry | 7.77 | 147.04 | 6.93 | 122.30 |
| 活鸡 | Chickens | 5.60 | 104.40 | 3.03 | 66.30 |
| 活鸭 | Ducks | 2.09 | 41.12 | 3.83 | 54.62 |
| 蛋类 | Eggs | 1.78 | 16.75 | 0.09 | 1.82 |
| 仔猪（只） | Piglets（head） | 0.41 | 135.65 | 0.51 | 111.49 |
| 架子猪（只） | Pigs（head） | 0.09 | 63.00 | 0.12 | 26.04 |
| 蚕茧 | Cocoon | 11.33 | 397.81 | 10.33 | 408.64 |
| 渔业 | Fishery | | 133.59 | | 145.50 |
| 鱼类 | Fish | 4.59 | 56.24 | 3.75 | 48.95 |

## 2-30 农村居民家庭人均购买生活消费品情况

### Per Capita Purchase of Living Consumer Goods of Rural Households

单位：公斤 （kg）

| 项 目 | Item | 2010 | 2011 | 2012 | 2013 |
|---|---|---|---|---|---|
| 谷物 | Cereal | 15.35 | 22.21 | 22.86 | 25.46 |
| 食用植物油 | Edible Oil | 1.62 | 2.17 | 2.29 | 1.72 |
| 食用动物油 | Consumption of Animal Oil | 1.86 | 2.14 | 2.11 | 1.76 |
| 蔬菜 | Vegetables | 9.25 | 11.01 | 10.48 | 13.21 |
| 猪肉 | Pork | 12.33 | 14.70 | 14.69 | 17.76 |
| 牛肉 | Beef | 0.30 | 0.45 | 0.25 | 0.32 |
| 家禽 | Poultry | 3.95 | 4.63 | 4.21 | 5.36 |
| 食糖 | Sugar | 1.02 | 0.91 | 0.94 | 0.81 |
| 卷烟（盒） | Cigarette（Box） | 15.05 | 17.95 | 16.68 | 16.95 |
| 酒 | Wine | 8.18 | 9.71 | 8.63 | 9.95 |
| 水果 | Fruit | 7.88 | 9.33 | 11.50 | - |
| 服装（件） | Clothes（piece） | 1.70 | 2.06 | 2.14 | - |

## 2-31 农村居民家庭人均农副产品生产量

### Per Capita Output of Farm Products of Rural Households

单位：公斤 （kg）

| 项 目 | Item | 2010 | 2011 | 2012 | 2013 |
|---|---|---|---|---|---|
| 粮食 | Grain | 484.86 | 417.19 | 419.15 | 372.42 |
| 油料 | Oil-bearing Crops | 14.03 | 8.72 | 10.54 | 14.56 |
| 麻类 | Fiber Crops | 1.78 | 1.86 | 0.76 | - |
| 糖料 | Sugar | 1447.33 | 1492.21 | 1769.02 | - |
| 烟叶 | Tobacco | 1.29 | 2.54 | 3.31 | - |
| 菜 | Vegetables | 253.29 | 261.99 | 222.99 | - |
| 果用瓜 | Melons | 56.94 | 16.02 | 13.53 | - |
| 水果 | Fruits | 61.38 | 44.04 | 59.15 | - |
| 茶叶 | Tea | 0.21 | 0.26 | 0.25 | - |
| 猪肉 | Pork | 34.30 | 25.70 | 26.89 | - |
| 羊肉 | Mutton | 0.12 | 0.55 | 0.47 | - |
| 家禽 | Poultry | 9.16 | 13.48 | 13.84 | - |
| 鱼虾 | Fish & Shrimps | 3.17 | 6.62 | 8.61 | - |
| 蛋类 | Eggs | 0.73 | 3.26 | 2.42 | - |
| 蜂蜜 | Honey | 0.03 | 0.02 | 0.02 | - |
| 蚕茧 | Silkworm Cocoons | 8.08 | 10.58 | 11.33 | - |

# 2-32 农村居民家庭固定资产投资情况

## Fixed Assets Investment of Rural Households

单位：亿元 (100 million yuan)

| 项 目 | Item | 2010 | 2011 | 2012 | 2013 |
|---|---|---|---|---|---|
| **新增固定资产原值** | **New Original Value of Fixed Assets** | **336.39** | **400.25** | **451.48** | **510.12** |
| **固定资产投资完成额** | **Finished Value of Investment of the Fixed Assets** | **338.26** | **409.76** | **463.43** | **523.74** |
| 按投资来源分 | Investment by Source | | | | |
| 国内贷款 | Domestic Loans | 17.02 | 5.33 | 11.89 | 14.01 |
| 自筹资金 | Self-raising Funds | 311.36 | 395.58 | 441.08 | 497.85 |
| 其他资金 | Others | 9.88 | 8.84 | 10.46 | 11.88 |
| 按投资构成分 | According to Constitute Sub-investment | | | | |
| 建筑工程 | Construction | 245.67 | 288.06 | 341.49 | 387.30 |
| 安装工程 | Installation | 0.61 | … | … | … |
| 设备工、器具购置 | For Equipment, the Purchase of Equipment | 65.71 | 68.16 | 72.73 | 81.12 |
| 其他 | Others | 26.27 | 53.54 | 49.21 | 55.32 |
| 按投资方向分 | According to the Investment Direction Pm | | | | |
| 农业 | Agriculture | 36.51 | 82.64 | 95.49 | 101.03 |
| 采矿业 | Mining | 4.79 | 0.00 | … | 1.38 |
| 制造业 | Manufacturing | 1.69 | 1.08 | 2.61 | 2.89 |
| 电力、燃气及水的生产和供应业 | Production and Supply of Electricity, Gas and Water | 2.77 | … | … | … |
| 建筑业 | Construction | 0.78 | … | … | 0.59 |
| 交通运输、仓储和邮政业 | Transport, Storage and Post | 30.12 | 36.74 | 21.40 | 23.39 |
| 信息传输、计算机服务和软件业 | Information Transmission, Computer Services and Software | 3.18 | … | … | … |
| 批发和零售业 | Wholesale and Retail Trades | 0.04 | … | … | 1.99 |
| 住宿和餐饮业 | Hotels and Catering Services | 0.72 | … | … | 0.44 |
| 金融业 | Financial Intermediation | … | … | … | … |
| 房地产业 | Real Estate | 242.75 | 283.38 | 325.00 | 371.32 |
| 租赁和商务服务业 | Leasing and Business Services | … | … | … | 0.37 |
| 科学研究、技术服务和地质勘查业 | Scientific Research, Technical Services, and Geological Prospecting | … | … | … | … |
| 水利、环境和公共设施管理业 | Management of Water Conservancy,Environment and Public Facilities | … | … | … | … |
| 居民服务和其他服务业 | Serices to Households and Other Services | 12.54 | 5.33 | 18.93 | 20.33 |
| 教育 | Education | 0.24 | … | … | … |
| 卫生、社会保障和社会福利业 | Health, Social Securities and Social Welfare | … | … | … | … |
| 文化、体育和娱乐业 | Culture, Sports and Enterainment | 2.12 | … | … | … |
| 公共管理和社会组织 | Public Management and Social Organizations | … | … | … | … |
| 国际组织 | International Organizations | … | … | … | … |
| 按具体投资项目分 | Based on specific investment projects pm | | | | |
| 房屋 | Housing | 245.69 | 288.06 | 328.35 | 370.75 |
| 道路 | Road | … | … | … | … |
| 桥梁 | Bridge | … | … | … | … |
| 设备 | Equipment | 65.71 | 31.42 | 46.33 | 81.12 |
| 水利 | Water | … | … | … | 0.52 |
| 其他 | Others | 26.86 | 90.27 | 88.75 | 71.35 |
| **施工房屋面积（万平方米）** | **Acreage of House Construction（10 000 sq.m）** | **4959.93** | **5253.67** | **5569.23** | **5668.59** |
| **竣工房屋面积（万平方米）** | **Acreage of House Completion（10 000 sq.m）** | **4850.48** | **4952.70** | **5081.00** | **5160.12** |
| **竣工房屋投资完成额** | **Completion Amount of Investment in House** | **239.75** | **278.11** | **298.28** | **317.78** |

# 主要统计指标解释

## 一、城镇住户

**城镇家庭人口** 指居住在一起，经济上合在一起共同生活的家庭成员。凡计算为家庭人口的成员其全部收支都包括在本家庭中。

**城镇家庭就业人口** 指城镇居民从事社会劳动并取得劳动报酬或经营收入的人员。就业人口包括通过国家统筹规划和指导由劳动部门介绍就业，自愿组织起来就业和自谋职业等方式，在国有、集体所有制、中外合资、外资在华独资的企事业单位和私营企业单位工作或从事个体劳动的有固定性职业或临时性职业的人口。被聘用和留用的离退休人员也计入就业人口。本指标可以反映城镇居民的就业情况，是计算就业面，负担系数的重要资料

**城镇家庭总收入** 指家庭成员得到的工薪收入、经营净收入、财产性收入、转移性收入之和，不包括出售财物收入和借贷收入。

**城镇家庭可支配收入** 指家庭成员得到可用于最终消费支出和其它非义务性支出以及储蓄的总和，即居民家庭可以用来自由支配的收入。它是家庭总收入扣除交纳的所得税、个人交纳的社会保障支出以及记账补贴后的收入。计算公式为：

可支配收入=家庭总收入-交纳所得税-个人交纳的社会保障支出-记帐补贴

**城镇家庭总支出** 指除借贷支出以外的全部家庭支出。包括消费性支出、购房建房支出、转移性支出、财产性支出、社会保障支出。

**城镇家庭消费性支出** 指家庭用于日常生活的支出，包括食品、衣着、家庭设备用品及服务、医疗保健、交通和通信、娱乐教育文化服务、居住、杂项商品和服务等八大类支出。

**城镇家庭收入分组方法** 是将所有调查户依户人均可支配收入由低到高排队，按20%，20%，20%，20%，20%的比例依次分成：低收入户、中低收入户、中等收入户、中高收入户、高收入户等五组。

**恩格尔系数** 指食物支出金额在消费性总支出金额中所占的比例。计算公式为：

$$恩格尔系数=\frac{食品支出额}{消费性总支出金额}\times 100\%$$

## 二、农村住户

**农村住户** 指农村常住户：即住户成员中，经常在家居住、或者调查期内居住时间超过一半的人员，以及本住户供养的学生。

**整、半劳动力** 整劳动力指男子18周岁到50周岁，女子18周岁到45周岁；半劳动力指男子16周岁到17周岁，51周岁到60周岁；女子16周岁到17周岁，46周岁到55周岁，同时具有劳动能力的人。虽然在劳动年龄之内，但已丧失劳动能力的人，不应算为劳动力；超过劳动年龄，但能经常参加劳动，计入半劳动力数内。常住人口中的职工，若这些职工为劳动力，就包括在本户的整半劳动力中。

**总收入** 指调查期内农村住户和住户成员从各种来源渠道得到的收入总和。按收入的性质划分为工资性收入、家庭经营收入、财产性收入和转移性收入。

**工资性收入** 指农村住户成员受雇于单位或个人，靠出卖劳动而获得的收入。

**家庭经营收入** 指农村住户以家庭为生产经营单位进行生产筹划和管理而获得的收入。农村住户家庭经营活动按行业划分为农业、林业、牧业、渔业、工业、建筑业、交通运输业邮电业、批发和零售贸易餐饮业、社会服务业、文教卫生业和其他家庭经营。

**财产性收入** 指金融资产或有形非生产性资产的所有者向其他机构单位提供资金或将有形非生产性资产供其支配，作为回报而从中获得的收入。

**转移性收入** 指农村住户和住户成员无须付出任何对应物而获得的货物、服务、资金或资产所有权等，不包括无偿提供的用于固定资本形成的资金。一般情况下，是指农村住户在二次分配中的所有收入。

**现金收入** 指农村住户和住户成员在调查期内得到以现金形态表现的收入。按来源分成工资性收入、家庭经营现金收入、财产性收入、转移性收

入。

**纯收入** 指农村住户当年从各个来源得到的家庭总收入扣除有关费用性支出，最终归农村居民所有的收入总和，按照农村住户人口平均的纯收入水平。计算方法：

纯收入=总收入-家庭经营费用支出-税费支出-生产性固定资产折旧-赠送农村内部亲友支出

纯收入主要用于再生产投入和当年生活消费支出，也可用于储蓄和各种非义务性支出。“农民人均纯收入”按人口平均的纯收入水平，反映的是一个地区或一个农户农村居民的平均收入水平。

**总支出** 指农村住户用于生产、生活和再分配的全部支出。家庭经营费用支出、购置生产性固定资产支出、生产性固定资产折旧、税费支出、生活消费支出、财产性支出和转移性支出。

# Explanatory Notes on Main Statistical Indicators

## I.Urban Households

**Population of Urban Households** refer to members of the household living and sharing economically together. All income and expenditure of the population of the household are included in the income and expenditure of the household.

**Employed Population in Urban Households** refers to urban resident engaged in certain work and receiving payment for their labor or income from their business operation, including those who work in state-owned or collective units, joint ventures, foreign-owned units and private units with permanent or temporary jobs. The self – employed individuals and reemployed retirees are also basic data for calculating employment rate and dependency ratio.

**Total Income of Urban Households** refer to the sum of wage and salary, net business income, income from properties, and income from transfers members of the households during survey period, excluding income from selling of properties and income from borrowings. It is calculated on real income, no matter the income is supplied again or beforehand.

**Disposable Income of Urban Households** refers to the actual income at the disposal of members of the households which can be used for final consumption, other non-compulsory expenditure and savings. This equals to total income minus income tax, personal contribution to social security and sample household subsidy for keeping diaries. Following formula is used:

Disposable income = total household income - income tax - personal contribution to social security - sample household subsidy for keeping diaries

**Total Expenditure of Urban Households** refer to all expenditure of the households except expenditure on leading. It includes expenditure on consumption, on purchasing or building houses, on transfers, on properties and on social security.

**Consumption Expenditure of Urban Households** refers to total expenditure of the sample households for consumption in daily life, including expenditure on eight categories such as food, clothing, household appliances and services, health care and medical services, transport and communications, recreation, education and cultural services, housing, miscellaneous goods and services.

**Urban Households by Income Group** All households in the sample are grouped, by per capita disposable income of the household, into groups of lowest income, low income, lower middle income, middle income, upper middle income, high income and highest income, each group consisting of 20%, 20%, 20%, 20% and 20% of all households respectively.

**Engel's Coefficient** refers to the percentage of expenditure on food in the total consumption expenditure, using the following formula:

$$\text{Engel's Coefficient}=\frac{\text{expenditure on food}}{\text{total consumption expenditure}}\times 100\%$$

## II.Rural Household

**Rural Households** refer to resident households in rural areas.

**Resident Population** refers to population staying at home permanently or for over 6 months during a year and sharing life economically with the household. Members of the household staying away from the household for over 6 months but keeping a close economic relation with the household by sending the majority of income to the household are regarded as resident population of the household. Government staff and workers or retirees living as close members of the household are also considered as resident population. However, servicemen, students of secondary technical schools or schools of higher education and persons with stable jobs and residence outside the household (excluding those visiting relatives or seeking medical service) are not included as resident population of the household. Resident population is used in calculating income, consumption, accumulation on per capita basis of rural households and in analyzing composition of rural households.

**Full/Semi Labour Force** Full labour force refers to persons capable of work, aged 18-50 for males and 18-45 for females. Semi labour force refers to persons capable of work, aged 16-17 and 51-60 for males and 16-17 and 46-55 for females. Persons at their working ages but not capable of work are not to be included as labour force. Persons not at working ages but participating regularly in work are included in semi labour force. For staff and workers as resident population of the household, they are included as full or semi labour force of the household if they are in the labour force.

**Total Income** refers to the sum of income earned from various sources by the rural households and their members during the reference period, and is classified as income from wages and salaries, income from household operations, income from properties and income from transfers.

**Income from Wages and Salaries** refers to income from labour earned by the members of rural households employed by other units or individuals.

**Income from Household Operations** refers to income by the rural households as units of production and operations. Operations by rural households are classified by economic activities as agriculture, forestry, animal husbandry, fishery, manufacturing, construction, transportation, post and telecommunications, wholesale, retail and catering, social service, culture, education, health, and other household operations.

**Income from Properties** refers to the income received as returns by owners of financial assets or tangible non-productive assets by providing capitals or tangible non-productive assets to other institutional units.

**Income from Transfers** refers to the receipt by rural households and their members of goods, services, capitals or rights of assets without giving or repaying accordingly, excluding capitals provided to them for the formation of fixed assets. In general, it refers to all income received by rural households through redistribution.

**Cash Income** refers to income received by rural households and their members in the form of cash during the reference period. It is classified, by source of income, into income from wages and salaries, cash income from household operations, income from properties and income from transfers.

**Net Income** refers to the total income of rural households from all sources minus all corresponding expenses. The formula for calculation is as follows:

Net income = total income - household operation expenses - taxes and fees depreciation of fixed assets for production - subsidy for participating in household survey

Net income is mainly used as input for reproduction and as consumption expenditure of the year, and also used for savings and non-compulsory expenses of various forms. "Per capita net income of farmers" is the level of net income averaged by population which reflects the average income level of rural households in a given area.

**Total Expenditure** refers to total expenses of rural households on production, consumption and redistribution, including expenditure on household operations, on purchase of productive fixed assets, depreciation of productive fixed assets, taxes and fees, expenses on household consumption, expenses on properties and expenses on transfers.

# 第三篇　价格调查

## Chapter 3　Price Survey

# 3-1 居民消费、商品零售、农业生产资料价格总指数（1984—2013年）
## Consumer Goods Retail, Agricultural Production Materials Price Index（1984—2013）

（上年=100） (preceding year=100)

| 年 份 Year | 居民消费价格指数 Consumer Price Index | | | 商品零售价格指数 Retail Price Index | | | 农业生产资料价格指数 Price Indices of Farming Production Material | | |
|---|---|---|---|---|---|---|---|---|---|
| | 全 区 Province | 城 市 Urban Areas | 农 村 Rural Areas | 全 区 Province | 城 市 Urban Areas | 农 村 Rural Areas | 全 区 Province | 城 市 Urban Areas | 农 村 Rural Areas |
| 1984 | 103.3 | 104.6 | 102.4 | 104.2 | 104.5 | 104.1 | 110.4 | - | 110.4 |
| 1985 | 113.0 | 114.7 | 111.8 | 111.2 | 114.5 | 109.3 | 104.6 | - | 104.6 |
| 1986 | 106.2 | 106.2 | 106.2 | 105.1 | 106.0 | 104.4 | 101.1 | - | 101.1 |
| 1987 | 108.2 | 110.2 | 105.8 | 108.0 | 110.5 | 105.5 | 105.5 | - | 105.5 |
| 1988 | 120.8 | 123.3 | 118.4 | 121.0 | 123.2 | 119.4 | 126.7 | - | 126.7 |
| 1989 | 121.1 | 119.7 | 123.3 | 121.3 | 119.1 | 123.5 | 125.8 | - | 125.8 |
| 1990 | 101.1 | 98.3 | 104.4 | 100.1 | 97.4 | 102.4 | 99.2 | - | 99.2 |
| 1991 | 102.8 | 102.7 | 103.0 | 102.5 | 102.5 | 102.5 | 101.3 | - | 101.3 |
| 1992 | 105.9 | 107.0 | 105.4 | 104.6 | 106.2 | 103.9 | 104.0 | - | 104.0 |
| 1993 | 122.0 | 123.3 | 119.1 | 118.9 | 121.9 | 114.8 | 110.6 | - | 110.6 |
| 1994 | 126.0 | 125.4 | 126.5 | 124.4 | 122.7 | 125.6 | 118.1 | - | 118.1 |
| 1995 | 118.4 | 118.0 | 118.6 | 116.4 | 115.0 | 117.7 | 130.1 | - | 130.1 |
| 1996 | 106.5 | 105.5 | 107.4 | 104.5 | 104.1 | 104.9 | 103.8 | - | 103.8 |
| 1997 | 100.8 | 100.7 | 100.8 | 99.6 | 99.9 | 99.4 | 100.3 | - | 100.3 |
| 1998 | 97.0 | 97.1 | 96.8 | 96.3 | 96.7 | 95.9 | 92.1 | - | 92.1 |
| 1999 | 97.7 | 97.2 | 98.2 | 97.2 | 96.8 | 97.6 | 96.4 | - | 96.4 |
| 2000 | 99.7 | 100.0 | 99.5 | 98.6 | 98.4 | 98.8 | 99.9 | - | 99.9 |
| 2001 | 100.6 | 101.3 | 99.6 | 97.8 | 97.3 | 99.0 | 97.7 | - | 97.7 |
| 2002 | 99.1 | 98.9 | 99.3 | 98.1 | 98.2 | 98.0 | 98.2 | - | 98.2 |
| 2003 | 101.1 | 100.9 | 101.3 | 100.2 | 99.6 | 100.8 | 102.4 | - | 102.4 |
| 2004 | 104.4 | 104.1 | 104.9 | 103.9 | 103.4 | 104.4 | 115.3 | - | 115.3 |
| 2005 | 102.4 | 103.0 | 101.6 | 101.1 | 101.3 | 101.0 | 110.5 | - | 110.5 |
| 2006 | 101.3 | 101.6 | 100.9 | 100.3 | 100.8 | 99.8 | 101.0 | - | 101.0 |
| 2007 | 106.1 | 105.6 | 106.8 | 104.8 | 104.2 | 105.3 | 114.4 | - | 114.4 |
| 2008 | 107.8 | 107.6 | 108.5 | 107.6 | 107.6 | 108.3 | 124.0 | - | 124.0 |
| 2009 | 97.9 | 97.9 | 97.5 | 98.0 | 98.1 | 96.9 | 94.2 | - | 94.2 |
| 2010 | 103.0 | 102.9 | 103.4 | 103.0 | 103.0 | 103.2 | 101.9 | - | 101.9 |
| 2011 | 105.9 | 105.7 | 106.4 | 106.0 | 105.7 | 106.6 | 112.2 | - | 112.2 |
| 2012 | 103.2 | 103.2 | 103.3 | 102.3 | 102.2 | 102.4 | 103.9 | - | 103.9 |
| 2013 | 102.2 | 102.1 | 102.4 | 101.2 | 101.1 | 101.3 | 99.9 | - | 99.9 |

# 3-2 居民消费价格分类指数（2013年）

## Consumer Price Indices by Category（2013）

（上年=100）　　　　　　　　（preceding year=100）

| 指　标 | Item | 全　区 Province | 城　市 Urban Areas | 农　村 Rural Areas |
|---|---|---|---|---|
| **居民消费价格总指数** | **Consumer Price Index** | **102.2** | **102.1** | **102.4** |
| **非食品价格指数** | **Non-food Price Index** | **101.3** | **101.0** | **101.9** |
| **服务项目价格指数** | **Items of Service Price Index** | **102.4** | **102.0** | **103.1** |
| **工业品价格指数** | **Industrial Product Price Index** | **100.6** | **100.4** | **101.1** |
| **扣除食品和能源价格指数** | **Deduction Food and Energy Price Index** | **101.4** | **101.1** | **102.0** |
| **扣除鲜菜鲜果总指数** | **Deduction Fresh Vegetables Fresh Fruit General Index** | **101.8** | **101.7** | **102.1** |
| **消费品价格指数** | **Consumable Price Index** | **102.1** | **102.1** | **102.2** |
| **食品** | **Food** | **103.8** | **104.1** | **103.3** |
| 粮食 | Grain | 101.4 | 101.2 | 101.7 |
| 大米 | Rice | 100.2 | 100.0 | 100.5 |
| 面粉 | Flour | 107.9 | 108.6 | 106.9 |
| 粮食制品 | Grain Products | 105.0 | 104.6 | 106.1 |
| 淀粉 | Starches and Tubers | 102.0 | 102.3 | 100.9 |
| 干豆类及豆制品 | Beans and Bean Products | 105.1 | 105.5 | 104.4 |
| 干豆 | Beans | 102.0 | 102.3 | 101.4 |
| 豆制品 | Bean Products | 105.8 | 106.3 | 105.1 |
| 油脂 | Oil or Fat | 101.5 | 101.4 | 101.5 |
| 食用植物油 | Oil of Plant | 102.6 | 102.8 | 102.2 |
| 植物油制品 | Vegetable Oil Processed Products | 99.3 | 99.1 | 99.9 |
| 肉禽及其制品 | Meal,Poultry and Processed Products | 102.4 | 103.1 | 101.2 |
| 食用畜肉及副产品 | Edible Domestic Animal’s Meat and By-products | 103.5 | 104.7 | 101.6 |
| 猪肉 | Pork | 99.5 | 100.2 | 98.5 |
| 牛肉 | Beef | 119.5 | 120.4 | 117.3 |
| 羊肉 | Mutton | 111.5 | 110.8 | 113.5 |
| 畜肉副产品 | Animal By-products | 102.3 | 101.6 | 103.2 |
| 禽 | Poultry | 100.9 | 101.2 | 100.2 |
| 鸡 | Chicken | 99.9 | 100.4 | 99.1 |
| 鸭 | Duck | 103.1 | 103.1 | 103.0 |
| 加工肉禽 | Poultry Meat Processed Products | 100.8 | 100.8 | 100.9 |
| 畜肉制品 | Domestic Animal’s Processed Products | 100.7 | 100.5 | 101.0 |
| 禽制品 | Poultry Processed Products | 101.0 | 101.1 | 100.9 |
| 蛋 | Eggs | 107.7 | 108.1 | 106.8 |
| 鲜蛋 | Fresh Eggs | 108.0 | 108.3 | 107.3 |
| 蛋制品 | Eggs Processed Products | 104.3 | 105.9 | 101.3 |
| 水产品 | Aquatic Products | 103.9 | 105.0 | 101.0 |
| 鱼 | Fish | 102.3 | 103.3 | 99.6 |
| 淡水鱼 | Fish in Fresh Water | 101.5 | 102.4 | 99.5 |
| 海水鱼 | Fish in Sea Water | 103.6 | 104.6 | 99.9 |
| 其他水产品 | Others | 108.7 | 109.1 | 107.2 |
| 虾蟹类 | Decapod Crustacean | 108.9 | 109.2 | 107.3 |

3-2 续表 1 continued

（上年=100） (preceding year=100)

| 指 标 | Item | 全 区 Province | 城 市 Urban Areas | 农 村 Rural Areas |
|---|---|---|---|---|
| 菜 | Vegetables | 107.6 | 107.3 | 108.2 |
| 鲜菜 | Fresh Vegetables | 108.0 | 107.7 | 108.7 |
| 干菜及菜制品 | Dried Vegetables and Vegetable Products | 102.7 | 102.5 | 103.1 |
| 薯类 | Tubers | 117.5 | 119.5 | 110.8 |
| 调味品 | Flavoring | 102.2 | 102.4 | 101.7 |
| 盐 | Salt | 100.0 | 100.0 | 100.0 |
| 酱油 | Soy Sauce | 103.0 | 103.6 | 101.9 |
| 醋 | Vinegar | 102.9 | 103.2 | 102.4 |
| 味精 | Monosodium Glutamate | 101.4 | 100.5 | 103.6 |
| 糖 | Sweet | 98.6 | 99.5 | 97.2 |
| 食糖 | Sugar | 96.0 | 97.8 | 93.5 |
| 糖果 | Candy | 100.9 | 100.3 | 101.9 |
| 巧克力制品 | Chocolate Goods | 99.3 | 101.4 | 93.2 |
| 糖类小食品 | Sugar-coated Food Stuff | 100.8 | 100.5 | 101.4 |
| 茶及饮料 | Tea and Beverages | 101.9 | 102.2 | 101.0 |
| 茶叶 | Tea | 101.3 | 100.8 | 102.8 |
| 饮料 | Beverages | 102.0 | 102.6 | 100.4 |
| 固体饮料 | Solid Beverages | 101.3 | 101.9 | 99.0 |
| 液体饮料 | Liquid Beverages | 101.6 | 102.0 | 100.6 |
| 冷冻饮品 | Frozen Beverages | 104.0 | 105.1 | 101.1 |
| 干鲜瓜果 | Dried and Fresh Melons and Fruits | 107.5 | 108.8 | 104.8 |
| 鲜瓜果 | Fresh Fruits | 109.1 | 110.5 | 106.2 |
| 干（坚）果 | Dried（nut）Fruits and Melon and Fruit Products | 99.5 | 99.9 | 98.7 |
| 糕点饼干面包 | Cake,Biscuit and Bread | 101.9 | 102.6 | 100.4 |
| 糕点 | Cake | 101.8 | 102.7 | 100.0 |
| 饼干 | Cookie | 101.3 | 102.1 | 99.9 |
| 面包 | Bread | 102.8 | 102.9 | 102.4 |
| 液体乳及乳制品 | Liquid Breast and Dairy Products | 105.0 | 104.0 | 107.5 |
| 巴氏杀菌奶或消毒奶 | Pasteurization Milk or Disinfection Milk | 107.3 | 105.8 | 111.0 |
| 酸奶 | Sour Milk | 100.8 | 100.7 | 100.9 |
| 奶粉 | Milk Powder | 103.7 | 103.2 | 105.0 |
| 在外用膳食品 | Picnic Food | 103.9 | 102.9 | 105.9 |
| 主食 | Staple Food | 105.9 | 104.9 | 107.7 |
| 炒菜 | Fried Dishers | 102.8 | 101.6 | 105.7 |
| 地方小吃 | Local Snacks | 105.6 | 105.9 | 105.0 |
| 其他食品 | Other Foods | 104.4 | 102.4 | 106.9 |
| **烟酒及用品** | **Tobacco,Liquor and Articles** | **99.8** | **99.7** | **100.1** |
| 烟草 | Tobacco | 99.8 | 100.0 | 99.6 |
| 高档卷烟 | High-grade Cigarettes | 100.0 | 100.0 | 100.0 |
| 中档卷烟 | Mid-range Cigarettes | 99.7 | 100.0 | 99.4 |

3-2 续表 2 continued

（上年=100） (preceding year=100)

| 指 标 | Item | 全 区 Province | 城 市 Urban Areas | 农 村 Rural Areas |
|---|---|---|---|---|
| 酒 | Liquor | 99.8 | 99.4 | 100.6 |
| 白酒 | Liquer | 98.5 | 97.8 | 99.7 |
| 葡萄酒 | Wine | 102.5 | 101.7 | 104.8 |
| 啤酒 | Beer | 101.8 | 102.0 | 101.3 |
| **衣着** | **Clothing** | **102.3** | **102.0** | **102.7** |
| 服装 | Garments | 102.8 | 102.7 | 102.9 |
| 男式服装 | Men's Garment | 102.3 | 102.1 | 102.7 |
| 大衣 | Overcoat | 99.0 | 98.8 | 100.0 |
| 毛线衣 | Knitted Woolen Clothes | 98.2 | 97.1 | 100.1 |
| 夹克衫 | Jacket | 101.9 | 102.2 | 101.4 |
| 衬衫 | Shirt | 106.6 | 107.0 | 105.7 |
| T恤衫 | T-shirts | 105.1 | 106.3 | 102.8 |
| 裤子 | Trousers | 105.3 | 104.4 | 107.2 |
| 西服 | Suits | 96.9 | 96.0 | 99.4 |
| 运动衫裤 | Sport Clothing | 100.3 | 99.4 | 102.4 |
| 内衣 | Underwear | 102.3 | 103.6 | 99.3 |
| 羽绒衣 | Down Clothing | 97.6 | 98.0 | 96.3 |
| 女式服装 | Women's dress | 102.6 | 102.6 | 102.7 |
| 大衣 | Overcoat | 98.6 | 98.7 | 98.3 |
| 毛线衣 | Knitted Woolen Clothes | 98.2 | 97.2 | 100.3 |
| 羽绒衣 | Down Clothing | 97.9 | 98.7 | 96.6 |
| 套装 | Suits | 101.5 | 101.1 | 102.3 |
| 衬衫 | Shirt | 110.8 | 113.1 | 106.4 |
| T恤衫 | T-shirts | 105.5 | 105.2 | 106.3 |
| 裙子 | Skirt | 105.2 | 106.2 | 103.3 |
| 裤子 | Trousers | 103.9 | 103.8 | 104.1 |
| 运动衫裤 | Sports Wear | 101.2 | 100.5 | 102.6 |
| 内衣 | Underwear | 100.5 | 99.9 | 101.7 |
| 儿童服装 | Children's Garment | 104.8 | 105.4 | 103.7 |
| 套装 | Suits | 103.7 | 104.6 | 102.3 |
| 裤子 | Trousers | 104.6 | 105.6 | 102.9 |
| 裙子 | Skirt | 106.6 | 106.2 | 107.5 |
| 衣着材料 | Clothing Material | 100.6 | 99.3 | 102.6 |
| 棉布 | Cotton Cloth | 100.7 | 100.0 | 101.9 |
| 化纤布 | Chemical Fiber Cloth | 101.9 | 99.8 | 104.9 |
| 毛线 | Woolen Threads | 98.4 | 97.5 | 100.0 |

3-2 续表 3 continued

（上年=100） (preceding year=100)

| 指 标 | Item | 全 区 Province | 城 市 Urban Areas | 农 村 Rural Areas |
|---|---|---|---|---|
| 鞋袜帽 | Footwear,Socks and Hats | 100.6 | 100.0 | 102.0 |
| 鞋 | Shoes | 100.7 | 99.9 | 102.4 |
| 男鞋 | Men's Shoes | 100.2 | 99.7 | 101.6 |
| 女鞋 | Women's Shoes | 100.3 | 99.4 | 102.3 |
| 童鞋 | Children's Shoes | 103.3 | 102.6 | 104.3 |
| 袜子 | Socks and Stockings | 99.8 | 99.7 | 100.0 |
| 男袜 | Men's Socks | 98.5 | 97.9 | 100.1 |
| 女袜 | Women's Socks | 100.7 | 101.1 | 99.9 |
| 帽子 | Hats | 101.7 | 104.0 | 98.9 |
| 男帽 | Man Cap | 101.5 | 102.7 | 100.1 |
| 女帽 | Bonnet | 101.9 | 104.8 | 98.1 |
| 衣着加工服务费 | Clothing Processing | 104.0 | 103.5 | 104.9 |
| 缝纫 | Sewing | 101.8 | 100.9 | 103.8 |
| 清洗 | Washing | 106.7 | 107.0 | 106.2 |
| **家庭设备用品及维修服务** | **Household Facilities and Articles** | **101.1** | **100.8** | **101.6** |
| 耐用消费品 | Durable Consumer Goods | 100.4 | 100.3 | 100.8 |
| 家具 | Furniture | 100.1 | 100.0 | 100.5 |
| 柜 | Counters | 99.8 | 99.7 | 100.1 |
| 床 | Beds | 99.3 | 99.8 | 98.1 |
| 桌 | Desks | 101.5 | 100.8 | 103.3 |
| 椅 | Chairs | 100.0 | 100.0 | 99.9 |
| 沙发 | Sofas | 100.4 | 100.0 | 102.2 |
| 家庭设备 | Household Facilities | 100.6 | 100.5 | 100.9 |
| 洗衣机 | Washing Machine | 101.7 | 102.4 | 100.3 |
| 电风扇 | Electric Fan | 101.0 | 98.4 | 105.7 |
| 电冰箱（柜） | Refrigerator | 101.3 | 101.2 | 101.5 |
| 吸排油烟机 | Smoke Exhauster | 101.6 | 103.6 | 97.9 |
| 空调器 | Air Conditioner | 99.9 | 99.1 | 101.8 |
| 热水器 | Shower Heater | 101.7 | 101.5 | 101.9 |
| 微波炉 | Microwave Oven | 100.2 | 101.0 | 97.3 |
| 室内装饰品 | Interior Decorations | 101.0 | 100.6 | 102.0 |
| 纺织装饰品 | Fabric Decorations | 100.8 | 100.7 | 100.9 |
| 装饰灯具 | Lamp Decorations | 101.3 | 100.5 | 102.9 |
| 床上用品 | Bed Articles | 102.3 | 101.5 | 104.3 |
| 被子 | Quilts | 100.7 | 99.8 | 103.1 |
| 床上套件 | Bed Sets | 104.2 | 103.3 | 106.2 |
| 家庭日用杂品 | Daily Use Household Articles | 100.9 | 100.7 | 101.4 |
| 茶具 | Tea-set | 99.7 | 100.0 | 99.0 |
| 餐具 | Cooking-set | 101.5 | 101.0 | 102.5 |

3-2 续表 4 continued

（上年=100） (preceding year=100)

| 指 标 | Item | 全 区 Province | 城 市 Urban Areas | 农 村 Rural Areas |
|---|---|---|---|---|
| 厨具 | Cook-set | 100.8 | 100.3 | 101.8 |
| 家用手工工具 | Family Tool | 100.7 | 100.5 | 101.0 |
| 洗涤用品 | Wash Articles | 101.1 | 101.0 | 101.4 |
| 家庭服务及加工维修服务 | Household Service and Maintenance | 103.8 | 104.1 | 103.1 |
| 家庭服务 | Household Service | 106.9 | 108.2 | 103.9 |
| 加工维修服务 | The Processed Upkeep | 101.6 | 101.0 | 102.7 |
| **医疗保健和个人用品** | **Medicine and Personal Articles** | **100.7** | **100.2** | **101.6** |
| 医疗保健 | Medicine | 100.9 | 100.3 | 102.2 |
| 医疗器具及用品 | Edical Appliances and Articles | 101.0 | 101.1 | 100.8 |
| 中药材及中成药 | Traditional Chines Herbs | 100.8 | 99.8 | 103.0 |
| 中药材 | Chines Herbal Material | 100.0 | 97.7 | 104.0 |
| 中成药 | Chines Patent drugs | 101.5 | 101.4 | 101.8 |
| 西药 | Western Medicine | 100.5 | 100.6 | 100.2 |
| 抗菌素（抗感染药） | Antibiotics（Anti-infectives） | 98.2 | 98.9 | 96.9 |
| 消化系统用药 | The Digestive System Drugs | 100.1 | 100.3 | 99.7 |
| 呼吸系统用药 | Respiratory Drug | 100.3 | 100.6 | 99.8 |
| 解热镇痛药 | Antipyretic and Analgesic | 101.2 | 101.6 | 100.6 |
| 抗肿瘤药 | Anticancer Drugs | 99.4 | 100.8 | 95.9 |
| 激素类药 | Hormone Drugs | 102.7 | 102.9 | 102.2 |
| 心血管系统用药 | Cardiovascular System Drugs | 100.5 | 100.4 | 100.6 |
| 中枢神经系统用药 | Central Nervous System Drugs | 99.3 | 98.3 | 101.1 |
| 消毒防腐及创伤外科用药 | Disinfection Antisepsis and Trauma Surgery Medication | 104.7 | 104.8 | 104.6 |
| 泌尿系统用药 | Urinary System Drugs | 100.8 | 99.3 | 103.1 |
| 维生素类 | Vitamins | 99.6 | 100.0 | 99.0 |
| 保健器具及用品 | Healthy Appliances and Articles | 100.7 | 100.6 | 101.4 |
| 保健器具 | Healthy Appliance | 99.2 | 99.1 | 100.0 |
| 滋补保健用品 | Tonic and Healthy Goods | 101.2 | 101.0 | 101.7 |
| 医疗保健服务 | Medical and Health Service | 101.8 | 100.2 | 104.7 |
| 挂号费 | Registering Fee | 99.8 | 99.7 | 100.0 |
| 注射费 | Injection Fee | 100.5 | 99.5 | 102.2 |
| 检查费 | Examination Fee | 100.5 | 100.0 | 101.4 |
| 手术费 | Operation Fee | 100.3 | 100.0 | 100.8 |
| 床位费 | Bed Fee | 107.9 | 101.6 | 118.2 |
| 理疗费 | Physiotherapy Fees | 100.0 | 100.0 | 100.0 |
| 化验费 | Laboratory Fees | 100.4 | 100.1 | 101.1 |
| 个人用品及服务 | Pesonal Articles and Services | 100.2 | 100.2 | 100.2 |
| 化妆美容用品 | Making-up Articles | 100.2 | 100.2 | 100.3 |
| 化妆美容器具 | Making-up Utensil | 99.7 | 100.3 | 98.1 |
| 美容化妆品 | Cosmetic Products | 99.8 | 99.6 | 100.3 |

3-2 续表 5 continued

（上年＝100） (preceding year=100)

| 指　标 | Item | 全　区 Province | 城　市 Urban Areas | 农　村 Rural Areas |
|---|---|---|---|---|
| 护肤品 | Skin Care Products | 100.6 | 100.4 | 100.9 |
| 护发美容品 | Hair Care Cosmetics | 100.3 | 100.4 | 100.2 |
| 清洁化妆用品 | Clean Toiletries | 101.5 | 101.6 | 101.3 |
| 洗发用品 | Shampoo Articles | 101.7 | 102.0 | 101.0 |
| 洗浴用品 | Bathing Articles | 101.5 | 101.4 | 101.8 |
| 个人饰品 | Personal Ornaments | 94.5 | 94.2 | 95.1 |
| 首饰 | Jewelry | 89.4 | 89.3 | 89.7 |
| 皮件 | Leather Goods | 98.4 | 100.1 | 96.2 |
| 手表 | Watchs | 101.9 | 101.2 | 104.3 |
| 领带 | Ties | 102.0 | 101.6 | 102.7 |
| 个人服务 | Personal Service | 103.8 | 104.5 | 102.7 |
| 美容 | Making-up | 102.2 | 102.1 | 102.6 |
| 理（烫）发 | Haircut（Perm） | 105.1 | 106.6 | 103.3 |
| 洗浴 | Bathing | 100.9 | 103.5 | 98.0 |
| **交通和通信** | **Transportation and Communication** | **99.9** | **99.7** | **100.2** |
| 交通 | Transportation | 100.7 | 100.8 | 100.5 |
| 交通工具 | Transportation Means | 98.7 | 99.0 | 98.3 |
| 助力自行车 | Booster Bicycle | 98.1 | 98.3 | 97.9 |
| 自行车 | Bicycle | 97.3 | 97.4 | 95.3 |
| 轿车 | Car | 101.0 | 101.8 | 99.3 |
| 车用燃料及零配件 | Fuel and Accessories for Vehicle | 98.7 | 99.0 | 98.3 |
| 汽油 | Petrol | 98.8 | 98.8 | 98.9 |
| 柴油 | Diesel Oil | 98.6 | 98.6 | 98.6 |
| 零配件 | Accessories | 98.5 | 99.5 | 95.3 |
| 车辆使用及维修费 | Vehicle Using and Maintenance | 104.6 | 105.3 | 103.1 |
| 保险费 | Insurance | 100.0 | 100.0 | 100.0 |
| 停车费 | Parking fee | 102.8 | 103.7 | 99.7 |
| 车辆修理服务费 | Vehicle Maintenance Service | 108.3 | 109.7 | 105.7 |
| 市区公共交通费 | City Bus Transport | 101.1 | 100.7 | 102.1 |
| 公共汽车票 | Bus Ticket | 100.0 | 100.0 | 100.0 |
| 出租汽车 | Taxi | 102.9 | 101.9 | 106.0 |
| 城市间交通费 | Inter-city Transportation | 103.0 | 102.1 | 104.5 |
| 飞机票 | Plane Ticket | 98.2 | 98.2 | 0.0 |
| 火车票 | Train Ticket | 100.2 | 99.7 | 101.0 |
| 长途汽车 | Long-distance Coach | 105.3 | 103.5 | 107.3 |
| 通信 | Communication | 99.0 | 98.6 | 99.8 |
| 通信工具 | Communication Tools | 94.1 | 91.8 | 98.6 |
| 固定电话机 | Stationary Telephone | 100.4 | 100.5 | 100.1 |
| 移动电话机 | Mobile Telephone | 92.6 | 89.8 | 98.2 |

3-2 续表 6 continued

（上年=100） (preceding year=100)

| 指　标 | Item | 全　区 Province | 城　市 Urban Areas | 农　村 Rural Areas |
|---|---|---|---|---|
| 通信服务 | Communication Service | 100.1 | 100.1 | 100.0 |
| 移动通信费 | Mobile Communications | 100.0 | 99.9 | 100.0 |
| 市内电话费 | Telephone Charge Within a City | 100.0 | 100.0 | 100.0 |
| 长途电话费 | Long-Distance call Charge | 99.9 | 99.8 | 100.0 |
| 月租费 | Monthly Renting Fee | 100.0 | 100.0 | 100.0 |
| 上网费 | Internet Access Fee | 100.2 | 100.1 | 100.4 |
| 邮政邮寄 | Postal Mail | 100.3 | 100.4 | 100.0 |
| 其他邮寄 | Other Mail | 101.6 | 101.8 | 99.8 |
| **娱乐教育文化用品及服务** | **Recreation,Education,Culture Articles and Services** | **100.8** | **100.5** | **101.5** |
| 文娱用耐用消费品及服务 | Durable Consumer Goods for Recreational | 95.1 | 94.4 | 96.4 |
| 电视机 | Television | 90.7 | 88.6 | 94.6 |
| 激光视盘机 | Video-disc Player | 99.7 | 99.6 | 99.9 |
| 摄像机 | Video-camera | 98.6 | 99.1 | 91.2 |
| 照相机 | Camera | 93.0 | 95.3 | 87.7 |
| 家用音响 | Stereo-set | 98.9 | 99.0 | 98.8 |
| 便携式音响 | Portable Audio | 98.4 | 98.6 | 97.9 |
| 电脑 | Computer | 95.3 | 94.1 | 98.0 |
| 修理服务 | Repair Service Fee | 100.7 | 100.7 | 100.6 |
| 教育 | Education | 102.9 | 102.7 | 103.4 |
| 教材及参考书 | Texts and Reference Book | 99.8 | 99.6 | 100.4 |
| 工具书 | Reference Book | 100.8 | 101.2 | 100.1 |
| 教材 | Text-book | 99.0 | 98.6 | 99.8 |
| 参考书 | Reference Book | 100.2 | 99.6 | 101.4 |
| 教育软件 | Educational Software | 100.6 | 100.7 | 100.1 |
| 教育服务 | Education Services | 103.3 | 103.1 | 103.8 |
| 学前教育 | Preschool Education | 108.1 | 106.9 | 111.1 |
| 中等教育 | Secondary Education | 100.1 | 100.4 | 99.9 |
| 高等教育 | Higher Education | 102.1 | 102.3 | 101.3 |
| 专业技能培训 | Professional Skills Training | 108.4 | 104.8 | 113.6 |
| 文化娱乐类 | Cultural Entertainment | 101.5 | 101.9 | 100.5 |
| 文化娱乐用品 | Cultural and Recreational Supplies | 99.1 | 99.2 | 98.9 |
| 乐器 | Musical Instrument | 100.1 | 99.8 | 100.5 |
| 音响光盘和磁带 | Stereo-CD and Tape | 99.8 | 99.9 | 99.5 |
| 照相胶卷和存储卡 | Film and Camera Memory Card | 91.8 | 92.6 | 90.1 |
| 儿童玩具 | Children's Toy | 100.3 | 100.4 | 100.2 |
| 纸张本册 | This Paper List | 100.4 | 100.7 | 100.1 |
| 文具 | Stationary | 101.4 | 101.2 | 101.6 |
| 体育用品 | Athletic Articles | 99.9 | 99.8 | 100.1 |

3-2 续表 7 continued

（上年=100） (preceding year=100)

| 指 标 | Item | 全 区 Province | 城 市 Urban Areas | 农 村 Rural Areas |
|---|---|---|---|---|
| 书报杂志 | Newspapers and Magazines | 100.1 | 99.9 | 100.3 |
| 书籍 | Books | 100.0 | 99.7 | 100.7 |
| 报纸 | Newspaper | 100.2 | 100.3 | 100.0 |
| 杂志 | Magazine | 99.9 | 99.9 | 100.0 |
| 文娱费 | Recreation | 104.0 | 105.0 | 101.9 |
| 电影票 | Video-movie Ticket | 102.3 | 103.0 | 98.5 |
| 景点门票 | Attractions Tickets | 115.3 | 118.1 | 106.0 |
| 有线电视 | Cabled TV | 100.8 | 101.0 | 100.6 |
| 健身活动 | Healthy Activities | 103.2 | 103.2 | 103.2 |
| 旅游 | Tourism | 100.1 | 99.4 | 101.8 |
| 旅行社收费 | Travel Agency Charges | 99.8 | 99.6 | 100.7 |
| 宾馆住宿 | Hotel Accommodation | 101.5 | 98.2 | 105.2 |
| 其他住宿 | Other Accommodations | 99.7 | 99.1 | 100.4 |
| **居住** | **Residence** | **102.7** | **102.4** | **103.5** |
| 建房及装修材料 | Building and Decorating Material | 101.9 | 101.5 | 102.5 |
| 木材 | Timber | 106.8 | 105.0 | 109.4 |
| 木地板 | Wood Floor | 100.2 | 100.4 | 99.9 |
| 砖 | Brick | 100.2 | 100.5 | 99.7 |
| 水泥 | Cement | 99.4 | 97.7 | 101.6 |
| 涂料 | Paint | 100.3 | 101.6 | 98.4 |
| 板材 | Board | 104.2 | 102.6 | 106.7 |
| 玻璃 | Glass | 101.8 | 102.7 | 100.5 |
| 粘胶 | Glue | 102.4 | 103.5 | 100.3 |
| 厨卫设备 | Kitchen Equipment | 101.0 | 100.3 | 102.3 |
| 租房 | Tenancy | 102.5 | 101.2 | 105.4 |
| 公房房租 | Public Housing rent | 100.0 | 100.0 | 100.0 |
| 私房房租 | Talk Accommodation | 105.1 | 102.6 | 108.2 |
| 其他费用 | Other Rents | 100.7 | 100.8 | 100.0 |
| 自有住房 | Self-owned House | 103.0 | 102.8 | 103.3 |
| 住房估算租金 | Housing Estimates Rent | 103.9 | 103.0 | 105.9 |
| 物业管理费用 | Property Management Fees | 101.0 | 102.5 | 97.0 |
| 维护修理费用 | Maintenance Expenses | 104.0 | 102.9 | 105.4 |
| 水、电、燃料 | Water,Electricity and Fuels | 103.2 | 102.9 | 104.0 |
| 水 | Water | 109.9 | 108.0 | 115.1 |
| 电 | Electricity | 102.5 | 102.6 | 102.4 |
| 液化石油气 | Liquefied Petroleum Gas | 101.5 | 101.5 | 101.7 |
| 管道燃气 | Piped Gas | 98.4 | 98.8 | 91.9 |
| 其他燃料 | Other Fuel | 100.1 | 100.1 | 100.0 |

# 3-3 分月居民消费价格指数（2013年）

（上年同期＝100）

| 指　标 | Item | 1 月 January | 2 月 February | 3 月 March |
|---|---|---|---|---|
| **居民消费价格总指数** | **Consumer Price Index** | **101.8** | **102.3** | **101.2** |
| **非食品价格指数** | **Non-food Price Index** | **101.1** | **101.0** | **100.6** |
| **服务项目价格指数** | **Items of Service Price Index** | **101.2** | **101.8** | **101.6** |
| **工业品价格指数** | **Industrial Product Price Index** | **101.0** | **100.4** | **100.0** |
| **扣除食品和能源价格指数** | **Deduction Food and Energy Price Index** | **100.9** | **100.9** | **100.8** |
| **扣除鲜菜鲜果总指数** | **Deduction Fresh Vegetables Fresh Fruit General Index** | **101.7** | **102.2** | **101.2** |
| **消费品价格指数** | **Consumable Price Index** | **101.9** | **102.5** | **101.0** |
| **食品** | **Food** | **102.9** | **104.8** | **102.2** |
| 粮食 | Grain | 102.1 | 101.9 | 101.7 |
| 大米 | Rice | 101.7 | 101.1 | 100.7 |
| 面粉 | Flour | 105.2 | 106.8 | 108.4 |
| 粮食制品 | Grain Products | 103.3 | 104.2 | 104.3 |
| 淀粉 | Starches and Tubers | 102.0 | 102.1 | 102.5 |
| 干豆类及豆制品 | Beans and Bean Products | 102.3 | 107.0 | 105.8 |
| 干豆 | Beans | 103.0 | 103.4 | 103.4 |
| 豆制品 | Bean Products | 102.1 | 107.8 | 106.4 |
| 油脂 | Oil or Fat | 110.6 | 109.5 | 109.7 |
| 食用植物油 | Oil of Plant | 114.0 | 112.9 | 113.1 |
| 植物油制品 | Vegetable Oil Processed Products | 104.4 | 103.4 | 103.5 |
| 肉禽及其制品 | Meal,Poultry and Processed Products | 102.7 | 105.5 | 101.6 |
| 食用畜肉及副产品 | Edible Domestic Animal's Meat and By-products | 102.7 | 104.5 | 100.0 |
| 猪肉 | Pork | 98.7 | 100.2 | 94.7 |
| 牛肉 | Beef | 124.4 | 126.4 | 122.5 |
| 羊肉 | Mutton | 108.9 | 110.6 | 108.2 |
| 畜肉副产品 | Animal By-products | 99.3 | 101.3 | 100.1 |
| 禽 | Poultry | 103.8 | 109.4 | 105.3 |
| 鸡 | Chicken | 103.5 | 107.0 | 103.9 |
| 鸭 | Duck | 104.8 | 115.3 | 108.7 |
| 加工肉禽 | Poultry Meat Processed Products | 100.1 | 102.4 | 101.3 |
| 畜肉制品 | Domestic Animal's Processed Products | 99.3 | 101.3 | 100.8 |
| 禽制品 | Poultry Processed Products | 100.9 | 103.6 | 101.7 |
| 蛋 | Eggs | 107.2 | 112.2 | 111.0 |
| 鲜蛋 | Fresh Eggs | 107.7 | 113.1 | 111.7 |
| 蛋制品 | Eggs Processed Products | 101.1 | 102.6 | 103.4 |
| 水产品 | Aquatic Products | 98.8 | 104.6 | 98.1 |
| 鱼 | Fish | 101.5 | 105.0 | 101.1 |
| 淡水鱼 | Fish in Fresh Water | 99.9 | 105.3 | 100.4 |
| 海水鱼 | Fish in Sea Water | 104.2 | 104.6 | 102.2 |
| 其他水产品 | Others | 91.9 | 103.4 | 90.7 |
| 虾蟹类 | Decapod Crustacean | 91.8 | 103.5 | 90.6 |

# Consumer Price Indices by Month (2013)

(preceding year=100)

| 4 月 April | 5 月 May | 6 月 June | 7 月 July | 8 月 August | 9 月 September | 10 月 October | 11 月 November | 12 月 December |
|---|---|---|---|---|---|---|---|---|
| **101.2** | **101.1** | **101.7** | **101.8** | **102.4** | **103.2** | **103.4** | **103.2** | **103.2** |
| **100.5** | **100.8** | **101.2** | **101.3** | **101.4** | **101.4** | **101.8** | **102.2** | **102.5** |
| **101.7** | **102.1** | **102.1** | **102.2** | **102.4** | **102.5** | **103.4** | **103.7** | **103.6** |
| **99.7** | **100.0** | **100.6** | **100.7** | **100.8** | **100.7** | **100.8** | **101.1** | **101.7** |
| **100.7** | **101.1** | **101.3** | **101.3** | **101.5** | **101.6** | **102.1** | **102.4** | **102.5** |
| **100.9** | **101.1** | **101.5** | **101.6** | **102.0** | **101.9** | **102.4** | **102.6** | **102.8** |
| **101.1** | **100.8** | **101.5** | **101.7** | **102.3** | **103.4** | **103.5** | **103.0** | **103.0** |
| **102.7** | **101.7** | **102.6** | **102.7** | **104.1** | **106.4** | **106.4** | **105.1** | **104.5** |
| 101.2 | 101.3 | 101.3 | 101.2 | 101.0 | 100.9 | 101.1 | 101.3 | 101.4 |
| 100.0 | 100.1 | 100.1 | 99.9 | 99.6 | 99.4 | 99.7 | 99.8 | 99.9 |
| 108.4 | 108.4 | 108.6 | 108.4 | 108.4 | 108.2 | 107.7 | 108.3 | 108.5 |
| 104.6 | 105.0 | 105.2 | 105.2 | 105.3 | 105.7 | 105.6 | 106.0 | 106.1 |
| 103.4 | 102.6 | 101.9 | 102.0 | 101.8 | 101.7 | 101.6 | 101.6 | 101.3 |
| 105.4 | 105.2 | 105.4 | 105.3 | 105.1 | 104.5 | 104.7 | 105.2 | 105.0 |
| 103.6 | 102.9 | 101.3 | 101.3 | 101.2 | 100.7 | 100.4 | 100.9 | 101.7 |
| 105.8 | 105.7 | 106.4 | 106.3 | 106.1 | 105.5 | 105.8 | 106.2 | 105.8 |
| 107.6 | 103.9 | 102.6 | 101.7 | 98.4 | 95.5 | 94.4 | 93.7 | 92.9 |
| 110.0 | 105.7 | 103.9 | 102.6 | 98.7 | 95.5 | 94.1 | 93.3 | 91.6 |
| 103.0 | 100.6 | 100.3 | 99.8 | 97.9 | 95.5 | 94.9 | 94.3 | 95.2 |
| 99.3 | 98.8 | 100.4 | 101.2 | 104.1 | 103.7 | 104.1 | 104.4 | 103.3 |
| 100.6 | 101.7 | 101.8 | 101.9 | 105.7 | 105.8 | 105.9 | 106.4 | 105.1 |
| 95.4 | 96.6 | 96.8 | 97.3 | 102.5 | 102.4 | 103.0 | 104.1 | 102.6 |
| 121.0 | 120.6 | 119.2 | 118.3 | 118.1 | 119.0 | 116.7 | 115.7 | 114.7 |
| 110.7 | 111.9 | 112.0 | 111.6 | 112.3 | 114.1 | 113.4 | 112.8 | 112.0 |
| 100.8 | 102.2 | 102.4 | 102.2 | 104.5 | 104.4 | 104.1 | 104.0 | 102.9 |
| 96.0 | 92.3 | 97.4 | 99.8 | 102.0 | 100.6 | 101.6 | 101.6 | 100.6 |
| 96.0 | 92.4 | 96.9 | 98.9 | 100.8 | 99.3 | 100.1 | 100.4 | 100.0 |
| 95.9 | 92.1 | 98.5 | 101.8 | 104.8 | 103.7 | 105.3 | 104.3 | 102.2 |
| 100.1 | 99.7 | 100.5 | 100.7 | 101.0 | 101.0 | 101.1 | 101.2 | 101.0 |
| 100.6 | 100.2 | 100.8 | 100.8 | 100.9 | 100.9 | 100.8 | 100.7 | 100.7 |
| 99.7 | 99.1 | 100.1 | 100.6 | 101.1 | 101.1 | 101.4 | 101.8 | 101.4 |
| 111.1 | 112.5 | 107.7 | 108.2 | 107.5 | 104.6 | 105.0 | 104.4 | 102.5 |
| 111.7 | 113.3 | 107.9 | 108.4 | 107.6 | 104.6 | 105.0 | 104.4 | 102.3 |
| 104.0 | 104.5 | 105.0 | 105.7 | 106.2 | 105.1 | 104.9 | 104.9 | 104.8 |
| 100.1 | 102.4 | 104.2 | 104.8 | 105.1 | 106.6 | 107.7 | 107.8 | 107.6 |
| 101.4 | 101.9 | 101.6 | 101.3 | 101.4 | 102.1 | 103.0 | 103.2 | 103.5 |
| 100.4 | 100.7 | 99.6 | 99.9 | 100.5 | 101.8 | 102.4 | 102.9 | 103.8 |
| 103.0 | 103.8 | 104.9 | 103.6 | 103.1 | 102.7 | 104.1 | 103.5 | 102.9 |
| 96.8 | 103.9 | 112.5 | 116.3 | 117.0 | 120.6 | 122.3 | 121.8 | 119.4 |
| 96.7 | 104.1 | 112.8 | 116.7 | 117.4 | 120.9 | 122.6 | 122.1 | 119.6 |

3-3 续表 1

（上年同期=100）

| 指 标 | Item | 1 月 January | 2 月 February | 3 月 March |
|---|---|---|---|---|
| 菜 | Vegetables | 106.6 | 103.6 | 94.5 |
| 鲜菜 | Fresh Vegetables | 107.1 | 103.6 | 93.2 |
| 干菜及菜制品 | Dried Vegetables and Vegetable Products | 101.7 | 102.1 | 102.7 |
| 薯类 | Tubers | 110.1 | 110.3 | 115.6 |
| 调味品 | Flavoring | 102.6 | 102.8 | 102.7 |
| 盐 | Salt | 100.0 | 100.0 | 100.0 |
| 酱油 | Soy Sauce | 103.4 | 103.7 | 103.6 |
| 醋 | Vinegar | 105.6 | 105.9 | 105.9 |
| 味精 | Monosodium Glutamate | 100.2 | 100.8 | 100.4 |
| 糖 | Sweet | 100.3 | 100.0 | 100.0 |
| 食糖 | Sugar | 97.3 | 97.1 | 96.1 |
| 糖果 | Candy | 102.2 | 101.2 | 103.1 |
| 巧克力制品 | Chocolate Goods | 105.1 | 104.8 | 103.2 |
| 糖类小食品 | Sugar-coated Food Stuff | 101.1 | 101.9 | 102.7 |
| 茶及饮料 | Tea and Beverages | 103.3 | 103.5 | 103.5 |
| 茶叶 | Tea | 101.2 | 101.4 | 101.0 |
| 饮料 | Beverages | 104.0 | 104.2 | 104.3 |
| 固体饮料 | Solid Beverages | 104.5 | 105.2 | 105.0 |
| 液体饮料 | Liquid Beverages | 102.0 | 102.0 | 102.3 |
| 冷冻饮品 | Frozen Beverages | 109.2 | 109.2 | 109.2 |
| 干鲜瓜果 | Dried and Fresh Melons and Fruits | 97.7 | 105.8 | 108.2 |
| 鲜瓜果 | Fresh Fruits | 96.9 | 106.6 | 109.8 |
| 干（坚）果 | Dried（nut） Fruits and Melon and Fruit Products | 101.4 | 101.4 | 99.9 |
| 糕点饼干面包 | Cake,Biscuit and Bread | 102.5 | 102.0 | 101.8 |
| 糕点 | Cake | 103.2 | 102.8 | 102.9 |
| 饼干 | Cookie | 101.6 | 100.4 | 99.8 |
| 面包 | Bread | 102.1 | 102.5 | 102.4 |
| 液体乳及乳制品 | Liquid Breast and Dairy Products | 101.8 | 101.8 | 102.9 |
| 巴氏杀菌奶或消毒奶 | Pasteurization Milk or Disinfection Milk | 103.4 | 103.6 | 105.3 |
| 酸奶 | Sour Milk | 101.0 | 100.1 | 101.0 |
| 奶粉 | Milk Powder | 99.7 | 99.6 | 100.0 |
| 在外用膳食品 | Picnic Food | 104.3 | 104.6 | 104.6 |
| 主食 | Staple Food | 105.4 | 106.4 | 105.7 |
| 炒菜 | Fried Dishers | 103.1 | 103.1 | 103.0 |
| 地方小吃 | Local Snacks | 107.4 | 108.1 | 109.3 |
| 其他食品 | Other Foods | 104.6 | 104.5 | 106.8 |
| **烟酒及用品** | **Tobacco,Liquor and Articles** | **100.5** | **100.2** | **100.4** |
| 烟草 | Tobacco | 100.0 | 100.1 | 100.0 |
| 高档卷烟 | High-grade Cigarettes | 100.0 | 100.0 | 100.0 |
| 中档卷烟 | Mid-range Cigarettes | 100.1 | 100.0 | 99.9 |

continued

(preceding year=100)

| 4 月<br>April | 5 月<br>May | 6 月<br>June | 7 月<br>July | 8 月<br>August | 9 月<br>September | 10 月<br>October | 11 月<br>November | 12 月<br>December |
|---|---|---|---|---|---|---|---|---|
| 107.3 | 99.9 | 103.8 | 101.5 | 106.5 | 125.4 | 125.7 | 111.5 | 105.9 |
| 107.6 | 99.3 | 103.8 | 101.1 | 106.8 | 128.2 | 128.9 | 112.3 | 105.9 |
| 102.5 | 102.3 | 102.2 | 101.7 | 101.8 | 102.4 | 103.6 | 104.6 | 104.7 |
| 120.3 | 116.8 | 115.8 | 119.9 | 120.5 | 125.9 | 120.9 | 114.9 | 117.0 |
| 102.5 | 102.1 | 101.7 | 101.7 | 101.4 | 102.2 | 102.4 | 102.0 | 101.9 |
| 99.8 | 100.0 | 100.0 | 100.0 | 99.9 | 100.0 | 100.0 | 100.0 | 100.0 |
| 103.4 | 103.2 | 102.4 | 102.3 | 102.1 | 103.2 | 103.4 | 103.0 | 102.8 |
| 103.8 | 102.7 | 102.5 | 102.2 | 101.2 | 101.7 | 102.0 | 101.2 | 100.7 |
| 101.4 | 100.5 | 101.2 | 101.3 | 101.2 | 102.4 | 102.6 | 102.5 | 102.9 |
| 99.2 | 98.5 | 98.2 | 98.3 | 98.3 | 97.9 | 97.3 | 97.5 | 97.8 |
| 95.7 | 95.7 | 95.2 | 95.4 | 95.7 | 95.7 | 96.1 | 95.8 | 95.9 |
| 102.0 | 101.6 | 101.3 | 101.9 | 101.4 | 99.8 | 98.0 | 99.2 | 99.8 |
| 99.2 | 97.9 | 97.8 | 97.8 | 97.7 | 97.8 | 96.7 | 96.8 | 97.1 |
| 103.8 | 101.1 | 100.7 | 99.9 | 99.8 | 100.0 | 99.6 | 99.4 | 99.7 |
| 103.0 | 101.9 | 101.5 | 101.3 | 101.1 | 101.0 | 100.9 | 100.4 | 100.9 |
| 101.0 | 101.6 | 101.6 | 101.4 | 101.4 | 101.5 | 101.5 | 101.2 | 101.3 |
| 103.6 | 101.9 | 101.5 | 101.3 | 101.1 | 100.9 | 100.8 | 100.2 | 100.8 |
| 103.0 | 100.8 | 99.2 | 99.2 | 99.6 | 100.2 | 99.9 | 99.7 | 100.4 |
| 102.5 | 102.0 | 102.1 | 101.8 | 101.6 | 101.0 | 100.9 | 100.1 | 100.9 |
| 107.7 | 103.1 | 102.5 | 102.3 | 101.4 | 101.3 | 101.5 | 101.1 | 101.0 |
| 104.9 | 104.6 | 105.6 | 107.5 | 108.9 | 112.9 | 111.5 | 110.2 | 113.6 |
| 105.9 | 105.6 | 106.9 | 109.4 | 111.1 | 115.9 | 114.2 | 112.7 | 116.7 |
| 99.8 | 99.8 | 99.1 | 98.5 | 98.8 | 98.9 | 98.9 | 98.5 | 98.9 |
| 101.4 | 101.4 | 101.4 | 101.5 | 101.7 | 102.3 | 102.3 | 102.3 | 102.4 |
| 101.9 | 101.4 | 100.9 | 100.9 | 101.0 | 101.8 | 101.8 | 101.8 | 101.9 |
| 99.6 | 100.3 | 101.5 | 101.9 | 101.9 | 102.1 | 102.4 | 102.3 | 102.3 |
| 102.6 | 102.9 | 102.3 | 102.3 | 102.9 | 103.6 | 103.4 | 103.3 | 103.5 |
| 103.2 | 103.4 | 104.5 | 105.0 | 105.8 | 107.2 | 107.5 | 108.1 | 108.6 |
| 106.0 | 105.3 | 106.4 | 107.1 | 107.4 | 109.4 | 110.7 | 111.0 | 112.0 |
| 100.6 | 100.3 | 100.4 | 100.5 | 100.7 | 101.1 | 100.5 | 101.0 | 101.7 |
| 100.1 | 102.0 | 103.9 | 104.4 | 106.2 | 107.3 | 106.3 | 107.7 | 107.0 |
| 104.4 | 104.3 | 103.5 | 102.9 | 103.0 | 102.7 | 103.5 | 104.1 | 104.7 |
| 104.8 | 106.7 | 107.0 | 105.2 | 105.6 | 105.4 | 105.9 | 106.2 | 106.1 |
| 102.8 | 102.3 | 102.2 | 102.3 | 102.2 | 101.8 | 102.8 | 103.6 | 104.1 |
| 109.9 | 109.1 | 104.3 | 102.5 | 102.8 | 103.0 | 103.2 | 103.8 | 105.0 |
| 104.4 | 103.9 | 104.6 | 104.0 | 103.1 | 103.4 | 104.0 | 104.2 | 104.8 |
| **100.4** | **100.1** | **99.9** | **99.9** | **99.6** | **99.3** | **99.1** | **99.1** | **99.4** |
| 100.0 | 99.7 | 99.7 | 99.8 | 99.8 | 99.8 | 99.8 | 99.8 | 99.7 |
| 100.0 | 100.0 | 100.0 | 100.0 | 100.0 | 100.0 | 100.0 | 100.0 | 100.0 |
| 100.0 | 99.6 | 99.6 | 99.6 | 99.6 | 99.6 | 99.6 | 99.6 | 99.6 |

3-3 续表 2

（上年同期=100）

| 指 标 | Item | 1 月 January | 2 月 February | 3 月 March |
|---|---|---|---|---|
| 酒 | Liquor | 100.9 | 100.3 | 100.7 |
| 白酒 | Liquer | 100.1 | 99.3 | 99.5 |
| 葡萄酒 | Wine | 104.8 | 103.7 | 104.5 |
| 啤酒 | Beer | 101.1 | 101.4 | 101.9 |
| **衣着** | **Clothing** | **101.4** | **101.0** | **99.7** |
| 服装 | Garments | 102.5 | 102.2 | 100.8 |
| 男式服装 | Men's Garment | 102.6 | 102.5 | 100.5 |
| 大衣 | Overcoat | 98.9 | 102.0 | 99.1 |
| 毛线衣 | Knitted Woolen Clothes | 100.6 | 99.7 | 97.2 |
| 夹克衫 | Jacket | 104.7 | 104.0 | 101.7 |
| 衬衫 | Shirt | 108.4 | 108.0 | 106.4 |
| T恤衫 | T-shirts | 110.4 | 108.9 | 103.8 |
| 裤子 | Trousers | 102.5 | 101.5 | 99.7 |
| 西服 | Suits | 93.8 | 96.7 | 96.4 |
| 运动衫裤 | Sport Clothing | 98.0 | 97.4 | 97.0 |
| 内衣 | Underwear | 100.5 | 101.3 | 100.0 |
| 羽绒衣 | Down Clothing | 100.5 | 99.1 | 97.3 |
| 女式服装 | Women's dress | 102.8 | 102.4 | 101.2 |
| 大衣 | Overcoat | 98.9 | 102.0 | 99.1 |
| 毛线衣 | Knitted Woolen Clothes | 100.6 | 99.7 | 97.2 |
| 羽绒衣 | Down Clothing | 100.5 | 99.1 | 97.3 |
| 套装 | Suits | 102.1 | 100.8 | 98.7 |
| 衬衫 | Shirt | 108.4 | 108.0 | 106.4 |
| T恤衫 | T-shirts | 110.4 | 108.9 | 103.8 |
| 裙子 | Skirt | 105.1 | 105.3 | 104.4 |
| 裤子 | Trousers | 102.5 | 101.5 | 99.7 |
| 运动衫裤 | Sports Wear | 98.0 | 97.4 | 97.0 |
| 内衣 | Underwear | 100.5 | 101.3 | 100.0 |
| 儿童服装 | Children's Garment | 101.3 | 101.0 | 100.7 |
| 套装 | Suits | 99.4 | 99.5 | 99.4 |
| 裤子 | Trousers | 102.5 | 101.5 | 99.7 |
| 裙子 | Skirt | 105.1 | 105.3 | 104.4 |
| 衣着材料 | Clothing Material | 102.2 | 101.1 | 101.6 |
| 棉布 | Cotton Cloth | 103.5 | 101.4 | 101.4 |
| 化纤布 | Chemical Fiber Cloth | 102.0 | 100.9 | 102.3 |
| 毛线 | Woolen Threads | 100.4 | 100.5 | 100.5 |

continued

(preceding year=100)

| 4 月 April | 5 月 May | 6 月 June | 7 月 July | 8 月 August | 9 月 September | 10 月 October | 11 月 November | 12 月 December |
|---|---|---|---|---|---|---|---|---|
| 100.7 | 100.4 | 100.0 | 99.9 | 99.4 | 98.9 | 98.5 | 98.6 | 99.1 |
| 99.6 | 99.3 | 98.7 | 98.7 | 98.3 | 97.7 | 96.6 | 96.5 | 97.2 |
| 103.4 | 102.8 | 102.5 | 102.0 | 101.5 | 100.9 | 101.2 | 101.2 | 101.2 |
| 102.1 | 102.0 | 101.8 | 102.1 | 101.1 | 101.0 | 101.6 | 102.6 | 102.7 |
| **99.3** | **100.2** | **101.8** | **102.7** | **103.1** | **103.4** | **104.0** | **105.0** | **105.5** |
| 99.7 | 100.9 | 102.7 | 103.4 | 103.5 | 103.5 | 103.7 | 104.8 | 105.4 |
| 99.3 | 100.5 | 102.1 | 103.0 | 103.0 | 103.0 | 102.6 | 103.5 | 104.4 |
| 98.7 | 98.7 | 98.7 | 98.7 | 98.7 | 98.0 | 100.0 | 98.8 | 97.9 |
| 96.7 | 96.7 | 96.7 | 96.7 | 96.9 | 96.5 | 98.6 | 99.9 | 101.8 |
| 101.4 | 101.4 | 101.4 | 101.4 | 101.4 | 102.1 | 100.0 | 100.4 | 103.3 |
| 104.2 | 104.4 | 106.2 | 107.6 | 107.3 | 106.2 | 105.5 | 107.2 | 107.7 |
| 99.1 | 99.8 | 103.8 | 105.2 | 105.8 | 106.3 | 106.4 | 107.4 | 105.7 |
| 100.6 | 104.0 | 106.8 | 108.8 | 108.2 | 109.0 | 106.6 | 108.0 | 108.1 |
| 95.4 | 95.9 | 95.9 | 96.1 | 96.7 | 96.2 | 97.5 | 99.9 | 102.5 |
| 93.1 | 97.4 | 101.0 | 103.3 | 104.2 | 103.5 | 103.6 | 102.2 | 103.7 |
| 99.6 | 101.5 | 102.6 | 102.9 | 103.2 | 103.1 | 103.5 | 104.9 | 104.6 |
| 97.1 | 97.1 | 97.1 | 97.1 | 97.1 | 97.1 | 97.1 | 95.9 | 98.2 |
| 99.4 | 100.3 | 102.2 | 102.6 | 103.0 | 103.1 | 103.5 | 104.9 | 105.8 |
| 98.7 | 98.7 | 98.7 | 98.7 | 98.7 | 98.0 | 100.0 | 98.8 | 97.9 |
| 96.7 | 96.7 | 96.7 | 96.7 | 96.9 | 96.5 | 98.6 | 99.9 | 101.8 |
| 97.1 | 97.1 | 97.1 | 97.1 | 97.1 | 97.1 | 97.1 | 95.9 | 98.2 |
| 98.7 | 99.6 | 101.9 | 102.4 | 103.1 | 102.8 | 101.3 | 103.2 | 104.0 |
| 104.2 | 104.4 | 106.2 | 107.6 | 107.3 | 106.2 | 105.5 | 107.2 | 107.7 |
| 99.1 | 99.8 | 103.8 | 105.2 | 105.8 | 106.3 | 106.4 | 107.4 | 105.7 |
| 101.2 | 102.3 | 103.4 | 105.6 | 106.9 | 107.1 | 107.5 | 107.4 | 107.3 |
| 100.6 | 104.0 | 106.8 | 108.8 | 108.2 | 109.0 | 106.6 | 108.0 | 108.1 |
| 93.1 | 97.4 | 101.0 | 103.3 | 104.2 | 103.5 | 103.6 | 102.2 | 103.7 |
| 99.6 | 101.5 | 102.6 | 102.9 | 103.2 | 103.1 | 103.5 | 104.9 | 104.6 |
| 101.9 | 103.8 | 105.6 | 107.0 | 106.9 | 106.7 | 107.3 | 107.7 | 106.8 |
| 100.4 | 102.7 | 104.4 | 105.2 | 105.3 | 105.4 | 107.1 | 107.8 | 107.8 |
| 100.6 | 104.0 | 106.8 | 108.8 | 108.2 | 109.0 | 106.6 | 108.0 | 108.1 |
| 101.2 | 102.3 | 103.4 | 105.6 | 106.9 | 107.1 | 107.5 | 107.4 | 107.3 |
| 100.9 | 100.7 | 100.4 | 100.4 | 100.3 | 100.1 | 100.0 | 99.9 | 99.8 |
| 101.4 | 100.8 | 100.1 | 100.0 | 99.9 | 99.9 | 99.9 | 99.9 | 99.8 |
| 102.6 | 102.5 | 102.1 | 102.1 | 101.9 | 101.8 | 101.8 | 101.4 | 101.4 |
| 97.8 | 97.8 | 97.8 | 97.8 | 97.8 | 97.8 | 97.5 | 97.5 | 97.5 |

3-3 续表 3

（上年同期=100）

| 指　标 | Item | 1 月 January | 2 月 February | 3 月 March |
|---|---|---|---|---|
| 鞋袜帽 | Footwear,Socks and Hats | 97.5 | 96.8 | 95.6 |
| 鞋 | Shoes | 97.2 | 96.4 | 95.0 |
| 男鞋 | Men's Shoes | 97.5 | 96.6 | 94.5 |
| 女鞋 | Women's Shoes | 96.6 | 95.8 | 94.7 |
| 童鞋 | Children's Shoes | 99.0 | 98.3 | 97.6 |
| 袜子 | Socks and Stockings | 100.3 | 100.0 | 100.3 |
| 男袜 | Men's Socks | 99.0 | 98.4 | 98.1 |
| 女袜 | Women's Socks | 101.2 | 101.2 | 101.8 |
| 帽子 | Hats | 96.3 | 95.8 | 95.6 |
| 男帽 | Man Cap | 95.4 | 95.2 | 94.5 |
| 女帽 | Bonnet | 96.8 | 96.2 | 96.4 |
| 衣着加工服务费 | Clothing Processing | 105.7 | 108.8 | 104.5 |
| 缝纫 | Sewing | 102.6 | 102.4 | 101.8 |
| 清洗 | Washing | 109.9 | 117.2 | 108.0 |
| **家庭设备用品及维修服务** | **Household Facilities and Articles** | **100.7** | **100.9** | **101.0** |
| 耐用消费品 | Durable Consumer Goods | 100.6 | 100.4 | 100.6 |
| 家具 | Furniture | 101.8 | 101.6 | 101.7 |
| 柜 | Counters | 101.7 | 101.5 | 101.5 |
| 床 | Beds | 100.9 | 100.9 | 100.8 |
| 桌 | Desks | 102.6 | 102.7 | 103.4 |
| 椅 | Chairs | 101.4 | 101.4 | 101.6 |
| 沙发 | Sofas | 102.4 | 101.7 | 101.9 |
| 家庭设备 | Household Facilities | 99.9 | 99.8 | 100.0 |
| 洗衣机 | Washing Machine | 100.7 | 101.2 | 102.0 |
| 电风扇 | Electric Fan | 99.0 | 99.0 | 99.0 |
| 电冰箱（柜） | Refrigerator | 100.7 | 100.4 | 100.4 |
| 吸排油烟机 | Smoke Exhauster | 100.4 | 100.2 | 100.0 |
| 空调器 | Air Conditioner | 98.4 | 98.0 | 98.8 |
| 热水器 | Shower Heater | 102.5 | 103.2 | 102.9 |
| 微波炉 | Microwave Oven | 101.6 | 101.5 | 100.5 |
| 室内装饰品 | Interior Decorations | 99.5 | 100.1 | 100.8 |
| 纺织装饰品 | Fabric Decorations | 97.6 | 98.5 | 99.9 |
| 装饰灯具 | Lamp Decorations | 101.2 | 101.5 | 101.7 |
| 床上用品 | Bed Articles | 99.2 | 100.6 | 100.5 |
| 被子 | Quilts | 99.6 | 100.5 | 100.5 |
| 床上套件 | Bed Sets | 98.9 | 100.7 | 100.5 |
| 家庭日用杂品 | Daily Use Household Articles | 101.2 | 101.3 | 101.1 |
| 茶具 | Tea-set | 99.5 | 99.7 | 99.4 |
| 餐具 | Cooking-set | 102.3 | 102.3 | 102.1 |

continued

(preceding year=100)

| 4 月 April | 5 月 May | 6 月 June | 7 月 July | 8 月 August | 9 月 September | 10 月 October | 11 月 November | 12 月 December |
|---|---|---|---|---|---|---|---|---|
| 97.6 | 97.7 | 99.1 | 100.8 | 101.8 | 103.2 | 105.4 | 106.1 | 106.4 |
| 97.4 | 97.5 | 98.9 | 100.9 | 102.1 | 103.6 | 106.1 | 106.8 | 107.1 |
| 96.3 | 97.1 | 99.2 | 100.9 | 101.9 | 102.3 | 105.4 | 105.8 | 106.3 |
| 97.7 | 97.0 | 97.8 | 99.9 | 101.5 | 103.8 | 105.5 | 106.8 | 107.6 |
| 98.9 | 100.8 | 103.0 | 104.6 | 104.9 | 105.9 | 110.3 | 109.2 | 107.4 |
| 99.7 | 99.2 | 99.2 | 99.4 | 99.3 | 99.5 | 99.7 | 100.4 | 100.7 |
| 98.0 | 97.7 | 98.1 | 98.1 | 97.7 | 98.0 | 98.4 | 100.3 | 100.3 |
| 100.9 | 100.2 | 99.9 | 100.3 | 100.4 | 100.5 | 100.5 | 100.5 | 101.0 |
| 96.3 | 97.7 | 102.4 | 104.0 | 105.8 | 106.2 | 106.4 | 107.3 | 107.6 |
| 95.1 | 97.6 | 102.1 | 103.3 | 105.7 | 105.9 | 106.3 | 109.2 | 109.3 |
| 97.2 | 97.7 | 102.6 | 104.5 | 105.8 | 106.4 | 106.5 | 106.2 | 106.4 |
| 104.7 | 104.9 | 104.1 | 102.5 | 102.5 | 102.5 | 102.6 | 102.7 | 102.5 |
| 101.7 | 101.7 | 102.6 | 101.1 | 101.2 | 101.2 | 101.2 | 101.4 | 102.5 |
| 108.8 | 109.0 | 106.0 | 104.3 | 104.1 | 104.1 | 104.2 | 104.2 | 102.4 |
| **100.9** | **100.9** | **101.1** | **101.1** | **101.2** | **101.0** | **101.4** | **101.1** | **101.5** |
| 99.9 | 99.8 | 100.5 | 100.2 | 100.6 | 100.2 | 101.0 | 100.4 | 101.1 |
| 99.9 | 99.8 | 99.6 | 99.6 | 99.6 | 99.3 | 99.9 | 98.9 | 99.8 |
| 99.6 | 99.6 | 99.5 | 99.1 | 99.2 | 99.0 | 99.3 | 98.5 | 99.2 |
| 98.8 | 98.6 | 98.4 | 99.0 | 99.1 | 98.6 | 98.9 | 98.2 | 99.3 |
| 101.1 | 101.4 | 101.0 | 100.8 | 100.9 | 100.3 | 101.7 | 100.6 | 101.3 |
| 99.8 | 99.4 | 99.7 | 99.9 | 99.8 | 98.9 | 99.5 | 99.1 | 99.6 |
| 100.7 | 100.4 | 100.1 | 99.7 | 99.0 | 99.8 | 100.4 | 98.6 | 99.9 |
| 99.9 | 99.8 | 100.9 | 100.6 | 101.2 | 100.7 | 101.6 | 101.3 | 101.9 |
| 101.4 | 101.9 | 103.0 | 102.6 | 102.7 | 101.0 | 101.3 | 101.4 | 101.4 |
| 99.3 | 95.8 | 101.0 | 100.5 | 102.7 | 102.4 | 103.3 | 105.4 | 105.4 |
| 100.8 | 100.3 | 101.2 | 100.8 | 101.9 | 101.7 | 103.8 | 101.6 | 102.0 |
| 99.9 | 101.3 | 103.3 | 102.7 | 102.6 | 102.0 | 102.6 | 101.7 | 102.0 |
| 98.8 | 99.2 | 100.2 | 99.9 | 100.8 | 100.6 | 101.2 | 101.0 | 102.5 |
| 102.2 | 101.7 | 101.9 | 102.1 | 102.0 | 100.2 | 100.7 | 100.4 | 100.3 |
| 100.1 | 100.9 | 100.9 | 99.8 | 99.0 | 98.5 | 100.0 | 99.8 | 99.5 |
| 101.2 | 101.0 | 101.2 | 101.4 | 101.4 | 101.4 | 101.5 | 101.5 | 101.4 |
| 100.7 | 100.7 | 101.0 | 101.4 | 101.9 | 101.7 | 102.0 | 102.1 | 101.9 |
| 101.6 | 101.3 | 101.4 | 101.4 | 101.1 | 101.1 | 101.0 | 101.0 | 101.0 |
| 102.4 | 102.8 | 102.7 | 102.6 | 102.7 | 103.1 | 103.3 | 103.8 | 104.0 |
| 100.9 | 101.1 | 100.7 | 100.8 | 100.6 | 100.6 | 100.4 | 101.1 | 101.4 |
| 104.1 | 104.9 | 104.9 | 104.6 | 105.0 | 106.0 | 106.5 | 106.9 | 107.0 |
| 101.2 | 101.1 | 100.9 | 101.1 | 100.9 | 100.7 | 100.6 | 100.5 | 100.4 |
| 99.7 | 99.8 | 99.7 | 99.8 | 99.8 | 99.7 | 99.7 | 100.0 | 100.0 |
| 101.2 | 101.5 | 101.9 | 101.9 | 101.9 | 100.9 | 100.9 | 100.8 | 100.4 |

3-3 续表 4

（上年同期=100）

| 指 标 | Item | 1 月 January | 2 月 February | 3 月 March |
|---|---|---|---|---|
| 厨具 | Cook-set | 100.5 | 100.8 | 100.7 |
| 家用手工工具 | Family Tool | 101.8 | 101.8 | 101.5 |
| 洗涤用品 | Wash Articles | 101.6 | 101.7 | 101.5 |
| 家庭服务及加工维修服务 | Household Service and Maintenance | 103.0 | 103.1 | 103.8 |
| 家庭服务 | Household Service | 105.8 | 107.7 | 108.7 |
| 加工维修服务 | The Processed Upkeep | 101.0 | 99.9 | 100.3 |
| **医疗保健和个人用品** | **Medicine and Personal Articles** | **100.4** | **101.1** | **100.8** |
| 医疗保健 | Medicine | 100.1 | 100.1 | 100.4 |
| 医疗器具及用品 | Edical Appliances and Articles | 102.5 | 102.5 | 102.4 |
| 中药材及中成药 | Traditional Chines Herbs | 98.3 | 98.2 | 98.2 |
| 中药材 | Chines Herbal Material | 94.3 | 94.4 | 94.7 |
| 中成药 | Chines Patent drugs | 102.1 | 101.9 | 101.5 |
| 西药 | Western Medicine | 101.2 | 101.1 | 101.0 |
| 抗菌素（抗感染药） | Antibiotics（Anti-infectives） | 97.4 | 97.4 | 97.4 |
| 消化系统用药 | The Digestive System Drugs | 100.3 | 100.3 | 99.8 |
| 呼吸系统用药 | Respiratory Drug | 101.6 | 101.1 | 100.9 |
| 解热镇痛药 | Antipyretic and Analgesic | 100.4 | 101.0 | 100.9 |
| 抗肿瘤药 | Anticancer Drugs | 100.2 | 100.4 | 99.7 |
| 激素类药 | Hormone Drugs | 101.9 | 102.6 | 102.4 |
| 心血管系统用药 | Cardiovascular System Drugs | 100.2 | 100.4 | 100.9 |
| 中枢神经系统用药 | Central Nervous System Drugs | 99.4 | 98.7 | 98.9 |
| 消毒防腐及创伤外科用药 | Disinfection Antisepsis and Trauma Surgery Medication | 112.8 | 111.2 | 110.7 |
| 泌尿系统用药 | Urinary System Drugs | 103.1 | 102.9 | 102.2 |
| 维生素类 | Vitamins | 101.5 | 101.3 | 102.1 |
| 保健器具及用品 | Healthy Appliances and Articles | 100.8 | 101.0 | 101.1 |
| 保健器具 | Healthy Appliance | 98.4 | 98.4 | 98.4 |
| 滋补保健用品 | Tonic and Healthy Goods | 101.5 | 101.7 | 101.9 |
| 医疗保健服务 | Medical and Health Service | 100.2 | 100.2 | 101.6 |
| 挂号费 | Registering Fee | 99.6 | 99.6 | 99.6 |
| 注射费 | Injection Fee | 99.9 | 99.9 | 99.7 |
| 检查费 | Examination Fee | 100.3 | 100.3 | 100.0 |
| 手术费 | Operation Fee | 99.8 | 99.8 | 99.8 |
| 床位费 | Bed Fee | 101.4 | 101.4 | 108.5 |
| 理疗费 | Physiotherapy Fees | 100.0 | 100.0 | 100.0 |
| 化验费 | Laboratory Fees | 100.1 | 100.1 | 100.1 |
| 个人用品及服务 | Pesonal Articles and Services | 101.0 | 103.1 | 101.6 |
| 化妆美容用品 | Making-up Articles | 100.7 | 100.9 | 100.9 |
| 化妆美容器具 | Making-up Utensil | 99.7 | 99.8 | 99.6 |
| 美容化妆品 | Cosmetic Products | 99.8 | 99.9 | 99.9 |

continued

(preceding year=100)

| 4 月 April | 5 月 May | 6 月 June | 7 月 July | 8 月 August | 9 月 September | 10 月 October | 11 月 November | 12 月 December |
|---|---|---|---|---|---|---|---|---|
| 100.4 | 100.9 | 100.7 | 100.9 | 101.1 | 101.1 | 101.1 | 101.0 | 101.1 |
| 101.2 | 100.9 | 100.9 | 100.9 | 100.1 | 100.3 | 100.1 | 100.1 | 99.1 |
| 102.3 | 101.5 | 101.0 | 101.3 | 101.0 | 100.7 | 100.6 | 100.2 | 100.4 |
| 104.4 | 104.4 | 104.2 | 104.5 | 103.7 | 104.0 | 103.4 | 103.5 | 103.5 |
| 109.3 | 109.2 | 109.2 | 107.5 | 105.6 | 105.7 | 104.8 | 104.8 | 104.9 |
| 101.1 | 101.1 | 100.7 | 102.4 | 102.4 | 102.7 | 102.5 | 102.5 | 102.5 |
| **100.7** | **100.7** | **100.6** | **100.5** | **100.5** | **100.7** | **100.7** | **100.8** | **100.8** |
| 100.6 | 100.8 | 100.8 | 101.0 | 101.1 | 101.4 | 101.6 | 101.6 | 101.8 |
| 100.8 | 100.8 | 100.7 | 100.7 | 100.8 | 100.5 | 100.2 | 100.2 | 100.3 |
| 99.1 | 99.5 | 100.4 | 100.9 | 101.1 | 102.3 | 103.6 | 103.9 | 104.4 |
| 95.8 | 97.0 | 98.8 | 100.4 | 101.2 | 104.2 | 106.5 | 107.1 | 107.4 |
| 102.4 | 102.0 | 101.9 | 101.3 | 101.0 | 100.6 | 100.9 | 101.0 | 101.7 |
| 101.0 | 101.0 | 100.5 | 100.3 | 100.3 | 100.3 | 99.9 | 99.7 | 99.7 |
| 97.8 | 98.2 | 98.2 | 98.0 | 98.0 | 98.2 | 99.4 | 99.2 | 99.3 |
| 99.9 | 100.6 | 100.3 | 99.9 | 99.9 | 100.0 | 100.2 | 100.2 | 100.3 |
| 100.9 | 100.8 | 100.5 | 100.3 | 100.5 | 100.8 | 99.0 | 98.7 | 98.4 |
| 101.6 | 101.5 | 102.0 | 101.7 | 101.4 | 101.3 | 101.0 | 101.1 | 100.9 |
| 99.8 | 99.8 | 99.6 | 99.6 | 99.6 | 99.6 | 98.2 | 98.2 | 98.4 |
| 102.4 | 103.4 | 103.4 | 102.8 | 103.4 | 103.3 | 102.3 | 102.2 | 102.1 |
| 101.5 | 102.3 | 101.0 | 100.6 | 100.5 | 100.8 | 99.4 | 99.1 | 99.4 |
| 98.9 | 98.9 | 98.7 | 99.0 | 98.7 | 98.6 | 100.5 | 100.4 | 100.4 |
| 106.4 | 106.0 | 102.8 | 102.1 | 102.1 | 101.6 | 101.3 | 101.2 | 100.6 |
| 102.5 | 101.1 | 101.0 | 100.9 | 100.9 | 100.3 | 98.6 | 98.1 | 98.3 |
| 101.9 | 99.6 | 98.4 | 98.4 | 98.6 | 98.4 | 98.4 | 98.3 | 99.0 |
| 101.1 | 100.7 | 100.6 | 100.4 | 100.6 | 100.7 | 100.4 | 100.8 | 100.6 |
| 98.4 | 98.8 | 99.3 | 99.3 | 99.5 | 100.3 | 100.0 | 100.0 | 100.0 |
| 101.9 | 101.2 | 101.0 | 100.8 | 100.9 | 100.8 | 100.6 | 101.0 | 100.7 |
| 101.6 | 101.9 | 101.9 | 102.3 | 102.4 | 102.4 | 102.4 | 102.4 | 102.4 |
| 99.6 | 99.6 | 99.6 | 99.6 | 100.0 | 100.0 | 100.0 | 100.0 | 100.0 |
| 99.7 | 99.9 | 99.9 | 101.2 | 101.2 | 101.2 | 101.2 | 101.2 | 101.2 |
| 100.0 | 100.0 | 100.0 | 100.9 | 101.0 | 101.0 | 101.0 | 101.0 | 101.0 |
| 100.0 | 100.0 | 100.0 | 100.7 | 100.7 | 100.7 | 100.7 | 100.7 | 100.7 |
| 108.5 | 110.1 | 110.1 | 109.2 | 109.2 | 109.2 | 109.2 | 109.2 | 109.2 |
| 100.0 | 99.7 | 99.7 | 100.0 | 100.1 | 100.1 | 100.1 | 100.1 | 100.1 |
| 100.1 | 100.3 | 100.3 | 100.7 | 100.7 | 100.7 | 100.7 | 100.7 | 100.7 |
| 100.9 | 100.6 | 100.2 | 99.6 | 99.4 | 99.3 | 98.8 | 99.1 | 98.9 |
| 100.4 | 100.3 | 100.1 | 100.0 | 100.0 | 100.1 | 99.6 | 99.8 | 99.6 |
| 99.6 | 99.6 | 99.7 | 99.8 | 99.9 | 99.6 | 99.7 | 99.7 | 99.5 |
| 99.9 | 99.7 | 99.9 | 99.9 | 99.9 | 99.5 | 99.6 | 99.8 | 99.9 |

3-3 续表 5

（上年同期=100）

| 指 标 | Item | 1 月 January | 2 月 February | 3 月 March |
|---|---|---|---|---|
| 护肤品 | Skin Care Products | 101.4 | 101.9 | 102.0 |
| 护发美容品 | Hair Care Cosmetics | 101.1 | 100.8 | 101.0 |
| 清洁化妆用品 | Clean Toiletries | 102.9 | 102.6 | 102.4 |
| 洗发用品 | Shampoo Articles | 103.1 | 103.1 | 102.7 |
| 洗浴用品 | Bathing Articles | 102.8 | 102.4 | 102.4 |
| 个人饰品 | Personal Ornaments | 101.8 | 98.5 | 98.7 |
| 首饰 | Jewelry | 103.8 | 98.0 | 98.3 |
| 皮件 | Leather Goods | 98.5 | 97.0 | 97.5 |
| 手表 | Watchs | 103.1 | 102.9 | 103.7 |
| 领带 | Ties | 102.3 | 103.1 | 100.5 |
| 个人服务 | Personal Service | 96.9 | 112.7 | 104.4 |
| 美容 | Making-up | 99.8 | 107.8 | 102.1 |
| 理（烫）发 | Haircut（Perm） | 94.7 | 115.6 | 106.1 |
| 洗浴 | Bathing | 101.6 | 112.2 | 101.9 |
| **交通和通信** | **Transportation and Communication** | **98.6** | **100.3** | **99.5** |
| 交通 | Transportation | 98.8 | 101.7 | 100.3 |
| 交通工具 | Transportation Means | 98.0 | 98.1 | 98.0 |
| 助动自行车 | Assisted Bicycle | 96.5 | 96.7 | 96.3 |
| 轿车 | Car | 96.9 | 97.0 | 97.0 |
| 自行车 | Bicycle | 101.3 | 101.3 | 101.3 |
| 车用燃料及零配件 | Fuel and Accessories for Vehicle | 102.3 | 100.2 | 97.5 |
| 汽油 | Petrol | 102.7 | 100.1 | 96.7 |
| 柴油 | Diesel Oil | 103.5 | 100.6 | 96.4 |
| 零配件 | Accessories | 100.9 | 100.2 | 100.2 |
| 车辆使用及维修费 | Vehicle Using and Maintenance | 102.1 | 104.2 | 103.4 |
| 保险费 | Insurance | 100.0 | 100.0 | 100.0 |
| 停车费 | Parking fee | 99.6 | 100.9 | 101.2 |
| 车辆修理服务费 | Vehicle Maintenance Service | 104.7 | 107.9 | 106.6 |
| 市区公共交通费 | City Bus Transport | 101.0 | 101.0 | 101.3 |
| 公共汽车票 | Bus Ticket | 100.0 | 100.0 | 100.0 |
| 出租汽车 | Taxi | 102.7 | 102.7 | 103.4 |
| 城市间交通费 | Inter-city Transportation | 92.7 | 107.5 | 104.3 |
| 飞机票 | Plane Ticket | 88.5 | 110.1 | 107.7 |
| 火车票 | Train Ticket | 100.0 | 99.5 | 100.1 |
| 长途汽车 | Long-distance Coach | 91.6 | 109.2 | 106.3 |
| 通信 | Communication | 98.5 | 98.6 | 98.6 |
| 通信工具 | Communication Tools | 91.1 | 91.8 | 91.8 |
| 固定电话机 | Stationary Telephone | 101.3 | 100.6 | 100.4 |
| 移动电话机 | Mobile Telephone | 88.8 | 89.9 | 89.8 |

continued

(preceding year=100)

| 4 月 April | 5 月 May | 6 月 June | 7 月 July | 8 月 August | 9 月 September | 10 月 October | 11 月 November | 12 月 December |
|---|---|---|---|---|---|---|---|---|
| 100.9 | 100.6 | 100.1 | 100.0 | 100.1 | 100.7 | 99.7 | 100.0 | 99.3 |
| 100.7 | 100.8 | 100.3 | 100.1 | 99.7 | 100.1 | 99.6 | 99.6 | 99.9 |
| 102.2 | 101.9 | 101.4 | 100.9 | 100.7 | 100.9 | 100.6 | 100.7 | 100.8 |
| 102.8 | 102.1 | 101.0 | 101.1 | 101.0 | 101.0 | 100.8 | 100.6 | 100.8 |
| 101.9 | 101.9 | 101.9 | 100.8 | 100.5 | 100.9 | 100.4 | 100.9 | 100.9 |
| 96.8 | 96.0 | 95.4 | 92.9 | 92.3 | 91.4 | 90.2 | 90.5 | 89.8 |
| 94.6 | 92.8 | 91.0 | 85.7 | 85.2 | 83.2 | 80.9 | 80.7 | 78.8 |
| 97.2 | 97.7 | 98.3 | 98.7 | 98.2 | 98.8 | 98.7 | 99.7 | 100.4 |
| 102.9 | 102.4 | 101.5 | 101.0 | 100.7 | 101.2 | 101.2 | 101.1 | 101.1 |
| 101.7 | 101.4 | 102.3 | 102.6 | 102.0 | 101.5 | 102.1 | 102.5 | 102.1 |
| 103.3 | 103.6 | 103.4 | 103.6 | 103.4 | 103.4 | 103.5 | 103.9 | 103.9 |
| 101.0 | 101.2 | 101.2 | 102.0 | 102.2 | 102.2 | 102.2 | 102.4 | 102.4 |
| 104.9 | 105.3 | 105.2 | 105.2 | 104.9 | 104.8 | 104.9 | 105.3 | 105.4 |
| 101.6 | 101.3 | 99.2 | 99.0 | 98.2 | 98.4 | 99.3 | 99.6 | 99.6 |
| **99.1** | **99.3** | **99.9** | **100.4** | **100.4** | **100.2** | **100.0** | **100.2** | **100.8** |
| 99.6 | 99.7 | 100.6 | 101.5 | 101.5 | 101.0 | 100.8 | 101.0 | 101.7 |
| 98.2 | 98.6 | 98.4 | 98.3 | 99.1 | 99.1 | 99.2 | 99.3 | 100.1 |
| 96.7 | 97.1 | 97.1 | 97.4 | 99.1 | 99.8 | 99.8 | 99.6 | 101.4 |
| 97.1 | 97.2 | 97.2 | 97.3 | 97.2 | 97.0 | 97.3 | 98.0 | 98.6 |
| 101.2 | 101.5 | 101.0 | 100.4 | 100.6 | 100.8 | 100.9 | 100.8 | 100.7 |
| 94.4 | 94.6 | 98.5 | 102.6 | 101.0 | 98.8 | 97.0 | 98.3 | 100.0 |
| 92.7 | 93.2 | 98.5 | 104.1 | 102.4 | 99.3 | 97.3 | 98.9 | 101.2 |
| 92.6 | 92.8 | 98.2 | 104.5 | 102.3 | 99.0 | 96.9 | 98.3 | 99.7 |
| 100.0 | 99.1 | 98.8 | 98.3 | 97.1 | 97.4 | 96.3 | 97.0 | 97.2 |
| 104.6 | 105.5 | 106.3 | 105.7 | 105.4 | 104.4 | 104.4 | 104.4 | 104.5 |
| 100.0 | 100.0 | 100.0 | 100.0 | 100.0 | 100.0 | 100.0 | 100.0 | 100.0 |
| 102.1 | 102.3 | 102.3 | 101.8 | 103.4 | 103.4 | 105.7 | 105.6 | 105.6 |
| 108.7 | 110.5 | 112.1 | 111.1 | 109.8 | 107.5 | 106.8 | 106.8 | 107.0 |
| 99.9 | 99.9 | 100.4 | 101.0 | 101.0 | 102.0 | 102.0 | 101.6 | 101.6 |
| 100.0 | 100.0 | 100.0 | 100.0 | 100.0 | 100.0 | 100.0 | 100.0 | 100.0 |
| 99.9 | 99.9 | 101.1 | 102.8 | 102.8 | 105.4 | 105.4 | 104.4 | 104.4 |
| 104.3 | 103.1 | 102.4 | 102.8 | 103.2 | 103.6 | 104.1 | 103.8 | 104.4 |
| 102.5 | 99.8 | 103.2 | 92.3 | 93.8 | 92.6 | 93.7 | 93.5 | 104.6 |
| 100.2 | 100.2 | 100.2 | 100.1 | 100.1 | 100.1 | 100.5 | 100.4 | 100.5 |
| 107.8 | 105.2 | 103.5 | 105.8 | 106.2 | 107.0 | 107.3 | 107.1 | 107.3 |
| 98.5 | 98.7 | 99.1 | 99.2 | 99.2 | 99.2 | 99.1 | 99.3 | 99.6 |
| 91.5 | 92.7 | 94.8 | 95.3 | 95.4 | 95.5 | 95.5 | 96.2 | 98.2 |
| 100.5 | 100.5 | 100.3 | 100.0 | 100.0 | 100.2 | 100.3 | 100.2 | 100.2 |
| 89.5 | 90.9 | 93.5 | 94.1 | 94.3 | 94.4 | 94.4 | 95.3 | 97.8 |

3-3　续表 6

（上年同期＝100）

| 指　标 | Item | 1 月 January | 2 月 February | 3 月 March |
|---|---|---|---|---|
| 通信服务 | Communication Service | 100.2 | 100.2 | 100.1 |
| 移动通信费 | Mobile Communications | 99.8 | 99.8 | 99.8 |
| 市内电话费 | Telephone Charge Within a City | 100.0 | 100.0 | 100.0 |
| 长途电话费 | Long-Distance call Charge | 100.0 | 100.0 | 100.0 |
| 月租费 | Monthly Renting Fee | 100.0 | 100.0 | 100.0 |
| 上网费 | Internet Access Fee | 100.3 | 101.1 | 100.6 |
| 邮政邮寄 | Postal Mail | 100.8 | 100.8 | 100.8 |
| 其他邮寄 | Other Mail | 105.9 | 102.5 | 102.5 |
| **娱乐教育文化用品及服务** | **Recreation,Education,Culture Articles and Services** | **100.8** | **99.7** | **99.9** |
| 文娱用耐用消费品及服务 | Durable Consumer Goods for Recreational | 94.0 | 93.8 | 94.0 |
| 电视机 | Television | 89.0 | 88.2 | 89.3 |
| 激光视盘机 | Video-disc Player | 98.7 | 99.0 | 99.5 |
| 摄像机 | Video-camera | 96.7 | 96.8 | 96.6 |
| 照相机 | Camera | 89.1 | 89.7 | 88.2 |
| 家用音响 | Stereo-set | 99.1 | 98.9 | 99.0 |
| 便携式音响 | Portable Audio | 99.3 | 99.1 | 98.9 |
| 电脑 | Computer | 94.6 | 94.4 | 94.6 |
| 修理服务 | Repair Service Fee | 102.5 | 103.2 | 101.3 |
| 教育 | Education | 105.4 | 101.8 | 102.4 |
| 教材及参考书 | Texts and Reference Book | 100.5 | 99.4 | 99.2 |
| 工具书 | Reference Book | 100.0 | 100.0 | 100.2 |
| 教材 | Text-book | 101.1 | 98.4 | 98.0 |
| 参考书 | Reference Book | 100.2 | 100.2 | 100.0 |
| 教育软件 | Educational Software | 100.2 | 100.0 | 100.0 |
| 教育服务 | Education Services | 106.0 | 102.1 | 102.9 |
| 学前教育 | Preschool Education | 124.6 | 106.0 | 107.9 |
| 中等教育 | Secondary Education | 100.6 | 100.2 | 100.2 |
| 高等教育 | Higher Education | 100.2 | 100.1 | 100.1 |
| 专业技能培训 | Professional Skills Training | 107.5 | 106.8 | 109.2 |
| 文化娱乐类 | Cultural Entertainment | 100.7 | 100.6 | 101.2 |
| 文化娱乐用品 | Cultural and Recreational Supplies | 99.1 | 98.5 | 98.5 |
| 乐器 | Musical Instrument | 100.3 | 100.2 | 100.1 |
| 音响光盘和磁带 | Stereo-CD and Tape | 100.2 | 100.2 | 99.4 |
| 照相胶卷和存储卡 | Film and Camera Memory Card | 89.1 | 85.9 | 87.8 |
| 儿童玩具 | Children’s Toy | 100.9 | 101.0 | 100.4 |
| 纸张本册 | This Paper List | 101.7 | 101.5 | 101.4 |
| 文具 | Stationary | 102.9 | 102.6 | 101.7 |
| 体育用品 | Athletic Articles | 99.7 | 99.6 | 99.8 |

continued

(preceding year=100)

| 4 月<br>April | 5 月<br>May | 6 月<br>June | 7 月<br>July | 8 月<br>August | 9 月<br>September | 10 月<br>October | 11 月<br>November | 12 月<br>December |
|---|---|---|---|---|---|---|---|---|
| 100.1 | 100.1 | 100.0 | 100.0 | 100.1 | 100.0 | 99.9 | 100.0 | 99.9 |
| 100.0 | 100.0 | 100.0 | 100.0 | 100.0 | 100.0 | 100.0 | 100.0 | 100.0 |
| 100.0 | 100.0 | 100.0 | 100.0 | 100.0 | 100.0 | 100.0 | 100.0 | 100.0 |
| 100.0 | 100.0 | 100.0 | 100.0 | 100.0 | 100.0 | 99.4 | 99.4 | 99.4 |
| 100.0 | 100.0 | 100.0 | 100.0 | 100.0 | 100.0 | 100.0 | 100.0 | 100.0 |
| 100.3 | 100.3 | 99.7 | 99.7 | 100.0 | 100.0 | 99.9 | 100.2 | 100.2 |
| 100.5 | 100.5 | 100.0 | 100.0 | 100.0 | 100.0 | 100.0 | 100.0 | 100.0 |
| 101.8 | 101.8 | 101.8 | 101.8 | 101.8 | 100.0 | 100.0 | 100.0 | 99.8 |
| **99.8** | **100.0** | **100.6** | **100.3** | **100.4** | **100.5** | **102.0** | **102.7** | **103.3** |
| 93.8 | 94.6 | 95.2 | 95.3 | 95.4 | 95.3 | 96.0 | 96.2 | 97.3 |
| 88.6 | 90.0 | 91.6 | 91.6 | 91.7 | 90.9 | 92.5 | 92.5 | 93.5 |
| 99.5 | 99.4 | 100.1 | 100.1 | 100.1 | 100.1 | 100.1 | 100.1 | 100.1 |
| 97.3 | 98.0 | 99.0 | 99.0 | 99.1 | 99.9 | 100.1 | 100.3 | 100.4 |
| 89.6 | 91.3 | 93.1 | 94.3 | 94.9 | 95.9 | 96.5 | 97.1 | 98.1 |
| 98.9 | 99.0 | 98.9 | 98.9 | 98.9 | 98.8 | 98.8 | 98.8 | 98.8 |
| 98.0 | 98.4 | 98.3 | 98.0 | 98.0 | 98.1 | 98.2 | 97.9 | 98.2 |
| 94.7 | 95.1 | 95.1 | 95.0 | 95.0 | 95.0 | 95.5 | 95.9 | 98.4 |
| 101.0 | 101.0 | 99.9 | 99.9 | 99.5 | 100.0 | 100.0 | 100.0 | 100.0 |
| 102.6 | 102.6 | 102.6 | 102.4 | 102.4 | 103.3 | 103.3 | 103.3 | 103.2 |
| 99.4 | 99.4 | 99.5 | 99.5 | 99.5 | 100.4 | 100.4 | 100.4 | 100.4 |
| 101.0 | 101.0 | 101.0 | 101.0 | 101.0 | 101.0 | 101.0 | 101.1 | 101.2 |
| 98.0 | 98.0 | 98.0 | 98.0 | 98.0 | 100.0 | 100.0 | 100.0 | 100.0 |
| 100.0 | 100.0 | 100.3 | 100.3 | 100.2 | 100.3 | 100.3 | 100.4 | 100.4 |
| 100.0 | 100.0 | 101.1 | 101.1 | 101.1 | 100.8 | 100.8 | 100.8 | 100.8 |
| 103.1 | 103.0 | 103.0 | 102.7 | 102.8 | 103.6 | 103.6 | 103.6 | 103.6 |
| 107.9 | 107.9 | 107.9 | 107.9 | 107.9 | 105.6 | 105.6 | 105.6 | 105.6 |
| 100.2 | 100.2 | 100.2 | 100.2 | 100.2 | 99.9 | 99.9 | 99.9 | 99.9 |
| 100.1 | 100.1 | 100.1 | 100.1 | 100.1 | 106.1 | 106.1 | 106.1 | 106.1 |
| 111.4 | 110.7 | 110.1 | 107.8 | 107.9 | 107.5 | 107.5 | 107.3 | 107.2 |
| 101.3 | 101.4 | 101.0 | 101.5 | 101.6 | 101.1 | 101.8 | 102.7 | 102.8 |
| 98.3 | 98.7 | 99.0 | 99.2 | 99.6 | 99.4 | 99.5 | 99.4 | 99.7 |
| 99.8 | 99.9 | 100.0 | 100.0 | 100.5 | 100.1 | 100.1 | 100.0 | 99.9 |
| 99.2 | 99.0 | 99.3 | 99.9 | 99.9 | 99.9 | 99.9 | 99.9 | 100.2 |
| 87.4 | 89.7 | 92.1 | 93.2 | 95.0 | 95.0 | 96.1 | 95.6 | 96.7 |
| 100.4 | 100.4 | 100.3 | 99.9 | 99.8 | 100.1 | 100.2 | 100.2 | 100.2 |
| 101.0 | 100.7 | 100.2 | 100.2 | 100.2 | 100.1 | 99.4 | 99.4 | 99.4 |
| 101.7 | 101.4 | 101.2 | 101.3 | 101.5 | 100.6 | 100.6 | 100.5 | 100.5 |
| 99.7 | 100.1 | 99.9 | 99.9 | 100.1 | 99.7 | 99.7 | 99.7 | 100.4 |

3-3 续表 7

（上年同期=100）

| 指　标 | Item | 1 月 January | 2 月 February | 3 月 March |
|---|---|---|---|---|
| 书报杂志 | Newspapers and Magazines | 100.3 | 100.2 | 99.9 |
| 书籍 | Books | 100.3 | 100.3 | 99.8 |
| 报纸 | Newspaper | 100.7 | 100.1 | 100.1 |
| 杂志 | Magazine | 99.9 | 99.9 | 99.9 |
| 文娱费 | Recreation | 102.2 | 102.4 | 104.0 |
| 电影票 | Video-movie Ticket | 100.6 | 101.5 | 101.9 |
| 景点门票 | Attractions Tickets | 107.2 | 107.2 | 115.8 |
| 有线电视 | Cabled TV | 100.0 | 100.2 | 100.2 |
| 健身活动 | Healthy Activities | 103.6 | 103.6 | 104.3 |
| 旅游 | Tourism | 94.3 | 98.9 | 97.2 |
| 旅行社收费 | Travel Agency Charges | 92.2 | 97.5 | 96.1 |
| 宾馆住宿 | Hotel Accommodation | 103.3 | 105.9 | 103.0 |
| 其他住宿 | Other Accommodations | 98.0 | 100.3 | 97.6 |
| **居住** | **Residence** | **103.3** | **102.4** | **102.0** |
| 建房及装修材料 | Building and Decorating Material | 102.4 | 102.2 | 102.0 |
| 木材 | Timber | 104.9 | 105.6 | 105.4 |
| 木地板 | Wood Floor | 102.8 | 100.2 | 100.0 |
| 砖 | Brick | 102.2 | 101.3 | 100.4 |
| 水泥 | Cement | 100.2 | 100.9 | 99.6 |
| 涂料 | Paint | 101.1 | 100.8 | 101.4 |
| 板材 | Board | 105.3 | 105.5 | 105.6 |
| 玻璃 | Glass | 101.7 | 101.7 | 102.5 |
| 粘胶 | Glue | 101.1 | 100.7 | 101.4 |
| 厨卫设备 | Kitchen Equipment | 101.4 | 102.2 | 102.0 |
| 租房 | Tenancy | 99.5 | 99.2 | 98.9 |
| 公房房租 | Public Housing rent | 100.0 | 100.0 | 100.0 |
| 私房房租 | Talk Accommodation | 98.6 | 97.9 | 97.2 |
| 其他费用 | Other Rents | 100.4 | 100.5 | 100.5 |
| 自有住房 | Self-owned House | 102.1 | 102.3 | 102.1 |
| 住房估算租金 | Housing Estimates Rent | 99.8 | 99.7 | 99.9 |
| 物业管理费用 | Property Management Fees | 104.1 | 103.9 | 103.9 |
| 维护修理费用 | Maintenance Expenses | 104.1 | 105.4 | 104.0 |
| 水、电、燃料 | Water,Electricity and Fuels | 107.7 | 104.1 | 103.2 |
| 水 | Water | 115.2 | 104.7 | 108.5 |
| 电 | Electricity | 103.5 | 103.5 | 106.4 |
| 液化石油气 | Liquefied Petroleum Gas | 110.7 | 104.7 | 97.5 |
| 管道燃气 | Piped Gas | 101.3 | 101.3 | 101.9 |
| 其他燃料 | Other Fuel | 100.6 | 100.6 | 100.6 |

continued

(preceding year=100)

| 4月 April | 5月 May | 6月 June | 7月 July | 8月 August | 9月 September | 10月 October | 11月 November | 12月 December |
|---|---|---|---|---|---|---|---|---|
| 100.1 | 100.1 | 100.1 | 100.1 | 100.1 | 100.0 | 99.9 | 99.9 | 99.9 |
| 100.2 | 100.2 | 100.2 | 100.2 | 100.2 | 99.8 | 99.8 | 99.8 | 99.8 |
| 100.1 | 100.1 | 100.1 | 100.1 | 100.1 | 100.1 | 100.1 | 100.1 | 100.1 |
| 99.9 | 99.9 | 99.9 | 99.9 | 99.9 | 100.0 | 100.0 | 100.0 | 100.0 |
| 104.2 | 104.1 | 102.9 | 104.0 | 103.9 | 103.1 | 104.5 | 106.6 | 106.7 |
| 100.6 | 100.6 | 100.6 | 104.2 | 104.8 | 102.5 | 103.9 | 103.6 | 102.3 |
| 118.2 | 117.7 | 110.7 | 114.7 | 114.7 | 112.6 | 121.4 | 121.4 | 122.4 |
| 100.2 | 100.2 | 100.2 | 100.2 | 100.2 | 100.2 | 100.2 | 104.2 | 104.2 |
| 104.1 | 103.8 | 103.5 | 103.6 | 103.1 | 101.8 | 101.5 | 102.4 | 102.6 |
| 95.8 | 96.5 | 100.0 | 98.1 | 98.7 | 96.8 | 105.3 | 108.9 | 111.5 |
| 94.1 | 95.1 | 99.5 | 97.6 | 98.5 | 97.3 | 106.5 | 111.1 | 114.3 |
| 102.7 | 103.6 | 103.3 | 99.9 | 99.3 | 94.5 | 100.3 | 101.3 | 101.9 |
| 100.6 | 98.1 | 98.3 | 99.7 | 99.7 | 95.4 | 102.2 | 102.7 | 103.7 |
| **102.0** | **102.8** | **102.7** | **102.8** | **102.9** | **102.8** | **103.0** | **103.2** | **103.2** |
| 102.0 | 101.4 | 101.3 | 101.4 | 101.8 | 102.4 | 101.9 | 101.9 | 102.1 |
| 106.4 | 106.6 | 106.8 | 107.1 | 108.0 | 108.3 | 107.6 | 107.9 | 106.8 |
| 100.0 | 100.0 | 100.0 | 100.1 | 100.0 | 99.7 | 99.8 | 99.9 | 100.3 |
| 99.9 | 99.5 | 99.7 | 100.4 | 100.2 | 100.4 | 99.1 | 99.2 | 99.5 |
| 98.7 | 97.0 | 97.0 | 96.9 | 99.8 | 102.4 | 99.0 | 99.9 | 101.7 |
| 101.1 | 99.1 | 99.3 | 99.6 | 99.1 | 100.0 | 100.9 | 100.8 | 100.9 |
| 105.3 | 105.2 | 105.0 | 104.6 | 104.3 | 103.3 | 102.8 | 102.2 | 102.2 |
| 103.2 | 102.6 | 100.0 | 100.0 | 100.3 | 102.0 | 102.8 | 102.6 | 102.2 |
| 101.6 | 101.1 | 101.1 | 101.0 | 100.9 | 103.4 | 105.4 | 105.2 | 105.4 |
| 101.6 | 101.4 | 101.7 | 100.7 | 100.6 | 100.6 | 100.3 | 99.9 | 99.9 |
| 99.5 | 101.3 | 102.6 | 104.2 | 104.7 | 104.5 | 105.4 | 105.5 | 104.1 |
| 100.0 | 100.0 | 100.0 | 100.0 | 100.0 | 100.0 | 100.0 | 100.0 | 100.0 |
| 98.2 | 102.2 | 105.2 | 108.9 | 110.0 | 110.2 | 112.3 | 112.5 | 108.8 |
| 101.1 | 101.2 | 101.2 | 101.2 | 101.2 | 100.3 | 100.3 | 100.3 | 100.8 |
| 102.5 | 103.4 | 102.5 | 102.7 | 103.2 | 103.3 | 103.9 | 104.0 | 103.4 |
| 100.8 | 104.5 | 104.7 | 105.3 | 106.0 | 106.3 | 106.9 | 107.2 | 105.8 |
| 103.9 | 101.4 | 99.0 | 99.0 | 99.0 | 99.0 | 100.0 | 100.0 | 100.0 |
| 104.0 | 104.5 | 103.3 | 103.3 | 104.3 | 103.8 | 103.8 | 103.8 | 103.8 |
| 102.4 | 103.5 | 104.0 | 103.2 | 102.2 | 101.6 | 101.6 | 102.0 | 103.5 |
| 109.2 | 110.0 | 106.3 | 110.1 | 110.3 | 110.7 | 111.3 | 111.3 | 111.3 |
| 106.4 | 106.4 | 104.9 | 100.0 | 100.0 | 100.0 | 100.0 | 100.0 | 100.0 |
| 95.4 | 97.5 | 102.3 | 104.7 | 101.9 | 99.9 | 99.7 | 100.7 | 105.1 |
| 101.9 | 101.7 | 96.2 | 96.1 | 96.1 | 96.1 | 96.1 | 96.1 | 96.1 |
| 99.7 | 99.7 | 100.0 | 100.0 | 100.0 | 100.0 | 100.0 | 100.0 | 100.0 |

# 3-4 居民消费价格分类指数

## Consumer Price Indices by Category

（上年=100） (preceding year=100)

| 指　标 | Item | 2011 | 2012 |
|---|---|---|---|
| **居民消费价格总指数** | **Consumer Price Index** | **105.9** | **103.2** |
| **非食品价格指数** | **Non-food Price Index** | **101.9** | **102.2** |
| **服务项目价格指数** | **Items of Service Price Index** | **101.9** | **102.6** |
| **工业品价格指数** | **Industrial Product Price Index** | **101.9** | **101.9** |
| **扣除食品和能源价格指数** | **Deduction Food and Energy Price Index** | **101.5** | **102.0** |
| **扣除鲜菜鲜果总指数** | **Deduction Fresh Vegetables Fresh Fruit General Index** | **105.6** | **102.9** |
| **消费品价格指数** | **Consumable Price Index** | **107.4** | **103.5** |
| **食品** | **Food** | **114.4** | **105.2** |
| 粮食 | Grain | 117.2 | 103.8 |
| 淀粉 | Starches and Tubers | 113.3 | 102.1 |
| 干豆类及豆制品 | Beans and Bean Products | 106.1 | 101.6 |
| 油脂 | Oil or Fat | 112.1 | 108.2 |
| 肉禽及其制品 | Meal,Poultry and Their Products | 120.9 | 103.0 |
| 食用畜肉及副产品 | Edible Domestic Animal's Meat and By-products | 126.2 | 102.0 |
| 禽 | Poultry | 113.8 | 103.5 |
| 加工肉禽 | Poultry Meat Processed Products | 113.4 | 106.5 |
| 蛋 | Eggs | 113.8 | 97.3 |
| 水产品 | Aquatic Products | 117.6 | 104.9 |
| 鱼 | Fish | 117.6 | 103.7 |
| 其他水产品 | Other Aquatic Products | 117.7 | 108.3 |
| 菜 | Vegetables | 107.6 | 116.7 |
| 调味品 | Flavoring | 104.0 | 101.8 |
| 糖 | Sweet | 114.5 | 103.9 |
| 茶及饮料 | Tea and Beverages | 103.7 | 103.8 |
| 茶叶 | Tea | 100.8 | 101.4 |
| 饮料 | Beverages | 104.7 | 104.6 |
| 干鲜瓜果 | Dried and Fresh Melons and Fruits | 115.8 | 98.7 |
| 糕点饼干 | Cake,Cookie,Bread | 107.3 | 104.1 |
| 液体乳及乳制品 | Milk and Its Products | 104.7 | 103.3 |
| 在外用膳食品 | Picnic Food | 110.1 | 108.3 |
| 其他食品 | Other Food and Food Processing | 106.7 | 104.9 |
| **烟酒及用品** | **Tobacco,Liquor and Articles** | **103.7** | **103.1** |
| 烟草 | Tobacco | 100.3 | 100.2 |
| 酒 | Liquor | 106.9 | 105.5 |
| 吸烟、饮酒用品 | Smoking and Drinking Products | - | - |
| **衣着** | **Clothing** | **101.9** | **103.6** |
| 服装 | Garments | 102.4 | 104.7 |
| 男式服装 | Men's Wear | 103.0 | 105.3 |
| 女式服装 | Women's Wear | 102.7 | 105.2 |
| 儿童服装 | Children's Clothing | 100.3 | 101.5 |
| 衣着材料 | Clothing Material | 112.3 | 106.4 |
| 鞋袜帽 | Footwear,Socks and Hats | 99.4 | 99.5 |
| 鞋 | Shoes | 99.4 | 99.5 |
| 袜子 | Socks and Stockings | 99.4 | 99.9 |
| 帽子 | Hats | 100.2 | 98.0 |
| 衣着加工服务费 | Clothing Processing | 108.4 | 109.5 |

3-4 续表 continued

（上年=100） (preceding year=100)

| 指 标 | Item | 2011 | 2012 |
|---|---|---|---|
| **家庭设备用品及维修服务** | **Household Facilities and Articles** | **101.7** | **101.1** |
| 耐用消费品 | Durable Consumer Goods | 99.9 | 100.5 |
| 家具 | Furniture | 102.8 | 102.4 |
| 家庭设备 | Household Facilities | 98.2 | 99.3 |
| 室内装饰品 | Interior Decorations | 105.3 | 100.8 |
| 床上用品 | Bed Articles | 106.8 | 99.5 |
| 家庭日用杂品 | Daily-Use Household Articles | 101.8 | 101.7 |
| 家庭服务及加工维修服务 | Household Service and maintenance | 105.8 | 106.7 |
| **医疗保健和个人用品** | **Medic-care and Personal Articles** | **103.5** | **102.0** |
| 医疗保健 | Medic-care and health | 103.8 | 101.6 |
| 医疗器具及用品 | Medical Appliances and Articles | 101.7 | 102.4 |
| 中药材及中成药 | Traditional Chines Herbs and Patent Drugs | 115.3 | 103.4 |
| 西药 | Western Medicine | 100.0 | 101.0 |
| 保健器具及用品 | Healthy Appliances and Articles | 100.8 | 100.5 |
| 医疗保健服务 | Medical Care and Health Service | 99.7 | 100.8 |
| 个人用品及服务 | Personal Articles and Services | 103.0 | 102.8 |
| 化妆美容用品 | Making-up Articles | 100.9 | 101.1 |
| 清洁化妆用品 | Health Supplies | 102.0 | 103.9 |
| 个人饰品 | Personal ornaments | 106.4 | 100.8 |
| 个人服务 | Personal Service | 104.7 | 105.6 |
| **交通和通信** | **Transportation and Communication** | **101.9** | **100.2** |
| 交通 | Transportation | 105.1 | 101.9 |
| 交通工具 | Transportation Means | 102.3 | 100.0 |
| 车用燃料及零配件 | Fuels and Accessory for vehicles | 110.2 | 102.7 |
| 车辆使用及维修费 | Vehicle Use and Maintenance | 103.4 | 102.1 |
| 市区公共交通费 | City-bus Fares | 100.4 | 101.6 |
| 城市间交通费 | Inter-city Bus Fares | 109.1 | 104.3 |
| 通信 | Telecommunication | 98.5 | 98.3 |
| 通信工具 | Communication Tool | 92.7 | 90.8 |
| 通信服务 | Communication Service | 100.1 | 100.1 |
| **娱乐教育文化用品及服务** | **Recreation,Education,Culture Articles and Services** | **100.1** | **101.5** |
| 文娱用耐用消费品及服务 | Durable Consumer Goods for Receational Use | 94.8 | 94.5 |
| 教育 | Education | 102.8 | 103.1 |
| 教材及参考书 | Text Book and Reference Book | 100.3 | 100.4 |
| 学杂托幼费 | School Incidental Fees and Nursing Fees | 103.2 | 103.5 |
| 文化娱乐类 | Cultural and Recreational Articles | 97.8 | 103.7 |
| 文化娱乐用品 | Cultural and Recreational Goods | 100.5 | 100.1 |
| 书报杂志 | Newspapers and Magazines | 100.4 | 100.2 |
| 文娱费 | Recreation Expense | 94.3 | 108.6 |
| 旅游 | Tourism | 101.1 | 102.8 |
| **居住** | **Residence** | **102.2** | **103.7** |
| 建房及装修材料 | Building and Decoration Materials | 105.9 | 101.4 |
| 住房租金 | Housing Rents | 100.3 | 103.0 |
| 自有住房 | Housing | 102.6 | 102.1 |
| 水、电、燃料 | Water,Electricity and Fuels | 99.7 | 108.2 |

# 3-5 主要城市居民消费价格总指数（1984—2013年）

## Major Urban Consumer Price Index（1984—2013）

（上年=100） (preceding year=100)

| 年 份 Year | 南宁市 Nanning | 柳州市 Liuzhou | 桂林市 Guilin | 梧州市 Wuzhou | 北海市 Beihai | 贵港市 Guigang | 贺州市 Hezhou | 百色市 Baise |
|---|---|---|---|---|---|---|---|---|
| 1984 | 104.4 | 104.1 | 104.0 | 105.3 | 105.5 | 104.4 | 104.6 | 104.6 |
| 1985 | 118.3 | 115.7 | 114.4 | 117.4 | 116.5 | 114.4 | 115.1 | 117.9 |
| 1986 | 105.2 | 105.3 | 105.6 | 105.1 | 105.1 | 104.4 | 105.8 | 110.4 |
| 1987 | 111.1 | 109.1 | 113.2 | 112.7 | 112.1 | 107.7 | 114.8 | 109.1 |
| 1988 | 121.6 | 127.8 | 124.5 | 123.4 | 128.4 | 123.9 | 123.3 | 120.5 |
| 1989 | 119.4 | 119.1 | 119.8 | 116.2 | 120.8 | 125.0 | 121.3 | 123.7 |
| 1990 | 98.0 | 99.7 | 99.0 | 98.7 | 96.9 | 95.8 | 96.7 | 95.4 |
| 1991 | 104.1 | 102.3 | 101.6 | 104.8 | 104.5 | 103.2 | 101.6 | 102.5 |
| 1992 | 106.7 | 106.1 | 109.5 | 110.2 | 107.2 | 104.6 | 108.5 | 109.5 |
| 1993 | 125.1 | 124.6 | 120.3 | 122.2 | 134.8 | 123.1 | 120.2 | 119.9 |
| 1994 | 124.8 | 126.0 | 128.9 | 125.8 | 123.1 | 127.5 | 125.1 | 128.0 |
| 1995 | 118.6 | 120.0 | 119.3 | 116.1 | 114.8 | 119.9 | 119.5 | 121.4 |
| 1996 | 103.3 | 106.1 | 108.2 | 106.8 | 105.4 | 107.6 | 107.7 | 106.8 |
| 1997 | 100.2 | 100.3 | 101.5 | 102.1 | 100.7 | 100.2 | 102.5 | 103.0 |
| 1998 | 96.7 | 98.2 | 95.3 | 99.9 | 99.1 | 93.8 | 97.3 | 99.3 |
| 1999 | 95.9 | 96.8 | 98.6 | 100.1 | 97.0 | 98.1 | 97.4 | 99.1 |
| 2000 | 100.0 | 99.8 | 99.5 | 100.5 | 100.4 | 98.9 | 99.2 | 100.0 |
| 2001 | 102.8 | 99.7 | 102.2 | 100.3 | 100.5 | 98.1 | 100.3 | 102.2 |
| 2002 | 99.4 | 100.6 | 100.0 | 97.8 | 99.9 | 100.7 | 98.2 | 97.6 |
| 2003 | 100.8 | 100.6 | 100.6 | 101.3 | 99.9 | 102.5 | 101.2 | 101.4 |
| 2004 | 104.2 | 105.4 | 104.0 | 104.3 | 104.7 | 104.6 | 104.6 | 104.2 |
| 2005 | 101.1 | 103.3 | 104.0 | 102.8 | 101.6 | 102.0 | 101.8 | 103.4 |
| 2006 | 102.5 | 101.0 | 100.7 | 101.4 | 101.6 | 100.8 | 102.6 | 102.9 |
| 2007 | 104.5 | 106.1 | 106.8 | 105.8 | 105.1 | 106.5 | 106.9 | 105.7 |
| 2008 | 108.4 | 107.9 | 105.9 | 107.5 | 107.3 | 108.0 | 108.6 | 109.8 |
| 2009 | 98.2 | 97.8 | 99.2 | 97.6 | 97.4 | 97.2 | 97.9 | 98.5 |
| 2010 | 102.5 | 103.5 | 102.2 | 103.5 | 103.1 | 103.8 | 104.4 | 103.7 |
| 2011 | 105.7 | 105.4 | 105.8 | 105.4 | 105.5 | 105.9 | 106.8 | 106.5 |
| 2012 | 102.9 | 104.0 | 103.5 | 102.9 | 102.6 | 103.5 | 102.8 | 103.0 |
| 2013 | 102.1 | 101.9 | 102.5 | 102.3 | 102.0 | 102.7 | 102.0 | 102.5 |

# 3-6 主要城市居民消费价格分类指数（2013年）

## Major Urban Consumer Price Index（2013）

（上年=100）　　(preceding year=100)

| 指　标 | Item | 南宁市 Nanning | 柳州市 Liuzhou | 桂林市 Guilin | 梧州市 Wuzhou |
|---|---|---|---|---|---|
| **居民消费价格总指数** | **Consumer Price Index** | **102.1** | **101.9** | **102.5** | **102.3** |
| **非食品价格指数** | **Non-food Price Index** | **101.1** | **100.8** | **101.2** | **101.4** |
| **服务项目价格指数** | **Items of Service Price Index** | **102.3** | **101.4** | **101.9** | **102.0** |
| **工业品价格指数** | **Industrial Product Price Index** | **100.4** | **100.4** | **100.8** | **101.0** |
| **扣除食品和能源价格指数** | **Deduction Food and Energy Price Index** | **101.2** | **100.8** | **101.3** | **101.3** |
| **扣除鲜菜鲜果总指数** | **Deduction Fresh Vegetables Fresh Fruit General Index** | **101.7** | **101.4** | **102.1** | **102.1** |
| **消费品价格指数** | **Consumable Price Index** | **102.0** | **102.0** | **102.7** | **102.5** |
| **食品** | **Food** | **103.9** | **103.9** | **104.8** | **104.2** |
| 粮食 | Grain | 101.4 | 102.7 | 100.5 | 102.0 |
| 淀粉 | Starches and Tubers | 100.0 | 102.6 | 105.9 | 99.7 |
| 干豆类及豆制品 | Beans and Bean Products | 105.1 | 103.0 | 108.4 | 103.9 |
| 油脂 | Oil or Fat | 103.1 | 103.3 | 100.6 | 98.3 |
| 肉禽及其制品 | Meal,Poultry and Their Products | 103.2 | 103.6 | 104.6 | 102.2 |
| 食用畜肉及副产品 | Edible Domestic Animal's Meat and By-products | 105.2 | 105.3 | 106.2 | 101.9 |
| 禽 | Poultry | 100.3 | 101.4 | 103.0 | 103.0 |
| 加工肉禽 | Poultry Meat Processed Products | 101.2 | 100.6 | 98.6 | 102.0 |
| 蛋 | Eggs | 106.6 | 105.9 | 111.8 | 110.3 |
| 水产品 | Aquatic Products | 107.4 | 102.4 | 103.9 | 106.7 |
| 鱼 | Fish | 104.3 | 100.1 | 101.6 | 102.3 |
| 其他水产品 | Other Aquatic Products | 114.4 | 108.0 | 108.1 | 115.6 |
| 菜 | Vegetables | 105.9 | 109.0 | 106.4 | 108.3 |
| 调味品 | Flavoring | 102.6 | 104.2 | 100.7 | 101.0 |
| 糖 | Sweet | 100.4 | 98.6 | 101.0 | 100.1 |
| 茶及饮料 | Tea and Beverages | 100.6 | 102.3 | 103.3 | 102.9 |
| 茶叶 | Tea | 100.0 | 100.6 | 100.0 | 102.7 |
| 饮料 | Beverages | 100.8 | 102.8 | 105.2 | 103.1 |
| 干鲜瓜果 | Dried and Fresh Melons and Fruits | 110.3 | 107.7 | 109.7 | 104.8 |
| 糕点饼干 | Cake,Cookie,Bread | 100.9 | 102.0 | 102.8 | 104.3 |
| 液体乳及乳制品 | Milk and Its Products | 105.5 | 103.3 | 102.4 | 104.2 |
| 在外用膳食品 | Picnic Food | 101.2 | 100.8 | 105.3 | 106.0 |
| 其他食品 | Other Food and Food Processing | 102.9 | 101.3 | 101.2 | 100.3 |
| **烟酒及用品** | **Tobacco,Liquor and Articles** | **98.9** | **99.2** | **99.1** | **101.3** |
| 烟草 | Tobacco | 100.0 | 100.0 | 99.5 | 100.5 |
| 酒 | Liquor | 98.1 | 98.5 | 98.7 | 102.0 |
| **衣着** | **Clothing** | **104.7** | **100.8** | **102.6** | **101.2** |
| 服装 | Garments | 105.3 | 101.3 | 106.3 | 101.2 |
| 男式服装 | Men's Wear | 103.3 | 102.1 | 104.1 | 100.9 |
| 女式服装 | Women's Wear | 106.0 | 98.3 | 107.8 | 101.1 |
| 儿童服装 | Children's Clothing | 109.8 | 110.2 | 107.5 | 102.2 |
| 衣着材料 | Clothing Material | 100.0 | 100.5 | 93.8 | 100.9 |
| 鞋袜帽 | Footwear,Socks and Hats | 103.4 | 99.2 | 94.0 | 101.3 |
| 鞋 | Shoes | 103.7 | 99.0 | 93.3 | 101.3 |
| 袜子 | Socks and Stockings | 101.1 | 100.0 | 93.3 | 101.6 |
| 帽子 | Hats | 103.9 | 100.0 | 110.1 | 101.0 |
| 衣着加工服务费 | Clothing Processing | 100.9 | 100.0 | 99.2 | 103.9 |

continued

（上年＝100） (preceding year=100)

| 指 标 | Item | 北海市 Beihai | 贵港市 Guigang | 贺州市 Hezhou | 百色市 Baise |
|---|---|---|---|---|---|
| **居民消费价格总指数** | **Consumer Price Index** | **102.0** | **102.7** | **102.0** | **102.5** |
| **非食品价格指数** | **Non-food Price Index** | **100.9** | **102.4** | **101.6** | **101.6** |
| **服务项目价格指数** | **Items of Service Price Index** | **101.7** | **103.8** | **103.7** | **102.3** |
| **工业品价格指数** | **Industrial Product Price Index** | **100.3** | **101.5** | **100.0** | **101.2** |
| **扣除食品和能源价格指数** | **Deduction Food and Energy Price Index** | **100.8** | **102.7** | **101.6** | **101.6** |
| **扣除鲜菜鲜果总指数** | **Deduction Fresh Vegetables Fresh Fruit General Index** | **101.7** | **102.3** | **101.9** | **102.2** |
| **消费品价格指数** | **Consumable Price Index** | **102.1** | **102.4** | **101.4** | **102.6** |
| **食品** | **Food** | **104.1** | **103.3** | **102.8** | **104.2** |
| 粮食 | Grain | 100.7 | 101.7 | 102.0 | 101.9 |
| 淀粉 | Starches and Tubers | 99.3 | 97.7 | 101.8 | 103.8 |
| 干豆类及豆制品 | Beans and Bean Products | 113.7 | 103.8 | 105.1 | 104.1 |
| 油脂 | Oil or Fat | 105.1 | 99.9 | 101.9 | 103.5 |
| 肉禽及其制品 | Meal,Poultry and Their Products | 104.6 | 100.8 | 100.6 | 102.4 |
| 食用畜肉及副产品 | Edible Domestic Animal's Meat and By-products | 105.4 | 100.8 | 102.4 | 102.9 |
| 禽 | Poultry | 102.9 | 100.3 | 96.2 | 101.8 |
| 加工肉禽 | Poultry Meat Processed Products | 105.0 | 101.9 | 99.2 | 100.8 |
| 蛋 | Eggs | 110.8 | 108.6 | 105.1 | 105.6 |
| 水产品 | Aquatic Products | 102.6 | 100.8 | 99.8 | 104.4 |
| 鱼 | Fish | 105.4 | 98.7 | 98.1 | 101.7 |
| 其他水产品 | Other Aquatic Products | 95.6 | 104.2 | 105.5 | 112.1 |
| 菜 | Vegetables | 107.3 | 111.5 | 105.3 | 105.8 |
| 调味品 | Flavoring | 99.9 | 99.9 | 100.3 | 107.1 |
| 糖 | Sweet | 101.2 | 97.5 | 99.0 | 95.9 |
| 茶及饮料 | Tea and Beverages | 103.6 | 100.9 | 101.4 | 101.4 |
| 茶叶 | Tea | 100.6 | 103.8 | 102.5 | 100.8 |
| 饮料 | Beverages | 104.7 | 99.5 | 101.0 | 101.6 |
| 干鲜瓜果 | Dried and Fresh Melons and Fruits | 107.0 | 105.1 | 101.0 | 106.4 |
| 糕点饼干 | Cake,Cookie,Bread | 100.8 | 100.1 | 99.6 | 101.4 |
| 液体乳及乳制品 | Milk and Its Products | 102.8 | 111.9 | 108.3 | 100.8 |
| 在外用膳食品 | Picnic Food | 102.5 | 103.5 | 108.3 | 107.9 |
| 其他食品 | Other Food and Food Processing | 105.5 | 109.2 | 100.8 | 103.9 |
| **烟酒及用品** | **Tobacco,Liquor and Articles** | **101.8** | **100.4** | **100.4** | **99.5** |
| 烟草 | Tobacco | 100.7 | 100.0 | 100.0 | 98.7 |
| 酒 | Liquor | 102.6 | 100.9 | 100.8 | 100.5 |
| **衣着** | **Clothing** | **101.3** | **103.8** | **99.4** | **103.1** |
| 服装 | Garments | 101.1 | 103.8 | 99.4 | 103.5 |
| 男式服装 | Men's Wear | 101.1 | 104.9 | 99.5 | 101.6 |
| 女式服装 | Women's Wear | 101.2 | 102.7 | 99.8 | 103.5 |
| 儿童服装 | Children's Clothing | 100.5 | 104.3 | 98.5 | 108.4 |
| 衣着材料 | Clothing Material | 101.8 | 102.2 | 103.2 | 101.2 |
| 鞋袜帽 | Footwear,Socks and Hats | 101.7 | 103.7 | 98.6 | 102.0 |
| 鞋 | Shoes | 102.0 | 104.4 | 98.3 | 102.3 |
| 袜子 | Socks and Stockings | 100.0 | 100.2 | 99.8 | 99.9 |
| 帽子 | Hats | 100.1 | 97.1 | 102.7 | 100.0 |
| 衣着加工服务费 | Clothing Processing | 104.3 | 106.8 | 104.6 | 102.9 |

3-6 续表

（上年=100） (preceding year=100)

| 指　标 | Item | 南宁市 Nanning | 柳州市 Liuzhou | 桂林市 Guilin | 梧州市 Wuzhou |
|---|---|---|---|---|---|
| **家庭设备用品及维修服务** | **Household Facilities and Articles** | **101.3** | **100.3** | **101.2** | **101.1** |
| 耐用消费品 | Durable Consumer Goods | 100.3 | 99.8 | 100.2 | 101.9 |
| 家具 | Furniture | 101.0 | 99.4 | 99.3 | 102.4 |
| 家庭设备 | Household Facilities | 99.8 | 100.0 | 100.7 | 101.6 |
| 室内装饰品 | Interior Decorations | 99.8 | 100.4 | 98.9 | 102.9 |
| 床上用品 | Bed Articles | 105.6 | 100.3 | 100.0 | 98.1 |
| 家庭日用杂品 | Daily-Use Household Articles | 99.9 | 100.5 | 101.8 | 100.5 |
| 家庭服务及加工维修服务 | Household Service and maintenance | 104.8 | 103.3 | 108.5 | 102.8 |
| **医疗保健和个人用品** | **Medic-care and Personal Articles** | **99.7** | **100.0** | **100.2** | **101.4** |
| 医疗保健 | Medic-care and health | 100.0 | 100.1 | 99.6 | 101.3 |
| 医疗器具及用品 | Medical Appliances and Articles | 101.3 | 100.9 | 101.0 | 100.7 |
| 中药材及中成药 | Traditional Chines Herbs and Patent Drugs | 98.3 | 100.6 | 99.0 | 103.3 |
| 西药 | Western Medicine | 101.4 | 99.7 | 99.3 | 101.1 |
| 保健器具及用品 | Healthy Appliances and Articles | 99.7 | 101.6 | 102.7 | 99.2 |
| 医疗保健服务 | Medical Care and Health Service | 100.0 | 100.0 | 100.0 | 100.0 |
| 个人用品及服务 | Personal Articles and Services | 99.0 | 99.7 | 101.5 | 101.6 |
| 化妆美容用品 | Making-up Articles | 98.0 | 100.0 | 100.1 | 101.5 |
| 清洁化妆用品 | Health Supplies | 100.8 | 101.6 | 101.9 | 102.2 |
| 个人饰品 | Personal ornaments | 92.2 | 95.4 | 96.2 | 96.3 |
| 个人服务 | Personal Service | 106.3 | 101.8 | 110.0 | 104.5 |
| **交通和通信** | **Transportation and Communication** | **98.7** | **99.6** | **100.2** | **100.9** |
| 交通 | Transportation | 99.4 | 100.9 | 100.4 | 102.1 |
| 交通工具 | Transportation Means | 95.8 | 100.4 | 100.1 | 97.5 |
| 车用燃料及零配件 | Fuels and Accessory for vehicles | 99.1 | 96.5 | 99.6 | 98.5 |
| 车辆使用及维修费 | Vehicle Use and Maintenance | 100.0 | 105.0 | 106.9 | 115.8 |
| 市区公共交通费 | City-bus Fares | 100.0 | 102.2 | 100.0 | 100.0 |
| 城市间交通费 | Inter-city Bus Fares | 103.5 | 101.7 | 98.5 | 103.3 |
| 通信 | Telecommunication | 97.7 | 98.1 | 100.0 | 99.7 |
| 通信工具 | Communication Tool | 88.2 | 90.3 | 99.4 | 95.7 |
| 通信服务 | Communication Service | 100.0 | 100.1 | 100.1 | 100.4 |
| **娱乐教育文化用品及服务** | **Recreation,Education,Culture Articles and Services** | **100.5** | **99.8** | **99.0** | **100.8** |
| 文娱用耐用消费品及服务 | Durable Consumer Goods for Receational Use | 91.1 | 94.9 | 95.1 | 98.8 |
| 教育 | Education | 104.7 | 101.3 | 101.6 | 101.2 |
| 教材及参考书 | Text Book and Reference Book | 99.8 | 98.1 | 101.0 | 100.0 |
| 教育服务 | Education Services | 105.3 | 101.8 | 101.8 | 101.4 |
| 文化娱乐类 | Cultural and Recreational Articles | 99.9 | 99.7 | 107.8 | 101.1 |
| 文化娱乐用品 | Cultural and Recreational Goods | 100.3 | 98.8 | 97.2 | 100.9 |
| 书报杂志 | Newspapers and Magazines | 100.0 | 99.9 | 100.0 | 100.3 |
| 文娱费 | Recreation Expense | 99.6 | 100.5 | 118.0 | 101.5 |
| 旅游 | Tourism | 101.0 | 100.4 | 86.9 | 101.7 |
| **居住** | **Residence** | **102.3** | **102.9** | **103.6** | **102.3** |
| 建房及装修材料 | Building and Decoration Materials | 100.8 | 101.3 | 101.5 | 101.6 |
| 租房 | Tenancy | 101.8 | 101.2 | 100.6 | 101.4 |
| 自有住房 | Housing | 102.5 | 102.4 | 105.1 | 102.6 |
| 水、电、燃料 | Water,Electricity and Fuels | 103.0 | 104.0 | 104.3 | 102.7 |

continued

（上年=100） (preceding year=100)

| 指　　标 | Item | 北海市 Beihai | 贵港市 Guigang | 贺州市 Hezhou | 百色市 Baise |
|---|---|---|---|---|---|
| **家庭设备用品及维修服务** | **Household Facilities and Articles** | **100.2** | **102.3** | **100.3** | **101.6** |
| 耐用消费品 | Durable Consumer Goods | 100.3 | 101.3 | 99.4 | 101.2 |
| 家具 | Furniture | 102.4 | 99.7 | 101.7 | 100.6 |
| 家庭设备 | Household Facilities | 99.0 | 102.0 | 97.8 | 101.8 |
| 室内装饰品 | Interior Decorations | 98.7 | 101.7 | 105.9 | 100.0 |
| 床上用品 | Bed Articles | 98.1 | 111.0 | 98.4 | 100.1 |
| 家庭日用杂品 | Daily-Use Household Articles | 100.3 | 100.6 | 100.7 | 102.6 |
| 家庭服务及加工维修服务 | Household Service and maintenance | 101.9 | 103.3 | 103.6 | 102.3 |
| **医疗保健和个人用品** | **Medic-care and Personal Articles** | **99.6** | **101.8** | **101.8** | **100.6** |
| 医疗保健 | Medic-care and health | 98.8 | 102.8 | 102.2 | 100.9 |
| 医疗器具及用品 | Medical Appliances and Articles | 99.6 | 100.1 | 100.0 | 101.9 |
| 中药材及中成药 | Traditional Chines Herbs and Patent Drugs | 95.5 | 104.3 | 102.8 | 101.5 |
| 西药 | Western Medicine | 100.5 | 99.7 | 100.3 | 100.7 |
| 保健器具及用品 | Healthy Appliances and Articles | 101.2 | 99.6 | 101.7 | 103.4 |
| 医疗保健服务 | Medical Care and Health Service | 100.0 | 105.5 | 104.6 | 100.0 |
| 个人用品及服务 | Personal Articles and Services | 101.2 | 100.8 | 101.1 | 100.0 |
| 化妆美容用品 | Making-up Articles | 100.6 | 100.0 | 102.4 | 99.1 |
| 清洁化妆用品 | Health Supplies | 104.6 | 101.6 | 101.3 | 101.1 |
| 个人饰品 | Personal ornaments | 95.5 | 93.6 | 92.7 | 94.7 |
| 个人服务 | Personal Service | 101.3 | 101.5 | 103.9 | 104.2 |
| **交通和通信** | **Transportation and Communication** | **100.5** | **100.4** | **100.1** | **99.3** |
| 交通 | Transportation | 101.5 | 100.4 | 101.0 | 98.9 |
| 交通工具 | Transportation Means | 100.7 | 99.0 | 98.8 | 96.3 |
| 车用燃料及零配件 | Fuels and Accessory for vehicles | 98.9 | 98.2 | 98.9 | 98.4 |
| 车辆使用及维修费 | Vehicle Use and Maintenance | 101.3 | 100.0 | 108.1 | 104.1 |
| 市区公共交通费 | City-bus Fares | 100.0 | 106.1 | 101.2 | 101.4 |
| 城市间交通费 | Inter-city Bus Fares | 108.2 | 106.0 | 102.2 | 103.4 |
| 通信 | Telecommunication | 99.1 | 100.4 | 98.7 | 99.8 |
| 通信工具 | Communication Tool | 94.3 | 102.9 | 94.3 | 99.2 |
| 通信服务 | Communication Service | 100.0 | 100.0 | 100.1 | 100.0 |
| **娱乐教育文化用品及服务** | **Recreation,Education,Culture Articles and Services** | **100.4** | **101.7** | **103.1** | **101.3** |
| 文娱用耐用消费品及服务 | Durable Consumer Goods for Receational Use | 93.0 | 97.5 | 97.1 | 95.0 |
| 教育 | Education | 101.4 | 103.6 | 105.4 | 104.0 |
| 教材及参考书 | Text Book and Reference Book | 99.3 | 100.0 | 101.4 | 100.0 |
| 教育服务 | Education Services | 101.6 | 104.1 | 105.9 | 104.4 |
| 文化娱乐类 | Cultural and Recreational Articles | 102.8 | 99.9 | 101.6 | 101.7 |
| 文化娱乐用品 | Cultural and Recreational Goods | 100.3 | 99.1 | 99.7 | 100.0 |
| 书报杂志 | Newspapers and Magazines | 99.9 | 100.6 | 100.0 | 100.0 |
| 文娱费 | Recreation Expense | 106.6 | 100.2 | 104.4 | 104.4 |
| 旅游 | Tourism | 102.7 | 101.9 | 102.2 | 101.3 |
| **居住** | **Residence** | **102.0** | **104.2** | **102.9** | **103.2** |
| 建房及装修材料 | Building and Decoration Materials | 102.0 | 101.2 | 101.6 | 103.3 |
| 租房 | Tenancy | 105.3 | 107.8 | 103.6 | 101.9 |
| 自有住房 | Housing | 100.4 | 104.8 | 103.4 | 101.9 |
| 水、电、燃料 | Water,Electricity and Fuels | 103.1 | 103.0 | 102.3 | 106.3 |

# 3-7 商品零售价格分类指数（2013年）

## Retail Price Indices by Category（2013）

（上年=100） (preceding year=100)

| 指 标 | Item | 全 区 Provice | 城 市 Urban Areas | 农 村 Rural Areas |
|---|---|---|---|---|
| **商品零售价格总指数** | **Retail General Price Index** | **101.2** | **101.1** | **101.3** |
| **食品** | **Food** | **103.9** | **104.2** | **103.4** |
| 粮食 | Grain | 101.6 | 101.3 | 102.0 |
| 大米 | Rice | 100.2 | 100.0 | 100.7 |
| 面粉 | Flour | 107.3 | 107.8 | 106.5 |
| 粮食制品 | Grain Products | 104.9 | 104.6 | 105.4 |
| 淀粉 | Starches | 101.8 | 102.1 | 101.3 |
| 干豆类及豆制品 | Bean and Its Products | 105.2 | 105.6 | 104.5 |
| 干豆 | Dried Beans | 102.0 | 102.2 | 101.5 |
| 豆制品 | Soybean Products | 106.0 | 106.4 | 105.3 |
| 油脂 | Oil or Fat | 101.1 | 101.2 | 101.1 |
| 食用植物油 | Oil of Plant | 102.6 | 102.6 | 102.5 |
| 植物油制品 | Vegetable Oil Processed Product | 98.8 | 99.0 | 98.5 |
| 肉禽及其制品 | Meal,Poultry and Their Products | 102.8 | 103.5 | 101.6 |
| 食用畜肉及副产品 | Edible Domestic Animal's Meat and By-products | 104.3 | 105.3 | 102.4 |
| 猪肉 | Pork | 99.5 | 100.0 | 98.8 |
| 牛肉 | Beef | 119.7 | 120.4 | 117.6 |
| 羊肉 | Mutton | 110.5 | 110.0 | 111.9 |
| 畜肉副产品 | Animal By-products | 101.9 | 101.1 | 103.2 |
| 禽 | Poultry | 100.7 | 101.1 | 100.1 |
| 鸡 | Chicken | 99.8 | 100.3 | 98.9 |
| 鸭 | Duck | 102.7 | 102.6 | 103.0 |
| 肉禽加工制品 | Poultry Meat Processed Products | 100.7 | 100.7 | 100.6 |
| 畜肉制品 | Domestic Animal's Processed Products | 100.5 | 100.4 | 100.6 |
| 禽制品 | Poultry Processed Products | 100.9 | 101.1 | 100.6 |
| 蛋 | Eggs | 107.6 | 108.3 | 106.2 |
| 鲜蛋 | Fresh eggs | 107.8 | 108.5 | 106.5 |
| 蛋制品 | Eggs Processed Products | 105.2 | 106.0 | 103.0 |
| 水产品 | Aquatic Products | 104.5 | 105.8 | 101.5 |
| 鱼 | Fish | 102.1 | 103.4 | 99.6 |
| 淡水鱼 | Fish in Fresh Water | 101.3 | 102.6 | 99.4 |
| 海水鱼 | Fish in Sea Water | 103.6 | 104.5 | 100.4 |
| 其他水产品 | Other Aquatic Products | 109.5 | 110.1 | 107.6 |
| 虾蟹类 | Decapod Crustacean | 109.8 | 110.3 | 107.8 |
| 菜 | Vegetables | 107.3 | 107.3 | 107.3 |
| 鲜菜 | Fresh Vegetables | 107.6 | 107.5 | 107.8 |
| 干菜及菜制品 | Dried Vegetables and Vegetable Products | 102.8 | 102.3 | 103.7 |
| 薯类 | Tubers | 115.1 | 117.1 | 108.5 |
| 调味品 | Flavoring | 102.0 | 102.1 | 101.8 |
| 盐 | Salt | 100.0 | 99.9 | 100.0 |

3-7 续表 1 continued

（上年=100） (preceding year=100)

| 指 标 | Item | 全 区 Provice | 城 市 Urban Areas | 农 村 Rural Areas |
|---|---|---|---|---|
| 酱油 | Soy Sauce | 103.7 | 103.8 | 103.5 |
| 醋 | Vinegar | 102.6 | 103.2 | 101.5 |
| 味精 | Monosodium Glutamate | 100.4 | 99.9 | 101.3 |
| 糖 | Sweet | 98.4 | 99.1 | 97.4 |
| 食糖 | Sugar | 95.6 | 97.4 | 93.2 |
| 糖果 | Candy | 100.8 | 99.7 | 102.5 |
| 巧克力制品 | Chocolate Goods | 99.6 | 100.9 | 94.7 |
| 糖制小食品 | Sugar-coated food stuff | 100.1 | 99.6 | 101.1 |
| 干鲜瓜果 | Dried and Fresh Melons and Fruits | 107.4 | 108.6 | 104.5 |
| 鲜瓜果 | Fresh Fruits | 109.2 | 110.7 | 105.8 |
| 干（坚）果 | Dried（nut） Fruits and Melon and Fruit Products | 99.4 | 99.7 | 98.9 |
| 糕点饼干面包 | Cake,Cookies,Bread | 102.0 | 102.7 | 100.3 |
| 糕点 | Cake | 102.2 | 103.0 | 100.1 |
| 饼干 | Cookie | 100.6 | 101.2 | 99.4 |
| 面包 | Bread | 103.7 | 103.9 | 102.8 |
| 液体乳及乳制品 | Milk and Its Products | 104.7 | 104.0 | 106.7 |
| 巴氏杀菌奶或消毒奶 | Pasteurized Milk or Milk Disinfection | 106.9 | 105.9 | 110.0 |
| 酸奶 | Yogurt | 100.2 | 100.2 | 100.3 |
| 奶粉 | Milk Powder | 103.8 | 103.4 | 104.9 |
| 在外用膳食品 | Picnic food | 103.9 | 102.8 | 106.1 |
| 主食 | Staple Food | 105.4 | 104.0 | 108.0 |
| 炒菜 | Fried Dishes | 102.8 | 101.6 | 105.6 |
| 地方小吃 | Local Snacks | 105.4 | 105.4 | 105.4 |
| 其他食品 | Other Food | 103.6 | 102.3 | 106.2 |
| **饮料、烟酒** | **Beverages, Tobacco and Liquor** | **100.5** | **100.5** | **100.5** |
| 茶及饮料 | Tea and Beverages | 101.9 | 102.3 | 101.3 |
| 茶叶 | Tea | 101.5 | 101.0 | 102.5 |
| 饮料 | Beverages | 102.1 | 102.8 | 100.9 |
| 固体饮料 | Solid Beverage | 100.9 | 101.6 | 99.2 |
| 液体饮料 | Drink Liquids | 101.8 | 102.4 | 100.8 |
| 冷冻饮品 | Frozen Drinks | 104.2 | 105.4 | 102.4 |
| 烟草 | Tobacco | 99.9 | 100.0 | 99.8 |
| 高档卷烟 | High-grade Cigarettes | 100.0 | 100.0 | 100.1 |
| 中档卷烟 | Mid-range Cigarettes | 99.9 | 100.0 | 99.8 |
| 酒 | Wine | 100.0 | 99.5 | 100.7 |
| 白酒 | Liquor | 98.8 | 97.8 | 100.2 |
| 葡萄酒 | Grape Spending | 102.8 | 101.8 | 104.4 |
| 啤酒 | Beer | 101.3 | 102.2 | 100.2 |

3-7 续表 2 continued

（上年=100） (preceding year=100)

| 指 标 | Item | 全 区 Provice | 城 市 Urban Areas | 农 村 Rural Areas |
|---|---|---|---|---|
| **服装、鞋帽** | **Garments, Shoes and Hats** | **101.7** | **101.7** | **101.7** |
| 服装 | Garments | 102.3 | 102.3 | 102.1 |
| 男式服装 | Men's Garment | 101.9 | 101.8 | 102.0 |
| 大衣 | Overcoat | 98.9 | 98.8 | 99.3 |
| 毛线衣 | Knitted Woolen Clothes | 98.0 | 97.7 | 98.5 |
| 夹克衫 | Jacket | 101.7 | 102.9 | 100.1 |
| 衬衫 | Shirt | 105.6 | 105.9 | 104.8 |
| T恤衫 | T-shirts | 104.7 | 105.5 | 103.0 |
| 裤子 | Trousers | 104.8 | 103.9 | 106.6 |
| 西服 | Suits | 96.6 | 95.6 | 98.9 |
| 运动衫裤 | Sport Clothing | 100.8 | 100.2 | 101.9 |
| 内衣 | Underwear | 102.2 | 103.5 | 99.4 |
| 羽绒衣 | Down Clothing | 97.1 | 97.5 | 96.1 |
| 女式服装 | Women's dress | 102.0 | 102.0 | 101.9 |
| 大衣 | Overcoat | 97.7 | 98.0 | 96.7 |
| 毛线衣 | Knitted Woolen Clothes | 98.5 | 98.1 | 99.8 |
| 羽绒衣 | Down Clothing | 97.8 | 98.5 | 96.5 |
| 套装 | Suits | 101.1 | 101.2 | 100.7 |
| 衬衫 | Shirt | 110.0 | 111.4 | 106.7 |
| T恤衫 | T-shirts | 105.2 | 104.7 | 106.3 |
| 裙子 | Skirt | 105.0 | 105.9 | 103.1 |
| 裤子 | Trousers | 103.5 | 103.7 | 103.2 |
| 运动衫裤 | Sports Wear | 101.3 | 100.7 | 102.4 |
| 内衣 | Underwear | 100.2 | 99.8 | 101.2 |
| 儿童服装 | Children's Garment | 104.3 | 105.3 | 102.9 |
| 套装 | Suits | 102.8 | 104.0 | 101.2 |
| 裤子 | Trousers | 104.7 | 106.2 | 102.7 |
| 裙子 | Skirt | 105.7 | 105.3 | 106.5 |
| 鞋袜帽 | Footwear,Socks and Hats | 100.3 | 99.7 | 101.4 |
| 鞋 | Shoes | 100.3 | 99.6 | 101.6 |
| 男鞋 | Men's Shoes | 99.8 | 99.5 | 100.4 |
| 女鞋 | Women's Shoes | 100.1 | 99.2 | 101.8 |
| 童鞋 | Children's Shoes | 102.7 | 102.1 | 103.5 |
| 袜子 | Socks and Stockings | 100.1 | 100.1 | 99.9 |
| 男袜 | Men's Socks | 99.3 | 98.9 | 100.0 |
| 女袜 | Women's Socks | 100.6 | 101.1 | 99.9 |
| 帽子 | Hats | 101.3 | 102.0 | 99.7 |
| 男帽 | Man Cap | 100.9 | 101.3 | 100.1 |
| 女帽 | Bonnet | 101.5 | 102.4 | 99.5 |
| 其他 | Others | 100.8 | 102.1 | 98.7 |
| 领带 | Tie | 100.8 | 102.1 | 98.7 |

3-7 续表 3 continued

（上年=100） (preceding year=100)

| 指 标 | Item | 全 区 Provice | 城 市 Urban Areas | 农 村 Rural Areas |
|---|---|---|---|---|
| **纺织品** | **Textiles** | **101.7** | **100.8** | **103.2** |
| 衣着材料 | Clothing Material | 101.1 | 99.7 | 102.9 |
| 棉布 | Cotton Cloth | 100.6 | 100.2 | 101.6 |
| 化纤布 | Chemical Fiber Cloth | 102.5 | 100.0 | 105.1 |
| 毛线 | Woolen Threads | 99.2 | 98.8 | 100.0 |
| 床上用品 | Bed Articles | 102.0 | 101.3 | 103.5 |
| 被子 | Quilts | 100.8 | 100.0 | 102.4 |
| 床上套件 | Bed Sets | 103.3 | 102.7 | 104.3 |
| **家用电器及音像器材** | **Household Appliances, Music and Video Equipment** | **98.4** | **98.4** | **98.4** |
| 家庭设备 | Household Facilities | 100.6 | 100.6 | 100.7 |
| 洗衣机 | Washing Machine | 102.3 | 103.0 | 100.9 |
| 电风扇 | Electric Fan | 100.4 | 98.6 | 104.0 |
| 电冰箱（柜） | Refrigerator | 100.7 | 101.3 | 99.5 |
| 吸排油烟机 | Smoke Exhauster | 101.5 | 103.1 | 97.9 |
| 空调器 | Air Conditioner | 99.9 | 99.2 | 101.4 |
| 热水器 | Shower Heater | 101.6 | 101.3 | 102.2 |
| 微波炉 | Microwave Oven | 100.0 | 100.9 | 97.5 |
| 文娱用耐用消费品 | Durable Consumer Goods for Recreational | 95.2 | 95.1 | 95.5 |
| 电视机 | Television | 91.6 | 89.7 | 94.6 |
| 激光视盘机 | Video-disc Player | 99.5 | 99.4 | 99.9 |
| 摄像机 | Video-camera | 98.6 | 98.9 | 91.5 |
| 照相机 | Camera | 93.8 | 96.6 | 88.5 |
| 家用音响设备 | Home Audio Equipment | 98.2 | 97.9 | 98.6 |
| 便携式音响 | Portable Audio | 98.4 | 98.7 | 97.7 |
| 音像器材 | Audiovisual Equipment | 100.4 | 100.6 | 97.5 |
| 专业音响器材 | Professional Audio Equipment | 100.8 | 101.0 | 99.5 |
| 专业声像器材 | Professional Audio-visual Equipment | 99.8 | 100.2 | 89.6 |
| **文化办公用品** | **Cultural and Office Goods** | **98.6** | **98.3** | **99.3** |
| 纸张本册 | This Paper List | 100.5 | 100.8 | 100.1 |
| 文具 | Stationary | 101.0 | 101.2 | 100.7 |
| 电脑及配件 | Computers and Accessories | 95.2 | 93.8 | 98.2 |
| 电子存储器 | Electronic Memory | 100.7 | 100.7 | 100.6 |
| 打印机及配件 | Printers and Accessories | 93.5 | 94.0 | 91.9 |
| 扫描仪 | Scanner | 98.7 | 98.7 | 98.7 |
| 复印机 | Photocopiers | 100.2 | 100.3 | 99.6 |
| 电子辞典 | Electronic Dictionary | 100.7 | 101.3 | 99.4 |
| 计算器 | Calculators | 99.4 | 99.1 | 100.0 |
| 教学设备 | Teaching Equipment | 100.1 | 100.1 | 100.0 |

3-7 续表 4 continued

（上年=100） (preceding year=100)

| 指 标 | Item | 全 区 Provice | 城 市 Urban Areas | 农 村 Rural Areas |
|---|---|---|---|---|
| **日用品** | **Articles for Daily Use** | **100.6** | **100.5** | **100.9** |
| 日用百货 | General Merchandise for Daily Use | 100.2 | 100.3 | 99.9 |
| 自行车 | Bicycle | 100.7 | 101.6 | 99.3 |
| 助动自行车 | Booster Bicycle | 98.6 | 98.8 | 98.3 |
| 雨具 | Rain Gear | 102.9 | 101.9 | 105.4 |
| 剃须刀具 | With Razor | 99.8 | 100.1 | 99.2 |
| 电池 | Battery | 99.6 | 100.4 | 98.1 |
| 卫生纸 | Toilet Paper | 100.6 | 100.2 | 101.2 |
| 日用杂品 | Grocery for Daily Use | 100.9 | 100.5 | 101.6 |
| 茶具 | Tea-set | 99.6 | 100.0 | 98.4 |
| 餐具 | Cooking-set | 101.6 | 101.0 | 102.8 |
| 厨具 | Cook-set | 101.0 | 100.4 | 102.2 |
| 洗涤用品 | Wash Articles | 101.0 | 100.7 | 101.6 |
| 洗衣粉 | Detergent | 101.2 | 100.9 | 101.7 |
| 肥皂类 | Soap | 100.4 | 100.0 | 101.3 |
| 清洁洗涤剂 | Clean the Detergent | 101.4 | 101.2 | 101.9 |
| 其他日用品 | Other Daily Necessities | 100.5 | 100.4 | 100.6 |
| 儿童玩具 | Toy for Children | 100.4 | 100.6 | 100.1 |
| 照明器具 | Lighting Utensil | 101.4 | 100.5 | 103.0 |
| 钟表眼镜及配件 | Clock and Watch Glasses and Fittings | 101.8 | 101.0 | 103.0 |
| 日用普通饰品 | Ordinary Ornaments of Daily Expenses | 100.0 | 99.4 | 101.4 |
| 日用皮革制品 | Daily Leather and Fur Products | 98.5 | 100.3 | 94.6 |
| **体育娱乐用品** | **Sports and Recreation Articles** | **100.0** | **100.0** | **100.0** |
| 体育用品 | Sports Goods | 100.4 | 100.1 | 101.1 |
| 球类 | Ball | 101.4 | 100.7 | 102.7 |
| 棋牌 | Chess and Card | 100.8 | 100.9 | 100.4 |
| 健身器材 | Body-building Apparatus | 99.2 | 98.9 | 100.0 |
| 娱乐用品 | Amusement articles | 99.6 | 99.9 | 98.8 |
| 游艺器材 | Apparatus of Recreation | 99.1 | 99.6 | 97.7 |
| 乐器 | Musical Instrument | 100.2 | 100.3 | 100.0 |
| **交通、通信用品** | **Transportation and Communication Appliances** | **98.5** | **97.8** | **100.1** |
| 交通运输机械 | Machinery of Communications and Transportation | 99.8 | 99.7 | 100.0 |
| 轿车 | Car | 97.3 | 97.6 | 94.9 |
| 客车 | Passenger Train | 100.0 | 100.0 | 100.0 |
| 货车 | Truck | 101.2 | 100.8 | 102.6 |
| 通信器材 | Apparatus of Communication | 95.9 | 93.8 | 100.1 |
| 固定电话机 | Stationary Telephone | 100.5 | 100.6 | 100.3 |
| 移动电话机 | Mobile Telephone | 92.0 | 89.1 | 98.6 |
| 传真机 | Fax-machine | 101.6 | 99.8 | 105.7 |

3-7 续表 5 continued

（上年=100） (preceding year=100)

| 指 标 | Item | 全 区 Provice | 城 市 Urban Areas | 农 村 Rural Areas |
|---|---|---|---|---|
| **家具** | **Furniture** | **100.2** | **99.9** | **100.8** |
| 柜 | Cupboard | 99.5 | 99.1 | 100.1 |
| 床 | Beds | 99.5 | 99.8 | 98.7 |
| 桌 | Desks | 101.5 | 100.9 | 102.9 |
| 椅 | Chairs | 100.2 | 100.2 | 100.1 |
| 沙发 | Sofas | 100.4 | 100.0 | 101.9 |
| **化妆品** | **Cosmetic Products** | **101.0** | **100.8** | **101.3** |
| 护肤品 | Skin Care Product | 101.5 | 101.1 | 102.3 |
| 美容、装饰类化妆品 | Beauty, Decorative Cosmetics | 99.9 | 99.6 | 100.5 |
| 护发美容品 | Hair Care Cosmetics | 100.4 | 100.5 | 100.2 |
| 洗发用品 | Shampoo Articles | 101.4 | 101.7 | 100.9 |
| 洗浴用品 | Bath Articles | 101.3 | 101.1 | 101.8 |
| 药物美容用品 | Cosmetic Articles of Medicine | 102.1 | 102.0 | 102.2 |
| **金银珠宝** | **Jewel of Gold and Silver** | **90.6** | **90.5** | **91.0** |
| 金饰品 | Gold Ornaments | 87.2 | 87.3 | 86.7 |
| 银饰品 | Silver Ornaments | 99.9 | 98.5 | 103.2 |
| 铂金饰品 | Platinum Ornaments | 91.6 | 91.7 | 91.5 |
| **中西药品及医疗保健用品** | **Traditional Chinese and Western Medicines and Health** | **100.6** | **100.3** | **101.3** |
| 医疗器具及用品 | Edical Appliances and Articles | 100.9 | 101.0 | 100.7 |
| 中药材及中成药 | Traditional Chines Herbs | 100.8 | 99.6 | 102.9 |
| 中药材 | Chines Herbal Material | 100.1 | 97.4 | 103.8 |
| 中成药 | Chines Patent drugs | 101.3 | 101.1 | 101.8 |
| 西药 | Western Medicine | 100.5 | 100.7 | 100.0 |
| 抗菌素（抗感染药） | Antibiotics（Anti-infectives） | 98.3 | 99.2 | 96.5 |
| 消化系统用药 | The Digestive System Drugs | 100.1 | 100.3 | 99.6 |
| 呼吸系统用药 | Respiratory Drug | 100.3 | 100.4 | 100.2 |
| 解热镇痛药 | Antipyretic and Analgesic | 101.2 | 101.6 | 100.6 |
| 抗肿瘤药 | Anticancer Drugs | 98.6 | 100.6 | 94.4 |
| 激素类药 | Hormone Drugs | 102.6 | 103.0 | 102.0 |
| 心血管系统用药 | Cardiovascular System Drugs | 100.9 | 101.0 | 100.4 |
| 中枢神经系统用药 | Central Nervous System Drugs | 98.6 | 97.5 | 100.9 |
| 消毒防腐及创伤外科用药 | Disinfection Antisepsis and Trauma Surgery Medication | 105.1 | 105.0 | 105.2 |
| 泌尿系统用药 | Urinary System Drugs | 100.9 | 100.0 | 102.5 |
| 维生素类 | Vitamins | 99.5 | 100.0 | 98.4 |
| 保健器具及用品 | Healthy Appliances and Articles | 100.7 | 100.4 | 101.4 |
| 保健器具 | Healthy Appliance | 99.4 | 99.1 | 100.0 |
| 滋补保健用品 | Tonic and Healthy Goods | 101.1 | 100.8 | 101.8 |

3-7 续表 6 continued

（上年=100） (preceding year=100)

| 指 标 | Item | 全 区 Provice | 城 市 Urban Areas | 农 村 Rural Areas |
|---|---|---|---|---|
| **书报杂志及电子出版物** | **Books, Newspapers, Magazines and Electronic Publications** | **99.9** | **99.8** | **100.1** |
| 教材及参考书 | Texts and Reference Books | 99.9 | 99.6 | 100.2 |
| 工具书 | Reference Book | 100.4 | 100.6 | 100.0 |
| 教材 | Text-book | 99.3 | 99.0 | 99.7 |
| 参考书 | Reference Book | 100.2 | 99.5 | 101.3 |
| 教育软件 | Educational Software | 100.5 | 100.6 | 100.2 |
| 书报杂志 | Newspapers and Magazines | 100.0 | 100.0 | 100.2 |
| 书籍 | Books | 99.9 | 99.7 | 100.4 |
| 报纸 | Newspapers | 100.3 | 100.4 | 100.0 |
| 杂志 | Magazine | 99.9 | 99.9 | 100.0 |
| 电子音像制品 | Electronic Audio-video Products | 99.7 | 99.7 | 99.7 |
| 音响光盘和磁带 | Audio CD and Tape | 99.8 | 99.9 | 99.5 |
| 计算机软件 | Computer Software | 99.6 | 99.4 | 100.0 |
| **燃料** | **Fuels** | **99.7** | **99.5** | **99.9** |
| 煤炭及制品 | Coal and Its Products | 99.6 | 99.4 | 100.0 |
| 原煤 | Coal | 82.4 | 82.4 | |
| 煤制品 | Coal Products | 99.9 | 99.8 | 100.0 |
| 石油及制品 | Oil and Its Products | 99.7 | 99.6 | 99.9 |
| 液化石油气 | Liquified Petroleum Gas | 101.3 | 101.1 | 101.6 |
| 管道燃气 | Pipeline Gas | 98.1 | 98.3 | 91.9 |
| 汽油 | Gasoline | 98.8 | 98.7 | 98.9 |
| 柴油 | Kerosene | 98.6 | 98.6 | 98.6 |
| **建筑材料及五金电料** | **Building Materials and Hardware** | **100.9** | **101.3** | **100.2** |
| 建筑装璜材料 | Building Decoration Materials | 101.1 | 101.7 | 100.3 |
| 木材 | Wood | 105.8 | 105.0 | 107.2 |
| 木地板 | Wood Floor | 100.2 | 100.4 | 99.9 |
| 钢材 | Steel | 89.5 | 89.4 | 89.9 |
| 砖 | Brick | 100.1 | 100.8 | 99.3 |
| 水泥 | Cement | 98.9 | 97.8 | 100.1 |
| 涂料 | Paint | 100.6 | 101.6 | 99.0 |
| 板材 | Board | 103.4 | 101.9 | 106.9 |
| 玻璃 | Glass | 102.2 | 102.5 | 101.7 |
| 粘胶 | Viscose | 102.7 | 104.1 | 100.4 |
| 管材 | Pipe | 125.3 | 141.3 | 102.9 |
| 厨卫设备 | Kitchen Equipment | 100.1 | 99.6 | 101.4 |
| 五金电料 | Hardware | 99.9 | 99.9 | 99.9 |
| 五金工具 | Hardware Tools | 98.5 | 97.5 | 100.4 |
| 电工电料 | Electricians and Electric Materials Will Be | 100.0 | 100.4 | 99.4 |
| 水暖器材 | Plumbing Equipment | 100.9 | 101.3 | 100.2 |

# 3-8 商品零售价格分类指数

## Retail Price Indices by Category

（上年=100） (preceding year=100)

| 指 标 | Item | 2011 | 2012 |
|---|---|---|---|
| **商品零售价格总指数** | **Retail General Price Index** | **106.0** | **102.3** |
| **食品类** | **Food** | **114.2** | **105.2** |
| 粮食 | Grain | 117.0 | 103.8 |
| 淀粉 | Starches and Tubers | 111.7 | 102.1 |
| 干豆类及豆制品 | Beans and Bean Products | 106.3 | 101.6 |
| 油脂 | Oil or Fat | 111.8 | 108.2 |
| 肉禽及其制品 | Meal,Poultry and Their Products | 120.2 | 103.0 |
| 食用畜肉及副产品 | Edible Domestic Animal's Meat and By-products | 125.0 | 103.9 |
| 禽 | Poultry | 114.1 | 103.3 |
| 肉禽加工制品 | Poultry Meat Processed Products | 113.8 | 106.5 |
| 蛋 | Eggs | 113.6 | 97.3 |
| 水产品 | Aquatic Products | 117.5 | 104.9 |
| 鱼 | Fish | 117.4 | 103.6 |
| 其他水产品 | Other Aquatic Products | 117.7 | 108.4 |
| 菜 | Vegetables | 107.4 | 116.7 |
| 调味品 | Flavoring | 103.5 | 101.6 |
| 糖 | Sweet | 113.7 | 103.9 |
| 干鲜瓜果 | Dried and Fresh Melons and Fruits | 115.2 | 98.7 |
| 糕点饼干面包 | Cake,Cookie,Bread | 107.4 | 104.1 |
| 液体乳及乳制品 | Milk and Its Products | 104.6 | 103.2 |
| 在外用膳食品 | Picnic Food | 110.5 | 108.7 |
| 其他食品 | Other Food | 107.1 | 104.7 |
| **饮料、烟酒** | **Tobacco,Liquor and Articles** | **103.3** | **102.8** |
| 茶及饮料 | Tea and Drinks | 103.8 | 103.5 |
| 茶叶 | Tea | 101.3 | 101.8 |
| 饮料 | Beverage | 104.8 | 104.1 |
| 烟草 | Tobacco | 100.2 | 100.2 |
| 酒 | Liquor | 106.5 | 105.2 |
| **服装、鞋帽** | **Garments, Shoes and Hats** | **100.7** | **102.8** |
| 服装 | Garments | 102.0 | 104.3 |
| 男式服装 | Men's Wear | 101.9 | 104.6 |
| 女式服装 | Women's Wear | 102.8 | 104.8 |
| 儿童服装 | Children's Clothing | 99.5 | 101.9 |
| 鞋袜帽 | Footwear,Socks and Hats | 98.3 | 99.4 |
| 鞋 | Shoes | 98.0 | 99.3 |
| 袜子 | Socks and Stockings | 100.0 | 100.4 |
| 帽子 | Hats | 99.5 | 99.1 |
| 其他 | Others | 96.7 | 99.8 |

3-8 续表 continued

(上年=100) (preceding year=100)

| 指 标 | Item | 2011 | 2012 |
|---|---|---|---|
| **纺织品** | **Textiles** | **107.5** | **101.4** |
| 衣着材料 | Clothing Material | 111.9 | 105.9 |
| 床上用品 | Bed Articles | 105.2 | 98.9 |
| **家用电器及音像器材** | **Electric Household Appliance and Sound Apparatus** | **96.6** | **97.0** |
| 家庭设备 | Household Facilities | 98.2 | 99.1 |
| 文娱用耐用消费品 | Durable Consuming Goods for Entertainment | 94.4 | 94.0 |
| 音像器材类 | Sound Apparatus | 100.0 | 100.3 |
| **文化办公用品** | **Cultural and Office Goods** | **98.9** | **99.0** |
| **日用品** | **Articles for Daily Use** | **102.3** | **101.4** |
| 日用百货 | Merchandiles for Daily Use | 102.7 | 101.3 |
| 日用杂品 | Sundries for Daily Use | 101.5 | 101.2 |
| 洗涤用品 | Washing and Cleaning Goods | 103.1 | 102.2 |
| 其他日用品 | Other Daily-use Goods | 101.2 | 100.5 |
| **体育娱乐用品** | **Sports and Entertainment Goods** | **100.7** | **100.1** |
| 体育用品 | Sports Goods | 100.9 | 100.1 |
| 娱乐用品 | Recreational Goods | 100.5 | 100.0 |
| **交通、通信用品** | **Traffic and Telecommunication Goods** | **97.7** | **97.4** |
| 交通运输机械 | Traffic and Transport Machinery | 99.6 | 99.5 |
| 通信器材类 | Telecommunication Apparatus | 94.2 | 93.6 |
| **家具** | **Furniture** | **103.3** | **102.2** |
| **化妆品类** | **Cosmetics** | **101.4** | **102.0** |
| **金银珠宝类** | **Gold and Silver Jewls** | **114.2** | **102.5** |
| **中西药品及医疗保健用品类** | **Chinese and Western Medicines and Health Supplies** | **105.2** | **101.8** |
| 医疗器具及用品 | Medical-care Apparatus and Goods | 101.6 | 102.0 |
| 中药材及中成药 | Chinese Herbs and Patent Medicine | 115.2 | 103.2 |
| 西药 | Western Medicine | 99.6 | 101.0 |
| 保健品及器具 | Healthy Devices and Goods | 101.1 | 100.3 |
| **书报杂志及电子出版物类** | **Books, Magazines and Electronic Publications** | **100.4** | **100.3** |
| 教材及参考书 | Texts and Reference Books | 100.4 | 100.6 |
| 书报杂志 | Newspapers and Magazines | 100.4 | 100.2 |
| 电子音像制品 | Electronic Audio and Video Products | 100.1 | 100.1 |
| **燃料类** | **Fuels** | **109.7** | **103.9** |
| 煤炭及制品类 | Coal and Its Products | 107.7 | 100.0 |
| 石油及制品类 | Oil and Its Products | 109.9 | 104.3 |
| **建筑材料及五金电料类** | **Building Apparatus and Hardwares** | **106.2** | **99.8** |
| 建筑装璜材料 | Building Decoration Materials | 107.2 | 00.6 |
| 五金电料类 | Hardwares and Electrical Apparatus | 102.7 | 100.8 |

# 3-9 主要城市商品零售价格总指数（1984—2013年）

## Major Cities in Overall Retail Price Index（1984—2013）

（上年=100）　　　　(preceding year=100)

| 年　份<br>Year | 南宁市<br>Nanning | 柳州市<br>Liuzhou | 桂林市<br>Guilin | 梧州市<br>Wuzhou | 北海市<br>Beihai | 贵港市<br>Guigang | 贺州市<br>Hezhou | 百色市<br>Baise |
|---|---|---|---|---|---|---|---|---|
| 1984 | 104.1 | 103.8 | 103.6 | 105.1 | 105.1 | 104.0 | 104.2 | 104.4 |
| 1985 | 118.7 | 115.4 | 113.5 | 117.5 | 117.0 | 114.2 | 114.6 | 115.6 |
| 1986 | 105.3 | 105.8 | 105.0 | 105.8 | 104.0 | 104.2 | 104.9 | 110.0 |
| 1987 | 111.8 | 108.9 | 113.6 | 111.8 | 112.8 | 110.8 | 114.6 | 109.2 |
| 1988 | 122.1 | 126.5 | 126.1 | 123.9 | 126.1 | 125.1 | 120.9 | 119.3 |
| 1989 | 119.4 | 118.4 | 118.1 | 115.8 | 120.7 | 124.1 | 121.1 | 121.9 |
| 1990 | 97.3 | 98.8 | 98.5 | 97.5 | 96.2 | 95.5 | 95.8 | 97.0 |
| 1991 | 104.0 | 102.2 | 101.6 | 104.7 | 104.1 | 102.8 | 100.7 | 102.8 |
| 1992 | 105.7 | 105.8 | 108.6 | 109.6 | 105.4 | 103.3 | 107.4 | 107.1 |
| 1993 | 124.1 | 123.8 | 119.8 | 120.0 | 134.0 | 120.5 | 119.0 | 118.6 |
| 1994 | 120.8 | 124.1 | 125.5 | 124.7 | 122.1 | 127.2 | 121.4 | 126.1 |
| 1995 | 114.9 | 116.4 | 113.8 | 114.8 | 113.3 | 119.0 | 117.3 | 120.7 |
| 1996 | 102.5 | 104.5 | 106.3 | 106.3 | 103.6 | 103.3 | 105.3 | 105.4 |
| 1997 | 99.5 | 99.5 | 100.5 | 101.5 | 99.7 | 98.0 | 100.1 | 100.9 |
| 1998 | 95.8 | 98.0 | 94.8 | 98.2 | 98.1 | 93.7 | 96.4 | 97.3 |
| 1999 | 95.9 | 96.3 | 97.6 | 99.8 | 96.4 | 96.3 | 96.4 | 98.4 |
| 2000 | 98.3 | 97.5 | 99.2 | 99.2 | 97.9 | 99.0 | 99.0 | 97.7 |
| 2001 | 95.9 | 97.3 | 97.5 | 98.4 | 98.3 | 98.3 | 98.3 | 99.0 |
| 2002 | 97.5 | 99.7 | 99.7 | 96.6 | 97.7 | 98.9 | 98.0 | 97.2 |
| 2003 | 99.5 | 99.2 | 100.1 | 100.4 | 99.2 | 101.1 | 101.0 | 99.4 |
| 2004 | 102.7 | 104.6 | 103.7 | 103.6 | 103.9 | 103.3 | 104.6 | 102.9 |
| 2005 | 100.3 | 100.7 | 102.0 | 101.9 | 101.8 | 100.8 | 100.4 | 102.5 |
| 2006 | 101.0 | 100.1 | 101.0 | 100.8 | 101.3 | 99.1 | 101.6 | 101.6 |
| 2007 | 103.3 | 105.0 | 104.8 | 104.1 | 103.8 | 105.5 | 105.1 | 104.3 |
| 2008 | 107.9 | 107.1 | 106.8 | 107.5 | 107.7 | 107.5 | 108.6 | 110.0 |
| 2009 | 98.5 | 97.5 | 99.6 | 97.1 | 97.9 | 96.5 | 97.5 | 97.9 |
| 2010 | 102.3 | 104.1 | 102.5 | 103.4 | 103.0 | 103.8 | 103.8 | 103.4 |
| 2011 | 104.9 | 105.4 | 106.2 | 105.7 | 105.6 | 106.3 | 107.0 | 106.3 |
| 2012 | 101.7 | 102.8 | 102.4 | 102.0 | 102.2 | 102.5 | 101.8 | 102.5 |
| 2013 | 100.8 | 100.9 | 101.7 | 101.6 | 101.0 | 101.5 | 100.5 | 101.7 |

# 3-10 主要城市商品零售价格分类指数（2013年）

## Major Cities in the Retail Price Index（2013）

（上年=100） (preceding year=100)

| 指标 | Item | 南宁市 Nanning | 柳州市 Liuzhou | 桂林市 Guilin | 梧州市 Wuzhou |
|---|---|---|---|---|---|
| **商品零售价格总指数** | **Retail General Price Index** | **100.8** | **100.9** | **101.7** | **101.6** |
| **食品类** | **Food** | **103.9** | **103.9** | **104.8** | **104.2** |
| 粮食 | Grain | 101.4 | 102.7 | 100.5 | 102.0 |
| 淀粉 | Starches and Tubers | 100.0 | 102.6 | 105.9 | 99.7 |
| 干豆类及豆制品 | Beans and Bean Products | 105.1 | 103.0 | 108.4 | 103.9 |
| 油脂 | Oil or Fat | 103.1 | 103.3 | 100.6 | 98.3 |
| 肉禽及其制品 | Meal,Poultry and Their Products | 103.2 | 103.6 | 104.6 | 102.2 |
| 食用畜肉及副产品 | Edible Domestic Animal's Meat and By-products | 105.5 | 106.8 | 106.7 | 101.6 |
| 禽 | Poultry | 100.3 | 101.3 | 103.0 | 102.6 |
| 肉禽加工制品 | Poultry Meat Processed Products | 101.2 | 100.6 | 98.6 | 101.9 |
| 蛋 | Eggs | 106.6 | 105.9 | 111.8 | 110.3 |
| 水产品 | Aquatic Products | 107.4 | 102.4 | 103.9 | 106.7 |
| 鱼 | Fish | 104.3 | 100.5 | 101.7 | 102.3 |
| 其他水产品 | Other Aquatic Products | 114.4 | 108.0 | 108.1 | 115.5 |
| 菜 | Vegetables | 105.9 | 109.0 | 106.4 | 108.3 |
| 调味品 | Flavoring | 102.7 | 102.7 | 100.6 | 100.9 |
| 糖 | Sweet | 100.4 | 98.6 | 101.0 | 100.1 |
| 干鲜瓜果 | Dried and Fresh Melons and Fruits | 110.3 | 107.5 | 109.7 | 105.1 |
| 糕点饼干面包 | Cake,Cookie,Bread | 100.9 | 102.6 | 102.4 | 104.2 |
| 液体乳及乳制品 | Milk and Its Products | 105.5 | 103.3 | 102.7 | 104.4 |
| 在外用膳食品 | Picnic Food | 101.1 | 100.7 | 105.4 | 106.6 |
| 其他食品 | Other Food | 102.9 | 101.3 | 101.2 | 100.3 |
| **饮料、烟酒** | **Tobacco,Liquor and Articles** | **99.4** | **99.9** | **100.2** | **101.6** |
| 茶及饮料 | Tea and Drinks | 100.6 | 101.7 | 103.4 | 103.0 |
| 茶叶 | Tea | 100.0 | 100.6 | 100.0 | 102.7 |
| 饮料 | Beverage | 100.8 | 102.2 | 104.9 | 103.1 |
| 烟草 | Tobacco | 100.0 | 100.0 | 99.5 | 100.1 |
| 酒 | Liquor | 98.0 | 98.4 | 98.7 | 102.2 |
| **服装、鞋帽** | **Garments, Shoes and Hats** | **104.9** | **100.8** | **102.5** | **101.2** |
| 服装 | Garments | 105.0 | 101.5 | 105.8 | 101.3 |
| 男式服装 | Men's Wear | 103.4 | 102.4 | 103.3 | 101.1 |
| 女式服装 | Women's Wear | 105.3 | 98.1 | 107.2 | 101.1 |
| 儿童服装 | Children's Clothing | 109.9 | 110.6 | 108.2 | 102.1 |
| 鞋袜帽 | Footwear,Socks and Hats | 103.4 | 98.9 | 93.4 | 101.4 |
| 鞋 | Shoes | 103.7 | 98.7 | 92.9 | 101.3 |
| 袜子 | Socks and Stockings | 101.1 | 100.0 | 93.3 | 101.8 |
| 帽子 | Hats | 103.9 | 100.0 | 110.2 | 101.0 |
| 其他 | Others | 112.0 | 100.0 | 100.0 | 99.6 |

continued

（上年=100）　　　　(preceding year=100)

| 指　标 | Item | 北海市 Beihai | 贵港市 Guigang | 贺州市 Hezhou | 百色市 Baise |
|---|---|---|---|---|---|
| **商品零售价格总指数** | **Retail General Price Index** | **101.0** | **101.5** | **100.5** | **101.7** |
| **食品类** | **Food** | **104.1** | **103.3** | **102.8** | **104.2** |
| 粮食 | Grain | 100.7 | 101.7 | 102.0 | 101.9 |
| 淀粉 | Starches and Tubers | 99.3 | 97.7 | 101.8 | 103.8 |
| 干豆类及豆制品 | Beans and Bean Products | 113.7 | 103.8 | 105.1 | 104.1 |
| 油脂 | Oil or Fat | 105.1 | 99.9 | 101.9 | 103.5 |
| 肉禽及其制品 | Meal,Poultry and Their Products | 104.6 | 100.8 | 100.6 | 102.4 |
| 食用畜肉及副产品 | Edible Domestic Animal's Meat and By-products | 105.8 | 100.7 | 103.2 | 102.9 |
| 禽 | Poultry | 102.7 | 100.2 | 96.9 | 101.8 |
| 肉禽加工制品 | Poultry Meat Processed Products | 104.9 | 101.9 | 99.2 | 100.8 |
| 蛋 | Eggs | 110.8 | 108.6 | 105.1 | 105.6 |
| 水产品 | Aquatic Products | 102.6 | 100.8 | 99.8 | 104.4 |
| 鱼 | Fish | 105.4 | 98.6 | 98.2 | 101.7 |
| 其他水产品 | Other Aquatic Products | 95.6 | 104.2 | 105.5 | 112.1 |
| 菜 | Vegetables | 107.3 | 111.5 | 105.3 | 105.8 |
| 调味品 | Flavoring | 99.9 | 100.3 | 99.3 | 107.1 |
| 糖 | Sweet | 101.2 | 97.5 | 99.0 | 95.9 |
| 干鲜瓜果 | Dried and Fresh Melons and Fruits | 107.1 | 105.1 | 101.1 | 106.4 |
| 糕点饼干面包 | Cake,Cookie,Bread | 100.6 | 100.1 | 99.4 | 101.4 |
| 液体乳及乳制品 | Milk and Its Products | 102.9 | 111.7 | 106.6 | 100.8 |
| 在外用膳食品 | Picnic Food | 102.2 | 103.4 | 108.3 | 107.9 |
| 其他食品 | Other Food | 105.5 | 109.2 | 100.8 | 103.9 |
| **饮料、烟酒** | **Tobacco,Liquor and Articles** | **102.3** | **100.4** | **100.7** | **100.3** |
| 茶及饮料 | Tea and Drinks | 103.6 | 101.0 | 101.6 | 101.4 |
| 茶叶 | Tea | 100.6 | 103.8 | 102.5 | 100.8 |
| 饮料 | Beverage | 104.8 | 99.8 | 101.3 | 101.6 |
| 烟草 | Tobacco | 100.8 | 100.0 | 100.0 | 99.5 |
| 酒 | Liquor | 102.9 | 100.8 | 100.9 | 100.5 |
| **服装、鞋帽** | **Garments, Shoes and Hats** | **101.1** | **103.9** | **98.8** | **103.1** |
| 服装 | Garments | 101.0 | 103.8 | 99.1 | 103.5 |
| 男式服装 | Men's Wear | 100.9 | 104.9 | 99.6 | 101.6 |
| 女式服装 | Women's Wear | 101.1 | 102.7 | 99.1 | 103.5 |
| 儿童服装 | Children's Clothing | 100.5 | 104.3 | 98.4 | 108.4 |
| 鞋袜帽 | Footwear,Socks and Hats | 101.8 | 103.7 | 98.9 | 102.0 |
| 鞋 | Shoes | 102.0 | 104.4 | 98.7 | 102.3 |
| 袜子 | Socks and Stockings | 100.0 | 100.2 | 99.8 | 99.9 |
| 帽子 | Hats | 100.1 | 97.1 | 102.7 | 100.0 |
| 其他 | Others | 100.0 | 107.3 | 95.5 | 103.6 |

3-10 续表

（上年=100） (preceding year=100)

| 指 标 | Item | 南宁市 Nanning | 柳州市 Liuzhou | 桂林市 Guilin | 梧州市 Wuzhou |
|---|---|---|---|---|---|
| **纺织品** | **Textiles** | **103.9** | **100.3** | **98.7** | **99.0** |
| 衣着材料 | Clothing Material | 100.0 | 100.3 | 94.1 | 100.9 |
| 床上用品 | Bed Articles | 105.6 | 100.3 | 100.0 | 98.0 |
| **家用电器及音像器材** | **Electric Household Appliance and Sound Apparatus** | **97.7** | **97.8** | **98.4** | **100.5** |
| 家庭设备 | Household Facilities | 99.9 | 99.9 | 100.7 | 101.6 |
| 文娱用耐用消费品 | Durable Consuming Goods for Entertainment | 93.6 | 94.7 | 94.0 | 99.0 |
| 音像器材类 | Sound Apparatus | 101.7 | 98.0 | 101.2 | 99.9 |
| **文化办公用品** | **Cultural and Office Goods** | **96.3** | **98.0** | **98.0** | **99.2** |
| **日用品** | **Articles for Daily Use** | **99.6** | **100.5** | **101.6** | **99.9** |
| 日用百货 | Merchandiles for Daily Use | 99.6 | 100.9 | 100.1 | 98.4 |
| 日用杂品 | Sundrics for Daily Use | 99.9 | 100.7 | 102.0 | 99.4 |
| 洗涤用品 | Washing and Cleaning Goods | 99.6 | 100.4 | 103.4 | 100.8 |
| 其他日用品 | Other Daily-use Goods | 99.5 | 99.7 | 100.2 | 101.0 |
| **体育娱乐用品** | **Sports and Entertainment Goods** | **100.5** | **100.6** | **99.6** | **100.9** |
| 体育用品 | Sports Goods | 100.1 | 102.5 | 100.6 | 100.6 |
| 娱乐用品 | Recreational Goods | 100.8 | 98.9 | 98.5 | 101.3 |
| **交通、通信用品** | **Traffic and Telecommunication Goods** | **94.9** | **97.4** | **101.7** | **98.7** |
| 交通运输机械 | Traffic and Transport Machinery | 97.1 | 100.1 | 102.3 | 99.9 |
| 通信器材类 | Telecommunication Apparatus | 90.8 | 92.9 | 99.6 | 96.3 |
| **家具** | **Furniture** | **101.0** | **99.6** | **99.7** | **102.5** |
| **化妆品类** | **Cosmetics** | **100.4** | **100.7** | **100.6** | **101.5** |
| **金银珠宝类** | **Gold and Silver Jewls** | **90.1** | **90.5** | **90.7** | **90.5** |
| **中西药品及医疗保健用品类** | **Chinese and Western Medicines and Health Supplies** | **99.6** | **100.1** | **100.5** | **101.2** |
| 医疗器具及用品 | Medical-care Apparatus and Goods | 101.3 | 100.9 | 101.0 | 100.7 |
| 中药材及中成药 | Chinese Herbs and Patent Medicine | 97.6 | 100.3 | 102.2 | 103.2 |
| 西药 | Western Medicine | 101.2 | 99.7 | 99.3 | 100.8 |
| 保健品及器具 | Healthy Devices and Goods | 99.7 | 101.5 | 101.2 | 99.3 |
| **书报杂志及电子出版物类** | **Books, Magazines and Electronic Publications** | **99.9** | **99.1** | **99.8** | **100.3** |
| 教材及参考书 | Texts and Reference Books | 99.8 | 98.3 | 100.8 | 99.9 |
| 书报杂志 | Newspapers and Magazines | 100.0 | 99.9 | 100.0 | 100.3 |
| 电子音像制品 | Electronic Audio and Video Products | 100.0 | 99.2 | 97.8 | 101.0 |
| **燃料类** | **Fuels** | **99.3** | **99.9** | **100.3** | **100.9** |
| 煤炭及制品类 | Coal and Its Products | 100.0 | 102.6 | 100.1 | 96.7 |
| 石油及制品类 | Oil and Its Products | 99.3 | 99.9 | 100.4 | 101.4 |
| **建筑材料及五金电料类** | **Building Apparatus and Hardwares** | **98.8** | **99.9** | **100.7** | **100.2** |
| 建筑装璜材料 | Building Decoration Materials | 99.1 | 100.0 | 100.7 | 100.3 |
| 五金电料类 | Hardwares and Electrical Apparatus | 97.8 | 99.5 | 100.9 | 99.9 |

continued

（上年＝100）　　　　(preceding year=100)

| 指　　标 | Item | 北海市 Beihai | 贵港市 Guigang | 贺州市 Hezhou | 百色市 Baise |
|---|---|---|---|---|---|
| **纺织品** | **Textiles** | **99.4** | **108.7** | **100.9** | **101.1** |
| 衣着材料 | Clothing Material | 101.6 | 102.7 | 104.1 | 102.0 |
| 床上用品 | Bed Articles | 98.3 | 111.5 | 97.9 | 100.5 |
| **家用电器及音像器材** | **Electric Household Appliance and Sound Apparatus** | **96.4** | **100.2** | **96.6** | **98.0** |
| 家庭设备 | Household Facilities | 98.7 | 102.4 | 97.6 | 101.6 |
| 文娱用耐用消费品 | Durable Consuming Goods for Entertainment | 92.5 | 97.2 | 94.9 | 93.7 |
| 音像器材类 | Sound Apparatus | 100.2 | 100.0 | 100.0 | 93.3 |
| **文化办公用品** | **Cultural and Office Goods** | **98.6** | **98.3** | **100.2** | **99.3** |
| **日用品** | **Articles for Daily Use** | **100.7** | **100.6** | **100.9** | **101.3** |
| 日用百货 | Merchandiles for Daily Use | 101.1 | 100.5 | 100.6 | 99.2 |
| 日用杂品 | Sundries for Daily Use | 100.0 | 100.3 | 101.3 | 102.8 |
| 洗涤用品 | Washing and Cleaning Goods | 101.1 | 100.8 | 101.1 | 103.0 |
| 其他日用品 | Other Daily-use Goods | 100.0 | 100.6 | 100.6 | 100.5 |
| **体育娱乐用品** | **Sports and Entertainment Goods** | **97.2** | **100.4** | **99.9** | **99.4** |
| 体育用品 | Sports Goods | 96.5 | 100.0 | 99.9 | 104.0 |
| 娱乐用品 | Recreational Goods | 98.0 | 100.7 | 100.0 | 94.8 |
| **交通、通信用品** | **Traffic and Telecommunication Goods** | **98.9** | **100.4** | **98.6** | **99.4** |
| 交通运输机械 | Traffic and Transport Machinery | 99.8 | 98.6 | 99.8 | 99.4 |
| 通信器材类 | Telecommunication Apparatus | 97.1 | 104.2 | 96.6 | 99.3 |
| **家具** | **Furniture** | **102.2** | **99.7** | **101.7** | **100.7** |
| **化妆品类** | **Cosmetics** | **99.6** | **101.0** | **103.3** | **100.6** |
| **金银珠宝类** | **Gold and Silver Jewls** | **91.4** | **90.8** | **90.6** | **90.5** |
| **中西药品及医疗保健用品类** | **Chinese and Western Medicines and Health Supplies** | **98.8** | **101.6** | **101.2** | **101.3** |
| 医疗器具及用品 | Medical-care Apparatus and Goods | 99.6 | 100.1 | 100.0 | 101.9 |
| 中药材及中成药 | Chinese Herbs and Patent Medicine | 96.6 | 104.3 | 102.9 | 101.5 |
| 西药 | Western Medicine | 100.3 | 99.7 | 99.8 | 100.6 |
| 保健品及器具 | Healthy Devices and Goods | 101.1 | 99.6 | 101.5 | 103.4 |
| **书报杂志及电子出版物类** | **Books, Magazines and Electronic Publications** | **99.7** | **100.0** | **100.3** | **100.0** |
| 教材及参考书 | Texts and Reference Books | 99.4 | 100.0 | 100.6 | 100.0 |
| 书报杂志 | Newspapers and Magazines | 99.9 | 100.6 | 100.0 | 100.0 |
| 电子音像制品 | Electronic Audio and Video Products | 100.0 | 98.7 | 100.0 | 100.0 |
| **燃料类** | **Fuels** | **101.3** | **98.9** | **100.3** | **100.6** |
| 煤炭及制品类 | Coal and Its Products | 100.0 | 0.0 | 100.0 | 100.0 |
| 石油及制品类 | Oil and Its Products | 101.5 | 98.9 | 100.3 | 100.8 |
| **建筑材料及五金电料类** | **Building Apparatus and Hardwares** | **100.0** | **100.5** | **99.0** | **101.5** |
| 建筑装璜材料 | Building Decoration Materials | 100.1 | 100.9 | 98.8 | 101.6 |
| 五金电料类 | Hardwares and Electrical Apparatus | 99.6 | 98.8 | 99.9 | 100.9 |

# 3-11 农业生产资料价格分类指数（2013年）

## Price Indices of Means of Agricultural Production（2013）

（上年=100） (preceding year=100)

| 指 标 | Item | 全 区 Province | 城 市 Urban Areas | 农 村 Rural Areas |
|---|---|---|---|---|
| **农业生产资料价格指数** | **Price Index of Means of Agricultural Production** | **99.9** | **-** | **99.9** |
| 农用手工工具 | Agricultural Craft Tool | 104.3 | - | 104.3 |
| 饲料 | Forage | 103.8 | - | 103.8 |
| 混合饲料 | Mixed Forage | 102.0 | - | 102.0 |
| 其他 | Others | 111.4 | - | 111.4 |
| 产品畜 | Animals for Products | 90.3 | - | 90.3 |
| 幼禽家畜 | Domestic Animals and Young Poultry | 90.3 | - | 90.3 |
| 半机械化农具 | Semi-mechanized Farm Tools | 99.7 | - | 99.7 |
| 机械化农具 | Mechanized Farm Machinery | 99.6 | - | 99.6 |
| 农用机械 | Agricultural Machinery | 99.6 | - | 99.6 |
| 化学肥料 | Chemical Fertilizer | 93.3 | - | 93.3 |
| 氮肥 | Nitrogen Fertilizer | 91.3 | - | 91.3 |
| 磷肥 | Phosphate Fertilizer | 95.5 | - | 95.5 |
| 钾肥 | Calcium Fertilizer | 90.3 | - | 90.3 |
| 复合肥料 | Compounded Fertilizer | 95.9 | - | 95.9 |
| 农药及农药械 | Pesticide & Its Appliances | 102.4 | - | 102.4 |
| 化学农药 | Chemical Pesticide | 102.7 | - | 102.7 |
| 杀虫剂 | Insecticide | 103.6 | - | 103.6 |
| 杀菌剂 | Disinfectant | 101.3 | - | 101.3 |
| 除草剂 | Herbicide | 103.1 | - | 103.1 |
| 农药器械 | Pesticide Apparatus | 101.0 | - | 101.0 |
| 农用机油 | Oil for Farm Machinery | 99.7 | - | 99.7 |
| 其他农业生产资料 | Other Agricultural Productions | 107.4 | - | 107.4 |
| 农用种子 | Seeds for Farm | 110.3 | - | 110.3 |
| 其他 | Others | 102.3 | - | 102.3 |
| 农用薄膜 | Agricultural Membrane | 100.8 | - | 100.8 |
| 其他 | Others | 104.3 | - | 104.3 |
| 农业生产服务 | Agricultural Production Service | 105.4 | - | 105.4 |
| 排灌费 | Irrigation Costs | 100.1 | - | 100.1 |
| 机械作业费 | Machinery Operating Costs | 101.1 | - | 101.1 |
| 农业用电 | Agricultural Use of Electricity | 100.0 | - | 100.0 |
| 农业用工 | Agricultural Employment | 116.1 | - | 116.1 |

# 3-12 分月农业生产资料价格指数（2013年）

（上年同期=100）

| 指 标 | Item | 1 月<br>January | 2 月<br>February | 3 月<br>March |
|---|---|---|---|---|
| **农业生产资料价格指数** | **Price Index of Means of Agricultural Production** | **101.6** | **100.2** | **100.4** |
| 农用手工工具 | Agricultural Craft Tool | 104.9 | 103.9 | 104.5 |
| 饲料 | Forage | 105.2 | 106.3 | 106.0 |
| 混合饲料 | Mixed Forage | 103.4 | 102.6 | 103.2 |
| 其他 | Others | 102.2 | 104.1 | 104.2 |
| 产品畜 | Animals for Products | 86.5 | 82.1 | 81.8 |
| 幼禽家畜 | Domestic Animals and Young Poultry | 86.5 | 82.1 | 81.8 |
| 半机械化农具 | Semi-mechanized Farm Tools | 100.0 | 100.0 | 100.0 |
| 机械化农具 | Mechanized Farm Machinery | 99.3 | 99.4 | 99.4 |
| 农用机械 | Agricultural Machinery | 99.3 | 99.4 | 99.4 |
| 化学肥料 | Chemical Fertilizer | 99.9 | 100.0 | 99.8 |
| 氮肥 | Nitrogen Fertilizer | 100.1 | 102.9 | 101.5 |
| 磷肥 | Phosphate Fertilizer | 100.9 | 98.2 | 100.7 |
| 钾肥 | Calcium Fertilizer | 95.3 | 94.3 | 92.9 |
| 复合肥料 | Compounded Fertilizer | 100.9 | 99.1 | 99.8 |
| 农药及农药械 | Pesticide & Its Appliances | 104.4 | 104.3 | 103.1 |
| 化学农药 | Chemical Pesticide | 104.9 | 104.8 | 103.4 |
| 杀虫剂 | Insecticide | 106.3 | 106.3 | 104.7 |
| 杀菌剂 | Disinfectant | 103.7 | 103.7 | 101.9 |
| 除草剂 | Herbicide | 102.6 | 102.0 | 102.3 |
| 农药器械 | Pesticide Apparatus | 101.7 | 101.6 | 101.8 |
| 农用机油 | Oil for Farm Machinery | 106.6 | 100.2 | 97.8 |
| 其他农业生产资料 | Other Agricultural Productions | 106.0 | 103.6 | 107.5 |
| 农用种子 | Seeds for Farm | 107.5 | 103.6 | 109.4 |
| 其他 | Others | 103.6 | 103.6 | 103.9 |
| 农用薄膜 | Agricultural Membrane | 101.0 | 101.0 | 101.5 |
| 其他 | Others | 102.2 | 104.1 | 104.2 |
| 农业生产服务 | Agricultural Production Service | 106.8 | 106.9 | 105.3 |
| 排灌费 | Irrigation Costs | 100.0 | 100.1 | 100.1 |
| 机械作业费 | Machinery Operating Costs | 103.1 | 103.1 | 101.5 |
| 农业用电 | Agricultural Use of Electricity | 100.0 | 100.0 | 100.0 |
| 农业用工 | Agricultural Employment | 118.8 | 118.8 | 115.5 |

# Price Indices of Means of Agricultural Production by Month（2013）

（preceding year=100）

| 4 月 April | 5 月 May | 6 月 June | 7 月 July | 8 月 August | 9 月 September | 10 月 October | 11 月 November | 12 月 December |
|---|---|---|---|---|---|---|---|---|
| **99.0** | **99.2** | **99.0** | **99.7** | **99.7** | **99.6** | **99.9** | **100.0** | **100.5** |
| 105.0 | 104.7 | 104.7 | 105.2 | 105.0 | 104.7 | 104.0 | 103.4 | 102.4 |
| 105.6 | 104.6 | 103.9 | 103.1 | 102.2 | 102.4 | 102.1 | 102.6 | 102.2 |
| 102.9 | 102.0 | 102.0 | 101.6 | 100.8 | 101.1 | 100.9 | 101.7 | 102.2 |
| 104.3 | 104.4 | 103.3 | 101.5 | 101.7 | 102.6 | 103.0 | 104.5 | 104.8 |
| 78.4 | 83.9 | 86.1 | 94.9 | 97.7 | 98.8 | 102.4 | 97.7 | 99.9 |
| 78.4 | 83.9 | 86.1 | 94.9 | 97.7 | 98.8 | 102.4 | 97.7 | 99.9 |
| 100.0 | 100.0 | 100.0 | 100.0 | 100.0 | 99.2 | 99.2 | 99.2 | 99.2 |
| 100.0 | 100.0 | 99.4 | 98.9 | 99.1 | 99.3 | 99.9 | 100.3 | 100.7 |
| 100.0 | 100.0 | 99.4 | 98.9 | 99.1 | 99.3 | 99.9 | 100.3 | 100.7 |
| 95.5 | 93.1 | 91.0 | 89.5 | 89.1 | 89.4 | 89.0 | 90.0 | 91.9 |
| 94.8 | 90.9 | 88.4 | 84.8 | 85.5 | 86.0 | 85.5 | 86.9 | 88.8 |
| 96.4 | 95.5 | 93.8 | 95.1 | 92.2 | 92.2 | 91.1 | 95.2 | 93.8 |
| 92.0 | 90.2 | 87.5 | 88.4 | 87.9 | 88.0 | 87.0 | 89.0 | 90.7 |
| 97.2 | 95.9 | 94.6 | 93.9 | 92.9 | 93.0 | 93.2 | 94.7 | 95.4 |
| 102.8 | 102.1 | 102.2 | 102.2 | 101.7 | 101.2 | 101.7 | 101.8 | 101.8 |
| 103.0 | 102.2 | 102.2 | 102.2 | 102.0 | 101.4 | 102.0 | 102.1 | 102.2 |
| 103.9 | 103.5 | 103.5 | 103.5 | 103.5 | 102.2 | 102.2 | 102.2 | 102.2 |
| 101.9 | 100.0 | 100.0 | 100.0 | 100.0 | 100.0 | 101.4 | 101.4 | 101.4 |
| 103.0 | 103.7 | 103.7 | 103.6 | 102.4 | 102.1 | 103.4 | 104.0 | 104.6 |
| 101.8 | 101.7 | 102.4 | 102.1 | 99.8 | 99.8 | 99.8 | 99.8 | 99.8 |
| 96.2 | 96.7 | 98.6 | 102.5 | 101.1 | 99.4 | 98.5 | 99.3 | 99.8 |
| 107.6 | 108.3 | 108.3 | 108.0 | 108.4 | 107.9 | 107.6 | 107.8 | 107.8 |
| 109.8 | 111.0 | 111.0 | 111.3 | 112.0 | 112.0 | 112.0 | 112.0 | 112.0 |
| 103.5 | 103.5 | 103.5 | 102.0 | 102.0 | 100.8 | 100.0 | 100.6 | 100.6 |
| 100.8 | 100.8 | 100.8 | 100.8 | 100.8 | 100.1 | 100.1 | 101.0 | 101.0 |
| 104.3 | 104.4 | 103.3 | 101.5 | 101.7 | 102.6 | 103.0 | 104.5 | 104.8 |
| 106.1 | 106.1 | 106.1 | 106.1 | 105.0 | 104.6 | 104.6 | 104.0 | 104.0 |
| 100.1 | 100.1 | 100.1 | 100.1 | 100.1 | 100.1 | 100.1 | 100.1 | 100.1 |
| 101.5 | 101.5 | 101.5 | 101.0 | 100.0 | 100.0 | 100.0 | 100.0 | 100.0 |
| 100.0 | 100.0 | 100.0 | 100.0 | 100.0 | 100.0 | 100.0 | 100.0 | 100.0 |
| 117.9 | 117.9 | 117.9 | 118.5 | 115.9 | 114.6 | 114.6 | 112.1 | 112.1 |

# 3-13 农业生产资料价格分类指数

## Price Indices of Means of Agricultural Production

（上年=100） (preceding year=100)

| 指 标 | Item | 2008 | 2009 | 2010 | 2011 | 2012 |
|---|---|---|---|---|---|---|
| **农业生产资料价格指数** | **Price Index of Means of Agricultural Production** | **124.0** | **94.2** | **101.9** | **112.2** | **103.9** |
| 农用手工工具 | Agricultural Craft Tool | 122.5 | 107.8 | 103.1 | 105.5 | 103.7 |
| 饲料 | Forage | 112.4 | 102.5 | 106.2 | 107.3 | 111.3 |
| 混合饲料 | Mixed Forage | 107.1 | 104.0 | 105.4 | 108.4 | 111.0 |
| 其他 | Others | 134.0 | 98.7 | 109.5 | 103.0 | 112.3 |
| 产品畜 | Animals for Products | 108.0 | 82.6 | 101.4 | 142.3 | 91.5 |
| 幼禽家畜 | Domestic Animals and Young Poultry | 108.0 | 82.6 | 101.4 | 142.3 | 91.5 |
| 半机械化农具 | Semi-mechanized Farm Tools | 100.1 | 96.9 | 101.0 | 103.8 | 101.2 |
| 机械化农具 | Mechanized Farm Machinery | 117.9 | 100.8 | 101.9 | 104.9 | 101.4 |
| 农用机械 | Agricultural Machinery | 117.9 | 100.8 | 101.9 | 104.9 | 101.4 |
| 化学肥料 | Chemical Fertilizer | 143.0 | 87.2 | 97.1 | 115.2 | 104.8 |
| 氮肥 | Nitrogen Fertilizer | 132.2 | 81.8 | 102.6 | 123.5 | 104.1 |
| 磷肥 | Phosphate Fertilizer | 154.2 | 83.2 | 95.9 | 116.2 | 105.5 |
| 钾肥 | Calcium Fertilizer | 182.3 | 90.2 | 84.7 | 104.6 | 102.2 |
| 复合肥料 | Compounded Fertilizer | 135.9 | 92.9 | 96.1 | 109.0 | 106.4 |
| 农药及农药械 | Pesticide & Its Appliances | 106.4 | 98.7 | 100.8 | 103.2 | 103.6 |
| 化学农药 | Chemical Pesticide | 106.8 | 97.9 | 101.1 | 103.0 | 104.0 |
| 杀虫剂 | Insecticide | 103.8 | 100.5 | 101.4 | 103.2 | 104.8 |
| 杀菌剂 | Disinfectant | 106.0 | 96.3 | 101.7 | 103.0 | 103.8 |
| 除草剂 | Herbicide | 126.7 | 92.1 | 97.0 | 102.1 | 101.8 |
| 农药器械 | Pesticide Apparatus | 104.4 | 104.1 | 98.9 | 104.6 | 101.0 |
| 农用机油 | Oil for Farm Machinery | 117.1 | 95.0 | 113.9 | 109.0 | 106.3 |
| 其他农业生产资料 | Other Agricultural Productions | 118.7 | 103.9 | 104.9 | 107.9 | 105.8 |
| 农用种子 | Seeds for Farm | 122.2 | 109.3 | 106.6 | 109.6 | 108.2 |
| 其他 | Others | 113.8 | 96.4 | 102.8 | 105.1 | 101.7 |
| 农用薄膜 | Agricultural Membrane | 114.4 | 93.2 | 103.6 | 103.8 | 100.1 |
| 其他 | Others | 112.8 | 101.4 | 101.6 | 106.9 | 103.8 |
| 农业生产服务 | Agricultural Production Service | 110.5 | 102.6 | 100.5 | 106.8 | 106.7 |
| 排灌费 | Irrigation Costs | 109.2 | 100.6 | 100.6 | 101.7 | 100.6 |
| 机械作业费 | Machinery Operating Costs | 110.1 | 104.7 | 100.3 | 110.3 | 106.1 |
| 其他 | Others | 112.5 | 104.4 | 100.4 | - | |
| 农业用电 | Agricultural Use of Electricity | - | - | - | 101.2 | 108.1 |
| 农业用工 | Agricultural Employment | - | - | - | 107.1 | 110.8 |

# 3-14 工业产品出厂价格分类指数（1990—2013年）

## Producer Price Indices for Manufactured Goods by Category（1990—2013）

（上年=100） (preceding year=100)

| 年份 Year | 全部工业品 Total Industry Products | 轻工业 Light Industry | 以农产品为原料 Agricultural products as raw materials | 以非农产品为原料 Non-agricultural Products as Raw Materials | 重工业 Heavy Industry | 采掘 Mining & Quarrying Industry | 原料 Raw Materials Industry | 加工 Processing Industry | 生产资料 Means of Production | 生活资料 Consumer Goods |
|---|---|---|---|---|---|---|---|---|---|---|
| 1990 | 101.5 | 101.0 | 102.6 | 97.4 | 102.0 | 90.1 | 97.0 | 108.6 | 102.0 | 100.8 |
| 1991 | 103.3 | 105.8 | 108.4 | 98.6 | 100.9 | 104.4 | 98.6 | 102.1 | 100.8 | 106.5 |
| 1992 | 111.3 | 106.0 | 106.9 | 101.9 | 117.3 | 109.5 | 124.4 | 110.9 | 116.1 | 106.1 |
| 1993 | 121.1 | 110.9 | 110.4 | 113.0 | 132.0 | 113.3 | 143.1 | 127.6 | 130.1 | 110.5 |
| 1994 | 118.8 | 122.1 | 123.0 | 118.0 | 115.5 | 118.5 | 115.4 | 114.1 | 116.1 | 122.2 |
| 1995 | 117.2 | 123.8 | 126.6 | 113.1 | 111.2 | 126.0 | 105.3 | 115.8 | 114.2 | 121.4 |
| 1996 | 102.6 | 103.1 | 104.4 | 98.1 | 102.0 | 98.8 | 102.6 | 102.0 | 102.2 | 103.1 |
| 1997 | 97.7 | 97.1 | 97.9 | 95.5 | 98.1 | 99.7 | 99.7 | 94.8 | 97.2 | 98.4 |
| 1998 | 95.4 | 95.2 | 94.9 | 95.8 | 95.6 | 93.5 | 96.0 | 95.8 | 95.2 | 96.0 |
| 1999 | 95.6 | 94.1 | 92.9 | 98.3 | 96.6 | 96.7 | 97.4 | 95.3 | 96.5 | 93.9 |
| 2000 | 105.5 | 109.0 | 109.9 | 100.4 | 103.1 | 106.1 | 106.1 | 96.0 | 103.2 | 110.4 |
| 2001 | 106.3 | 109.2 | 110.2 | 100.1 | 104.3 | 104.7 | 106.9 | 97.8 | 103.5 | 112.3 |
| 2002 | 95.6 | 90.6 | 89.8 | 97.0 | 98.4 | 102.5 | 98.3 | 98.3 | 98.2 | 88.5 |
| 2003 | 102.8 | 98.8 | 98.4 | 99.8 | 105.7 | 107.5 | 107.9 | 103.1 | 105.3 | 96.3 |
| 2004 | 109.7 | 110.0 | 112.6 | 104.6 | 109.5 | 121.3 | 110.3 | 107.9 | 110.5 | 108.1 |
| 2005 | 104.9 | 105.8 | 107.5 | 101.8 | 104.2 | 126.5 | 105.2 | 101.5 | 104.0 | 106.8 |
| 2006 | 109.6 | 113.3 | 119.1 | 100.3 | 106.7 | 137.4 | 111.8 | 99.5 | 105.5 | 119.9 |
| 2007 | 104.5 | 97.7 | 95.6 | 102.9 | 108.3 | 117.8 | 106.9 | 109.1 | 107.3 | 94.5 |
| 2008 | 109.0 | 104.4 | 102.4 | 109.6 | 111.7 | 113.0 | 104.3 | 119.6 | 111.3 | 100.9 |
| 2009 | 93.5 | 99.4 | 100.0 | 97.8 | 90.5 | 92.0 | 93.1 | 88.6 | 91.4 | 101.7 |
| 2010 | 112.0 | 115.0 | 118.9 | 105.6 | 110.3 | 129.1 | 113.0 | 106.3 | 110.3 | 118.2 |
| 2011 | 108.5 | 114.7 | 116.1 | 106.2 | 106.3 | 121.2 | 106.3 | 105.2 | 107.2 | 112.0 |
| 2012 | 97.8 | 98.6 | 98.0 | 102.6 | 97.5 | 101.7 | 98.5 | 96.6 | 97.4 | 99.0 |
| 2013 | 98.2 | 97.7 | 97.1 | 100.9 | 98.4 | 96.3 | 98.9 | 98.2 | 98.4 | 97.5 |

# 3-15 按工业部门分工业产品出厂价格指数（1990—2013年）

## Producer Price Indices for Manufactured Goods by Sector（1990—2013）

（上年=100）　　　　(preceding year=100)

| 年 份<br>Year | 冶金工业<br>Metallurgical Industry | 电力工业<br>Power Industry | 煤炭及炼焦工业<br>Coal Industry | 化学工业<br>Chemical Industry | 机械工业<br>Machine Manufacturing Idustry |
|---|---|---|---|---|---|
| 1990 | 97.4 | 90.2 | 98.7 | 100.2 | 106.8 |
| 1991 | 103.1 | 93.9 | 100.2 | 97.5 | 102.0 |
| 1992 | 121.8 | 101.9 | 114.8 | 103.2 | 111.6 |
| 1993 | 140.8 | 89.9 | 111.3 | 113.2 | 131.6 |
| 1994 | 104.2 | 138.0 | 126.1 | 112.0 | 113.6 |
| 1995 | 111.0 | 107.8 | 109.4 | 129.2 | 106.3 |
| 1996 | 98.1 | 107.5 | 106.4 | 104.6 | 101.2 |
| 1997 | 96.7 | 106.3 | 109.2 | 95.4 | 98.2 |
| 1998 | 92.4 | 102.7 | 95.3 | 93.0 | 94.8 |
| 1999 | 97.4 | 100.5 | 96.0 | 95.2 | 94.4 |
| 2000 | 108.5 | 112.5 | 104.1 | 95.6 | 95.7 |
| 2001 | 96.9 | 129.6 | 104.7 | 100.5 | 97.7 |
| 2002 | 94.3 | 101.8 | 113.0 | 98.2 | 98.4 |
| 2003 | 115.9 | 100.0 | 100.9 | 102.4 | 96.8 |
| 2004 | 128.9 | 102.2 | 109.2 | 107.3 | 99.7 |
| 2005 | 106.4 | 100.9 | 133.1 | 108.0 | 100.6 |
| 2006 | 117.2 | 102.7 | 106.1 | 101.4 | 101.3 |
| 2007 | 116.5 | 102.7 | 99.9 | 102.6 | 101.5 |
| 2008 | 117.7 | 102.0 | 137.3 | 114.8 | 101.9 |
| 2009 | 78.3 | 102.5 | 95.1 | 92.2 | 100.1 |
| 2010 | 118.1 | 102.0 | 111.0 | 114.7 | 102.3 |
| 2011 | 110.1 | 99.3 | 130.5 | 113.4 | 101.4 |
| 2012 | 90.9 | 106.3 | 113.6 | 95.8 | 100.0 |
| 2013 | 94.3 | 100.5 | 99.0 | 99.9 | 99.7 |

## 3-15 续表 continued

（上年=100） (preceding year=100)

| 年 份<br>Year | 建筑材料工业<br>Building Materials Industry | 森林工业<br>Timber Industry | 食品工业<br>Food Industry | 纺织工业<br>Textile Industry | 造纸工业<br>Paper Industry | 其它工业<br>Other Industry |
|---|---|---|---|---|---|---|
| 1990 | 97.2 | 89.0 | 99.3 | 104.6 | 105.8 | 102.4 |
| 1991 | 101.1 | 99.0 | 117.1 | 103.5 | 101.5 | 108.1 |
| 1992 | 154.2 | 104.7 | 107.3 | 105.8 | 106.7 | 104.7 |
| 1993 | 162.9 | 116.0 | 110.8 | 114.3 | 113.3 | 135.7 |
| 1994 | 110.5 | 112.9 | 117.9 | 150.7 | 114.5 | 126.0 |
| 1995 | 95.2 | 99.8 | 124.4 | 126.1 | 146.6 | 126.0 |
| 1996 | 94.6 | 92.2 | 105.6 | 85.8 | 113.4 | 106.0 |
| 1997 | 90.0 | 93.3 | 98.9 | 93.4 | 87.3 | 100.0 |
| 1998 | 99.0 | 90.0 | 96.3 | 83.8 | 92.4 | 104.5 |
| 1999 | 96.4 | 95.9 | 92.7 | 103.4 | 90.8 | 100.6 |
| 2000 | 100.6 | 101.4 | 111.1 | 115.5 | 111.2 | 98.4 |
| 2001 | 101.6 | 103.5 | 112.8 | 89.1 | 100.5 | 104.0 |
| 2002 | 99.3 | 94.9 | 88.1 | 88.5 | 96.8 | 101.8 |
| 2003 | 100.9 | 97.1 | 96.9 | 108.9 | 102.1 | 102.2 |
| 2004 | 107.7 | 103.1 | 114.6 | 115.4 | 103.7 | 99.9 |
| 2005 | 98.3 | 100.5 | 109.4 | 99.9 | 102.0 | 103.8 |
| 2006 | 100.2 | 103.2 | 124.5 | 104.0 | 99.7 | 103.5 |
| 2007 | 105.1 | 108.5 | 94.3 | 91.3 | 102.2 | 100.3 |
| 2008 | 113.9 | 104.1 | 102.5 | 96.9 | 107.0 | 92.9 |
| 2009 | 97.7 | 98.3 | 101.3 | 103.7 | 91.4 | 101.5 |
| 2010 | 106.6 | 106.4 | 120.3 | 126.8 | 113.5 | 117.0 |
| 2011 | 110.7 | 105.7 | 118.2 | 118.0 | 102.7 | 108.9 |
| 2012 | 98.1 | 105.4 | 97.5 | 95.2 | 96.1 | 102.4 |
| 2013 | 100.4 | 102.8 | 96.0 | 103.1 | 96.2 | 103.6 |

# 3-16 分月工业产品出厂价格指数（2013年）

（上年同期=100）

| 类 别 | Item | 全 年 Annual Year | 1 月 January | 2 月 February | 3 月 March |
|---|---|---|---|---|---|
| **全部工业品** | **Total Industrial Products** | **98.2** | **98.3** | **98.4** | **98.0** |
| # 轻工业 | # Light Industry | 97.7 | 98.3 | 98.2 | 97.6 |
| 以农产品为原料 | Using Farm Produces as Raw Materials | 97.1 | 97.6 | 97.5 | 96.9 |
| 以非农产品为原料 | Using Non-farm Produces as Raw Materials | 100.9 | 102.5 | 102.2 | 101.9 |
| 重工业 | Heavy Industry | 98.4 | 98.3 | 98.4 | 98.2 |
| 采掘 | Mining and Quarrying | 96.3 | 99.0 | 97.7 | 96.2 |
| 原料 | Raw Material | 98.9 | 99.4 | 99.0 | 98.6 |
| 加工 | Processing | 98.2 | 97.7 | 98.2 | 98.0 |
| # 生产资料 | # Means of Production | 98.4 | 98.3 | 98.4 | 98.2 |
| 采掘 | Mining and Quarrying | 96.3 | 99.0 | 97.7 | 96.2 |
| 原料 | Raw Material | 98.8 | 99.1 | 98.8 | 98.4 |
| 加工 | Processing | 98.4 | 97.8 | 98.3 | 98.3 |
| 生活资料 | Life Material | 97.5 | 98.2 | 98.2 | 97.4 |
| 食品 | Food | 95.3 | 95.9 | 95.8 | 94.8 |
| 衣着 | Clothing | 100.2 | 100.7 | 100.7 | 100.1 |
| 一般日用品 | Articles for Daily Use | 102.0 | 104.2 | 104.0 | 103.6 |
| 耐用消费品 | Durable Consumers' Goods | 100.2 | 100.1 | 100.1 | 100.1 |
| **按工业部门分** | **Grouped by Department of Industry** | | | | |
| 冶金工业 | Metallurgical Industry | 94.3 | 93.8 | 94.5 | 94.1 |
| 电力工业 | Power Industry | 100.5 | 101.3 | 100.7 | 100.8 |
| 煤炭及炼焦工业 | Coal and Coking Industry | 99.0 | 94.4 | 97.3 | 96.3 |
| 石油工业 | Petroleum Industry | 98.5 | 100.9 | 99.9 | 98.4 |
| 化学工业 | Chemical Industry | 99.9 | 99.5 | 99.7 | 99.0 |
| 机械工业 | Machine Buiding Industry | 99.7 | 99.3 | 99.2 | 99.6 |
| 建筑材料工业 | Buiding Material Industry | 100.4 | 102.1 | 102.2 | 100.1 |
| 森林工业 | Timber Industry | 102.8 | 104.9 | 105.0 | 104.7 |
| 食品工业 | Food Industry | 96.0 | 96.7 | 96.6 | 95.8 |
| 纺织工业 | Textile Industry | 103.1 | 103.1 | 103.3 | 102.9 |
| 缝纫工业 | Tailoring Industry | 98.4 | 98.6 | 98.5 | 98.1 |
| 皮革工业 | Leather Industry | 104.1 | 103.7 | 105.0 | 104.8 |
| 造纸工业 | Paper Industry | 96.2 | 95.4 | 95.0 | 94.4 |
| 文教艺术用品工业 | Cultural, Educational and Handicraft Articles | 100.6 | 100.2 | 100.2 | 100.2 |
| 其它工业 | Other Industry | 103.6 | 102.0 | 100.9 | 102.3 |

# Ex-Factory Price Indices of Industrial Products by Month（2013）

（preceding year=100）

| 4 月 April | 5 月 May | 6 月 June | 7 月 July | 8 月 August | 9 月 September | 10 月 October | 11 月 November | 12 月 December |
|---|---|---|---|---|---|---|---|---|
| **97.1** | **96.9** | **97.1** | **97.5** | **98.3** | **99.1** | **99.1** | **99.3** | **99.2** |
| 96.6 | 96.4 | 96.9 | 96.8 | 97.4 | 97.7 | 98.5 | 99.0 | 99.0 |
| 95.8 | 95.6 | 96.2 | 96.3 | 97.0 | 97.2 | 98.1 | 98.7 | 98.7 |
| 101.6 | 100.9 | 100.7 | 100.0 | 99.7 | 100.1 | 100.3 | 100.7 | 100.5 |
| 97.3 | 97.0 | 97.2 | 97.7 | 98.7 | 99.6 | 99.4 | 99.4 | 99.3 |
| 95.1 | 95.0 | 94.7 | 94.6 | 95.2 | 97.8 | 97.2 | 96.9 | 96.0 |
| 98.0 | 98.0 | 98.1 | 98.5 | 98.7 | 98.9 | 99.5 | 100.0 | 99.9 |
| 97.1 | 96.7 | 97.0 | 97.5 | 98.9 | 100.2 | 99.5 | 99.2 | 99.2 |
| 97.3 | 97.0 | 97.3 | 97.7 | 98.7 | 99.6 | 99.4 | 99.5 | 99.4 |
| 95.1 | 95.0 | 94.7 | 94.6 | 95.2 | 97.8 | 97.2 | 96.9 | 96.0 |
| 97.8 | 97.8 | 97.9 | 98.4 | 98.7 | 99.0 | 99.5 | 100.0 | 100.0 |
| 97.3 | 96.8 | 97.2 | 97.6 | 98.9 | 100.1 | 99.5 | 99.4 | 99.4 |
| 96.5 | 96.4 | 96.7 | 96.8 | 97.4 | 97.7 | 98.3 | 98.6 | 98.6 |
| 93.5 | 93.4 | 94.0 | 94.3 | 95.3 | 95.7 | 96.9 | 97.1 | 97.1 |
| 99.1 | 98.9 | 98.4 | 97.9 | 98.1 | 99.0 | 99.5 | 104.9 | 105.2 |
| 102.5 | 102.2 | 102.0 | 101.1 | 101.1 | 101.0 | 100.9 | 100.9 | 100.8 |
| 100.1 | 100.1 | 100.2 | 100.2 | 100.2 | 100.2 | 100.2 | 100.2 | 100.2 |
| | | | | | | | | |
| 92.3 | 91.5 | 92.0 | 92.9 | 95.4 | 97.8 | 97.1 | 95.9 | 95.5 |
| 100.8 | 100.9 | 100.8 | 100.8 | 100.3 | 99.8 | 100.2 | 100.2 | 100.0 |
| 94.4 | 94.0 | 91.9 | 102.3 | 104.1 | 105.2 | 107.0 | 104.7 | 98.9 |
| 94.0 | 93.7 | 97.6 | 102.9 | 100.8 | 98.9 | 97.1 | 98.0 | 100.9 |
| 98.6 | 98.4 | 98.3 | 98.0 | 98.8 | 101.0 | 102.2 | 103.0 | 102.7 |
| 99.4 | 99.6 | 99.6 | 99.6 | 99.7 | 100.0 | 99.8 | 100.1 | 99.9 |
| 98.3 | 97.8 | 98.0 | 98.8 | 100.7 | 101.8 | 99.7 | 101.9 | 103.0 |
| 103.5 | 103.7 | 102.8 | 101.6 | 102.0 | 101.3 | 101.1 | 101.6 | 101.6 |
| 94.6 | 94.2 | 94.9 | 95.2 | 96.0 | 96.2 | 97.2 | 97.7 | 97.6 |
| 101.1 | 102.0 | 104.2 | 105.0 | 104.2 | 104.0 | 102.9 | 102.4 | 101.6 |
| 96.5 | 96.2 | 96.2 | 95.4 | 95.5 | 96.6 | 97.5 | 106.1 | 106.4 |
| 104.4 | 103.6 | 103.3 | 102.7 | 103.1 | 104.6 | 105.2 | 104.4 | 103.6 |
| 94.9 | 94.7 | 94.9 | 95.5 | 96.9 | 97.1 | 98.5 | 98.4 | 99.2 |
| 100.0 | 100.0 | 100.9 | 100.9 | 100.9 | 100.9 | 100.9 | 100.9 | 100.9 |
| 103.3 | 103.4 | 103.6 | 103.7 | 103.5 | 104.2 | 105.4 | 105.8 | 105.7 |

# 3-17 分行业工业产品出厂价格指数（2013年）

（上年同期=100）

| 类 别 | Item | 全 年 Annual Year | 1 月 January | 2 月 February |
|---|---|---|---|---|
| **煤炭开采和洗选业** | **Coal Mining and Selecting Industry** | **98.9** | **94.3** | **97.3** |
| 烟煤和无烟煤开采洗选 | Bituminous Coal and Anthracite Coal Mining and Washing | 101.9 | 94.2 | 98.7 |
| 褐煤的开采洗选 | Washing Lignite Mining | 88.7 | 94.8 | 92.4 |
| **黑色金属矿采选业** | **Black Metal Mineral Mining and Selecting Industry** | **95.2** | **96.0** | **95.4** |
| 铁矿采选 | The Iron Mineral Mining and Selecting | 94.5 | 101.2 | 99.6 |
| 锰矿、铬矿采选 | Manganese Ore, Chrome Ore Mining | 95.5 | 93.8 | 93.6 |
| **有色金属矿采选业** | **Colored Metal Mineral Mining and Selecting** | **95.2** | **99.8** | **97.1** |
| 常用有色金属矿采选 | The Regular Colored Metal Mineral Mining and Selecting | 95.0 | 99.2 | 96.1 |
| 贵金属矿采选 | The Precious Metal Mineral Mining and Selecting | 87.7 | 104.3 | 102.8 |
| 稀有稀土金属矿采选 | Rare and Rare Earth Metal Ore Mining | 101.7 | 102.8 | 103.4 |
| **非金属矿采选业** | **Non-Metal Mineral Mining and Selecting** | **99.1** | **102.8** | **101.7** |
| 土砂石开采 | Soil Gravel Mining | 95.3 | 99.0 | 97.8 |
| 化学矿采选 | Chemical Mineral Mining and Selecting | 99.7 | 106.7 | 108.1 |
| 采盐 | Salt Mining | 100.0 | 100.0 | 100.0 |
| 石棉及其他非金属矿采选 | Asbestos and Other Non-Metal Mineral Mining and Selecting | 107.3 | 110.4 | 108.5 |
| **农副食品加工业** | **Farm and Side-Line Food Processed Industry** | **94.0** | **94.9** | **94.7** |
| 谷物磨制 | Corn Whetted | 103.6 | 106.8 | 106.0 |
| 饲料加工 | Forage Processed | 103.7 | 104.3 | 104.3 |
| 植物油加工 | Planting-Oil Processed | 86.9 | 99.3 | 99.0 |
| 制糖业 | Sugar Industry | 87.0 | 84.6 | 84.0 |
| 屠宰及肉类加工 | Slaughtered Meta and Meat Processes | 102.0 | 94.6 | 98.6 |
| 水产品加工 | Fishery Product Processed | 110.9 | 97.8 | 97.6 |
| 蔬菜、水果和坚果加工 | Vegetables, Fruits and Nuts Processing | 106.7 | 108.9 | 106.3 |
| 其他农副食品加工 | Other Farm and Side-line Food Processed | 105.3 | 103.2 | 102.7 |
| **食品制造业** | **Food Manufacture Industry** | **101.9** | **103.7** | **104.2** |
| 焙烤食品制造 | Baked Food Manufacturing | 101.5 | 103.7 | 103.1 |
| 糖果、巧克力及蜜饯制造 | Candy, Chocolate and Candied Fruit Production | 100.0 | 100.0 | 100.0 |
| 方便食品制造 | Convenient Food Manufacturing | 103.5 | 104.1 | 104.2 |
| 乳制品制造 | Dairy Products Manufacturing | 104.6 | 105.5 | 105.2 |
| 罐头食品制造 | Canned Food Manufacturing | 101.5 | 105.0 | 106.2 |
| 调味品、发酵制品制造 | Condiment, Ferment Product Manufacturing | 98.1 | 95.9 | 95.8 |
| 其他食品制造 | Other Food Manufacturing | 102.2 | 104.5 | 105.4 |
| **酒、饮料和精制茶制造业** | **Wine, Beverage and Refined Tea Manufacture Industry** | **102.4** | **100.5** | **101.3** |
| 酒的制造 | Manufacture of Wine | 101.5 | 98.3 | 99.1 |
| 饮料制造 | Beverage Manufacturing | 104.0 | 102.7 | 103.9 |
| 精制茶加工 | Refined-tea Process | 101.0 | 103.8 | 102.7 |

# Ex-Factory Price Indices of Industrial Products by Industry（2013）

（preceding year=100）

| 3 月 March | 4 月 April | 5 月 May | 6 月 June | 7 月 July | 8 月 August | 9 月 September | 10 月 October | 11 月 November | 12 月 December |
|---|---|---|---|---|---|---|---|---|---|
| **96.2** | **94.2** | **93.9** | **91.7** | **102.4** | **104.2** | **105.3** | **107.2** | **104.9** | **98.8** |
| 97.6 | 96.2 | 96.4 | 93.4 | 105.8 | 108.1 | 109.0 | 113.0 | 111.1 | 103.7 |
| 91.3 | 87.2 | 84.9 | 85.7 | 90.6 | 90.7 | 92.3 | 87.4 | 84.4 | 82.2 |
| **96.1** | **96.6** | **96.4** | **95.6** | **95.4** | **92.0** | **94.3** | **94.5** | **95.2** | **95.2** |
| 99.6 | 99.4 | 99.4 | 98.4 | 98.5 | 85.5 | 87.8 | 88.1 | 88.1 | 87.9 |
| 94.5 | 95.3 | 95.0 | 94.3 | 94.0 | 94.7 | 97.2 | 97.3 | 98.2 | 98.4 |
| **94.5** | **93.0** | **92.5** | **92.3** | **91.7** | **94.2** | **98.1** | **96.8** | **96.6** | **95.7** |
| 93.4 | 91.9 | 91.8 | 91.8 | 91.8 | 94.6 | 98.6 | 97.3 | 97.3 | 96.7 |
| 98.0 | 92.4 | 88.1 | 84.8 | 78.4 | 80.9 | 88.4 | 82.7 | 79.9 | 72.8 |
| 103.1 | 105.8 | 103.1 | 102.3 | 99.0 | 98.0 | 99.5 | 101.0 | 101.1 | 102.5 |
| **100.5** | **98.9** | **99.5** | **100.6** | **97.3** | **98.2** | **98.5** | **97.6** | **96.9** | **96.4** |
| 96.7 | 94.3 | 95.6 | 97.5 | 92.8 | 94.5 | 94.9 | 93.8 | 93.6 | 93.0 |
| 103.0 | 101.5 | 99.2 | 100.3 | 97.2 | 95.6 | 95.5 | 96.1 | 97.0 | 97.3 |
| 100.0 | 100.0 | 100.0 | 100.0 | 100.0 | 100.0 | 100.0 | 100.0 | 100.0 | 100.0 |
| 108.1 | 108.5 | 108.3 | 107.7 | 107.5 | 107.5 | 107.4 | 107.0 | 104.3 | 103.2 |
| **93.7** | **92.2** | **91.7** | **92.7** | **92.9** | **94.0** | **94.2** | **95.5** | **96.1** | **96.0** |
| 105.5 | 105.5 | 104.1 | 103.6 | 103.4 | 102.3 | 102.2 | 101.9 | 101.7 | 100.6 |
| 105.1 | 105.2 | 103.5 | 104.0 | 103.5 | 103.0 | 101.8 | 102.4 | 103.6 | 103.4 |
| 93.5 | 86.7 | 84.7 | 86.7 | 83.8 | 82.1 | 79.2 | 81.2 | 83.5 | 84.0 |
| 83.1 | 82.6 | 82.8 | 83.7 | 85.4 | 89.4 | 92.5 | 93.5 | 92.8 | 92.9 |
| 100.9 | 101.7 | 100.1 | 101.6 | 103.9 | 103.2 | 103.2 | 105.4 | 107.7 | 104.7 |
| 103.0 | 106.6 | 111.7 | 111.1 | 116.5 | 116.1 | 114.8 | 119.4 | 119.1 | 118.5 |
| 106.6 | 106.6 | 109.9 | 107.4 | 107.4 | 106.7 | 107.1 | 106.8 | 107.2 | 100.3 |
| 104.1 | 104.2 | 105.4 | 106.7 | 105.9 | 105.8 | 106.4 | 107.3 | 106.0 | 105.5 |
| **103.6** | **101.8** | **101.8** | **101.2** | **101.0** | **100.7** | **100.9** | **101.1** | **101.3** | **102.2** |
| 101.0 | 101.0 | 101.3 | 101.3 | 101.3 | 101.3 | 101.1 | 101.1 | 101.1 | 101.1 |
| 100.0 | 100.0 | 100.0 | 100.0 | 100.0 | 100.0 | 100.0 | 100.0 | 100.0 | 100.0 |
| 104.7 | 104.7 | 104.5 | 103.4 | 103.3 | 103.1 | 103.3 | 102.1 | 102.5 | 102.7 |
| 105.1 | 102.4 | 103.1 | 102.6 | 102.5 | 101.6 | 101.8 | 105.9 | 106.8 | 112.4 |
| 103.8 | 102.0 | 102.3 | 100.9 | 100.6 | 99.4 | 99.9 | 99.9 | 99.1 | 99.0 |
| 98.4 | 97.2 | 97.4 | 98.1 | 99.1 | 99.2 | 99.0 | 99.0 | 99.2 | 99.4 |
| 105.2 | 101.8 | 101.0 | 100.9 | 100.3 | 100.8 | 101.1 | 101.0 | 102.1 | 103.1 |
| **101.5** | **102.3** | **102.3** | **101.9** | **102.4** | **102.8** | **103.2** | **103.4** | **103.6** | **104.1** |
| 99.5 | 101.2 | 100.9 | 102.0 | 102.1 | 102.1 | 102.6 | 102.8 | 103.5 | 104.4 |
| 104.3 | 104.1 | 104.5 | 102.0 | 103.4 | 104.2 | 104.8 | 104.9 | 104.7 | 104.6 |
| 101.0 | 101.0 | 101.0 | 100.7 | 100.7 | 100.7 | 100.1 | 100.2 | 100.4 | 100.4 |

3-17 续表 1

（上年同期=100）

| 类 别 | Item | 全 年<br>Annual Year | 1 月<br>January | 2 月<br>February |
|---|---|---|---|---|
| **烟草制品业** | **Tobacco Product Industry** | **100.7** | **101.9** | **102.2** |
| 烟叶复烤 | Tobacco Leaves Retroacting | 100.0 | 100.0 | 100.0 |
| 卷烟制造 | Cigarette Manufacturing | 100.7 | 101.9 | 102.2 |
| **纺织业** | **Textile Industry** | **103.2** | **103.0** | **103.1** |
| 棉纺织及印染精加工 | Cotton and Textile Printing and Dyeing Finishing | 96.0 | 93.3 | 94.0 |
| 麻纺织及染整精加工 | Line Textile and Dyeing and Finishing | 106.5 | 102.9 | 100.8 |
| 丝绢纺织及印染精加工 | Silk and Textile Printing and Dyeing Finishing | 106.4 | 108.1 | 108.1 |
| 针织或钩针编织物及其制品制造 | Kintted or Crocheted Fabrics and Products Manufacturer | 104.7 | 102.2 | 102.2 |
| 家用纺织制成品制造 | Household Textile Products Manufacturing | 100.9 | 101.0 | 101.0 |
| 非家用纺织制成品制造 | Non-household Textil Products Manufacturing | 100.0 | 100.0 | 100.0 |
| **纺织服装、服饰业** | **Textile and Clothing, Apparel Industry** | **95.0** | **96.5** | **96.5** |
| 机织服装制造 | Woven Garment Manufacturing | 95.0 | 96.5 | 96.5 |
| **皮革、毛皮、羽毛及其制品和制鞋业** | **Leather, Fur, Feathers and Its Products and Footwear** | **106.5** | **101.2** | **102.1** |
| 皮革鞣制加工 | Leather Processing | 105.2 | 102.9 | 106.0 |
| 皮革制品制造 | Leather Product Processing | 103.1 | 104.4 | 104.3 |
| 羽毛（绒）加工及制品制造 | Feather Processing and Its Products Manufacturing | 111.7 | 95.4 | 95.6 |
| **木材加工和木、竹、藤、棕、草制品业** | **Bamboo, Ratten, Palm and Grass Product Manufacture Industry** | **102.8** | **104.9** | **105.2** |
| 木材加工 | Wood Processing | 112.6 | 117.8 | 117.8 |
| 人造板制造 | Artificial Plank Manufacturing | 100.1 | 100.8 | 101.3 |
| 木制品制造 | Timber Product Manufacturing | 103.1 | 102.3 | 102.3 |
| 竹、藤、棕、草制品制造 | Bamboo, Ratten, Palm and Grass Product Manufacturing | 106.7 | 119.5 | 119.5 |
| **家具制造业** | **Furniture Manufacture Industry** | **102.4** | **103.8** | **102.4** |
| 木质家具制造 | Timber Furniture Manufacture | 102.4 | 103.8 | 102.4 |
| 其他家具制造 | Other Furniture Manufacturing | 104.1 | 103.3 | 103.3 |
| **造纸和纸制品业** | **Paper Making and Paper Products Industry** | **96.2** | **95.4** | **95.0** |
| 纸浆制造 | Paper Pulp Manufacturing | 94.9 | 90.1 | 90.0 |
| 造纸 | Paper Making | 94.4 | 94.1 | 93.4 |
| 纸制品制造 | Paper Products Manufacturing | 100.7 | 101.0 | 100.9 |
| **印刷和记录媒介复制业** | **Printing and Record Medium Reproduction Industry** | **100.1** | **100.2** | **100.2** |
| 印刷 | Painting | 100.1 | 100.2 | 100.2 |
| 装订及印刷相关服务 | Bookbinding and Printing Related Services | 100.0 | 100.0 | 100.0 |
| **文教、工美、体育和娱乐用品制造业** | **Cultural, Educational, Industrial america, Sports and Entertainment Goods Industry** | **102.9** | **104.5** | **103.4** |
| 文教办公用品制造 | Culture and Education Office Supplies Manufacturing | 100.0 | 100.0 | 100.0 |
| 工艺美术品制造 | Arts and Crafts Manufacturing | 102.8 | 106.1 | 104.6 |
| 体育用品制造 | Sporting Goods Manufacturing | 104.9 | 100.0 | 100.0 |

continued

(preceding year=100)

| 3 月 March | 4 月 April | 5 月 May | 6 月 June | 7 月 July | 8 月 August | 9 月 September | 10 月 October | 11 月 November | 12 月 December |
|---|---|---|---|---|---|---|---|---|---|
| **101.7** | **100.2** | **100.2** | **100.2** | **100.3** | **100.3** | **100.3** | **100.3** | **100.3** | **100.3** |
| 100.0 | 100.0 | 100.0 | 100.0 | 100.0 | 100.0 | 100.0 | 100.0 | 100.0 | 100.0 |
| 101.7 | 100.2 | 100.2 | 100.2 | 100.3 | 100.3 | 100.3 | 100.3 | 100.3 | 100.3 |
| **102.8** | **101.2** | **102.0** | **103.8** | **104.2** | **103.5** | **103.3** | **102.5** | **105.2** | **104.4** |
| 93.2 | 93.7 | 94.2 | 95.2 | 96.8 | 97.4 | 97.7 | 98.6 | 99.5 | 99.7 |
| 100.9 | 101.8 | 103.9 | 104.1 | 103.3 | 104.7 | 111.3 | 113.6 | 114.6 | 115.5 |
| 107.8 | 104.5 | 105.8 | 108.9 | 109.6 | 107.8 | 107.1 | 104.8 | 103.6 | 102.1 |
| 102.6 | 101.9 | 101.9 | 101.9 | 100.1 | 100.1 | 100.1 | 100.1 | 121.3 | 121.3 |
| 101.2 | 101.5 | 100.8 | 100.8 | 100.8 | 100.8 | 100.8 | 100.8 | 100.9 | 100.9 |
| 100.0 | 100.0 | 100.0 | 100.0 | 100.0 | 100.0 | 100.0 | 100.0 | 100.0 | 100.0 |
| **95.7** | **93.6** | **93.1** | **93.1** | **92.8** | **93.1** | **94.7** | **96.0** | **97.5** | **97.9** |
| 95.7 | 93.6 | 93.1 | 93.1 | 92.8 | 93.1 | 94.7 | 96.0 | 97.5 | 97.9 |
| **105.2** | **105.9** | **107.8** | **108.5** | **106.6** | **106.2** | **108.2** | **108.6** | **108.7** | **108.6** |
| 106.6 | 105.5 | 103.7 | 104.8 | 103.3 | 104.2 | 106.7 | 108.2 | 106.5 | 104.3 |
| 103.4 | 103.4 | 103.4 | 102.1 | 102.1 | 102.3 | 103.0 | 103.0 | 102.8 | 103.1 |
| 105.8 | 108.9 | 116.6 | 119.9 | 115.3 | 113.1 | 116.2 | 116.1 | 118.7 | 120.2 |
| **104.9** | **103.6** | **103.8** | **102.8** | **101.6** | **101.9** | **101.2** | **101.0** | **101.6** | **101.6** |
| 121.1 | 121.1 | 121.1 | 114.7 | 114.7 | 114.7 | 105.8 | 102.8 | 102.8 | 102.8 |
| 100.2 | 100.0 | 99.7 | 99.0 | 99.0 | 99.5 | 99.8 | 99.9 | 101.0 | 100.9 |
| 101.9 | 101.6 | 103.6 | 103.6 | 103.6 | 103.6 | 103.6 | 103.8 | 103.8 | 103.8 |
| 119.5 | 109.5 | 109.5 | 109.5 | 100.0 | 100.0 | 100.0 | 100.0 | 100.0 | 100.0 |
| **102.0** | **102.0** | **102.3** | **102.3** | **102.2** | **102.7** | **102.8** | **102.7** | **102.1** | **102.1** |
| 102.0 | 102.0 | 102.3 | 102.3 | 102.2 | 102.7 | 102.8 | 102.7 | 102.1 | 102.1 |
| 101.6 | 101.6 | 103.5 | 103.5 | 105.4 | 105.4 | 105.4 | 106.2 | 105.2 | 105.2 |
| **94.4** | **94.9** | **94.7** | **94.9** | **95.5** | **96.9** | **97.1** | **98.5** | **98.4** | **99.2** |
| 87.2 | 89.3 | 91.0 | 90.5 | 93.7 | 101.5 | 105.7 | 101.6 | 100.2 | 102.4 |
| 92.9 | 92.9 | 92.4 | 92.9 | 93.4 | 94.1 | 94.1 | 97.0 | 97.2 | 98.3 |
| 101.0 | 101.6 | 101.4 | 101.1 | 101.0 | 100.9 | 100.0 | 99.9 | 99.6 | 99.6 |
| **100.2** | **100.0** | **100.0** | **100.0** | **100.0** | **100.1** | **100.0** | **100.0** | **100.0** | **100.0** |
| 100.2 | 100.0 | 100.0 | 100.0 | 100.0 | 100.1 | 100.0 | 100.0 | 100.0 | 100.0 |
| 100.0 | 100.0 | 100.0 | 100.0 | 100.0 | 100.0 | 100.0 | 100.0 | 100.0 | 100.0 |
| **103.2** | **104.2** | **100.2** | **100.4** | **104.4** | **104.1** | **103.5** | **102.9** | **102.4** | **102.1** |
| 100.0 | 100.0 | 100.0 | 100.0 | 100.0 | 100.0 | 100.0 | 100.0 | 100.0 | 100.0 |
| 104.3 | 105.7 | 100.3 | 98.5 | 103.8 | 103.5 | 102.7 | 101.8 | 101.2 | 100.7 |
| 100.0 | 100.0 | 100.0 | 108.4 | 108.4 | 108.4 | 108.4 | 108.4 | 108.4 | 108.4 |

3-17 续表 2

（上年同期=100）

| 类 别 | Item | 全 年 Annual Year | 1 月 January | 2 月 February |
|---|---|---|---|---|
| **石油加工、炼焦和核燃料加工业** | **Petroleum Process, Coking and Nuclear Fuel Processing Industry** | **98.0** | **100.2** | **99.2** |
| 精炼石油产品制造 | Refineed Coking Petroleum Manufacturing | 98.0 | 100.2 | 99.2 |
| **化学原料和化学制品制造业** | **Chemical Material and Chemical Product Manufacturing** | **99.1** | **98.0** | **98.1** |
| 基础化学原料制造 | Basic Chemical Material Manufacturing | 93.7 | 90.3 | 94.4 |
| 肥料制造 | Fertilizer Manufacture | 89.5 | 96.0 | 95.3 |
| 农药制造 | Insectcide Manufacture | 103.9 | 106.9 | 106.9 |
| 涂料、油墨、颜料及类似产品制造 | Coating, Printing Ink, Pigment and The Similar Products Manufacture | 93.8 | 94.3 | 96.2 |
| 合成材料制造 | Compounded Material Manufacture | 98.6 | 92.1 | 93.0 |
| 专用化学产品制造 | Specialized Chemical Product Manufacture | 110.6 | 103.0 | 98.8 |
| 炸药、火工及焰火产品制造 | Explosives, Pyrotechnics and Fireworks Manufacturing | 101.4 | 100.7 | 101.1 |
| 日用化学产品制造 | Daily Chemical Product Manufacture | 102.5 | 104.3 | 104.0 |
| **医药制造业** | **Medical Manufacture Industry** | **102.2** | **103.3** | **103.3** |
| 化学药品原料药制造 | Manufacture of Chemical Raw Material Medicine | 97.2 | 101.9 | 100.3 |
| 化学药品制剂制造 | Chemical Medicine Agent Manufacture | 100.0 | 101.5 | 101.5 |
| 中成药制造 | Medium Paternt Manufacture | 102.5 | 103.6 | 103.6 |
| 兽用药品制造 | Medicine in Herbs Manufacture | 100.6 | 99.0 | 99.1 |
| 生物药品制造 | Biopharmaceutical Manufacturing | 110.0 | 110.9 | 113.6 |
| 卫生材料及医药用品制造 | Sanitary Materials and Medical Supplies Manufacturing | 101.2 | 106.7 | 106.7 |
| **橡胶和塑料制品业** | **Rubber and Plastic Product Industry** | **100.9** | **100.7** | **100.9** |
| 橡胶制品业 | Rubber Products Industry | 99.5 | 100.1 | 99.6 |
| 塑料制品业 | Plastic Products Industry | 101.3 | 100.9 | 101.3 |
| **非金属矿物制品业** | **Non-metal Mineral Product Industry** | **100.6** | **102.0** | **102.2** |
| 水泥、石灰和石膏的制造 | Cement, Lime and Gypsum Manufacture | 99.4 | 99.7 | 101.4 |
| 石膏、水泥制品及类似制品制造 | Plaster, cement Products and Similar Products Manufacturing | 102.2 | 101.4 | 101.0 |
| 砖瓦、石材等建筑材料制造 | Brick, Stone and Other Building Materials Manufacturing | 102.5 | 105.9 | 104.0 |
| 玻璃制造 | Glass Manufacture | 111.0 | 126.0 | 128.3 |
| 玻璃制品制造 | Glass Products Manufacturing | 98.1 | 100.2 | 98.8 |
| 玻璃纤维和玻璃纤维增强塑料制品制造 | Glass Fiber and Glass Fiber Reinforced Plastic Products Manufacturing | 100.0 | 100.6 | 100.6 |
| 陶瓷制品制造 | Ceramics Product Manufacture | 103.1 | 107.2 | 107.1 |
| 耐火材料制品制造 | Refractory Products Manufacturing | 100.0 | 100.0 | 100.0 |
| 石墨及其他非金属矿物制品制造 | Graphite and Other Non-metallic Mineral Products Manufacturing | 99.9 | 100.4 | 99.0 |
| **黑色金属冶炼和压延加工业** | **Black Metal Coking and Pressing Process Industry** | **93.9** | **90.8** | **93.3** |
| 炼铁 | Lronmaking | 95.6 | 96.2 | 98.7 |
| 炼钢 | Steel Making | 91.7 | 85.5 | 91.2 |
| 黑色金属铸造 | Black Metal Casting | 94.1 | 90.4 | 93.3 |

continued

(preceding year=100)

| 3 月 March | 4 月 April | 5 月 May | 6 月 June | 7 月 July | 8 月 August | 9 月 September | 10 月 October | 11 月 November | 12 月 December |
|---|---|---|---|---|---|---|---|---|---|
| **97.9** | **93.2** | **92.9** | **96.9** | **102.7** | **100.6** | **98.6** | **96.5** | **97.5** | **100.3** |
| 97.9 | 93.2 | 92.9 | 96.9 | 102.7 | 100.6 | 98.6 | 96.5 | 97.5 | 100.3 |
| **97.0** | **96.7** | **96.7** | **96.6** | **96.5** | **97.9** | **101.4** | **103.3** | **104.4** | **103.6** |
| 91.3 | 93.5 | 95.0 | 94.3 | 91.6 | 90.6 | 92.5 | 95.2 | 99.3 | 97.5 |
| 93.7 | 89.8 | 86.4 | 86.7 | 88.2 | 87.6 | 87.8 | 87.5 | 87.1 | 87.4 |
| 106.7 | 106.4 | 105.8 | 106.0 | 104.1 | 101.8 | 100.1 | 100.2 | 101.2 | 101.1 |
| 94.9 | 97.4 | 95.9 | 97.6 | 91.1 | 88.6 | 91.5 | 91.2 | 93.4 | 94.4 |
| 91.9 | 96.5 | 97.9 | 99.8 | 101.2 | 102.3 | 102.5 | 102.0 | 104.0 | 102.3 |
| 99.6 | 99.7 | 101.8 | 101.9 | 104.8 | 113.7 | 124.7 | 129.2 | 127.2 | 124.6 |
| 100.9 | 100.6 | 101.0 | 100.1 | 99.9 | 101.6 | 102.8 | 102.7 | 102.9 | 103.0 |
| 103.6 | 103.2 | 103.3 | 103.3 | 101.6 | 101.4 | 102.1 | 101.2 | 101.1 | 101.1 |
| **103.0** | **103.0** | **102.7** | **102.5** | **101.6** | **101.5** | **101.5** | **101.3** | **101.1** | **101.4** |
| 101.5 | 98.9 | 98.8 | 97.8 | 95.4 | 95.2 | 94.1 | 93.4 | 93.5 | 95.4 |
| 100.3 | 99.8 | 99.9 | 99.7 | 99.6 | 99.6 | 99.6 | 99.7 | 99.6 | 99.8 |
| 103.5 | 103.7 | 103.2 | 102.9 | 101.9 | 101.8 | 101.7 | 101.6 | 101.4 | 101.7 |
| 100.1 | 100.2 | 102.0 | 101.8 | 101.2 | 100.2 | 101.1 | 101.4 | 100.6 | 100.4 |
| 111.0 | 109.3 | 108.1 | 110.1 | 109.8 | 111.9 | 112.7 | 107.9 | 107.5 | 107.5 |
| 101.4 | 100.0 | 100.0 | 100.0 | 100.0 | 100.0 | 100.0 | 100.0 | 100.0 | 100.0 |
| **101.1** | **100.7** | **100.7** | **100.9** | **101.0** | **100.7** | **101.0** | **101.2** | **101.1** | **101.1** |
| 99.5 | 99.5 | 99.3 | 99.2 | 99.3 | 99.3 | 99.5 | 99.6 | 99.5 | 99.4 |
| 101.6 | 101.0 | 101.0 | 101.4 | 101.5 | 101.2 | 101.4 | 101.7 | 101.5 | 101.6 |
| **100.0** | **98.5** | **97.9** | **98.0** | **99.2** | **100.9** | **102.1** | **100.0** | **102.3** | **103.5** |
| 97.3 | 94.4 | 93.8 | 94.3 | 97.2 | 101.7 | 103.6 | 98.5 | 103.6 | 105.7 |
| 101.1 | 101.0 | 100.9 | 102.2 | 102.5 | 102.5 | 104.1 | 103.8 | 102.8 | 103.5 |
| 103.7 | 103.9 | 103.1 | 102.8 | 102.1 | 101.4 | 101.0 | 101.4 | 100.5 | 100.7 |
| 129.5 | 119.0 | 113.2 | 105.0 | 103.9 | 103.0 | 104.7 | 104.2 | 104.3 | 103.1 |
| 100.2 | 97.3 | 97.0 | 97.2 | 97.5 | 97.8 | 98.0 | 98.2 | 97.4 | 97.9 |
| 100.1 | 99.8 | 99.8 | 99.8 | 99.8 | 99.8 | 100.1 | 100.0 | 100.0 | 100.0 |
| 106.1 | 105.8 | 104.7 | 102.6 | 101.8 | 100.5 | 100.3 | 100.2 | 100.7 | 100.9 |
| 100.0 | 100.0 | 100.0 | 100.0 | 100.0 | 100.0 | 100.0 | 100.0 | 100.0 | 100.0 |
| 99.0 | 100.0 | 100.0 | 100.0 | 100.0 | 100.0 | 100.0 | 100.0 | 100.0 | 100.0 |
| **93.4** | **91.3** | **90.2** | **91.1** | **92.2** | **95.8** | **99.6** | **98.5** | **96.4** | **95.9** |
| 97.8 | 97.6 | 97.2 | 93.3 | 94.3 | 93.0 | 94.0 | 94.1 | 95.4 | 95.6 |
| 95.2 | 93.2 | 92.2 | 92.2 | 91.2 | 89.2 | 87.3 | 91.2 | 95.4 | 98.4 |
| 93.4 | 92.5 | 92.6 | 94.9 | 93.7 | 94.0 | 98.2 | 96.9 | 96.3 | 94.4 |

3-17 续表 3

（上年同期=100）

| 类 别 | Item | 全 年 Annual Year | 1 月 January | 2 月 February |
|---|---|---|---|---|
| 钢压延加工 | Pressed Steel Processing | 93.3 | 90.5 | 93.4 |
| 铁合金冶炼 | Iron-alloy Smeltering | 96.0 | 93.2 | 93.2 |
| **有色金属冶炼和压延加工业** | **Coloured Metal Coking and Pressint Process Industry** | **93.7** | **96.6** | **95.0** |
| 常用有色金属冶炼 | General Non-ferrous Metal Coking | 93.7 | 96.8 | 95.2 |
| 贵金属冶炼 | Precious Metal Smeltering | 82.2 | 102.4 | 94.5 |
| 有色金属合金制造 | Non-ferrous Metal Alloy Manufacture | 92.0 | 91.7 | 87.8 |
| 有色金属铸造 | Non-ferrous Metal Foundry | 98.3 | 95.8 | 94.3 |
| 有色金属压延加工 | Non-ferrous Metal Rolling Processing | 94.9 | 95.1 | 94.1 |
| **金属制品业** | **Metal Product Industry** | **101.2** | **101.1** | **101.1** |
| 结构性金属制品制造 | Structural Metal Product | 103.2 | 102.7 | 103.4 |
| 金属工具制造 | Metal Tools Manufacture | 99.8 | 99.0 | 99.0 |
| 集装箱及金属包装容器制造 | Container and Metal Packing Container Manufacture | 97.3 | 97.8 | 97.8 |
| 金属丝绳及其制品制造 | Metal Silk Rope and Its Product Manufacture | 91.4 | 98.0 | 85.9 |
| 建筑、安全用金属制品制造 | Building, Metal Productin Safety Producing Manufacture | 101.6 | 101.7 | 101.7 |
| 金属制日用品制造 | Metal Commodity Manufacturing | 102.8 | 103.1 | 103.1 |
| 其他金属制品制造 | Other Metal Product Manufacture | 97.8 | 97.6 | 98.2 |
| **通用设备制造业** | **General Equipment Manufacture** | **100.2** | **99.6** | **99.7** |
| 锅炉及原动设备制造 | Boiler and Original Equipment Manufacturing | 101.3 | 100.9 | 100.9 |
| 金属加工机械制造 | Metal Process and Machinery Manufacture | 104.3 | 104.2 | 106.0 |
| 物料搬运设备制造 | Material Handling Equipment Manufacturing | 99.8 | 99.7 | 99.6 |
| 泵、阀门、压缩机及类似机械制造 | Pump, Valve, Compressor and Its Similar Mechanical Manufacture | 100.5 | 99.9 | 99.8 |
| 轴承、齿轮和传动部件制造 | Bearings, Gears and Transmission Components Manufacturing | 100.5 | 102.6 | 101.5 |
| 烘炉、风机、衡器、包装等设备制造 | Ovens, Fans, Weighing, Packaging Equipment Manufacturing | 97.5 | 97.5 | 97.5 |
| 通用零部件制造 | Universal Parts Manufacturing | 96.8 | 93.7 | 93.3 |
| **专用设备制造业** | **General Equipment Manufacture** | **99.9** | **99.3** | **98.7** |
| 采矿、冶金、建筑专用设备制造 | Mining, Metallurgy, Building Special Equipment Manufacture | 99.9 | 99.2 | 98.3 |
| 化工、木材、非金属加工专用设备制造 | Chemical Engineering, Timber, Non-Metal Processed Special Equipments Manufacture | 100.0 | 100.1 | 100.1 |
| 食品、饮料、烟草及饲料生产专用设备制造 | The Food, Beverage, Tobacco and Foddar Production Special Equipments Manufacture | 100.1 | 99.7 | 99.7 |
| 农、林、牧、渔专用机械制造 | Agriculture, Forestry Animal Husbandry and Fishery Specific Machinery Manufacture | 99.2 | 98.5 | 98.8 |
| 医疗仪器设备及器械制造 | Medical Equipment and Device Manufacturers | 100.5 | 102.1 | 102.1 |
| 环保、社会公共服务及其他专用设备制造 | Environment Protection, Social and Public Services and Other Specific Equipment Manufacturer | 100.4 | 100.3 | 100.3 |
| **汽车制造业** | **Vehicle Manufacturing** | **100.1** | **100.1** | **100.0** |
| 汽车整车制造 | Automobile Manufacturing | 100.2 | 100.3 | 100.1 |
| 改装汽车制造 | Modified Car Manufacturing | 98.0 | 97.5 | 97.0 |
| 汽车零部件及配件制造 | Auto Parts and Accessories Manufacturing | 100.4 | 100.1 | 100.2 |

continued

(preceding year=100)

| 3 月 March | 4 月 April | 5 月 May | 6 月 June | 7 月 July | 8 月 August | 9 月 September | 10 月 October | 11 月 November | 12 月 December |
|---|---|---|---|---|---|---|---|---|---|
| 92.9 | 90.0 | 88.6 | 89.3 | 90.9 | 96.0 | 100.9 | 98.9 | 95.7 | 94.8 |
| 93.9 | 93.3 | 92.7 | 94.2 | 95.5 | 98.6 | 101.7 | 101.0 | 98.7 | 98.2 |
| **93.9** | **92.2** | **91.7** | **92.2** | **92.9** | **94.0** | **94.3** | **94.1** | **93.9** | **93.6** |
| 93.7 | 91.8 | 91.5 | 92.1 | 93.3 | 94.3 | 94.5 | 94.1 | 94.0 | 93.6 |
| 95.0 | 94.0 | 86.5 | 81.5 | 71.3 | 74.8 | 73.3 | 71.8 | 73.1 | 68.5 |
| 85.1 | 86.4 | 90.9 | 91.7 | 92.8 | 92.1 | 92.8 | 95.7 | 100.4 | 99.9 |
| 97.4 | 97.5 | 97.6 | 97.6 | 100.0 | 100.0 | 100.0 | 100.0 | 100.0 | 100.0 |
| 94.4 | 93.5 | 93.1 | 93.4 | 93.1 | 94.7 | 96.2 | 97.5 | 96.4 | 97.1 |
| **101.4** | **101.6** | **101.5** | **101.7** | **101.3** | **101.6** | **101.1** | **101.1** | **101.0** | **100.2** |
| 104.2 | 104.8 | 104.4 | 104.8 | 104.1 | 103.4 | 101.8 | 102.0 | 101.9 | 101.6 |
| 99.4 | 100.0 | 100.0 | 100.0 | 100.0 | 100.0 | 100.0 | 100.0 | 100.0 | 100.0 |
| 97.5 | 97.5 | 97.6 | 96.2 | 94.7 | 98.1 | 98.4 | 98.1 | 97.5 | 97.0 |
| 84.8 | 86.9 | 86.9 | 90.9 | 89.8 | 93.8 | 98.1 | 95.7 | 94.0 | 93.2 |
| 101.9 | 101.9 | 101.9 | 102.2 | 102.2 | 102.2 | 101.0 | 101.0 | 101.0 | 101.0 |
| 103.4 | 102.9 | 102.9 | 102.9 | 102.9 | 102.9 | 102.9 | 102.9 | 102.9 | 100.2 |
| 97.2 | 96.6 | 96.6 | 97.2 | 96.9 | 98.7 | 98.7 | 98.7 | 98.7 | 98.7 |
| **100.6** | **100.7** | **100.2** | **100.6** | **100.1** | **100.1** | **100.2** | **100.5** | **100.3** | **100.3** |
| 101.0 | 101.2 | 101.1 | 101.1 | 101.3 | 100.9 | 101.3 | 102.1 | 102.0 | 101.5 |
| 107.9 | 108.4 | 105.1 | 104.1 | 102.7 | 103.3 | 102.5 | 103.0 | 102.6 | 102.4 |
| 99.6 | 99.1 | 99.2 | 99.2 | 99.3 | 99.3 | 100.3 | 100.8 | 100.5 | 100.5 |
| 100.4 | 100.8 | 100.7 | 100.8 | 100.5 | 100.7 | 100.8 | 100.5 | 100.5 | 100.5 |
| 101.5 | 100.5 | 100.7 | 100.6 | 99.7 | 99.8 | 99.8 | 99.5 | 99.7 | 99.7 |
| 97.5 | 97.5 | 97.5 | 97.5 | 97.5 | 97.5 | 97.5 | 97.5 | 97.5 | 97.5 |
| 95.6 | 95.7 | 96.3 | 99.5 | 98.3 | 98.0 | 98.0 | 98.0 | 98.0 | 98.4 |
| **99.9** | **100.1** | **99.9** | **99.5** | **99.9** | **99.8** | **99.9** | **100.5** | **100.5** | **100.3** |
| 99.8 | 100.4 | 100.1 | 99.6 | 100.1 | 99.9 | 100.0 | 100.7 | 100.5 | 100.2 |
| 100.1 | 100.1 | 100.1 | 100.0 | 100.0 | 100.0 | 100.0 | 100.0 | 100.0 | 100.0 |
| 99.7 | 99.7 | 99.9 | 99.9 | 100.0 | 103.2 | 100.2 | 99.6 | 98.9 | 100.5 |
| 99.4 | 98.6 | 98.6 | 98.4 | 98.5 | 98.3 | 98.9 | 100.0 | 101.3 | 101.3 |
| 102.1 | 100.0 | 100.0 | 100.0 | 100.0 | 100.0 | 100.0 | 100.0 | 100.0 | 100.0 |
| 100.4 | 100.4 | 100.4 | 100.4 | 100.4 | 100.4 | 100.1 | 100.4 | 100.7 | 101.0 |
| **100.1** | **99.8** | **100.2** | **100.0** | **100.1** | **100.2** | **100.4** | **100.3** | **100.2** | **100.1** |
| 100.5 | 100.2 | 100.4 | 99.9 | 99.9 | 100.0 | 100.3 | 100.0 | 100.2 | 100.0 |
| 97.0 | 97.0 | 97.0 | 96.8 | 98.7 | 98.8 | 98.5 | 98.5 | 99.4 | 99.4 |
| 99.7 | 99.5 | 100.2 | 100.6 | 100.9 | 101.0 | 101.0 | 101.0 | 100.4 | 100.4 |

3-17 续表 4

（上年同期=100）

| 类 别 | Item | 全 年 Annual Year | 1 月 January | 2 月 February |
|---|---|---|---|---|
| **铁路、船舶、航空航天和其他运输设备制造业** | **Railroad, Marine, Aerospace and Other Transportation Equipment Manufacture Industry** | **103.0** | **103.3** | **102.7** |
| 铁路运输设备制造 | Rail Transportation Equipment Manufacture | 112.0 | 111.8 | 112.1 |
| 船舶及相关装置制造 | Ships and Related Equipment Manufacture | 100.7 | 101.1 | 100.4 |
| **电气机械和器材制造业** | **Electricity Machine and Its Equipment Manufacture** | **97.5** | **97.0** | **96.5** |
| 电机制造 | Electric Engineering Manufacture | 100.3 | 101.1 | 100.5 |
| 输配电及控制设备制造 | Electricity Mixed and Control Equipments Manufacture | 101.3 | 98.7 | 98.5 |
| 电线、电缆、光缆及电工器材制造 | Wire, Cable, Fiber Optic Cable and the Electric Device Manufacture | 94.4 | 94.1 | 93.7 |
| 电池制造 | Battery Manufacture | 96.4 | 100.4 | 96.6 |
| 家用电力器具制造 | Electric Power Apparatus Manufacture | 100.2 | 100.1 | 100.1 |
| 非电力家用器具制造 | Non-Electrical Household Appliance Manufacturing | 100.0 | 100.0 | 100.0 |
| 照明器具制造 | Lighting Manufacturing | 85.6 | 87.3 | 91.6 |
| 其他电气机械及器材制造 | Other Electricity Machines and Device Manufacture | 92.3 | 86.9 | 86.9 |
| **计算机、通信和其他电子设备制造业** | **Computer, Communication and Other Electron Equipment Manufacture Industry** | **99.3** | **98.9** | **99.0** |
| 通信设备制造 | Tele-communication Equipment Manufacture | 100.0 | 100.0 | 100.0 |
| 雷达及配套设备制造 | Radar and Its Equipment Manufacture | 100.0 | 100.0 | 100.0 |
| 电子器件制造 | Electronic Appliances | 100.3 | 101.7 | 101.7 |
| 电子元件制造 | Electronic Components | 98.2 | 96.7 | 96.8 |
| 其他电子设备制造 | Other Electronic Equipment | 100.0 | 100.0 | 100.0 |
| **仪器仪表制造业** | **Instrument Manufacturing** | **95.9** | **92.9** | **92.5** |
| 通用仪器仪表制造 | General Instrument and Meters | 93.3 | 96.0 | 95.2 |
| 专用仪器仪表制造 | Special Instrument and Meter | 99.9 | 100.0 | 100.0 |
| 钟表与计时仪器制造 | Clock and Timing Instrument | 120.5 | 125.0 | 124.8 |
| 光学仪器及眼镜制造 | Optical Instrument and Glasses | 95.6 | 78.9 | 79.0 |
| **其他制造业** | **Other Manufacture Industry** | **98.1** | **103.8** | **103.9** |
| 日用杂品制造 | Daily Groceries Manufacture | 98.1 | 103.8 | 103.9 |
| **金属制品、机械和设备修理业** | **Metal Products, Machinery and Equipment Repair Industry** | **100.0** | **100.0** | **100.0** |
| 金属制品修理 | Metal Products Repair | 100.0 | 100.0 | 100.0 |
| **电力、热力生产和供应业** | **Electronic, Thermodynamic Product and Supply Industry** | **100.5** | **101.3** | **100.7** |
| 电力生产 | Electric Power Production | 100.0 | 100.3 | 100.4 |
| 电力供应 | Electric Power Supply | 100.8 | 101.8 | 100.8 |
| **燃气生产和供应业** | **Fuel Production and Supply Industry** | **103.7** | **107.4** | **106.5** |
| **水的生产和供应业** | **Water Production and Supply Industry** | **107.0** | **103.3** | **102.1** |
| 自来水的生产和供应 | Tapping-water Production and Supply | 107.0 | 102.8 | 102.1 |
| 污水处理及其再生利用 | Sewage Treatment and Recycled Use | 102.7 | 146.3 | 100.0 |

continued

(preceding year=100)

| 3 月<br>March | 4 月<br>April | 5 月<br>May | 6 月<br>June | 7 月<br>July | 8 月<br>August | 9 月<br>September | 10 月<br>October | 11 月<br>November | 12 月<br>December |
|---|---|---|---|---|---|---|---|---|---|
| **103.0** | **103.8** | **103.3** | **103.1** | **103.3** | **103.4** | **103.7** | **102.9** | **102.7** | **101.0** |
| 112.2 | 116.7 | 114.3 | 112.8 | 114.1 | 114.6 | 115.0 | 110.8 | 109.6 | 101.5 |
| 100.6 | 100.6 | 100.6 | 100.6 | 100.6 | 100.6 | 100.9 | 100.9 | 100.9 | 100.9 |
| **96.0** | **96.7** | **96.6** | **98.4** | **97.8** | **98.3** | **98.5** | **97.3** | **98.0** | **99.0** |
| 100.5 | 101.4 | 100.2 | 100.4 | 99.7 | 99.3 | 99.8 | 99.8 | 99.8 | 100.8 |
| 99.2 | 99.9 | 100.3 | 101.9 | 101.7 | 103.0 | 103.0 | 102.3 | 103.1 | 103.8 |
| 92.1 | 93.7 | 93.0 | 96.7 | 95.3 | 95.4 | 95.6 | 93.4 | 94.1 | 96.6 |
| 97.8 | 96.4 | 97.0 | 96.3 | 96.1 | 95.7 | 95.5 | 95.0 | 95.9 | 94.7 |
| 100.0 | 100.0 | 100.3 | 100.3 | 100.3 | 100.3 | 100.2 | 100.2 | 100.2 | 100.2 |
| 100.0 | 100.0 | 100.0 | 100.0 | 100.0 | 100.0 | 100.1 | 100.1 | 100.1 | 100.1 |
| 84.9 | 84.9 | 84.9 | 84.9 | 84.9 | 84.9 | 84.9 | 84.9 | 84.9 | 84.9 |
| 86.9 | 86.9 | 86.9 | 86.9 | 89.7 | 89.7 | 103.3 | 103.3 | 103.3 | 103.3 |
| **101.6** | **99.1** | **99.8** | **99.0** | **98.7** | **98.7** | **97.8** | **97.8** | **100.9** | **101.0** |
| 100.0 | 100.0 | 100.0 | 100.0 | 100.0 | 100.0 | 100.0 | 100.0 | 100.0 | 100.0 |
| 100.0 | 100.0 | 100.0 | 100.0 | 100.0 | 100.0 | 100.0 | 100.0 | 100.0 | 100.0 |
| 100.0 | 100.0 | 100.0 | 100.0 | 100.0 | 100.0 | 100.0 | 100.0 | 100.0 | 100.0 |
| 104.4 | 97.6 | 99.4 | 97.3 | 96.5 | 96.4 | 94.4 | 94.3 | 102.6 | 102.6 |
| 100.0 | 100.0 | 100.0 | 100.0 | 100.0 | 100.0 | 100.0 | 100.0 | 100.0 | 100.0 |
| **92.8** | **95.8** | **95.5** | **95.2** | **95.1** | **94.8** | **95.9** | **100.9** | **100.4** | **99.7** |
| 86.7 | 92.0 | 91.4 | 91.0 | 90.7 | 90.3 | 91.5 | 99.6 | 98.8 | 98.5 |
| 100.0 | 100.0 | 99.9 | 99.9 | 99.8 | 99.8 | 99.8 | 99.8 | 99.8 | 99.8 |
| 125.4 | 114.3 | 117.5 | 115.7 | 115.5 | 115.6 | 126.7 | 126.6 | 126.5 | 114.5 |
| 99.8 | 99.7 | 99.6 | 99.7 | 99.9 | 99.7 | 99.9 | 100.2 | 100.1 | 100.1 |
| **98.1** | **98.2** | **96.9** | **97.1** | **96.2** | **96.1** | **96.1** | **97.4** | **97.8** | **96.3** |
| 98.1 | 98.2 | 96.9 | 97.1 | 96.2 | 96.1 | 96.1 | 97.4 | 97.8 | 96.3 |
| **100.0** | **100.0** | **100.0** | **100.0** | **100.0** | **100.0** | **100.0** | **100.0** | **100.0** | **100.0** |
| 100.0 | 100.0 | 100.0 | 100.0 | 100.0 | 100.0 | 100.0 | 100.0 | 100.0 | 100.0 |
| **100.8** | **100.8** | **100.9** | **100.8** | **100.8** | **100.3** | **99.8** | **100.2** | **100.2** | **100.0** |
| 100.3 | 100.4 | 100.4 | 100.0 | 100.1 | 100.0 | 100.0 | 99.5 | 99.2 | 99.1 |
| 101.0 | 101.0 | 101.2 | 101.2 | 101.1 | 100.4 | 99.7 | 100.6 | 100.7 | 100.5 |
| **102.6** | **102.3** | **101.7** | **104.4** | **104.4** | **102.4** | **102.1** | **102.5** | **102.5** | **105.7** |
| **104.3** | **104.3** | **104.3** | **104.3** | **104.4** | **106.1** | **107.6** | **114.3** | **114.4** | **114.4** |
| 104.3 | 104.3 | 104.3 | 104.3 | 104.5 | 106.2 | 107.7 | 114.4 | 114.6 | 114.6 |
| 100.0 | 100.0 | 100.0 | 100.0 | 100.0 | 100.0 | 100.0 | 100.0 | 100.0 | 100.0 |

# 3-18 分月工业产品出厂价格环比指数（2013年）

（上月=100）

| 类 别 | Item | 全 年 Annual Year | 1 月 January | 2 月 February | 3 月 March |
|---|---|---|---|---|---|
| **全部工业品** | **Total Industrial Products** | **99.2** | **100.2** | **100.1** | **99.6** |
| # 轻工业 | # Light Industry | 99.0 | 100.1 | 100.1 | 99.7 |
| 以农产品为原料 | Using Farm Produces as Raw Materials | 98.7 | 100.0 | 100.2 | 99.7 |
| 以非农产品为原料 | Using Non-farm Produces as Raw Materials | 100.5 | 100.5 | 99.8 | 100.1 |
| 重工业 | Heavy Industry | 99.3 | 100.3 | 100.1 | 99.6 |
| 采掘 | Mining and Quarrying | 96.0 | 100.6 | 100.3 | 99.3 |
| 原料 | Raw Material | 99.9 | 100.1 | 100.2 | 99.8 |
| 加工 | Processing | 99.2 | 100.4 | 100.1 | 99.5 |
| # 生产资料 | # Means of Production | 99.4 | 100.3 | 100.1 | 99.6 |
| 采掘 | Mining and Quarrying | 96.0 | 100.6 | 100.3 | 99.3 |
| 原料 | Raw Material | 100.0 | 100.0 | 100.2 | 99.9 |
| 加工 | Processing | 99.4 | 100.4 | 100.1 | 99.6 |
| 生活资料 | Life Material | 98.6 | 100.1 | 100.1 | 99.5 |
| 食品 | Food | 97.1 | 100.0 | 100.2 | 99.3 |
| 衣着 | Clothing | 105.2 | 99.5 | 100.0 | 99.5 |
| 一般日用品 | Articles for Daily Use | 100.8 | 100.8 | 100.0 | 99.8 |
| 耐用消费品 | Durable Consumers' Goods | 100.2 | 100.0 | 100.0 | 100.0 |
| **按工业部门分** | **Grouped by Department of Industry** | | | | |
| 冶金工业 | Metallurgical Industry | 95.5 | 100.9 | 100.5 | 99.4 |
| 电力工业 | Power Industry | 100.0 | 100.1 | 100.1 | 99.9 |
| 煤炭及炼焦工业 | Coal and Coking Industry | 98.9 | 102.8 | 101.7 | 100.0 |
| 石油工业 | Petroleum Industry | 100.9 | 100.6 | 99.9 | 100.7 |
| 化学工业 | Chemical Industry | 102.7 | 100.2 | 100.4 | 99.8 |
| 机械工业 | Machine Buiding Industry | 99.9 | 100.0 | 100.0 | 99.9 |
| 建筑材料工业 | Buiding Material Industry | 103.0 | 98.8 | 98.3 | 97.4 |
| 森林工业 | Timber Industry | 101.6 | 100.5 | 100.2 | 100.0 |
| 食品工业 | Food Industry | 97.6 | 100.0 | 100.2 | 99.4 |
| 纺织工业 | Textile Industry | 101.6 | 101.0 | 100.3 | 100.3 |
| 缝纫工业 | Tailoring Industry | 106.4 | 98.8 | 99.9 | 99.5 |
| 皮革工业 | Leather Industry | 103.6 | 100.6 | 100.2 | 100.7 |
| 造纸工业 | Paper Industry | 99.2 | 99.8 | 100.2 | 100.2 |
| 文教艺术用品工业 | Cultural, Educational and Handicraft Articles | 100.9 | 100.0 | 100.0 | 100.0 |
| 其它工业 | Other Industry | 105.7 | 101.3 | 100.3 | 101.7 |

# Ex-Factory Price Chain Index of Industrial Products by Month（2013）

（preceding month=100）

| 4 月 April | 5 月 May | 6 月 June | 7 月 July | 8 月 August | 9 月 September | 10 月 October | 11 月 November | 12 月 December |
|---|---|---|---|---|---|---|---|---|
| **99.4** | **99.4** | **99.7** | **99.8** | **100.1** | **100.4** | **100.2** | **100.3** | **99.8** |
| 99.8 | 99.6 | 100.0 | 99.6 | 99.9 | 100.2 | 100.3 | 100.2 | 99.4 |
| 99.8 | 99.6 | 99.9 | 99.6 | 99.9 | 100.1 | 100.3 | 100.2 | 99.3 |
| 100.1 | 99.5 | 100.3 | 99.7 | 99.8 | 100.2 | 100.2 | 100.5 | 99.8 |
| 99.3 | 99.4 | 99.6 | 99.8 | 100.2 | 100.5 | 100.2 | 100.3 | 99.9 |
| 98.8 | 98.8 | 99.5 | 99.2 | 99.3 | 102.3 | 100.1 | 99.3 | 98.5 |
| 99.3 | 99.7 | 99.7 | 99.6 | 100.2 | 100.9 | 100.8 | 100.0 | 99.8 |
| 99.3 | 99.3 | 99.6 | 99.9 | 100.3 | 100.3 | 99.9 | 100.6 | 100.1 |
| 99.3 | 99.3 | 99.6 | 99.8 | 100.2 | 100.6 | 100.2 | 100.4 | 99.9 |
| 98.8 | 98.8 | 99.5 | 99.2 | 99.3 | 102.3 | 100.1 | 99.3 | 98.5 |
| 99.3 | 99.7 | 99.7 | 99.6 | 100.2 | 100.9 | 100.7 | 100.1 | 99.8 |
| 99.4 | 99.2 | 99.6 | 99.9 | 100.3 | 100.4 | 100.0 | 100.6 | 100.0 |
| 99.8 | 99.7 | 100.0 | 99.7 | 99.9 | 99.9 | 100.2 | 100.2 | 99.5 |
| 99.6 | 99.5 | 99.9 | 99.5 | 99.8 | 99.9 | 100.3 | 100.1 | 99.0 |
| 100.2 | 99.8 | 100.4 | 99.9 | 100.7 | 100.3 | 99.9 | 104.8 | 100.2 |
| 100.1 | 100.0 | 100.0 | 100.1 | 99.9 | 99.9 | 100.1 | 99.9 | 100.1 |
| 100.0 | 100.0 | 100.1 | 100.0 | 100.0 | 100.0 | 100.0 | 100.0 | 100.0 |
| | | | | | | | | |
| 98.4 | 98.7 | 99.1 | 99.3 | 99.8 | 100.5 | 99.5 | 99.7 | 99.5 |
| 99.9 | 100.0 | 100.1 | 99.7 | 99.9 | 99.9 | 100.4 | 99.9 | 100.0 |
| 97.8 | 98.7 | 98.9 | 99.3 | 102.6 | 100.6 | 100.2 | 98.1 | 98.5 |
| 97.9 | 97.7 | 99.5 | 100.9 | 99.9 | 102.4 | 99.6 | 100.3 | 101.6 |
| 100.0 | 99.5 | 99.6 | 99.5 | 100.6 | 101.7 | 100.9 | 100.6 | 99.9 |
| 99.9 | 100.0 | 99.9 | 99.9 | 100.2 | 100.1 | 99.9 | 100.2 | 99.9 |
| 98.7 | 98.9 | 99.9 | 101.1 | 101.4 | 101.6 | 102.2 | 104.0 | 100.9 |
| 100.1 | 100.2 | 100.0 | 100.4 | 100.1 | 100.0 | 100.1 | 100.1 | 99.9 |
| 99.7 | 99.4 | 99.9 | 99.6 | 99.9 | 100.1 | 100.4 | 100.1 | 99.1 |
| 99.2 | 100.1 | 100.5 | 100.4 | 100.0 | 100.0 | 100.2 | 99.7 | 99.8 |
| 100.3 | 99.7 | 99.9 | 99.8 | 100.7 | 100.0 | 99.9 | 107.8 | 100.1 |
| 100.0 | 100.1 | 101.2 | 99.9 | 99.9 | 101.2 | 100.6 | 99.5 | 99.7 |
| 100.4 | 99.5 | 99.6 | 100.0 | 100.2 | 100.1 | 99.8 | 99.7 | 99.8 |
| 100.0 | 100.0 | 100.9 | 100.0 | 100.0 | 99.9 | 100.0 | 100.0 | 99.9 |
| 100.9 | 100.1 | 100.2 | 99.1 | 100.0 | 100.5 | 101.3 | 100.0 | 100.2 |

# 3-19 分行业工业产品出厂价格环比指数（2013年）

（上月=100）

| 类别 | Item | 全年 Annual Year | 1月 January | 2月 February |
|---|---|---|---|---|
| **煤炭开采和洗选业** | **Coal Mining and Selecting Industry** | **98.8** | **102.9** | **101.7** |
| 烟煤和无烟煤开采洗选 | Bituminous Coal and Anthracite Coal Mining and Washing | 103.7 | 103.9 | 102.3 |
| 褐煤的开采洗选 | Washing Lignite Mining | 82.2 | 99.5 | 99.6 |
| **黑色金属矿采选业** | **Black Metal Mineral Mining and Selecting Industry** | **95.2** | **99.5** | **99.9** |
| 铁矿采选 | The Iron Mineral Mining and Selecting | 87.9 | 100.5 | 100.0 |
| 锰矿、铬矿采选 | Manganese Ore, Chrome Ore Mining | 98.4 | 99.1 | 99.9 |
| **有色金属矿采选业** | **Colored Metal Mineral Mining and Selecting** | **95.7** | **100.3** | **100.5** |
| 常用有色金属矿采选 | The Regular Colored Metal Mineral Mining and Selecting | 96.7 | 100.5 | 100.5 |
| 贵金属矿采选 | The Precious Metal Mineral Mining and Selecting | 72.8 | 97.9 | 100.0 |
| 稀有稀土金属矿采选 | Rare and Rare Earth Metal Ore Mining | 102.5 | 100.0 | 100.0 |
| **非金属矿采选业** | **Non-Metal Mineral Mining and Selecting** | **96.4** | **101.5** | **99.8** |
| 土砂石开采 | Soil Gravel Mining | 93.0 | 100.6 | 99.5 |
| 化学矿采选 | Chemical Mineral Mining and Selecting | 97.3 | 101.9 | 100.6 |
| 采盐 | Salt Mining | 100.0 | 100.0 | 100.0 |
| 石棉及其他非金属矿采选 | Asbestos and Other Non-Metal Mineral Mining and Selecting | 103.2 | 103.4 | 100.0 |
| **农副食品加工业** | **Farm and Side-Line Food Processed Industry** | **96.0** | **100.0** | **100.0** |
| 谷物磨制 | Corn Whetted | 100.6 | 102.1 | 100.0 |
| 饲料加工 | Forage Processed | 103.4 | 100.4 | 100.2 |
| 植物油加工 | Planting-Oil Processed | 84.0 | 100.2 | 101.0 |
| 制糖业 | Sugar Industry | 92.9 | 99.0 | 99.3 |
| 屠宰及肉类加工 | Slaughtered Meta and Meat Processes | 104.7 | 101.7 | 103.3 |
| 水产品加工 | Fishery Product Processed | 118.5 | 100.2 | 98.7 |
| 蔬菜、水果和坚果加工 | Vegetables, Fruits and Nuts Processing | 100.3 | 100.1 | 100.0 |
| 其他农副食品加工 | Other Farm and Side-line Food Processed | 105.5 | 101.7 | 100.2 |
| **食品制造业** | **Food Manufacture Industry** | **102.2** | **100.4** | **100.2** |
| 焙烤食品制造 | Baked Food Manufacturing | 101.1 | 103.5 | 99.5 |
| 糖果、巧克力及蜜饯制造 | Candy, Chocolate and Candied Fruit Production | 100.0 | 100.0 | 100.0 |
| 方便食品制造 | Convenient Food Manufacturing | 102.7 | 101.3 | 100.3 |
| 乳制品制造 | Dairy Products Manufacturing | 112.4 | 100.6 | 99.5 |
| 罐头食品制造 | Canned Food Manufacturing | 99.0 | 100.5 | 100.2 |
| 调味品、发酵制品制造 | Condiment, Ferment Product Manufacturing | 99.4 | 97.2 | 99.4 |
| 其他食品制造 | Other Food Manufacturing | 103.1 | 99.9 | 100.9 |
| **酒、饮料和精制茶制造业** | **Wine, Beverage and Refined Tea Manufacture Industry** | **104.1** | **99.6** | **100.8** |
| 酒的制造 | Manufacture of Wine | 104.4 | 99.1 | 100.8 |
| 饮料制造 | Beverage Manufacturing | 104.6 | 100.2 | 100.9 |
| 精制茶加工 | Refined-tea Process | 100.4 | 100.1 | 100.1 |

# Ex-Factory Price Chain Index of Industrial Products by Industry（2013）

（preceding month=100）

| 3 月 March | 4 月 April | 5 月 May | 6 月 June | 7 月 July | 8 月 August | 9 月 September | 10 月 October | 11 月 November | 12 月 December |
|---|---|---|---|---|---|---|---|---|---|
| **100.0** | **97.7** | **98.6** | **98.8** | **99.3** | **102.7** | **100.6** | **100.2** | **98.0** | **98.4** |
| 100.8 | 98.3 | 99.0 | 99.2 | 99.6 | 103.3 | 100.8 | 100.9 | 97.6 | 98.2 |
| 97.0 | 95.5 | 97.3 | 97.1 | 98.0 | 99.9 | 100.0 | 97.6 | 99.8 | 99.3 |
| **99.7** | **99.9** | **100.2** | **99.1** | **99.8** | **95.4** | **101.0** | **100.3** | **100.5** | **99.9** |
| 100.0 | 100.0 | 100.0 | 99.0 | 100.0 | 86.1 | 102.6 | 100.0 | 100.0 | 100.0 |
| 99.5 | 99.9 | 100.4 | 99.2 | 99.6 | 99.6 | 100.4 | 100.4 | 100.7 | 99.8 |
| **99.2** | **98.0** | **97.6** | **99.6** | **99.1** | **100.6** | **104.3** | **100.0** | **98.8** | **97.8** |
| 99.3 | 97.8 | 97.8 | 99.8 | 99.4 | 100.6 | 104.1 | 100.0 | 98.9 | 98.0 |
| 97.3 | 93.6 | 92.0 | 96.8 | 92.9 | 102.1 | 112.6 | 98.5 | 95.6 | 91.1 |
| 100.0 | 103.1 | 99.4 | 99.7 | 100.0 | 100.0 | 101.4 | 100.0 | 100.0 | 98.9 |
| **98.5** | **99.9** | **100.0** | **100.0** | **98.5** | **99.9** | **100.0** | **100.0** | **99.5** | **98.7** |
| 98.0 | 99.9 | 100.0 | 100.0 | 97.9 | 100.0 | 100.0 | 100.0 | 98.9 | 97.8 |
| 98.3 | 98.9 | 99.6 | 100.4 | 96.9 | 99.5 | 100.0 | 100.0 | 100.9 | 100.3 |
| 100.0 | 100.0 | 100.0 | 100.0 | 100.0 | 100.0 | 100.0 | 100.0 | 100.0 | 100.0 |
| 99.6 | 100.4 | 100.1 | 99.8 | 100.1 | 100.0 | 99.9 | 100.0 | 100.0 | 100.0 |
| **99.2** | **99.4** | **99.1** | **99.7** | **99.3** | **99.8** | **100.1** | **100.4** | **100.1** | **98.7** |
| 99.5 | 99.9 | 98.8 | 99.7 | 99.9 | 99.7 | 100.1 | 100.6 | 100.0 | 100.5 |
| 100.8 | 100.5 | 99.0 | 100.0 | 100.1 | 100.5 | 101.1 | 101.1 | 100.0 | 99.7 |
| 96.9 | 96.7 | 96.4 | 100.1 | 97.0 | 98.1 | 98.5 | 98.6 | 100.2 | 99.2 |
| 98.7 | 99.7 | 99.8 | 99.5 | 99.7 | 99.6 | 100.3 | 100.4 | 100.0 | 96.8 |
| 98.9 | 99.0 | 97.9 | 99.6 | 99.4 | 101.5 | 100.5 | 101.4 | 101.1 | 100.4 |
| 104.3 | 102.5 | 104.1 | 99.2 | 100.8 | 102.2 | 98.3 | 104.4 | 101.0 | 101.8 |
| 100.1 | 100.0 | 100.0 | 100.1 | 100.0 | 99.7 | 100.0 | 100.1 | 100.1 | 100.1 |
| 101.3 | 100.4 | 101.4 | 99.5 | 99.8 | 100.6 | 100.3 | 100.6 | 100.0 | 99.6 |
| **99.7** | **99.8** | **100.5** | **99.9** | **100.5** | **99.9** | **100.0** | **100.7** | **100.0** | **100.8** |
| 97.9 | 100.0 | 100.3 | 100.0 | 100.0 | 100.0 | 100.0 | 100.0 | 100.0 | 100.0 |
| 100.0 | 100.0 | 100.0 | 100.0 | 100.0 | 100.0 | 100.0 | 100.0 | 100.0 | 100.0 |
| 100.4 | 100.1 | 99.7 | 100.2 | 99.9 | 99.9 | 100.2 | 99.9 | 100.7 | 100.1 |
| 100.1 | 100.0 | 100.8 | 100.2 | 100.5 | 100.0 | 100.3 | 104.0 | 100.8 | 105.2 |
| 98.9 | 99.8 | 101.1 | 98.5 | 100.2 | 99.8 | 99.9 | 100.8 | 99.2 | 100.1 |
| 102.0 | 100.1 | 100.1 | 100.3 | 100.2 | 100.0 | 99.9 | 100.0 | 100.0 | 100.2 |
| 99.6 | 99.2 | 100.3 | 101.0 | 101.6 | 100.0 | 100.0 | 100.0 | 100.0 | 100.6 |
| **100.4** | **100.8** | **100.0** | **100.7** | **100.4** | **100.5** | **100.4** | **100.1** | **100.1** | **100.3** |
| 100.6 | 101.4 | 99.8 | 101.4 | 99.8 | 100.3 | 100.4 | 100.0 | 100.3 | 100.5 |
| 100.2 | 100.3 | 100.3 | 100.0 | 101.3 | 100.8 | 100.4 | 100.3 | 99.9 | 100.0 |
| 100.1 | 100.0 | 100.0 | 100.1 | 100.0 | 100.0 | 99.8 | 100.1 | 100.1 | 100.0 |

3-19 续表 1

（上月＝100）

| 类 别 | Item | 全 年 Annual Year | 1 月 January | 2 月 February |
|---|---|---|---|---|
| **烟草制品业** | **Tobacco Product Industry** | **100.3** | **100.0** | **100.3** |
| 烟叶复烤 | Tobacco Leaves Retroacting | 100.0 | 100.0 | 100.0 |
| 卷烟制造 | Cigarette Manufacturing | 100.3 | 100.0 | 100.3 |
| **纺织业** | **Textile Industry** | **104.4** | **100.8** | **100.2** |
| 棉纺织及印染精加工 | Cotton and Textile Printing and Dyeing Finishing | 99.7 | 100.2 | 100.4 |
| 麻纺织及染整精加工 | Line Textile and Dyeing and Finishing | 115.5 | 100.3 | 100.0 |
| 丝绢纺织及印染精加工 | Silk and Textile Printing and Dyeing Finishing | 102.1 | 101.6 | 100.3 |
| 针织或钩针编织物及其制品制造 | Kintted or Crocheted Fabrics and Products Manufacturer | 121.3 | 99.9 | 100.0 |
| 家用纺织制成品制造 | Household Textile Products Manufacturing | 100.9 | 100.0 | 100.0 |
| 非家用纺织制成品制造 | Non-household Textil Products Manufacturing | 100.0 | 100.0 | 100.0 |
| **纺织服装、服饰业** | **Textile and Clothing, Apparel Industry** | **97.9** | **98.2** | **99.9** |
| 机织服装制造 | Woven Garment Manufacturing | 97.9 | 98.2 | 99.9 |
| **皮革、毛皮、羽毛及其制品和制鞋业** | **Leather, Fur, Feathers and Its Products and Footwear** | **108.6** | **100.4** | **101.2** |
| 皮革鞣制加工 | Leather Processing | 104.3 | 100.5 | 100.3 |
| 皮革制品制造 | Leather Product Processing | 103.1 | 100.7 | 100.0 |
| 羽毛（绒）加工及制品制造 | Feather Processing and Its Products Manufacturing | 120.2 | 100.0 | 103.5 |
| **木材加工和木、竹、藤、棕、草制品业** | **Bamboo, Ratten, Palm and Grass Product Manufacture Industry** | **101.6** | **100.5** | **100.2** |
| 木材加工 | Wood Processing | 102.8 | 100.0 | 100.0 |
| 人造板制造 | Artificial Plank Manufacturing | 100.9 | 100.4 | 100.3 |
| 木制品制造 | Timber Product Manufacturing | 103.8 | 101.6 | 100.0 |
| 竹、藤、棕、草制品制造 | Bamboo, Ratten, Palm and Grass Product Manufacturing | 100.0 | 100.0 | 100.0 |
| **家具制造业** | **Furniture Manufacture Industry** | **102.1** | **100.4** | **100.1** |
| 木质家具制造 | Timber Furniture Manufacture | 102.1 | 100.4 | 100.1 |
| 其他家具制造 | Other Furniture Manufacturing | 105.2 | 101.4 | 100.0 |
| **造纸和纸制品业** | **Paper Making and Paper Products Industry** | **99.2** | **99.8** | **100.2** |
| 纸浆制造 | Paper Pulp Manufacturing | 102.4 | 99.1 | 99.8 |
| 造纸 | Paper Making | 98.3 | 99.8 | 100.3 |
| 纸制品制造 | Paper Products Manufacturing | 99.6 | 100.1 | 100.0 |
| **印刷和记录媒介复制业** | **Printing and Record Medium Reproduction Industry** | **100.0** | **100.0** | **100.0** |
| 印刷 | Painting | 100.0 | 100.0 | 100.0 |
| 装订及印刷相关服务 | Bookbinding and Printing Related Services | 100.0 | 100.0 | 100.0 |
| **文教、工美、体育和娱乐用品制造业** | **Cultural, Educational, Industrial america, Sports and Entertainment Goods Industry** | **102.1** | **104.9** | **99.0** |
| 文教办公用品制造 | Culture and Education Office Supplies Manufacturing | 100.0 | 100.0 | 100.0 |
| 工艺美术品制造 | Arts and Crafts Manufacturing | 100.7 | 106.6 | 98.7 |
| 体育用品制造 | Sporting Goods Manufacturing | 108.4 | 100.0 | 100.0 |

continued

(preceding month=100)

| 3 月<br>March | 4 月<br>April | 5 月<br>May | 6 月<br>June | 7 月<br>July | 8 月<br>August | 9 月<br>September | 10 月<br>October | 11 月<br>November | 12 月<br>December |
|---|---|---|---|---|---|---|---|---|---|
| **100.0** | **100.0** | **100.0** | **100.0** | **100.0** | **100.0** | **100.0** | **100.0** | **100.0** | **100.0** |
| 100.0 | 100.0 | 100.0 | 100.0 | 100.0 | 100.0 | 100.0 | 100.0 | 100.0 | 100.0 |
| 100.0 | 100.0 | 100.0 | 100.0 | 100.0 | 100.0 | 100.0 | 100.0 | 100.0 | 100.0 |
| **100.3** | **99.4** | **100.1** | **100.4** | **100.3** | **100.0** | **100.0** | **100.2** | **102.7** | **99.8** |
| 100.1 | 99.2 | 99.6 | 99.4 | 100.5 | 100.3 | 99.9 | 100.3 | 99.9 | 99.9 |
| 100.4 | 101.0 | 102.2 | 99.9 | 99.6 | 100.0 | 106.4 | 103.6 | 100.3 | 101.0 |
| 100.4 | 99.0 | 100.3 | 101.1 | 100.5 | 99.9 | 99.8 | 100.0 | 99.5 | 99.7 |
| 100.0 | 100.3 | 100.0 | 100.0 | 100.0 | 100.0 | 100.0 | 100.0 | 121.1 | 100.0 |
| 100.3 | 100.3 | 100.3 | 100.0 | 100.0 | 100.0 | 100.0 | 100.0 | 100.1 | 100.0 |
| 100.0 | 100.0 | 100.0 | 100.0 | 100.0 | 100.0 | 100.0 | 100.0 | 100.0 | 100.0 |
| **99.2** | **100.4** | **99.5** | **99.9** | **99.7** | **101.2** | **100.1** | **99.8** | **100.0** | **100.2** |
| 99.2 | 100.4 | 99.5 | 99.9 | 99.7 | 101.2 | 100.1 | 99.8 | 100.0 | 100.2 |
| **102.7** | **101.1** | **102.3** | **101.2** | **98.4** | **99.5** | **101.4** | **100.3** | **99.8** | **100.2** |
| 102.2 | 100.0 | 100.2 | 101.1 | 99.9 | 98.9 | 101.9 | 101.4 | 98.9 | 99.1 |
| 99.5 | 100.0 | 100.0 | 101.2 | 100.0 | 100.7 | 100.6 | 100.0 | 100.0 | 100.3 |
| 107.3 | 103.3 | 106.8 | 101.2 | 95.3 | 98.7 | 101.8 | 99.7 | 100.3 | 101.1 |
| **99.9** | **100.1** | **100.2** | **100.0** | **100.4** | **100.1** | **100.0** | **100.1** | **100.1** | **99.9** |
| 102.8 | 100.0 | 100.0 | 100.0 | 100.0 | 100.0 | 100.0 | 100.0 | 100.0 | 100.0 |
| 99.3 | 100.1 | 99.8 | 100.0 | 100.7 | 100.1 | 100.1 | 100.1 | 100.2 | 99.8 |
| 100.0 | 100.0 | 102.0 | 100.0 | 100.0 | 100.0 | 100.0 | 100.2 | 100.0 | 100.0 |
| 100.0 | 100.0 | 100.0 | 100.0 | 100.0 | 100.0 | 100.0 | 100.0 | 100.0 | 100.0 |
| **100.4** | **100.0** | **100.3** | **100.0** | **100.0** | **100.5** | **100.1** | **100.0** | **100.1** | **100.1** |
| 100.4 | 100.0 | 100.3 | 100.0 | 100.0 | 100.5 | 100.1 | 100.0 | 100.1 | 100.1 |
| 100.0 | 100.0 | 101.9 | 100.0 | 101.9 | 100.0 | 100.0 | 100.8 | 99.0 | 100.0 |
| **100.2** | **100.4** | **99.5** | **99.6** | **100.0** | **100.2** | **100.1** | **99.8** | **99.7** | **99.8** |
| 104.5 | 102.5 | 98.7 | 98.1 | 99.8 | 101.5 | 100.9 | 99.1 | 99.8 | 98.7 |
| 99.3 | 99.9 | 99.6 | 99.8 | 100.1 | 100.0 | 99.9 | 99.9 | 99.6 | 100.0 |
| 100.0 | 100.3 | 99.7 | 99.8 | 99.8 | 100.0 | 100.0 | 100.1 | 99.7 | 100.0 |
| **100.0** | **100.0** | **100.0** | **100.0** | **100.0** | **100.0** | **99.9** | **100.0** | **100.0** | **99.9** |
| 100.0 | 100.0 | 100.0 | 100.0 | 100.0 | 100.0 | 99.9 | 100.0 | 100.0 | 99.9 |
| 100.0 | 100.0 | 100.0 | 100.0 | 100.0 | 100.0 | 100.0 | 100.0 | 100.0 | 100.0 |
| **100.0** | **101.1** | **96.1** | **101.4** | **100.0** | **99.8** | **99.5** | **100.5** | **99.5** | **100.5** |
| 100.0 | 100.0 | 100.0 | 100.0 | 100.0 | 100.0 | 100.0 | 100.0 | 100.0 | 100.0 |
| 100.0 | 101.4 | 94.8 | 99.8 | 100.0 | 99.7 | 99.4 | 100.6 | 99.4 | 100.6 |
| 100.0 | 100.0 | 100.0 | 108.4 | 100.0 | 100.0 | 100.0 | 100.0 | 100.0 | 100.0 |

3-19 续表 2

（上月=100）

| 类　别 | Item | 全　年 Annual Year | 1 月 January | 2 月 February |
|---|---|---|---|---|
| **石油加工、炼焦和核燃料加工业** | **Petroleum Process, Coking and Nuclear Fuel Processing Industry** | **100.3** | **100.0** | **99.9** |
| 精炼石油产品制造 | Refineed Coking Petroleum Manufacturing | 100.3 | 100.0 | 99.9 |
| **化学原料和化学制品制造业** | **Chemical Material and Chemical Product Manufacturing** | **103.6** | **100.1** | **100.5** |
| 基础化学原料制造 | Basic Chemical Material Manufacturing | 97.5 | 99.4 | 102.2 |
| 肥料制造 | Fertilizer Manufacture | 87.4 | 100.9 | 99.8 |
| 农药制造 | Insectcide Manufacture | 101.1 | 100.3 | 99.8 |
| 涂料、油墨、颜料及类似产品制造 | Coating, Printing Ink, Pigment and The Similar Products Manufacture | 94.4 | 98.7 | 100.1 |
| 合成材料制造 | Compounded Material Manufacture | 102.3 | 100.4 | 100.3 |
| 专用化学产品制造 | Specialized Chemical Product Manufacture | 124.6 | 100.0 | 100.4 |
| 炸药、火工及焰火产品制造 | Explosives, Pyrotechnics and Fireworks Manufacturing | 103.0 | 100.2 | 99.9 |
| 日用化学产品制造 | Daily Chemical Product Manufacture | 101.1 | 101.0 | 100.1 |
| **医药制造业** | **Medical Manufacture Industry** | **101.4** | **100.6** | **100.4** |
| 化学药品原料药制造 | Manufacture of Chemical Raw Material Medicine | 95.4 | 97.8 | 100.0 |
| 化学药品制剂制造 | Chemical Medicine Agent Manufacture | 99.8 | 100.4 | 100.0 |
| 中成药制造 | Medium Paternt Manufacture | 101.7 | 100.6 | 100.5 |
| 兽用药品制造 | Medicine in Herbs Manufacture | 100.4 | 99.8 | 100.0 |
| 生物药品制造 | Biopharmaceutical Manufacturing | 107.5 | 105.3 | 100.1 |
| 卫生材料及医药用品制造 | Sanitary Materials and Medical Supplies Manufacturing | 100.0 | 100.0 | 100.0 |
| **橡胶和塑料制品业** | **Rubber and Plastic Product Industry** | **101.1** | **101.1** | **100.0** |
| 橡胶制品业 | Rubber Products Industry | 99.4 | 100.0 | 99.9 |
| 塑料制品业 | Plastic Products Industry | 101.6 | 101.5 | 100.0 |
| **非金属矿物制品业** | **Non-metal Mineral Product Industry** | **103.5** | **98.7** | **98.3** |
| 水泥、石灰和石膏的制造 | Cement, Lime and Gypsum Manufacture | 105.7 | 97.1 | 96.5 |
| 石膏、水泥制品及类似制品制造 | Plaster, cement Products and Similar Products Manufacturing | 103.5 | 100.2 | 100.2 |
| 砖瓦、石材等建筑材料制造 | Brick, Stone and Other Building Materials Manufacturing | 100.7 | 100.1 | 99.7 |
| 玻璃制造 | Glass Manufacture | 103.1 | 100.7 | 100.0 |
| 玻璃制品制造 | Glass Products Manufacturing | 97.9 | 100.3 | 99.3 |
| 玻璃纤维和玻璃纤维增强塑料制品制造 | Glass Fiber and Glass Fiber Reinforced Plastic Products Manufacturing | 100.0 | 100.0 | 100.0 |
| 陶瓷制品制造 | Ceramics Product Manufacture | 100.9 | 100.2 | 100.1 |
| 耐火材料制品制造 | Refractory Products Manufacturing | 100.0 | 100.0 | 100.0 |
| 石墨及其他非金属矿物制品制造 | Graphite and Other Non-metallic Mineral Products Manufacturing | 100.0 | 100.0 | 100.0 |
| **黑色金属冶炼和压延加工业** | **Black Metal Coking and Pressing Process Industry** | **95.9** | **101.4** | **101.0** |
| 炼铁 | Lronmaking | 95.6 | 100.2 | 99.8 |
| 炼钢 | Steel Making | 98.4 | 98.4 | 100.0 |
| 黑色金属铸造 | Black Metal Casting | 94.4 | 99.7 | 100.5 |

continued

(preceding month=100)

| 3 月<br>March | 4 月<br>April | 5 月<br>May | 6 月<br>June | 7 月<br>July | 8 月<br>August | 9 月<br>September | 10 月<br>October | 11 月<br>November | 12 月<br>December |
|---|---|---|---|---|---|---|---|---|---|
| **101.0** | **97.7** | **97.7** | **99.3** | **101.0** | **99.9** | **102.7** | **99.4** | **100.2** | **101.7** |
| 101.0 | 97.7 | 97.7 | 99.3 | 101.0 | 99.9 | 102.7 | 99.4 | 100.2 | 101.7 |
| **99.6** | **100.1** | **99.2** | **99.2** | **99.3** | **100.9** | **102.6** | **101.5** | **100.9** | **99.7** |
| 99.1 | 100.8 | 100.0 | 98.1 | 96.8 | 98.2 | 99.6 | 101.3 | 102.6 | 99.4 |
| 99.3 | 99.3 | 96.5 | 99.1 | 98.2 | 98.5 | 98.6 | 98.3 | 97.6 | 100.5 |
| 100.5 | 100.3 | 99.6 | 100.4 | 100.2 | 100.0 | 100.1 | 100.0 | 100.0 | 100.0 |
| 99.3 | 101.2 | 97.3 | 101.1 | 97.0 | 99.1 | 102.8 | 96.6 | 104.2 | 97.2 |
| 98.6 | 99.8 | 100.4 | 100.3 | 100.6 | 100.6 | 100.8 | 99.9 | 100.6 | 100.1 |
| 100.0 | 99.7 | 100.0 | 99.0 | 101.7 | 105.5 | 109.2 | 105.8 | 101.8 | 99.6 |
| 100.0 | 100.0 | 100.1 | 99.9 | 99.9 | 101.7 | 101.2 | 100.0 | 100.0 | 100.0 |
| 99.6 | 100.0 | 100.5 | 100.2 | 100.1 | 99.7 | 100.0 | 100.0 | 100.0 | 100.0 |
| **100.1** | **100.2** | **100.0** | **100.0** | **99.9** | **100.0** | **100.1** | **99.8** | **100.0** | **100.2** |
| 100.0 | 100.1 | 99.8 | 99.3 | 98.6 | 99.4 | 99.6 | 99.3 | 100.3 | 101.1 |
| 99.4 | 99.9 | 100.0 | 99.8 | 100.0 | 100.0 | 100.0 | 100.0 | 100.2 | 100.2 |
| 100.2 | 100.1 | 99.9 | 100.0 | 100.0 | 100.2 | 100.1 | 99.7 | 100.0 | 100.2 |
| 100.6 | 99.9 | 101.4 | 100.4 | 99.9 | 98.7 | 100.2 | 100.2 | 99.2 | 100.1 |
| 100.0 | 102.5 | 98.5 | 101.3 | 99.4 | 99.4 | 100.8 | 100.0 | 100.0 | 100.0 |
| 100.0 | 100.0 | 100.0 | 100.0 | 100.0 | 100.0 | 100.0 | 100.0 | 100.0 | 100.0 |
| **100.0** | **100.0** | **99.9** | **100.0** | **99.8** | **99.9** | **100.1** | **100.2** | **99.8** | **100.3** |
| 99.9 | 100.0 | 99.8 | 99.9 | 100.1 | 100.0 | 99.9 | 100.1 | 99.8 | 99.9 |
| 100.1 | 100.0 | 99.9 | 100.0 | 99.7 | 99.9 | 100.1 | 100.2 | 99.8 | 100.4 |
| **97.5** | **98.6** | **98.8** | **99.9** | **101.3** | **101.5** | **101.7** | **102.2** | **104.2** | **101.0** |
| 94.6 | 97.4 | 97.4 | 99.7 | 102.9 | 103.4 | 103.4 | 104.1 | 108.5 | 101.4 |
| 99.6 | 99.8 | 99.8 | 100.2 | 100.3 | 99.7 | 100.8 | 100.8 | 100.6 | 101.5 |
| 100.7 | 100.2 | 100.1 | 99.8 | 100.0 | 100.0 | 99.7 | 100.5 | 99.3 | 100.6 |
| 98.7 | 98.3 | 101.7 | 100.4 | 99.2 | 101.7 | 101.7 | 100.8 | 101.6 | 98.4 |
| 100.7 | 96.8 | 99.6 | 99.7 | 100.4 | 100.3 | 99.9 | 101.1 | 99.6 | 100.2 |
| 100.0 | 100.0 | 100.0 | 100.0 | 100.0 | 100.0 | 100.0 | 100.0 | 100.0 | 100.0 |
| 100.2 | 100.1 | 100.3 | 100.0 | 99.2 | 99.3 | 100.0 | 100.1 | 101.1 | 100.3 |
| 100.0 | 100.0 | 100.0 | 100.0 | 100.0 | 100.0 | 100.0 | 100.0 | 100.0 | 100.0 |
| 100.0 | 100.0 | 100.0 | 100.0 | 100.0 | 100.0 | 100.0 | 100.0 | 100.0 | 100.0 |
| **99.5** | **98.5** | **98.4** | **98.9** | **99.5** | **100.1** | **100.1** | **98.9** | **100.0** | **99.7** |
| 99.5 | 100.1 | 100.0 | 96.5 | 99.7 | 99.9 | 99.9 | 99.8 | 100.2 | 99.8 |
| 100.0 | 100.0 | 100.0 | 100.0 | 100.0 | 100.0 | 100.0 | 100.0 | 100.0 | 100.0 |
| 99.3 | 97.8 | 99.2 | 99.4 | 100.2 | 100.5 | 100.6 | 98.4 | 100.2 | 98.5 |

3-19 续表 3

（上月=100）

| 类 别 | Item | 全 年 Annual Year | 1 月 January | 2 月 February |
|---|---|---|---|---|
| 钢压延加工 | Pressed Steel Processing | 94.8 | 102.1 | 101.5 |
| 铁合金冶炼 | Iron-alloy Smeltering | 98.2 | 100.8 | 100.1 |
| **有色金属冶炼和压延加工业** | **Coloured Metal Coking and Pressint Process Industry** | **93.6** | **100.3** | **99.8** |
| 常用有色金属冶炼 | General Non-ferrous Metal Coking | 93.6 | 100.4 | 99.9 |
| 贵金属冶炼 | Precious Metal Smeltering | 68.5 | 97.8 | 98.7 |
| 有色金属合金制造 | Non-ferrous Metal Alloy Manufacture | 99.9 | 102.4 | 100.0 |
| 有色金属铸造 | Non-ferrous Metal Foundry | 100.0 | 100.0 | 100.0 |
| 有色金属压延加工 | Non-ferrous Metal Rolling Processing | 97.1 | 100.3 | 99.2 |
| **金属制品业** | **Metal Product Industry** | **100.2** | **100.2** | **100.0** |
| 结构性金属制品制造 | Structural Metal Product | 101.6 | 100.7 | 100.6 |
| 金属工具制造 | Metal Tools Manufacture | 100.0 | 99.6 | 100.0 |
| 集装箱及金属包装容器制造 | Container and Metal Packing Container Manufacture | 97.0 | 100.0 | 100.0 |
| 金属丝绳及其制品制造 | Metal Silk Rope and Its Product Manufacture | 93.2 | 100.6 | 91.0 |
| 建筑、安全用金属制品制造 | Building, Metal Productin Safety Producing Manufacture | 101.0 | 100.5 | 100.0 |
| 金属制日用品制造 | Metal Commodity Manufacturing | 100.2 | 100.0 | 100.0 |
| 其他金属制品制造 | Other Metal Product Manufacture | 98.7 | 100.0 | 100.0 |
| **通用设备制造业** | **General Equipment Manufacture** | **100.3** | **99.6** | **100.0** |
| 锅炉及原动设备制造 | Boiler and Original Equipment Manufacturing | 101.5 | 100.1 | 100.9 |
| 金属加工机械制造 | Metal Process and Machinery Manufacture | 102.4 | 100.0 | 100.3 |
| 物料搬运设备制造 | Material Handling Equipment Manufacturing | 100.5 | 100.0 | 100.0 |
| 泵、阀门、压缩机及类似机械制造 | Pump, Valve, Compressor and Its Similar Mechanical Manufacture | 100.5 | 99.9 | 100.1 |
| 轴承、齿轮和传动部件制造 | Bearings, Gears and Transmission Components Manufacturing | 99.7 | 99.8 | 99.9 |
| 烘炉、风机、衡器、包装等设备制造 | Ovens, Fans, Weighing, Packaging Equipment Manufacturing | 97.5 | 97.5 | 100.0 |
| 通用零部件制造 | Universal Parts Manufacturing | 98.4 | 99.5 | 98.9 |
| **专用设备制造业** | **General Equipment Manufacture** | **100.3** | **99.6** | **100.1** |
| 采矿、冶金、建筑专用设备制造 | Mining, Metallurgy, Building Special Equipment Manufacture | 100.2 | 99.3 | 100.1 |
| 化工、木材、非金属加工专用设备制造 | Chemical Engineering, Timber, Non-Metal Processed Special Equipments Manufacture | 100.0 | 100.0 | 100.0 |
| 食品、饮料、烟草及饲料生产专用设备制造 | The Food, Beverage, Tobacco and Foddar Production Special Equipments Manufacture | 100.5 | 100.1 | 100.0 |
| 农、林、牧、渔专用机械制造 | Agriculture, Forestry Animal Husbandry and Fishery Specific Machinery Manufacture | 101.3 | 100.9 | 100.0 |
| 医疗仪器设备及器械制造 | Medical Equipment and Device Manufacturers | 100.0 | 100.0 | 100.0 |
| 环保、社会公共服务及其他专用设备制造 | Environment Protection, Social and Public Services and Other Specific Equipment Manufacturer | 101.0 | 100.0 | 100.0 |
| **汽车制造业** | **Vehicle Manufacturing** | **100.1** | **100.3** | **100.0** |
| 汽车整车制造 | Automobile Manufacturing | 100.0 | 100.4 | 100.0 |
| 改装汽车制造 | Modified Car Manufacturing | 99.4 | 99.4 | 100.0 |
| 汽车零部件及配件制造 | Auto Parts and Accessories Manufacturing | 100.4 | 100.2 | 100.0 |

continued

(preceding month=100)

| 3 月<br>March | 4 月<br>April | 5 月<br>May | 6 月<br>June | 7 月<br>July | 8 月<br>August | 9 月<br>September | 10 月<br>October | 11 月<br>November | 12 月<br>December |
|---|---|---|---|---|---|---|---|---|---|
| 99.5 | 98.3 | 97.7 | 97.9 | 99.5 | 100.1 | 99.9 | 98.9 | 99.8 | 99.5 |
| 99.2 | 98.6 | 99.3 | 101.0 | 99.2 | 99.8 | 100.5 | 98.6 | 100.6 | 100.3 |
| **99.2** | **97.6** | **99.1** | **99.5** | **98.9** | **99.8** | **100.6** | **100.5** | **99.1** | **99.0** |
| 99.2 | 97.4 | 99.4 | 99.6 | 99.0 | 99.7 | 100.5 | 100.5 | 99.0 | 99.0 |
| 99.3 | 95.3 | 88.2 | 93.8 | 86.1 | 104.8 | 108.6 | 100.4 | 99.3 | 92.9 |
| 105.5 | 96.0 | 97.6 | 100.6 | 97.4 | 97.0 | 102.0 | 101.8 | 101.6 | 98.3 |
| 100.0 | 100.0 | 100.0 | 100.0 | 100.0 | 100.0 | 100.0 | 100.0 | 100.0 | 100.0 |
| 98.6 | 99.1 | 99.5 | 99.6 | 100.1 | 100.3 | 100.6 | 100.9 | 99.2 | 99.7 |
| **100.3** | **100.1** | **100.0** | **99.8** | **99.9** | **99.8** | **99.8** | **100.0** | **100.2** | **100.0** |
| 100.8 | 100.0 | 100.0 | 99.9 | 100.0 | 99.3 | 99.2 | 100.1 | 100.9 | 100.0 |
| 100.4 | 100.0 | 100.0 | 100.0 | 100.0 | 100.0 | 100.0 | 100.0 | 100.0 | 100.0 |
| 100.0 | 100.0 | 100.0 | 98.5 | 98.5 | 100.0 | 100.0 | 100.0 | 100.0 | 100.0 |
| 98.8 | 102.4 | 100.0 | 97.6 | 99.4 | 103.2 | 103.7 | 98.8 | 98.2 | 100.0 |
| 100.2 | 100.0 | 100.0 | 100.3 | 100.0 | 100.0 | 100.0 | 100.0 | 100.0 | 100.0 |
| 100.2 | 100.0 | 100.0 | 100.0 | 100.0 | 100.0 | 100.0 | 100.0 | 100.0 | 100.0 |
| 99.0 | 100.0 | 100.0 | 100.0 | 99.7 | 100.0 | 100.0 | 100.0 | 100.0 | 100.0 |
| **100.4** | **100.3** | **99.9** | **100.0** | **100.0** | **100.0** | **100.1** | **100.0** | **100.0** | **99.9** |
| 100.5 | 100.2 | 99.9 | 100.1 | 100.0 | 100.0 | 100.0 | 99.7 | 100.1 | 100.0 |
| 101.4 | 101.7 | 99.4 | 99.9 | 99.9 | 99.9 | 99.7 | 100.5 | 100.1 | 99.5 |
| 100.0 | 99.6 | 100.0 | 100.0 | 100.0 | 100.1 | 100.9 | 100.1 | 99.9 | 100.0 |
| 100.2 | 100.2 | 100.0 | 100.1 | 100.0 | 100.2 | 100.0 | 99.8 | 100.0 | 99.9 |
| 100.1 | 99.9 | 99.9 | 100.1 | 100.0 | 100.0 | 100.0 | 99.9 | 100.0 | 100.1 |
| 100.0 | 100.0 | 100.0 | 100.0 | 100.0 | 100.0 | 100.0 | 100.0 | 100.0 | 100.0 |
| 100.0 | 100.0 | 100.0 | 100.0 | 100.0 | 100.0 | 100.0 | 100.0 | 100.0 | 100.0 |
| **99.9** | **100.1** | **99.6** | **99.8** | **100.5** | **100.4** | **99.8** | **100.5** | **99.8** | **100.1** |
| 99.9 | 100.1 | 99.5 | 99.8 | 100.7 | 100.4 | 99.9 | 100.6 | 99.7 | 100.1 |
| 100.0 | 100.0 | 100.0 | 100.0 | 100.0 | 100.0 | 100.0 | 100.0 | 100.0 | 100.0 |
| 100.0 | 100.0 | 100.2 | 100.0 | 101.6 | 100.0 | 97.2 | 100.0 | 100.0 | 101.6 |
| 99.7 | 100.1 | 100.1 | 100.0 | 100.0 | 100.4 | 100.0 | 100.0 | 100.0 | 99.9 |
| 100.0 | 100.0 | 100.0 | 100.0 | 100.0 | 100.0 | 100.0 | 100.0 | 100.0 | 100.0 |
| 100.0 | 100.0 | 100.0 | 100.0 | 100.0 | 100.0 | 100.0 | 100.3 | 100.3 | 100.3 |
| **100.0** | **99.7** | **100.1** | **99.9** | **99.8** | **100.1** | **100.1** | **100.0** | **100.1** | **99.9** |
| 100.3 | 99.6 | 100.1 | 99.8 | 99.6 | 100.2 | 100.1 | 99.9 | 100.1 | 99.9 |
| 100.0 | 100.0 | 100.0 | 100.0 | 100.0 | 100.0 | 100.0 | 100.0 | 100.0 | 100.0 |
| 99.4 | 99.9 | 100.3 | 100.0 | 100.3 | 100.1 | 100.0 | 100.1 | 100.2 | 100.0 |

3-19 续表 4

（上月=100）

| 类 别 | Item | 全 年 Annual Year | 1 月 January | 2 月 February |
|---|---|---|---|---|
| **铁路、船舶、航空航天和其他运输设备制造业** | **Railroad, Marine, Aerospace and Other Transportation Equipment Manufacture Industry** | **101.0** | **100.5** | **100.3** |
| 铁路运输设备制造 | Rail Transportation Equipment Manufacture | 101.5 | 100.9 | 100.3 |
| 船舶及相关装置制造 | Ships and Related Equipment Manufacture | 100.9 | 100.3 | 100.3 |
| **电气机械和器材制造业** | **Electricity Machine and Its Equipment Manufacture** | **99.0** | **99.3** | **99.7** |
| 电机制造 | Electric Engineering Manufacture | 100.8 | 100.8 | 100.2 |
| 输配电及控制设备制造 | Electricity Mixed and Control Equipments Manufacture | 103.8 | 99.7 | 99.7 |
| 电线、电缆、光缆及电工器材制造 | Wire, Cable, Fiber Optic Cable and the Electric Device Manufacture | 96.6 | 99.7 | 100.6 |
| 电池制造 | Battery Manufacture | 94.7 | 100.1 | 96.9 |
| 家用电力器具制造 | Electric Power Apparatus Manufacture | 100.2 | 100.0 | 100.0 |
| 非电力家用器具制造 | Non-Electrical Household Appliance Manufacturing | 100.1 | 100.0 | 100.0 |
| 照明器具制造 | Lighting Manufacturing | 84.9 | 84.9 | 100.0 |
| 其他电气机械及器材制造 | Other Electricity Machines and Device Manufacture | 103.3 | 100.1 | 100.0 |
| **计算机、通信和其他电子设备制造业** | **Computer, Communication and Other Electron Equipment Manufacture Industry** | **101.0** | **100.2** | **99.8** |
| 通信设备制造 | Tele-communication Equipment Manufacture | 100.0 | 100.0 | 100.0 |
| 雷达及配套设备制造 | Radar and Its Equipment Manufacture | 100.0 | 100.0 | 100.0 |
| 电子器件制造 | Electronic Appliances | 100.0 | 100.0 | 100.0 |
| 电子元件制造 | Electronic Components | 102.6 | 100.4 | 99.6 |
| 其他电子设备制造 | Other Electronic Equipment | 100.0 | 100.0 | 100.0 |
| **仪器仪表制造业** | **Instrument Manufacturing** | **99.7** | **100.6** | **100.2** |
| 通用仪器仪表制造 | General Instrument and Meters | 98.5 | 101.0 | 100.3 |
| 专用仪器仪表制造 | Special Instrument and Meter | 99.8 | 100.0 | 100.0 |
| 钟表与计时仪器制造 | Clock and Timing Instrument | 114.5 | 99.8 | 99.9 |
| 光学仪器及眼镜制造 | Optical Instrument and Glasses | 100.1 | 100.0 | 100.1 |
| **其他制造业** | **Other Manufacture Industry** | 96.3 | 99.5 | 100.0 |
| 日用杂品制造 | Daily Groceries Manufacture | 96.3 | 99.5 | 100.0 |
| **金属制品、机械和设备修理业** | **Metal Products, Machinery and Equipment Repair Industry** | **100.0** | **100.0** | **100.0** |
| 金属制品修理 | Metal Products Repair | 100.0 | 100.0 | 100.0 |
| **电力、热力生产和供应业** | **Electronic, Thermodynamic Product and Supply Industry** | **100.0** | **100.1** | **100.1** |
| 电力生产 | Electric Power Production | 99.1 | 100.0 | 100.0 |
| 电力供应 | Electric Power Supply | 100.5 | 100.1 | 100.1 |
| **燃气生产和供应业** | **Fuel Production and Supply Industry** | **105.7** | **105.8** | **100.5** |
| **水的生产和供应业** | **Water Production and Supply Industry** | **114.4** | **100.2** | **100.0** |
| 自来水的生产和供应 | Tapping-water Production and Supply | 114.6 | 100.2 | 100.0 |
| 污水处理及其再生利用 | Sewage Treatment and Recycled Use | 100.0 | 100.0 | 100.0 |

continued

(preceding month=100)

| 3 月 March | 4 月 April | 5 月 May | 6 月 June | 7 月 July | 8 月 August | 9 月 September | 10 月 October | 11 月 November | 12 月 December |
|---|---|---|---|---|---|---|---|---|---|
| **100.3** | **100.2** | **99.6** | **99.8** | **100.3** | **100.1** | **100.0** | **100.0** | **100.0** | **100.0** |
| 100.1 | 100.9 | 98.1 | 99.3 | 101.5 | 100.4 | 100.0 | 100.0 | 100.1 | 99.8 |
| 100.3 | 100.0 | 100.0 | 100.0 | 100.0 | 100.0 | 100.0 | 100.0 | 100.0 | 100.0 |
| **99.7** | **100.2** | **99.8** | **100.3** | **99.4** | **100.0** | **100.2** | **99.8** | **100.5** | **100.1** |
| 100.0 | 100.1 | 99.6 | 100.0 | 100.4 | 99.2 | 100.4 | 100.0 | 100.0 | 100.1 |
| 100.8 | 100.4 | 100.2 | 101.7 | 99.9 | 101.0 | 100.0 | 99.4 | 100.8 | 100.3 |
| 98.5 | 100.2 | 99.3 | 99.2 | 98.6 | 99.2 | 100.6 | 100.1 | 100.4 | 100.2 |
| 100.2 | 99.9 | 99.8 | 100.1 | 99.1 | 99.5 | 99.8 | 99.9 | 100.2 | 99.4 |
| 100.0 | 100.0 | 100.3 | 100.0 | 100.0 | 100.0 | 99.9 | 100.0 | 100.0 | 100.0 |
| 100.0 | 100.0 | 100.0 | 100.0 | 100.0 | 100.0 | 100.1 | 100.0 | 100.0 | 100.0 |
| 100.0 | 100.0 | 100.0 | 100.0 | 100.0 | 100.0 | 100.0 | 100.0 | 100.0 | 100.0 |
| 100.0 | 100.0 | 100.0 | 100.0 | 103.3 | 100.0 | 100.0 | 100.0 | 100.0 | 100.0 |
| **100.1** | **100.6** | **100.1** | **99.6** | **99.2** | **100.4** | **100.2** | **99.4** | **101.6** | **100.0** |
| 100.0 | 100.0 | 100.0 | 100.0 | 100.0 | 100.0 | 100.0 | 100.0 | 100.0 | 100.0 |
| 100.0 | 100.0 | 100.0 | 100.0 | 100.0 | 100.0 | 100.0 | 100.0 | 100.0 | 100.0 |
| 100.0 | 100.0 | 100.0 | 100.0 | 100.0 | 100.0 | 100.0 | 100.0 | 100.0 | 100.0 |
| 100.3 | 101.5 | 100.1 | 98.9 | 97.8 | 101.0 | 100.6 | 98.3 | 104.3 | 99.9 |
| 100.0 | 100.0 | 100.0 | 100.0 | 100.0 | 100.0 | 100.0 | 100.0 | 100.0 | 100.0 |
| **98.7** | **100.0** | **99.8** | **100.0** | **100.0** | **99.8** | **100.7** | **100.0** | **99.9** | **100.0** |
| 97.7 | 100.1 | 99.3 | 100.0 | 100.1 | 99.7 | 100.5 | 100.0 | 99.9 | 100.0 |
| 100.0 | 100.0 | 99.9 | 100.0 | 99.9 | 100.0 | 100.0 | 100.0 | 100.0 | 100.0 |
| 100.1 | 99.9 | 104.9 | 100.0 | 100.0 | 99.9 | 109.7 | 100.0 | 99.9 | 100.0 |
| 100.0 | 99.9 | 99.8 | 100.1 | 100.1 | 99.9 | 100.0 | 100.1 | 99.9 | 100.1 |
| 97.9 | 100.1 | 99.7 | 100.0 | 99.7 | 99.9 | 100.0 | 100.2 | 100.1 | 99.1 |
| 97.9 | 100.1 | 99.7 | 100.0 | 99.7 | 99.9 | 100.0 | 100.2 | 100.1 | 99.1 |
| **100.0** | **100.0** | **100.0** | **100.0** | **100.0** | **100.0** | **100.0** | **100.0** | **100.0** | **100.0** |
| 100.0 | 100.0 | 100.0 | 100.0 | 100.0 | 100.0 | 100.0 | 100.0 | 100.0 | 100.0 |
| **99.9** | **99.9** | **100.0** | **100.1** | **99.7** | **99.9** | **99.9** | **100.4** | **99.9** | **100.0** |
| 100.0 | 100.0 | 100.0 | 100.1 | 100.0 | 100.0 | 100.0 | 99.4 | 99.7 | 99.9 |
| 99.8 | 99.9 | 100.0 | 100.1 | 99.6 | 99.9 | 99.9 | 100.9 | 100.0 | 100.1 |
| **97.9** | **100.0** | **97.9** | **101.0** | **99.5** | **99.7** | **100.2** | **101.3** | **100.8** | **101.1** |
| **104.0** | **100.1** | **100.0** | **100.0** | **100.2** | **101.6** | **101.4** | **106.2** | **100.1** | **100.0** |
| 104.0 | 100.1 | 100.0 | 100.0 | 100.2 | 101.6 | 101.4 | 106.2 | 100.1 | 100.0 |
| 100.0 | 100.0 | 100.0 | 100.0 | 100.0 | 100.0 | 100.0 | 100.0 | 100.0 | 100.0 |

# 3-20 主要工业产品出厂价格（2013年）

## Ex-Factory Price of Major Industrial Products（2013）

（上年=100） (preceding year=100)

| 类别 | Item | 计量单位 | Measurement Unit | 年末价格（元） Price at Year End（yuan） |
|---|---|---|---|---|
| 一号无烟煤 | A Number of Anthracite | 吨 | ton | 370.0 |
| 焦煤 | Coking Coal | 吨 | ton | 396.9 |
| 长焰煤 | Long Flame Coal | 吨 | ton | 361.5 |
| 贫煤 | Lean Coal | 吨 | ton | 331.4 |
| 褐煤洗块煤 | Lignite Washing Lump Coal | 吨 | ton | 220.8 |
| 炼铁块矿（含铁≥45%） | Lronmaking Lump Ore | 吨 | ton | 329.0 |
| 铁精矿 | Iron Ore Concentrate | 吨 | ton | 183.3 |
| 锰矿石原矿 | Manganese Ore Raw Ore | 吨 | ton | 7350.4 |
| 锰块矿 | Manganese Ore Lump | 吨 | ton | 734.8 |
| 锰粉矿 | Manganese Mine Powder | 吨 | ton | 756.1 |
| 烧结锰矿 | Sintered Manganese | 吨 | ton | 1760.4 |
| 铜精矿含铜量 | Copper Concentrate | 吨 | ton | 36035.2 |
| 铅精矿含铅量 | Lead Concetrates | 吨 | ton | 10715.0 |
| 锌精矿含锌量 | Zinc Concentrate | 吨 | ton | 8331.7 |
| 锡精矿含锡量 | Tin Concentrate | 吨 | ton | 110103.3 |
| 铅锑混合精矿含锑量 | Antimony Block Mine | 吨 | ton | 20085.0 |
| 钛精矿折合量，折氧化钛50% | Titanium Concentrates | 吨 | ton | 1695.0 |
| 天然金红石折合量，折氧化钛90% | Natural Rutile | 吨 | ton | 5213.7 |
| 金精矿含金量 | Gold Concentrates | 千克 | kg | 260.0 |
| 铅精矿含金量 | Lead Concentrate Gold | 千克 | kg | 210160.0 |
| 银精矿含银量 | Silver Concentrate | 吨 | ton | 9852.9 |
| 铅精矿含银量 | Silver Content of Lead Concentrate | 吨 | ton | 3069.0 |
| 钨矿折合量，折三氧化钨65% | Tungsten Ore | 吨 | ton | 120000.0 |
| 独居石精矿实物量 | Monazite Concentrate | 吨 | ton | 26383.5 |
| 锆金属折合量 | Zirconium Metal | 吨 | ton | 10980.7 |
| 冶金用萤石 | Metallurgical Fluorite | 吨 | ton | 1196.3 |
| 高岭土 | Kaolin | 吨 | ton | 430.0 |
| 其他粘土 | Other Clays | 吨 | ton | 2573.0 |
| 其他砂石 | Other Sand Stone | 吨 | ton | 8860.0 |
| 硫铁矿石 | Pyrite Stone | 吨 | ton | 290.7 |
| 重晶石 | Barite Ore | 吨 | ton | 379.3 |
| 海盐食用盐 | Sea Salt Edible Salt | 吨 | ton | 433.8 |
| 原状滑石 | The Status Quo Talc | 吨 | ton | 958.0 |
| 造纸用滑石粉 | Paper with Talcum Powder | 吨 | ton | 1145.0 |
| 医药用滑石粉 | Medical Use Talcum Powder | 吨 | ton | 3418.8 |
| 化学用滑石粉 | Chemical Use Talcum Powder | 吨 | ton | 1774.8 |
| 高筋小麦粉 | High-gluten Wheat Flour | 吨 | ton | 3019.8 |
| 低筋小麦粉 | Low-gluten Wheat Flour | 吨 | ton | 2760.1 |
| 中筋小麦粉 | Medium gluten Wheat Flour | 吨 | ton | 3400.0 |

3-20 续表 1 continued

| 类 别 | Item | 计量单位 | Measurement Unit | 年末价格（元） Price at Year End (yuan) |
|---|---|---|---|---|
| 面包用小麦粉 | Bread Wheat Flour | 吨 | ton | 3278.0 |
| 糕点用小麦粉 | Cakes with Wheat Flour | 吨 | ton | 3203.5 |
| 籼米精米 | Indica Rice Fine Rice | 吨 | ton | 4827.2 |
| 其他大米 | Other Rice | 吨 | ton | 4100.0 |
| 燕麦片 | Oatmeal | 吨 | ton | 1646.4 |
| 猪配合饲料 | Pig Feed | 吨 | ton | 3430.8 |
| 蛋禽配合饲料 | Egg and Poultry with the Feed | 吨 | ton | 2963.5 |
| 肉禽配合饲料 | Meat and Poultry with the Feed | 吨 | ton | 2902.4 |
| 水产配合饲料 | Aquatic Feed | 吨 | ton | 4941.9 |
| 其他配合饲料 | Other Feed | 吨 | ton | 3425.0 |
| 猪浓缩饲料 | Pig Feed Concentrates | 吨 | ton | 5650.7 |
| 蛋禽浓缩饲料 | Egg and Poultry Concentrated Feed | 吨 | ton | 5400.0 |
| 肉禽浓缩饲料 | Meat and Poultry Concentrate Feed | 吨 | ton | 4340.9 |
| 猪预混合饲料 | Pig Pre-mixed Feed | 吨 | ton | 5735.7 |
| 其他未列明饲料 | Other Not Listed Feed | 吨 | ton | 1949.9 |
| 大豆毛油 | Soybean Crude Oil | 吨 | ton | 6393.5 |
| 大豆精制油 | Soybean Refined Oil | 吨 | ton | 6797.5 |
| 花生精制油 | Peanut Refined Oil | 吨 | ton | 15332.3 |
| 菜籽精制油 | Rapeseed Refined Oil | 吨 | ton | 6833.8 |
| 棕榈油 | Palm Oil | 吨 | ton | 6170.8 |
| 茶油 | Tea Oil | 吨 | ton | 42035.4 |
| 葵花籽油 | Sunflower Oil | 吨 | ton | 8230.1 |
| 桐油 | Tung Oil | 吨 | ton | 10256.0 |
| 豆粕 | Soybean Meal | 吨 | ton | 3788.3 |
| 白砂糖 | White Sugar | 吨 | ton | 4409.3 |
| 赤砂糖 | Brown Sugar | 吨 | ton | 4063.4 |
| 鲜、冷藏猪肉 | Fresh and Frozen Pork | 吨 | ton | 19896.2 |
| 其他冻肉 | Other Frozen Meat | 吨 | ton | 12000.0 |
| 其他可食用动物杂碎 | Other Edible Animal Offal | 吨 | ton | 200000.0 |
| 禽畜屠宰加工服务费 | Livestock Slaughter and Processing Service Fees | 吨 | ton | 32.5 |
| 其他动物肠衣 | Other Casings of Animals | 吨 | ton | 0.5 |
| 猪肉高温蒸煮香肠制品 | High-temperature Cooking Pork Sausage Products | 吨 | ton | 37000.0 |
| 酱卤烧烤猪肉制品 | Sauce Halogen Barbecue Pork Products | 吨 | ton | 63000.0 |
| 酱卤烧烤牛肉制品 | Sauce Halogen Barbecue Beef Products | 吨 | ton | 85000.0 |
| 酱卤烧烤鸭肉制品 | Suauce Roast Duck Products | 吨 | ton | 20513.0 |
| 腌腊猪肉制品 | Cured Pork Products | 吨 | ton | 54000.0 |
| 其他冷冻鱼 | Other Frozen Fish | 吨 | ton | 6486.5 |
| 冷冻虾仁 | Frozen Shrimp | 吨 | ton | 89052.0 |
| 冻罗非鱼片 | Frozen Tilapia Fillets | 吨 | ton | 27720.3 |

3-20 续表 2 continued

| 类 别 | Item | 计量单位 | Measurement Unit | 年末价格（元） Price at Year End（yuan） |
|---|---|---|---|---|
| 鱼肉酱 | Fish Meat | 吨 | ton | 10100.0 |
| 饲料用鱼粉 | Feed With Fish Meal | 吨 | ton | 8090.1 |
| 鱼肝油 | Cod Liver Oil | 千克 | kg | 4541.3 |
| 珍珠粉 | Pearl Powder | 千克 | kg | 1633.0 |
| 其他腌渍菜 | Other Pickled Vegetables | 吨 | ton | 13980.0 |
| 其他水果、坚果加工品 | Other Fruits and Nuts Processed | 吨 | ton | 10340.0 |
| 冷冻甜玉米粒 | Frozen Sweet Corn Kernels | 吨 | ton | 5829.0 |
| 木薯淀粉 | Cassava Starch | 吨 | ton | 3480.8 |
| 其他淀粉 | Other Starch | 吨 | ton | 3120.0 |
| 改性淀粉 | Modified Starch | 吨 | ton | 4405.8 |
| 油炸、卤制豆腐制品 | Fried, Stewed Tofu Products | 吨 | ton | 24359.0 |
| 豆腐乳 | Fermented Bean Curd | 吨 | ton | 11652.4 |
| 其他豆制品 | Other Soy Products | 吨 | ton | 32986.4 |
| 收费的农副食品加工服务 | The Agro-food Processing Service Fee | 次 | number | 36.3 |
| 其他农副食品 | Other Agro-food | 吨 | ton | 15149.3 |
| 西式蛋糕 | Western-style Cake | 吨 | ton | 42328.1 |
| 西式包馅点心 | Western Package Filling Snack | 吨 | ton | 26923.1 |
| 熟粉糕点 | Cooked Flour Pastry | 吨 | ton | 15954.0 |
| 软式面包 | Soft Bread | 吨 | ton | 19490.3 |
| 调理面包 | Conditioning of Bread | 吨 | ton | 12820.5 |
| 酥性饼干 | Crisp Biscuit | 吨 | ton | 5750.0 |
| 曲奇饼干 | Cookies | 吨 | ton | 11815.0 |
| 谷物类膨化食品 | Cereal Puffed Food | 吨 | ton | 47.9 |
| 果脯类蜜饯 | Preserved Class Preserves | 吨 | ton | 40000.0 |
| 小麦挂面 | Wheat Noodle | 吨 | ton | 4595.5 |
| 龙须面 | Saute Fine Noodles with Shredded Chicken | 吨 | ton | 4956.0 |
| 米粉丝 | Rice Noodles | 吨 | ton | 4260.0 |
| 速冻饺子 | Frozen Dumplings | 吨 | ton | 8462.0 |
| 速冻包子 | Frozen Buns | 吨 | ton | 13077.0 |
| 速冻云吞 | Frozen Wonton | 吨 | ton | 14845.0 |
| 速冻汤圆 | Frozen Glue Pudding | 吨 | ton | 6838.0 |
| 速冻玉米 | Frozen Corn | 吨 | ton | 5800.0 |
| 其他速冻食品 | Other Frozen Food | 吨 | ton | 7876.1 |
| 馒头 | Steamed Bread | 百个 | 100 unit | 85.5 |
| 肉包 | Buns with Meat | 百个 | 100 unit | 86.0 |
| 方便面 | Instant Noodles | 吨 | ton | 6750.0 |
| 方便粥 | Instant Porridge | 吨 | ton | 4957.3 |
| 芝麻糊 | Sesame Paste | 吨 | ton | 8270.0 |
| 灭菌乳 | Sterilized Milk | 吨 | ton | 7697.2 |

3-20 续表 3 continued

| 类 别 | Item | 计量单位 | Measurement Unit | 年末价格（元）Price at Year End（yuan） |
|---|---|---|---|---|
| 巴氏杀菌乳 | Pasteurized Milk | 吨 | ton | 9741.9 |
| 酸牛乳 | Sour Milk | 吨 | ton | 10331.2 |
| 蔬菜类罐头 | Canned Vegetables | 吨 | ton | 6590.1 |
| 水果类罐头 | Canned Fruit | 吨 | ton | 7688.5 |
| 谷物制品类罐头 | Cereal Products Canned | 吨 | ton | 8.4 |
| 酿造酱油 | Brewed Soy Sauce | 吨 | ton | 1606.0 |
| 蘑菇酱油 | Mushroom Soy Sauce | 吨 | ton | 2128.0 |
| 米醋 | Vinegar | 吨 | ton | 1923.0 |
| 黄酱 | Huangjiang | 吨 | ton | 6667.0 |
| 发面酵母 | Baker's Yeast | 吨 | ton | 15203.0 |
| 食品用发酵有机酸 | Food Fermentation Organic Acid | 吨 | ton | 5300.0 |
| 食品用酶制剂 | Enzyme Preparations Used in Food | 吨 | ton | 54989.9 |
| 其他营养、保健食品 | Other Nutrition, Health Food | 吨 | ton | 146.2 |
| 组合型雪糕 | Combination Ice Cream | 吨 | ton | 5336.5 |
| 加碘盐 | Iodized Salt | 吨 | ton | 1681.0 |
| 蛋白质添加剂 | Protein Additives | 吨 | ton | 79600.0 |
| 食品甜味添加剂 | Sweet Food Additives | 吨 | ton | 12000.0 |
| 食品保鲜剂 | Food Antistaling Agent | 吨 | ton | 35805.7 |
| 其他饲料添加剂 | Other Feed Additives | 吨 | ton | 8800.0 |
| 食品用原料粉 | Food Raw Material Powder | 吨 | ton | 1452991.5 |
| 其他未列明的食品 | Other Not Listed Food | 吨 | ton | 23.7 |
| 薯类发酵酒精 | Potato Alcohol Fermentation | 吨 | ton | 5157.1 |
| 糖蜜发酵酒精 | Fermentation of Molasses Alcohol | 吨 | ton | 5188.0 |
| 半固态法白酒 | Semi-solid Method Liquor | 千升 | kilolitre | 11724.8 |
| 液态法白酒 | Liquid Method Liquor | 千升 | kilolitre | 16500.0 |
| 固液法白酒 | Solid-liquid Method Liquor | 千升 | kilolitre | 73774.1 |
| 熟啤酒 | Cooked Beer | 千升 | kilolitre | 3083.6 |
| 生啤酒 | Draught Beer | 千升 | kilolitre | 4832.8 |
| 鲜啤酒 | Fresh Beer | 千升 | kilolitre | 2459.7 |
| 配制酒 | Compound Wine | 吨 | ton | 49585.0 |
| 发酵型果酒 | Fermented Wine | 吨 | ton | 10690.0 |
| 其他酒精及饮料酒专用原辅料 | Other Alcoholic Drinks and Wine For Raw materials | 吨 | ton | 16420.7 |
| 果味型碳酸饮料 | Fruit-flavored Carbonated Beverage | 吨 | ton | 3077.0 |
| 可乐型碳酸饮料 | Cola Carbonated Drinks | 吨 | ton | 3426.7 |
| 饮用天然水 | Natural Drinking Water | 吨 | ton | 445.7 |
| 饮用纯净水 | Drinking Water | 吨 | ton | 640.7 |
| 浓缩果汁（浆） | Concentrated Fruit Juice（Pulp） | 吨 | ton | 12800.0 |
| 果汁饮料 | Fruit Juice Beverage | 吨 | ton | 7606.8 |
| 复合果蔬汁饮料 | Composite Fruit and Vegetable Juices | 吨 | ton | 9800.0 |

3-20 续表 4 continued

| 类 别 | Item | 计量单位 Measurement Unit | | 年末价格（元） Price at Year End（yuan） |
|---|---|---|---|---|
| 果肉饮料 | Pulp Beverage | 吨 | ton | 44.3 |
| 发酵型果蔬汁饮料 | Fermentation Fruit and Vegetable Juice Drinks | 吨 | ton | 27.0 |
| 发酵型含乳饮料 | Pulp Beverage | 吨 | ton | 4374.0 |
| 乳酸菌饮料 | Lactic Acid Bacteria Beverage | 吨 | ton | 4855.6 |
| 豆奶（乳） | Soy Milk（Milk） | 吨 | ton | 2000.0 |
| 豆奶（乳）饮料 | Soy Milk（Milk） Beverages | 吨 | ton | 2075.0 |
| 核桃露（乳） | Walnut（Milk） | 吨 | ton | 105.0 |
| 其他固体饮料 | Other Solid Beverage | 吨 | ton | 87.1 |
| 茶饮料（茶汤） | Tea Drinks（Tea） | 吨 | ton | 2664.0 |
| 复（混）合茶饮料 | Compound（mixed） and Tea Beverage | 吨 | ton | 2126.1 |
| 植物饮料 | Plant Beverage | 吨 | ton | 2.1 |
| 精制红茶 | Refined Tea | 千克 | kg | 286.4 |
| 精制绿茶 | Refined Green Tea | 千克 | kg | 55.9 |
| 精制花茶 | Refined Tea | 千克 | kg | 39.0 |
| 其他精制茶 | Other Refined Tea | 千克 | kg | 126.3 |
| 片烟 | Tobacco Sheet | 吨 | ton | 3700.0 |
| 烟梗 | Tobacco Stem | 吨 | ton | 360.0 |
| 一类烟 | A Class of Smoke | 箱 | box | 63397.0 |
| 二类烟 | Two Kinds of Smoke | 箱 | box | 21963.6 |
| 三类烟 | Three Kinds of Smoke | 箱 | box | 10813.9 |
| 四类烟 | Four Kinds of Smoke | 箱 | box | 7403.9 |
| 五类烟 | Five Kinds of Smoke | 箱 | box | 4087.8 |
| 普梳纱 | Carded Yarn | 吨 | ton | 13916.1 |
| 精梳纱 | Combed Yarn | 吨 | ton | 29100.0 |
| 合成纤维与棉混纺纱 | Synthetic Fiber and Cotton Blended Yarn | 吨 | ton | 15897.4 |
| 人造纤维与棉混纺纱 | Man-made Fiber and Cotton Blended Yarn | 吨 | ton | 10881.3 |
| 人造纤维纱 | Rayon Yarn | 吨 | ton | 18227.7 |
| 其他天然纤维与棉混纺纱 | Other Natural Fiber and Cotton Blended Yarn | 吨 | ton | 32029.5 |
| 棉线 | Cotton | 吨 | ton | 5684.0 |
| 化学纤维线 | Chemical Fiber Line | 吨 | ton | 14300.0 |
| 棉布 | Cotton | 米 | m | 1.5 |
| 其他布 | Other Cloth | 米 | m | 3.3 |
| 其他棉、化纤印染精加工 | Other Cotton, Chemical Fiber Dyeing and Finishing | 米 | m | 3.2 |
| 其他麻制品 | Other Products Ma | 吨 | ton | 1061.4 |
| 桑蚕生丝（厂丝） | Silkworm Silk（Silk） | 吨 | ton | 342062.0 |
| 其他生丝 | Other Raw Silk | 吨 | ton | 145986.3 |
| 绢纺丝 | Spun Silk | 吨 | ton | 252136.8 |
| 棉制面巾 | Cotton Towel | 条 | piece | 3.3 |
| 棉制浴巾 | Cotton Towel | 条 | piece | 14.0 |

3-20 续表 5 continued

| 类 别 | Item | 计量单位 | Measurement Unit | 年末价格（元）Price at Year End（yuan） |
|---|---|---|---|---|
| 蚕丝被 | Silk Quilt | 条 | piece | 713.9 |
| 黄麻纤维纺制绳、缆 | Jute Fiber Spinning Rope, Cable | 条 | piece | 6925.0 |
| 其他盥洗用毛巾织物制品 | Other Toilet Towel Fabric Products | 吨 | ton | 3.5 |
| 棉毛类棉针织内衣 | Cotton Cotton Knitted Underwear | 件 | piece | 4.3 |
| 单面布类棉针织内衣 | Single-sided Cloth of Cotton Knitted Underwear | 件 | piece | 11.0 |
| 单面布类棉针织休闲衫 | Single-sided Cloth of Cotton Knitted Sweater | 件 | piece | 15.0 |
| 合成纤维制经编织物 | Synthetic Fiber Warp Knitting Fabric | 米 | m | 47.8 |
| 棉制针织手套 | Cotton Knitted Gloves | 打 | dozen | 59.9 |
| 棉针织睡衣裤 | Knitted Cotton Pajamas | 套 | set | 18.5 |
| 男式针织裤 | Men's Knitted Pants | 条 | piece | 10.0 |
| 男式羽绒大衣 | Men's Feather Coats | 件 | piece | 132.5 |
| 女式羽绒大衣 | Lady Down Coat | 件 | piece | 342.3 |
| 男式防寒短上衣 | Men's Winter Coat | 件 | piece | 114.1 |
| 其他纺织材料防风衣 | Other Textile Materials Widproof Clothing | 件 | piece | 101.4 |
| 其他纺织材料制男女上衣 | Other Textile Materials, Men and Women Clothes | 件 | piece | 21.5 |
| 棉制男衬衫 | Cotton Men's Shirts | 件 | piece | 88.0 |
| 化纤制男衬衫 | Chemical Fiber of Men's Shirt | 件 | piece | 85.0 |
| 棉制男裤 | Cotton Men's Trousers | 条 | piece | 135.0 |
| 棉制婴儿、儿童服装 | Cotton Infants, Children Clothing | 套 | set | 30.9 |
| 合成纤维制婴儿、儿童服装 | Babies', Children's Clothing | 套 | set | 52.6 |
| 毛制婴儿、儿童服装 | Wool Babies, Children's Clothing | 套 | set | 41.5 |
| 男式职业服装、工作服 | Men's Professional Clothing, Workwear | 套 | set | 400.0 |
| 其他未列明服装 | Other NES Clothing | 套 | set | 45.9 |
| 猪重革 | Pig Heavy Leather | 平方米 | sq.m | 47.1 |
| 猪轻革 | Pigs Light Leather | 平方米 | sq.m | 65.7 |
| 其他未列明成品革 | Other NES Finished Leather | 平方米 | sq.m | 5.4 |
| 牛皮面皮鞋 | Cowhide Leather Shoes | 双 | pair | 121.0 |
| 人造革或合成革制手提包（袋）、背包 | Synthetic Leather Handbag, Backpack | 个 | unit | 33.0 |
| 纺织材料作面衣箱、提箱 | Textile Materials Suitcase, Suitcase | 个 | unit | 56.6 |
| 纺织材料作面类似箱、包容器 | Textile Surface Suitcase, Suitcase | 个 | unit | 42.5 |
| 日常用皮革制手套 | Daily Use Leather Gloves | 打 | dozen | 91.9 |
| 劳保用皮革制手套 | Labor of Leather Gloves | 打 | dozen | 220.5 |
| 加工填充用羽毛 | Processing Filled with Feathers | 千克 | kg | 5.6 |
| 加工填充用羽绒 | Filled with Feather Processing | 千克 | kg | 312.8 |
| 普通锯材 | Common Lumber | 立方米 | cu.m | 1090.0 |
| 多层板制胶合板 | Multilayer Plywood | 立方米 | cu.m | 1960.4 |
| 硬质纤维板 | Hardboard | 立方米 | cu.m | 1840.0 |
| 中密度纤维板 | Medium Density Fiberboard | 立方米 | cu.m | 1289.6 |
| 普通刨花板 | Ordinary Particleboard | 立方米 | cu.m | 945.9 |

3-20 续表 6 continued

| 类　别 | Item | 计量单位 Measurement Unit | | 年末价格（元） Price at Year End（yuan） |
|---|---|---|---|---|
| 细木工板 | Blockboard | 立方米 | cu.m | 1841.4 |
| 指接材 | Finger-jointed | 立方米 | cu.m | 1900.0 |
| 其他软木制品及木制品 | Other Articles of Cork and Wood products | 个 | unit | 3.7 |
| 其他竹制品 | Other Bamboo Products | 套 | set | 199.2 |
| 木质床 | Wooden Bed | 套 | set | 1458.4 |
| 木质卧室柜 | Wooden Bedroom Cabinet | 套 | set | 2060.0 |
| 木质沙发 | Wooden Sofa | 套 | set | 2792.6 |
| 木质桌 | Wooden Tables | 套 | set | 980.6 |
| 木质柜 | Wooden Cabinet | 套 | set | 1174.7 |
| 红木制客厅、餐厅用家具 | Red Wooden Living Room, Dining Furniture | 套 | set | 1080.0 |
| 软体沙发 | Software Sofa | 套 | set | 2321.9 |
| 其他软体坐具 | Additional Software Seats | 套 | set | 847.6 |
| 玻璃桌 | Glass Tables | 张 | unit | 572.7 |
| 化学木浆 | Chemical Wood Pulp | 吨 | ton | 3858.6 |
| 其他木浆 | Other Wood Pulp | 吨 | ton | 2863.0 |
| 化学法非木材纤维纸浆 | The Chemical non Wood Fiber Pupl | 吨 | ton | 2706.5 |
| 其他方法非木材纤维纸浆 | Other Methods of Non-wood Fiber Pulp | 吨 | ton | 2898.3 |
| 其他纸浆 | Other Pulp | 吨 | ton | 3247.0 |
| 书写印刷纸 | Writing and Printing Paper | 吨 | ton | 6558.1 |
| 新闻纸 | Newsprint | 吨 | ton | 4200.0 |
| 卫生纸原纸 | Toilet paper | 吨 | ton | 5340.3 |
| 包装纸 | Wrapper | 吨 | ton | 4402.2 |
| 瓦楞原纸 | Corrugating Medium | 吨 | ton | 2184.0 |
| 胶印版纸 | Offset Printing Paper | 吨 | ton | 5141.8 |
| 瓦楞纸板 | Corrugated Board | 吨 | ton | 2655.0 |
| 卫生纸 | Toilet Paper | 吨 | ton | 7543.4 |
| 纸手帕及面巾纸 | Paper Handkerchiefs and Tissues | 吨 | ton | 13913.8 |
| 纸餐巾 | Paper Napkins | 吨 | ton | 23148.0 |
| 卷烟纸 | Cigarette Paper | 吨 | ton | 14786.3 |
| 其他机制纸及纸板 | Other Mechanisms for Paper and Paperboard | 吨 | ton | 9723.9 |
| 瓦楞纸及纸板容器 | Corrugated Paper and Paperboard Containers | 吨 | ton | 1526.3 |
| 纸制存储盒 | Paper Storage Boxes | 百件 | 100 piece | 468.4 |
| 纸制其他包装容器 | Other Paper Packaging Container | 百个 | 101 piece | 157.2 |
| 纸卫生巾 | Diaper | 包 | ream | 3.5 |
| 其他卫生用纸制品 | Other Sanitary Paper Products | 令 | ream | 0.7 |
| 图书类单色印刷品 | Class Monochrome Print Books | 令 | ream | 71.0 |
| 报纸类单色印刷品 | Newspapers Class Monochrome Prints | 令 | ream | 16.7 |
| 期刊类单色印刷品 | Periodicals monochrome prints | 令 | ream | 20.0 |
| 图书类多色印刷品 | Class Multicolor Printed Books | 令 | ream | 63.2 |

3-20 续表 7 continued

| 类　别 | Item | 计量单位 Measurement Unit | | 年末价格（元）Price at Year End（yuan） |
|---|---|---|---|---|
| 报纸类多色印刷品 | Newspapers Class Multicolor Print | 令 | ream | 137.7 |
| 期刊类多色印刷品 | Periodicals Multicolor Print | 令 | ream | 79.8 |
| 包装装潢塑料印刷品 | Plastic Packaging and Decorating Printed Matter | 吨 | ton | 179100.0 |
| 票证 | Tickets | 百件 | 100 piece | 680.6 |
| 明信片、卡片、日历 | Postcards, Cards, Calendars | 万件 | 10 000 piece | 5000.0 |
| 其他未列明印刷品 | Other Printed Matter, Nes | 令 | ream | 5.3 |
| 装订图书 | Binding Books | 令 | ream | 20.1 |
| 装订期刊 | Bound Periodicals | 令 | ream | 24.0 |
| 印版、滚筒 | Printing Plates, Cylinders | 块 | piece | 100.0 |
| 学生用三角尺 | Students Triangle Ruler | 百副 | 100 set | 363.0 |
| 学生用刻度尺（直尺） | Students Graduated Scale（Ruler） | 百副 | 100 set | 357.8 |
| 滑雪手套 | Ski Gloves | 套 | set | 450.0 |
| 93号车用汽油 | Gasoline Car No. 93 | 吨 | ton | 7602.3 |
| 其他煤油 | Other Kerosene | 吨 | ton | 6311.0 |
| 0号柴油 | No. 0 Diesel Oil | 吨 | ton | 6826.9 |
| 齿轮用油 | Gear Oil | 吨 | ton | 10238.6 |
| 内燃机用油 | Internal Combustion Engine Oil | 吨 | ton | 16100.0 |
| 液压系统用油 | Hydraulic System Oil | 吨 | ton | 8943.6 |
| 柴油机润滑油 | Diesel Oil | 吨 | ton | 6680.0 |
| 汽油机润滑油 | Gasoline Engine Oil | 吨 | ton | 6795.0 |
| 其他润滑油 | Other Lubricanting Oil | 吨 | ton | 6675.0 |
| 轻石脑油 | Light Naphtha | 吨 | ton | 5829.1 |
| 民用石油液化气 | Civilian Liquefied Petroleum Gas | 吨 | ton | 6741.9 |
| 工业用石油液化气 | Liquefied Petroleum Gas for Industrial Use | 吨 | ton | 6181.4 |
| 未煅烧石油焦 | Not Calcined Petroleum Coke | 吨 | ton | 896.6 |
| 精炼石蜡 | Refined Paraffin Wax | 吨 | ton | 7329.0 |
| 废物、废料制燃油 | Waste, Waste of Fuel | 吨 | ton | 8200.0 |
| 硫酸（≥98%） | Sulfuric Acid（≥ 98%） | 吨 | ton | 164.6 |
| 盐酸（氯化氢，含量31%） | Hydrochloric Acid（Hydrogen Chloride Content 31%） | 吨 | ton | 180.4 |
| 浓硝酸 | Concentrated Nitric Acid | 吨 | ton | 1381.0 |
| 磷酸（含量85%） | Phosphoric acid（Content 85%） | 吨 | ton | 4312.0 |
| 液体烧碱（折100%） | Liquid Caustic Soda（100% Discount） | 吨 | ton | 2338.4 |
| 离子膜法烧碱（折100%） | Caustic Soda（100% Discount） | 吨 | ton | 2269.9 |
| 重质碳酸钠 | Heavy Soda | 吨 | ton | 1375.0 |
| 其他非金属卤化物及硫化物 | Other Non-metallic Halides and Sulphide | 吨 | ton | 7435.9 |
| 硫化钠（硫化碱） | Sodium（Sodium Sulfide） | 吨 | ton | 1958.0 |
| 硫化钡 | Barium Sulfide | 吨 | ton | 1390.0 |
| 硫酸铜（胆矾） | Copper Sulphate（Blue Vitriol） | 吨 | ton | 14273.5 |
| 沉淀硫酸钡 | Precipitated Barium Sulfate | 吨 | ton | 2614.0 |

3-20 续表 8 continued

| 类 别 | Item | 计量单位 | Measurement Unit | 年末价格（元） Price at Year End（yuan） |
|---|---|---|---|---|
| 硫酸亚铁 | Ferrous Sulfate | 吨 | ton | 376.3 |
| 过硫酸钠 | Persulfate | 吨 | ton | 6000.0 |
| 其他金属硫化物及硫酸盐 | Other Sulphides and Sulphates | 吨 | ton | 3368.4 |
| 其他磷化物、金属磷酸盐 | Other Phosphides, Metal Phosphates | 吨 | ton | 12820.5 |
| 氟化铝 | Aluminum Fluoride | 吨 | ton | 4619.9 |
| 聚氯化铝 | Poly Aluminum Chloride | 吨 | ton | 2520.5 |
| 商品液氯 | Goods Chlorine | 吨 | ton | 362.4 |
| 次氯酸钠 | Sodium Hypochlorite | 吨 | ton | 431.1 |
| 重质碳酸钙 | Heavy Calcium Carbonate | 吨 | ton | 313.1 |
| 轻质碳酸钙 | Light Calcium Carbonate | 吨 | ton | 650.0 |
| 其他碳化物及碳酸盐 | Other Carbides and Carbonates | 吨 | ton | 1300.0 |
| 氧化钇 | Yttria | 吨 | ton | 65000.0 |
| 氧化钕 | Neodymium Oxide | 吨 | ton | 310000.0 |
| 氧化铽 | Terbium Oxide | 吨 | ton | 3500000.0 |
| 氧化镝 | Dysprosium Oxide | 吨 | ton | 1700000.0 |
| 双戊烯 | Dipentene | 吨 | ton | 8649.6 |
| 精甲醇 | Refined Methanol | 吨 | ton | 2880.0 |
| 乙醇 | Ethanol | 吨 | ton | 5235.0 |
| 其他无环醇及其衍生物 | Other Acyclic Alcohols and Their Derivatives | 吨 | ton | 3869.9 |
| 其他环醇 | Other Cyclic Alcohols | 吨 | ton | 6844.4 |
| 乙酸酯 | Acetate | 吨 | ton | 5675.0 |
| 葡糖酸及其盐和酯 | Gluconic Acid and Its Salts and Esters | 吨 | ton | 2991000.0 |
| 其他醚 | Other Ether | 吨 | ton | 7152.6 |
| 甲醛 | Formaldehyde | 吨 | ton | 1532.4 |
| 氧化锌 | Zinc Oxide | 吨 | ton | 12750.0 |
| 锰氧化物 | Manganese Oxide | 吨 | ton | 7295.6 |
| 氧气 | Oxygen | 立方米 | cu.m | 495.7 |
| 二氧化碳 | Carbon Dioxide | 吨 | ton | 256.4 |
| 合成氨（无水氨） | Synthetic Ammonia（Anhydrous Ammonia） | 吨 | ton | 2650.0 |
| 氨水 | Ammonia | 吨 | ton | 2804.1 |
| 尿素 | Urea | 吨 | ton | 2559.1 |
| 肥料用氯化铵 | Fertilizers with Ammonium Chloride | 吨 | ton | 2042.0 |
| 碳酸氢铵 | Ammonium Bicarbonate | 吨 | ton | 885.3 |
| 硝酸铵 | Ammonium Nitrate | 吨 | ton | 1562.7 |
| 过磷酸钙 | Superphosphate | 吨 | ton | 525.6 |
| 钙镁磷肥 | FMP | 吨 | ton | 864.8 |
| 磷酸二铵 | DAP | 吨 | ton | 2275.6 |
| 磷酸一铵 | MAP | 吨 | ton | 1745.5 |
| 硫酸钾（钾肥） | Potassium Sulfate（Potash） | 吨 | ton | 2593.0 |

3-20 续表 9 continued

| 类 别 | Item | 计量单位 | Measurement Unit | 年末价格（元）Price at Year End（yuan） |
|---|---|---|---|---|
| 钙镁磷钾肥 | Phosphorus Potassium Calcium Magnesium | 吨 | ton | 1120.0 |
| 磷酸二氢铵与磷酸氢二铵混合物 | ADP and DAP Mixture | 吨 | ton | 1250.0 |
| 硝酸磷肥 | Nitrophosphate | 吨 | ton | 1260.0 |
| 氮磷钾三元复混肥料 | NPK Compound Fertilizer | 吨 | ton | 1731.6 |
| 氮磷二元复混肥料 | Binary Compound Fertilizer | 吨 | ton | 1320.0 |
| 其他复混（合）肥料 | Other Complex Mixed Fertilizers | 吨 | ton | 2247.3 |
| 有机—无机复混肥料 | Organic-Inorganic Compound Fertilizer | 吨 | ton | 64000.0 |
| 其他肥料制造 | Other Fertilizer Manufacturing | 吨 | ton | 1260.0 |
| 有机磷杀虫剂原药 | Organophosphate Pesticides Original Drug | 吨 | ton | 22073.8 |
| 杀螨剂原药 | Acaricide Original Drug | 吨 | ton | 3717.0 |
| 其他杀虫剂（杀螨剂）原药 | Other Pesticides（Acaricides）Original Drug | 吨 | ton | 100000.0 |
| 苯类除草剂 | Benzene Herbicides | 吨 | ton | 15331.9 |
| 有机磷类除草剂原药 | Organophosphorus Herbicides Original Drug | 吨 | ton | 9259.5 |
| 其他除草剂原药 | Other Herbicide | 吨 | ton | 9775.1 |
| 生物除草剂制剂 | Biological Herbicide Formulations | 吨 | ton | 11723.0 |
| 生物杀虫剂制剂 | Biological Insecticide Formulation | 吨 | ton | 37963.0 |
| 生物杀菌剂制剂 | Biocide Agents | 吨 | ton | 28000.0 |
| 微生物农药 | Microbial Pesticides | 吨 | ton | 220.9 |
| 木器非水性涂料 | Wood and Non-aqueous Coatings | 吨 | ton | 10342.0 |
| 防腐非水性涂料 | Non-aqueous Corrosion Coatings | 吨 | ton | 9650.0 |
| 通用非水性涂料 | General Non-aqueous Coatings | 吨 | ton | 10313.6 |
| 墙面涂料 | Wall Paint | 吨 | ton | 16975.5 |
| 防水涂料 | Waterproof Coating | 吨 | ton | 15004.9 |
| 稀释剂 | Thinner | 吨 | ton | 4500.0 |
| 钛白粉 | Titanium Dioxide | 吨 | ton | 10541.5 |
| 锌钡白（立德粉） | Zinc Barium White（Lithopone） | 吨 | ton | 3900.8 |
| 氧化铁黑 | Black Iron Oxide | 吨 | ton | 3697.0 |
| 乙烯聚合物 | Polymers of Ethylene | 吨 | ton | 5598.3 |
| 氯乙烯，相关卤化烯烃聚合物 | Vinyl Chloride, Related Halogenated Olefin Polymers | 吨 | ton | 5461.0 |
| 石油树脂 | Petroleum Resin | 吨 | ton | 19500.0 |
| 其他初级形态的塑料及合成树脂 | Other Primary Forms of Plastics and Synthetic Resins | 吨 | ton | 8029.9 |
| 聚乙烯醇 | Polyvinyl Alcohol | 吨 | ton | 10983.0 |
| 其他催化剂 | Other Catalysts | 吨 | ton | 585960.9 |
| 其他橡胶助剂 | Other Rubber Chemicals | 吨 | ton | 11709.4 |
| 塑料增塑剂 | Plasticizer | 吨 | ton | 55575.0 |
| 造纸用粘合剂 | Paper with Adhesive | 吨 | ton | 6666.0 |
| 建筑防水剂 | Building Waterproofing Agent | 吨 | ton | 1600.0 |
| 脂松节油 | Turpentine | 吨 | ton | 14117.4 |
| 木松节油 | Wood Turpentine | 吨 | ton | 13367.1 |

3-20 续表 10 continued

| 类 别 | Item | 计量单位 | Measurement Unit | 年末价格（元） Price at Year End（yuan） |
|---|---|---|---|---|
| 松油 | Pine Oil | 吨 | ton | 13042.7 |
| 松油醇 | Terpineol | 吨 | ton | 38900.5 |
| 脂松香 | Gum Rosin | 吨 | ton | 12928.4 |
| 木松香 | Wood Rosin | 吨 | ton | 13131.5 |
| 氢化松香 | Hydrogenated Rosin | 吨 | ton | 23086.8 |
| 歧化松香 | Rosin | 吨 | ton | 15261.9 |
| 聚合松香 | Polymerized Rosin | 吨 | ton | 19017.0 |
| 酯胶 | Ester Gum | 吨 | ton | 15819.5 |
| 其他松香类产品 | Other Products Rosin | 吨 | ton | 18460.1 |
| 栲胶 | Tannin | 吨 | ton | 9187.4 |
| 铵油类炸药 | Explosive Ammonium Oils | 吨 | ton | 5670.0 |
| 乳化炸药 | Emulsion Explosives | 吨 | ton | 5983.9 |
| 电雷管 | Electric Detonators | 发 | piece | 1.1 |
| 导爆管雷管 | Detonator | 发 | piece | 3.3 |
| 索类火工品 | Flexible Detonating Cord | 百米 | hm | 195.5 |
| 烟花 | Fireworks | 箱 | box | 308.7 |
| 合成粘合剂（胶粘剂） | Synthetic Adhesive（Adhesive） | 吨 | ton | 5811.5 |
| 洗衣皂 | Laundry Soap | 吨 | ton | 11900.0 |
| 香皂 | Toilet Soap | 吨 | ton | 14957.0 |
| 普通洗衣粉 | Regular Detergents | 吨 | ton | 4439.0 |
| 餐具、果蔬洗涤剂 | Tableware, Fruit and Vegetable Detergent | 吨 | ton | 4786.0 |
| 衣用及织物用洗涤剂 | Clothing with Detergent and Fabric | 吨 | ton | 6800.0 |
| 洗面奶 | Cleanser | 瓶 | bottle | 11.9 |
| 洗发剂（香波） | Shampoo（Shampoo） | 瓶 | bottle | 10.0 |
| 沐浴剂及人体清洁用类似品 | Bath Lotion and Body Cleaning Supplies | 瓶 | bottle | 5.9 |
| 面膜 | Mask | 瓶 | bottle | 18.0 |
| 护肤膏霜 | Skin Care Cream | 瓶 | bottle | 27.2 |
| 护手霜 | Hand Cream | 瓶 | bottle | 1.9 |
| 眼用护肤膏（霜） | Eye Skin Cream（Cream） | 支 | count | 48.0 |
| 护肤啫喱膏（水） | Skin Care Cream（Water） | 瓶 | bottle | 5.9 |
| 其他护肤用化妆品 | Other Skincare Cosmetics | 瓶 | bottle | 10.0 |
| 牙膏（折65克标准支） | Toothpaste（Equivalent to 65g Standard Support） | 支 | count | 1.2 |
| 牙粉 | Dentifrice | 盒 | box | 15.4 |
| 头孢噻肟及其盐 | Cefotaxime and Its Salts | 千克 | kg | 551.7 |
| 其他抗菌素（抗感染药） | Other Antibiotics（Anti-infectives） | 盒 | box | 869.8 |
| 其他消化系统用药 | Other Digestive System Drugs | 盒 | box | 10.5 |
| 安乃近 | Analgin | 千克 | kg | 14.2 |
| 其他泌尿系统用药 | Other urinary System Drugs | 盒 | box | 3.5 |
| 无水葡萄糖 | Anhydrous Glucose | 盒 | box | 8.5 |
| 其他调解水、电解质、酸碱平衡药 | Other Mediation Water, Electrolyte | 盒 | box | 6.0 |

3-20 续表 11 continued

| 类 别 | Item | 计量单位 | Measurement Unit | 年末价格（元）Price at Year End（yuan） |
|---|---|---|---|---|
| 其他生化药 | Other Shenghua Yao | 盒 | box | 5.0 |
| 其他消毒防腐及创伤外科用药 | Other Trauma Surgery Drug Use | 盒 | box | 3.8 |
| 注射用青霉素钠 | Injected with Penicillin Sodium | 万支 | 10 000 PCS | 2478.6 |
| 注射用头孢唑林钠 | Injection of Cefazolin Sodium | 万支 | 10 000 PCS | 5897.4 |
| 注射用头孢噻肟钠 | Injection of Cefotaxime Sodium | 万支 | 10 000 PCS | 10256.4 |
| 注射用头孢哌酮钠—舒巴坦钠 | Cefoperazone Sodium-Sulbactam Sodium | 万支 | 10 000 PCS | 11111.1 |
| 庆大霉素注射液 | Gentamicin Injection | 万支 | 10 000 PCS | 2914.2 |
| 维生素C注射液 | Vitamin C Injection | 万支 | 10 000 PCS | 1453.0 |
| 葡萄糖注射液 | Glucose Injection | 万支 | 10 000 PCS | 5868.1 |
| 其他未列明注射液 | Other Unspecified Injection | 万支 | 10 000 PCS | 36.2 |
| 银杏叶片 | Ginkgo Biloba | 万片 | 10 000 bottle | 1050.6 |
| 其他未列明混合产品构成片剂 | Other Not Listed Hybrid Products Constitute Tablet | 万片 | 10 000 bottle | 0.8 |
| 速效伤风胶囊 | Quick Cold Capsules | 万粒 | 10 000 stars | 470.1 |
| 其他未列明胶囊 | Other Not Listed Capsule | 盒 | box | 5.0 |
| 其他未列明颗粒剂 | Other Not Listed Granules | 盒 | box | 2.3 |
| 口服液体制剂 | Oral Liquid | 支 | count | 2.0 |
| 滴剂 | Drops | 支 | count | 6.0 |
| 解表丸丸剂 | Jiebiaowan Wanji | 盒 | box | 3.5 |
| 清热丸剂 | Qingre Wanji | 盒 | box | 4.7 |
| 补益丸剂 | Buyi Wanji | 盒 | box | 3.4 |
| 理气丸剂 | Liqi Wanji | 盒 | box | 3.7 |
| 理血丸剂 | Lixie Wanji | 盒 | box | 4.5 |
| 其他中成药丸剂 | Other Proprietary Chinese Medicine Pills | 盒 | box | 12.0 |
| 解表冲剂 | Jiebiao Chongji | 盒 | box | 3.5 |
| 和解冲剂 | HeJie Chongji | 盒 | box | 4.0 |
| 清热冲剂 | Qingre Chongji | 盒 | box | 4.0 |
| 理血冲剂 | Lixue Chongji | 盒 | box | 17.0 |
| 止咳平喘冲剂 | Zhike Pingchuan Chongji | 盒 | box | 2.4 |
| 消食冲剂 | Xiaosi Chongji | 盒 | box | 3.1 |
| 调经、止带冲剂 | Tiaojing Zhidai Chongji | 盒 | box | 1.8 |
| 清热糖浆 | Qingre Tangjiang | 盒 | box | 3.6 |
| 安神糖浆 | Anshen Tangjiang | 盒 | box | 1.6 |
| 祛痰糖浆 | Qutan Tangjiang | 盒 | box | 2.0 |
| 止咳平喘糖浆 | Zhike Pingchuan Tangjiang | 盒 | box | 2.2 |
| 消食糖浆 | Xiaosi Tangjiang | 盒 | box | 9.5 |
| 解表片剂 | Jiebiao Pianji | 盒 | box | 3.1 |
| 清热片剂 | Qingre Pianji | 盒 | box | 2.2 |
| 安神片剂 | Anshen Pianji | 盒 | box | 5.0 |
| 理气片剂 | Liqi Pianji | 盒 | box | 3.6 |
| 理血片剂 | Lixue Pianji | 盒 | box | 2.8 |

3-20 续表 12 continued

| 类 别 | Item | 计量单位 | Measurement Unit | 年末价格（元）Price at Year End（yuan） |
|---|---|---|---|---|
| 祛痰片剂 | Qutan Pianji | 盒 | box | 0.9 |
| 止咳平喘片剂 | Zhike Pingchuan Pianji | 盒 | box | 1.1 |
| 调经、止带片剂 | Tiaojing Zhidai Pianji | 盒 | box | 3.3 |
| 利咽片剂 | Liyan Pianji | 盒 | box | 3.0 |
| 通鼻片剂 | Tongbi Pianji | 盒 | box | 4.2 |
| 治痔片剂 | Zhizhi Pianji | 盒 | box | 5.7 |
| 止酸解痉治胃痛片剂 | Zhisuan Jiejing Zhiweitong Pianji | 盒 | box | 1.7 |
| 其他中成药片剂 | Other Proprietary Chinese Medicines | 盒 | box | 4.6 |
| 泻下胶囊 | Xiexia Jiaonang | 盒 | box | 1.6 |
| 清热胶囊 | Qingre Jiaonang | 盒 | box | 5.2 |
| 补益胶囊 | Buyi Jiaonang | 盒 | box | 20.7 |
| 固涩胶囊 | Guse Jiaonang | 盒 | box | 3.8 |
| 安神胶囊 | Anshen Jiaonang | 盒 | box | 4.0 |
| 理血胶囊 | Lixue Jiaonang | 盒 | box | 8.4 |
| 调经、止带胶囊 | Tiaojing Zhidai Jiaonang | 盒 | box | 7.4 |
| 止酸解痉治胃痛胶囊 | Zhisuan Jiejing Zhiweitong Jiaonang | 盒 | box | 5.1 |
| 湿毒清胶囊 | Shiduqing Jiaonang | 盒 | box | 10.7 |
| 清热注射液 | Qingre Zhusheye | 百支 | 100 PCS | 400.0 |
| 理血注射液 | Lixue Zhusheye | 百支 | 100 PCS | 744.0 |
| 祛暑口服液 | Qushu Koufuye | 盒 | box | 2.3 |
| 补益口服液 | Buyi Koufuye | 盒 | box | 13.1 |
| 理血口服液 | Lixue Koufuye | 盒 | box | 15.1 |
| 祛痰口服液 | Qutan Koufuye | 盒 | box | 1.0 |
| 止咳平喘口服液 | Zhike Pingchuan Koufuye | 盒 | box | 1.8 |
| 其他中成药口服液 | Other Chinese Medicine Oralliquid | 盒 | box | 31.0 |
| 清热散剂 | Qingre Sanji | 盒 | box | 5549.0 |
| 理血散剂 | Lixue Sanji | 盒 | box | 33.4 |
| 祛风湿散剂 | Qufengshi Sanji | 盒 | box | 2.3 |
| 调经、止带散剂 | Tiaojing Zhidai Sanji | 盒 | box | 32.0 |
| 其他中成药散剂 | Other Traditional Chinese Medicine Powder | 盒 | box | 621.4 |
| 理血栓剂 | Lixue Shuanji | 盒 | box | 22.6 |
| 调经、止带栓剂 | Tiaojing Zhidai Shuanji | 盒 | box | 4.5 |
| 其他中成药栓剂 | Other proprietary Chinese medicine suppository | 盒 | box | 20.3 |
| 理血药酒 | Lixue Yaojiu | 瓶 | bottle | 3.6 |
| 其他药酒 | Other Yaojiu | 瓶 | bottle | 5.2 |
| 祛风湿膏药 | Qufengshi Gaoyao | 盒 | piece | 20.5 |
| 止咳平喘膏药 | Zhike Pingchuan Gaoyao | 盒 | box | 18.0 |
| 风油精 | Wind Medicated Oil | 瓶 | bottle | 10.3 |
| 其他中成药 | Other Chinese Medicine | 盒 | box | 31.2 |
| 兽用青霉素类药品 | Veterinary Penicillin Drugs | 盒 | box | 27.0 |

3-20 续表 13 continued

| 类 别 | Item | 计量单位 | Measurement Unit | 年末价格（元）Price at Year End（yuan） |
|---|---|---|---|---|
| 兽用中草药 | Veterinary Chinese Herbal Medicine | 盒 | box | 1.9 |
| 其他未列明兽用药品 | Other Veterinary Drugs NES | 盒 | box | 90.7 |
| 盐酸赖氨酸制剂 | Lysine Hydrochloride Preparations | 百支 | 100 PCS | 598.0 |
| 门冬氨酸制剂 | Aspartic Acid Preparations | 百支 | 100 PCS | 52360.0 |
| 其他氨基酸及蛋白质药制剂 | Other Amino Acids and Protein Preparations | 吨 | bag | 214391.0 |
| 创可贴止血膏布 | Chuangketie Zhixue Gaobu | 包 | bag | 6.3 |
| 新霉素软膏纱布 | Neomycin Ointment Gauze | 包 | bag | 10.7 |
| 医用脱脂棉花 | Medical Skim Cotton | 包 | bag | 49320.0 |
| 皮肤敷料 | Skin Dressing | 包 | bag | 1.4 |
| 其他未列明卫生材料及医药用品 | Other Not Listed Health Materials and medical Supplies | 包 | bag | 80.0 |
| 航空器充气橡胶轮胎外胎 | Aircraft Pneumatic Rubber Tire Tire | 条 | piece | 4309.0 |
| 工程机械用子午线轮胎外胎 | Tire Radial Tire Construction Machinery | 条 | piece | 173710.0 |
| 翻新橡胶轮胎 | Renovation of Rubber Tires | 条 | piece | 325.0 |
| 纤维材料抗拉层输送带 | Fiber Material Tensile Layer Conveyor Belt | 平方米 | sq.m | 30.0 |
| 其他橡胶带 | Other Rubber Band | 平方米 | sq.m | 53.6 |
| 模制成型橡胶零件 | Molded Rubber Parts | 万件 | 10 000 piece | 230000.0 |
| 其他橡胶零附件 | Other Rubber Parts and Accessories | 万件 | 10 000 piece | 2.1 |
| 医用橡胶手套 | Medical Rubber Gloves | 打 | dozen | 9.5 |
| 检查用橡胶手套 | Check with Rubber Gloves | 打 | dozen | 5.6 |
| 橡胶门垫 | Rubber Doormat | 千克 | kg | 16.0 |
| 避孕套 | Condom | 万只 | 10 000 unit | 2100.0 |
| 聚乙烯塑料农用薄膜 | Polyethylene Plastic Agricultural Film | 吨 | ton | 10910.6 |
| 聚乙烯塑料板、片 | Polyethylene Plastic Plates, Sheets | 吨 | ton | 21216.4 |
| 聚乙烯塑料硬管 | Polyethylene Plastic Hard Tube | 吨 | ton | 11789.2 |
| 聚丙烯塑料硬管 | Polypropylene Plastic Hard Tube | 吨 | ton | 14589.9 |
| 其他塑料管及附件 | Other Plastic Pipes and Accessories | 吨 | ton | 7855.0 |
| 聚丙烯塑料编织布 | Polypropylene Plastic Woven | 吨 | ton | 10394.3 |
| 其他塑料编织布 | Other Plastic Woven | 吨 | ton | 14600.0 |
| 聚乙烯塑料绳 | Polyethylene Plastic Rope | 吨 | ton | 22501.4 |
| 聚乙烯塑料编织袋 | Polyethylene Plastic Woven Bag | 吨 | ton | 16500.0 |
| 其他塑料编织袋 | Other Plastic Bags | 吨 | ton | 15185.2 |
| 其他塑料袋 | Other Plastic Bag | 吨 | ton | 2.0 |
| 塑料桶，容积≤300L | Plastic Barrels, the Volume ≤ 300L | 吨 | ton | 2.9 |
| 塑料瓶，容积≤300L | Plastic Bottles, the Volume ≤ 300L | 吨 | ton | 18320.6 |
| 塑料塞子、盖子及类似品 | Plastic Stoppers, Lids and Similar Articles | 吨 | ton | 21600.0 |
| 塑料门 | Plastic Door | 件 | piece | 145.0 |
| 塑料窗 | Plastic Window | 件 | piece | 180.0 |
| 塑料百叶窗帘 | Plastic Blinds | 件 | piece | 1900.0 |
| 普通塑料餐盘、碟 | Ordinary Plastic Dishes, Plates | 件 | piece | 39.0 |
| 普通塑料食品罐、箱和盒 | Common Plastic Food Cans, Boxes | 件 | piece | 45.0 |

3-20 续表 14 continued

| 类 别 | Item | 计量单位 Measurement Unit | | 年末价格（元）Price at Year End（yuan） |
|---|---|---|---|---|
| 其他日用塑料制品 | Other Household Plastic Products | 件 | piece | 0.9 |
| 塑料填充母料颗粒 | Plastic Filler Particles | 吨 | ton | 1225.6 |
| 强度等级32.5水泥（含R型） | Strength Grade 32.5 Cement（R-type） | 吨 | ton | 297.9 |
| 强度等级42.5水泥（含R型） | Strength Grade 42.5 Cement（R-type） | 吨 | ton | 310.5 |
| 强度等级52.5水泥（含R型） | Strength Grade 52.5 Cement（R-type） | 吨 | ton | 341.9 |
| 硅酸盐水泥（P·Ⅰ或P·Ⅱ） | Portland Cement（P I or P II） | 吨 | ton | 284.5 |
| 普通硅酸盐水泥（P·O） | Ordinary Portland Cement（P O） | 吨 | ton | 287.2 |
| 复合硅酸盐水泥（P·C） | Compound Portland Cement（P C） | 吨 | ton | 315.2 |
| 窑外分解窑水泥熟料 | Kiln Cement Clinker in the Kiln | 吨 | ton | 271.7 |
| 其他硅酸盐水泥熟料 | Other Portland Cement Clinker | 吨 | ton | 335.0 |
| 商品混凝土 | Commercial Concrete | 立方米 | cu.m | 293.2 |
| 水泥混凝土压力管 | Cement Concrete Pressure Pipe | 米 | m | 709.4 |
| 钢筋混凝土井管、烟道管及其他管 | Reinforced Concrete Well Pipe | 米 | m | 106.9 |
| 其他水泥混凝土电杆 | Other Cement Concrete Pole | 根 | root | 605.3 |
| 其他预应力混凝土桩 | Other Prestressed Concrete Piles | 根 | root | 162.2 |
| 预应力混凝土水泥轨枕 | Prestressed Concrete Cement Sleepers | 根 | root | 247.4 |
| 烧结普通砖 | Sintered Common Brick | 万块 | 10 000 piece | 3310.0 |
| 烧结多孔砖 | Sintered Porous Brick | 万块 | 10 000 piece | 4946.1 |
| 烧结页岩砖 | Sintered Shale Brick | 万块 | 10 000 piece | 4600.0 |
| 烧结粉煤灰砖 | Sintered Fly Ash Bricks | 万块 | 10 000 piece | 4200.0 |
| 无釉瓷质砖 | Unglazed Ceramic Tiles | 平方米 | sq.m | 23.0 |
| 有釉瓷质砖 | Glaze Ceramic Tile | 平方米 | sq.m | 20.9 |
| 无釉陶质砖 | Unglazed Ceramic Tiles | 平方米 | sq.m | 31.4 |
| 仿古砖 | Antique Brick | 平方米 | sq.m | 22.6 |
| 天然花岗石建筑板材 | Building Slab of Natural Granite | 平方米 | sq.m | 78.0 |
| 花岗岩铺路石、路边石 | Granite Paving Stones, Curb | 平方米 | sq.m | 61.5 |
| 人造花岗岩装饰板 | Artificial Granite Decorative Panels | 平方米 | sq.m | 88.0 |
| 无色4毫米 | Colorless 4 mm | 重量箱 | heft box | 63.2 |
| 无色5毫米 | Colorless 5 mm | 重量箱 | heft box | 70.9 |
| 无色8毫米 | Colorless 8 mm | 重量箱 | heft box | 70.9 |
| 其他未列明平板玻璃 | Other Not Listed Flat Glass | 平方米 | sq.m | 167.5 |
| 车辆用钢化玻璃 | Vehicles with Tempered Glass | 平方米 | sq.m | 38.8 |
| 建筑用钢化玻璃与半钢化玻璃 | Tempered Glass & Semi-tempered Glass | 平方米 | sq.m | 32.5 |
| 车辆用夹层玻璃 | Vehicles with Laminated Glass | 平方米 | sq.m | 106.4 |
| 建筑用夹层玻璃 | Used in Construction of Laminated Glass | 平方米 | sq.m | 115.0 |
| 中空玻璃 | Insulating Glass | 平方米 | sq.m | 84.0 |
| 玻璃食品瓶 | Glass Food Jars | 个 | piece | 0.3 |
| 玻璃啤酒瓶 | Glass Beer Bottles | 个 | piece | 0.7 |
| 玻璃白酒容器 | Glass Liquor Container | 个 | piece | 0.6 |
| 纤维增强塑料输、排水管 | Fiber Reinforced Plastics Lose, Drains | 个 | piece | 15600.0 |

3-20 续表 15 continued

| 类 别 | Item | 计量单位 | Measurement Unit | 年末价格（元）Price at Year End（yuan） |
|---|---|---|---|---|
| 纤维增强塑料井盖、井箅 | Fiber Reinforced Plastic Covers, Well Grate | 个 | piece | 285.1 |
| 陶瓷制大便器 | Ceramic Stool | 件 | piece | 80.5 |
| 陶瓷制小便器 | Ceramic System for Urinals | 件 | piece | 46.1 |
| 陶瓷制洗面器 | Ceramic wash Basins | 件 | piece | 47.5 |
| 瓷质餐具 | Porcelain Tableware | 件 | piece | 13.7 |
| 陶质餐具 | Ceramic Tableware | 件 | piece | 4.0 |
| 陶质厨房用器具 | Ceramic Kitchen with Appliances | 件 | piece | 4.0 |
| 其他日用陶瓷器具 | Other Household Ceramic Utensils | 件 | piece | 1.7 |
| 粘土质隔热耐火砖 | Clayey Insulating Firebrick | 吨 | ton | 760.0 |
| 高铝质隔热耐火砖 | High Alumina Insulating Firebrick | 吨 | ton | 1340.0 |
| 耐火泥浆 | Refractory Mortar | 吨 | ton | 450.0 |
| 炭阳极 | Carbon Anode | 吨 | ton | 3665.0 |
| 金刚石钻探工具 | Diamond Drilling Tools | 个 | piece | 540.8 |
| 人造刚玉 | Artificial Corundum | 吨 | ton | 4247.4 |
| 炼钢生铁 | Pig Iron for Steelmaking | 吨 | ton | 2210.0 |
| 铸造生铁 | Foundry Pig Iron | 吨 | ton | 2340.0 |
| 铸铁管 | Cast Iron Pipe | 吨 | ton | 6203.0 |
| 一般低合金结构钢（粗钢） | Low Alloy Structural Steel（Crude Steel） | 吨 | ton | 3160.0 |
| 圆坯（粗钢） | Round Billet（Crude Steel） | 吨 | ton | 4667.0 |
| 高合金工具钢（钢坯） | High Alloy Tool Steel（Billet） | 吨 | ton | 7535.0 |
| 道岔钢轨 | Switch Turnouts | 吨 | ton | 147863.0 |
| 中小U型钢（小槽钢） | Small Channel | 吨 | ton | 3193.0 |
| 中小型角钢 | Small and Medium Angle | 吨 | ton | 3227.0 |
| 螺纹钢 | Rebar | 吨 | ton | 3212.1 |
| 大型圆钢 | Large Round Bar | 吨 | ton | 3088.0 |
| 钢帘线用硬线材 | The Hard Wire Steel Cord | 吨 | ton | 3475.0 |
| 钢绞线用硬线材 | Strand with a Hard Wire | 吨 | ton | 3017.6 |
| 其他用途线材 | Other Uses Wire | 吨 | ton | 3600.0 |
| 普通质量低合金钢特厚板 | General Quality of Low Alloy Steel Thick Plates | 吨 | ton | 3258.0 |
| 普通质量低合金钢厚钢板 | Common Quality Low Alloy Steel Thick Plate | 吨 | ton | 3259.5 |
| 普通质量低合金钢中板 | Low-alloy Steel of Ordinary Quality Plate | 吨 | ton | 3289.0 |
| 普通质量低合金钢中厚宽钢带 | Wide Strips and Thick | 吨 | ton | 3122.5 |
| 铬镍系不锈钢热轧薄宽钢带 | Chromium Nickel Stainless Steel Hot Rolled Wide Strip | 吨 | ton | 6880.3 |
| 普通质量低合金钢冷轧薄宽钢带 | Cold-rolled Thin Wide Strip | 吨 | ton | 3643.0 |
| 普通质量非合金钢热轧窄钢带 | Non-alloy Steel Hot Rolled Narrow Strip | 吨 | ton | 37500.0 |
| 直缝电阻焊接钢管 | Straight Seam Resistance Welded Steel Pipe | 吨 | ton | 3889.4 |
| 螺旋无缝钢管 | Spiral Seamless Steel Tube | 吨 | ton | 3978.3 |
| 高炉铁合金 | Blast Furnace Ferroalloys | 吨 | ton | 5950.0 |
| 金属锰 | Manganese Metal | 吨 | ton | 11297.2 |
| 转炉中、低碳锰铁 | Converter, Low-carbon Ferromanganese | 吨 | ton | 7040.4 |

3-20 续表 16 continued

| 类 别 | Item | 计量单位 | Measurement Unit | 年末价格（元） Price at Year End（yuan） |
|---|---|---|---|---|
| 电解锰 | Electrolytic Manganese | 吨 | ton | 9322.1 |
| 其他特种铁合金、复合合金 | Other Special Ferro-alloys, Composite Alloy | 吨 | ton | 6257.8 |
| 锰硅合金 | Silicon-manganese Alloy | 吨 | ton | 5909.1 |
| 其他铁合金 | Other Ferrous | 吨 | ton | 6726.1 |
| 再生粗铜 | Renewable Blister | 吨 | ton | 41961.5 |
| 矿产铅 | Mineral Lead | 吨 | ton | 12410.5 |
| 商品粗锌 | Crude Zinc Products | 吨 | ton | 12418.8 |
| 矿产电锌 | Mineral Electrolytic Zinc | 吨 | ton | 13428.3 |
| 电镍 | Nickel | 吨 | ton | 95100.0 |
| 电解钴 | Electrolytic Cobalt | 吨 | ton | 193875.0 |
| 矿产精锡 | Mineral Refined Tin | 吨 | ton | 122854.4 |
| 再生锡 | Regeneration of Tin | 吨 | ton | 127548.0 |
| 三氧化二锑 | Antimony Trioxide | 吨 | ton | 51499.5 |
| 精锑 | Refined Antimony | 吨 | ton | 53343.0 |
| 一级品氧化铝 | Level Grade Alumina | 吨 | ton | 1949.4 |
| 重熔用铝锭 | Remelting Aluminum Ingots | 吨 | ton | 13162.3 |
| 铝板卷 | Aluminum Volume | 吨 | ton | 14720.0 |
| 铝导杆 | Aluminum Guide Rod | 吨 | ton | 12801.7 |
| 其他原铝（电解铝） | Other Primary Aluminum（Electrolytic Aluminum） | 吨 | ton | 11525.6 |
| 其他未列明常用有色金属 | Other Not Listed Common Non-ferrous Metals | 吨 | ton | 1010.0 |
| 金矿料产金 | Production for Gold Material | 千克 | kg | 235850.0 |
| 有色料副产金 | There Pigment Byproduct Gold | 千克 | kg | 196739.1 |
| 银矿料产银 | Silver in Material Silver | 千克 | kg | 3414.5 |
| 有色料产银（有色副产银） | Pigment Producing Silver | 千克 | kg | 3250.1 |
| 金属镨钕 | Praseodymium Neodymium Metal | 吨 | ton | 364000.0 |
| 锡铅锑合金 | Tin-lead-antimony Alloy | 吨 | ton | 116598.0 |
| 稀土镝铁合金 | Rare Earth Dysprosium Iron Alloy | 吨 | ton | 1602000.0 |
| 非合金铝棒材 | Non-alloy Aluminum Rods | 吨 | ton | 13486.5 |
| 铝合金棒材 | Aluminum Alloy Bar | 吨 | ton | 13177.0 |
| 铝合金建筑型材（门窗幕墙） | Aluminum Alloy Construction Profiles | 吨 | ton | 17984.5 |
| 其他铝型材 | Other Aluminum | 吨 | ton | 19027.6 |
| 非合金铝板材 | Non-alloy Aluminum Sheet | 吨 | ton | 15486.6 |
| 非合金铝带 | Non-alloy Aluminum | 吨 | ton | 17612.0 |
| 无衬背铝箔 | Sans Serif Back Foil | 吨 | ton | 18052.6 |
| 有衬背铝箔 | Backing Foil | 吨 | ton | 6650.1 |
| 其他铝箔材 | Other Aluminum Foil Timber | 吨 | ton | 494.5 |
| 非合金铝线材 | Non Alloy Aluminum Wire | 吨 | ton | 15685.0 |
| 其他铝材 | Other Aluminum | 吨 | ton | 13927.6 |
| 桥梁用钢铁结构 | Bridge with Steel Structure | 吨 | ton | 11965.8 |
| 模板、脚手架、坑道支撑用钢铁制支柱 | Steel Pillar System | 吨 | ton | 8500.0 |

3-20 续表 17 continued

| 类 别 | Item | 计量单位 | Measurement Unit | 年末价格（元）Price at Year End（yuan） |
|---|---|---|---|---|
| 钢铁制水闸门 | Iron or Steel, Water Gate | 吨 | ton | 9750.0 |
| 其他钢结构 | Other Steel | 吨 | ton | 1239.0 |
| 其他未列明金属结构制品 | Other Not Listed Metal Structure Products | 吨 | ton | 8180.0 |
| 钢铁制推拉门 | Iron or Steel Sliding Doors | 扇 | set | 200.0 |
| 钢铁制防盗门 | Iron and Steel Security Door | 扇 | set | 4492.0 |
| 钢铁制推拉窗 | Steel System of Sliding Sash | 扇 | set | 399.6 |
| 其他金属制窗及窗框 | Other Metal Window | 扇 | set | 214.0 |
| 铣刀 | Cutter | 件 | piece | 7.2 |
| 金刚石钻头 | Diamond Drill Bit | 件 | piece | 323.1 |
| 锯片 | Saw Blade | 件 | piece | 520.0 |
| 其他手工具制造 | Other Hand Tool Manufacturing | 件 | piece | 230.0 |
| 碳钢压力容器 | Carbon Steel Pressure Container | 个 | unit | 2205.0 |
| 钢铁容器，50L≤容积≤300L | Steel Container, 50L≤Volume≤300L | 个 | unit | 8.9 |
| 钢铁容器，容积＜50L | Steel Containers, Volume <50L | 个 | unit | 5.3 |
| 其他金属容器塞子、盖子 | Other Metal Containers, Lids | 个 | unit | 58.0 |
| 钢芯铝绞股线 | Steel Core Aluminum Stranded Wire | 吨 | ton | 14102.6 |
| 其他机动车用锁 | Other Motor Vehicle Lock | 套 | set | 16.6 |
| 脚手架扣件 | Scaffold Fastener | 吨 | ton | 8900.0 |
| 铝制厨用器皿及餐具 | Aluminum Kitchen Utensils and Tableware | 口 | unit | 17.8 |
| 其他铝制日用品 | Other Aluminum Commodity | 口 | unit | 23.7 |
| 铸铁锅 | Cast Iron Pot | 口 | unit | 734.2 |
| 其他未列明日用金属制品 | Other Metal Products Listed Tomorrow | 口 | unit | 2.6 |
| 焊条 | Welding Rod | 吨 | ton | 5085.5 |
| 焊剂 | Welding Flux | 吨 | ton | 3406.7 |
| 热水锅炉 | Hot Water Boiler | 台 | set | 132247.3 |
| 其他工业锅炉 | Other Industrial Boilers | 台 | set | 233819.9 |
| 机车用柴油机零件 | Locomotives with Diesel Engine Parts | 套 | set | 49.9 |
| 涡轮喷气发动机零件 | Turbojet Engine Parts | 套 | set | 125.2 |
| 其他内燃机零部件及配件 | Other Internal Combustion Engine | 套 | set | 183.4 |
| 拖拉机用柴油机 | Tractor Diesel Engine | 台 | set | 5504.4 |
| 其他用柴油机 | Other Diesel Engines | 台 | set | 1436.1 |
| 轴流式水轮机 | Axial-flow Water Turbine | 台 | set | 88888.9 |
| 水轮机调节器 | Hydro Turbine | 台 | set | 14743.6 |
| 加工中心 | Processing Center | 台 | set | 302564.0 |
| 卧式车床 | Horizontal Lathe | 台 | set | 71945.0 |
| 摇臂钻床 | Radial Drilling Machine | 台 | set | 50342.0 |
| 升降台式铣床 | Lift Type Milling Machines | 台 | set | 60666.9 |
| 平面磨床 | Surface Grinder | 台 | set | 118800.0 |
| 数控中小型卧式车床 | NC Small and Medium-sized Horizontal Lathe | 台 | set | 106408.0 |
| 机械式压力机 | Mechanical Presses | 台 | set | 59594.4 |

3-20 续表 18 continued

| 类 别 | Item | 计量单位 Measurement Unit | | 年末价格（元）Price at Year End（yuan） |
|---|---|---|---|---|
| 切断机 | Cutting Machine | 台 | set | 3660.0 |
| 其他金属加工机械 | Other Metal Processing Machinery | 台 | set | 5950.0 |
| 卷绕式卷扬机（绞车） | Winding Winches | 台 | set | 5230.0 |
| 油压千斤顶 | Hydraulic Jack | 台 | set | 2672.0 |
| 专用桥式起重机 | Special Bridge Crane | 台 | set | 530000.0 |
| 港口门座起重机 | Port Portal Cranes | 台 | set | 580000.0 |
| 塔式起重机 | Tower Crane | 台 | set | 383512.4 |
| 起重机专用配套件 | Special Crane Supporting Pieces | 台 | set | 27319.4 |
| 其他桥式起重机 | Other Overhead Crane | 台 | set | 420000.0 |
| 斗式提升输送机 | The Bucket Elevator Conveyor | 台 | set | 12176.9 |
| 带式输送机 | Belt Conveyor | 台 | set | 19161.4 |
| 刮板输送机 | Scraper Conveyor | 台 | set | 9600.0 |
| 悬挂及链式输送机 | Suspension and Chain Conveyors | 台 | set | 10017.5 |
| 其他输送机械 | Other Transportation Machinery | 台 | set | 11322.1 |
| 单级单吸清水离心泵 | Single-suction Clean Water Centrifugal Pump | 台 | set | 746.4 |
| 液下泵 | Liquid Pump | 台 | set | 16239.0 |
| 其他动力式泵 | Other Power Pump | 台 | set | 17949.0 |
| 液压隔膜泵 | Hydraulic Diaphragm Pumps | 台 | set | 3800.0 |
| 齿轮泵 | Gear Pump | 台 | set | 75.0 |
| 往复式压缩机 | Reciprocating Compressors | 台 | set | 18492.8 |
| 空气压缩机 | Air Compressor | 台 | set | 46300.0 |
| 工艺压缩机 | Process Compressors | 台 | set | 235600.0 |
| 其他非制冷设备用压缩机 | Othe the Refrigeration Equipment with Compressor | 台 | set | 1597.5 |
| 疏水阀 | Traps | 台 | set | 55.9 |
| 减压阀 | Pressure Reducing Valve | 台 | set | 308.0 |
| 轴向柱塞泵 | Axial Piston Pump | 台 | set | 3846.2 |
| 其他液压系统及装置 | Other Hydraulic Systems and Devices | 台 | set | 887235.0 |
| 球轴承 | Ball Bearings | 套 | set | 6.6 |
| 滚子轴承 | Roller Bearings | 套 | set | 42.5 |
| 其他轴承零件 | Other Bearing Parts | 套 | set | 72.0 |
| 圆柱齿轮 | Cylindrical Gears | 件 | piece | 410.0 |
| 汽车齿轮 | Automotive Gear | 件 | piece | 610.0 |
| 减速机 | Reducer | 台 | set | 9000.0 |
| 变速器（机、箱） | Transmission（Machine, Box） | 台 | set | 41026.0 |
| 摩擦离合器 | Friction Clutch | 台 | set | 590.0 |
| 其他未列明齿轮、传动和驱动部件 | Other NES Gears, Gearing and Drive Elements | 台 | set | 38381.8 |
| 通风换气用通风机（离心式） | The Ventilation Fan（Centrifugal） | 台 | set | 7627.0 |
| 通风换气用通风机（轴流式） | The Ventilation Fan（Axial Flow） | 台 | set | 590.0 |
| 罗茨鼓风机 | Roots Blower | 台 | set | 29000.0 |
| 其他气体分离及液化设备 | Other Gas Separation and Liquefaction equipment | 台 | set | 88034.0 |

3-20 续表 19 continued

| 类 别 | Item | 计量单位 Measurement Unit | | 年末价格（元）Price at Year End（yuan） |
|---|---|---|---|---|
| 水过滤、净化机械及装置 | Water Filtering or Purifying Machinery and Devices | 台 | set | 21.4 |
| 车用空调设备 | Car Air Conditioning Equipment | 台 | set | 3397.0 |
| 风镐（气镐） | Picks（Gas-ho） | 台 | set | 880.0 |
| 螺栓 | Bolt | 件 | piece | 1.6 |
| 其他未列明通用设备用零件 | Other Not Listed General Equipment Parts | 件 | piece | 8.1 |
| 工业用灰铸铁制品 | Industrial Use of Gray Cast Iron Products | 吨 | ton | 5984.0 |
| 碳钢铸钢件 | Carbon Steel Castings | 吨 | ton | 2250.0 |
| 其他铸钢件 | Steel Castings | 吨 | ton | 6400.0 |
| 其他粉末冶金零件 | Other Powder Metallurgy Parts | 吨 | ton | 0.3 |
| 非自推进凿岩机 | Non-self-propelled Rock Drill | 台 | set | 2036.9 |
| 颚式破碎机 | Jaw Crusher | 台 | set | 30185.1 |
| 球、棒磨机 | Ball, Rod Mill | 台 | set | 270000.0 |
| 摆式磨粉机（雷蒙磨） | Pendulum Grinder（Raymond） | 台 | set | 243232.0 |
| 振动筛 | Shaker | 台 | set | 7399.0 |
| 履带式挖掘机 | Crawler Excavators | 台 | set | 63248.0 |
| 装载机 | Loader | 台 | set | 345668.9 |
| 重型自卸车（翻斗车） | Heavy-duty Dump Trucks（Dump Truck） | 台 | set | 180783.5 |
| 中型自卸车（翻斗车） | Medium-sized Dump Trucks（Dump Truck） | 台 | set | 118000.0 |
| 其他未列明建筑工程用机械 | Other Construction Machinery, Nes | 台 | set | 366.9 |
| 混凝土搅拌机（站） | Concrete Mixer（Station） | 台 | set | 13900.0 |
| 真空挤砖机 | Vacuum Extruder | 台 | set | 268895.5 |
| 其他橡胶硫化设备 | Other Rubber Vulcanization Equipment | 台 | set | 854701.0 |
| 塑料中空成型机 | Plastic Blow Molding Machine | 台 | set | 380000.0 |
| 其他塑料用模具 | Other Plastic Molds | 台 | set | 100000.0 |
| 碾米机 | Rice Milling Machine | 台 | set | 973.0 |
| 输送机 | Conveyor | 台 | set | 167500.0 |
| 卸料离心机 | Discharge Centrifuge | 台 | set | 1094017.0 |
| 其他蔗糖加工机械 | Other Sugar Processing Machinery | 台 | set | 26367.3 |
| 颗粒饲料微粉碎机 | Micro Pellet Mill | 台 | set | 840.0 |
| 其他电子元件及机电组件生产设备 | Other Electronic Components | 台 | set | 0.4 |
| 小四轮拖拉机 | Small Four-wheel Tractor | 台 | set | 46428.3 |
| 其他小型拖拉机 | Other Small Tractor | 台 | set | 47000.0 |
| 水稻联合收割机 | Rice Combine Harvester | 台 | set | 35202.9 |
| 微耕机 | Micro-farming Machine | 台 | set | 3362.8 |
| 旋耕机 | Rotavator | 台 | set | 2012.7 |
| 中耕机 | Cultivator | 台 | set | 3008.9 |
| 多功能收割机 | Multifunctional Harvester | 台 | set | 840.7 |
| 拖拉机零配件 | Tractor Spare Parts | 套 | set | 3577.8 |
| 全自动血细胞分析仪 | Automatic Blood Cell Analyzer | 台 | set | 12000.0 |
| 电动摄影平床 | Electric Photography Flat Bed | 台 | set | 64102.5 |

3-20 续表 20 continued

| 类 别 | Item | 计量单位 Measurement Unit | | 年末价格（元）Price at Year End（yuan） |
|---|---|---|---|---|
| 自动尿液分析仪 | Automatic Urine Analyzer | 台 | set | 1400.0 |
| 一次性注射器 | Disposable Syringes | 万支 | 10 000 PCS | 3000.0 |
| 其他注射器 | Other Syringe | 万支 | 10 000 PCS | 4850.0 |
| 电动、液压手术台床 | Electric, Hydraulic Operating Table Bed | 台 | set | 72649.6 |
| 手动手术床 | Manual Operating Table | 台 | set | 3200.0 |
| 沉淀、过滤装置 | Other Water Pollution Control Equipment | 台 | set | 117372.0 |
| 其他水质污染防治设备 | Waste-specific Processing Machinery | 台 | set | 107433.1 |
| 废弃物专用处理机械 | Waste Processing Machinery | 台 | set | 330000.0 |
| 其他未列明铁路专用设备及器材、配件 | Other NES Railway Installations & Equipment | 台 | set | 45.8 |
| 铁路机车修理和维护 | Railway Locomotive Repair and Maintenance | 台 | set | 1563247.9 |
| 铁路车辆修理和维护 | Repair and Maintenance of Railway Vehicles | 台 | set | 478000.0 |
| 多功能乘用车，1L＜排量≤1.6L | Multi-purpose Vehicles, 1L ~ 1.6L | 辆 | set | 50704.5 |
| 交叉型乘用车，1L＜排量≤1.6L | Cross-type Passenger, 1L ~ 1.6L | 辆 | set | 53675.0 |
| 柴油型大型客车 | Large Passenger Diesel-type | 辆 | set | 580163.4 |
| 柴油型中型客车 | Diesel-type Medium-sized Bus | 辆 | set | 319658.1 |
| 柴油重型载货车 | Heavy Diesel Trucks | 辆 | set | 128000.0 |
| 柴油中型载货车 | Diesel Trucks | 辆 | set | 109000.0 |
| 汽油轻型载货车 | Gasoline Light Trucks | 辆 | set | 30983.0 |
| 汽油微型载货车 | Gasoline Mini-trucks | 辆 | set | 33803.0 |
| 货车底盘 | Truck Chassis | 件 | piece | 67013.0 |
| 非公路用自卸车底盘 | Off-highway Dump Truck Chassis | 件 | piece | 246442.0 |
| 半挂牵引车 | Semi-trailer Tractor | 台 | set | 144483.4 |
| 其他低速载货汽车 | Other Low-speed Truck | 台 | set | 80000.0 |
| 汽车用汽油发动机，排量≤1L | Automotive Gasoline Engine, Emission≤1L | 台 | set | 4707.8 |
| 汽车用汽油发动机，1L＜排量≤1.6L | Automotive Gasoline Engine, 1L ~1.6L | 台 | set | 4463.0 |
| 汽车用柴油发动机 | Motor Vehicle Diesel Engines | 台 | set | 33080.6 |
| 改装厢式汽车 | Modified Railroad Car | 辆 | set | 38634.0 |
| 其他改装汽车 | Other Modified Cars | 辆 | set | 229810.7 |
| 机动车制动系统 | Motor Vehicle Braking System | 套 | set | 91.3 |
| 变速器总成 | Transmission Assembly | 套 | set | 522.4 |
| 驱动桥总成 | Drive Axle Assembly | 套 | set | 70.0 |
| 机动车车轮总成 | Motor Vehicle Wheel Assembly | 套 | set | 51.5 |
| 机动车悬挂减震器 | Motor Vehicle Shock Absorbers | 套 | set | 204.6 |
| 机动车辆散热器、消声器及其零件 | Motor Vehicle Radiator and Parts Thereof | 套 | set | 129.1 |
| 机动车用控制装置总成 | Motor Vehicle with Control Device Assembly | 套 | set | 81.3 |
| 其他机动车（汽车）零配件 | Other Motor Vehicles（Cars）the Spare Parts | 套 | set | 85.4 |
| 汽车底盘车架及其零件 | Automobile Chassis Frame and Its Parts | 套 | set | 770.2 |
| 车窗玻璃升降器 | Window lifter | 套 | set | 32.5 |
| 车身底板、侧板及类似板 | Underbody, side panels and similar board | 套 | set | 25.7 |
| 机动车门及其零件 | Motor vehicle door and its parts | 套 | set | 31.3 |

3-20　续表 21　continued

| 类　别 | Item | 计量单位 Measurement Unit | | 年末价格（元）Price at Year End（yuan） |
|---|---|---|---|---|
| 机动车车窗、窗框 | Motor vehicle windows, window frames | 件 | piece | 132.6 |
| 其他车身零件及其配套附件 | Other body parts and matching accessories | 件 | piece | 350.9 |
| 汽车修理 | Auto Repair | 工时 | man-hour | 110.9 |
| 船舶专用设备 | Ship Equipment | 台 | set | 558249.7 |
| 船用配套设备零件 | Marine Equipment Parts | 台 | set | 13333.3 |
| 船舶修理 | Ship Equipment | 工时 | man-hour | 26.1 |
| 指示牌或交通标志牌 | Signs or Traffic Signs | 块 | piece | 2363.0 |
| 汽车牌（发光） | Vehicle License（Light Emitting） | 块 | piece | 21.0 |
| 交流发电机，75kVA＜P≤375kVA | Alternator, 75kVA<P≤375kVA | 台 | set | 57435.9 |
| 水轮发电机组 | Hydroelectric Generating Set | 台 | set | 1585867.1 |
| 其他直流电动机 | Other DC Motors | 台 | set | 9275.0 |
| 多相交流电动机，750W＜P≤75kW | Polyphase AC Motor, 750W<P≤75kW | 台 | set | 2192.0 |
| 多相交流电动机，P＞75kW | Multi-phase AC Motor, P>75kW | 台 | set | 939.5 |
| 其他未列明电机 | Other Not Specified in the Motor | 台 | set | 1660.0 |
| 直流微电机 | DC Micro Motor | 台 | set | 4.5 |
| 其他驱动微电机 | Other Drive Micro-motor | 台 | set | 5050.0 |
| 电力变压器 | Power Transformers | 台 | set | 49284.1 |
| 干式变压器 | Dry-type Transformers | 台 | set | 185000.0 |
| 电压互感器 | Voltage Transformer | 台 | set | 18000.0 |
| 电抗器 | Reactor | 台 | set | 32249.0 |
| 并联电容器 | Shunt Capacitor | 台 | set | 2500.0 |
| 并联电容器装置 | Installation of Shunt Capacitors | 台 | set | 137510.0 |
| 避雷器 | Lightning Arrester | 台 | set | 2064.6 |
| 漏电断路器 | Leakage Circuit Breaker | 台 | set | 40.0 |
| 其他低压电路保护装置 | Other Low Voltage Circuits Protecting Device | 台 | set | 16.0 |
| 倒板式开关 | Inverted Plate Switch | 个 | piece | 23.9 |
| 其他低压电力控制、分配装置 | Other Low-power Control and Distribution unit | 台 | set | 150.0 |
| 其他未列明配电开关控制设备及配件 | Other NES Distribution Switch Control Equipment | 台 | set | 269.0 |
| 布线组 | Wiring Sets | 公里 | km | 1266.6 |
| 安装电线 | Installation of Electrical Wiring | 公里 | km | 689.7 |
| 其他绝缘电线 | Other Insulated Wire | 公里 | km | 2221.0 |
| VLV型 | YLV Type | 公里 | km | 24861.0 |
| YJV型 | YJV Type | 公里 | km | 12252.9 |
| 铜芯交联线 | Copper Conductor Cross-line | 公里 | km | 865.3 |
| VV型 | VV Type | 公里 | km | 16642.4 |
| LGJ型 | LGJ Type | 公里 | km | 13833.7 |
| KVV型 | KVV-Type | 公里 | km | 6849.3 |
| BV型 | BV-Type | 公里 | km | 3948.0 |
| 其他型号电力电缆 | Other Models of Power Cables | 公里 | km | 8200.0 |
| 其他电线电缆 | Other Wire and Cable | 公里 | km | 339.0 |

3-20 续表 22 continued

| 类 别 | Item | 计量单位 Measurement Unit | | 年末价格（元）Price at Year End（yuan） |
|---|---|---|---|---|
| 其他电工器材 | Other Electrical Equipment | 套 | set | 128.2 |
| 二氧化锰原电池（组） | Manganese Dioxide Primary Cells（Group） | 只 | unit | 0.7 |
| 其他原电池及原电池组 | Other Primary Cells and Batteries | 只 | unit | 0.3 |
| 用于启动活塞发动机铅酸蓄电池 | Used for the Piston Engine Lead-acid Battery | 只 | unit | 193.0 |
| 镉镍蓄电池 | Ni-Cd Battery | 只 | unit | 1.1 |
| 氢镍蓄电池 | Ni-MH Batteries | 只 | unit | 7.3 |
| 其他电池零部件 | Other Battery Parts | 只 | unit | 840.6 |
| 整体式房间空气调节器 | Overall Type Room Air Conditioner | 台 | set | 12692.0 |
| 其他房间空气调节器 | Other Room Air Conditioner | 台 | set | 323.9 |
| 家用空气湿度调节装置 | Home Air Humidity Conditioning | 台 | set | 6500.0 |
| 台扇 | Table Fan | 台 | set | 65.0 |
| 落地扇 | Stand Fan | 台 | set | 145.3 |
| 吊扇 | Ceiling Fan | 台 | set | 116.2 |
| 壁扇 | Wall Fan | 台 | set | 130.8 |
| 双头式抽油烟机 | Piggyback Range Hood | 台 | set | 739.3 |
| 电饭锅 | Rice Cooker | 台 | set | 84.6 |
| 其他家用电热烹调器具 | Other Household Electric Cooking Appliances | 台 | set | 236.8 |
| 电磁灶 | Cookers | 台 | set | 212.8 |
| 电暖气 | Electric Heating | 台 | set | 159.0 |
| 家用燃气灶具 | Domestic Gas Cooking Appliances | 台 | set | 615.4 |
| 车头灯 | Headlights | 个 | piece | 93.4 |
| 微波收发通信机 | Microwave Transceivers Communication Machine | 台 | set | 19658.0 |
| 移动通信手持机零件 | Mobile Communication Handset Parts | 台 | set | 18.4 |
| 气象雷达 | Weather Radar | 台 | set | 1008547.0 |
| 耳机 | Earplug | 付 | pair | 12.0 |
| 路由器 | Router | 台 | set | 664.2 |
| 液晶显示器 | LCD | 台 | set | 506.0 |
| 光盘存储器 | Optical Disc Storage | 台 | set | 91.7 |
| 液晶显示屏 | Liquid Crystal Display Screen | 台 | set | 2.5 |
| 发光二极管（LED管） | Light-emitting Diode（LED Tube） | 只 | unit | 0.0 |
| 其他半导体光电器件 | Other Semiconductor Optoelectronic Devices | 只 | unit | 1.5 |
| 其他未列明光电子器件及电子器件 | Other NES Optoelectronic Devices | 只 | unit | 15.0 |
| 电解电容器 | Electrolytic Capacitor | 只 | unit | 91.8 |
| 塑料介质电容器 | Plastic Dielectric Capacitor | 只 | unit | 1.4 |
| 碳膜电位器 | Carbon Film Potentiometer | 只 | unit | 0.8 |
| 片式固定电阻器 | Fixed Chip Resistors | 只 | unit | 645.5 |
| 液晶（LCD）电视机 | LCD（LCD）TV | 台 | set | 2004.0 |
| 收录放音组合机 | Included Playback Combination Machine | 台 | set | 73.1 |
| 组合音响 | Combined Acoustics | 台 | set | 23.9 |
| 刻录光头 | Recording Head | 台 | set | 21.5 |

3-20 续表 23 continued

| 类 别 | Item | 计量单位 | Measurement Unit | 年末价格（元） Price at Year End （yuan） |
|---|---|---|---|---|
| 其他未列明电子设备及装置 | Other Not Listed Electronic Equipment and Device | 台 | set | 894.4 |
| 其他绘图台及绘图机、绘图工具 | Other Drawing Stage and Drawing Machine | 台 | set | 49.0 |
| 卡尺 | Caliper | 把 | set | 101.2 |
| 量表 | Scale | 把 | set | 89.0 |
| 其他量具 | Other Tools | 把 | set | 15.1 |
| 车辆用速度表 | Vehicle Speedometer | 台 | set | 153.2 |
| 其他未列明专用仪器 | Other Not Listed a Special Instrument | 台 | set | 2762.2 |
| 机械表心 | Mechanical Heart | 台 | set | 56.7 |
| 其他钟表零配件 | Other Watch Parts | 台 | set | 0.6 |
| 光学显微镜 | Optical Microscope | 台 | set | 572.5 |
| 照相机用取景器 | Camera with Viewfinder | 台 | set | 35.4 |
| 竹编工艺品 | Bamboo Crafts | 件 | piece | 135.0 |
| 藤编工艺品 | Rattan Handicrafts | 件 | piece | 3.6 |
| 其他未列明珠宝首饰及有关物品 | Other Not Listed Jewellery and Reated Articles | 件 | piece | 976.0 |
| 牙刷 | Toothbrush | 把 | piece | 0.4 |
| 一次性气体打火机 | Disposable Gas Lighters | 百只 | 100 unit | 38.1 |
| 可充气袖珍打火机 | Inflatable Pocket Lighters | 百只 | 100 unit | 44.1 |
| 煤炭为能源发电量 | Coal Energy Generating Capacity | 万千瓦时 | 10 000 kwh | 3991.7 |
| 以余热、余气为能源发电量 | Waste Heat, Residual Gas Generating Capacity | 万千瓦时 | 10 000 kwh | 5265.0 |
| 水力发电量 | Hydroelectricity | 万千瓦时 | 10 000 kwh | 2002.2 |
| 竹木生物质燃料发电量 | Bamboo Biomass Fuel Power Generation | 万千瓦时 | 10 000 kwh | 6410.0 |
| 工业用电 | Industrial Electricity | 万千瓦时 | 10 000 kwh | 5898.8 |
| 民用用电 | Civilian electricity | 万千瓦时 | 10 000 kwh | 4830.3 |
| 农业用电 | Agricultural Electricity | 万千瓦时 | 10 000 kwh | 3724.3 |
| 商业用电 | Commercial Electricity | 万千瓦时 | 10 000 kwh | 8045.2 |
| 民用 | Civil Artificial Gas Supply | 千立方米 | 1 000 cu.m | 973.5 |
| 商业用 | Commercial Artificial Gas Supply | 千立方米 | 1 000 cu.m | 1592.0 |
| 民用 | Residential Natural Gas Supply | 千立方米 | 1 000 cu.m | 3336.2 |
| 工业用 | Industrial Use of Natural Gas Supply | 千立方米 | 1 000 cu.m | 4410.6 |
| 商业用 | Commercial Gas Supply | 千立方米 | 1 000 cu.m | 4727.0 |
| 液化石油气供应量 | LPG Supply | 千立方米 | 1 000 cu.m | 18584.0 |
| 自来水生产量 | Tap Water Production | 立方米 | cu.m | 1.7 |
| 工业用水 | Industrial Water | 立方米 | cu.m | 1.9 |
| 民用水 | Civilian Water | 立方米 | cu.m | 1.6 |
| 商业用水 | Commercial Water | 立方米 | cu.m | 1.9 |
| 饮食服务用水 | Food Service Water | 立方米 | cu.m | 2.0 |
| 船舶用水 | Ship Water | 立方米 | cu.m | 1.7 |
| 行政事业用水 | Administrative Water | 立方米 | cu.m | 1.9 |
| 其他用自来水供应 | Other Water Supply | 立方米 | cu.m | 2.6 |
| 中水量 | In Water | 吨 | ton | 1.2 |

# 3-21 原材料、燃料、动力购进价格（1990—2013年）

## Purchasing Price Indices for Raw Materials, Fuels and Power（1990—2013）

（上年=100） (preceding year=100)

| 年 份<br>Year | 总指数<br>General Index | 燃料、动力类<br>Fuel and Power | 黑色金属材料类<br>Ferrous Metals | 钢 材<br>Rolle Steel | 有色金属材料和电线类<br>Nonferrous Metals and Wires |
|---|---|---|---|---|---|
| 1990 | 102.2 | 107.9 | 99.9 | | 90.3 |
| 1991 | 107.8 | 109.0 | 101.6 | | 115.4 |
| 1992 | 112.5 | 111.2 | 123.2 | 126.6 | 108.7 |
| 1993 | 141.7 | 131.1 | 182.4 | 182.0 | 111.6 |
| 1994 | 117.8 | 123.1 | 101.7 | 100.0 | 112.3 |
| 1995 | 112.9 | 107.8 | 94.7 | 94.4 | 137.6 |
| 1996 | 103.4 | 108.6 | 99.4 | 100.8 | 85.6 |
| 1997 | 99.3 | 108.7 | 94.6 | 93.2 | 94.9 |
| 1998 | 95.2 | 99.6 | 93.9 | 92.2 | 83.8 |
| 1999 | 93.6 | 93.1 | 96.2 | 96.3 | 99.8 |
| 2000 | 100.9 | 98.9 | 103.0 | 105.0 | 123.8 |
| 2001 | 103.7 | 103.8 | 107.8 | 101.1 | 90.3 |
| 2002 | 95.6 | 101.8 | 99.8 | 98.6 | 94.6 |
| 2003 | 101.2 | 101.3 | 108.7 | 110.4 | 110.6 |
| 2004 | 116.3 | 110.1 | 135.1 | 126.3 | 139.6 |
| 2005 | 108.2 | 112.1 | 111.3 | 105.9 | 114.5 |
| 2006 | 111.4 | 103.7 | 94.3 | 95.4 | 131.8 |
| 2007 | 106.1 | 105.4 | 108.9 | 108.3 | 124.0 |
| 2008 | 110.6 | 117.7 | 129.1 | 122.6 | 104.7 |
| 2009 | 95.1 | 100.8 | 82.8 | 83.2 | 81.2 |
| 2010 | 111.2 | 109.3 | 103.7 | 105.7 | 128.6 |
| 2011 | 110.0 | 105.5 | 107.7 | 109.1 | 114.5 |
| 2012 | 99.2 | 104.0 | 95.2 | 96.4 | 95.2 |
| 2013 | 98.9 | 97.8 | 97.6 | 97.4 | 95.5 |

3-21 续表 continued

(上年=100) (preceding year=100)

| 年 份<br>Year | 化工原料类<br>Raw Chemical Materials | 木材及纸浆类<br>Timber and Paper Pulp | 建筑材料及非金属矿类<br>Building Material and Non-metal Ore | 其它工业原材料及半成品类<br>Other Materials and Semi-finished Category | 农副产品类<br>Agricultural Products | 纺织原料类<br>Textile Materials |
|---|---|---|---|---|---|---|
| 1990 | 101.3 | 102.1 | 97.7 | | 100.4 | 105.8 |
| 1991 | 108.1 | 113.8 | | | 108.2 | 113.3 |
| 1992 | 102.3 | 106.6 | | | 108.4 | 97.3 |
| 1993 | 122.1 | 115.4 | 170.6 | 154.8 | 137.9 | 104.0 |
| 1994 | 116.2 | 110.5 | 103.0 | 139.0 | 145.2 | 142.5 |
| 1995 | 125.2 | 108.9 | 88.1 | 91.7 | 148.2 | 150.5 |
| 1996 | 95.1 | 101.9 | 97.4 | 101.5 | 117.0 | 99.0 |
| 1997 | 95.3 | 94.4 | 94.4 | 100.4 | 92.3 | 91.5 |
| 1998 | 92.6 | 99.7 | 98.7 | 96.4 | 89.4 | 88.1 |
| 1999 | 95.9 | 93.7 | 95.6 | 90.7 | 92.5 | 102.0 |
| 2000 | 104.5 | 99.8 | 92.6 | 104.7 | 90.3 | 106.3 |
| 2001 | 96.9 | 94.3 | 96.7 | 112.0 | 105.3 | 95.6 |
| 2002 | 97.9 | 101.0 | 98.3 | 91.4 | 94.6 | 89.8 |
| 2003 | 106.3 | 103.5 | 98.8 | 98.2 | 92.7 | 119.7 |
| 2004 | 114.8 | 111.5 | 109.9 | 113.5 | 109.8 | 117.2 |
| 2005 | 110.0 | 94.4 | 103.6 | 103.7 | 116.8 | 90.6 |
| 2006 | 104.0 | 102.7 | 98.5 | 112.2 | 124.1 | 102.3 |
| 2007 | 105.3 | 110.9 | 101.5 | 105.8 | 98.9 | 101.6 |
| 2008 | 121.3 | 104.5 | 114.0 | 106.9 | 102.6 | 102.2 |
| 2009 | 85.8 | 84.3 | 96.1 | 100.2 | 101.7 | 94.1 |
| 2010 | 112.3 | 111.2 | 114.6 | 110.3 | 116.6 | 121.4 |
| 2011 | 116.5 | 108.6 | 109.5 | 107.0 | 115.9 | 119.5 |
| 2012 | 98.3 | 97.5 | 98.3 | 98.5 | 101.3 | 92.1 |
| 2013 | 98.1 | 100.2 | 98.6 | 98.6 | 103.4 | 98.5 |

## 3-22 分月原材料、燃料、动力购进价格指数（2013年）

（上年同期=100）

| 类 别 | Item | 1 月 January | 2 月 February | 3 月 March |
|---|---|---|---|---|
| **总指数** | **General Index** | **98.2** | **98.6** | **98.8** |
| 燃料、动力类 | Fules and Power | 96.2 | 96.9 | 97.3 |
| 黑色金属材料类 | Material of Black Metal | 94.9 | 95.4 | 96.7 |
| # 钢材 | # Rolled Steel | 95.0 | 95.5 | 96.8 |
| 其它 | Other | 94.4 | 95.0 | 96.3 |
| 有色金属材料和电线类 | Material of Nof-ferrous Metal Material and ElectricWire | 96.3 | 96.4 | 94.9 |
| 化工原料类 | Chemical Material | 97.0 | 96.9 | 96.5 |
| 木材及纸浆类 | Wood and Paper Pulp | 97.1 | 98.8 | 99.9 |
| 建筑材料及非金属矿类 | Building Material and Non-metal Ore | 97.2 | 98.4 | 98.5 |
| 其它工业原材料及半成品类 | Other Industrial Raw Material and Semi-finished Category | 99.2 | 99.3 | 99.2 |
| 农副产品类 | Agricultural and Side-line Produces | 104.9 | 104.6 | 105.1 |
| 纺织原料类 | Raw Textile Material | 98.2 | 98.5 | 98.9 |

## 3-23 分月原材料、燃料、动力购进价格环比指数（2013年）

（上月=100）

| 类 别 | Item | 1 月 January | 2 月 February | 3 月 March |
|---|---|---|---|---|
| **总指数** | **General Index** | **100.0** | **100.2** | **100.2** |
| 燃料、动力类 | Fules and Power | 100.0 | 99.9 | 100.0 |
| 黑色金属材料类 | Material of Black Metal | 101.2 | 100.8 | 101.1 |
| # 钢材 | # Rolled Steel | 101.1 | 100.7 | 101.2 |
| 其它 | Other | 101.5 | 101.1 | 100.9 |
| 有色金属材料和电线类 | Material of Nof-ferrous Metal Material and ElectricWire | 99.9 | 100.7 | 99.4 |
| 化工原料类 | Chemical Material | 100.5 | 99.9 | 99.9 |
| 木材及纸浆类 | Wood and Paper Pulp | 99.7 | 100.2 | 100.9 |
| 建筑材料及非金属矿类 | Building Material and Non-metal Ore | 99.6 | 99.9 | 99.3 |
| 其它工业原材料及半成品类 | Other Industrial Raw Material and Semi-finished Category | 99.9 | 100.2 | 100.1 |
| 农副产品类 | Agricultural and Side-line Produces | 99.2 | 100.3 | 100.6 |
| 纺织原料类 | Raw Textile Material | 99.6 | 100.1 | 99.8 |

## Indices of Purchasing Prices of Raw Materials, Fuels and Power by Month（2013）

(preceding year=100)

| 4 月<br>April | 5 月<br>May | 6 月<br>June | 7 月<br>July | 8 月<br>August | 9 月<br>September | 10 月<br>October | 11 月<br>November | 12 月<br>December |
|---|---|---|---|---|---|---|---|---|
| **98.6** | **98.6** | **98.7** | **98.8** | **99.1** | **99.4** | **99.4** | **99.2** | **98.9** |
| 97.1 | 97.2 | 97.4 | 97.8 | 98.5 | 98.8 | 98.8 | 98.9 | 98.8 |
| 96.3 | 96.2 | 95.6 | 96.5 | 97.7 | 101.4 | 101.6 | 100.0 | 99.6 |
| 96.5 | 96.2 | 96.1 | 96.6 | 97.8 | 100.0 | 100.0 | 99.8 | 99.5 |
| 95.7 | 96.3 | 94.3 | 96.4 | 97.4 | 105.9 | 106.6 | 100.7 | 99.7 |
| 95.2 | 96.4 | 96.1 | 93.8 | 95.5 | 95.1 | 94.9 | 95.7 | 95.7 |
| 96.5 | 97.0 | 97.9 | 97.8 | 98.2 | 99.3 | 99.9 | 100.0 | 100.1 |
| 100.0 | 100.3 | 100.8 | 100.2 | 101.1 | 100.7 | 101.1 | 101.5 | 100.4 |
| 98.2 | 98.1 | 98.5 | 98.9 | 98.9 | 99.1 | 98.9 | 99.0 | 100.0 |
| 98.9 | 98.7 | 98.7 | 98.6 | 98.2 | 97.7 | 98.0 | 98.2 | 98.4 |
| 104.6 | 104.2 | 104.3 | 104.9 | 104.1 | 102.9 | 102.2 | 101.0 | 98.9 |
| 99.0 | 98.7 | 98.2 | 98.2 | 98.7 | 98.3 | 98.1 | 98.3 | 98.3 |

## Chain Index of Purchasing Prices of Raw Materials, Fuels and Power by Month（2013）

(preceding month=100)

| 4 月<br>April | 5 月<br>May | 6 月<br>June | 7 月<br>July | 8 月<br>August | 9 月<br>September | 10 月<br>October | 11 月<br>November | 12 月<br>December |
|---|---|---|---|---|---|---|---|---|
| **99.8** | **99.7** | **99.6** | **99.6** | **99.9** | **100.1** | **100.1** | **99.9** | **99.8** |
| 99.8 | 99.7 | 99.3 | 99.6 | 99.8 | 100.2 | 100.0 | 100.5 | 100.0 |
| 99.6 | 99.4 | 98.7 | 99.1 | 99.5 | 100.7 | 99.9 | 99.4 | 100.0 |
| 99.9 | 99.4 | 99.5 | 99.0 | 99.7 | 100.0 | 99.7 | 99.4 | 100.0 |
| 99.0 | 99.6 | 96.4 | 99.5 | 99.0 | 102.7 | 100.6 | 99.3 | 100.2 |
| 99.5 | 98.3 | 99.9 | 97.5 | 100.7 | 100.0 | 99.9 | 99.9 | 99.8 |
| 99.7 | 99.6 | 100.1 | 99.4 | 100.0 | 100.6 | 100.3 | 100.1 | 100.0 |
| 100.1 | 100.0 | 99.4 | 99.7 | 100.5 | 99.5 | 100.1 | 100.2 | 100.1 |
| 99.5 | 99.6 | 99.9 | 100.0 | 99.9 | 100.4 | 100.6 | 100.6 | 100.7 |
| 99.8 | 99.7 | 99.8 | 99.8 | 99.6 | 99.5 | 100.2 | 99.9 | 100.0 |
| 100.0 | 100.4 | 100.0 | 100.4 | 100.3 | 100.1 | 100.2 | 99.2 | 98.3 |
| 100.2 | 99.8 | 99.7 | 99.9 | 100.0 | 99.6 | 99.7 | 100.0 | 99.9 |

# 3-24 主要原材料、燃料、动力价格（2013年）

## Ex-Factory Price of Major Raw Materials, Fuels and Power（2013）

| 类　别 | Item | 计量单位 | Measurement Unit | 年末价格（元）Price at Year End（yuan） |
|---|---|---|---|---|
| 早籼稻 | Early Indica Rice | 吨 | ton | 2896.3 |
| 晚籼稻 | Late Indica Rice | 吨 | ton | 3369.3 |
| 糯稻 | Glutinous Rice | 吨 | ton | 2436.0 |
| 硬质小麦 | Durum Wheat | 吨 | ton | 2819.0 |
| 软质小麦 | Soft Wheat | 吨 | ton | 2665.6 |
| 白玉米 | White Corn | 吨 | ton | 2540.9 |
| 黄玉米 | Yellow Corn | 吨 | ton | 2522.2 |
| 其他玉米 | Other Corn | 吨 | ton | 2120.0 |
| 其他谷子 | Other Millet | 吨 | ton | 3120.0 |
| 红粒高粱 | Red Rain Sorghum | 吨 | ton | 3549.2 |
| 皮大麦 | Paper Barley | 吨 | ton | 3833.6 |
| 裸燕麦 | Naked Oat | 吨 | ton | 5300.0 |
| 谷壳 | Chaff | 吨 | ton | 2647.8 |
| 薏苡 | Coix | 吨 | ton | 3577.7 |
| 麦麸 | Wheat Bran | 吨 | ton | 2284.4 |
| 麦芽 | Malt | 吨 | ton | 2350.0 |
| 其他未列明谷物 | Other Not Listed Grain | 吨 | ton | 86.4 |
| 鲜木薯 | Fresh Cassava | 吨 | ton | 586.1 |
| 木薯干 | Dried Cassava | 吨 | ton | 1758.5 |
| 花生仁 | Peanuts | 吨 | ton | 14000.0 |
| 油菜籽 | Rapeseed | 吨 | ton | 2240.0 |
| 黑芝麻 | Black Sesame Seeds | 吨 | ton | 17233.7 |
| 黄大豆 | Soybean | 吨 | ton | 4990.5 |
| 棉粕 | Cottonseed Meal | 吨 | ton | 3174.0 |
| 生黄红麻 | Wong Kenaf | 吨 | ton | 4100.0 |
| 甘蔗 | Cane | 吨 | ton | 443.8 |
| 其他未列明作物 | Other Not Listed Crop | 吨 | ton | 11600.0 |
| 根茎类蔬菜 | Root Vegetables | 吨 | ton | 4585.1 |
| 茄果类蔬菜 | Solanaceous Vegetables | 吨 | ton | 2902.5 |
| 其它花卉 | Other Flowers | 千克 | kg | 0.8 |
| 热带水果 | Tropical Fruits | 吨 | ton | 2947.0 |
| 瓜类水果 | Melon Fruit | 吨 | ton | 2110.0 |
| 干制水果 | Dried Fruit | 吨 | ton | 7300.0 |
| 食用坚果 | Edible Nuts | 吨 | ton | 4400.0 |
| 红茶 | Black Tea | 千克 | kg | 75.0 |
| 绿茶 | Green Tea | 千克 | kg | 24.9 |
| 毛茶 | Maocha | 千克 | kg | 30.6 |
| 甘草 | Licorice | 千克 | kg | 18.9 |
| 人参 | Ginseng | 千克 | kg | 496.5 |
| 当归 | Angelica | 千克 | kg | 41.9 |

3-24 续表 1 continued

| 类 别 | Item | 计量单位 Measurement Unit | | 年末价格（元）Price at Year End（yuan） |
|---|---|---|---|---|
| 田七 | Tianqi | 千克 | kg | 12.0 |
| 黄连 | Coptis | 千克 | kg | 90.0 |
| 菊花 | Chrysanthemum | 千克 | kg | 27.4 |
| 贝母 | Fritillaria | 千克 | kg | 63.0 |
| 川芎 | Chuanxiong | 千克 | kg | 35.4 |
| 黄芪 | Astragalus | 千克 | kg | 49.6 |
| 大黄、籽黄 | Rhubarb, Seeds Yellow | 千克 | kg | 24.7 |
| 白术 | Baizhu | 千克 | kg | 15.4 |
| 茯苓 | Fuling | 千克 | kg | 15.4 |
| 枸杞 | Gouqi | 千克 | kg | 6.7 |
| 灵芝 | Ganodorma Lucidum | 千克 | kg | 60.0 |
| 生地 | Shengdi | 千克 | kg | 14.6 |
| 麦冬 | Maidong | 千克 | kg | 74.0 |
| 云木香 | Yunmuxiang | 千克 | kg | 8.7 |
| 白芷 | Baizhi | 千克 | kg | 19.0 |
| 山茱萸 | Medical Dogwood | 千克 | kg | 41.0 |
| 莲翘 | Lianqiao | 千克 | kg | 36.4 |
| 辛夷 | Xinyi | 千克 | kg | 42.0 |
| 黄芩 | Radix Scutellariae | 千克 | kg | 23.7 |
| 麻黄 | Herbal Ephedrae | 千克 | kg | 8.5 |
| 肉苁蓉 | Desertliving Cistanche | 千克 | kg | 96.0 |
| 丹参 | Danshen | 千克 | kg | 13.7 |
| 其他中草药材 | Other Chinese Herbal Medicine | 千克 | kg | 33.7 |
| 落叶松原木 | Larix Spp Logs | 立方米 | cu.m | 650.0 |
| 马尾松原木 | Pinus Massoniana Logs | 立方米 | cu.m | 1012.2 |
| 杉木原条 | Chines Fir Pole-timber | 立方米 | cu.m | 922.7 |
| 栎木（橡木）原木 | Oak Wood（Oak）Logs | 立方米 | cu.m | 3015.0 |
| 樟木原木 | Camphor Wood | 立方米 | cu.m | 1680.0 |
| 桉树原木 | Eucalyptus Logs | 立方米 | cu.m | 543.3 |
| 其他非针叶原木 | Other Non-coniferous Wood | 立方米 | cu.m | 732.0 |
| 小规格木材 | Small Size of Timber | 立方米 | cu.m | 486.8 |
| 薪材 | Fuelwood | 立方米 | cu.m | 388.0 |
| 短条及细枝等 | Short Article and Twigs | 立方米 | cu.m | 470.1 |
| 其他未列明木材 | Other Not Listed Wood | 立方米 | cu.m | 2968.3 |
| 竹片 | Bamboo | 吨 | ton | 645.2 |
| 天然橡胶乳 | Natural Rubber Milk | 吨 | ton | 19824.2 |
| 烟胶片 | Smoked Sheets | 吨 | ton | 22917.2 |
| 标准胶片 | Standard Film | 吨 | ton | 16600.0 |
| 天然松脂 | Natural Pine Resin | 吨 | ton | 6935.9 |
| 落叶松树皮 | Larch Bark | 吨 | ton | 2200.0 |
| 杨梅树皮 | Bayberry Bark | 吨 | ton | 2200.0 |

3-24 续表 2 continued

| 类 别 | Item | 计量单位 Measurement Unit | | 年末价格（元） Price at Year End （yuan） |
|---|---|---|---|---|
| 其他天然树脂、树胶、栲胶原料 | Other Natural Resins, Gums, Tannin Materials | 吨 | ton | 6504.3 |
| 油桐籽 | Seed of Tung Oil Tree | 吨 | ton | 2900.0 |
| 未加工天然软木 | Unprocessed Natural Cork | 吨 | ton | 299.7 |
| 橡壳 | Rubber Sheel | 吨 | ton | 1600.0 |
| 松油 | Pine Oil | 吨 | ton | 12580.7 |
| 剑麻纤维 | Sisal Fiber | 吨 | ton | 7056.7 |
| 其他未列明林产品 | Other Products Not Liemng Lin | 吨 | ton | 9864.0 |
| 生牛奶 | Raw Milk | 千克 | kg | 5.6 |
| 山羊绒 | Cashmere | 千克 | kg | 90000.0 |
| 其他动物毛 | Other Animal Hair | 千克 | kg | 55.7 |
| 生牛皮 | Rawhide | 张 | piece | 8037.4 |
| 生猪皮 | Health Pigskin | 张 | piece | 65.5 |
| 中猪 | In Pigs | 千克 | kg | 16.3 |
| 鸡蛋 | Eggs | 千克 | kg | 9.3 |
| 天然蜂蜜 | Natural Honey | 千克 | kg | 6.7 |
| 桑蚕茧 | Mulberry Silkworm Cocoon | 千克 | kg | 69.2 |
| 其他蚕茧 | Other Cocoons | 千克 | kg | 2950.4 |
| 家兔 | Rabbit | 千克 | kg | 24.0 |
| 海水养殖虾 | Marine Aquaculture Shrimp | 吨 | ton | 49000.0 |
| 其他海水捕捞鲜鱼 | Other Sea Fishing Fresh Fish | 吨 | ton | 2403.5 |
| 海水捕捞虾 | Sea Fishing Shrimp | 吨 | ton | 125000.0 |
| 养殖淡水鱼 | Freshwater Fish | 吨 | ton | 9343.5 |
| 细绒棉皮棉 | Upland Cotton Lint | 吨 | ton | 18994.1 |
| 一号无烟煤 | 1# Anthracite | 吨 | ton | 947.3 |
| 二号无烟煤 | 2# Anthracite | 吨 | ton | 1006.4 |
| 三号无烟煤 | 3# Anthracite | 吨 | ton | 612.7 |
| 焦煤 | Coking Coal | 吨 | ton | 665.3 |
| 1/3焦煤 | 1/3 coking coal | 吨 | ton | 587.2 |
| 肥煤 | Fat Coal | 吨 | ton | 820.0 |
| 气煤 | Gas Coal | 吨 | ton | 569.3 |
| 贫瘦煤 | Lean Coal | 吨 | ton | 679.4 |
| 不粘煤 | Non-caking Coal | 吨 | ton | 599.8 |
| 长焰煤 | Long Flame Coal | 吨 | ton | 742.5 |
| 贫煤 | Lean Coal | 吨 | ton | 660.4 |
| 一般烟煤 | General Bituminous | 吨 | ton | 814.4 |
| 其他烟煤 | Other Bituminous Coal | 吨 | ton | 844.9 |
| 炼焦用洗精煤 | The Coking Use Washed Coal | 吨 | ton | 1120.0 |
| 其他用洗精煤 | Others Washed Coal | 吨 | ton | 1036.3 |
| 无烟煤洗块煤 | Anthracite Washing Lump Coal | 吨 | ton | 972.2 |
| 烟煤洗块煤 | Bituminous Coal Wash Lump Coal | 吨 | ton | 630.0 |
| 烟煤洗粒级煤 | Bituminous Coal Wash Fractions | 吨 | ton | 951.1 |

3-24 续表 3 continued

| 类 别 | Item | 计量单位 | Measurement Unit | 年末价格（元）Price at Year End（yuan） |
|---|---|---|---|---|
| 无烟煤洗混末煤 | The Anthracite Shuffled the end of Coal | 吨 | ton | 690.5 |
| 烟煤洗中煤 | Bituminous Coal Washing in Coal | 吨 | ton | 785.2 |
| 褐煤洗块煤 | Lignite Washing Lump Coal | 吨 | ton | 498.0 |
| 褐煤洗粒级煤 | Lignite Washing Tablets Rank Coal | 吨 | ton | 524.4 |
| 褐煤筛选块煤 | Screening of Lignite Coal | 吨 | ton | 444.4 |
| 泥炭（泥煤） | Peat | 吨 | ton | 96.5 |
| 煤矸石 | Gangue | 吨 | ton | 120.0 |
| 其他未列明煤炭 | Other Not Specified in the Coal | 吨 | ton | 570.5 |
| 天然原油 | Of Crude Oil | 吨 | ton | 5207.2 |
| 天然气 | Natural Gas | 立方米 | cu.m | 3.6 |
| 液化天然气 | Liquefied Natural Gas | 吨 | ton | 6915.2 |
| 炼钢块矿 | Steelmaking Lump Ore | 吨 | ton | 660.0 |
| 炼铁块矿（含铁≥45%） | Ironmaking Lump Ore（Iron Content≥45%） | 吨 | ton | 724.6 |
| 铁富粉矿 | Iron-rich Iron Ore Fines | 吨 | ton | 860.0 |
| 铁精矿 | Iron Ore Concentrate | 吨 | ton | 961.2 |
| 赤铁矿 | Hematite | 吨 | ton | 35.5 |
| 褐铁矿 | Limonite | 吨 | ton | 60.5 |
| 硫铁矿 | Pyrites | 吨 | ton | 515.1 |
| 锰矿石原矿 | Manganese Ore | 吨 | ton | 572.9 |
| 锰块矿 | Manganese Lump Ore | 吨 | ton | 874.7 |
| 锰粉矿 | Manganese Ore Powder | 吨 | ton | 1077.9 |
| 富锰渣 | Manganese-rich Slag | 吨 | ton | 1125.5 |
| 澳块矿 | The Australian Lump Ores | 吨 | ton | 1955.3 |
| 铬精矿 | Chrome Concentrate | 吨 | ton | 1769.0 |
| 铅精矿含铅量 | Lead Concentrates the Lead Content | 吨 | ton | 11041.6 |
| 其他矿含铅量 | Other Mineral of Lead Content | 吨 | ton | 95.0 |
| 铅锌混合精矿实物量 | Lead-zinc Ore Concentrate Mixed | 吨 | ton | 455.0 |
| 锌精矿含锌量 | Zinc Concentrate Zinc Content | 吨 | ton | 9724.7 |
| 镍精矿实物量 | The Physical Volume of Nickel Concentrate | 吨 | ton | 215.2 |
| 锡精矿含锡量 | Tin Content of Tin Concentrates | 吨 | ton | 120600.0 |
| 锑精矿含锑量 | Antimony Concentrate Containing Antimony Content | 吨 | ton | 25000.0 |
| 铅锑混合精矿含锑量 | Lead Antimony Concentrate Containing Antimony Content | 吨 | ton | 28138.5 |
| 铝精矿含铝量 | Aluminum Concentrate | 吨 | ton | 16925.0 |
| 铝精矿实物量 | Aluminum Concentrate Elaborating | 吨 | ton | 18600.0 |
| 天然碳酸镁 | Natural Magnesium Carbonate | 吨 | ton | 1437.9 |
| 钛精矿折合量，折氧化钛50% | Titanium Concentrate Reduced Quantity, TiO 50% | 吨 | ton | 1446.1 |
| 天然金红石折合量，折氧化钛90% | Equivalent to the Amount of Natural Rutile, TiO 90% | 吨 | ton | 5355.3 |
| 银精矿含银量 | Silver Mine of Silver | 吨 | ton | 7910.0 |
| 银块矿实物量 | Silver Ore Physical Quantity | 吨 | ton | 58.5 |
| 其他稀有稀土金属矿 | Other Rare Earth Metals Mine | 吨 | ton | 185000.0 |
| 锂原矿 | Lithium Ore | 吨 | ton | 4500.0 |

3-24 续表 4 continued

| 类 别 | Item | 计量单位 Measurement Unit | | 年末价格（元）Price at Year End（yuan） |
|---|---|---|---|---|
| 锆金属折合量 | Zirconium Metal or Quantity | 吨 | ton | 9765.1 |
| 冶金用石灰石 | Metallurgical Limestone | 吨 | ton | 500.0 |
| 水泥用石灰石 | Cement with Limestone | 吨 | ton | 17.0 |
| 化工用石灰石 | Limestone for Chemical Industry | 吨 | ton | 32.8 |
| 其他石灰石 | Other Limestone | 吨 | ton | 75.0 |
| 白石膏 | White Gypsum | 吨 | ton | 364.9 |
| 其他石膏类 | Other Gypsum | 吨 | ton | 222.6 |
| 天然大理石荒料 | Natural Marble Blocks | 吨 | ton | 63.6 |
| 天然花岗石荒料 | Natural Granite Blocks | 吨 | ton | 895.2 |
| 高铝粘土 | High Alumina Clay | 吨 | ton | 1350.0 |
| 硬质粘土 | Hard Clay | 吨 | ton | 12.2 |
| 软质粘土 | Soft Clay | 吨 | ton | 283.1 |
| 冶金用萤石 | Metallurgical Fluorite | 吨 | ton | 512.8 |
| 化工用萤石 | Chemical with Fluorite | 吨 | ton | 1863.2 |
| 铁铝矾土 | Iron Bauxite | 吨 | ton | 700.9 |
| 高岭土 | Kaolin | 吨 | ton | 405.4 |
| 膨润土 | Bentonite | 吨 | ton | 16.0 |
| 陶土 | Pottery Clay | 吨 | ton | 113.5 |
| 其他粘土 | Other Clay | 吨 | ton | 57.9 |
| 硅砂 | Silica Sand | 吨 | ton | 99.5 |
| 石英砂 | Quartz Sand | 吨 | ton | 200.0 |
| 其他天然砂 | Other Natural Sands | 吨 | ton | 54.0 |
| 石类 | Stone Class | 吨 | ton | 47.9 |
| 矿渣及类似工业残渣 | Slag and Similar Industrial Waste | 吨 | ton | 42.7 |
| 沥青碎石 | Bituminous Macadam | 吨 | ton | 24.0 |
| 大理石碎粒、碎屑及粉末 | Marble Granules, Crumbs and Powder | 吨 | ton | 613.1 |
| 硅质土 | Siliceous Earths | 吨 | ton | 57.3 |
| 硫铁矿石 | Pyrite Stone | 吨 | ton | 576.7 |
| 磷矿石 | Phosphate rock | 吨 | ton | 500.7 |
| 冰晶石 | Cryolite | 吨 | ton | 7800.0 |
| 芒硝矿 | Mirabilite | 吨 | ton | 760.0 |
| 明矾石 | Alunite | 吨 | ton | 2250.0 |
| 重晶石 | Barite | 吨 | ton | 263.3 |
| 其他化学矿 | Other Chemical Mines | 吨 | ton | 200.0 |
| 海盐食用盐 | Salt Edible Salt | 吨 | ton | 490.0 |
| 海盐非食用盐 | The Haiyan Non-edible Salt | 吨 | ton | 446.0 |
| 井矿盐非食用盐 | Mineral Salt is Non-edible Salt | 吨 | ton | 350.0 |
| 其他原盐 | Other Salt | 吨 | ton | 348.0 |
| 高纯石墨 | High Purity Graphite | 吨 | ton | 22500.0 |
| 原状滑石 | The Status Quo Talc | 吨 | ton | 464.1 |
| 陶瓷用滑石粉 | Ceramics with Talc | 吨 | ton | 246.9 |

3-24 续表 5 continued

| 类　别 | Item | 计量单位 | Measurement Unit | 年末价格（元）Price at Year End（yuan） |
|---|---|---|---|---|
| 医药用滑石粉 | Medical Use Talcum Powder | 吨 | ton | 2117.8 |
| 钻石（矿类） | Diamond（Minerals） | 吨 | ton | 29500.0 |
| 其他未列明非金属矿石 | Not Elsewhere Specified, Non-metallic Ore | 吨 | ton | 780.0 |
| 天然水 | Natural Water | 吨 | ton | 0.1 |
| 高筋小麦粉 | High-gluten Wheat Flour | 吨 | ton | 3210.2 |
| 低筋小麦粉 | Low-gluten Wheat Flour | 吨 | ton | 3450.0 |
| 面包用小麦粉 | Bread Wheat Flour | 吨 | ton | 3784.0 |
| 面条用小麦粉 | Noodles with Wheat Flour | 吨 | ton | 3147.5 |
| 糕点用小麦粉 | Cakes with Wheat Flour | 吨 | ton | 4039.0 |
| 饼干用小麦粉 | Biscuits with Wheat Flour | 吨 | ton | 3440.0 |
| 饺子用小麦粉 | Dumplings with Wheat Flour | 吨 | ton | 4240.0 |
| 馒头用小麦粉 | Bread with Wheat Flour | 吨 | ton | 3520.0 |
| 其他小麦专用粉 | Other Special Wheat Flour | 吨 | ton | 2460.0 |
| 籼米精米 | Indica Rice Fine Rice | 吨 | ton | 3947.2 |
| 粳米精米 | Rice Milled Rice | 吨 | ton | 3978.4 |
| 籼米碎米 | Indica Rice Broken Rice | 吨 | ton | 3600.0 |
| 其他大米 | Other Rice | 吨 | ton | 3945.0 |
| 糯米 | Polished Glutinous Rice | 吨 | ton | 5800.0 |
| 大米细粉 | Rice Flour | 吨 | ton | 5500.0 |
| 糯米细粉 | Glutinous Rice Powder | 吨 | ton | 5800.0 |
| 其他未列明谷物磨制产品 | Other Not Listed Corn Milling Products | 吨 | ton | 1217.4 |
| 肉禽配合饲料 | Meat and Poultry with the Feed | 吨 | ton | 2400.0 |
| 大豆毛油 | Soybean Crude Oil | 吨 | ton | 7070.6 |
| 花生毛油 | Peanut Crude Oil | 吨 | ton | 14886.2 |
| 菜籽毛油 | Crude Rapeseed Oil | 吨 | ton | 7627.2 |
| 葵花籽油 | Sunflower Oil | 吨 | ton | 9000.0 |
| 大豆精制油 | Soybean Refined Oil | 吨 | ton | 8981.8 |
| 花生精制油 | Peanut Refined Oil | 吨 | ton | 19035.9 |
| 棕榈油 | Palm Ooil | 吨 | ton | 6451.3 |
| 茶油 | Tea-Seed Oil | 吨 | ton | 38000.0 |
| 其他精制食用植物油 | Other Refined Edible Vegetable Oil | 吨 | ton | 10816.0 |
| 人造奶油（人造黄油） | Margarine（Margarine） | 吨 | ton | 10511.7 |
| 豆粕 | Soybean Meal | 吨 | ton | 4188.0 |
| 其他非食用植物油加工产品 | Other Non-edible Vegetable Oil Products | 吨 | ton | 3261.1 |
| 甘蔗制原糖 | Cane System of Raw Sugar | 吨 | ton | 5440.0 |
| 白砂糖 | White Sugar | 吨 | ton | 5614.0 |
| 甘蔗糖蜜 | Sugar Cane Molasses | 吨 | ton | 820.0 |
| 其他未列明制糖产品 | Other Not Listed Sugar Products | 吨 | ton | 294.4 |
| 鲜、冷藏猪肉 | Fresh and Frozen Pork | 吨 | ton | 12065.5 |
| 鲜、冷藏牛肉 | Fresh, Chilled Beef | 吨 | ton | 32900.0 |
| 鲜、冷藏鸭肉 | Fresh, Frozen Duck | 吨 | ton | 11000.0 |

3-24 续表 6 continued

| 类 别 | Item | 计量单位 Measurement Unit | | 年末价格（元） Price at Year End（yuan） |
|---|---|---|---|---|
| 冻猪肉 | Cold Pork | 吨 | m | 20523.2 |
| 其他动物肠衣 | Other Casings of Animals | 吨 | ton | 0.3 |
| 饲料用鱼粉 | Feed with Fish Meal | 吨 | ton | 9497.8 |
| 松珍虾料 | Pine Jane Shrimp Feed | 吨 | ton | 112000.0 |
| 珍珠粉 | Pearl Powder | 千克 | kg | 20.0 |
| 苦杏仁 | Bitter Almond | 吨 | ton | 6640.8 |
| 木薯粉 | Cassava Flour | 吨 | ton | 2893.0 |
| 小麦淀粉 | Wheat Starch | 吨 | ton | 2850.0 |
| 玉米淀粉 | Corn Starch | 吨 | ton | 3350.8 |
| 木薯淀粉 | Cassava Starch | 吨 | ton | 3593.4 |
| 葡萄糖 | Glucose | 吨 | ton | 4007.2 |
| 葡萄糖浆 | Glucose Syrup | 吨 | ton | 3500.0 |
| 麦芽糖 | Maltose | 吨 | ton | 3842.9 |
| 糊精 | Dextrin | 吨 | ton | 4800.0 |
| 其他淀粉及淀粉制品 | Starch and Starch Products | 吨 | ton | 9000.0 |
| 其他农副食品 | Other Agro-food | 吨 | ton | 18042.7 |
| 灭菌乳 | Sterilized Milk | 吨 | ton | 4436.4 |
| 乳粉 | Milk Powder | 吨 | ton | 38432.5 |
| 其他酵母 | Other Yeast | 吨 | ton | 55000.0 |
| 植脂冰淇淋 | Whipped Ice Cream | 吨 | ton | 9000.0 |
| 加碘盐 | Iodized Salt | 吨 | ton | 1102.5 |
| 食品增稠剂 | Food Thickener | 吨 | ton | 70000.0 |
| 食品色、香味添加剂 | Food Color, Flavor Additives | 吨 | ton | 4400.0 |
| 促进动物食欲饲料添加剂 | Promoting Feed Additives of Animal Appetite | 吨 | ton | 12200.0 |
| 小麦发酵酒精 | Wheat Fermentation Alcohol | 吨 | ton | 6550.0 |
| 薯类发酵酒精 | Potato Fermentation Alcohol | 吨 | ton | 6449.8 |
| 糖蜜发酵酒精 | Molasses Fermentation Alcohol | 吨 | ton | 6564.3 |
| 可乐型碳酸饮料 | Cola Carbonated Drinks | 吨 | ton | 1008.2 |
| 浓缩果汁（浆） | Concentrated Fruit Juice（Pulp） | 吨 | ton | 2200.0 |
| 精制红茶 | Refined Black Tea | 千克 | kg | 42.3 |
| 精制绿茶 | Refined Green Tea | 千克 | kg | 21.4 |
| 精制花茶 | Refined Tea | 千克 | kg | 18.3 |
| 其他茶制品 | Other Tea Products | 吨 | ton | 28.0 |
| 片烟 | Piece Smoke | 吨 | ton | 40148.3 |
| 烟梗 | Tobacco Stems | 吨 | ton | 500.0 |
| 已梳皮棉 | Has Comb Lint | 吨 | ton | 22000.0 |
| 普梳纱 | Carded Yarn | 吨 | ton | 26659.2 |
| 合成纤维与棉混纺纱 | Synthetic Fiber and Cotton Blended Yarn | 吨 | ton | 23000.0 |
| 合成纤维纱 | Synthetic Fiber Yarn | 吨 | ton | 11800.0 |
| 其他天然纤维与棉混纺纱 | Other Natural Fibers and Cotton Blended Yarn | 吨 | ton | 9.0 |
| 棉线 | Cotton Thread | 吨 | ton | 4.3 |

3-24 续表 7 continued

| 类 别 | Item | 计量单位 Measurement Unit | | 年末价格（元）Price at Year End（yuan） |
|---|---|---|---|---|
| 棉混纺线 | Cotton Blended Line | 吨 | ton | 48156.0 |
| 化学纤维线 | Chemical Fiber Line | 吨 | ton | 28843.5 |
| 棉布 | Cotton | 米 | m | 7.7 |
| 棉混纺布 | Cotton Blended Fabrics | 米 | m | 13.1 |
| 色织布 | Yarn-dyed | 米 | m | 25.2 |
| 其他布 | Other Cloth | 米 | m | 18.2 |
| 棉制起绒布及绳绒织物 | Cotton from the Flannel and Chenille Fabrics | 吨 | ton | 256.5 |
| 漂白布 | Bleached Fabric | 米 | m | 16.8 |
| 染色布 | Dyed Fabric | 米 | m | 16.4 |
| 其他棉、化纤印染精加工 | Other Cotton, Chemical Fiber Dyeing | 吨 | ton | 55818.0 |
| 其他未列明绒线 | Other Not Specified in the Wool | 个 | piece | 5.0 |
| 纯毛机织物 | Pure Wool Machine Fabric | 米 | m | 89.0 |
| 其他纤维长丝机织物 | Other Filament Woven Fabrics | 米 | m | 23.4 |
| 毛制毯 | Woollen Blanket | 吨 | ton | 53.1 |
| 聚酰胺高强力纱制帘子布 | Polyamide high Tenacity Yarn Cord Fabric | 吨 | ton | 34000.0 |
| 用塑料处理纺织物 | Processing of Textile Materials with Plastic | 吨 | ton | 19000.0 |
| 涂焦油、蜡、沥青或类似产品纺织物 | Coated with Tar, Bitumen or Similar Products | 吨 | ton | 17700.0 |
| 牛半成品革（折牛皮） | Cattle Semi-finished Leather（Cowhide Fold） | 平方米 | sq.m | 139.4 |
| 猪半成品革（折牛皮） | Pig Semi-finished Leather（Cowhide Fold） | 平方米 | sq.m | 71.5 |
| 猪重革 | Porcine Heavy Leather | 平方米 | sq.m | 13.1 |
| 牛重革 | Cattle Heavy Leather | 平方米 | sq.m | 289.0 |
| 牛轻革 | Bovine Light Leather | 平方米 | sq.m | 94.5 |
| 山羊轻革 | Goat Light Leather | 平方米 | sq.m | 76.5 |
| 猪轻革 | Pig Light Leather | 平方米 | sq.m | 50.4 |
| 其他未列明成品革 | Not Elsewhere Specified, Finished Leather | 平方米 | sq.m | 24.5 |
| 加工填充用羽绒 | Processing Fill with Feather | 千克 | kg | 126.8 |
| 普通锯材 | Ordinary Lumber | 立方米 | cu.m | 1269.2 |
| 未浸渍枕木 | Not Impregnated Sleepers | 立方米 | cu.m | 1075.2 |
| 其他锯材 | Other Lumber | 立方米 | cu.m | 1200.0 |
| 针叶木木片 | Coniferous Wood Film | 立方米 | cu.m | 694.2 |
| 木粉 | Wood Flour | 立方米 | cu.m | 680.0 |
| 锯木屑 | Sawdust | 立方米 | cu.m | 432.7 |
| 其他木废碎料 | Other Wood Waste and Scrap | 立方米 | cu.m | 321.4 |
| 中密度纤维板 | Medium Density Fiberboard | 立方米 | cu.m | 954.8 |
| 普通刨花板 | Ordinary Particleboard | 立方米 | cu.m | 1343.8 |
| 旋切单板 | Rotary Cut Veneer | 立方米 | cu.m | 1280.0 |
| 其他人造板、材制造 | Other Plywood, Timber Manufacturing | 立方米 | cu.m | 19.5 |
| 其他竹制品 | Other Bamboo Products | 立方米 | cu.m | 690.0 |
| 机械木浆 | Mechanical Pulp | 吨 | ton | 4859.9 |
| 化学木浆 | Chemical Wood Pulp | 吨 | ton | 4701.6 |
| 其他木浆 | Other Wood Pulp | 吨 | ton | 1086.4 |

3-24 续表 8 continued

| 类 别 | Item | 计量单位 Measurement Unit | | 年末价格（元） Price at Year End（yuan） |
|---|---|---|---|---|
| 化学法非木材纤维纸浆 | The Chemical Non Wood Fiber Pulp | 吨 | ton | 3498.6 |
| 其他方法非木材纤维纸浆 | Other Methods of Non-wood Fiber Pulp | 吨 | ton | 1212.3 |
| 废纸纸浆 | Waste Paper Pulp | 吨 | ton | 1272.6 |
| 书写印刷纸 | Writing and Printing Paper | 吨 | ton | 5115.3 |
| 其他未涂布印刷书写用纸 | Other Uncoated Printing and Writing Paper | 吨 | ton | 6738.4 |
| 新闻纸 | Newsprint | 吨 | ton | 4652.0 |
| 卫生纸原纸 | Tissue Base Paper | 吨 | ton | 9114.8 |
| 包装纸 | Wrapper | 吨 | ton | 558.4 |
| 箱纸板 | Linerboard | 吨 | ton | 3214.1 |
| 白纸板 | White Board | 吨 | ton | 4800.0 |
| 瓦楞原纸 | Corrugating Medium | 吨 | ton | 2965.8 |
| 胶印版纸 | Offset Printing Paper | 吨 | ton | 299.8 |
| 卷烟纸 | Cigarette Paper | 吨 | ton | 13458.4 |
| 海龙牛卡纸 | Dragon Cattle Cardboard | 吨 | ton | 3450.0 |
| 其他机制纸及纸板 | Other Mechanisms for Paper and Paperboard | 吨 | ton | 6947.2 |
| 其他加工纸 | Other Processing of Paper | 吨 | ton | 9754.6 |
| 瓦楞纸及纸板容器 | Corrugated Paper and Paperboard Containers | 吨 | unit | 305.6 |
| 纸制存储盒 | Paper Storage Box | 百件 | 100 piece | 500.0 |
| 纸制其他包装容器 | Other Paper Packaging Container | 百个 | 100 piece | 336.2 |
| 纸制筒管、卷轴、纡子及类似品 | Paper Bobbin, Reel and Similar Products | 百个 | 100 piece | 516.7 |
| 其他纸制品 | Other Paper Products | 吨 | ton | 16900.0 |
| 其他未列明印刷品 | Other Not Listed Printing | 吨 | ton | 0.5 |
| 90号车用汽油 | 90# Motor Gasoline | 吨 | ton | 8754.6 |
| 93号车用汽油 | 93# Motor Gasoline | 吨 | ton | 9551.9 |
| 97号车用汽油 | 97# Motor Gasoline | 吨 | ton | 9977.5 |
| 航空煤油 | Aviation Kerosene | 吨 | ton | 9880.0 |
| 其他煤油 | Other Kerosene | 吨 | ton | 9386.4 |
| -10号柴油 | -10# Diesel oil | 吨 | ton | 8770.0 |
| 0号柴油 | 0# Diesel Oil | 吨 | ton | 8164.8 |
| 重柴油 | Heavy Diesel Oil | 吨 | ton | 5908.2 |
| 全损耗系统用油 | Total Loss System Oil | 吨 | ton | 805.6 |
| 齿轮用油 | Gear Oil | 吨 | ton | 27930.0 |
| 液压系统用油 | Hydraulic System Oil | 吨 | ton | 12800.0 |
| 柴油机润滑油 | Diesel Engine Lubricating Oil | 吨 | ton | 9429.8 |
| 其他润滑油 | Other Lubricants | 吨 | ton | 9010.5 |
| 工业用燃料油 | Industrial Fuel Oils | 吨 | ton | 5537.0 |
| 油漆溶剂油 | Paint Solvent Oil | 吨 | ton | 9312.9 |
| 民用石油液化气 | Civil Liquefied Petroleum Gas | 吨 | ton | 7729.1 |
| 工业用石油液化气 | Industrial Liquefied Petroleum Gas | 吨 | ton | 1391.8 |
| 未煅烧石油焦 | Not Calcined Petroleum Coke | 吨 | ton | 970.0 |
| 其他石油沥青 | Other Petroleum Asphalt | 吨 | ton | 1987.5 |

3-24 续表 9 continued

| 类 别 | Item | 计量单位 | Measurement Unit | 年末价格（元）Price at Year End（yuan） |
|---|---|---|---|---|
| 精炼石蜡 | Refined Paraffin Wax | 吨 | ton | 9090.1 |
| 其他石蜡 | Other Paraffin | 吨 | ton | 9250.0 |
| 白色油 | White Oil | 吨 | ton | 9200.0 |
| 其他石油制品 | Other Petroleum Products | 吨 | ton | 7181.6 |
| 煤制焦炭 | Coal System for Coke | 吨 | ton | 1450.3 |
| 石油焦（焦炭类） | Petroleum Coke（Coke Class） | 吨 | ton | 1468.7 |
| 硫酸（≥98%） | Sulfuric Acid（≥98%） | 吨 | ton | 428.9 |
| 硫酸（<98%） | Sulfuric Acid（<98%） | 吨 | ton | 278.0 |
| 盐酸（氯化氢，含量31%） | Hydrochloric Acid（HCl, 31% Content） | 吨 | ton | 674.4 |
| 磷酸（含量85%） | Phosphoric Acid（Content 85%） | 吨 | ton | 5470.6 |
| 硼酸 | Boric Acid | 吨 | ton | 6250.0 |
| 其他未列明无机酸 | Not Elsewhere Specified Inorganic Acid | 吨 | ton | 6110.0 |
| 液体烧碱（折100%） | Liquid Caustic Soda（100%） | 吨 | ton | 1569.4 |
| 固体烧碱（固体氢氧化钠） | Solid Caustic Soda | 吨 | ton | 2909.8 |
| 轻质碳酸钠 | Light Sodium Carbonate | 吨 | ton | 1460.0 |
| 重质碳酸钠 | Heavy Sodium Carbonate | 吨 | ton | 1895.9 |
| 碳酸氢钠（小苏打） | Sodium Bicarbonate（Baking Soda） | 吨 | ton | 1550.0 |
| 氢氧化铝 | Aluminum Hydroxide | 吨 | ton | 3392.4 |
| 其他未列明无机碱产品 | Other Not Listed Inorganic Alkali Products | 吨 | ton | 96720.0 |
| 硫化钠（硫化碱） | Sodium Sulfide（Sodium Sulfide） | 吨 | ton | 1894.1 |
| 硫化钡 | Barium Sulfide | 吨 | ton | 1265.0 |
| 无水硫酸钠 | Anhydrous Sodium Sulfate | 吨 | ton | 584.0 |
| 硫酸铝 | Aluminum Sulfate | 吨 | ton | 1400.0 |
| 硫酸铜（胆矾） | Copper Sulfate（Blue Vitriol） | 吨 | ton | 16067.6 |
| 硫酸锌（皓矾） | Zinc Sulfate（Hao Alum） | 吨 | ton | 4164.6 |
| 亚硫酸钠 | Sodium Sulfite | 吨 | ton | 6600.0 |
| 其他金属硫化物及硫酸盐 | Other Metal Sulphides and Sulphates | 吨 | ton | 7352.3 |
| 硝酸钾（硝酸盐） | Potassium Nitrate（Nitrate） | 吨 | ton | 6728.3 |
| 硝酸铋 | Bismuth Nitrate | 吨 | ton | 144000.0 |
| 其他金属硝酸盐、亚硝酸盐 | Other Metals Nitrates, Nitrate | 吨 | ton | 1958.1 |
| 重铬酸盐 | Dichromate | 吨 | ton | 8100.0 |
| 偏磷酸盐 | Metaphosphate | 吨 | ton | 7500.0 |
| 氟化铝 | Aluminum Fluoride | 吨 | ton | 7765.8 |
| 氯化钠 | Sodium Chloride | 吨 | ton | 1655.1 |
| 氯化钙 | Calcium Chloride | 吨 | ton | 1450.0 |
| 氯化锌 | Zinc Chloride | 吨 | ton | 9000.0 |
| 三氯化铁 | Ferric Chloride | 吨 | ton | 4800.0 |
| 氯化铝 | Aluminum Chloride | 吨 | ton | 2568.0 |
| 聚氯化铝 | Poly Aluminum Chloride | 吨 | ton | 1822.0 |
| 商品液氯 | Commodity Liquid Chlorine | 吨 | ton | 1420.5 |
| 氯酸钠 | Sodium Chlorate | 吨 | ton | 5239.6 |

3-24 续表 10 continued

| 类 别 | Item | 计量单位 | Measurement Unit | 年末价格（元）Price at Year End（yuan） |
|---|---|---|---|---|
| 高氯酸钾 | Potassium Perchlorate | 吨 | ton | 8602.1 |
| 氢氧基氯化铝 | Hydroxyl Aluminum Chloride | 吨 | ton | 2650.0 |
| 氰化钠 | Sodium Cyanide | 吨 | ton | 25651.5 |
| 硅酸钠 | Sodium Silicate | 吨 | ton | 1420.0 |
| 碳化钙（电石，折300L/kg） | Calcium Carbide（Calcium Carbide, 300L/kg） | 吨 | ton | 3453.4 |
| 碳化钨 | Tungsten Carbide | 吨 | ton | 325000.0 |
| 重质碳酸钙 | Heavy Calcium Carbonate | 吨 | ton | 391.2 |
| 轻质碳酸钙 | Light Calcium Carbonate | 吨 | ton | 500.0 |
| 活性碳酸钙 | Activity of Calcium Carbonate | 吨 | ton | 1250.0 |
| 过碳酸盐 | Percarbonate | 吨 | ton | 18093.3 |
| 其他碳化物及碳酸盐 | Other Carbides and Carbonates | 吨 | ton | 5400.0 |
| 氧化镝 | Dysprosium Oxide | 吨 | ton | 1850000.0 |
| 其他稀土化合物 | Other Rare-earth Compounds | 吨 | ton | 365000.0 |
| 丙烷 | Propane | 吨 | ton | 8500.0 |
| 丁烷 | Butane | 吨 | ton | 9000.0 |
| 乙烯 | Ethylene | 吨 | ton | 12189.7 |
| 丙烯 | Propylene | 吨 | ton | 11803.4 |
| 甲基丁二烯 | Methyl Butadiene | 吨 | ton | 17300.0 |
| 其他无环烃 | Other Non-cyclic Hydrocarbon | 吨 | ton | 6710.0 |
| 甲苯 | Toluene | 吨 | ton | 7000.0 |
| 粗二甲苯 | Crude Xylene | 吨 | ton | 9264.6 |
| 混合二甲苯 | Mixed Xylene | 吨 | ton | 8700.0 |
| 精甲醇 | Refined Methanol | 吨 | ton | 3497.0 |
| 乙醇 | Ethanol | 吨 | ton | 7830.5 |
| 丙二醇 | Propylene Glycol | 吨 | ton | 13500.0 |
| 其他无环醇及其衍生物 | Other Acyclic Alcohols and Their Derivatives | 吨 | ton | 6537.4 |
| 甲酸及甲酸盐 | Formic Acid and Formic Acid Salt | 吨 | ton | 5200.0 |
| 冰乙酸（冰醋酸） | Glacial Acetic Acid（Acetic Acid） | 吨 | ton | 4467.8 |
| 乙酸 | Acetic Acid | 吨 | ton | 6500.0 |
| 氯乙酸及其盐和酯 | Chloroacetic Acid and Its Salts and Esters | 吨 | ton | 4600.0 |
| 硬脂酸及其盐 | Stearic Acid and Its Salts | 吨 | ton | 8802.3 |
| 丙烯酸及其盐和酯 | Acrylic Acid and Its Salts and Esters | 吨 | ton | 24800.1 |
| 油酸及其盐和酯 | Oleic Acid and Its Salts and Esters | 吨 | ton | 8900.0 |
| 草酸及其盐和酯 | Oxalic Acid and Its Salts and Esters | 吨 | ton | 5400.0 |
| 其他羧酸及其衍生物 | Other Carboxylic Acid and Its Derivatives | 吨 | ton | 11149.2 |
| 甲苯二异氰酸酯 | TDI | 吨 | ton | 22108.3 |
| 二苯基甲烷二异氰酸酯（纯MDI） | Diphenylmethane Diisocyanate | 吨 | ton | 21500.0 |
| 甲醛 | Formaldehyde | 吨 | ton | 1836.0 |
| 其他醛 | Other Aldehydes | 吨 | ton | 18102.2 |
| 丙酮 | Acetone | 吨 | ton | 9753.5 |
| 其他未列明有机化学原料 | NES Organic Chemistry Raw Materials | 吨 | ton | 2770.9 |

3-24 续表 11 continued

| 类 别 | Item | 计量单位 | Measurement Unit | 年末价格（元）Price at Year End（yuan） |
|---|---|---|---|---|
| 过氧化氢（双氧水） | Hydrogen Peroxide | 吨 | ton | 1941.6 |
| 氧化锌 | Zinc Oxide | 吨 | ton | 15639.2 |
| 锰氧化物 | Manganese Oxide | 吨 | ton | 234.0 |
| 氧化铜 | Copper Oxide | 吨 | ton | 59447.5 |
| 其他金属氧化物 | Other Metal Oxides | 吨 | ton | 29698.5 |
| 氧气 | Oxygen | 立方米 | cu.m | 26.1 |
| 二氧化碳 | Carbon Dioxide | 吨 | ton | 42.0 |
| 乙炔 | Acetylene | 立方米 | cu.m | 34.3 |
| 精制硫磺 | Refined Sulfur | 吨 | ton | 1336.4 |
| 其他硫磺 | Other Sulfur | 吨 | ton | 2300.0 |
| 黄磷 | Yellow Phosphorus | 吨 | ton | 15655.9 |
| 其他未列明基础化学原料 | Other Not Listed Basic Chemical Raw Materials | 吨 | ton | 6313.3 |
| 合成氨（无水氨） | Ammonia（Anhydrous Ammonia） | 吨 | ton | 1450.0 |
| 氨水 | Ammonia | 吨 | ton | 4505.0 |
| 尿素 | Urea | 吨 | ton | 2028.9 |
| 肥料用氯化铵 | Fertilizer with Ammonium Chloride | 吨 | ton | 848.4 |
| 硝酸铵 | Ammonium Nitrate | 吨 | ton | 1696.0 |
| 其他氮肥 | Other Nitrogen | 吨 | ton | 1756.6 |
| 过磷酸钙 | Superphosphate | 吨 | ton | 756.0 |
| 钙镁磷肥 | FCMP | 吨 | ton | 824.6 |
| 磷酸二铵 | DAP | 吨 | ton | 2598.0 |
| 磷酸一铵 | Monoammonium Phosphate | 吨 | ton | 2307.3 |
| 其他磷肥 | Other Phosphate | 吨 | ton | 1584.0 |
| 氯化钾 | Potassium Chloride | 吨 | ton | 2508.8 |
| 硫酸钾（钾肥） | Potassium Ssulfate（Potash） | 吨 | ton | 3125.6 |
| 磷酸二氢钾（合成复合肥料） | Potassium Dihydrogen Phosphate | 吨 | ton | 8350.0 |
| 有机磷杀虫剂原药 | Organophosphorus Pesticides Original Drug | 吨 | ton | 29547.3 |
| 拟除虫菊酯杀虫剂原药 | Pyrethroids Original Drug | 吨 | ton | 41304.9 |
| 杀螨剂原药 | Acaricide Original Drug | 吨 | ton | 59423.3 |
| 沙蚕毒类杀虫剂原药 | Nereistoxin Pesticies Original Drug | 吨 | ton | 25500.0 |
| 其他杀虫剂（杀螨剂）原药 | Other Pesticides（Acaricides）Original Drug | 吨 | ton | 699507.0 |
| 有机磷类除草剂原药 | Organophosphorus Herbicides Original Drug | 吨 | ton | 22640.8 |
| 三氮苯类除草剂原药 | Triazine Herbicides Original Drug | 吨 | ton | 30000.0 |
| 杂环类除草剂原药 | Heterocyclic Herbicide | 吨 | ton | 16200.0 |
| 船舶水性涂料 | Ship Waterborne Coatings | 吨 | ton | 21000.0 |
| 防腐水性涂料 | Anticorrosive Waterborne Coatings | 吨 | ton | 18000.0 |
| 通用水性涂料 | General Water Paint | 吨 | ton | 21644.0 |
| 通用非水性涂料 | Generic Non-water-based Paint | 吨 | ton | 23007.5 |
| 功能性建筑涂料 | Functional Architectural Coatings | 吨 | ton | 16580.0 |
| 稀释剂 | Diluting Agent | 吨 | ton | 787.5 |
| 固化剂 | Curing Agent | 吨 | ton | 2500.0 |

3-24 续表 12 continued

| 类 别 | Item | 计量单位 | Measurement Unit | 年末价格（元） Price at Year End（yuan） |
|---|---|---|---|---|
| 其他涂料辅助材料 | Other Coating Auxiliary Materials | 吨 | ton | 14700.0 |
| 平版油墨 | Lithographic Ink | 吨 | ton | 20616.2 |
| 水性柔印油墨 | Water-based Flexo Ink | 吨 | ton | 22000.0 |
| 其他印刷油墨 | Other Printing Ink | 吨 | ton | 16595.9 |
| 钛白粉 | Titanium Dioxide | 吨 | ton | 13838.2 |
| 工业用调制颜料 | Industrial Modulation Pigment | 吨 | ton | 7000.0 |
| 工业用着色剂 | Industrial Colorants | 吨 | ton | 49500.0 |
| 珐琅及釉料 | Enamel and Glaze | 吨 | ton | 360.0 |
| 荧光增白剂 | Fluorescent Brighteners | 吨 | ton | 200000.0 |
| 乙烯聚合物 | Polymers of Ethylene | 吨 | ton | 12382.9 |
| 丙烯，相关烯烃聚合物 | Propylene, Olefin Polymer | 吨 | ton | 13225.2 |
| 苯乙烯聚合物 | Styrene Polymer | 吨 | ton | 11979.7 |
| 氯乙烯，相关卤化烯烃聚合物 | Related Halogenating Olefins Polymer | 吨 | ton | 7819.6 |
| 环氧树脂 | Epoxy Resin | 吨 | ton | 3585.9 |
| 不饱和聚酯树脂 | Unsaturated Polyester Resin | 吨 | ton | 11794.1 |
| 其他初级形态的塑料及合成树脂 | Other Plastic and Synthetic Resin | 吨 | ton | 14084.3 |
| 顺丁橡胶 | Butadiene Rubber | 吨 | ton | 15744.8 |
| 丁苯橡胶 | Styrene-butadiene Rubber | 吨 | ton | 16522.7 |
| 丁腈橡胶 | Nitrile Rubber | 吨 | ton | 19687.6 |
| 氯磺化聚乙烯橡胶 | Chlorosulfonated Polyethylene Rubber | 吨 | ton | 26000.0 |
| 其他合成橡胶 | Other Synthetic Rubber | 吨 | ton | 26530.0 |
| 聚酯 | Polyester | 吨 | ton | 9789.0 |
| 聚乙烯醇 | Polyvinyl Alcohol | 吨 | ton | 27300.0 |
| 其他油脂类高分子聚合物 | Polymers of other Fats and Oils | 吨 | ton | 22000.0 |
| 其他催化剂 | Other Catalysts | 吨 | ton | 12300.0 |
| 橡胶防老剂 | Rubber Antioxidant | 吨 | ton | 13100.0 |
| 塑料复合稳定剂 | Plastic Composite Stabilizer | 吨 | ton | 12300.0 |
| 软皮剂 | Soft Leather Agent | 吨 | ton | 5500.0 |
| 耐磨炉黑 | Abrasion Furnace Black | 吨 | ton | 6086.9 |
| 其他炭黑 | Other Carbon Black | 吨 | ton | 8800.0 |
| 农药乳化剂 | Pesticide Emulsifier | 吨 | ton | 11965.8 |
| 其他未列明化学试剂和助剂 | Other Not Listed Chemicals and Additives | 吨 | ton | 8200.0 |
| 润滑油用添加剂 | With Additives Lubricating Oil | 吨 | ton | 21100.0 |
| 电镀用化学品 | Plating Chemicals | 吨 | ton | 111000.0 |
| 其他工业用脂肪酸 | Other Industrial Use of Fatty Acids | 吨 | ton | 7262.2 |
| 水泥、灰泥及混凝土用添加剂 | Cement, Plaster and Concrete Additives | 吨 | ton | 1845.0 |
| 其他建工建材用化学助剂 | Other Buildings with Chemical Additives | 吨 | ton | 7042.8 |
| 其他专项化学用品 | Other Special Chemicals | 吨 | ton | 158000.0 |
| 脂松节油 | Turpentine | 吨 | ton | 10844.4 |
| 木松节油 | Wood Turpentine | 吨 | ton | 14284.6 |
| 其他松节油类产品 | Other Turpentine Class Products | 吨 | ton | 12115.4 |

3-24 续表 13 continued

| 类 别 | Item | 计量单位 | Measurement Unit | 年末价格（元）Price at Year End（yuan） |
|---|---|---|---|---|
| 脂松香 | Gum Rosin | 吨 | ton | 14868.6 |
| 其他未列明林产化学产品 | Other Not Listed Fores Chemical Products | 吨 | ton | 79000.0 |
| 铵油类炸药 | Ammonium Oil Explosives | 吨 | ton | 10119.3 |
| 乳化炸药 | Emulsion Explosives | 吨 | ton | 10041.0 |
| 铵锑类炸药 | Ammonium Antimony Explosives | 吨 | ton | 12629.3 |
| 其他配制炸药 | Other Prepared Explosives | 吨 | ton | 9698.1 |
| 电雷管 | Electric Detonators | 发 | piece | 3.0 |
| 导爆管雷管 | Detonator | 发 | piece | 24.3 |
| 塑料导爆管 | Nonel Tube | 发 | piece | 0.7 |
| 索类火工品 | The Sok Class Pyrotechnics | 百米 | hectometre | 155.4 |
| 黑色火药 | Black Powder | 吨 | ton | 14859.3 |
| 火器用发射药 | Firearms with the Propellant | 吨 | ton | 14256.9 |
| 技术用烟火制品 | Technical Use of Pyrotechnic Articles | 吨 | ton | 14301.9 |
| 热溶胶 | Thermal Sol | 吨 | ton | 17732.0 |
| 改性淀粉调制胶 | Modified Starches Prepared Glues | 吨 | ton | 2350.0 |
| 高吸水性树脂 | Super Absorbent Resin | 吨 | ton | 18050.0 |
| 焊丝 | Wire | 吨 | ton | 7257.3 |
| 液体洗涤剂 | Liquid Detergent | 吨 | ton | 9100.0 |
| 其他类型表面活性剂 | Other Types of Surfactants | 吨 | ton | 24.9 |
| 薄荷醇（DL—薄荷脑） | Menthol（DL-menthol） | 千克 | kg | 285.0 |
| 日用香精 | Daily Flavor | 千克 | kg | 285.0 |
| 阿莫西林 | Amoxicillin | 十亿 | billion | 173.5 |
| 四环素 | Tetracycline | 十亿 | billion | 85.4 |
| 土霉素 | Oxytetracycline | 十亿 | billion | 63.2 |
| 7氨基头孢烷酸 | 7 Amino Cephalosporanic Acid | 十亿 | billion | 500.0 |
| 其他抗菌素（抗感染药） | Other Antibiotics（Anti-infectives） | 十亿 | billion | 562.9 |
| 其他消化系统用药 | Other Digestive System Drugs | 千克 | kg | 65.8 |
| 安乃近 | Analgin | 千克 | kg | 24.0 |
| 氨基比林 | Aminopyrine | 千克 | kg | 70.7 |
| 对乙酰氨基酚（扑热息痛） | Acetaminophen（Paracetamol） | 千克 | kg | 24.9 |
| 维生素C类原药 | Vitamin C Technical | 千克 | kg | 28.5 |
| 其他维生素及其衍生物 | Other Vitamins and Their Derivatives | 千克 | kg | 24.5 |
| 其他中枢神经系统用药 | Other Central Nervous System Drugs | 千克 | kg | 158.1 |
| 愈创木酚类 | Healing the Wood Phenolic | 千克 | kg | 85.0 |
| 甘草流寖膏 | Licorice Fluidextract | 升 | litre | 33.5 |
| 无水葡萄糖 | Anhydrous Glucose | 千克 | kg | 4.7 |
| 葡萄糖类药 | Glucose Medicines | 千克 | kg | 60.0 |
| 混合脂肪酸甘油酯 | Mix Fatty Acid Esters of Glycerol | 千克 | kg | 16.5 |
| 盐酸赖氨酸 | Lysine Hydrochloride | 千克 | kg | 45.0 |
| 醋酸氯己定 | Chlorhexidine Acetate | 千克 | kg | 244.6 |
| 止咳平喘胶囊 | Zhike Pingchuan Jiaonang | 盒 | box | 25.0 |

3-24 续表 14 continued

| 类 别 | Item | 计量单位 | Measurement Unit | 年末价格（元）Price at Year End（yuan） |
|---|---|---|---|---|
| 解表膏药 | Jiebiao Gaoyao | 盒 | box | 40072.8 |
| 补益膏药 | Buyi Gaoyao | 盒 | box | 25000.0 |
| 理血膏药 | Lixue Gaoyao | 盒 | box | 141.0 |
| 其他膏药 | Other Plaster | 盒 | box | 224.3 |
| 其他中成药 | Other Proprietary Chinese Mmedicine | 盒 | box | 96.3 |
| 三磷腺苷钠制剂 | ATP | 百支 | 100 piece | 770.0 |
| 空心胶囊 | Vacant Capsules | 百支 | 100 piece | 119.7 |
| 粘胶棉型短纤维 | Viscose Cotton Staple Fiber | 吨 | ton | 12177.6 |
| 其他人造纤维短纤维 | Other Synthetic Staple Fibers | 吨 | ton | 10350.0 |
| 粘胶纤维长丝 | Viscose Filament | 吨 | ton | 2.0 |
| 锦纶短纤维 | Nylon Short Fibers | 吨 | ton | 10.0 |
| 涤纶棉型短纤维 | Polyester Cotton Short Fiber | 吨 | ton | 9152.9 |
| 涤纶长丝 | Polyester Filament Yarn | 吨 | ton | 7.9 |
| 其他合成纤维加工丝 | Other Synthetic Filaments | 吨 | ton | 7.5 |
| 载货汽车橡胶轮胎外胎 | Truck Rubber Tire Tire | 条 | unit | 2450.0 |
| 农、林机械用橡胶轮胎外胎及履带 | Agriculture, Forestry Machinery Tires | 条 | unit | 304.1 |
| 客车子午线轮胎外胎 | Coach Meridian Tyres and Tubes | 条 | unit | 1900.0 |
| 其他实心或半实心轮胎 | Other Solid or Semi-solid Tires | 条 | unit | 5381.0 |
| 塑料加强橡胶输送带 | Reinforced Plastic Rubber Conveyor Belt | 平方米 | sq.m | 206.0 |
| 模制成型塑胶零件 | Molded Plastic Parts | 万件 | 10 000 piece | 380000.0 |
| 乳胶平板海绵 | Flat Latex Sponge | 平方米 | sq.m | 493.9 |
| 聚乙烯塑料电池隔膜 | Polyethylene Plastic Battery Separator | 吨 | ton | 66500.0 |
| 聚乙烯塑料包装用薄膜 | Polyethylene Plastic Packaging Films | 吨 | ton | 19155.6 |
| 其他聚乙烯塑料薄膜 | Other Polyethylene Plastic Film | 吨 | ton | 14770.5 |
| 聚丙烯双向拉伸塑料薄膜 | PP Biaxially Oriented Plastic Film | 吨 | ton | 14272.6 |
| 其他聚丙烯塑料薄膜 | Other Polypropylene Plastic Film | 吨 | ton | 19116.2 |
| 聚氯乙烯塑料薄膜 | PVC Film | 吨 | ton | 8041.7 |
| 聚乙烯塑料板、片 | Polyethylene Plastic Plates, Sheets | 吨 | ton | 12214.5 |
| 聚丙烯塑料板、片 | Polypropylene Plastic Plates, Sheets | 吨 | ton | 13382.3 |
| 其他塑料板、片 | Other Plastic Plates, Sheets | 吨 | ton | 23200.0 |
| 塑料软管 | Plastic hose | 吨 | ton | 3.0 |
| 聚甲基丙烯酸甲酯塑料条、棒、型材 | PMMA Plastic Strips, Rods, Profiles | 吨 | ton | 18770.0 |
| 其他塑料条、棒、型材 | Other Plastic Strip, Rods, Profiles | 吨 | ton | 14615.0 |
| 其他未列明塑料板、管、型材 | Other Not Listed Plastic Board & Pipe | 吨 | ton | 14400.0 |
| 其他塑料编织布 | Other Plastic Woven | 吨 | ton | 111000.0 |
| 聚乙烯塑料单丝 | Polyethylene Plastic Monofilament | 吨 | ton | 14310.0 |
| 聚丙烯塑料编织袋 | Polypropylene Plastic Bags | 吨 | ton | 11714.4 |
| 聚乙烯塑料袋 | Polyethylene Plastic Bags | 吨 | ton | 18500.0 |
| 其他塑料袋 | Other Plastic Bag | 吨 | ton | 19000.0 |
| 聚乙烯泡沫塑料片 | Polyethylene Foam Ffilm | 吨 | ton | 1700.0 |
| 聚苯乙烯泡沫塑料片 | Polystyrene Foam Film | 吨 | ton | 14349.2 |

3-24 续表 15 continued

| 类 别 | Item | 计量单位 | Measurement Unit | 年末价格（元）Price at Year End（yuan） |
|---|---|---|---|---|
| 塑料桶，容积≤300L | Plastic Barrels, Volume≤300L | 吨 | ton | 65.2 |
| 塑料瓶，容积≤300L | Plastic Bottles, Volume≤300L | 吨 | ton | 149.6 |
| 塑料塞子、盖子及类似品 | Plastic Stoppers, Lids and Similar Products | 吨 | ton | 8.0 |
| 其他塑料制绝缘零件 | Other Plastics Insulating Parts | 吨 | ton | 25.0 |
| 电子产品用塑料零件 | Plastic Parts of Electronic Products | 吨 | ton | 119.8 |
| 其他未列明塑料零件 | Other Not Listed Plastic Parts | 吨 | ton | 0.2 |
| 塑料电缆料颗粒 | Plastic Cable Material Particles | 吨 | ton | 8365.1 |
| 塑料填充母料颗粒 | Plastic Filler Particles | 吨 | ton | 9100.0 |
| 再生塑料颗粒 | Recycled Plastic Granules | 吨 | ton | 12096.1 |
| 塑料功能母料颗粒 | Plastic Functional Masterbatch Pellet | 吨 | ton | 20675.3 |
| 塑料热塑性弹性体颗粒 | Thermoplastic Elastomer Particles | 吨 | ton | 9644.0 |
| 强度等级32.5水泥（含R型） | Strength Grade 32.5 Cement（R-type） | 吨 | ton | 329.1 |
| 强度等级42.5水泥（含R型） | Strength Grade 42.5 Cement（R-type） | 吨 | ton | 387.0 |
| 强度等级52.5水泥（含R型） | Strength Grade 52.5 Cement（R-type） | 吨 | ton | 380.0 |
| 普通硅酸盐水泥（P·O） | Ordinary Portland Cement（P O） | 吨 | ton | 346.9 |
| 窑外分解窑水泥熟料 | Kiln Cement Clinker in the Kiln | 吨 | ton | 296.3 |
| 其他硅酸盐水泥熟料 | Other Portland Cement Clinker | 吨 | ton | 255.0 |
| 生石灰 | Quicklime | 吨 | ton | 234.4 |
| 消石灰 | Hydrated Lime | 吨 | ton | 670.0 |
| 化学熟石膏 | Chemical Plaster | 吨 | ton | 159.1 |
| 磷石膏 | Phosphogypsum | 吨 | ton | 157.9 |
| 脱硫石膏 | FGD Gypsum | 吨 | ton | 142.9 |
| 粉煤灰 | Fly Ash | 吨 | ton | 140.8 |
| 无色2毫米浮法玻璃 | Colorless 2 mm Float Glass | 重量箱 | weight box | 34.0 |
| 无色5毫米浮法玻璃 | Colorless 5 mm Float Glass | 重量箱 | weight box | 102.5 |
| 其他未列明平板玻璃 | Other Not Listed Flat Glass | 重量箱 | weight box | 93.3 |
| 其他钢化玻璃 | Other Toughened Glass | 重量箱 | weight box | 14.0 |
| 光学玻璃二次压型毛坯 | Optical Glass Secondary Pressure of Rough | 平方米 | sq.m | 127.5 |
| 其他玻璃包装容器 | Other Glass Packaging Container | 个 | unit | 3.0 |
| 无碱玻璃纤维纱 | E-glass Fiber Yarn | 吨 | ton | 5000.0 |
| 无碱玻璃纤维布 | E-glass Fiber Cloth | 米 | m | 1.7 |
| 电容器陶瓷零件 | Capacitor Ceramic Parts | 件 | piece | 40.0 |
| 粘土质隔热耐火砖 | Clayey Insulating Firebrick | 吨 | ton | 200.0 |
| 炭电极 | Charcoal Electrode | 吨 | ton | 3800.0 |
| 炭阳极 | Carbon Anode | 吨 | ton | 3954.8 |
| 电极糊 | Carbon Paste | 吨 | ton | 3560.0 |
| 天然研磨料 | Natural Abrasives | 吨 | ton | 8000000.0 |
| 人造金刚石 | Artificial diamond | 克拉 | carat | 1.6 |
| 其他磨料 | Other Abrasives | 千克 | kg | 90.0 |
| 炼钢生铁 | Steelmaking Pig Iron | 吨 | ton | 3934.2 |
| 铸造生铁 | Foundry Pig Iron | 吨 | ton | 4030.0 |

3-24 续表 16 continued

| 类 别 | Item | 计量单位 Measurement Unit | | 年末价格（元） Price at Year End（yuan） |
|---|---|---|---|---|
| 球墨铸铁 | | 吨 | ton | 5628.5 |
| 其他未列明炼铁产品 | Other Not Listed Iron Products | 吨 | ton | 3833.1 |
| 电工用硅（铝）钢（粗钢） | Electrician Use Silicon, Aluminum, Steel | 吨 | ton | 6950.0 |
| 方坯（粗钢） | Billet（Crude Steel） | 吨 | ton | 2820.0 |
| 圆坯（粗钢） | Round Billet（Crude Steel） | 吨 | ton | 6000.0 |
| 一般用途碳素结构钢（钢坯） | General-purpose Carbon Structural Steel | 吨 | ton | 8900.0 |
| 优质铸造碳素钢（钢坯） | Quality Carbon Structural Steel（Billet） | 吨 | ton | 5000.0 |
| 一般低合金结构钢（钢坯） | Generally Low Alloy Steel（Billet） | 吨 | ton | 3150.0 |
| 一般结构用合金钢（钢坯） | Generally Structural Steel（Billet） | 吨 | ton | 6104.1 |
| 电工用硅（铝）钢（钢坯） | Electrician Use Silicon, Aluminum, Billet | 吨 | ton | 12957.4 |
| 轴承钢（钢坯） | Bearing Steel（Billet） | 吨 | ton | 4532.8 |
| 铬镍系不锈钢（钢坯） | Chromium Nickel Stainless Steel（Billet） | 吨 | ton | 6375.0 |
| 耐热不锈钢（钢坯） | Heat-resistant Stainless Steel（Billet） | 吨 | ton | 10500.0 |
| 轻轨，9kg/m | Light Rail, 9 kg/m | 吨 | ton | 5000.0 |
| 道岔钢轨 | Switch Turnouts | 吨 | ton | 7692.0 |
| 大型H型钢 | Large H Steel | 吨 | ton | 4400.0 |
| 大型I型钢（大型工字钢） | Large I Beam（Large I-beam） | 吨 | ton | 3839.0 |
| 大型U型钢（大型槽钢） | Large U-shaped Steel（Large Channel） | 吨 | ton | 3872.9 |
| 大型角钢 | Large Angle | 吨 | ton | 4896.8 |
| 中小型H型钢 | Mid-Small Section H-beam | 吨 | ton | 4200.0 |
| 中小I型钢（小工字钢） | Mid-Small Section I-beam（Small Steel） | 吨 | ton | 3933.2 |
| 中小U型钢（小槽钢） | Mid-Small Section U-beam（Channel Bar） | 吨 | ton | 3826.4 |
| 中小型角钢 | Small and Medium Angle | 吨 | ton | 4048.5 |
| 矿用支柱钢 | Mining the Pillars of Steel | 吨 | ton | 4800.0 |
| 特殊中小型型钢 | Special Small Profiled | 吨 | ton | 27900.0 |
| 其他品种中小型型钢 | Other Small and Medium Steel | 吨 | ton | 5766.6 |
| 螺纹钢 | Rebar | 吨 | ton | 4751.0 |
| 其他钢筋 | Other Bars | 吨 | ton | 4030.0 |
| 大型圆钢 | Large Round Bar | 吨 | ton | 4320.5 |
| 小型圆钢 | Small Round Bar | 吨 | ton | 5019.6 |
| 小型方钢 | Small Square Steel | 吨 | ton | 3565.0 |
| 小型扁钢 | Small Flat Steel | 吨 | ton | 3580.0 |
| 其他品种棒材 | Other Varieties of Steel Bar | 吨 | ton | 4325.0 |
| 钢绞线用硬线材 | Strand with a Hard Wire | 吨 | ton | 5325.2 |
| 拉拔用线材（软线） | Drawing With Wire（Cord） | 吨 | ton | 3385.8 |
| 电焊条用线材 | Used for Welding Electrode Wire | 吨 | ton | 3838.9 |
| 其他用途线材 | Other Uses Wire | 吨 | ton | 3877.8 |
| 普通质量低合金钢特厚板 | Low Alloy Steel Thick Plate | 吨 | ton | 6860.0 |
| 普通质量非合金钢厚钢板 | Non Alloy Steel Thick Plate | 吨 | ton | 4249.0 |
| 优质非合金钢厚钢板 | Quality of Unalloyed Steel Thick Plate | 吨 | ton | 4800.0 |
| 普通质量低合金钢厚钢板 | Low Alloy Steel and Thick Steel Plate | 吨 | ton | 6049.7 |

3-24 续表 17 continued

| 类 别 | Item | 计量单位 | Measurement Unit | 年末价格（元）Price at Year End（yuan） |
|---|---|---|---|---|
| 普通质量非合金钢中板 | Non-alloy Steel Plate | 吨 | ton | 3967.6 |
| 优质非合金钢中板 | High-quality Non-alloy Steel Plate | 吨 | ton | 5125.0 |
| 普通质量低合金钢中板 | Low-alloy Steel Plate | 吨 | ton | 4291.2 |
| 普通质量非合金钢热轧薄板 | Non Alloy Steel Hot Rolled Sheet | 吨 | ton | 4449.6 |
| 优质非合金钢热轧薄板 | Non-alloy Hot-rolled Steel Sheet | 吨 | ton | 5146.2 |
| 普通质量低合金钢热轧薄板 | Low-alloy Steel Hot Rolled Sheet | 吨 | ton | 5824.9 |
| 优质低合金钢热轧薄板 | High-quality Low-alloy Steel Cold-rolled Sheet | 吨 | ton | 4330.0 |
| 铬系不锈钢热轧薄板 | Chromium Stainless Steel Hot Rolled Sheet | 吨 | ton | 11800.0 |
| 普通质量非合金钢冷轧薄板 | Non Alloy Steel Cold Rolled Sheet | 吨 | ton | 5248.8 |
| 优质非合金钢冷轧薄板 | High-quality Non-alloy Steel Cold-rolled Sheet | 吨 | ton | 6179.1 |
| 普通质量低合金钢冷轧薄板 | Low Quality Qlloy Steel Cold-rolled Sheet | 吨 | ton | 5434.5 |
| 优质低合金钢冷轧薄板 | High-quality Low-alloy Steel Cold-rolled Sheet | 吨 | ton | 5250.0 |
| 普通质量非合金钢中厚宽钢带 | Normal quality Wide Strip of Thick Non-alloy steel | 吨 | ton | 9515.0 |
| 优质低合金钢中厚宽钢带 | Low Alloy Steel Thick in the Wide Strip | 吨 | ton | 4500.0 |
| 普通质量非合金钢热轧薄宽钢带 | Unalloyed Steel Hot Rolled Wide Strip | 吨 | ton | 3625.0 |
| 普通质量非合金钢冷轧薄宽钢带 | Unalloyed Steel Cold-rolled Wide Strip | 吨 | ton | 4312.5 |
| 普通质量非合金钢热轧窄钢带 | Common Quality with Narrow Hot Steel | 吨 | ton | 3675.0 |
| 特殊质量非合金钢热轧窄钢带 | Unalloyed Steel Narrow Hot Steel Band | 吨 | ton | 29500.0 |
| 铬镍系不锈钢热轧窄钢带 | Stainless Steel Narrow Hot Steel Belt | 吨 | ton | 39800.0 |
| 普通质量非合金钢冷轧窄钢带 | Non Alloy Stee Cold-rolled Narrow Strip | 吨 | ton | 4390.0 |
| 热轧（挤压）无缝钢管 | Hot-rolled Seamless Steel Pipe | 吨 | ton | 5777.7 |
| 冷拔（轧）无缝钢管 | Cold Drawn Seamless Steel Pipe | 吨 | ton | 8012.9 |
| 其他制造工艺无缝钢管 | Other manufacturing Process of Seamless Steel tube | 吨 | ton | 5178.8 |
| 直缝电阻焊接钢管 | Straight Joint Resistance Welded Tube | 吨 | ton | 5954.0 |
| 其他制造工艺焊接钢管 | Other manufacturing Process of Swelded Pipe | 吨 | ton | 5600.0 |
| 不锈钢其他钢材 | Stainless Steel and Other Steel | 吨 | ton | 27000.0 |
| 热轧其他钢材 | Other Hot rolled Steel | 吨 | ton | 4638.3 |
| 冷轧（拔）其他钢材 | Cold-rolled（Drawn）Other Steel | 吨 | ton | 6036.5 |
| 其他钢材 | Other Steel | 吨 | ton | 13671.6 |
| 硅铁，含硅75% | Ferrosilicon, Silicon 75% | 吨 | ton | 10315.3 |
| 锰硅合金 | Silicon-manganese Alloy | 吨 | ton | 11950.1 |
| 其他铁合金 | Other Ferrous | 吨 | ton | 18825.0 |
| 矿产粗铜 | Mineral Blister | 吨 | ton | 37520.3 |
| 矿产精炼铜 | Mineral Refined Copper | 吨 | ton | 53911.2 |
| 再生精炼铜 | Regeneration of Refined Copper | 吨 | ton | 73000.0 |
| 铜粉 | Copper | 吨 | ton | 75000.0 |
| 矿产铅 | Mineral Lead | 吨 | ton | 14850.0 |
| 商品粗锌 | Crude Zinc of Goods | 吨 | ton | 15242.9 |
| 矿产电锌 | Mineral Electrolytic Zinc | 吨 | ton | 14179.2 |
| 矿产精锌 | Mineral refined zinc | 吨 | ton | 10682.6 |
| 锌品 | Zinc Products | 吨 | ton | 20800.0 |

3-24 续表 18 continued

| 类　别 | Item | 计量单位 Measurement Unit | | 年末价格（元）Price at Year End（yuan） |
|---|---|---|---|---|
| 高冰镍含镍量 | High-nickel Matte Nickel Content | 吨 | ton | 172.6 |
| 其他镍 | Other Articles of Nickel | 吨 | ton | 168920.7 |
| 其他钴盐 | Other Cobalt Salt | 吨 | ton | 300000.0 |
| 矿产电锡 | Mineral Electrical Tin | 吨 | ton | 115000.0 |
| 再生锡 | Regeneration of Tin | 吨 | ton | 144000.0 |
| 精锑 | Refined Antimony | 吨 | ton | 56075.4 |
| 一级品氧化铝 | Level Grade Alumina | 吨 | ton | 2620.4 |
| 其他氧化铝 | Other Alumina | 吨 | ton | 14333.0 |
| 煅烧氧化铝微粉 | Calcined Alumina | 吨 | ton | 2800.0 |
| 重熔用铝锭 | Remelting Aluminum Ingots | 吨 | ton | 14337.1 |
| 铝板卷 | Aluminum volume | 吨 | ton | 23500.0 |
| 原铝铝合金 | Primary Aluminum Aluminum Alloy | 吨 | ton | 17031.2 |
| 其他原铝（电解铝） | Other Primary Aluminum（Aluminum） | 吨 | ton | 13424.2 |
| 海绵钛 | Titanium Sponge | 吨 | ton | 79000.0 |
| 其他未列明常用有色金属 | Other Not Listed Common Non-ferrous Metals | 吨 | ton | 38392.8 |
| 矿山成品金 | Mine Finished Gold | 千克 | kg | 388000.0 |
| 再生银粉 | Renewable Silver | 千克 | kg | 18290.0 |
| 其他再生银 | Other Renewable Silver | 千克 | kg | 3169.5 |
| 铂粉 | Platinum Powder | 吨 | ton | 336936600.0 |
| 钯粉 | Palladium Powder | 吨 | ton | 168266193.0 |
| 铑粉 | Rhodium Powder | 吨 | ton | 219565311.0 |
| 铅锡合金 | Terne Metal | 吨 | ton | 153922.0 |
| 铅钙合金 | Lead-calcium Alloy | 吨 | ton | 16758.0 |
| 铝镁合金 | Aluminum-magnesium Alloy | 吨 | ton | 31404.4 |
| 其他铝合金 | Other Aluminium Alloy | 吨 | ton | 19457.0 |
| 稀土硅铁合金 | Rare Earth Ferrosilicon Alloy | 吨 | ton | 39450.0 |
| 打火石合金 | Flint Alloy | 吨 | ton | 75450.0 |
| 铜板材 | Copper Plate | 吨 | ton | 58930.4 |
| 铜带材 | Copper Strip | 吨 | ton | 56461.8 |
| 铜箔材 | Copper Foil | 吨 | ton | 62400.0 |
| 铜棒材 | Copper Bars | 吨 | ton | 52238.0 |
| 铜线材 | Copper Wire | 吨 | ton | 55754.5 |
| 铜管材 | Copper Pipe | 吨 | ton | 50000.0 |
| 其他铜材 | Other Copper | 吨 | ton | 54.7 |
| 非合金铝棒材 | Non-alloy Aluminum Rods | 吨 | ton | 17692.1 |
| 铝合金建筑型材（门窗幕墙） | Aluminum Alloy Construction Profiles | 吨 | ton | 19500.0 |
| 铝及铝合金工业铝型材 | Aluminum Alloy Aluminum Industry | 吨 | ton | 27100.0 |
| 非合金铝板材 | Non-alloy Aluminum Sheet | 吨 | ton | 24154.5 |
| 铝合金带 | Aluminum Alloy With | 吨 | ton | 26000.0 |
| 无衬背铝箔 | Sans Serif Back Foil | 吨 | ton | 37000.0 |
| 其他铝箔材 | Other Aluminum Foil Timber | 吨 | ton | 9977.4 |

3-24 续表 19 continued

| 类 别 | Item | 计量单位 | Measurement Unit | 年末价格（元） Price at Year End（yuan） |
|---|---|---|---|---|
| 非合金铝线材 | Non-alloy Aluminum Wire | 吨 | ton | 15299.3 |
| 非合金铝管 | Non-alloy Aluminum Tubes | 吨 | ton | 26981.5 |
| 锌粉 | Zinc Powder | 吨 | ton | 7629.0 |
| 非合金镍棒材 | Non-alloy Nickel Bars | 吨 | ton | 95750.0 |
| 其他钨材 | Other Tungsten Materials | 吨 | ton | 4.4 |
| 钢铁容器，50L≤容积≤300L | Steel Container, 50 L≤Volume≤300 L | 个 | piece | 16.2 |
| 焊边接合钢铁罐，容积<50L | Welding Edge Bonding Steel Tank, Volume < 50 L | 个 | piece | 0.7 |
| 铝制易拉罐及罐体 | Aluminum Cans and Tank | 个 | piece | 14.1 |
| 金属箔制组合式盖子 | Metal Foil Modular Lid | 个 | piece | 0.1 |
| 铁丝 | Iron Wire | 吨 | ton | 5600.0 |
| 非合金钢钢丝 | Non-alloy Steel Wire | 吨 | ton | 6800.0 |
| 低合金钢钢丝 | Low-alloy Steel Wire | 吨 | ton | 6713.0 |
| 合金钢钢丝 | Alloy Steel Wire | 吨 | ton | 8849.9 |
| 精炼铜丝 | Refined Copper | 吨 | ton | 53800.0 |
| 轮胎用钢帘线 | Steel Cord Tyre | 吨 | ton | 28900.0 |
| 机械承载、传输、运输用钢丝绳 | Mechanical Load, Transportation Rope | 吨 | ton | 7760.0 |
| 预应力钢绞线 | Prestressing Strand | 吨 | ton | 4855.5 |
| 其他钢铁丝制品 | Other Iron and Steel Wire Products | 吨 | ton | 21000.0 |
| 裸铜线 | Bare Copper Wire | 吨 | ton | 62500.0 |
| 其他未列明建筑、家具用金属配件 | Other Buildings and Furniture Meatl Parts | 吨 | ton | 20000.0 |
| 焊条 | Welding Rod | 吨 | ton | 4413.1 |
| 轨道固定装置及附件 | Track Fixtures and Accessories | 台 | set | 24371.5 |
| 其他未列明金属制品 | Other Not Lited Metal Product | 台 | set | 11.5 |
| 其他内燃机零部件及配件 | Other Engine Parts and Accessories | 台 | set | 39.1 |
| 拖拉机用柴油机 | Tractor Diesel Engine | 台 | set | 5100.8 |
| 其他用柴油机 | Other Diesel Engines | 台 | set | 8091.0 |
| 通用汽油机 | Gasoline Engine | 台 | set | 363.6 |
| 液力变矩器 | Torque Converter | 台 | set | 3528.4 |
| 其他液力机械及装置 | Other Hydraulic Machinery & Installations | 台 | set | 3615.5 |
| 其他气动元件 | Other Pneumatic Components | 台 | set | 11.2 |
| 球轴承 | Ball Bearings | 套 | set | 24.1 |
| 滚子轴承 | Roller Bearings | 套 | set | 5.8 |
| 钢球（滚珠） | Steel Ball（Bball） | 万粒 | 10 000 unit | 5189.0 |
| 减速机 | Reducer | 台 | set | 3500.0 |
| 齿轮、传动和驱动部件零件 | Gear, Transmission and Drive Component Parts | 吨 | ton | 150.3 |
| 制冷、空调设备零部件 | Refrigeration and AC Equipment Parts | 台 | set | 100.0 |
| 螺栓 | Bolt | 件 | piece | 0.9 |
| 螺母 | Nut | 件 | piece | 9.2 |
| 钢铁制弹簧 | Steel Spring | 件 | piece | 190.0 |
| 工业用球墨铸铁制品 | Industrial Ductile Iron Products | 吨 | ton | 5700.0 |
| 工业用可锻铸铁制品 | Industrial Mmalleable Iron Products | 吨 | ton | 6266.5 |

3-24 续表 20 continued

| 类 别 | Item | 计量单位 Measurement Unit | | 年末价格（元）Price at Year End（yuan） |
|---|---|---|---|---|
| 碳钢铸钢件 | Carbon Steel Castings | 吨 | ton | 6472.1 |
| 其他铁路车辆车身及其零件 | Other Railway Vehicles and Prarts | 台 | set | 3600.0 |
| 机动车制动系统 | Motor Vehicle Braking System | 套 | set | 16103.7 |
| 机动车缓冲器及其零件 | Motor Vehicle Buffers and Parts Thereof | 套 | set | 13300.0 |
| 变速器总成 | Transmission Assembly | 套 | set | 3699.7 |
| 驱动桥总成 | Drive axle Assembly | 套 | set | 10739.5 |
| 机动车车轮总成 | Motor Vehicle Wheel Assembly | 套 | set | 290.0 |
| 机动车悬挂减震器 | Motor Vehicle Shock Absorbers | 套 | set | 800.0 |
| 机动车辆散热器、消声器及其零件 | Motor Vehicles and Parts, Radiator Silencer | 套 | set | 525.0 |
| 离合器总成 | Clutch Assembly | 套 | set | 216.0 |
| 机动车用控制装置总成 | Motor Vehicle with Control Device | 套 | set | 920.0 |
| 其他机动车（汽车）零配件 | Other Motor Vehicle（Car）Parts | 套 | set | 83.8 |
| 汽车底盘车架及其零件 | Automobile Chassis Frame and Parts | 套 | set | 8704.4 |
| 座椅安全带 | Seat Belt | 套 | set | 300.0 |
| 车身底板、侧板及类似板 | Body Bootoom, Similar Board | 套 | set | 99.3 |
| 其他车身零件及其配套附件 | Other Body Parts and Supporting Accessories | 套 | set | 81.4 |
| 交流发电机，75kVA＜P≤375kVA | Alternator, 75 kVA<P≤375 kVA | 台 | set | 4775.0 |
| 电磁式直流电动机，P≤750W | Electromagnetic DC Motors, P≤750 W | 台 | set | 576.0 |
| 其他直流电动机 | Other DC Motors | 台 | set | 410.0 |
| 多相交流电动机，750W＜P≤75kW | Polyphase AC Motor, 750 W<P≤75 kW | 台 | set | 988.4 |
| 单相交流电动机 | Single-phase AC Motor | 台 | set | 2880.0 |
| 交流小功率异步电动机 | Small Power AC Induction Motor | 台 | set | 800.0 |
| 其他未列明电机 | Other Unspecified Motor | 台 | set | 80000.0 |
| 步进微电机 | Step Motor | 台 | set | 1.8 |
| 直流微电机 | DC Micro Motor | 台 | set | 2.7 |
| 电抗器 | Reactor | 台 | set | 118000.0 |
| 电子继电器 | Electronic Relays | 只 | unit | 4.9 |
| 其他继电器 | Other relay | 只 | unit | 8.1 |
| 绕组电线 | Winding Wire | 公里 | km | 50535.1 |
| 布线组 | Wiring Sets | 公里 | km | 46893.0 |
| 漆包线 | | 公里 | km | 50604.2 |
| 其他绝缘电线 | Other Insulated Wire | 公里 | km | 10538.9 |
| 交联电缆 | XLPE Cable | 公里 | km | 68.3 |
| 机动车辆用白炽灯泡 | Motor Vehicle Use Incandescent | 只 | unit | 6.9 |
| 其他灯用电器附件 | Other Lamp Annex | 只 | unit | 4.2 |
| 液晶显示器 | LCD Monitors | 台 | set | 230.0 |
| 其他未列明电子计算机外部设备 | Other Not Listed Computer Peripherals | 台 | set | 25.0 |
| 其他真空电子器件 | Other Vacuum Electronic Devices | 台 | set | 8.0 |
| 稳压、整流、开关二极管 | Voltage Regulator, Rectifier, Switching Diode | 只 | unit | 1.4 |
| 存储器 | Memory | 块 | piece | 30.9 |
| 智能卡芯片及电子标签芯片 | Smart Card chip and Electronic Tag Chip | 块 | piece | 3.5 |

3-24 续表 21 continued

| 类 别 | Item | 计量单位 Measurement Unit | | 年末价格（元） Price at Year End（yuan） |
|---|---|---|---|---|
| 传感器电路 | Sensor Circuit | 块 | piece | 26.0 |
| 混合集成电路 | Hybrid Integrated Circuit | 块 | piece | 1.7 |
| 集成电路模块 | Integrated Circuit Module | 块 | piece | 14.2 |
| 液晶显示屏 | LCD Display | 只 | unit | 145.5 |
| 激光器件 | Laser Device | 只 | unit | 4.7 |
| 电解电容器 | Electrolytic Capacitor | 只 | unit | 92.0 |
| 线绕电位器 | Wirewound Potentiometers | 只 | unit | 2.2 |
| 铁氧体永磁元件 | Ferrite Permanent Magnetic Components | 只 | unit | 0.1 |
| 电子变压器 | Electronic Transformer | 只 | unit | 5.0 |
| 其他电子元件、组件零件 | Other Electronic Components, Assembly Parts | 只 | unit | 1.6 |
| 其他电子元件及组件 | Other Electronic Components and Assemblies | 只 | unit | 0.1 |
| 单面刚性印制电路板 | The Single Rigid Printed Circuit Board | 块 | piece | 15.2 |
| 双面刚性印制电路板 | Rigid Double-sided Printed Circuit Board | 块 | piece | 0.3 |
| 其他印制电路板 | Other Printed Circuit Board | 块 | piece | 75.6 |
| CD机芯 | CD Movement | 台 | set | 9.5 |
| 刻录光头 | Recording Head | 台 | set | 21.3 |
| 调谐器 | Tuner | 台 | set | 8.6 |
| 其他家用音视频设备用配件 | Other Household Audio and Video Equipment | 台 | set | 20.1 |
| 其他未列明供应用仪表及通用仪器 | Other Not Listed Supply Meter and General Instrument | 台 | set | 1.6 |
| 其他光学仪器零件、附件 | Other Optical Instrument Parts, Accessories | 台 | set | 0.8 |
| 中型废钢 | Medium-sized Scrap | 吨 | ton | 2911.5 |
| 小型废钢 | Small Scrap | 吨 | ton | 3280.0 |
| 统料型废钢 | System Material Type of Scrap | 吨 | ton | 2559.8 |
| 优质废铁 | High-quality Scrap Metal | 吨 | ton | 1837.5 |
| 其他金属废料和碎屑 | Other Metal Waste and Scrap | 吨 | ton | 3300.0 |
| 其他未列明纺织废料 | Other Not Listed Textile Waste | 吨 | ton | 4687.0 |
| 回收（废碎）纸或纸板 | Recovered（Waste and Scrap）Paper or Paperboard | 吨 | ton | 1330.0 |
| 皮革废料 | Leather Scrap | 吨 | ton | 256.4 |
| 其他非金属废料和碎屑 | Other Non-metallic Waste and Scrap | 吨 | ton | 695.5 |
| 工业用电 | Industrial Electricity | 万千瓦时 | million kwh | 6845.3 |
| 收费的电力供应服务 | Electricity Supply Service Charges | 万千瓦时 | million kwh | 5052.3 |
| 其他电力供应 | Other Power Supply | 万千瓦时 | million kwh | 4126.8 |
| 热力 | Heat | 万千焦 | 10 000 KJ | 176.0 |
| 蒸汽 | Steam | 万千焦 | 10 000 KJ | 194.3 |
| 焦炉煤气 | Coke Oven gas | 千立方米 | 1 000 cu.m | 2898.1 |
| 工业用人工煤气供应量 | Industrial Use of Artificial Gas Supply | 千立方米 | 1 000 cu.m | 3700.0 |
| 工业用天然气供应量 | Industrial Use of Natural Gas Supply | 千立方米 | 1 000 cu.m | 4287.6 |
| 液化天然气（LNG）供应量 | Liquefied Natural Ggas Supply | 千立方米 | 1 000 cu.m | 173.5 |
| 液化石油气供应量 | LPG Supply | 千立方米 | 1 000 cu.m | 7436.3 |
| 自来水生产量 | Tap Water Production | 立方米 | cu.m | 1.0 |
| 工业用水 | Industrial Water | 立方米 | cu.m | 1.9 |

# 3-25 固定资产投资价格指数（1991—2013年）

## Price Indices of Investment in Fixed Assets（1991—2013）

（上年=100） (Preceding year=100)

| 年 份<br>Year | 固定资产投资价格指数<br>Price Indices of Investment in Fixed Assets | 建筑安装工程<br>Construction and Installation | 设备、工器具购置<br>Purchase of Equipment, Tools & Instruments | 其他费用<br>Others |
|---|---|---|---|---|
| 1991 | 101.7 | 103.2 | 102.4 | 80.1 |
| 1992 | 117.9 | 116.8 | 119.5 | 123.5 |
| 1993 | 131.2 | 131.5 | 132.9 | 124.7 |
| 1994 | 112.3 | 112.2 | 113.6 | 109.6 |
| 1995 | 103.4 | 101.8 | 106.2 | 105.5 |
| 1996 | 103.6 | 104.2 | 102.9 | 101.5 |
| 1997 | 100.3 | 100.3 | 98.2 | 104.4 |
| 1998 | 99.9 | 101.4 | 95.2 | 100.4 |
| 1999 | 96.1 | 96.6 | 94.5 | 95.9 |
| 2000 | 101.4 | 102.4 | 95.7 | 104.5 |
| 2001 | 102.0 | 103.6 | 97.7 | 100.0 |
| 2002 | 100.3 | 100.8 | 98.4 | 100.1 |
| 2003 | 101.8 | 103.5 | 96.9 | 100.3 |
| 2004 | 104.6 | 106.8 | 99.3 | 101.6 |
| 2005 | 101.4 | 101.3 | 100.8 | 102.0 |
| 2006 | 101.2 | 101.1 | 100.7 | 101.9 |
| 2007 | 102.3 | 103.0 | 101.0 | 101.1 |
| 2008 | 107.9 | 110.7 | 101.7 | 103.7 |
| 2009 | 97.9 | 96.8 | 98.4 | 100.8 |
| 2010 | 103.0 | 103.8 | 101.2 | 102.5 |
| 2011 | 106.2 | 108.7 | 101.0 | 103.9 |
| 2012 | 100.6 | 100.8 | 99.3 | 101.5 |
| 2013 | 100.1 | 99.9 | 99.6 | 101.3 |

# 3-26 农产品生产价格指数（2013年）

## Producers Price Indices for Farm Products（2013）

（上年同期=100） (preceding year=100)

| 指 标 | Item | 全 年 Annual Year | 一季度 First Quarter | 二季度 Second Quarter | 三季度 Third Quarter | 四季度 Fourth Quarter |
|---|---|---|---|---|---|---|
| **总指数** | **General Index** | **102.2** | **98.5** | **96.9** | **105.5** | **104.5** |
| 农业产品 | Agriculture Products | 105.6 | 96.7 | 98.9 | 116.4 | 105.8 |
| 谷物及其他作物 | Cereal an Other Crops | | | | | |
| 谷物（原粮） | Cereal（Raw Grain） | | | | | |
| 稻谷 | Rice | 97.6 | 99.9 | 96.7 | 97.0 | 98.4 |
| 玉米 | Corn | 100.7 | 99.1 | 103.8 | 101.1 | 99.6 |
| 豆类 | Beans | 102.2 | 113.7 | 91.2 | 107.0 | 97.9 |
| 薯类 | Tubers | 97.3 | 102.1 | 96.0 | 100.6 | 91.7 |
| 油料 | Oil bearing Crops | 102.8 | 103.9 | 100.8 | 101.2 | 108.5 |
| 麻类 | Bast Fiber | 116.8 | 82.3 | 105.6 | 153.3 | 112.5 |
| 糖料 | Sugar | 93.2 | 94.0 | 94.0 | 94.0 | 95.7 |
| 烟草 | Tobacco | 105.1 | | | 103.9 | 106.9 |
| 木薯 | Cassava | 97.3 | 103.8 | | | 91.4 |
| 其他农作物 | Other Crops | | | | | |
| 蔬菜、园艺作物 | Vegetables and Horticultural Crops | | | | | |
| 蔬菜 | Vegetables | 108.1 | 106.5 | 101.2 | 110.9 | 125.0 |
| 芹菜 | Celery | 154.3 | 121.6 | 130.0 | | 204.8 |
| 大白菜 | Chinese Cabbage | 100.0 | 104.6 | 95.9 | 99.5 | 98.7 |
| 莴笋 | Lactucaium | 93.3 | 92.1 | 58.6 | | 107.4 |
| 油菜 | Rape | 94.3 | 95.5 | | | 90.9 |
| 其他叶菜 | Other Leafy Vegetables | 106.9 | 98.8 | 102.6 | 121.3 | 103.2 |
| 黄瓜 | Cucumber | 105.8 | 113.5 | 108.3 | 90.0 | 104.5 |
| 冬瓜 | Wax Gourd | 116.5 | 68.3 | 78.2 | 134.5 | 182.9 |
| 苦瓜 | Balsam Pear | 128.7 | | 116.4 | 114.9 | 165.2 |
| 丝瓜 | Luffan | 106.2 | | 105.9 | 111.8 | 102.2 |
| 南瓜 | Pumpkin | 105.9 | | | 107.5 | 104.6 |
| 其他瓜菜 | Other Melons & Vegetables | 118.5 | 120.0 | 100.5 | 132.9 | 125.9 |
| 萝卜 | Radish | | | | | |
| 生姜 | Ginger | 115.8 | 101.7 | 90.7 | 147.8 | 123.3 |
| 芋头 | Taro | 94.4 | 102.4 | | 88.5 | 93.5 |
| 山药 | Chinese Yam | 102.0 | 113.9 | 94.0 | | 100.0 |
| 其他块根、块茎菜 | Other Root, Tuber Vegetables | 93.0 | 106.5 | 110.9 | 73.8 | 0.0 |
| 茄子 | Aubergine | 97.8 | 92.1 | 98.0 | 98.4 | 102.0 |
| 西红柿 | Tomato | 98.1 | 91.5 | 87.9 | 105.9 | 111.8 |
| 辣椒 | Capsicum | 99.0 | 82.0 | 97.5 | 99.0 | 117.2 |
| 青椒 | Green Pepper | 92.8 | 88.4 | 94.0 | 88.6 | 102.4 |
| 其他茄果菜类 | Other Eggplant Fruit | | | | | |
| 蒜头 | Garlic | 116.7 | | | | 116.7 |
| 蒜苗 | Garlic Sprouts | 91.2 | 119.5 | 100.0 | | 70.1 |
| 小葱 | Chives | | | | | |

3-26 续表 1 continued

（上年同期=100） （preceding year=100）

| 指 标 | Item | 全 年<br>Annual Year | 一季度<br>First Quarter | 二季度<br>Second Quarter | 三季度<br>Third Quarter | 四季度<br>Fourth Quarter |
|---|---|---|---|---|---|---|
| 韭菜 | Leek | 107.0 | 152.1 | 101.1 | 101.6 | 89.3 |
| 其他葱蒜类 | Other Garlic & Chives Kind | 125.7 | 125.7 | | | |
| 四季豆 | Kidney Bean | 107.0 | 111.9 | 98.5 | 105.3 | 112.3 |
| 其他菜用豆 | Other Vegetable Bean | | | | | |
| 莲藕 | Lotus Root | 106.8 | 121.4 | 10.0 | 105.0 | 102.6 |
| 荸荠 | Chufa | 107.9 | 111.7 | 103.8 | | 108.3 |
| 其他水生菜 | Other Water Lettuce | | | | | |
| 空心菜 | Water Spinach | 102.3 | | 106.8 | 101.8 | 95.5 |
| 芥菜 | Mustard | 95.5 | 88.7 | 89.4 | 101.9 | 100.0 |
| 生菜 | Lettuce | 119.3 | 137.6 | 107.0 | 126.1 | 110.6 |
| 未列明的其他蔬菜 | Other Not Listing Vegetable | 111.1 | 111.1 | | | |
| 食用菌（干鲜混合） | Edible Mushrooms（Fresh Mixed） | 105.9 | 114.0 | | 106.8 | |
| 水果、坚果、饮料和香料 | Fruits, Nuts, Beverages and Spices | 132.4 | 92.1 | 114.3 | 135.6 | 104.7 |
| 梨 | Peat | | | | | |
| 柑 | Citrus Fruit | 110.3 | 94.7 | 122.0 | 123.0 | 107.5 |
| 桔 | Citrus Fruit | | | | | |
| 橙 | Orange | 97.1 | 94.0 | | | 102.3 |
| 柚 | Pomelo Grapefruit | 106.1 | | | | 106.1 |
| 香蕉 | Banana | 109.4 | 91.4 | 113.2 | 108.3 | 127.2 |
| 荔枝 | Lychee | 99.2 | | 105.4 | 96.4 | |
| 龙眼 | Longan | 169.4 | | | 169.4 | |
| 芒果 | Mango | 76.9 | | 92.4 | 63.3 | |
| 桃 | Peach | 104.1 | | 104.1 | | |
| 杨梅 | Waxberry | 96.5 | | 96.5 | | |
| 葡萄 | Grape | 110.0 | 101.9 | | 119.8 | |
| 柿子 | Persimmon | 77.1 | 74.1 | | 87.2 | 66.3 |
| 李子 | Plum | 95.1 | | 90.7 | 100.0 | |
| 番石榴 | Guava | | | | | |
| 枇杷 | Loquat | 104.3 | | 104.3 | | |
| 青枣 | Blue Date | | | | | |
| 其他园林水果 | Other Fruit Garden | | | | | |
| 西瓜 | Watermelon | 147.9 | | 134.1 | 92.1 | 212.2 |
| 香瓜 | Muskmelon | 109.0 | 125.0 | 96.9 | 105.6 | |
| 其他瓜果 | Other Melon and Fruit | | | | | |
| 茶及其他饮料（干品） | Tea and Other Drink（Dry Goods） | 98.0 | 101.5 | 73.9 | 130.5 | 110.0 |
| 中药材 | Chinese Traditional Medicine | 106.7 | 157.7 | 103.3 | 90.7 | 106.1 |
| 林业产品 | Forest Products | 103.7 | 102.2 | 104.2 | 102.2 | 103.9 |
| 竹木采运 | Bamboo Logging | 104.3 | 106.2 | 105.0 | 101.8 | 103.4 |
| 林产品的采集 | Forest Products Acquisition | 114.2 | 81.4 | 102.9 | 119.3 | 164.4 |
| 天然和人工林果实 | Natural Fruit and Plantation | | | | | |
| 油桐籽 | Oil Seed | 68.0 | 49.2 | 50.8 | | 148.5 |

3-26 续表 2 continued

（上年同期＝100） (preceding year=100)

| 指 标 | Item | 全 年 Annual Year | 一季度 First Quarter | 二季度 Second Quarter | 三季度 Third Quarter | 四季度 Fourth Quarter |
|---|---|---|---|---|---|---|
| 油茶籽 | Oil Camellia Seed | | | | | |
| 松脂 | Turpentine | 126.9 | 102.7 | 102.9 | 121.1 | 175.5 |
| 板栗 | Chinese Chestnut | 98.3 | | | 87.2 | 112.2 |
| 白果 | Gingko | 96.2 | 96.2 | | | |
| 八角 | Aniseed | | | | | |
| 桂皮 | Cassia | 98.8 | | 98.8 | | |
| 竹笋干 | Dry Bamboo Shoot | 111.0 | | | 108.8 | 113.1 |
| 未列明其他林产品采集 | Other Not Listing Forestry Collecting | | | | | |
| 牧业（畜产品） | Animal Husbandry（Animal Products） | 98.5 | 101.7 | 92.9 | 101.7 | 103.1 |
| 牲畜的饲养 | Breeding Livestock | | | | | |
| 牛的饲养 | Breeding Cattle | | | | | |
| 活牛（毛重） | Living Cattle（Gross Weight） | | | | | |
| 羊的饲养 | Breeding Sheep | | | | | |
| 活羊（毛重） | Living Sheep（Gross Weight） | 112.4 | 121.8 | 118.2 | 108.1 | 102.2 |
| 其他牲畜饲养 | Other Breeding Livestock | 96.6 | 89.1 | 106.1 | 94.3 | 101.8 |
| 猪的饲养 | Breeding Pig | | | | | |
| 活猪（毛重） | Living Pig（Gross Weight） | 97.2 | 95.3 | 89.1 | 100.9 | 103.3 |
| 猪肉 | Pork | | | | | |
| 家禽 | Poultry | 102.7 | 116.7 | 93.1 | 100.4 | 100.0 |
| 鸡 | Chicken | 101.9 | 116.3 | 91.6 | 100.2 | 99.4 |
| 鸭 | Duck | 105.4 | 118.6 | 99.9 | 100.9 | 102.6 |
| 鹅 | Goose | | | | | |
| 禽蛋 | Birds Egg | 119.7 | 133.4 | 118.1 | 123.7 | 107.1 |
| 其他畜牧业 | Other Stock Raising | | | | | |
| 蚕茧 | Silk Cocoon | 107.9 | | 117.4 | 105.0 | 102.4 |
| 其他活的家畜产品 | Other Living Livestock Product | 97.1 | 108.8 | 108.3 | 100.0 | 103.4 |
| 渔业 | Fishery | 103.7 | 100.4 | 98.7 | 105.0 | 108.5 |
| 海水水产品 | Marine Lives | 107.9 | | | 114.1 | 102.9 |
| 鱼类 | Fish | | | | | |
| 虾蟹类 | Shrimp and Crab | | | | | |
| 贝类 | Seashell | | | | | |
| 其他海水产品 | Other Sea Products | 101.4 | 98.0 | 98.8 | 102.0 | 110.7 |
| 内陆水域水产品 | Inner Water Area Product | | | | | |
| 淡水鱼类 | Freshwater Fish | | | | | |
| 草鱼 | Grass Carp | 90.9 | 90.9 | | | |
| 鲤鱼 | Cyprinoid | 97.6 | 96.4 | | 105.7 | 90.7 |
| 鲢鱼 | Chub | 93.3 | 93.3 | | | |
| 罗非鱼 | Tilapia | 108.1 | 107.2 | 109.2 | 92.0 | 123.0 |
| 鳙鱼 | Bighead Carp | 103.2 | 101.7 | 106.6 | 100.3 | 104.2 |
| 鲮鱼 | Mud Carp | | | | | |
| 其他淡水鱼类 | Other Freshwater Fish | 104.6 | 100.0 | | 103.2 | 112.9 |

# 3-27 分季度农产品生产价格指数

（上年同期=100）

| 指 标 | Item | 2010 一季度 First Quarter | 二季度 Second Quarter | 三季度 Third Quarter | 四季度 Fourth Quarter |
|---|---|---|---|---|---|
| **总指数** | **General Index** | **104.1** | **102.3** | **110.5** | **115.7** |
| 农业产品 | Agriculture Products | 110.1 | 112.3 | 114.6 | 120.8 |
| 谷物及其他作物 | Cereal an Other Crops | 115.2 | 111.5 | 106.5 | 118.0 |
| 谷物（原粮） | Cereal（Raw Grain） | 108.2 | 108.1 | 104.2 | 111.4 |
| 稻谷 | Rice | 106.1 | 105.6 | 102.4 | 110.5 |
| 玉米 | Corn | 115.5 | 119.0 | 116.0 | 113.0 |
| 豆类 | Beans | 103.3 | 101.6 | 105.9 | 109.2 |
| 薯类 | Tubers | 95.6 | 99.0 |  | 122.7 |
| 油料 | Oil-bearing Crops | 130.0 | 114.0 | 124.9 | 134.1 |
| 麻类 | Bast Fiber | 94.6 | 116.7 | 132.5 | 146.0 |
| 糖料 | Sugar | 116.1 | 112.6 | 117.2 | 135.1 |
| 烟草 | Tobacco | 84.2 |  | 98.3 | 89.3 |
| 木薯 | Cassava | 121.8 | 98.6 | 106.6 | 133.1 |
| 其他农作物 | Other Crops | 65.0 |  | 110.6 | 120.0 |
| 蔬菜、园艺作物 | Vegetables and Horticultural Crops | 96.0 | 107.4 | 108.8 | 111.0 |
| 蔬菜 | Vegetables | 96.0 | 107.4 | 108.8 | 111.0 |
| 芹菜 | Celery | 89.0 |  |  | 104.6 |
| 大白菜 | Chinese Cabbage | 102.6 | 106.6 | 123.3 | 117.7 |
| 莴笋 | Lactucaium | 89.2 | 102.0 |  | 110.0 |
| 油菜 | Rape | 109.0 | 132.4 | 78.1 | 88.4 |
| 其他叶菜 | Other Leafy Vegetables | 100.5 | 111.0 | 116.2 | 95.3 |
| 黄瓜 | Cucumber |  | 97.1 | 132.3 | 73.8 |
| 冬瓜 | Wax Gourd |  | 90.0 | 106.4 | 113.3 |
| 苦瓜 | Balsam Pear |  | 93.4 | 109.5 | 114.9 |
| 丝瓜 | Luffan |  | 122.1 | 105.9 |  |
| 南瓜 | Pumpkin | 35.0 |  |  |  |
| 其他瓜菜 | Other Melons & Vegetables |  | 99.9 | 91.5 | 110.0 |
| 萝卜 | Radish | 112.2 | 100.0 |  | 100.8 |
| 生姜 | Ginger | 104.0 | 171.2 | 107.7 | 163.0 |
| 芋头 | Taro |  |  | 105.4 |  |
| 山药 | Chinese Yam | 131.6 | 109.5 |  | 108.0 |
| 其他块根、块茎菜 | Other Root, Tuber Vegetables | 100.5 | 105.4 | 79.0 | 107.2 |
| 茄子 | Aubergine | 0.0 | 88.0 | 101.9 | 120.1 |
| 西红柿 | Tomato | 71.5 | 106.6 | 97.7 | 115.1 |
| 辣椒 | Capsicum | 62.5 | 124.8 | 129.4 | 111.0 |
| 青椒 | Green Pepper |  | 119.2 | 114.5 | 79.4 |
| 其他茄果菜类 | Other Eggplant Fruit |  | 110.2 | 99.4 | 100.0 |
| 蒜头 | Garlic | 120.0 |  |  |  |
| 蒜苗 | Garlic Sprouts | 108.5 |  |  |  |
| 小葱 | Chives |  | 85.6 | 133.3 | 98.5 |

## Producers Price Indices for Farm Products by Quarter

(preceding year=100)

| 2011 | | | | 2012 | | | |
|---|---|---|---|---|---|---|---|
| 一季度 First Quarter | 二季度 Second Quarter | 三季度 Third Quarter | 四季度 Fourth Quarter | 一季度 First Quarter | 二季度 Second Quarter | 三季度 Third Quarter | 四季度 Fourth Quarter |
| **130.8** | **128.3** | **133.3** | **119.3** | **107.2** | **102.9** | **100.3** | **94.9** |
| 135.5 | 110.5 | 104.9 | 113.6 | 105.6 | 119.9 | 112.1 | 99.1 |
| | | | | | | | |
| 113.3 | 119.1 | 119.8 | 114.5 | | | | |
| 116.5 | 121.9 | 122.0 | 117.1 | 110.8 | 105.9 | 98.9 | 105.0 |
| 102.6 | 107.0 | 105.2 | 110.1 | 107.4 | 114.3 | 103.8 | 104.8 |
| 92.0 | 103.5 | 124.9 | 109.0 | 119.3 | 99.5 | 101.3 | 106.7 |
| 125.8 | 72.7 | 114.1 | 88.3 | 90.9 | 111.5 | | 111.8 |
| 107.4 | 104.9 | 167.8 | 118.5 | 110.3 | 105.8 | 91.8 | 107.9 |
| 110.4 | 116.3 | 113.8 | 111.3 | | | | |
| 147.6 | 130.5 | | 113.8 | 107.8 | 102.5 | | 93.1 |
| | | 129.3 | 116.9 | | | | |
| 126.5 | 114.3 | 100.3 | 87.6 | 87.9 | | | 111.8 |
| | | | | | | | |
| | | | | | | | |
| 117.3 | 82.8 | 105.5 | 111.1 | 99.9 | 148.0 | 123.9 | 103.8 |
| 87.3 | 94.6 | | 101.7 | 106.0 | | | 142.6 |
| 116.7 | 67.9 | 97.3 | 107.5 | 111.0 | 125.3 | 101.3 | 132.2 |
| 126.5 | 152.9 | | 100.0 | 93.2 | 83.8 | | |
| | | 100.0 | 135.0 | | | | |
| | 71.5 | 108.8 | 109.2 | | | | |
| 108.7 | 83.4 | 80.4 | 95.7 | 118.2 | 133.6 | 123.5 | 115.8 |
| 130.1 | 65.2 | 93.2 | 118.6 | 153.5 | 171.8 | 121.9 | 114.2 |
| | 80.9 | 109.4 | 137.3 | | 129.1 | 134.8 | 95.8 |
| | 72.7 | 98.3 | 132.1 | | 128.1 | 125.5 | 79.9 |
| 100.0 | 89.3 | 85.2 | | 108.2 | 109.9 | 102.5 | 98.0 |
| | 71.5 | 114.0 | 131.6 | | | | |
| | | | | | | | |
| 108.0 | 100.0 | 96.1 | 67.8 | 44.8 | 64.8 | 82.7 | 87.5 |
| 105.2 | 106.1 | 113.7 | | 85.1 | 104.9 | 95.8 | 101.1 |
| 99.6 | 106.7 | | 100.0 | 58.1 | 46.2 | 22.8 | |
| | 105.2 | 112.3 | 88.0 | | | | |
| 78.3 | 85.2 | 57.5 | 75.9 | 145.7 | 120.7 | 143.1 | 113.5 |
| 196.7 | 87.8 | 71.1 | 109.8 | 86.5 | 163.1 | 156.2 | 141.9 |
| 100.4 | 70.0 | 74.1 | 107.9 | 108.6 | 150.9 | 112.8 | 88.5 |
| 98.4 | 72.3 | 124.7 | 101.1 | 115.2 | 187.1 | 123.2 | 86.5 |
| | | | | | | | |
| | | 95.8 | | | | | |
| 110.3 | 160.8 | 105.3 | | 94.9 | 69.1 | | |
| | 100.0 | 145.0 | 98.7 | | | | |

3-27 续表 1

（上年同期=100）

| 指 标 | Item | 2010 一季度 First Quarter | 二季度 Second Quarter | 三季度 Third Quarter | 四季度 Fourth Quarter |
|---|---|---|---|---|---|
| 韭菜 | Leek | 112.3 | 94.4 | 113.5 | 99.6 |
| 其他葱蒜类 | Other Garlic & Chives Kind | 96.3 | 232.6 | 116.7 | 104.7 |
| 四季豆 | Kidney Bean | 79.5 | 121.7 | 77.1 | 78.0 |
| 其他菜用豆 | Other Vegetable Bean | 93.1 | 94.3 | 102.9 | 114.0 |
| 莲藕 | Lotus Root | 100.3 |  | 108.6 | 145.0 |
| 荸荠 | Chufa | 108.8 | 95.1 | 104.0 |  |
| 其他水生菜 | Other Water Lettuce | 96.4 | 74.5 |  |  |
| 空心菜 | Water Spinach | 79.7 | 100.2 | 108.5 | 108.5 |
| 芥菜 | Mustard | 85.4 | 96.1 | 100.0 |  |
| 生菜 | Lettuce | 110.7 | 97.7 | 102.2 | 103.6 |
| 未列明的其他蔬菜 | Other Not Listing Vegetable | 90.3 | 126.7 | 105.4 | 117.7 |
| 食用菌（干鲜混合） | Edible Mushrooms（Fresh Mixed） | 116.7 |  | 114.3 |  |
| 水果、坚果、饮料和香料 | Fruits, Nuts, Beverages and Spices | 98.4 | 116.9 | 129.0 | 132.8 |
| 梨 | Peat |  |  | 107.3 |  |
| 柑 | Citrus Fruit | 100.0 | 66.7 | 105.7 | 123.7 |
| 桔 | Citrus Fruit | 123.3 | 102.2 | 122.0 | 112.9 |
| 橙 | Orange |  | 92.4 |  | 173.2 |
| 柚 | Pomelo Grapefruit | 122.6 |  | 133.3 |  |
| 香蕉 | Banana | 91.1 | 114.9 | 114.9 | 131.1 |
| 荔枝 | Lychee |  | 180.5 | 83.0 |  |
| 龙眼 | Longan |  |  | 159.2 |  |
| 芒果 | Mango |  | 128.2 | 109.7 |  |
| 桃 | Peach |  | 113.7 | 104.6 |  |
| 杨梅 | Waxberry |  | 105.0 |  |  |
| 葡萄 | Grape |  |  | 151.9 | 103.5 |
| 柿子 | Persimmon |  |  | 90.0 | 113.8 |
| 李子 | Plum |  | 100.0 | 90.4 |  |
| 番石榴 | Guava |  |  | 101.0 |  |
| 枇把 | Loquat |  | 100.0 |  |  |
| 青枣 | Blue Date |  |  |  |  |
| 其他园林水果 | Other Fruit Garden | 123.4 | 100.0 | 107.9 | 112.2 |
| 西瓜 | Watermelon |  | 89.3 | 103.0 |  |
| 香瓜 | Muskmelon |  | 124.8 | 110.8 |  |
| 其他瓜果 | Other Melon and Fruit |  |  | 111.3 |  |
| 茶及其他饮料（干品） | Tea and Other Drink（Dry Goods） | 110.3 | 117.2 | 125.6 | 145.4 |
| 中药材 | Chinese Traditional Medicine | 111.7 | 151.5 | 111.2 | 121.0 |
| 林业产品 | Forest Products | 105.7 | 104.8 | 126.7 | 110.0 |
| 竹木采运 | Bamboo Logging | 102.8 | 104.7 | 126.2 | 109.7 |
| 林产品的采集 | Forest Products Acquisition | 298.6 | 153.5 | 151.4 | 144.8 |
| 天然和人工林果实 | Natural Fruit and Plantation | 324.5 | 153.5 | 155.2 | 147.8 |
| 油桐籽 | Oil Seed | 398.0 |  |  | 134.0 |

continued

(preceding year=100)

| 2011 | | | | 2012 | | | |
|---|---|---|---|---|---|---|---|
| 一季度 First Quarter | 二季度 Second Quarter | 三季度 Third Quarter | 四季度 Fourth Quarter | 一季度 First Quarter | 二季度 Second Quarter | 三季度 Third Quarter | 四季度 Fourth Quarter |
| 98.7 | 80.4 | 95.3 | 102.3 | 108.8 | 104.6 | 256.4 | 122.0 |
| 114.3 | 100.0 | 142.9 | | | | | |
| 117.6 | 82.9 | 98.7 | 103.4 | 133.6 | 196.3 | | 91.8 |
| 112.1 | 134.9 | 127.3 | | | | | |
| 102.2 | 85.0 | 115.5 | 97.5 | 85.4 | 61.8 | 123.0 | 138.3 |
| 95.8 | 95.2 | | | 101.6 | 103.1 | | |
| 107.6 | | 115.5 | 97.5 | | | | |
| | 107.6 | | | | 104.4 | 106.5 | 65.6 |
| | | 112.5 | | | | | |
| 113.4 | 80.6 | 106.7 | 135.7 | 96.0 | 107.6 | | 107.1 |
| | | | | | | | |
| 113.1 | 133.1 | 112.9 | 100.1 | | | | |
| 118.8 | 107.3 | 76.3 | 111.9 | | | | |
| | | | | | | 104.0 | |
| 108.0 | 112.1 | 107.5 | 108.7 | | | | |
| | | | | | | | |
| 105.8 | 174.7 | 108.8 | 104.4 | 109.0 | 56.8 | 113.1 | 101.4 |
| 117.4 | | | 99.0 | | | | |
| 121.4 | 114.0 | 108.6 | 135.8 | 93.1 | 91.1 | 108.4 | 58.3 |
| | 117.1 | 67.4 | | | 147.8 | 147.2 | |
| | | 52.0 | | | | 123.3 | |
| | | 75.0 | | | 127.7 | 153.3 | |
| | 87.5 | | | | 127.1 | 100.0 | |
| | | | | | | | |
| 101.3 | | 96.0 | 66.2 | | | 90.9 | |
| 114.3 | | 121.8 | 98.1 | 80.6 | | 86.9 | 117.5 |
| | | 97.6 | | | 78.3 | | |
| | | | | | | | |
| | | | | | | | |
| | | | | | | | |
| | | | | | | | |
| | 94.0 | 115.6 | 111.7 | 0.0 | 127.9 | 108.8 | 65.7 |
| | 134.6 | 112.6 | | 0.0 | 121.8 | 123.1 | 200.0 |
| | | | | | | | |
| | | | | | | | |
| | | | | | | | |
| 125.9 | 113.2 | 109.6 | 101.8 | 107.0 | 97.5 | 94.3 | 103.3 |
| 118.8 | 113.0 | 109.8 | 102.0 | | | | |
| 136.1 | 106.3 | | 68.0 | | | | |
| | | | | | | | |
| 84.4 | | | 69.4 | 93.8 | | | 87.1 |

3-27 续表 2

（上年同期=100）

| 指 标 | Item | 2010 一季度 First Quarter | 二季度 Second Quarter | 三季度 Third Quarter | 四季度 Fourth Quarter |
|---|---|---|---|---|---|
| 油茶籽 | Oil Camellia Seed | 209.1 | | | 119.9 |
| 松脂 | Turpentine | | 177.5 | 180.9 | 197.2 |
| 板栗 | Chinese Chestnut | | | 150.3 | 110.3 |
| 白果 | Gingko | | | | 104.6 |
| 八角 | Aniseed | 95.9 | 107.7 | 116.0 | 123.1 |
| 桂皮 | Cassia | | | | |
| 竹笋干 | Dry Bamboo Shoot | | | 117.8 | 113.4 |
| 未列明其他林产品采集 | Other Not Listing Forestry Collecting | 100.0 | 104.1 | 97.9 | 103.0 |
| 牧业（畜产品） | Animal Husbandry（Animal Products） | 91.0 | 91.4 | 106.2 | 116.1 |
| 牲畜的饲养 | Breeding Livestock | 99.0 | 101.3 | 99.5 | 99.7 |
| 牛的饲养 | Breeding Cattle | 100.6 | 102.0 | 100.5 | 98.0 |
| 活牛（毛重） | Living Cattle（Gross Weight） | 100.6 | 102.0 | 100.5 | 98.0 |
| 羊的饲养 | Breeding Sheep | 94.8 | 98.4 | 94.2 | 104.6 |
| 活羊（毛重） | Living Sheep（Gross Weight） | 94.8 | 98.4 | 94.2 | 104.6 |
| 其他牲畜饲养 | Other Breeding Livestock | | | | |
| 猪的饲养 | Breeding Pig | 86.1 | 89.6 | 106.4 | 115.0 |
| 活猪（毛重） | Living Pig（Gross Weight） | 86.1 | 89.7 | 106.4 | 115.1 |
| 猪肉 | Pork | 95.4 | 71.4 | 100.0 | 109.7 |
| 家禽 | Poultry | 108.7 | 102.3 | 104.7 | 112.5 |
| 鸡 | Chicken | 101.3 | 100.3 | 107.6 | 111.0 |
| 鸭 | Duck | 98.4 | 106.0 | 108.8 | 114.6 |
| 鹅 | Goose | 99.3 | 110.5 | 107.1 | 106.8 |
| 禽蛋 | Birds Egg | 119.0 | 102.6 | 100.4 | 113.5 |
| 其他畜牧业 | Other Stock Raising | | | | 135.2 |
| 蚕茧 | Silk Cocoon | | 155.3 | 148.3 | 135.2 |
| 其他活的家畜产品 | Other Living Livestock Product | 92.9 | 108.7 | 103.9 | 106.6 |
| 渔业 | Fishery | 104.2 | 104.7 | 106.4 | 111.1 |
| 海水水产品 | Marine Lives | 109.8 | 102.7 | 105.1 | 110.0 |
| 鱼类 | Fish | 113.8 | 98.2 | 105.1 | 106.1 |
| 虾蟹类 | Shrimp and Crab | 109.4 | 106.2 | 105.0 | 110.9 |
| 贝类 | Seashell | | 111.8 | 104.3 | |
| 其他海水产品 | Other Sea Products | 99.1 | 102.1 | 107.5 | 95.3 |
| 内陆水域水产品 | Inner Water Area Product | 101.8 | 107.3 | 110.4 | 114.5 |
| 淡水鱼类 | Freshwater Fish | 101.8 | 107.2 | 110.4 | 114.5 |
| 草鱼 | Grass Carp | 105.0 | 102.3 | 110.2 | 120.1 |
| 鲤鱼 | Cyprinoid | 103.0 | 96.9 | 118.3 | 108.7 |
| 鲢鱼 | Chub | 93.4 | 113.4 | 108.9 | 110.1 |
| 罗非鱼 | Tilapia | 109.1 | 101.7 | 107.0 | 123.7 |
| 鳙鱼 | Bighead Carp | 106.5 | 107.3 | 110.0 | 119.8 |
| 鲮鱼 | Mud Carp | 99.1 | 101.0 | 101.9 | 105.4 |
| 其他淡水鱼类 | Other Freshwater Fish | 109.8 | 100.3 | 102.7 | 104.4 |

continued

(preceding year=100)

| 2011 | | | | 2012 | | | |
|---|---|---|---|---|---|---|---|
| 一季度 First Quarter | 二季度 Second Quarter | 三季度 Third Quarter | 四季度 Fourth Quarter | 一季度 First Quarter | 二季度 Second Quarter | 三季度 Third Quarter | 四季度 Fourth Quarter |
| 170.4 | 106.3 | 97.6 | 59.5 | | | | |
| | 105.3 | 111.1 | 119.6 | | 81.8 | 135.5 | 124.0 |
| | | | 91.2 | | | | |
| | | | | | | | |
| | | | | | 94.1 | | |
| | | 104.2 | 118.8 | | | 97.4 | 81.4 |
| | | | | | | | |
| 123.5 | 152.5 | 154.3 | 128.6 | 110.8 | 88.1 | 96.6 | 90.1 |
| 126.4 | 159.7 | 163.4 | 133.2 | | | | |
| | | | | | | | |
| | 102.5 | 120.0 | | | | | |
| | | | | | | | |
| 118.8 | 116.9 | 118.2 | 120.4 | 136.8 | 124.2 | 135.6 | 127.2 |
| | | | | | | | |
| | | | | | | | |
| 126.5 | 159.8 | 163.4 | 133.2 | 112.9 | 87.3 | 94.8 | 85.4 |
| | | | | | | | |
| 111.1 | 112.7 | 119.6 | 106.9 | 109.5 | 98.5 | 101.4 | 112.6 |
| 111.0 | 111.7 | 120.1 | 106.1 | 110.5 | 97.8 | 98.8 | 112.1 |
| 111.7 | 117.4 | 118.7 | 110.5 | 105.3 | 101.4 | 106.5 | 114.6 |
| | | | | | | | |
| 115.9 | 112.8 | 114.1 | 106.9 | 94.3 | 93.7 | 89.3 | 108.9 |
| 104.5 | | | | | | | |
| | 143.7 | 104.7 | 99.9 | 0.0 | 81.0 | 113.8 | 120.6 |
| 112.3 | | | | | | | |
| 116.0 | 105.3 | 111.7 | 115.2 | 107.8 | 97.8 | 100.7 | 94.8 |
| | 102.3 | 105.9 | 114.7 | | | | |
| | | | | | | | |
| | | 114.3 | 111.0 | | | | |
| 96.7 | 99.3 | 96.2 | | | | | |
| | | | | | | | |
| | | | | | | | |
| 104.4 | 116.1 | 122.2 | 115.5 | | | | |
| 110.9 | 113.7 | 114.0 | 108.5 | 107.3 | | | 95.4 |
| 104.1 | 112.0 | 116.6 | 106.8 | 105.9 | | | 91.1 |
| 105.4 | 112.9 | 133.0 | 124.6 | 107.1 | | | 100.0 |
| 100.0 | 119.0 | 116.6 | 120.9 | | | | |
| 103.7 | 120.2 | 125.6 | 106.1 | 106.7 | | | |
| | | | | | | | |
| 104.9 | 105.0 | 108.3 | 115.7 | | | | |

# 3-28 农产品生产价格指数

## Producers Price Indices for Farm Products

（上年=100） (preceding year=100)

| 指 标 | Item | 2008 | 2009 | 2010 | 2011 | 2012 |
|---|---|---|---|---|---|---|
| **总指数** | **General Index** | **113.0** | **89.3** | **107.6** | **124.6** | **99.4** |
| 农业产品 | Agriculture Products | 100.4 | 98.1 | 115.2 | 115.1 | 107.2 |
| 谷物及其他作物 | Cereal an Other Crops | 99.5 | 100.2 | 113.3 | | |
| 谷物（原粮） | Cereal（Raw Grain） | 112.1 | 100.7 | 107.9 | 117.1 | |
| 稻谷 | Rice | 113.4 | 104.8 | 106.1 | 117.1 | 101.6 |
| 玉米 | Corn | 111.8 | 99.6 | 113.2 | 106.7 | 104.6 |
| 豆类 | Beans | 128.6 | 94.8 | 105.0 | 112.9 | 103.5 |
| 薯类 | Tubers | 108.4 | 85.8 | 107.1 | 113.5 | 105.6 |
| 油料 | Oil-bearing Crops | 109.2 | 90.5 | 122.0 | 143.4 | 99.5 |
| 麻类 | Bast Fiber | 64.5 | 79.4 | 125.1 | 110.5 | |
| 糖料 | Sugar | 97.5 | 100.6 | 117.4 | 139.4 | 104.7 |
| 烟草 | Tobacco | 124.4 | 105.9 | 92.2 | 120.9 | |
| 木薯 | Cassava | 114.5 | 92.9 | 125.4 | 113.9 | 88.5 |
| 其他农作物 | Other Crops | 108.0 | 101.6 | 98.4 | | |
| 蔬菜、园艺作物 | Vegetables and Horticultural Crops | 109.8 | 103.2 | 105.3 | | |
| 蔬菜 | Vegetables | 109.8 | 103.2 | 105.3 | 99.8 | 116.0 |
| 芹菜 | Celery | 125.2 | 94.7 | 100.0 | 91.7 | 109.2 |
| 大白菜 | Chinese Cabbage | 118.2 | 94.3 | 107.6 | 94.3 | 115.1 |
| 莴笋 | Lactucaium | 133.3 | 95.2 | 100.1 | 129.6 | 86.2 |
| 油菜 | Rape | | 90.1 | 88.7 | 110.5 | |
| 其他叶菜 | Other Leafy Vegetables | 120.3 | 100.3 | 105.1 | 101.7 | |
| 黄瓜 | Cucumber | 110.1 | 100.4 | 102.9 | 90.4 | 135.9 |
| 冬瓜 | Wax Gourd | 111.8 | 88.5 | 111.3 | 83.0 | 151.1 |
| 苦瓜 | Balsam Pear | 112.1 | 90.7 | 108.9 | 113.4 | 130.3 |
| 丝瓜 | Luffan | 104.8 | 101.0 | 107.4 | 101.4 | 120.2 |
| 南瓜 | Pumpkin | 107.7 | 104.0 | 35.0 | 94.0 | 104.6 |
| 其他瓜菜 | Other Melons & Vegetables | 114.8 | 99.1 | 96.0 | 105.8 | |
| 萝卜 | Radish | 116.2 | 92.0 | 104.3 | 103.5 | |
| 生姜 | Ginger | 138.5 | 104.7 | 155.6 | 82.5 | 69.3 |
| 芋头 | Taro | 116.6 | 100.9 | 105.4 | 109.0 | 98.7 |
| 山药 | Chinese Yam | 111.8 | 110.0 | 117.7 | 105.2 | 56.6 |
| 其他块根、块茎菜 | Other Root, Tuber Vegetables | 113.1 | 102.2 | 96.7 | 109.1 | |
| 茄子 | Aubergine | 102.8 | 83.5 | 104.0 | 73.5 | 135.0 |
| 西红柿 | Tomato | 84.0 | 115.9 | 97.0 | 96.9 | 138.7 |
| 辣椒 | Capsicum | 104.9 | 104.0 | 114.7 | 85.5 | 108.8 |
| 青椒 | Green Pepper | 69.9 | 99.3 | 103.6 | 91.2 | 156.6 |
| 其他茄果菜类 | Other Eggplant Fruit | 125.2 | 98.4 | 103.1 | | |
| 蒜头 | Garlic | 166.7 | | 120.0 | 95.8 | |
| 蒜苗 | Garlic Sprouts | 132.1 | 138.6 | 108.5 | 123.7 | 81.0 |
| 小葱 | Chives | 99.1 | 125.0 | 101.7 | 110.0 | |

3-28 续表 1 continued

（上年=100） (preceding year=100)

| 指 标 | Item | 2008 | 2009 | 2010 | 2011 | 2012 |
|---|---|---|---|---|---|---|
| 韭菜 | Leek | 117.0 | 102.7 | 106.1 | 84.2 | 114.4 |
| 其他葱蒜类 | Other Garlic & Chives Kind | 104.2 | 141.7 | 107.6 | 117.8 | |
| 四季豆 | Kidney Bean | 95.8 | 108.2 | 95.3 | 88.8 | 153.0 |
| 其他菜用豆 | Other Vegetable Bean | 110.4 | 99.4 | 101.7 | 113.0 | |
| 莲藕 | Lotus Root | 121.2 | 102.6 | 142.9 | 97.5 | 126.4 |
| 荸荠 | Chufa | 132.9 | 101.2 | 100.0 | 96.2 | 105.5 |
| 其他水生菜 | Other Water Lettuce | 110.6 | 42.9 | 95.9 | 107.6 | |
| 空心菜 | Water Spinach | 168.8 | 93.1 | 104.4 | 107.6 | 104.4 |
| 芥菜 | Mustard | 122.4 | 97.2 | 89.8 | 112.5 | |
| 生菜 | Lettuce | 116.9 | 94.1 | 105.2 | 98.4 | 100.8 |
| 未列明的其他蔬菜 | Other Not Listing Vegetable | 107.2 | 99.1 | 110.3 | 93.5 | |
| 食用菌（十鲜混合） | Edible Mushrooms（Fresh Mixed） | 72.0 | 75.9 | 91.6 | 108.6 | |
| 水果、坚果、饮料和香料 | Fruits, Nuts, Beverages and Spices | 103.1 | 90.0 | 124.1 | 89.8 | |
| 梨 | Peat | 78.3 | 130.1 | 107.3 | | 104.0 |
| 柑 | Citrus Fruit | 100.4 | 83.6 | 101.9 | 102.2 | |
| 桔 | Citrus Fruit | 81.1 | 76.9 | 120.3 | | |
| 橙 | Orange | 107.5 | 76.7 | 126.5 | 128.8 | 87.8 |
| 柚 | Pomelo Grapefruit | 100.8 | 95.4 | 126.0 | 106.3 | |
| 香蕉 | Banana | 129.7 | 84.5 | 119.9 | 131.3 | 74.1 |
| 荔枝 | Lychee | 164.3 | 100.5 | 139.3 | 75.1 | 147.0 |
| 龙眼 | Longan | 93.3 | 111.8 | 159.2 | 52.0 | 123.3 |
| 芒果 | Mango | 126.8 | 90.8 | 113.9 | 75.0 | 131.3 |
| 桃 | Peach | 73.3 | 129.3 | 110.3 | 87.5 | 126.2 |
| 杨梅 | Waxberry | 139.4 | 86.5 | 105.0 | | |
| 葡萄 | Grape | 98.6 | 101.5 | 151.1 | 90.8 | 90.9 |
| 柿子 | Persimmon | 117.0 | 117.3 | 112.5 | 106.0 | 105.4 |
| 李子 | Plum | | 90.6 | 93.5 | 97.6 | 78.3 |
| 番石榴 | Guava | | 101.5 | 101.0 | | |
| 枇杷 | Loquat | 100.0 | | 100.0 | | |
| 青枣 | Blue Date | | | | | |
| 其他园林水果 | Other Fruit Garden | 109.7 | 98.6 | 113.2 | | |
| 西瓜 | Watermelon | 93.1 | 103.2 | 93.8 | 103.2 | 121.2 |
| 香瓜 | Muskmelon | 110.1 | 93.1 | 111.8 | 122.7 | 127.8 |
| 其他瓜果 | Other Melon and Fruit | | | 111.3 | | |
| 茶及其他饮料（干品） | Tea and Other Drink（Dry Goods） | 103.7 | 67.1 | 125.7 | | |
| 中药材 | Chinese Traditional Medicine | 105.1 | 91.7 | 124.7 | | |
| 林业产品 | Forest Products | 104.3 | 104.5 | 107.6 | 109.5 | 99.4 |
| 竹木采运 | Bamboo Logging | 104.3 | 104.5 | 107.2 | 108.5 | |
| 林产品的采集 | Forest Products Acquisition | 102.3 | 121.7 | 150.8 | 88.2 | |
| 天然和人工林果实 | Natural Fruit and Plantation | 102.3 | 121.7 | 153.9 | | |
| 油桐籽 | Oil Seed | 114.8 | 74.3 | 155.1 | 82.4 | 93.4 |

3-28 续表 2 continued

(上年=100) (preceding year=100)

| 指 标 | Item | 2008 | 2009 | 2010 | 2011 | 2012 |
|---|---|---|---|---|---|---|
| 油茶籽 | Oil Camellia Seed | 127.8 | 76.2 | 173.8 | | |
| 松脂 | Turpentine | 109.9 | 89.8 | 173.9 | 84.8 | |
| 板栗 | Chinese Chestnut | 139.1 | 58.8 | 131.6 | 111.9 | 125.2 |
| 白果 | Gingko | 55.0 | 104.2 | 104.6 | 91.2 | |
| 八角 | Aniseed | 88.6 | 192.8 | 122.8 | | |
| 桂皮 | Cassia | | | | | 94.1 |
| 竹笋干 | Dry Bamboo Shoot | 106.5 | 104.0 | 118.4 | 122.3 | 90.6 |
| 未列明其他林产品采集 | Other Not Listing Forestry Collecting | | | 101.5 | 122.3 | |
| 牧业（畜产品） | Animal Husbandry（Animal Products） | 123.2 | 80.5 | 100.5 | 139.1 | 92.5 |
| 牲畜的饲养 | Breeding Livestock | 122.8 | 98.0 | 99.1 | 143.2 | |
| 牛的饲养 | Breeding Cattle | 154.1 | 105.0 | 98.4 | | |
| 活牛（毛重） | Living Cattle（Gross Weight） | 122.2 | 105.0 | 98.4 | 106.8 | |
| 羊的饲养 | Breeding Sheep | 123.2 | 102.6 | 101.3 | | |
| 活羊（毛重） | Living Sheep（Gross Weight） | 123.2 | 102.6 | 101.3 | 113.8 | 125.3 |
| 其他牲畜饲养 | Other Breeding Livestock | 104.2 | 93.3 | | | |
| 猪的饲养 | Breeding Pig | 123.8 | 79.1 | 97.9 | | |
| 活猪（毛重） | Living Pig（Gross Weight） | 123.8 | 79.1 | 97.9 | 143.2 | 90.8 |
| 猪肉 | Pork | 116.4 | 87.4 | 90.8 | | |
| 家禽 | Poultry | 114.7 | 99.4 | 103.5 | 110.4 | 107.0 |
| 鸡 | Chicken | 108.4 | 100.2 | 103.4 | 109.7 | 106.8 |
| 鸭 | Duck | 107.3 | 103.1 | 106.2 | 112.8 | 107.8 |
| 鹅 | Goose | 119.2 | 111.3 | 108.5 | | |
| 禽蛋 | Birds Egg | 128.3 | 96.0 | 102.8 | 111.2 | 95.9 |
| 其他畜牧业 | Other Stock Raising | 109.8 | 105.9 | 145.2 | 106.1 | |
| 蚕茧 | Silk Cocoon | 97.4 | 120.2 | 145.2 | 116.8 | 99.1 |
| 其他活的家畜产品 | Other Living Livestock Product | 117.2 | 73.7 | 104.1 | 117.2 | |
| 渔业 | Fishery | 118.4 | 96.9 | 107.6 | 109.2 | 97.7 |
| 海水水产品 | Marine Lives | 112.0 | 104.8 | 106.5 | 105.9 | |
| 鱼类 | Fish | 117.1 | 101.3 | 105.4 | | |
| 虾蟹类 | Shrimp and Crab | 108.4 | 106.5 | 107.1 | 111.6 | |
| 贝类 | Seashell | 111.5 | 106.5 | 108.0 | 98.6 | |
| 其他海水产品 | Other Sea Products | 116.1 | 103.9 | 103.2 | | |
| 内陆水域水产品 | Inner Water Area Product | 120.3 | 94.5 | 109.7 | | |
| 淡水鱼类 | Freshwater Fish | 120.3 | 94.5 | 109.7 | 112.3 | |
| 草鱼 | Grass Carp | 116.4 | 98.3 | 113.5 | 111.6 | 96.0 |
| 鲤鱼 | Cyprinoid | 120.4 | 99.0 | 111.3 | 107.3 | 94.9 |
| 鲢鱼 | Chub | 122.1 | 90.3 | 106.3 | 113.1 | 101.5 |
| 罗非鱼 | Tilapia | 115.6 | 106.2 | 112.1 | 115.7 | |
| 鳙鱼 | Bighead Carp | 124.2 | 92.1 | 110.7 | 112.8 | 106.7 |
| 鲮鱼 | Mud Carp | 145.8 | 89.5 | 102.0 | | |
| 其他淡水鱼类 | Other Freshwater Fish | 106.9 | 101.8 | 102.6 | 112.5 | |

# 3-29 农产品集贸市场价格（2013年）

## Rural Market Fairs Prices of Agricultural Products（2013）

单位：元/公斤 （yuan/kg）

| 指 标 | Item | 1 月 January | 2 月 February | 3 月 March | 4 月 April | 5 月 May | 6 月 June |
|---|---|---|---|---|---|---|---|
| **粮食类** | **Grain** | | | | | | |
| 籼稻 | Rice | 2.81 | 2.83 | 2.79 | 2.78 | 2.79 | 2.72 |
| 优质籼稻 | High-quality Rice | | | | | | |
| 粳稻 | Japonica | | | | | | |
| 小麦 | Wheat | 5.00 | 5.00 | 5.00 | 5.00 | 5.00 | 5.00 |
| 玉米 | Corn | 2.79 | 2.79 | 2.76 | 2.77 | 2.82 | 2.81 |
| 大豆 | Soybean | 7.00 | 7.16 | 7.04 | 7.01 | 7.14 | 7.06 |
| 籼米 | Indica | 4.76 | 4.47 | 4.79 | 4.78 | 4.80 | 4.79 |
| 优质籼米 | Quality Indica | | | | | | |
| 粳米 | Japonica | | | | | | |
| 面粉 | Flour | | | | | | |
| **经济作物类** | **Economic Crops Category** | | | | | | |
| 花生仁 | Peanuts | 14.01 | 13.93 | 13.94 | 13.69 | 13.38 | 13.34 |
| 花生油 | Peanut Oil | | | | | | |
| 菜籽油 | Rapeseed Oil | | | | | | |
| 豆油 | Soybean Oil | | | | | | |
| **畜产品类** | **Animal Products** | | | | | | |
| 活猪 | Live Pig | 16.00 | 16.09 | 14.30 | 12.80 | 12.71 | 13.11 |
| 仔猪 | Piglets | 20.39 | 20.71 | 20.00 | 18.15 | 17.55 | 18.23 |
| 猪肉 | Pork | 23.67 | 23.09 | 21.88 | 20.88 | 20.41 | 20.88 |
| 牛肉 | Beef | 58.00 | 61.43 | 59.75 | 60.00 | 60.00 | 60.38 |
| 羊肉 | Mutton | 67.71 | 65.80 | 67.71 | 69.00 | 70.57 | 69.71 |
| 活鸡 | Live Chicken | 22.75 | 23.03 | 21.92 | 17.46 | 16.75 | 17.50 |
| 鸡蛋 | Eggs | 11.91 | 12.07 | 11.39 | 10.84 | 10.86 | 10.93 |
| **水产品类** | **Aquatic Products** | | | | | | |
| 草鱼 | Grass Carp | 13.75 | 13.43 | 13.50 | 13.44 | 13.45 | 13.50 |
| 鲤鱼 | Cyprinoid | 12.63 | 12.57 | 12.51 | 12.38 | 12.28 | 12.28 |
| 链鱼 | Chub | 7.67 | 7.48 | 7.61 | 7.39 | 7.57 | 7.59 |
| 带鱼 | Belt Fish | | | | | | |
| **蔬菜类** | **Vegetables** | | | | | | |
| 大白菜 | Chinese Cabbage | 2.88 | 2.41 | 2.16 | 4.04 | 3.81 | 3.61 |
| 黄瓜 | Cucumber | 4.30 | 4.70 | 5.03 | 4.50 | 3.50 | 3.89 |
| 西红柿 | Tomato | 4.88 | 4.36 | 3.71 | 4.53 | 4.21 | 4.20 |
| 菜椒 | Green Pepper | 5.56 | 5.17 | 5.31 | 7.41 | 6.56 | 6.84 |
| 四季豆 | Kidney Bean | 6.20 | 6.33 | 6.50 | 8.25 | 5.75 | 5.70 |
| **水果类** | **Fruit Group** | | | | | | |
| 红富士苹果 | Fuji apple | 9.46 | 9.36 | 9.44 | 9.44 | 9.56 | 9.90 |
| 香蕉 | Banana | 3.63 | 3.94 | 4.05 | 4.45 | 4.50 | 4.71 |
| 橙子 | Orange | 5.05 | 5.03 | 5.15 | 6.40 | 6.73 | 6.73 |

3-29 续表 continued

单位：元/公斤 (yuan/kg)

| 指 标 | Item | 7 月 July | 8 月 August | 9 月 September | 10 月 October | 11 月 November | 12 月 December |
|---|---|---|---|---|---|---|---|
| **粮食类** | **Grain** | | | | | | |
| 籼稻 | Rice | 2.67 | 2.66 | 2.66 | 2.66 | 2.69 | 2.73 |
| 优质籼稻 | High-quality Rice | | | | | | |
| 粳稻 | Japonica | | | | | | |
| 小麦 | Wheat | 5.00 | 5.00 | 5.00 | 5.00 | 5.10 | 5.20 |
| 玉米 | Corn | 2.81 | 2.83 | 2.83 | 2.81 | 2.83 | 2.86 |
| 大豆 | Soybean | 7.08 | 7.08 | 7.15 | 7.16 | 7.16 | 7.20 |
| 籼米 | Indica | 4.81 | 4.93 | 4.95 | 4.98 | 5.03 | 5.09 |
| 优质籼米 | Quality Indica | | | | | | |
| 粳米 | Japonica | | | | | | |
| 面粉 | Flour | | | | | | |
| **经济作物类** | **Economic Crops Category** | | | | | | |
| 花生仁 | Peanuts | 13.21 | 13.13 | 13.19 | 13.03 | 12.84 | 12.71 |
| 花生油 | Peanut Oil | | | | | | |
| 菜籽油 | Rapeseed Oil | | | | | | |
| 豆油 | Soybean Oil | | | | | | |
| **畜产品类** | **Animal Products** | | | | | | |
| 活猪 | Live Pig | 13.63 | 14.55 | 15.04 | 15.20 | 15.30 | 15.73 |
| 仔猪 | Piglets | 18.09 | 19.38 | 20.13 | 19.00 | 18.83 | 18.88 |
| 猪肉 | Pork | 21.25 | 22.88 | 23.38 | 23.63 | 23.63 | 24.00 |
| 牛肉 | Beef | 61.33 | 62.35 | 63.38 | 64.50 | 64.75 | 65.75 |
| 羊肉 | Mutton | 70.86 | 70.29 | 71.20 | 70.43 | 71.14 | 72.14 |
| 活鸡 | Live Chicken | 18.43 | 19.05 | 19.81 | 19.80 | 19.80 | 20.65 |
| 鸡蛋 | Eggs | 11.06 | 11.49 | 11.98 | 12.06 | 12.18 | 11.85 |
| **水产品类** | **Aquatic Products** | | | | | | |
| 草鱼 | Grass Carp | 13.88 | 14.15 | 14.03 | 14.33 | 14.30 | 14.53 |
| 鲤鱼 | Cyprinoid | 12.63 | 13.03 | 12.78 | 12.95 | 13.19 | 13.30 |
| 链鱼 | Chub | 7.86 | 7.87 | 7.97 | 7.86 | 7.57 | 7.71 |
| 带鱼 | Belt Fish | | | | | | |
| **蔬菜类** | **Vegetables** | | | | | | |
| 大白菜 | Chinese Cabbage | 3.61 | 4.64 | 4.80 | 3.80 | 2.86 | 2.38 |
| 黄瓜 | Cucumber | 3.70 | 4.69 | 4.99 | 4.67 | 4.26 | 5.26 |
| 西红柿 | Tomato | 3.78 | 4.56 | 4.76 | 5.79 | 5.50 | 5.64 |
| 菜椒 | Green Pepper | 6.71 | 7.56 | 7.56 | 7.43 | 6.34 | 6.69 |
| 四季豆 | Kidney Bean | 6.20 | 7.55 | 7.20 | 6.90 | 5.65 | 6.30 |
| **水果类** | **Fruit Group** | | | | | | |
| 红富士苹果 | Fuji apple | 9.96 | 10.21 | 10.44 | 10.40 | 10.44 | 10.34 |
| 香蕉 | Banana | 4.70 | 4.69 | 4.64 | 3.90 | 3.76 | 3.94 |
| 橙子 | Orange | 7.13 | 7.20 | 7.17 | 6.53 | 5.40 | 4.75 |

# 3-30 农产品集贸市场价格指数（2013年）

## Rural Market Fairs Price Indices of Agricultural Products（2013）

（上年同期=100） (preceding year=100)

| 指　标 | Item | 1 月 January | 2 月 February | 3 月 March | 4 月 April | 5 月 May | 6 月 June |
|---|---|---|---|---|---|---|---|
| **粮食类** | **Grain** | | | | | | |
| 籼稻 | Rice | 99.2 | 97.6 | 96.6 | 96.3 | 96.6 | 95.0 |
| 优质籼稻 | High-quality Rice | | | | | | |
| 粳稻 | Japonica | | | | | | |
| 小麦 | Wheat | 111.1 | | | | | 100.0 |
| 玉米 | Corn | 103.3 | 101.9 | 100.8 | 100.3 | 102.1 | 100.8 |
| 大豆 | Soybean | 107.7 | 108.9 | 108.7 | 109.1 | 110.7 | 108.8 |
| 籼米 | Indica | 101.3 | 94.4 | 100.8 | 100.6 | 101.3 | 101.1 |
| 优质籼米 | Quality Indica | | | | | | |
| 粳米 | Japonica | | | | | | |
| 面粉 | Flour | | | | | | |
| **经济作物类** | **Economic Crops Category** | | | | | | |
| 花生仁 | Peanuts | 101.9 | 98.6 | 97.1 | 95.2 | 91.5 | 92.8 |
| 花生油 | Peanut Oil | | | | | | |
| 菜籽油 | Rapeseed Oil | | | | | | |
| 豆油 | Soybean Oil | | | | | | |
| **畜产品类** | **Animal Products** | | | | | | |
| 活猪 | Live Pig | 94.2 | 101.0 | 92.8 | 94.5 | 96.2 | 95.4 |
| 仔猪 | Piglets | 83.1 | 81.0 | 78.2 | 74.6 | 76.4 | 81.5 |
| 猪肉 | Pork | 89.3 | 91.9 | 89.8 | 94.9 | 94.9 | 98.3 |
| 牛肉 | Beef | 133.3 | 135.8 | 129.2 | 128.0 | 126.6 | 123.9 |
| 羊肉 | Mutton | 122.5 | 108.6 | 110.2 | 113.6 | 116.2 | 115.9 |
| 活鸡 | Live Chicken | 105.8 | 110.2 | 105.0 | 82.7 | 79.3 | 81.9 |
| 鸡蛋 | Eggs | 103.6 | 112.0 | 105.5 | 106.4 | 106.7 | 101.4 |
| **水产品类** | **Aquatic Products** | | | | | | |
| 草鱼 | Grass Carp | 95.7 | 92.6 | 89.3 | 93.5 | 94.4 | 96.4 |
| 鲤鱼 | Cyprinoid | 95.3 | 95.8 | 96.2 | 100.0 | 103.4 | 100.2 |
| 链鱼 | Chub | 97.6 | 97.0 | 98.6 | 98.5 | 97.2 | 99.7 |
| 带鱼 | Belt Fish | | | | | | |
| **蔬菜类** | **Vegetables** | | | | | | |
| 大白菜 | Chinese Cabbage | 149.6 | 135.8 | 86.8 | 106.7 | 103.7 | 114.6 |
| 黄瓜 | Cucumber | 74.6 | 98.5 | 84.2 | 95.2 | 114.5 | 144.1 |
| 西红柿 | Tomato | 125.9 | 116.3 | 81.8 | 77.9 | 64.5 | 86.2 |
| 菜椒 | Green Pepper | 72.3 | 82.7 | 65.4 | 102.2 | 83.4 | 101.7 |
| 四季豆 | Kidney Bean | 108.4 | 110.7 | 102.4 | 129.4 | 102.7 | 132.6 |
| **水果类** | **Fruit Group** | | | | | | |
| 红富士苹果 | Fuji apple | 95.1 | 97.0 | 96.8 | 100.7 | 100.6 | 100.3 |
| 香蕉 | Banana | 88.5 | 98.5 | 94.7 | 101.7 | 112.5 | 122.3 |
| 橙子 | Orange | 121.1 | 123.1 | 124.3 | 148.8 | 150.7 | 151.2 |

3-30 续表 continued

（上年同期=100） (preceding year=100)

| 指 标 | Item | 7 月 July | 8 月 August | 9 月 September | 10 月 October | 11 月 November | 12 月 December |
|---|---|---|---|---|---|---|---|
| **粮食类** | **Grain** | | | | | | |
| 籼稻 | Rice | 95.4 | 95.7 | 95.6 | 95.3 | 96.1 | 96.8 |
| 优质籼稻 | High-quality Rice | | | | | | |
| 粳稻 | Japonica | | | | | | |
| 小麦 | Wheat | 100.0 | 100.0 | 100.0 | 100.0 | 102.0 | 104.0 |
| 玉米 | Corn | 98.9 | 100.0 | 100.6 | 100.4 | 101.1 | 102.1 |
| 大豆 | Soybean | 105.8 | 105.8 | 106.1 | 106.9 | 105.9 | 103.9 |
| 籼米 | Indica | 101.1 | 104.0 | 104.5 | 105.1 | 106.1 | 107.2 |
| 优质籼米 | Quality Indica | | | | | | |
| 粳米 | Japonica | | | | | | |
| 面粉 | Flour | | | | | | |
| **经济作物类** | **Economic Crops Category** | | | | | | |
| 花生仁 | Peanuts | 93.5 | 92.9 | 94.2 | 93.5 | 92.2 | 90.6 |
| 花生油 | Peanut Oil | | | | | | |
| 菜籽油 | Rapeseed Oil | | | | | | |
| 豆油 | Soybean Oil | | | | | | |
| **畜产品类** | **Animal Products** | | | | | | |
| 活猪 | Live Pig | 97.5 | 100.3 | 104.7 | 107.7 | 108.6 | 103.9 |
| 仔猪 | Piglets | 80.2 | 89.3 | 94.0 | 90.7 | 93.1 | 95.4 |
| 猪肉 | Pork | 100.0 | 106.4 | 106.3 | 109.2 | 108.2 | 107.0 |
| 牛肉 | Beef | 118.8 | 118.2 | 118.5 | 118.9 | 116.4 | 116.4 |
| 羊肉 | Mutton | 118.7 | 117.4 | 117.5 | 116.3 | 113.4 | 111.8 |
| 活鸡 | Live Chicken | 86.7 | 89.9 | 92.8 | 92.4 | 92.4 | 94.9 |
| 鸡蛋 | Eggs | 105.8 | 99.5 | 102.8 | 104.4 | 105.5 | 99.9 |
| **水产品类** | **Aquatic Products** | | | | | | |
| 草鱼 | Grass Carp | 100.0 | 101.9 | 104.3 | 108.6 | 109.5 | 108.4 |
| 鲤鱼 | Cyprinoid | 103.1 | 104.2 | 104.3 | 105.7 | 107.7 | 107.4 |
| 链鱼 | Chub | 101.9 | 103.4 | 109.6 | 107.2 | 105.6 | 108.0 |
| 带鱼 | Belt Fish | | | | | | |
| **蔬菜类** | **Vegetables** | | | | | | |
| 大白菜 | Chinese Cabbage | 112.8 | 122.8 | 129.7 | 135.7 | 139.5 | 101.3 |
| 黄瓜 | Cucumber | 106.6 | 113.3 | 144.3 | 150.6 | 107.3 | 124.9 |
| 西红柿 | Tomato | 84.0 | 101.1 | 89.6 | 136.2 | 128.5 | 133.0 |
| 菜椒 | Green Pepper | 122.0 | 154.9 | 147.5 | 144.8 | 133.2 | 131.4 |
| 四季豆 | Kidney Bean | 108.8 | 120.8 | 130.9 | 146.8 | 132.0 | 136.1 |
| **水果类** | **Fruit Group** | | | | | | |
| 红富士苹果 | Fuji apple | 100.6 | 104.3 | 107.2 | 106.7 | 109.9 | 108.2 |
| 香蕉 | Banana | 124.3 | 134.8 | 127.6 | 108.6 | 109.6 | 119.8 |
| 橙子 | Orange | 190.1 | 189.5 | 179.3 | 163.3 | 98.7 | 93.7 |

# 3-31 农产品集贸市场价格环比指数（2013年）

## Rural Market Fairs Price Chain Index of Agricultural Products（2013）

（上月=100）　　(preceding month=100)

| 指　标 | Item | 1 月 January | 2 月 February | 3 月 March | 4 月 April | 5 月 May | 6 月 June |
|---|---|---|---|---|---|---|---|
| **粮食类** | **Grain** | | | | | | |
| 籼稻 | Rice | 99.6 | 100.7 | 98.6 | 99.6 | 100.4 | 97.5 |
| 优质籼稻 | High-quality Rice | | | | | | |
| 粳稻 | Japonica | | | | | | |
| 小麦 | Wheat | 100.0 | 100.0 | 100.0 | 100.0 | 100.0 | 100.0 |
| 玉米 | Corn | 99.6 | 100.0 | 98.9 | 100.4 | 101.8 | 99.6 |
| 大豆 | Soybean | 101.0 | 102.3 | 98.3 | 99.6 | 101.9 | 98.9 |
| 籼米 | Indica | 100.2 | 93.9 | 107.2 | 99.8 | 100.4 | 99.8 |
| 优质籼米 | Quality Indica | | | | | | |
| 粳米 | Japonica | | | | | | |
| 面粉 | Flour | | | | | | |
| **经济作物类** | **Economic Crops Category** | | | | | | |
| 花生仁 | Peanuts | 99.9 | 99.4 | 100.1 | 98.2 | 97.7 | 99.7 |
| 花生油 | Peanut Oil | | | | | | |
| 菜籽油 | Rapeseed Oil | | | | | | |
| 豆油 | Soybean Oil | | | | | | |
| **畜产品类** | **Animal Products** | | | | | | |
| 活猪 | Live Pig | 105.7 | 100.6 | 88.9 | 89.5 | 99.3 | 103.1 |
| 仔猪 | Piglets | 103.1 | 101.6 | 96.6 | 90.8 | 96.7 | 103.9 |
| 猪肉 | Pork | 105.5 | 97.5 | 94.8 | 95.4 | 97.7 | 102.3 |
| 牛肉 | Beef | 102.7 | 105.9 | 97.3 | 100.4 | 100.0 | 100.6 |
| 羊肉 | Mutton | 105.0 | 97.2 | 102.9 | 101.9 | 102.3 | 98.8 |
| 活鸡 | Live Chicken | 104.6 | 101.2 | 95.2 | 79.7 | 95.9 | 104.5 |
| 鸡蛋 | Eggs | 100.4 | 101.3 | 94.4 | 95.2 | 100.2 | 100.6 |
| **水产品类** | **Aquatic Products** | | | | | | |
| 草鱼 | Grass Carp | 102.5 | 97.7 | 100.5 | 99.6 | 100.1 | 100.4 |
| 鲤鱼 | Cyprinoid | 102.0 | 99.5 | 99.5 | 99.0 | 99.2 | 100.0 |
| 链鱼 | Chub | 107.4 | 97.5 | 101.7 | 97.1 | 102.4 | 100.3 |
| 带鱼 | Belt Fish | | | | | | |
| **蔬菜类** | **Vegetables** | | | | | | |
| 大白菜 | Chinese Cabbage | 122.6 | 83.7 | 89.6 | 187.0 | 94.3 | 94.8 |
| 黄瓜 | Cucumber | 102.1 | 109.3 | 107.0 | 89.5 | 77.8 | 111.1 |
| 西红柿 | Tomato | 115.1 | 89.3 | 85.1 | 122.1 | 92.9 | 99.8 |
| 菜椒 | Green Pepper | 109.2 | 93.0 | 102.7 | 139.5 | 88.5 | 104.3 |
| 四季豆 | Kidney Bean | 133.9 | 102.1 | 102.7 | 126.9 | 69.7 | 99.1 |
| **水果类** | **Fruit Group** | | | | | | |
| 红富士苹果 | Fuji apple | 99.0 | 98.9 | 100.9 | 100.0 | 101.3 | 103.6 |
| 香蕉 | Banana | 110.3 | 108.5 | 102.8 | 109.9 | 101.1 | 104.7 |
| 橙子 | Orange | 99.6 | 99.6 | 102.4 | 124.3 | 105.2 | 100.0 |

3-31 续表 continued

（上月=100） (preceding month=100)

| 指 标 | Item | 7 月 July | 8 月 August | 9 月 September | 10 月 October | 11 月 November | 12 月 December |
|---|---|---|---|---|---|---|---|
| **粮食类** | **Grain** | | | | | | |
| 籼稻 | Rice | 98.2 | 99.6 | 100.0 | 100.0 | 101.1 | 101.5 |
| 优质籼稻 | High-quality Rice | | | | | | |
| 粳稻 | Japonica | | | | | | |
| 小麦 | Wheat | 100.0 | 100.0 | 100.0 | 100.0 | 102.0 | 102.0 |
| 玉米 | Corn | 100.0 | 100.7 | 100.0 | 99.3 | 100.7 | 101.1 |
| 大豆 | Soybean | 100.3 | 100.0 | 101.0 | 100.1 | 100.0 | 100.6 |
| 籼米 | Indica | 100.4 | 102.5 | 100.4 | 100.6 | 101.0 | 101.2 |
| 优质籼米 | Quality Indica | | | | | | |
| 粳米 | Japonica | | | | | | |
| 面粉 | Flour | | | | | | |
| **经济作物类** | **Economic Crops Category** | | | | | | |
| 花生仁 | Peanuts | 99.0 | 99.4 | 100.5 | 98.8 | 98.5 | 99.0 |
| 花生油 | Peanut Oil | | | | | | |
| 菜籽油 | Rapeseed Oil | | | | | | |
| 豆油 | Soybean Oil | | | | | | |
| **畜产品类** | **Animal Products** | | | | | | |
| 活猪 | Live Pig | 104.0 | 106.7 | 103.4 | 101.1 | 100.7 | 102.8 |
| 仔猪 | Piglets | 99.2 | 107.1 | 103.9 | 94.4 | 99.1 | 100.3 |
| 猪肉 | Pork | 101.8 | 107.7 | 102.2 | 101.1 | 100.0 | 101.6 |
| 牛肉 | Beef | 101.6 | 101.7 | 101.7 | 101.8 | 100.4 | 101.5 |
| 羊肉 | Mutton | 101.6 | 99.2 | 101.3 | 98.9 | 101.0 | 101.4 |
| 活鸡 | Live Chicken | 105.3 | 103.4 | 104.0 | 99.9 | 100.0 | 104.3 |
| 鸡蛋 | Eggs | 101.2 | 103.9 | 104.3 | 100.7 | 101.0 | 97.3 |
| **水产品类** | **Aquatic Products** | | | | | | |
| 草鱼 | Grass Carp | 102.8 | 101.9 | 99.2 | 102.1 | 99.8 | 101.6 |
| 鲤鱼 | Cyprinoid | 102.9 | 103.2 | 98.1 | 101.3 | 101.9 | 100.8 |
| 链鱼 | Chub | 103.6 | 100.1 | 101.3 | 98.6 | 96.3 | 101.8 |
| 带鱼 | Belt Fish | | | | | | |
| **蔬菜类** | **Vegetables** | | | | | | |
| 大白菜 | Chinese Cabbage | 100.0 | 128.5 | 103.4 | 79.2 | 75.3 | 83.2 |
| 黄瓜 | Cucumber | 95.1 | 126.8 | 106.4 | 93.6 | 91.2 | 123.5 |
| 西红柿 | Tomato | 90.0 | 120.6 | 104.4 | 121.6 | 95.0 | 102.5 |
| 菜椒 | Green Pepper | 98.1 | 112.7 | 100.0 | 98.3 | 85.3 | 105.5 |
| 四季豆 | Kidney Bean | 108.8 | 121.8 | 95.4 | 95.8 | 81.9 | 111.5 |
| **水果类** | **Fruit Group** | | | | | | |
| 红富士苹果 | Fuji apple | 100.6 | 102.5 | 102.3 | 99.6 | 100.4 | 99.0 |
| 香蕉 | Banana | 99.8 | 99.8 | 98.9 | 84.1 | 96.4 | 104.8 |
| 橙子 | Orange | 105.9 | 101.0 | 99.6 | 91.1 | 82.7 | 88.0 |

# 3-32 农产品集贸市场价格及指数

## Rural Market Fairs Prices of Agricultural Products and Indices

| 指标 | Item | 1月 January | | | | | | | | |
|---|---|---|---|---|---|---|---|---|---|---|
| | | 价格（元/公斤）Price（yuan/kg） | | | 价格变动（上月=100）Price Movements（preceding month=100） | | | 价格变动（上年同期=100）Price Movements（preceding year=100） | | |
| | | 2010 | 2011 | 2012 | 2010 | 2011 | 2012 | 2010 | 2011 | 2012 |
| **粮食类** | **Grain** | | | | | | | | | |
| 籼稻 | Rice | 2.31 | 2.49 | 2.83 | 100.1 | 100.4 | 100.4 | 103.7 | 107.8 | 113.8 |
| 优质籼稻 | High-quality Rice | 2.73 | 3.04 | | 101.6 | 102.6 | | 105.1 | 111.3 | |
| 粳稻 | Japonica | 2.42 | 2.70 | | 100.3 | 102.7 | | 106.6 | 111.6 | |
| 小麦 | Wheat | 3.20 | 4.00 | 4.50 | 100.0 | 100.0 | 100.0 | 94.1 | 125.0 | 112.5 |
| 玉米 | Corn | 2.17 | 2.54 | 2.70 | 104.3 | 102.3 | 99.5 | 116.4 | 116.9 | 106.3 |
| 大豆 | Soybean | 6.35 | 6.63 | 6.50 | 101.2 | 102.1 | 99.2 | 103.6 | 104.3 | 98.0 |
| 籼米 | Indica | 3.56 | 4.18 | 4.70 | 100.7 | 103.1 | 99.7 | 105.6 | 117.3 | 112.4 |
| 优质籼米 | Quality Indica | 4.31 | 5.01 | | 101.5 | 104.9 | | 104.4 | 116.3 | |
| 粳米 | Japonica | 3.85 | 4.45 | | 101.3 | 106.0 | | 107.5 | 115.6 | |
| 面粉 | Flour | 3.39 | 3.81 | 4.08 | 100.0 | 101.7 | 100.0 | 103.0 | 112.5 | 107.0 |
| **经济作物类** | **Economic crops category** | | | | | | | | | |
| 花生仁 | Peanuts | 10.68 | 10.88 | 13.75 | 106.5 | 101.2 | 100.0 | 132.1 | 101.8 | 126.4 |
| 花生油 | Peanut Oil | 18.70 | 21.75 | 27.13 | 101.8 | 100.3 | 102.4 | 111.6 | 116.3 | 124.7 |
| 菜籽油 | Rapeseed Oil | 12.87 | 14.33 | 17.27 | 101.0 | 101.2 | 102.0 | 88.7 | 111.4 | 120.5 |
| 豆油 | Soybean Oil | 11.50 | 13.00 | 17.30 | 100.9 | 100.0 | 103.0 | 85.2 | 113.0 | 133.1 |
| **畜产品类** | **Animal Products** | | | | | | | | | |
| 活猪 | Live Pig | 11.88 | 14.51 | 16.99 | 98.3 | 99.7 | 100.7 | 89.4 | 122.2 | 117.1 |
| 仔猪 | Piglets | 13.13 | 15.65 | 24.53 | 99.1 | 97.8 | 99.2 | 88.9 | 119.2 | 156.7 |
| 猪肉 | Pork | 18.00 | 22.25 | 26.50 | 98.6 | 98.3 | 102.4 | 88.0 | 123.6 | 119.1 |
| 牛肉 | Beef | 36.38 | 36.50 | 43.50 | 100.7 | 102.1 | 112.3 | 100.3 | 100.3 | 119.2 |
| 羊肉 | Mutton | 40.57 | 43.00 | 55.29 | 99.0 | 105.5 | 105.4 | 104.0 | 106.0 | 128.6 |
| 活鸡 | Live Chicken | 15.91 | 20.63 | 21.50 | 100.0 | 106.1 | 103.6 | 84.9 | 129.6 | 104.2 |
| 鸡蛋 | Eggs | 9.33 | 11.25 | 11.50 | 100.5 | 102.0 | 95.4 | 102.0 | 120.6 | 102.2 |
| **水产品类** | **Aquatic Products** | | | | | | | | | |
| 草鱼 | Grass Carp | 10.88 | 13.13 | 14.38 | 100.5 | 101.9 | 101.8 | 86.0 | 120.6 | 109.5 |
| 鲤鱼 | Cyprinoid | 9.58 | 10.88 | 13.25 | 97.0 | 101.2 | 101.9 | 87.4 | 113.5 | 121.8 |
| 链鱼 | Chub | 5.89 | 7.07 | 7.86 | 99.5 | 99.7 | 103.8 | 82.8 | 120.1 | 111.1 |
| 带鱼 | Belt Fish | 14.00 | 17.50 | | | 100.0 | | 107.7 | 125.0 | |
| **蔬菜类** | **Vegetables** | | | | | | | | | |
| 大白菜 | Chinese Cabbage | 2.00 | 1.85 | 1.93 | 97.0 | 112.8 | 104.1 | 139.9 | 92.5 | 104.1 |
| 黄瓜 | Cucumber | 3.03 | 4.16 | 5.77 | 112.8 | 161.1 | 126.9 | 72.8 | 137.2 | 138.6 |
| 西红柿 | Tomato | 2.88 | 3.80 | 3.88 | 98.3 | 124.6 | 119.2 | 72.8 | 131.9 | 102.0 |
| 菜椒 | Green Pepper | 4.28 | 5.13 | 7.69 | 94.0 | 143.2 | 151.9 | 67.9 | 119.7 | 149.9 |
| 四季豆 | Kidney Bean | 3.15 | 4.52 | 5.72 | 123.5 | 145.8 | 138.8 | 64.0 | 143.5 | 126.5 |
| **水果类** | **Fruit Group** | | | | | | | | | |
| 红富士苹果 | Fuji apple | 8.50 | 10.08 | 9.95 | 104.3 | 104.6 | 101.3 | 114.9 | 118.5 | 98.7 |
| 香蕉 | Banana | 2.18 | 3.70 | 4.10 | 111.5 | 104.8 | 103.1 | 83.7 | 169.7 | 110.8 |
| 橙子 | Orange | 2.75 | 3.79 | 4.17 | 104.8 | 114.0 | 100.3 | 117.0 | 137.7 | 110.1 |

3-32 续表 1 continued

| 指 标 | Item | 2 月 February 价格（元/公斤）Price（yuan/kg） 2010 | 2011 | 2012 | 价格变动（上月=100）Price Movements（preceding month=100） 2010 | 2011 | 2012 | 价格变动（上年同期=100）Price Movements（preceding year=100） 2010 | 2011 | 2012 |
|---|---|---|---|---|---|---|---|---|---|---|
| **粮食类** | **Grain** | | | | | | | | | |
| 籼稻 | Rice | 2.32 | 2.61 | 2.90 | 100.4 | 104.7 | 102.4 | 101.4 | 112.3 | 111.1 |
| 优质籼稻 | High-quality Rice | 2.75 | 3.10 | | 100.6 | 102.1 | | 103.0 | 112.7 | |
| 粳稻 | Japonica | 2.41 | 2.90 | | 99.7 | 107.4 | | 101.8 | 120.3 | |
| 小麦 | Wheat | 3.20 | 4.10 | | 100.0 | 102.5 | | 93.3 | 128.1 | |
| 玉米 | Corn | 2.21 | 2.54 | 2.74 | 101.8 | 100.2 | 101.4 | 120.5 | 115.0 | 107.8 |
| 大豆 | Soybean | 6.41 | 6.63 | 6.58 | 101.0 | 100.0 | 101.2 | 108.5 | 103.4 | 99.2 |
| 籼米 | Indica | 3.59 | 4.23 | 4.74 | 100.7 | 101.2 | 100.8 | 104.5 | 117.7 | 112.0 |
| 优质籼米 | Quality Indica | 4.31 | 5.19 | | 100.0 | 103.5 | | 101.2 | 120.4 | |
| 粳米 | Japonica | 3.90 | 4.70 | | 101.3 | 105.6 | | 104.3 | 120.5 | |
| 面粉 | Flour | 3.40 | 3.89 | 4.08 | 100.4 | 102.0 | 100.0 | 103.3 | 114.3 | 104.8 |
| **经济作物类** | **Economic crops category** | | | | | | | | | |
| 花生仁 | Peanuts | 10.68 | 10.88 | 14.13 | 100.0 | 100.0 | 102.7 | 138.1 | 101.8 | 129.8 |
| 花生油 | Peanut Oil | 18.95 | 21.75 | 27.25 | 101.3 | 100.0 | 100.5 | 116.2 | 114.8 | 125.3 |
| 菜籽油 | Rapeseed Oil | 12.80 | 14.00 | 17.93 | 99.5 | 97.7 | 103.9 | 109.7 | 109.4 | 128.1 |
| 豆油 | Soybean Oil | 11.50 | 13.00 | 17.80 | 100.0 | 100.0 | 102.9 | 95.8 | 113.0 | 136.9 |
| **畜产品类** | **Animal Products** | | | | | | | | | |
| 活猪 | Live Pig | 11.50 | 15.09 | 15.93 | 96.8 | 104.0 | 93.7 | 88.6 | 131.2 | 105.5 |
| 仔猪 | Piglets | 13.18 | 16.08 | 25.56 | 100.4 | 102.7 | 104.2 | 86.4 | 122.0 | 159.0 |
| 猪肉 | Pork | 18.63 | 23.13 | 25.13 | 103.5 | 103.9 | 94.8 | 93.7 | 124.1 | 108.6 |
| 牛肉 | Beef | 37.00 | 37.00 | 45.25 | 101.7 | 101.4 | 104.0 | 101.0 | 100.0 | 122.3 |
| 羊肉 | Mutton | 41.75 | 44.25 | 60.57 | 102.9 | 102.9 | 109.6 | 105.9 | 106.0 | 136.9 |
| 活鸡 | Live Chicken | 16.39 | 20.63 | 20.90 | 103.0 | 100.0 | 97.2 | 91.8 | 125.8 | 101.3 |
| 鸡蛋 | Eggs | 9.40 | 11.33 | 10.78 | 100.8 | 100.7 | 93.7 | 103.3 | 120.5 | 95.1 |
| **水产品类** | **Aquatic Products** | | | | | | | | | |
| 草鱼 | Grass Carp | 11.38 | 13.25 | 14.50 | 104.6 | 101.0 | 100.9 | 96.8 | 116.4 | 109.4 |
| 鲤鱼 | Cyprinoid | 10.20 | 11.75 | 13.13 | 106.5 | 108.0 | 99.1 | 103.2 | 115.2 | 111.7 |
| 链鱼 | Chub | 6.00 | 7.33 | 7.71 | 101.9 | 103.7 | 98.2 | 89.4 | 122.2 | 105.2 |
| 带鱼 | Belt Fish | 16.00 | 20.00 | | 114.3 | 114.3 | | 123.1 | 125.0 | |
| **蔬菜类** | **Vegetables** | | | | | | | | | |
| 大白菜 | Chinese Cabbage | 2.23 | 1.95 | 1.78 | 111.3 | 105.4 | 92.2 | 180.9 | 87.4 | 91.0 |
| 黄瓜 | Cucumber | 3.39 | 4.53 | 4.77 | 111.8 | 108.8 | 82.7 | 127.8 | 133.5 | 105.3 |
| 西红柿 | Tomato | 2.78 | 3.23 | 3.75 | 96.5 | 84.9 | 96.8 | 115.6 | 116.0 | 116.1 |
| 菜椒 | Green Pepper | 4.06 | 5.71 | 6.25 | 95.0 | 111.5 | 81.3 | 99.6 | 140.7 | 109.5 |
| 四季豆 | Kidney Bean | 2.93 | 5.20 | 5.72 | 93.1 | 115.0 | 100.0 | 83.8 | 177.5 | 110.0 |
| **水果类** | **Fruit Group** | | | | | | | | | |
| 红富士苹果 | Fuji apple | 8.93 | 10.35 | 9.65 | 105.0 | 102.7 | 97.0 | 123.1 | 115.9 | 93.2 |
| 香蕉 | Banana | 2.70 | 3.60 | 4.00 | 124.1 | 97.3 | 97.6 | 129.8 | 133.3 | 111.1 |
| 橙子 | Orange | 3.13 | 4.50 | 4.09 | 113.8 | 118.9 | 97.9 | 140.3 | 143.8 | 90.8 |

3-32 续表 2 continued

| 指 标 | Item | 3月 March 价格（元/公斤）Price（yuan/kg）2010 | 2011 | 2012 | 价格变动（上月=100）Price Movements（preceding month=100）2010 | 2011 | 2012 | 价格变动（上年同期=100）Price Movements（preceding year=100）2010 | 2011 | 2012 |
|---|---|---|---|---|---|---|---|---|---|---|
| **粮食类** | **Grain** | | | | | | | | | |
| 籼稻 | Rice | 2.33 | 2.73 | 2.89 | 100.3 | 104.6 | 99.6 | 102.6 | 117.0 | 105.8 |
| 优质籼稻 | High-quality Rice | 2.75 | 3.19 | | 100.0 | 102.8 | | 104.2 | 115.9 | |
| 粳稻 | Japonica | 2.43 | 3.00 | | 100.8 | 103.4 | | 103.5 | 123.5 | |
| 小麦 | Wheat | 3.20 | 4.10 | | 100.0 | 100.0 | | 88.9 | 128.1 | |
| 玉米 | Corn | 2.26 | 2.61 | 2.74 | 102.5 | 102.5 | 100.0 | 120.2 | 115.3 | 104.9 |
| 大豆 | Soybean | 6.36 | 6.63 | 6.48 | 99.2 | 100.0 | 98.5 | 106.9 | 104.2 | 97.7 |
| 籼米 | Indica | 3.57 | 4.40 | 4.75 | 99.7 | 104.1 | 100.3 | 105.4 | 123.2 | 108.0 |
| 优质籼米 | Quality Indica | 4.35 | 5.38 | | 100.9 | 103.6 | | 102.6 | 123.6 | |
| 粳米 | Japonica | 4.03 | 4.75 | | 103.2 | 101.1 | | 105.9 | 117.9 | |
| 面粉 | Flour | 3.40 | 3.91 | 4.08 | 100.0 | 100.6 | 100.0 | 103.0 | 115.1 | 104.2 |
| **经济作物类** | **Economic crops category** | | | | | | | | | |
| 花生仁 | Peanuts | 10.53 | 10.80 | 14.35 | 98.6 | 99.3 | 101.6 | 147.2 | 102.6 | 132.9 |
| 花生油 | Peanut Oil | 18.69 | 22.38 | 27.13 | 98.6 | 102.9 | 99.5 | 121.3 | 119.7 | 121.2 |
| 菜籽油 | Rapeseed Oil | 13.33 | 14.67 | 17.67 | 104.2 | 104.8 | 98.5 | 117.7 | 110.0 | 120.4 |
| 豆油 | Soybean Oil | 12.00 | 13.50 | 17.90 | 104.3 | 103.8 | 100.6 | 109.1 | 112.5 | 132.6 |
| **畜产品类** | **Animal Products** | | | | | | | | | |
| 活猪 | Live Pig | 10.65 | 15.98 | 15.41 | 92.6 | 105.9 | 96.8 | 85.0 | 150.0 | 96.4 |
| 仔猪 | Piglets | 12.38 | 17.40 | 25.59 | 93.9 | 108.2 | 100.1 | 83.4 | 140.5 | 147.1 |
| 猪肉 | Pork | 16.75 | 24.50 | 24.38 | 89.9 | 105.9 | 97.0 | 86.2 | 146.3 | 99.5 |
| 牛肉 | Beef | 35.63 | 34.75 | 46.25 | 96.3 | 93.9 | 102.2 | 99.0 | 97.5 | 133.1 |
| 羊肉 | Mutton | 39.13 | 46.00 | 61.43 | 93.7 | 104.0 | 101.4 | 100.7 | 117.6 | 133.5 |
| 活鸡 | Live Chicken | 15.84 | 20.63 | 20.88 | 96.6 | 100.0 | 99.9 | 92.9 | 130.2 | 101.2 |
| 鸡蛋 | Eggs | 9.31 | 11.00 | 10.80 | 99.1 | 97.1 | 100.2 | 102.6 | 118.2 | 98.2 |
| **水产品类** | **Aquatic Products** | | | | | | | | | |
| 草鱼 | Grass Carp | 11.08 | 13.75 | 15.13 | 97.4 | 103.8 | 104.3 | 95.6 | 124.1 | 110.0 |
| 鲤鱼 | Cyprinoid | 9.78 | 11.57 | 13.00 | 95.8 | 98.5 | 99.0 | 94.2 | 118.3 | 112.4 |
| 链鱼 | Chub | 6.09 | 7.73 | 7.71 | 101.4 | 105.5 | 100.0 | 93.8 | 127.0 | 99.8 |
| 带鱼 | Belt Fish | 17.00 | 16.00 | | 106.3 | 80.0 | | 130.8 | 94.1 | |
| **蔬菜类** | **Vegetables** | | | | | | | | | |
| 大白菜 | Chinese Cabbage | 2.30 | 1.73 | 2.49 | 103.4 | 88.5 | 140.1 | 116.8 | 75.0 | 143.8 |
| 黄瓜 | Cucumber | 4.13 | 4.18 | 5.97 | 121.8 | 92.3 | 125.1 | 111.5 | 101.1 | 142.9 |
| 西红柿 | Tomato | 2.88 | 3.70 | 4.54 | 103.6 | 114.7 | 121.0 | 89.8 | 128.5 | 122.6 |
| 菜椒 | Green Pepper | 4.16 | 7.81 | 8.13 | 102.5 | 136.8 | 130.0 | 98.9 | 187.8 | 104.0 |
| 四季豆 | Kidney Bean | 3.40 | 5.72 | 6.35 | 115.9 | 110.0 | 111.0 | 84.2 | 168.2 | 111.0 |
| **水果类** | **Fruit Group** | | | | | | | | | |
| 红富士苹果 | Fuji apple | 8.68 | 10.25 | 9.75 | 97.2 | 99.0 | 101.0 | 121.7 | 118.1 | 95.1 |
| 香蕉 | Banana | 2.84 | 3.80 | 4.28 | 105.3 | 105.6 | 106.9 | 109.3 | 133.8 | 112.5 |
| 橙子 | Orange | 3.26 | 4.46 | 4.14 | 104.1 | 99.2 | 101.4 | 116.3 | 136.9 | 92.9 |

3-32 续表 3 continued

| 指 标 | Item | 4 月 April 价格（元/公斤）Price（yuan/kg） | | | 价格变动（上月=100）Price Movements（preceding month=100） | | | 价格变动（上年同期=100）Price Movements（preceding year=100） | | |
|---|---|---|---|---|---|---|---|---|---|---|
| | | 2010 | 2011 | 2012 | 2010 | 2011 | 2012 | 2010 | 2011 | 2012 |
| **粮食类** | **Grain** | | | | | | | | | |
| 籼稻 | Rice | 2.34 | 2.73 | 2.89 | 100.6 | 100.3 | 100.0 | 101.0 | 116.8 | 105.8 |
| 优质籼稻 | High-quality Rice | 2.80 | 3.24 | | 101.8 | 101.8 | | 105.3 | 115.8 | |
| 粳稻 | Japonica | 2.42 | 3.00 | | 99.5 | 100.0 | | 97.6 | 124.0 | |
| 小麦 | Wheat | 3.20 | 4.15 | | 100.0 | 101.2 | | 96.1 | 129.7 | |
| 玉米 | Corn | 2.33 | 2.61 | 2.76 | 103.1 | 100.0 | 100.9 | 122.6 | 111.9 | 105.8 |
| 大豆 | Soybean | 6.45 | 6.63 | 6.43 | 101.4 | 100.0 | 99.2 | 107.0 | 102.7 | 96.9 |
| 籼米 | Indica | 3.61 | 4.49 | 4.75 | 101.1 | 102.0 | 100.0 | 105.0 | 124.3 | 105.8 |
| 优质籼米 | Quality Indica | 4.41 | 5.44 | | 101.4 | 101.2 | | 102.6 | 123.3 | |
| 粳米 | Japonica | 4.05 | 4.83 | | 100.6 | 101.6 | | 105.7 | 119.1 | |
| 面粉 | Flour | 3.40 | 3.84 | 4.08 | 100.0 | 98.1 | 100.0 | 104.3 | 112.9 | 106.1 |
| **经济作物类** | **Economic crops category** | | | | | | | | | |
| 花生仁 | Peanuts | 10.43 | 11.25 | 14.38 | 99.1 | 104.2 | 100.2 | 143.3 | 107.9 | 127.8 |
| 花生油 | Peanut Oil | 18.80 | 22.63 | 27.50 | 100.6 | 101.1 | 101.4 | 121.3 | 120.3 | 121.5 |
| 菜籽油 | Rapeseed Oil | 13.40 | 14.67 | 17.73 | 100.5 | 100.0 | 100.4 | 117.5 | 109.5 | 120.9 |
| 豆油 | Soybean Oil | 12.00 | 13.50 | 18.00 | 100.0 | 100.0 | 100.6 | 109.1 | 112.5 | 133.3 |
| **畜产品类** | **Animal Products** | | | | | | | | | |
| 活猪 | Live Pig | 10.00 | 15.69 | 13.55 | 93.9 | 98.2 | 87.9 | 89.3 | 156.9 | 86.4 |
| 仔猪 | Piglets | 10.93 | 17.93 | 24.34 | 88.3 | 103.0 | 95.1 | 77.9 | 164.0 | 135.7 |
| 猪肉 | Pork | 16.44 | 24.38 | 22.00 | 98.1 | 99.5 | 90.3 | 88.7 | 148.3 | 90.2 |
| 牛肉 | Beef | 34.88 | 35.00 | 46.88 | 97.9 | 100.7 | 101.4 | 97.2 | 100.3 | 133.9 |
| 羊肉 | Mutton | 39.71 | 47.57 | 60.71 | 101.5 | 103.4 | 98.8 | 102.6 | 119.8 | 127.6 |
| 活鸡 | Live Chicken | 15.04 | 20.25 | 21.13 | 94.9 | 98.2 | 101.2 | 88.6 | 134.6 | 104.3 |
| 鸡蛋 | Eggs | 9.09 | 10.88 | 10.19 | 97.6 | 98.9 | 94.3 | 102.3 | 119.6 | 93.6 |
| **水产品类** | **Aquatic Products** | | | | | | | | | |
| 草鱼 | Grass Carp | 11.00 | 13.38 | 14.38 | 99.3 | 97.3 | 95.0 | 94.6 | 121.6 | 107.4 |
| 鲤鱼 | Cyprinoid | 9.98 | 12.25 | 12.38 | 102.0 | 105.9 | 95.2 | 94.5 | 122.7 | 101.0 |
| 链鱼 | Chub | 5.97 | 7.36 | 7.50 | 98.1 | 95.1 | 97.2 | 98.5 | 123.2 | 101.9 |
| 带鱼 | Belt Fish | 16.50 | 20.00 | | 97.1 | 125.0 | | 126.9 | 121.2 | |
| **蔬菜类** | **Vegetables** | | | | | | | | | |
| 大白菜 | Chinese Cabbage | 2.46 | 1.90 | 3.79 | 107.1 | 110.1 | 152.3 | 100.1 | 77.2 | 199.3 |
| 黄瓜 | Cucumber | 3.70 | 3.23 | 4.73 | 89.7 | 77.2 | 79.2 | 130.7 | 87.2 | 146.4 |
| 西红柿 | Tomato | 3.33 | 3.55 | 5.81 | 115.7 | 95.9 | 128.1 | 111.6 | 106.6 | 163.7 |
| 菜椒 | Green Pepper | 4.49 | 4.56 | 7.25 | 107.8 | 58.4 | 89.2 | 100.8 | 101.6 | 159.0 |
| 四季豆 | Kidney Bean | 3.90 | 4.83 | 6.38 | 114.7 | 84.5 | 100.4 | 125.4 | 123.9 | 132.0 |
| **水果类** | **Fruit Group** | | | | | | | | | |
| 红富士苹果 | Fuji apple | 8.73 | 10.38 | 9.38 | 100.6 | 101.2 | 96.2 | 125.9 | 118.8 | 90.3 |
| 香蕉 | Banana | 3.84 | 5.46 | 4.38 | 135.1 | 143.8 | 102.3 | 115.3 | 142.3 | 80.1 |
| 橙子 | Orange | 3.31 | 5.00 | 4.30 | 101.6 | 112.0 | 103.8 | 114.9 | 151.1 | 86.0 |

3-32 续表 4 continued

| 指 标 | Item | 5 月 May | | | | | | | | |
|---|---|---|---|---|---|---|---|---|---|---|
| | | 价格（元/公斤）Price（yuan/kg） | | | 价格变动（上月=100）Price Movements（preceding month=100） | | | 价格变动（上年同期=100）Price Movements（preceding year=100） | | |
| | | 2010 | 2011 | 2012 | 2010 | 2011 | 2012 | 2010 | 2011 | 2012 |
| **粮食类** | **Grain** | | | | | | | | | |
| 籼稻 | Rice | 2.36 | 2.78 | 2.89 | 100.9 | 101.6 | 100.0 | 102.7 | 117.6 | 103.9 |
| 优质籼稻 | High-quality Rice | 2.82 | 3.30 | | 100.7 | 101.7 | | 106.4 | 117.0 | |
| 粳稻 | Japonica | 2.51 | 2.80 | | 103.7 | 93.3 | | 105.5 | 111.6 | |
| 小麦 | Wheat | 3.20 | 4.25 | | 100.0 | 102.4 | | 96.1 | 132.8 | |
| 玉米 | Corn | 2.37 | 2.61 | 2.76 | 101.7 | 100.2 | 100.0 | 124.7 | 110.2 | 105.8 |
| 大豆 | Soybean | 6.50 | 6.63 | 6.45 | 100.8 | 100.0 | 100.4 | 112.5 | 101.9 | 97.3 |
| 籼米 | Indica | 3.70 | 4.59 | 4.74 | 102.4 | 102.2 | 99.7 | 108.2 | 124.0 | 103.2 |
| 优质籼米 | Quality Indica | 4.49 | 5.60 | | 101.7 | 103.0 | | 104.1 | 124.7 | |
| 粳米 | Japonica | 4.10 | 4.90 | | 101.2 | 101.6 | | 108.5 | 119.5 | |
| 面粉 | Flour | 3.43 | 3.84 | 4.09 | 100.7 | 100.0 | 100.3 | 106.0 | 111.9 | 106.4 |
| **经济作物类** | **Economic crops category** | | | | | | | | | |
| 花生仁 | Peanuts | 10.45 | 12.00 | 14.63 | 100.2 | 106.7 | 101.7 | 144.1 | 114.8 | 121.9 |
| 花生油 | Peanut Oil | 18.88 | 23.75 | 27.50 | 100.4 | 105.0 | 100.0 | 125.4 | 125.8 | 115.8 |
| 菜籽油 | Rapeseed Oil | 13.50 | 14.67 | 17.40 | 100.7 | 100.0 | 98.1 | 119.2 | 108.6 | 118.6 |
| 豆油 | Soybean Oil | 12.00 | 13.50 | 18.00 | 100.0 | 100.0 | 100.0 | 109.1 | 112.5 | 133.3 |
| **畜产品类** | **Animal Products** | | | | | | | | | |
| 活猪 | Live Pig | 9.61 | 16.08 | 13.21 | 96.1 | 102.5 | 97.5 | 93.3 | 167.3 | 82.2 |
| 仔猪 | Piglets | 10.76 | 20.25 | 22.98 | 98.5 | 113.0 | 94.4 | 81.3 | 188.2 | 113.5 |
| 猪肉 | Pork | 15.75 | 25.00 | 21.50 | 95.8 | 102.6 | 97.7 | 92.1 | 158.7 | 86.0 |
| 牛肉 | Beef | 35.13 | 35.50 | 47.38 | 100.7 | 101.4 | 101.1 | 100.7 | 101.1 | 133.5 |
| 羊肉 | Mutton | 39.86 | 46.71 | 60.71 | 100.4 | 98.2 | 100.0 | 103.0 | 117.2 | 130.0 |
| 活鸡 | Live Chicken | 15.83 | 20.69 | 21.13 | 105.2 | 102.2 | 100.0 | 98.0 | 130.7 | 102.1 |
| 鸡蛋 | Eggs | 9.06 | 11.08 | 10.18 | 99.7 | 101.8 | 99.9 | 101.3 | 122.2 | 91.8 |
| **水产品类** | **Aquatic Products** | | | | | | | | | |
| 草鱼 | Grass Carp | 10.90 | 13.75 | 14.25 | 99.1 | 102.8 | 99.1 | 92.8 | 126.1 | 103.6 |
| 鲤鱼 | Cyprinoid | 10.06 | 12.50 | 11.88 | 100.9 | 102.0 | 96.0 | 95.4 | 124.3 | 95.0 |
| 链鱼 | Chub | 5.77 | 7.50 | 7.79 | 96.6 | 101.9 | 103.8 | 95.2 | 130.0 | 103.8 |
| 带鱼 | Belt Fish | 16.00 | 20.00 | | 97.0 | 100.0 | | 114.3 | 125.0 | |
| **蔬菜类** | **Vegetables** | | | | | | | | | |
| 大白菜 | Chinese Cabbage | 2.60 | 2.37 | 3.68 | 105.6 | 124.8 | 97.0 | 100.0 | 91.2 | 155.1 |
| 黄瓜 | Cucumber | 2.70 | 2.63 | 3.06 | 73.0 | 81.4 | 64.7 | 118.4 | 97.2 | 116.2 |
| 西红柿 | Tomato | 2.91 | 3.65 | 6.53 | 87.6 | 102.8 | 112.3 | 105.9 | 125.4 | 178.8 |
| 菜椒 | Green Pepper | 4.78 | 4.09 | 7.86 | 106.4 | 89.6 | 108.4 | 127.3 | 85.5 | 192.2 |
| 四季豆 | Kidney Bean | 4.00 | 4.50 | 5.60 | 102.6 | 93.1 | 87.8 | 144.4 | 112.5 | 124.4 |
| **水果类** | **Fruit Group** | | | | | | | | | |
| 红富士苹果 | Fuji apple | 9.28 | 10.88 | 9.50 | 106.3 | 104.8 | 101.3 | 119.2 | 117.2 | 87.3 |
| 香蕉 | Banana | 3.87 | 4.55 | 4.00 | 100.8 | 83.3 | 91.4 | 106.6 | 117.6 | 87.9 |
| 橙子 | Orange | 3.57 | 5.33 | 4.47 | 107.9 | 106.7 | 103.9 | 123.5 | 149.4 | 83.8 |

3-32 续表 5 continued

| 指 标 | Item | 6 月 June | | | | | | | | |
|---|---|---|---|---|---|---|---|---|---|---|
| | | 价格（元/公斤）Price（yuan/kg） | | | 价格变动（上月=100）Price Movements（preceding month=100） | | | 价格变动（上年同期=100）Price Movements（preceding year=100） | | |
| | | 2010 | 2011 | 2012 | 2010 | 2011 | 2012 | 2010 | 2011 | 2012 |
| **粮食类** | **Grain** | | | | | | | | | |
| 籼稻 | Rice | 2.35 | 2.78 | 2.86 | 99.3 | 100.3 | 99.2 | 101.1 | 118.4 | 103.0 |
| 优质籼稻 | High-quality Rice | 2.80 | 3.31 | | 99.3 | 100.2 | | 103.7 | 118.0 | |
| 粳稻 | Japonica | 2.55 | 2.80 | | 101.6 | 100.0 | | 107.1 | 109.8 | |
| 小麦 | Wheat | 3.20 | 4.40 | 5.00 | 100.0 | 103.5 | | 96.1 | 137.5 | 113.6 |
| 玉米 | Corn | 2.39 | 2.63 | 2.79 | 101.0 | 100.7 | 100.9 | 127.3 | 110.0 | 106.0 |
| 大豆 | Soybean | 6.45 | 6.60 | 6.49 | 99.2 | 99.6 | 100.6 | 108.4 | 102.3 | 98.3 |
| 籼米 | Indica | 3.70 | 4.60 | 4.74 | 100.0 | 100.3 | 100.0 | 105.7 | 124.3 | 103.0 |
| 优质籼米 | Quality Indica | 4.53 | 5.63 | | 100.8 | 100.4 | | 104.7 | 124.2 | |
| 粳米 | Japonica | 4.15 | 4.55 | | 101.2 | 92.9 | | 111.3 | 109.6 | |
| 面粉 | Flour | 3.41 | 3.85 | 4.09 | 99.6 | 100.3 | 100.0 | 105.7 | 112.9 | 106.2 |
| **经济作物类** | **Economic crops category** | | | | | | | | | |
| 花生仁 | Peanuts | 10.35 | 13.39 | 14.38 | 99.0 | 111.6 | 98.3 | 143.2 | 129.3 | 107.4 |
| 花生油 | Peanut Oil | 18.75 | 25.38 | 27.13 | 99.3 | 106.8 | 98.6 | 124.6 | 135.3 | 106.9 |
| 菜籽油 | Rapeseed Oil | 13.67 | 14.67 | 17.73 | 101.3 | 100.0 | 101.9 | 120.7 | 107.3 | 120.9 |
| 豆油 | Soybean Oil | 12.50 | 13.50 | 18.00 | 104.2 | 100.0 | 100.0 | 113.6 | 108.0 | 133.3 |
| **畜产品类** | **Animal Products** | | | | | | | | | |
| 活猪 | Live Pig | 9.49 | 17.56 | 13.74 | 98.7 | 109.3 | 104.0 | 98.8 | 185.1 | 78.2 |
| 仔猪 | Piglets | 10.28 | 23.08 | 22.38 | 95.5 | 114.0 | 97.4 | 83.3 | 224.5 | 96.9 |
| 猪肉 | Pork | 15.56 | 26.95 | 21.25 | 98.8 | 107.8 | 98.8 | 95.5 | 173.2 | 78.8 |
| 牛肉 | Beef | 35.00 | 35.38 | 48.75 | 99.6 | 99.6 | 102.9 | 100.3 | 101.1 | 137.8 |
| 羊肉 | Mutton | 39.86 | 47.43 | 60.14 | 100.0 | 101.5 | 99.1 | 102.6 | 119.0 | 126.8 |
| 活鸡 | Live Chicken | 17.03 | 21.56 | 21.38 | 107.6 | 104.2 | 101.2 | 106.2 | 126.6 | 99.1 |
| 鸡蛋 | Eggs | 9.06 | 11.25 | 10.78 | 100.0 | 101.6 | 105.9 | 103.0 | 124.2 | 95.8 |
| **水产品类** | **Aquatic Products** | | | | | | | | | |
| 草鱼 | Grass Carp | 11.25 | 13.75 | 14.00 | 103.2 | 100.0 | 98.2 | 100.9 | 122.2 | 101.8 |
| 鲤鱼 | Cyprinoid | 10.10 | 12.63 | 12.25 | 100.4 | 101.0 | 103.2 | 99.0 | 125.0 | 97.0 |
| 链鱼 | Chub | 6.34 | 7.86 | 7.61 | 109.9 | 104.8 | 97.8 | 105.7 | 123.9 | 96.9 |
| 带鱼 | Belt Fish | 16.00 | 20.00 | | 100.0 | 100.0 | | 114.3 | 125.0 | |
| **蔬菜类** | **Vegetables** | | | | | | | | | |
| 大白菜 | Chinese Cabbage | 2.58 | 2.73 | 3.15 | 99.0 | 114.9 | 85.7 | 115.5 | 105.6 | 115.4 |
| 黄瓜 | Cucumber | 2.51 | 2.43 | 2.70 | 93.1 | 92.4 | 88.3 | 126.9 | 96.6 | 111.1 |
| 西红柿 | Tomato | 2.78 | 3.13 | 4.88 | 95.3 | 85.6 | 74.7 | 93.1 | 112.4 | 155.8 |
| 菜椒 | Green Pepper | 4.59 | 4.06 | 6.73 | 96.1 | 99.4 | 85.5 | 133.7 | 88.5 | 165.6 |
| 四季豆 | Kidney Bean | 4.40 | 3.60 | 4.30 | 110.0 | 80.0 | 76.8 | 167.9 | 81.8 | 119.4 |
| **水果类** | **Fruit Group** | | | | | | | | | |
| 红富士苹果 | Fuji apple | 9.33 | 10.38 | 9.88 | 100.5 | 95.4 | 103.9 | 106.6 | 111.2 | 95.1 |
| 香蕉 | Banana | 4.04 | 3.70 | 3.85 | 104.4 | 81.3 | 96.3 | 111.9 | 91.6 | 104.1 |
| 橙子 | Orange | 4.07 | 5.45 | 4.45 | 114.0 | 102.2 | 99.6 | 125.2 | 133.9 | 81.7 |

3-32 续表 6 continued

| 指 标 | Item | 7 月 July | | | | | | | | |
|---|---|---|---|---|---|---|---|---|---|---|
| | | 价格（元/公斤）Price（yuan/kg） | | | 价格变动（上月=100）Price Movements（preceding month=100） | | | 价格变动（上年同期=100）Price Movements（preceding year=100） | | |
| | | 2010 | 2011 | 2012 | 2010 | 2011 | 2012 | 2010 | 2011 | 2012 |
| **粮食类** | **Grain** | | | | | | | | | |
| 籼稻 | Rice | 2.36 | 2.80 | 2.80 | 100.6 | 100.4 | 97.8 | 102.2 | 118.4 | 100.0 |
| 优质籼稻 | High-quality Rice | 2.82 | 3.32 | | 100.7 | 100.4 | | 104.8 | 117.6 | |
| 粳稻 | Japonica | 2.47 | 2.80 | | 96.9 | 100.0 | | 103.8 | 113.4 | |
| 小麦 | Wheat | 3.23 | 4.50 | 5.00 | 100.9 | 102.3 | 100.0 | 100.9 | 139.3 | 111.1 |
| 玉米 | Corn | 2.41 | 2.69 | 2.84 | 100.7 | 102.4 | 101.9 | 123.6 | 111.7 | 105.6 |
| 大豆 | Soybean | 6.33 | 6.79 | 6.69 | 98.1 | 102.8 | 103.1 | 108.2 | 107.2 | 98.5 |
| 籼米 | Indica | 3.74 | 4.64 | 4.76 | 101.1 | 100.8 | 100.5 | 107.8 | 124.0 | 102.6 |
| 优质籼米 | Quality Indica | 4.59 | 5.68 | | 101.4 | 100.9 | | 106.0 | 123.6 | |
| 粳米 | Japonica | 4.10 | 4.55 | | 98.8 | 100.0 | | 109.9 | 111.0 | |
| 面粉 | Flour | 3.44 | 3.98 | 4.10 | 100.8 | 103.2 | 100.3 | 104.9 | 115.6 | 103.0 |
| **经济作物类** | **Economic crops category** | | | | | | | | | |
| 花生仁 | Peanuts | 10.25 | 14.33 | 14.13 | 99.0 | 107.0 | 98.3 | 137.8 | 139.8 | 98.6 |
| 花生油 | Peanut Oil | 18.75 | 26.50 | 27.57 | 100.0 | 104.4 | 101.6 | 125.2 | 141.3 | 104.0 |
| 菜籽油 | Rapeseed Oil | 13.81 | 15.67 | 17.73 | 101.0 | 106.8 | 100.0 | 121.9 | 113.4 | 113.1 |
| 豆油 | Soybean Oil | 12.50 | 14.50 | 18.50 | 100.0 | 107.4 | 102.8 | 113.6 | 116.0 | 127.6 |
| **畜产品类** | **Animal Products** | | | | | | | | | |
| 活猪 | Live Pig | 10.66 | 18.65 | 13.98 | 112.4 | 106.2 | 101.8 | 110.1 | 175.0 | 75.0 |
| 仔猪 | Piglets | 11.39 | 24.88 | 22.55 | 110.9 | 107.8 | 100.8 | 93.1 | 218.4 | 90.6 |
| 猪肉 | Pork | 17.15 | 29.25 | 21.25 | 110.2 | 108.5 | 100.0 | 105.3 | 170.6 | 72.6 |
| 牛肉 | Beef | 34.63 | 35.63 | 51.63 | 98.9 | 100.7 | 105.9 | 99.3 | 102.9 | 144.9 |
| 羊肉 | Mutton | 39.71 | 47.14 | 59.71 | 99.6 | 99.4 | 99.3 | 103.7 | 118.7 | 126.7 |
| 活鸡 | Live Chicken | 17.25 | 21.63 | 21.25 | 101.3 | 100.3 | 99.4 | 107.5 | 125.4 | 98.2 |
| 鸡蛋 | Eggs | 9.30 | 11.50 | 10.45 | 102.6 | 102.2 | 97.0 | 106.2 | 123.7 | 90.9 |
| **水产品类** | **Aquatic Products** | | | | | | | | | |
| 草鱼 | Grass Carp | 11.53 | 13.75 | 13.88 | 102.5 | 100.0 | 99.1 | 102.0 | 119.3 | 100.9 |
| 鲤鱼 | Cyprinoid | 10.65 | 13.00 | 12.25 | 105.4 | 103.0 | 100.0 | 105.1 | 122.1 | 94.2 |
| 链鱼 | Chub | 6.34 | 7.71 | 7.71 | 100.0 | 98.2 | 101.3 | 106.2 | 121.7 | 100.0 |
| 带鱼 | Belt Fish | 16.50 | 20.00 | | 103.1 | 100.0 | | 117.9 | 121.2 | |
| **蔬菜类** | **Vegetables** | | | | | | | | | |
| 大白菜 | Chinese Cabbage | 2.90 | 3.00 | 3.20 | 112.6 | 110.1 | 101.6 | 112.4 | 103.4 | 106.7 |
| 黄瓜 | Cucumber | 2.84 | 2.20 | 3.47 | 113.0 | 90.7 | 128.5 | 135.2 | 77.5 | 157.7 |
| 西红柿 | Tomato | 3.00 | 3.13 | 4.50 | 108.1 | 100.0 | 92.3 | 99.0 | 104.2 | 143.8 |
| 菜椒 | Green Pepper | 5.15 | 4.24 | 5.50 | 112.3 | 104.3 | 81.8 | 119.8 | 82.3 | 129.7 |
| 四季豆 | Kidney Bean | 4.25 | 3.32 | 5.70 | 96.6 | 92.2 | 132.6 | 157.4 | 78.1 | 171.7 |
| **水果类** | **Fruit Group** | | | | | | | | | |
| 红富士苹果 | Fuji apple | 9.45 | 10.13 | 9.90 | 101.3 | 97.6 | 100.3 | 97.5 | 107.1 | 97.7 |
| 香蕉 | Banana | 3.69 | 2.95 | 3.78 | 91.3 | 79.7 | 98.2 | 98.4 | 79.9 | 128.1 |
| 橙子 | Orange | 4.00 | 5.00 | 3.75 | 98.3 | 91.7 | 84.3 | 115.9 | 125.0 | 75.0 |

3-32 续表 7 continued

| 指 标 | Item | 8 月 August 价格（元/公斤） Price（yuan/kg） | | | 价格变动（上月=100） Price Movements（preceding month=100） | | | 价格变动（上年同期=100） Price Movements（preceding year=100） | | |
|---|---|---|---|---|---|---|---|---|---|---|
| | | 2010 | 2011 | 2012 | 2010 | 2011 | 2012 | 2010 | 2011 | 2012 |
| **粮食类** | **Grain** | | | | | | | | | |
| 籼稻 | Rice | 2.35 | 2.83 | 2.78 | 99.6 | 101.1 | 99.3 | 101.7 | 120.2 | 98.2 |
| 优质籼稻 | High-quality Rice | 2.75 | 3.28 | | 97.5 | 98.9 | | 103.4 | 119.3 | |
| 粳稻 | Japonica | 2.45 | | | 99.2 | | | 102.5 | | |
| 小麦 | Wheat | 3.85 | 4.50 | 5.00 | 119.2 | 100.0 | 100.0 | 120.3 | 116.9 | 111.1 |
| 玉米 | Corn | 2.33 | 2.72 | 2.83 | 96.7 | 100.9 | 99.6 | 120.1 | 116.6 | 104.0 |
| 大豆 | Soybean | 6.35 | 6.74 | 6.69 | 100.3 | 99.3 | 100.0 | 104.4 | 106.1 | 99.3 |
| 籼米 | Indica | 3.73 | 4.64 | 4.74 | 99.7 | 100.0 | 99.6 | 107.5 | 124.3 | 102.2 |
| 优质籼米 | Quality Indica | 4.58 | 5.70 | | 99.8 | 100.4 | | 108.5 | 124.5 | |
| 粳米 | Japonica | 3.98 | 4.65 | | 97.1 | 102.2 | | 104.7 | 116.8 | |
| 面粉 | Flour | 3.46 | 4.03 | 4.10 | 100.6 | 101.3 | 100.0 | 103.3 | 116.3 | 101.7 |
| **经济作物类** | **Economic crops category** | | | | | | | | | |
| 花生仁 | Peanuts | 10.13 | 14.70 | 14.13 | 98.8 | 102.6 | 100.0 | 134.2 | 145.1 | 96.1 |
| 花生油 | Peanut Oil | 19.25 | 26.75 | 28.00 | 102.7 | 100.9 | 101.6 | 131.6 | 139.0 | 104.7 |
| 菜籽油 | Rapeseed Oil | 13.67 | 16.00 | 18.17 | 99.0 | 102.1 | 102.5 | 120.7 | 117.0 | 113.6 |
| 豆油 | Soybean Oil | 12.00 | 15.00 | 19.00 | 96.0 | 103.4 | 102.7 | 109.1 | 125.0 | 126.7 |
| **畜产品类** | **Animal Products** | | | | | | | | | |
| 活猪 | Live Pig | 12.13 | 18.73 | 14.50 | 113.8 | 100.4 | 103.7 | 112.0 | 154.4 | 77.4 |
| 仔猪 | Piglets | 13.10 | 27.88 | 21.69 | 115.0 | 112.1 | 96.2 | 98.1 | 212.8 | 77.8 |
| 猪肉 | Pork | 19.13 | 28.88 | 21.50 | 111.5 | 98.7 | 101.2 | 110.1 | 150.9 | 74.4 |
| 牛肉 | Beef | 33.13 | 36.38 | 52.75 | 95.7 | 102.1 | 102.2 | 93.3 | 109.8 | 145.0 |
| 羊肉 | Mutton | 39.71 | 46.86 | 59.86 | 100.0 | 99.4 | 100.3 | 102.2 | 118.0 | 127.7 |
| 活鸡 | Live Chicken | 18.63 | 22.00 | 21.18 | 108.0 | 101.7 | 99.7 | 119.3 | 118.1 | 96.3 |
| 鸡蛋 | Eggs | 10.51 | 12.25 | 11.55 | 113.0 | 106.5 | 110.5 | 114.9 | 116.6 | 94.3 |
| **水产品类** | **Aquatic Products** | | | | | | | | | |
| 草鱼 | Grass Carp | 12.38 | 14.19 | 13.88 | 107.4 | 103.2 | 100.0 | 107.4 | 114.6 | 97.8 |
| 鲤鱼 | Cyprinoid | 11.38 | 13.19 | 12.50 | 106.9 | 101.4 | 102.0 | 110.1 | 115.9 | 94.8 |
| 链鱼 | Chub | 7.00 | 7.71 | 7.61 | 110.4 | 100.0 | 98.7 | 117.8 | 110.2 | 98.7 |
| 带鱼 | Belt Fish | 16.50 | 20.00 | | 100.0 | 100.0 | | 117.9 | 121.2 | |
| **蔬菜类** | **Vegetables** | | | | | | | | | |
| 大白菜 | Chinese Cabbage | 3.15 | 3.00 | 3.78 | 108.6 | 100.0 | 118.1 | 110.5 | 95.2 | 126.0 |
| 黄瓜 | Cucumber | 2.78 | 3.03 | 4.14 | 97.9 | 137.5 | 119.3 | 107.8 | 108.8 | 136.6 |
| 西红柿 | Tomato | 3.23 | 3.15 | 4.51 | 107.7 | 100.8 | 100.2 | 89.5 | 97.5 | 143.2 |
| 菜椒 | Green Pepper | 4.65 | 4.06 | 4.88 | 90.3 | 95.9 | 88.7 | 112.6 | 87.4 | 120.2 |
| 四季豆 | Kidney Bean | 4.25 | 4.07 | 6.25 | 100.0 | 122.5 | 109.6 | 130.8 | 95.7 | 153.6 |
| **水果类** | **Fruit Group** | | | | | | | | | |
| 红富士苹果 | Fuji apple | 9.45 | 9.75 | 9.79 | 100.0 | 96.3 | 98.9 | 111.8 | 103.2 | 100.4 |
| 香蕉 | Banana | 3.53 | 3.29 | 3.48 | 95.7 | 111.4 | 92.1 | 94.6 | 93.1 | 105.8 |
| 橙子 | Orange | 4.00 | 5.00 | 3.80 | 100.0 | 100.0 | 101.3 | 112.0 | 125.0 | 76.0 |

3-32 续表 8 Continued

| 指 标 | Item | 9月 September | | | | | | | | |
|---|---|---|---|---|---|---|---|---|---|---|
| | | 价格（元/公斤）Price（yuan/kg） | | | 价格变动（上月=100）Price Movements（preceding month=100） | | | 价格变动（上年同期=100）Price Movements（preceding year=100） | | |
| | | 2010 | 2011 | 2012 | 2010 | 2011 | 2012 | 2010 | 2011 | 2012 |
| **粮食类** | **Grain** | | | | | | | | | |
| 籼稻 | Rice | 2.39 | 2.83 | 2.78 | 101.7 | 100.2 | 100.0 | 103.9 | 118.4 | 98.3 |
| 优质籼稻 | High-quality Rice | 2.77 | 3.29 | | 100.7 | 100.4 | | 102.6 | 118.9 | |
| 粳稻 | Japonica | 2.45 | | | 100.0 | 100.0 | | 101.7 | | |
| 小麦 | Wheat | 3.85 | 4.50 | 5.00 | 100.0 | 100.0 | 100.0 | 120.3 | 116.9 | 111.1 |
| 玉米 | Corn | 2.39 | 2.78 | 2.81 | 102.6 | 102.3 | 99.4 | 120.7 | 116.3 | 101.2 |
| 大豆 | Soybean | 6.38 | 6.68 | 6.74 | 100.5 | 99.1 | 100.7 | 102.9 | 104.6 | 100.9 |
| 籼米 | Indica | 3.76 | 4.69 | 4.74 | 100.8 | 101.1 | 99.9 | 109.0 | 124.7 | 101.0 |
| 优质籼米 | Quality Indica | 4.55 | 5.63 | | 99.3 | 98.7 | | 106.3 | 123.6 | |
| 粳米 | Japonica | 4.03 | | | 101.3 | 0.0 | | 106.1 | | |
| 面粉 | Flour | 3.54 | 4.04 | 4.10 | 102.3 | 100.3 | 100.0 | 106.0 | 114.1 | 101.5 |
| **经济作物类** | **Economic crops category** | | | | | | | | | |
| 花生仁 | Peanuts | 10.58 | 14.58 | 14.00 | 104.4 | 99.1 | 99.1 | 127.5 | 137.8 | 96.0 |
| 花生油 | Peanut Oil | 20.63 | 27.00 | 28.06 | 107.2 | 100.9 | 100.2 | 132.2 | 130.9 | 103.9 |
| 菜籽油 | Rapeseed Oil | 13.67 | 16.33 | 18.37 | 100.0 | 102.1 | 101.1 | 120.7 | 119.5 | 112.5 |
| 豆油 | Soybean Oil | 12.50 | 15.50 | 19.00 | 104.2 | 103.3 | 100.0 | 113.6 | 124.0 | 122.6 |
| **畜产品类** | **Animal Products** | | | | | | | | | |
| 活猪 | Live Pig | 12.41 | 19.45 | 14.36 | 102.3 | 103.9 | 99.1 | 110.3 | 156.7 | 73.8 |
| 仔猪 | Piglets | 14.38 | 30.88 | 21.43 | 109.8 | 110.8 | 98.8 | 102.4 | 214.7 | 69.4 |
| 猪肉 | Pork | 20.00 | 29.25 | 22.00 | 104.5 | 101.3 | 102.3 | 113.4 | 146.3 | 75.2 |
| 牛肉 | Beef | 35.00 | 36.75 | 53.50 | 105.6 | 101.0 | 101.4 | 98.9 | 105.0 | 145.6 |
| 羊肉 | Mutton | 39.86 | 47.43 | 60.57 | 100.4 | 101.2 | 101.2 | 101.1 | 119.0 | 127.7 |
| 活鸡 | Live Chicken | 18.75 | 21.63 | 21.34 | 100.6 | 98.3 | 100.8 | 117.9 | 115.3 | 98.7 |
| 鸡蛋 | Eggs | 10.93 | 12.35 | 11.65 | 104.0 | 100.8 | 100.9 | 116.3 | 113.0 | 94.3 |
| **水产品类** | **Aquatic Products** | | | | | | | | | |
| 草鱼 | Grass Carp | 12.63 | 13.88 | 13.45 | 102.0 | 97.8 | 96.9 | 113.3 | 109.9 | 96.9 |
| 鲤鱼 | Cyprinoid | 11.25 | 13.13 | 12.25 | 98.9 | 99.5 | 98.0 | 112.7 | 116.7 | 93.3 |
| 链鱼 | Chub | 7.00 | 7.71 | 7.27 | 100.0 | 100.0 | 95.6 | 123.7 | 110.2 | 94.3 |
| 带鱼 | Belt Fish | 16.00 | 20.00 | | 97.0 | 100.0 | | 114.3 | 125.0 | |
| **蔬菜类** | **Vegetables** | | | | | | | | | |
| 大白菜 | Chinese Cabbage | 2.83 | 3.28 | 3.70 | 89.8 | 109.2 | 97.9 | 99.3 | 115.7 | 112.8 |
| 黄瓜 | Cucumber | 2.83 | 3.23 | 3.46 | 101.8 | 106.6 | 83.5 | 102.9 | 114.0 | 107.0 |
| 西红柿 | Tomato | 3.26 | 3.58 | 5.31 | 100.9 | 113.5 | 117.8 | 88.1 | 109.7 | 148.4 |
| 菜椒 | Green Pepper | 4.88 | 4.54 | 5.13 | 104.9 | 111.7 | 105.0 | 109.7 | 93.0 | 112.9 |
| 四季豆 | Kidney Bean | 4.00 | 4.68 | 5.50 | 94.1 | 115.1 | 88.0 | 149.8 | 117.0 | 117.5 |
| **水果类** | **Fruit Group** | | | | | | | | | |
| 红富士苹果 | Fuji apple | 9.25 | 9.50 | 9.74 | 97.9 | 97.4 | 99.5 | 111.7 | 102.7 | 102.6 |
| 香蕉 | Banana | 3.77 | 3.68 | 3.64 | 106.8 | 111.8 | 104.5 | 117.8 | 97.5 | 98.8 |
| 橙子 | Orange | 3.65 | 5.00 | 4.00 | 91.3 | 100.0 | 105.3 | 117.7 | 137.0 | 80.0 |

3-32 续表 9 continued

| 指标 | Item | 10月 October 价格（元/公斤）Price（yuan/kg） 2010 | 2011 | 2012 | 价格变动（上月=100）Price Movements（preceding month=100） 2010 | 2011 | 2012 | 价格变动（上年同期=100）Price Movements（preceding year=100） 2010 | 2011 | 2012 |
|---|---|---|---|---|---|---|---|---|---|---|
| 粮食类 | Grain | | | | | | | | | |
| 籼稻 | Rice | 2.42 | 2.86 | 2.79 | 101.3 | 101.1 | 100.3 | 105.7 | 118.3 | 97.6 |
| 优质籼稻 | High-quality Rice | 2.76 | 3.33 | | 99.6 | 100.9 | | 103.4 | 120.5 | |
| 粳稻 | Japonica | 2.45 | | | 100.0 | 100.0 | | 102.9 | | |
| 小麦 | Wheat | 3.85 | 4.50 | 5.00 | 100.0 | 100.0 | 100.0 | 120.3 | 116.9 | 111.1 |
| 玉米 | Corn | 2.39 | 2.79 | 2.80 | 100.0 | 100.4 | 99.6 | 122.6 | 116.8 | 100.4 |
| 大豆 | Soybean | 6.49 | 6.73 | 6.70 | 101.7 | 100.7 | 99.4 | 103.0 | 103.6 | 99.6 |
| 籼米 | Indica | 3.81 | 4.76 | 4.74 | 101.3 | 101.6 | 100.1 | 109.8 | 125.0 | 99.6 |
| 优质籼米 | Quality Indica | 4.55 | 5.68 | | 100.0 | 100.9 | | 106.3 | 124.7 | |
| 粳米 | Japonica | 4.03 | | | 100.0 | 100.0 | | 106.1 | | |
| 面粉 | Flour | 3.64 | 4.09 | 4.10 | 102.8 | 101.2 | 100.0 | 109.0 | 112.3 | 100.2 |
| 经济作物类 | Economic crops category | | | | | | | | | |
| 花生仁 | Peanuts | 10.60 | 14.38 | 13.94 | 100.2 | 98.6 | 99.6 | 121.8 | 135.6 | 96.9 |
| 花生油 | Peanut Oil | 21.00 | 27.25 | 28.36 | 101.8 | 100.9 | 101.1 | 132.4 | 129.8 | 104.1 |
| 菜籽油 | Rapeseed Oil | 14.00 | 16.67 | 18.33 | 102.4 | 102.0 | 99.8 | 120.0 | 119.0 | 110.0 |
| 豆油 | Soybean Oil | 12.75 | 16.00 | 19.00 | 102.0 | 103.2 | 100.0 | 115.9 | 125.5 | 118.8 |
| 畜产品类 | Animal Products | | | | | | | | | |
| 活猪 | Live Pig | 13.23 | 18.39 | 14.11 | 106.6 | 94.5 | 98.2 | 116.3 | 139.0 | 76.7 |
| 仔猪 | Piglets | 15.63 | 30.88 | 20.95 | 108.7 | 100.0 | 97.8 | 109.5 | 197.5 | 67.8 |
| 猪肉 | Pork | 20.50 | 28.50 | 21.63 | 102.5 | 97.4 | 98.3 | 113.0 | 139.0 | 75.9 |
| 牛肉 | Beef | 35.63 | 38.00 | 54.25 | 101.8 | 103.4 | 101.4 | 101.1 | 106.7 | 142.8 |
| 羊肉 | Mutton | 39.86 | 49.43 | 60.57 | 100.0 | 104.2 | 100.0 | 99.7 | 124.0 | 122.5 |
| 活鸡 | Live Chicken | 19.13 | 21.25 | 21.43 | 102.0 | 98.3 | 100.4 | 119.7 | 111.1 | 100.8 |
| 鸡蛋 | Eggs | 10.75 | 12.50 | 11.55 | 98.4 | 101.2 | 99.1 | 115.0 | 116.3 | 92.4 |
| 水产品类 | Aquatic Products | | | | | | | | | |
| 草鱼 | Grass Carp | 12.83 | 14.13 | 13.20 | 101.6 | 101.8 | 98.1 | 119.0 | 110.1 | 93.4 |
| 鲤鱼 | Cyprinoid | 11.25 | 13.13 | 12.25 | 100.0 | 100.0 | 100.0 | 117.8 | 116.7 | 93.3 |
| 链鱼 | Chub | 7.00 | 7.86 | 7.33 | 100.0 | 101.9 | 100.8 | 111.3 | 112.2 | 93.3 |
| 带鱼 | Belt Fish | | 20.00 | | | 100.0 | | | | |
| 蔬菜类 | Vegetables | | | | | | | | | |
| 大白菜 | Chinese Cabbage | 2.90 | 3.30 | 2.80 | 102.5 | 100.8 | 75.7 | 135.5 | 113.8 | 84.8 |
| 黄瓜 | Cucumber | 3.25 | 3.45 | 3.10 | 114.8 | 107.0 | 89.7 | 134.9 | 106.2 | 89.9 |
| 西红柿 | Tomato | 4.38 | 3.60 | 4.25 | 134.4 | 100.7 | 80.0 | 128.8 | 82.2 | 118.1 |
| 菜椒 | Green Pepper | 4.88 | 4.90 | 5.13 | 100.0 | 108.0 | 100.1 | 103.8 | 100.4 | 104.7 |
| 四季豆 | Kidney Bean | 4.74 | 4.67 | 4.70 | 118.5 | 99.7 | 85.5 | 158.0 | 98.5 | 100.6 |
| 水果类 | Fruit Group | | | | | | | | | |
| 红富士苹果 | Fuji apple | 9.20 | 9.60 | 9.75 | 99.5 | 101.1 | 100.1 | 113.2 | 104.3 | 101.6 |
| 香蕉 | Banana | 3.40 | 3.83 | 3.59 | 90.2 | 104.1 | 98.7 | 125.5 | 112.5 | 93.7 |
| 橙子 | Orange | 3.65 | 4.70 | 4.00 | 100.0 | 94.0 | 100.0 | 136.7 | 128.8 | 85.1 |

3-32 续表 10 continued

| 指 标 | Item | 11 月 November 价格（元/公斤）Price（yuan/kg）2010 | 2011 | 2012 | 价格变动（上月=100）Price Movements（preceding month=100）2010 | 2011 | 2012 | 价格变动（上年同期=100）Price Movements（preceding year=100）2010 | 2011 | 2012 |
|---|---|---|---|---|---|---|---|---|---|---|
| **粮食类** | **Grain** | | | | | | | | | |
| 籼稻 | Rice | 2.46 | 2.79 | 2.80 | 101.7 | 97.4 | 100.4 | 107.0 | 113.3 | 100.4 |
| 优质籼稻 | High-quality Rice | 2.87 | 3.28 | | 104.0 | 98.5 | | 106.7 | 114.1 | |
| 粳稻 | Japonica | 2.60 | | | 106.1 | 100.0 | | 108.8 | | |
| 小麦 | Wheat | 3.85 | 4.50 | 5.00 | 100.0 | 100.0 | 100.0 | 120.3 | 116.9 | 111.1 |
| 玉米 | Corn | 2.44 | 2.79 | 2.80 | 102.1 | 99.8 | 100.0 | 123.2 | 114.2 | 100.4 |
| 大豆 | Soybean | 6.48 | 6.60 | 6.76 | 99.8 | 98.1 | 100.9 | 104.5 | 101.9 | 102.4 |
| 籼米 | Indica | 3.94 | 4.68 | 4.74 | 103.4 | 98.2 | 100.0 | 112.6 | 118.7 | 101.3 |
| 优质籼米 | Quality Indica | 4.65 | 5.65 | | 102.2 | 99.6 | | 108.1 | 121.5 | |
| 粳米 | Japonica | 4.18 | | | 103.7 | 100.0 | | 110.0 | | |
| 面粉 | Flour | 3.69 | 4.06 | 4.10 | 101.4 | 99.4 | 100.0 | 110.1 | 110.1 | 101.0 |
| **经济作物类** | **Economic crops category** | | | | | | | | | |
| 花生仁 | Peanuts | 10.63 | 14.18 | 13.93 | 100.3 | 98.6 | 99.9 | 110.7 | 133.3 | 98.2 |
| 花生油 | Peanut Oil | 21.39 | 26.63 | 28.31 | 101.9 | 97.7 | 99.8 | 120.5 | 124.5 | 106.3 |
| 菜籽油 | Rapeseed Oil | 14.17 | 16.87 | 18.00 | 101.2 | 101.2 | 98.2 | 114.9 | 119.0 | 106.7 |
| 豆油 | Soybean Oil | 13.00 | 16.50 | 18.50 | 102.0 | 103.1 | 97.4 | 115.6 | 126.9 | 112.1 |
| **畜产品类** | **Animal Products** | | | | | | | | | |
| 活猪 | Live Pig | 14.23 | 16.94 | 14.09 | 107.6 | 92.1 | 99.9 | 123.7 | 119.0 | 83.2 |
| 仔猪 | Piglets | 16.25 | 27.50 | 20.23 | 104.0 | 89.1 | 96.6 | 118.6 | 169.2 | 73.6 |
| 猪肉 | Pork | 21.93 | 26.63 | 21.83 | 107.0 | 93.4 | 100.9 | 121.8 | 121.4 | 82.0 |
| 牛肉 | Beef | 36.00 | 38.25 | 55.63 | 101.0 | 100.7 | 102.5 | 99.6 | 106.3 | 145.4 |
| 羊肉 | Mutton | 40.71 | 50.71 | 62.71 | 102.1 | 102.6 | 103.5 | 99.6 | 124.6 | 123.7 |
| 活鸡 | Live Chicken | 19.25 | 20.75 | 21.44 | 100.6 | 97.6 | 100.0 | 121.1 | 107.8 | 103.3 |
| 鸡蛋 | Eggs | 10.93 | 12.20 | 11.54 | 101.7 | 97.6 | 99.9 | 117.8 | 111.6 | 94.6 |
| **水产品类** | **Aquatic Products** | | | | | | | | | |
| 草鱼 | Grass Carp | 13.00 | 14.25 | 13.06 | 101.3 | 100.9 | 98.9 | 118.2 | 109.6 | 91.6 |
| 鲤鱼 | Cyprinoid | 11.00 | 13.00 | 12.25 | 97.8 | 99.0 | 100.0 | 111.3 | 118.2 | 94.2 |
| 链鱼 | Chub | 7.00 | 7.71 | 7.17 | 100.0 | 98.2 | 97.8 | 114.6 | 110.2 | 93.0 |
| 带鱼 | Belt Fish | | | | | | | | | |
| **蔬菜类** | **Vegetables** | | | | | | | | | |
| 大白菜 | Chinese Cabbage | 2.21 | 2.23 | 2.05 | 76.2 | 67.4 | 73.2 | 88.4 | 100.7 | 91.9 |
| 黄瓜 | Cucumber | 3.00 | 3.28 | 3.97 | 92.3 | 94.9 | 128.1 | 89.8 | 109.2 | 121.0 |
| 西红柿 | Tomato | 3.90 | 3.48 | 4.28 | 89.0 | 96.5 | 100.7 | 124.6 | 89.1 | 123.0 |
| 菜椒 | Green Pepper | 4.20 | 4.78 | 4.76 | 86.1 | 97.4 | 92.8 | 97.0 | 113.7 | 99.6 |
| 四季豆 | Kidney Bean | 3.50 | 2.97 | 4.28 | 73.8 | 63.6 | 91.1 | 125.0 | 84.8 | 144.1 |
| **水果类** | **Fruit Group** | | | | | | | | | |
| 红富士苹果 | Fuji apple | 9.40 | 9.58 | 9.50 | 102.2 | 99.7 | 97.4 | 112.6 | 101.9 | 99.2 |
| 香蕉 | Banana | 3.31 | 4.18 | 3.43 | 97.4 | 109.2 | 95.5 | 174.2 | 126.1 | 82.1 |
| 橙子 | Orange | 3.08 | 5.30 | 5.47 | 84.4 | 112.8 | 136.8 | 110.0 | 172.1 | 103.2 |

3-32 续表 11 continued

| 指 标 | Item | 12 月 December | | | | | | | | |
|---|---|---|---|---|---|---|---|---|---|---|
| | | 价格（元/公斤）Price（yuan/kg） | | | 价格变动（上月=100）Price Movements（preceding month=100） | | | 价格变动（上年同期=100）Price Movements（preceding year=100） | | |
| | | 2010 | 2011 | 2012 | 2010 | 2011 | 2012 | 2010 | 2011 | 2012 |
| **粮食类** | **Grain** | | | | | | | | | |
| 籼稻 | Rice | 2.48 | 2.82 | 2.82 | 100.8 | 101.2 | 100.7 | 101.2 | 113.7 | 100.0 |
| 优质籼稻 | High-quality Rice | 2.96 | 3.41 | | 103.1 | 104.2 | | 103.2 | 115.3 | |
| 粳稻 | Japonica | 2.63 | | | 101.2 | 100.0 | | 105.7 | | |
| 小麦 | Wheat | 4.00 | 4.50 | 5.00 | 103.9 | 100.0 | 100.0 | 100.0 | 112.5 | 111.1 |
| 玉米 | Corn | 2.48 | 2.71 | 2.80 | 101.6 | 97.3 | 100.0 | 100.5 | 109.4 | 103.3 |
| 大豆 | Soybean | 6.49 | 6.55 | 6.93 | 100.2 | 99.2 | 102.5 | 101.5 | 100.9 | 105.8 |
| 籼米 | Indica | 4.05 | 4.71 | 4.75 | 102.8 | 100.8 | 100.2 | 102.5 | 116.4 | 100.8 |
| 优质籼米 | Quality Indica | 4.78 | 5.80 | | 102.8 | 102.7 | | 101.7 | 121.3 | |
| 粳米 | Japonica | 4.20 | | | 100.5 | 100.0 | | 103.7 | | |
| 面粉 | Flour | 3.75 | 4.08 | 4.11 | 101.6 | 100.3 | 100.2 | 101.1 | 108.7 | 100.7 |
| **经济作物类** | **Economic crops category** | | | | | | | | | |
| 花生仁 | Peanuts | 10.75 | 13.75 | 14.03 | 101.1 | 97.0 | 100.7 | 90.9 | 127.9 | 102.0 |
| 花生油 | Peanut Oil | 21.69 | 26.50 | 28.29 | 101.4 | 99.5 | 99.9 | 91.0 | 122.2 | 106.8 |
| 菜籽油 | Rapeseed Oil | 14.17 | 16.93 | 17.83 | 100.0 | 100.4 | 99.1 | 95.8 | 119.5 | 105.3 |
| 豆油 | Soybean Oil | 13.00 | 16.80 | 18.30 | 100.0 | 101.8 | 98.9 | 99.7 | 129.2 | 108.9 |
| **畜产品类** | **Animal Products** | | | | | | | | | |
| 活猪 | Live Pig | 14.55 | 16.88 | 15.14 | 102.2 | 99.6 | 107.5 | 106.4 | 116.0 | 89.7 |
| 仔猪 | Piglets | 16.01 | 24.73 | 19.78 | 98.5 | 89.9 | 97.8 | 108.4 | 154.4 | 80.0 |
| 猪肉 | Pork | 22.63 | 25.88 | 22.43 | 103.2 | 97.2 | 102.7 | 107.8 | 114.3 | 86.7 |
| 牛肉 | Beef | 35.75 | 38.75 | 56.50 | 99.3 | 101.3 | 101.6 | 98.6 | 108.4 | 145.8 |
| 羊肉 | Mutton | 40.75 | 52.43 | 64.50 | 100.1 | 103.4 | 102.9 | 100.0 | 128.7 | 123.0 |
| 活鸡 | Live Chicken | 19.44 | 20.75 | 21.75 | 101.0 | 100.0 | 101.4 | 101.1 | 106.7 | 104.8 |
| 鸡蛋 | Eggs | 11.03 | 12.05 | 11.86 | 100.9 | 98.8 | 102.8 | 102.4 | 109.2 | 98.4 |
| **水产品类** | **Aquatic Products** | | | | | | | | | |
| 草鱼 | Grass Carp | 12.88 | 14.13 | 13.41 | 99.1 | 99.1 | 102.7 | 99.3 | 109.7 | 94.9 |
| 鲤鱼 | Cyprinoid | 10.75 | 13.00 | 12.38 | 97.7 | 100.0 | 101.1 | 94.5 | 120.9 | 95.2 |
| 链鱼 | Chub | 7.09 | 7.57 | 7.14 | 101.3 | 98.1 | 99.6 | 102.9 | 106.8 | 94.3 |
| 带鱼 | Belt Fish | | | | | 100.0 | | | | |
| **蔬菜类** | **Vegetables** | | | | | | | | | |
| 大白菜 | Chinese Cabbage | 1.64 | 1.85 | 2.35 | 74.2 | 83.1 | 114.6 | 65.2 | 112.8 | 127.0 |
| 黄瓜 | Cucumber | 2.58 | 4.54 | 4.21 | 86.0 | 138.7 | 106.0 | 66.6 | 176.1 | 92.7 |
| 西红柿 | Tomato | 3.05 | 3.25 | 4.24 | 78.2 | 93.5 | 99.1 | 96.7 | 106.6 | 130.5 |
| 菜椒 | Green Pepper | 3.58 | 5.06 | 5.09 | 85.2 | 106.0 | 106.9 | 93.4 | 141.4 | 100.6 |
| 四季豆 | Kidney Bean | 3.10 | 4.12 | 4.63 | 88.6 | 138.9 | 108.2 | 79.1 | 132.9 | 112.4 |
| **水果类** | **Fruit Group** | | | | | | | | | |
| 红富士苹果 | Fuji apple | 9.63 | 9.83 | 9.56 | 102.4 | 102.6 | 100.6 | 99.5 | 102.0 | 97.3 |
| 香蕉 | Banana | 3.53 | 3.98 | 3.29 | 106.6 | 95.2 | 95.9 | 138.9 | 112.6 | 82.7 |
| 橙子 | Orange | 3.32 | 4.16 | 5.07 | 107.8 | 78.5 | 92.7 | 80.5 | 125.3 | 121.9 |

# 主要统计指标解释

**居民消费价格指数** 是反映一定时期内城乡居民所购买的生活消费品价格和服务项目价格变动趋势和程度的相对数，是对城市居民消费价格指数和农村居民消费价格指数进行综合汇总计算的结果。该指数可以观察和分析消费品的零售价格和服务价格变动对城乡居民实际生活费支出的影响程度。

**商品零售价格指数** 是反映一定时期内城乡商品零售价格变动趋势的一种经济指数。零售物价的调整变动直接影响城乡居民的生活支出和国家财政的收入，影响居民购买力和市场供需平衡，影响消费与积累的比例。因此，该指数可以从一个侧面对上述经济活动进行观察和分析。

**城市居民消费价格指数** 是反映一定时期内城市居民家庭所购买的生活消费品价格和服务项目价格变动趋势和程度的相对数。该指数可以观察和分析消费品的零售价格和服务项目价格变动对城镇职工货币工资的影响，作为研究职工生活和确定工资政策的依据。

**农村居民消费价格指数** 是反映一定时期内农村居民家庭所购买的生活消费品价格和服务项目价格变动趋势和程度的相对数。该指数可以观察农村消费品的零售价格和服务项目价格变动对农村居民生活消费支出的影响，直接反映农民生活水平的实际变化情况，为分析和研究农村居民生活问题提供依据。

**商品零售价格指数** 是反映一定时期内城乡商品零售价格变动趋势和程度的相对数。商品零售价格的变动直接影响到城乡居民的生活支出和国家的财政收入，影响居民购买力和市场供需的平衡，影响到消费与积累的比例关系。因此，该指数可以从一个侧面对上述经济活动进行观察和分析。

**农业生产资料价格指数** 指反映一定时期内农业生产资料价格变动趋势和程度的相对数。农业生产资料价格指数分为小农具、饲料、产品畜、役畜、半机械化农具、机械化农具、化学肥料、农药及农药械、农机用油、其他农业生产资料十大类。其编制目的是了解农业生产中物质资料投入价格的变动状况，服务于国民经济核算。1994年以前，农业生产资料价格指数仅仅是商品零售价格指数的一个类别，此后，从商品零售价格指数中分离出来，单独编制。

**农产品生产价格指数** 是反映一定时期内，农产品生产者出售农产品价格水平变动趋势及幅度的相对数。该指数可以客观反映全国农产品生产价格水平和结构变动情况，满足农业与国民经济核算需要。其中某代表品生产价格指数是通过对全部有出售该产品行为的调查单位的个体指数进行几何平均求得的，类价格指数是通过对其所属的类（或代表品）的价格指数进行加权平均求得的。季度累计价格指数的计算方法与分季指数的计算方法相同。

**工业品出厂价格指数** 是反映一定时期内全部工业产品出厂价格总水平的变动趋势和程度的相对数，包括工业企业售给本企业以外所有单位的各种产品和直接售给居民用于生活消费的产品。该指数可以观察出厂价格变动对工业总产值及增加值的影响。

**原材料、燃料和动力购进价格指数** 是反映工业企业作为生产投入，而从物资交易市场和能源、原材料生产企业购买原材料、燃料和动力产品时，所支付的价格水平变动趋势和程度的统计指标，是扣除工业企业物质消耗成本中的价格变动影响的重要依据。

目前，我国编制的原材料、燃料和动力购进价格指数所调查的产品包括燃料动力、黑色金属、有色金属、化工、建材等九大类的近1800种产品。

**固定资产投资价格指数** 是反映一定时期内固定资产投资品及项目的价格变动趋势和程度的相对数。固定资产投资额是由建筑安装工程投资完成额、设备工器具购置投资完成额和其他费用投资完成额三部分组成的。编制固定资产投资价格指数应首先分别编制上述三部分投资的价格指数，然后采用加权算术平均法求出固定资产投资价格总指数。

该指数可以准确地反映固定资产投资中涉及的各类投资品和取费项目价格变动趋势和变动幅度，消除按现价计算的固定资产投资指标中的价格变动因素，真实地反映固定资产投资的规模、速度、结构和效益，为国家科学地制定、检查固定资产投资计划并提高宏观调控水平，为完善国民经济核算体系提供科学的、可靠的依据。

**房地产价格指数**　是反映一定时期内房地产价格变动趋势和程度的相对数，包括房屋销售价格指数、房屋租赁价格指数、土地交易价格指数和物业管理价格指数。这四套指数的计算方法相似，均采用由下到上逐级汇总的方法。

# Explanatory Notes on Main Statistical Indicators

**Urban Consumer Price Indices** reflect the trend and degree of changes in prices of consumer goods and services purchased by urban households during a given period. It can be used to observe and analyze the impact of price changes in consumer goods and services on wages (in monetary terms) of urban staff and workers, and provide basis for policy-making concerning the living cost and wages of staff and workers.

**Retail Ge neral Price Indices** reflect the trend and degree of change in retail prices of commodities during a given period.The change in retail prices of commodities directly affects the living expenditure of urban and rural residents, government revenue,purchasing power of residents and the equilibrium of market supply and demand, and the ratio of consumption to accumulation.Therefore, the retail price indexes are useful to analyze the changes of the above economic activities.

**Rural Consumer Price Indices** reflect the trend and degree of changes in prices of consumer goods and services purchased by rural households during a given period. It can be used to observe the impact of change in retail prices of consumer goods and service prices in rural areas on living expenditure of rural households, and to show the changes in the living standard of peasants. It provides basis for analysis and research on condition of life in rural areas.

**Retail Price Indices** reflect the trend and degree of change in retail prices of commodities during a given period. The change in retail prices of commodities directly affect the living expenditure of urban and rural residents, government revenue, purchasing power of residents and the equilibrium of market supply and demand, and the ratio of consumption to accumulation. Therefore, the retail price indices are useful to analyze the changes of the above economic activities.

**Price Indices of Means of Agricultural Production** reflect the trend and degree of changes in prices of means of agricultural production during a given period. Price indices of means of agricultural production are composed of 10 categories including small farm tools, feeds, domestic animals for meat, draught domestic animals, semi-mechanized farm machinery, mechanized farm machinery, chemical fertilizers, pesticides and spraying machinery, fuels for farm machinery and other means of agricultural production. Compilation of these indices helps to understand the changes in prices of input into agricultural production and facilitate the compilation of national account statistics. Before 1994, price indices of means of agricultural production was a sub-category in the in the retail price indices of commodities, and it has been compiled separately since 1994.

**Indices of Producers' Prices for Farm Products** reflect the trend and degree of changes in producers' prices received by farmers when they sell farm products during a given period. These indices depict the change in the level and structure of producers' prices of farm products of the country and meet the needs of agriculture statistics and national account statistics. The producers' price index of a given product is calculated through geometrical mean of individual indices of all surveyed units who sell such product, and the indices of a product category is obtained through weighted mean of price indices of all products in the category. Method for calculating accumulative quarterly indices is the same as for calculating the distinctive quarterly indices.

**Ex-factory Price Indices of Industrial Products** reflect the trend and degree of changes in general ex-factory prices of all industrial products during a given period, including sales of industrial products by an industrial enterprise to all units outside the enterprise, as well as sales of consumer goods to residents. It can be used to analyze the impact of ex-factory prices on gross output value and value-added of the industrial sector.

**Indices of Purchasing Prices of Raw Materials, Fuels and Power** reflect changes in the level and degree of prices paid by industrial enterprises when they purchase production input such as raw materials, fuels and power from the market or from other energy or raw materials producing enterprises. These indices provide important basis for measuring the material consumption of industrial enterprises after removing influence of price changes.

At present, close to 1,800 products in 9 categories, including fuels and power, ferrous metals, non-ferrous metals, chemicals, building materials, are covered in China for the survey to produce indices of purchasing prices of raw materials, fuels and power.

**Price Indices of Investment in Fixed Assets** reflect the trend and degree of changes in prices of investment goods and projects in fixed assets during a given period. The investment in fixed assets consists of three components, namely the investment in construction and installation, the investment in purchases of equipment and instrument, and the investment in other items. Price indices of investment in fixed assets are calculated as the weighted arithmetic mean of the price indices of the three components of investment in fixed assets.

Removing the factor of price change in the aggregates of investment at current prices, this indicator shows the changes in the prices of commodities and fees involved in the investment of fixed assets, and can be used to observe the actual size, growth, structure, and efficiency of investment in fixed assets and provides reliable and scientific data for government planning, management, decision-making, and further improving the current national accounting system.

**Price Indices for Real Estate** reflect the trend and degree of changes in prices of real estate during a given period, including price indices for selling houses and buildings, price indices for leasing houses and buildings and price indices for land transaction. The methods for the compilation of the three sets of indices are similar in that they all use bottom-up approach under which data are reported from lower level to higher level.

# 国家统计局南宁调查队

2013年3月14日，南宁调查队举办统计核心价值观教育活动报告会

2013年，在广西调查总队和南宁市委、市政府的正确领导下，深入学习贯彻十八大精神，按照全国、全区统计调查工作会议部署，紧扣“建一流‘首府调查’队伍，树权威‘国家调查’品牌”总体目标要求，围绕“稳中求进，好中求新”的年度工作目标，积极推进“业务改革深化年”主题活动，狠抓各项工作落实，全面提升了干部队伍素质、统计调查工作水平和南宁调查队影响力，圆满完成了年度工作任务。

## 一、2013年主要工作完成情况

### （一）加强自身建设，提升整体素质

1. 开展统计核心价值观教育暨我为南宁调查发展贡献正能量大讨论活动。3—5月，组织开展统计核心价值观教育暨我为南宁调查发展贡献正能量大讨论活动。

2. 加强队领导班子建设。继续坚持以强化“三个意识”（强化国家队和调查队意识，强化维护党的纪律意识，强化全局一盘棋的意识）加强领导班子建设，班子活力和领导能力明显提高。

3. 全方位组织干部培训。一是队领导带头学习。二是邀请总队领导授课。邀请总队梁开光副总队长到队作题为《当前统计调查工作的五个问题及思考》主题报告，有效提升队员对统计调查工作形势及如何做好工作的认识。三是走进高校课堂“回炉再造”。与广西财经学院信息与统计学院合作举办统计业务培训班。

### （二）严格行政管理，提高工作效能

1. 完善工作制度，扎实推进规范化管理。结合本队工作实际，出台了《国家统计局南宁调查队年度考评考核设立“嘉奖”和“表扬”奖励项的决定》，修订完善了《国家统计局南宁调查队优质服务考评办法》、《国家统计局南宁调查队聘用人员管理办法》等制度。

2013年3月27日，南宁调查队联合广西财经学院举办业务学习培训班

2. 强化督查督办，有效提升执行力。紧紧围绕队党组会议和队常务会议议定的工作事项狠抓工作督查督办，有效推进了全队中心工作和重点工作的落实。全年共开展督查督办12次。

3. 严格工作规范，强化责任落实。将行政规范化工作列入对各科室的绩效考评范围，强化全队依法规范行政意识。经常性对照规范化建设要求进行自检自查，发现问题及时整改。

4. 努力争创亮点，促进工作上水平。围绕争创一流业绩，打造权威“国家调查”，队党组确定了“以创建工作亮点带动，各项工作齐头并进，争创一流工作业绩”的工作思路，要求每个科室都要争创一个以上的工作亮点。

### （三）强化工作保障，提供有力支撑

1. 档案管理和保密工作上新水平。将创建市二级档案室列为全年工作重点，严格按照标准筹建市二级档案室，做到制度健全、硬件设施齐全、软件更新到位、案卷整理规范、案卷质量达标、安全管护条件达标。11月份，顺利通过市直机关二级档案室的定级评审，并达到市级“优秀”标准。

2. 财务工作严谨有序开展。以贯彻落实新《行政单位财务规则》为契机，继续加强财务制度建设，健全单位内部控制制度、稽核制度和财务报销制度。

3. 办公条件有新的改善。针对原来会议室面积狭小、功能不足的问题，对会议室进行重新布置，设置大、小两个会议室，大会议室由原来40多人的容量扩大到80多人，使得一些大型的工作及培训会议在本队就能召开，大大节约会议经费支出。

2013年11月8日，正式启动南宁市住户调查电子记账

2013年12月4日，南宁调查队举行统计法制宣传活动

### （四）深化业务改革，提高工作水平

1. 稳步推进城乡住户一体化改革工作。一是加强工作组织领导，理顺工作关系。二是加强数据的评估，确保数据质量。三是多形式加强住户调查基础工作，加大培训力度。

2. 先行先试住户调查电子记账。11月，正式启动在住户调查电子记账工作，实现广西电子记账零的突破。电子记账试点选取西乡塘区40户记账户，以分省样本与分市县样本同时进行、城镇住户样本与农村住户样本同时进行、记账户记账与调查员记账同时进行等“三个同时”扩大试点覆盖率，有力保证试点成效。

3. 扎实组织县级粮食产量调查工作。严格落实粮食产量调查业务改革要求，精心组织，扎实推进。

4. 深化业务规范要求，圆满完成各项常规调查工作。一是严格执行报表制度和业务操作规程，按时、按质、按量全面完成调查报表工作任务。二是应用现代电子网络技术开展业务调查工作进展良好。三是加大对调查对象的走访回访力度。四是加强对调查数据资料评估和质量控制。

### （五）创新综合服务，提高优质服务水平

1. 优质服务工作水平稳步提高。修订完善《优质服务工作考核奖励办法》，继续把优质服务工作纳入个人年度绩效考核和《个人目标管理责任制承诺书》。加强统计分析工作培训，全面提高信息工作水平。截至11月25日，全队撰写调查信息174篇，获总队采用83 篇；撰写调查报告26篇，获总队采用17篇；撰写政务信息216篇，获总队采用116篇，政务信息的撰写数量和获总队采用数量均超过上年全年水平；信息获区两办采用36篇，市委信息办采用122篇，市委领导批示2篇，市政府采用59篇，市政府领导批示7篇，在市委市政府信息工作考核中继续保持前列。

2. 统计新闻宣传工作全方位开展。将新闻宣传工作列入重要议事日程，全方位开展统计调查新闻宣传工作。一是成立宣传工作领导小组及新闻宣传办公室，各科室确定一名新闻联络员，建立《新闻宣传工作制度》，制定《2013年统计新闻宣传工作要点》，新闻宣传工作做到责任到人、职责明确、经费到位。二是首次召开新闻发布会。三是推进统计新闻发布常态化、方式多样化、服务水平优化。从4月份开始，每月定期向区、市主流新闻媒体发布城乡居民收入、CPI、PPI、住宅价格等主要调查数据，截至10月底，发布新闻通稿6次。新闻发布做到发布前有方案，发布过程严格审批程序，发布后及时跟踪监测舆情。四是积极配合总

队做好《中国信息报》记者采访宣传工作。5月29日，《中国信息报》第七版刊登了题为《南宁：轻舟已过万重山》的南宁调查队事迹报道，展示了我队取得的工作成果。五是做好中国统计开放日宣传活动。组织开展“记者基层行”活动，借助主流媒体大力宣传报道住户一体化改革工作。五是创新宣传载体，开设官方微博，借用微博助推宣传工作。六是建立舆情监测机制，开展好舆情监测工作。通过全方位加强新闻宣传，准确全面、客观、真实地解读统计数据、传播统计知识，让社会公众走进统计，赢得了社会公众的理解、信任和支持。

3. 信息化建设工作大步快上。以搭建“美丽南宁”考评系统为契机，完善信息化设施设备，推动了信息化工作大步快上。一是开展标准化主机房建设。建设30平方米标准化独立主机房，高标准配置有关软硬件设施，引入15兆光纤专线，打造一个承载能力强、安全系数高、运行速度快的信息化基础平台。二是搭建数据处理平台。以承接“美丽南宁·整洁畅通有序大行动”第三方考评工作为契机，在搭建考评信息处理系统时，充分结合各调查专业数据采集处理的需要，建设一个以手持电子终端采集和智能处理数据为主要形式的通用数据处理平台。三是研发综合数据文件电子信息管理系统。积极创新调查数据资料管理方式，研发出一套综合数据文件电子信息管理系统，有效实现数据资料文件的智能化存储、整理、归纳、分类、检索、查询等功能需求，更好地实现数据资料的规范化管理，有效提高数据资料的利用效率。四是建立住户调查电子记账系统。在广西区内先行先试住户调查电子记账，引入第三方电子记账系统，配齐有关数据采集、处理设备。五是全面改版门户信息网站。对单位内网、外网门户网站进行了改版新建。

4. 调查数据管理水平有新提升。坚持及时、准确、完整、规范原则，做好数据管理工作。组织各专业科室收集整理留存的历史调查数据，统一归类存储电子和纸质文档。

### （六）夯实法制基础，推进依法统计

1. 夯实统计执法基础工作。一是继续严格执行统计报表双签收制度、统计事务告知制度、调查资料签领登记、业务培训签到等制度，《统计调查事务告知书》发放率达到100%；报表资料的签领率达到90%以上。二是加强对被处罚企业进行的回访工作，指导被处罚单位制定有效的整改措施，切实帮助他们加强和改进统计工作。

2. 广泛开展统计法制宣传。结合《统计法》颁布30周年、第四届“中国统计开放日”系列宣传活动，加大统计法制宣传力度。结合各专业的年报会和培训会安排有针对性的法制宣传内容，不断增强企业统计人员的法律意识。

3. 执法大检查成效显著。制定《2013年统计执法检查工作方案》，成立3个执法检查小组，把经常性检查和集中检查结合起来，围绕报表制度执行情况、数据质量等开展统计执法大检查。全年下发企业自查检查通知书100份，重点检查企业57家，走访企业21家，查处存在数据质量企业5家。通过执法检查，增强了企业依法统计的意识，提高了工作配合程度，促进了调查报表数据质量的提高。

4. 实现查处统计违法案件新突破。努力提高执法水平，逐渐摸索出一条行之有效的统计执法之路。全年依法查处统计违法案件16件。其中迟报统计资料案件9起，提供不真实不完整统计资料案件7起。

### （七）优化组织建设，营造工作氛围

1. 围绕中心工作抓党建，实现“双促进”。坚持以党建工作为抓手，紧密结合本队工作目标和调查业务，把党建工作与调查业务工作同部署、同研究、同检查、同考核，充分发挥党支部的战斗堡垒作用。

2014年3月，南宁调查队荣获南宁市委信息一等奖

2014年4月，南宁调查队办公条件得到改善

2. 党、工、青、妇齐努力，全面促进精神文明建设。继续坚持“大党建”工作思路，按照本队“团结、高效、创新”团队文化建设核心内容，以党建带工建、带团建、带妇建，全面促进全队精神文明建设。

### （八）狠抓党风廉政，改进工作作风

1. 建立健全党风廉政建设责任制。制定《国家统计局南宁调查队纪检工作要点》，与总队党组签订《党风廉政建设责任书》，队党组书记与科室负责人签订《党风廉政建设责任书》，将党风廉政建设纳入机关党建目标管理责任制和绩效考评体系一同落实，持续推进以完善惩治和预防腐败体系为重点的反腐倡廉建设，注重惩防并举，机关反腐倡廉整体合力进一步形成。

2. 创新党风廉政建设建设活动形式。在党员干部中开展廉政主题教育活动，邀请南宁市直属机关领导到队为党员干部作反腐倡廉专题党课辅导。

3. 纪检监察工作深入开展。强化纪检监察工作对权力运行的制约和监督，加强对重点领域和关键环节的监督力度，注重日常监督检查和重要节点监督检查相结合，认真组织和监督“八项规定”的贯彻落实。

### （九）大力服务地方经济社会发展，提升影响力

1. 高效完成地方委托调查任务。在高质量完成国家局和广西总队下达的各项调查任务的前提下，充分发挥调查队的专业优势，努力为地方经济社会发展服务，取得了双促进双丰收的可喜成绩。高效地完成了“美丽南宁·整洁畅通有序大行动”考评、县（区）投资环境调查评价、县（区）文明测评、政风行风评议等地方委托的大型专项调查任务。特别是承担“美丽南宁·整洁畅通有序大行动”考评工作，为建设“美丽南宁”做出了应有的贡献，大大提高了南宁调查队的影响力。

2. 积极参与地方政府中心工作。一是每季度参加南宁市经济运行形势分析会，通报CPI、PPI、城乡居民收入、房地产价格指数等重要调查数据情况，参与经济发展谋划。二是“美丽南宁·整洁畅通有序大行动”包点工作成绩突出。我队派出4名同志组成工作组到沙井大道中段社区驻村工作，协助社区大力推进环境卫生整治、土地平整、围墙建设、小区绿化亮化工程等项目建设；队主要领导7次、队领导班子集体4次深入社区参与、指导和研究推进工作.三是扎实抓好定点扶贫工作。作为马山县林圩镇联合村扶贫牵头帮扶单位，我队积极协调多方力量支持扶贫工作，今年多方筹资近百万元资金投入到该村通屯公路、人畜饮水和“清洁乡村”等民生工程中，队党支部积极组织开展关爱留守儿童和空巢老人、节日慰问等活动。

# 国家统计局柳州调查队

2013年，柳州调查队在总队和柳州市委、市政府的正确领导下，在全队干部职工共同努力下，全面贯彻落实党的“十八大”和全区调查工作会议精神，紧紧围绕“业务改革深化年”主线，以提高统计能力为基础，以提高统计数据质量为中心，以优化人才队伍结构为动力，进一步完善管理机制，全面加强队伍建设，重点推进三项业务改革，较好地完成了全年的各项任务。

2013年6月17日，队长张毅晟（前排右三）、副队长徐文胜（前排右二）在融水镇兴贤村召集农村贫困监测调查记账户座谈并指导核查记账质量

## 一、以提高数据质量为核心，三项业务改革工作有序开展

### （一）成立工作机构，创建牵头组织实施管理模式

柳州调查队发挥主动性，积极与地方政府和有关部门联系沟通，切切实实承担起了牵头单位和主力军的责任，建立了城乡一体化、农村贫困监测和县级粮食产量抽样调查领导机构。认真组织实施所辖区域的三项业务工作，及时组织召开联席办会议，传达各项工作要求和会议精神；加强督促检查，部署开展基础数据检查工作。

2013年7月29日，柳州市副市长王柳平（左）专题听取队长张毅晟关于全区年中工作会议精神和上半年调查工作情况汇报，对深化一体化调查和“三小微企业”等调查改革提出建议

### （二）建立健全制度，规范工作流程

制定了《国家统计局柳州调查队城乡住户调查一体化工作辅助调查员管理办法》、《柳州市城乡住户一体化辅助调查员保密承诺制度》、《柳州市住户收支与生活状况调查数据质量评估制度（试行）》、《柳州市城乡一体化住户调查业务考评暂行办法》等一系列制度，为进一步推进城乡住户调查改革工作、规范工作的开展、保障调查数据质量奠定了基础。

### （三）抓实业务培训，筑牢基础工作

一是组织召开全市城乡住户调查

2013年9月，柳州局队组织四城区辅助调查员开展住户调查业务知识培训暨业务知识竞赛活动，以赛促学，深入践行“业务改革深化年”工作主题

工作会议、全市业务培训会议等，分阶段、分层次、多人次地逐层开展业务培训。全年共组织召开住户调查业务骨干培训达60多人次，组织召开辅助调查员培训达100多人次，分城区全面开展记账户集中培训1次，到点入户开展记账培训8次，进一步规范记账工作流程和要求，逐步提升了记账户和辅助调查员的业务水平，为不断夯实住户调查基础工作奠定了坚实基础。二是深入一线实地开展县级粮食产量调查，加强对县级调查工作联系与指导，组织集中培训达50多人次，切实提高了业务人员思想认识，加强熟悉掌握流程规范，提升业务调查水平，确保取得真实可靠的粮食产量数据。

## 二、“三小微”企业调查工作稳步推进

### （一）较好地完成服务业小微企业调查

一是制定了《柳州调查队服务业小微企业服务工作计划》，收集柳州市小微企业优惠政策和办法，为企业提供良好的调查成果、调查信息、政策信息等信息服务以及统计法制服务，提高了样本企业配合度。二是及时贯彻落实培训会议精神，召开市区和县级样本培训会议，加强业务培训，提高依法统计的意识；三是严格实施调查资料签领制度和报表“双签制度”，通过多方式多渠道加强报表催领催报工作；四是积极转变工作方式，促进小微企业调查改革，确保小微企业调查制度得到贯彻执行，在小微企业信息变化快，生产不稳定，调查难度大的情况下，依然保持了较高的上报率。

### （二）较好地完成批发零售住宿和餐饮行业抽样调查

认真贯彻落实总队2013年批零住餐业抽样调查布置暨培训会议精神，严格按照调查工作方案和《广西批零住餐调查工作规范操作手册》要求，积极采取措施开展柳州市辖区抽样调查工作，深入基层实地开展样本核实和摸底工作，扩大宣传解释工作，打消法人企业和个体工商户思想顾虑，提高其配合度，圆满完成了各时段调查任务。

### （三）较好地完成规模以下工业调查

充分认识规模以下工业调查工作的重要性，加大对样本单位的清查核查力度，夯实抽样调查工作基础；加强对规模以下工业调查方法、技巧、调查程序以及审核评估方法的培训；着力做好名录库更新维护，着力加强各环节工作的规范化管理，做好基础数据资料登记、归档工作；增强对当前当地

2013年9月12日，柳州调查队邀请部分采价员、辅助调查员参加第四届“中国统计开放日”座谈会

2013年10月28日，柳州市副市长陈鸿宁（左一）听取队长张毅晟关于第三季度农村住户调查、县级粮食产量抽样调查等工作完成情况汇报，并就当前调查工作提出希望

热点难点问题研究，深入企业、个体工业户开展调研，提升解读和分析数据的能力，提出好的信息分析和调研报告，真正做好服务于企业，服务于各级党政领导。

## 三、着力提升优质服务工作水平，推进服务性统计建设

一是优化服务意识提升服务水平。充分发挥自身优势，以党政领导和社会公众提供优质高效的统计服务作为统计工作的出发点和立足点，围绕党委政府和民众关注的热点问题，大力拓展统计服务领域，为党委政府制定政策、科学决策，强化统计监测、统计分析、统计宣传工作，不断满足部门、企业和社会公众的需求提供更优质服务。

二是积极稳妥做好宣传服务工作。实现与新闻媒体联系常态化，每月在数据反馈后，及时将新闻通稿发给柳州所有主流媒体，让CPI影响深入人心，也让调查成果更好地服务于民。通过举办“中国统计开放日”，以召开座谈会、短信宣传、展板宣传、网站宣传等方式扩宽宣传渠道，使公众对于中国的统计工作进一步了解。邀请记者深入调查点了解价格采集工作，在10月22日《柳州日报》专题刊登了《龙城的CPI是怎样算出来的？——走进国家统计局柳州调查队去学习一下》，该文为增进市民对CPI的了解，帮助解除疑惑起到了良好效果，提升了调查工作影响力。

三是创办首届调查信息、报告写作竞赛。为有力提高优质服务工作水平，在下半年创办首届调查信息、报告写作竞赛活动。极大限度地开发利用统计调查信息资源，更好地发挥统计调查工作在新形势下的职能作用，不断增强统计调查服务科学决策和经济工作能力，提升统计水平。

## 四、狠抓统计法制基础，加大统计执法力度

### （一）不断夯实统计专业法制基础

加强对各业务科室统计法制基础的建设，着重建设各调查专业调查任务布置、调查资料及有关法律文书发放等基础工作，将统计报表报送及有关法律责任印制成宣传资料发放到所有统计调查对象，在企业调查样本中全面推行统计调查事务告知制度。全年共印发《统计法律义务告知书》561份，增强了统计调查对象的依法统计调查意识。

### （二）全面开展统计调查工作质量大检查

为更好地贯彻执行《统计法》和有关国家统计报表制度，根据总队工作部署，在工业生产者价格调查、规模以下工业抽样调查、部分服务业小微企业监测调查及采购经理调查等专业的所有样本企业中开展统计调查工作质量大检查，共检查330家企业，加强对企业等调查对象的指导，努力提高调查对象的配合程度，保障源头数据质量。

### （三）稳步推进统计执法检查工作

2013年柳州调查队的执法检查重点为查处提供不真实或不完整统计资料的违法行为，全年共对23家企业进行统计执法检查，立案处理12家企业，分别给予警告或警告并处罚款的行政处罚，立案处理数比上年增加71.4%。

### （四）构建统计普法宣传教育新格局

一是结合主题日掀起法制宣传高潮，在

# 国家统计局桂林调查队

2013年，国家统计局桂林调查队在总队和桂林市委、市政府的正确领导下，领导班子齐心协力，紧紧围绕“业务改革深化年”主题和七项工作部署，结合本队实际，按照“突出重点，夯实基础”的工作思路，以“三突出”为推手，推进业务改革，以细化岗位目标和加强规范化建设为抓手，夯实基础工作，不断开拓创新，提升服务水平，不断强化队伍建设，创建勤政廉政集体班子，通过新的管理理念激发全队活力，较好地完成了全年工作任务，在全区调查队系统目标管理考核中荣获优秀等次（名列前三名），倍受当地党政重视，国家队形象和威信稳固树立。

2013年7月18日总队四支部与桂林队党支部结对共建活动

## 一、突出重点，取得成效

### （一）以“三个突出”稳中推进业务改革

在三项业务改革中，我们积极配合总队做好辖区内县级粮食产量抽样调查和农村贫困监测的组织协调，检查和指导工作，集中精力、组织力量着重抓好城乡住户调查一体化改革工作。

2013年7月28日常务副市长秦春成（左一）到桂林调查队调研指导

1. 完善工作模式，突出牵头作用。建立并逐步完善了住调办岗位目标责任制，数据评估办法，开展调研、检查暂行规定，资料报送方式，辅助调查员的管理等相关制度，确保了调查队牵头作用的发挥。

2. 开展“三查”，突出数据质量。以下文方式，要求全部县区开展自查，并对县区进行了全面检查，而且对存在问题较多的县区进行了跟踪检查；编发5期《工作简报》，分别召开了领导小组成员会和住调办工作会，部署工作，提出改进意见，确保执行方案不走样。

3. 树立典型，突出规范统一。组织力量深入基层，一方面指导、培育先进；另一方面梳理存在问题，召开住户调查业务交流暨现场培训会，通过典型发言，经验介绍，展示榜样；通过发放资料，讲解答疑，组织讨论，增强理解，不断提升规范操作。

我们的做法，得到了自治区住调办的肯定，得到了市领导的支持，相关政务信息得

“12.4”全国法制宣传日、“12.8”《统计法》颁布纪念日、第四届“中国统计开放日”活动期间，通过接受现场统计法律咨询、向广大群众发放统计法规宣传资料、到住户调查小区公告栏张贴宣传海报、发送统计普法宣传短信息、举办统计开放日座谈会、队领导带队深入记帐户、社区和企业开展慰问活动等方式开展丰富多彩的统计普法宣传教育活动。二是组织全体队员开展三次法规知识抢答赛，提高全体队员的法规知识水平。三是组织县区业务骨干、辅助调查员共60多人开展了一次法规知识抢答赛，提高了学习的积极性和趣味性，为提高统计调查员法规知识水平取得显著的效果。

2013年12月4日，柳州调查队积极参加柳州市“12.4”全国法制宣传日暨“法律进学校”宣传活动，柳州市委常委、政法委书记张永刚（右二）到柳州队宣传展位咨询

## 五、把握原则，高效稳妥成功举办运动会

广西调查系统第六届职工运动会今年在柳州举办，柳州调查队认真重视筹备工作，强化责任意识，注重协调配合，明确职责，做好各种预案，做实每个环节。一是各工作组各司其职，精心组织，明确职责，细化任务，认真梳理筹备工作细节，扎实细致搞好各项筹备工作，特别是新增的趣味运动竞赛，成为本届运动会的亮点，达到预期效果。二是紧密结合当前贯彻落实中央和国家统计局党组关于进一步改进工作作风的若干规定的精神和要求，切实做好节约防止浪费，在接待、场馆布置、装备等方面都符合“八项规定”要求。三是切实抓好安全工作，进一步提高安全意识，消除交通、食品卫生、运动比赛等每个环节安全隐患，做好预案，落实排查，要把安全放在第一位。各筹备工作做到上下联动，各工作组认真做好对接工作，高效筹备，节俭办会，克服困难，狠抓落实，以高效率、高质量做好运动会的各项准备工作，确保了第六届职工运动会在柳成功举办。

2014年3月17-21日，国家统计局数据管理中心黄德会处长（左二）、孟宪宁副处长（左三）、广西调查总队副总队长杨锡虹（右一）在三经普个体户抽样调查试点工作现场听取柳州调查队队长张毅晟（左一）关于试点组织实施及调查小区分布等情况汇报

到国家局网页采用。在同志们的共同努力下，我队于2013年3月获得广西一体化住户调查工作先进集体（特等奖）的荣誉。在全市农民增收会议上，分管农业的王建毅副市长以“三个凡是”表态支持涉农调查工作。

2013年8月27日桂林队召开全市住户调查业务交流暨培训现场会议

### （二）以“三强化”做好“小微”企业调查工作，实现三个确保

1. 强化样本核实，确保样本的真实性。采取电话访、现场看，对小微服务业、批零住餐企业、规模以下工业企业的样本进行核实，掌握变化动态，维护样本名录。

2. 强化业务培训，确保调查方法与方案的一致性。采取集中讲解、重点强调、个别辅导、现场模拟的方式培训，确保培训面达100%，并派督导跟踪，保证执行调查方案不走样。

3. 强化评估，确保调查资料的完整性。参照总队相关制度，制定评估办法，坚持逐一审核评定，查疑核实，确保数据质量。

### （三）以“五明确”开展CPI农超采价试点，为预期改革采价方法提供依据

2013年11月13日桂林市直机关工委委员徐军赴桂林调查队调研指导党建工作

一是五个明确，组织实施。明确试点人员和工作职责，做到责任落实；明确试点的目标和内容，做到有的放矢；明确试点采价的商场，做到定点联系；明确采价时点和方法，做到操作有序；明确完成的时间，做到统筹兼顾。

二是仔细对比，潜心求证。用试点获取数与常规农贸市场采价数据对比，进而作分析，提出暂时还不能以农超采价方式替代农贸市场采价的结论，为今后农产品采价改革提供了模拟借鉴。

## 二、夯实基础，提升管理水平

### （一）细化岗位目标与加强考核并举，激发了干部完成工作的主观能动性

年初，根据新任务、新要求制定了覆盖全员的2013年个人岗位目标责任制，并装订成册，各科室一份；同时，在执行总队干部考核的框架上，将目标考核的结果与年度评选、干部晋级有关事项挂钩，根据完成工作质与量，结合表现，决定荣誉和进步，营造积极向上的环境。

### （二）以规范化建设为推手，确保运行有序，促效能提升

一是坚持规范化建设动态化。根据新形势、新要求，抓制度完善，今年新增制度6项，完善制度9项，适应了发展需要。二是抓执行。首先班子成员带头执行各项规章制度；其二成立机构，定期开展自查、互查、跟踪检查，每月定期召开科室负责人工作例会，总结上月经验，计划、部署下月工作；其三加强督

2013年12月6日桂林市政府督查室主任夏荣岗（左二）一行赴桂林调查队调研指导

查督办，督查督办44次，编发督查简报3期。一年来，收发文398份，均无重大差错；经费预算执行进度达到预期要求，严格政府采购，公务卡改革取得新成效，固定资产管理无遗漏，常规调查依规操作，房价、工价、采购经理、规下报表上报率100%；服务业小微企业报表上报率比上年提高20个百分点。在今年总队组织的规范化检查中得满分，得到了总队办公室的多次表扬。

### （三）依法开展统计，改善了调查环境

一是依法布置调查，做到规范操作；二是加强统计法宣传，提高知晓度和威慑力；三是开展统计执法，为统计调查保驾护航。今年发短信800多条，发放2000多份宣传资料，对11家企业进行重点执法检查，对2家企业违法行为进行立案查处，大力改善了调查环境。

## 三、开拓创新，促服务水平提升

### （一）“两信息一报告”质量稳步提升

2013年，上报总队调查信息45篇，采用37篇，采用率同比提高8.6个百分点；上报调查报告13篇，采用11篇，采用率同比提高4.6个百分点；完成约稿45篇，总队组稿27篇次，区政府采用14篇，国家局采用21篇，批示8篇。上报总队政务信息132篇，采用83篇，国家局采用24篇，每月要事均被总队采用。政务信息为全区市级队总分第一，国家局采用量第一，国家局采用率第一。

### （二）为当地党政服务取得新成效

一是常态服务质量提升。市委办采用调查信息和报告分别为9篇、6篇，市长批示2篇，调查信息和报告的采用量在当地79个部门中排第九名。二是整合资源提供报务。除定期编撰《桂林市CPI专报》外，充实了《调查信息》刊物内容，编印《2007-2012》调查资料。三是拓展服务领域。受党政委托，扩点开展投资环境调查、桂林市环境综合整治测评、政风行风调查、滨江北路拆迁问题、2014年民生问题项目建设意见收集工作等专项调查，并对调查报告以PPT形式向四大班子解说，受到市长黄俊华、市委副书记石东龙的赞扬，常务副市长秦春成专程到我队进行工作指导和慰问。2013年11月，我队参加市政府办公室召开的《2013年桂林市政府工作报告（提纲）》讨论会议，秘书长赵仲华就我队所提出的具体建议予以了充分肯定。

### （三）为调查对象服务有了新开端

一是将国家发布的数据反馈给企业，并指导使用方法，为企业生产经营管理提供依据；二是将收集的政策，动态提供给企业、住户，建立新型调查关系。

## 四、形成合力，创建勤政廉政的调查队伍

今年以来，我们始终把队伍建设放在首位，创新搭建干部锻炼平台，提升干部队伍素养。从下列两个方面作了努力：

### （一）以三坚持为抓手，提升队伍凝聚力和战斗力

1. 坚持抓好中心组学习，提高落实总队工作

2013年12月8日桂林调查队展开纪念统计法颁布30周年活动

部署和解决实际问题的能力。班子成员除参加总队组织的十八大讲座外，按中心组学习计划组织学习和自学。力求学以致用，理论联系实际，结合国际国内政治、经济形势学习，结合统计调查工作学习，结合总队部署的工作学习，无论是年初或年中全区调查系统工作会议，均做到党组学习、领会、讨论，做到统一思想，统一步调，统一声音，提高了贯彻落实的能力。

2. 坚持民主集中制，提升班子核心作用。按照集体领导个人负责制的原则，充分发挥集体的力量和智慧，相互支持，做到补台不拆台。今年以来，凡涉及“三重一大”都广泛听取群众意见，按照党组议事规则，队常务会、队长办公会相关程序进行决策决议、决定。做到会前有议题、有沟通，会上充分发表意见，不独断专行，民主集中，并确保决策决定与执行的一致性。使领导班子成为自觉执行党的政治纪律、组织纪律、财经纪律、干部人事纪律和政令畅通的集体领导班子，集凝聚力和战斗力为一体。

3. 坚持抓党风廉政建设，提升防腐拒变能力。一是强化责任，落实“一岗双责”，领导与科室负责人签订责任状。二是加强学习、宣传，筑牢思想防线。今年组织学习59人次，观看教育视频影片143人次，上党课一次。三是强化制度，构筑防御体系。今年重点是密切联系实际，抓好风险防控。今年以来，通过健全完善廉政责任，廉政承诺，重大事项报告制度规定，围绕人、财、物、数、权五个重点领域，按照“找准、查全、挖源”的要求，排查出廉政风险点，研究和制定相应的防控措施，提高针对性和操作性。四是领导干部自觉带头。领导干部结合改进工作作风的“八项规定”，逐条检查对照，自觉遵守《廉政准则》“八个禁止”“五十二个不准”。努力做到标准高于一般干部，行动先于一般干部，要求严于一般干部。

2014年1月9日桂林调查队首次召开统计数据新闻发布会

## （二）发挥一个优势，搭好一个平台，把好一个关口，助推队伍素质提升

1. 高度重视发挥基层党组织的优势，加强队伍战斗力。在党组指导下，党支部按照市直机关工委的要求，一是切合实际拟定全年工作计划，有序推进；二是抓好“三会一课”，加强党组织建设；三是围绕中心，服务大局，充分体现党员先进性和战斗堡垒作用；四是按照成熟一个发展一个的原则，做好党员的发展工作，不断增添活力。在工作或素质提升中均成为了主力军。

2. 搭好干部锻炼成长平台，加强干部培养。首先是以出题目，给机会，大讨论，评等级的方式，提升干部解决实际问题的能力，如今年开展桂林市环境综合整治测评，通过分组设计方案、讲解、点评、投票评选等级，同时，在测评的工作中选年轻同志担任组长，给予更多的锻炼提升；其二是开展争先创优活动，评优秀共产党员，专项调查员，服务之星，文体积极分子，营造积极向上氛围；其三是通过开展知识抢答活动，给予学习经费，鼓励学习，努力打造学习型队伍。

3. 把好选人用人关。严格按照规定程序选拔中层干部，坚持德才兼备，以德为先的原则，把群众满意，组织认可的3名干部予以晋级提拔，两名试用期转正。做到人尽其才，人尽其用。在晋级干部时，还首次进行了廉政测试考试。请大家对提拔干部进行评议。

2014年1月10日市长黄俊华（右二）到桂林调查队调研指导

# 国家统计局梧州调查队

2013年10月17日，梧州市常委、常务副市长吴浩岭（右排一）到梧州调查队调研，听取队长黄光强（左排三）工作汇报

2013年，在广西调查总队的正确领导下，在地方党委政府的关心、支持以及梧州市统计局等各相关市直部门的密切配合下，梧州队认真贯彻落实全区调查工作会议精神，重点推进三项重点工作，扎实抓好日常工作，全面完成了2013年各项工作目标任务。

## 抓重点，明晰工作思路

2013年初，根据工作实际情况，研究制定了总体工作思路：开展好“业务改革深化年”主题活动，重点推进“三项业务改革”、“三小微”企业调查及价格调查等三项重点工作，扎实抓好“常规报表、干部队伍建设、财务管理、行政管理、法制宣传、优质服务、机关党建及党风廉政建设”等八项日常工作（简称138工作思路），进一步理清工作思路，灵活采取各项措施确保各项工作顺利开展，以全面提升梧州调查队统计调查工作水平。

2013年7月1日，队长黄光强（左二）与副队长范少红（左一）深入镇安村亲切看望慰问老党员

第四届“中国统计开放日”活动期间，梧州队深入社区开展统计法宣传活动

## 抓保障，“三项业务改革”有成效

自“三项业务改革”工作开始后，多次研究

改革内容及工作措施，并多次向市委、市政府汇报工作情况，获得了市委、市政府的大力支持，协调各相关职能部门，改革工作取得了阶段性成效。

### 一是城乡住户调查一体化改革工作

2013年12月26日，队长黄光强（右一）走访调查记账户，为生活困难的记账户送去食用油、腊味以及毛巾等慰问品

2014年4月，副队长范少红（右一）到各城区检查城乡住户一体化调查工作情况

在全年工作中，发挥牵头作用，以市政府名义发文成立了梧州市一体化改革工作领导小组，建立了新的住户调查工作模式和管理机制；抓好资金保障，2013年共获得地方财政支持29万元，并从2014年开始将住户调查工作经费列入市财政年度预算；抓好人员及业务培训，补充了住户调查科2名聘用人员，全年共召开了5次辅调员、业务骨干培训会培训会，刊发了工作简报六期；抓好了区域调整后龙圩区与原苍梧县住户调查的衔接工作。整合了本队资源，发挥了住调办作用，取得了改革初步成效。

### 二是贫困村监测调查工作

严格按照国家统计局的调查方案，抽选调查小区和调查住宅、住户，按总队要求做好组织协调工作，定期督促完成监测问卷，做到填报全面、准

2013年12月4日，副队长范少红（左）深入社区开展“法制宣传日”活动，向社区工作人员发放城乡住户调查一体化宣传资料

确，确保获得真实、可信的第一手数据，真实反映民生民情。

### 三是县级粮食产量抽样调查工作

发挥组织作用，开展业务培训5次，参加现场测产6次。严格按照《广西县级粮食产量抽样调查数据质量控制办法（试行）》和《国家统计局县级粮食产量抽样调查方案》及有关数据质量控制要求，分别对梧州市辖三个粮食大县进行了监督检查，对他们的工作进度及存在问题及时进行核实和反映，有效的推进了县级粮食产量抽样调查工作的进展。

## 抓统筹，各项调查工作有序推进

### 一是“三小微”企业调查进一步转变了工作作风

2013年6月28日，纪检组长邓以光（右二）与梧州市统计局党组书记郭江（右一）率农业调查人员到藤县塘步镇古佩村检查县级粮食产量工作

将调查业务工作向基层延伸，开展企业大走访活动，倾听调查对象的真实声音。队领导多次带领业务人员走访调查企业，了解调查企业生产经营中的各方面情况和网上直报系统的使用情况，收集对当前统计报表的反馈意见，为改进工作获取第一手资料。

坚持到企业发送报表，同时做到“两把关”：即对收上来的报表数据的合理性进行把关以及在做报表过程中对质量进行把关，务求将差错控制在报表上报之前。

**二是价格调查改革，提高了工作效率**

进一步推广手持数据采集器采价模式，将每一个采价点的采价工作具体落实到每个人，继续落实负责人抽查制度，每月不定期对各类规格品价格抽查，检验源头数据质量。

2013年10月，副调研员肖凤玲（左三）深入工业生产者价格调查企业指导报表填报工作

2014年2月，纪检组长邓以光（右一）与企业科主任科员李树波到冰泉公司检查采购经理直报工作

加大培训及指导力度。召开培训会，让企业能更准确更熟练地掌握网上直报的方法内容；每月召开采价员例行会议，及时了解到价格变动以及市场发展趋势，提高信息收集能力；做好传帮带工作，向采价员传授做好有关业务知识，提高采价能力。

明确数据评估办法。今年3月份手机采价已从双轨制顺利过渡到单轨制，向各采价员讲授了采价数据评估方法。

**三是加强规范化管理，确保数据质量**

不断完善制度，加大规范管理力度。根据总队要求，紧跟形势，结合工作实际，制定完善了涉及人事、财务、业务管理等方面10个规范性文件。

严查严控，确保质量。实行“四查”制度，即领导督查、数据核查、科室自查及执法检查，严格把关，把一些人为的、技术性差错控制消灭在报表上报前，减少主观因素对数据采集的影响。本队领导不定期巡查住户调查、价格调查、“三小微”企业调查工作过程；业务人员对调查数据进行代表性、真实性、逻辑性核查；各科室定期对各专业调查数据的采集、录入、审核、汇总、评估、上报等环节进行质量控制自查；综合和法规科牵头组织对

2013年12月，梧州队抓住2014年梧州市主要畜禽监测调查工作培训会的机会，对20多名主要畜禽监测调查对象开展了一次《统计法》集中宣讲活动

本队各科室开展2次互相交叉检查，发放《国家统计局梧州调查队统计执法检查自查表》175份，对10家调查企业开展统计执法，在检查的企业中，立案件1起，构成上报数与实际检查数不符，作出了“责令整改，给予警告”行政处罚，统计违法案件较去年大幅减少。

**四是抓优质服务，提升数据解读能力**

将调查信息和调查报告任务量化到科室和个人，并将该项工作完成情况列入个人年度考核目标任务，通过建制度、定目标、抓培训、广调研、深分析、严把关等措施抓好信息报告的编写工作，提升了数据解读能力，进一步提高了调查信息服务水平。截止12月底，共撰写调查信息45篇，总队采用（含约稿）23篇，总队采用率比上年同期提高17.9个百分点，国家领导批示3篇、国家局领导批示7篇，采用层次有较大的提升；共撰写调查报告7篇，总队采用4篇。截止12月底，调查报告、调查信息被市委采用43篇，被市政府采用33篇，市委书记批示1篇，市长批示4篇，超额完成市委、市政府信息工作任务。为当地提供准确、及时的数据分析，帮助党委、政府准确把握经济社会变化提供基础信息。

## 抓队伍建设，提升干部综合素质

**一是加强学习培训，提高干部队伍综合素质。**一是加强学习。组织全体干部继续利用梧州干部在线学习平台拓展干部教育培训的形式和内容，按时按量完成学习必修课和选修课共计72学时，并将学习成绩纳入绩效考评。二是加强培训。积极参加国家统计局、总队等组织安排的业务培训会议；积极选派干部参加梧州市直属机关新任党务干部培训班、梧州市直属机关党组织书记异地学习培训等。三是加强跟班交流。今年3月份，继续派出1名办公室人员到梧州市委办跟班学习，首次派出1名干部担任社会主义新农村指导员。四是鼓励干部积极参加在职研究生学习，目前我队已有4名干部参加在职研究生的学习，队伍的综合素质得到明显提升。

**二是明确责任，加强考核。**年初制定本队目标责任制并贯彻落实，要求干部职工年底总结个人工作完成情况并自评，召开年度考核述职会议进行述职，通过民主测评并按规定投票推选等作为本队考核优秀人员的依据。

**三是制定细则，科学管理聘用人员。**年初制定《国家统计局梧州调查队聘用人员管理办法》明确聘用人员的聘用范围和条件、聘用程序、工资制度及待遇、管理考核等细则，彻底实现了聘用人员聘用有选拔、聘用有章程、年度有考核、考后有激励，促进干部职工管理的规范化、科学化。全年共聘用3人充实到住户、价格、企业等3个专业科室一线工作。

## 抓机关党建工作，促进干部队伍

**一是健全完善党建工作责任制。**研究制定了《2013年党建工作思路》，明确了扎实推进机关党建工作，实现党支部有战斗力、党员队伍有活力、基础保障有水平和党建制度化全面提升的目标。今年4月，顺利完成党支部和机关工会换届选举工作，顺利完成了党建和工会工作的交接。

**二是进一步加强党组织建设。**及时开好领导干部民主生活会和党员民主生活会，通过与党员干部谈心交流，注重队伍的思想建设，首次选派1

2013年6月27日，梧州队学雷锋志愿服务队在倒水镇开展植树活动

名干部担任新农村建设指导员，下乡指导服务基层组织建设工作，促进了我队党支部和基层组织建设工作再上新台阶。

**三是深入开展"结对共建"、"清洁乡村"、党员志愿者服务等活动。**一是继续与梧州市蝶山区夏郢镇镇安村开展结对共建活动，组织党员干部走进基层、走进企业、走进农村、走进社区住户，深入到共建单位党员群众中，体察民情，交心谈心，了解实际情况。6月26日，带领全体党员及入党积极分子到镇安村开展"七一"慰问座谈活动，慰问5名老党员，增强了宗旨意识，树立了统计核心价值观念。二是开展"美丽梧州 清洁乡村"活动。发挥党员干部带头作用，深入到联建村，通过组织参与联村清洁卫生工作，号召广大社会力量特别是结对共建村村民积极投身到这项惠民的事业中来。三是成立党员学雷锋志愿服务队，制定《国家统计局梧州调查队党员学雷锋志愿服务队开展活动方案》，以"与创先争优活动、创建和谐队伍、转变工作作风、结对共建活动相结合"为志愿队基本原则，组织开展内容丰富、形式多样、富有成效的社会志愿服务活动。

2013年6月14日，梧州队在倒水镇大同村进行"美丽梧州　清洁乡村"服务活动

# 国家统计局北海调查队

2013年11月3日，国家统计局北海调查队乔迁四川南路清正里（原纪委大院）新办公楼

2013年，国家统计局北海调查队在广西调查总队的正确领导下，在北海市委、市政府的关心支持下，认真贯彻党的十八大及十八届三中全会精神，以科学发展观为统领，以“业务改革深化年”活动为主线，以提高规范化建设为抓手，认真履行工作职能，锐意进取，积极作为，高质量完成了全年各项目标任务，工作亮点纷呈。

## 亮点一：顺利组织办公场所搬迁，全队精神面貌得到大改善

2014年4月22日，北海调查队进行第二批教育实践活动学习

在广西调查总队的大力支持和北海市地方党委政府的关心关怀下，国家统计局北海调查队在2013年11月初，顺利搬迁到北海市四川南路清正里（原纪委大院）办公。新的办公场所解决了以前办公拥挤和没有会议室的困境，随着办公环境的大改观，队内人员的精神面貌得到大改善，工作效率得到了大提升，工作质量有了大提高，在全区调查队系统年终单项工作考核评比中，获得一等奖5项、二等奖1项、三等奖6项。

## 亮点二：狠抓约稿信息报送，优质服务能力得到大提高

2013年国家统计局北海调查队大幅提高了约稿信息上报数量和稿件质量，全年向广西调查总队报送调查报告8篇，调查信息61篇；获广西调查总队采用调查报告8篇，调查信息41篇；其中：中办、国办采用4篇次，批示2篇次；国家统计局采用19篇次，批示7篇次；自治区党委、政府采用24篇次；向北海市委市政府报送调查信息（报告）24篇，调查报告和调查信息采用篇数分别同比增长33.33%和78.26%，在优质服务单项考评中排在全区调查队系统第五位。

2014年2月26日，北海调查队召开2014年北海市采购经理调查培训会议，并进行普法宣传工作

2013年7月17日，国家统计局农村司王庆莉调研员（左一）到北海调研粮食产量抽样调查实割实测工作

## 亮点三：主动加强与地方沟通联系，队伍影响力得到大提升

（一）北海调查队主动加强向市委市政府请示汇报，2013年3月、8月、10月、12月就投资环境监测调查、解决办公场所、县级粮食产量抽样调查、城乡住户调查、CPI和两个收入情况分别向市政府领导汇报，市政府在解决办公场所、开展投资环境监测调查等方面都提供了保障，确保了统计调查工作的顺利开展。

（二）加大与农业、发改、统计、财政、人社、水产畜牧、扶贫、民政等部门沟通协作，形成工作合力，充分发挥好住户调查工作联席会议办公室的作用，协调北海市直有关部门配合做好两个收入调查，深入推进三项统计调查业务改革工作，巩固“三小微”企业调查和常规调查工作两个基点，有力地巩固和推进了统计调查业务规范化发展。

（三）积极参与地方决策，北海调查队多次受邀列席市政府有关会议，并作专题发言，得到了地方党委政府的肯定和好评。

（四）积极纳入地方绩效考评体系。经北海市绩效办批复，北海调查队在2013年度正式纳入地方绩效考评，年终将通过党的建设、部门效能和职能3大类指标对北海队的各项工作进行考评，北海队影响力进一步扩大。

2013年9月27日，北海调查队参加北海市直属机关党组织第五届“先锋杯”气排球比赛获得老年组第二名和青年组第九名

## 亮点四：切实改进工作作风，努力提升统计服务水平

（一）以制度定职责。制定《国家统计局北海调查队2013年度全队工作考核办法》，组织召开全队动员会议、部署工作，统一全队思想，并组织全队人员签订《岗位责任承诺书》，进一步明确全队人员工作分工的岗位职责，实绩与年终考核挂钩。

2013年7月17日，广西调查总队服务业处到北海调查队指导采购经理调查工作，并深入到调查网点调研

（二）进一步提高行政管理规范化水平，严格按规定规范办文办会，对公车使用实行集中统一管理和审批登记，确保车辆的合理调度，认真执行总队新印发的《国家统计局广西调查总队公务接待管理规定（2013）》和《国家统计局广西调查总队机关人员赴基层开展公务活动管理办法（试行）（2013）》相关接待标准，规范做好接待工作。加强督查督办，结合政务信息、优质服务、年度总结等工作，实行专人督办、会议反馈、文件通报的形式，提高了落实工作的效率。

（三）严格执行各项廉政建设要求。认真贯彻党中央、国务院、国家统计局以及广西调查总队关于切实改进工作作风的有关规定，在中秋、国庆、春节等节假日，坚决杜绝发放钱物，坚决杜绝寄送贺卡等，在参加系统运动会期间，坚决杜绝公款购买体育装备；制订《国家统计局北海调查队2013年党风廉政建设工作要点》（北调党组字〔2013〕5号），理清了思路、明确了重点、强化了监督检查、工作作风得到切实转变；加强对人、财、物、数的监督，防风险、堵漏洞，努力营造清正廉洁、务实高效的统计调查工作氛围。

2013年7月3日，北海调查队和合浦调查队到合浦县党江镇进行早稻粮食产量实割实测调查工作

# 国家统计局防城港调查队

2013年9月26日，防城港局队联合深入华石镇冲敏村调查点调研

2013年以来，在广西调查总队的正确领导和防城港市委、市政府的大力支持帮助下，防城港调查队认真贯彻落实2013年全区调查工作会议精神，围绕“业务改革深化年”工作部署，结合本队“围绕一条主线，强化四大建设，突出七个重点”的工作思路，狠抓落实，统筹兼顾，克难攻坚，有力地推动了各项工作的顺利开展。现将2013年工作情况总结如下：

## 一、全面完成2013年各项工作任务

### （一）坚持创新作为，深化调查业务改革

围绕“业务改革深化年”主题，以一体化住户调查改革作为重点，以三小微调查工作为抓手，继续推进业务规范化建设，坚持强基固本，业务建设再上新台阶。

### （二）坚持以人为本，提升干部队伍素质

坚持以人为本，发挥人员主观能动性，努力造就团结、务实、高效、清廉的领导班子，以团结的班子带动年轻的队伍成长。

### （三）坚持完善机制，拓展优质服务能力

以创建服务型统计机构为推力，不断增强责任意识和服务意识，用统计调查服务赢得党政领导、社会公众对统计调查工作的肯定和重视。

1. 规范工作流程，提高信息采编质量。结合优质服务工作实际，印发《国家统计局防城港调查队调查信息、调查报告工作规范》到各科室，从撰稿要求、行文规范、编审要求、选用原则、审核签发、考核评比等七方面，以全面实施信息工作规范，提升调查信息、调查报告撰写质量。结合《国家统计局防城港调查队2013年目标管理责任制考核办法（试行）》，将政务信息、调查信息、调查报告完成采用篇数等情况列入年终综合考核，实行任务月度分解、采用季度通报的工作机制，信息分析工作较好地实现了量质并进。

2013年6月7日，防城港调查队召开季度住户调查数据分析座谈会

2. 立足调查业务，提高数据解读能力。充分发挥统计调查工作特点和优势，加大报表数据解读分析能力建设，在信息的及时性、针对性上下功夫，努力将报表调查数据转化为服务总队、服务地方、服务公众的调查成果。据统计，截止11月18日，上报政务信息125条，被总队内网采用85条；上报总队调查信息、调查报告53篇、4篇；向防城港市委、市政府、市领导、市“两办”及有关部门编印报送《调查信息》53期共593份、《调查报告》4期共89份、《防城港CPI专报》11期121份。

3. 深入调查分析，拓展决策服务层次。密切监测经济运行情况，做到预测分析求“准”、专题分析求“精”、对比分析求“深”，紧紧围绕总队下发的每月信息要点和市委市政府的中心工作，组织开展了返乡农民工就业情况、农村乡镇幼儿园发展状况等专项调查，就防城港市社会经济发展情况、城市转型与产业结构调整、居民工作生活状况等方面进行了调研分析，通过走访有关部门、深入企业、下乡现场访问等方式，第一时间获取第一手资料，形成调查分析，为领导科学决策提供快捷高效优质的统计调查信息服务。

### （四）坚持依法统计，发挥法制护航作用

重视统计法制建设，以增强全社会统计法律意识为工作目标，采取多种措施，充分利用法律武器为调查工作保驾护航。

1. 广泛宣传，提高依法统计调查意识。把统计法规的宣传教育贯穿于日常业务工作中：一是组织全体队员重温学习《中华人民共和国统计法》、《统计违法违纪行为处分规定》等，全面提高全体队员依法行政的意识和能力；二是全队人员充分利用开展业务培训机会，坚持向基层统计人员、辅助调查员、调查户等宣传统计调查法规知识，以《统计法》保证调查数据真实准确；三是参与政务公开日活动、法制宣传日、统计开放日活动，其中，通过通信平台向广西调查队系统及防城港市城区的社会公众，发送内容为“2013年9月12日是第四届‘中国统计开放日’，统计和您在一起，统计调查数据来自各行各业，感谢您的支持与配合”的手机短信13.3万条，既给统计调查工作人员送上节日的慰问，又加深了社会公众和调查对象对统计调查的印象和认识。

2. 开展检查，加大数据质量检查力度。根据《关于坚决制止和严肃查处编造统计数据等弄虚作假行为的紧急通知》（桂调字〔2013〕26号）精神精神，防城港队进行了“拉网式”基层基础数据

2013年10月，防城港调查队到防城港市美海养殖场生猪调研现场

2013年11月18日，广西调查总队纪检组长李建茂（右二））督查防城港党风廉政调查工作

质量检查。

### （五）坚持统筹安排，提高管理保障能力

按照工作形势发展、人员岗位调整的实际，完善行政事务、财务管理工作流程，通过理念入人心、操作成习惯，做到以制度管人、以制度管事，全面提升机关后勤管理保障能力。

### （六）坚持防控并举，推进党风廉政建设

提倡预防和监控并重，将党风廉政建设作为年度“四大建设”之一，并致力于将党风廉政建设贯穿于调查

自查工作。结合实际，业务人员对往年历史存档数据进行自查，对基层单位上报的数据2013年已经开展的专业调查工作的工作环节进行重新检查。通过自查，各专业人员认真查找存在问题的原因，并制定了相应的整改措施，促进了业务工作的标准化、规范化。

3. 积极部署，提升统计执法工作水平。根据全国统计法制工作会议精神和广西调查总队统计执法检查计划的要求，制定《国家统计局防城港调查队2013年统计执法检查计划》，成立由队长任组长、副队长任副组长、各科室负责人为成员的依法统计工作领导小组，推进统计执法检查工作。据统计，2012年12月-2013年6月共发放《统计调查事务告知书》249份，统计报表催报单13份，对6家企业开展数据

2014年2月27日，防城港调查队召开采购经理调查工作培训会议

工作的各个环节，为调查工作健康有序开展提供保障。

### （七）坚持理顺关系，优化调查工作环境

坚持“三级联动”协调工作关系：一是向上勤汇报，积极主动向总队、地方党政领导汇报，协调好各种关系，争取得到更多的工作支持；二是横向多联系，发挥调查工作联席机制作用，与地方财政、发改、农委、林业、人社、水产、统计等多个地方部门达到了资源共享和互补的目的，凝聚了调查工作合力；三是向下多关心，平时注重跟辅助调查员建立感情，保持联系，加强与他们的沟通，真心关心他们的生活，充分调动他们的主观能动性。

2014年3月3日，防城港调查队全体队员在崇左市龙州起义纪念馆重温入党誓词

# 国家统计局钦州调查队

2014年3月31日，广西调查总队总队长邹伟忠（后排中）出席钦州队党的群众路线教育实践活动动员大会并作了重要讲话

2013年，在广西调查总队的正确领导下，在地方各级政府的大力支持下，钦州调查队认真贯彻落实“业务改革深化年”的要求和统一部署，坚持改革导向，推进制度创新，狠抓优质服务，强化调查保障，打造调查精品，全面完成了各项调查任务。

## 一、强化调查保障，打造思想过硬业务过硬团队

1. 抓好队员学习，全面提升队员思想素质和业务能力。认真组织全体队员学习2013年全国“两会”精神，学习全区统计调查工作会议精神，确保全队人员的政治思想素质不断提高；6人次参加全国统计系统举办的各类培训班，1人参加总队与广西师范大学合作举办的研究生学历班学习。

2. 抓好队伍管理，促进管理工作上新台阶。出台了《钦州调查队考勤管理补充办法》、《钦州调查队聘用人员目标管理考核办法（试行）》、《2013年钦州调查队科室创优评星考核制度》等一系列制度，职工工作积极性、工作效率和工作质量都有了新提高。

2013年7月19日，国家统计局农村司副司长黄秉信一行，在总队副总队长杨锡虹、钦州队温镜忠副队长等陪同下到钦州市钦北区板城镇板中村委实地调研粮食生产情况

## 二、坚持改革导向，统计调查工作有序开展

1. 加强统筹协调，各项重点工作走向正常化。牵头抓总，城乡住户一体化调查步入正轨。每季度第一时间向各县区反馈自治区的评估核定的结果，做到调查数据无逢对接。充分利用调查网络开展短平快的专题调研，及时了解钦州市城乡居民增收亮点和难点，真实反映钦州市城乡居民

的生活水平。注重创新，县级粮食产量调查科学高效。顺利完成了样本村春播、夏播面积调查；早稻估产及实测、夏收玉米估产及实测、春收粮食产量调查、晚玉米实测、晚稻实测；完成对灵山、浦北队数据质量监控检查等工作。据统计，全年与相关部门共联合培训各级各类调查员、辅助调查员共11批510多人次，6次召开联席会议共同商议城乡一体化住户调查、粮食产量调查等工作，并先后与农业、水产、统计等部门成立专题调研组，赴各县区、镇村、农户进行调研，有力推动了各项工作顺利开展。

2. 抓调查规范化，高质高效完成各项调查任务。严格按照各项调查方法制度，不断创新工作方法，高质量完成了居民消费价格指数调查、商品零售价格调查、工业生产者价格调查等常规调查，各项常规调查规范化日趋完善，CPI调查按照“三定一直”（定人、定点、定时直接调查）手持数据采集系统采价，手机直报与网络直报实现100%；农业调查利用手持GPS定位信息采集，实现调查过程信息化。顺利完成了服务业小微企业监测调查年报上报以及采购经理调查样本扩点、规模以下工业抽样调查样本企业联网直报摸底调查、批零住餐抽样调查等工作。加强报表数据与实际情况是否吻合、报表数据与上报数据是否相符、专业数据是否匹配等的审核，严格执行数据审核评估工作，数据质量明显提高。

## 三、狠抓优质服务，发挥统计服务党政决策的参谋作用

认真落实综合调查工作规范化文件精神。实行一把手负总责，分管领导亲自抓，科室负责人带头实施，科室人员人人参与优质服务的工作模式。围绕钦州市的中心工作和经济社会发展的重大问题，深入基层开展调研，撰写了大量数据翔实、事例丰富的统计分析文章，为各级党政机关科学决策提供统计依据，为解决经济社会发展中的问题积极献计献策。全年被总队采用调查信息56篇、报告6篇。其中被中央领导批示2篇，中办采用5篇，国家局采用21篇次，国家局批示8篇次；被自治区党委办公厅采用13篇次，自治区政府办公厅采用25篇次。全年有12篇信息被钦州日报、钦州晨报等报刊刊发，被市委、市政府采用信息、报告20多篇。

2013年12月4日，钦州调查队在钦州湾广场参加钦州市普法办组织的普法宣传日活动

2014年3月21日，钦州市副市长李绍兰（左二）出席钦州住调办联席会议并向荣获2013年广西住户调查先进集体称号的单位颁发奖状

## 四、加强法制工作，统计数据更加真实可靠

将法制融入调查业务全过程，让法制工作为调查业务保驾护航。每一个专业的业务会议，都穿插进行统计法律法规讲座及发放宣传资料。以“《统计法》30周年纪念宣传”、“中国统计开放日”及《统计法》和《全国经济普查

2013年6月9日，钦州调查队副队长李保团（右二）带领队员到中信大锰（钦州）新材料有限公司进行走访调研

条例》知识竞赛等活动为契机，广泛开展宣法、学法活动。选送4篇文章参与全国统计法治征文活动，其中1篇获二等奖；发动全体队员和300多名调查对象参与《统计法》和《全国经济普查条例》知识竞赛，其中1名企业调查对象获二等奖。组织109家调查企业对执行统计法和上报数据质量情况进行了自查自纠，对有统计违法嫌疑的19家企业列为重点对象进行现场执法检查，立案查处了8起统计违法案件，有效维护了统计调查的严肃性、权威性。

## 五、打造调查精品，调查形象焕发新面貌

充分发挥统计调查部门的职能和作用，提高在市委、市政府的作用和地位，认真开展总队部署的“实施国家区域政策和规划公众评价调查”、“行风政风调查”、“党风廉政建设调查”、“钦州市投资环境调查”等专项调查。钦州市市长李新元对钦州队撰写的《2013年钦州市投资环境调查报

2014年2月8日，钦州调查队党组副书记、副队长温镜忠（右二）、副队长李保团深入到CPI调查网点进行春节慰问，并检查采价员采价情况

告》作出了批示。以高质量、高信誉的调查赢得了各级领导的重视、社会的信赖。钦州市纪委、绩效办、文明办相继委托开展“党风廉政建设民意调查”、“绩效考评公众评议”、“城区公共文明指数测评”等专项调查，专项调查已成为钦州队的调查精品。在“美丽钦州、清洁乡村”活动中，积极牵头组织中行钦州分行、钦州预备役三团驻村开展工作。充分发挥了调查队的统计调查的职能和作用，连续两年被评为钦州市绩效考核“优秀单位”。

2014年4月29日，钦州调查队组织全体党员干部到爱国主义教育基地—牛圩坡革命烈士墓开展“重温入党誓言

## 六、落实党风廉政建设，统计调查执行力有所提高

落实党风廉政建设“一岗双责”制度，领导带头，一手抓业务，一手抓廉政，制定出台了《钦州调查队加油卡使用管理办法（试行）》、《钦州调查队公务卡使用注意事项》等管理制度，严控“三公”支出，做好表率。定期召开党组学习（扩大）会学习中央“八项规定”和中秋国庆期间“四个严禁”、自治区“八个不准”以及监察部《违规发放津贴补贴行为处分规定》等文件精神。经常提醒队员浏览总队纪检监察室在内网子网中挂出的《谈党政干部的廉洁追求》等提高思想觉悟的文章；传达学习《2006年以来国家统计局系统查处有关违法违纪问题情况的通报》和中纪委网站曝光的35件违规案例；集中观看《反腐倡廉新部署》等廉政教育片，帮助大家引以为戒。

# 国家统计局贺州调查队

2013年，贺州调查队在广西调查总队正确领导下，在贺州市委、市政府的关心支持下，坚持以邓小平理论、“三个代表”重要思想、科学发展观为指导，贯彻落实党的十八大及十八届三中全会议精神，按照全区调查工作会议精神，紧紧围绕“业务改革深化年”工作主题，以着重推进三项统计调查业务改革和小微企业调查为重点，扎实开展各项工作，取得了一定的成绩。2013年，在全区市级队目标管理考核排名中，贺州调查队总体成绩由2012年的第12名上升到2013年的第5名；在单项工作考核中，全队共获得5个二等奖，13个三等奖。此外，政务信息、调查信息、调查报告的撰写采用情况也处于建队以来最好水平。

2013年9月，贺州调查队副队长汤小青（右二）走访采购经理调查企业

## 一、充分突出牵头作用，三项业务改革顺利推进

### （一）城乡住户调查一体化实现数据平稳过渡。

**一是创新制度，主动跟踪指导。**提出“三

2013年11月，贺州调查队综合档案室晋级三级档案室

2013年12月，召开住户调查一体化工作会议

审四包”制度和住户回访制度，确保记账稳定和记账质量。建立“六套台账”夯实一体化基础数据。根据调查资料及时归档分类，建立住房、成员、耐用消费品、大笔收支、农业生产、居民增收政策等六套台账。

**二是注重核查整改，强化工作落实。**根据总队反馈部分城镇

调查小区居民记账数据收支不匹配、收入偏低等情况，及时召开专项会议，研究和部署核查城镇居民收支记账数据的工作；加强与总队沟通汇报，做好住户扩点工作，提高样本代表性。

**三是积极发挥牵头部门作用。**牵头组织市统计局和有关部门，分别到全市各县（区）进行检查和指导，并对各县（区）住户办提出在工作中遇到的问题进行详细解答。

**（二）县级粮食产量调查工作顺利开展。**一是积极创造良好的工作环境。通过加强与地方统计局、农业局等部门沟通联系，积极主动争取相关部门的支持配合，为开展工作创造良好的环境。二是深入现场开展检查指导工作。在早稻、中稻、晚稻实割实测期间，深入现场督导，实地掌握踏田估产情况，并与地方部门对样本地块粮食产量综合评估，确保估产数据科学。三是加强督查工作。通过发文督导、现场督导以及听取情况汇报、查阅资料、机账核实和实地察看、召开座谈会等方式，对八步区、平桂管理区县级粮食产量等工作进行督查，确保三项统计调查业务贯彻落实好。此外，农村贫困监测调查、农民工监测调查也在根据调查制度要求，每季度末，队领导亲自带队上门直接调查，实时更新数据，各项具体工作顺利推进。

## 二、注重质量，切实抓好小微企业调查工作

一是抓好规模以下工业企业摸底核定调查。深入一线了解情况，确保非目录企业“应统尽统”；整合统计局、工商局、乡镇企业站等部门资料，形成完整的目录企业核对表，确保“新的企业不漏，旧的企业不重”；强化企业追踪。建立非目录企业跟踪联系制度，定期对样本进行实地走访调查，及时剔除关停企业，收纳新增企业。二是服务业小微企业监测调查顺利开展。认真组织学习和掌握新的调查制度，按照总队下发的《广西服务业小微企业监测统计调查数据质量控制办法》的要求，根据行业规模、行业范围和样本量的变化，逐一做好样本确认、数据收集上报、走访调研、数据质量抽查等各项工作，确保了小微服务业源头数据质量。

## 三、加强管理，推进联网直报工作

一是扎实推进CPI手持数据采集器推广应用工作。加强采价员的培训工作。首先是对新采价员进行基础的采价技巧、采价器操作流程等理论培训，其次是对老采价员进行巩固培训，确保采价设备能够安全正常运行。二是采购经理调查依据《采购经理调查制度》，及时召开业务培训，

2014年1月，贺州调查队队员走访慰问CPI调查网点

领导亲自带队，认真做好实地走访，在调查过程中采用短信、qq群、上门服务等方式，加强与企业沟通联系，调查企业年报、各月直报率均为100%。三是工业生产者价格调查通过召开会议，加强宣传和培训，搭建纵横交流平台，确保联网直报率保持100%。

## 四、增强服务意识，努力提升优质服务水平

**一是强化责任意识和精品意识，努力增强服务实效。**优质服务是对外展示形象提高统计调查工作影响力的有效途径，要求全体队员努力提高撰稿质量和责任意识，紧密关注经济形势，加强统计分析工作，及时准确地报送居民消费价格、农产品价格、城乡居民生活情况等统计调查分析，为各级党委政府科学决策提供真实、可靠参考信息。

**二是高度重视约稿工作。**围绕总队信息约稿，贺州市委、市政府重点工作，加强了月度、季度经济形势的分析监测，密切关注农业、居民消费价格等敏感指标动向，发挥调查队“轻骑兵”的优势，深入挖掘数据，及时准确撰写调查信息。2013年全队共编发调查信息64篇，总队采用调查信息30篇，单篇信息比上年增加10篇；其中1篇约稿信息获国家领导批示，4篇约稿信息获国家局领导批示，8篇约稿信息获自治区党委政府采用，2篇单篇信息获区政府采用，优质服务工作获总队综合考评三等奖。

## 五、做好法制法规工作，为统计调查保驾护航

**一是认真组织开展统计调查业务培训，统计调查业务基础工作得到夯实。**充分利用专业开年报会的机会，将统计报表报送及有关法律责任印制成宣传资料发放给统计调查对象，扎实做好统计调查法律义务告知事务。

**二是夯实统计执法基础。**根据统计调查工作中存在的问题及薄弱环节，制定下发了《2013年贺州调查队统计执法检查工作计划》，将近年来未进行执法检查单位和新增单位定为重点检查对象，采取专业人员和法规人员结对方式，对相关企业集中开展执法大检查，重点检查企业11家，立案调查

2014年4月，贺州调查队队员在进行第三次全国经济普查个体户抽样调查

1家，检查工作达到预期效果。

## 六、抓好行政管理，提高服务调查业务的能力

**一是提高人事教育工作水平。**全年派遣4名队员分别参加四期全国统计系统基础知识培训班；主要领导参加全国第30期地（市）级统计机构主要负责人培训班；派遣2名副职领导参加全国部分市县调查队领导干部及业务骨干培训班，全队70%的队员参加了各种培训班的培训学习。此外，1名队员参加总队研究生学历班学习；派出1名队员负责“清洁城镇乡村 建设美丽贺州”活动联系点工作。

**二是控量提质，提高政务信息工作水平。**加强政务信息督查力度，定时通报政务信息完成情况。制作政务信息上报、采用情况一览表，张贴于办公室走廊，将每位队员的上报、采用情况每月通报一次，鼓励先进，鞭策后进，形成你追我赶的局面，提高队员政务信息写作激情。2013年，全队共上报政务信息125篇。其中，总队内网采用76篇，同比增长65%;国家局内网采用9篇，同比增长125%，国家局内网中心子网采用3篇，政务信息工作取得了较好的成效。

**三是完善档案管理工作，三级档案室顺利通过验收。**2013年11月13日，贺州调查队综合档案室顺利通过了市档案局的检查验收，成功晋升市直机关三级综合档案室，档案综合管理工作水平得到了进一步提高。

**四是强化督查督办，确保工作落实。**根据全队2013年的工作部署，进一步明确督查督办工作重点。同时，改进督查督办方式，采取口头督办、qq督办，书面督办等方式，提高督查督办的灵活性，有力地推进了各项工作的开展。

## 七、加强党风廉政建设，营造风清气正的统计调查环境

一是认真组织学习中央关于改进工作作风，密切联系群众八项规定文件资料，严格执行《廉政准则》、《国家统计局工作人员“九不准”规定》，加强对领导干部廉政意识的培养，营造风清气正的统计调查工作环境。

二是加强监督检查。坚持纪检监察员列席党组会议、常务会议、队务会议制度，在执行“三重一大”制度和人、财、物、数等重点领域加强监督检查。

2014年4月，贺州调查队队员在进行第三次全国经济普查个体户抽样调查

# 国家统计局河池调查队

2013年6月28日，广西调查总队副总队长杨锡虹（左四）出席河池调查队新领导班子任命大会

2013年，国家统计局河池调查队在总队和河池市委、市政府的正确领导下，新领导班子以科学发展观为指导，紧紧围绕“三个提高”，深入开展“业务改革深化年”的主题活动，以干部队伍建设和规范行政业务管理入手，通过新的管理理念激发全队活力，各项工作业绩实现横向缩短差距和纵向质地飞跃的良好势头。

## 一、查找弱点，突出重点，铁拳抓好“人”这个重要因素管理

河池调查队新领导班子充分认识到：要干成事、干好事，关键在领导，在干部。以解决干部的积极性为目标，努力打造“干事有活力、工作有创新、发展有后劲”的干部队伍。

**1.加强领导班子建设，抓好“领头羊”这个首要环节。**一是加强与地方领导干部的交流挂职，选派一名队领导到柳州市融水县挂任县委常委、副县长。二是加强领导班子学习，制定《2013年党组中心组理论学习计划》、《2013年政治理论学习计划》，认真开展党组中心组理论学习，统一思想，提高党组的决策水平和执行力。三是坚持民主集中制和“三重一大”集体决策的原则，坚持以大局为重、以调查事业为重，正确处理集体与个人分工的关系，营造团结、协作、信任的良好氛围。四是加强勤政廉政建设，认真学习和严格遵守中纪委、国家局和总队有关廉政规定，班子成员时刻做到警钟长鸣。

**2.突出中层干部管理，充分发挥“兵头将尾”这个中心环节。**一是有为与有位相结合。对工作突出、业绩显著、管理优秀的中层领导干部优先提拔重用，对出现管理失职、业绩低落、违法违纪等问题的中层干部给予思想教育和相应惩罚。二是施压与放权相结合。在给中层领导干部压担子的同时，相应地放权，让中层干部充分行使相应权力，理直气壮地开展各项工作。三是“让利”与“重情”相结合。除了给予各科室工作经费支持外，加强感情交流，多了解、多尊重、多关心、多帮助中层领导干部，以情励人。四是加大学习力度。组织科级干部到柳州、桂林等先进调查队现场学习调查业务知识；分批参加河池市2013年科级干

2013年8月5日，总队党组书记、总队长邹伟忠率总队第二支部支委到联系点河池召井党的群众路线教育实践活动征求意见座谈会

部理论培训班学习。

## 二、深化统计业务改革，夯实统计调查基础工作，全面提高统计数据质量

**1.稳步推进城乡住户调查一体化改革工作。**充分发挥联席会议办公室这个有效平台，成立联席会议办公室，定期和不定期召开联席会议，通报和评估各县(市、区)调查数据，全面综合评估各地经济运行情况。做好收支调查数据定期反馈工作。组织开展基础数据反馈调查户工作，消除调查户对调查数据与记账户记账是否一致的担忧，增强调查户对记账工作的信任度和配合度，提高调查数据的公信力。

**2.重新调整CPI采价分工，加强价格督导。**把家电、服装、超市、政策性调价商品全部分工到在职人员手中，在职人员由原来的单一督促检查调整为一线采价与督导检查双轨并行，从源头上提升数据质量。

**3.认真组织对采购经理调查新增企业核查工作。**2013年河池市采购经理调查工作面临“散、多、繁”的挑战，调查对象从原来的5家增加到50家，分散在全市5个县（市、区）。河池调查队克服困难，通过电话查询、实地走访等方式，严格按照制度核实企业的各项信息，确保企业基本信息真实可靠。

## 三、抓好规范化制度的修订和完善并严格执行，全面提升制度执行力

**1.修订和完善规范化制度。**结合工作实际需要，经队常务会讨论通过《2013年目标管理责任制》等八项制度。通过修订和完善各项规章制度，为各项工作正常有序的开展提供了制度保障，形成了以制度管人、管事的良好氛围。

**2.进一步规范后勤管理。**规范用车管理，加油卡实行一车一卡制，申请用车科室需填写派车申请单，经领导批准后，由办公室统一安排车辆的使用，并做好用车记录。规范财务报账程序，要求出差需填写出差申请表、用款需填写用款申请单，并将其作为记账凭证附件，审核批准后，才能进行报账。

## 四、狠抓统计法制基础工作，统计执法处罚实现“零”突破

**1.加强统计法律法规学习。**以“六五”普法为契机，制订干部学法制度，把新《统计法》和《统计违法违纪行为处分规定》的学习列为重点学习内容，通过自学、集中学习和组织考试等形式，进一步加强了全队人员的普法教育，增强了统计调查工作人员的法制观念，促进了统计调查工作的规

2013年12月4日河池调查队领导参加统计法制宣传咨询活动

2014年5月8日河池调查队组织河池辖区调查队系统在南丹举办首届调查业务知识比赛

微，执法人员对企业进行了批评教育，并责令其限期整改；对两家统计数据来源不清、误差较大，已涉嫌提供不真实数据的企业分别给予警告并处2000元、2500元罚款的处罚，由于案情清楚，程序严格，过罚相当，两家被罚企业均表示接受，并及时缴纳罚金。两起案件的成功处罚，使河池队告别了多年的“零”负担，打开了河池调查队统计法制工作新局面，大大提高了样本企业的配合度，同时统计调查数据质量也得到了提升。

范化、制度化和科学化。

**2.多种形式开展统计法制宣传。**一是在第四届中国统计开放日，深入河化集团社区通过现场咨询、板展宣传、短信宣传等多种形式开展统计法制宣传活动。二是以纪念《统计法》颁布30周年为契机，举办首届“统计法制知识竞赛”，参赛队员除了本队全体干部职工外还邀请部分样本企业单位、辅助调查员参加，以赛促学的方式掀起了全队上下、统计调查对象学习统计法制知识的热潮。同时，利用节假日深入调查点，开展慰问基层记账户、采价员、辅助调查员及企业统计员活动，组织全体队员参加《统计法》和《全国经济普查条例》知识竞赛等活动。

**3.统计执法工作实现零的突破。**今年7月份下发统计执法检查通知，在所有样本企业自查的基础上，对20家样本企业进行了重点执法检查，其中发现3家企业统计基础工作不够规范、违法行为轻

## 五、围绕重点，深入基层，全面提升优质服务水平

2013年共撰写上报调查信息（包括约稿）29篇、撰写调查报告7篇，获总队采用3篇；为地方党委、政府领导提供CPI专报12期；为市委、市政府“两办”提供调查信息6篇；为《河池日报》等新闻媒体提供CPI等调查信息10篇，得到地方领导及有关部门的好评。共撰写政务信息69篇，比去年增加16篇，获总队采用56篇，比去年增加12篇，其中《河池队统计法制知识竞赛活动圆满收官》获国家局采用。

## 六、强化党风廉政建设，全面提高监督检查能力

**1.按照中央八项规定。**加强财务管理，严肃财经纪律，严格执行接待审批制度，厉行勤俭节约，制止奢侈浪费，严格控制各项经费支出，充分

2014年5月19日河池调查队组织全体干部职工赴东兰县开展党的群众路线主题教育实践活动

2014年5月15日，河池队陆润开队长带队到规下工业企业调查点河池市矿友机械厂调研，征求企业意见和建议

发挥有限资金整体效益。

**2.建立健全党风廉政建设责任制。**根据党风廉政建设任务和要求，制定《河池调查队廉政风险防控工作的实施方案》、《河池调查队2013年党风廉政建设承诺书》，各科室人员向党组书记递交党风廉政建设承诺书共13份，形成层层抓落实的责任体系和齐抓共管的工作格局，有力地促进了责任制的落实。

**3.以学促教、以教促防、以防促廉。**积极组织学习各级领导党风廉政讲话精神和《典型案例》，组织观看廉政教育影片，开展会员卡专项清退工作、“小金库”专项治理工作，做好“三重一大”决策制度的落实，做到警钟长鸣，达到了以学习促教育、以教育促防控、以防控促廉洁的目的。

## 七、积极推进组织建设，全面营造团队文化氛围

**1.顺利完成支部换届选举工作。**9月29日，河池调查队召开全体党员大会，讨论通过支委工作报告、党费收缴管理情况报告和选举办法（审议稿），并选举产生由纪检组长唐纯德担任支部书记的新一届支委，为下一步党建工作的开展提供了组织保障。

**2.开“党博”传递统计调查正能量。**河池调查队党支部积极响应河池市直属机关工委提出的“发出好声音、传递正能量”的号召，利用河池市直属机关工委在腾讯网注册开通的实名认证微博“河池旗帜”,开辟了河池调查队党博。经过努力，党博管理和运行进展顺利，在转变干部作风、公众互动交流、答疑解惑上发挥了积极作用。

**3.积极参与“美丽河池·清洁乡村”活动。**积极响应地方政府的号召，多次深入帮扶联系点——南丹县中堡苗族乡开展宣传活动，利用发放倡议书、悬挂横幅等多种形式广泛宣传活动的意义，并向该乡赠送价值15000元的垃圾桶一批。

2013年9月23日河池调查队利用统计开放日深入河化集团现场指导记账户

2014年1月8日河池调查队价格科工作人员深入超市现场采价

2013年7月27日河池调查队农业科深入宜州市洛东镇塘冲村督导粮食产量实割实测

2013年8月1日河池调查队向南丹县中堡乡赠送清洁家园价值15000元物品一批

# 国家统计局来宾调查队

2013年2月，市委常委、常务副市长庞标益（左二）到来宾队调研并慰问干部职工

2013年来，国家统计局来宾调查队在广西调查总队及来宾市委、市人民政府的正确领导和大力支持下，以科学发展观为统领，积极应对纷繁复杂的调查环境，坚决贯彻落实“业务改革深化年”活动的各项部署，努力克服调查经费严重紧缺、调查工作力量极其薄弱、调查业务量成倍增加、调查对象配合程度有所下降等各种不利因素，圆满完成了年初制定的各项目标任务。

## 一、各项调查事业实现新突破

### （一）夯实基础、保障有力，三项业务改革实现良好开局。

2013年是全面推进三项统计调查业务改革工作的开局之年，在改革推进过程中，来宾调查队不畏艰难、积极转变观念，充分认识到当前三项重要统计业务改革和调查队自身建设发展的有利历史时期，紧紧抓住机遇，加大请示汇报力度，最大限度地争取到地方党委和政府在政策、经费上给予支持与保障，为三项业务改革起步工作打下了坚实的基础。

2013年5月，来宾队到金秀忠良乡开展“美丽家园，清洁乡村”活动

2013年7月，来宾队在兴宾区文化广场举办文艺大展演，开展纪念《统计法》颁布30周年系列宣传活动

**（二）成立联席会议制度，三项业务改革工作实现合力共抓局面。**

今年2月份，经来宾市人民政府同意，先后成立了来宾市住户调查工作联席会议制度、粮食产量抽样调查、来宾市农村贫困监测调查三个联席会议制度，进一步健全了三项业务改革工作机制，统筹协调、加速推进业务改革进程。

**（三）高规格召开全市工作会议，业务改革实现稳步推进。**

来宾市人民政府高度重视三项业务改革工作，于4月18日组织召开来宾市调查业务改革工作会议，对全市的三项业务改革工作进行具体的部署与要求。为进一步确保改革任务高效率、高质量地推进，10月31日，来宾市住调办以市人民政府办公室名义在象州县组织召开全市城乡住户调查工作会议。全市6个县（市、区）人民政府常务副县（市、区）长，市住户调查工作联席会议成员单位、市直有关部门的主要领导，共35人参加了会议。市委常委、常务副市长庞标益在会上对全市住户调查工作作出具体的部署，在经费、人员配置等方面也提出了明确的要求。为来宾市住户调查工作科学发展打下了良好的基础。

**（四）以文艺展演促统计文化建设，服务水平实现大提升。**

2013年，来宾队积极谋划《统计法》颁布30周年纪念宣传活动。制定了详细的活动方案，在城区主要街道悬挂宣传横幅、张贴宣传海报，举办板报展，结合业务工作开展“送法进户”、“送法进点”、“送法进企”，精心制作和报送了建队以来法制工作影音、影像等重要资料。并于7月18日晚，在来宾市迎宾广场举办文艺大展演暨统计法颁布30周年晚会，深入推进《统计法》颁布30周年系列宣传活动，积极营造依法统计、依法调查的良好社会氛围。

**（五）创新工作思路，法制建设取得新进展。**

一是把统计法制摆到更加突出的位置，将其作为一项基础性工作由一把手亲自来抓，将统计执法工作纳入本队目标责任制考核，推动统计法制工作全员化。二是进一步加大执法检查力度，邀请总队法规处领导到我队对全体干部职工进行业务指导和统计法培训，分别对6个调查专业的12家企业开展了以数据质量为主的执法检查，依法查处了5起统计违法案件，对4家企业给予警告并责令整改，对情节较严重1家企业给予警告并处罚款贰仟元。

**（六）高效完成各项调查任务，喜获多项荣誉。**

2013年，来宾调查队始终把确保统计数据的真实准确、完整及时，作为来宾队的神圣使命、根本职责和主要任务，积极推动来宾调查工作上台阶、上水平。圆满完成CPI、住户调查一体化、粮食产量调查等调查专业数据处理、评估和上报工作。出色的完成了投资环境调查、党风廉政建设民意调查等7项专项调查工作和来宾市委、市人民政府布置其它临时性工作任务。2013年，来宾队先后荣获：2012年全国一体化住户调查市县级先进集

2013年9月，来宾调查队在市迎宾广场举办第四届“中国统计开放日”宣传活动

2013年10月，来宾队在象州县召开全市城乡住户调查工作会议,常务副市长庞标益主持会议并对全市住户调查工作提出具体要求

体荣誉称号、来宾市2012年绩效目标综合考核一等奖、2012年度文件材料归档质量优秀单位、来宾市2012年度党委信息上报工作先进单位二等奖；我队的胡军艳同志也荣获全国一体化住户调查先进个人称号等荣誉。

### （七）切实提高优质服务水平。

2013年，我队获总队采用的政务信息81篇（其中国家局采用8篇）、调查报告6篇次、调查信息35篇次；获自治区党委采用的有8篇次，自治区政府采用12篇次，自治区领导批示1篇次；国家统计局采用12篇次，国家统计局领导批示6篇次；来宾市党政两办采用我队信息10篇次（仅反馈至上半年）；我队撰写的CPI、农民收入信息在来宾日报刊登6篇。二是定期编纂调查刊物报送市四家班子领导有关部门，为地方党政服务。《实事调查》、《调查专报》、《调查信息》分别编印8期、2期和12期，进一步加强形势研判，及时反映当地社会经济发展情况。

## 二、主要工作措施与思路

### （一）以强化思想教育作风建设为突破口，切实提升机关效能。

来宾调查队高度重视思想教育和作风建设，并以此为突破口，全面提升干部综合素质，形成推进各项工作的强大动力。一是加强统计核心价值观教育，提升干部职工整体素质。二是进一步改进工作作风，切实提升工作效能。坚决贯彻执行中央关于改进工作作风、密切联系群众的八项规定。三是扎实推进党风廉政建设，营造风清气正的统计调查环境。

### （二）明确任务、强化措施，扎实推进业务改革发展。

今年以来，来宾调查队以提高数据质量为中心、夯实和规范基础为抓手、优化统计服务为重点，积极探索和尝试业务改革新经验、新做法，客观评估市县调查数据，扎实推进了三项业务改革工作。一是协调沟通、积极汇报，形成市政府坚强领导，各部门合力推动的工作格局。二是完善制度管理，建立长效机制，保障业务改革工作有序推进。三是注重细节，增强责任意识，提升工作水平。四是加强督查指导，夯实基础，提升数据和工作质量。五是发挥职能，积极协调地方政府加大对三项业务改革的支持力度，保障调查工作稳步开展。六是扎实推进两个规范化建设，提升数据质量，夯实调查基层基础工作。

2014年1月，来宾调查队组织队员到金秀县忠良乡林秀村开展共建活动

# 国家统计局崇左调查队

2013年，国家统计局崇左调查队在广西调查总队的正确领导下，深入贯彻落实十八大、十八届三中全会精神，紧紧围绕总队“业务改革深化年”主题，稳步推进统计调查业务改革工作，较好地完成了全年各项工作目标任务，全面提升统计调查工作水平。

## 一、转变作风，队伍建设有新风貌

### （一）改进工作作风，开展基层走访活动成效好

根据中央关于改进工作作风、密切联系群众的“八项规定”及广西调查总队党组《关于进一步改进工作作风的若干规定》要求，结合实际，以开展“国家调查转作风走基层”为主题，深入田间地头、企业和调查对象家中开展基层走访调研活动。2013年，通过深入基层开展调研活动，共撰写上报了30多篇调研信息，并经与有关部门协调联系为扶贫点争取到4条屯级道路建设及1个自然屯的人饮工程建设项目。在开展“美丽广西.清洁乡村”活动中投入资金1万多元建设3座垃圾池，有效解决群众垃圾乱堆放问题。

### （二）加强理论学习，提升干部素质

把学习十八大、十八届三中全会精神作为2013年政治理论学习的重要内容，并将全体干部纳入党组中心组（扩大）学习范围，使全队干部都参与到理论学习活动中。同时，还通过召开周例会、专题学习会等多种有效形式，组织干部职工集中学习国家统计局、自治区、广西调查总队及崇左市委、市政府的相关文件和领导讲话精神，在队内营造了勤学、善学的良好学习风气，把干部职工的思想统一到党的方针政策上来。

2013年8月7日，广西调查总队党组成员、纪检组长李建茂（左二）带领商投处到崇左调查队检查指导党风廉政建设、政风行风调查工作

### （三）加大干部教育培训，提升业务水平

2013年，国家统计局崇左调查队不断加大组织干部职工参加国家级高水平的业务培训活动力度。5月份，组织干部职工8人，参加了国家统计局在安徽省举办的“部分市县调查队领导干部及业务骨干培训班”。此外，还积极组织干部参加广西调查总队各种业务知识培训26人次，参加崇左市组织理论学习培训5人次，干部知识水平和业务能力得到极大地提升。

### （四）以精神文明建设为着力点，推进统计文化建设

采取多种形式，注重加强精神文明建设，并以精神文明建设为着力点推进统计文化建设。一是由队领导带领全体干部多次深入扶贫挂点村屯开展“一对一”结对帮扶和开展“美丽广西，清洁乡村”活动；二是以党建带工建、带团建，全面促进全队精神文明建设。利用党支部、工会、共青团等

2013年9月11日，崇左调查队副队长吴世生带领综合和法规科、企业调查科人员到调查样本企业开展执法检查活动

群团组织，组织本队干部职工开展“七一慰问记账户老党员”“、三八节慰问CPI采价员”、五四青年节“浇水护绿”等活动；三是成功组织了崇左调查队系统首届职工气排球比赛，充分展示了崇左调查队系统广大干部职工积极进取、奋发向上的精神风貌。

## 二、积极稳妥，城乡住户一体化调查工作有新进展

**（一）在全市形成了由崇左调查队牵头组织实施和有关部门积极配合的工作机制。**在城乡住户一体化调查工作中，国家统计局崇左调查队认真履行好牵头职能作用，并协调和指导各县（市、区）政府和统计局（调查队）开展工作。从而从市政府、市直部门到各县（市、区）政府和统计局，均统一和认可了由崇左调查队负责全市城乡住户调查工作的组织实施和管理的思想认识。

**（二）狠抓数据审核，提高源头数据质。**2013年，国家统计局崇左调查队严格坚持数据质量评估监控制度，2次组织各县（市、区）住调办召开全市住户调查数据质量审核评估会，对住户调查数据进行深入分析评估。

**（三）认真履行牵头职能，加大督查指导力度。**2013年，国家统计局崇左调查队组织召开了2次崇左市住户调查工作联席会议办公室主任会议和崇左市住户调查工作联席会议，认真总结推进城乡住户调查工作取得的成效，布置各县(市、区)及相关部门整理提供基础统计调查资料（数据）工作，并牵头会同崇左市统计局，对全市七个县（市、区）住户调查改革工作开展了2次全面督查，确保各县（市、区）认真贯彻落实全区住户调查工作的部署和要求。

**（四）加强感情沟通，做好网点维护。**充分利用中秋节和第四届“中国统计开放日”活动之机，积极配合广西调查总队做好2个分省调查网点记账户的慰问活动，并组织开展了对其他调查点辅助调查员和记账户共80人的慰问活动，共为调查对象送去了价值9000多元的慰问品。

**（五）强化服务意识，积极为地方党委政府做好监测服务。**在高质量做好住户调查的同时，国家统计局崇左调查队不断加大为地方党委政府服务的力度。在每个季度自治区住调办反馈数据后，及时分析全市居民收支形势，为党委政府决策提供参考。

2013年9月13日，崇左调查队队长黄庆豪带队到工业生产者价格调查样本企业开展走访活动

2013年9月16日广西调查总队综合处施先文处长（左五）带领慰问组到崇左市江州区驮卢镇逐盎村中兴屯住户调查点开展“中国统计开放日”慰问活动

### 三、以“业务改革深化年”活动为抓手，全力推进各项业务工作的开展

在严格做好“三项业务改革”的同时，国家统计局崇左调查队严格按照国家调查方法制度的要求，强化“两个意识”，全面完成了居民消费价格指数编制、工业生产者价格调查、主要畜禽监测调查、采购经理调查、农民工监测调查等常规调查的月报、季报年报工作及各项专项调查工作。其中，工业生产者价格调查和采购经理调查网上直报率达到100%。

### 四、积极主动，综合服务上新水平

#### （一）优质服务工作取得新突破

2013年10月22日，崇左调查队邀请媒体记者和相关市直部门领导召开新闻宣传座谈会

2013年，国家统计局崇左调查队共撰写上报调查信息、调查报告61篇（其中约稿信息43篇），得到国家统计局广西调查总队、国家统计局等各级别采用共48篇（其中约稿信息36篇），采用得分421.6分，在年终评比中，排名在 14个市级队中第一位，取得了建队以来优质服务工作的新突破。此外，通过刊发《崇左CPI月报》、《崇左调查信息》和《崇左调查动态》等统计调查刊物共800多份，给崇左市党委、政府提供大量有价值的决策参考。

#### （二）成功召开第一次新闻宣传座谈（发布）会

2013年10月23日，国家统计局崇左调查队邀请崇左市主流新闻媒体的记者及崇左市统计局、农业局、物价局，扶绥、大新调查队的领导召开了新闻宣传座谈会。会后，崇左电视台、左江日报、广西人民广播电台等媒体均对新闻发布相关情况及时进行了报道，提高了住户调查、价格调查的宣传力度，产生了良好的社会影响。

### 五、加强法制，依法统计上新台阶

2013年，国家统计局崇左调查队通过加强法制宣传、强化规范管理、夯实法制基础等工

2013年12月03日，国家统计局崇左调查队开展统计法制宣传活动，崇左市委常委、政法委书记雷多荣（右三）到崇左调查队宣传点了解相关工作开展情况

作，不断加强统计法制建设，提升依法统计的意识和能力。在开展的广西投资环境监测调查中，国家统计局崇左调查队对2家迟报企业进行统计执法立案处理，并分别给予警告的处罚。同时，6月—9月，国家统计局崇左调查队对工业生产者价格调查、服务业小微企业监测调查和规模以下工业抽样调查共90家调查样本企业，开展了数据质量执法检查工作，深入到崇左市江州区和宁明县，有针对性的对10个调查样本企业进行了实地走访检查，统计数据质量有所提高。

## 六、规范高效，行政管理工作有新成绩

**（一）以权威域名开通信息网站，信息化建设取得初步成效。**成功地以gov.cn为域名后缀开通了信息网站，为国家统计局崇左调查队搭建了“面向统计用户、面向统计基层、面向调查对象”开展统计调查、信息咨询、服务的“现代化服务型统计”的重要网络平台。

**（二）三级档案室建设取得重大突破。**2013年，国家统计局崇左调查队三级档案室建设顺利通过崇左市档案局验收，并颁发了等级证书。

## 七、强化监督，党风廉政建设有新举措

**（一）加强学习，提高领导干部防腐拒变意识。**2013年，国家统计局崇左调查队积极开展各类党风廉政建设学习活动，并在队内开设党风廉政建设宣传栏，不断加强党风廉政建设，增强全体党员干部纪律意识和法制观念，提高领导干部防腐拒变意识。

**（二）队党组与各科室签订党风廉政建设责任状。**4月份，国家统计局崇左调查队召开党风廉政建设工作会议，并举行了党风廉政建设承诺书签订仪式。队党组与各科室签订了党风廉政建设责任书，就党风廉政建设作出郑重承诺。

**（三）强化监督检查，党风廉政建设有效落实**

**1.认真开展“会员卡”零持有清退工作。**严格按照国家统计局广西调查总队文件要求，认真开展“会员卡”零持有清退工作，全部实现零持有。

**2.加强对重大节庆活动廉洁自律情况的监督。**在每个重大节日前，都组织干部职工专题学习有关加强节日期间廉洁自律工作的相关文件，并由纪检组长担任“双节”期间干部廉政过节情况监督检查小组组长，对全体干部职工廉政过节情况进行监督检查，杜绝任何违反上级有关规定的不正之风行为发生。

2014年1月13日晚上，崇左调查队队长黄庆豪带队到崇左市江州区驮卢镇逐盎村中兴屯住户调查点开展记账户基础数据检查工作

2014年1月24日，崇左调查队队长黄庆豪带队到CPI调查网点开展春节慰问活动

# 国家统计局上林调查队

2013年6月3日，总队住户处、南宁调查队到上林队检查城乡住户一体化改革工作情况

2013年，上林调查队在广西调查总队的正确领导和县委县政府的大力支持和关心下，认真贯彻落实全国统计工作会议、全区调查工作会议和县委县政府的各项部署，以科学发展观为指导，紧紧围绕国家统计局提出的“三个提高”和广西调查总队提出的“业务改革深化年”开展工作，重点抓好城乡住户调查一体化、农村贫困监测和县级粮食产量抽样调查等三项统计调查改革工作，较好的完成了各项工作。2013年，荣获广西调查队系统县级目标管理优质服务考核三等奖；广西城乡住户一体化调查工作荣获先进集体二等奖；退耕还林（草）监测调查荣获二等奖；农产品生产者价格和中间消耗调查荣获三等奖。

2013年工作完成情况

## 一、加强政治理论学习，努力提高整体综合素质

我队组织全体队员认真学习“三个代表”重要思想、科学发展观、党的十八大精神等政治理论知识，尤其是把学习党的十八大精神作为政治理论学习中心内容来抓，制定系统学习计划，列出专题深入研讨，力求学深学透，融会贯通。党的十八大提出来两个倍增计划，作为统计部门肩上的责任和担子更重，必须认真领会其精髓。

## 二、加强党风廉政建设，坚决维护党的纪律

1.贯彻落实十八届中央纪委第二次全会和国务

2013年10月28日，总队农业处林卯来处长、邓有朝副处长与上林队深入厂家了解水稻脱粒机研制情况

2013年12月4日 上林调查队与南宁调查队在全国法制日之际下乡联合开展法制宣传

院廉政工作会议以及国家统计局党风廉政建设工作会议各项部署。结合本队工作实际，设立纪检监察员，全面部署统计系统党风廉政建设和反腐败工作，突出重点，明确责任，细化分工，抓好落实，把反腐倡廉建设落到实处。

2.按照中央统一部署，深入开展以为民务实清廉为主要内容的党的群众路线教育实践活动。通过观看廉政教育片的教育方式，强化统计服务意识，提高统计服务水平，加快建设面向统计用户、面向统计基层、面向调查对象的现代化服务型统计。

## 三、认真开展各类共建活动，增强集体凝聚力

通过各项共建活动，加强凝聚力，使队伍呈现出奋发向上、朝气蓬勃的精神面貌。2013年，上林调查队共有5人次参加献血活动；组织本队党员干部参加“党员奉献日”募捐活动、“六五”普法法律知识竞赛，深入挂点镇圩瑶族乡望河村积极开展“美丽上林·清洁乡村”活动。

## 四、加强行政工作，进一步夯实行政规范化

认真贯彻落实中央八项规定，切实改进工作作风。上林调查队认真贯彻落实中央八项规定，严格执行《国家统计局党组关于进一步改进工作作风的若干规定》和《国家统计局广西调查总队党组关于进一步改进工作作风的若干规定》，进一步改进

2013年12月5日，在上林县召开南宁农业年报会

文风、改进会风、转变作风、树立新风，做到了从思想上高度重视，行动上认真执行。

## 五、围绕"业务改革深化年"开展，扎实做好城乡住户调查一体化、贫困监测调查和县级粮食产量调查各项工作

**1.召开工作部署会。**根据区、市、县三项调查工作文件精神，我县先后组织召开了各乡镇乡（镇）长、分管领导以及县直有关部门分管领导、各乡镇统计员、辅助调查员参加的工作部署会，及时部署我县三项统计调查各项工作。

**2.建立上林县三项统计调查调查工作联席会议制度。**联席会议本年度共召开两次工作会议，各成员单位职责分工已明确。

**3、加大宣传动员力度。**我县各有关乡镇采取多形式、多渠道宣传，积极向社会各界解读三项统计调查的重大意义，大力营造良好改革氛围。

## 六、加强调研分析，优质服务工作稳中有进

按照总队的工作要求，上林调查队进一步转变工作思路，围绕社会关注的热点和重点问题进行调研。队领导经常带队深入基层企业、村、屯，为撰写调查信息掌握第一手资料。据统计，截至11月18日，全队共上报政务信息48篇次，被采用19篇次，其中被国家局采用1篇次；上报调查信息11篇次，被总队采用（综合采用）调查信息6篇次，单独采用1篇次，其中：党委、政府采用1篇次。

2013年12月11日，上林县县委常委、纪委书记蓝江河（左一）到上林调查队开展办公用房清理调研

2013年12月12日，上林县丁伟副县长（左三）到上林调查队进行三项业务改革情况调研

# 国家统计局大新调查队

2013年，大新调查队在广西调查总队的领导下，深入学习贯彻党的十八大和十八届三中全会精神，全队牢固树立国家队和调查队意识，改进作风，昂扬斗志，从实际出发，坚持真抓实干，深入推进以城乡住户调查一体化、农村贫困监测调查等各项调查任务的圆满完成，队务运行平稳有序，频现新突破。

## 一、圆满完成各项调查任务，业务建设上新台阶

2013年10月，大新调查队到大岭乡检查城乡住户调查记账户记账情况

### （一）城乡住户调查一体化和农村贫困监测调查两项重点改革工作扎实推进

**1.争取到地方党政的重视和支持。**一是主动向县委书记、县政府分管领导汇报城乡住户调查一体化、农村贫困监测调查工作，争取党委政府重视支持改革工作。县政府下文成立大新县城乡住户调查一体化改革工作领导小组，下文建立大新县住户调查工作联席会议制度和大新县贫困监测调查联席会议制度，为改革工作搭建了良好的工作平台。二是争取到经费支持，县政府大力支持改革工作，安排统计业务经费，将大新调查队纳入地方财政预算单位，城乡住户调查、贫困监测调查经费按季度划拨。三是县政府出面要求大新县扶贫办、农业局、粮食局等职能部门及时提供有关增收亮点与难点材料，协助调查队准确评估县经济发展成果。

**2.加强城乡住户调查工作力量。**在人员安排上向城乡住户调查工作倾斜，安排基层工作经验丰富的2名在编干部专职负责城乡住户调查工作，另外又安排2名公益性岗位人员专职与住户股的在职在编业务人员一起访户、收集账本、编码等，人员配备到位为城乡住户调查工作的开展提供了保障。

**3.加强辅助调查员、调查户培训。**一是按季度召开城乡住户调查辅助调查员业务培训会，总结记账当中常出现的问题，组织辅助调查员进行经验交流，讨论实际例子，相互启发，促进规范记账。二是每月到记账质量较差的调查点、记账户走访，对混合账、漏记情况现场指导，并重新核实记账户收支情况、人口变动情况。

**4.认真开展数据质量评估分析。**对录入审

2013年8月，大新调查队召开城乡住户调查辅助调查员座谈会

核后生成的报表数据认真评估，从收入消费水平、收入消费结构、增减变化等主要指标作科学评估，分析调查数据是否具有代表性，是否符合本地经济发展趋势，是否反映了城乡居民生活状况。2013年6月，住户股人员分组到各调查点走记账户，对收支异常指标核查评估，提高了数据质量和记账质量。

### （二）完成小微企业调查工作

一是依法统计调查，提高企业执行力。在培训中向企业宣传《统计法》，建立《统计调查告知书》制度，与调查企业签定了告知书，明确告知被调查企业的权利、义务和职责，增强调查企业统计人员责任感，提高企业的配合度。二是严把质量关，按时完成各期报表。一方面检查各期报表数据的逻辑关系，通过逻辑关系审查数据的真实程度，另一方面采取回访的方式进一步核实数据的可靠程度，确保数据的趋势性和正确性。

### （三）完成其他常规调查工作

大新调查队始终秉持着每一项调查工作都要做好的原则，坚持以大专业带动小专业，各项专业调查齐头并进，遍地开花。农产量、播种面积、中间消耗、畜禽监测、退耕还林、农产品价格调查等各项专业调查都严格按照方案制度的新要求规范调查，抓好源头数据质量。具体做法是：一是坚持实地调查、实时割测。二是坚持电话抽查与现场核实相结合，加强与县农业局、畜牧局和供销社等部门的沟通联系，用关联评估分析的办法，从纵向、横向多角度进行比对分析，提高数据质量。三是坚持辅调员定期培训制度，不断提高辅助调查员调查能力，促进工作热情，督促辅调员与其负责的调查户常联系、常指导检查，确保源头数据真实可信。

### （四）突出专项调查，扩大国家调查品牌影响

在高质量完成常规国家调查任务的同时，相继完成了2013年农村党员培训情况调查、国家区域政策和规划公众评价调查、全区政风行风评议调查及党风廉政建设民意调查工作。每一次组织开展专项调查前都制定了详细的工作方案，培训调查员统一调查方法和调查原则，在入户调查中严格遵守调查纪律，保证问卷质量。

## 二、以人为本，凝心聚力谋发展

### （一）领导班子配备齐全，为新发展提供强有力的保障

2013年4月，大新调查队副队长到位，至此，队领导班子配备齐全。队领导班子坚持以身作则，带头践行马克思主义世界观、人生观、价值观，树立正确的权力观、地位观、利益观。班子成员之间精诚团结，互相帮助，形成了较强的向心力和凝聚力。在班子的带动下，全队上下保持一种积极向上、奋发上进的良好工作氛围。

### （二）深入贯彻落实中央八项规定，加强作风建设

一是组织全队学习《国家统计局广西调查总队党组关于印发进一步改进工作作风若干规定的通知》（桂调党组字〔2013〕3号）精神，结合队工作实际，制定印发《国家统计局大新调查队贯彻落实进一步改进工作作风若干规定的实施办法》，强化厉行节约，提高行政效能。二是健全细化党风廉政制度，严格履行党风廉政建设责任制，坚持队领导班子议事规则，严格执行“三重一大”决策机制，做到科学决策、民主决策。

2013年10月，大新调查队到全茗镇全茗社区玉米样本田估产

### （三）创造各种学习机会，加强队伍建设

一是队主要领导与大新县组织部联系，安排全体干部进县委党校学习班学习，帮助干部拓展知识面，开阔眼界。二是在安排2名从未接受过专业统计知识培训的干部参加全国统计系统专业基础知识培训班，帮助干部快速成长。三是安排办公室负责人参加2013年崇左市文秘知识培训班，提高办公室工作各项技能，推动服务水平提高。四是向大新县人社局申请到5名公益性岗位，壮大调查队伍。

## 三、加强财务工作，保证各项经费合理开支

一是进一步完善财务管理制度，严格按制度执行，严肃财经纪律。二是严格执行预算控制，做到事前预测、事中控制、事后分析。三是积极开展增收节支，在支出中注意节约每一分钱，经费向业务工作倾斜。四是积极向县里争取各项调查资金，实现调查队经费纳入了地方财政预算，以确保各项统计调查工作的顺利开展。五是坚持重大支出集体讨论制度，在大额支出、大额采购事项上，统一经队务会讨论通过，做到民主公开，共同监督。如：2013年5月，召开队务会，讨论通过会议室装修方案及费用问题，并集体讨论通过购买摄像机、录音笔等执法必备品。

## 四、整理归档建队以来的照片，档案工作有新进展

一是完成2012年档案整理、录入工作，共整理文书档案383件、业务档案28件、会计档案33件。二是邀请县档案局专业人员指导档案管理及定级档案室的创建工作，准备各项材料争取档案室定级。三是完成建队以来照片的整理归档，实现档案整理新突破，共整理归档照片138张，以照片记录和文字说明相结合的形式，完整地记录了队成立以来主要活动和重要成果。

## 五、多形式开展统计法制宣传工作，加强法制建设

一是安排普法教育和法制工作经费，订购普法刊物《“六五”普法读本》、《法制日报》、《中国统计热点问题解读》等，为宣传、学习提供有力保障。二是开展“中国统计开放日”宣传活动，2013年9月，在大新县主要街道悬挂宣传条幅2条，散发宣传单250份，回答群众咨询40人次，帮助社会各界人士更好认识调查队工作，更好的走进和感受统计调查工作。三是加强辅助调查员管理，分发《统计法》读本，规范辅助调查员工作，并在调查对象和机关单位中派发总队印制的《广西调查

2013年9月，大新调查队在大新县电影院广场举办第四届“中国统计开放日”宣传活动

2013年9月，大新调查队到挂点村全茗镇上马村参加该村“美丽广西 清洁乡村”劳动

为您服务》宣传册。形势多样的宣传活动，为依法统计调查营造了良好的社会氛围。

## 六、深入开展党风廉政建设，切实转变工作作风

一是落实“一岗双责”，成立党风廉政建设领导小组。签订《承诺书》，“一把手”对党风廉政建设负总责，副职对分管股室负责，各股室负责人对本股室负责。二是把贯彻落实《廉政准则》与统计行风建设相结合，大力开展统计核心价值观教育，每月最后一周周五安排在会议室集体观看廉政教育电影。三是认真开展规范津补贴发放情况检查，逐条逐项对照检查，除国家统一规定的津贴补贴项目外，不自行设立和发放各种补贴、奖金。四是坚持重大工作部署、大额度经费使用经班子具体研究决定，并加强执行过程的监督，增强决策的民主化和透明度。五是坚持个人重大事项报告制度，按时如实填报《领导干部重大事项报告表》。

## 七、建立党支部，党建工作有新突破

2013年3月，国家统计局大新调查队党支部建立，党支部多途径、多形式开展各项活动推进党建工作深入开展。一是积极开展“宣讲十八大精神”活动，2013年4月，党支部部分党员到帮扶村大新县全茗镇上马村开展走基层宣讲十八大精神活动。二是2013年内一名预备党员转正，另外培养了一名入党积极分子，党支部队伍进一步壮大。三是召开建党92周年座谈会，集中学习了新党章，畅谈了中国共产党党史、中国社会发展史以及当前经济社会发展形势等重要话题，增强党性修养。

## 八、积极参与“美丽广西·清洁乡村”活动

“美丽广西·清洁乡村”活动开展以来，大新调查队领导班子高度重视，积极落实县委、县政府的决策部署。一是以会议学习、悬挂横幅、发放倡议书等形式，宣传活动的重要性。新农村指导员每周一到挂点村大新县全茗镇上马村开例会，指导支持村干部的工作。二是按时按质完成县委县政府下达的各项清洁任务，每次有清洁任务都至少有一名领导带队，共组织干部职工参加责任区清洁劳动30余次。三是加大对挂点村的支持力度，组织协调各股室支持新农村指导员工作，在人力上，安排人员到挂点村与群众一起清洁劳动、一起修建道路，在财力上，先后统筹3000元经费，支持结对村购买垃圾桶等物资，为“美丽广西·清洁乡村”活动做一份贡献。

# 国家统计局马山调查队

2013年7月6日，马山调查队进行早玉米实割实测，图为黄启禄向村民了解农作物情况

2013年，在总队的正确领导和县委县政府的大力支持和关心下，马山调查队认真贯彻落实全区调查工作会议和县委县政府的各项部署，以科学发展观为指导，紧紧围绕“三个提高”，深入开展“业务改革深化年”活动，重点抓好城乡住户调查一体化、贫困监测和县级粮食产量抽样调查等三项统计调查改革工作，较好的完成了各项工作。2013年，马山调查队荣获广西调查队系统县级目标管理考核优秀奖（第一名）和优质服务考核先进集体二等奖。

2013年8月30日，马山调查队到林圩镇九平村参加清洁乡村工作

## 一、加强办公室工作，进一步夯实行政规范化

一是认真贯彻落实中央八项规定，切实改进工作作风，严格执行车辆管理制度、公务接待制度、政府采购制度、固定资产管理办法，节约能源，按时上报节能降耗报表，认真撰写分析总结。二是切实做好文秘工作，严格按照规范化的要求，认真做好收文登记、拟办、传阅和归档，做好各种会议的记录，进一步规范公文的格式。三是积极筹建等级综合档案室，提高档案管理，在当地档案局的指导下，通过向先进队取经等，集中资源，创建等级档案室，2013年10月，通过县国家档案局考评，被评为县直机关二级档案室。四是加强政务信息工作，办公室不定时进行督查，要求全体队员增强紧迫感，树立危机意识，积极撰写政务信息，从信息来源和写作技巧上下功夫，提高采用率。截至11月18日，共撰写政务信息25篇，被总队内网采用20篇，超额完成全年任务。

2013年8月30日，马山县副县长雷明虎（右二）到马山调查队调研

## 二、加强业务规范化建设，努力提升业务管理水平

一是加强源头数据的采集，把好数据质量关，坚持亲自到调查现场进行数据采集。二是加强农村抽样调查网点管理，实行分组管理，现场指导。三是夯实基层统计基础工作，积极与辅调员、调查户沟通，建立辅调员、记账户奖励机制，激发基层群众配合工作的积极性。四是加强统计报表的报送工作，严格按照国家统计局马山调查队报表报送制度执行。

## 三、保质保量完成主要调查业务工作

一是顺利完成城乡住户一体化、贫困监测、面积调查、县级粮食产量抽样调查、农民工监测、主要畜禽监测、规模以下工业、退耕还林调查、农产品生产价格和中间消耗调查等11项国家常规调查任务，并在年终考核均获得名次。二是顺利完成了广西组织工作满意度民意调查、党风廉政民意调查和农村党员培训情况调查的专项调查任务。三是顺利完成全国第三次经济普查个体户抽样调查前期工作。

## 四、多方面入手，推动三项统计改革

一是及时、全面、认真贯彻落实三项统计调查工作有关精神。先后印发了三项统计调查工作方案文件，成立了由县政府分管副县长为组长，县政府办联系副主任和马山调查队队长为副组长，各相关乡镇和单位为成员的工作领导小组。二是召开工作部署会。根据区、市、县三项调查工作文件精神，马山县先后组织召开了各乡镇乡（镇）长、分管领导以及县直有关部门分管领导、各乡镇统计员、辅助调查员共120多人参加的工作部署会，及时部署马山县三项统计调查各项

2013年10月10日，马山调查队综合档案室晋升二级档案室。图为马山县国家档案局局长曾广先为马山调查队颁发证书

2013年11月28日，马山调查队给城乡住户一体化调查优秀工作者颁发证书

工作。三是建立马山县三项统计调查调查工作联席会议制度。联席会议2013年度共召开五次工作会议，各成员单位职责分工已明确。四是落实经费保障。马山县人民政府已将马山调查队列为本级一级预算单位，并落实三项统计调查经费。五是加大宣传动员力度。马山县各有关乡镇采取多形式、多渠道宣传，积极向社会各界解读三项统计调查的重大意义，大力营造良好改革氛围。

## 五、加强调研分析，保证优质服务数据质量

按照总队“控量保质”的工作要求，马山调查队进一步转变工作思路，围绕社会关注的热点和重点问题进行调研。坚持调研掌握资料为主，部门资料为辅的原则，队领导经常带领队员深入基层企业、村、屯，为撰写调查信息掌握第一手资料。下乡调查时，注意收集群众反映的热点难点问题，尽量挖掘信息题材。据统计，截至11月18日，全队共上报调查信息29篇，被总队采用（综合采用）调查信息23篇，采用率80%，其中：被国家局领导批示4篇次、被国办、国家局、党委、政府采用19篇次。

2014年4月17日，总队梁开光副总队长到马山队进行三经普个体户抽样调查工作督查

2013年，鹿寨调查队在广西调查总队及鹿寨县委、政府的正确领导和总队各专业处室的指导下，紧紧围绕“三个提高”这个工作主线，认真组织开展“业务改革深化年”主题活动，着力提高数据质量，深化三项业务改革，经全队同志扎实有效的努力，较好完成了各项工作任务。

## 一、2013年主要工作完成情况

### （一）认真开展“业务改革深化年”主题活动。

#### 1.城乡住户一体化调查工作扎实开展。

今年是城乡住户一体化调查工作实施第一年，该队按总队的统一部署，严格执行国家调查制度，加强网点管理、强化自身业务学习、精心培训辅助调查员，为城乡住户一体化调查工作扎实开展打下了良好基础。一是由县政府办牵头，建立了鹿寨县住户调查工作联席会议制度，明确了各成员单位职责；二是及时传达全区及全市城乡住户一体化调查会议精神，确保住户一体化调查工作紧跟上级要求；三是召开了鹿寨县城乡住户调查工作培训会议，对全队干部职工和调查网点辅助调查员进行了业务培训，强调了住户一体化调查记账工作重点注意事项；四是严格执行总队换户制度，按规定申报换户资料；五是夯实住户一体化调查数据评估报告质量，以住户联席会议办公室名义发文，要求成员单位提供城乡经济发展材料，为数据审核、评估提供可靠依据；六是加强与总队业务处室的沟通协调，加大向县政府汇报力度，为调查工作争取有利环境。

#### 2.县级粮食产量调查工作顺利开展。

今年是全区县级粮食产量抽样调查工作实施第一年，该队从网点抽选、辅助调查员选聘、业务培训、基础台账建立和GPS数据采集等各环节着手，突出数据质量，强化业务培训，确保新旧口径数据平稳过渡。一是积极向县政府汇报，协助成立鹿寨县粮食产量抽样调查工作领导小组；二是精选辅助调查员，通过各种方式和渠道，建立了一支有责任、有能力干好粮食产量抽样调查的辅助调查员队务；三是协助县政府办召开了鹿寨县粮食产量抽样调查工作动员暨业务培训会，明确了各部门分工、职责，使全县上下充分认识做好粮食产量抽样调查工作的重要性；四是加强与总队业务处室、兄弟县统计局交流学习，参加了柳江县县级粮食产量抽样调查现场培训，与柳江县、柳城县统计局实地交流了GPS信息采集工作；五是认真组织筹备本队召开的粮食产量抽样调查业务培训会，重点讲解台账登记、估产实测等具体操作方法和注意事项。

#### 3.“三小微”企业调查工作顺利开展。

规模以下工业调查稳步进行：一是顺利完成

2013年6月7日，鹿寨调查队召开鹿寨县粮食产量抽样调查业务培训会

2013年11月，鹿寨县副县长陈以平（中）到鹿寨调查队调研粮食产量调查工作

联网直报条件摸底调查工作，为联网直报打下基础；二是认真开展企业走访工作，准确把握规模以下工业经济运行走势。

圆满完成批零住餐小微企业调查，在实地核实小微商业企业调查样本的基础上，该队根据工作方案要求，指定专人全程负责，调查中提前做好各项资料准备工作，对调查对象提供的数据，应用辅助调查表予以分析审核，同时，认真学习《广西批零住餐调查工作规范手册》，做到数据录入、上报操作规范、准确。

## （二）切实改进工作作风。

今年是深入贯彻党的十八大精神的开局之年，该队结合实际，从改进会风、提高调研实效、加强车辆管理和加大督查督办等多方面着手，切实落实中央八项规定。

一是加大会议审批力度，严控会议数量和会期，可开可不开的会议坚决不开，能通过电话布置的工作坚决不召开会议布置，不组织与会议内容无关的活动，严控会议预算，会议餐以本地家常菜为主，树立“光盘”理念。二是提高到调查网点调研实效，合理安排线路，一条线上的调查网点，原则上要求一天内完成调研，出发前要提前联系好网点辅助调查员，调研过程中既要掌握实情又要注重效率，严禁以调研名义去风景点参观游玩。三是进一步规范公务用车管理，公车只能用于公务活动，下班后和节假日期间，司机应将公车停放于指定停车点，公车的日常维修和保养由司机负责，同时办公室对此进行监督。四是由办公室负责对各专业落实中央八项规定和公车使用情况进行监督检查。

## （三）各项常规工作顺利完成。

### 1.干部轮训工作顺利完成。

4—5月，根据总队安排，分2批组织在职干部参加国家局在成都、合肥组织的业务骨干培训班，进一步增强干部业务水平，开阔工作视野，激发工作活力。同时，组织干部参加总队第二期研究生班学员选拔和统计专业技术资格考试，为获得参加研究生班的学习的干部创造条件，减少工作量，支持其参加学校学习。

### 2. 进一步提高行政管理规范化水平。

按照总队9月现场督查情况和办公室业务工作存在的突出问题及改进建议视频会议的要求，该队针对存在的问题，从行文格式入手，对发文、会议纪要的格式、行距、字体等进行整改，同时，对涉密文件的管理进行规范，进一步理顺本队会议管理，强化队常务会的作用。

### 3.政务信息工作稳步推进。

按照总队办公室政务信息工作任务,要求办公室人员在完成信息数量的同时，注重抓好信息质量，保证采用率。全年该队共上报政务信息30篇，比上年增加8篇，得到总队内网采用15篇。

### 4.档案和保密管理工作有序开展。

10月份，该队集中人力，采取分专业整理、查漏补缺等措施，圆满完成2012年党群、行政和业务三类文书档案的立卷归档工作。此外，完成了对2012年及以前年份电子档案的整理备份，对数据进行了专机保存、光盘刻录和移动硬盘保存等多种存储方式。保密工作方面，该队按照《“六五”保密法制宣传教育规划》要求，继续抓好《保密法》学习贯彻，将保密知识融入“六五”普法第三单元学习考试中，按照鹿寨县国家保密局要求，认真开展“保密法宣传教育月”活动，在队内开展“三个一”活动，即：学好一本书：《保密知识简明读

2013年12月3日，柳州市住调办有关领导到鹿寨调研

本》、《失泄密警示教育案例》；看好一部片：《全国窃密泄密案例警示教育展》、《涉密经济数据泄露警示录》、《〈密战〉警示录》；开好一次会：结合工作实际，在会上强调当前保密形势，组织干部职工参观全县保密图片展览，不断提高干部职工的保密意识。

**5.综合调查工作逐步规范。**

今年是综合调查工作规范化实施第一年，该队按照全区综合调查工作和新闻宣传与调查数据综合管理视频培训会议精神，积极落实综合调查工作规范化要求，取得了一定成效：一是制定并印发了《国家统计局鹿寨调查队调查信息、调查报告工作规范》、《国家统计局鹿寨调查队新闻宣传工作规范》、《国家统计局鹿寨调查队调查数据综合管理工作规范》，加强综合调查工作的领导，落实了分

2014年3月，鹿寨调查队召开主要畜禽调查培训会

管领导及工作人员，安排工作设备和经费，夯实了综合调查工作规范基础；二是规范上报信息，行文上统一按总队要求对文章的层次、字体格式、数字和统计术语的使用等进行规范，每篇信息后面均附有《统计信息基本情况表》，列明了调查开展的时间、范围和引用的资料和数据等，上报过程中，采取两审制，即撰稿人完成初稿后报分管领导进行审核，分管领导审核通过后再由队长审批并通过oa系统上报总队综合处；三是完成了历史调查数据资料的整理，对纸质数据档案仍按照原管理模式进行，即日常工作中纸质数据档案由各专业负责人进行统一整理，分档案柜保管，第二年再统一按照档案归档的要求进行整理，并统一存放在档案柜中，电子档案则由各专业负责人按年度进行分类整理，整理后由综合法规股负责人用移动硬盘进行统一存储并刻录成光盘。

**6.调查信息质量稳步提高。**

今年以来，该队继续以撰写约稿为工作重点，狠抓信息质量，信息采用量保持良好势头。全年共向总队上报约稿17篇，获总队组稿采用9篇，其中获中央领导批示1篇次、国办采用1篇次、国家局批示3篇次、国家局采用6篇次、自治区党委、政府采用5篇次。

**7.开展形式多样的反腐倡廉教育。**

一是继续订阅《党建文汇》、《党员文摘》、《党风廉政教材》和《长安》等书刊，满足全队干部学习的需要。二是开展预防职务犯罪专题法律活动，组织干部参观廉政教育基地、观看反腐倡廉电教片和参加预防职务犯罪法律讲座，教育和警醒全队干部要时刻牢记廉洁从政的要求，自觉做到警钟长鸣。通过一系列的教育活动进一步增强了党员干部的廉洁从政意识，全队上下掀起了改作风、密切联系群众的新高潮，营造出浓厚的廉政氛围。三是认真落实中央有关规范津补贴、严禁公款购买月饼送礼、公款购买印制寄送贺年卡等要求，纪检监察员参与队常务会，对重大决策进行监督提醒。

**8.着力提高依法行政工作水平。**

进一步完善各项制度，提高全队依法行政水平，确保依法行政工作的深入开展。一是结合实际，重新修订印发了《统计调查事务告知制度》和《统计法律文书回执制度》，进一步夯实统计执法工作基础；制定了《调查信息、调查报告工作规范》、《统计调查新闻宣传工作规范》和《调查数据综合管理工作规范》，进一步规划各项统计调查工作。二是严格执行各项调查制度。按照《广西市县级调查队统计调查业务规范化建设工作规范（试行)》要求，强化各专业调查工作的规范化，严格按制度要求开展数据采集、审核记录、录入上报等工作，加强入户访问、实割实测、实地走访调研等力度、保证源头数据质量。

**9.常规统计调查与专项调查工作有序开展。**

高质量地完成了农民工监测调查、农户固定资产投资调查、退耕还林监测调查、CPI调查、主要畜禽监测调查、农产品生产者价格调查和主要农产品中间消耗调查等季度报表。完成了农村党员教育培训情况调查、实施国家区域政策和规划公众评价调查、党风廉政建设民意调查等专项调查工作。

位工作，规范网点管理；规下工业调查加强企业走访，突出解决新增样本企业的入库问题；小微商业企业调查扎实开展样本基本情况核实工作；播种面积调查加强调研走访，摸清全县粮食播种面积；规范调查流程圆满完成国家区域政策和规划中期评价调查等专项调查；农产品价格和中间消耗调查做好调查网点更换工作，并做好广西程序的数据录入、审核、上报工作，维护网点正常运转。

2014年4月15日，象州队规范开展第三次全国经济普查个体经营户现场调查工作

## 三、规范行政管理，切实加强机关效能建设

在行政管理方面，象州队规范行政管理，以强化管理为切入点，做好办公室后勤保障工作，确保办公室工作服务于大局；以强化经费保障为突破口，加强财务收支管理，确保经费用到刀刃上；以加强廉政建设为红线，抓好纪检监察监督教育工作，构筑领导干部“不能为”防线；以夯实统计法制为中心，开展首次统计执法检查，提高源头数据质量。

## 四、紧贴基层提升统计服务水平，提高调查队在地方的影响力

一是提高调查研究和分析水平，提高信息的质量。针对当地政府的工作重点，充分利用基础数据并发挥数据分析特长，深入进行调查研究，撰写各类调查报告，适时为地方领导决策提供参考。二是扎实完成县委、县政府布置的各项中心工作，积极争取地方支持。在完成总队布置的各项任务的同时，加强和地方党政领导的汇报和各部门的沟通协调工作，积极向县领导汇报工作情况，理顺各方面的关系。今年获县财政支持力度大幅度增加，参加县政府常务会议讨论农民人均纯收入倍增计划，出席全县2013年上半年经济运行分析会议并在会上做专题汇报；由象州县人民政府主持编撰的地方综合性年鉴《象州年鉴》（2000-2006年版）首次开设象州调查队专题编。象州队在完成各项调查任务的同时，也积极完成县委、县政府所布置的中心工作任务。按照县委、县政府的工作安排，选派一名年轻同志担任新农村指导员、那芙村党总支副书记驻村开展新农村建设，积极为该村开展“美丽象州.清洁乡村”活动出谋献策，并根据本队财力物力情况，为该村清洁乡村活动捐款捐物；在8.19洪涝灾害发生后，根据县委、县政府工作安排，象州队第一时间走访受灾严重的罗秀镇麦棉村委大乌来村，形成调研报告《象州县工商行政管理局 国家统计局象州调查队关于罗秀镇麦棉村委大乌来村8·19灾后重建调查的报告》，并积极组织队员为该村捐款捐物，支持该村灾后重建，获县领导、当地群众好评。

2014年5月14日，象州队开展住户收支、农民工监测等数据核实工作

# 国家统计局忻城调查队

2013年7月，忻城调查队队员下乡开展住户调查工作

2013年，国家统计局忻城调查队（下称忻城调查队）紧紧围绕“业务深化改革年”工作部署，按照“以加强队伍建设为抓手，扎实推进‘三项改革’为重点，奋力实现三个突破（即实现调查业务发展、调查基础建设、调查服务能力取得新突破）”的工作思路和目标，开拓创新，克难攻坚，凝心聚力，扎实推进各项工作稳步前进，开创调查事业发展新局面。

## 一、加强纵横向联系，创造良好工作环境

**（一）抓协调，想方设法增强队伍力量并得到有效充实。**通过调人，招录公务员、争取公益性岗位和聘用新队员等措施，使人员达到10人，彻底解决了长期以来人员力量严重不足的问题。

**（二）抓汇报，千方百计争取地方支持与帮助。**利用住户一体化改革的有利契机，多方汇报，并取得忻城县委、忻城县人民政府在人财物方面给予了的大力支持。一是忻城县绩效办和督考局在6月底将所有在编人员全部列入年度绩效考核对象；二是忻城县人民政府多次追加经费并于10月份正式将忻城调查队列为县本级一级预算单位。

**（三）奋力争取，想尽一切办法解决办公场所长期拥挤不堪的现状。**通过多方协调争取，最终通过李朝晖县长出面协调忻城县财政局在其新办公楼安排6间办公室给忻城调查队作为新办公场所。

## 二、统筹全局，切实完成全年各项工作任务

### （一）统筹兼顾，扎实推进“三项”业务改革

**1.整合力量，充分发挥牵头作用。**忻城调查队充分发挥联席办公室的作用，加强向忻城县委县政府请示汇报工作力度，积极主动与县直相关职能部门开展沟通与联系，理顺各方关系。年初忻城县人民政府出台了《忻城县农村贫困监测调查联席会议制度》和《忻城县住户调查工作联席会议制度》，并先后召开了四次住户调查联席工作会议，进一步明确联席单位的职责，增强联席单位责任感，部门配合度大大提高。

**2.创新思路，数据质量稳步提高。**加强调查网点的管理与维护，根据农户的实际情况，先后多次开展“雨访”和“夜访”活动，在不占用记账户劳作时间的情况下上门访户，加强与调查户的联络与沟通，有效地激发了记账户积极性和工作热情。

**3.加强对辅助调查员和记账户的培训。**利用每个月收账之机，对辅助调查员进行业务培训，发现记账存在问题，及时与记账户联系并进行指导

2013年9月，忻城调查队副队长韦家恒率队到调查户家中指导记账工作

过忻城县保密委订购保密专用系统软件，加强保密技术防范；高质高效完成保密普查工作；安装正版杀毒软件并及时升级，切实加强信息安全防护；加强公务用车的管理，对单位的用电、用油加强监管；接待工作严格遵守有关规定，压缩接待费用。

**3.法制建设实现突破。**通过组织忻城调查队干部职工参加广西调查总队的法制工作培训会议，利用全体干部职工会议开展统计法律及法规知识的学习，提高干部职工的执法意识及执法能力；队员们利用下乡的机会发放宣传资料、对辅助调查员进行集中培训；及时对调查数据进行审核、回访和分析；每个季度及时撰写调查分析报告提供给有关部门，让有关部门及时了解工作进展和存在问题，做好下步工作打算。

2013年9月，忻城调查队开展“统计开放日”统计宣传活动

此外，通过严格执行国家调查制度和方法，圆满完成农村固定资产调查、退耕还林调查、主要畜禽监测调查、中间消耗调查、农民工调查、农产品价格调查、粮食产量调查、农作物播种面积调查、规模以下工业调查等调查任务。同时，还顺利完成了农村党员培训情况调查、全区政风行风公众评议调查、全区党风廉政建设民意调查等工作。

### （二）加强政务管理，提高机关行政效能

**1.财务管理工作得到进一步加强。**结合中央改进工作作风八项规定，重新修订完善《国家统计局忻城调查队财务管理制度》；正式启动公务卡结算；坚持实行民主监督，经费使用按年初制定的预算统筹安排支出，从俭出发，从严把关，重大开支进行集体研究，实行全员理财。

2013年10月，忻城调查队队长冯翔宇与清洁乡村工作挂点联系村村委负责人实地考察垃圾集中堆放地点

**2.办公室综合协调能力得到提升。**进一步完善会议、公文、接待等20多项制度；规范行文，完善公文流转程序；完成2012年档案的归档录入工作；通

2014年1月，忻城调查队队员下乡给群众赠送优质玉米种子

训；围绕“统计和您在一起、统计为您服务”主题在忻城县中心广场开展“统计开放日”宣传活动。按照广西调查总队部署，对1个规下企业和4个主要畜禽规模户进行了执法检查，迈出执法工作的第一步。

### （四）狠抓“两个”信息，优质服务水平取得新突破

重新修订目标管理责任制，将信息考核列入目标管理责任制中，进一步提高队员对政务信息和调查信息撰写的积极性；通过开展信息写作培训学习，队员写作水平有所提高；深入基层，围绕社会关注的热点和重点问题，认真开展调研工作，提高调查信息的政策参考价值。截至2013年11月30日，忻城调查队上报调查信息20篇，被国家统计局广西调查总队采用8篇；两篇调查报告得到忻城县委、忻城县人民政府主要领导的批示。上报政务信息51篇，被国家统计局广西调查总队采用30篇，其中2篇被国家统计局人事司采用，优质服务工作取得明显进步。

## 三、加强队伍建设，有效提高整体战斗力

### （一）加强思想建设，提高领导干部的政治理论水平

忻城调查队领导班子始终把政治理论学习作为加强领导班子和领导干部思想政治建设，提高干部素质的首要任务，并以身作则，带头参加理论学习，提高自身素质。忻城调查队班子在抓好学习的同时，积极创建学习型队伍，切实加强了干部职工的理论学习和业务知识学习，并注重学习效果，使干部职工政治素质、理论水平和业务能力得到了新的提高。

### （二）加强班子建设，充分发挥领导班子作用

认真执行领导分工负责制，明确班子成员各自所承担的职责，做到事事有人管、人人有责任，对重大问题坚持集体讨论、集体决定。班子成员互相之间在工作上互相通气、互相补台、互相协作，形成了想大局、谋大事的良好工作氛围。

### （三）严格选人用人机制，坚持择优原则

严格按照相关规定，通过公开选调的方式，从广西区内选调两名具备基层工作经验的忻城籍干部到忻城调查队工作；选拔了一名优秀干部担任纪检监察员；选用优秀年轻干部任各股室负责人。此外，还通过向社会公开招聘的方式，经过笔试加面试，择优选聘两名编外人员协助忻城调查队开展工作。

### （四）创新方式方法，积极推进干部队伍建设

一是推行“每月一例会”、“每月一督查”工作制度。二是积极开展“交心提效、谈话促发展”专题活动。三是稳步开展干部教育培训工作：推行“每月一讲”业务学习培训活动；积极组织队员参加地方及广西调查总队举办的各类培训班；组织队员深入贯彻学习党的十八大精神、习近平重要讲话精神、全区工作会议精神、年中工作会议精神；发动全体队员共同阅读和学习《我的岗位我负责》和《方法总比问题多》2本书。四是强化考核机制，优化竞争意识。建立健全干部考核考评机制，重点通过专业考核和优质服务两项考核来对每一位队员进行年度考评，考核结果作为干部职工评先评优和提拔任用或聘用人员续聘留用的主要依据。

2014年1月，忻城调查队获颁广西调查系统2013年度目标管理考核优秀奖

### 四、廉洁自律、转变作风，树立勤政廉政形象

#### （一）抓责任制落实，形成齐抓共管局面

进一步落实了“一岗双责”的要求，班子成员不仅对分管部门的业务工作负责，而且对分管部门的党风廉政建设负责，党风廉政建设实现了横向到边、纵向到底的工作局面。

2014年2月，忻城调查队队长冯翔宇为2013年度优秀记账户颁发奖状和发放慰问金

#### （二）强化教育，牢筑拒腐防变思想防线

广泛开展了形式多样的党风、党纪教育。通过及时传达学习全区调查队系统党风廉政建设工作视频会议、《2006年以来国家统计局系统查处有关违法违纪问题情况的通报》等会议及文件通知精神，组织观看《忠诚与背叛》等一系列廉政教育片和来宾市反腐倡廉成果展，进一步加强党纪政纪教育和廉政文化建设。

#### （四）深入开展党的群众路线实践活动，加强作风建设

一是开展“访贫思廉助勤”活动，队员通过深入基层感受群众疾苦，增强艰苦奋斗、勤政为民的责任感。二是开展“学党章、守纪律、转作风”主题教育活动。三是开展学习习近平一系列重要讲话精神活动，选派一名队员代表计划战线参加学习习近平一系列重要讲话精神知识竞赛并取得好成绩。

# 国家统计局兴安县调查队

2014年4月14日总队长邹伟忠到兴安督查第三次全国经济普查抽样调查工作

2013年，国家统计局兴安县调查队在广西调查总队和兴安县委、县政府的正确领导和大力支持下，认真贯彻落实党的十八大以及全区调查工作会议精神，坚持以科学发展观为指导，以“三个提高”为目标，以“业务改革深化年”为主题，以“三项改革”为重点，促进各项工作取得新进展。兴安队全体干部职工团结一心、群策群力、奋发勇为、锐意进取，较好地完成了本队全年的既定目标。

## 一、深化三项业务改革，促进各项调查业务水平全面提升

2013年兴安队承担着三项业务改革中的城乡住户一体化改革调查和县级粮食产量调查工作，兴安队举全队之力确保这两项业务改革工作得以顺利进行，并促进其他各项业务调查能力的提高，确保调查数据质量。

**（一）努力推进城乡住户一体化调查改革。**一是在责任落实上下功夫。将专业负责人、调查网点包点人、辅调员和调查户家中记账人的责任细化，抓好各项责任的落实工作，由队领导定期带队下点抽查住户一体化数据质量；二是在培训辅导上下功夫。加大对辅助调查员和记账户的培训辅导力度，结合记账工作实际，通俗易懂地讲解记账的要点和难点，并详细解释生产生活中常用开支的正确记账格式；三是在转变作风上下功夫。将一体化住户调查工作做细、做实，准确掌握每个调查户的家庭基本情况，将信息整理登记在册，并依据每月账页记录情况即时回访，及时更新；四是在数据审核上下功夫。每月根据所掌握的住户基础生活信息，人工审核账本中存在的错记、漏记、混记等现象，及时与包点人、辅调员和调查户联系，指导并纠正问题。严格按照IHAPS程序审核各项指标，对审核出的问题认真核实，及时更正错误，并对存在奇异值的指标数据进行再次核定，保证数据真实准确。

**（二）稳步推进县级粮食产量调查改革。**一是做好样本点的核实工作。调查员深入到每个调查点了解当地农业生产情况，与村干部挨家挨户调查，反复核实情况，将每户耕地面积登记在册；二是做好GPS定位和测量工作。充分发挥辅调员和有经验的农户的重要作用，对地块进行认真地确认和辨别工作。调查员严格执行调查方案，亲自仔细测量每个角落，做到不重不漏，尽量减小测量误差，通过拍照、录影、录音等多种方式记录测量成果；三是做好春播面积调研工作。兴安队与县农业局组成的调研组联合走访了全县6个乡镇20个县级粮食产量调查网点，掌握本县农业情况的第一手资料，夯实粮食产量调查基础工作。四是亲力亲为，提高

2013年6月3日兴安县调查队队长胡黎明下点进行农民工监测调查季报工作

实际动手能力。兴安队于7月两次赴灌阳进行实割实测，现场亲自操作测产的每一个步骤，不仅丰富了队员的理论知识，还提高了实践能力。

**（三）认真做好畜禽监测调查工作。**一是细化分组，将大组包点调查改为个人责任制，每人单独负责2–3个调查网点，对该点的数据真实性负责；二是夯实畜禽调查数据基础，加强对辅调员及调查对象的指导和管理工作，提高现场调查的水平和质量，切实抓好基层基础工作，确保源头数据的代表性和准确性；三是针对畜禽监测调查工作面临的困难和新问题，妥善解决并认真总结和积累经验，逐步完善和规范畜禽监测调查工作方法机制；四是加大对H7N9禽流感等重大社会热点问题的监测和分析研究力度，及时快速掌握第一手资料，为县委县政府决策做好参谋服务。

**（四）积极参与总队布置的专项调查工作任务。**今年兴安队圆满完成了2013年全区农村党员教育培训情况调查和2013年全区公众评议政风行风满意度调查。在调查实施过程中，做到“四个注重”确保调查质量。一是注重调查前培训。认真学习调查的目的和意义，同时列举调查过程中一些常见问题并进行详细的解答，并在培训时通过现场模拟调查提高调查水平；二是注重调查问卷解读。及时召开工作会议制定本队的调查队方案，对问卷指标进行认真细致地解读；三是注重现场调查质量。由调查员向调查对象详细解释指标含义，减少错填率和误填率。由督导员对整个调查过程的规范性进行监督，并现场对问卷进行初步审核确保问卷的有效性；四是注重问卷的审核和录入。由两个调查小组交叉审核问卷，由专人对进行统一录入；由督导员进行帐机复核，正确率达100%，实现录入环节零错误。

## 二、加大统计法制工作力度，提高法制工作业务能力

**（一）加强统计法制学习和培训。**一是落实本队领导干部学法制度。将统计法及及其配套法规的学习列入本队干部的学习培训计划；二是加强对执法能力的培训。兴安队组织全队学习统计执法知识和技能，熟悉统计执法整个流程。

**（二）做好统计法制宣传工作。**一是认真

2013年8月5日中央国家机关根在基层调研团到兴安县住户调查点白石乡鳌头村进行调研

2013年8月5日中央国家机关根在基层调研团到兴安调研基层工作

制定统计“六五”普法规划和年度普法计划，将“六五”普法宣传工作融入日常调查工作始终；二是通过慰问调查户、发放统计宣传资料和发送宣传短信等方式，积极开展第四届“中国统计开放日”相关活动；三是做好参加《统计法》和《全国经济普查条例》知识竞赛的组织工作；四是围绕“中国统计开放日”、“12.4全国法制宣传日”、“12.8《统计法》颁布纪念日”等重要宣传时点，组织开展一系列形式多样的统计法制宣传活动。

**（三）提高统计执法检查工作能力。**兴安队组织相关专业人员到基层进行统计执法检查宣传工作，并与工作出现问题和困难的基层单位领导和统计人员进行研究，共同找到解决的办法。于9月对规模以下工业调查中的三家调查对象进行了统计执法检查。

## 三、转变工作作风，注重工作实干

**（一）认真调查，密切联系群众。**在各项调查工作中，坚持深入基层一线直接调查，提前做好调查的各项准备工作，多与调查户促膝长谈，认真向调查户了解真实情况，确保调查质量。

**（二）改进会风，提高会议实效。**提倡开短会，明确会议主题，精简会议议题，控制会议时间，拒绝长篇大论，突出工作重点，力求快速传达和布置、精炼讨论和总结，高效贯彻和落实。

**（三）厉行节约，保持朴素作风。**严格公务接待标准，不搞超规格接待，减少陪同人员，杜绝高档酒品和菜肴，不赠送土特产；节约办公、办会、办案、差旅、汽油等费用支出，严禁铺张浪费，减少一切不必要的开支。

## 四、加强党风廉政建设，增强廉洁从政的 自觉性

**（一）印发关于党风廉政建设理论学习资料。**学习资料下发到每位队员手上，以此提升队员的理论基础，强化队员党风廉政意识。将理论知识融入到调查工作中，确保调查工作的严肃性。

2013年9月17日队领导到溁川乡保和村与住户调查户进行座谈

**（二）观看党风廉政教育影片。**组织全体队员观看主题影片《不该失落的尊严》、《狠刹浪费之风》，让队员认识到加强自身修养的重要性，对廉洁自律、遵纪守法有了更加深刻的认识。

**（三）以座谈会的形式积极讨论如何推进队内党风廉政建设，并在工作中取得实效。**通过讨论大家一致认为应该坚定自身统计的理想信念，立足本职做好统计工作；加强自身道德修养，以党章为标准严格要求自己，提高廉政意识；严明党政纪律，严格遵守和执行党的政治纪律，提高自身遵守党纪党规的自觉性。

2014年4月30日，兴安队参观全州红七军前敌委员会旧址，进行党的群众路线教育实践活动

## 五、加强与地方沟通联系，树立调查队品牌

**（一）服务地方经济发展。**兴安队一直以高度负责的态度认真参与县经济形势分析工作会议，努力发挥统计调查工作在新的形势下服务兴安富民强县战略、服务领导科学决策、服务社会资讯需求的重要作用，认真开展好三项重点工作，为地方政府提供更准确的数字。

**（二）对调查网点村开展帮扶工作。**今年1月，兴安队积极帮助退耕还林监测专业调查网点之一的白石乡门家村向县里申请资金修建村路，并资助该村10吨水泥，受到门家村群众的欢迎。今年9月，兴安队为帮助城乡住户调查点漠川乡保和村座山屯修建一条村硬化道路，积极与县里有关部门协调，为该村解决了20吨水泥和运输费用问题。

**（三）积极响应自治区“美丽广西清洁城乡”活动。**全队到帮扶点高尚镇济中村参加卫生清洁工作，并捐赠1.3万元帮助该村购置垃圾桶。派一名队员担任驻村干部，协助村委会做好清洁工作，同时积极深入群众中间，了解群众困难，收集群众建议，解决群众困难。

# 国家统计局全州调查队

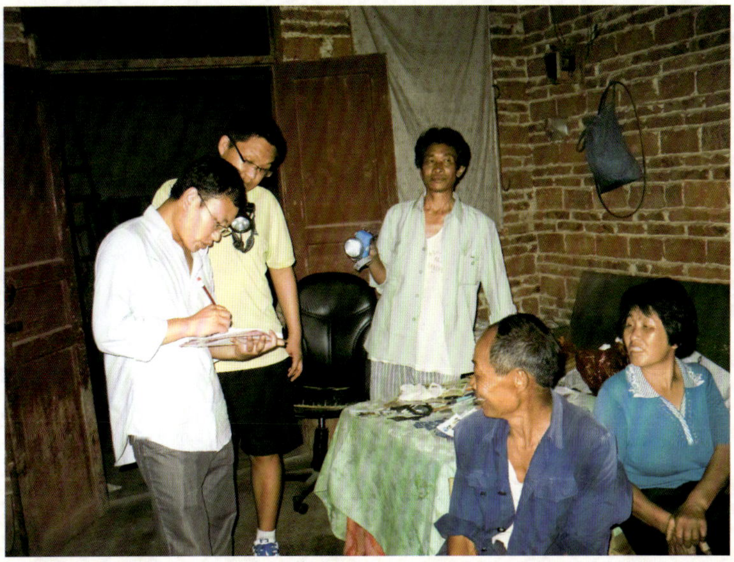

2013年4月，国家统计局全州调查队队员夜入农户开展农业播种面积调查

2013年，国家统计局国家统计局全州调查队在国家统计局广西调查总队和全州县委、县政府的正确领导下，认真学习贯彻党的十八大会议精神和2013年全区调查工作会议精神，紧紧围绕“三个提高”，深入开展“业务改革深化年”活动，较好的完成了全年工作任务，获得广西调查队系统2013年度目标管理责任制考核良好等次奖。

## 一、“业务改革深化年”活动有声有色

### （一）加强组织领导，落实工作责任。

“业务改革深化年”活动一经总队确定就得到了队领导班子的高度重视，多次召开专题会议，研究部署“业务改革深化年”活动的具体动作，并通过成立“业务改革深化年”活动领导小组，将工作责任分解到人，加强两项业务改革的组织、管理和考核，推动总体目标要求的落实。

### （二）加强沟通协调，改善调查环境。

为推进好“业务改革深化年’活动，国家统计局全州调查队积极加强沟通与协调工作,一是多次向全州县委、县政府领导汇报两项业务改革工作的意义、目标、任务、进度及需要县政府帮助解决的主要问题，调查工作得到了县领导的大力支持，住户一体化工作纳入了2013年县政府工作报告，县政府分别成立两项业务改革的领导机构并发文开展动员培训，还将工作所需的经费纳入了县财政预算；二是突出牵头作用，主动加强与有关部门、乡镇、村（居）委的沟通，切实发挥一体化住户调查工作领导小组和县级粮食产量抽样调查领导小组办公室的作用，并推进联合发文、联合布置、联合检查的工作模式，理顺各方关系，形成深化业务改革的合力。

### （三）加强业务培训，夯实基础工作。

为夯实基础工作，国家统计局全州调查队对

2013年7月，国家统计局桂林调查队农业科会同国家统计局全州调查队到龙水镇百福村开展早稻实割实测工作

2013年12月17日，国家统计局全州调查队联合全州县水产畜牧兽医局召开2013年畜禽调查年报工作会议

辅助调查员的培训工作中从三方面入手：一是大力宣传住户一体化工作和县级粮食产量抽样调查工作，使辅助调查员理解支持调查队的工作；二是培训和实战相结合，深入调查网点召开现场会，进行实战练兵，有效提高了辅调员业务素质；三是培训方式多样化，采取集中培训和下乡入户分别指导相结合的方式，一方面定期组织集中培训，主要培训住户调查方法制度、调查技巧、记账指标等，另一方面充分利用下乡入户的机会，及时了解梳理调查点工作开展情况，及时发现处理调查工作的新情况、新问题，有针对性的就辅调员在工作中遇到的问题、难点进行现场答疑，化被动为主动。

### （四）加强检查审核，提高数据质量。

加强检查审核工作，不断提高数据质量。一是在各项调查业务实施过程中，要求调查队包点人员定期下乡入户，通过检查、整改，不断提高数据质量。二是坚持独立调查、独立上报，坚持以调查数据质量为核心，排除干扰，从源头上严审核、严把关，从根本上保证调查数据质量。三是加强专业调查数据与其他相关数据协调性、一致性的审核与评估，真实客观反映有关社会经济指标的发展变动。2013年各项调查业务数据质量有明显的提高。

## 二、狠抓落实，各项常规工作有序开展

### （一）常规业务调查顺利完成。

2013年国家调查任务不断发展更新，除两项调查业务改革外，新的调查任务和新的方法制度给基层队带来了不小的挑战，如新增的批零住餐调查、畜禽调查新增的GPS定位工作、规模以下工业调查的非目录企业季度核查工作、全面铺开的CPI调查手机采价工作、重点农产品价格手机采价等。国家统计局全州调查队统筹安排、精心组织，狠抓落实，认真学习并严格执行国家调查制度，实行业务骨干交叉兼职、定点包干、专业负责的工作制度，顺利完成了主要畜禽监测调查、居民消费价格调查、规模以下工业调查、农民工监测调查、农产品价格于中间消耗调查等常规调查工作。

2013年12月21日，广西调查总队副总队长何永东（中）在总队收支调查处处长黄茂平陪同下到全州县龙水镇桥渡村记账户家中检查指导住户调查工作

2013年7月9日，全州县人民政府召开了2013年全州县县级粮食产量抽样调查动员暨培训会议，县政府办公室副主任唐亚军受县委常委、副县长奉世江委托出席会议并讲话

### （二）行政类工作有序推进。

行政规范化工作有序开展，国家统计局全州调查队根据“中央八项规定”和党的群众路线教育实践活动的精神，集中修订了一批规章制度，文秘工作、会议管理、接待工作、公车管理更加规范，政府采购制度严格落实，年度档案整理工作顺利完成并归档，年内没有发生失密事件、顺利完成保密普查工作，督察督办工作不断完善。不断加强党员干部廉政教育工作，党风廉政责任制得到较好的落实。进一步加强党员干部理论学习，重点学习领会“十八大”精神和习近平总书记一系列讲话精神。推进领导干部带头学法制度，完成干部年度学法计划，干部职工的法律素质得到进一步提升。统计法制宣传工作不放松，抓住专业会议、专业培训、调查工作下乡入户等契机，多种方式开展统计法制宣传工作。今年新增两名同志取得了统计执法资格，执法队伍得到充实，执法能力得到提升。调查数据综合管理工作取得阶段性成果，2013年各调查专业数据已经全部提交综合部门归档。统计新闻宣传工作取得新进展，与县有关新闻单位达成初步合作意向。总的来看，各项行政工作有序推进，整体运行良好。设立了直报地方的内部刊物《调查报告》，得到了两办及有关部门的积极肯定。

## 三、服务地方得到积极肯定

国家统计局全州调查队荣获2013年度全州县绩效考评先进单位三等奖，这是国家统计局全州调查队成立以来连续第三年获得等次奖。国家统计局全州调查队通过大力推进住户调查一体化、县级粮食产量调查等重大统计业务改革，奋力打造调查队的品牌，树立了调查队的形良好象，并积极为地方服务，为全州县经济工作会议提供咨询、为农民增收和稳定物价提供政策建议、为生猪养殖产业发展提供信息服务、为粮食高产创建实割实测提供技术支持、为全州县绩效考评公众评议工作积极提供业务指导和技术支持等，得到了县领导和有关部门负责人的积极肯定。

2014年，国家统计局全州调查队将全面深入学习贯彻落实党的十八届三中全会精神，加强领导，统筹安排，形成合力；要多想办法，多出实招开拓创新；围绕总队2014年的工作主题和重点工作，细化措施，狠抓执行，高质量完成各项国家统计调查任务和地方政府交办的各项统计调查任务。

# 国家统计局平南调查队

2013年，在广西调查总队的正确领导下，平南调查队认真贯彻落实全区调查工作会议精神，紧密围绕“业务改革深化年”工作部署，以“重学习，提升理论素养和业务能力；二是重走访，夯实工作基础和改进作风；重谈心，凝聚发展共识和团队合力；重落实，促进工作执行和目标实现”为目标，狠抓调查业务改革工作，规范内部管理，改进工作作风，团结带领全队干部职工全力推进各项工作，较好地完成了全年各项工作任务，取得了较好的成绩。

2013年6月6日，平南县副县长王洁红（右一）、队长何剑良陪同广西调查总队纪检组长李建茂（中）调研城乡居民收入情况

2013年，全队工作在广西调查总队系统2013年度目标管理考核中被评为优秀等次，目标管理考核排在全区县级调查队第三名，获得2013年度政务信息工作先进单位和2013年度优质服务工作先进单位；在2013年度平南县机关绩效考核评比中被评为优秀等次；在2013年度平南县落实党风廉政设责任制考核评比中获评为优秀等次。在广西市县级调查队22项单项工作考核评比中，平南调查队共有18项单项工作获得广西县级调查队系统三等奖及以上等次。其中：政务信息、纪检监察、法规制度、人事教育、优质服务工作和批零住餐商业调查等6项工作获得一等奖；行政文秘、档案保密、新闻工作、农作物单位面积产量调查、县级粮食产量抽样调查和农产品生产价格调查等6项工作获得二等奖，信息化建设、财务工作、规模以下工业调查、主要畜牧业监测调查、农作物播种面积和农民工监测调查等6项工作三等奖。

## 亮点一：“两个”信息工作取得新突破

**（一）调查信息取得新突破。**2013年，平南调查队积极转变工作思路，坚持以调研掌握资料为主、部门资料为辅，深入基层企业、村、屯了解情况，与县相关职能部门开展掌握第一手资料，围绕社会关注的热点和重点问题进行调研;同时，充分利用各专业聘请的辅助调查员和记账户，构建覆盖全县的调查收集网络，进一步拓宽获取信息渠道，有效地解决“短、平、快”信息来源问题。截至11月底，平南调查队上报调查信息获得总队采用32篇，自治区党委、政府各采用12篇次，国家统计局局采用15篇次，自治区党委领导批示2篇次，国家统计局领导批示5篇次，中共中央办公厅、国务院办公厅各采用1篇次，调查信息采用人均分值排在全区县级调查队系统首位。2013年，在中、区、市驻平南单位中，平南调查队上报的调查信息在平南县党委信息排名中排在第三位。

2013年6月20日，平南调查队队长何剑良和玉林师范学院党委副书记简金宝签订科研合作协议

**（二）政务信息再上新台阶。**2013年，平南调查队领导高度重视政务信息工作，把政务信息工作摆在全队工作的重要位置，将政务信息作为贯彻落实国家统计局和总队工作部署的重要手段以及作为沟通上下、指导工作、自我宣传、加强交流和推动工作的重要载体，坚持把调查工作和政务信息联系起来，注重挖掘调查工作过程中出现的新情况、新动向、新做法，及时总结归纳调查工作的成果和好经验、好做法，着力提高挖掘政务信息的能力，不断完善政务信息激励机制，认真把握政务信息撰写要领，切实提升政务信息报送质量。截止11月30日，全队获得总队采用政务信息62篇，国家统计局内部网站采用6篇，实现了政务信息获国家统计局内网采用的“零突破”，政务信息无论是上报量还是采用量上都稳居广西县级调查队首位。

## 亮点二：人事教育工作取得新进展

2013年，平南调查队注重沟通协调，多举措、多方式优化和激活干部队伍活力，促进调查工作的和谐发展。一是队校合作谋划新发展。6月20日，平南队与玉林师范学院签订教学科研合作协议，玉林师范学院在平南调查队设立教学科研基地，每年定期为平南队提供优秀的实习生，派遣以教学科研为目的考察队，提供进修、科研等方面的支持和合作，为平南队深化调查业务改革、提高调查人员素质和提升统计调查科研能力提供了强有力高校资源支撑。二是公开招聘聘用人员。平南调查队在广西大学、广西财经学院、玉林师范学院及平南县人力资源和社会保障局召开的专场招聘会上设置报名咨询处接受报名、咨询和应聘，确定聘用的人员都要先到调查队进行为期半个月或者一个月的见习，见习结束后再参加由平南队参照公务员录取考试的程序组织笔试和面试测评，以此招聘到一批大局意识强、综合素质高和工作能力强的聘用人员。三是纳入当地干部培训计划。5月22日，平南调查队科级干部何剑良队长、甘兆艺副队长和陈德昌副主任科员三人参加为期7天的干部培训班，标志着平南调查队在编干部纳入地方干部培训计划步入常态化轨道。

2013年7月11日，平南调查队队长何剑良带队深入国家产粮大县调查点开展粮食产量实割实测工作

激发昂扬斗志。围绕调查工作的要求、廉政文化建设的内涵以及对待工作的态度等主题，在每个办公室都配置了“一幅字画，一盘花草”，在楼梯、走廊和会议室的显眼处都挂上了字画作品，激励全队干部职工以奋发有为、斗志激昂的精神状态去对待工作、对待生活。三是培育忠诚感恩之心，凝聚人心力量。紧密围绕“忠诚感恩”的主题理念，通过召开座谈会、学习会等形式，将经常性忠诚感恩教育融入日常工作和生活，鼓励队员常怀感恩之心、常立感恩之德、常行感恩之举，凝聚人心力量。四是创建学习型团队，强化能力素质。通过每月召开一次“主题学习会”、“每月推荐一本好书”等活动，积极营造良好学习氛围，不断加强队员学习能力，强化队伍素质。

**（二）外树形象，扩大统计调查文化外延。**一是多方式开展贴心关怀活动，提升调查文化认同感。每年春节前夕都会到住户调查点开展

## 亮点三：倾力打造统计调查文化走廊

2013年，平南队紧紧围绕社会主义核心价值观和统计核心价值观，通过创新载体、内外兼顾加强统计调查文化建设，从注重思想观念塑造、彰显统计核心价值、突出统计行风建设和融入企业管理文化四个方面倾力打造统计调查“文化走廊”，在走廊、楼梯和办公室等处张贴悬挂宣传标语、展示工作板报等，不断加强统计调查文化建设，着力发挥好统计调查文化的教育人和熏陶人的作用，将统计调查文化建设拓展到日常工作和生活中去，用和谐发展的统计调查文化氛围，引导队员“内强素质，外树形象”，努力践行个人为单位发展献计献力、单位为个人发展创造平台和条件，实现个人和单位的双促进、双发展，推动统计调查工作和谐健康开展。

**（一）内修素质，筑牢统计调查文化基础。**一是确立核心发展理念，凝聚发展共识。在全队确立了“凝心聚力，责任落实，执行到位，和谐发展”的核心发展理念，注重实干精神，着力把全队人员的思想和行动统一到调查事业改革和发展上来。二是打造特色走廊文化，

2013年8月12日，平南调查队副队长甘兆艺带队深入城乡住户调查点与记账户座谈交流，了解情况

2014年1月26日，平南调查队队长何剑良与平南县书画家马展、书画家朱金全到城乡住户调查点大洲镇潭龙村开展免费写春联、送春联活动

“免费写春联，免费送春联”活动，每年都在重要节假日部署开展慰问基层辅助调查员、调查对象活动，发送祝福短信，发放《致调查对象的一封信》，注重人文关怀，加深情感联系，增进相互了解。二是主动参与地方文化创建活动，扩大调查文化辐射面。组织队员参加当地创建“中国诗词文化之乡”、“中国牛歌戏之乡”、“广西书法之乡”活动和当地举办的各类书画比赛活动，积极收集、撰写和报送队员撰写的书画等作品，截至目前已有4幅书画作品在有关活动中获奖并在展厅展出，有效的增强了调查文化的活力。三是邀请记者采访调查工作，扩大调查文化影响力。每年都会邀请平南电视台记者跟随调查业务人员到现场采访调查工作，采访活动以新闻形式在平南县电视台播出，使社会观众能够直观地了解调查数据采集流程，加深对调查工作的认识，提升调查工作影响力。

## 亮点四：大力推行工作日志制度

2013年，平南调查队把密切联系群众，服务调查对象作为积极转变工作作风的突破口，坚持把改进工作作风贯彻落实到日常统计调查业务工作中去，为每位队员配备队员工作日志记录本，工作日志分为日期、今日事、今日毕和今日小总结四个部分内容，要求队员将每天的主要工作内容如实记录、如实反馈和如实总结，培养队员形成每天记工作日志的习惯，做到“坚持于真实记录,落实于做好工作”，力求达到“以记促学、以记促想、以记促办”目的。通过发挥工作日志的引领督促作用，促进了工作作风的转变和改进，增强了工作的计划性和主动性，提高了工作执行力和工作效率，提升了工作能力和工作水平，取得了明显的成效。（注：平南调查队提供素材，由总队纪检监察室主任郑健琳撰写的《推行工作日志促进基层工作规范化》获得国家统计局党组纪检组、监察部驻国家统计局监察局、国家统计局机关纪委主办刊物《统计纪检监察》（双月刊）总第15期理论与实践栏目采用）。

2014年2月7日–8日，平南调查队副队长甘兆艺带队深入田间地头调研春耕备耕情况

## 亮点五：扎实完成各项调查工作任务

2013年，平南调查队出色完成了首次牵头负责组织开展的平南县城乡居民收入调查和国家产粮大县调查工作；按时按质完成国家生猪调出大县监测调查、农作物播种面积调查、农产品价格和中间消耗调查、农户固定资产投资调查、农民工监测调查、规模以下工业调查和限下批零住餐商业企业调查等常规调查任务。同时，完成了规模以下工业调查联网直报条件摸底调查、批零住餐商业企业调查样本基本情况核实和样本抽选工作；完成了2013年广西农村党员培训情况调查、国家区域政策和规划情况公众评价调查等一次性调查工作。调查对象配合程度明显提高，调查基础工作进一步夯实，调查数据质量明显提高，全年各项调查专业报表均按时按质按量上报，及时回复总队查询，调查业务改革工作得到了有力推进。

2014年4月14日，广西调查总队副总队长杨锡虹（中）率队到平南督查三经普个体经营户抽样调查工作

## 亮点六：贯彻执行中央八项规定措施得力

按照中央八项规定及厉行节约、反对铺张浪费的工作部署，平南调查队狠抓落实，公务接待、公务用车，日常管理支出大幅下降，使得经费更多地用在开展和发展调查业务工作上；同时，通过开源节流，在确保调查工作正常开展的情况下，还将有限的经费投入到开展走访慰问基层辅助调查员活动、购买一辆公务用车和聘请4名业务人员上，大大优化了调查工作环境，促进工作开展的效果明显。

## 亮点七：档案建设工作再上新台阶

2013年，在平南队领导班子的强力推进下，平南调查队综合档案室通过了三级档案室评审验收，成为2013年继平南县公安局之后，平南县第二个获评为“县直机关三级档案室”的单位，档案管理水平得到明显提升。

## 亮点八：党风廉政建设取得新进展

2013年，平南队通过密切与县纪委的沟通联系，4月份平南调查队首次纳入平南县2013年部门单位党风廉政建设责任制考核，标志着平南调查队加强党风廉政建设迈出了重要的一步。11月，组织干部职工到平南监狱开展廉政警示现场教育活动，进一步深化廉政教育，增强廉洁自律意识，提高干部职工的拒腐防变能力，筑牢统计调查工作廉政防线。经总队纪检监察室推荐，由平南队提供原始素材的《推行工作日志促进基层工作规范化》一文获得国家统计局党组纪检组、监察部驻国家统计局监察局、国家统计局机关纪委主办刊物《统计纪检监察的》采用。

## 亮点九：调查工作环境进一步优化

2013年，平南县政府先后牵头组织召开了平南县一体化住户调查工作会议、国家产粮大县工作会议、平南县统计调查和物价调控工作会议，布置全县调查业务改革工作，以实际行动支持调查队开展工作；同时队领导班子主动拜访县委办、政府办、财政局、农业局、水产畜牧局、粮食局、农机局、气象局、产业办、扶贫办、新农办等相关职能部门，建立起直接的工作联系，与相关部门在加强协作、实现资源共享和服务地方发展方面达成了一系列的共识，为调查工作创造了良好的环境氛围。

# 国家统计局靖西调查队

2013年2月27日，总队农业调查处邓有朝一行到靖西开展县级粮食产量调查样本落实技术督导工作

2013年，靖西调查队在广西调查总队的正确领导和地方党委政府的大力支持下，紧扣“业务改革深化年”这个主题，以“三项业务改革”为发力点，结合地方实际积极推进三项业务改革工作。以数据质量为中心，紧紧围绕总队中心工作抓落实，做实做细调查基础工作。积极探索创新工作方法，努力推进基础数据质量和统计公信力的提高，圆满地完成了广西调查总队和地方党委、政府交办的各项统计调查任务。

## 一、加强政治理论学习，努力提高整体综合素质

组织全体队员认真学习“三个代表”重要思想、科学发展观、党的十八大精神等政治理论知识，尤其是把学习党的十八大精神作为政治理论学习中心内容来抓，制定系统学习计划，列出专题深入研讨，力求学深学透，融会贯通。党的十八大提出来两个倍增计划，作为统计部门肩上的责任和担子更重，必须认真领会其精髓，充分认识严明党的纪律，特别是政治纪律的极端重要性，坚决贯彻落实中央要求。通过集中学习与个人自学、专题研讨、座谈交流、撰写心得体会,观看视频等多种方式强化学习，不断提高政治理论水平和政策水平，增强政治敏锐性，增强顾全大局、尽心服务的意识。

2013年9月12日，靖西调查队在靖西休闲广场开展“第四届统计开放日”宣传活动

2013年11月18日，靖西县长盘福林带领县促农增收领导小组成员到靖西城乡住户调查点化峒镇五权村、龙临镇念浩村开展调研活动

## 二、加强党风廉政建设，坚决维护党的纪律

**（一）认真学习领会、坚决贯彻落实党的“十八大”精神。**增强党员干部中国特色社会主义道路自信、理论自信、制度自信，以科学发展观为指导，把从严治党，建设廉洁政治的各项要求落实到本队反腐倡廉建设各项工作中。

**（二）贯彻落实十八届中央纪委第二次全会和国务院廉政工作会议以及国家统计局党风廉政建设工作会议各项部署。**结合本队工作实际，全面部署统计系统党风廉政建设和反腐败工作，突出重点，明确责任，细化分工，抓好落实，把反腐倡廉建设落到实处。

**（三）按照中央统一部署，深入开展以为民务实清廉为主要内容的党的群众路线教育实践活动。**通过践行党的群众路线教育实践活动来强化统计服务意识，提高统计服务水平，加快建设面向统计用户、面向统计基层、面向调查对象的现代化服务型统计。

## 三、加强办公室工作，进一步夯实行政规范化

**（一）认真贯彻落实中央八项规定，切实改进工作作风。**认真贯彻落实中央八项规定和六大禁令，严格执行《国家统计局党组关于进一步改进工作作风的若干规定》和《国家统计局广西调查总队党组关于进一步改进工作作风的若干规定》，进一步改进文风、改进会风、转变作风、树立新风，做到了从思想上高度重视，行动上认真执行。一是严格进行公务用车登记，合理安排下乡线路，确保车辆的合理调度，节省油费，严禁公车私用。二是接待安排从简节约。按照节约从俭的原则，规范接待工作。三是严格按照政府采购规定办理物品采购，做好办公用品的领用登记工作。四是加大对固定资产的管理，保证固定资产的合理使用和正常报废。五是节约能源，特别是节约油和电，按时上报节能降耗报表，认真撰写分析总结。

2013年12月3日，靖西调查队到龙临念浩住户调查点召开年报培训会

**（二）切实做好文秘工作。**高度重视办文工作，严格按照规范化的要求，认真做好收文登记、拟办、传阅和归档，做好各种会议的记录，进一步规范公文的格式。认真学习《公文处理办法》和《党政机关公文格式》，提高对公文处理的敏感性和重要性认识，严格执行新的党政公文格式。

**（三）科学规划，综合管理，提高档案管理水平。**年初积极谋划档案管理工作，充分利用现有的资源，以总队扶持基层队档案室建设为抓手，积极做档案的收集和整理工作，做到分类归纳，分类整理，为明年建立上等级档案室做准备。

**（四）大力推进信息化建设。**一是及时更新网站信息，配备专人管理，要求严格执行《国家统计局靖西调查队信息化建设管理办法》。二是视频设备的管理做到专机专用、专人保管。视频会议专用计算机不做日常工作计算机使用，不安装其他与视频会议系统无关的软件；指定专门人员负责视频会议设备的日常管理和软件维护。三是加强网络安全管理，全部计算机安装有总队统一的金山毒霸网络版，对全体队员进行了网络信息安全基础知识培训，培养队员良好的上网习惯。四是加强日常上网行为的管理，要求上班时间不听音乐、不看视频、不浏览与工作不相关的网页。

**（五）加强政务信息工作。**年初制定政务信息工作任务，由办公室不定时进行督查，要求全体队员增强紧迫感，树立危机意识，积极撰写政务信息，从信息来源和写作技巧上下功夫，提高采用率。全队得到总队内网采用的政务信息15篇，调查信息11篇。

## 四、积极推进“三项业务改革”，走创新优质高效改革道路。

**（一）各方大力支持推进城乡住户调查一体化改革工作**

一是精心组织，措施落实到位。全区城乡住户调查一体化改革工作会议后，我们立即向县政府分管领导汇报，县政府非常重视，一是对全县下发了《靖西县城乡住户调查一体化改革工作实施方案的通知》文件，并及时召开靖西县城乡住户调查工作会议，对住户调查一体化改革各工作环节进行具体部署。二是成立了靖西县城乡住户调查一体化改革工作领导小组和城乡住户调查办公室，建立靖西县住户调查工作联席会议制度。四是县政府将城乡一体化住户调查工作经费18万元列入今年的财政预算，确保了住户调查工作的顺利实施。二是部门积极配合，改革工作顺利推进。靖西调查队严格执行国家调查制度，树立“两个意识”，坚持“两个直接”、“两个独立”的工作原则，切实承担起全县城乡住户调查工作的组织实施和管理工作。县统计局、发改局、民政局、财政局等有关部门以及调查样本所在的乡（镇）和村（社区）都密切配合，全力支持靖西调查队做好住户调查工作的宣传动员和组织协调工作，协调解决工作中遇到的困难

2014年3月26日，靖西调查队全体党员干部在百色廉政教育基地开展党的群众路线教育实践活动

2014年4月17日，总队纪检组长李建茂一行到靖西督查三经普个体抽查调查工作。图为汇报会现场

和问题，确保全县城乡住户调查一体化改革工作加快推进、顺利实施。三是强化业务培训，提高数据质量。首先狠抓业务培训，提高业务水平。定期开展了多种形式的统计调查业务培训，有效提高了调查员的统计能力。利用每月收集报表、基础工作检查等时机，开展了点对点、面对面的业务辅导，提高辅助调查员的整体水平。其次加强入户指导，提高源头数据质量。要求调查员每月入户指导工作不少于三次，做到对记账户基本情况了如指掌，针对各记账户存在的具体问题，通过与记账人员的"一对一"的培训，从账本封面、现金收入、现金支出到居民生活能源购买和使用情况等各项指标的含义、记账的摘要、记账的要素等等，以具体实例来讲解生活中各项收入、开支消费如何进行记账。要求记账户做到应统尽统，切实从源头抓好数据质量。同时加强与调查户的感情沟通，培养调查户信任基础。通过与调查户多次接触，不断加强与调查户思想沟通和感情交流，倾听调查户诉求、了解存在的困难和建议，尽可能帮助调查户排忧解难，赢得调查户的广泛信任，增强对调查工作的配合支持。再次加强对基础数据质量的检查评估。对调查数据反复查询，从严审核，认真评估，确保数出有据，客观真实。切实提高调查数据的真实性和可靠性。

### （二）深入推进粮食产量抽样调查改革和发展

开展粮食产量抽样调查是国家粮食安全和宏观调控的需要。粮食是国家经济、社会和政治安全的基础，是国家进行宏观调控、改善民生的基本保障。准确的粮食产量数据是国家和制定粮食产业政策的依据，对促进粮食稳产增产、保障国家粮食安全具有重要意义。

一是粮食产量抽样调查得到县统计局、县农业局、发改局、财政局、各乡镇人民政府要积极配合并成立了了由陆伟常务副县长担任组长的靖西县县级粮食产量抽样调查工作领导小组，在当地各界的鼎力支持和总队的指导下，靖西县粮食产量抽样调查工作稳步开展。

二是增加样本数量，扩大调查范围，提高样本代表性和客观性，更科学客观反映粮食产量情况。粮食产量抽样调查点由原来7各点扩大到20个点，抽样调查的内容包括主要粮食作物和小品种粮食作物两部份。对稻谷、玉米等粮食作物的播种面积和单产面积产量采用抽样调查的方法；对其他小品种粮食作物播种面积和产量，利用小区域估计等方法进行测算，最终推算出全县的夏粮、早稻、秋粮（国家口径）以及全年粮食产量。

三是会同县各职能部门加强县级粮食产量抽样调查工作的协调管理和业务建设，认真贯彻执行国家有关县级粮食产量抽样调查制度，严格遵守县级粮食产量抽样调查全过程质量控制办法、调查工作规范和流程，切实加强组织指导，做好辅助调查员选聘和培训工作，支持配合开展调查工作，确保调查结果真实可靠。

### （三）做准做细农村贫困监测

以农村为主要监测范围，以农村居民和扶贫对象是否稳定解决温饱、实现脱贫致富为主要监测标准，以居民收入、消费、义务教育、基本医疗、住房情况为主要监测内容，不断规范数据采集、整理、反馈和发布，及时监测农村贫困状况、变化趋势和扶贫成效，客观衡量我县收入和基本公共服务与全区平均水平的差距，为科学决策、推动农村经济社会更好更快发展，提供全面、准确、及时的参考依据。

一是了解和掌握农村居民收入、消费以及义务教育、基本医疗和住房情况，摸清农村贫困程度、规模、分布及变化趋势，准确反映城乡之间、不同群体之间的收入差距。

二是加强对扶贫政策措施落实情况及效果的监测，加强对我县与全区农村平均水平在居民收入和公共服务方面差距的监测。

三是深入分析、调研致贫因素和制约靖西县发展的突出问题，及时监测致贫因素的变化，评估宏观发展与专项扶贫的作用，为科学制定相关政策提供参考依据。

四是充分利用监测资料和分析研究结果，加强对监测数据的解读和宣传工作，让公众及时了解我县的贫困状况和变化，及时了解政府和全社会在消除贫困、改善民生以及缩小收入差距、推动基本公共服务均等化等方面的努力和作用。

## 五、“五把关”细化财务管理工作

一是严把制度关。一是完善出纳和会计工作衔接细则。每月4日前，出纳移交上月凭证，与会计双方按照财务制度核对额度使用情况，签字确认，上报领导签字审核；二是完善财务事务民主监督制度。会计根据出纳账，以报告形式，在5日例会上通报本单位月度财务状况，接受民主监督。三是完善用款计划执行制度，明确款项实际使用人财务责任。款项领用当月应及时报账，基于用款计划原则，款项按计划支取到执行，不应超过3天，特殊情况另行备案，如违反队内财务制度者，全队通报，并责令其即日整改。

二是严把审核关。财务人员在审核报销过程中，对签字手续不全的原始凭证不予报销；对不真实不合法的原始凭证坚决拒收；对不完整、不准确的凭证资料给予退回，更正或补办。

三是严把预算关。强化预算执行和预算管理，提高预算的科学性和准确性，优先保证人员经费和重点调查业务工作经费，不随意扩大资金的开支范围和支出标准，加大对三公经费的管理和控制。

四是严把资产管理关。加强固定资产登记管理工作，整理固定资产台帐、账簿、盘点实物，确保固定资产帐帐相符、帐卡相符、帐实相符，防止国有资产的流失。

五是严把理财关。财务人员主动参加继续教育，认真学习各种财经制度和相关法律法规，学习记账方法、科目运用、财务报表等方面的专业知识，确保财务处理的原则性和程序的合法性，增强财务人员的理财能力。培养财务人员职业敏感度、洞察力、预见性和法律意识，提高服务水平和保障质量。

# 国家统计局南丹调查队

2013年，南丹队认真贯彻落实党的十八大以及全区调查工作会议精神，按照广西调查总队统一部署，以科学发展观为统领，紧紧围绕“业务改革深化年”主题活动，着力提高数据质量，努力完成全年工作任务，积极推动本队调查事业科学发展，在总队年度考核中获得了市县级队目标考核“良好”等次。

2013年12月5日，南丹县县委副书记曾朝伦（右一）到调查队调研

## 一、深化业务改革，推进业务高效高质开展

**（一）突出重点，推进城乡住户一体化工作。**2013年是城乡住户调查一体化开局之年，也是南丹队今年重中之重的工作，认真抓好此项业务工作。一是加强业务培训，扎实基础工作。首先，加强本队分管领导及业务骨干的业务能力。多次参加总队及市队召开的各类住户培训会，学习报表制度、程序操作知识，自觉提高数据分析能力、评估能力。其次，加强对辅助调查员及记账户记账培训。深入调查点进行集中培训，每月对原始账本进行分析，针对性与记账户开展一对一的培训，今年以来共深入调查点开展集中培训30次，一对一培训记账户100户，解决记账工作中遇到的笼统账、混合账、错记账等问题，规范了填写收支帐目的内容、计量单位、数量、金额，记账质量不断提高。二是加强与地方沟通，减少工作障碍。多次向县党委、政府领导汇报工作开展情况以及反映工作中所遇到的问题，得到县党委、政府的大力支持，并把住户调查一体化全面实施阶段工作经费列入县财政预算，为城乡住户调查一体化工作的顺利开展提供了有力的保障。以县人民政府名义相继建立和充实了南丹县住户调查工作联席会议制度，为定期召开专题会议研判当前经济形势和居民增收亮点难点提供平台。县绩效考核部门把城乡一体化工作作为统计考核内容，纳入各单位年度考核，并落实问责制，对于部门统计工作无人管、无人做，导致工作不能开展、滞后的，追究责任单位主要领导责任，增强县直部门的配合度，推进一体化工作顺利开展。三是充分发挥联席会议成员单位职能作用，增强数据审核评估力度。每季度末调查队根据报表指标涉及内容设计“两个收入”数据评估材料分配表，要求各单位根据自身职能提供南丹县城镇、农村居民收入的亮点，提供评估依据，提高数据评估质量。8月份，南丹队建议并促成住户联席会议领导小组决议，在原有住户工作联席会成员基础上，充实了财政局、民政局、扶贫办等8个县直有关单位负责人作为成员，进一步加强了对南丹的经济环境、产业形势、增收亮点难点的整体把握。

2014年4月1日，南丹调查队深入六寨镇银寨村龙井屯征求群众意见

一是加强与农业局、发改局、财政局、畜牧局、统计局等地方部门联系，在不违背原则前提下，促进部门间的沟通，为提高调查数据质量提供帮助。2013年，南丹队先后两次参加了区市有关部门组成的工作组对南丹县粮食高产示范生产进行测产验收。二是加强对辅调员的业务培训，规范辅调员的管理。平均每季度进行一次辅调员业务培训工作，加强辅调员的业务能力，有效提高了调查员、辅助调查员和调查对象对各项调查方案和指标的理解，提高了统计调查能力。今年南丹队根据实际情况制定《国家统计局南丹调查队辅助调查员管理办法》，明确了对辅调员的奖惩办法和要求，大大调动了辅调员的工作积极性。三是完成对主要畜禽规模户进行GPS数据采集工作，建立畜禽调查电子台账，实现主要畜禽调查点GPS定位工作。四是加大了对主要畜禽调查的回访力度，与县畜牧局联合对主要畜禽生产单位和调查小区进行数据质量回访核实。每个季度进行两次回访，确保调查数据的质量。（2）规模以下工业调查工作：一是严格了调查数据的核实。2013年南丹队加大数据审核力度，

**（二）完善制度，有序开展贫困监测调查工作。**严格执行制度方法和调查方案，深入调查点认真培训，及时发现和解决遇到的困难和问题；坚持独立调查、独立上报，坚决反对和抵制干扰统计数据的行为，切实保证数据的真实性；加强研究，确保新旧网点数据衔接、新旧口径数据平稳过渡。积极开展贫困监测开户调查表填写及收集工作，成立南丹县贫困监测联席会议制度，贫困监测工作有序开展。

**（三）多方面准备，切实做好小微企业调查工作。**批零住餐调查从今年起纳入常规统计调查，南丹队抢前抓早，精心准备，认真学习调查方案及制度，并在统计局相关专业人员的协助下对样本库进行筛选，抽取样本后多渠道对筛选出的样本单位进行认真细致的反复核查，最终确定5个调查样本，并采取多种措施加强与调查户的交流，加强对调查数据的审核，保证了数据的真实性，正确反映当前我县小微商业的发展趋势。

**（四）严格执行报表制度，完成各项调查业务。**今年来,在保证重点工作顺利开展的基础上,严格执行报表制度,采取多种措施其他各项业务得到加强。（1）农业调查工作：

2014年4月12-23日，南丹队深入现场开展三经普个体抽样调查

2014年5月12日，南丹队领导班子成员在第二批党的群众路线
教育实践活动中参加统计局党支部党员重温入党誓词

接收相关报表后，采取电话核实与现场调查等方式，纠正违反逻辑等错误数据，确保数据真实可靠。二是加强非目录企业核查工作，确保数据完整。南丹调查队规模以下工业调查非目录核定工作涉及4个乡镇，5个社区，按总队下发的样本村中非目录企业名录库25家。对比企业抽样框进行核定后，对不在企业抽样框的非目录企业进行电话核查，同时向企业监管部门及所在乡镇政府发函要求协助并完成对无法取得联系的11家非目录企业进行核查，确保了季报数据的完整上报。除此之外，退耕还林等业务工作均能严格按照报表制度以及各项业务规定按时按质完成上报。

## 二、规范化管理，行政工作水平进一步提升

**（一）强抓队伍管理，队员素质得到了提升。**一是抓培训。制定《国家统计局南丹调查队2013年干部理论学习计划》，组织干部学习培训5期，重点学习11项内容；派员参加国家统计局市县级统计机构领导干部和业务骨干培训班（第三十六期）的学习，提高队班子成员领导水平和业务能力；积极参加总队召开的各种现场及视频培训会，切实提高队员业务技能。二是抓作风。根据中央关于改进工作作风、密切联系群众的八项规定和广西调查总队关于进一步改进工作作风的若干规定的精神，结合全区办公室会议精神，第一，完善了《国家统计局南丹调查队2013年考勤及请销假制度》，并由办公室负责日常考勤登记工作，杜绝迟到、早退及霸王假等现象，纪律观念散漫的不良风气得到明显改善，精神面貌明显好转，调查队干部作风大大转变；第二根据当前实际修订《国家统计局南丹调查队公务接待规定》，明确接待及接待标准，强调接待工作必须严格遵守先审批后接待的原则，树立节俭意识，并对涉及烟酒等问题做出明确规定；第三加强用车管理，严格执行派车制度，规定派车范围，杜绝公车私用的现象，同时采取油卡加油、及时记录的方式实时监控汽油耗费情况。三是抓素质。密切联系群众，提升队员思想素质，积极参加南丹县“红卡进百企千村万户”活动”，建立党员联系卡，与吾隘镇纳定村群众开展结对帮扶活动，为当地群众提供服务，改造低产板栗林；鼓励队员锻炼身体，积极组队参加县里组织的“新春杯”和“五一劳动杯”、“国庆杯”气排球比赛，并在“国庆杯”比赛中勇夺冠军，丰富和活跃职工的文化生活，提高队员团队合作意识的同时提高了队员的身体素质，提升了调查队的知名度。

2014年5月23日，南丹县新任常务副县长银建林（前排左二）到调查队调研

同时要求全体干部职工签订《南丹调查队涉密人员责任书》，强化干部职工的保密意识，并设有专人负责档案管理，设立专门档案柜，保管本队调查资料及重要文件。今年南丹队以突出重点、全员参与的方式促进档案材料完整快速整理录入工作，得到县档案局的肯定。二是开展保密普查工作，加强保密教育工作。今年南丹队按照统一标准、统一方法、统一程序、统一要求开展了保密普法工作，严肃认真，不走过场。认真研究了本部门保密工作基础性、症结性问题，聚焦难点，并提出工作思路和解决改进的方法；做到了以普查促进保密教育、促进规范化管理。今年来，无任何档案外流情况，无任何数据涉密现象，维护了党和国家的秘密。

**（二）提高文秘质量，办公办文能力明显改善。**机关公文是实施领导、履行职能、处理公务的具有特定效力和规范体式的文书。为使公文处理工作科学化、制度化、规范化，今年根据总队制定的公文处理工作办法，修订了《南丹队公文办理程序规定》并坚持高标准要求，做好公文的起草、排版、审核和把关工作，规范公文处理。把办公办文提上日程，不断规范公文办理，提高办文质量，接收文件做到“三不”，（即不漏收、不拖沓、不漏记）每天查看文件信息，及时收文，不漏收；每一份文件及时进行处理，及时办理，不拖沓；签收的每一份文件都进行登记和存档，方便查阅，不漏记。使文秘工作实现常态化，办文规范化。总体来看，今年南丹队公文处理进一步规范，材料质量和水平有了较大的提高。

**（三）强化保密意识，档案管理成效显著。**一是落实干部责任，专人负责档案管理。为切实做好本队的保密工作，确保统计调查工作中党和国家秘密的安全，维护国家安全利益，制定了《南丹调查队统计调查工作保密规定》和《国家统计局南丹调查队网络安全保密管理规定》，

**（四）完善目标管理，优质服务工作水平进一步提高。**一是各种专项调查服务工作任务圆满完成。今年以来，根据总队统一部署，南丹队开展2013年全区党风廉政建设和国有企业反腐倡廉民意调查工作、党员培训调查等专项调查工作，为广西提供了详实的统计调查资料。二是调查信息、政务信息写作质与量都有突破。根据实际情况，南丹队年初制定的《目标管理岗位责

2014年5月27日，南丹调查队到农作物调查点调查水稻生产情况

页等多种宣传品，并和调查对象深入交谈，提取其对我队的意见和建议，解开调查对象的疑虑、尽心尽力为调查工作提供高质量数据。

**（六）注重督查督办，工作效率得到提升。**根据本队制定的《督查督办制度》，实行定期与不定期进行督查，形成良好督查督办工作氛围，督查中发现问题，及时通报，并予以纠正。今年督查内容主要包括信息写作、业务上报以及队内安排的重点工作，通过督查督办提升了干部的自我约束力与高效不拖沓的工作习惯，大大提升日常工作效率。一年来，不出现业务迟报、漏报现象，队内安排的工作拖沓、不重视的习惯得到改善，推进本队规范化管理工作。

2014年6月4日，黄艳队长带领住户股人员冒大雨到昌里村入户开展第二季度一体化季报调查

任制》，将一年每人需完成被上级部门采用的政务信息由每年的2篇增加到5篇，调查信息由1篇增加到2篇的任务。据统计，截止今年11月中旬，南丹队共上报政务信息64篇，获总队采用43篇（其中11篇为每月要事），超额完成了总队下达的全年任务。上报调查信息32篇，获得采用23篇（次），其中获自治区两办以上采用9篇（次）、国家局采用9篇（次），国家局领导批示2篇（次）。三是与县直部门联系加强，为地方和调查户提供更优质的服务。今年来，充分利用住户调查与贫困监测调查工作，加强了与各联席成员单位的联系，同时多次联合相关部门对调查对象进行调查数据回访、督促检查工作，起到了监督与沟通并存，密切了调查对象与调查部门之间的关系，充分保障了源头数据的质量。

**（五）加强法制宣传，统计调查意识进一步强化。**一是利用"中国统计开放日"为契机，向乡镇统计员、辅调员、调查员发送包含"统计为您服务，您为社会奉献；统计连着你我他,数据准确靠大家"等宣传口号的手机短信，增加统计调查人员对调查数据的认识。二是利用城乡住户调查、农业产量测量、规模以下工业调查、畜禽调查以及统计执法检查等多项工作，深入4家企业、40个调查户、9个乡镇开展统计知识宣传工作，向调查对象发放50本《统计法》、250份广西调查总队宣传

**（七）加强协调合作能力，各项工作有保障。**一是南丹队为了确保各项业务不受各种因素影响，提升工作效率，实行职工日常请假及公休假期等工作安排，实行结对直接代岗办法，即结对一方有事请假，由结对另一方直接接手对方相关工作。这样不仅大大提升了干部之间的合作协调能力，也保证了各项工作不受影响，同时还让各队员的业务能力得到全面发展，为全队各项工作顺利开展提供保障。二是南丹队根据实际修定了《公务接待工作规定》，规范了日常工作接待事项，做到每一次接待都制定接待方案、进行经费预算，并提前进行接待安排，使财务人员与各业务股之间能更协调的工作，会议和接待工作进一步规范，服务质量进一步提高；三是加强公务用车的使用安排，实行车辆有办公室人员统一管理，统一调度，充分发挥公务用车的作用，为各项工作开展提供保障。

## 三、细则入手，财务管理能力增强

**（一）多方努力，为重点业务开展提供经费保障。**今年来南丹队加强与当地政府的沟通与工作情况汇报，积极争取地方财政支持，全年落实地方财政资金18万元用于城乡住户一体化调查

改革，为本队重点业务工作提供了有力的经费保障。

**（二）加强规范化管理，提高预算执行力。**完善覆盖会计核算、预算编制、预算执行、审计监督在内的一体化财务管理制度框架，提高财务工作的规范化水平。同时加强与各专业股室的协调配合，强化预算执行管理，落实领导责任，提高预算执行能力。

**（三）扎实开展业务工作。**各季度财务报表均能按时按质上报，顺利完成2012年决算报表，顺利进行年终结转结账，装订归档各类文件材料；按要求编制2014年部门预算；2012年度国有资产决算报表和行政事业单位资产管理系统报表均高质量完成；每季度的政府采购计划、采购“追加减”、采购执行情况及统计报表也高效完成；总队交予的其他任务均能圆满完成。

## 四、狠抓廉政建设，促进干部廉洁自律

一是高度重视党风廉政建设，对党风廉政建设工作进行安排部署，研究制定了《南丹调查队党风廉政建设和反腐败工作实施方案》、《南丹调查队2013年党风廉政建设工作要点》、《南丹调查队2013年党风廉政建设责任制分解实施方案》，确定党风廉政建设的工作机制；二是全体队员与队主要领导签订《南丹调查队党风廉政建设与反腐败工作责任书》，把党风廉政建设工作落实到个人，与其他业务工作同部署、有检查落实，防止走过场，使本队开展党风廉政建设工作有更高的要求和更明确的目标，为促进各项工作的开展奠定了良好的基础。三是完善财务制度，提倡勤俭节约。根据中央的“八项规定”精神，本队推行崇尚节约，反对铺张浪费，首先根据实际修订了《公务接待规定》，明确接待及接待标准，强调必须严格遵守先审批后接待的接待工作原则，树立节俭意识，并对涉及烟酒等问题做出明确规定；其次加强公务用车管理，严格执行派车制度，规定派车范围，杜绝公车私用的现象，同时采取油卡加油、及时记录的方式实时监控汽油耗费情况，减少公务用车不必要浪费。四是严格遵守各项工作纪律，加大对违法乱纪行为的责任追究力度。认真落实党风廉政建设责任制和统计行风建设责任制，积极弘扬求实、创新、严谨、奉献的统计行风，以党风廉政建设成效保障和促进调查事业发展。四是不定期组织全体干部职工观看廉政教育视频，加强廉政教育，提高干部的自我约束与自我鞭策，提高干部的廉洁从政素质。

2012年，合浦调查队按照总队纪检监察室的布置，积极抓好党风廉政建设，认真落实党风廉政建设责任制，扎实开展党风廉政建设和反腐败工作。组织学习领会各级党委部门党风廉政建设一系列文件精神，为统计调查提供坚强政治保障，取得较好成绩。在财务管理、统计调查数据管理、经费支出等方面严格遵守相关规定。2012年，合浦调查队严格财经审批手续，所有报销发票，做到手续完备。重大开支经集体讨论决定，没有“小金库”和账外账行为和其他违纪现象发生，促进了统计调查事业健康发展。

# 国家统计局宜州调查队

2013年，宜州调查队在国家统计局广西调查总队的正确领导下，围绕“业务改革深化年”这一工作主题，不断改进工作方法，转变工作作风，提高工作效率。经过全体队员扎实有效的努力，很好地完成了各项调查工作任务。

2013年10月8日，宜州调查队毛在诚队长和潘珍玉副队长到“清洁乡村”联系点都围村验收垃圾焚烧炉

## 一、切实改变工作作风，致力于队伍建设

### （一）着重抓好干部职工的思想建设

围绕党的十八大精神及中央八项规定，积极组织全队干部职工认真学习政治理论知识和党风廉政建设等材料，积极参加纪检监察干部进行的业务培训，从思想上转变以前的工作思路，认真学习邹伟忠总队长在全区调查工作会议上的重要讲话精神，重点提高队员们对“三项改革”调查业务的工作积极性，扎扎实实做好调查工作。

### （二）完善各项制度，做到“制度管人，制度管事”

2013年，宜州队召开多次队务会议开展讨论，制定或修订了《国家统计局宜州调查队会议管理制度》、《国家统计局宜州调查队公务接待管理规定》、《国家统计局宜州调查队公务车辆管理规定》等18个规章制度，并提出“五强化”和“三举措”保证业务工作的完成。

### （三）突出党风廉政建设，贯彻中央八项规定

制订《国家统计局宜州调查队党风廉政建设责任实施办法》、《国家统计局宜州调查队领导班子民主生活会制度》、《国家统计局宜州调查队领导干部诫勉谈话和函询办法》，结合调查工作任务，组织开展学习活动，切实提高队员政治理论水平，增强廉洁自律意识，以科学发展观为指导，以“八项规定”为中心，把从严治党，建设廉洁政治的各项要求落实到反腐倡廉建设各项工作中，切实做到为民、务实。

为贯彻落实中央关于改进工作作风的“八项规定”，我队重新修订《国家统计局宜州调查队公务接待管理规定》，明确接待范围，规范接待标准，突出务实之风。

## 二、坚定步伐，加强规范化建设

### （一）不断提高行政管理水平

为将总队精神落到实处，不断完善各项规章制度，深入开展规范化建设，以制度规范工作，使行政规范化逐步常态化。一是根据实际情况，经队务会讨论通过对18项规章制度的制定或修订，并严格执行各项纪律，按照既定制度进行管

2013年10月8日，宜州调查队毛在诚队长和潘珍玉副队长到“清洁乡村”联系点都围村听取村民意见

理；二是加大督查督办力度，2013年度共开展12次督查督办，比2012年增加一倍，并取得一定效果。三是坚持高标准、严要求认真做好文秘工作，按总队要求开展信息化建设，为各股室做好服务工作；四是切实做好后勤保障和服务工作，确保各项工作正常运转；五是根据总队要求统计调查数据资料进行归类整理，纸介质报表以及电子数据（包括程序、参数、说明等）标准统一归档保存，实现数据共享；六是初步完成统计调查新闻宣传工作基础建设，严格执行《统计法》、《保密法》的相关规定，未经批准，不得对外提供统计调查数据、资料及信息。

### （二）提高优质服务水平

为提高优质服务工作水平，制定了优质服务相应的奖惩措施，并将优质服务工作纳入年度考核中，明确奖惩原则，提高撰写积极性。2013年度，我队共向总队上报调查信息21篇，其中含约稿14篇。获得总队采用9篇，其中7篇约稿由总队组稿，获政府采用3篇次、获国家局采用3篇次、获党委采用3篇次、获国家局批示2篇次、直报领导1篇次、获中央领导批示1篇次。上报量和采用量较2012年有所增加；上报政务信息28篇，获总队采用15篇，上报量和采用量较2012年成倍增长。

## 三、加强业务技能，落实“业务改革深化”主题

### （一）加强业务理论学习，提高实践操作能力

加强对工作人员的业务知识培训工作，促使新进队员能够尽快融入工作状态；老同志要继续学习更新自己的知识层面，适应新的工作要求，并对新同志起到“传、帮、带”的作用；加强横向与纵向的业务联系，提高调查能力，做到高质量完成任务。

### （二）加强对辅助调查员和调查对象的培训工作

采用集中培训、现场指导等多种形式对辅助调查员进行业务培训，提高辅助调查员的业务水平及应变能力；同时，主动下村下点对

2013年7月，宜州调查队住户和价格调查股开展走访活动，并发放纪念品回馈调查对象

2013年12月1日，宜州调查队住户和价格调查股赴祥贝乡拉托村开展住户收支调查年报工作

2014年4月18日，宜州调查队在石别镇屯蒙村开展三经普个体户抽样调查现场数据采集工作

2014年5月29日，宜州调查队农业股在庆远镇大塘甫普查小区开展春播调查

调查对象进行面对面的培训，加深了调查对象对调查工作的理解与认识，保证源头数据质量。

### （三）强化业务基础工作，提高基础数据质量

各专业根据各项制度制定工作方案，并按照要求做好各项工作；将规范化建设要求以及目标管理岗位责任制度时刻谨记，杜绝“迟报”、“遗漏”以及“前松后紧”的情况出现；在调查工作中要坚持实事求是，深入基层一线，切实做到“两个独立”和“两个直接”，确保数据的真实性。

### （四）实行三级审核制度，严格把好调查数据质量关

各专业人员在采集数据之后一定要认真审核数据，严格把关，强化数据评估水平，提升报表与分析评估的质量，并用查询卡进行记录；不定期进行回访，有效地保障数据的真实性；多下一线了解真实情况，出现异常及时与调查户联系，并反馈至分管领导处。

## 四、运用地方资源，积极参与地方工作

一是领导积极与地方党委政府联系，获取经费上的支持。2013年我队居民收支调查和农业调查均获得市财政经费支持，其中居民收支调查列入市财政预算。

二是充分利用联席会议制度，加强与联席成员单位之间的联系与沟通，并获得帮助。一是在人员、车辆使用方面部分市直单位给予我队大力支持，并共同争取地方政府的支持，保障调查工作的顺利开展；二是为我队提供调查所需各项资料，确保评估报告的完整性。

三是积极配合做好两个收入绩效指标迎检工作，完成市绩效办部署的2013年全市农民人均纯收入及各乡镇农民人均纯收入初步考核指标方案的制定。

四是积极为“美丽宜州 清洁乡村”贡献力量，选派一名干部担任活动联系点德胜镇都围村的工作指导员，定期下点指导工作，并为该点赞助清洁乡村活动经费。

五是积极参加“红卡进百企千村万户”宣传活动、“为雅安送祝福”募捐活动、教师节慰问活动、帮扶核桃种植产业推进活动等各种活动，增进与地方单位的交流与沟通，有助于对调查队的宣传。

2014年6月5日，广西调查总队副总队长梁开光（左三）在宜州调查队队长毛在诚（左二）陪同下率队赴洛东镇寻田村开展两个收入调研活动

# 国家统计局都安调查队

2013年7月24日，都安队深入联系点百旺镇精华村督查新农村建设情况

2013年，都安调查队紧紧围绕广西调查总队“业务改革深化年”活动主题，结合都安队实际情况，精心谋化统计调查事业发展大局，提出了“二不三化”的工作措施，狠抓细节求实效，较好地完成各项工作任务，取得明显的进步。

## 一、“二不三化”措施提高干部执行力，夯实业务改革基础

经过几年的努力，都安调查队从后进单位在前进的道路上不断取得阶段性进步，各项工作实现了跨越式发展，全队精神面貌和工作态度明显得到提高，单位形象逐步提升，调查业务规范化建设深入人心，规范操作逐渐步入常态化。但随着改革的深入，一些同志在工作中还存在沾沾自喜、自满的现象，存在“一般的抓”“一般得了”的行为和心态，存在机械执行、应付执行的工作态度，这与“业务改革深化年”格格不入。为此，都安队经过深思熟虑，提出了“二不三化”的工作措施。

“二不”即：一是坚持“规范、责任、高效”作为工作理念，“不”允许“一般的抓”、“一般得了”的行为和心态，必须以高起点、高标准为目标落实工作；二是继续深化“执行力提升工程”，转变机关工作作风，提升行政效能，“不”允许有被动执行、机械执行、执行效果差的现象发生，凡因工作中不按有关制度操作严重影响工作质量的要启效能动追究制，一年内有二次被通报批评的，责任人年终考核不能参加评优。

“三化”即：一要目标任务具体化，对每一个调查工作确立一个目标定位，然后围绕这个定位细化分解，层层确定责任人，形成事事有人抓、件件有落实，人人有责任的工作局面；二要时间进度具体化。对每一项调查工作任务都要列出时间进度表，制定工作流程，严格按规范要求执行；三是考核督查具体化。继续完善督查督办工作办法，强化问责力度，促进各项工作按时完成，取得实效。

通过这些措施，干部职工在思想、组织、作风以及工作中存在的突出问题得到了有效解决，工作中的创新意识、奉献意识及岗位的使命感、荣誉感和责任感都得到增强，为全年工作的完成夯实了基础。

## 二、主要工作回顾

### （一）深入改革，紧抓业务质量提升

2013年是业务改革工作的关键年，三项业务改革也为调查队带来了巨大的机遇，都安队不断夯实业务基础，提高数据质量，扎实做好统计业务改革工作。

2013年8月27日，时任都安县常务副县长韦乃伟主持召开都安县住户调查工作会议

### 1.一体化调查工作逐渐融入当地政府主要工作议程

今年以来，都安调查队多次向自治县人民政府主管领导专题汇报“统计业务三项改革”工作，县政府重视并支持一体化改革工作。一是以都安县人民政府名义下发《都安瑶族自治县人民政府办公室自治县城乡住户调查联席会议制度的通知》、《关于建立自治县贫困监测调查联席会议制度有关事项的通知》两个重要文件，为都安县三项统计调查工作顺利开展提供组织保障。一年来，都安队以这两个文件为指导三项调查工作开展的尚方宝剑，统筹协调，积极理顺各方面关系，充分发挥联席会议办公室作用，组织召开两次联席会议，对三项统计调查数据开展评估讨论，切实推进工作发展。二是与自治县人民政府建立快速、直接、有效的沟通渠道。根据自治县县委常委、常务副县长的指示，调查队在日常调查工作中遇到的问题和需要解决困难，除了常规面对面的汇报方式外，可直接通过手机短信和微信等方式汇报工作，县领导能以次沟通方式及时对调查队工作提出要求及解决工作难题的指导意见。今年以来，都安队通过短信方式向地方主管领导汇报工作8次。

### 2.夯实城乡一体化住户调查基础

以抓制度、抓源头、抓审核、抓关联、抓评估“五抓”为突破口，促进住户类调查工作根基稳固，进一步提高调查规范化水平。

（1）抓制度，以机制建设强基固本。在立足《广西县级国家调查队工作规范》基础上，落实住户调查业务考评办法，巧借excel细化《都安队住户类调查业务考评标准》。以都安县人民政府名义出台《城乡住户调查工作联席会议制度》和《贫困监测调查联席会议制度》，增添城乡住户调查权威性，不断完善《住户类调查业务访户制度》和《住户类辅助调查员管理制度》，通过建章立制，形成以制度规范调查的良好局面。

（2）抓源头，以源头匹配强基固本。调查户真实准确记账，是住户调查的基石。每季度包片区的县队责任人与辅助调查员一起深入对应调查户家中面对面指导记账，归纳反馈前两个月记账情况，同时制作记账样例，不断强化规范记好帐意识。及时更新《城乡住户调查家庭劳动力从业台账》和《调查小区特色种养产业名录》等台账，把控账目与劳动力从业及家庭经营逻辑匹配，保障后期划分工资性收入还是家庭经营收入的编码准确，搞准数据源。

（3）抓审核，以三级连审强基固本。落实三级连审制度，即辅助调查员初审、住户股复审、队长终审。辅助调查员初审账本时针对家庭情况、农

2013年11月1日，广西调查总队邹伟忠总队长（右三）到都安队指导工作

耕、节气、政策补助发放等因素核查账目；住户股复审采用人工和iHaps程序审核结合，住户股人员手工审核账页中收入明细、支出明细、数量、金额等关系，再利用专用程序就样本信息、问卷数据、日记账数据等逐项审核，努力把错误率降到零；队长综合查看报表主要数据进行终审，再次查询变动异常数据，杜绝数据出现“带病上报”，确保每一笔数据都经得起推敲。

（4）抓关联，以良性互动强基固本。城乡住户调查和农民工监测调查安排同时开展，加强住户收支与专项调查间的良性互动。利用农民工监测报表和住户调查报表的关联数据，尤其结合农村本地户口劳动力的从业情况，从样本信息的逻辑性、一致性等方面互相对照，避免主观臆断，提高专业间数据的匹配度。

（5）抓评估，以协调验证强基固本。利用联席会议制度，与相关成部门建立资料交流、数据共享等协作关系。数据评估时，既充分考虑政策、生产条件、自然状况等多种因素对生产、生活的影响，又不忽视数据间的内在依存关系。同时不断完善各类资料台账归档管理，保障数据延续可查性。

### 3.积极创新农业调查工作方式

（1）关注零星种植。采取现场观察、向辅助调查员询问、进入农户家中访问等措施确定除台帐所登记的田（地）外是否还有零星种植的农作物，保证零星种植面积不重不漏，确保统计的完整性。

（2）通过熟透制度、熟练实战的“二熟法则”确保产量调查样本抽选过程的规范性。通过召开业务学习会议，对规则地或不规则地块取抽取样本的难点、疑点和关键点进行热烈讨论，并选取两个调查点对样本抽选情况进行验证，即每个调查点抽取1块样本地进行整块收割、测量产量，以验证样本抽取方法是否正确，过程是否规范，不仅提高了数据采集的严谨性和精确性，同时提高全体新老队员的全新工作意识，使其对产量调查工作形成全面认识。

2013年12月4日，都安队深入个体户店面开展统计法制宣传活动

#### 4.强化主要畜禽监测现场核查

2013年12月16日，都安队召开主要畜禽监测点辅调员业务培训会，强化辅调员的责任意识

建立主要畜禽监测调查对象名录库及辅助调查员通讯录，找准核查重点，提前制作现场核查表，务实开展核查，实地进入农户家中的畜禽养殖栏进行核验，做好受访户主签名、核查图片保存等基础工作，并以实地核查为契机，详细向辅助调查员解释台账各项指标间的衔接关系和填报注意事项，提高其报表审核水平。

#### 5.切实做好规下、小微企业调查

认真学习小微企业调查方案及制度，对样本库进行筛选，以实地核查、查看营业执照等方式对抽选样本进行核实。加强规下工业企业走访力度，及时更新和完善企业名录库，利用电话、电子邮箱、qq软件等通讯平台与企业及时联系沟通，随时监测企业生产经营情况，确保报表数据切实反映真实情况。

### （二）不断提升人员整体素质

一年来，都安调查队下大力气打造业务骨干、辅助调查员业务素质升级模式，以高业务水平的调查素质，预防数据质量因人为因素造成失真。制定了内部统计业务人员和辅助调查员技能及培训计划，并不断加大培训力度和投入：选派多名业务骨干参加各项国家举办的两期（安徽、成都）统计培训班及多起全区统计业务培训班，鼓励支持年轻同志参加在职研究生学习；要求各专业不定期对辅助调查员开展集中业务培训与现场业务指导，同时对一体化记账户进行定期或不定期的“零距离”的走访，答疑解惑，指导记账。通过对涉及统计数据生产线上的业务员、辅调员、调查户等主体开展全方位立体培训，充分确保数据源头的真实可靠。

### （三）突出规范制度建设

为了更好地将“业务深化改革年”活动各项工作落到实处，都安队不断完善制度建设，以制度规范工作，推动干部执行力的提升。一是完善制度，规范管理。经全队充分讨论酝酿先后出台了《干部执行力提升若干规定》、《督查工作办法》等制度文件，通过制度建设不断规范领导干部职工的纪律意识、责任意识、效能意识和服务意识。二是落实效能追究制。针对部分干部职工在工作过程中存在的被动执行、机械执行、执行效果差等现象，启动效能追究制，干部职工凡是因不按有关制度操作严重影响工作质量及工作进度的要进行通报批评，一年内有二次被通报批评的，责任人年终考核不能参加评优。三是加大督查督办力度。采用督办表、督办单、现场督查等多种方式开展督查督办，年内共启用督办单12次，督查表11次，有效促进各项工作的有序开展。

### （四）更加注重廉政建设

目前都安队队伍的领导班子尚未健全，只有队长和一个年轻的纪检监察员，为确保权力在阳光下运行，都安队不断注重廉政建设，通过廉洁从政来凝聚人心，树立勤政廉政的标杆，推动单位各项事业向前发展。

2014年4月11日，都安队召开三经普个体抽样调查工作会议

是深入开展学习《廉政准则》等重要文件活动，第一责任人更加注重党性修养，弘扬良好作风，带头严格遵守党纪国法，认真执行中央、总队关于廉洁自律的各项规定，正确行使权利，果断抵制各种不正之风，切实做到了个人形象一面旗，工作热情一团火头，谋事布局一盘棋。

二是在全队开展廉政教育召开会议，强化教育的说服力、制度的约束力、监督的制衡力，提升反腐工作水平。

三是突出三个“实”字，狠抓党风廉政建设。突出务“实”，力戒形式主义结合中央关于改进工作作风的“八项规定”，重新修订《国家统计局都安调查队公务接待工作制度》，明确接待范围，规范接待标准；立足“实”情，查缺补漏，各股室对照改进工作作风的要求，结合专业考核目标，开展自查自纠活动；注重“实”干，狠抓实效，要求全体干部形成崇实干的工作态度，将想干事、会干事、干实事统一起来，真抓实干，决不允许存在泛泛走过场的行为。

### （五）抓优质服务工作不放松

继续重视优质服务工作，执行优质服务目标责任制，制作每月任务分解表，张贴公开栏，落实责任到人，并设立专项工作经费，为优质服务工作提供保障。截止11月份，全队上报政务信息42篇，总队采用34篇，分别比去年同期增长40%和70%，其中获国家局网站采用1篇；上报调查信息提供48篇，采用33篇，分别比去年同期增长14%和27%，其中：经总队综合采用后，有1篇约稿信息获国办采用并获国家领导批示，1篇获中办采用，4篇获国家局领导批示，8篇获区党委办公厅采用，5篇获区政府办公厅采用。

### （六）积极参与地方政府中心工作

都安队在完成国家局和广西调查总队部署的各项工作基础上，积极参与县人民政府部署中心工作任务。一是定期向县委信息科报送调查信息，及时反映都安县农村经济情况，今年共报送调查信息5期。二是做好都安县两个收入绩效指标迎检工作，完成县绩效办部署的2013年全县农民人均纯收入及各乡镇农民人均纯收入初步考核指标方案的制定。三是积极为“美丽都安，清洁乡村”出谋献策，选派一名干部担任活动联系点百旺镇精华村的工作指导员，定期下点指导工作，并为该点筹集4000元清洁乡村活动经费。

# 国家统计局灵山调查队

2013年6月13日，广西调查总队总队长邹伟忠（右二）、副总队长梁开光（右一）、灵山县委常委、统战部部长葛裕君（右三）、总队下派驻村工作队员蒙如宏（左二）、灵山调查队队长江德锦（左一）一行到灵山县灵城镇新大村委视察清洁乡村工作并开展植树活动

2013年，灵山调查队在广西调查总队的正确领导下，紧紧围绕“改革深化年”，以统计调查业务改革为主线，切实做好两大调查业务改革工作，认真落实各项统计调查任务，突出重点，多措并举，取得了良好的工作成效。

## 一、业务改革工作稳步推进

**（一）城乡住户一体化改革工作顺利推进。**一是成立机构，加强组织领导。灵山县政府发文成立了灵山县住户调查联席会议制度，联席会议制度进一步明确了职责，切实形成了工作合力。今年灵山队先后召开了两次联席会议传达学习有关精神和业务知识，研究工作难点重点，布置工作任务，取得了良好效果。二是制定方案，深入开展培训。一方面局队联合召开住户调查培训会议，县局队主要负责人和业务骨干、8个乡镇分管领导和统计员、各联席单位主要负责人、各调查点辅调员等参加培训。另一方面开展实地培训，每个季度住户股下乡次数不少于3次，开展记账工作检查和指导培训记账员，增强调查人员为国调查意识、调查对象为国记账意识，积极营造良好的工作氛围。三是及时汇报,提供决策参考。2013年先后向县委县政府汇报城乡住户一体化调查工作11次，为县委县政府制定相关政策提供了重要参考。

**（二）县级粮食产量抽样调查改革工作有序展开。**一是注重协作，提升工作效率。灵山队注重与相关单位的协作，在选取辅助调查员、选点摸底、抽选样本、对接有关数据等方面多次与有关单位积极协作。二是加强领导，层层落实责任。及时协助成立了以常务副县长为组长的工作领导小组，并召开了专门会议对粮食产量调查工作进行布置，把责任层层落实到各镇各涉农单位。三是加强培训，提高调查质量。一年来，集中辅助调查员进行集中业务培训1次，下田现场指导70余次，加强辅助调查员的调查业务能力。辅助调查员大多是熟悉调查点的村干部担任，都是多年从事农业生产工作者，对

2013年7月18日，国家统计局农村司副司长黄秉信（左一）、广西调查总队副总队长杨锡虹（左二）到灵山县调研粮食生产情况

2013年7月17日，灵山调查队队长江德锦（右一）带队到石塘镇俄境村农产点开展早稻实割实测调查

工作业务熟悉，队伍稳定，配合程度较好，悟性比较高，促进工作的高效开展。

## 二、综合工作取得明显进步

**（一）完善各项规章制度。**按照中央八项规定精神和总队有关部署要求，对各项工作的管理认真从制度上加以完善，加以管理，努力做到管理科学化、制度化。先后修定、制定了目标管理责任制、综合考核管理制度、会议管理制度、新闻发布考核办法等制度，完善了公务接待管理规定，确保工作在协调上、流程上、接待上都有了一个明显的改观。

**（二）优质服务有新提高。**灵山队结合灵山县地方特色产业，就“三农”问题，开展专项实地调研，并积极组织人员撰写调查信息，关注“三农”动态，如上半年对灵山县的黑皮果蔗、青茶价格、荔枝销售、霸王花助收等涉农惠农项目的调查，及时向总队和地方反映农民问题，解决当地农民生产生活难题。一年来，共组织调研13次，为地方提供调查信息和报告6篇，全部得到了灵山县委、县政府领导的批示。撰写调查信息10篇，得到总队采用7篇，较往年有了显著提高。

## 三、财务管理工作水平得到提升

一是落实整改。针对总队财务审计中指出存在的问题，灵山队高度重视，逐条制定了整改措施，落实整改责任人，修订完善了财务管理和会计工作规范、制定了公务卡管理暂行办法，规范财务行为。二是规范支付。努力做到网上执行各种支付业务，减少人为操作，明确财务管理职责和权限，规范网上支付审批流程，严格按照财经法规进行财务办理。实行公务卡刷卡消费和用网上银行基本户发放工资、转账结算等业务功能。一年来，共组织参加种类财务培训8人次，邀请建行灵山支行技术人员培训网上银行操作业务4次。三是顺利交接。在总队财务处的指导下，完成财务交接工作。

## 四、党风廉政建设和纪检监察工作出新貌

一是以党风廉政建设责任状为抓手，落实责任，层层监督。认真贯彻全区党风廉政建设工作会议精神，狠抓作风建设和责任追究，实行队长与副队长、

2013年5月24日，灵山调查队召开城乡住户一体化调查员培训工作会议

2013年3月11日，灵山调查队队长江德锦（右三）带队到伯劳镇彭屋村委进行住户记账指导工作

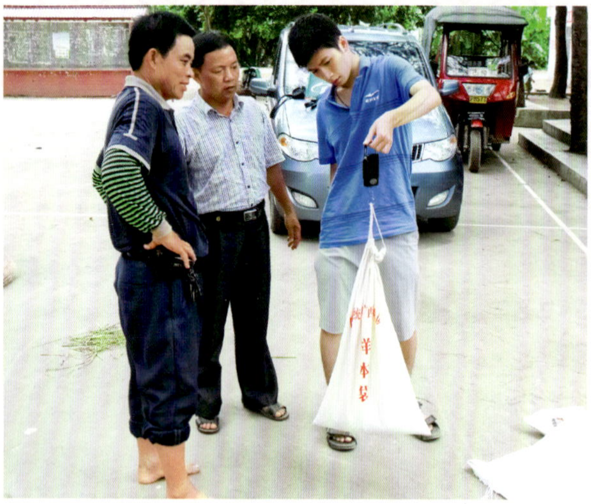

2013年7月16日，灵山调查队副队长黄文平（右二）、队员陆松涛（右一）到平南镇古僚村农产点开展早稻实割实测

队长与股长、副队长与分管股室领导、股长与股室人员签订责任状，把任务分解到个人，把责任落实到个人，层层落实责任，确保党风廉政建设抓出成效。二是以中央八项规定为抓手，规范制度建设，严控各项开支。灵山队认真组织全体队员学习贯彻中央八项规定、六项禁令，以及总队有关新的规章制度，修订完善队内规章制度，规范各项工作的办事流程，特别是“三重一大”、接待开支等事项，严格按照规章制度规范办理。厉行勤俭节约，严控用公款搞相互走访、送礼、宴请等活动。三是以地方廉政建设活动为抓手，严格抓好纪律建设。灵山队以纪检监察部门开展的上班工作纪律大检查活动为契机，把纪律建设作为作风转变、落实责任的一个出发点，通过组织干部职工学习文件、看视频等形式，通报县纪检监察部门明查暗访各部门上班迟到、下班早退、上网聊天等违规违纪现象，通过实例教育，进一步加大对灵山队一些懒散现象整改，得到了明显的效果。

## 五、协助总队清洁乡村活动取得阶段性成效

灵山县是总队“美丽广西·清洁乡村”活动联系点，按照总队的指示要求，灵山队积极协助开展相关工作。一是精心抽调1名熟悉农村工作的队员参加总队驻村工作组，充实工作组力量；二是由队长亲自负责，协助总队在调查网点中选取好联系点；三是及时解决总队驻村工作组组员的食宿问题；四是主动协助总队驻村工作组与灵山县委、县“美丽办”、各联系镇、驻点村沟通协调，争取他们的重视与配合，形成了齐抓共管的局面；五是投入1.5万元到联系镇和总队1个驻点村开展整治活动。目前，总队3个清洁点，宣传牌、垃圾桶、垃圾池、焚烧炉、垃圾车已全数到位，村容村貌得到明显改观，清洁乡村活动取得初步成效。

2013年7月1日，灵山调查队党支部到佛子镇五一村开展七一联谊座谈会

## 六、党建工作实现新突破

一是成立了党支部。5月28日灵山队成立了党支部，并于7月1日到佛子镇五一村开展党建慰问活动。党支部的成立，丰富了灵山队的组织生活，为灵山队开展党的群众路线实践教育活动提供契机。二是走好群众路线。灵山队坚持走群众路线，努力为民办实事，解决了1户记账户儿子的残疾补助，为大多数记账户向相关部门争取在惠农补贴、粮种补贴等方面前，让农民真正得到了实惠，增进了调查队与辅调员、记账户的情谊。此外，积极对接待总队第五党支部到灵山开展党的群总路线实践教育活动，深入总队清洁乡村驻村点、记账点，入户慰问了5户困难党员和困难户，共同营造党员带群众、联手共建的生动局面。

2013年11月7日，灵山调查队副队长成中文（右二），队员杨明（右一）到 村开展晚稻实割实测

# 国家统计局浦北调查队

2013年6月5日，浦北调查队召开浦北县级粮食产量抽样调查会议

国家统计局浦北调查队编制7人，在编7人（其中干部6人、工人1人），领导职数2名。设有4个职能股室：综合法规股、住户和价格调查股、农业调查股、专项调查股。领导班子成员：队长张英、副队长郑广钧。2013年，浦北队在队领导班子的带领下，紧紧围绕总队“业务改革深化年”的工作部署，采取多项措施，有力地推动了各项工作的顺利开展，取得一定的成效。被评为2013年广西住户调查工作先进集体，荣获浦北县2013年度绩效目标管理工作优秀奖。单项奖：生猪大县调查获一等奖，主要农产品中间消耗调查获三等奖，农民工监测调查获三等奖，保密档案工作获三等奖，财务工作获三等奖，人事教育工作获三等奖。

## 一、认真做好各项保障工作

重视各项行政管理工作。加强办文办会工作，推动各项工作的及时、高效落实。加大督查督办力度，促进业务与行政工作齐头并进，提高业务水平和工作效率。认真做好车辆、固定资产管理和节能降耗等后勤保障工作。政务信息写作保持良好势头。2013年，我队上报的政务信息中获总队采用的有19篇，每月工作要事有12篇。

提升财务管理水平。浦北队认真执行财经制度，做好预决算，确保收支平衡，确保人员工资、业务经费和办公经费能及时发放或支付，为浦北队的工作运行正常提供经费保障。

开展统计法制工作。领导重视，完善内部统计法制度建设和调查证管理，组织开展《统计法》和2013年度“六五”普法教材的学习，确实提高本队队员的法制水平和意识。。利用下点调查、座谈、集中开会、专题活动等多种形式或机会，加强对全县各镇领导、企业统计人员、村文书、辅助调查员及记账户等进行统计法律法规的宣传培训，发放《统计法》及《统计违法违纪行为处分规定》等资料，增强其统计法制意识，为

2013年7月4日，浦北调查队召开浦北县城乡住户调查联席会议

各项统计调查工作营造良好的法制环境。

## 二、两项业务改革稳步推进

按照总队和自治区人民政府关于城乡一体化和县级粮食产量调查业务改革的有关文件精神和工作要求，浦北调查队积极与地方政府和有关部门联系沟通，争取到县政府以政府名义发文成立由浦北调查队牵头的城乡住户调查工作联席会议等工作机构，并多次召开联席会议，承担起了牵头单位的责任。浦北队不断深化数据解读和分析能力，向地方政府和各部分提供高质量的数据分析报告，为地方经济的规划与发展献言献策，努力扩大调查队在地方的影响力，并主动向县政府有关领导汇报工作。县政府和相关单位对调查队的工作性质和作用有了更多的了解和更大的重视，在城乡一体化和县级粮食产量调查等项目上给予了经费、人力、物力的支持。在总队的指导下，在地方政府的支持下，城乡一体化和县级粮食产量两项业务改革工作取得阶段性成效。业务工作已建立工作体制，业务管理和数据质量得到了稳步的提升，调查队的影响明显扩大。

## 三、各项常规调查和专项调查稳步开展

在做好“三项业务改革”和“三小微”工作的同时，按照总队的要求，坚持独立调查、独立上报，强化数据质量意识，规范操作，顺利完成农户固定资产投资、农民工监测、农作物播种面积、农产量调查、农产品生产者价格、主要农产品中间消耗、退耕还林、主要畜禽、生猪大县、规下工业、住餐批零等国家常规调查任务。完成农村党员教育培训调查、广西实施国家区域政策和规划情况公众评价调查、党风廉政建设调查、绩效考评社会评价调查等多项专项调查。

## 四、努力提高优质服务能力

一是参照总队下发的综合调查工作规范，制定《国家统计局浦北调查队调查信息报告工作规范》、《国家统计局浦北调查队新闻宣传工作规范》及《国家统计局浦北调查队调查数据综合管理工作规范》等规范性文件，并在实际工作中运

2013年9月3日，浦北调查队召开浦北县基层辅助调查员培训会

2013年10月30日，浦北调查队队长张英（左一）带领住户股人员到调查点召开住户座谈会

用；二是认真开展本地区季度经济形势分析工作，及时报送地方政府，为地方政府的经济发展规划提供参考；三是调动队员积极性，努力撰写调查信息，2013年，我队撰写的调查信息中被总队采用的有10篇。

## 五、多举措提高业务管理水平和数据质量

一是加强账页质量检查。要求各专业负责人负责各专业的审核工作，各专业人员要做好所负责的调查点、调查户的账页、数据的检查、核实工作，做到责任落实到人。4月份，队长张英、副队长郑广钧率农业调查股人员到农产量调查点检查指导春播面积调查工作。9月份，队长张英、副队长郑广钧带队到各畜禽监测调查点和规模养殖户进行调研和进行GPS定位样本采集。

二是加强与记账户、调查对象的情感沟通，转变工作作风。4月份，队长张英、副队长郑广钧率农业调查股人员到全县的规模养猪场、养鸡场走访实地了解生猪、家禽生产销售情况。5月份，队长张英率住户调查股全体人员到10个住户调查点逐户上门与记账户沟通联系，加强记账质量提高。11月份，浦北队在10个住户调查点开展座谈会，邀请所在镇领导、统计员、村委干部、辅助调查员、记账户参加。通过座谈会和走访的形式，加强沟通联系，提高配合度。

三是加强辅助调查、记账户培训工作。浦北队采取集中培训和个别培训的形式开展培训工作。6月5日，召开浦北县2013年粮食产量抽样调查业务培训会，培训粮食产量抽样调查和播种面积调查工作，张红丹副县长出席会议；7月4日，召开浦北县2013年城乡住户调查联席会议，培训住户调查工作，张海副县长出席会议；9月3日，召开2013年浦北县基层辅助调查员培训会，对各专业辅助调查员进行业务培训。个别培训利用下乡检查指导或个别电话联系进行培训指导。

2013年12月8日，浦北调查队开展《统计法》颁布30周年纪念宣传活动

# 第四篇 农村农业

## Chapter 4 Agriculture and Rural Areas

# 4-1 主要粮食作物播种面积、单产和总产量（1985—2013年）

## Sown Area, Unit Output and Yield of Main Grain Crops（1985—2013）

| 年 份<br>Year | 全年粮食 Sown Area of Grain Crops | | | 早 稻 Early Rice | | |
|---|---|---|---|---|---|---|
| | 播种面积（千公顷）Sown Area（1000 hectares） | 每公顷产量（公斤/公顷）Per Hectare Output（kg/hectare） | 总 产 量（万吨）Total Yield（10 000 tons） | 播种面积（千公顷）Sown Area（1000 hectares） | 每公顷产量（公斤/公顷）Per Hectare Output（kg/hectare） | 总 产 量（万吨）Total Yield（10 000 tons） |
| 1985 | 3447.3 | 3240.5 | 1117.1 | 1153.2 | 4701.7 | 542.2 |
| 1986 | 3530.6 | 3166.9 | 1118.1 | 1157.9 | 4556.4 | 527.6 |
| 1987 | 3539.5 | 3418.6 | 1210.0 | 1145.5 | 4863.2 | 557.1 |
| 1988 | 3510.7 | 2976.6 | 1045.0 | 1128.5 | 4691.9 | 529.5 |
| 1989 | 3596.9 | 3533.0 | 1270.8 | 1178.4 | 5070.4 | 597.5 |
| 1990 | 3639.9 | 3744.8 | 1363.1 | 1190.3 | 5287.9 | 629.4 |
| 1991 | 3567.7 | 3758.7 | 1341.0 | 1124.1 | 5473.9 | 615.3 |
| 1992 | 3521.8 | 4028.9 | 1418.9 | 1153.6 | 5710.8 | 658.8 |
| 1993 | 3538.8 | 4115.8 | 1456.5 | 1137.1 | 5678.5 | 645.7 |
| 1994 | 3633.6 | 3502.0 | 1272.5 | 1134.1 | 4554.3 | 516.5 |
| 1995 | 3662.7 | 4117.7 | 1508.2 | 1148.4 | 5846.4 | 671.4 |
| 1996 | 3708.0 | 4070.4 | 1509.3 | 1152.4 | 5795.7 | 667.9 |
| 1997 | 3738.5 | 4132.1 | 1544.8 | 1155.3 | 5983.7 | 691.3 |
| 1998 | 3757.7 | 4143.8 | 1557.1 | 1147.9 | 5551.9 | 637.3 |
| 1999 | 3725.5 | 4227.6 | 1575.0 | 1116.4 | 5966.6 | 666.1 |
| 2000 | 3655.9 | 4180.9 | 1528.5 | 1078.1 | 5865.9 | 632.4 |
| 2001 | 3641.9 | 4150.0 | 1511.4 | 1141.5 | 5148.5 | 587.7 |
| 2002 | 3556.9 | 4180.0 | 1486.8 | 1130.3 | 5383.5 | 608.5 |
| 2003 | 3470.0 | 4222.2 | 1465.1 | 1118.5 | 5353.6 | 598.8 |
| 2004 | 3511.2 | 3983.0 | 1398.5 | 1098.9 | 5217.0 | 573.3 |
| 2005 | 3496.2 | 4254.0 | 1487.3 | 1131.3 | 5056.1 | 572.0 |
| 2006 | 3133.2 | 4556.4 | 1427.6 | 1053.3 | 5261.6 | 554.2 |
| 2007 | 2984.0 | 4680.0 | 1396.6 | 991.5 | 5414.0 | 536.8 |
| 2008 | 2973.1 | 4691.1 | 1394.7 | 984.4 | 5306.8 | 522.4 |
| 2009 | 3067.5 | 4770.0 | 1463.2 | 988.8 | 5595.7 | 553.3 |
| 2010 | 3061.1 | 4613.8 | 1412.3 | 964.8 | 5508.9 | 531.5 |
| 2011 | 3072.8 | 4653.4 | 1429.9 | 941.3 | 5634.9 | 530.4 |
| 2012 | 3069.1 | 4838.2 | 1484.9 | 928.8 | 5860.4 | 544.9 |
| 2013 | 3076.0 | 4947.3 | 1521.8 | 927.9 | 5983.5 | 555.2 |

4-1 续表 continued

| 年 份 Year | 晚 稻 Late Rice | | | 玉 米 Corn | | |
|---|---|---|---|---|---|---|
| | 播种面积（千公顷） Sown Area（1000 hectares） | 每公顷产量（公斤/公顷） Per Hectare Output（kg/hectare） | 总 产 量（万吨） Total Yield（10 000 ton） | 播种面积（千公顷） Sown Area（1000 hectares） | 每公顷产量（公斤/公顷） Per Hectare Output（kg/hectare） | 总 产 量（万吨） Total Yield（10 000 ton） |
| 1985 | 1124.5 | 3616.7 | 406.7 | | | |
| 1986 | 1180.9 | 3407.6 | 402.4 | | | |
| 1987 | 1172.7 | 3855.2 | 452.1 | | | |
| 1988 | 1151.2 | 3015.1 | 347.1 | | | |
| 1989 | 1134.5 | 3963.0 | 449.6 | | | |
| 1990 | 1174.5 | 4330.4 | 508.6 | | | |
| 1991 | 1182.4 | 4217.7 | 498.7 | | | |
| 1992 | 1160.2 | 4453.5 | 516.7 | | | |
| 1993 | 1131.8 | 4547.6 | 514.7 | | | |
| 1994 | 1132.2 | 3413.7 | 386.5 | | | |
| 1995 | 1136.9 | 4546.6 | 516.9 | | | |
| 1996 | 1143.3 | 4537.7 | 518.8 | | | |
| 1997 | 1143.8 | 4416.0 | 505.1 | | | |
| 1998 | 1140.0 | 5064.0 | 577.3 | | | |
| 1999 | 1123.8 | 4825.6 | 542.3 | | | |
| 2000 | 1068.7 | 4775.9 | 510.4 | 610.7 | 3016.2 | 184.2 |
| 2001 | 1147.3 | 4915.9 | 564.0 | 556.9 | 3025.7 | 168.5 |
| 2002 | 1142.0 | 4659.4 | 532.1 | 520.3 | 3094.4 | 161.0 |
| 2003 | 1110.2 | 4800.0 | 532.9 | 531.1 | 3007.0 | 159.7 |
| 2004 | 1125.0 | 4245.3 | 477.6 | 586.6 | 3002.0 | 176.1 |
| 2005 | 1108.4 | 4767.2 | 528.4 | 575.7 | 3682.5 | 212.0 |
| 2006 | 1038.8 | 4944.2 | 513.6 | 516.3 | 3844.7 | 198.5 |
| 2007 | 986.7 | 4969.1 | 490.3 | 490.4 | 4161.9 | 204.1 |
| 2008 | 983.9 | 5056.5 | 497.5 | 489.7 | 4231.2 | 207.2 |
| 2009 | 991.0 | 5125.5 | 507.9 | 534.6 | 4212.5 | 225.2 |
| 2010 | 979.7 | 5199.6 | 509.4 | 538.6 | 3874.8 | 208.7 |
| 2011 | 986.3 | 4785.0 | 471.9 | 565.9 | 4324.6 | 244.7 |
| 2012 | 979.2 | 5205.3 | 509.7 | 580.5 | 4317.0 | 250.6 |
| 2013 | 967.4 | 5251.0 | 508.0 | 587.6 | 4526.9 | 266.0 |

# 4-2 主要畜禽生产情况（1978—2013年）

## Production Condition of Major Livestock and Fowl（1978—2013）

单位：万头、万只、万吨 （10 000 heads, 10 000 heads, 10 000 tons）

| 年 份 Year | 生 猪 Live Hog | | | 牛 Cattle | | |
|---|---|---|---|---|---|---|
| | 存 栏 Stock | 出 栏 Offtake | 肉 产 量 Output of Meat | 存 栏 Stock | 出 栏 Offtake | 肉 产 量 Output of Meat |
| 1978 | 1246.3 | 650.6 | | 413.9 | 7.4 | |
| 1979 | 1103.0 | 683.2 | 36.6 | 415.5 | 8.5 | 0.5 |
| 1980 | 1034.1 | 564.7 | 39.7 | 411.0 | 5.0 | 0.3 |
| 1981 | 1125.3 | 514.7 | 42.6 | 428.3 | 6.5 | 0.5 |
| 1982 | 1284.2 | 610.2 | 50.4 | 460.4 | 7.1 | 0.6 |
| 1983 | 1355.3 | 691.6 | 56.4 | 484.0 | 7.6 | 0.6 |
| 1984 | 1350.0 | 743.5 | 61.8 | 522.7 | 9.1 | 0.8 |
| 1985 | 1435.7 | 603.4 | 60.8 | 560.2 | 12.5 | 1.1 |
| 1986 | 1563.8 | 733.2 | 62.1 | 595.5 | 14.8 | 1.3 |
| 1987 | 1564.6 | 841.0 | 69.1 | 627.2 | 21.3 | 1.8 |
| 1988 | 1527.2 | 876.1 | 71.3 | 648.0 | 27.2 | 2.4 |
| 1989 | 1634.0 | 939.4 | 76.9 | 672.8 | 28.1 | 2.4 |
| 1990 | 1742.5 | 1063.9 | 87.2 | 703.9 | 35.0 | 3.0 |
| 1991 | 1808.6 | 1195.0 | 97.4 | 708.7 | 44.2 | 3.8 |
| 1992 | 1903.9 | 1349.9 | 109.8 | 712.3 | 55.3 | 4.8 |
| 1993 | 1923.6 | 1464.4 | 118.1 | 714.8 | 60.3 | 5.3 |
| 1994 | 1990.1 | 1654.3 | 134.4 | 724.8 | 67.1 | 5.9 |
| 1995 | 2075.7 | 1905.8 | 153.6 | 738.8 | 73.5 | 6.5 |
| 1996 | 2137.0 | 2187.0 | 175.9 | 747.4 | 83.2 | 7.5 |
| 1997 | 2244.0 | 2378.4 | 190.0 | 759.6 | 96.9 | 8.7 |
| 1998 | 2085.2 | 2424.5 | 194.0 | 776.3 | 105.8 | 9.5 |
| 1999 | 2309.6 | 2547.0 | 202.5 | 770.7 | 99.9 | 8.9 |
| 2000 | 2415.6 | 2756.9 | 217.9 | 775.3 | 108.9 | 9.8 |
| 2001 | 3154.6 | 2768.4 | 208.1 | 766.6 | 115.5 | 10.4 |
| 2002 | 3029.3 | 2656.5 | 190.8 | 766.5 | 129.1 | 11.6 |
| 2003 | 2637.7 | 2555.1 | 179.8 | 760.6 | 144.4 | 12.9 |
| 2004 | 2671.0 | 2462.5 | 161.7 | 739.7 | 163.5 | 14.6 |
| 2005 | 3015.0 | 2831.9 | 186.0 | 735.6 | 188.3 | 16.9 |
| 2006 | 2259.9 | 2957.2 | 210.3 | 403.8 | 117.1 | 10.9 |
| 2007 | 2169.3 | 2767.3 | 206.2 | 396.8 | 125.4 | 11.7 |
| 2008 | 2307.0 | 2935.0 | 218.4 | 421.8 | 133.7 | 12.5 |
| 2009 | 2332.4 | 3119.9 | 232.3 | 448.0 | 143.0 | 13.4 |
| 2010 | 2344.0 | 3230.0 | 241.5 | 450.0 | 146.3 | 13.7 |
| 2011 | 2412.0 | 3195.1 | 239.8 | 441.7 | 150.4 | 14.3 |
| 2012 | 2466.6 | 3342.1 | 252.5 | 453.6 | 147.7 | 13.9 |
| 2013 | 2471.5 | 3456.7 | 261.3 | 457.0 | 148.2 | 14.3 |

4-2 续表 continued

单位：万头、万只、万吨 (10 000 heads, 10 000 heads, 10 000 tons)

| 年 份<br>Year | 羊 Sheep | | | 家 禽 Fowl | | |
|---|---|---|---|---|---|---|
| | 存 栏<br>Stock | 出 栏<br>Offtake | 肉 产 量<br>Output of Meat | 存 栏<br>Stock | 出 栏<br>Offtake | 肉 产 量<br>Output of Meat |
| 1978 | 94.8 | 17.8 | | | | |
| 1979 | 87.5 | 16.0 | 0.3 | | | |
| 1980 | 80.3 | 15.1 | 0.2 | | | |
| 1981 | 78.0 | 14.2 | 0.2 | | | |
| 1982 | 79.8 | 12.6 | 0.2 | | | |
| 1983 | 76.6 | 10.3 | 0.2 | | | |
| 1984 | 71.8 | 11.9 | 0.2 | | | |
| 1985 | 66.6 | 14.4 | 0.2 | | | |
| 1986 | 63.6 | 15.7 | 0.2 | | | |
| 1987 | 66.7 | 15.3 | 0.2 | | | |
| 1988 | 68.8 | 17.4 | 0.2 | | | |
| 1989 | 74.6 | 18.2 | 0.3 | | | |
| 1990 | 80.6 | 21.5 | 0.3 | | | |
| 1991 | 84.0 | 25.5 | 0.4 | | | |
| 1992 | 89.1 | 30.3 | 0.4 | | | |
| 1993 | 95.4 | 34.7 | 0.5 | | | |
| 1994 | 104.2 | 38.9 | 0.6 | | | |
| 1995 | 131.5 | 51.5 | 0.8 | | | |
| 1996 | 161.6 | 66.3 | 1.1 | | | |
| 1997 | 228.7 | 102.8 | 1.6 | | | |
| 1998 | 239.2 | 133.1 | 2.1 | | | |
| 1999 | 241.1 | 150.9 | 2.3 | | | |
| 2000 | 241.8 | 165.0 | 2.5 | | | |
| 2001 | 237.6 | 173.8 | 2.6 | | 24617.3 | 43.4 |
| 2002 | 232.4 | 181.5 | 2.6 | | 22918.3 | 41.6 |
| 2003 | 246.6 | 194.4 | 2.8 | | 21206.9 | 29.3 |
| 2004 | 278.1 | 217.7 | 3.2 | | 20166.1 | 28.4 |
| 2005 | 260.0 | 255.0 | 3.8 | | 27111.6 | 33.5 |
| 2006 | 151.4 | 166.5 | 2.5 | 23957.5 | 60123.0 | 94.5 |
| 2007 | 155.1 | 176.0 | 2.7 | 25938.8 | 64538.1 | 105.3 |
| 2008 | 176.4 | 190.9 | 2.9 | 27495.1 | 69701.1 | 113.7 |
| 2009 | 190.0 | 205.0 | 3.2 | 28180.0 | 72834.0 | 118.4 |
| 2010 | 193.4 | 212.3 | 3.3 | 28501.3 | 77058.4 | 124.9 |
| 2011 | 198.2 | 205.0 | 3.2 | 30282.6 | 79169.8 | 128.8 |
| 2012 | 203.6 | 206.0 | 3.2 | 31202.6 | 82631.7 | 136.0 |
| 2013 | 202.2 | 205.6 | 3.2 | 30625.4 | 82218.5 | 135.3 |

# 4-3 退耕还林（草）农村居民家庭基本情况

## Basic Conditions of Rural Households in Grain for Green（Grass）

| 指　标<br>Item | 2009 | 2010 | 2011 | 2012 | 2013 |
|---|---|---|---|---|---|
| 家庭人口（人/户）<br>Average Household Population（person/household） | 4.8 | 4.7 | 4.6 | 4.6 | 4.6 |
| 耕地面积（亩/人）<br>Area of Cultivated Land（mu/person） | 1.5 | 1.7 | 1.7 | 1.7 | 1.5 |
| 住房面积（平方米/人）<br>Per Capita Floor Space of Houses（sq.m/person） |  |  |  | 32.7 | 33.6 |
| 固定资产原值（元/人）<br>Original Value of Fixed Assets（yuan/person） |  |  |  |  |  |
| 粮食播种面积（亩/人）<br>Sown Area of Grain Crops（mu/person） | 1.2 | 1.4 | 1.2 | 1.1 | 1.0 |
| 粮食产量（公斤/人）<br>Output of Grain Crops（kg/person） | 386.6 | 408.4 | 402.2 | 391.0 | 384.3 |
| 每百户农户住房类型构成情况（%）<br>Structure of Houses Per 100 Rural Households（%） |  |  |  |  |  |
| 砖混<br>Brick Concrete Structure |  |  |  |  |  |
| 钢筋混凝土<br>Reinforced Concrete Structure |  |  |  |  |  |
| 其他<br>Others |  |  |  |  |  |
| 每百户农户饮用水源构成情况（%）<br>Drinking Water Source Situation Per 100 Rural Households（%） |  |  |  |  |  |
| 自来水<br>Running Water |  |  |  |  |  |
| 井水<br>Well Water |  |  |  |  |  |
| 其他<br>Others |  |  |  |  |  |
| 每百户农户通电家庭所占比重（%）<br>Energized Proportion Per 100 Rural Households（%） |  |  |  |  |  |
| 每百户农户生活主要燃料构成情况（%）<br>Main Fuel of Life Per 100 Rural Households（%） |  |  |  |  |  |
| 燃气<br>Liquefied Gas |  |  |  |  |  |
| 柴草<br>Firewood and Grass |  |  |  |  |  |
| 煤<br>Coals |  |  |  |  |  |
| 其他<br>Others |  |  |  |  |  |
| 退耕地造林种草累计面积（亩/人）<br>Total Area of Afforestation and Grass Planting（mu/person） | 2.0 | 2.0 | 2.0 | 3.2 | 1.9 |
| # 实际保存面积<br># Actual Area | 2.0 | 2.0 | 2.0 | 3.2 | 1.9 |
| 当年退耕还林（草）补助总收入（元/人）<br>Subsidy Total Income at Current Year（yuan/person） | 355.9 | 248.5 | 238.2 | 247.2 | 112.3 |

# 4-4 退耕还林（草）县级监测情况

## Monitor Situation of Grain for Green（Grass）by County-level

| 指 标<br>Item | 2009 | 2010 | 2011 | 2012 | 2013 |
|---|---|---|---|---|---|
| 监测县（市、区）数量（个）<br>Number of Counties（Cities、Districts）（unit） | 17 | 17 | 17 | 17 | 17 |
| 年末退耕还林（草）总户数（万户）<br>Total of Households at Year-end（10 000 household） | 23.3 | 24.3 | 26.1 | 26.7 | 26.9 |
| 年末退耕还林（草）总人口（万人）<br>Total Population at Year-end（10 000 persons） | 88.6 | 106.8 | 108.3 | 108.4 | 108.7 |
| 截至本年末累计完成退耕还（草）面积（公顷）<br>Total Area of Grain for Green（Grass）Complete This Year（hectare） | 261117.9 | 270016.0 | 280935.6 | 279150.5 | 286084.1 |
| 按工程类型分<br>By Project Type | | | | | |
| 退耕地造林<br>Retreat Farmland of Afforestation | 239908.1 | 248083.4 | | 85594.0 | 88017.1 |
| 荒山荒地造林<br>Barren Mountains and Virgin Lands of Afforestation | 21209.8 | 21932.6 | | 154909.6 | 158923.3 |
| 封山育林<br>Mountain Seal for Afforestation | | | | 38646.9 | 39143.7 |
| 按林种分<br>By Function of Forest | | | | | |
| 生态林<br>Ecological Forests | 146415.8 | 151405.2 | | 273399.9 | 280389.3 |
| 经济林<br>By-product Forsts | 57493.1 | 59452.3 | | 5750.6 | 5694.8 |
| 草<br>Grass | 57209.0 | 59158.5 | | | |
| 截至本年末退耕还林（草）工程实际保存面积（公顷）<br>Actual Area of Grain for Green（Grass）Projects This Year（hectare） | | | | 274695.8 | 283795.6 |
| 本年退耕还林（草）初助资金（万元）<br>Grant funds of Grain for Green（Grass）This Year（10 000 yuan） | 35371.5 | 36102.4 | 29067.9 | 29075.8 | 31237.0 |
| 原政策到期补助资金<br>Original Policies of Grant Funds | 18107.1 | 16567.1 | 7416.2 | 5491.2 | 4040.0 |
| 完善退耕还林（草）补助资金<br>Perfect Grain for Green（Grass）of Grant Funds | 3899.3 | 6594.3 | 9373.3 | 10253.1 | 14125.7 |
| 巩固退耕还林（草）成果专项资金<br>Consolidate Achievement of Special Funds | 12759.2 | 11136.0 | 10359.8 | 11663.5 | 11611.3 |
| 其他资金<br>Other Funds | 606.0 | 1805.0 | 1918.6 | 1668.0 | 1460.0 |
| 新能源建设（个）<br>New Energy Construction（unit） | | | | | |
| 截至本年末建成沼气池累计个数<br>Accumulative Completed of Marsh Gas Pool This Year | | 523162 | 560706 | 610721 | 638723 |
| 截至本年末节煤节柴灶累计个数<br>Number of Energy-saving Coal and Wood Stoves This Year | | 629908 | 667317 | 778305 | 748110 |
| 截至本年末太阳灶累计个数<br>Number of Solar Cooker This Year | | 1916 | 4390 | 9278 | 2585 |

# 4-5 退耕还林（草）农村居民家庭人均收入与支出

## Per Capita Income and Expenditure of Rural households in Grain for Green（Grass）

单位：元 （yuan）

| 指 标 | Item | 2012 | 2013 |
|---|---|---|---|
| **总收入** | **Total Income** | **7452.8** | **8009.4** |
| 工资性收入 | Income from Wages and Salaries | 1577.0 | 1968.9 |
| 家庭经营收入 | Income from Household Operations | 5290.0 | 5485.3 |
| 第一产业收入 | Primary Industry | 4859.6 | 5061.4 |
| 种植业收入 | Planting | 2841.3 | 2892.6 |
| 林业收入 | Forestry | 740.8 | 706.1 |
| 牧业收入 | Animal Husbandry | 1260.7 | 1434.7 |
| 渔业收入 | Fishery | 16.9 | 28.0 |
| 第二产业收入 | Secondary Industry | 50.3 | 58.4 |
| 第三产业收入 | Tertiary Industry | 380.1 | 365.5 |
| 财产性收入 | Income from Properties | 26.4 | 62.1 |
| 转移性收入 | Income from Transfers | 559.4 | 493.2 |
| 其他收入 | Others | | |
| **总支出** | **Total Expenditure** | **2243.5** | **2150.5** |
| 家庭经营费用支出 | Expenditure for Household Operations | 2024.5 | 2058.0 |
| 第一产业生产费用支出 | Primary Industry | 1917.1 | 1951.3 |
| 第二产业生产费用支出 | Secondary Industry | 13.2 | 6.0 |
| 第三产业生产费用支出 | Tertiary Industry | 94.2 | 100.7 |
| 购置生产性固定资产支出 | Purchase of Productive Fixed Assets | 192.7 | 82.2 |
| 建、造生产性固定资产雇工支出 | Build of Productive Fixed Assets | 0.3 | 5.9 |
| 税费支出 | Taxes and Fees | | 0.1 |
| 财产性支出 | Expenses on Properties | | |
| 转移性支出 | Expenses on Transfers | 26.1 | 4.3 |
| **纯收入** | **Net Income** | **5236.0** | **5763.2** |
| 工资性收入 | Wages Income | 1577.0 | 1968.9 |
| 家庭经营纯收入 | Net Income from Household Operations | 3084.1 | 3255.4 |
| 第一产业纯收入 | Primary Industry | 2785.7 | 2961.2 |
| 农业收入 | Farming | 1804.9 | 1742.7 |
| 林业收入 | Forestry | 497.3 | 485.3 |
| 牧业收入 | Animal Husbandry | 475.7 | 721.9 |
| 渔业收入 | Fishery | 7.7 | 11.3 |
| 非农产业纯收入 | Not Farming Industry | 298.4 | 294.2 |
| 财产性纯收入 | Property Income | 26.4 | 62.1 |
| 转移性纯收入 | Transfer Incom | 548.5 | 476.9 |

# 4-6 退耕还林（草）农村居民家庭人均现金收入与支出

## Per Capita Cash Income and Expenditure of Rural households in Grain for Green（Grass）

单位：元 （yuan）

| 指　标 | Item | 2009 | 2010 | 2011 | 2012 | 2013 |
|---|---|---|---|---|---|---|
| **期内现金收入** | **Cash Income** | **3755.4** | **4771.6** | **5772.1** | **6314.2** | **6711.2** |
| 工资性收入 | Income from Wages and Salaries | 724.6 | 1138.0 | 1338.8 | 1574.5 | 1966.1 |
| 家庭经营现金收入 | Income from Household Operations | 2510.3 | 3026.8 | 3876.0 | 4164.7 | 4224.0 |
| 第一产业现金收入 | Primary Industry | 2209.4 | 2673.0 | 3407.0 | 3734.4 | 3800.1 |
| 种植业现金收入 | Planting | 1059.2 | 1399.6 | 1716.3 | 1950.5 | 1901.3 |
| 林业现金收入 | Forestry | 200.1 | 581.9 | 691.2 | 650.6 | 658.0 |
| 牧业现金收入 | Animal Husbandry | 934.8 | 672.8 | 987.3 | 1116.8 | 1216.7 |
| 渔业现金收入 | Fishery | 15.4 | 18.6 | 12.3 | 16.4 | 24.1 |
| 第二产业现金收入 | Secondary Industry | 85.9 | 57.3 | 50.8 | 50.3 | 58.4 |
| 第三产业现金收入 | Tertiary Industry | 214.9 | 296.5 | 418.2 | 380.1 | 365.5 |
| 财产性现金收入 | Income from Properties | 54.1 | 45.6 | 13.3 | 15.6 | 27.9 |
| 转移性现金收入 | Income from Transfers | 466.5 | 561.2 | 544.1 | 559.4 | 493.2 |
| 其他现金收入 | Others | | | | | |
| **期内现金支出** | **Cash Expenditure** | **3722.0** | **1315.8** | **1871.6** | **2067.8** | **1980.5** |
| 家庭生产经营现金支出 | Expenditure for Household Operations | 1265.2 | 1198.1 | 1694.7 | 1848.8 | 1888.0 |
| 农业生产支出 | Agricultural | 1184.3 | 1116.3 | 1601.1 | 1741.4 | 1781.3 |
| 种植业生产支出 | Planting | 573.1 | 694.8 | 989.3 | 938.8 | 1060.5 |
| 林业生产支出 | Forestry | 130.3 | 155.9 | 236.1 | 233.1 | 210.9 |
| 畜牧业生产支出 | Animal Husbandry | 473.5 | 246.5 | 371.4 | 557.0 | 493.5 |
| 渔业生产支出 | Fishery | 7.5 | 19.2 | 4.2 | 8.9 | 15.6 |
| 第二产业生产支出 | Secondary Industry | 26.7 | 5.2 | 9.3 | 13.2 | 6.0 |
| 第三产业生产支出 | Tertiary Industry | 54.2 | 76.6 | 84.3 | 94.2 | 100.7 |
| 购置生产固定资产支出 | Purchase of Productive Fixed Assets | 166.5 | 81.3 | 151.7 | 192.7 | 82.2 |
| 税费现金支出 | Taxes and Fees | 1.0 | 0.3 | 0.2 | 0.3 | 0.1 |
| 生活消费现金支出 | Cash Consumption Expenditure | 2194.2 | | | | |
| 食品消费支出 | Food | 794.8 | | | | |
| # 购买粮食支出 | Purchase of Grain | 74.1 | | | | |
| 衣着消费支出 | Clothing | 86.2 | | | | |
| 居住消费支出 | Residence | 425.6 | | | | |
| 其他消费支出 | Others | 887.5 | | | | |
| 财产性现金支出 | Expenses on Properties | 5.9 | | | | |
| 转移性现金支出 | Expenses on Transfers | 89.0 | | | | **4.3** |
| 其他现金支出 | Others | 0.1 | | | | |

# 4-7 广西国家扶贫开发工作重点县农村居民家庭基本情况

## Basic Conditions of Rural Households on Key Counties for National Poverty Alleviation and Development Work by Guangxi

| 项　目 | Item | 2012 | 2013 |
|---|---|---|---|
| **调查户类别（户）** | **Household Survey Categories（household）** | | |
| 调查户数 | Number of Household Surveyed | 2440 | 2164 |
| 低保户 | Low Income Households | 461 | 380 |
| 五保户 | Households Enjoying Five Guarantees | 2 | 6 |
| 建档立卡户 | Cardholders Archiving Legislation | 440 | 405 |
| 退耕还林户 | Grain for Green by Households | 357 | 560 |
| 种养业大户 | Large Breeding Industry | 13 | 65 |
| 当年参加专业性合作经济组织的户 | Specialized Cooperative Economic Organizations of Households | 9 | 30 |
| 当年家中是否发生大事 | The Occurrence of Events at Home | | |
| 没有大事 | No Big Thing | 2123 | 1679 |
| 盖房买房 | Build a House Buy a House | 112 | 194 |
| 婚丧嫁娶 | Wedding and Funeral | 79 | 98 |
| 子女上大学（含大中专） | Their Children to University（Including College） | 61 | 79 |
| 大病治疗 | Serious Illness Treatment | 65 | 114 |
| **家庭成员基本情况（人）** | **Basic Statistics of Family Members（person）** | | |
| 家庭全部人口 | Family Entire Population | 11290 | 9758 |
| 常住人口 | Resident Population | 11120 | 9712 |
| 男 | Male | 5886 | 5155 |
| 女 | Female | 5234 | 4603 |
| 少数民族人口 | Minority Population | 9403 | 8094 |
| 有病是否能及时就医 | Whether Prompt Medical Illness | | |
| 是 | Yes | 10966 | 9564 |
| 否 | No | 149 | 194 |
| 不能及时就医的主要原因 | Main Reasons for Not Timely Medical Treatment | | |
| 经济困难 | Economic Difficulties | 59 | 76 |
| 医院太远 | Hospitals Too Far | 84 | 117 |
| 没有时间 | No Time | | |
| 本人不重视 | I Do Not Pay Attention | 1 | |
| 小病不用医 | Minor Ailments Without Doctors | 4 | |
| 其他 | Other | 1 | 1 |
| 享受农村最低生活保障人数 | Number of Enjoy Rural with Minimum Living Security | 1133 | 1330 |
| 5周岁及以下人口是否接受计划免疫人数 | Whether to Accept the Number of Planned Immunization | 665 | 691 |

4-7 续表 1 continued

| 项目 | Item | 2012 | 2013 |
|---|---|---|---|
| **劳动力素质及就业状况（人）** | **Quality of Labor Force and Employment Status（person）** | | |
| 劳动力人数 | Number of Labor Force | 7958 | 5458 |
| 劳动力文化程度 | Labour Force Education Background | | |
| 不识字或识字不多 | Illiterate or Semi-literate | 375 | 260 |
| 小学 | Primary Schools | 2393 | 1894 |
| 初中 | Junior Secondary Schools | 4331 | 2608 |
| 高中 | Senior Secondary Schools | 575 | 558 |
| 中专 | Vocational Secondary Education | 166 | |
| 大专及以上 | College Degree or Above | 118 | 138 |
| # 第一产业就业劳动力 | # Primary Industry Employment Labor | 4990 | 3982 |
| 第二产业就业劳动力 | Secondary Industry Employment Labor | 2214 | 687 |
| 第三产业就业劳动力 | Tertiary Industry Employment Labor | 743 | 537 |
| 曾受过技能培训人数 | Number of Received Skills Training | | |
| # 接受农业技术培训 | # Accept Agricultural Technical Training | 1975 | 1975 |
| 接受非农技能培训 | Accept Non-agricultural Skills Training | 1308 | 1107 |
| 就业劳动力人数 | Number of Employed Labor Force | 7947 | 5333 |
| 当年从事的主要行业 | Engage of Major Sectors | 7947 | 5206 |
| 第一产业 | Primary Industry | 4990 | 3982 |
| 第二产业 | Secondary Industry | 2214 | 687 |
| 第三产业 | Tertiary Industry | 743 | 537 |
| 当年外出打工人数 | Number of Migrant Workers | 2568 | 1769 |
| 外出方式 | Manner Migrant Workers by Out | 2568 | 1769 |
| 政府或单位组织 | Governmental Organization or Unit | 47 | 11 |
| 中介组织介绍 | Intermediary Organization Introduction | 184 | 20 |
| 亲戚朋友介绍 | Relatives and Friends Introduced | 900 | 497 |
| 自发 | Spontaneous | 1411 | 1151 |
| 其他 | Other | 26 | 90 |
| 劳动力外出地区 | Labour Force Transfer Destination | | |
| 县内乡外 | County of Neixiang | 202 | 175 |
| 省内县外 | The Province Outside the County | 364 | 315 |
| 省外 | Outside the Province | 1428 | 1263 |
| **学生就学情况（人）** | **Situations on Schooling** | | |
| 他/她在本年度的主要居住地点 | His/Her Principal Place of Residence During the Year | 1565 | 1406 |
| 本村 | Village | 986 | 876 |
| 村外乡内 | Village Outside and Township Inside | 263 | 245 |
| 乡外县内 | Township Outside and Country Inside | 284 | 218 |
| 县外省内 | Country Outside and Province Inside | 30 | 59 |
| 省外 | Province Outside | 2 | 6 |
| 其他 | Other | | 2 |

4-7 续表 2 continued

| 项　目 | Item | 2012 | 2013 |
|---|---|---|---|
| 他/她本年度主要和谁居住在一起 | His/Her is This Year the Main and Who Live Together | | |
| 父母双方 | Both Parents | 1081 | 983 |
| 父亲一方 | Father's Side | 51 | 37 |
| 母亲一方 | Mother's Side | 107 | 94 |
| （外）祖父母 | （Outside） Grandparents | 146 | 149 |
| 亲属 | Relatives | 6 | 37 |
| 独自居住 | Living Alone | | |
| 其他 | Other | 174 | 106 |
| 他/她现在是否上学 | Whether He/She is Attending School | 1565 | 1406 |
| 是 | Yes | 1556 | 1380 |
| 辍学 | Drop Out | 2 | 13 |
| 没到上学年龄 | Not Reached School Age | 7 | 12 |
| 其他 | Other | | 1 |
| 学校类型 | Type of School | 1556 | 1380 |
| 公立 | Public | 1553 | 1356 |
| 私立 | Private | 1 | 12 |
| 农民工子弟学校 | Schools for the Children of Migrant Workers | 1 | 5 |
| 其他 | Other | 1 | 7 |
| 他/她是否住校 | Does He/She Whether Live on Campus | 1556 | 1380 |
| 是 | Yes | 798 | 779 |
| 否 | No | 758 | 601 |
| 他/她每天怎么去学校 | He/She How go to School Every Day | 1555 | 1368 |
| 步行 | Walk | 961 | 820 |
| 骑自行车 | By Bike | 18 | 37 |
| 公交车 | By Bus | 163 | 90 |
| 校车 | By School Bus | 10 | 5 |
| 租车 | By Taxi | 20 | |
| 其他 | Other | 383 | 416 |
| 他/她辍学的主要原因 | He/She is the Main Reason for Dropping Out of School | 2 | 13 |
| 务工地入学难 | Place of Work to School Difficult | | |
| 学校距离太远、交通不便 | The School is Too Far Away and Inaccessible | | |
| 家庭经济困难或缺少劳动力 | Family Economic Difficulties or Lack of Labor Force | | |
| 孩子个人原因 | Children for Personal Reasons | 2 | 10 |
| 其他 | Other | | 3 |

4-7 续表 3 continued

| 项 目 | Item | 2012 | 2013 |
|---|---|---|---|
| **营养及其他（人）** | **Nutrition and Other（person）** | | |
| 他/她每周能吃到下面这些食物吗 | He/She Weekly Can Eat These Food | | |
| 肉类食物（猪、牛、羊、禽肉等） | Food of Meat（Pork, Beef, Sheep, Poultry, Etc.） | | |
| 每天 | Every Day | 1117 | 907 |
| 每周2～3次 | Every Week 2～3 Times | 385 | 231 |
| 每周1次或少于1次 | 1 Times a Week or Less Than Once | 63 | 11 |
| 蛋类 | Eggs | | |
| 每天 | Every Day | 350 | 163 |
| 每周2～3次 | Every Week 2～3 Times | 726 | 580 |
| 每周1次或少于1次 | 1 Times a Week or Less Than Once | 489 | 406 |
| 奶及奶制品 | Milk and Milk Products | | |
| 每天 | Every Day | 332 | 176 |
| 每周2～3次 | Every Week 2～3 Times | 463 | 388 |
| 每周1次或少于1次 | 1 Times a Week or Less Than Once | 770 | 585 |
| 蔬菜、水果 | Vegetables, Fruits | | |
| 每天 | Every Day | 1292 | 849 |
| 每周2～3次 | Every Week 2～3 Times | 156 | 216 |
| 每周1次或少于1次 | 1 Times a Week or Less Than Once | 117 | 84 |
| 豆类及制品（豆浆、豆腐、豆奶等） | Beans and Products（Soyabean Milk, Tofu, Bean Milk） | | |
| 每天 | Every Day | 369 | 160 |
| 每周2～3次 | Every Week 2～3 Times | 566 | 495 |
| 每周1次或少于1次 | 1 Times a Week or Less Than Once | 630 | 494 |
| 他/她是否享受免费营养餐 | Does He/She Enjoy Free Nutritious Meals | | |
| 享受 | Enjoyment | 1011 | 936 |
| 不享受 | Do Not Enjoy | 414 | 118 |
| 未处在义务教育阶段 | Not in the Compulsory Education Stage | 140 | 14 |
| 他/她本年内是否受到社会捐助 | He/She Whether by Social Donation This Year | | |
| 是 | Yes | 71 | 48 |
| 否 | No | 1494 | 1020 |
| 他/她是否享受“两免一补”政策 | Does He/She Enjoy the “Two Exempt and one Subsidy” Policy | | |
| 享受 | Enjoyment | 1192 | 923 |
| 不享受 | Do Not Enjoy | 227 | 129 |
| 未处在义务教育阶段 | Not in the Compulsory Education Stage | 146 | 16 |

4-7 续表 4 continued

| 项 目 | Item | 2012 | 2013 |
|---|---|---|---|
| **住房及生活设施情况（户）** | **Household and Living Facilities（household）** | | |
| 现住房为自有住房的 | Current Housing is Owner-occupied Housing | 2440 | 2156 |
| 居住住房主要建筑材料 | Residential Housing Construction Materials | 2440 | 2164 |
| 钢筋混凝土 | Reinforced Concrete | 460 | 198 |
| 砖混材料 | Masonry Materials | 1356 | 1454 |
| 砖瓦砖木 | Brick and Tile Brick | 386 | 326 |
| 竹草土坯 | Bamboo Grass Adobe | 78 | 58 |
| 其他 | Other | 160 | 128 |
| 住宅外道路路面情况 | Road Surface State of the Road Outside the House | 2440 | 2164 |
| 水泥或柏油路面 | Cement or Road Surface of Pitch | 792 | 814 |
| 沙石或石板等硬质路面 | Stone, Sand gravel or Other Hard-surface | 749 | 582 |
| 其他 | Other | 899 | 768 |
| 是否有管道供水 | Whether Ther is Water Supply Pipeline | 2440 | 2164 |
| 管道供水入户 | Pipe Water into People's Homes | 1775 | 1580 |
| 管道供水至公共取水点 | Pipeline Water Supply to the Public Water Points | 129 | 91 |
| 没有管道设施 | No Pipeline Facilities | 536 | 493 |
| 主要饮用水来源 | Major Sources of Drinking Water | 2440 | 2164 |
| 经过净化处理的自来水 | After Purification of Water | 708 | 665 |
| 受保护的井水和泉水 | Protected Wells and Springs | 802 | 929 |
| 不受保护的井水和泉水 | Unprotected Wells and Springs | 242 | 284 |
| 江河湖泊水 | Rivers, Lakes and Water | 22 | 21 |
| 收集雨水 | Collect Rainwater | 128 | 96 |
| 桶装水 | Bottled Water | | 2 |
| 其他水源 | Other Sources | 538 | 167 |
| 获取饮用水存在的主要困难 | The Main Difficulty in Obtaining Drinking Water Exists | 2440 | 2164 |
| 单次取水往返时间超过半小时 | The Single Water Round-trip Time More Than Half an Hour | 14 | 53 |
| 间断或定时供水 | Intermittent or Regular Water Supply | 129 | 178 |
| 当年连续缺水时间超过15天 | Continuous Dry Year Period More Than 15 Days | 220 | 167 |
| 无上述困难 | None of the Above Difficulties | 2077 | 1766 |
| 饮用前在家里所采取的主要处理措施 | Water in the Home Mainly Deal with Measures Taken | 2440 | 2164 |
| 煮沸 | Boiled | 1947 | 2164 |
| 加漂白剂/氯等 | Add Bleach/Chlorine | 5 | |
| 使用水过滤器 | Use Water Filter | 8 | |
| 其他处理措施 | Other Treatment Measures | 96 | |
| 没有任何水处理措施 | No Water Treatment Measures | 384 | |

4-7 续表 5 continued

| 项　目 | Item | 2012 | 2013 |
|---|---|---|---|
| 厕所类型 | Toilet Type | 2440 | 2164 |
| 水冲式卫生厕所 | Water Flush Sanitary Toilet | 1125 | 1110 |
| 水冲式非卫生厕所 | Water Flush Non-sanitary Toilet | 248 | 82 |
| 卫生旱厕 | Sanitary Toilet | 222 | 262 |
| 普通旱厕 | Ordinary Toilet | 779 | 674 |
| 无厕所 | No Toilet | 66 | 36 |
| 厕所使用情况 | Situation of Toilet Use | 2440 | 2164 |
| 本住户独用 | Household Use Alone | 2294 | 2012 |
| 几户合用 | Several Families Sharing | 76 | 69 |
| 公用厕所 | Communal Lavatories | 70 | 83 |
| 洗澡设施 | Facilities for Bathing | 2440 | 2164 |
| 统一供热水 | Unity of Hot Water Supply | | |
| 家庭自装热水器 | Families Install Their Own Water Heater | 666 | 679 |
| 其他 | Other | 1050 | 1485 |
| 无洗澡设施 | No Bathing Facilities | 724 | |
| 主要取暖用能源状况 | Mainly for Heating Energy Situation | 2440 | 2164 |
| 柴草 | Firewood | 1377 | 1295 |
| 煤炭 | Coal | | 103 |
| 罐装液化石油气 | Bottled Liquefied Petroleum Gas | | 16 |
| 管道液化石油气 | Pipeline Liquefied Petroleum Gas | | |
| 管道煤气 | Pipeline Gas | | |
| 管道天然气 | Pipeline Natural Gas | | |
| 电 | Electricity | 136 | 151 |
| 燃料用油 | Fuel Oil | | |
| 沼气 | Biogas | | 5 |
| 其他 | Other | 189 | 150 |
| 无取暖行为 | No Heating Behavior | 738 | 444 |
| 主要炊用能源状况 | Mainly to Cooking Energy Situation | 2440 | 2164 |
| 柴草 | Firewood | 1960 | 1552 |
| 煤炭 | Coal | | 3 |
| 罐装液化石油气 | Bottled Liquefied Petroleum Gas | 170 | 275 |
| 管道液化石油气 | Pipeline Liquefied Petroleum Gas | | |
| 管道煤气 | Pipeline Gas | | |
| 管道天然气 | Pipeline Natural Gas | | |
| 电 | Electricity | 253 | 250 |
| 燃料用油 | Fuel Oil | | |
| 沼气 | Biogas | 36 | 82 |
| 其他 | Other | 21 | 2 |
| 无炊用行为 | No Cooking With Behavior | | |
| 使用照明电的 | Use of Lighting Electricity | 2440 | 2164 |

4-7 续表 6 continued

| 项 目<br>Item | 2012 | 2013 |
|---|---|---|
| **社会事务参与情况（户）<br>Statistics of Participation in Social Affairs（household）** | | |
| 当年有人参加过村务会议的户<br>Households of Participated in Village meetings This Year | 718 | 953 |
| 当年有人为村级公共事务提过建议的户<br>Households of Village-level Public Affairs When Someone Mentioned Recommendations This Year | 582 | 802 |
| 本村的低保户是如何确定的<br>The Village is How to determine the minimal Assurance Households | 2440 | 2164 |
| 村民公开评议<br>Public Comment by Villagers | 1953 | 1747 |
| 村干部指定<br>Specified by Village Cadres | 280 | 215 |
| 大家轮流<br>Everyone Take Turns | 3 | 9 |
| 关系户优先<br>Priority of Family Relations | 42 | 12 |
| 其他<br>Other | 162 | 181 |
| 本村的扶贫项目户如何确定的<br>The Village is How Poverty Alleviation Project Households to Determine | 2440 | 2164 |
| 村民公开评议<br>Public Comment by Villagers | 1879 | 1691 |
| 村干部指定<br>Specified by Village Cadres | 268 | 184 |
| 大家轮流<br>Everyone Take Turns | 6 | 8 |
| 关系户优先<br>Priority of Family Relations | 42 | 13 |
| 其他<br>Other | 245 | 268 |
| 所在的行政村有村级扶贫规划的户<br>Where Administrative Village of Village Poverty Alleviation Planning Households | 980 | 922 |
| 了解规划内容的户<br>Understanding of the Planning Content of Households | 519 | 613 |
| 参与村级扶贫规划的制定的户<br>To Participate in the Village Poverty Alleviation Planning Households | 184 | 302 |
| 您家当年面临的主要问题<br>The Main Problem That Faces in Your Home | 2440 | 2164 |
| 缺乏致富技术<br>Lack of Enrichment Technology | 688 | 481 |
| 缺乏资金<br>Lack of Funds | 1483 | 1307 |
| 缺乏劳动力<br>Lack of Labour Force | 116 | 114 |
| 家中有人患大病<br>Someone Suffering From a Serious Illness by Households | 32 | 57 |
| 家中有人残疾<br>Someone Disability by Households | 24 | 29 |
| 容易遭受自然灾害<br>Vulnerable to Natural Disasters | 25 | 43 |
| 其他<br>Other | 72 | 133 |

4-7 续表 7 continued

| 项目<br>Item | 2012 | 2013 |
|---|---|---|
| 您认为您家在本村属于<br>Do You Think That Your Home in the Village Belong To | 2440 | 2164 |
| 贫困户<br>Low Income households | 284 | 405 |
| 中等偏下户<br>Lower Middle Income households | 1011 | 756 |
| 中等收入户<br>Middle Income households | 980 | 842 |
| 中等偏上户<br>Upper middle Income Households | 150 | 149 |
| 富裕户<br>High Income Households | 15 | 12 |
| **扶贫活动参与情况（户）**<br>**Statistics of Participation in Poverty Reduction Activities（households）** | | |
| 所在村已落实新的扶贫项目或新到位扶贫资金的户<br>The Village has Implemented New Project or Position Poverty Alleviation Fund Families | 849 | 742 |
| 您如何知道本村参加了扶贫项目<br>How Do You Know the Village Took Part in the Poverty Alleviation Project | 849 | 742 |
| 通过村务公开公告栏或通知<br>Through Making Village Affairs Public Bulletin Boards or Notice | 737 | 621 |
| 通过村干部个别通知<br>Informed Individually Through the village Cadres | 35 | 47 |
| 通过亲朋好友<br>Through Friends and Family | 45 | 23 |
| 其他<br>Other | 32 | 51 |
| 参与村级扶贫项目选定的户<br>Poverty Alleviation Project in selected Households | 146 | 253 |
| 本村的扶贫项目是如何分配的<br>The Village Poverty Alleviation Project is How to Allocate | 849 | 742 |
| 贫困户优先得到项目<br>Poor Households Receive Priority Projects | 725 | 565 |
| 先给有偿还能力或脱贫能力强的户<br>The First to Have Repayment Ability, or Ability of Households Out of Poverty | 72 | 85 |
| 优先考虑关系户<br>Priority of Family Relations | 5 | 6 |
| 其他<br>Other | 47 | 86 |
| 参与扶贫项目户的确定的户<br>Participation in Poverty Alleviation Project Households Identified Households | 181 | 284 |
| 当年参加扶贫项目的户数<br>Number of households That Took Part in Poverty Alleviation Projects | 111 | 141 |
| 您家参加的扶贫项目类型<br>Your Home in Poverty Alleviation Project Type | 119 | 187 |
| 种植业<br>Crop Farming | 10 | 52 |
| 林业<br>Forestry | 2 | 10 |
| 养殖业<br>Aquaculture | 84 | 41 |
| 农产品加工业<br>Agricultural Product Processing Industry | | |
| 人畜饮水工程<br>Drinking Water Project | 11 | 13 |

4-7 续表 8 continued

| 项 目<br>Item | 2012 | 2013 |
|---|---|---|
| 危房改造<br>Repair of Dangerous Buildings | 9 | 22 |
| 沼气等新能源建设<br>Construction of New Energy Sources Such as Biogas | | 18 |
| 教育免费<br>Education is Free | | 6 |
| 卫生<br>Health | | |
| 专业技能培训<br>Professional Skills Training | | 1 |
| 其他<br>Other | 3 | 24 |
| 当年得到的扶贫资金总额（元）<br>Total of get Alleviation Funds in This Year（yuan） | 317487.2 | 694236.0 |
| 当年得到扶贫资金来源<br>Then get Help Alleviation Funds Source in This Year | 119 | 187 |
| 扶贫贴息贷款<br>Poverty Alleviation Loans | 1 | 5 |
| 财政扶贫专项资金<br>Special Funds to Finance Poverty Alleviation | 95 | 100 |
| 国内无偿政策性补贴<br>The Domestic Gratuitous Policy-related Subsidies | 10 | 26 |
| 外资项目贷款<br>Foreign Project Loans | | |
| 外资无偿赠款<br>Gratuitous Donated of Foreign Funds | | 1 |
| 其他<br>Other | 13 | 55 |
| 当年扶贫项目净收益（元）<br>Net Income From Poverty Alleviation Project in This Year（yuan） | 152027.3 | 426910.0 |
| 您最希望得到的扶贫项目<br>You Want Most of the Poverty Alleviation Project | 2440 | 2164 |
| 种植业<br>Crop Farming | 443 | 547 |
| 林业<br>Forestry | 128 | 92 |
| 养殖业<br>Aquaculture | 721 | 569 |
| 农产品加工业<br>Agricultural Product Processing Industry | 65 | 33 |
| 人畜饮水工程<br>Drinking Water Project | 209 | 94 |
| 危房改造<br>Repair of Dangerous Buildings | 177 | 187 |
| 沼气等新能源建设<br>Construction of New Energy Sources Such as Biogas | 19 | 25 |
| 免费教育<br>Education is Free | 88 | 47 |
| 卫生<br>Health | 8 | 31 |
| 专业技能培训<br>Professional Skills Training | 272 | 214 |
| 其他<br>Other | 310 | 325 |

# 4-8 广西国家扶贫开发工作重点县农村居民家庭人均总收入及构成

## Per Capita Income and Composition of Rural Households of National Poverty Alleviation and Development Focus Counties by Guangxi

| 项　目 | Item | 2012 | 2013 |
|---|---|---|---|
| **总收入（元）** | **Total Income（yuan）** | **6541.49** | **7544.80** |
| 工资性收入 | Wages Income | 1646.11 | 2005.01 |
| 家庭经营收入 | Household Business Income | 4450.81 | 4880.94 |
| 第一产业 | Primary Industry | 3769.26 | 3912.31 |
| 农业 | Farming | 2101.09 | 2267.39 |
| 林业 | Forestry | 377.75 | 254.20 |
| 牧业 | Animal Husbandry | 1256.00 | 1343.37 |
| 渔业 | Fishery | 34.43 | 47.35 |
| 第二产业 | Secondary Industry Income | 122.80 | 147.00 |
| 工业 | Industry | 68.92 | 109.27 |
| 建筑业 | Construction | 53.88 | 37.44 |
| 第三产业 | Tertary Industry | 558.75 | 821.62 |
| 交通、运输、邮电业 | Transport and Telecommunications Industries | 227.78 | 259.14 |
| 批发和零售贸易、餐饮业 | Wholesale and Retail Trade, Catering Industry | 185.99 | 455.25 |
| 社会服务业 | Social Services | 83.60 | 83.98 |
| 文教卫生业 | Culture, Education and Health Care | 29.80 | |
| 其他行业 | Other Industry | 29.79 | 23.16 |
| 财产性收入 | Property Income | 27.09 | 34.83 |
| 转移性收入 | Transferred Income | 417.49 | 624.02 |
| **总收入构成（%）** | **Composition of Total Income（%）** | | |
| 工资性收入 | Wages Income | 25.16 | 26.57 |
| 家庭经营收入 | Household Business Income | 68.04 | 64.69 |
| 第一产业 | Primary Industry | 57.62 | 51.85 |
| 农业 | Farming | 32.12 | 30.05 |
| 林业 | Forestry | 5.77 | 3.37 |
| 牧业 | Animal Husbandry | 19.20 | 17.81 |
| 渔业 | Fishery | 0.53 | 0.63 |
| 第二产业 | Secondary Industry Income | 1.88 | 1.95 |
| 工业 | Industry | 1.05 | 1.45 |
| 建筑业 | Construction | 0.82 | 0.50 |
| 第三产业 | Tertary Industry | 8.54 | 10.89 |
| 交通、运输、邮电业 | Transport and Telecommunications Industries | 3.48 | 3.43 |
| 批发和零售贸易、餐饮业 | Wholesale and Retail Trade, Catering Industry | 2.84 | 6.03 |
| 社会服务业 | Social Services | 1.28 | 1.11 |
| 文教卫生业 | Culture, Education and Health Care | 0.46 | 0.00 |
| 其他行业 | Other Industry | 0.46 | 0.31 |
| 财产性收入 | Property Income | 0.41 | 0.46 |
| 转移性收入 | Transferred Income | 6.38 | 8.27 |

# 4-9 广西国家扶贫开发工作重点县农村居民家庭人均纯收入及构成

## Per Capita Annual Net Income and Composition of Rural Households of National Poverty Alleviation and Development Focus Counties by Guangxi

| 项 目 | Item | 2012 | 2013 |
|---|---|---|---|
| **纯收入（元）** | **Net Income（yuan）** | **4653.53** | **5302.79** |
| 工资性收入 | Wages Income | 1646.11 | 2005.01 |
| 家庭经营纯收入 | Net Income from Household Business | 2621.59 | 2796.25 |
| 第一产业 | Primary Industry | 2152.79 | 2264.79 |
| 农业 | Farming | 1271.31 | 1427.68 |
| 林业 | Forestry | 326.42 | 199.73 |
| 牧业 | Animal Husbandry | 539.21 | 617.83 |
| 渔业 | Fishery | 15.85 | 19.54 |
| 第二产业 | Secondary Industry Income | 74.78 | 80.41 |
| 工业 | Industry | 50.87 | 52.48 |
| 建筑业 | Construction | 23.91 | 27.93 |
| 第三产业 | Tertary Industry | 394.02 | 451.05 |
| 交通、运输、邮电业 | Transport and Telecommunications Industries | 127.65 | 132.35 |
| 批发和零售贸易、餐饮业 | Wholesale and Retail Trade, Catering Industry | 147.87 | 267.73 |
| 社会服务业 | Social Services | 74.29 | 56.65 |
| 文教卫生业 | Culture, Education and Health Care | 18.71 | |
| 其他行业 | Other Industry | 25.49 | -5.67 |
| 财产性收入 | Property Income | 27.09 | 34.83 |
| 转移性收入 | Transferred Income | 358.75 | 466.70 |
| **纯收入构成（%）** | **Composition of Net Income（%）** | | |
| 工资性收入 | Wages Income | 36.07 | 37.81 |
| 家庭经营收入 | Net Income from Household Business | 57.45 | 52.73 |
| 第一产业 | Primary Industry | 47.17 | 42.71 |
| 农业 | Farming | 27.86 | 26.92 |
| 林业 | Forestry | 7.15 | 3.77 |
| 牧业 | Animal Husbandry | 11.82 | 11.65 |
| 渔业 | Fishery | 0.35 | 0.37 |
| 第二产业 | Secondary Industry Income | 1.64 | 1.52 |
| 工业 | Industry | 1.11 | 0.99 |
| 建筑业 | Construction | 0.52 | 0.53 |
| 第三产业 | Tertary Industry | 8.63 | 8.51 |
| 交通、运输、邮电业 | Transport and Telecommunications Industries | 2.80 | 2.50 |
| 批发和零售贸易、餐饮业 | Wholesale and Retail Trade, Catering Industry | 3.24 | 5.05 |
| 社会服务业 | Social Services | 1.63 | 1.07 |
| 文教卫生业 | Culture, Education and Health Care | 0.41 | 0.00 |
| 其他行业 | Other Industry | 0.56 | -0.11 |
| 财产性收入 | Property Income | 0.59 | 0.66 |
| 转移性收入 | Transferred Income | 7.86 | 8.80 |

# 4–10 广西国家扶贫开发工作重点县农村居民家庭人均现金收入及构成

## Per Capita Cash Income and Composition of Rural Households of National Poverty Alleviation and Development Focus Counties by Guangxi

| 项　目 | Item | 2012 | 2013 |
|---|---|---|---|
| **现金收入（元）** | **Cash Income（yuan）** | **5520.79** | **6454.27** |
| 工资性收入 | Wages Income | 1646.11 | 2004.22 |
| 家庭经营现金收入 | Cash Income from Household Business | 3434.74 | 3822.46 |
| 第一产业 | Primary Industry | 2753.41 | 2853.84 |
| 农业 | Farming | 1290.66 | 1371.68 |
| 林业 | Forestry | 341.15 | 260.16 |
| 牧业 | Animal Husbandry | 1089.38 | 1178.92 |
| 渔业 | Fishery | 32.22 | 43.08 |
| 第二产业 | Secondary Industry Income | 122.80 | 147.00 |
| 工业 | Industry | 68.92 | 109.27 |
| 建筑业 | Construction | 53.88 | 37.44 |
| 第三产业 | Tertary Industry | 558.53 | 821.62 |
| 交通、运输、邮电业 | Transport and Telecommunications Industries | 227.78 | 259.14 |
| 批发和零售贸易、餐饮业 | Wholesale and Retail Trade, Catering Industry | 185.99 | 455.25 |
| 社会服务业 | Social Services | 83.60 | 83.98 |
| 文教卫生业 | Culture, Education and Health Care | 29.80 | |
| 其他行业 | Other Industry | 29.56 | 23.16 |
| 财产性收入 | Property Income | 27.05 | 34.83 |
| 转移性收入 | Transferred Income | 412.90 | 592.77 |
| **现金收入构成（%）** | **Composition of Cash Income（%）** | | |
| 工资性收入 | Wages Income | 29.82 | 31.05 |
| 家庭经营现金收入 | Cash Income from Household Business | 62.21 | 59.22 |
| 第一产业 | Primary Industry | 49.87 | 44.22 |
| 农业 | Farming | 23.38 | 21.25 |
| 林业 | Forestry | 6.18 | 4.03 |
| 牧业 | Animal Husbandry | 19.73 | 18.27 |
| 渔业 | Fishery | 0.58 | 0.67 |
| 第二产业 | Secondary Industry Income | 2.22 | 2.28 |
| 工业 | Industry | 1.25 | 1.69 |
| 建筑业 | Construction | 0.98 | 0.58 |
| 第三产业 | Tertary Industry | 10.12 | 12.73 |
| 交通、运输、邮电业 | Transport and Telecommunications Industries | 4.13 | 4.01 |
| 批发和零售贸易、餐饮业 | Wholesale and Retail Trade, Catering Industry | 3.37 | 7.05 |
| 社会服务业 | Social Services | 1.51 | 1.30 |
| 文教卫生业 | Culture, Education and Health Care | 0.54 | |
| 其他行业 | Other Industry | 0.54 | 0.36 |
| 财产性收入 | Property Income | 0.49 | 0.54 |
| 转移性收入 | Transferred Income | 7.48 | 9.18 |

# 4-11 广西国家扶贫开发工作重点县农村居民家庭人均总支出及构成

# Per Capita Total Expenditure and Composition of Rural Households of National Poverty Alleviation and Development Focus Counties by Guangxi

| 项 目 | Item | 2012 | 2013 |
|---|---|---|---|
| **总支出（元）** | **Total Expenditure（%）** | **6694.55** | **7395.96** |
| 家庭经营费用支出 | Expenditure for Household Business | 1721.54 | 1906.22 |
| 第一产业 | Primary Industry | 1522.70 | 1555.53 |
| 农业 | Farming | 779.14 | 759.63 |
| 林业 | Forestry | 48.60 | 52.75 |
| 牧业 | Animal Husbandry | 676.90 | 686.53 |
| 渔业 | Fishery | 18.04 | 26.02 |
| 第二产业 | Secondary Industry Income | 45.02 | 58.69 |
| 工业 | Industry | 16.51 | 51.02 |
| 建筑业 | Construction | 28.51 | 7.66 |
| 第三产业 | Tertary Industry | 153.83 | 292.00 |
| 交通、运输、邮电业 | Transport and Telecommunications Industries | 92.48 | 85.27 |
| 批发和零售贸易、餐饮业 | Wholesale and Retail Trade, Catering Industry | 36.02 | 173.16 |
| 社会服务业 | Social Services | 8.82 | 24.08 |
| 文教卫生业 | Culture, Education and Health Care | 10.71 | |
| 其他行业 | Other Industry | 5.80 | 9.50 |
| 购置生产性固定资产支出 | Expenditure for Productive Fixed Assets | 188.93 | 151.16 |
| 税费支出 | Taxes and Fee | 3.95 | |
| 生活消费支出 | Consumption Expenditure | 4493.04 | 5083.41 |
| 食品 | Food | 2078.79 | 2069.25 |
| 衣着 | Clothing | 158.75 | 198.06 |
| 居住 | Residence | 905.84 | 1248.32 |
| 家庭设备、用品及服务 | Household Facilities, Articles and Services | 243.22 | 307.53 |
| 医疗保健 | Medicines and Medical Services | 409.21 | 505.26 |
| 交通通讯 | Transport, Post and Telecommunications | 234.60 | 277.88 |
| 文化娱乐用品及服务 | Stationery & Recreation Goods and Services | 354.56 | 360.32 |
| 其他商品和服务 | Other Commodities and Services | 108.07 | 116.78 |
| 财产性支出 | Expenditure for Property | 2.07 | 0.79 |
| 转移性支出 | Transferred Expenditure | 280.89 | 249.68 |

4-11 续表 continued

| 项 目 | Item | 2012 | 2013 |
| --- | --- | --- | --- |
| **总支出构成（%）** | **Composition of Total Expenditure（%）** | | |
| 家庭经营费用支出 | Expenditure for Household Business | 25.72 | 25.77 |
| 第一产业 | Primary Industry | 22.75 | 21.03 |
| 农业 | Farming | 11.64 | 10.27 |
| 林业 | Forestry | 0.73 | 0.71 |
| 牧业 | Animal Husbandry | 10.11 | 9.28 |
| 渔业 | Fishery | 0.27 | 0.35 |
| 第二产业 | Secondary Industry Income | 0.67 | 0.79 |
| 工业 | Industry | 0.25 | 0.69 |
| 建筑业 | Construction | 0.43 | 0.10 |
| 第三产业 | Tertary Industry | 2.30 | 3.95 |
| 交通、运输、邮电业 | Transport and Telecommunications Industries | 1.38 | 1.15 |
| 批发和零售贸易、餐饮业 | Wholesale and Retail Trade, Catering Industry | 0.54 | 2.34 |
| 社会服务业 | Social Services | 0.13 | 0.33 |
| 文教卫生业 | Culture, Education and Health Care | 0.16 | 0.00 |
| 其他行业 | Other Industry | 0.09 | 0.13 |
| 购置生产性固定资产支出 | Expenditure for Productive Fixed Assets | 2.82 | 2.04 |
| 税费支出 | Taxes and Fee | 0.06 | |
| 生活消费支出 | Consumption Expenditure | 67.11 | 68.73 |
| 食品 | Food | 31.05 | 27.98 |
| 衣着 | Clothing | 2.37 | 2.68 |
| 居住 | Residence | 13.53 | 16.88 |
| 家庭设备、用品及服务 | Household Facilities, Articles and Services | 3.63 | 4.16 |
| 医疗保健 | Medicines and Medical Services | 6.11 | 6.83 |
| 交通通讯 | Transport, Post and Telecommunications | 3.50 | 3.76 |
| 文化娱乐用品及服务 | Stationery & Recreation Goods and Services | 5.30 | 4.87 |
| 其他商品和服务 | Other Commodities and Services | 1.61 | 1.58 |
| 财产性支出 | Expenditure for Property | 0.03 | 0.01 |
| 转移性支出 | Transferred Expenditure | 4.20 | 3.38 |

# 4-12 广西国家扶贫开发工作重点县农村居民家庭人均现金支出及构成

## Per Capita Cash Expenditure and Composition of Rural Households of National Poverty Alleviation and Development Focus Counties by Guangxi

| 项　目 | Item | 2012 | 2013 |
|---|---|---|---|
| **现金支出（元）** | **Cash Expenditure（yuan）** | **5712.47** | **6506.60** |
| 生产费用现金支出 | Cash Expenditure of Productive Costs | 1787.33 | 1900.92 |
| 家庭经营费用支出 | Expenditure for Household Business | 1594.27 | 1745.06 |
| 第一产业 | Primary Industry | 1395.74 | 1394.38 |
| 农业 | Farming | 753.67 | 737.47 |
| 林业 | Forestry | 48.60 | 52.72 |
| 牧业 | Animal Husbandry | 575.42 | 565.37 |
| 渔业 | Fishery | 18.04 | 26.02 |
| 第二产业 | Secondary Industry Income | 44.71 | 58.67 |
| 工业 | Industry | 16.21 | 51.02 |
| 建筑业 | Construction | 28.51 | 7.66 |
| 第三产业 | Tertary Industry | 153.82 | 292.00 |
| 交通、运输、邮电业 | Transport and Telecommunications Industries | 92.48 | 85.27 |
| 批发和零售贸易、餐饮业 | Wholesale and Retail Trade, Catering Industry | 36.02 | 173.16 |
| 社会服务业 | Social Services | 8.82 | 24.08 |
| 文教卫生业 | Culture, Education and Health Care | 10.71 | |
| 其他行业 | Other Industry | 5.80 | 9.50 |
| 购置生产性固定资产支出 | Expenditure for Productive Fixed Assets | 188.93 | 151.16 |
| 税费支出 | Taxes and Fee | 3.95 | |
| 生活消费支出 | Consumption Expenditure | 3642.13 | 4355.21 |
| 财产性支出 | Expenditure for Property | 2.07 | 0.79 |
| 转移性支出 | Transferred Expenditure | 276.99 | 249.68 |
| **现金支出构成（%）** | **Composition of Cash Expenditure（%）** | | |
| 生产费用现金支出 | Cash Expenditure of Productive Costs | 31.29 | 29.22 |
| 家庭经营费用支出 | Expenditure for Household Business | 27.91 | 26.82 |
| 第一产业 | Primary Industry | 24.43 | 21.43 |
| 农业 | Farming | 13.19 | 11.33 |
| 林业 | Forestry | 0.85 | 0.81 |
| 牧业 | Animal Husbandry | 10.07 | 8.69 |
| 渔业 | Fishery | 0.32 | 0.40 |
| 第二产业 | Secondary Industry Income | 0.78 | 0.90 |
| 工业 | Industry | 0.28 | 0.78 |
| 建筑业 | Construction | 0.50 | 0.12 |
| 第三产业 | Tertary Industry | 2.69 | 4.49 |
| 交通、运输、邮电业 | Transport and Telecommunications Industries | 1.62 | 1.31 |
| 批发和零售贸易、餐饮业 | Wholesale and Retail Trade, Catering Industry | 0.63 | 2.66 |
| 社会服务业 | Social Services | 0.15 | 0.37 |
| 文教卫生业 | Culture, Education and Health Care | 0.19 | |
| 其他行业 | Other Industry | 0.10 | 0.15 |
| 购置生产性固定资产支出 | Expenditure for Productive Fixed Assets | 3.31 | 2.32 |
| 税费支出 | Taxes and Fee | 0.07 | 0.00 |
| 生活消费支出 | Consumption Expenditure | 63.76 | 66.94 |
| 财产性支出 | Expenditure for Property | 0.04 | 0.01 |
| 转移性支出 | Transferred Expenditure | 4.85 | 3.84 |

# 4-13 广西国家扶贫开发工作重点县农村居民家庭平均每百户耐用消费品拥有量

# Ownership of Major Durable Consumer Goods Per 100 Rural Households of National Poverty Alleviation and Development Focus Counties by Guangxi

| 项　目 | Item | 2012 | 2013 |
|---|---|---|---|
| 家用汽车（辆） | Household Automobile（unit） | 2.58 | 5.27 |
| 摩托车（辆） | Motorcycle（unit） | 74.55 | 80.41 |
| 助力车（台） | Man-drawn Veicle（set） | 4.63 | 14.88 |
| 洗衣机（台） | Washing Machine（set） | 36.60 | 52.17 |
| 电冰箱（柜）（台） | Refrigerator（set） | 67.30 | 74.40 |
| 微波炉（台） | Microwave Oven（set） | 7.09 | 16.07 |
| 彩色电视机（台） | Color Tv（set） | 101.72 | 104.99 |
| # 接入有线电视网（台） | # Access Cable Television Network（set） | 28.89 | 28.56 |
| 空调（台） | Air Conditioning（set） | 4.55 | 9.20 |
| 热水器（台） | Water Heater（set） | 27.25 | 34.15 |
| # 太阳能热水器（台） | # Solar Water Heater（set） | 3.61 | 4.90 |
| 消毒碗柜（台） | Disinfection Cupboard（set） | 4.63 | 18.72 |
| 洗碗机（台） | Dishwasher（set） | | |
| 排油烟机（台） | Smoke Absorber（set） | 1.97 | 3.79 |
| 固定电话（线） | Fixed Telephone（line） | 18.20 | 18.58 |
| 移动电话（部） | Hand Telephone（unit） | 200.66 | 221.09 |
| # 接入互联网（部） | # Access to the Internet（unit） | 33.03 | 48.20 |
| 计算机（台） | Computer（set） | 4.71 | 10.44 |
| # 接入互联网（台） | # Access to the Internet（set） | 2.62 | 5.73 |
| 摄像机（台） | Video Camera（set） | 1.07 | 0.69 |
| 照相机（台） | Camera（set） | 0.61 | 2.63 |
| 中高档乐器（架） | Medium Upscale Musical Instrument（unit） | 0.16 | 0.32 |
| 健身器材（台） | Fitness Equipment（set） | | 0.14 |
| 组合音响（套） | Audio System（set） | 3.89 | 9.29 |

# 4-14 广西国家扶贫开发工作重点县农村居民家庭人均主要食品消费量

## Per Capita Main Food Consumption of Rural Households of National Poverty Alleviation and Development Focus Counties by Guangxi

单位：公斤 (kg)

| 项 目 | Item | 2012 | 2013 |
|---|---|---|---|
| 谷物消费量 | Cereal Consumption | 157.46 | 128.76 |
| # 稻谷 | # Rice | 127.10 | 110.62 |
| 玉米 | Corn | 26.49 | 12.26 |
| 薯类消费量 | Potato Consumption | 0.98 | 0.54 |
| 豆类消费量 | Soy Consumption | 3.39 | 3.60 |
| 油脂类消费量 | Oil and Fats Consumption | 3.21 | 4.85 |
| 烟叶消费量 | Tobacco Consumption | 0.13 | 0.92 |
| 豆制品 | Soybean | 1.54 | 2.24 |
| 蔬菜及菜制品消费量 | Vegetables and Food Products Consumption | 71.29 | 63.59 |
| # 叶菜类 | # Leaf | 70.36 | 62.74 |
| 瓜类 | Melons | 2.05 | 6.77 |
| # 西瓜 | # Watermelon | 1.51 | 0.39 |
| 水果类 | Fruits | 10.66 | 7.91 |
| 消费茶叶 | Tea Consumption | 0.36 | 0.10 |
| 坚果消费量 | Nuts Consumption | 0.83 | 0.44 |
| 肉禽及其制品 | Meat, Poultry and Related Products | 38.34 | 35.21 |
| # 猪肉 | # Pork | 24.66 | 21.63 |
| 牛肉 | Beef | 1.02 | 0.51 |
| 羊肉 | Mutton | 0.30 | 0.13 |
| 家禽 | Poultry | 10.45 | 11.79 |
| 蛋类及蛋制品 | Eggs and Eggs Products | 1.89 | 1.16 |
| 奶和奶制品 | Milk and Dairy Products | 0.58 | 2.78 |
| 水产品 | Aquatic Products | 2.48 | 2.90 |
| # 鱼类 | # Fish | 2.38 | 2.75 |
| 虾、贝、蟹类 | Shrimp, Shells, Crabs | 0.02 | 0.04 |
| 食糖 | Sugar | 0.85 | 0.71 |
| 酒 | Wine | 12.36 | 16.38 |
| # 白酒 | # Liquor | 5.52 | 5.73 |
| 啤酒 | Beer | 5.09 | 6.46 |

# 4-15 广西国家扶贫开发工作重点县农村居民家庭人均农副产品生产量

## Per Capita Output of Farm Products of Rural Households of National Poverty Alleviation and Development Focus Counties by Guangxi

单位：公斤 (kg)

| 项 目 | Item | 2012 | 2013 |
|---|---|---|---|
| 谷物 | Cereals | 349.75 | 354.84 |
| 薯类 | Tubers | 2.44 | 4.15 |
| 豆类 | Soybeans | 5.41 | 3.43 |
| 油料 | Oil-bearing Crops | 4.72 | 10.65 |
| 麻类 | Fiber Crops | 0.01 | |
| 糖料 | Sugar Crops | 1034.62 | |
| 烟叶 | Tobacco | 5.54 | |
| 蔬菜 | Vegetables | 121.78 | |
| 瓜果类 | Melons and Fruits Crops | 8.06 | |
| 园林水果 | Fruits of Garden | 53.54 | |
| 茶叶 | Tea Leaf | 4.38 | |
| 猪肉 | Pork | 34.62 | |
| 羊肉 | Mutton | 0.75 | |
| 牛肉 | Beef | 2.05 | |
| 家禽 | Poultry | 8.67 | |
| 鱼虾 | Fish and Shrimps | 2.45 | |
| 蛋类 | Eggs | 0.46 | |
| 蜂蜜 | Honey | 0.02 | |
| 蚕茧 | Silkworm Cocoons | 5.67 | |

# 4-16 广西国家扶贫开发工作重点县社区基本情况

## Basic Conditions of Community on Key Counties for National Poverty Alleviation and Development Work by Guangxi

| 项　目<br>Item | 2012 | 2013 |
|---|---|---|
| **社区情况（个）**<br>**Situation of community（unit）** | | |
| 调查村个数<br>Number of Surveyed Villages | 244 | 216 |
| 少数民族村<br>National Minority Village | 213 | 163 |
| 政府确定的贫困村<br>Poor Villages Identified by the Government | 108 | 90 |
| 有卫生站（室）的行政村个数<br>Number of Administrative Villages in There Are Health Stations（Room） | 227 | 205 |
| 拥有合法行医证医生/卫生员的行政村个数<br>Number of Administrative Villages in Have Legitimate License to Practice Medicine Doctors/Hygienist | 209 | 183 |
| 自然村个数<br>Number of Natural Village | 3229 | 2696 |
| 通公路的自然村<br>Natural Village to Build Up Roads | 2945 | 2486 |
| 主干道路面经过硬化处理的自然村<br>Natural Village by Trunk Road Through Hardened | 1275 | 1222 |
| 通客运班车的自然村<br>Natural Village Through Passenger Bus | 823 | 821 |
| 通电的自然村<br>Electricity Came to Natural village | 3226 | 2686 |
| 通电话的自然村<br>Telephone Came to Natural Village | 3018 | 2228 |
| 通有线电视信号的自然村<br>Cable Tv Signal Came to Natural Village | 1735 | 1137 |
| 通宽带的自然村<br>Broadband Came to Natural Village | 818 | 800 |
| 被通信信号覆盖的自然村<br>Natural Village Covered by the Communication Signal | 3113 | 2369 |
| 有健身器材的自然村<br>There Are Fitness Equipment of Natural Village | 27 | 55 |
| 饮用水经过集中净化处理的自然村<br>Purified Drinking Water Treatment of Natural Village | 528 | 416 |
| 进村道路的路面状况<br>Condition of Go Into Village by Road Pavement | 244 | 216 |
| 水泥或柏油路面<br>Cement or Asphalt Pavement | 135 | 167 |
| 沙石或石板等硬质路面<br>Sand or Slate etc Hard Road Surface | 88 | 36 |
| 其他<br>Other | 21 | 13 |
| 有文化活动室的行政村个数<br>Number of Administrative Village Cultural Activity Room | 159 | 135 |
| 有畜禽集中饲养区的行政村个数<br>Number of Administrative Villages in Have concentrated Livestock Feeding Area | 19 | 18 |

4-16 续表 1 continued

| 项 目<br>Item | 2012 | 2013 |
| --- | --- | --- |
| 上幼儿园或学前班的便利程度如何<br>How to Facilitate the Extent Kindergarten or Preschool | 244 | 216 |
| 村内有，且便利<br>Village Have, and Convenient | 136 | 133 |
| 村内无，但入园较便利<br>Village Not Have, But More Convenient to Go to Kindergarten | 44 | 41 |
| 不便利<br>Not Convenient | 64 | 42 |
| 上小学的便利程度<br>Convenience Degree of go Elementary School | 244 | 216 |
| 村内有，且便利<br>Village Have, and Convenient | 195 | 164 |
| 村内无，但入学较便利<br>Village Not Have, But More Convenient to Go to School | 27 | 29 |
| 不便利<br>Not Convenient | 22 | 23 |
| 年内召开村民大会或村民代表大会次数（次）<br>Number of Village Assembly Held During or Villager Congress Views in the Year（times） | 750 | 837 |
| 有专业合作经济组织或行业协会的行政村个数<br>Number of Administrative Villages of Cooperative Economic Organizations or Industry Associations | 26 | 59 |
| **人口和资源情况<br>Condition of Population and Resource** | | |
| 年末户籍人口（人）<br>Household Population at Year-end（person） | 632148 | 601488 |
| 年末常住户数（户）<br>Number of Resident Households at Year-end（household） | 145067 | 142723 |
| 年末常住人口数（人）<br>Number of Usual Residents（person） | 585333 | 541298 |
| 耕地面积（亩）<br>Area of Cultivated Land（mu） | 638539 | 656905 |
| # 有效灌溉面积（亩）<br># Irrigated Area（mu） | 230698 | 231302 |
| 园地面积（亩）<br>Area of Garden Plot（mu） | 137843 | 182834 |
| 林地面积（亩）<br>Area of Forests Land（mu） | 1913476 | 1839529 |
| 牧草地面积（亩）<br>Area of Grassland（mu） | 66639 | 97971 |
| 养殖水面面积（亩）<br>Water Area of Breeding Aquatics（mu） | 25565 | 30551 |
| 全村当年粮食总产量（吨）<br>Total Output of Grain on Village This Year（ton） | 170206 | 251427.9 |
| **救济及社会保障情况<br>Situation of Relief and Social Security** | | |
| 年内收到救济、救灾款物（包括实物折价）（元）<br>Receive Relief, Relief Funds and Materials（Including In-kind Discounts）（yuan） | 4440781 | 6246916 |
| 年内收到过救济、救灾款物的户数（户）<br>Number of Households by Received Relief, Relief Funds and Materials（household） | 14050 | 12760 |

4-16 续表 2 continued

| 项 目<br>Item | 2012 | 2013 |
|---|---|---|
| 年内缺粮需要救济的户数（户）<br>Number of Households by Due to Lack of Food in Need of Relief（household） | 12903 | 10988 |
| 享受农村最低生活保障人数（人）<br>Number of Rural Residents with Minimum Living Allowance（person） | 66934 | 52505 |
| 参加新型农村合作医疗人数（人）<br>Number of New Cooperative Medical System（person） | 551105 | 537549 |
| 参加农村社会养老保险人数（人）<br>Number of Rural Social Endowment Insurance（person） | 225191 | 250482 |
| **村级扶贫活动情况**<br>**Situation of Poverty Alleviation Activities by Village-level** | | |
| 有小额信贷组织或村民互助资金组织的村（个）<br>There Microfinance Organizations or Mutual aid Funds Organizations of Villager in the Village（unit） | 28 | 32 |
| 有村级扶贫规划的村（个）<br>There Poverty Alleviation Plan of Village-level by Villages（unit） | 117 | 125 |
| 扶贫规划为村民讨论共同决定的村（个）<br>Poverty Reduction Program for the Villagers to Discuss the Decision of the Village（unit） | 113 | 118 |
| 参加过扶贫开发项目的村（个）<br>Participated in Poverty Alleviation and Development Projects the Villages（unit） | 163 | 150 |
| 政府或机构拨付到位扶贫资金总额（万元）<br>Total Amount of Government or Agencies of Poverty Funds be Appropriated in Place（10 000 yuan） | 11896.1 | 16202.8 |
| # 扶贫贷款<br># Loans of Poverty Alleviation | 2386.8 | 4452.3 |
| 扶贫资金的投向（万元）<br>Poverty Alleviation Funds to Investment Direction（10 000 yuan） | 11896.1 | 16202.8 |
| 农业<br>Agriculture | 556.6 | 337.3 |
| 林业<br>Forestry | 64.8 | 441.2 |
| 畜牧业<br>Stockbreeding | 175.4 | 72.4 |
| 农产品加工业<br>Agricultural Product Processing Industry | 208.4 | 2.4 |
| 农村饮水安全工程<br>Drinking Water Safety Project of Rural | 914.6 | 1312.8 |
| 小型农田水利及农村水电<br>Irrigation and Water Conservancy of Small-scale and hydropower of Rural | 201.8 | 231.7 |
| 病险水库除险加固<br>Dangerous Reservoir Reinforcement | 505.0 | 150.0 |
| 村通公路（通畅、通达工程等）<br>Open Up Roads of Village（Smooth, Tongda Engineering Etc） | 2699.1 | 3939.1 |
| 农网完善及无电地区电力设施建设<br>Perfect Power Network of Rural and Building of Power Facilities of Areas Without Electricity | 445.0 | 718.5 |
| 村村通电话、互联网覆盖等信息化建设<br>Village Phone, Internet coverage Information Construction | 2.5 | 210.0 |
| 农村沼气等清洁能源建设<br>Rural Biogas and so on Clean Energy Construction | 109.0 | 299.8 |

4-16 续表 3 continued

| 项 目<br>Item | 2012 | 2013 |
|---|---|---|
| 农村危房改造<br>Repair of Dangerous Buildings by Rural | 4880.9 | 4573.8 |
| 中低产田改造、土地开发整理<br>Low-yielding Farmland, Land Development and consolidation | 423.0 | 2514.0 |
| 村卫生站（室）建设及设施<br>Construction and Facilities of Village Health Station（Room） | 207.0 | 158.0 |
| 农村中小学建设<br>Construction of Rural Primary and Secondary | 298.9 | 1021.0 |
| 劳动力职业技能培训<br>Workforce Occupational Skill Training | 23.2 | 35.0 |
| 易地扶贫搬迁<br>Places as a Poverty Removal | 181.0 | 185.8 |
| 扶持农户数或公共项目成果（户）<br>Support is Number of Rural Households or Public Project Results（households） | | |
| 农业<br>Agriculture | 3254 | 9057 |
| 林业<br>Forestry | 1461 | 4094 |
| 畜牧业<br>Stockbreeding | 929 | 1448 |
| 农产品加工业<br>Agricultural Product Processing Industry | 97 | 153 |
| 农村饮水安全工程<br>Drinking Water Safety Project of Rural | 5332 | 6052 |
| 小型农田水利及农村水电（亩）<br>Irrigation and Water Conservancy of Small-scale and hydropower of Rural（mu） | 6650 | 2108 |
| 病险水库除险加固（平方米）<br>Dangerous Reservoir Reinforcement（sq.m） | 3600 | 4500 |
| 村通公路（通畅、通达工程等）（公里）<br>Open Up Roads of Village（Smooth, Tongda Engineering Etc）（km） | 942 | 1082 |
| 农网完善及无电地区电力设施建设<br>Perfect Power Network of Rural and Building of Power Facilities of Areas Without Electricity | 14524 | 2786 |
| 村村通电话、互联网覆盖等信息化建设<br>Village Phone, Internet coverage Information Construction | 747 | 1592 |
| 农村沼气等清洁能源建设（个）<br>Rural Biogas and so on Clean Energy Construction（unit） | 783 | 1429 |
| 农村危房改造（平方米）<br>Repair of Dangerous Buildings by Rural（sq.m） | 210464 | 188272 |
| 中低产田改造、土地开发整理（亩）<br>Low-yielding Farmland, Land Development and consolidation（mu） | 325 | 11237 |
| 村卫生站（室）建设及设施（平方米）<br>Construction and Facilities of Village Health Station（Room）（sq.m） | 2585 | 1459 |
| 农村中小学建设（平方米）<br>Construction of Rural Primary and Secondary | 2945 | 10588 |
| 劳动力职业技能培训（人次）<br>Workforce Occupational Skill Training（person-times） | 3433 | 5506 |
| 易地扶贫搬迁<br>Places as a Poverty Removal | 96 | 113 |

# 主要统计指标解释

**粮食产量**　指全社会的产量。包括国有经济经营的、集体统一经营的和农民家庭经营的粮食产量，还包括工矿企业办的农场和其他生产单位的产量。粮食除包括稻谷、小麦、玉米、高粱、谷子及其他杂粮外，还包括薯类和豆类。其产量计算方法，豆类按去豆荚后的干豆计算；薯类（包括甘薯和马铃薯，不包括芋头和木薯）1963年以前按每4公斤鲜薯折1公斤粮食计算，从1964年开始改为按5公斤鲜薯折1公斤粮食计算。城市郊区作为蔬菜的薯类（如马铃薯等）按鲜品计算，并且不作粮食统计。其他粮食一律按脱粒后的原粮计算。1989年以前全国粮食产量数据主要靠全面报表取得，1989年开始使用抽样调查数据。

**猪、牛、羊肉产量**　指当年出栏并已屠宰、除去头蹄下水后带骨肉（即胴体重）的重量。包括全社会范围内的产量。1996年前为各级逐级上报数据。1996年第一次农业普查以后，由于畜牧业产品年报数据与普查数据之间存在一定的差距，国家统计局农调总队对畜牧业年报数据与普查数据进行衔接。1999年以后，国家统计局开展了猪、牛、羊、禽等主要畜禽品种的抽样调查，并用抽样数据作为国家定案数据使用。未开展抽样调查的品种，仍使用各级统计部门逐级上报数据。

**期初（末）畜禽存栏头（只）数**　指报告期初（末）农村各种合作经济组织和国营农场、农民个人、机关、团体、学校、工矿企业、部队等单位以及城镇居民饲养的大牲畜、猪、羊、家禽等畜禽的存栏数。数据上报方式及数据调整情况同猪、牛、羊肉产量。

**当年出栏头数**　指农林牧渔企业生产单位饲养的，供屠宰并已出栏的全部牲畜头数。包括交售给国家，集市上出售的部分。

**常用耕地**　是指耕地总资源中专门种植农作物并经常进行耕种、能够正常收获的土地。包括当年实际耕种的熟地；弃耕、休闲不满三年，随时可以复耕的地；开荒利用三年以上的土地。在统计口径上包括南方小于1米、北方小于2米宽的沟、渠、路和田埂。不包括临时种植农作物的坡度在25度以上的陡坡地；在河套、湖畔、库区临时开发的成片或零星土地；也不包括已列为国家和省（区、市）退耕计划但临时耕种的土地。常用耕地是国家需要重点保护的耕地，是反映我国农业综合生产能力的一个重要指标。

**农作物播种面积**　指实际播种或移植有农作物的面积。凡是实际种植有农作物的面积，不论种植在耕地上还是种植在非耕地上，均包括在农作物播种面积中。在播种季节基本结束后，因遭灾而重新改种和补种的农作物面积，也包括在内。它是反映我国耕地面积利用情况的一个重要指标。目前，农作物播种面积主要包括粮食、棉花、油料、糖料、麻类、烟叶、蔬菜和瓜类、药材和其他农作物九大类。

# Explanatory Notes on Main Statistical Indicators

**Grain Output** refers to the total output in the whole country including grains produced by state farms, collective units, rural households, as well as by farms affiliated to industrial and mining enterprises and other production units. Grain includes rice, wheat, corn, sorghum, millet and other miscellaneous grains as well as tubers and bean. Output of beans refers to dry beans without pods. The output of tubers (sweet potatoes and potatoes, not including taros and cassava) was converted into that of grain at the ratio 4:1, i.e. 4 kilograms of fresh tubers was equivalent to 1 kilogram of grain up to 1963. Since 1964 the ratio for conversion has been 5:1. Tubers supplied as vegetables (such as potatoes) in cities and suburbs are calculated as fresh vegetables and their output is not included in the output of grain. Output of all other grains refers to husked grain. Data on grain production before 1989 were obtained through Comprehensive Statistical Reporting System. Since 1989, data from sample surveys are used.

**Output of Pork, Beef, and Mutton** refers to the meat of slaughtered hogs, cattle, sheep and goats with head, feet, and offal taken away. Data refers to the production of the whole country. The first agriculture census of China in 1996 revealed some discrepancy between the production of animal products from the annual reports and that from the census. Efforts were made by the Rural Socio-economic Survey Organization of NBS to adjust the output value of animal husbandry to make the figures from the annual reports consistent with the census data. Since 1999, NBS conducted sample survey for the major animal husbandry products, such as hogs, cattle, sheep and goats and fowls, and the data from sample surveys are used as national finalized data. Those products, which are not covered by the sample survey, are still reported by statistical agencies level by level.

**Number of Livestock or Poultry in Stock at Beginning (or End)** refers to the total number of large animals, pigs, sheep, fowls, etc. raised by rural cooperative organizations, state farms, rural individuals, government agencies, schools, industrial and mining enterprises, army, and urban residents at the beginning (or end) of the reference period. Data reporting system and data adjustment are the same as that in the output of pork, beef and mutton.

**Number of Livestock Slaughtered** refers to the total number of animals for butchering by farming, forestry, animal husbandry and fishery, including parts of selling to country and markets.

**Regularly Cultivated Land** refers to farmland among the total land resources, which is exclusively used for farming and is under regular cultivation with harvest in normal years. Included are currently cultivated land, land that has been abandoned or put in idle for less than 3 years and could be re-used for cultivation at any time, and new-claimed land that has been put into cultivation for more than 3 years. According to statistical coverage, it includes the gouges, dykes, roads and ridges of field with 1 meter wide in Southern areas and 2 meters wide in Northern areas. Excluded under this category are steep slope land over 25 degrees under temporary cultivation, land (large or small plots) that is claimed along river bends, lake sides or banks of reservoirs, as well as land that has been designated under the "Green for Grain" programme of the state and provincial governments but is still temporarily under cultivation. The regularly cultivated land is the key protection land of the nation, an important indicator reflecting the comprehensive productivity of agriculture of China.

**Sown Area of Crops** refers to area of land sown or transplanted with crops regardless of being in cultivated area or non-cultivated area. Area of land re-sown due to natural disasters is also included. This is an important indicator that can reflect the utilization condition of the cultivated land in China. At present, the sown area of crops mainly include the following 9 categories of crops: grain, cotton, oil-bearing crops, sugar crops, fiber crops, Tobacco, Vegetables and melons, medicinal materials and other farm crops.

# 第五篇　企业调查

## Chapter 5　Enterprises Survey

# 5-1 规模以下工业主要指标

## Main Indicators of Industrial Enterprises Under Designated Size

单位：亿元 (10 million yuan)

| 指　标 | Item | 2012 | 2013 |
|---|---|---|---|
| **总体估计量** | **Population Estimator** | | |
| 单位数（万个） | Number of Enterprises（10 000 unit） | 18.8 | 18.9 |
| 期末从业人数（万人） | Number of Employed Persons at the Year-end（10 000 persons） | 105.1 | 103.9 |
| 工业总产值（当年价格） | Gross Industrrial Ouptput Value（current prices） | 1060.2 | 1072.0 |
| **企业子总体估计量** | **Population Estimator Of Enterprise** | | |
| 企业数（万个） | Number of Enterprises（10 000 unit） | 1.8 | 1.8 |
| 期末从业人数（万人） | Number of Employed Persons at the Year-end（10 000 persons） | 33.0 | 31.7 |
| 工业总产值（当年价格） | Gross Industrrial Ouptput Value（current prices） | 487.9 | 460.9 |
| 资产总计 | Total Assets | 632.2 | 730.6 |
| 主营业务收入 | Revenue from Principal Business | 483.1 | 456.3 |
| 税金总额 | Total Taxes | 18.7 | 17.9 |
| 应付职工薪酬 | Employee Benefits Payable | 64.5 | 68.2 |
| 固定资产原价 | Original Value of Fixed Assets | 414.1 | 433.1 |
| 固定资产净值 | Net Value of Fixed Assets | 304.7 | 306.3 |
| **个体子总体估计量** | **Population Estimator Of Individual** | | |
| 单位数（万个） | Number of Enterprises（10 000 unit） | 17.0 | 17.1 |
| 期末从业人数（万人） | Number of Employed Persons at the Year-end（10 000 persons） | 72.1 | 72.2 |
| 资产总计 | Total Assets | 305.2 | 377.7 |
| 营业收入 | Business Income | 566.6 | 605.1 |

注：1. 以上数据是以广西为总体进行抽样调查推估而得，其中工业总产值为抽样核心指标，抽样误差较小；而其他指标不是抽样核心指标，抽样误差可能较大。

Source:1.The above data is based on a sample survey conducted in Guangxi for the overall estimate derived, where industrial output is sampled core indicators, the sampling error is small,The projected value of the indicators are certain sampling error.

# 5-2 服务业小微企业主要经济指标

## Main Economic Indicators of Service Industry Micro Enterprises

单位：万元 (10 million yuan)

| 指　标 | Item | 2012 | 2013 |
|---|---|---|---|
| 企业数（个） | Number of Enterprises（unit） | 41000 | 45326 |
| 资产总计 | Total Assets | 2118.9 | 3069.3 |
| 固定资产原价 | Orginal value of Fixed Assets | 447.0 | 471.9 |
| 营业收入 | Business Income | 405.6 | 428.8 |
| 营业成本 | Cost of business | 247.2 | 222.3 |
| 营业税金及附加 | Tax and Addition of Business | 15.2 | 15.4 |
| 费用合计 | Total Cost | 147.7 | 214.8 |
| 利润总额 | Total Profit | 1.6 | 8.2 |
| 应付工资总额 | Total Wages Payable of the Year | 102.5 | 128.0 |
| 从业人数（万人） | Number of Employment（person） | 40.7 | 48.5 |

注：1. 以上数据是以广西为总体进行抽样调查推估而得，其中营业收入为抽样核心指标，抽样误差较小；而其他指标不是抽样核心指标，抽样误差可能较大

Source:1.The above figures are for the whole of Guangxi estimate derived from a sample survey, in which the core operating income as indicators of sampling, the sampling error is small,The projected value of the indicators are certain sampling error.

# 附录一 全国及各省市区主要统计调查指标

## APPENDIX I Main Statistical Survey Indicators by Province, Municipality and Autonomous Region

# 附录1-1 全国及各省市区城镇居民家庭人均可支配收入

## Per Capita Annual Disposable Income of Urban Households by Provinces and Regions

单位：元 （yuán）

| 地区 | Region | 2009 | 2010 | 2011 | 2012 | 2013 |
|---|---|---|---|---|---|---|
| 全国 | National | 17175 | 19109 | 21810 | 24565 | 26955 |
| 北京 | Beijing | 26738 | 29073 | 32903 | 36469 | 40321 |
| 天津 | Tianjin | 21402 | 24293 | 26921 | 29626 | 32294 |
| 河北 | Hebei | 14718 | 16263 | 18292 | 20543 | 22580 |
| 山西 | Shanxi | 13997 | 15648 | 18124 | 20412 | 22456 |
| 内蒙古 | Inner Mongolia | 15849 | 17698 | 20408 | 23150 | 25497 |
| 辽宁 | Liaoning | 15761 | 17713 | 20467 | 23223 | 25578 |
| 吉林 | Jilin | 14006 | 15411 | 17797 | 20208 | 22275 |
| 黑龙江 | Heilongjiang | 12566 | 13857 | 15696 | 17760 | 19597 |
| 上海 | Shanghai | 28838 | 31838 | 36230 | 40188 | 43851 |
| 江苏 | Jiangsu | 20552 | 22944 | 26341 | 29677 | 32538 |
| 浙江 | Zhejiang | 24611 | 27359 | 30971 | 34550 | 37851 |
| 安徽 | Anhui | 14086 | 15788 | 18606 | 21024 | 23114 |
| 福建 | Fujian | 19577 | 21781 | 24907 | 28055 | 30816 |
| 江西 | Jiangxi | 14022 | 15481 | 17495 | 19860 | 21873 |
| 山东 | Shandong | 17811 | 19946 | 22792 | 25755 | 28264 |
| 河南 | Henan | 14372 | 15930 | 18195 | 20443 | 22398 |
| 湖北 | Hubei | 14367 | 16058 | 18374 | 20840 | 22906 |
| 湖南 | Hunan | 15084 | 16566 | 18844 | 21319 | 23414 |
| 广东 | Guangdong | 21575 | 23898 | 26897 | 30227 | 33090 |
| 广西 | Guangxi | 15451 | 17064 | 18854 | 21243 | 23305 |
| 海南 | Hainan | 13751 | 15581 | 18369 | 20918 | 22929 |
| 重庆 | Chongqing | 15749 | 17532 | 20250 | 22968 | 25216 |
| 四川 | Sichuan | 13839 | 15461 | 17899 | 20307 | 22368 |
| 贵州 | Guizhou | 12863 | 14143 | 16495 | 18701 | 20667 |
| 云南 | Yunnan | 14424 | 16065 | 18576 | 21075 | 23236 |
| 西藏 | Tibet | 13544 | 14980 | 16196 | 18028 | 20023 |
| 陕西 | Shaanxi | 14129 | 15695 | 18245 | 20734 | 22858 |
| 甘肃 | Gansu | 11930 | 13189 | 14989 | 17157 | 18965 |
| 青海 | Qinghai | 12692 | 13855 | 15603 | 17566 | 19499 |
| 宁夏 | Ningxia | 14025 | 15344 | 17579 | 19831 | 21833 |
| 新疆 | Xinjiang | 12258 | 13644 | 15514 | 17921 | 19874 |

# 附录1-2 全国及各省市区城镇居民家庭人均消费性支出

## Per Capita Annual Consumption Expenditure of Urban Households by Provinces and Regions

单位：元 (yuan)

| 地 区 | Region | 2009 | 2010 | 2011 | 2012 | 2013 |
|---|---|---|---|---|---|---|
| 全 国 | National | 12265 | 13471 | 15161 | 16674 | 18023 |
| 北 京 | Beijing | 17893 | 19934 | 21984 | 24046 | 26275 |
| 天 津 | Tianjin | 14801 | 16562 | 18424 | 20024 | 21712 |
| 河 北 | Hebei | 9679 | 10318 | 11609 | 12531 | 13641 |
| 山 西 | Shanxi | 9355 | 9793 | 11354 | 12212 | 13166 |
| 内蒙古 | Inner Mongolia | 12370 | 13995 | 15878 | 17717 | 19249 |
| 辽 宁 | Liaoning | 12325 | 13280 | 14790 | 16594 | 18030 |
| 吉 林 | Jilin | 10914 | 11679 | 13011 | 14614 | 15932 |
| 黑龙江 | Heilongjiang | 9630 | 10684 | 12054 | 12984 | 14162 |
| 上 海 | Shanghai | 20992 | 23200 | 25102 | 26253 | 28155 |
| 江 苏 | Jiangsu | 13153 | 14357 | 16782 | 18825 | 20371 |
| 浙 江 | Zhejiang | 16683 | 17858 | 20437 | 21545 | 23257 |
| 安 徽 | Anhui | 10234 | 11513 | 13181 | 15012 | 16285 |
| 福 建 | Fujian | 13451 | 14750 | 16661 | 18593 | 20093 |
| 江 西 | Jiangxi | 9740 | 10619 | 11747 | 12776 | 13851 |
| 山 东 | Shandong | 12013 | 13118 | 14561 | 15778 | 17112 |
| 河 南 | Henan | 9567 | 10838 | 12336 | 13733 | 14822 |
| 湖 北 | Hubei | 10294 | 11451 | 13164 | 14496 | 15749 |
| 湖 南 | Hunan | 10828 | 11825 | 13403 | 14609 | 15887 |
| 广 东 | Guangdong | 16858 | 18490 | 20252 | 22396 | 24133 |
| 广 西 | Guangxi | 10352 | 11490 | 12848 | 14244 | 15418 |
| 海 南 | Hainan | 10087 | 10927 | 12643 | 14457 | 15593 |
| 重 庆 | Chongqing | 12144 | 13335 | 14974 | 16573 | 17814 |
| 四 川 | Sichuan | 10860 | 12105 | 13696 | 15050 | 16343 |
| 贵 州 | Guizhou | 9048 | 10058 | 11353 | 12586 | 13703 |
| 云 南 | Yunnan | 10202 | 11074 | 12248 | 13884 | 15156 |
| 西 藏 | Tibet | 9034 | 9686 | 10399 | 11184 | 12232 |
| 陕 西 | Shaanxi | 10706 | 11822 | 13783 | 15333 | 16680 |
| 甘 肃 | Gansu | 8891 | 9895 | 11189 | 12847 | 14021 |
| 青 海 | Qinghai | 8787 | 9614 | 10955 | 12346 | 13539 |
| 宁 夏 | Ningxia | 10280 | 11334 | 12896 | 14067 | 15321 |
| 新 疆 | Xinjiang | 9328 | 10197 | 11839 | 11839 | 15206 |

# 附录1-3　全国及各省市区农村居民家庭人均纯收入

## Per Capita Annual Net Income of Rural Households by Provinces and Regions

单位：元　　　　（yuan）

| 地　区 | Region | 2009 | 2010 | 2011 | 2012 | 2013 |
|---|---|---|---|---|---|---|
| 全　国 | National | 5153 | 5919 | 6977 | 7917 | 8896 |
| 北　京 | Beijing | 11669 | 13262 | 14736 | 16476 | 18337 |
| 天　津 | Tianjin | 8688 | 10075 | 12321 | 14026 | 15841 |
| 河　北 | Hebei | 5150 | 5958 | 7120 | 8081 | 9102 |
| 山　西 | Shanxi | 4244 | 4736 | 5601 | 6357 | 7154 |
| 内蒙古 | Inner Mongolia | 4938 | 5530 | 6642 | 7611 | 8596 |
| 辽　宁 | Liaoning | 5958 | 6908 | 8297 | 9384 | 10523 |
| 吉　林 | Jilin | 5266 | 6237 | 7510 | 8598 | 9621 |
| 黑龙江 | Heilongjiang | 5207 | 6211 | 7591 | 8604 | 9634 |
| 上　海 | Shanghai | 12483 | 13978 | 16054 | 17804 | 19595 |
| 江　苏 | Jiangsu | 8004 | 9118 | 10805 | 12202 | 13598 |
| 浙　江 | Zhejiang | 10007 | 11303 | 13071 | 14552 | 16106 |
| 安　徽 | Anhui | 4504 | 5285 | 6232 | 7161 | 8098 |
| 福　建 | Fujian | 6680 | 7427 | 8779 | 9967 | 11184 |
| 江　西 | Jiangxi | 5075 | 5789 | 6892 | 7829 | 8781 |
| 山　东 | Shandong | 6119 | 6990 | 8342 | 9447 | 10620 |
| 河　南 | Henan | 4807 | 5524 | 6604 | 7525 | 8475 |
| 湖　北 | Hubei | 5035 | 5832 | 6898 | 7852 | 8867 |
| 湖　南 | Hunan | 4909 | 5622 | 6567 | 7440 | 8372 |
| 广　东 | Guangdong | 6907 | 7890 | 9372 | 10543 | 11669 |
| 广　西 | Guangxi | 3980 | 4543 | 5231 | 6008 | 6791 |
| 海　南 | Hainan | 4744 | 5275 | 6446 | 7408 | 8343 |
| 重　庆 | Chongqing | 4478 | 5277 | 6480 | 7383 | 8332 |
| 四　川 | Sichuan | 4462 | 5087 | 6129 | 7001 | 7895 |
| 贵　州 | Guizhou | 3005 | 3472 | 4145 | 4753 | 5434 |
| 云　南 | Yunnan | 3369 | 3952 | 4722 | 5417 | 6141 |
| 西　藏 | Tibet | 3532 | 4139 | 4904 | 5719 | 6578 |
| 陕　西 | Shaanxi | 3438 | 4105 | 5028 | 5763 | 6503 |
| 甘　肃 | Gansu | 2980 | 3425 | 3909 | 4507 | 5108 |
| 青　海 | Qinghai | 3346 | 3863 | 4609 | 5364 | 6196 |
| 宁　夏 | Ningxia | 4048 | 4675 | 5410 | 6180 | 6931 |
| 新　疆 | Xinjiang | 3883 | 4643 | 5442 | 6394 | 7296 |

# 附录1-4　全国及各省市区农村居民家庭人均生活消费支出

## Per Capita Consumption Expenditure of Rural Households by Provinces and Regions

单位：元 （yuan）

| 地　区 | Region | 2009 | 2010 | 2011 | 2012 | 2013 |
|---|---|---|---|---|---|---|
| 全　国 | National | 3994 | 4382 | 5221 | 5908 | 6626 |
| 北　京 | Beijing | 8898 | 9255 | 11078 | 11879 | 13553 |
| 天　津 | Tianjin | 4273 | 4937 | 6725 | 8337 | 10155 |
| 河　北 | Hebei | 3350 | 3845 | 4711 | 5364 | 6134 |
| 山　西 | Shanxi | 3305 | 3664 | 4587 | 5566 | 5813 |
| 内蒙古 | Inner Mongolia | 3968 | 4461 | 5508 | 6382 | 7268 |
| 辽　宁 | Liaoning | 4254 | 4490 | 5406 | 5998 | 7159 |
| 吉　林 | Jilin | 3903 | 4147 | 5306 | 6186 | 7380 |
| 黑龙江 | Heilongjiang | 4241 | 4391 | 5334 | 5718 | 6814 |
| 上　海 | Shanghai | 9804 | 10211 | 11049 | 12096 | 14235 |
| 江　苏 | Jiangsu | 5805 | 6543 | 8095 | 8655 | 9607 |
| 浙　江 | Zhejiang | 7732 | 8929 | 9965 | 10208 | 11760 |
| 安　徽 | Anhui | 3655 | 4013 | 4957 | 5556 | 5725 |
| 福　建 | Fujian | 5016 | 5498 | 6541 | 7402 | 8151 |
| 江　西 | Jiangxi | 3533 | 3912 | 4660 | 5123 | 5654 |
| 山　东 | Shandong | 4417 | 4807 | 5901 | 6776 | 7393 |
| 河　南 | Henan | 3389 | 3682 | 4320 | 5032 | 5628 |
| 湖　北 | Hubei | 3725 | 4091 | 5011 | 5727 | 6280 |
| 湖　南 | Hunan | 4021 | 4310 | 5179 | 5870 | 6610 |
| 广　东 | Guangdong | 5020 | 5516 | 6726 | 7459 | 8343 |
| 广　西 | Guangxi | 3231 | 3455 | 4211 | 4878 | 5206 |
| 海　南 | Hainan | 3089 | 3446 | 4166 | 4736 | 5466 |
| 重　庆 | Chongqing | 3142 | 3625 | 4502 | 5019 | 5796 |
| 四　川 | Sichuan | 4141 | 3898 | 4676 | 5367 | 6309 |
| 贵　州 | Guizhou | 2422 | 2853 | 3456 | 3902 | 4740 |
| 云　南 | Yunnan | 2925 | 3398 | 4000 | 4561 | 4744 |
| 西　藏 | Tibet | 2400 | 2667 | 2742 | 2968 | 3574 |
| 陕　西 | Shaanxi | 3349 | 3794 | 4492 | 5115 | 5724 |
| 甘　肃 | Gansu | 2767 | 2942 | 3665 | 4146 | 4850 |
| 青　海 | Qinghai | 3209 | 3775 | 4537 | 5339 | 6060 |
| 宁　夏 | Ningxia | 3348 | 4013 | 4727 | 5633 | 6490 |
| 新　疆 | Xinjiang | 2951 | 3458 | 4398 | 5245 | 6119 |

# 附录1-5 广西与全国居民消费价格主要分类指数（2013年）

## Consumer Price Indices by Category in Country and Guangxi（2013）

（上年=100） （preceding year=100）

| 指 标 | Item | 2012 | | 2013 | |
|---|---|---|---|---|---|
| | | 全国平均 National Average | 广西 Guangxi | 全国平均 National Average | 广西 Guangxi |
| **居民消费价格指数** | **Consumer Price Index** | **102.6** | **103.2** | **102.6** | **102.2** |
| 食品 | Food | 104.8 | 105.2 | 104.7 | 103.8 |
| 粮食 | Grain | 104.0 | 103.8 | 104.6 | 101.4 |
| 肉禽及其制品 | Meal, Poultry and Their Products | 102.1 | 103.0 | 104.3 | 102.4 |
| 蛋 | Eggs | 97.1 | 97.3 | 104.9 | 107.7 |
| 水产品 | Aquatic Products | 108.0 | 104.9 | 104.2 | 103.9 |
| 鲜菜 | Fresh Vegetables | 115.9 | 119.0 | 108.1 | 108.0 |
| 鲜果 | Fresh Fruits | 98.8 | 98.1 | 107.1 | 109.1 |
| 烟酒及用品 | Tobacco, Liquor and Articles | 102.9 | 103.1 | 100.3 | 99.8 |
| 衣着 | Clothing | 103.1 | 103.6 | 102.3 | 102.3 |
| 家庭设备用品及服务 | Household Facilities, Articles and Services | 101.9 | 101.1 | 101.5 | 101.1 |
| 医疗保健及个人用品 | Health Care and Personal Articles | 102.0 | 102.0 | 101.3 | 100.7 |
| 交通和通信 | Transportation and Communication | 99.9 | 100.2 | 99.6 | 99.9 |
| 娱乐教育文化用品及服务 | Recreation, Education and Culture Articles | 100.5 | 101.5 | 101.8 | 100.8 |
| 居住 | Residence | 102.1 | 103.7 | 102.8 | 102.7 |
| **商品零售价格指数** | **Retail Price Index** | **102.0** | **102.3** | **101.4** | **101.2** |
| 食品 | Food | 104.8 | 105.2 | 104.7 | 103.9 |
| 饮料、烟酒 | Beverages, Tobacco and Liquor | 103.3 | 102.8 | 100.7 | 100.5 |
| 服装、鞋帽 | Garments, Shoes and Hats | 102.9 | 102.8 | 102.2 | 101.7 |
| 纺织品 | Textiles | 101.5 | 101.4 | 101.0 | 101.7 |
| 家用电器及音像器材 | Household Appliances, Music and Video Equipment | 97.7 | 97.0 | 98.3 | 98.4 |
| 文化办公用品 | Cultural and Office Appliances | 98.1 | 99.0 | 98.6 | 98.6 |
| 日用品 | Articles for Daily Use | 102.1 | 101.4 | 100.8 | 100.6 |
| 体育娱乐用品 | Sports and Recreation Articles | 101.0 | 100.1 | 100.7 | 100.0 |
| 交通、通信用品 | Transportation and Communication Appliances | 96.0 | 97.4 | 97.3 | 98.5 |
| 家具 | Furniture | 101.3 | 102.2 | 101.2 | 100.2 |
| 化妆品 | Cosmetics | 102.2 | 102.0 | 101.5 | 101.0 |
| 金银珠宝 | Gold, Silver and Jewelry | 101.0 | 102.5 | 91.9 | 90.6 |
| 中西药品及医疗保健用品 | Traditional Chinese and Western Medicines and Health Care Articles | 102.1 | 101.8 | 101.3 | 100.6 |
| 书报杂志及电子出版物 | Books, Newspapers, Magazines and Electronic Publications | 101.4 | 100.3 | 101.3 | 99.9 |
| 燃料 | Fuels | 102.9 | 103.9 | 99.9 | 99.7 |
| 建筑材料及五金电料 | Building Materials and Hardware | 100.3 | 99.8 | 100.5 | 100.9 |
| **农业生产资料价格指数** | **Price Index of Means of Agricultural Production** | **105.6** | **103.9** | **101.4** | **99.9** |

# 附录1-6 全国及各省市区居民消费价格指数

## Consumer Price Indices by Provinces and Regions

（上年=100） （preceding year=100）

| 地区 | Region | 2009 指数 Index | 2009 排位 Rank | 2010 指数 Index | 2010 排位 Rank | 2011 指数 Index | 2011 排位 Rank | 2012 指数 Index | 2012 排位 Rank | 2013 指数 Index | 2013 排位 Rank |
|---|---|---|---|---|---|---|---|---|---|---|---|
| 全国平均 | National Average | 99.3 | | 103.3 | | 105.4 | | 102.6 | | 102.6 | |
| 北京 | Beijing | 98.5 | 19 | 102.4 | 30 | 105.6 | 11 | 103.3 | 3 | 103.3 | 5 |
| 天津 | Tianjin | 99.0 | 17 | 103.5 | 12 | 104.9 | 31 | 102.7 | 16 | 103.1 | 9 |
| 河北 | Hebei | 99.3 | 13 | 103.1 | 18 | 105.7 | 9 | 102.6 | 19 | 103.0 | 12 |
| 山西 | Shanxi | 99.6 | 12 | 103.0 | 23 | 105.2 | 20 | 102.5 | 24 | 103.1 | 10 |
| 内蒙古 | Inner Mongolia | 99.7 | 11 | 103.2 | 14 | 105.6 | 11 | 103.1 | 7 | 103.2 | 6 |
| 辽宁 | Liaoning | 100.0 | 10 | 103.0 | 23 | 105.2 | 20 | 102.8 | 10 | 102.4 | 24 |
| 吉林 | Jilin | 100.1 | 9 | 103.7 | 10 | 105.2 | 20 | 102.5 | 25 | 102.9 | 13 |
| 黑龙江 | Heilongjiang | 100.2 | 8 | 103.9 | 7 | 105.8 | 7 | 103.2 | 6 | 102.2 | 29 |
| 上海 | Shanghai | 99.6 | 12 | 103.1 | 18 | 105.2 | 20 | 102.8 | 11 | 102.3 | 27 |
| 江苏 | Jiangsu | 99.6 | 12 | 103.8 | 8 | 105.3 | 17 | 102.6 | 21 | 102.3 | 26 |
| 浙江 | Zhejiang | 98.5 | 19 | 103.8 | 8 | 105.4 | 16 | 102.2 | 28 | 102.3 | 28 |
| 安徽 | Anhui | 99.1 | 16 | 103.1 | 18 | 105.6 | 11 | 102.3 | 27 | 102.4 | 25 |
| 福建 | Fujian | 98.2 | 21 | 103.2 | 14 | 105.3 | 17 | 102.4 | 26 | 102.5 | 22 |
| 江西 | Jiangxi | 99.3 | 13 | 103.0 | 23 | 105.2 | 20 | 102.7 | 14 | 102.5 | 21 |
| 山东 | Shandong | 100.0 | 10 | 102.9 | 27 | 105.0 | 28 | 102.1 | 29 | 102.2 | 30 |
| 河南 | Henan | 99.4 | 14 | 103.5 | 12 | 105.6 | 11 | 102.5 | 22 | 102.9 | 14 |
| 湖北 | Hubei | 99.6 | 12 | 102.9 | 27 | 105.8 | 7 | 102.9 | 9 | 102.8 | 15 |
| 湖南 | Hunan | 99.6 | 12 | 103.1 | 18 | 105.5 | 15 | 102.0 | 31 | 102.5 | 19 |
| 广东 | Guangdong | 97.7 | 23 | 103.1 | 18 | 105.3 | 17 | 102.8 | 12 | 102.5 | 23 |
| 广西 | Guangxi | 97.9 | 22 | 103.0 | 23 | 105.9 | 4 | 103.2 | 4 | 102.2 | 31 |
| 海南 | Hainan | 99.3 | 15 | 104.8 | 2 | 106.1 | 2 | 103.2 | 5 | 102.8 | 17 |
| 重庆 | Chongqing | 98.4 | 20 | 103.2 | 14 | 105.3 | 17 | 102.6 | 20 | 102.7 | 18 |
| 四川 | Sichuan | 100.8 | 4 | 103.2 | 14 | 105.3 | 17 | 102.5 | 23 | 102.8 | 16 |
| 贵州 | Guizhou | 98.7 | 18 | 102.9 | 27 | 105.1 | 27 | 102.7 | 17 | 102.5 | 20 |
| 云南 | Yunnan | 100.4 | 7 | 103.7 | 10 | 104.9 | 30 | 102.7 | 15 | 103.1 | 8 |
| 西藏 | Tibet | 101.4 | 2 | 102.2 | 31 | 105.0 | 28 | 103.5 | 2 | 103.6 | 3 |
| 陕西 | Shaanxi | 100.5 | 6 | 104.0 | 6 | 105.7 | 9 | 102.8 | 13 | 103.0 | 11 |
| 甘肃 | Gansu | 101.3 | 3 | 104.1 | 4 | 105.9 | 6 | 102.7 | 18 | 103.2 | 7 |
| 青海 | Qinghai | 102.6 | 1 | 105.4 | 1 | 106.1 | 2 | 103.1 | 8 | 103.9 | 1 |
| 宁夏 | Ningxia | 100.7 | 5 | 104.1 | 4 | 106.3 | 1 | 102.0 | 30 | 103.4 | 4 |
| 新疆 | Xinjiang | 100.7 | 5 | 104.3 | 3 | 105.9 | 4 | 103.8 | 1 | 103.9 | 2 |

# 附录1-7 全国及各省市区商品零售价格指数

## Retail Price Indices by Provinces and Regions

（上年=100） (preceding year=100)

| 地区 | Region | 2009 | | 2010 | | 2011 | | 2012 | | 2013 | |
|---|---|---|---|---|---|---|---|---|---|---|---|
| | | 指数 Index | 排位 Rank | 指数 Index | 排位 Rank | 指数 Index | 排位 Rank | 指数 Index | 排位 Rank | 指数 Index | 排位 Rank |
| 全国平均 | National Average | 98.8 | | 103.1 | | 104.9 | | 102.0 | | 101.4 | |
| 北京 | Beijing | 97.8 | 17 | 100.4 | 31 | 103.2 | 31 | 100.6 | 31 | 99.8 | 31 |
| 天津 | Tianjin | 98.9 | 12 | 103.4 | 10 | 104.7 | 23 | 103.0 | 2 | 101.7 | 15 |
| 河北 | Hebei | 99.0 | 11 | 103.1 | 17 | 105.0 | 16 | 102.2 | 15 | 102.2 | 8 |
| 山西 | Shanxi | 99.1 | 10 | 102.3 | 27 | 104.9 | 17 | 101.8 | 22 | 101.8 | 10 |
| 内蒙古 | Inner Mongolia | 99.5 | 7 | 103.0 | 21 | 104.9 | 18 | 102.5 | 7 | 102.6 | 4 |
| 辽宁 | Liaoning | 99.8 | 6 | 103.2 | 13 | 105.0 | 15 | 102.2 | 13 | 101.6 | 18 |
| 吉林 | Jilin | 99.3 | 9 | 104.1 | 5 | 104.9 | 19 | 101.7 | 25 | 101.6 | 17 |
| 黑龙江 | Heilongjiang | 98.9 | 12 | 103.1 | 17 | 104.9 | 28 | 102.2 | 12 | 101.1 | 27 |
| 上海 | Shanghai | 99.4 | 8 | 101.7 | 28 | 104.1 | 29 | 101.2 | 29 | 100.2 | 30 |
| 江苏 | Jiangsu | 98.9 | 12 | 103.2 | 13 | 104.6 | 27 | 102.1 | 18 | 101.4 | 23 |
| 浙江 | Zhejiang | 98.8 | 13 | 103.9 | 6 | 105.5 | 4 | 101.9 | 21 | 101.0 | 28 |
| 安徽 | Anhui | 99.0 | 11 | 103.2 | 13 | 105.3 | 10 | 102.1 | 19 | 101.3 | 24 |
| 福建 | Fujian | 97.9 | 17 | 103.4 | 10 | 104.8 | 20 | 101.8 | 23 | 101.1 | 26 |
| 江西 | Jiangxi | 99.1 | 10 | 102.7 | 25 | 104.8 | 21 | 102.1 | 16 | 101.5 | 21 |
| 山东 | Shandong | 99.4 | 8 | 102.7 | 25 | 104.7 | 25 | 101.6 | 26 | 101.4 | 22 |
| 河南 | Henan | 99.4 | 8 | 103.7 | 7 | 105.7 | 2 | 102.3 | 10 | 101.9 | 9 |
| 湖北 | Hubei | 98.6 | 14 | 103.1 | 17 | 105.6 | 3 | 102.6 | 6 | 101.8 | 11 |
| 湖南 | Hunan | 98.5 | 15 | 103.1 | 17 | 105.5 | 5 | 101.7 | 24 | 101.7 | 14 |
| 广东 | Guangdong | 96.8 | 18 | 103.3 | 12 | 105.1 | 13 | 102.2 | 14 | 101.0 | 29 |
| 广西 | Guangxi | 98.0 | 16 | 103.0 | 21 | 106.0 | 1 | 102.3 | 9 | 101.2 | 25 |
| 海南 | Hainan | 98.5 | 15 | 104.6 | 1 | 105.4 | 8 | 102.7 | 4 | 101.5 | 19 |
| 重庆 | Chongqing | 97.3 | 20 | 101.7 | 28 | 104.7 | 24 | 101.6 | 28 | 101.8 | 13 |
| 四川 | Sichuan | 100.1 | 4 | 103.0 | 21 | 104.6 | 26 | 101.6 | 27 | 101.7 | 16 |
| 贵州 | Guizhou | 97.6 | 19 | 103.0 | 21 | 105.5 | 6 | 102.0 | 20 | 101.5 | 20 |
| 云南 | Yunnan | 100.1 | 4 | 103.6 | 8 | 105.1 | 14 | 102.4 | 8 | 102.6 | 5 |
| 西藏 | Tibet | 99.5 | 7 | 101.0 | 30 | 103.7 | 30 | 102.9 | 3 | 103.0 | 2 |
| 陕西 | Shaanxi | 99.9 | 5 | 103.6 | 8 | 104.8 | 22 | 102.3 | 11 | 101.8 | 12 |
| 甘肃 | Gansu | 101.8 | 1 | 104.6 | 1 | 105.4 | 7 | 102.6 | 5 | 102.6 | 6 |
| 青海 | Qinghai | 101.6 | 2 | 104.3 | 4 | 105.4 | 9 | 102.1 | 17 | 102.7 | 3 |
| 宁夏 | Ningxia | 99.5 | 7 | 103.2 | 13 | 105.3 | 11 | 101.0 | 30 | 102.4 | 7 |
| 新疆 | Xinjiang | 100.4 | 3 | 104.6 | 1 | 105.1 | 12 | 103.3 | 1 | 103.3 | 1 |

# 附录1-8 全国和36个大中城市居民消费价格指数

## Price Indices of Consumer in China and 36 Large and Medium-sized Cities

（上年=100） (preceding year=100)

| 地区 | Region | 2009 | | 2010 | | 2011 | | 2012 | | 2013 | |
|---|---|---|---|---|---|---|---|---|---|---|---|
| | | 指数 Index | 排位 Rank | 指数 Index | 排位 Rank | 指数 Index | 排位 Rank | 指数 Index | 排位 Rank | 指数 Index | 排位 Rank |
| 全国平均 | National Average | 99.2 | | 103.1 | | 105.3 | | 102.6 | | 102.7 | |
| 北京 | Beijing | 98.5 | 18 | 102.4 | 33 | 105.6 | 5 | 103.3 | 4 | 103.3 | 8 |
| 天津 | Tianjin | 99.0 | 15 | 103.5 | 11 | 104.9 | 34 | 102.7 | 19 | 103.1 | 12 |
| 石家庄 | Shijiazhuang | 100.3 | 6 | 103.0 | 19 | 105.7 | 2 | 102.8 | 15 | 102.9 | 14 |
| 太原 | Taiyuan | 99.9 | 9 | 103.0 | 19 | 105.4 | 15 | 102.1 | 34 | 103.1 | 10 |
| 呼和浩特 | Hohhot | 100.1 | 8 | 102.6 | 31 | 105.5 | 9 | 103.1 | 7 | 103.8 | 3 |
| 沈阳 | Shenyang | 99.9 | 9 | 102.9 | 25 | 105.4 | 14 | 103.0 | 11 | 102.5 | 28 |
| 大连 | Dalian | 100.2 | 7 | 102.7 | 28 | 105.4 | 18 | 103.4 | 2 | 102.5 | 27 |
| 长春 | Changchun | 99.8 | 10 | 103.6 | 10 | 105.5 | 13 | 102.3 | 31 | 103.0 | 13 |
| 哈尔滨 | Harbin | 100.2 | 7 | 103.7 | 8 | 105.6 | 6 | 103.2 | 5 | 102.1 | 35 |
| 上海 | Shanghai | 99.6 | 12 | 103.1 | 18 | 105.2 | 26 | 102.8 | 14 | 102.3 | 31 |
| 南京 | Nanjing | 100.1 | 8 | 104.2 | 2 | 105.4 | 16 | 102.7 | 23 | 102.7 | 20 |
| 杭州 | Hangzhou | 98.6 | 17 | 103.9 | 5 | 104.8 | 35 | 102.5 | 27 | 102.5 | 26 |
| 宁波 | Ningbo | 99.4 | 13 | 103.7 | 8 | 105.3 | 24 | 101.7 | 36 | 102.2 | 34 |
| 合肥 | Hefei | 99.1 | 14 | 102.7 | 28 | 105.7 | 1 | 102.2 | 32 | 102.7 | 22 |
| 福州 | Fuzhou | 98.7 | 16 | 103.5 | 11 | 104.9 | 31 | 102.0 | 35 | 102.6 | 24 |
| 厦门 | Xiamen | 97.3 | 23 | 103.0 | 19 | 105.2 | 27 | 102.1 | 33 | 102.3 | 33 |
| 南昌 | Nanchang | 99.7 | 11 | 103.3 | 15 | 105.0 | 29 | 102.9 | 13 | 102.3 | 32 |
| 济南 | Jinan | 100.3 | 6 | 102.1 | 36 | 105.4 | 17 | 102.4 | 28 | 102.8 | 18 |
| 青岛 | Qingdao | 100.5 | 4 | 102.2 | 34 | 105.0 | 28 | 102.7 | 21 | 102.5 | 29 |
| 郑州 | Zhengzhou | 99.8 | 10 | 103.0 | 19 | 104.9 | 32 | 102.7 | 22 | 102.8 | 17 |
| 武汉 | Wuhan | 99.4 | 13 | 103.0 | 19 | 105.2 | 25 | 102.8 | 16 | 102.4 | 30 |
| 长沙 | Changsha | 99.4 | 13 | 102.9 | 25 | 105.5 | 12 | 102.3 | 30 | 102.8 | 16 |
| 广州 | Guangzhou | 97.5 | 22 | 103.2 | 16 | 105.5 | 10 | 103.0 | 9 | 102.6 | 25 |
| 深圳 | Shenzhen | 98.7 | 16 | 103.5 | 11 | 105.4 | 21 | 102.8 | 17 | 102.7 | 19 |
| 南宁 | Nanning | 98.2 | 20 | 102.5 | 32 | 105.7 | 4 | 102.9 | 12 | 102.1 | 36 |
| 海口 | Haikou | 99.9 | 9 | 104.2 | 2 | 105.4 | 22 | 103.3 | 3 | 102.9 | 15 |
| 重庆 | Chongqing | 98.4 | 19 | 103.2 | 16 | 105.3 | 23 | 102.6 | 25 | 102.7 | 23 |
| 成都 | Chengdu | 100.3 | 6 | 103.0 | 19 | 105.4 | 19 | 103.0 | 10 | 103.1 | 11 |
| 贵阳 | Guiyang | 97.7 | 21 | 102.9 | 25 | 105.5 | 11 | 102.6 | 24 | 103.2 | 9 |
| 昆明 | Kunming | 100.8 | 3 | 104.2 | 2 | 104.9 | 33 | 103.1 | 8 | 103.9 | 1 |
| 拉萨 | Lasa | 101.7 | 2 | 102.2 | 34 | 105.0 | 30 | 103.2 | 6 | 103.4 | 7 |
| 西安 | Xi'an | 99.7 | 11 | 103.5 | 11 | 105.6 | 7 | 102.8 | 18 | 102.7 | 21 |
| 兰州 | Lanzhou | 99.6 | 12 | 103.8 | 6 | 105.4 | 20 | 102.4 | 29 | 103.5 | 5 |
| 西宁 | Xining | 102.2 | 1 | 104.5 | 1 | 105.7 | 3 | 102.7 | 20 | 103.8 | 2 |
| 银川 | Yinchuan | 99.7 | 11 | 103.8 | 6 | 105.5 | 8 | 102.6 | 26 | 103.5 | 6 |
| 乌鲁木齐 | Urumqi | 100.4 | 5 | 102.7 | 28 | 104.5 | 36 | 103.4 | 1 | 103.5 | 4 |

# 附录1-9 全国和36个大中城市商品零售价格指数

## Price Indices of Retail in China and 36 Large and Medium-sized Cities

（上年=100） (preceding year=100)

| 地区 | Region | 2009 | | 2010 | | 2011 | | 2012 | | 2013 | |
|---|---|---|---|---|---|---|---|---|---|---|---|
| | | 指数 Index | 排位 Rank | 指数 Index | 排位 Rank | 指数 Index | 排位 Rank | 指数 Index | 排位 Rank | 指数 Index | 排位 Rank |
| 全国平均 | National Average | 98.6 | | 102.5 | | 104.5 | | 102.0 | | 101.0 | |
| 北京 | Beijing | 97.8 | 22 | 100.4 | 36 | 103.2 | 36 | 100.6 | 36 | 101.3 | 20 |
| 天津 | Tianjin | 98.9 | 14 | 103.4 | 11 | 104.7 | 19 | 103.0 | 1 | 101.5 | 16 |
| 石家庄 | Shijiazhuang | 100.1 | 4 | 103.4 | 11 | 104.9 | 15 | 101.9 | 18 | 101.2 | 23 |
| 太原 | Taiyuan | 99.1 | 12 | 102.6 | 23 | 104.8 | 17 | 101.2 | 33 | 100.2 | 35 |
| 呼和浩特 | Hohhot | 99.9 | 6 | 102.6 | 23 | 104.7 | 22 | 101.5 | 29 | 102.1 | 7 |
| 沈阳 | Shenyang | 97.9 | 21 | 102.6 | 23 | 105.2 | 6 | 102.4 | 11 | 101.7 | 12 |
| 大连 | Dalian | 99.4 | 10 | 104.0 | 3 | 104.4 | 25 | 102.5 | 6 | 101.8 | 10 |
| 长春 | Changchun | 99.6 | 8 | 104.6 | 1 | 104.8 | 16 | 101.8 | 21 | 101.0 | 27 |
| 哈尔滨 | Harbin | 98.5 | 18 | 101.9 | 30 | 104.4 | 26 | 102.5 | 5 | 102.3 | 6 |
| 上海 | Shanghai | 99.4 | 10 | 101.7 | 31 | 104.1 | 33 | 101.2 | 32 | 103.5 | 2 |
| 南京 | Nanjing | 98.7 | 16 | 103.5 | 10 | 104.2 | 30 | 101.4 | 30 | 101.4 | 18 |
| 杭州 | Hangzhou | 98.6 | 17 | 103.7 | 7 | 104.4 | 27 | 101.9 | 19 | 101.6 | 15 |
| 宁波 | Ningbo | 98.8 | 15 | 103.9 | 4 | 105.7 | 2 | 101.8 | 23 | 102.5 | 4 |
| 合肥 | Hefei | 99.8 | 7 | 102.1 | 29 | 105.1 | 9 | 101.9 | 17 | 101.2 | 25 |
| 福州 | Fuzhou | 99.1 | 12 | 102.9 | 19 | 104.0 | 34 | 101.1 | 34 | 100.7 | 32 |
| 厦门 | Xiamen | 97.8 | 22 | 102.8 | 20 | 104.7 | 20 | 101.6 | 27 | 102.7 | 3 |
| 南昌 | Nanchang | 99.4 | 10 | 103.0 | 18 | 105.2 | 7 | 102.4 | 9 | 101.7 | 13 |
| 济南 | Jinan | 98.7 | 16 | 101.3 | 34 | 104.6 | 23 | 101.8 | 22 | 101.3 | 21 |
| 青岛 | Qingdao | 98.6 | 17 | 101.4 | 33 | 104.5 | 24 | 101.7 | 25 | 101.9 | 9 |
| 郑州 | Zhengzhou | 100.3 | 3 | 102.7 | 21 | 104.9 | 14 | 102.4 | 10 | 101.3 | 22 |
| 武汉 | Wuhan | 98.4 | 19 | 103.1 | 17 | 104.7 | 18 | 102.3 | 12 | 102.5 | 5 |
| 长沙 | Changsha | 97.7 | 23 | 103.8 | 6 | 105.4 | 3 | 101.5 | 28 | 100.4 | 34 |
| 广州 | Guangzhou | 96.8 | 26 | 103.2 | 14 | 105.1 | 8 | 101.9 | 20 | 100.8 | 31 |
| 深圳 | Shenzhen | 97.5 | 24 | 103.2 | 14 | 105.3 | 5 | 102.4 | 7 | 101.4 | 17 |
| 南宁 | Nanning | 98.5 | 18 | 102.3 | 28 | 104.9 | 13 | 101.7 | 24 | 103.5 | 1 |
| 海口 | Haikou | 99.2 | 11 | 103.7 | 7 | 105.0 | 11 | 102.8 | 4 | 101.0 | 28 |
| 重庆 | Chongqing | 97.3 | 25 | 101.7 | 31 | 104.7 | 21 | 101.6 | 26 | 100.5 | 33 |
| 成都 | Chengdu | 99.0 | 13 | 102.4 | 27 | 104.3 | 29 | 101.4 | 31 | 101.2 | 24 |
| 贵阳 | Guiyang | 98.2 | 20 | 103.2 | 14 | 105.0 | 10 | 102.0 | 16 | 101.2 | 26 |
| 昆明 | Kunming | 100.0 | 5 | 103.6 | 9 | 104.9 | 12 | 102.0 | 15 | 99.8 | 36 |
| 拉萨 | Lasa | 100.1 | 4 | 101.2 | 35 | 103.9 | 35 | 102.9 | 3 | 101.0 | 29 |
| 西安 | Xi'an | 99.5 | 9 | 102.7 | 21 | 104.4 | 28 | 102.3 | 14 | 100.9 | 30 |
| 兰州 | Lanzhou | 100.5 | 2 | 103.9 | 4 | 105.4 | 4 | 102.4 | 8 | 101.9 | 8 |
| 西宁 | Xining | 102.3 | 1 | 104.6 | 1 | 106.0 | 1 | 102.3 | 13 | 101.7 | 11 |
| 银川 | Yinchuan | 98.5 | 18 | 102.5 | 26 | 104.2 | 31 | 100.6 | 35 | 101.6 | 14 |
| 乌鲁木齐 | Urumqi | 100.1 | 4 | 103.4 | 11 | 104.1 | 32 | 102.9 | 2 | 101.3 | 19 |

# 附录1-10　全国及各省市区工业品出厂价格指数（2013年）

（上年同期=100）

| 地　区 | Region | 全　年 Annual Year | 1 月 January | 2 月 February | 3 月 March | 4 月 April |
|---|---|---|---|---|---|---|
| 全　国 | National | 98.1 | 98.4 | 98.4 | 98.1 | 97.4 |
| 北　京 | Beijing | 97.4 | 97.2 | 97.2 | 97.3 | 97.2 |
| 天　津 | Tianjin | 97.0 | 98.8 | 99.0 | 97.7 | 96.3 |
| 河　北 | Hebei | 96.6 | 95.9 | 96.8 | 96.0 | 94.7 |
| 山　西 | Shanxi | 90.7 | 90.5 | 90.9 | 90.7 | 89.2 |
| 内蒙古 | Inner Mongolia | 97.0 | 97.0 | 97.0 | 96.8 | 96.3 |
| 辽　宁 | Liaoning | 99.0 | 99.8 | 99.7 | 99.5 | 98.4 |
| 吉　林 | Jilin | 98.7 | 98.1 | 97.8 | 97.9 | 97.7 |
| 黑龙江 | Heilongjiang | 98.0 | 99.5 | 98.9 | 98.1 | 95.0 |
| 上　海 | Shanghai | 98.2 | 98.4 | 98.7 | 98.3 | 97.7 |
| 江　苏 | Jiangsu | 98.0 | 97.9 | 98.0 | 97.8 | 97.3 |
| 浙　江 | Zhejiang | 98.2 | 97.9 | 97.9 | 97.7 | 97.4 |
| 安　徽 | Anhui | 98.2 | 98.1 | 98.1 | 98.1 | 97.4 |
| 福　建 | Fujian | 98.4 | 98.8 | 98.5 | 98.5 | 98.0 |
| 江　西 | Jiangxi | 98.5 | 98.8 | 98.8 | 97.8 | 97.7 |
| 山　东 | Shandong | 98.4 | 98.5 | 98.6 | 98.4 | 97.9 |
| 河　南 | Henan | 98.5 | 99.3 | 99.3 | 98.9 | 98.1 |
| 湖　北 | Hubei | 99.2 | 100.4 | 99.9 | 99.6 | 98.8 |
| 湖　南 | Hunan | 98.5 | 98.9 | 98.9 | 98.6 | 98.0 |
| 广　东 | Guangdong | 98.8 | 99.4 | 99.3 | 99.0 | 98.5 |
| 广　西 | Guangxi | 98.2 | 98.3 | 98.4 | 98.0 | 97.1 |
| 海　南 | Hainan | 99.5 | 100.9 | 99.8 | 99.6 | 97.5 |
| 重　庆 | Chongqing | 98.0 | 98.7 | 98.7 | 98.5 | 98.3 |
| 四　川 | Sichuan | 98.7 | 98.0 | 98.2 | 98.3 | 97.7 |
| 贵　州 | Guizhou | 97.4 | 98.6 | 97.8 | 97.7 | 97.1 |
| 云　南 | Yunnan | 97.5 | 97.8 | 97.7 | 97.7 | 97.3 |
| 西　藏 | Tibet | 99.8 | 100.1 | 100.0 | 98.9 | 99.4 |
| 陕　西 | Shaanxi | 97.3 | 99.5 | 98.8 | 98.2 | 96.3 |
| 甘　肃 | Gansu | 96.9 | 98.9 | 98.8 | 97.6 | 95.3 |
| 青　海 | Qinghai | 97.0 | 97.9 | 98.4 | 98.8 | 97.7 |
| 宁　夏 | Ningxia | 96.0 | 96.3 | 95.9 | 95.7 | 94.7 |
| 新　疆 | Xinjiang | 96.5 | 98.3 | 98.4 | 97.2 | 93.4 |

# Ex-Factory Price Indices of Industrial Products by Provinces and Regions（2013）

（preceding year=100）

| 5 月 May | 6 月 June | 7 月 July | 8 月 August | 9 月 September | 10 月 October | 11 月 November | 12 月 December |
|---|---|---|---|---|---|---|---|
| 97.1 | 97.3 | 97.7 | 98.4 | 98.7 | 98.5 | 98.6 | 98.6 |
| 96.9 | 96.9 | 97.4 | 97.5 | 97.7 | 97.8 | 97.8 | 98.0 |
| 95.8 | 95.5 | 96.4 | 97.2 | 97.2 | 96.6 | 96.6 | 96.8 |
| 94.3 | 94.2 | 94.9 | 97.4 | 100.0 | 98.4 | 98.2 | 98.4 |
| 88.3 | 87.9 | 88.3 | 90.3 | 93.0 | 93.8 | 93.2 | 93.0 |
| 95.9 | 96.2 | 96.2 | 97.2 | 97.3 | 97.4 | 98.2 | 98.3 |
| 97.9 | 98.0 | 98.8 | 99.3 | 99.6 | 99.4 | 99.0 | 98.8 |
| 97.9 | 98.5 | 99.3 | 100.0 | 99.5 | 99.4 | 99.4 | 99.5 |
| 94.5 | 96.5 | 98.8 | 99.3 | 98.6 | 98.6 | 98.7 | 99.4 |
| 97.5 | 97.8 | 98.0 | 98.3 | 98.6 | 98.3 | 98.3 | 98.6 |
| 97.2 | 97.4 | 97.8 | 98.3 | 98.5 | 98.5 | 98.7 | 98.6 |
| 97.4 | 97.9 | 98.2 | 98.7 | 98.7 | 98.6 | 98.7 | 98.9 |
| 97.4 | 97.6 | 97.7 | 98.4 | 98.9 | 98.8 | 98.6 | 98.8 |
| 97.7 | 97.7 | 98.2 | 98.7 | 98.7 | 98.5 | 98.5 | 98.8 |
| 97.7 | 98.4 | 98.2 | 99.5 | 99.3 | 98.6 | 98.8 | 98.6 |
| 97.7 | 97.6 | 98.0 | 98.6 | 98.8 | 98.9 | 99.0 | 99.1 |
| 97.7 | 97.6 | 97.9 | 98.7 | 98.9 | 98.7 | 98.8 | 98.6 |
| 98.8 | 98.9 | 98.8 | 99.1 | 99.2 | 99.1 | 98.7 | 98.7 |
| 97.8 | 97.8 | 98.0 | 98.6 | 98.8 | 98.8 | 98.8 | 99.0 |
| 98.2 | 98.4 | 98.6 | 98.8 | 98.8 | 98.7 | 98.8 | 98.9 |
| 96.9 | 97.1 | 97.5 | 98.3 | 99.1 | 99.1 | 99.3 | 99.2 |
| 96.9 | 98.4 | 99.7 | 100.2 | 100.6 | 99.7 | 99.8 | 101.0 |
| 98.3 | 97.1 | 97.0 | 97.3 | 97.7 | 97.9 | 98.0 | 98.0 |
| 97.8 | 98.3 | 98.6 | 99.1 | 99.3 | 99.5 | 99.7 | 99.4 |
| 96.9 | 96.5 | 97.3 | 97.4 | 97.6 | 97.5 | 97.5 | 97.2 |
| 97.0 | 96.9 | 96.6 | 97.4 | 97.7 | 97.8 | 97.9 | 97.9 |
| 99.5 | 99.7 | 99.5 | 98.5 | 100.0 | 99.9 | 100.7 | 101.3 |
| 95.6 | 95.7 | 96.6 | 97.4 | 97.5 | 97.4 | 97.4 | 97.8 |
| 94.0 | 94.8 | 97.2 | 99.1 | 98.3 | 96.4 | 96.3 | 96.4 |
| 96.6 | 97.0 | 97.0 | 96.3 | 96.0 | 96.2 | 96.1 | 96.2 |
| 93.9 | 94.9 | 95.6 | 96.5 | 96.7 | 97.0 | 97.3 | 97.7 |
| 92.3 | 94.6 | 97.8 | 98.6 | 97.5 | 96.9 | 96.4 | 97.1 |

# 附录1-11 全国及各省市区原材料、燃料、动力购进价格指数（2013年）

（上年同期=100）

| 地区 | Region | 全年 Annual Year | 1月 January | 2月 February | 3月 March | 4月 April |
|---|---|---|---|---|---|---|
| 全国 | National | 98.0 | 98.1 | 98.1 | 98.0 | 97.3 |
| 北京 | Beijing | 97.8 | 97.6 | 97.6 | 97.6 | 96.4 |
| 天津 | Tianjin | 97.4 | 98.4 | 98.3 | 97.8 | 96.8 |
| 河北 | Hebei | 97.6 | 96.6 | 97.3 | 97.3 | 96.6 |
| 山西 | Shanxi | 95.5 | 95.4 | 95.5 | 95.6 | 94.8 |
| 内蒙古 | Inner Mongolia | 99.3 | 99.3 | 99.1 | 98.9 | 98.8 |
| 辽宁 | Liaoning | 98.5 | 99.1 | 99.1 | 98.7 | 98.1 |
| 吉林 | Jilin | 99.4 | 99.3 | 99.2 | 99.1 | 98.2 |
| 黑龙江 | Heilongjiang | 98.7 | 99.0 | 98.3 | 98.3 | 96.3 |
| 上海 | Shanghai | 96.5 | 97.6 | 97.5 | 97.1 | 96.3 |
| 江苏 | Jiangsu | 97.1 | 96.5 | 96.7 | 96.9 | 96.2 |
| 浙江 | Zhejiang | 97.7 | 97.6 | 97.4 | 97.2 | 96.8 |
| 安徽 | Anhui | 96.9 | 98.0 | 97.9 | 97.4 | 96.6 |
| 福建 | Fujian | 98.4 | 98.4 | 98.4 | 98.3 | 98.1 |
| 江西 | Jiangxi | 98.4 | 98.2 | 98.3 | 98.1 | 97.5 |
| 山东 | Shandong | 98.4 | 98.1 | 98.2 | 98.2 | 97.6 |
| 河南 | Henan | 99.3 | 99.6 | 99.5 | 99.3 | 98.7 |
| 湖北 | Hubei | 98.2 | 98.6 | 98.4 | 98.3 | 97.4 |
| 湖南 | Hunan | 98.4 | 100.1 | 99.8 | 99.4 | 98.1 |
| 广东 | Guangdong | 98.2 | 98.5 | 98.3 | 98.1 | 97.5 |
| 广西 | Guangxi | 98.9 | 98.2 | 98.6 | 98.8 | 98.6 |
| 海南 | Hainan | 97.0 | 99.3 | 99.0 | 96.1 | 95.3 |
| 重庆 | Chongqing | 97.6 | 98.3 | 98.3 | 98.2 | 98.0 |
| 四川 | Sichuan | 99.2 | 99.6 | 100.0 | 99.2 | 98.7 |
| 贵州 | Guizhou | 96.4 | 95.3 | 95.5 | 95.3 | 95.5 |
| 云南 | Yunnan | 98.8 | 98.7 | 98.6 | 98.8 | 98.2 |
| 西藏 | Tibet | - | - | - | - | - |
| 陕西 | Shaanxi | 99.3 | 100.3 | 100.4 | 99.6 | 98.8 |
| 甘肃 | Gansu | 97.8 | 98.7 | 99.8 | 98.9 | 97.1 |
| 青海 | Qinghai | 98.8 | 97.1 | 98.7 | 99.6 | 99.7 |
| 宁夏 | Ningxia | 97.0 | 96.9 | 97.0 | 96.9 | 96.2 |
| 新疆 | Xinjiang | 97.8 | 98.1 | 98.5 | 98.4 | 96.2 |

# Indices of Purchasing Prices of Raw Materials, Fuels and Power by Provinces and Regions（2013）

（preceding year=100）

| 5 月 May | 6 月 June | 7 月 July | 8 月 August | 9 月 September | 10 月 October | 11 月 November | 12 月 December |
|---|---|---|---|---|---|---|---|
| 97.0 | 97.4 | 97.8 | 98.4 | 98.4 | 98.4 | 98.5 | 98.6 |
| 96.0 | 96.4 | 98.0 | 98.5 | 98.5 | 98.8 | 99.2 | 99.1 |
| 96.3 | 96.3 | 96.9 | 97.5 | 97.5 | 97.4 | 97.5 | 97.7 |
| 95.7 | 96.6 | 96.8 | 97.9 | 99.1 | 99.1 | 98.9 | 99.1 |
| 94.5 | 94.1 | 94.3 | 95.5 | 96.3 | 96.6 | 96.6 | 96.5 |
| 98.6 | 98.8 | 99.0 | 99.4 | 99.9 | 99.9 | 100.1 | 100.0 |
| 97.8 | 97.9 | 98.5 | 98.8 | 98.5 | 98.5 | 98.7 | 98.7 |
| 98.0 | 98.8 | 100.2 | 100.5 | 100.0 | 99.8 | 99.6 | 99.8 |
| 96.0 | 97.8 | 99.8 | 100.5 | 99.8 | 99.8 | 99.3 | 99.4 |
| 95.2 | 95.0 | 95.4 | 97.0 | 96.9 | 96.4 | 96.7 | 96.7 |
| 96.0 | 96.6 | 97.0 | 97.8 | 97.8 | 97.7 | 97.7 | 98.0 |
| 97.0 | 97.4 | 97.6 | 98.1 | 98.2 | 98.1 | 98.2 | 98.2 |
| 96.0 | 96.2 | 95.9 | 96.3 | 96.4 | 96.9 | 97.3 | 97.6 |
| 97.7 | 98.1 | 98.4 | 98.9 | 99.0 | 98.8 | 98.7 | 98.5 |
| 97.6 | 97.9 | 98.1 | 99.1 | 98.9 | 98.9 | 98.9 | 99.0 |
| 97.4 | 97.8 | 98.3 | 98.9 | 98.8 | 98.8 | 99.1 | 99.3 |
| 98.5 | 98.8 | 98.9 | 99.6 | 99.3 | 99.4 | 99.8 | 99.8 |
| 97.1 | 97.4 | 98.2 | 98.6 | 98.8 | 98.8 | 98.7 | 98.4 |
| 97.2 | 97.2 | 97.5 | 98.2 | 98.2 | 98.3 | 98.3 | 98.5 |
| 97.5 | 97.9 | 98.0 | 98.3 | 98.3 | 98.1 | 98.7 | 98.9 |
| 98.6 | 98.7 | 98.8 | 99.1 | 99.4 | 99.4 | 99.2 | 98.9 |
| 95.0 | 96.6 | 97.3 | 96.7 | 96.0 | 97.1 | 97.8 | 98.3 |
| 97.9 | 96.7 | 96.7 | 97.1 | 97.4 | 97.6 | 97.7 | 97.8 |
| 98.2 | 98.4 | 99.2 | 99.5 | 99.5 | 99.5 | 99.7 | 99.5 |
| 95.6 | 95.9 | 96.6 | 97.0 | 98.0 | 97.3 | 97.5 | 97.7 |
| 97.7 | 98.4 | 98.4 | 98.9 | 99.4 | 99.7 | 99.6 | 99.1 |
| - | - | - | - | - | - | - | - |
| 98.4 | 98.7 | 99.3 | 99.4 | 99.7 | 99.0 | 99.1 | 99.3 |
| 96.6 | 95.1 | 97.4 | 98.9 | 98.1 | 97.8 | 98.0 | 97.8 |
| 99.5 | 99.3 | 98.4 | 99.0 | 98.8 | 98.9 | 98.6 | 98.4 |
| 96.0 | 96.7 | 97.0 | 96.9 | 96.9 | 97.5 | 97.9 | 98.6 |
| 94.9 | 95.7 | 98.3 | 99.9 | 99.0 | 98.2 | 98.2 | 98.6 |

# 附录1-12 全国70个大中城市住宅销售价格指数（2013年）

（上年同期=100）

| 地区 | Region | 新建住宅价格指数 1月 January | 2月 February | 3月 March | 4月 April | 5月 May |
|---|---|---|---|---|---|---|
| 北京 | Beijing | 103.3 | 105.9 | 108.6 | 110.3 | 111.8 |
| 天津 | Tianjin | 101.4 | 102.8 | 104.3 | 105.2 | 105.4 |
| 石家庄 | Shijiazhuang | 102.0 | 103.3 | 104.5 | 105.3 | 105.8 |
| 太原 | Taiyuan | 101.3 | 102.4 | 103.2 | 104.5 | 106.8 |
| 呼和浩特 | Hohhto | 100.3 | 101.7 | 101.9 | 101.9 | 103.4 |
| 沈阳 | Shenyang | 101.3 | 102.9 | 104.2 | 106.4 | 108.5 |
| 大连 | Dalian | 102.0 | 103.1 | 104.3 | 105.8 | 107.0 |
| 长春 | Changchun | 100.1 | 101.4 | 102.5 | 103.6 | 104.7 |
| 哈尔滨 | Harbin | 101.6 | 102.7 | 103.5 | 104.2 | 105.0 |
| 上海 | Shanghai | 101.3 | 103.4 | 106.4 | 108.5 | 110.2 |
| 南京 | Nanjing | 102.3 | 104.0 | 105.7 | 107.3 | 108.5 |
| 杭州 | Hangzhou | 93.6 | 94.7 | 100.3 | 105.2 | 106.7 |
| 宁波 | Ningbo | 93.7 | 95.0 | 96.7 | 99.4 | 101.7 |
| 合肥 | Hefei | 101.5 | 102.7 | 103.6 | 104.5 | 105.4 |
| 福州 | Fuzhou | 102.3 | 104.3 | 105.9 | 107.6 | 108.3 |
| 厦门 | Xiamen | 102.3 | 104.1 | 106.5 | 108.4 | 110.0 |
| 南昌 | Nanchang | 101.6 | 103.1 | 104.8 | 106.3 | 107.2 |
| 济南 | Jinan | 100.9 | 101.7 | 102.9 | 104.7 | 105.5 |
| 青岛 | Qingdao | 97.6 | 99.0 | 101.2 | 103.6 | 104.7 |
| 郑州 | Zhengzhou | 102.5 | 104.2 | 106.3 | 108.0 | 109.1 |
| 武汉 | Wuhan | 102.0 | 103.5 | 104.7 | 105.8 | 106.9 |
| 长沙 | Changsha | 101.9 | 103.4 | 105.0 | 106.3 | 107.5 |
| 广州 | Guangzhou | 104.7 | 108.1 | 111.1 | 113.5 | 115.3 |
| 深圳 | Shenzhen | 103.2 | 105.7 | 108.9 | 111.3 | 113.7 |
| 南宁 | Nanning | 99.7 | 101.3 | 103.3 | 104.0 | 105.6 |
| 海口 | Haikou | 99.7 | 99.9 | 100.1 | 100.3 | 100.8 |
| 重庆 | Chongqing | 102.5 | 103.5 | 104.3 | 105.5 | 106.2 |
| 成都 | Chengdu | 101.5 | 102.3 | 103.4 | 105.4 | 106.8 |
| 贵阳 | Guiyang | 101.4 | 102.0 | 102.7 | 103.9 | 104.6 |
| 昆明 | Kunming | 101.7 | 101.7 | 102.7 | 103.3 | 104.1 |
| 西安 | Xi'an | 101.4 | 102.4 | 103.8 | 104.7 | 105.8 |
| 兰州 | Lanzhou | 100.5 | 101.4 | 102.6 | 103.5 | 104.1 |
| 西宁 | Xining | 102.3 | 103.6 | 104.0 | 104.6 | 105.8 |
| 银川 | Yinchuan | 102.0 | 102.6 | 103.1 | 104.2 | 105.0 |
| 乌鲁木齐 | Urumqi | 103.5 | 105.0 | 106.1 | 107.3 | 108.1 |

## Residential Sales Price Index in 70 Large-scale and Medium-scale Cities（2013）

（preceding year=100）

| New Housing Price Index | | | | | | |
|---|---|---|---|---|---|---|
| 6 月 June | 7 月 July | 8 月 August | 9 月 September | 10 月 October | 11 月 November | 12 月 December |
| 112.9 | 114.1 | 114.9 | 116.0 | 116.4 | 116.3 | 116.0 |
| 105.8 | 106.0 | 106.1 | 106.7 | 107.0 | 107.0 | 107.4 |
| 106.8 | 106.6 | 107.3 | 108.0 | 109.1 | 109.2 | 109.9 |
| 107.9 | 108.8 | 109.6 | 110.8 | 112.0 | 112.1 | 111.7 |
| 104.5 | 105.8 | 106.9 | 107.9 | 109.3 | 109.7 | 110.3 |
| 109.4 | 110.5 | 111.5 | 112.6 | 113.2 | 113.1 | 113.1 |
| 107.7 | 108.2 | 108.4 | 108.9 | 109.3 | 109.4 | 110.0 |
| 105.8 | 106.3 | 107.0 | 107.7 | 107.8 | 108.8 | 108.6 |
| 106.4 | 106.7 | 107.4 | 107.9 | 109.7 | 110.0 | 110.2 |
| 111.9 | 113.7 | 115.4 | 117.0 | 117.8 | 118.2 | 118.2 |
| 109.2 | 109.6 | 110.2 | 111.0 | 111.6 | 112.0 | 111.9 |
| 107.1 | 107.5 | 108.3 | 109.4 | 110.5 | 111.2 | 111.0 |
| 102.9 | 103.4 | 104.5 | 105.6 | 106.3 | 106.8 | 107.3 |
| 106.2 | 107.0 | 107.5 | 108.1 | 108.3 | 109.2 | 109.9 |
| 110.8 | 110.8 | 111.1 | 112.1 | 112.6 | 113.8 | 113.1 |
| 111.6 | 113.6 | 114.6 | 116.1 | 116.5 | 116.7 | 116.5 |
| 108.2 | 108.2 | 108.4 | 109.2 | 109.6 | 110.0 | 109.9 |
| 106.0 | 106.9 | 107.6 | 108.2 | 108.7 | 109.3 | 109.4 |
| 105.5 | 106.6 | 108.0 | 108.9 | 109.4 | 109.9 | 110.0 |
| 110.1 | 111.7 | 112.3 | 112.4 | 112.2 | 112.1 | 111.7 |
| 107.6 | 108.5 | 109.4 | 110.0 | 110.7 | 110.8 | 110.4 |
| 108.4 | 109.3 | 110.1 | 110.7 | 111.6 | 111.6 | 112.1 |
| 116.3 | 117.2 | 118.8 | 120.0 | 120.5 | 120.7 | 120.1 |
| 115.7 | 116.6 | 118.1 | 119.7 | 120.2 | 120.6 | 119.9 |
| 106.4 | 107.4 | 108.3 | 108.7 | 109.4 | 109.4 | 110.1 |
| 100.9 | 101.0 | 101.0 | 101.1 | 101.8 | 101.8 | 102.3 |
| 106.8 | 107.1 | 107.9 | 108.9 | 109.2 | 109.5 | 109.3 |
| 107.7 | 107.7 | 108.6 | 109.1 | 109.6 | 109.8 | 109.6 |
| 104.5 | 105.1 | 104.9 | 105.5 | 106.3 | 106.7 | 106.7 |
| 104.7 | 104.6 | 105.3 | 105.6 | 105.9 | 105.9 | 105.8 |
| 106.6 | 107.7 | 108.3 | 108.8 | 109.3 | 109.5 | 109.8 |
| 105.3 | 105.8 | 107.0 | 107.3 | 107.7 | 107.7 | 107.9 |
| 106.9 | 107.9 | 108.7 | 108.9 | 109.3 | 109.4 | 109.9 |
| 106.0 | 106.3 | 107.3 | 107.6 | 108.1 | 108.3 | 108.6 |
| 107.9 | 108.2 | 109.0 | 110.0 | 110.2 | 110.0 | 110.7 |

附录1-12 续表

（上年同期=100）

| 地 区 | Region | 新建住宅价格指数 1月 January | 2月 February | 3月 March | 4月 April | 5月 May |
|---|---|---|---|---|---|---|
| 唐山 | Tangshan | 99.8 | 100.3 | 101.1 | 101.1 | 101.0 |
| 秦皇岛 | Qinhuangdao | 101.3 | 102.6 | 103.3 | 104.1 | 104.9 |
| 包头 | Baotou | 101.4 | 103.1 | 104.1 | 104.9 | 106.0 |
| 丹东 | Dandong | 100.4 | 101.4 | 102.5 | 103.3 | 104.1 |
| 锦州 | Jinzhou | 100.3 | 101.5 | 101.9 | 103.0 | 103.9 |
| 吉林 | Jilin | 100.9 | 101.7 | 102.7 | 103.4 | 104.5 |
| 牡丹江 | Mudanjiang | 99.9 | 100.8 | 101.6 | 103.0 | 103.8 |
| 无锡 | Wuxi | 100.4 | 101.1 | 102.7 | 103.2 | 103.7 |
| 扬州 | Yangzhou | 100.1 | 100.8 | 101.3 | 102.4 | 103.4 |
| 徐州 | Xuzhou | 100.5 | 101.6 | 103.3 | 104.4 | 105.6 |
| 温州 | Wenzhou | 89.9 | 89.9 | 90.8 | 94.3 | 96.4 |
| 金华 | Jinhua | 94.4 | 94.7 | 100.1 | 101.0 | 102.3 |
| 蚌埠 | Bengbu | 100.3 | 100.9 | 101.5 | 101.8 | 102.5 |
| 安庆 | Anqing | 100.1 | 101.0 | 102.0 | 102.3 | 103.1 |
| 泉州 | Quanzhou | 99.8 | 100.5 | 100.8 | 102.5 | 103.3 |
| 九江 | Jiujiang | 100.8 | 101.7 | 102.2 | 102.9 | 104.3 |
| 赣州 | Ganzhou | 100.5 | 101.9 | 103.6 | 104.1 | 104.5 |
| 烟台 | Yantai | 99.7 | 100.7 | 102.3 | 103.3 | 103.7 |
| 济宁 | Jining | 100.8 | 102.0 | 103.2 | 104.0 | 104.5 |
| 洛阳 | Luoyang | 100.0 | 101.3 | 101.9 | 103.0 | 103.8 |
| 平顶山 | Pingdingshan | 99.8 | 101.0 | 102.4 | 103.2 | 104.2 |
| 宜昌 | Yichang | 101.1 | 102.0 | 103.4 | 105.0 | 106.4 |
| 襄阳 | Xiangyang | 100.2 | 100.9 | 103.0 | 104.7 | 106.2 |
| 岳阳 | Yueyang | 100.1 | 100.5 | 101.6 | 102.6 | 103.6 |
| 常德 | Changde | 100.7 | 101.6 | 102.6 | 103.3 | 103.3 |
| 惠州 | Huizhou | 100.3 | 101.2 | 102.0 | 102.7 | 103.5 |
| 湛江 | Zhangjiang | 102.6 | 103.8 | 104.4 | 105.0 | 106.1 |
| 韶关 | Shaoguan | 101.4 | 102.5 | 102.7 | 103.4 | 105.0 |
| 桂林 | Guilin | 99.7 | 99.8 | 100.6 | 101.3 | 104.2 |
| 北海 | The North Sea | 99.6 | 100.9 | 102.0 | 103.1 | 104.1 |
| 三亚 | Sanya | 99.9 | 100.3 | 101.1 | 102.0 | 102.2 |
| 泸州 | Luzhou | 102.0 | 102.9 | 104.1 | 105.0 | 105.1 |
| 南充 | Nanchong | 102.7 | 104.0 | 105.6 | 106.7 | 107.9 |
| 遵义 | Zunyi | 101.8 | 102.8 | 103.2 | 103.8 | 104.0 |
| 大理 | Dali | 99.7 | 99.8 | 100.4 | 100.8 | 101.6 |

continued

(preceding year=100)

| New Housing Price Index | | | | | | |
|---|---|---|---|---|---|---|
| 6 月 June | 7 月 July | 8 月 August | 9 月 September | 10 月 October | 11 月 November | 12 月 December |
| 101.1 | 101.3 | 101.5 | 101.3 | 101.7 | 101.4 | 101.6 |
| 105.4 | 105.8 | 106.4 | 107.1 | 106.9 | 107.2 | 107.1 |
| 105.9 | 106.3 | 106.2 | 106.5 | 107.1 | 107.4 | 108.0 |
| 104.9 | 105.6 | 107.0 | 107.8 | 108.4 | 108.9 | 109.3 |
| 105.3 | 106.0 | 107.6 | 108.7 | 109.7 | 110.2 | 110.7 |
| 105.5 | 105.7 | 106.7 | 107.4 | 107.9 | 108.0 | 108.3 |
| 104.3 | 104.5 | 104.9 | 105.6 | 105.6 | 105.6 | 106.2 |
| 103.8 | 103.7 | 103.4 | 103.9 | 104.5 | 104.8 | 105.1 |
| 104.3 | 104.2 | 104.7 | 105.2 | 106.4 | 107.4 | 107.0 |
| 106.5 | 107.1 | 108.2 | 109.1 | 110.0 | 110.1 | 110.4 |
| 97.2 | 97.6 | 97.9 | 98.3 | 98.6 | 98.9 | 97.4 |
| 103.1 | 104.3 | 106.4 | 107.7 | 107.9 | 107.6 | 107.0 |
| 102.9 | 103.0 | 103.5 | 104.3 | 104.9 | 105.1 | 104.7 |
| 103.7 | 103.3 | 103.9 | 104.5 | 105.2 | 105.4 | 105.5 |
| 103.9 | 104.6 | 105.1 | 106.4 | 106.9 | 107.5 | 108.0 |
| 104.9 | 104.7 | 105.3 | 105.3 | 105.9 | 106.6 | 106.7 |
| 104.5 | 105.6 | 106.4 | 107.5 | 108.5 | 109.3 | 109.1 |
| 103.9 | 104.8 | 106.2 | 107.1 | 107.6 | 108.4 | 108.8 |
| 105.8 | 106.3 | 107.3 | 107.4 | 108.9 | 108.8 | 109.7 |
| 104.5 | 105.5 | 106.4 | 107.6 | 108.0 | 108.6 | 108.7 |
| 105.1 | 105.8 | 106.9 | 108.3 | 108.5 | 109.2 | 109.1 |
| 107.1 | 107.5 | 108.4 | 109.1 | 109.5 | 109.7 | 109.9 |
| 107.1 | 107.3 | 108.0 | 108.3 | 108.6 | 108.8 | 108.7 |
| 104.8 | 105.0 | 105.5 | 106.7 | 106.7 | 106.7 | 106.7 |
| 103.8 | 104.5 | 105.5 | 106.0 | 106.4 | 106.8 | 106.3 |
| 104.3 | 104.7 | 105.7 | 106.7 | 107.2 | 108.0 | 108.5 |
| 106.5 | 107.0 | 107.9 | 109.3 | 109.6 | 110.0 | 109.6 |
| 105.0 | 105.7 | 106.3 | 106.3 | 106.8 | 106.3 | 105.8 |
| 105.7 | 107.7 | 108.5 | 108.5 | 109.9 | 111.4 | 111.9 |
| 105.3 | 105.9 | 106.8 | 108.2 | 108.6 | 109.1 | 109.9 |
| 102.4 | 102.8 | 103.4 | 103.7 | 104.6 | 105.5 | 105.3 |
| 104.8 | 105.4 | 106.4 | 108.4 | 109.2 | 108.7 | 108.9 |
| 110.0 | 110.7 | 111.3 | 111.4 | 111.2 | 110.8 | 110.7 |
| 104.1 | 104.2 | 104.8 | 105.4 | 105.7 | 106.6 | 106.4 |
| 102.3 | 102.5 | 103.6 | 103.9 | 104.5 | 105.6 | 105.5 |

附录1-12 续表 1

（上年同期=100）

| 地　区 | Region | 新建商品住宅价格指数 | | | | |
|---|---|---|---|---|---|---|
| | | 1 月 January | 2 月 February | 3 月 March | 4 月 April | 5 月 May |
| 北　京 | Beijing | 104.3 | 107.7 | 111.2 | 113.4 | 115.2 |
| 天　津 | Tianjin | 101.6 | 103.2 | 104.9 | 105.9 | 106.2 |
| 石家庄 | Shijiazhuang | 102.1 | 103.4 | 104.6 | 105.4 | 105.9 |
| 太　原 | Taiyuan | 101.4 | 102.5 | 103.3 | 104.7 | 107.0 |
| 呼和浩特 | Hohhto | 100.3 | 101.7 | 102.0 | 102.0 | 103.5 |
| 沈　阳 | Shenyang | 101.3 | 102.9 | 104.3 | 106.4 | 108.6 |
| 大　连 | Dalian | 102.0 | 103.1 | 104.4 | 105.9 | 107.1 |
| 长　春 | Changchun | 100.1 | 101.5 | 102.6 | 103.7 | 104.8 |
| 哈尔滨 | Harbin | 101.7 | 102.8 | 103.7 | 104.4 | 105.2 |
| 上　海 | Shanghai | 101.5 | 104.1 | 107.8 | 110.2 | 112.2 |
| 南　京 | Nanjing | 103.0 | 105.3 | 107.6 | 109.7 | 111.3 |
| 杭　州 | Hangzhou | 93.4 | 94.5 | 100.3 | 105.4 | 107.0 |
| 宁　波 | Ningbo | 93.3 | 94.7 | 96.5 | 99.3 | 101.8 |
| 合　肥 | Hefei | 101.6 | 102.9 | 103.9 | 104.9 | 105.9 |
| 福　州 | Fuzhou | 102.4 | 104.4 | 106.0 | 107.8 | 108.4 |
| 厦　门 | Xiamen | 102.4 | 104.2 | 106.6 | 108.6 | 110.2 |
| 南　昌 | Nanchang | 101.7 | 103.3 | 105.1 | 106.7 | 107.6 |
| 济　南 | Jinan | 100.9 | 101.7 | 102.9 | 104.7 | 105.5 |
| 青　岛 | Qingdao | 97.4 | 99.0 | 101.3 | 103.8 | 104.9 |
| 郑　州 | Zhengzhou | 102.5 | 104.3 | 106.5 | 108.2 | 109.3 |
| 武　汉 | Wuhan | 102.1 | 103.6 | 104.9 | 106.1 | 107.3 |
| 长　沙 | Changsha | 102.0 | 103.5 | 105.1 | 106.3 | 107.6 |
| 广　州 | Guangzhou | 104.7 | 108.2 | 111.2 | 113.7 | 115.5 |
| 深　圳 | Shenzhen | 103.3 | 105.8 | 109.1 | 111.5 | 114.0 |
| 南　宁 | Nanning | 99.7 | 101.3 | 103.4 | 104.1 | 105.7 |
| 海　口 | Haikou | 99.6 | 99.9 | 100.0 | 100.3 | 100.8 |
| 重　庆 | Chongqing | 102.5 | 103.6 | 104.4 | 105.6 | 106.3 |
| 成　都 | Chengdu | 101.5 | 102.3 | 103.4 | 105.4 | 106.8 |
| 贵　阳 | Guiyang | 101.5 | 102.2 | 103.0 | 104.3 | 105.1 |
| 昆　明 | Kunming | 102.0 | 102.1 | 103.2 | 104.0 | 104.8 |
| 西　安 | Xi'an | 101.6 | 102.6 | 104.2 | 105.2 | 106.5 |
| 兰　州 | Lanzhou | 100.5 | 101.4 | 102.7 | 103.6 | 104.2 |
| 西　宁 | Xining | 102.3 | 103.6 | 104.0 | 104.6 | 105.8 |
| 银　川 | Yinchuan | 102.2 | 102.8 | 103.3 | 104.5 | 105.4 |
| 乌鲁木齐 | Urumqi | 103.5 | 105.0 | 106.2 | 107.4 | 108.1 |

continued

(preceding year=100)

| New Commercial Housing Price Index | | | | | | |
|---|---|---|---|---|---|---|
| 6 月<br>June | 7 月<br>July | 8 月<br>August | 9 月<br>September | 10 月<br>October | 11 月<br>November | 12 月<br>December |
| 116.7 | 118.3 | 119.3 | 120.6 | 121.2 | 121.1 | 120.6 |
| 106.5 | 106.8 | 107.0 | 107.6 | 107.9 | 108.0 | 108.3 |
| 107.0 | 106.8 | 107.4 | 108.2 | 109.3 | 109.4 | 110.1 |
| 108.2 | 109.1 | 110.0 | 111.3 | 112.5 | 112.5 | 112.1 |
| 104.7 | 106.0 | 107.1 | 108.2 | 109.6 | 110.0 | 110.6 |
| 109.5 | 110.6 | 111.7 | 112.7 | 113.3 | 113.2 | 113.2 |
| 107.8 | 108.3 | 108.5 | 109.0 | 109.4 | 109.5 | 110.1 |
| 105.9 | 106.5 | 107.2 | 107.9 | 108.1 | 109.0 | 108.8 |
| 106.7 | 107.0 | 107.8 | 108.2 | 110.1 | 110.5 | 110.7 |
| 114.4 | 116.5 | 118.5 | 120.4 | 121.4 | 121.9 | 121.9 |
| 112.3 | 112.8 | 113.5 | 114.5 | 115.3 | 115.8 | 115.6 |
| 107.4 | 107.9 | 108.7 | 109.8 | 111.0 | 111.7 | 111.5 |
| 103.0 | 103.6 | 104.7 | 105.9 | 106.6 | 107.2 | 107.8 |
| 106.8 | 107.6 | 108.2 | 108.9 | 109.1 | 110.0 | 110.7 |
| 111.0 | 110.9 | 111.2 | 112.3 | 112.8 | 114.0 | 113.3 |
| 111.9 | 113.9 | 114.9 | 116.5 | 116.9 | 117.1 | 116.9 |
| 108.6 | 108.6 | 108.8 | 109.7 | 110.1 | 110.5 | 110.4 |
| 106.0 | 106.9 | 107.6 | 108.2 | 108.7 | 109.3 | 109.4 |
| 105.8 | 106.9 | 108.4 | 109.3 | 109.9 | 110.4 | 110.5 |
| 110.4 | 112.0 | 112.6 | 112.7 | 112.5 | 112.4 | 112.0 |
| 108.0 | 108.9 | 109.9 | 110.5 | 111.3 | 111.3 | 110.9 |
| 108.5 | 109.4 | 110.2 | 110.8 | 111.8 | 111.8 | 112.3 |
| 116.5 | 117.4 | 119.0 | 120.2 | 120.7 | 120.9 | 120.4 |
| 116.0 | 117.0 | 118.4 | 120.1 | 120.6 | 121.0 | 120.3 |
| 106.6 | 107.6 | 108.5 | 108.9 | 109.6 | 109.7 | 110.3 |
| 100.9 | 101.0 | 101.0 | 101.1 | 101.8 | 101.8 | 102.4 |
| 106.9 | 107.3 | 108.1 | 109.0 | 109.4 | 109.7 | 109.5 |
| 107.7 | 107.7 | 108.6 | 109.1 | 109.6 | 109.8 | 109.7 |
| 105.0 | 105.6 | 105.4 | 106.1 | 106.9 | 107.4 | 107.4 |
| 105.6 | 105.5 | 106.3 | 106.6 | 107.0 | 107.0 | 106.9 |
| 107.3 | 108.6 | 109.3 | 109.8 | 110.3 | 110.5 | 110.9 |
| 105.4 | 105.9 | 107.1 | 107.5 | 107.9 | 107.9 | 108.0 |
| 106.9 | 107.9 | 108.7 | 108.9 | 109.3 | 109.4 | 109.9 |
| 106.5 | 106.8 | 107.9 | 108.2 | 108.7 | 109.0 | 109.2 |
| 107.9 | 108.3 | 109.1 | 110.0 | 110.3 | 110.1 | 110.7 |

附录1-12　续表

（上年同期为100）

| 地　区 | Region | 新建商品住宅价格指数 | | | | |
| --- | --- | --- | --- | --- | --- | --- |
| | | 1 月 January | 2 月 February | 3 月 March | 4 月 April | 5 月 May |
| 唐　山 | Tangshan | 99.8 | 100.3 | 101.2 | 101.1 | 101.1 |
| 秦皇岛 | Qinhuangdao | 101.5 | 102.8 | 103.7 | 104.6 | 105.4 |
| 包　头 | Baotou | 101.6 | 103.6 | 104.9 | 105.7 | 107.1 |
| 丹　东 | Dandong | 100.4 | 101.4 | 102.5 | 103.3 | 104.2 |
| 锦　州 | Jinzhou | 100.3 | 101.5 | 101.9 | 103.0 | 103.9 |
| 吉　林 | Jilin | 101.0 | 101.8 | 102.8 | 103.6 | 104.7 |
| 牡丹江 | Mudanjiang | 99.9 | 100.8 | 101.6 | 103.0 | 103.8 |
| 无　锡 | Wuxi | 100.4 | 101.3 | 103.2 | 103.8 | 104.4 |
| 扬　州 | Yangzhou | 100.1 | 100.8 | 101.4 | 102.5 | 103.5 |
| 徐　州 | Xuzhou | 100.5 | 101.7 | 103.5 | 104.7 | 105.9 |
| 温　州 | Wenzhou | 89.2 | 89.3 | 90.2 | 93.9 | 96.2 |
| 金　华 | Jinhua | 94.4 | 94.7 | 100.1 | 101.0 | 102.3 |
| 蚌　埠 | Bengbu | 100.3 | 100.9 | 101.5 | 101.9 | 102.5 |
| 安　庆 | Anqing | 100.1 | 101.0 | 102.1 | 102.5 | 103.2 |
| 泉　州 | Quanzhou | 99.8 | 100.5 | 100.9 | 102.6 | 103.5 |
| 九　江 | Jiujiang | 100.8 | 101.8 | 102.3 | 103.0 | 104.5 |
| 赣　州 | Ganzhou | 100.6 | 101.9 | 103.6 | 104.1 | 104.5 |
| 烟　台 | Yantai | 99.7 | 100.8 | 102.4 | 103.4 | 103.7 |
| 济　宁 | Jining | 100.8 | 102.0 | 103.3 | 104.1 | 104.7 |
| 洛　阳 | Luoyang | 100.0 | 101.4 | 102.0 | 103.0 | 103.8 |
| 平顶山 | Pingdingshan | 99.8 | 101.0 | 102.5 | 103.3 | 104.3 |
| 宜　昌 | Yichang | 101.1 | 102.0 | 103.5 | 105.1 | 106.5 |
| 襄　阳 | Xiangyang | 100.2 | 100.9 | 103.0 | 104.7 | 106.2 |
| 岳　阳 | Yueyang | 100.2 | 100.9 | 102.6 | 104.3 | 106.0 |
| 常　德 | Changde | 100.8 | 101.6 | 102.6 | 103.4 | 103.3 |
| 惠　州 | Huizhou | 100.3 | 101.2 | 102.0 | 102.7 | 103.6 |
| 湛　江 | Zhangjiang | 102.6 | 103.8 | 104.4 | 105.0 | 106.1 |
| 韶　关 | Shaoguan | 101.5 | 102.6 | 102.8 | 103.5 | 105.1 |
| 桂　林 | Guilin | 99.7 | 99.8 | 100.6 | 101.3 | 104.3 |
| 北　海 | The North Sea | 99.6 | 100.9 | 102.0 | 103.1 | 104.1 |
| 三　亚 | Sanya | 99.9 | 100.3 | 101.1 | 102.0 | 102.2 |
| 泸　州 | Luzhou | 102.1 | 103.0 | 104.2 | 105.2 | 105.3 |
| 南　充 | Nanchong | 102.7 | 104.0 | 105.7 | 106.8 | 108.0 |
| 遵　义 | Zunyi | 102.0 | 103.1 | 103.6 | 104.3 | 104.5 |
| 大　理 | Dali | 99.7 | 99.8 | 100.4 | 100.9 | 101.8 |

continued

(preceding year=100)

| New Commercial Housing Price Index | | | | | | |
|---|---|---|---|---|---|---|
| 6 月 June | 7 月 July | 8 月 August | 9 月 September | 10 月 October | 11 月 November | 12 月 December |
| 101.2 | 101.4 | 101.7 | 101.4 | 101.8 | 101.5 | 101.7 |
| 106.0 | 106.4 | 107.1 | 107.8 | 107.6 | 107.9 | 107.8 |
| 107.0 | 107.4 | 107.3 | 107.6 | 108.4 | 108.7 | 109.4 |
| 105.0 | 105.7 | 107.0 | 107.9 | 108.5 | 109.0 | 109.3 |
| 105.3 | 106.0 | 107.6 | 108.7 | 109.7 | 110.2 | 110.7 |
| 105.7 | 106.0 | 107.1 | 107.7 | 108.3 | 108.4 | 108.8 |
| 104.4 | 104.6 | 105.0 | 105.7 | 105.7 | 105.7 | 106.2 |
| 104.4 | 104.3 | 104.0 | 104.5 | 105.2 | 105.6 | 105.9 |
| 104.4 | 104.3 | 104.8 | 105.4 | 106.6 | 107.6 | 107.3 |
| 106.9 | 107.5 | 108.7 | 109.6 | 110.6 | 110.6 | 111.0 |
| 97.0 | 97.4 | 97.7 | 98.2 | 98.5 | 98.8 | 97.2 |
| 103.2 | 104.4 | 106.5 | 107.8 | 108.0 | 107.7 | 107.0 |
| 103.0 | 103.0 | 103.5 | 104.4 | 105.0 | 105.2 | 104.8 |
| 103.9 | 103.5 | 104.2 | 104.8 | 105.5 | 105.7 | 105.9 |
| 104.1 | 104.8 | 105.4 | 106.7 | 107.3 | 107.9 | 108.4 |
| 105.1 | 104.9 | 105.6 | 105.5 | 106.2 | 106.9 | 107.0 |
| 104.5 | 105.6 | 106.4 | 107.5 | 108.6 | 109.4 | 109.2 |
| 104.0 | 104.9 | 106.3 | 107.2 | 107.8 | 108.5 | 108.9 |
| 106.0 | 106.5 | 107.5 | 107.6 | 109.1 | 109.0 | 110.0 |
| 104.6 | 105.6 | 106.5 | 107.7 | 108.2 | 108.7 | 108.9 |
| 105.2 | 105.9 | 107.0 | 108.5 | 108.6 | 109.3 | 109.3 |
| 107.2 | 107.6 | 108.6 | 109.3 | 109.6 | 109.9 | 110.0 |
| 107.2 | 107.3 | 108.1 | 108.4 | 108.6 | 108.9 | 108.8 |
| 107.9 | 108.2 | 108.9 | 110.8 | 110.8 | 110.9 | 110.8 |
| 103.9 | 104.5 | 105.6 | 106.1 | 106.5 | 106.9 | 106.4 |
| 104.3 | 104.7 | 105.7 | 106.7 | 107.2 | 108.1 | 108.5 |
| 106.5 | 107.0 | 107.9 | 109.3 | 109.6 | 110.0 | 109.6 |
| 105.2 | 105.9 | 106.4 | 106.4 | 107.0 | 106.5 | 106.0 |
| 105.8 | 107.8 | 108.7 | 108.7 | 110.1 | 111.6 | 112.1 |
| 105.3 | 105.9 | 106.9 | 108.2 | 108.7 | 109.1 | 110.0 |
| 102.4 | 102.8 | 103.4 | 103.7 | 104.7 | 105.5 | 105.4 |
| 105.0 | 105.6 | 106.6 | 108.7 | 109.5 | 108.9 | 109.2 |
| 110.1 | 110.9 | 111.5 | 111.5 | 111.4 | 110.9 | 110.8 |
| 104.6 | 104.7 | 105.3 | 106.0 | 106.4 | 107.3 | 107.2 |
| 102.6 | 102.8 | 104.0 | 104.3 | 104.9 | 106.1 | 106.0 |

附录1-12 续表 2

（上年同期=100）

| 地 区 | Region | 二手住宅价格指数 | | | | |
|---|---|---|---|---|---|---|
| | | 1 月 January | 2 月 February | 3 月 March | 4 月 April | 5 月 May |
| 北 京 | Beijing | 103.5 | 106.0 | 109.1 | 110.9 | 112.8 |
| 天 津 | Tianjin | 103.2 | 103.9 | 104.1 | 104.6 | 105.1 |
| 石家庄 | Shijiazhuang | 99.9 | 100.4 | 100.1 | 100.7 | 101.1 |
| 太 原 | Taiyuan | 106.0 | 106.7 | 106.9 | 106.8 | 106.1 |
| 呼和浩特 | Hohhto | 100.5 | 100.9 | 101.3 | 101.5 | 101.8 |
| 沈 阳 | Shenyang | 100.3 | 101.2 | 101.6 | 102.1 | 102.4 |
| 大 连 | Dalian | 104.0 | 104.0 | 104.7 | 105.4 | 105.3 |
| 长 春 | Changchun | 101.7 | 102.3 | 103.1 | 103.6 | 103.5 |
| 哈尔滨 | Harbin | 99.8 | 100.4 | 100.6 | 101.1 | 101.2 |
| 上 海 | Shanghai | 102.0 | 103.9 | 107.2 | 108.5 | 109.2 |
| 南 京 | Nanjing | 101.1 | 102.3 | 103.1 | 104.4 | 105.3 |
| 杭 州 | Hangzhou | 99.1 | 101.1 | 101.6 | 102.5 | 102.7 |
| 宁 波 | Ningbo | 96.0 | 98.1 | 98.7 | 99.8 | 101.2 |
| 合 肥 | Hefei | 100.8 | 100.8 | 101.2 | 101.9 | 102.5 |
| 福 州 | Fuzhou | 100.9 | 102.5 | 104.0 | 105.0 | 105.1 |
| 厦 门 | Xiamen | 103.3 | 104.5 | 105.4 | 105.4 | 105.7 |
| 南 昌 | Nanchang | 102.8 | 103.6 | 104.6 | 105.3 | 105.2 |
| 济 南 | Jinan | 99.5 | 100.1 | 100.6 | 100.8 | 101.4 |
| 青 岛 | Qingdao | 99.1 | 99.6 | 100.2 | 100.9 | 102.0 |
| 郑 州 | Zhengzhou | 101.0 | 102.1 | 103.0 | 103.8 | 104.4 |
| 武 汉 | Wuhan | 101.4 | 102.7 | 102.7 | 103.9 | 104.6 |
| 长 沙 | Changsha | 100.2 | 100.7 | 101.3 | 102.2 | 103.5 |
| 广 州 | Guangzhou | 103.5 | 105.7 | 107.5 | 108.6 | 109.9 |
| 深 圳 | Shenzhen | 102.4 | 103.9 | 106.2 | 107.3 | 108.3 |
| 南 宁 | Nanning | 101.9 | 101.8 | 102.1 | 102.4 | 102.8 |
| 海 口 | Haikou | 99.5 | 99.3 | 99.4 | 99.7 | 99.7 |
| 重 庆 | Chongqing | 100.6 | 100.8 | 101.6 | 101.9 | 102.4 |
| 成 都 | Chengdu | 99.8 | 100.6 | 101.5 | 102.8 | 103.2 |
| 贵 阳 | Guiyang | 100.6 | 100.8 | 101.7 | 102.1 | 103.0 |
| 昆 明 | Kunming | 104.3 | 105.5 | 107.1 | 108.3 | 109.3 |
| 西 安 | Xi’an | 99.4 | 100.4 | 101.7 | 101.7 | 102.1 |
| 兰 州 | Lanzhou | 99.6 | 99.5 | 100.2 | 100.7 | 101.1 |
| 西 宁 | Xining | 101.6 | 101.7 | 102.3 | 102.7 | 103.3 |
| 银 川 | Yinchuan | 99.9 | 101.3 | 102.5 | 103.4 | 104.4 |
| 乌鲁木齐 | Urumqi | 98.9 | 99.8 | 101.4 | 102.4 | 102.9 |

continued

(preceding year=100)

| Second-hand Housing Price Index | | | | | | |
|---|---|---|---|---|---|---|
| 6 月<br>June | 7 月<br>July | 8 月<br>August | 9 月<br>September | 10 月<br>October | 11 月<br>November | 12 月<br>December |
| 114.1 | 115.3 | 116.4 | 117.8 | 119.0 | 120.1 | 119.7 |
| 105.1 | 104.6 | 104.3 | 105.1 | 105.7 | 105.2 | 105.1 |
| 101.3 | 101.2 | 101.2 | 101.7 | 102.6 | 103.0 | 103.2 |
| 106.2 | 106.2 | 105.5 | 105.1 | 104.8 | 104.4 | 104.1 |
| 101.9 | 102.2 | 102.2 | 102.5 | 103.1 | 103.4 | 103.5 |
| 102.5 | 102.9 | 103.4 | 104.2 | 105.3 | 105.2 | 105.6 |
| 104.2 | 103.2 | 102.4 | 102.1 | 101.8 | 101.9 | 102.5 |
| 103.8 | 103.7 | 103.8 | 104.0 | 104.5 | 104.5 | 104.5 |
| 101.1 | 101.4 | 101.9 | 102.7 | 104.0 | 104.2 | 104.8 |
| 110.2 | 110.9 | 111.4 | 112.3 | 113.2 | 113.7 | 113.9 |
| 106.1 | 106.0 | 106.7 | 107.1 | 107.3 | 107.4 | 107.9 |
| 103.0 | 102.0 | 101.8 | 102.8 | 102.8 | 103.0 | 102.9 |
| 101.3 | 101.9 | 102.3 | 102.6 | 103.1 | 103.8 | 104.4 |
| 102.6 | 103.0 | 103.1 | 104.9 | 105.3 | 106.0 | 106.4 |
| 106.3 | 106.9 | 107.5 | 108.3 | 108.8 | 109.1 | 109.5 |
| 105.9 | 106.3 | 106.6 | 106.8 | 107.3 | 107.4 | 107.7 |
| 104.9 | 105.2 | 105.3 | 105.8 | 105.8 | 106.1 | 106.0 |
| 102.0 | 102.5 | 102.7 | 103.1 | 103.5 | 103.9 | 104.3 |
| 102.5 | 102.6 | 102.8 | 102.9 | 102.9 | 103.1 | 103.7 |
| 104.8 | 104.9 | 105.1 | 105.5 | 106.1 | 106.8 | 107.3 |
| 104.8 | 105.8 | 106.7 | 107.5 | 108.1 | 108.4 | 108.5 |
| 104.4 | 104.8 | 105.0 | 105.1 | 105.7 | 105.9 | 106.2 |
| 110.4 | 110.7 | 110.9 | 110.7 | 111.4 | 112.2 | 112.3 |
| 109.6 | 110.5 | 112.2 | 113.6 | 114.1 | 114.7 | 114.8 |
| 103.0 | 103.0 | 103.1 | 103.4 | 103.8 | 103.9 | 104.6 |
| 99.7 | 99.5 | 99.4 | 99.5 | 99.6 | 100.0 | 100.2 |
| 102.6 | 102.9 | 102.9 | 103.1 | 103.6 | 104.3 | 104.7 |
| 103.7 | 103.8 | 104.1 | 104.4 | 104.9 | 105.2 | 105.2 |
| 104.0 | 105.4 | 106.0 | 108.4 | 108.9 | 110.0 | 110.0 |
| 109.0 | 107.1 | 107.3 | 108.0 | 108.8 | 108.8 | 108.0 |
| 102.7 | 103.6 | 104.1 | 104.3 | 104.6 | 104.9 | 105.0 |
| 101.0 | 101.4 | 101.2 | 101.9 | 102.3 | 102.7 | 102.8 |
| 103.5 | 103.3 | 103.6 | 103.9 | 103.9 | 104.3 | 104.3 |
| 105.1 | 105.7 | 106.2 | 106.9 | 107.6 | 107.9 | 108.4 |
| 103.2 | 103.5 | 103.8 | 104.0 | 104.4 | 104.7 | 105.0 |

附录1-12　续表

（上年同期=100）

| 地　区 | Region | 二手住宅价格指数 | | | | |
|---|---|---|---|---|---|---|
| | | 1 月 January | 2 月 February | 3 月 March | 4 月 April | 5 月 May |
| 唐　山 | Tangshan | 98.3 | 99.3 | 99.9 | 100.2 | 101.2 |
| 秦皇岛 | Qinhuangdao | 100.7 | 101.7 | 102.3 | 102.3 | 103.2 |
| 包　头 | Baotou | 99.0 | 100.0 | 100.5 | 100.8 | 101.3 |
| 丹　东 | Dandong | 99.9 | 100.3 | 100.7 | 101.0 | 101.5 |
| 锦　州 | Jinzhou | 98.7 | 99.1 | 99.5 | 99.9 | 100.1 |
| 吉　林 | Jilin | 99.3 | 100.0 | 99.9 | 100.2 | 100.4 |
| 牡丹江 | Mudanjiang | 99.5 | 99.9 | 100.0 | 100.9 | 101.3 |
| 无　锡 | Wuxi | 100.1 | 100.7 | 101.0 | 101.7 | 101.5 |
| 扬　州 | Yangzhou | 97.0 | 97.7 | 98.5 | 99.6 | 100.6 |
| 徐　州 | Xuzhou | 102.0 | 102.6 | 102.2 | 102.2 | 102.4 |
| 温　州 | Wenzhou | 95.6 | 95.5 | 94.6 | 96.3 | 96.4 |
| 金　华 | Jinhua | 98.5 | 99.2 | 100.1 | 100.9 | 102.4 |
| 蚌　埠 | Bengbu | 100.3 | 100.5 | 100.6 | 101.1 | 101.6 |
| 安　庆 | Anqing | 100.3 | 100.7 | 100.9 | 101.2 | 101.4 |
| 泉　州 | Quanzhou | 97.1 | 99.2 | 99.7 | 100.2 | 100.8 |
| 九　江 | Jiujiang | 100.2 | 101.2 | 102.4 | 102.8 | 103.1 |
| 赣　州 | Ganzhou | 99.9 | 100.3 | 100.8 | 100.8 | 100.8 |
| 烟　台 | Yantai | 95.1 | 95.9 | 97.3 | 98.4 | 99.9 |
| 济　宁 | Jining | 99.7 | 100.3 | 101.0 | 101.5 | 102.1 |
| 洛　阳 | Luoyang | 98.9 | 100.0 | 101.0 | 102.1 | 103.0 |
| 平顶山 | Pingdingshan | 99.4 | 100.3 | 101.0 | 102.0 | 102.8 |
| 宜　昌 | Yichang | 97.7 | 99.2 | 100.8 | 105.2 | 106.1 |
| 襄　阳 | Xiangyang | 100.3 | 101.4 | 102.5 | 103.9 | 105.2 |
| 岳　阳 | Yueyang | 102.7 | 102.9 | 103.3 | 103.9 | 104.3 |
| 常　德 | Changde | 97.4 | 97.9 | 100.2 | 102.8 | 103.6 |
| 惠　州 | Huizhou | 99.9 | 100.5 | 101.3 | 101.9 | 102.2 |
| 湛　江 | Zhangjiang | 100.7 | 101.2 | 101.4 | 101.6 | 102.0 |
| 韶　关 | Shaoguan | 102.0 | 103.1 | 103.6 | 103.8 | 104.3 |
| 桂　林 | Guilin | 99.8 | 100.7 | 101.1 | 101.4 | 102.5 |
| 北　海 | The North Sea | 100.3 | 101.0 | 102.3 | 103.0 | 103.6 |
| 三　亚 | Sanya | 98.9 | 99.5 | 100.0 | 100.4 | 100.8 |
| 泸　州 | Luzhou | 100.9 | 100.8 | 101.2 | 101.6 | 101.8 |
| 南　充 | Nanchong | 100.3 | 100.9 | 101.4 | 102.0 | 102.4 |
| 遵　义 | Zunyi | 98.9 | 99.9 | 100.9 | 101.4 | 101.7 |
| 大　理 | Dali | 99.5 | 99.6 | 100.2 | 100.4 | 100.6 |

continued

(preceding year=100)

| Second-hand Housing Price Index | | | | | | |
|---|---|---|---|---|---|---|
| 6 月 June | 7 月 July | 8 月 August | 9 月 September | 10 月 October | 11 月 November | 12 月 December |
| 101.5 | 102.0 | 102.0 | 102.1 | 102.6 | 102.7 | 102.6 |
| 103.3 | 102.7 | 102.8 | 102.9 | 102.7 | 102.3 | 102.2 |
| 100.3 | 99.9 | 100.4 | 101.2 | 102.2 | 103.2 | 102.9 |
| 101.3 | 101.6 | 102.3 | 102.6 | 103.0 | 103.5 | 103.9 |
| 100.2 | 100.7 | 101.2 | 101.6 | 102.2 | 103.4 | 103.3 |
| 100.6 | 100.9 | 100.9 | 101.0 | 101.1 | 101.6 | 101.9 |
| 101.7 | 102.0 | 101.7 | 101.9 | 101.7 | 101.7 | 101.6 |
| 101.7 | 102.0 | 102.4 | 102.4 | 103.1 | 103.7 | 102.6 |
| 100.9 | 101.2 | 101.9 | 102.6 | 103.0 | 103.5 | 103.4 |
| 101.8 | 101.8 | 102.1 | 102.3 | 102.3 | 102.3 | 101.9 |
| 96.4 | 95.5 | 95.1 | 94.7 | 94.7 | 94.3 | 92.8 |
| 102.9 | 103.2 | 103.0 | 103.6 | 104.1 | 104.8 | 105.1 |
| 101.7 | 101.6 | 101.8 | 101.7 | 101.8 | 102.4 | 103.0 |
| 101.6 | 101.8 | 101.9 | 102.2 | 102.3 | 102.3 | 102.2 |
| 101.1 | 101.5 | 102.0 | 102.3 | 102.6 | 103.2 | 103.8 |
| 102.6 | 102.2 | 102.5 | 102.3 | 102.4 | 102.9 | 103.8 |
| 100.7 | 101.0 | 101.2 | 101.3 | 101.9 | 102.1 | 102.1 |
| 101.1 | 102.2 | 103.3 | 103.8 | 104.6 | 105.4 | 106.2 |
| 102.4 | 102.7 | 102.5 | 102.7 | 102.8 | 103.0 | 103.7 |
| 103.3 | 104.2 | 104.3 | 104.6 | 105.0 | 105.0 | 105.7 |
| 103.4 | 103.7 | 103.7 | 103.9 | 104.2 | 104.4 | 104.8 |
| 107.2 | 107.5 | 107.8 | 108.1 | 108.6 | 109.2 | 109.4 |
| 106.1 | 106.8 | 107.3 | 107.5 | 108.1 | 108.8 | 108.9 |
| 104.4 | 104.7 | 104.6 | 104.9 | 104.8 | 104.8 | 104.7 |
| 104.3 | 105.3 | 106.5 | 106.7 | 107.2 | 108.6 | 109.2 |
| 102.3 | 103.0 | 103.6 | 104.4 | 104.7 | 105.5 | 106.3 |
| 102.1 | 101.9 | 102.2 | 102.9 | 103.4 | 103.7 | 104.1 |
| 104.3 | 104.2 | 105.6 | 105.7 | 105.7 | 105.2 | 105.3 |
| 103.0 | 103.2 | 103.6 | 104.0 | 104.3 | 104.5 | 104.8 |
| 104.4 | 104.8 | 105.0 | 105.3 | 105.7 | 106.3 | 106.3 |
| 101.1 | 101.3 | 101.4 | 101.5 | 101.7 | 101.7 | 102.2 |
| 101.7 | 101.8 | 102.1 | 102.6 | 103.0 | 103.7 | 104.1 |
| 102.6 | 102.9 | 103.3 | 103.9 | 104.4 | 105.0 | 105.4 |
| 102.0 | 102.1 | 102.1 | 102.3 | 102.9 | 104.5 | 104.6 |
| 100.9 | 100.8 | 101.2 | 101.7 | 102.3 | 102.8 | 103.1 |

# 附录1-13 全国及各省市区固定资产投资价格指数（2013年）

## Price Indices of Investment in Fixed Assets by Provinces and Regions（2013）

（上年=100） （preceding year=100）

| 地区 | Region | 固定资产投资 Investment in Fixed Assets | 建筑安装工程 Construction and Installation | 设备、工器具 Purchase of Equipment, Tools and Instruments | 其他费用 Others |
|---|---|---|---|---|---|
| 全国 | National | 100.3 | 100.3 | 99.0 | 101.7 |
| 北京 | Beijing | 99.9 | 97.3 | 97.7 | 102.9 |
| 天津 | Tianjin | 99.5 | 99.3 | 98.8 | 100.6 |
| 河北 | Hebei | 99.9 | 99.9 | 99.1 | 101.9 |
| 山西 | Shanxi | 100.5 | 100.8 | 99.0 | 100.7 |
| 内蒙古 | Inner Mongolia | 99.6 | 99.6 | 99.0 | 100.8 |
| 辽宁 | Liaoning | 100.0 | 99.9 | 99.2 | 102.2 |
| 吉林 | Jilin | 100.0 | 100.4 | 99.1 | 100.6 |
| 黑龙江 | Heilongjiang | 100.1 | 100.4 | 98.7 | 101.8 |
| 上海 | Shanghai | 100.2 | 99.8 | 98.5 | 102.2 |
| 江苏 | Jiangsu | 100.5 | 100.8 | 98.8 | 103.0 |
| 浙江 | Zhejiang | 100.0 | 99.5 | 98.7 | 102.3 |
| 安徽 | Anhui | 100.2 | 100.3 | 99.0 | 101.2 |
| 福建 | Fujian | 100.1 | 100.0 | 98.9 | 101.2 |
| 江西 | Jiangxi | 100.4 | 100.4 | 99.0 | 103.2 |
| 山东 | Shandong | 100.4 | 100.5 | 99.3 | 102.1 |
| 河南 | Henan | 99.9 | 99.8 | 99.7 | 101.2 |
| 湖北 | Hubei | 100.5 | 100.5 | 99.0 | 102.6 |
| 湖南 | Hunan | 101.3 | 101.6 | 99.6 | 102.3 |
| 广东 | Guangdong | 101.4 | 101.9 | 99.1 | 101.7 |
| 广西 | Guangxi | 100.1 | 99.9 | 99.6 | 101.3 |
| 海南 | Hainan | 99.3 | 98.9 | 99.0 | 101.1 |
| 重庆 | Chongqing | 100.5 | 100.5 | 98.7 | 101.5 |
| 四川 | Sichuan | 100.4 | 100.2 | 99.5 | 101.6 |
| 贵州 | Guizhou | 100.9 | 101.5 | 99.2 | 100.1 |
| 云南 | Yunnan | 101.1 | 101.2 | 99.3 | 101.9 |
| 西藏 | Tibet | - | - | - | - |
| 陕西 | Shaanxi | 102.0 | 102.3 | 99.5 | 103.7 |
| 甘肃 | Gansu | 100.4 | 101.0 | 97.1 | 101.9 |
| 青海 | Qinghai | 101.5 | 102.0 | 99.0 | 101.6 |
| 宁夏 | Ningxia | 99.8 | 99.9 | 99.1 | 100.0 |
| 新疆 | Xinjiang | 100.5 | 100.5 | 99.5 | 103.5 |

# 附录1-14 全国及各省市区工业品出厂价格指数

## Ex-Factory Price Indices of Industrial Products by Provinces and Regions

（上年=100） (preceding year=100)

| 地区 | Region | 2008 | 2009 | 2010 | 2011 | 2012 |
|---|---|---|---|---|---|---|
| 全国 | National | 106.9 | 94.6 | 105.5 | 106.0 | 98.3 |
| 北京 | Beijing | 103.3 | 94.4 | 102.2 | 102.3 | 98.4 |
| 天津 | Tianjin | 104.1 | 92.5 | 105.1 | 103.8 | 97.0 |
| 河北 | Hebei | 116.7 | 89.1 | 109.0 | 107.7 | 94.7 |
| 山西 | Shanxi | 122.4 | 92.0 | 109.5 | 107.5 | 94.5 |
| 内蒙古 | Inner Mongolia | 112.5 | 96.2 | 106.7 | 107.8 | 100.2 |
| 辽宁 | Liaoning | 110.9 | 94.0 | 107.4 | 106.5 | 99.9 |
| 吉林 | Jilin | 104.9 | 96.1 | 105.2 | 105.4 | 99.1 |
| 黑龙江 | Heilongjiang | 114.0 | 87.4 | 115.0 | 112.0 | 100.0 |
| 上海 | Shanghai | 102.2 | 93.8 | 102.3 | 102.9 | 98.4 |
| 江苏 | Jiangsu | 104.6 | 95.2 | 107.3 | 106.2 | 97.1 |
| 浙江 | Zhejiang | 104.3 | 94.9 | 106.2 | 105.0 | 97.3 |
| 安徽 | Anhui | 108.4 | 92.8 | 109.0 | 108.3 | 98.3 |
| 福建 | Fujian | 102.7 | 95.5 | 103.2 | 103.9 | 98.7 |
| 江西 | Jiangxi | 106.4 | 93.0 | 115.2 | 111.3 | 96.5 |
| 山东 | Shandong | 108.6 | 94.1 | 107.1 | 106.0 | 98.4 |
| 河南 | Henan | 112.1 | 94.9 | 107.8 | 107.2 | 99.4 |
| 湖北 | Hubei | 106.1 | 95.6 | 104.9 | 106.6 | 100.3 |
| 湖南 | Hunan | 109.3 | 94.3 | 106.9 | 108.5 | 99.1 |
| 广东 | Guangdong | 103.1 | 95.8 | 103.2 | 103.7 | 99.5 |
| 广西 | Guangxi | 109.0 | 93.5 | 112.0 | 108.5 | 97.8 |
| 海南 | Hainan | 104.5 | 90.6 | 107.7 | 108.8 | 100.8 |
| 重庆 | Chongqing | 105.8 | 95.5 | 105.0 | 103.8 | 99.9 |
| 四川 | Sichuan | 109.3 | 96.5 | 104.7 | 107.3 | 98.6 |
| 贵州 | Guizhou | 112.4 | 95.1 | 108.8 | 105.4 | 101.0 |
| 云南 | Yunnan | 105.8 | 91.5 | 105.8 | 104.7 | 97.9 |
| 西藏 | Tibet | 105.6 | 98.2 | 103.1 | 104.3 | 99.7 |
| 陕西 | Shaanxi | 108.4 | 96.1 | 108.7 | 107.2 | 100.7 |
| 甘肃 | Gansu | 104.9 | 91.0 | 115.0 | 111.0 | 96.8 |
| 青海 | Qinghai | 107.6 | 91.3 | 109.3 | 107.4 | 96.9 |
| 宁夏 | Ningxia | 112.9 | 93.9 | 109.1 | 109.5 | 97.4 |
| 新疆 | Xinjiang | 116.4 | 85.5 | 125.2 | 114.8 | 96.9 |

# 附录1-15 全国及各省市区固定资产投资价格指数

## Price Indices of Investment in Fixed Assets by Provinces and Regions

（上年=100）　　　　(preceding year=100)

| 地　区 | Region | 2008 | 2009 | 2010 | 2011 | 2012 |
|---|---|---|---|---|---|---|
| 全　国 | National | 108.9 | 97.6 | 103.6 | 106.6 | 101.1 |
| 北　京 | Beijing | 107.8 | 97.1 | 102.5 | 105.7 | 101.3 |
| 天　津 | Tianjin | 109.2 | 97.6 | 102.6 | 105.7 | 100.0 |
| 河　北 | Hebei | 109.6 | 96.5 | 103.7 | 105.5 | 100.3 |
| 山　西 | Shanxi | 113.3 | 98.1 | 103.7 | 105.5 | 101.2 |
| 内蒙古 | Inner Mongolia | 108.1 | 98.5 | 105.4 | 106.3 | 101.6 |
| 辽　宁 | Liaoning | 109.1 | 97.0 | 103.3 | 106.6 | 101.0 |
| 吉　林 | Jilin | 107.3 | 99.4 | 102.4 | 105.6 | 100.4 |
| 黑龙江 | Heilongjiang | 109.0 | 97.6 | 105.2 | 107.5 | 100.8 |
| 上　海 | Shanghai | 107.9 | 97.0 | 103.8 | 106.5 | 99.4 |
| 江　苏 | Jiangsu | 110.0 | 97.7 | 105.1 | 106.8 | 98.6 |
| 浙　江 | Zhejiang | 109.3 | 96.7 | 104.7 | 107.5 | 99.2 |
| 安　徽 | Anhui | 109.4 | 96.0 | 105.4 | 108.1 | 101.0 |
| 福　建 | Fujian | 105.9 | 98.0 | 103.3 | 106.2 | 100.3 |
| 江　西 | Jiangxi | 110.4 | 96.1 | 104.8 | 108.4 | 101.0 |
| 山　东 | Shandong | 107.7 | 96.9 | 103.6 | 106.8 | 100.8 |
| 河　南 | Henan | 109.0 | 96.4 | 103.5 | 107.4 | 101.0 |
| 湖　北 | Hubei | 109.4 | 98.8 | 104.7 | 107.3 | 101.8 |
| 湖　南 | Hunan | 109.9 | 99.7 | 104.0 | 107.2 | 101.7 |
| 广　东 | Guangdong | 108.6 | 96.7 | 103.0 | 105.5 | 101.5 |
| 广　西 | Guangxi | 107.9 | 97.9 | 103.0 | 106.2 | 100.6 |
| 海　南 | Hainan | 113.3 | 97.7 | 105.2 | 106.4 | 102.0 |
| 重　庆 | Chongqing | 107.4 | 97.8 | 102.1 | 105.9 | 101.8 |
| 四　川 | Sichuan | 110.2 | 98.3 | 102.5 | 105.2 | 101.0 |
| 贵　州 | Guizhou | 112.5 | 100.5 | 102.7 | 105.4 | 101.5 |
| 云　南 | Yunnan | 108.9 | 98.1 | 102.7 | 104.6 | 101.4 |
| 西　藏 | Tibet | - | - | - | - | - |
| 陕　西 | Shaanxi | 109.5 | 99.3 | 103.6 | 105.9 | 102.6 |
| 甘　肃 | Gansu | 106.7 | 101.5 | 103.5 | 104.7 | 102.1 |
| 青　海 | Qinghai | 110.5 | 100.9 | 103.8 | 106.5 | 102.2 |
| 宁　夏 | Ningxia | 109.0 | 100.2 | 104.2 | 107.5 | 101.5 |
| 新　疆 | Xinjiang | 111.2 | 98.0 | 104.6 | 107.1 | 100.6 |

# 附录1-16 全国粮食作物播种面积

## Sown Area of Grain Crops by Regions

单位：千公顷 (1 000 hectares)

| 年份 Year | 粮食作物播种面积 Sown Area of Grain Crops | 稻谷 Rice | 小麦 Wheat | 玉米 Corn | 大豆 Soybean | 薯类 Tubers |
|---|---|---|---|---|---|---|
| 1949 | 109959 | 25709 | 12515 | 12915 | 8319 | 7011 |
| 1952 | 123979 | 28382 | 24780 | 12566 | 11679 | 8688 |
| 1957 | 133633 | 32241 | 27542 | 14943 | 12748 | 10495 |
| 1962 | 121621 | 26935 | 24075 | 12819 | 9504 | 12171 |
| 1965 | 119627 | 29825 | 24709 | 15671 | 8593 | 11175 |
| 1970 | 119267 | 32358 | 25458 | 15831 | 7985 | 10717 |
| 1975 | 121062 | 35729 | 27661 | 18598 | 6999 | 10969 |
| 1978 | 120587 | 34421 | 29183 | 19961 | 7144 | 11796 |
| 1979 | 119263 | 33873 | 29357 | 20133 | 7247 | 10952 |
| 1980 | 117234 | 33878 | 28844 | 20087 | 7226 | 10153 |
| 1981 | 114958 | 33295 | 28307 | 19425 | 8024 | 9620 |
| 1982 | 113462 | 33071 | 27955 | 18543 | 8419 | 9370 |
| 1983 | 114047 | 33136 | 29050 | 18824 | 7567 | 9402 |
| 1984 | 112884 | 33178 | 29576 | 18537 | 7286 | 8988 |
| 1985 | 108845 | 32070 | 29218 | 17694 | 7718 | 8572 |
| 1986 | 110933 | 32266 | 29616 | 19124 | 8295 | 8685 |
| 1987 | 111268 | 32193 | 28798 | 20212 | 8445 | 8868 |
| 1988 | 110123 | 31987 | 28785 | 19692 | 8120 | 9054 |
| 1989 | 112205 | 32700 | 29841 | 20353 | 8057 | 9097 |
| 1990 | 113466 | 33064 | 30753 | 21401 | 7560 | 9121 |
| 1991 | 112314 | 32590 | 30948 | 21574 | 7041 | 9078 |
| 1992 | 110560 | 32090 | 30496 | 21044 | 7221 | 9057 |
| 1993 | 110509 | 30355 | 30235 | 20694 | 9454 | 9220 |
| 1994 | 109544 | 30171 | 28981 | 21152 | 9222 | 9270 |
| 1995 | 110060 | 30744 | 28860 | 22776 | 8127 | 9519 |
| 1996 | 112548 | 31406 | 29611 | 24498 | 7471 | 9797 |
| 1997 | 112912 | 31765 | 30057 | 23775 | 8346 | 9785 |
| 1998 | 113787 | 31214 | 29774 | 25239 | 8500 | 10000 |
| 1999 | 113161 | 31283 | 28855 | 25904 | 7962 | 10355 |
| 2000 | 108463 | 29962 | 26653 | 23056 | 9307 | 10538 |
| 2001 | 106080 | 28812 | 24664 | 24282 | 9482 | 10217 |
| 2002 | 103891 | 28202 | 23908 | 24634 | 8720 | 9881 |
| 2003 | 99410 | 26508 | 21997 | 24068 | 9313 | 9702 |
| 2004 | 101606 | 28379 | 21626 | 25446 | 9589 | 9457 |
| 2005 | 104278 | 28847 | 22793 | 26358 | 9591 | 9503 |
| 2006 | 105068 | 28938 | 23723 | 28463 | 9304 | 7877 |
| 2007 | 105748 | 28919 | 23831 | 29478 | 8754 | 8082 |
| 2008 | 106793 | 29241 | 23617 | 29864 | 9127 | 8427 |
| 2009 | 108986 | 29627 | 24291 | 31183 | 9190 | 8636 |
| 2010 | 109876 | 29873 | 24257 | 32500 | 8516 | 8750 |
| 2011 | 110573 | 30057 | 24270 | 33542 | 7889 | 8906 |
| 2012 | 111205 | 30137 | 24268 | 35030 | 7172 | 8881 |
| 2013 | 111956 | 30312 | 24117 | 36318 | 6791 | 8963 |

# 附录1-17 全国粮食作物总产量

## Total Output of Grain Crops by Regions

单位：万吨 (10 000 tons)

| 年 份<br>Year | 粮食作物总产量<br>Total Output of Grain Crops | 稻 谷<br>Rice | 小 麦<br>Wheat | 玉 米<br>Corn | 大 豆<br>Soybean | 薯 类<br>Tubers |
|---|---|---|---|---|---|---|
| 1949 | 11318 | 4865 | 1381 | 1242 | 509 | 985 |
| 1952 | 16392 | 6843 | 1813 | 1685 | 952 | 1633 |
| 1957 | 19505 | 8678 | 2364 | 2144 | 1005 | 2192 |
| 1962 | 15441 | 6299 | 1667 | 1626 | 651 | 2345 |
| 1965 | 19453 | 8772 | 2522 | 2366 | 614 | 1986 |
| 1970 | 23996 | 10999 | 2919 | 3303 | 871 | 2668 |
| 1975 | 28452 | 12556 | 4531 | 4722 | 724 | 2857 |
| 1978 | 30477 | 13693 | 5384 | 5595 | 757 | 3174 |
| 1979 | 33212 | 14375 | 6273 | 6004 | 746 | 2846 |
| 1980 | 32056 | 13991 | 5521 | 6260 | 794 | 2873 |
| 1981 | 32502 | 14396 | 5964 | 5921 | 933 | 2597 |
| 1982 | 35450 | 16160 | 6847 | 6056 | 903 | 2705 |
| 1983 | 38728 | 16887 | 8139 | 6821 | 976 | 2925 |
| 1984 | 40731 | 17826 | 8782 | 7341 | 970 | 2848 |
| 1985 | 37911 | 16857 | 8581 | 6383 | 1050 | 2604 |
| 1986 | 39151 | 17222 | 9004 | 7086 | 1161 | 2534 |
| 1987 | 40298 | 17426 | 8590 | 7924 | 1247 | 2821 |
| 1988 | 39408 | 16911 | 8543 | 7735 | 1165 | 2697 |
| 1989 | 40755 | 18013 | 9081 | 7893 | 1023 | 2730 |
| 1990 | 44624 | 18933 | 9823 | 9682 | 1100 | 2743 |
| 1991 | 43529 | 18381 | 9595 | 9877 | 971 | 2716 |
| 1992 | 44266 | 18622 | 10159 | 9538 | 1030 | 2844 |
| 1993 | 45649 | 17751 | 10639 | 10270 | 1531 | 3181 |
| 1994 | 44510 | 17593 | 9930 | 9928 | 1600 | 3025 |
| 1995 | 46662 | 18523 | 10221 | 11199 | 1350 | 3263 |
| 1996 | 50454 | 19510 | 11057 | 12747 | 1322 | 3536 |
| 1997 | 49417 | 20073 | 12329 | 10431 | 1473 | 3192 |
| 1998 | 51230 | 19871 | 10973 | 13295 | 1515 | 3604 |
| 1999 | 50839 | 19849 | 11388 | 12809 | 1425 | 3641 |
| 2000 | 46218 | 18791 | 9964 | 10600 | 1541 | 3685 |
| 2001 | 45264 | 17758 | 9387 | 11409 | 1541 | 3563 |
| 2002 | 45706 | 17454 | 9029 | 12131 | 1651 | 3666 |
| 2003 | 43070 | 16066 | 8649 | 11583 | 1539 | 3513 |
| 2004 | 46947 | 17909 | 9195 | 13029 | 1740 | 3558 |
| 2005 | 48402 | 18059 | 9745 | 13937 | 1635 | 3469 |
| 2006 | 49804 | 18172 | 10847 | 15160 | 1508 | 2701 |
| 2007 | 50160 | 18603 | 10930 | 15230 | 1273 | 2808 |
| 2008 | 52871 | 19190 | 11246 | 16591 | 1554 | 2980 |
| 2009 | 53082 | 19510 | 11512 | 16397 | 1498 | 2995 |
| 2010 | 54648 | 19576 | 11518 | 17725 | 1508 | 3114 |
| 2011 | 57121 | 20100 | 11740 | 19278 | 1449 | 3273 |
| 2012 | 58958 | 20424 | 12102 | 20561 | 1302 | 3279 |
| 2013 | 60194 | 20361 | 12193 | 21849 | 1195 | 3329 |

# 附录1-18 全国及各省市区粮食作物播种面积

## Sown Area of Grain Crops by Provinces and Regions

单位：千公顷 （1 000 hectares）

| 地 区 | Region | 2009 | 2010 | 2011 | 2012 | 2013 | 2013年比2012年增长 Increase Rate in 2013 over 2012 | |
|---|---|---|---|---|---|---|---|---|
| | | | | | | | 绝对数 Value | % |
| 全 国 | National | 108985.8 | 109876.1 | 110573.0 | 111204.6 | 111955.6 | 751.0 | 0.68 |
| 北 京 | Beijing | 226.3 | 223.5 | 209.4 | 193.9 | 158.9 | -35.0 | -18.03 |
| 天 津 | Tianjin | 306.6 | 311.8 | 310.8 | 322.9 | 332.8 | 9.9 | 3.06 |
| 河 北 | Hebei | 6216.5 | 6282.2 | 6286.1 | 6302.4 | 6315.9 | 13.5 | 0.21 |
| 山 西 | Shanxi | 3146.7 | 3239.2 | 3287.9 | 3291.5 | 3274.3 | -17.2 | -0.52 |
| 内蒙古 | Inner Mongolia | 5424.0 | 5498.7 | 5561.5 | 5589.4 | 5617.3 | 27.9 | 0.50 |
| 辽 宁 | Liaoning | 3124.1 | 3179.3 | 3169.8 | 3217.3 | 3226.4 | 9.1 | 0.28 |
| 吉 林 | Jilin | 4427.7 | 4492.2 | 4545.1 | 4610.3 | 4789.9 | 179.6 | 3.90 |
| 黑龙江 | Heilongjiang | 11391.0 | 11454.7 | 11502.9 | 11519.5 | 11564.4 | 44.8 | 0.39 |
| 上 海 | Shanghai | 193.3 | 179.2 | 186.3 | 187.6 | 168.5 | -19.1 | -10.18 |
| 江 苏 | Jiangsu | 5272.0 | 5282.4 | 5319.2 | 5336.6 | 5360.8 | 24.2 | 0.45 |
| 浙 江 | Zhejiang | 1290.1 | 1275.8 | 1254.1 | 1251.6 | 1253.7 | 2.2 | 0.17 |
| 安 徽 | Anhui | 6605.6 | 6616.4 | 6621.5 | 6622.0 | 6625.3 | 3.3 | 0.05 |
| 福 建 | Fujian | 1231.0 | 1232.3 | 1226.8 | 1201.1 | 1202.1 | 0.9 | 0.08 |
| 江 西 | Jiangxi | 3604.6 | 3639.1 | 3650.1 | 3675.9 | 3690.9 | 14.9 | 0.41 |
| 山 东 | Shandong | 7030.1 | 7084.8 | 7145.8 | 7202.3 | 7294.6 | 92.3 | 1.28 |
| 河 南 | Henan | 9683.6 | 9740.2 | 9859.9 | 9985.2 | 10081.8 | 96.7 | 0.97 |
| 湖 北 | Hubei | 4012.5 | 4068.4 | 4122.1 | 4180.1 | 4258.4 | 78.3 | 1.87 |
| 湖 南 | Hunan | 4799.1 | 4809.1 | 4879.6 | 4908.0 | 4936.6 | 28.5 | 0.58 |
| 广 东 | Guangdong | 2538.5 | 2531.9 | 2530.4 | 2540.2 | 2507.6 | -32.6 | -1.28 |
| 广 西 | Guangxi | 3067.5 | 3061.1 | 3072.8 | 3069.1 | 3076.0 | 6.9 | 0.23 |
| 海 南 | Hainan | 430.4 | 437.2 | 430.6 | 438.6 | 421.8 | -16.8 | -3.83 |
| 重 庆 | Chongqing | 2229.5 | 2243.9 | 2259.4 | 2259.6 | 2253.9 | -5.7 | -0.25 |
| 四 川 | Sichuan | 6419.4 | 6402.0 | 6440.5 | 6468.2 | 6469.9 | 1.7 | 0.03 |
| 贵 州 | Guizhou | 2984.7 | 3039.5 | 3055.6 | 3054.3 | 3118.4 | 64.1 | 2.10 |
| 云 南 | Yunnan | 4200.1 | 4274.4 | 4326.9 | 4399.6 | 4499.4 | 99.8 | 2.27 |
| 西 藏 | Tibet | 169.4 | 170.2 | 170.2 | 170.9 | 175.9 | 5.0 | 2.93 |
| 陕 西 | Shaanxi | 3134.0 | 3159.7 | 3134.9 | 3127.5 | 3105.1 | -22.4 | -0.72 |
| 甘 肃 | Gansu | 2740.0 | 2799.8 | 2833.7 | 2839.4 | 2858.7 | 19.3 | 0.68 |
| 青 海 | Qinghai | 275.7 | 274.5 | 279.4 | 280.2 | 280.0 | -0.2 | -0.07 |
| 宁 夏 | Ningxia | 826.9 | 844.1 | 852.4 | 828.3 | 801.6 | -26.7 | -3.22 |
| 新 疆 | Xinjiang | 1984.7 | 2028.6 | 2047.5 | 2131.2 | 2234.8 | 103.6 | 4.86 |
| **广西居全国位次** | **Order of Precedence of Guangxi in the Country** | **17** | **17** | **17** | **17** | **18** | | |

# 附录1-19　全国及各省市区粮食作物总产量

## Total Output of Grain Crops by Provinces and Regions

单位：万吨　　(10 000 tons)

| 地　区 | Region | 2009 | 2010 | 2011 | 2012 | 2013 | 2013年比2012年增长 Increase Rate in 2013 over 2012 | |
|---|---|---|---|---|---|---|---|---|
| | | | | | | | 绝对数 Value | % |
| 全　国 | National | 53082.1 | 54647.7 | 57120.8 | 58958.0 | 60193.8 | 1235.9 | 2.10 |
| 北　京 | Beijing | 124.8 | 115.7 | 121.8 | 113.8 | 96.1 | -17.6 | -15.51 |
| 天　津 | Tianjin | 156.3 | 159.7 | 161.8 | 161.8 | 174.7 | 13.0 | 8.01 |
| 河　北 | Hebei | 2910.2 | 2975.9 | 3172.6 | 3246.6 | 3365.0 | 118.4 | 3.65 |
| 山　西 | Shanxi | 942.0 | 1085.1 | 1193.0 | 1274.1 | 1312.8 | 38.7 | 3.04 |
| 内蒙古 | Inner Mongolia | 1981.7 | 2158.2 | 2387.5 | 2528.5 | 2773.0 | 244.5 | 9.67 |
| 辽　宁 | Liaoning | 1591.0 | 1765.4 | 2035.5 | 2070.5 | 2195.6 | 125.1 | 6.04 |
| 吉　林 | Jilin | 2460.0 | 2842.5 | 3171.0 | 3343.0 | 3551.0 | 208.0 | 6.22 |
| 黑龙江 | Heilongjiang | 4353.0 | 5012.8 | 5570.6 | 5761.5 | 6004.1 | 242.6 | 4.21 |
| 上　海 | Shanghai | 121.7 | 118.4 | 122.0 | 122.4 | 114.2 | -8.2 | -6.73 |
| 江　苏 | Jiangsu | 3230.1 | 3235.1 | 3307.8 | 3372.5 | 3423.0 | 50.5 | 1.50 |
| 浙　江 | Zhejiang | 789.2 | 770.7 | 781.6 | 769.8 | 734.0 | -35.8 | -4.66 |
| 安　徽 | Anhui | 3069.9 | 3080.5 | 3135.5 | 3289.1 | 3279.6 | -9.5 | -0.29 |
| 福　建 | Fujian | 666.9 | 661.9 | 672.8 | 659.3 | 664.4 | 5.1 | 0.77 |
| 江　西 | Jiangxi | 2002.6 | 1954.7 | 2052.8 | 2084.8 | 2116.1 | 31.3 | 1.50 |
| 山　东 | Shandong | 4316.3 | 4335.7 | 4426.3 | 4511.4 | 4528.2 | 16.8 | 0.37 |
| 河　南 | Henan | 5389.0 | 5437.1 | 5542.5 | 5638.6 | 5713.7 | 75.1 | 1.33 |
| 湖　北 | Hubei | 2309.1 | 2315.8 | 2388.5 | 2441.8 | 2501.3 | 59.5 | 2.44 |
| 湖　南 | Hunan | 2902.7 | 2847.5 | 2939.4 | 3006.5 | 2925.7 | -80.8 | -2.69 |
| 广　东 | Guangdong | 1314.5 | 1316.5 | 1361.0 | 1396.3 | 1315.9 | -80.4 | -5.76 |
| 广　西 | Guangxi | 1463.2 | 1412.3 | 1429.9 | 1484.9 | 1521.8 | 36.9 | 2.49 |
| 海　南 | Hainan | 187.6 | 180.4 | 188.0 | 199.5 | 190.9 | -8.6 | -4.31 |
| 重　庆 | Chongqing | 1137.2 | 1156.1 | 1126.9 | 1138.5 | 1148.1 | 9.6 | 0.84 |
| 四　川 | Sichuan | 3194.6 | 3222.9 | 3291.6 | 3315.0 | 3387.1 | 72.1 | 2.17 |
| 贵　州 | Guizhou | 1168.3 | 1112.3 | 876.9 | 1079.5 | 1030.0 | -49.5 | -4.59 |
| 云　南 | Yunnan | 1576.9 | 1531.0 | 1673.6 | 1749.1 | 1824.0 | 74.9 | 4.28 |
| 西　藏 | Tibet | 90.5 | 91.2 | 93.7 | 94.9 | 96.2 | 1.3 | 1.33 |
| 陕　西 | Shaanxi | 1131.4 | 1164.9 | 1194.7 | 1245.1 | 1215.8 | -29.3 | -2.35 |
| 甘　肃 | Gansu | 906.2 | 958.3 | 1014.6 | 1109.7 | 1138.9 | 29.2 | 2.63 |
| 青　海 | Qinghai | 102.7 | 102.0 | 103.4 | 101.5 | 102.4 | 0.9 | 0.86 |
| 宁　夏 | Ningxia | 340.7 | 356.5 | 359.0 | 375.0 | 373.4 | -1.6 | -0.43 |
| 新　疆 | Xinjiang | 1152.0 | 1170.7 | 1224.7 | 1273.0 | 1377.0 | 104.0 | 8.17 |
| **广西居全国位次** | **Order of Precedence of Guangxi in the Country** | **15** | **15** | **15** | **15** | **15** | | |

# 附录1-20 全国及各省市区稻谷播种面积

## Sown Area of Rice by Provinces and Regions

单位：千公顷 (1 000 hectares)

| 地区 | Region | 2009 | 2010 | 2011 | 2012 | 2013 | 2013年比2012年增长 Increase Rate in 2013 over 2012 绝对数 Value | % |
|---|---|---|---|---|---|---|---|---|
| 全国 | National | 29626.9 | 29873.4 | 30057.0 | 30137.1 | 30311.7 | 174.6 | 0.58 |
| 北京 | Beijing | 0.4 | 0.3 | 0.2 | 0.2 | 0.2 | 0.0 | -6.50 |
| 天津 | Tianjin | 16.0 | 15.8 | 14.2 | 14.6 | 16.8 | 2.2 | 15.14 |
| 河北 | Hebei | 85.1 | 79.7 | 83.0 | 85.9 | 86.8 | 0.9 | 1.05 |
| 山西 | Shanxi | 1.1 | 1.0 | 1.0 | 1.0 | 1.0 | | -2.97 |
| 内蒙古 | Inner Mongolia | 101.8 | 92.2 | 90.0 | 89.3 | 75.9 | -13.5 | -15.08 |
| 辽宁 | Liaoning | 656.7 | 677.5 | 659.6 | 661.8 | 649.2 | -12.6 | -1.90 |
| 吉林 | Jilin | 660.4 | 673.5 | 691.2 | 701.2 | 726.7 | 25.5 | 3.63 |
| 黑龙江 | Heilongjiang | 2460.8 | 2768.8 | 2945.6 | 3069.8 | 3175.6 | 105.8 | 3.45 |
| 上海 | Shanghai | 108.5 | 108.5 | 106.1 | 105.1 | 101.9 | -3.2 | -3.04 |
| 江苏 | Jiangsu | 2233.2 | 2234.2 | 2248.6 | 2254.2 | 2265.7 | 11.5 | 0.51 |
| 浙江 | Zhejiang | 938.7 | 923.2 | 894.8 | 832.6 | 828.7 | -3.9 | -0.46 |
| 安徽 | Anhui | 2246.9 | 2245.4 | 2230.8 | 2215.1 | 2214.1 | -1.0 | -0.04 |
| 福建 | Fujian | 864.6 | 854.8 | 845.3 | 827.6 | 817.5 | -10.1 | -1.22 |
| 江西 | Jiangxi | 3282.1 | 3318.4 | 3317.7 | 3328.3 | 3338.0 | 9.6 | 0.29 |
| 山东 | Shandong | 134.6 | 128.2 | 124.5 | 123.9 | 123.1 | -0.7 | -0.60 |
| 河南 | Henan | 611.3 | 628.0 | 638.0 | 648.2 | 641.3 | -6.8 | -1.05 |
| 湖北 | Hubei | 2045.1 | 2038.2 | 2036.2 | 2017.9 | 2101.2 | 83.3 | 4.13 |
| 湖南 | Hunan | 4047.2 | 4030.5 | 4066.3 | 4095.1 | 4085.0 | -10.1 | -0.25 |
| 广东 | Guangdong | 1959.7 | 1952.7 | 1940.9 | 1949.4 | 1908.8 | -40.6 | -2.08 |
| 广西 | Guangxi | 2125.0 | 2094.4 | 2078.5 | 2057.6 | 2046.6 | -11.0 | -0.53 |
| 海南 | Hainan | 317.7 | 324.3 | 318.6 | 324.4 | 311.9 | -12.5 | -3.86 |
| 重庆 | Chongqing | 682.0 | 683.9 | 686.5 | 687.0 | 688.7 | 1.7 | 0.24 |
| 四川 | Sichuan | 2027.1 | 2004.5 | 2007.9 | 1997.8 | 1990.7 | -7.1 | -0.36 |
| 贵州 | Guizhou | 698.2 | 695.8 | 681.5 | 683.0 | 684.5 | 1.5 | 0.22 |
| 云南 | Yunnan | 1039.8 | 1021.0 | 1073.5 | 1082.9 | 1152.7 | 69.8 | 6.45 |
| 西藏 | Tibet | 1.0 | 1.0 | 1.0 | 1.0 | 1.0 | | -2.06 |
| 陕西 | Shaanxi | 125.3 | 121.6 | 120.9 | 123.3 | 123.7 | 0.4 | 0.31 |
| 甘肃 | Gansu | 5.7 | 5.8 | | 5.6 | 5.3 | -0.3 | -5.57 |
| 青海 | Qinghai | | | | | | | |
| 宁夏 | Ningxia | 78.2 | 83.2 | 83.9 | 84.3 | 82.1 | -2.2 | -2.56 |
| 新疆 | Xinjiang | 72.5 | 66.9 | 70.6 | 69.2 | 67.3 | -1.9 | -2.80 |
| **广西居全国位次** | **Order of Precedence of Guangxi in the Country** | **6** | **6** | **6** | **6** | **7** | | |

# 附录1-21 全国及各省市区稻谷产量

## Output of Rice by Provinces and Regions

单位：万吨 (10 000 tons)

| 地 区 | Region | 2009 | 2010 | 2011 | 2012 | 2013 | 2013年比2012年增长 Increase Rate in 2013 over 2012 | |
|---|---|---|---|---|---|---|---|---|
| | | | | | | | 绝对数 Value | % |
| 全 国 | National | 19510.3 | 19576.1 | 20100.1 | 20423.6 | 20361.2 | -62.4 | -0.31 |
| 北 京 | Beijing | 0.2 | 0.2 | 0.2 | 0.1 | 0.1 | 0.0 | 0.29 |
| 天 津 | Tianjin | 11.3 | 11.2 | 10.7 | 11.2 | 12.9 | 1.7 | 15.56 |
| 河 北 | Hebei | 57.5 | 54.2 | 60.2 | 49.8 | 58.8 | 8.9 | 17.94 |
| 山 西 | Shanxi | 0.5 | 0.5 | 0.5 | 0.6 | 0.7 | 0.1 | 11.67 |
| 内蒙古 | Inner Mongolia | 64.8 | 74.8 | 77.9 | 73.3 | 56.0 | -17.3 | -23.57 |
| 辽 宁 | Liaoning | 506.0 | 457.6 | 505.1 | 507.8 | 506.9 | -0.9 | -0.18 |
| 吉 林 | Jilin | 505.0 | 568.5 | 623.5 | 532.0 | 563.3 | 31.2 | 5.87 |
| 黑龙江 | Heilongjiang | 1574.5 | 1843.9 | 2062.1 | 2171.2 | 2220.6 | 49.4 | 2.27 |
| 上 海 | Shanghai | 90.0 | 90.3 | 88.9 | 89.1 | 86.8 | -2.3 | -2.58 |
| 江 苏 | Jiangsu | 1802.9 | 1807.9 | 1864.2 | 1900.1 | 1922.3 | 22.2 | 1.17 |
| 浙 江 | Zhejiang | 666.7 | 648.2 | 649.0 | 608.3 | 580.2 | -28.1 | -4.61 |
| 安 徽 | Anhui | 1405.6 | 1383.4 | 1387.1 | 1393.5 | 1362.3 | -31.2 | -2.24 |
| 福 建 | Fujian | 515.3 | 507.9 | 514.1 | 503.8 | 502.0 | -1.8 | -0.35 |
| 江 西 | Jiangxi | 1905.9 | 1858.3 | 1950.1 | 1976.0 | 2004.0 | 28.0 | 1.42 |
| 山 东 | Shandong | 112.0 | 106.4 | 104.0 | 103.4 | 103.6 | 0.3 | 0.24 |
| 河 南 | Henan | 451.0 | 471.2 | 474.5 | 492.6 | 485.8 | -6.8 | -1.37 |
| 湖 北 | Hubei | 1591.9 | 1557.8 | 1616.9 | 1651.4 | 1676.6 | 25.3 | 1.53 |
| 湖 南 | Hunan | 2578.6 | 2506.0 | 2575.4 | 2631.6 | 2561.5 | -70.1 | -2.66 |
| 广 东 | Guangdong | 1058.1 | 1060.6 | 1096.9 | 1126.6 | 1045.0 | -81.6 | -7.24 |
| 广 西 | Guangxi | 1145.9 | 1121.3 | 1084.1 | 1142.0 | 1156.2 | 14.2 | 1.24 |
| 海 南 | Hainan | 145.9 | 138.5 | 145.1 | 155.8 | 149.8 | -5.9 | -3.80 |
| 重 庆 | Chongqing | 511.3 | 518.6 | 493.5 | 498.0 | 503.1 | 5.1 | 1.02 |
| 四 川 | Sichuan | 1520.2 | 1512.1 | 1527.1 | 1536.1 | 1549.5 | 13.4 | 0.87 |
| 贵 州 | Guizhou | 453.2 | 445.7 | 303.9 | 402.4 | 361.3 | -41.1 | -10.22 |
| 云 南 | Yunnan | 636.2 | 616.6 | 668.7 | 644.6 | 667.9 | 23.3 | 3.61 |
| 西 藏 | Tibet | 0.5 | 0.6 | 0.6 | 0.5 | 0.6 | 0.0 | 1.85 |
| 陕 西 | Shaanxi | 82.5 | 81.0 | 84.5 | 87.4 | 91.0 | 3.6 | 4.12 |
| 甘 肃 | Gansu | 3.9 | 4.1 | | 3.9 | 3.8 | -0.1 | -2.56 |
| 青 海 | Qinghai | 0.0 | | | | | | |
| 宁 夏 | Ningxia | 64.6 | 70.0 | 70.8 | 71.3 | 68.9 | -2.4 | -3.37 |
| 新 疆 | Xinjiang | 48.3 | 59.0 | 60.6 | 59.4 | 59.8 | 0.5 | 0.77 |
| **广西居全国位次** | **Order of Precedence of Guangxi in the Country** | **8** | **8** | **9** | **8** | **8** | | |

# 附录1-22　全国及各省市区小麦播种面积

## Sown Area of Wheat by Provinces and Regions

单位：千公顷　　　　(1 000 hectares)

| 地　区 | Region | 2009 | 2010 | 2011 | 2012 | 2013 | 2013年比2012年增长 Increase Rate in 2013 over 2012 | |
|---|---|---|---|---|---|---|---|---|
| | | | | | | | 绝对数 Value | % |
| 全　国 | National | 24290.8 | 24256.5 | 24270.4 | 24268.3 | 24117.3 | -151.0 | -0.62 |
| 北　京 | Beijing | 60.6 | 61.6 | 58.1 | 52.2 | 36.2 | -16.0 | -30.63 |
| 天　津 | Tianjin | 110.2 | 110.5 | 112.3 | 113.1 | 110.4 | -2.7 | -2.42 |
| 河　北 | Hebei | 2394.5 | 2420.3 | 2396.1 | 2410.0 | 2377.7 | -32.2 | -1.34 |
| 山　西 | Shanxi | 727.5 | 728.5 | 710.1 | 689.0 | 677.5 | -11.5 | -1.67 |
| 内蒙古 | Inner Mongolia | 528.2 | 566.2 | 567.9 | 609.6 | 571.2 | -38.4 | -6.29 |
| 辽　宁 | Liaoning | 8.8 | 7.5 | 6.9 | 6.8 | 5.6 | -1.2 | -17.65 |
| 吉　林 | Jilin | 4.1 | 3.6 | 3.2 | | | | |
| 黑龙江 | Heilongjiang | 293.1 | 280.0 | 297.8 | 210.1 | 133.0 | -77.1 | -36.69 |
| 上　海 | Shanghai | 57.6 | 49.4 | 59.8 | 56.6 | 44.4 | -12.3 | -21.65 |
| 江　苏 | Jiangsu | 2077.6 | 2093.1 | 2112.4 | 2132.6 | 2146.9 | 14.4 | 0.67 |
| 浙　江 | Zhejiang | 60.4 | 66.2 | 72.6 | 74.5 | 75.5 | 1.0 | 1.38 |
| 安　徽 | Anhui | 2355.3 | 2365.7 | 2383.0 | 2415.5 | 2432.9 | 17.3 | 0.72 |
| 福　建 | Fujian | 3.8 | 3.6 | 2.8 | 2.5 | 2.3 | -0.2 | -7.90 |
| 江　西 | Jiangxi | 9.9 | 10.4 | 10.9 | 11.9 | 11.8 | -0.1 | -0.59 |
| 山　东 | Shandong | 3545.2 | 3561.9 | 3593.5 | 3625.9 | 3673.3 | 47.4 | 1.31 |
| 河　南 | Henan | 5263.3 | 5280.0 | 5323.3 | 5340.0 | 5366.7 | 26.7 | 0.50 |
| 湖　北 | Hubei | 993.4 | 1000.1 | 1013.6 | 1065.5 | 1094.8 | 29.3 | 2.75 |
| 湖　南 | Hunan | 28.4 | 39.2 | 40.4 | 35.3 | 32.3 | -3.0 | -8.45 |
| 广　东 | Guangdong | 0.8 | 0.9 | 1.0 | 0.9 | 0.9 | | |
| 广　西 | Guangxi | 4.0 | 4.2 | 1.5 | 1.5 | 1.8 | 0.3 | 19.33 |
| 海　南 | Hainan | | | | | | | |
| 重　庆 | Chongqing | 168.2 | 150.5 | 138.4 | 125.4 | 107.6 | -17.8 | -14.19 |
| 四　川 | Sichuan | 1277.5 | 1265.7 | 1259.3 | 1234.1 | 1216.0 | -18.1 | -1.47 |
| 贵　州 | Guizhou | 262.9 | 260.8 | 257.6 | 259.8 | 251.8 | -8.0 | -3.07 |
| 云　南 | Yunnan | 432.4 | 428.9 | 437.9 | 442.2 | 437.3 | -4.9 | -1.11 |
| 西　藏 | Tibet | 36.8 | 37.1 | 37.6 | 37.7 | 37.8 | 0.1 | 0.21 |
| 陕　西 | Shaanxi | 1146.0 | 1148.9 | 1136.7 | 1127.6 | 1094.8 | -32.8 | -2.91 |
| 甘　肃 | Gansu | 963.9 | 879.7 | 861.6 | 833.9 | 811.7 | -22.3 | -2.67 |
| 青　海 | Qinghai | 104.1 | 101.0 | 94.0 | 94.2 | 95.4 | 1.2 | 1.26 |
| 宁　夏 | Ningxia | 218.5 | 211.4 | 202.1 | 179.0 | 148.8 | -30.2 | -16.85 |
| 新　疆 | Xinjiang | 1153.9 | 1120.0 | 1078.0 | 1081.0 | 1121.0 | 39.9 | 3.69 |
| **广西居全国位次** | **Order of Precedence of Guangxi in the Country** | **28** | **27** | **29** | **28** | **28** | | |

# 附录1-23 全国及各省市区小麦产量

## Output of Wheat by Provinces and Regions

单位：万吨 (10 000 tons)

| 地区 | Region | 2009 | 2010 | 2011 | 2012 | 2013 | 2013年比2012年增长 Increase Rate in 2013 over 2012 | |
|---|---|---|---|---|---|---|---|---|
| | | | | | | | 绝对数 Value | % |
| 全国 | National | 11511.5 | 11518.1 | 11740.1 | 12102.3 | 12192.6 | 90.3 | 0.75 |
| 北京 | Beijing | 31.0 | 28.4 | 28.4 | 27.4 | 18.7 | -8.7 | -31.76 |
| 天津 | Tianjin | 54.0 | 53.2 | 54.2 | 55.8 | 57.3 | 1.5 | 2.73 |
| 河北 | Hebei | 1229.8 | 1230.6 | 1276.1 | 1337.7 | 1387.2 | 49.5 | 3.70 |
| 山西 | Shanxi | 211.1 | 232.2 | 240.3 | 259.2 | 230.7 | -28.5 | -10.98 |
| 内蒙古 | Inner Mongolia | 171.2 | 165.2 | 170.9 | 188.4 | 180.4 | -8.0 | -4.26 |
| 辽宁 | Liaoning | 4.5 | 3.7 | 3.7 | 3.2 | 2.7 | -0.5 | -15.00 |
| 吉林 | Jilin | 1.0 | 1.2 | 1.3 | | | | |
| 黑龙江 | Heilongjiang | 116.3 | 92.5 | 103.8 | 70.0 | 38.9 | -31.1 | -44.47 |
| 上海 | Shanghai | 22.1 | 19.3 | 24.1 | 22.6 | 17.6 | -4.9 | -21.81 |
| 江苏 | Jiangsu | 1004.4 | 1008.1 | 1023.2 | 1048.8 | 1101.3 | 52.6 | 5.01 |
| 浙江 | Zhejiang | 23.2 | 24.7 | 27.0 | 27.1 | 27.8 | 0.7 | 2.69 |
| 安徽 | Anhui | 1177.2 | 1206.7 | 1215.7 | 1294.0 | 1332.0 | 38.0 | 2.94 |
| 福建 | Fujian | 1.1 | 1.0 | 0.8 | 0.7 | 0.7 | | -5.79 |
| 江西 | Jiangxi | 1.9 | 2.1 | 2.2 | 2.3 | 2.5 | 0.2 | 9.21 |
| 山东 | Shandong | 2047.3 | 2058.6 | 2103.9 | 2179.5 | 2218.8 | 39.3 | 1.80 |
| 河南 | Henan | 3056.0 | 3082.2 | 3123.0 | 3177.4 | 3226.4 | 49.1 | 1.54 |
| 湖北 | Hubei | 331.7 | 343.1 | 344.8 | 370.8 | 416.8 | 46.0 | 12.41 |
| 湖南 | Hunan | 6.4 | 9.9 | 10.2 | 8.6 | 11.0 | 2.4 | 28.04 |
| 广东 | Guangdong | 0.2 | 0.2 | 0.3 | 0.3 | 0.3 | | 6.67 |
| 广西 | Guangxi | 0.6 | 0.6 | 0.2 | 0.2 | 0.3 | 0.1 | 30.00 |
| 海南 | Hainan | | | | | | | |
| 重庆 | Chongqing | 51.7 | 45.9 | 42.4 | 38.5 | 33.7 | -4.8 | -12.35 |
| 四川 | Sichuan | 423.3 | 427.7 | 436.0 | 437.0 | 421.3 | -15.7 | -3.59 |
| 贵州 | Guizhou | 44.5 | 24.8 | 50.4 | 52.4 | 51.5 | -0.9 | -1.68 |
| 云南 | Yunnan | 92.3 | 46.0 | 98.9 | 88.3 | 80.5 | -7.8 | -8.80 |
| 西藏 | Tibet | 24.6 | 24.3 | 24.9 | 24.6 | 24.1 | -0.5 | -2.04 |
| 陕西 | Shaanxi | 383.1 | 403.8 | 410.9 | 435.5 | 389.8 | -45.7 | -10.49 |
| 甘肃 | Gansu | 261.1 | 250.9 | 247.5 | 278.5 | 235.9 | -42.6 | -15.30 |
| 青海 | Qinghai | 39.0 | 37.3 | 35.4 | 35.2 | 36.0 | 0.8 | 2.16 |
| 宁夏 | Ningxia | 73.6 | 70.3 | 63.0 | 62.0 | 46.3 | -15.7 | -25.30 |
| 新疆 | Xinjiang | 627.2 | 623.5 | 576.6 | 576.5 | 602.1 | 25.5 | 4.43 |
| **广西居全国位次** | **Order of Precedence of Guangxi in the Country** | **29** | **29** | **30** | **29** | **29** | | |

# 附录1-24 全国及各省市区玉米播种面积

## Sown Area of Corn by Provinces and Regions

单位：千公顷 (1 000 hectares)

| 地 区 | Region | 2009 | 2010 | 2011 | 2012 | 2013 | 2013年比2012年增长 Increase Rate in 2013 over 2012 | |
|---|---|---|---|---|---|---|---|---|
| | | | | | | | 绝对数 Value | % |
| 全 国 | National | 31182.6 | 32500.1 | 33541.7 | 35029.8 | 36318.4 | 1288.6 | 3.68 |
| 北 京 | Beijing | 150.8 | 149.8 | 140.5 | 132.0 | 114.5 | -17.5 | -13.28 |
| 天 津 | Tianjin | 165.9 | 168.9 | 169.0 | 179.3 | 191.7 | 12.3 | 6.88 |
| 河 北 | Hebei | 2950.5 | 3008.6 | 3035.8 | 3049.1 | 3108.8 | 59.6 | 1.96 |
| 山 西 | Shanxi | 1451.2 | 1548.9 | 1646.7 | 1669.0 | 1670.0 | 1.1 | 0.06 |
| 内蒙古 | Inner Mongolia | 2451.2 | 2485.6 | 2669.6 | 2833.7 | 3170.6 | 337.0 | 11.89 |
| 辽 宁 | Liaoning | 1964.1 | 2093.0 | 2134.6 | 2206.7 | 2245.6 | 38.9 | 1.76 |
| 吉 林 | Jilin | 2957.2 | 3046.7 | 3134.2 | 3284.3 | 3499.1 | 214.8 | 6.54 |
| 黑龙江 | Heilongjiang | 4010.2 | 4368.4 | 4587.4 | 5190.6 | 5447.5 | 256.9 | 4.95 |
| 上 海 | Shanghai | 4.2 | 4.4 | 4.2 | 3.8 | 3.6 | -0.2 | -4.97 |
| 江 苏 | Jiangsu | 399.8 | 403.7 | 414.3 | 418.9 | 426.4 | 7.5 | 1.78 |
| 浙 江 | Zhejiang | 27.0 | 27.3 | 30.9 | 62.0 | 63.4 | 1.4 | 2.31 |
| 安 徽 | Anhui | 730.7 | 761.1 | 818.8 | 822.5 | 845.1 | 22.6 | 2.74 |
| 福 建 | Fujian | 37.9 | 40.1 | 42.6 | 45.4 | 47.9 | 2.6 | 5.71 |
| 江 西 | Jiangxi | 16.1 | 18.2 | 25.7 | 28.1 | 29.5 | 1.5 | 5.28 |
| 山 东 | Shandong | 2917.3 | 2955.3 | 2995.9 | 3018.1 | 3060.7 | 42.7 | 1.41 |
| 河 南 | Henan | 2895.4 | 2946.0 | 3025.0 | 3100.0 | 3203.3 | 103.3 | 3.33 |
| 湖 北 | Hubei | 507.3 | 531.4 | 549.7 | 593.3 | 573.5 | -19.9 | -3.35 |
| 湖 南 | Hunan | 282.0 | 293.0 | 327.1 | 342.0 | 344.2 | 2.2 | 0.65 |
| 广 东 | Guangdong | 166.7 | 162.3 | 173.1 | 172.5 | 176.7 | 4.2 | 2.41 |
| 广 西 | Guangxi | 534.6 | 538.6 | 565.9 | 580.5 | 587.6 | 7.1 | 1.22 |
| 海 南 | Hainan | 18.7 | 21.0 | 23.5 | 27.5 | 27.7 | 0.2 | 0.71 |
| 重 庆 | Chongqing | 459.1 | 461.9 | 466.9 | 468.4 | 466.7 | -1.7 | -0.35 |
| 四 川 | Sichuan | 1334.4 | 1355.4 | 1363.1 | 1371.1 | 1378.0 | 6.9 | 0.50 |
| 贵 州 | Guizhou | 751.5 | 781.1 | 787.8 | 775.2 | 778.4 | 3.2 | 0.41 |
| 云 南 | Yunnan | 1354.2 | 1417.8 | 1409.0 | 1456.9 | 1505.1 | 48.2 | 3.31 |
| 西 藏 | Tibet | 4.0 | 4.2 | 4.2 | 4.4 | 4.3 | 0.0 | -0.69 |
| 陕 西 | Shaanxi | 1164.0 | 1182.4 | 1177.8 | 1167.4 | 1166.2 | -1.2 | -0.10 |
| 甘 肃 | Gansu | 657.8 | 835.5 | 838.7 | 902.7 | 976.1 | 73.5 | 8.14 |
| 青 海 | Qinghai | 5.3 | 12.3 | 20.5 | 22.9 | 23.3 | 0.3 | 1.53 |
| 宁 夏 | Ningxia | 215.1 | 223.4 | 231.1 | 245.9 | 262.0 | 16.1 | 6.56 |
| 新 疆 | Xinjiang | 598.4 | 653.8 | 728.0 | 855.7 | 920.8 | 65.1 | 7.61 |
| **广西居全国位次** | **Order of Precedence of Guangxi in the Country** | **16** | **16** | **16** | **17** | **16** | | |

# 附录1-25 全国及各省市区玉米产量

## Output of Corn by Provinces and Regions

单位：万吨 (10 000 tons)

| 地 区 | Region | 2009 | 2010 | 2011 | 2012 | 2013 | 2013年比2012年增长 Increase Rate in 2013 over 2012 | |
|---|---|---|---|---|---|---|---|---|
| | | | | | | | 绝对数 Value | % |
| 全 国 | National | 16397.4 | 17724.5 | 19278.1 | 20561.4 | 21848.9 | 1287.5 | 6.26 |
| 北 京 | Beijing | 89.8 | 84.2 | 90.3 | 83.6 | 75.2 | -8.4 | -10.05 |
| 天 津 | Tianjin | 88.7 | 92.7 | 94.4 | 92.5 | 102.1 | 9.7 | 10.48 |
| 河 北 | Hebei | 1465.2 | 1508.7 | 1639.6 | 1649.5 | 1703.9 | 54.4 | 3.30 |
| 山 西 | Shanxi | 654.3 | 766.0 | 854.6 | 903.9 | 955.5 | 51.6 | 5.71 |
| 内蒙古 | Inner Mongolia | 1341.3 | 1465.7 | 1632.1 | 1784.4 | 2069.7 | 285.3 | 15.99 |
| 辽 宁 | Liaoning | 963.1 | 1150.5 | 1360.3 | 1423.5 | 1563.2 | 139.7 | 9.81 |
| 吉 林 | Jilin | 1810.0 | 2004.0 | 2339.0 | 2578.8 | 2775.7 | 197.0 | 7.64 |
| 黑龙江 | Heilongjiang | 1920.2 | 2324.4 | 2675.8 | 2887.9 | 3216.4 | 328.5 | 11.37 |
| 上 海 | Shanghai | 2.4 | 3.0 | 2.8 | 2.5 | 2.5 | | 0.79 |
| 江 苏 | Jiangsu | 216.2 | 218.5 | 226.2 | 230.2 | 216.4 | -13.8 | -5.98 |
| 浙 江 | Zhejiang | 11.7 | 12.2 | 14.6 | 29.1 | 26.8 | -2.4 | -8.14 |
| 安 徽 | Anhui | 304.7 | 312.7 | 362.6 | 427.5 | 426.0 | -1.5 | -0.35 |
| 福 建 | Fujian | 14.6 | 15.2 | 16.6 | 18.0 | 19.3 | 1.2 | 6.94 |
| 江 西 | Jiangxi | 7.3 | 8.4 | 10.5 | 12.6 | 12.0 | -0.6 | -4.85 |
| 山 东 | Shandong | 1921.5 | 1932.1 | 1978.7 | 1994.5 | 1967.1 | -27.4 | -1.37 |
| 河 南 | Henan | 1634.0 | 1634.8 | 1696.5 | 1747.8 | 1796.5 | 48.8 | 2.79 |
| 湖 北 | Hubei | 244.1 | 261.0 | 276.2 | 282.6 | 270.8 | -11.8 | -4.18 |
| 湖 南 | Hunan | 159.9 | 168.1 | 188.5 | 197.3 | 185.0 | -12.3 | -6.21 |
| 广 东 | Guangdong | 74.7 | 72.1 | 78.9 | 79.7 | 81.6 | 1.9 | 2.41 |
| 广 西 | Guangxi | 225.2 | 208.7 | 244.7 | 250.6 | 266.0 | 15.4 | 6.13 |
| 海 南 | Hainan | 8.0 | 9.1 | 10.3 | 11.3 | 12.1 | 0.7 | 6.60 |
| 重 庆 | Chongqing | 244.5 | 251.6 | 257.0 | 256.3 | 258.1 | 1.8 | 0.71 |
| 四 川 | Sichuan | 643.0 | 669.0 | 701.6 | 701.3 | 762.4 | 61.1 | 8.71 |
| 贵 州 | Guizhou | 405.2 | 415.4 | 243.7 | 342.3 | 298.0 | -44.2 | -12.92 |
| 云 南 | Yunnan | 542.7 | 613.0 | 598.2 | 700.0 | 734.2 | 34.2 | 4.89 |
| 西 藏 | Tibet | 2.6 | 2.8 | 2.8 | 2.6 | 2.5 | -0.1 | -4.96 |
| 陕 西 | Shaanxi | 526.1 | 532.2 | 550.7 | 566.9 | 586.7 | 19.8 | 3.50 |
| 甘 肃 | Gansu | 312.6 | 390.4 | 425.6 | 504.1 | 571.5 | 67.4 | 13.37 |
| 青 海 | Qinghai | 4.3 | 10.7 | 15.2 | 17.0 | 16.4 | -0.6 | -3.35 |
| 宁 夏 | Ningxia | 156.4 | 165.8 | 172.4 | 191.2 | 206.2 | 15.0 | 7.87 |
| 新 疆 | Xinjiang | 403.4 | 421.6 | 517.7 | 592.1 | 669.0 | 76.9 | 12.99 |
| **广西居全国位次** | **Order of Precedence of Guangxi in the Country** | **18** | **19** | **17** | **18** | **17** | | |

# 附录1-26 全国及各省市区粮食作物单位面积产量

## Output of Grain Crops Per Hectare by Provinces and Regions

单位：公斤/公顷 (kg/hectare)

| 地 区 | Region | 2009 | 2010 | 2011 | 2012 | 2013 | 2013年为2012年百分比（%）Per Centum in 2013 over 2012（%） |
|---|---|---|---|---|---|---|---|
| 全 国 | National | 4871 | 4974 | 5166 | 5302 | 5377 | 1.41 |
| 北 京 | Beijing | 5514 | 5177 | 5816 | 5868 | 6049 | 3.08 |
| 天 津 | Tianjin | 5097 | 5123 | 5207 | 5009 | 5250 | 4.80 |
| 河 北 | Hebei | 4681 | 4737 | 5047 | 5151 | 5328 | 3.43 |
| 山 西 | Shanxi | 2994 | 3350 | 3629 | 3871 | 4009 | 3.58 |
| 内蒙古 | Inner Mongolia | 3654 | 3925 | 4293 | 4524 | 4937 | 9.13 |
| 辽 宁 | Liaoning | 5093 | 5553 | 6422 | 6435 | 6805 | 5.74 |
| 吉 林 | Jilin | 5556 | 6328 | 6977 | 7251 | 7414 | 2.24 |
| 黑龙江 | Heilongjiang | 3821 | 4376 | 4843 | 5001 | 5192 | 3.81 |
| 上 海 | Shanghai | 6296 | 6608 | 6544 | 6524 | 6774 | 3.84 |
| 江 苏 | Jiangsu | 6127 | 6124 | 6219 | 6320 | 6385 | 1.04 |
| 浙 江 | Zhejiang | 6117 | 6041 | 6232 | 6151 | 5854 | -4.82 |
| 安 徽 | Anhui | 4647 | 4656 | 4735 | 4967 | 4950 | -0.34 |
| 福 建 | Fujian | 5417 | 5371 | 5484 | 5489 | 5527 | 0.69 |
| 江 西 | Jiangxi | 5556 | 5371 | 5624 | 5671 | 5733 | 1.09 |
| 山 东 | Shandong | 6140 | 6120 | 6194 | 6264 | 6208 | -0.90 |
| 河 南 | Henan | 5565 | 5582 | 5621 | 5647 | 5667 | 0.36 |
| 湖 北 | Hubei | 5755 | 5692 | 5794 | 5842 | 5874 | 0.55 |
| 湖 南 | Hunan | 6048 | 5921 | 6024 | 6126 | 5927 | -3.25 |
| 广 东 | Guangdong | 5178 | 5200 | 5378 | 5497 | 5248 | -4.54 |
| 广 西 | Guangxi | 4770 | 4614 | 4654 | 4838 | 4947 | 2.25 |
| 海 南 | Hainan | 4358 | 4126 | 4367 | 4548 | 4526 | -0.50 |
| 重 庆 | Chongqing | 5101 | 5152 | 4988 | 5039 | 5094 | 1.10 |
| 四 川 | Sichuan | 4976 | 5034 | 5111 | 5125 | 5235 | 2.15 |
| 贵 州 | Guizhou | 3914 | 3659 | 2870 | 3534 | 3303 | -6.55 |
| 云 南 | Yunnan | 3754 | 3582 | 3868 | 3976 | 4054 | 1.97 |
| 西 藏 | Tibet | 5343 | 5360 | 5509 | 5554 | 5467 | -1.56 |
| 陕 西 | Shaanxi | 3610 | 3687 | 3811 | 3981 | 3915 | -1.65 |
| 甘 肃 | Gansu | 3307 | 3423 | 3581 | 3908 | 3984 | 1.94 |
| 青 海 | Qinghai | 3724 | 3716 | 3699 | 3623 | 3656 | 0.93 |
| 宁 夏 | Ningxia | 4120 | 4224 | 4211 | 4527 | 4658 | 2.89 |
| 新 疆 | Xinjiang | 5804 | 5771 | 5981 | 5973 | 6162 | 3.15 |
| **广西居全国位次** | **Order of Precedence of Guangxi in the Country** | **19** | **21** | **22** | **22** | **22** | |

# 附录1-27 全国及各省市区稻谷单位面积产量

## Output of Rice Per Hectare by Provinces and Regions

单位：公斤/公顷 (kg/hectare)

| 地 区 | Region | 2009 | 2010 | 2011 | 2012 | 2013 | 2013年为2012年百分比（%）Per Centum in 2013 over 2012（%） |
|---|---|---|---|---|---|---|---|
| 全 国 | National | 6585 | 6553 | 6687 | 6777 | 6717 | -0.88 |
| 北 京 | Beijing | 6316 | 6333 | 6522 | 6444 | 6912 | 7.26 |
| 天 津 | Tianjin | 7018 | 7093 | 7528 | 7658 | 7686 | 0.37 |
| 河 北 | Hebei | 6751 | 6805 | 7249 | 5798 | 6768 | 16.72 |
| 山 西 | Shanxi | 4386 | 4423 | 4902 | 5941 | 6837 | 15.09 |
| 内蒙古 | Inner Mongolia | 6365 | 8115 | 8657 | 8201 | 7381 | -10.00 |
| 辽 宁 | Liaoning | 7705 | 6754 | 7658 | 7673 | 7808 | 1.76 |
| 吉 林 | Jilin | 7647 | 8441 | 9020 | 7587 | 7751 | 2.16 |
| 黑龙江 | Heilongjiang | 6398 | 6659 | 7001 | 7073 | 6993 | -1.13 |
| 上 海 | Shanghai | 8297 | 8328 | 8379 | 8481 | 8521 | 0.47 |
| 江 苏 | Jiangsu | 8073 | 8092 | 8290 | 8429 | 8484 | 0.66 |
| 浙 江 | Zhejiang | 7102 | 7021 | 7254 | 7306 | 7001 | -4.17 |
| 安 徽 | Anhui | 6256 | 6161 | 6218 | 6291 | 6153 | -2.20 |
| 福 建 | Fujian | 5960 | 5942 | 6082 | 6087 | 6141 | 0.88 |
| 江 西 | Jiangxi | 5807 | 5600 | 5878 | 5937 | 6004 | 1.12 |
| 山 东 | Shandong | 8321 | 8294 | 8348 | 8346 | 8416 | 0.84 |
| 河 南 | Henan | 7378 | 7503 | 7437 | 7599 | 7575 | -0.32 |
| 湖 北 | Hubei | 7784 | 7643 | 7941 | 8184 | 7980 | -2.49 |
| 湖 南 | Hunan | 6371 | 6218 | 6334 | 6426 | 6271 | -2.42 |
| 广 东 | Guangdong | 5399 | 5431 | 5651 | 5779 | 5475 | -5.27 |
| 广 西 | Guangxi | 5392 | 5353 | 5216 | 5550 | 5649 | 1.79 |
| 海 南 | Hainan | 4593 | 4270 | 4555 | 4802 | 4804 | 0.06 |
| 重 庆 | Chongqing | 7497 | 7583 | 7189 | 7249 | 7305 | 0.78 |
| 四 川 | Sichuan | 7499 | 7544 | 7605 | 7689 | 7784 | 1.23 |
| 贵 州 | Guizhou | 6490 | 6405 | 4460 | 5893 | 5279 | -10.42 |
| 云 南 | Yunnan | 6119 | 6039 | 6229 | 5953 | 5794 | -2.66 |
| 西 藏 | Tibet | 5200 | 6020 | 6000 | 5567 | 5789 | 4.00 |
| 陕 西 | Shaanxi | 6582 | 6662 | 6987 | 7082 | 7351 | 3.80 |
| 甘 肃 | Gansu | 6878 | 7050 |  | 7020 | 7243 | 3.19 |
| 青 海 | Qinghai |  |  |  |  |  |  |
| 宁 夏 | Ningxia | 8250 | 8416 | 8430 | 8458 | 8387 | -0.83 |
| 新 疆 | Xinjiang | 6665 | 8812 | 8590 | 8574 | 8890 | 3.68 |
| **广西居全国位次** | **Order of Precedence of Guangxi in the Country** | **27** | **28** | **26** | **29** | **27** |  |

# 附录1-28　全国及各省市区小麦单位面积产量

## Output of Wheat Per Hectare by Provinces and Regions

单位：公斤/公顷　　(kg/hectare)

| 地　区 | Region | 2009 | 2010 | 2011 | 2012 | 2013 | 2013年为2012年百分比（%）Per Centum in 2013 over 2012（%） |
|---|---|---|---|---|---|---|---|
| 全　国 | National | 4739 | 4748 | 4837 | 4987 | 5056 | 1.38 |
| 北　京 | Beijing | 5118 | 4610 | 4883 | 5258 | 5172 | -1.64 |
| 天　津 | Tianjin | 4903 | 4814 | 4828 | 4929 | 5189 | 5.28 |
| 河　北 | Hebei | 5136 | 5085 | 5326 | 5551 | 5834 | 5.10 |
| 山　西 | Shanxi | 2902 | 3188 | 3384 | 3762 | 3406 | -9.47 |
| 内蒙古 | Inner Mongolia | 3241 | 2918 | 3010 | 3091 | 3158 | 2.17 |
| 辽　宁 | Liaoning | 5114 | 4933 | 5362 | 4706 | 4857 | 3.21 |
| 吉　林 | Jilin | 2439 | 3473 | 4214 | | | |
| 黑龙江 | Heilongjiang | 3969 | 3303 | 3485 | 3333 | 2923 | -12.30 |
| 上　海 | Shanghai | 3838 | 3897 | 4031 | 3984 | 3976 | -0.20 |
| 江　苏 | Jiangsu | 4834 | 4816 | 4844 | 4918 | 5130 | 4.31 |
| 浙　江 | Zhejiang | 3850 | 3730 | 3720 | 3638 | 3685 | 1.29 |
| 安　徽 | Anhui | 4998 | 5101 | 5102 | 5357 | 5475 | 2.20 |
| 福　建 | Fujian | 2930 | 2840 | 2883 | 2874 | 2940 | 2.29 |
| 江　西 | Jiangxi | 1922 | 2031 | 2011 | 1924 | 2114 | 9.86 |
| 山　东 | Shandong | 5775 | 5780 | 5855 | 6011 | 6040 | 0.49 |
| 河　南 | Henan | 5806 | 5838 | 5867 | 5950 | 6012 | 1.04 |
| 湖　北 | Hubei | 3339 | 3430 | 3402 | 3480 | 3807 | 9.40 |
| 湖　南 | Hunan | 2254 | 2526 | 2525 | 2428 | 3396 | 39.86 |
| 广　东 | Guangdong | 2857 | 2826 | 3000 | 3226 | 3441 | 6.67 |
| 广　西 | Guangxi | 1500 | 1357 | 1419 | 1333 | 1453 | 8.94 |
| 海　南 | Hainan | | | | | | |
| 重　庆 | Chongqing | 3072 | 3051 | 3063 | 3066 | 3132 | 2.14 |
| 四　川 | Sichuan | 3314 | 3379 | 3462 | 3541 | 3465 | -2.16 |
| 贵　州 | Guizhou | 1693 | 952 | 1956 | 2017 | 2046 | 1.44 |
| 云　南 | Yunnan | 2135 | 1072 | 2258 | 1997 | 1842 | -7.77 |
| 西　藏 | Tibet | 6681 | 6553 | 6625 | 6512 | 6366 | -2.24 |
| 陕　西 | Shaanxi | 3343 | 3515 | 3615 | 3862 | 3560 | -7.81 |
| 甘　肃 | Gansu | 2709 | 2852 | 2873 | 3340 | 2906 | -12.97 |
| 青　海 | Qinghai | 3749 | 3693 | 3761 | 3736 | 3769 | 0.89 |
| 宁　夏 | Ningxia | 3367 | 3327 | 3116 | 3464 | 3112 | -10.15 |
| 新　疆 | Xinjiang | 5435 | 5567 | 5349 | 5333 | 5371 | 0.71 |
| **广西居全国位次** | **Order of Precedence of Guangxi in the Country** | **30** | **28** | **30** | **29** | **29** | |

# 附录1-29 全国及各省市区玉米单位面积产量

## Output of Corn Per Hectare by Provinces and Regions

单位：公斤/公顷 (kg/hectare)

| 地 区 | Region | 2009 | 2010 | 2011 | 2012 | 2013 | 2013年为2012年百分比（%）Per Centum in 2013 over 2012（%） |
|---|---|---|---|---|---|---|---|
| 全 国 | National | 5258 | 5454 | 5748 | 5870 | 6016 | 2.49 |
| 北 京 | Beijing | 5954 | 5621 | 6429 | 6331 | 6567 | 3.73 |
| 天 津 | Tianjin | 5349 | 5490 | 5584 | 5155 | 5329 | 3.37 |
| 河 北 | Hebei | 4966 | 5015 | 5401 | 5410 | 5481 | 1.32 |
| 山 西 | Shanxi | 4508 | 4945 | 5190 | 5416 | 5721 | 5.64 |
| 内蒙古 | Inner Mongolia | 5472 | 5897 | 6114 | 6297 | 6528 | 3.66 |
| 辽 宁 | Liaoning | 4904 | 5497 | 6373 | 6451 | 6961 | 7.91 |
| 吉 林 | Jilin | 6121 | 6578 | 7463 | 7852 | 7933 | 1.03 |
| 黑龙江 | Heilongjiang | 4788 | 5321 | 5833 | 5564 | 5904 | 6.12 |
| 上 海 | Shanghai | 5755 | 6659 | 6603 | 6597 | 6997 | 6.07 |
| 江 苏 | Jiangsu | 5406 | 5412 | 5459 | 5495 | 5076 | -7.63 |
| 浙 江 | Zhejiang | 4310 | 4455 | 4716 | 4701 | 4221 | -10.21 |
| 安 徽 | Anhui | 4170 | 4109 | 4428 | 5197 | 5041 | -3.01 |
| 福 建 | Fujian | 3843 | 3793 | 3904 | 3971 | 4017 | 1.16 |
| 江 西 | Jiangxi | 4531 | 4642 | 4090 | 4485 | 4054 | -9.62 |
| 山 东 | Shandong | 6587 | 6538 | 6605 | 6609 | 6427 | -2.75 |
| 河 南 | Henan | 5643 | 5549 | 5608 | 5638 | 5608 | -0.53 |
| 湖 北 | Hubei | 4812 | 4912 | 5025 | 4762 | 4721 | -0.86 |
| 湖 南 | Hunan | 5670 | 5737 | 5763 | 5768 | 5374 | -6.82 |
| 广 东 | Guangdong | 4481 | 4443 | 4560 | 4620 | 4620 | 0.00 |
| 广 西 | Guangxi | 4212 | 3875 | 4325 | 4317 | 4526 | 4.84 |
| 海 南 | Hainan | 4248 | 4323 | 4376 | 4121 | 4362 | 5.85 |
| 重 庆 | Chongqing | 5324 | 5446 | 5504 | 5471 | 5530 | 1.07 |
| 四 川 | Sichuan | 4819 | 4936 | 5147 | 5115 | 5533 | 8.17 |
| 贵 州 | Guizhou | 5392 | 5318 | 3094 | 4415 | 3829 | -13.28 |
| 云 南 | Yunnan | 4007 | 4323 | 4246 | 4805 | 4878 | 1.53 |
| 西 藏 | Tibet | 6343 | 6540 | 6627 | 6023 | 5764 | -4.30 |
| 陕 西 | Shaanxi | 4520 | 4501 | 4676 | 4856 | 5031 | 3.60 |
| 甘 肃 | Gansu | 4752 | 4673 | 5074 | 5585 | 5855 | 4.84 |
| 青 海 | Qinghai | 8190 | 8702 | 7421 | 7411 | 7055 | -4.81 |
| 宁 夏 | Ningxia | 7271 | 7422 | 7461 | 7776 | 7871 | 1.23 |
| 新 疆 | Xinjiang | 6741 | 6448 | 7111 | 6919 | 7266 | 5.00 |
| **广西居全国位次** | **Order of Precedence of Guangxi in the Country** | **28** | **30** | **27** | **29** | **26** | |

# 附录二 中国及世界主要国家和地区经济、社会统计指标

## APPENDIX II Main Social and Economic Indicators of China and Other Countries/Areas

# 附录2-1 国土面积与人口密度（2012年）

## Country Area and Population Density（2012）

资料来源：世界银行WDI数据库。
Source:World Bank WDI Database.

| 国家或地区 | Country or Area | 国土面积（万平方公里）Country Area（10 000 sq.km） | 人口密度（人/平方公里）Population Density（persons/sq.km） | | |
|---|---|---|---|---|---|
| | | | 2010 | 2011 | 2012 |
| **世　界** | **World** | **13429.0** | **53.1** | **53.7** | **54.3** |
| 中　国 | China | 960.0 | 143.4 | 144.1 | 144.8 |
| 中国香港 | Hong Kong,China | 0.1 | 6741.1 | 6786.6 | 6866.2 |
| 美　国 | United States | 983.2 | 33.8 | 34.1 | 34.3 |
| 英　国 | United Kingdom | 24.4 | 259.4 | 261.5 | 262.9 |
| 德　国 | Germany | 35.7 | 234.6 | 234.7 | 230.7 |
| 法　国 | France | 54.9 | 118.7 | 119.4 | 120.0 |
| 意大利 | Italy | 30.1 | 205.6 | 206.4 | 202.4 |
| 加拿大 | Canada | 998.5 | 3.7 | 3.8 | 3.8 |
| 日　本 | Japan | 37.8 | 349.7 | 350.7 | 350.0 |
| 韩　国 | Korea,Rep. | 10.0 | 508.9 | 512.7 | 515.0 |
| 墨西哥 | Mexico | 196.4 | 60.6 | 61.4 | 62.2 |
| 澳大利亚 | Australia | 774.1 | 2.9 | 2.9 | 3.0 |
| 新西兰 | New Zealand | 26.8 | 16.6 | 16.7 | 16.8 |
| 印　度 | India | 328.7 | 405.5 | 410.7 | 416.0 |
| 巴　西 | Brazil | 851.5 | 23.1 | 23.3 | 23.5 |
| 俄罗斯联邦 | Russian Fed. | 1709.8 | 8.7 | 8.7 | 8.8 |
| 菲律宾 | Philippines | 30.0 | 313.4 | 318.8 | 324.3 |
| 马来西亚 | Malaysia | 33.1 | 86.1 | 87.5 | 89.0 |
| 泰　国 | Thailand | 51.3 | 130.0 | 130.3 | 130.7 |
| 新加坡 | Singapore | 0.1 | 7252.4 | 7405.3 | 7589.1 |
| 印度尼西亚 | Indonesia | 190.5 | 132.9 | 134.6 | 136.3 |
| 文　莱 | Brunei Darussalam | 0.6 | 76.0 | 77.1 | 78.2 |
| 越　南 | Viet Nam | 33.1 | 280.4 | 283.3 | 286.3 |
| 缅　甸 | Myanmar | 67.7 | 79.5 | 80.1 | 80.8 |
| 老　挝 | Laos | 23.7 | 27.7 | 28.3 | 28.8 |
| 柬埔寨 | Cambodia | 18.1 | 81.4 | 82.7 | 84.2 |

# 附录2-2 土地利用（2012年）

## Land Utilization（2012）

资料来源：世界银行WDI数据库。
Source:World Bank WDI Database.

单位：万公顷 （10 000 hectares）

| 国家或地区 | Country or Area | 陆地面积 Land Area | 耕地面积① Arable Area ① | 多年生作物面积① Permanent Crop Area ① | 森林面积① Forest Area ① |
|---|---|---|---|---|---|
| **世　界** | **World** | **1297104** | **139628** | **15461** | **401842** |
| 中　国 | China | 93275 | 11160 | 1472 | 20962 |
| 中国香港 | Hong Kong,China | 10 | | | |
| 美　国 | United States | 91474 | 16016 | 260 | 30440 |
| 英　国 | United Kingdom | 2419 | 606 | 5 | 289 |
| 德　国 | Germany | 3486 | 1188 | 20 | 1108 |
| 法　国 | France | 5477 | 1837 | 102 | 1600 |
| 意大利 | Italy | 2941 | 680 | 252 | 923 |
| 加拿大 | Canada | 90935 | 4297 | 493 | 31013 |
| 日　本 | Japan | 3645 | 425 | 31 | 2499 |
| 韩　国 | Korea,Rep. | 971 | 149 | 21 | 622 |
| 墨西哥 | Mexico | 19440 | 2549 | 267 | 6465 |
| 澳大利亚 | Australia | 76823 | 4768 | 40 | 14838 |
| 新西兰 | New Zealand | 2633 | 47 | 7 | 826 |
| 印　度 | India | 29732 | 15735 | 1230 | 6858 |
| 巴　西 | Brazil | 84594 | 7193 | 710 | 51733 |
| 俄罗斯联邦 | Russian Fed. | 163769 | 12150 | 177 | 80915 |
| 菲律宾 | Philippines | 2982 | 540 | 520 | 772 |
| 马来西亚 | Malaysia | 3286 | 180 | 579 | 2037 |
| 泰　国 | Thailand | 5109 | 1576 | 450 | 1899 |
| 新加坡 | Singapore | 7 | | | |
| 印度尼西亚 | Indonesia | 18116 | 2350 | 2000 | 9375 |
| 文　莱 | Brunei Darussalam | 53 | | 1 | 38 |
| 越　南 | Viet Nam | 3101 | 650 | 370 | 1394 |
| 缅　甸 | Myanmar | 6533 | 1079 | 146 | 3146 |
| 老　挝 | Laos | 2308 | 140 | 10 | 1567 |
| 柬埔寨 | Cambodia | 1765 | 400 | 16 | 997 |

注：①2011年数据。
Note:①Data refer to 2011.

# 附录2-3 国内生产总值

## Gross Domestic Product

资料来源：世界银行WDI数据库。
Source:World Bank WDI Database.

单位：亿美元 (100 million USD)

| 国家或地区 | Country or Area | 2008 | 2009 | 2010 | 2011 | 2012 |
|---|---|---|---|---|---|---|
| **世　界** | **World** | **619719** | **586989** | **643039** | **712266** | **726820** |
| 中　国 | China | 45218 | 49913 | 59305 | 73219 | 82271 |
| 中国香港 | Hong Kong,China | 2193 | 2140 | 2287 | 2487 | 2633 |
| 美　国 | United States | 147203 | 144179 | 149583 | 155338 | 162446 |
| 英　国 | United Kingdom | 26878 | 22080 | 22856 | 24789 | 24758 |
| 德　国 | Germany | 36237 | 32982 | 33044 | 36281 | 34259 |
| 法　国 | France | 28318 | 26197 | 25650 | 27822 | 26112 |
| 意大利 | Italy | 23073 | 21111 | 20554 | 21970 | 20134 |
| 加拿大 | Canada | 15027 | 13376 | 15770 | 17370 | 17796 |
| 日　本 | Japan | 48492 | 50351 | 54954 | 58968 | 59611 |
| 韩　国 | Korea,Rep. | 9314 | 8341 | 10149 | 11145 | 11296 |
| 墨西哥 | Mexico | 10991 | 8954 | 10474 | 11599 | 11781 |
| 澳大利亚 | Australia | 10555 | 9267 | 11418 | 13869 | 15324 |
| 新西兰 | New Zealand | 1307 | 1186 | 1432 | 1626 | 1713 |
| 印　度 | India | 12241 | 13654 | 17085 | 18801 | 18587 |
| 巴　西 | Brazil | 16535 | 16202 | 21430 | 24767 | 22527 |
| 俄罗斯联邦 | Russian Fed. | 16608 | 12226 | 15249 | 18991 | 20148 |
| 菲律宾 | Philippines | 1736 | 1683 | 1996 | 2241 | 2502 |
| 马来西亚 | Malaysia | 2310 | 2023 | 2475 | 2893 | 3050 |
| 泰　国 | Thailand | 2726 | 2637 | 3189 | 3457 | 3660 |
| 新加坡 | Singapore | 1906 | 1888 | 2317 | 2656 | 2765 |
| 印度尼西亚 | Indonesia | 5102 | 5396 | 7092 | 8463 | 8780 |
| 文　莱 | Brunei Darussalam | 144 | 107 | 124 | 164 | 170 |
| 越　南 | Viet Nam | 991 | 1060 | 1159 | 1355 | 1558 |
| 缅　甸 | Myanmar | 346 | 381 | 496 | 562 | 558 |
| 老　挝 | Laos | 54 | 58 | 72 | 83 | 94 |
| 柬埔寨 | Cambodia | 104 | 104 | 112 | 128 | 140 |

# 附录2-4 人均国内生产总值

## GDP Per Capita

资料来源：世界银行WDI数据库。
Source:World Bank WDI Database.

单位：美元 (USD)

| 国家或地区 | Country or Area | 2008 | 2009 | 2010 | 2011 | 2012 |
|---|---|---|---|---|---|---|
| **世　界** | **World** | **9214** | **8626** | **9339** | **10224** | **10318** |
| 中　国 | China | 3414 | 3749 | 4433 | 5447 | 6091 |
| 中国香港 | Hong Kong,China | 31516 | 30697 | 32558 | 35173 | 36796 |
| 美　国 | United States | 48407 | 46999 | 48358 | 49854 | 51749 |
| 英　国 | United Kingdom | 43510 | 35476 | 36425 | 39186 | 38920 |
| 德　国 | Germany | 44132 | 40270 | 40408 | 44355 | 42597 |
| 法　国 | France | 43992 | 40488 | 39443 | 42560 | 39746 |
| 意大利 | Italy | 38563 | 35073 | 33982 | 36180 | 33816 |
| 加拿大 | Canada | 45199 | 39775 | 46376 | 50578 | 51206 |
| 日　本 | Japan | 37972 | 39473 | 43118 | 46135 | 46731 |
| 韩　国 | Korea,Rep. | 19028 | 16959 | 20540 | 22388 | 22590 |
| 墨西哥 | Mexico | 9560 | 7691 | 8885 | 9717 | 9749 |
| 澳大利亚 | Australia | 49673 | 42722 | 51825 | 62081 | 67442 |
| 新西兰 | New Zealand | 30610 | 27474 | 32796 | 36919 | 38637 |
| 印　度 | India | 1042 | 1147 | 1417 | 1540 | 1503 |
| 巴　西 | Brazil | 8623 | 8373 | 10978 | 12576 | 11340 |
| 俄罗斯联邦 | Russian Fed. | 11700 | 8616 | 10710 | 13284 | 14037 |
| 菲律宾 | Philippines | 1921 | 1832 | 2136 | 2358 | 2587 |
| 马来西亚 | Malaysia | 8460 | 7278 | 8754 | 10058 | 10432 |
| 泰　国 | Thailand | 4118 | 3979 | 4803 | 5192 | 5480 |
| 新加坡 | Singapore | 39383 | 37860 | 45639 | 51242 | 52052 |
| 印度尼西亚 | Indonesia | 2178 | 2272 | 2947 | 3471 | 3557 |
| 文　莱 | Brunei Darussalam | 37094 | 27212 | 30880 | 40244 | 41127 |
| 越　南 | Viet Nam | 1165 | 1232 | 1334 | 1543 | 1755 |
| 缅　甸 | Myanmar | 588 | 635 | 811 | 900 | 876 |
| 老　挝 | Laos | 887 | 931 | 1123 | 1266 | 1417 |
| 柬埔寨 | Cambodia | 743 | 735 | 783 | 878 | 944 |

# 附录2-5 国内生产总值增长率

## Growth Rate of GDP

资料来源：世界银行WDI数据库。
Source:World Bank WDI Database.

单位：% (%)

| 国家或地区 | Country or Area | 2009 | 2010 | 2011 | 2012 | 2013 |
|---|---|---|---|---|---|---|
| **世　界** | **World** | **-2.1** | **4.1** | **2.8** | **2.4** | **2.2** |
| 中　国 | China | 9.2 | 10.4 | 9.3 | 7.7 | 7.7 |
| 中国香港 | Hong Kong,China | -2.5 | 6.8 | 4.8 | 1.5 | 2.9 |
| 美　国 | United States | -2.8 | 2.5 | 1.8 | 2.8 | 1.9 |
| 英　国 | United Kingdom | -5.2 | 1.7 | 1.1 | 0.3 | 1.7 |
| 德　国 | Germany | -5.1 | 4.0 | 3.3 | 0.7 | 0.4 |
| 法　国 | France | -3.1 | 1.7 | 2.0 |  | 0.2 |
| 意大利 | Italy | -5.5 | 1.7 | 0.5 | -2.4 | -1.9 |
| 加拿大 | Canada | -2.8 | 3.4 | 2.5 | 1.7 | 2.0 |
| 日　本 | Japan | -5.5 | 4.7 | -0.5 | 1.4 | 1.5 |
| 韩　国 | Korea,Rep. | 0.3 | 6.5 | 3.7 | 2.3 | 3.0 |
| 墨西哥 | Mexico | -4.7 | 5.1 | 4.0 | 4.0 | 1.1 |
| 澳大利亚 | Australia | 1.6 | 2.0 | 2.2 | 3.6 | 2.7 |
| 新西兰 | New Zealand | 1.5 | 1.8 | 2.4 | 2.3 | 2.5 |
| 印　度 | India | 8.5 | 10.3 | 6.6 | 4.7 | 5.0 |
| 巴　西 | Brazil | -0.3 | 7.5 | 2.7 | 1.0 | 2.5 |
| 俄罗斯联邦 | Russian Fed. | -7.8 | 4.5 | 4.3 | 3.4 | 1.3 |
| 菲律宾 | Philippines | 1.1 | 7.6 | 3.6 | 6.8 | 7.2 |
| 马来西亚 | Malaysia | -1.5 | 7.4 | 5.1 | 5.6 | 4.7 |
| 泰　国 | Thailand | -2.3 | 7.8 | 0.1 | 7.7 | 1.8 |
| 新加坡 | Singapore | -0.8 | 15.2 | 6.1 | 2.5 | 3.9 |
| 印度尼西亚 | Indonesia | 4.6 | 6.2 | 6.5 | 6.3 | 5.8 |
| 文　莱 | Brunei Darussalam | -1.8 | 2.6 | 3.4 | 0.9 | -1.8 |
| 越　南 | Viet Nam | 5.4 | 6.4 | 6.2 | 5.2 | 5.4 |
| 缅　甸 | Myanmar | 10.6 | 10.4 |  |  |  |
| 老　挝 | Laos | 7.5 | 8.5 | 8.0 | 8.2 | 8.1 |
| 柬埔寨 | Cambodia | 0.1 | 6.0 | 7.1 | 7.3 | 7.5 |

# 附录2-6 人均国内生产总值增长率

## Growth Rate of GDP per Capita

资料来源：世界银行WDI数据库。
Source:World Bank WDI Database.

单位：%　　　　(%)

| 国家或地区 | Country or Area | 2008 | 2009 | 2010 | 2011 | 2012 |
|---|---|---|---|---|---|---|
| **世　界** | **World** | **0.3** | **-3.3** | **2.9** | **1.7** | **1.2** |
| 中　国 | China | 9.0 | 8.7 | 9.9 | 8.8 | 7.3 |
| 中国香港 | Hong Kong,China | 1.5 | -2.7 | 6.0 | 4.2 | 0.3 |
| 美　国 | United States | -1.2 | -3.7 | 1.7 | 1.1 | 2.0 |
| 英　国 | United Kingdom | -1.5 | -5.9 | 0.8 | 0.3 | -0.3 |
| 德　国 | Germany | -0.6 | -3.6 | 1.2 | 1.5 | -0.5 |
| 法　国 | France | -1.9 | -6.1 | 1.2 | 0.1 | -0.6 |
| 意大利 | Italy | -0.4 | -3.9 | 2.1 | 1.5 | 0.5 |
| 加拿大 | Canada | -1.0 | -5.4 | 4.7 | -0.9 | 2.2 |
| 日　本 | Japan | 1.6 | -0.2 | 5.8 | 2.9 | 1.6 |
| 韩　国 | Korea,Rep. | 0.1 | -5.9 | 3.8 | 2.7 | 2.5 |
| 墨西哥 | Mexico | 1.7 | -0.4 | 0.5 | 1.0 | 1.7 |
| 澳大利亚 | Australia | -2.7 | 0.4 | -1.0 | 1.3 | 2.6 |
| 新西兰 | New Zealand | 2.5 | 7.1 | 8.8 | 5.3 | 3.4 |
| 印　度 | India | 4.2 | -1.2 | 6.6 | 1.8 | |
| 巴　西 | Brazil | 5.4 | -7.8 | 4.2 | 3.9 | 3.0 |
| 俄罗斯联邦 | Russian Fed. | 1.3 | -4.9 | 4.2 | 3.3 | 2.4 |
| 菲律宾 | Philippines | 2.4 | -0.5 | 5.8 | 1.9 | 5.0 |
| 马来西亚 | Malaysia | 3.0 | -3.2 | 5.6 | 3.4 | 3.9 |
| 泰　国 | Thailand | 2.3 | -2.5 | 7.6 | -0.2 | 6.2 |
| 新加坡 | Singapore | -3.5 | -3.7 | 12.8 | 3.0 | -1.1 |
| 印度尼西亚 | Indonesia | 4.5 | 3.2 | 4.8 | 5.1 | 4.9 |
| 文　莱 | Brunei Darussalam | -3.6 | -3.4 | 1.0 | 0.7 | 0.7 |
| 越　南 | Viet Nam | 4.5 | 4.3 | 5.3 | 5.1 | 4.1 |
| 缅　甸 | Myanmar | 9.5 | 9.8 | 9.6 | | |
| 老　挝 | Laos | 5.6 | 5.3 | 6.4 | 6.0 | 6.2 |
| 柬埔寨 | Cambodia | 5.2 | -1.4 | 4.3 | 5.3 | 5.4 |

# 附录2-7 居民消费率

## Household Final Consumption Rate

资料来源：世界银行WDI数据库。
Source:World Bank WDI Database.

单位：% (%)

| 国家或地区 | Country or Area | 2008 | 2009 | 2010 | 2011 | 2012 |
|---|---|---|---|---|---|---|
| **世　界** | **World** | **59.4** | **60.3** | **60.0** | **60.3** | **60.4** |
| 中　国 | China | 34.9 | 33.9 | 34.7 | 35.9 | 34.6 |
| 中国香港 | Hong Kong,China | 60.1 | 61.1 | 61.4 | 63.3 | 63.7 |
| 美　国 | United States | 68.0 | 68.3 | 68.2 | 69.0 | 68.6 |
| 英　国 | United Kingdom | 63.5 | 64.4 | 64.5 | 64.6 | 65.6 |
| 德　国 | Germany | 56.2 | 58.7 | 57.5 | 57.4 | 57.5 |
| 法　国 | France | 56.9 | 58.1 | 58.1 | 57.7 | 57.7 |
| 意大利 | Italy | 59.2 | 60.3 | 60.8 | 61.2 | 60.9 |
| 加拿大 | Canada | 55.5 | 58.7 | 57.9 | 57.1 | 57.1 |
| 日　本 | Japan | 58.3 | 60.1 | 59.3 | 60.5 | 60.9 |
| 韩　国 | Korea,Rep. | 54.7 | 54.0 | 52.7 | 53.1 | 53.5 |
| 墨西哥 | Mexico | 67.0 | 66.6 | 67.3 | 67.1 | 67.1 |
| 澳大利亚 | Australia | 56.1 | 54.3 | 55.2 | 53.7 | 54.0 |
| 新西兰 | New Zealand | 59.1 | 59.5 | 59.3 | 60.0 | 60.5 |
| 印　度 | India | 58.6 | 57.2 | 56.4 | 58.6 | 60.3 |
| 巴　西 | Brazil | 58.9 | 61.1 | 59.6 | 60.3 | 62.3 |
| 俄罗斯联邦 | Russian Fed. | 47.4 | 52.8 | 50.6 | 48.0 | 48.1 |
| 菲律宾 | Philippines | 74.3 | 74.7 | 71.6 | 73.5 | 74.2 |
| 马来西亚 | Malaysia | 44.7 | 48.8 | 47.5 | 47.3 | 48.9 |
| 泰　国 | Thailand | 56.0 | 54.8 | 53.7 | 55.6 | 55.5 |
| 新加坡 | Singapore | 38.4 | 39.3 | 38.7 | 40.0 | 41.2 |
| 印度尼西亚 | Indonesia | 62.7 | 56.6 | 56.9 | 56.6 | 56.6 |
| 文　莱 | Brunei Darussalam | 18.5 | 22.2 | 13.1 | 17.2 | 18.9 |
| 越　南 | Viet Nam | 71.5 | 67.4 | 66.5 | 68.5 | 63.3 |
| 缅　甸 | Myanmar | | | | | |
| 老　挝 | Laos | 70.6 | 68.2 | 68.6 | 69.7 | 68.9 |
| 柬埔寨 | Cambodia | 78.0 | 79.2 | 81.7 | 82.3 | |

# 附录2-8 国内生产总值产业构成

## Composition of Gross Domestic Product by Industries

资料来源：世界银行WDI数据库。
Source:World Bank WDI Database.

单位：% (%)

| 国家或地区 | Country or Area | 农业增加值占国内生产总值比重 Primary Industry as Percentage of GDP | | 工业增加值占国内生产总值比重 Secondary Industry as Percentage of GDP | | 服务业增加值占国内生产总值比重 Tertiary Industry as Percentage of GDP | |
|---|---|---|---|---|---|---|---|
| | | 2011 | 2012 | 2011 | 2012 | 2011 | 2012 |
| **世　　界** | **World** | **3.1** | **3.1①** | **26.7** | **26.7①** | **70.2** | **70.2①** |
| 中　　国 | China | 10.0 | 10.1 | 46.6 | 45.3 | 43.4 | 44.7 |
| 中国香港 | Hong Kong,China | 0.1 | 0.1 | 7.0 | 7.1 | 93.0 | 92.9 |
| 美　　国 | United States | 1.3 | 1.3① | 20.2 | 20.2① | 78.6 | 78.6① |
| 英　　国 | United Kingdom | 0.7 | 0.7 | 21.5 | 20.7 | 77.9 | 78.7 |
| 德　　国 | Germany | 1.9 | 2.0 | 18.9 | 18.8 | 79.2 | 79.2 |
| 法　　国 | France | 2.0 | 2.0 | 24.9 | 24.3 | 73.2 | 73.7 |
| 意 大 利 | Italy | | | | | | |
| 加 拿 大 | Canada | 1.2 | 1.2 | 26.2 | 25.6 | 72.7 | 73.2 |
| 日　　本 | Japan | 2.5 | 2.5 | 38.4 | 38.1 | 59.1 | 59.5 |
| 韩　　国 | Korea,Rep. | 3.4 | 3.5 | 36.3 | 36.4 | 60.3 | 60.1 |
| 墨 西 哥 | Mexico | 2.5 | 2.4 | 28.5 | 28.1 | 69.1 | 69.4 |
| 澳大利亚 | Australia | | 7.2 | | 23.8 | | 69.1 |
| 新 西 兰 | New Zealand | 17.9 | 17.5 | 27.2 | 26.2 | 54.9 | 56.3 |
| 印　　度 | India | 5.5 | 5.3 | 27.5 | 26.0 | 67.0 | 68.7 |
| 巴　　西 | Brazil | 4.3 | 3.9 | 37.3 | 36.7 | 58.4 | 59.4 |
| 俄罗斯联邦 | Russian Fed. | 0.8 | 0.8 | 30.7 | 30.5 | 68.5 | 68.7 |
| 菲 律 宾 | Philippines | 12.7 | 11.8 | 31.3 | 31.1 | 55.9 | 57.1 |
| 马来西亚 | Malaysia | 11.8 | 10.1 | 40.4 | 40.9 | 47.8 | 49.1 |
| 泰　　国 | Thailand | 13.3 | 12.3 | 43.0 | 43.6 | 43.7 | 44.2 |
| 新 加 坡 | Singapore | 0.0 | 0.0 | 26.4 | 26.7 | 73.6 | 73.3 |
| 印度尼西亚 | Indonesia | 14.7 | 14.5 | 47.1 | 46.8 | 38.2 | 38.7 |
| 文　　莱 | Brunei Darussalam | 0.6 | 0.7 | 72.2 | 71.1 | 27.1 | 28.2 |
| 越　　南 | Viet Nam | 20.1 | 19.7 | 37.9 | 38.6 | 42.0 | 41.7 |
| 缅　　甸 | Myanmar | | 36.4 | | 26.0 | | 37.6 |
| 老　　挝 | Laos | 29.5 | 28.0 | 34.8 | 36.2 | 35.7 | 35.8 |
| 柬 埔 寨 | Cambodia | 36.7 | 35.6 | 23.5 | 24.3 | 39.8 | 40.2 |

注：①2011年数据。②2010年数据。
Note:①Data refer to 2011.②Data refer to 2010.

# 附录2-9　年中人口

## Mid-year Population

资料来源：世界银行WDI数据库。
Source:World Bank WDI Database.

| 国家或地区 | Country or Area | 人口（万人） Mid-year Population（10 000 persons） | | | | 2012年增长率（%） Growth Rate in 2012（%） |
|---|---|---|---|---|---|---|
| | | 2009 | 2010 | 2011 | 2012 | |
| **世　界** | **World** | **680523.0** | **688521.6** | **696644.0** | **704390.3** | **1.2** |
| 中　国 | China | 133126.0 | 133770.5 | 134413.0 | 135069.5 | 0.5 |
| 中国香港 | Hong Kong,China | 697.3 | 702.4 | 707.2 | 715.5 | 1.2 |
| 美　国 | United States | 30677.2 | 30932.6 | 31158.8 | 31391.4 | 0.7 |
| 英　国 | United Kingdom | 6181.1 | 6227.1 | 6275.3 | 6322.8 | 0.8 |
| 德　国 | Germany | 8190.2 | 8177.7 | 8179.8 | 8189.0 | 0.1 |
| 法　国 | France | 6470.3 | 6503.1 | 6537.2 | 6569.7 | 0.5 |
| 意大利 | Italy | 6019.3 | 6048.3 | 6072.4 | 6091.8 | 0.3 |
| 加拿大 | Canada | 3372.7 | 3412.7 | 3448.4 | 3488.1 | 1.1 |
| 日　本 | Japan | 12755.8 | 12745.1 | 12781.7 | 12756.2 | -0.2 |
| 韩　国 | Korea,Rep. | 4918.2 | 4941.0 | 4977.9 | 5000.4 | 0.5 |
| 墨西哥 | Mexico | 11642.3 | 11788.6 | 11936.1 | 12084.8 | 1.2 |
| 澳大利亚 | Australia | 2177.9 | 2206.5 | 2232.4 | 2268.4 | 1.6 |
| 新西兰 | New Zealand | 431.6 | 436.8 | 440.5 | 443.3 | 0.6 |
| 印　度 | India | 119013.8 | 120562.5 | 122115.6 | 123668.7 | 1.3 |
| 巴　西 | Brazil | 19349.1 | 19521.0 | 19693.5 | 19865.6 | 0.9 |
| 俄罗斯联邦 | Russian Fed. | 14191.0 | 14238.9 | 14296.0 | 14353.3 | 0.4 |
| 菲律宾 | Philippines | 9188.6 | 9344.4 | 9505.3 | 9670.7 | 1.7 |
| 马来西亚 | Malaysia | 2779.0 | 2827.6 | 2875.9 | 2924.0 | 1.7 |
| 泰　国 | Thailand | 6627.7 | 6640.2 | 6657.6 | 6678.5 | 0.3 |
| 新加坡 | Singapore | 498.8 | 507.7 | 518.4 | 531.2 | 2.5 |
| 印度尼西亚 | Indonesia | 23748.7 | 24067.7 | 24380.2 | 24686.4 | 1.3 |
| 文　莱 | Brunei Darussalam | 39.4 | 40.1 | 40.7 | 41.2 | 1.4 |
| 越　南 | Viet Nam | 8602.5 | 8693.3 | 8784.0 | 8877.6 | 1.1 |
| 缅　甸 | Myanmar | 5154.1 | 5193.1 | 5235.1 | 5279.7 | 0.9 |
| 老　挝 | Laos | 626.8 | 639.6 | 652.1 | 664.6 | 1.9 |
| 柬埔寨 | Cambodia | 1414.4 | 1436.5 | 1460.6 | 1486.5 | 1.8 |

# 附录2-10 城市人口比重

## Urban Population Percentage of Total

资料来源：世界银行WDI数据库。
Source:World Bank WDI Database.

单位：% (%)

| 国家或地区 | Country or Area | 2008 | 2009 | 2010 | 2011 | 2012 |
|---|---|---|---|---|---|---|
| **世　界** | **World** | **50.6** | **51.1** | **51.6** | **52.1** | **52.6** |
| 中　国 | China | 46.5 | 47.9 | 49.2 | 50.5 | 51.8 |
| 中国香港 | Hong Kong,China | 100.0 | 100.0 | 100.0 | 100.0 | 100.0 |
| 美　国 | United States | 81.6 | 81.9 | 82.1 | 82.4 | 82.6 |
| 英　国 | United Kingdom | 79.3 | 79.4 | 79.5 | 79.6 | 79.8 |
| 德　国 | Germany | 83.8 | 84.5 | 85.2 | 85.7 | 86.3 |
| 法　国 | France | 68.0 | 68.1 | 68.2 | 68.4 | 68.6 |
| 意大利 | Italy | 80.4 | 80.5 | 80.6 | 80.7 | 80.8 |
| 加拿大 | Canada | 88.7 | 89.6 | 90.5 | 91.1 | 91.7 |
| 日　本 | Japan | 82.3 | 82.6 | 82.9 | 83.2 | 83.5 |
| 韩　国 | Korea,Rep. | 77.2 | 77.5 | 77.8 | 78.1 | 78.4 |
| 墨西哥 | Mexico | 88.7 | 88.9 | 89.1 | 89.2 | 89.3 |
| 澳大利亚 | Australia | 86.1 | 86.2 | 86.2 | 86.2 | 86.3 |
| 新西兰 | New Zealand | 30.3 | 30.6 | 30.9 | 31.3 | 31.7 |
| 印　度 | India | 83.7 | 84.0 | 84.3 | 84.6 | 84.9 |
| 巴　西 | Brazil | 73.4 | 73.5 | 73.7 | 73.8 | 74.0 |
| 俄罗斯联邦 | Russian Fed. | 73.6 | 73.7 | 73.8 | 73.9 | 74.1 |
| 菲律宾 | Philippines | 48.4 | 48.5 | 48.7 | 48.9 | 49.1 |
| 马来西亚 | Malaysia | 70.2 | 71.1 | 72.0 | 72.7 | 73.4 |
| 泰　国 | Thailand | 33.1 | 33.4 | 33.7 | 34.1 | 34.5 |
| 新加坡 | Singapore | 100.0 | 100.0 | 100.0 | 100.0 | 100.0 |
| 印度尼西亚 | Indonesia | 48.3 | 49.1 | 49.9 | 50.7 | 51.5 |
| 文　莱 | Brunei Darussalam | 74.8 | 75.2 | 75.6 | 76.0 | 76.3 |
| 越　南 | Viet Nam | 29.2 | 29.8 | 30.4 | 31.0 | 31.7 |
| 缅　甸 | Myanmar | 31.0 | 31.5 | 32.1 | 32.7 | 33.2 |
| 老　挝 | Laos | 30.8 | 32.0 | 33.1 | 34.2 | 35.3 |
| 柬埔寨 | Cambodia | 19.6 | 19.7 | 19.8 | 20.0 | 20.2 |

# 附录2-11 劳动参与率

## Labor Force Participation Rate

资料来源：世界银行WDI数据库。
Source:World Bank WDI Database.

| 国家或地区 | Country or Area | 劳动力人口（万人） Total Labor Force (10 000 persons) | | 劳动参与率（%） Labor Force Participation Rate (%) | | 女性劳动参与率（%） Female Labor Force Participation Rate (%) | |
|---|---|---|---|---|---|---|---|
| | | 2011 | 2012 | 2011 | 2012 | 2011 | 2012 |
| **世　界** | **World** | **323335** | **328042** | **63.5** | **63.6** | **50.4** | **50.5** |
| 中　国 | China | 78242 | 78763 | 71.0 | 71.1 | 63.7 | 63.8 |
| 中国香港 | Hong Kong,China | 369 | 373 | 59.3 | 59.1 | 51.7 | 51.6 |
| 美　国 | United States | 15757 | 15869 | 63.0 | 62.9 | 57.0 | 56.8 |
| 英　国 | United Kingdom | 3229 | 3258 | 61.9 | 62.1 | 55.5 | 55.7 |
| 德　国 | Germany | 2991 | 3013 | 56.0 | 56.1 | 50.8 | 50.9 |
| 法　国 | France | 2511 | 2508 | 48.1 | 49.0 | 38.1 | 39.4 |
| 意大利 | Italy | 1907 | 1927 | 66.4 | 66.3 | 61.7 | 61.6 |
| 加拿大 | Canada | 6557 | 6528 | 59.1 | 58.9 | 48.1 | 48.1 |
| 日　本 | Japan | 2538 | 2577 | 60.5 | 60.8 | 49.5 | 49.9 |
| 韩　国 | Korea,Rep. | 5072 | 5285 | 60.3 | 61.6 | 43.2 | 45.0 |
| 墨西哥 | Mexico | 1188 | 1203 | 65.6 | 65.3 | 59.0 | 58.8 |
| 澳大利亚 | Australia | 239 | 240 | 68.0 | 67.8 | 61.9 | 62.1 |
| 新西兰 | New Zealand | 47581 | 48434 | 55.5 | 55.5 | 28.7 | 28.8 |
| 印　度 | India | 10319 | 10475 | 69.9 | 69.9 | 59.5 | 59.5 |
| 巴　西 | Brazil | 7691 | 7706 | 63.4 | 63.5 | 56.9 | 57.0 |
| 俄罗斯联邦 | Russian Fed. | 4249 | 4176 | 59.9 | 59.8 | 53.5 | 53.5 |
| 菲律宾 | Philippines | 4034 | 4128 | 65.2 | 65.2 | 50.9 | 51.0 |
| 马来西亚 | Malaysia | 1240 | 1272 | 59.2 | 59.3 | 44.2 | 44.3 |
| 泰　国 | Thailand | 3911 | 3942 | 72.4 | 72.4 | 64.4 | 64.4 |
| 新加坡 | Singapore | 291 | 302 | 67.5 | 68.1 | 58.1 | 59.0 |
| 印度尼西亚 | Indonesia | 11638 | 11838 | 67.8 | 67.8 | 51.3 | 51.3 |
| 文　莱 | Brunei Darussalam | 19 | 20 | 64.6 | 64.3 | 53.2 | 52.9 |
| 越　南 | Viet Nam | 5193 | 5286 | 76.9 | 77.2 | 72.5 | 72.8 |
| 缅　甸 | Myanmar | 3054 | 3101 | 78.5 | 78.6 | 75.2 | 75.2 |
| 老　挝 | Laos | 323 | 332 | 77.6 | 77.6 | 76.4 | 76.3 |
| 柬埔寨 | Cambodia | 826 | 843 | 82.5 | 82.5 | 78.9 | 78.9 |

# 附录2-12　就业人数

## Employment

资料来源：国际货币基金组织IFS数据库。
Source:IMF IFS Database.

单位：万人　　(10 000 persons)

| 国家或地区 | Country or Area | 2009 | 2010 | 2011 | 2012 | 2013 |
|---|---|---|---|---|---|---|
| **世　界** | **World** | | | | | |
| 中　国 | China | 75828 | 76105 | 76420 | 76704 | |
| 中国香港 | Hong Kong,China | 347 | 348 | 358 | 367 | 374 |
| 美　国 | United States | 13988 | 13906 | 13987 | 14247 | 14393 |
| 英　国 | United Kingdom | 2896 | 2902 | 2917 | 2952 | 2990 |
| 德　国 | Germany | 4032 | 4055 | 4110 | 4154 | 4178 |
| 法　国 | France | 2564 | 2569 | 2578 | 2580 | |
| 意大利 | Italy | 2302 | 2287 | 2297 | 2290 | 2242 |
| 加拿大 | Canada | 1681 | 1704 | 1731 | 1751 | 1773 |
| 日　本 | Japan | 6282 | 6257 | 6244 | 6270 | 6311 |
| 韩　国 | Korea,Rep. | 2351 | 2383 | 2424 | 2468 | 2507 |
| 墨西哥 | Mexico | 4337 | 4530 | 4631 | 4785 | |
| 澳大利亚 | Australia | 1095 | 1119 | 1139 | 1151 | 1147 |
| 新西兰 | New Zealand | 216 | 219 | 222 | 219 | |
| 印　度 | India | | 37429 | | | |
| 巴　西 | Brazil | 2128 | 2202 | 2243 | 2296 | 2312 |
| 俄罗斯联邦 | Russian Fed. | 6938 | 6979 | 7073 | 7154 | 7139 |
| 菲律宾 | Philippines | 3506 | 3604 | 3719 | 3760 | 3792 |
| 马来西亚 | Malaysia | 1102 | 1129 | 1222 | 1254 | 1335 |
| 泰　国 | Thailand | 3765 | 3801 | 3846 | 3895 | 3893 |
| 新加坡 | Singapore | 296 | 306 | 318 | 330 | 344 |
| 印度尼西亚 | Indonesia | 10468 | 10781 | 11048 | 11181 | 11241 |
| 文　莱 | Brunei Darussalam | 19 | 19 | | | |
| 越　南 | Viet Nam | | | 5088 | | |
| 缅　甸 | Myanmar | | | | | |
| 老　挝 | Laos | | | | | |
| 柬埔寨 | Cambodia | 747 | 768 | 789 | | |

# 附录2-13 按产业类型划分的就业构成

## Composition of Employment by Type of Industry

资料来源：世界银行WDI数据库。
Source:World Bank WDI Database.

单位：%　　(%)

| 国家或地区 | Country or Area | 第一产业 Primary Industry 2010 | 第一产业 Primary Industry 2011 | 第二产业 Secondary Industry 2010 | 第二产业 Secondary Industry 2011 | 第三产业 Tertiary Industry 2010 | 第三产业 Tertiary Industry 2011 |
|---|---|---|---|---|---|---|---|
| **世　　界** | **World** | **30.4** | **30.4①** | **24.4** | **24.4①** | **45.1** | **45.1①** |
| 中　　国 | China | 36.7 | 34.8 | 28.7 | 29.5 | 34.6 | 35.7 |
| 中国香港 | Hong Kong,China | | 0.2② | 11.4 | 11.4 | 87.9 | 88.0 |
| 美　　国 | United States | 1.6 | 1.6① | 16.7 | 16.7① | 81.2 | 81.2① |
| 英　　国 | United Kingdom | 1.2 | 1.2 | 19.1 | 19.1 | 78.9 | 79.0 |
| 德　　国 | Germany | 1.6 | 1.6 | 28.4 | 28.3 | 70.0 | 70.1 |
| 法　　国 | France | 2.9 | 2.9 | 22.2 | 22.1 | 74.4 | 74.6 |
| 意 大 利 | Italy | 3.8 | 3.7 | 28.8 | 28.5 | 67.5 | 67.8 |
| 加 拿 大③ | Canada③ | | 2.4 | | 21.5 | | 76.5 |
| 日　　本 | Japan | 3.7 | 3.7① | 25.3 | 25.3① | 69.7 | 69.7① |
| 韩　　国 | Korea,Rep. | 6.6 | 6.6① | 17.0 | 17.0① | 76.4 | 76.4① |
| 墨 西 哥 | Mexico | 13.1 | 13.4 | 25.5 | 24.1 | 60.6 | 61.9 |
| 澳大利亚② | Australia② | | 3.3 | | 21.1 | | 75.5 |
| 新 西 兰② | New Zealand② | | 6.6 | | 20.9 | | 72.5 |
| 印　　度 | India | 51.1 | 51.1① | 22.4 | 22.4① | 26.6 | 26.6① |
| 巴　　西 | Brazil | | 15.3 | | 21.9 | | 62.7 |
| 俄罗斯联邦② | Russian Fed.② | | 9.7 | | 27.9 | | 62.3 |
| 菲 律 宾 | Philippines | 33.2 | 33.0 | 15.0 | 14.9 | 51.8 | 52.2 |
| 马来西亚 | Malaysia | 13.3 | 11.5 | 27.6 | 28.9 | 59.2 | 59.6 |
| 泰　　国 | Thailand | 38.2 | 38.7 | 20.6 | 20.7 | 41.0 | 40.7 |
| 新 加 坡② | Singapore② | | 1.1 | | 21.8 | | 77.1 |
| 印度尼西亚 | Indonesia | 38.3 | 39.0 | 19.3 | 20.3 | 42.3 | 40.8 |
| 文　　莱 | Brunei Darussalam | | | | | | |
| 越　　南 | Viet Nam | | 48.4 | | 21.3 | | 30.3 |
| 缅　　甸 | Myanmar | | | | | | |
| 老　　挝 | Laos | | | | | | |
| 柬 埔 寨 | Cambodia | 54.2 | 55.8 | 16.2 | 16.9 | 29.6 | 27.3 |

注：①2010年数据。②2009年数据。③2008年数据。
Note:①Data refer to 2010.②Data refer to 2009.③Data refer to 2008.

# 附录2-14 失业人数

## Unemployment

资料来源：国际货币基金组织IFS数据库。
Source:IMF IFS Database.

单位：万人 (10 000 persons)

| 国家或地区 | Country or Area | 2009 | 2010 | 2011 | 2012 | 2013 |
|---|---|---|---|---|---|---|
| 世　界 | **World** | | | | | |
| 中　国 | China | 921.0 | 908.0 | 922.0 | 917.0 | 924.0 |
| 中国香港 | Hong Kong,China | 19.2 | 15.7 | 12.6 | 12.6 | 13.0 |
| 美　国 | United States | 1426.5 | 1482.5 | 1374.7 | 1250.6 | 1146.0 |
| 英　国 | United Kingdom | 239.0 | 247.6 | 256.4 | 254.8 | 246.0 |
| 德　国 | Germany | 341.5 | 323.9 | 297.6 | 289.7 | 295.0 |
| 法　国 | France | 257.6 | 263.5 | 260.4 | 281.0 | |
| 意大利 | Italy | 194.4 | 210.5 | 210.3 | 274.6 | 311.3 |
| 加拿大 | Canada | 152.0 | 148.5 | 139.3 | 136.8 | 134.8 |
| 日　本 | Japan | 335.6 | 333.6 | 300.3 | 284.8 | 265.1 |
| 韩　国 | Korea,Rep. | 88.9 | 92.0 | 85.5 | 82.0 | 80.7 |
| 墨西哥 | Mexico | 251.0 | 256.0 | 255.0 | 249.9 | |
| 澳大利亚 | Australia | 64.9 | 61.7 | 61.1 | 63.6 | 68.7 |
| 新西兰 | New Zealand | 10.8 | 14.2 | 18.8 | 22.2 | 24.8 |
| 印　度 | India | | 1373.4 | | | |
| 巴　西 | Brazil | 187.2 | 159.1 | 142.6 | 133.8 | 131.8 |
| 俄罗斯联邦 | Russian Fed. | 635.8 | 561.7 | 502.5 | 413.3 | 414.2 |
| 菲律宾 | Philippines | 283.1 | 285.9 | 281.4 | 282.6 | 289.6 |
| 马来西亚 | Malaysia | 29.9 | 36.7 | 36.0 | 34.1 | 38.4 |
| 泰　国 | Thailand | 57.1 | 40.3 | 25.4 | 26.1 | 28.5 |
| 新加坡 | Singapore | 8.7 | 6.5 | 6.1 | 6.0 | |
| 印度尼西亚 | Indonesia | 911.1 | 845.6 | 790.9 | 743.0 | 728.0 |
| 文　莱 | Brunei Darussalam | 0.7 | 0.5 | | 0.2 | |
| 越　南 | Viet Nam | 128.7 | 134.4 | 104.6 | 92.6 | |
| 缅　甸 | Myanmar | | | | | |
| 老　挝 | Laos | | | | | |
| 柬埔寨 | Cambodia | 1.4 | 2.7 | 1.6 | 1.2 | |

# 附录2–15 失业率

## Unemployment Rate

资料来源：国际货币基金组织IFS数据库。
Source:IMF IFS Database.

单位：% (%)

| 国家或地区 | Country or Area | 2009 | 2010 | 2011 | 2012 | 2013 |
|---|---|---|---|---|---|---|
| **世　　界** | **World** | | | | | |
| 中　　国 | China | 4.3 | 4.1 | 4.1 | 4.1 | 4.1 |
| 中国香港 | Hong Kong,China | 5.2 | 4.3 | 3.4 | 3.3 | 3.4 |
| 美　　国 | United States | 9.3 | 9.6 | 9.0 | 8.1 | 7.4 |
| 英　　国 | United Kingdom | 7.6 | 7.9 | 8.1 | 8.0 | 7.6 |
| 德　　国 | Germany | 8.1 | 7.7 | 7.1 | 6.8 | 6.9 |
| 法　　国 | France | 9.2 | 9.3 | 9.2 | 9.8 | |
| 意 大 利 | Italy | 7.8 | 8.4 | 8.4 | 10.7 | 12.2 |
| 加 拿 大 | Canada | 8.3 | 8.0 | 7.5 | 7.2 | 7.1 |
| 日　　本 | Japan | 5.1 | 5.1 | 4.6 | 4.4 | 4.0 |
| 韩　　国 | Korea,Rep. | 3.6 | 3.7 | 3.4 | 3.2 | 3.1 |
| 墨 西 哥 | Mexico | 5.5 | 5.4 | 5.2 | 5.0 | 4.9 |
| 澳大利亚 | Australia | 5.6 | 5.2 | 5.1 | 5.2 | 5.7 |
| 新 西 兰 | New Zealand | 6.4 | 6.7 | 6.5 | 6.9 | 6.2 |
| 印　　度 | India | | | | | |
| 巴　　西 | Brazil | 8.1 | 6.7 | 6.0 | 5.5 | 5.4 |
| 俄罗斯联邦 | Russian Fed. | 8.4 | 7.5 | 6.6 | 5.5 | 5.5 |
| 菲 律 宾 | Philippines | 7.5 | 7.3 | 7.0 | 7.0 | 7.1 |
| 马来西亚 | Malaysia | 3.6 | 3.3 | 3.1 | 3.0 | 3.1 |
| 泰　　国 | Thailand | 1.5 | 1.1 | 0.7 | 0.7 | 0.7 |
| 新 加 坡 | Singapore | 4.3 | 3.1 | 2.9 | 2.8 | 2.8 |
| 印度尼西亚 | Indonesia | 7.9 | 7.1 | 6.6 | 6.2 | |
| 文　　莱 | Brunei Darussalam | 3.5 | 2.7 | | | |
| 越　　南 | Viet Nam | 4.6 | 4.3 | 4.5 | 4.5 | |
| 缅　　甸 | Myanmar | 4.0 | 4.0 | 4.0 | | |
| 老　　挝 | Laos | | | | | |
| 柬 埔 寨 | Cambodia | 0.1 | 0.4 | 0.2 | | |

# 附录2-16 企业开业成本

## Cost of Business Start-up

资料来源：世界银行《全球营商环境报告》。
Source:World Bank Doing Business.

| 国家或地区 | Country or Area | 企业开业所要办理的手续数（个）Start-up Procedures to Register a Business（unit） | | 企业办理开业手续所需时间（天）Time Required to Start a Business（days） | | 企业登记注册费占人均GNI比重（%）Cost Business Start-up Procedures as Percentage of GNI Per Capita（%） | |
|---|---|---|---|---|---|---|---|
| | | 2012 | 2013 | 2012 | 2013 | 2012 | 2013 |
| **世　界** | **World** | | | | | | |
| 中　国 | China | 13 | 13 | 33 | 33 | 2.1 | 2.0 |
| 中国香港 | Hong Kong,China | 3 | 3 | 3 | 3 | 1.9 | 0.8 |
| 美　国 | United States | 6 | 6 | 6 | 5 | 1.4 | 1.5 |
| 英　国 | United Kingdom | 6 | 6 | 13 | 12 | 0.7 | 0.3 |
| 德　国 | Germany | 9 | 9 | 15 | 15 | 4.9 | 4.7 |
| 法　国 | France | 5 | 5 | 7 | 7 | 0.9 | 0.9 |
| 意大利 | Italy | 6 | 6 | 6 | 6 | 16.5 | 14.2 |
| 加拿大 | Canada | 1 | 1 | 5 | 5 | 0.4 | 0.4 |
| 日　本 | Japan | 8 | 8 | 23 | 22 | 7.5 | 7.5 |
| 韩　国 | Korea,Rep. | 5 | 5 | 7 | 6 | 14.6 | 14.6 |
| 墨西哥 | Mexico | 6 | 6 | 9 | 6 | 10.1 | 19.7 |
| 澳大利亚 | Australia | 2 | 3 | 2 | 3 | 0.7 | 0.7 |
| 新西兰 | New Zealand | 1 | 1 | 1 | 1 | 0.4 | 0.3 |
| 印　度 | India | 12 | 12 | 27 | 27 | 49.8 | 47.3 |
| 巴　西 | Brazil | 13 | 13 | 119 | 108 | 4.8 | 4.6 |
| 俄罗斯联邦 | Russian Fed. | 8 | 7 | 18 | 15 | 2.0 | 1.3 |
| 菲律宾 | Philippines | 16 | 15 | 36 | 35 | 18.1 | 18.7 |
| 马来西亚 | Malaysia | 3 | 3 | 6 | 6 | 15.1 | 7.6 |
| 泰　国 | Thailand | 4 | 4 | 29 | 28 | 6.7 | 6.7 |
| 新加坡 | Singapore | 3 | 3 | 3 | 3 | 0.6 | 0.6 |
| 印度尼西亚 | Indonesia | 9 | 10 | 47 | 48 | 22.7 | 20.5 |
| 文　莱 | Brunei Darussalam | 15 | 15 | 101 | 101 | 10.7 | 9.9 |
| 越　南 | Viet Nam | 10 | 10 | 34 | 34 | 8.7 | 7.7 |
| 缅　甸 | Myanmar | | 11 | | 72 | | 176.7 |
| 老　挝 | Laos | 6 | 6 | 92 | 92 | 7.1 | 6.7 |
| 柬埔寨 | Cambodia | 9 | 11 | 85 | 104 | 100.5 | 150.6 |

# 附录2-17 新注册企业数

## New Businesses Registered

资料来源：世界银行WDI数据库。
Source:World Bank WDI Database.

单位：家 (number)

| 国家或地区 | Country or Area | 2008 | 2009 | 2010 | 2011 | 2012 |
|---|---|---|---|---|---|---|
| **世　界** | **World** | | | | | |
| 中　国 | China | | | | | |
| 中国香港 | Hong Kong,China | 98645 | 109424 | 139530 | 148329 | 150165 |
| 美　国 | United States | | | | | |
| 英　国 | United Kingdom | 372400 | 330100 | | | 455600 |
| 德　国 | Germany | 65812 | 74055 | 73966 | 71190 | 69332 |
| 法　国 | France | 147049 | 128906 | 132696 | 132293 | 121538 |
| 意大利 | Italy | 87665 | | 87415 | 80028 | 75645 |
| 加拿大 | Canada | 21431 | 20191 | 24661 | | 25723 |
| 日　本 | Japan | 91635 | 85673 | 87688 | 89373 | 91751 |
| 韩　国 | Korea,Rep. | 50505 | 56337 | 60593 | 65973 | 73972 |
| 墨西哥 | Mexico | 50392 | 60358 | | 65016 | 68666 |
| 澳大利亚 | Australia | 143153 | 147258 | 160615 | | 185009 |
| 新西兰 | New Zealand | 53512 | 48358 | | 42447 | 44169 |
| 印　度 | India | 84800 | 46000 | 64900 | 70450 | 99587 |
| 巴　西 | Brazil | 56704 | 51717 | 66512 | | 53876 |
| 俄罗斯联邦 | Russian Fed. | 577069 | 401471 | | 458930 | 442165 |
| 菲律宾 | Philippines | 13470 | 11435 | | 12590 | 16143 |
| 马来西亚 | Malaysia | 41623 | 41638 | | 45455 | 45441 |
| 泰　国 | Thailand | 27680 | 27587 | | 33940 | 41210 |
| 新加坡 | Singapore | 23543 | 24235 | | 29781 | 31532 |
| 印度尼西亚 | Indonesia | 37106 | 28998 | 38122 | 43775 | 47549 |
| 文　莱 | Brunei Darussalam | | | | | |
| 越　南 | Viet Nam | | | | | |
| 缅　甸 | Myanmar | | | | | |
| 老　挝 | Laos | 80 | 286 | 265 | 398 | |
| 柬埔寨 | Cambodia | 2744 | 2003 | | | |

# 附录2-18 新注册企业密度

## New Business Density

资料来源：世界银行WDI数据库。
Source:World Bank WDI Database.

单位：个/万人 (unit per 10 000 persons)

| 国家或地区 | Country or Area | 2008 | 2009 | 2010 | 2011 | 2012 |
|---|---|---|---|---|---|---|
| **世　界** | **World** | **39.6** | **33.8** | **35.8** | **36.7** | **38.3** |
| 中　国 | China | | | | | |
| 中国香港 | Hong Kong,China | 189.8 | 209.5 | 265.0 | 280.1 | 281.2 |
| 美　国 | United States | | | | | |
| 英　国 | United Kingdom | 91.7 | 80.9 | | | 110.4 |
| 德　国 | Germany | 12.1 | 13.7 | 13.8 | 13.2 | 12.9 |
| 法　国 | France | 35.1 | 30.7 | 31.5 | 31.3 | 28.8 |
| 意大利 | Italy | 22.2 | | 22.0 | 20.1 | 19.1 |
| 加拿大 | Canada | 9.3 | 8.6 | 10.4 | | 10.7 |
| 日　本 | Japan | 11.1 | 10.4 | 10.8 | 11.1 | 11.5 |
| 韩　国 | Korea,Rep. | 14.3 | 15.8 | 16.9 | 18.2 | 20.3 |
| 墨西哥 | Mexico | 6.9 | 8.2 | | 8.5 | 8.8 |
| 澳大利亚 | Australia | 98.9 | 99.9 | 107.7 | | 121.6 |
| 新西兰 | New Zealand | 188.1 | 168.2 | | 145.3 | 150.7 |
| 印　度 | India | 1.1 | 0.6 | 0.8 | 0.9 | 1.2 |
| 巴　西 | Brazil | 24.4 | 21.9 | 27.7 | | 21.7 |
| 俄罗斯联邦 | Russian Fed. | 56.6 | 39.3 | | 44.7 | 43.0 |
| 菲律宾 | Philippines | 2.5 | 2.1 | | 2.2 | 2.7 |
| 马来西亚 | Malaysia | 22.9 | 22.3 | | 23.3 | 22.8 |
| 泰　国 | Thailand | 5.9 | 5.8 | | 7.1 | 8.6 |
| 新加坡 | Singapore | 66.3 | 66.1 | | 77.9 | 80.5 |
| 印度尼西亚 | Indonesia | 2.4 | 1.9 | 2.4 | 2.8 | 2.9 |
| 文　莱 | Brunei Darussalam | | | | | |
| 越　南 | Viet Nam | | | | | |
| 缅　甸 | Myanmar | | | | | |
| 老　挝 | Laos | 0.2 | 0.8 | 0.7 | 1.0 | |
| 柬埔寨 | Cambodia | 3.1 | 2.2 | | | |

# 附录2-19 石油探明储量

## Crude Oil Proved Reserves

资料来源：美国能源署。
Source : U.S. Energy Information Administration（EIA）.

单位：亿桶 (100 million barrels)

| 国家或地区 | Country or Area | 2009 | 2010 | 2011 | 2012 | 2013 |
|---|---|---|---|---|---|---|
| **世　界** | **World** | **13400.1** | **13557.4** | **14737.6** | **15259.6** | **16459.8** |
| 中　国 | China | 160.0 | 203.5 | 203.5 | 203.5 | 237.2 |
| 中国香港 | Hong Kong,China | | | | | |
| 美　国 | United States | 191.2 | 206.8 | 232.7 | 265.4 | 305.3 |
| 英　国 | United Kingdom | 34.1 | 30.8 | 28.6 | 28.3 | 31.2 |
| 德　国 | Germany | 2.8 | 2.8 | 2.8 | 2.8 | 2.5 |
| 法　国 | France | 1.0 | 1.0 | 0.9 | 0.9 | 0.9 |
| 意大利 | Italy | 4.1 | 4.2 | 4.8 | 5.2 | 5.2 |
| 加拿大 | Canada | 1780.9 | 1752.1 | 1752.1 | 1736.3 | 1731.1 |
| 日　本 | Japan | 0.4 | 0.4 | 0.4 | 0.4 | 0.4 |
| 韩　国 | Korea,Rep. | | | | | |
| 墨西哥 | Mexico | 105.0 | 104.0 | 104.2 | 103.6 | 102.6 |
| 澳大利亚 | Australia | 15.0 | 33.2 | 33.2 | 14.3 | 14.3 |
| 新西兰 | New Zealand | 0.6 | 0.6 | 1.1 | 1.0 | 0.8 |
| 印　度 | India | 56.3 | 56.3 | 56.8 | 56.1 | 54.8 |
| 巴　西 | Brazil | 126.2 | 128.0 | 128.6 | 139.9 | 131.5 |
| 俄罗斯联邦 | Russian Fed. | 600.0 | 600.0 | 600.0 | 600.0 | 800.0 |
| 菲律宾 | Philippines | 1.4 | 1.4 | 1.4 | 1.4 | 1.4 |
| 马来西亚 | Malaysia | 40.0 | 40.0 | 40.0 | 40.0 | 40.0 |
| 泰　国 | Thailand | 4.4 | 4.3 | 4.4 | 4.4 | 4.5 |
| 新加坡 | Singapore | | | | | |
| 印度尼西亚 | Indonesia | 39.9 | 39.9 | 39.9 | 38.9 | 40.3 |
| 文　莱 | Brunei Darussalam | 11.0 | 11.0 | 11.0 | 11.0 | 11.0 |
| 越　南 | Viet Nam | 6.0 | 6.0 | 6.0 | 44.0 | 44.0 |
| 缅　甸 | Myanmar | | | | | |
| 老　挝 | Laos | | | | | |
| 柬埔寨 | Cambodia | | | | | |

# 附录2-20 天然气探明储量

## Proved Reserves of Natural Gas

资料来源：美国能源署。
Source：U.S. Energy Information Administration（EIA）.

单位：亿立方米 (100 million cu.m)

| 国家或地区 | Country or Area | 2009 | 2010 | 2011 | 2012 | 2013 |
|---|---|---|---|---|---|---|
| **世　界** | **World** | **1772255.2** | **1878606.4** | **1898417.8** | **1927020.6** | **1937296.9** |
| 中　国 | China | 22640.0 | 30281.0 | 30281.0 | 30281.0 | 39975.5 |
| 中国香港 | Hong Kong,China | | | | | |
| 美　国 | United States | 69237.7 | 77120.1 | 86208.9 | 94541.0 | 87287.4 |
| 英　国 | United Kingdom | 3427.1 | 2918.3 | 2558.3 | 2528.3 | 2458.4 |
| 德　国 | Germany | 1754.6 | 1754.6 | 1754.6 | 1754.6 | 1249.2 |
| 法　国 | France | 69.3 | 70.8 | 67.9 | 55.2 | 107.0 |
| 意大利 | Italy | 941.0 | 697.9 | 635.3 | 659.7 | 623.2 |
| 加拿大 | Canada | 16387.4 | 17531.9 | 17531.9 | 17264.1 | 19291.0 |
| 日　本 | Japan | 208.9 | 208.9 | 208.9 | 208.9 | 208.9 |
| 韩　国 | Korea,Rep. | 20.1 | 20.1 | 9.9 | 70.8 | 52.6 |
| 墨西哥 | Mexico | 3724.9 | 3594.7 | 3386.4 | 4900.4 | 4874.4 |
| 澳大利亚 | Australia | 8490.0 | 31130.0 | 31130.0 | 7881.6 | 12179.5 |
| 新西兰 | New Zealand | 339.6 | 339.6 | 343.6 | 276.2 | 294.0 |
| 印　度 | India | 10742.7 | 10742.7 | 10733.6 | 11530.8 | 12402.5 |
| 巴　西 | Brazil | 3647.9 | 3640.0 | 3662.0 | 4167.2 | 3952.7 |
| 俄罗斯联邦 | Russian Fed. | 475440.0 | 475440.0 | 475440.0 | 475440.0 | 477704.0 |
| 菲律宾 | Philippines | 984.8 | 984.8 | 984.8 | 984.8 | 984.8 |
| 马来西亚 | Malaysia | 23489.0 | 23489.0 | 23489.0 | 23489.0 | 23489.0 |
| 泰　国 | Thailand | 3169.0 | 3418.4 | 3120.4 | 2996.7 | 2847.0 |
| 新加坡 | Singapore | | | | | |
| 印度尼西亚 | Indonesia | 29998.0 | 29998.0 | 29998.0 | 39920.0 | 30677.2 |
| 文　莱 | Brunei Darussalam | 3905.4 | 3905.4 | 3905.4 | 3905.4 | 3905.4 |
| 越　南 | Viet Nam | 1924.4 | 1924.4 | 1924.4 | 6990.1 | 6990.1 |
| 缅　甸 | Myanmar | | | | | |
| 老　挝 | Laos | | | | | |
| 柬埔寨 | Cambodia | | | | | |

# 附录2-21　石油消费量

## Total Petroleum Consumption

资料来源：美国能源署。
Source : U.S. Energy Information Administration （EIA）.

单位：万桶/天　　(10 000 barrels per day)

| 国家或地区 | Country or Area | 2008 | 2009 | 2010 | 2011 | 2012 |
|---|---|---|---|---|---|---|
| **世　界** | **World** | **8469.7** | **8491.8** | **8752.7** | **8874.4** | **8940.7** |
| 中　国 | China | 746.8 | 854.0 | 933.0 | 985.2 | 1027.7 |
| 中国香港 | Hong Kong,China | 29.6 | 35.3 | 38.3 | 36.5 | 29.0 |
| 美　国 | United States | 1949.8 | 1877.1 | 1918.0 | 1888.2 | 1849.0 |
| 英　国 | United Kingdom | 172.6 | 163.7 | 162.2 | 158.4 | 150.3 |
| 德　国 | Germany | 254.2 | 245.3 | 247.0 | 239.7 | 238.8 |
| 法　国 | France | 194.5 | 186.8 | 183.3 | 179.2 | 174.0 |
| 意大利 | Italy | 166.7 | 154.4 | 154.4 | 149.4 | 135.3 |
| 加拿大 | Canada | 222.5 | 216.3 | 226.5 | 226.6 | 228.1 |
| 日　本 | Japan | 479.8 | 439.0 | 445.6 | 447.1 | 472.6 |
| 韩　国 | Korea,Rep. | 214.2 | 218.9 | 226.9 | 225.8 | 230.1 |
| 墨西哥 | Mexico | 216.1 | 207.1 | 208.0 | 211.3 | 214.4 |
| 澳大利亚 | Australia | 105.5 | 104.2 | 106.0 | 110.5 | 112.6 |
| 新西兰 | New Zealand | 15.7 | 15.1 | 15.2 | 15.1 | 15.0 |
| 印　度 | India | 286.4 | 311.3 | 325.5 | 341.1 | 362.2 |
| 巴　西 | Brazil | 220.5 | 248.2 | 262.2 | 272.2 | 280.7 |
| 俄罗斯联邦 | Russian Fed. | 290.6 | 295.0 | 299.2 | 311.5 | 319.6 |
| 菲律宾 | Philippines | 30.0 | 29.5 | 30.9 | 31.6 | 30.2 |
| 马来西亚 | Malaysia | 66.9 | 58.5 | 59.8 | 59.8 | 59.8 |
| 泰　国 | Thailand | 72.9 | 97.4 | 101.1 | 102.0 | 100.9 |
| 新加坡 | Singapore | 100.7 | 117.0 | 138.0 | 138.0 | 138.0 |
| 印度尼西亚 | Indonesia | 136.1 | 140.6 | 146.6 | 153.5 | 159.0 |
| 文　莱 | Brunei Darussalam | 1.6 | 1.6 | 1.6 | 1.6 | 1.5 |
| 越　南 | Viet Nam | 29.3 | 29.4 | 32.0 | 36.5 | 38.8 |
| 缅　甸 | Myanmar | | | | | |
| 老　挝 | Laos | 0.3 | 0.3 | 0.3 | 0.3 | 0.4 |
| 柬埔寨 | Cambodia | 3.4 | 3.2 | 2.6 | 3.3 | 4.3 |

# 附录2-22 能源平衡表（2012年）

## Energy Balance Sheet（2012）

资料来源：国际能源机构。
Source: International Energy Agency.
单位：万吨标准油 （10 000 ton）

| 国家或地区 | Country or Area | 能源生产量 Energy Production | | | | 进口 Imports | |
|---|---|---|---|---|---|---|---|
| | | 总计 Total | 煤和煤制品 Coal & Coal Products | 原油，凝析油和给料 Crude, NGL and Feedstocks | 天然气 Nature Gas | 总计 Total | 煤和煤制品 Coal & Coal Products |
| **世界** | **World** | | **396614** | **424947** | **285474** | | **76230** |
| 中国 | China | | 189089 | 20626 | 8970 | | 15420 |
| 中国香港 | Hong Kong,China | | | | | | 776 |
| 美国 | United States | 181165 | 49763 | 40676 | 55816 | 64467 | 585 |
| 英国 | United Kingdom | 11677 | 980 | 4569 | 3498 | 16070 | 2771 |
| 德国 | Germany | 12331 | 4812 | 337 | 929 | 23687 | 3084 |
| 法国 | France | 13312 | 18 | 93 | 45 | 15471 | 1108 |
| 意大利 | Italy | 3268 | 5 | 566 | 705 | 16214 | 1590 |
| 加拿大 | Canada | 41981 | 3357 | 18628 | 12972 | 8127 | 623 |
| 日本 | Japan | 2720 | | 62 | 305 | 44987 | 11391 |
| 韩国 | Korea,Rep. | 4729 | 96 | 72 | 39 | 28727 | 7735 |
| 墨西哥 | Mexico | 22512 | 755 | 15821 | 4044 | 5453 | 438 |
| 澳大利亚 | Australia | 31469 | 23329 | 2301 | 5220 | 4739 | 2 |
| 新西兰 | New Zealand | 1592 | 287 | 209 | 380 | 725 | |
| 印度 | India | | 25834 | 4291 | 3348 | | 8732 |
| 巴西 | Brazil | | 235 | 11045 | 1525 | | 1219 |
| 俄罗斯联邦 | Russian Fed. | | 19921 | 52229 | 53893 | | 1874 |
| 菲律宾 | Philippines | | 422 | 75 | 325 | | 680 |
| 马来西亚 | Malaysia | | 193 | 3167 | 4693 | | 1387 |
| 泰国 | Thailand | | 531 | 1903 | 2451 | | 1058 |
| 新加坡 | Singapore | | | | | | |
| 印度尼西亚 | Indonesia | | 24940 | 4439 | 6691 | | |
| 文莱 | Brunei Darussalam | | | 733 | 1044 | | |
| 越南 | Viet Nam | | 2357 | 1913 | 819 | | 73 |
| 缅甸 | Myanmar | | 70 | 82 | 999 | | 1 |
| 老挝 | Laos | | | | | | |
| 柬埔寨 | Cambodia | | | | | | 10 |

附录2-22 续表 1 continued

单位：万吨标准油 (10 000 ton)

| 国家或地区 | Country or Area | 进口 Imports | | | 出口 Exports | | |
|---|---|---|---|---|---|---|---|
| | | 原油，凝析油和给料 Crude, NGL and Feedstocks | 天然气 Nature Gas | 电 Electricity | 总计 Total | 煤和煤制品 Coal & Coal Products | 原油，凝析油和给料 Crude, NGL and Feedstocks |
| **世　界** | **World** | | **85299** | | | **-78084** | |
| 中　国 | China | | 3213 | | | -679 | |
| 中国香港 | Hong Kong,China | | 233 | | | | |
| 美　国 | United States | 49231 | 7264 | 450 | -26834 | -7399 | -1982 |
| 英　国 | United Kingdom | 6181 | 4237 | 119 | -7448 | -71 | -3500 |
| 德　国 | Germany | 9547 | 7351 | 398 | -4090 | -102 | -20 |
| 法　国 | France | 5713 | 3916 | 105 | -2993 | -17 | -4 |
| 意大利 | Italy | 7549 | 5545 | 390 | -3050 | -21 | -202 |
| 加拿大 | Canada | 3665 | 2595 | 93 | -24821 | -2079 | -12575 |
| 日　本 | Japan | 18204 | 10192 | | -1421 | -107 | |
| 韩　国 | Korea,Rep. | 12987 | 4284 | | -5879 | | -28 |
| 墨西哥 | Mexico | 48 | 1815 | 17 | -8091 | -15 | -7375 |
| 澳大利亚 | Australia | 2408 | 500 | | -23405 | -19462 | -1462 |
| 新西兰 | New Zealand | 547 | | | -369 | -158 | -184 |
| 印　度 | India | | 1408 | | | -65 | |
| 巴　西 | Brazil | | 1090 | | | | |
| 俄罗斯联邦 | Russian Fed. | | 660 | | | -8532 | |
| 菲律宾 | Philippines | | | | | -56 | |
| 马来西亚 | Malaysia | | 628 | | | -27 | |
| 泰　国 | Thailand | | 861 | | | | |
| 新加坡 | Singapore | | 768 | | | | |
| 印度尼西亚 | Indonesia | | | | | -21768 | |
| 文　莱 | Brunei Darussalam | | | | | | |
| 越　南 | Viet Nam | | | | | -1068 | |
| 缅　甸 | Myanmar | | | | | | |
| 老　挝 | Laos | | | | | | |
| 柬埔寨 | Cambodia | | | | | | |

附录2-22 续表 2 continued

单位：万吨标准油 (10 000 ton)

| 国家或地区 | Country or Area | 出口 Exports | | 国际运输燃料 Bunkers | | 库存变化 Changes in Stocks | 一次能源供应量 TPES |
|---|---|---|---|---|---|---|---|
| | | 天然气 Nature Gas | 电 Electricity | 海运 Sea | 空运 Air | | |
| **世界** | **World** | **-85668** | | | | | |
| 中国 | China | -238 | | | | | |
| 中国香港 | Hong Kong,China | | | | | | |
| 美国 | United States | -3715 | -129 | -2782 | -2122 | -650 | 213245 |
| 英国 | United Kingdom | -1115 | -15 | -198 | -1050 | 187 | 19238 |
| 德国 | Germany | -1519 | -575 | -252 | -826 | -113 | 30738 |
| 法国 | France | -215 | -488 | -229 | -551 | 161 | 25171 |
| 意大利 | Italy | -11 | -20 | -216 | -315 | -39 | 15862 |
| 加拿大 | Canada | -7316 | -496 | -49 | -133 | 161 | 25265 |
| 日本 | Japan | | | -405 | -629 | -102 | 45150 |
| 韩国 | Korea,Rep. | | | -865 | -414 | 4 | 26300 |
| 墨西哥 | Mexico | -7 | -9 | -93 | -299 | -289 | 19192 |
| 澳大利亚 | Australia | -2251 | | -87 | -355 | 1006 | 13368 |
| 新西兰 | New Zealand | | | -33 | -78 | 19 | 1857 |
| 印度 | India | | | | | | |
| 巴西 | Brazil | | | | | | |
| 俄罗斯联邦 | Russian Fed. | -15867 | | | | | |
| 菲律宾 | Philippines | | | | | | |
| 马来西亚 | Malaysia | -2419 | | | | | |
| 泰国 | Thailand | | | | | | |
| 新加坡 | Singapore | | | | | | |
| 印度尼西亚 | Indonesia | -3242 | | | | | |
| 文莱 | Brunei Darussalam | -736 | | | | | |
| 越南 | Viet Nam | | | | | | |
| 缅甸 | Myanmar | -853 | | | | | |
| 老挝 | Laos | | | | | | |
| 柬埔寨 | Cambodia | | | | | | |

# 附录2-23 万美元国内生产总值能耗

## Energy Consumption Per Ten Thousand USD of GDP

资料来源：世界银行WDI数据库。
Source:World Bank WDI Database.

单位：吨标准油/万美元（购买力平价法，2011年不变价） (TOE per 10 000 USD,Constant 2011 PPP)

| 国家或地区 | Country or Area | 2008 | 2009 | 2010 | 2011 | 2012 |
|---|---|---|---|---|---|---|
| **世　界** | **World** | **1.4** | **1.4** | **1.4** | **1.4** | |
| 中　国 | China | 2.1 | 2.0 | 2.0 | 2.0 | |
| 中国香港 | Hong Kong,China | 0.4 | 0.5 | 0.4 | 0.4 | |
| 美　国 | United States | 1.5 | 1.5 | 1.5 | 1.4 | 1.3 |
| 英　国 | United Kingdom | 0.9 | 0.9 | 0.9 | 0.9 | 0.9 |
| 德　国 | Germany | 1.0 | 1.0 | 1.0 | 0.9 | 0.9 |
| 法　国 | France | 1.1 | 1.1 | 1.1 | 1.1 | 1.1 |
| 意 大 利 | Italy | 0.8 | 0.8 | 0.8 | 0.8 | 0.8 |
| 加 拿 大 | Canada | 1.9 | 1.9 | 1.8 | 1.8 | 1.8 |
| 日　本 | Japan | 1.1 | 1.1 | 1.1 | 1.1 | 1.0 |
| 韩　国 | Korea,Rep. | 1.6 | 1.6 | 1.7 | 1.7 | 1.7 |
| 墨 西 哥 | Mexico | 1.0 | 1.0 | 1.0 | 1.0 | 1.0 |
| 澳大利亚 | Australia | 1.4 | 1.4 | 1.4 | 1.3 | 1.4 |
| 新 西 兰 | New Zealand | 1.3 | 1.3 | 1.3 | 1.3 | 1.3 |
| 印　度 | India | 1.4 | 1.4 | 1.3 | 1.3 | |
| 巴　西 | Brazil | 1.0 | 0.9 | 1.0 | 1.0 | |
| 俄罗斯联邦 | Russian Fed. | 2.1 | 2.2 | 2.3 | 2.3 | |
| 菲 律 宾 | Philippines | 0.8 | 0.8 | 0.8 | 0.7 | |
| 马来西亚 | Malaysia | 1.3 | 1.3 | 1.3 | 1.3 | |
| 泰　国 | Thailand | 1.3 | 1.4 | 1.4 | 1.4 | |
| 新 加 坡 | Singapore | 0.8 | 0.9 | 0.9 | 0.9 | |
| 印度尼西亚 | Indonesia | 1.1 | 1.1 | 1.1 | 1.0 | |
| 文　莱 | Brunei Darussalam | 1.3 | 1.1 | 1.2 | 1.3 | |
| 越　南 | Viet Nam | 1.4 | 1.5 | 1.5 | 1.5 | |
| 缅　甸 | Myanmar | | | | | |
| 老　挝 | Laos | | | | | |
| 柬 埔 寨 | Cambodia | 1.0 | 1.4 | 1.4 | 1.4 | |

# 附录2-24　电力装机容量（2011年）

## Electricity Installed Capacity by Type（2011）

资料来源：美国能源署。
Source：U.S. Energy Information Administration （EIA）.

单位：万千瓦　　　　(10 000 kilowatts)

| 国家或地区 | Country or Area | 总装机容量<br>Total | 核　电<br>Nuclear | 石化燃料<br>Fossil Fuels | 抽水蓄能水电<br>Hydroelectric Pumped Storage | 可再生能源<br>Renewables |
|---|---|---|---|---|---|---|
| **世　界** | **World** | **533104.5** | **36779.7** | **349559.9** | **12639.0** | **134125.9** |
| 中　国 | China | 110049.3 | 1181.6 | 76600.0 | 1800.0 | 30467.7 |
| 中国香港 | Hong Kong,China | 1262.5 | | 1262.4 | | 0.1 |
| 美　国 | United States | 105286.3 | 10141.9 | 78624.7 | 2229.3 | 14290.4 |
| 英　国 | United Kingdom | 9315.0 | 992.0 | 6801.3 | 274.4 | 1247.3 |
| 德　国 | Germany | 15950.7 | 1206.8 | 7459.5 | 677.7 | 6606.7 |
| 法　国 | France | 13038.8 | 6313.0 | 3046.1 | 698.5 | 2981.2 |
| 意 大 利 | Italy | 11822.0 | | 7332.8 | 754.4 | 3734.8 |
| 加 拿 大 | Canada | 13863.3 | 1260.4 | 4338.6 | 17.7 | 8246.6 |
| 日　本 | Japan | 28743.0 | 4421.5 | 18530.9 | 2627.4 | 3163.2 |
| 韩　国 | Korea,Rep. | 8487.4 | 1875.1 | 5805.6 | 470.0 | 336.7 |
| 墨 西 哥 | Mexico | 6151.2 | 130.0 | 4657.3 | | 1363.9 |
| 澳大利亚 | Australia | 6193.9 | | 4880.0 | 74.0 | 1239.9 |
| 新 西 兰 | New Zealand | 972.2 | | 300.3 | | 671.9 |
| 印　度 | India | 23790.1 | 439.1 | 17109.8 | | 6241.2 |
| 巴　西 | Brazil | 11907.4 | 188.4 | 2236.8 | | 9482.2 |
| 俄罗斯联邦 | Russian Fed. | 23164.7 | 2364.3 | 15940.0 | 120.0 | 4740.4 |
| 菲 律 宾 | Philippines | 1626.4 | | 1077.2 | | 549.2 |
| 马来西亚 | Malaysia | 2840.4 | | 2539.0 | | 301.4 |
| 泰　国 | Thailand | 4851.5 | | 4406.5 | | 445.0 |
| 新 加 坡 | Singapore | 1048.7 | | 1021.5 | | 27.2 |
| 印度尼西亚 | Indonesia | 4100.5 | | 3471.7 | | 628.8 |
| 文　莱 | Brunei Darussalam | 75.9 | | 75.9 | | |
| 越　南 | Viet Nam | 2200.0 | | 1193.2 | | 1006.8 |
| 缅　甸 | Myanmar | | | | | |
| 老　挝 | Laos | 261.0 | | 5.0 | | 256.0 |
| 柬 埔 寨 | Cambodia | 57.5 | | 36.2 | | 21.3 |

附录2-24 续表 continued

单位：万千瓦 （10 000 kilowatts）

| 国家或地区 | Country or Area | 可再生能源 Renewables | | | | |
|---|---|---|---|---|---|---|
| | | 水 电 Hydroelctric | 地 热 Geothermal | 太阳、潮汐 Solar, Tide & Wave | 风 电 Thermal | 生物质和废物 Biomass and Waste |
| **世 界** | **World** | **94907.5** | **1143.0** | **6680.5** | **23724.2** | **7670.7** |
| 中 国 | China | 23100.0 | 2.4 | 309.3 | 6236.4 | 819.6 |
| 中国香港 | Hong Kong,China | | | | 0.1 | |
| 美 国 | United States | 7865.2 | 350.0 | 156.4 | 4598.2 | 1320.6 |
| 英 国 | United Kingdom | 167.6 | 0.3 | 98.1 | 655.6 | 325.7 |
| 德 国 | Germany | 478.4 | 0.8 | 2509.4 | 2907.1 | 711.0 |
| 法 国 | France | 1834.7 | 0.2 | 318.9 | 680.7 | 146.7 |
| 意 大 利 | Italy | 1419.3 | 86.3 | 1278.3 | 687.8 | 263.1 |
| 加 拿 大 | Canada | 7490.1 | | 58.3 | 526.5 | 171.7 |
| 日 本 | Japan | 2214.4 | 53.7 | 491.4 | 253.6 | 150.1 |
| 韩 国 | Korea,Rep. | 171.8 | | 100.8 | 40.7 | 23.4 |
| 墨 西 哥 | Mexico | 1164.6 | 88.7 | 4.1 | 56.9 | 49.6 |
| 澳大利亚 | Australia | 804.8 | 0.1 | 129.8 | 222.6 | 82.6 |
| 新 西 兰 | New Zealand | 525.0 | 73.1 | | 62.3 | 11.5 |
| 印 度 | India | 4238.5 | | 46.1 | 1608.4 | 348.2 |
| 巴 西 | Brazil | 8245.9 | | 3.2 | 143.1 | 1090.0 |
| 俄罗斯联邦 | Russian Fed. | 4730.5 | 8.2 | | 1.7 | |
| 菲 律 宾 | Philippines | 349.1 | 196.7 | 0.1 | 3.3 | |
| 马来西亚 | Malaysia | 301.4 | | | | |
| 泰 国 | Thailand | 350.0 | | 14.9 | | 80.0 |
| 新 加 坡 | Singapore | | | | | 27.2 |
| 印度尼西亚 | Indonesia | 507.8 | 120.9 | | 0.1 | |
| 文 莱 | Brunei Darussalam | | | | | |
| 越 南 | Viet Nam | 1003.7 | | | 3.1 | |
| 缅 甸 | Myanmar | | | | | |
| 老 挝 | Laos | 256.0 | | | | |
| 柬 埔 寨 | Cambodia | 20.7 | | | | 0.6 |

# 附录2-25 发电量（2012年）

## Electricity Generation（2012）

资料来源：美国能源署。
Source: U.S. Energy Information Administration （EIA）.

单位：亿千瓦时 （100 million kwh）

| 国家或地区 | Country or Area | 发电量 Electricity Generation | | | | | |
|---|---|---|---|---|---|---|---|
| | | 总计 Total | 化石燃料 Fossil Fuels | 水电 Hydro | 核电 Nuclear | 风电 Wind | 太阳能和潮汐 Solar, Tide and Wave |
| **世界** | **World** | | | | **23448.1** | | |
| 中国 | China | | 36250.0 | 8563.5 | 926.5 | | |
| 中国香港 | Hong Kong,China | | 364.3 | | | | |
| 美国 | United States | 40477.7 | 27750.2 | 2762.4 | 7693.3 | 1408.2 | 43.3 |
| 英国 | United Kingdom | 3388.8 | 2321.0 | 51.8 | 639.6 | 210.0 | 13.3 |
| 德国 | Germany | 5759.5 | 3439.3 | 212.3 | 941.0 | 460.0 | 280.0 |
| 法国 | France | 5319.8 | 435.6 | 558.6 | 4074.4 | 149.0 | 45.3 |
| 意大利 | Italy | 2861.8 | 1895.4 | 414.7 | | 132.0 | 188.0 |
| 加拿大 | Canada | 6440.8 | 1489.2 | 3762.1 | 890.6 | 230.7 | 5.4 |
| 日本 | Japan | 9630.3 | 8352.2 | 769.5 | 172.3 | 47.9 | 41.9 |
| 韩国 | Korea,Rep. | 4947.0 | 3438.3 | 36.3 | 1435.5 | 16.6 | 15.7 |
| 墨西哥 | Mexico | 2776.4 | 2297.1 | 315.4 | 84.1 | 12.3 | 0.4 |
| 澳大利亚 | Australia | 2397.0 | 2145.9 | 138.9 | | 70.1 | 9.8 |
| 新西兰 | New Zealand | 429.1 | 118.1 | 225.6 | | 19.2 | |
| 印度 | India | | 7826.0 | 1145.0 | 296.7 | | |
| 巴西 | Brazil | | 709.7 | 4111.9 | 151.7 | | |
| 俄罗斯联邦 | Russian Fed. | | 6715.9 | 1607.0 | 1662.9 | | |
| 菲律宾 | Philippines | | 490.3 | 107.4 | | | |
| 马来西亚 | Malaysia | | 1092.0 | 80.6 | | | |
| 泰国 | Thailand | | 1426.9 | 86.1 | | | |
| 新加坡 | Singapore | | 441.2 | | | | |
| 印度尼西亚 | Indonesia | | 1656.8 | 126.6 | | | |
| 文莱 | Brunei Darussalam | | | | | | |
| 越南 | Viet Nam | | 755.7 | 522.7 | | | |
| 缅甸 | Myanmar | | | | | | |
| 老挝 | Laos | | 9.6 | 111.4 | | | |
| 柬埔寨 | Cambodia | | | | | | |

# 附录2-26 能源净进口占能源消费比重

## Net Energy Imports as Percentage of Energy Use

资料来源：世界银行WDI数据库。
Source:World Bank WDI Database.

单位：% (%)

| 国家或地区 | Country or Area | 2008 | 2009 | 2010 | 2011 | 2012 |
|---|---|---|---|---|---|---|
| **世　界** | **World** | **-3.7** | **-3.3** | **-2.5** | **-3.5** | |
| 中　国 | China | 5.9 | 8.5 | 10.1 | 10.8 | |
| 中国香港 | Hong Kong,China | 99.6 | 99.7 | 99.6 | 99.6 | |
| 美　国 | United States | 25.3 | 22.1 | 22.2 | 18.6 | 15.0 |
| 英　国 | United Kingdom | 20.0 | 19.3 | 26.5 | 31.1 | 39.3 |
| 德　国 | Germany | 59.2 | 58.8 | 59.8 | 60.2 | 59.9 |
| 法　国 | France | 48.5 | 49.2 | 48.2 | 46.2 | 47.1 |
| 意大利 | Italy | 84.7 | 83.7 | 82.5 | 81.2 | 79.4 |
| 加拿大 | Canada | -53.1 | -55.3 | -57.8 | -62.4 | -66.2 |
| 日　本 | Japan | 82.1 | 80.1 | 80.1 | 88.8 | 94.0 |
| 韩　国 | Korea,Rep. | 80.3 | 80.7 | 82.0 | 82.0 | 82.0 |
| 墨西哥 | Mexico | -28.4 | -25.3 | -27.3 | -22.6 | -17.3 |
| 澳大利亚 | Australia | -130.6 | -138.0 | -151.9 | -141.5 | -135.4 |
| 新西兰 | New Zealand | 14.0 | 12.4 | 7.7 | 11.2 | 14.3 |
| 印　度 | India | 24.5 | 26.4 | 26.6 | 27.8 | |
| 巴　西 | Brazil | 8.2 | 4.1 | 7.2 | 7.7 | |
| 俄罗斯联邦 | Russian Fed. | -82.1 | -84.1 | -84.1 | -79.9 | |
| 菲律宾 | Philippines | 42.6 | 38.4 | 42.2 | 41.0 | |
| 马来西亚 | Malaysia | -25.9 | -23.2 | -18.2 | -11.0 | |
| 泰　国 | Thailand | 39.2 | 39.8 | 39.9 | 42.3 | |
| 新加坡 | Singapore | 98.6 | 97.1 | 97.5 | 97.2 | |
| 印度尼西亚 | Indonesia | -73.4 | -76.1 | -80.5 | -88.8 | |
| 文　莱 | Brunei Darussalam | -496.5 | -522.4 | -473.2 | -387.8 | |
| 越　南 | Viet Nam | -25.6 | -24.3 | -12.7 | -8.8 | |
| 缅　甸 | Myanmar | -50.3 | -54.2 | -61.0 | -59.3 | |
| 老　挝 | Laos | | | | | |
| 柬埔寨 | Cambodia | 35.2 | 26.6 | 27.9 | 28.9 | |

# 附录2-27 中央政府财政收入占国内生产总值比重

## Central Government Revenue as Percentage of GDP

资料来源：世界银行WDI数据库。
Source:World Bank WDI Database.

单位：% (%)

| 国家或地区 | Country or Area | 2008 | 2009 | 2010 | 2011 | 2012 |
|---|---|---|---|---|---|---|
| **世　界** | **World** | **23.9** | **22.7** | **22.9** | **23.1** | **24.0** |
| 中　国 | China | 11.3 | 11.9 | 11.5 | 11.6 | |
| 中国香港 | Hong Kong,China | 19.3 | 20.2 | 22.3 | 23.8 | |
| 美　国 | United States | 17.3 | 15.7 | 16.2 | 16.4 | 16.5 |
| 英　国 | United Kingdom | 38.0 | 35.3 | 35.9 | 36.5 | 38.1 |
| 德　国 | Germany | 28.3 | 29.5 | 28.5 | 29.0 | 29.1 |
| 法　国 | France | 42.3 | 41.2 | 42.9 | 42.6 | 43.6 |
| 意大利 | Italy | 37.5 | 38.3 | 37.9 | 37.6 | 38.5 |
| 加拿大 | Canada | 18.3 | 18.1 | 17.5 | 17.4 | 17.6 |
| 日　本 | Japan | 12.9 | 11.4 | 11.2 | 11.4 | 11.2 |
| 韩　国 | Korea,Rep. | 24.0 | 23.1 | 22.7 | 23.3 | |
| 墨西哥 | Mexico | | | | | |
| 澳大利亚 | Australia | 26.7 | 24.6 | 23.5 | 22.9 | 23.9 |
| 新西兰 | New Zealand | 37.1 | 37.9 | 35.1 | 36.9 | 36.1 |
| 印　度 | India | 12.5 | 11.2 | 12.9 | 11.2 | 12.4 |
| 巴　西 | Brazil | 26.5 | 23.8 | 26.2 | 25.0 | 26.0 |
| 俄罗斯联邦 | Russian Fed. | 33.7 | 25.5 | 26.1 | 31.4 | 29.6 |
| 菲律宾 | Philippines | 15.2 | 14.0 | 13.4 | 14.0 | 14.5 |
| 马来西亚 | Malaysia | 20.8 | 22.3 | 20.0 | 21.0 | 22.1 |
| 泰　国 | Thailand | 20.1 | 18.6 | 20.3 | 21.3 | 20.5 |
| 新加坡 | Singapore | 20.7 | 17.5 | 17.4 | 17.9 | 18.7 |
| 印度尼西亚 | Indonesia | 19.5 | 15.4 | 15.0 | 16.2 | |
| 文　莱 | Brunei Darussalam | | | | | |
| 越　南 | Viet Nam | | | | | |
| 缅　甸 | Myanmar | | | | | |
| 老　挝 | Laos | 13.5 | 14.2 | 14.4 | 15.1 | 16.6 |
| 柬埔寨 | Cambodia | 12.5 | 10.9 | 11.5 | 11.6 | 13.2 |

# 附录2-28　中央政府财政盈余占GDP比重

## Surplus of Central Government Revenue as Percentage of GDP

资料来源：世界银行WDI数据库。
Source:World Bank WDI Database.

单位：%　　(%)

| 国家或地区 | Country or Area | 2008 | 2009 | 2010 | 2011 | 2012 |
|---|---|---|---|---|---|---|
| **世　界** | **World** | **-2.6** | **-6.8** | **-6.3** | **-5.3** | **-5.0** |
| 中　国 | China | | | | | |
| 中国香港 | Hong Kong,China | 0.6 | 1.1 | 4.1 | 3.8 | |
| 美　国 | United States | -5.4 | -10.3 | -10.1 | -9.1 | -7.5 |
| 英　国 | United Kingdom | -4.7 | -10.9 | -9.9 | -7.6 | -5.8 |
| 德　国 | Germany | -0.4 | -2.2 | -3.2 | -0.5 | 0.1 |
| 法　国 | France | -2.9 | -7.3 | -7.0 | -5.2 | -4.7 |
| 意大利 | Italy | -2.3 | -5.0 | -3.9 | -3.5 | -3.1 |
| 加拿大 | Canada | 0.6 | -1.2 | -1.8 | -1.1 | -0.3 |
| 日　本 | Japan | -3.0 | -7.6 | -6.8 | -8.2 | -8.0 |
| 韩　国 | Korea,Rep. | 1.6 | 0.0 | 1.7 | 1.8 | |
| 墨西哥 | Mexico | | | | | |
| 澳大利亚 | Australia | 1.9 | -2.4 | -4.0 | -3.7 | -3.1 |
| 新西兰 | New Zealand | 3.2 | 1.1 | -2.1 | -8.0 | -0.5 |
| 印　度 | India | -4.9 | -5.4 | -3.4 | -3.0 | -3.8 |
| 巴　西 | Brazil | -1.2 | -3.5 | -1.7 | -2.6 | -2.0 |
| 俄罗斯联邦 | Russian Fed. | 5.6 | -4.2 | -1.9 | 3.3 | 2.7 |
| 菲律宾 | Philippines | -1.2 | -3.8 | -3.5 | -1.8 | -2.0 |
| 马来西亚 | Malaysia | -4.4 | -6.1 | -5.2 | -4.8 | -4.5 |
| 泰　国 | Thailand | 0.5 | -3.0 | -0.6 | -1.1 | -2.2 |
| 新加坡 | Singapore | 7.8 | 1.6 | 7.7 | 9.6 | 9.0 |
| 印度尼西亚 | Indonesia | -0.3 | -1.7 | -0.6 | -1.1 | |
| 文　莱 | Brunei Darussalam | | | | | |
| 越　南 | Viet Nam | | | | | |
| 缅　甸 | Myanmar | | | | | |
| 老　挝 | Laos | -2.2 | -1.7 | -0.8 | -1.0 | -0.8 |
| 柬埔寨 | Cambodia | -0.3 | -4.5 | -3.5 | -4.6 | -4.4 |

# 附录2-29　货币供应量

## Money Supply

资料来源：世界银行WDI数据库。
Source:World Bank WDI Database.

单位：亿本币 (100 million local currency units)

| 国家或地区 | Country or Area | 广义货币 Quasi-Money and Money | | 准货币 Quasi-Money | | 货币 Money | |
|---|---|---|---|---|---|---|---|
| | | 2011 | 2012 | 2011 | 2012 | 2011 | 2012 |
| 世　界 | World | | | | | | |
| 中　国 | China | 851591 | 974149 | 561743 | 665485 | 289848 | 308664 |
| 中国香港 | Hong Kong,China | 63494 | 68459 | 56571 | 60538 | 6923 | 7921 |
| 美　国 | United States | 135302 | 141928 | | | 23664 | 25843 |
| 英　国 | United Kingdom | 25130 | 25322 | | | | |
| 德　国 | Germany | 46623 | 46213 | 32849 | 30743 | 13774 | 15469 |
| 法　国 | France | 31730 | 32072 | 24711 | 24903 | 7019 | 7169 |
| 意大利 | Italy | 24268 | 25871 | 15404 | 16997 | 8865 | 8874 |
| 加拿大 | Canada | | | | | | |
| 日　本 | Japan | 11220440 | 11471394 | | | 5413513 | 5608637 |
| 韩　国 | Korea,Rep. | 175145831 | 183564151 | 130938081 | 13656310 | 4420775 | 4700106 |
| 墨西哥 | Mexico | 45023 | 49563 | 23842 | 26626 | 21180 | 22936 |
| 澳大利亚 | Australia | 14147 | 15158 | 9625 | 10277 | 4522 | 4881 |
| 新西兰 | New Zealand | | | | | | |
| 印　度 | India | 688749 | 764826 | 525913 | 590980 | 162835 | 173846 |
| 巴　西 | Brazil | 30679 | 35557 | 27767 | 32238 | 2912 | 3319 |
| 俄罗斯联邦 | Russian Fed. | 287546 | 322264 | | | 128574 | 137536 |
| 菲律宾 | Philippines | 58215 | 62277 | 42961 | 45834 | 15254 | 16443 |
| 马来西亚 | Malaysia | 12207 | 13287 | 9478 | 10198 | 2729 | 3090 |
| 泰　国 | Thailand | 135139 | 149168 | 121456 | 133685 | 13683 | 15483 |
| 新加坡 | Singapore | 4434 | 4754 | 3128 | 3347 | 1306 | 1407 |
| 印度尼西亚 | Indonesia | 287721961 | 33075076 | 200096121 | 22835502 | 8762584 | 10239574 |
| 文　莱 | Brunei Darussalam | 138 | 140 | | | 42 | 43 |
| 越　南 | Viet Nam | 27742811 | 345522131 | 208816121 | 261508711 | 6861198 | 8401342 |
| 缅　甸 | Myanmar | 122313 | 161025 | | | 66886 | 76314 |
| 老　挝 | Laos | | | | | | |
| 柬埔寨 | Cambodia | 203455 | 283637 | | | 67460 | 88976 |

# 附录2-30 年平均存款利率和贷款利率

## Annual Average Deposit Rates and Lending Rates

资料来源：世界银行WDI数据库。
Source:World Bank WDI Database.

单位：% (%)

| 国家或地区 | Country or Area | 存款利率 Deposit Rates | | | 贷款利率 Lending Rates | | |
|---|---|---|---|---|---|---|---|
| | | 2010 | 2011 | 2012 | 2010 | 2011 | 2012 |
| **世　界** | **World** | | | | | | |
| 中　国 | China | 2.8 | 3.5 | 3.0 | 5.8 | 6.6 | 6.0 |
| 中国香港 | Hong Kong,China | | | | 5.0 | 5.0 | 5.0 |
| 美　国 | United States | | | | 3.3 | 3.3 | 3.3 |
| 英　国 | United Kingdom | | | | 0.5 | 0.5 | 0.5 |
| 德　国 | Germany | | | | | | |
| 法　国 | France | 1.5 | 2.1 | 2.3 | | | |
| 意 大 利 | Italy | | | | 4.0 | 4.6 | 5.2 |
| 加 拿 大 | Canada | 0.2 | 0.5 | 0.5 | 2.6 | 3.0 | 3.0 |
| 日　本 | Japan | 0.5 | 0.5 | 0.5 | 1.6 | 1.5 | 1.4 |
| 韩　国 | Korea,Rep. | 3.9 | 4.2 | 3.7 | 5.5 | 5.8 | 5.4 |
| 墨 西 哥 | Mexico | 1.2 | 1.0 | 1.1 | 5.3 | 4.9 | 4.7 |
| 澳大利亚 | Australia | 4.2 | 4.3 | 3.9 | 7.3 | 7.7 | 7.0 |
| 新 西 兰 | New Zealand | 4.6 | 4.3 | 4.1 | 6.3 | 6.1 | 5.8 |
| 印　度 | India | | | | 8.3 | 10.2 | 10.6 |
| 巴　西 | Brazil | 8.9 | 11.0 | 7.9 | 40.0 | 43.9 | 36.6 |
| 俄罗斯联邦 | Russian Fed. | 6.0 | 4.4 | 5.5 | 10.8 | 8.5 | 9.1 |
| 菲 律 宾 | Philippines | 3.2 | 3.4 | 3.2 | 7.7 | 6.7 | 5.7 |
| 马来西亚 | Malaysia | 2.5 | 2.9 | 3.0 | 5.0 | 4.9 | 4.8 |
| 泰　国 | Thailand | 1.0 | 2.3 | 2.8 | 5.9 | 6.9 | 7.1 |
| 新 加 坡 | Singapore | 0.2 | 0.2 | 0.1 | 5.4 | 5.4 | 5.4 |
| 印度尼西亚 | Indonesia | 7.0 | 6.9 | 5.9 | 13.3 | 12.4 | 11.8 |
| 文　莱 | Brunei Darussalam | 0.5 | 0.4 | 0.2 | 5.5 | 5.5 | 5.5 |
| 越　南 | Viet Nam | 11.2 | 14.0 | 10.5 | 13.1 | 17.0 | 13.5 |
| 缅　甸 | Myanmar | 12.0 | 11.3 | 8.0 | 17.0 | 16.3 | 13.0 |
| 老　挝 | Laos | 3.0 | | | 22.6 | | |
| 柬 埔 寨 | Cambodia | 1.3 | 1.3 | 1.3 | | | |

# 附录2-31　国内生产总值缩减指数

## Gross Domestic Product Deflator

资料来源：国际货币基金组织IFS数据。
Source:IMF IFS Database.

2010年＝100　　　　（2010＝100）

| 国家或地区 | Country or Area | 2009 | 2010 | 2011 | 2012 | 2013 |
|---|---|---|---|---|---|---|
| **世　界** | **World** | **95.9** | **100.0** | **104.9** | **107.8** | |
| 中　国 | China | 93.9 | 100.0 | 107.4 | 109.7 | |
| 中国香港 | Hong Kong,China | 99.7 | 100.0 | 103.9 | 107.8 | 109.2 |
| 美　国 | United States | 98.8 | 100.0 | 102.0 | 103.8 | 105.3 |
| 英　国 | United Kingdom | 97.0 | 100.0 | 102.3 | 104.1 | 105.8 |
| 德　国 | Germany | 99.1 | 100.0 | 101.5 | 102.9 | 105.2 |
| 法　国 | France | 98.8 | 100.0 | 101.6 | 103.0 | 104.2 |
| 意 大 利 | Italy | 99.7 | 100.0 | 101.4 | 103.1 | 104.6 |
| 加 拿 大 | Canada | 97.4 | 100.0 | 103.4 | 107.5 | 109.0 |
| 日　本 | Japan | 102.2 | 100.0 | 98.2 | 97.3 | 96.7 |
| 韩　国 | Korea,Rep. | 96.9 | 100.0 | 101.6 | 102.7 | 103.4 |
| 墨 西 哥 | Mexico | 95.7 | 100.0 | 105.4 | 108.7 | 111.0 |
| 澳大利亚 | Australia | 94.9 | 100.0 | 104.2 | 104.0 | 105.2 |
| 新 西 兰 | New Zealand | 96.3 | 100.0 | 101.8 | 101.3 | 103.9 |
| 印　度 | India | 92.1 | 100.0 | 108.9 | 116.6 | 124.9 |
| 巴　西 | Brazil | 92.4 | 100.0 | 107.0 | | |
| 俄罗斯联邦 | Russian Fed. | 88.4 | 100.0 | 115.5 | 124.5 | |
| 菲 律 宾 | Philippines | 96.0 | 100.0 | 104.0 | 106.0 | 108.1 |
| 马来西亚 | Malaysia | 96.0 | 100.0 | 105.5 | 106.3 | 106.2 |
| 泰　国 | Thailand | 96.5 | 100.0 | 104.3 | 105.6 | 107.4 |
| 新 加 坡 | Singapore | 100.1 | 100.0 | 101.6 | 103.4 | 103.5 |
| 印度尼西亚 | Indonesia | 92.4 | 100.0 | 108.1 | 113.0 | |
| 文　莱 | Brunei Darussalam | 95.0 | 100.0 | 119.4 | 120.3 | |
| 越　南 | Viet Nam | 89.2 | 100.0 | 121.3 | 134.5 | |
| 缅　甸 | Myanmar | | | | | |
| 老　挝 | Laos | 90.9 | 100.0 | 107.6 | 112.0 | |
| 柬 埔 寨 | Cambodia | 99.3 | 100.0 | | | |

# 附录2-32 生产者价格指数

## Producer Price Indices

资料来源：联合国统计月报数据库。
Source:UN Monthly Bulletin of Statistics Database.

2005年＝100 （2005＝100）

| 国家或地区 | Country or Area | 2009 | 2010 | 2011 | 2012 | 2013 |
|---|---|---|---|---|---|---|
| **世　界** | **World** | | | | | |
| 中　国 | China | | | | | |
| 中国香港 | Hong Kong,China | 109.2 | 115.8 | 124.8 | 125.5 | 121.6 |
| 美　国 | United States | 109.1 | 116.7 | 126.1 | 126.2 | 126.7 |
| 英　国① | United Kingdom① | 113.2 | 100.0 | 104.8 | 107.0 | 108.4 |
| 德　国① | Germany① | 108.0 | 100.0 | 105.3 | 107.0 | 106.9 |
| 法　国② | France② | 97.4 | 100.0 | 105.4 | 108.3 | 108.6 |
| 意大利② | Italy② | 97.0 | 100.0 | 105.1 | 109.5 | 108.1 |
| 加拿大① | Canada① | 104.6 | 100.0 | 107.0 | 108.1 | 108.6 |
| 日　本① | Japan① | 102.8 | 100.0 | 101.3 | 99.7 | 100.4 |
| 韩　国 | Korea,Rep. | 111.2 | 100.0 | 109.0 | 108.6 | 105.3 |
| 墨西哥 | Mexico | 123.0 | 126.3 | 132.0 | 138.4 | 138.2 |
| 澳大利亚 | Australia | 113.1 | 115.2 | 119.1 | 118.6 | 119.8 |
| 新西兰 | New Zealand | 121.2 | 126.4 | 133.7 | 130.8 | 134.9 |
| 印　度 | India | 119.2 | 125.7 | 134.9 | 142.7 | 147.3 |
| 巴　西 | Brazil | | | | | |
| 俄罗斯联邦 | Russian Fed. | 144.5 | 162.2 | 190.9 | 203.9 | 210.6 |
| 菲律宾 | Philippines | 111.5 | 105.9 | 106.9 | 106.3 | 98.2 |
| 马来西亚 | Malaysia | | | | | |
| 泰　国 | Thailand | 112.1 | 119.4 | 128.5 | 129.5 | 129.0 |
| 新加坡 | Singapore | | | | | |
| 印度尼西亚 | Indonesia | | | | | |
| 文　莱 | Brunei Darussalam | | | | | |
| 越　南 | Viet Nam | | | | | |
| 缅　甸 | Myanmar | | | | | |
| 老　挝 | Laos | | | | | |
| 柬埔寨 | Cambodia | | | | | |

注：①2010年后以2010年为100。②2010年=100。
Note:①2010=100 after year 2010.②2010=100.

# 附录2–33　消费者价格指数

## Consumer Price Indices

资料来源：联合国ILO数据库。
Source:UN ILO Database.

2010年＝100　　　　（2010＝100）

| 国家或地区 | Country or Area | 2009 | 2010 | 2011 | 2012 | 2013 |
|---|---|---|---|---|---|---|
| **世　界** | **World** | | | | | |
| 中　国 | China | 96.8 | 100.0 | 105.4 | 108.2 | 111.1 |
| 中国香港 | Hong Kong,China | 97.7 | 100.0 | 105.3 | 109.5 | 114.3 |
| 美　国 | United States | 98.4 | 100.0 | 103.2 | 105.3 | 106.8 |
| 英　国 | United Kingdom | 96.8 | 100.0 | 104.5 | 107.4 | 110.2 |
| 德　国 | Germany | 98.9 | 100.0 | 102.1 | 104.1 | 105.7 |
| 法　国 | France | 98.5 | 100.0 | 102.1 | 104.1 | 105.0 |
| 意大利 | Italy | 98.5 | 100.0 | 102.7 | 105.9 | 107.2 |
| 加拿大 | Canada | 98.3 | 100.0 | 102.9 | 104.5 | 105.5 |
| 日　本 | Japan | 100.7 | 100.0 | 99.7 | 99.7 | 100.0 |
| 韩　国 | Korea,Rep. | 97.1 | 100.0 | 104.0 | 106.3 | 107.7 |
| 墨西哥 | Mexico | 96.0 | 100.0 | 103.4 | 107.7 | 111.8 |
| 澳大利亚 | Australia | 97.2 | 100.0 | 103.4 | 105.2 | 107.8 |
| 新西兰 | New Zealand | 97.8 | 100.0 | 104.4 | 105.4 | 106.3 |
| 印　度 | India | 89.3 | 100.0 | 108.9 | 119.0 | 132.0 |
| 巴　西 | Brazil | 95.2 | 100.0 | 106.6 | 112.4 | 119.4 |
| 俄罗斯联邦 | Russian Fed. | 93.6 | 100.0 | 108.4 | 113.9 | 121.6 |
| 菲律宾 | Philippines | 96.4 | 100.0 | 104.7 | 108.0 | 111.2 |
| 马来西亚 | Malaysia | 98.3 | 100.0 | 103.2 | 104.9 | 107.1 |
| 泰　国 | Thailand | 96.8 | 100.0 | 103.8 | 106.9 | 109.3 |
| 新加坡 | Singapore | 97.3 | 100.0 | 105.3 | 110.0 | 112.7 |
| 印度尼西亚 | Indonesia | 95.1 | 100.0 | 105.4 | 109.9 | 116.9 |
| 文　莱 | Brunei Darussalam | 99.6 | 100.0 | 102.0 | 102.5 | 102.9 |
| 越　南 | Viet Nam | 91.9 | 100.0 | 118.7 | 129.5 | 138.0 |
| 缅　甸 | Myanmar | 92.8 | 100.0 | 105.0 | 106.6 | 112.5 |
| 老　挝 | Laos | 94.4 | 100.0 | 107.6 | 112.2 | 119.3 |
| 柬埔寨 | Cambodia | 96.2 | 100.0 | 105.5 | 108.6 | 111.8 |

# 附录2-34　食品消费价格指数

## Food Consumption Price Indices

资料来源：联合国ILO数据库。
Source:UN ILO Database.

2000年＝100　（2000＝100）

| 国家或地区 | Country or Area | 2008 | 2009 | 2010 | 2011 | 2012 |
|---|---|---|---|---|---|---|
| **世　界** | **World** | | | | | |
| 中　国 | China | 152.8 | 153.9 | 165.2 | 184.7 | 193.6 |
| 中国香港 | Hong Kong,China | 114.9 | 116.4 | 119.3 | 127.7 | 135.0 |
| 美　国 | United States | 127.6 | 129.9 | 130.9 | 135.8 | 139.3 |
| 英　国 | United Kingdom | 125.2 | 131.8 | 136.0 | 144.0 | 148.8 |
| 德　国 | Germany | 118.3 | 116.8 | 118.5 | 121.8 | 125.8 |
| 法　国 | France | 119.9 | 120.4 | 121.4 | 123.7 | 127.4 |
| 意大利 | Italy | 125.4 | 127.7 | 127.9 | 131.1 | 134.3 |
| 加拿大 | Canada | 124.1 | 130.1 | 132.0 | 137.0 | 140.2 |
| 日　本 | Japan | 101.1 | 101.3 | 101.0 | 100.6 | 100.7 |
| 韩　国① | Korea,Rep.① | 108.2 | 116.3 | 123.8 | 133.9 | 139.2 |
| 墨西哥 | Mexico | 154.1 | 167.5 | 174.0 | 183.0 | 196.9 |
| 澳大利亚 | Australia | 138.5 | 143.6 | 145.8 | 152.9 | 150.4 |
| 新西兰 | New Zealand | 129.0 | 136.9 | 138.1 | 145.5 | 144.8 |
| 印　度 | India | 152.3 | 173.1 | 193.8 | 208.1 | 227.9 |
| 巴　西 | Brazil | 182.3 | 192.9 | 204.6 | 222.7 | |
| 俄罗斯联邦 | Russian Fed. | 274.6 | 291.3 | 328.9 | | |
| 菲律宾 | Philippines | 152.3 | 161.2 | 166.1 | 136.6 | 139.8 |
| 马来西亚 | Malaysia | 126.1 | 131.4 | 134.5 | 141.0 | 144.8 |
| 泰　国 | Thailand | 139.4 | 145.5 | 153.4 | 165.6 | 173.7 |
| 新加坡 | Singapore | 117.8 | 120.5 | 122.2 | 125.9 | 128.8 |
| 印度尼西亚 | Indonesia | 210.9 | 225.7 | 247.0 | 268.1 | 283.8 |
| 文　莱 | Brunei Darussalam | 109.9 | 111.6 | 111.6 | 116.6 | |
| 越　南 | Viet Nam | 221.4 | 239.9 | | | |
| 缅　甸② | Myanmar② | 143.8 | 143.3 | 153.7 | 159.7 | |
| 老　挝 | Laos | 210.7 | 214.7 | 231.2 | 253.9 | 268.9 |
| 柬埔寨 | Cambodia | 100.0 | 99.7 | 104.0 | 110.7 | |

注：①2005年=100。②2006年=100。
Note:①2006=100. ②2006=100.

# 附录2-35 能源消费价格指数

## Energy Consumption Price Indices

资料来源：联合国ILO数据库。
Source:UN ILO Database.

2000年＝100 （2000＝100）

| 国家或地区 | Country or Area | 2007 | 2008 | 2009 | 2010 | 2011 |
|---|---|---|---|---|---|---|
| **世　界** | **World** | | | | | |
| 中　国 | China | 141.8 | 150.9 | | | |
| 中国香港 | Hong Kong,China | 108.8 | 101.7 | | | |
| 美　国 | United States | 148.0 | 163.5 | 153.2 | 154.1 | 157.7 |
| 英　国 | United Kingdom | 172.1 | 204.7 | 217.4 | 211.5 | 234.0 |
| 德　国 | Germany | 148.6 | 165.2 | 161.3 | 161.9 | 177.3 |
| 法　国 | France | 123.4 | 135.2 | 127.3 | 135.7 | 149.7 |
| 意大利 | Italy | 126.5 | 140.3 | 133.2 | 130.9 | |
| 加拿大 | Canada | 134.2 | 143.6 | 133.4 | 139.2 | 144.8 |
| 日　本 | Japan | 104.2 | 110.5 | 105.9 | 105.7 | |
| 韩　国 | Korea,Rep. | 110.5 | 119.6 | | | |
| 墨西哥 | Mexico | 178.2 | 190.7 | | | |
| 澳大利亚 | Australia | 135.4 | 148.2 | 165.6 | 187.7 | 206.8 |
| 新西兰 | New Zealand | 149.5 | 160.2 | 167.4 | | |
| 印　度 | India | 144.1 | 154.0 | | | |
| 巴　西 | Brazil | | | | | |
| 俄罗斯联邦 | Russian Fed. | 367.2 | 417.6 | | | |
| 菲律宾 | Philippines | 182.1 | 193.9 | | | |
| 马来西亚 | Malaysia | | | | | |
| 泰　国 | Thailand | 126.4 | 106.2 | 96.6 | 105.9 | 109.7 |
| 新加坡 | Singapore | 125.8 | 157.5 | 136.0 | | |
| 印度尼西亚 | Indonesia | | | | | |
| 文　莱 | Brunei Darussalam | | | | | |
| 越　南 | Viet Nam | | | | | |
| 缅　甸 | Myanmar | 491.7 | 561.9 | 432.9 | 448.9 | 485.0 |
| 老　挝 | Laos | | | | | |
| 柬埔寨 | Cambodia | 134.1 | 160.9 | 119.2 | | |

# 附录2-36 居民消费支出

## Household Consumption Expenditure

资料来源：世界银行WDI数据库。
Source:World Bank WDI Database.

| 国家或地区 | Country or Area | 住户最终消费支出（现价，亿美元）Household Final Consumption Expenditure（current 100 million USD） | | | 人均住户最终消费支出（2005年价格，美元）Household Final Consumption Expenditure per Capita（constant 2005 USD） | | |
|---|---|---|---|---|---|---|---|
| | | 2010 | 2011 | 2012 | 2010 | 2011 | 2012 |
| **世　界** | **World** | **372272** | **409234** | **417609** | **4445** | **4513** | **4560** |
| 中　国 | China | 20791 | 26148 | 29842 | 1024 | 1132 | 1214 |
| 中国香港 | Hong Kong,China | 1403 | 1574 | 1676 | 18552 | 19981 | 20589 |
| 美　国 | United States | 102019 | 107118 | 111496 | 29946 | 30468 | 30899 |
| 英　国 | United Kingdom | 14748 | 16005 | 16269 | 24120 | 23829 | 23974 |
| 德　国 | Germany | 14901 | 16060 | 15062 | 19973 | 19985 | 19818 |
| 法　国 | France | 12502 | 13455 | 12253 | 17704 | 17587 | 17192 |
| 意大利 | Italy | 9131 | 9920 | 10152 | 21440 | 21701 | 21834 |
| 加拿大 | Canada | 32566 | 35683 | 36313 | 21387 | 21424 | 21969 |
| 日　本 | Japan | 5190 | 5913 | 6043 | 10702 | 10877 | 11011 |
| 韩　国 | Korea,Rep. | 7040 | 7753 | 8018 | 5442 | 5632 | 5816 |
| 墨西哥 | Mexico | 6265 | 7426 | 8201 | 20838 | 21290 | 21615 |
| 澳大利亚 | Australia | 846 | 972 | 1033 | 16682 | 16948 | 17239 |
| 新西兰 | New Zealand | 9570 | 10730 | 10609 | 599 | 646 | 670 |
| 印　度 | India | 12782 | 14942 | 14043 | 3587 | 3702 | 3782 |
| 巴　西 | Brazil | 7851 | 9325 | 9915 | 3790 | 4014 | 4260 |
| 俄罗斯联邦 | Russian Fed. | 19007 | 20829 | 19708 | 20540 | 21007 | 21527 |
| 菲律宾 | Philippines | 1428 | 1647 | 1856 | 989 | 1027 | 1076 |
| 马来西亚 | Malaysia | 1176 | 1368 | 1490 | 3085 | 3240 | 3432 |
| 泰　国 | Thailand | 1714 | 1883 | 2025 | 1702 | 1720 | 1790 |
| 新加坡 | Singapore | 863 | 1017 | 1085 | 12020 | 12309 | 12272 |
| 印度尼西亚 | Indonesia | 4008 | 4622 | 4790 | 958 | 990 | 1030 |
| 文　莱 | Brunei Darussalam | 29 | 33 | 35 | 6150 | 6282 | 6519 |
| 越　南 | Viet Nam | 772 | 899 | 1005 | 610 | 629 | 652 |
| 缅　甸 | Myanmar | | | | | | |
| 老　挝 | Laos | 49 | 58 | 65 | 431 | 464 | 487 |
| 柬埔寨 | Cambodia | 91 | 106 | | 512 | 556 | |

# 附录2-37 居民收入分配

## Personal Income Distribution

资料来源：世界银行WDI数据库。
Source:World Bank WDI Database.

| 国家或地区 | Country or Area | 年 份 Year | 基尼系数 GINI Index | 各组占全部收入或消费的比重（%） As Percentage of Total Income or Consumption（%） 最低的20% Lowest 20% | 第二个20% Second 20% | 第三个20% Third 20% | 第四个20% Fourth 20% | 最高的20% Highest 20% |
|---|---|---|---|---|---|---|---|---|
| **世 界** | **World** | | | | | | | |
| 中 国 | China | 2009 | 0.4 | 4.7 | 9.7 | 15.3 | 23.2 | 47.1 |
| 中国香港 | Hong Kong,China | 1996 | 0.4 | 5.3 | 9.4 | 13.9 | 20.8 | 50.8 |
| 美 国 | United States | 2000 | 0.4 | 5.4 | 10.7 | 15.7 | 22.4 | 45.8 |
| 英 国 | United Kingdom | 1999 | 0.4 | 6.1 | 11.4 | 16.0 | 22.5 | 44.0 |
| 德 国 | Germany | 2000 | 0.3 | 8.5 | 13.7 | 17.8 | 23.1 | 36.9 |
| 法 国 | France | 1995 | 0.3 | 7.2 | 12.6 | 17.2 | 22.8 | 40.2 |
| 意 大 利 | Italy | 2000 | 0.4 | 6.5 | 12.0 | 16.8 | 22.8 | 42.0 |
| 加 拿 大 | Canada | 2000 | 0.3 | 7.2 | 12.7 | 17.2 | 23.0 | 39.9 |
| 日 本 | Japan | 1993 | 0.2 | 10.6 | 14.2 | 17.6 | 22.0 | 35.7 |
| 韩 国 | Korea,Rep. | 1998 | 0.3 | 7.9 | 13.6 | 18.0 | 23.1 | 37.5 |
| 墨 西 哥 | Mexico | 2010 | 0.5 | 4.9 | 8.8 | 13.3 | 20.2 | 52.8 |
| 澳大利亚 | Australia | 1994 | 0.4 | 5.9 | 12.0 | 17.2 | 23.6 | 41.3 |
| 新 西 兰 | New Zealand | 1997 | 0.4 | 6.5 | 11.4 | 15.8 | 22.6 | 43.8 |
| 印 度 | India | 2010 | 0.3 | 8.5 | 12.1 | 15.7 | 20.8 | 42.8 |
| 巴 西 | Brazil | 2009 | 0.5 | 2.9 | 7.1 | 12.4 | 19.0 | 58.6 |
| 俄罗斯联邦 | Russian Fed. | 2009 | 0.4 | 6.5 | 10.4 | 14.8 | 21.3 | 47.1 |
| 菲 律 宾 | Philippines | 2009 | 0.4 | 6.0 | 9.4 | 13.9 | 21.0 | 49.7 |
| 马来西亚 | Malaysia | 2009 | 0.5 | 4.5 | 8.7 | 13.7 | 21.6 | 51.5 |
| 泰 国 | Thailand | 2010 | 0.4 | 6.8 | 10.5 | 14.6 | 21.5 | 46.7 |
| 新 加 坡 | Singapore | 1998 | 0.4 | 5.0 | 9.4 | 14.6 | 22.0 | 49.0 |
| 印度尼西亚 | Indonesia | 2011 | 0.4 | 7.3 | 10.7 | 14.9 | 21.2 | 46.0 |
| 文 莱 | Brunei Darussalam | | | | | | | |
| 越 南 | Viet Nam | 2008 | 0.4 | 7.4 | 11.5 | 15.8 | 21.8 | 43.4 |
| 缅 甸 | Myanmar | | | | | | | |
| 老 挝 | Laos | 2008 | 0.4 | 7.6 | 11.3 | 15.3 | 20.9 | 44.8 |
| 柬 埔 寨 | Cambodia | 2009 | 0.4 | 7.9 | 11.4 | 15.3 | 21.0 | 44.5 |

# 附录2-38 农业生产指数

## Agriculture Production Indices

资料来源：世界银行WDI数据库。
Source:World Bank WDI Database.

2004－2006年＝100 （2004-2006＝100）

| 国家或地区 | Country or Area | 农 业 Agriculture | | | 食 品 Food | | |
|---|---|---|---|---|---|---|---|
| | | 2010 | 2011 | 2012 | 2010 | 2011 | 2012 |
| **世　　界** | **World** | **112.8** | **116.7** | **116.9** | **113.2** | **117.0** | **117.2** |
| 中　　国 | China | 119.7 | 123.6 | 126.8 | 120.3 | 124.0 | 127.3 |
| 中国香港 | Hong Kong,China | 55.9 | 56.9 | 57.8 | 55.9 | 56.9 | 57.8 |
| 美　　国 | United States | 105.6 | 102.3 | 101.6 | 106.5 | 103.5 | 102.6 |
| 英　　国 | United Kingdom | 101.8 | 103.9 | 98.6 | 101.8 | 103.8 | 98.5 |
| 德　　国 | Germany | 102.5 | 104.0 | 104.6 | 102.5 | 104.0 | 104.6 |
| 法　　国 | France | 97.2 | 99.3 | 98.3 | 97.3 | 99.4 | 98.4 |
| 意 大 利 | Italy | 95.3 | 95.9 | 86.6 | 95.3 | 96.0 | 86.7 |
| 加 拿 大 | Canada | 102.3 | 102.0 | 103.3 | 102.8 | 102.7 | 103.8 |
| 日　　本 | Japan | 100.2 | 99.0 | 101.7 | 100.4 | 99.3 | 102.0 |
| 韩　　国 | Korea,Rep. | 101.9 | 100.1 | 102.6 | 102.0 | 100.2 | 102.7 |
| 墨 西 哥 | Mexico | 107.7 | 107.8 | 113.6 | 108.0 | 107.5 | 113.6 |
| 澳大利亚 | Australia | 100.3 | 108.0 | 117.2 | 102.2 | 107.4 | 116.5 |
| 新 西 兰 | New Zealand | 104.0 | 106.2 | 112.6 | 105.1 | 107.6 | 114.2 |
| 印　　度 | India | 124.7 | 131.8 | 129.9 | 123.6 | 130.6 | 129.2 |
| 巴　　西 | Brazil | 122.1 | 128.2 | 126.6 | 123.2 | 128.6 | 127.0 |
| 俄罗斯联邦 | Russian Fed. | 93.9 | 116.0 | 108.5 | 93.8 | 115.8 | 108.3 |
| 菲 律 宾 | Philippines | 112.7 | 115.1 | 119.0 | 112.9 | 115.3 | 119.2 |
| 马来西亚 | Malaysia | 110.4 | 119.0 | 120.3 | 114.9 | 124.3 | 125.4 |
| 泰　　国 | Thailand | 114.1 | 119.1 | 124.6 | 116.2 | 120.5 | 126.1 |
| 新 加 坡 | Singapore | 92.3 | 101.1 | 105.3 | 92.3 | 101.1 | 105.3 |
| 印度尼西亚 | Indonesia | 120.5 | 125.6 | 132.2 | 121.3 | 125.9 | 132.9 |
| 文　　莱 | Brunei Darussalam | 113.5 | 132.9 | 135.5 | 113.7 | 133.2 | 135.8 |
| 越　　南 | Viet Nam | 120.2 | 126.3 | 129.4 | 119.1 | 124.6 | 127.6 |
| 缅　　甸 | Myanmar | 135.3 | 133.1 | 139.9 | 134.9 | 131.9 | 139.2 |
| 老　　挝 | Laos | 129.8 | 138.0 | 155.0 | 127.7 | 136.2 | 151.5 |
| 柬 埔 寨 | Cambodia | 148.0 | 169.5 | 175.3 | 147.8 | 169.6 | 175.4 |

# 附录2-39 主要农作物收获面积（2012年）

## Harvest Areas of Major Farm Crops（2012）

资料来源：联合国FAO数据库。
Source:UN FAO Database.

单位：千公顷 （1 000 hectares）

| 国家或地区 | Country or Area | 谷物总计 Cereals, Total | 稻谷 Rice, Paddy | 小麦 Wheat | 玉米 Maize | 大豆 Soybeans |
|---|---|---|---|---|---|---|
| **世界** | **World** | **703000.0** | **163000.0** | **215000.0** | **177000.0** | **105000.0** |
| 中国 | China | 92900.0 | 30600.0 | 24100.0 | 35000.0 | 6750.1 |
| 中国香港 | Hong Kong,China | | | | | |
| 美国 | United States | 60300.0 | 1083.8 | 19800.0 | 35400.0 | 30800.0 |
| 英国 | United Kingdom | 3141.0 | | 1992.0 | | |
| 德国 | Germany | 6513.3 | | 3061.0 | 510.0 | 1.0 |
| 法国 | France | 9434.1 | 20.7 | 5303.3 | 1718.6 | 37.5 |
| 意大利 | Italy | 3547.9 | 246.5 | 1879.6 | 980.5 | 153.0 |
| 加拿大 | Canada | 14100.0 | | 9353.4 | 1399.7 | 1668.4 |
| 日本 | Japan | 1912.1 | 1581.0 | 209.2 | 0.1 | 140.0 |
| 韩国 | Korea,Rep. | 910.7 | 846.9 | 9.5 | 17.0 | 80.8 |
| 墨西哥 | Mexico | 9732.0 | 31.8 | 578.8 | 6923.9 | 142.3 |
| 澳大利亚 | Australia | 19400.0 | 103.1 | 13900.0 | 69.7 | 38.1 |
| 新西兰 | New Zealand | 145.8 | | 54.8 | 19.4 | |
| 印度 | India | 97000.0 | 42500.0 | 29900.0 | 8400.0 | 10800.0 |
| 巴西 | Brazil | 19600.0 | 2413.3 | 1912.7 | 14200.0 | 25000.0 |
| 俄罗斯联邦 | Russian Fed. | 37000.0 | 191.6 | 21300.0 | 1937.5 | 1375.2 |
| 菲律宾 | Philippines | 7283.9 | 4690.0 | | 2593.8 | 0.4 |
| 马来西亚 | Malaysia | 701.8 | 692.3 | | 9.5 | |
| 泰国 | Thailand | 13900.0 | 12600.0 | 1.2 | 1080.0 | 100.0 |
| 新加坡 | Singapore | | | | | |
| 印度尼西亚 | Indonesia | 17400.0 | 13400.0 | | 3959.9 | 567.9 |
| 文莱 | Brunei Darussalam | 1.9 | 1.9 | | | |
| 越南 | Viet Nam | 8873.1 | 7753.2 | | 1118.2 | 120.8 |
| 缅甸 | Myanmar | 9122.0 | 8150.0 | 103.0 | 415.0 | 167.0 |
| 老挝 | Laos | 1130.6 | 933.8 | | 196.8 | 3.9 |
| 柬埔寨 | Cambodia | 3223.0 | 3007.5 | | 215.4 | 71.0 |

附录2-39　续表 1　continued

单位：千公顷　　(1 000 hectares)

| 国家或地区 | Country or Area | 根茎类作物 Roots and Tubers | 花　生 Groundnuts in Shell | 油菜籽 Rapeseed | 芝　麻 Sesame Seed | 纤维植物 Fibres, Crops Primary |
|---|---|---|---|---|---|---|
| **世　界** | **World** | **55300.0** | **24700.0** | **34100.0** | **7897.0** | **38000.0** |
| 中　国 | China | 9290.4 | 4723.6 | 7300.0 | 491.3 | 4815.4 |
| 中国香港 | Hong Kong,China | | | | | |
| 美　国 | United States | 509.8 | 650.7 | 700.6 | | 3792.7 |
| 英　国 | United Kingdom | 149.0 | | 756.0 | | 9.4 |
| 德　国 | Germany | 238.3 | | 1306.2 | | 1.1 |
| 法　国 | France | 154.2 | | 1607.2 | | 61.5 |
| 意大利 | Italy | 61.3 | | 10.3 | 0.2 | 2.6 |
| 加拿大 | Canada | 148.0 | | 8379.9 | | 24.0 |
| 日　本 | Japan | 146.3 | 7.2 | 1.6 | | |
| 韩　国 | Korea,Rep. | 49.9 | 4.1 | 1.6 | 25.1 | |
| 墨西哥 | Mexico | 79.0 | 57.8 | | 58.9 | 194.3 |
| 澳大利亚 | Australia | 35.4 | 11.1 | 2358.7 | | 596.5 |
| 新西兰 | New Zealand | 12.8 | | 2.5 | | 4.6 |
| 印　度 | India | 2238.0 | 4900.0 | 5920.0 | 1820.0 | 12600.0 |
| 巴　西 | Brazil | 1893.5 | 110.4 | 44.0 | 10.0 | 1638.2 |
| 俄罗斯联邦 | Russian Fed. | 2197.2 | | 976.1 | | 67.4 |
| 菲律宾 | Philippines | 353.3 | 26.1 | | | 147.5 |
| 马来西亚 | Malaysia | 5.8 | 0.2 | | | |
| 泰　国 | Thailand | 1284.0 | 30.0 | | 68.0 | 40.4 |
| 新加坡 | Singapore | | | | | |
| 印度尼西亚 | Indonesia | 1428.1 | 559.5 | | | 148.8 |
| 文　莱 | Brunei Darussalam | 0.7 | | | | |
| 越　南 | Viet Nam | 732.1 | 220.5 | | 47.0 | 18.4 |
| 缅　甸 | Myanmar | 94.1 | 880.0 | | 1570.0 | 317.5 |
| 老　挝 | Laos | 53.1 | 21.6 | | 11.0 | 2.5 |
| 柬埔寨 | Cambodia | 350.6 | 18.0 | | 36.7 | 0.8 |

附录2-39　续表 2　continued

单位：千公顷　　(1 000 hectares)

| 国家或地区 | Country or Area | 籽　棉 Seed Cotton | 黄麻及麻类纤维 Jute & Jute like Fibres | 甘　蔗 Sugar Cane | 甜　菜 Sugar Beets | 茶　叶 Tea | 水　果（不包括瓜类） Fruit Excluding Melons |
|---|---|---|---|---|---|---|---|
| **世　界** | **World** | **34700.0** | **1781.1** | **26100.0** | **4900.8** | **3276.0** | **56600.0** |
| 中　国 | China | 4700.0 | 20.0 | 1802.7 | 235.5 | 1513.0 | 12000.0 |
| 中国香港 | Hong Kong,China | | | | | | 0.4 |
| 美　国 | United States | 3792.7 | | 370.0 | 487.3 | | 1137.8 |
| 英　国 | United Kingdom | | | | 120.0 | | 29.2 |
| 德　国 | Germany | | | | 402.1 | | 178.3 |
| 法　国 | France | | | | 389.6 | | 879.9 |
| 意 大 利 | Italy | | | | 45.5 | | 1125.6 |
| 加 拿 大 | Canada | | | | 10.1 | | 81.0 |
| 日　本 | Japan | | | 23.0 | 59.3 | 45.9 | 192.8 |
| 韩　国 | Korea,Rep. | | | | | 2.4 | 167.1 |
| 墨 西 哥 | Mexico | 155.0 | | 735.1 | | | 1256.7 |
| 澳大利亚 | Australia | 596.5 | | 338.6 | | | 276.6 |
| 新 西 兰 | New Zealand | | | | | | 70.7 |
| 印　度 | India | 11700.0 | 892.0 | 5090.0 | | 605.0 | 6287.6 |
| 巴　西 | Brazil | 1381.9 | 7.4 | 9705.4 | | 0.9 | 2325.4 |
| 俄罗斯联邦 | Russian Fed. | | 13.2 | | 1102.0 | 0.9 | 452.4 |
| 菲 律 宾 | Philippines | 0.2 | | 433.3 | | | 1240.4 |
| 马来西亚 | Malaysia | | | 13.5 | | 2.6 | 101.2 |
| 泰　国 | Thailand | 6.5 | 3.2 | 1300.0 | | 21.5 | 1168.2 |
| 新 加 坡 | Singapore | | | | | | |
| 印度尼西亚 | Indonesia | 14.0 | 2.2 | 456.7 | | 122.5 | 796.5 |
| 文　莱 | Brunei Darussalam | | | | | | 1.5 |
| 越　南 | Viet Nam | 6.5 | 1.3 | 297.5 | | 116.0 | 514.5 |
| 缅　甸 | Myanmar | 300.0 | 17.4 | 155.0 | | 79.0 | 434.5 |
| 老　挝 | Laos | 1.9 | | 20.5 | | 2.7 | 40.7 |
| 柬 埔 寨 | Cambodia | 0.2 | 0.6 | 27.9 | | | 62.6 |

# 附录2-40 主要农产品产量（2012年）

## Production of Major Farm Crops（2012）

资料来源：联合国粮农组织数据库。
Source:UN FAO Database.

单位：万吨 （10 000 tons）

| 国家或地区 | Country or Area | 谷物总计 Cereals, Total | 稻 谷 Rice, Paddy | 小 麦 Wheat | 玉 米 Maize | 大 豆 Soybeans |
|---|---|---|---|---|---|---|
| **世 界** | **World** | **255000.0** | **72000.0** | **67100.0** | **87200.0** | **24200.0** |
| 中 国 | China | 54300.0 | 20600.0 | 12100.0 | 20800.0 | 1280.0 |
| 中国香港 | Hong Kong,China | | | | | |
| 美 国 | United States | 35700.0 | 904.8 | 6180.0 | 27400.0 | 8210.0 |
| 英 国 | United Kingdom | 1950.0 | | 1330.0 | | |
| 德 国 | Germany | 4490.0 | | 2240.0 | 499.1 | 0.2 |
| 法 国 | France | 7100.0 | 12.3 | 4030.0 | 1560.0 | 10.4 |
| 意 大 利 | Italy | 1900.0 | 158.3 | 776.7 | 819.5 | 42.2 |
| 加 拿 大 | Canada | 5010.0 | | 2700.0 | 1170.0 | 487.0 |
| 日 本 | Japan | 1170.0 | 1070.0 | 85.8 | | 23.6 |
| 韩 国 | Korea,Rep. | 662.1 | 642.0 | 3.7 | 8.3 | 12.3 |
| 墨 西 哥 | Mexico | 3360.0 | 17.9 | 327.4 | 2210.0 | 24.8 |
| 澳大利亚 | Australia | 4340.0 | 91.9 | 2990.0 | 45.1 | 8.6 |
| 新 西 兰 | New Zealand | 116.8 | | 48.9 | 21.1 | |
| 印 度 | India | 28600.0 | 15300.0 | 9490.0 | 2110.0 | 1150.0 |
| 巴 西 | Brazil | 8990.0 | 1150.0 | 441.8 | 7110.0 | 6580.0 |
| 俄罗斯联邦 | Russian Fed. | 6880.0 | 105.2 | 3770.0 | 821.3 | 180.6 |
| 菲 律 宾 | Philippines | 2540.0 | 1800.0 | | 740.7 | 0.1 |
| 马来西亚 | Malaysia | 280.3 | 275.0 | | 5.2 | |
| 泰 国 | Thailand | 4300.0 | 3780.0 | 0.1 | 481.3 | 18.0 |
| 新 加 坡 | Singapore | | | | | |
| 印度尼西亚 | Indonesia | 8840.0 | 6900.0 | | 1940.0 | 85.2 |
| 文 莱 | Brunei Darussalam | 0.1 | 0.1 | | | |
| 越 南 | Viet Nam | 4850.0 | 4370.0 | | 480.3 | 17.5 |
| 缅 甸 | Myanmar | 3510.0 | 3300.0 | 18.6 | 150.0 | 20.5 |
| 老 挝 | Laos | 461.5 | 348.9 | | 112.5 | 0.6 |
| 柬 埔 寨 | Cambodia | 1020.0 | 929.1 | | 95.1 | 12.0 |

附录2-40 续表 1 continued

单位：万吨 (10 000 tons)

| 国家或地区 | Country or Area | 根茎类作物 Roots and Tubers | 花 生 Groundnuts in Shell | 油 菜 籽 Rapeseed | 芝 麻 Sesame Seed | 纤维植物 Fibres, Crops Primay |
|---|---|---|---|---|---|---|
| **世 界** | **World** | **80900.0** | **4120.0** | **6510.0** | **403.6** | **3090.0** |
| 中 国 | China | 16600.0 | 1690.0 | 1400.0 | 60.1 | 714.2 |
| 中国香港 | Hong Kong,China | | | | | |
| 美 国 | United States | 2040.0 | 305.8 | 111.2 | | 359.8 |
| 英 国 | United Kingdom | 455.3 | | 255.7 | | 1.4 |
| 德 国 | Germany | 1070.0 | | 482.1 | | |
| 法 国 | France | 634.1 | | 546.3 | | 5.3 |
| 意 大 利 | Italy | 160.3 | | 2.5 | 0.1 | 0.2 |
| 加 拿 大 | Canada | 459.0 | | 1540.0 | | 2.9 |
| 日 本 | Japan | 378.2 | 1.7 | 0.2 | | |
| 韩 国 | Korea,Rep. | 95.0 | 1.0 | 0.2 | 1.0 | |
| 墨 西 哥 | Mexico | 206.8 | 11.5 | | 4.2 | 24.6 |
| 澳大利亚 | Australia | 133.0 | 2.5 | 342.7 | | 97.3 |
| 新 西 兰 | New Zealand | 56.6 | | 0.3 | | 0.3 |
| 印 度 | India | 5420.0 | 577.9 | 677.6 | 61.0 | 735.1 |
| 巴 西 | Brazil | 2750.0 | 33.4 | 6.1 | 0.6 | 182.8 |
| 俄罗斯联邦 | Russian Fed. | 2950.0 | | 103.5 | | 9.9 |
| 菲 律 宾 | Philippines | 300.2 | 2.9 | | | 7.6 |
| 马来西亚 | Malaysia | 7.0 | 0.1 | | | |
| 泰 国 | Thailand | 2300.0 | 4.6 | | 5.0 | 4.2 |
| 新 加 坡 | Singapore | | | | | |
| 印度尼西亚 | Indonesia | 2790.0 | 71.3 | | | 5.9 |
| 文 莱 | Brunei Darussalam | 0.4 | | | | |
| 越 南 | Viet Nam | 1160.0 | 47.1 | | 2.2 | 9.2 |
| 缅 甸 | Myanmar | 127.5 | 137.2 | | 62.0 | 15.2 |
| 老 挝 | Laos | 117.5 | 4.6 | | 1.4 | 0.4 |
| 柬 埔 寨 | Cambodia | 769.9 | 3.0 | | 2.7 | 0.4 |

附录2-40 续表 2 continued

单位：万吨　　　　(10 000 tons)

| 国家或地区 | Country or Area | 籽 棉<br>Seed Cotton | 黄麻及麻类纤维<br>Jute & Jute like Fibres | 甘 蔗<br>Sugar Cane | 甜 菜<br>Sugar Beets | 茶 叶<br>Tea | 水 果（不包括瓜类）<br>Fruit Excluding Melons |
|---|---|---|---|---|---|---|---|
| **世　　界** | **World** | **7650.0** | **373.4** | **183000.0** | **27000.0** | **481.8** | **63700.0** |
| 中　　国 | China | 2050.0 | 7.8 | 12400.0 | 1150.0 | 171.5 | 14000.0 |
| 中国香港 | Hong Kong,China | | | | | | 0.5 |
| 美　　国 | United States | 891.0 | | 2790.0 | 3200.0 | | 2650.0 |
| 英　　国 | United Kingdom | | | | 729.1 | | 37.2 |
| 德　　国 | Germany | | | | 2790.0 | | 256.7 |
| 法　　国 | France | | | | 3370.0 | | 775.4 |
| 意 大 利 | Italy | | | | 250.1 | | 1390.0 |
| 加 拿 大 | Canada | | | | 66.0 | | 70.6 |
| 日　　本 | Japan | | | 110.8 | 375.8 | 8.6 | 305.7 |
| 韩　　国 | Korea,Rep. | | | | | 0.3 | 276.7 |
| 墨 西 哥 | Mexico | 66.9 | | 5090.0 | | | 1590.0 |
| 澳大利亚 | Australia | 287.0 | | 2600.0 | | | 324.4 |
| 新 西 兰 | New Zealand | | | | | | 130.9 |
| 印　　度 | India | 1660.0 | 203.0 | 34800.0 | | 100.0 | 7110.0 |
| 巴　　西 | Brazil | 496.9 | 1.0 | 72100.0 | | 0.1 | 3840.0 |
| 俄罗斯联邦 | Russian Fed. | | 5.1 | | 4510.0 | | 292.0 |
| 菲 律 宾 | Philippines | | | 3000.0 | | | 1640.0 |
| 马来西亚 | Malaysia | | | 82.0 | | 1.7 | 101.6 |
| 泰　　国 | Thailand | 0.8 | 0.5 | 9650.0 | | 7.5 | 1130.0 |
| 新 加 坡 | Singapore | | | | | | |
| 印度尼西亚 | Indonesia | 0.3 | 0.3 | 2630.0 | | 15.0 | 1770.0 |
| 文　　莱 | Brunei Darussalam | | | | | | 0.6 |
| 越　　南 | Viet Nam | 0.9 | 0.3 | 1900.0 | | 21.7 | 660.0 |
| 缅　　甸 | Myanmar | 40.5 | 1.8 | 1000.0 | | 3.2 | 242.5 |
| 老　　挝 | Laos | 0.6 | | 105.6 | | 0.1 | 56.5 |
| 柬 埔 寨 | Cambodia | | | 57.4 | | | 38.5 |

# 附录2-41 牲畜饲养量（2012年）

## Number of Livestock（2012）

资料来源：联合国FAO数据库。
Source:UN FAO Database.

单位：万头（只） (10 000 heads)

| 国家或地区 | Country or Area | 牛 Cattle | 马 Horses | 山羊 Goats | 绵羊 Sheep | 猪 Pigs |
|---|---|---|---|---|---|---|
| **世　界** | **World** | **149000.0** | **5890.0** | **99600.0** | **117000.0** | **96600.0** |
| 中　国 | China | 11500.0 | 680.2 | 18500.0 | 18700.0 | 47200.0 |
| 中国香港 | Hong Kong,China | 0.2 | 0.2 | 0.1 | 0.0 | 17.5 |
| 美　国 | United States | 9080.0 | 1020.0 | 286.2 | 536.5 | 6640.0 |
| 英　国 | United Kingdom | 990.0 | 39.0 | 8.6 | 3220.0 | 448.1 |
| 德　国 | Germany | 1250.0 | 50.0 | 16.2 | 165.8 | 2810.0 |
| 法　国 | France | 1900.0 | 41.5 | 131.0 | 746.4 | 1380.0 |
| 意大利 | Italy | 609.2 | 30.6 | 96.0 | 701.6 | 935.1 |
| 加拿大 | Canada | 1220.0 | 40.7 | 3.0 | 88.7 | 1270.0 |
| 日　本 | Japan | 417.2 | 1.6 | 1.6 | 1.3 | 973.5 |
| 韩　国 | Korea,Rep. | 347.9 | 3.0 | 24.8 | 0.3 | 991.6 |
| 墨西哥 | Mexico | 3190.0 | 635.6 | 874.4 | 840.6 | 1590.0 |
| 澳大利亚 | Australia | 2840.0 | 26.5 | 355.0 | 7470.0 | 213.8 |
| 新西兰 | New Zealand | 1020.0 | 5.7 | 9.0 | 3130.0 | 31.4 |
| 印　度 | India | 21800.0 | 52.5 | 16000.0 | 7500.0 | 940.0 |
| 巴　西 | Brazil | 21100.0 | 536.3 | 864.6 | 1680.0 | 3880.0 |
| 俄罗斯联邦 | Russian Fed. | 2010.0 | 136.2 | 209.1 | 2080.0 | 1730.0 |
| 菲律宾 | Philippines | 249.3 | 24.2 | 371.5 | 3.0 | 1190.0 |
| 马来西亚 | Malaysia | 78.5 | 0.4 | 50.5 | 12.5 | 179.9 |
| 泰　国 | Thailand | 539.3 | 0.7 | 45.0 | 5.4 | 750.0 |
| 新加坡 | Singapore | … |  | 0.1 |  | 27.2 |
| 印度尼西亚 | Indonesia | 1600.0 | 42.2 | 1790.0 | 1280.0 | 783.1 |
| 文　莱 | Brunei Darussalam | 0.1 |  | 0.7 | 0.4 | 0.1 |
| 越　南 | Viet Nam | 519.4 | 8.4 | 134.4 |  | 2650.0 |
| 缅　甸 | Myanmar | 1450.0 | 11.5 | 390.0 | 86.0 | 1050.0 |
| 老　挝 | Laos | 169.2 | 3.2 | 44.4 |  | 279.4 |
| 柬埔寨 | Cambodia | 291.5 | 2.9 |  |  | 212.0 |

# 附录2-42　畜产品产量（2012年）

## Output of Livestock Products（2012）

资料来源：联合国FAO数据库。
Source:UN FAO Database.

单位：万吨　　　　（10 000 tons）

| 国家或地区 | Country or Area | 肉类总产量<br>Meat, Total | 牛　肉<br>Beef and Buffalo Meat | 羊　肉<br>Sheep and Goat Meat | 猪　肉<br>Pig Meat | 禽　肉<br>Poultry Meat |
|---|---|---|---|---|---|---|
| **世　界** | **World** | **30200.0** | **6690.0** | **1380.0** | **10900.0** | **10600.0** |
| 中　国 | China | 8110.0 | 657.6 | 398.2 | 5000.0 | 1890.0 |
| 中国香港 | Hong Kong,China | 16.3 | 0.9 | | 11.8 | 2.8 |
| 美　国 | United States | 4250.0 | 1180.0 | 7.3 | 1060.0 | 1980.0 |
| 英　国 | United Kingdom | 360.6 | 88.5 | 27.5 | 82.5 | 161.2 |
| 德　国 | Germany | 819.4 | 114.6 | 3.7 | 547.4 | 142.8 |
| 法　国 | France | 569.0 | 149.2 | 12.6 | 218.0 | 172.0 |
| 意大利 | Italy | 425.0 | 98.2 | 4.8 | 165.1 | 126.1 |
| 加拿大 | Canada | 448.3 | 120.5 | 1.7 | 199.8 | 123.3 |
| 日　本 | Japan | 326.8 | 51.9 | … | 129.7 | 144.5 |
| 韩　国 | Korea,Rep. | 198.4 | 30.0 | 0.1 | 98.2 | 69.5 |
| 墨西哥 | Mexico | 607.9 | 182.1 | 9.9 | 123.9 | 283.3 |
| 澳大利亚 | Australia | 416.1 | 212.5 | 58.2 | 35.0 | 107.7 |
| 新西兰 | New Zealand | 130.3 | 60.3 | 44.9 | 5.0 | 17.2 |
| 印　度 | India | 629.2 | 262.6 | 89.7 | 32.9 | 225.8 |
| 巴　西 | Brazil | 2500.0 | 930.7 | 11.5 | 346.5 | 1210.0 |
| 俄罗斯联邦 | Russian Fed. | 813.7 | 164.2 | 19.0 | 255.9 | 334.6 |
| 菲律宾 | Philippines | 302.3 | 29.7 | 5.3 | 167.8 | 97.9 |
| 马来西亚 | Malaysia | 159.2 | 3.0 | 0.2 | 23.6 | 132.4 |
| 泰　国 | Thailand | 243.9 | 20.3 | 0.2 | 88.6 | 134.8 |
| 新加坡 | Singapore | 11.7 | | | 2.0 | 9.7 |
| 印度尼西亚 | Indonesia | 316.8 | 54.1 | 11.5 | 72.9 | 178.1 |
| 文　莱 | Brunei Darussalam | 2.1 | 0.1 | | | 2.0 |
| 越　南 | Viet Nam | 420.6 | 39.3 | 0.8 | 316.0 | 61.8 |
| 缅　甸 | Myanmar | 212.2 | 26.2 | 4.8 | 62.0 | 119.3 |
| 老　挝 | Laos | 13.7 | 4.8 | 0.2 | 6.2 | 2.5 |
| 柬埔寨 | Cambodia | 20.0 | 7.3 | | 9.9 | 2.8 |

附录2-42 续表 continued

单位：万吨 （10 000 tons）

| 国家或地区 | Country or Area | 蛋 类 Eggs Primary | 鸡 蛋 Hen Eggs | 奶类总产量 Milk, Total | 牛 奶 Cow Milk | 羊 毛 Wool, Greasy | 蜂 蜜 Honey |
|---|---|---|---|---|---|---|---|
| **世 界** | **World** | **7190.0** | **6640.0** | **75400.0** | **62600.0** | **206.7** | **159.3** |
| 中 国 | China | 2920.0 | 2480.0 | 4270.0 | 3780.0 | 40.0 | 45.2 |
| 中国香港 | Hong Kong,China | | | | | | |
| 美 国 | United States | 543.5 | 543.5 | 9090.0 | 9090.0 | 1.4 | 6.7 |
| 英 国 | United Kingdom | 64.5 | 63.0 | 1390.0 | 1390.0 | 6.8 | 0.6 |
| 德 国 | Germany | 83.2 | 83.2 | 3050.0 | 3050.0 | 1.4 | 1.6 |
| 法 国 | France | 85.4 | 85.4 | 2490.0 | 2400.0 | 1.5 | 1.2 |
| 意 大 利 | Italy | 76.5 | 76.5 | 1120.0 | 1060.0 | 0.8 | 1.0 |
| 加 拿 大 | Canada | 44.3 | 44.3 | 845.0 | 845.0 | 0.1 | 2.9 |
| 日 本 | Japan | 250.7 | 250.7 | 763.0 | 763.0 | | 0.3 |
| 韩 国 | Korea,Rep. | 63.2 | 60.0 | 190.4 | 190.0 | | 2.5 |
| 墨 西 哥 | Mexico | 231.8 | 231.8 | 1100.0 | 1090.0 | 0.5 | 5.9 |
| 澳大利亚 | Australia | 21.5 | 21.5 | 948.0 | 948.0 | 36.2 | 1.1 |
| 新 西 兰 | New Zealand | 5.7 | 5.4 | 2010.0 | 2010.0 | 16.5 | 1.0 |
| 印 度 | India | 360.0 | 360.0 | 12500.0 | 5400.0 | 4.6 | 6.1 |
| 巴 西 | Brazil | 224.4 | 208.4 | 3250.0 | 3230.0 | 1.2 | 3.4 |
| 俄罗斯联邦 | Russian Fed. | 236.5 | 233.4 | 3180.0 | 3160.0 | 5.5 | 6.5 |
| 菲 律 宾 | Philippines | 49.9 | 42.1 | 1.8 | 1.8 | | |
| 马来西亚 | Malaysia | 65.7 | 64.3 | 8.4 | 7.5 | | |
| 泰 国 | Thailand | 105.1 | 65.6 | 106.4 | 106.4 | | 0.8 |
| 新 加 坡 | Singapore | 2.5 | 2.4 | | | | |
| 印度尼西亚 | Indonesia | 133.5 | 105.9 | 142.3 | 101.8 | 3.1 | |
| 文 莱 | Brunei Darussalam | 0.7 | 0.7 | | | | |
| 越 南 | Viet Nam | 35.0 | 35.0 | 37.7 | 34.5 | | 1.2 |
| 缅 甸 | Myanmar | 42.2 | 38.0 | 162.6 | 130.0 | 0.1 | 0.2 |
| 老 挝 | Laos | 1.6 | 1.6 | 0.7 | 0.7 | | |
| 柬 埔 寨 | Cambodia | 2.3 | 1.9 | 2.3 | 2.3 | | |

# 附录2-43 鱼类产量

## Output of Total Fishes

资料来源：联合国FAO数据库。
Source:UN FAO Database.

单位：万吨 （10 000 tons）

| 国家或地区 | Country or Area | 鱼类总产量 Total | | 海 域 Ocean Area | | 内陆水域 Land Area | |
|---|---|---|---|---|---|---|---|
| | | 2011 | 2012 | 2011 | 2012 | 2011 | 2012 |
| **世 界** | **World** | | | | | | |
| 中 国 | China | 3410.8 | 3580.6 | 1067.2 | 1082.9 | 2343.7 | 2497.7 |
| 中国香港 | Hong Kong,China | 15.9 | 14.5 | 15.6 | 14.3 | 0.2 | 0.2 |
| 美 国 | United States | 425.3 | 422.5 | 404.8 | 402.2 | 20.6 | 20.3 |
| 英 国 | United Kingdom | 61.8 | 64.4 | 60.5 | 63.1 | 1.4 | 1.3 |
| 德 国 | Germany | 23.4 | 21.0 | 20.0 | 18.1 | 3.4 | 2.8 |
| 法 国 | France | 39.6 | 38.6 | 35.4 | 34.5 | 4.2 | 4.1 |
| 意大利 | Italy | 19.7 | 18.9 | 15.4 | 14.6 | 4.3 | 4.3 |
| 加拿大 | Canada | 55.9 | 52.0 | 52.6 | 48.4 | 3.3 | 3.7 |
| 日 本 | Japan | 320.3 | 316.8 | 314.4 | 311.3 | 6.0 | 5.5 |
| 韩 国 | Korea,Rep. | 135.6 | 126.9 | 132.9 | 124.6 | 2.6 | 2.3 |
| 墨西哥 | Mexico | 128.2 | 136.3 | 115.3 | 122.3 | 13.0 | 14.0 |
| 澳大利亚 | Australia | 15.8 | 16.7 | 15.6 | 16.5 | 0.2 | 0.2 |
| 新西兰 | New Zealand | 39.9 | 41.0 | 39.7 | 40.7 | 0.2 | 0.2 |
| 印 度 | India | 712.0 | 815.5 | 277.7 | 292.9 | 434.3 | 522.7 |
| 巴 西 | Brazil | 127.1 | 137.2 | 48.3 | 50.1 | 78.7 | 87.1 |
| 俄罗斯联邦 | Russian Fed. | 423.3 | 432.0 | 386.9 | 392.6 | 36.4 | 39.4 |
| 菲律宾 | Philippines | 280.3 | 279.0 | 237.6 | 235.7 | 42.7 | 43.2 |
| 马来西亚 | Malaysia | 133.1 | 142.6 | 120.4 | 127.0 | 12.7 | 15.6 |
| 泰 国 | Thailand | 187.5 | 189.4 | 129.3 | 129.2 | 58.3 | 60.3 |
| 新加坡 | Singapore | 0.5 | 0.5 | 0.4 | 0.4 | 0.1 | … |
| 印度尼西亚 | Indonesia | 736.2 | 786.3 | 529.7 | 539.7 | 206.5 | 246.5 |
| 文 莱 | Brunei Darussalam | 0.3 | 0.4 | 0.3 | 0.4 | | |
| 越 南 | Viet Nam | 402.1 | 413.0 | 180.2 | 184.7 | 222.0 | 228.2 |
| 缅 甸 | Myanmar | 404.5 | 435.3 | 212.5 | 228.4 | 192.0 | 206.9 |
| 老 挝 | Laos | 13.0 | 13.6 | | | 13.0 | 13.6 |
| 柬埔寨 | Cambodia | 60.5 | 61.2 | 9.2 | 9.3 | 51.4 | 51.9 |

# 附录2-44　工业生产指数

## Index of Industrial Production

资料来源：联合国统计月报数据库。
Source:UN Monthly Bulletin of Statistics Database.

2005年＝100　　（2005=100）

| 国家或地区 | Country or Area | 2009 | 2010 | 2011 | 2012 | 2013 |
|---|---|---|---|---|---|---|
| 世　界 | **World** | | | | | |
| 中　国 | China | | | | | |
| 中国香港 | Hong Kong,China | 91.3 | | | | |
| 美　国 | United States | 90.4 | 95.9 | 99.3 | 103.2 | 106.5 |
| 英　国 | United Kingdom | 88.4 | 90.9 | 89.8 | 87.7 | 87.4 |
| 德　国 | Germany | 93.6 | 104.2 | 111.5 | 110.6 | 110.5 |
| 法　国 | France | 84.8 | 89.1 | 91.1 | 88.7 | 87.9 |
| 意大利 | Italy | 83.2 | 89.0 | 89.3 | 83.9 | 81.3 |
| 加拿大 | Canada | 83.9 | 88.2 | 92.1 | | |
| 日　本 | Japan | 81.9 | 94.2 | 91.5 | 92.0 | 91.2 |
| 韩　国 | Korea,Rep. | 119.7 | 139.2 | 147.5 | 149.5 | 150.0 |
| 墨西哥 | Mexico | 95.7 | 101.1 | 104.4 | 107.4 | 107.9 |
| 澳大利亚 | Australia | 108.3 | 112.3 | 113.7 | 117.6 | 123.4 |
| 新西兰 | New Zealand | 97.5 | 96.7 | 100.2 | 99.9 | 100.8 |
| 印　度 | India | 140.8 | 152.4 | 156.8 | 158.6 | 158.4 |
| 巴　西 | Brazil | 104.1 | 115.0 | 115.4 | 112.5 | 113.8 |
| 俄罗斯联邦 | Russian Fed. | 102.0 | 109.4 | 114.9 | 118.8 | 119.3 |
| 菲律宾 | Philippines | | | | | |
| 马来西亚 | Malaysia | 99.9 | 107.1 | 108.4 | 113.1 | 115.8 |
| 泰　国 | Thailand | | | | | |
| 新加坡 | Singapore | 108.7 | | | | |
| 印度尼西亚 | Indonesia | | | | | |
| 文　莱 | Brunei Darussalam | 86.0 | 87.5 | 90.3 | 88.2 | 82.2 |
| 越　南 | Viet Nam | 141.0 | 156.1 | 166.7 | 173.9 | |
| 缅　甸 | Myanmar | | | | | |
| 老　挝 | Laos | | | | | |
| 柬埔寨 | Cambodia | | | | | |

# 附录2-45　主要工业产品产量

## Output of Major Industrial Products

资料来源：联合国数据库。联合国粮农组织数据库。
Source:UN Data. UN FAO Database.

| 国家或地区 | Country or Area | 粗　钢（万吨）Crude Steel（10 000 tons） | | 煤（万吨）Coal（10 000 tons） | | 原　油（万吨）Crude Petroleum（10 000 tons） | |
|---|---|---|---|---|---|---|---|
| | | 2012 | 2013 | 2012 | 2013 | 2012 | 2013 |
| **世　　界** | **World** | | | | | | |
| 中　　国 | China | 71654 | 77904 | | | 20700 | 20820 |
| 中国香港 | Hong Kong,China | | | | | | |
| 美　　国 | United States | 8869 | 8695 | 92244 | 89263 | 44231 | 49752 |
| 英　　国 | United Kingdom | 964 | 1186 | 1705 | 1284 | 4205 | 3843 |
| 德　　国 | Germany | | | 19610 | 19024 | 521 | |
| 法　　国 | France | 1561 | 1568 | 29 | 31 | 81 | 79 |
| 意 大 利 | Italy | 2723 | 2406 | | | 541 | 543 |
| 加 拿 大 | Canada | 1351 | | 6656 | 6890 | 15304 | 16233 |
| 日　　本 | Japan | 10723 | 11058 | | | 67 | 58 |
| 韩　　国 | Korea,Rep. | 6907 | 6606 | | | | |
| 墨 西 哥 | Mexico | 1810 | 1842 | 1303 | 1378 | 13246 | 13113 |
| 澳大利亚 | Australia | 490 | 464 | 48887 | | 2078 | |
| 新 西 兰 | New Zealand | | | | | 185 | 159 |
| 印　　度 | India | 7756 | 8122 | 60662 | 60522 | 3799 | 3768 |
| 巴　　西 | Brazil | 3468 | 3418 | | | | |
| 俄罗斯联邦 | Russian Fed. | 7038 | 6881 | 35434 | 34778 | 49520 | 49856 |
| 菲 律 宾 | Philippines | | | | | | |
| 马来西亚 | Malaysia | | | | | 2786 | 2721 |
| 泰　　国 | Thailand | | | 1807 | 1835 | 1194 | 1194 |
| 新 加 坡 | Singapore | | | | | | |
| 印度尼西亚 | Indonesia | | | | | 4259 | 4072 |
| 文　　莱 | Brunei Darussalam | | | | | | |
| 越　　南 | Viet Nam | | | 4210 | | 1674 | |
| 缅　　甸 | Myanmar | | | | | | |
| 老　　挝 | Laos | | | | | | |
| 柬 埔 寨 | Cambodia | | | | | | |

附录2-45 续表 1 continued

| 国家或地区 | Country or Area | 发电量（亿千瓦小时）Electricity（100 million kwh） | | 水泥（万吨）Cement（10 000 tons） | | 化肥（万吨）Chemical Fertilizer（10 000 tons） | |
|---|---|---|---|---|---|---|---|
| | | 2012 | 2013 | 2012 | 2013 | 2010 | 2011 |
| **世　界** | **World** | | | | | **7989** | |
| 中　国 | China | | | 218405 | 241440 | 6451 | 6046 |
| 中国香港 | Hong Kong,China | 387 | 391 | 168 | 176 | | |
| 美　国 | United States | 40478 | 40582 | 7253 | 7559 | 2214 | 2303 |
| 英　国 | United Kingdom | | | 796 | | 66 | 66 |
| 德　国 | Germany | 4666 | 4620 | | | 379 | 383 |
| 法　国 | France | | | | | 149 | 149 |
| 意大利 | Italy | 2954 | 2878 | | | 32 | 32 |
| 加拿大 | Canada | 5949 | 6112 | 1247 | 1162 | 1382 | 1351 |
| 日　本 | Japan | 10026 | 9001 | 5474 | 5796 | 91 | 86 |
| 韩　国 | Korea,Rep. | | | 5261 | 5326 | 84 | 78 |
| 墨西哥 | Mexico | 1788 | 1728 | 4158 | 3980 | 55 | 56 |
| 澳大利亚 | Australia | | | 924 | 976 | 70 | 89 |
| 新西兰 | New Zealand | | | | | 36 | 35 |
| 印　度 | India | | | | | 1554 | 1906 |
| 巴　西 | Brazil | | | | | 335 | 342 |
| 俄罗斯联邦 | Russian Fed. | 10641 | 10506 | 6154 | 6665 | 1796 | 1721 |
| 菲律宾 | Philippines | | | | | 1 | 14 |
| 马来西亚 | Malaysia | 1193 | 1316 | 2171 | 2147 | 100 | 100 |
| 泰　国 | Thailand | | | 4271 | 4554 | 14 | 14 |
| 新加坡 | Singapore | | | | | | |
| 印度尼西亚 | Indonesia | | | | | 404 | 409 |
| 文　莱 | Brunei Darussalam | | | | | | |
| 越　南 | Viet Nam | | | 5760 | | 66 | 66 |
| 缅　甸 | Myanmar | | | 53 | | 2 | 4 |
| 老　挝 | Laos | | | | | | |
| 柬埔寨 | Cambodia | | | | | | |

附录2-45 续表 2 continued

| 国家或地区 | Country or Area | 天然气（万亿焦耳）Natural Gas (terajoule) | | 汽车（万辆）Motor Vehicles (10 000 vehicles) | | 新闻纸（万吨）Newsprint (10 000 tons) | |
|---|---|---|---|---|---|---|---|
| | | 2012 | 2013 | 2012 | 2013 | 2012 | 2013 |
| **世　界** | **World** | | | | | | |
| 中　国 | China | 4340808 | 4423380 | 2238 | 2660 | 389 | 369 |
| 中国香港 | Hong Kong,China | | | | | | |
| 美　国 | United States | 26133780 | 26377368 | 822 | 874 | | |
| 英　国 | United Kingdom | 1627536 | 1526940 | | | | |
| 德　国 | Germany | 432636 | 414564 | 1074 | 1091 | 221 | 214 |
| 法　国 | France | 18960 | 11988 | | | | |
| 意大利 | Italy | 327816 | 294660 | | | | |
| 加拿大 | Canada | 5445780 | 5402616 | | | | |
| 日　本 | Japan | 134376 | 122928 | 1711 | 1664 | 325 | 322 |
| 韩　国 | Korea,Rep. | | | 834 | 824 | 151 | 149 |
| 墨西哥 | Mexico | 2936604 | 2929920 | 398 | 400 | | |
| 澳大利亚 | Australia | | | | | | |
| 新西兰 | New Zealand | | | | | | |
| 印　度 | India | 1610040 | 1352868 | | | | |
| 巴　西 | Brazil | | | | | | |
| 俄罗斯联邦 | Russian Fed. | 21993720 | 22518720 | 394 | 379 | 182 | 158 |
| 菲律宾 | Philippines | | | | | | |
| 马来西亚 | Malaysia | 2382636 | 2552904 | 97 | 107 | | |
| 泰　国 | Thailand | 1265988 | 1216752 | | | | |
| 新加坡 | Singapore | | | | | | |
| 印度尼西亚 | Indonesia | | | | | | |
| 文　莱 | Brunei Darussalam | | | | | | |
| 越　南 | Viet Nam | 364560 | | 9 | 14 | | |
| 缅　甸 | Myanmar | | | | | 1 | |
| 老　挝 | Laos | | | | | | |
| 柬埔寨 | Cambodia | | | | | | |

# 附录2-46 铁路运输

## Railway Traffic

资料来源：世界银行WDI数据库。
Source:World Bank WDI Database.

| 国家或地区 | Country or Area | 铁路总长度（公里）Rail Lines Total (km) | | 铁路货运周转量（亿吨公里）Goods Transported Hauled (100 million ton-km) | | 铁路客运周转量（亿人公里）Passengers Carried (100 million passenger-km) | |
|---|---|---|---|---|---|---|---|
| | | 2011 | 2012 | 2011 | 2012 | 2011 | 2012 |
| 世　界 | World | | | | | | |
| 中　国 | China | 66050 | 66298 | 25626.4 | 25183.1 | 8157.0 | 7956.4 |
| 中国香港 | Hong Kong,China | | | | | | |
| 美　国 | United States | 228218 | 228218 | 25245.9 | 25245.9 | 95.2 | 95.2 |
| 英　国 | United Kingdom | 16408 | 16423 | 192.3 | | 627.3 | 643.2 |
| 德　国 | Germany | 33576 | 33509 | 1119.8 | 1058.9 | 792.3 | 802.1 |
| 法　国 | France | 34621 | 30013 | 232.4 | 316.2 | 880.6 | 856.3 |
| 意大利 | Italy | 17045 | 17060 | 115.5 | 112.5 | 405.5 | 386.8 |
| 加拿大 | Canada | 52002 | 52002 | 2540.7 | 3525.4 | 28.9 | 27.8 |
| 日　本 | Japan | 20140 | 20140 | 202.6 | 202.6 | 2445.9 | 2445.9 |
| 韩　国 | Korea,Rep. | 3637 | 3650 | 100.0 | 100.0 | 216.0 | 216.0 |
| 墨西哥 | Mexico | 26704 | 26704 | 691.9 | 691.9 | 4.5 | 4.5 |
| 澳大利亚 | Australia | 1829 | 1829 | 596.5 | 596.5 | 18.3 | |
| 新西兰 | New Zealand | | | | | | |
| 印　度 | India | 64460 | 64460 | 6257.2 | 6257.2 | 9785.1 | 9785.1 |
| 巴　西 | Brazil | 29817 | 29817 | 2677.0 | 2677.0 | | |
| 俄罗斯联邦 | Russian Fed. | 85167 | 84249 | 21272.1 | 22223.9 | 1398.4 | 1446.1 |
| 菲律宾 | Philippines | | | | | | |
| 马来西亚 | Malaysia | 1987 | 2250 | 15.4 | 30.7 | 9.7 | 32.9 |
| 泰　国 | Thailand | 5327 | 5327 | 24.6 | 24.6 | 75.0 | 75.0 |
| 新加坡 | Singapore | | | | | | |
| 印度尼西亚 | Indonesia | 4684 | 4684 | 71.7 | 71.7 | 202.8 | 202.8 |
| 文　莱 | Brunei Darussalam | | | | | | |
| 越　南 | Viet Nam | 2347 | 2347 | 41.0 | 39.6 | 45.7 | 45.6 |
| 缅　甸 | Myanmar | | | | | | |
| 老　挝 | Laos | | | | | | |
| 柬埔寨 | Cambodia | | | | | | |

# 附录2-47 国际海运装货量和卸货量

## International Maritime Freight Loaded and Unloaded

资料来源：联合国统计月报数据库。
Source:UN Monthly Bulletin of Statistics Database.

单位：万吨 (10 000 tons)

| 国家或地区 | Country or Area | 国际海运装货量 International Maritime Freight Loaded | | | 国际海运卸货量 International Maritime Freight Unloaded | | |
|---|---|---|---|---|---|---|---|
| | | 2000 | 2005 | 2013 | 2000 | 2005 | 2013 |
| **世　界** | **World** | | | | | | |
| 中　国 | China | | | | | | |
| 中国香港 | Hong Kong,China | 6770 | 8918 | 11255 | 10693 | 14095 | 16020 |
| 美　国 | United States | 34334 | 40534 | | 83352 | 94160 | |
| 英　国 | United Kingdom | | | | | | |
| 德　国 | Germany | 8602 | 10832 | 11860 | 14725 | 16866 | 17108 |
| 法　国 | France | 6810 | 10066 | 9989 | 20273 | 22710 | 19040 |
| 意大利 | Italy | | | | | | |
| 加拿大 | Canada | | 20176 | 22728① | | 12916 | 11426① |
| 日　本 | Japan | 13010 | 17849② | | 80654 | 82907② | |
| 韩　国 | Korea,Rep. | 15078 | 24250 | | 41882 | 51245 | |
| 墨西哥 | Mexico | | | | | | |
| 澳大利亚 | Australia | 48750 | 62401 | 113288 | 5418 | 6989 | 9740 |
| 新西兰 | New Zealand | 2214 | 2167 | 3656 | 1379 | 1844 | 2006 |
| 印　度 | India | | | | | | |
| 巴　西 | Brazil | | | | | | |
| 俄罗斯联邦 | Russian Fed. | 828 | 910 | 18924① | 84 | 74 | 2184① |
| 菲律宾 | Philippines | | | | | | |
| 马来西亚 | Malaysia | 5483 | 7940 | 13253 | 6922 | 10391 | 15770 |
| 泰　国 | Thailand | | | | | | |
| 新加坡 | Singapore | 32618 | 42266 | | | | |
| 印度尼西亚 | Indonesia | 14153 | 27372 | 50118③ | 4504 | 8479 | 11254③ |
| 文　莱 | Brunei Darussalam | 10 | 8 | | 102 | 168 | |
| 越　南 | Viet Nam | | 3310 | | | | |
| 缅　甸 | Myanmar | | 451④ | 473⑤ | | 582④ | 1039⑤ |
| 老　挝 | Laos | | | | | | |
| 柬埔寨 | Cambodia | | | | | | |

注：①2011年数据。②2004年数据。③2010年数据。④2003年数据。⑤2012年数据。
Note:①Data refer to 2011.②Data refer to 2004.③Data refer to 2010.④Data refer to 2003.⑤Data refer to 2012.

# 附录2-48 空运货物周转量和客运量

## Freight and Passengers Carried by Air

资料来源：世界银行WDI数据库。
Source:World Bank WDI Database.

| 国家或地区 | Country or Area | 空运货物周转量（万吨公里）Air Transport,Freight（100 million ton-km） | | | 航空客运量（万人）Air Transport,Passengers Carried（10 000 persons） | | |
|---|---|---|---|---|---|---|---|
| | | 2010 | 2011 | 2012 | 2010 | 2011 | 2012 |
| **世　界** | **World** | **18201928** | **18302881** | **17504290** | **262823** | **278692** | **289404** |
| 中　国 | China | 1719388 | 1676487 | 1556875 | 26629 | 29216 | 31848 |
| 中国香港 | Hong Kong,China | 1037344 | 1005390 | 946842 | 2835 | 3029 | 3225 |
| 美　国 | United States | 3935326 | 3962191 | 3911134 | 72050 | 73080 | 73670 |
| 英　国 | United Kingdom | 608274 | 628025 | 624354 | 10152 | 11160 | 11542 |
| 德　国 | Germany | 748748 | 771676 | 723698 | 9733 | 10704 | 10598 |
| 法　国 | France | 507972 | 506876 | 462615 | 6086 | 6419 | 6468 |
| 意大利 | Italy | 78497 | 76027 | 79512 | 3265 | 3392 | 3107 |
| 加拿大 | Canada | 195733 | 198000 | 196000 | 6328 | 6608 | 7047 |
| 日　本 | Japan | 769880 | 654595 | 704578 | 10962 | 8979 | 9891 |
| 韩　国 | Korea,Rep. | 1294273 | 1238163 | 1229068 | 3699 | 3991 | 3997 |
| 墨西哥 | Mexico | 90895 | 77460 | 76389 | 3127 | 2954 | 3291 |
| 澳大利亚 | Australia | 293831 | 284660 | 273170 | 6064 | 6336 | 6636 |
| 新西兰 | New Zealand | 46864 | 89285 | 97502 | 1330 | 1375 | 1394 |
| 印　度 | India | 163096 | 170270 | 157923 | 6437 | 7400 | 7215 |
| 巴　西 | Brazil | 130248 | 129450 | 136345 | 7463 | 8786 | 9475 |
| 俄罗斯联邦 | Russian Fed. | 353158 | 390012 | 413214 | 4386 | 5056 | 5873 |
| 菲律宾 | Philippines | 46019 | 47000 | 53328 | 2258 | 2633 | 2854 |
| 马来西亚 | Malaysia | 256466 | 219326 | 194396 | 3424 | 3822 | 3917 |
| 泰　国 | Thailand | 293867 | 287079 | 275844 | 2878 | 3194 | 3639 |
| 新加坡 | Singapore | 712142 | 730080 | 689937 | 2486 | 2651 | 2914 |
| 印度尼西亚 | Indonesia | 66566 | 75430 | 88034 | 5938 | 7091 | 7941 |
| 文　莱 | Brunei Darussalam | 14852 | 14958 | 12823 | 126 | 131 | 104 |
| 越　南 | Viet Nam | 42692 | 47539 | 50355 | 1438 | 1654 | 1698 |
| 缅　甸 | Myanmar | 206 | 353 | 383 | 92 | 154 | 166 |
| 老　挝 | Laos | 12 | 39 | 97 | 44 | 53 | 88 |
| 柬埔寨 | Cambodia | 2 | 10 | 7 | 28 | 50 | 51 |

# 附录2-49 港口集装箱吞吐量

## Container Port Traffic

资料来源：世界银行WDI数据库。
Source:World Bank WDI Database.

单位：万标准集装箱 （10 000 TEUs）

| 国家或地区 | Country or Area | 2008 | 2009 | 2010 | 2011 | 2012 |
|---|---|---|---|---|---|---|
| **世　界** | **World** | **51593.7** | **47199.2** | **54203.5** | **57979.6** | **60150.8** |
| 中　国 | China | 11594.2 | 10880.0 | 13029.0 | 14389.7 | 15501.7 |
| 中国香港 | Hong Kong,China | 2449.4 | 2104.0 | 2369.9 | 2438.4 | 2310.0 |
| 美　国 | United States | 4241.2 | 3735.4 | 4233.8 | 4299.9 | 4309.8 |
| 英　国 | United Kingdom | 823.7 | 767.1 | 859.0 | 892.1 | 927.8 |
| 德　国 | Germany | 1718.3 | 1329.6 | 1482.2 | 1721.9 | 1605.6 |
| 法　国 | France | 467.2 | 449.1 | 534.7 | 536.3 | 563.4 |
| 意大利 | Italy | 1053.0 | 953.3 | 978.7 | 952.9 | 994.1 |
| 加拿大 | Canada | 472.1 | 419.2 | 483.0 | 505.9 | 529.7 |
| 日　本 | Japan | 1894.4 | 1628.6 | 1809.8 | 1941.8 | 1847.6 |
| 韩　国 | Korea,Rep. | 1741.8 | 1570.0 | 1854.3 | 2083.4 | 2145.4 |
| 墨西哥 | Mexico | 331.3 | 287.4 | 369.4 | 408.0 | 424.4 |
| 澳大利亚 | Australia | 610.2 | 620.0 | 666.8 | 701.2 | 718.3 |
| 新西兰 | New Zealand | 231.8 | 232.5 | 246.3 | 251.7 | 279.9 |
| 印　度 | India | 767.3 | 801.5 | 975.3 | 997.9 | 982.6 |
| 巴　西 | Brazil | 725.6 | 659.0 | 813.9 | 853.6 | 886.4 |
| 俄罗斯联邦 | Russian Fed. | 337.2 | 242.8 | 320.0 | 344.9 | 394.3 |
| 菲律宾 | Philippines | 447.1 | 430.7 | 494.7 | 526.4 | 572.1 |
| 马来西亚 | Malaysia | 1609.4 | 1592.3 | 1826.8 | 2013.9 | 2086.7 |
| 泰　国 | Thailand | 672.6 | 589.8 | 664.9 | 717.1 | 737.2 |
| 新加坡 | Singapore | 3089.1 | 2659.3 | 2917.9 | 3072.8 | 3242.2 |
| 印度尼西亚 | Indonesia | 740.5 | 725.5 | 848.3 | 896.6 | 932.5 |
| 文　莱 | Brunei Darussalam | 9.0 | 8.6 | 9.9 | 10.5 | 10.9 |
| 越　南 | Viet Nam | 439.4 | 493.7 | 598.4 | 633.5 | 658.9 |
| 缅　甸 | Myanmar | 18.0 | 16.4 | 19.0 | 20.1 | 20.9 |
| 老　挝 | Laos | | | | | |
| 柬埔寨 | Cambodia | 25.9 | 20.8 | 22.4 | 23.7 | 24.7 |

# 附录2-50 货物出口总额

## Merchandise Export

资料来源：世界贸易组织数据库。
Source:WTO Database.

单位：亿美元 (100 million USD)

| 国家或地区 | Country or Area | 2009 | 2010 | 2011 | 2012 | 2013 |
|---|---|---|---|---|---|---|
| **世　界** | **World** | **125450.0** | **152890.0** | **182910.0** | **184040.0** | **187840.0** |
| 中　国 | China | 12016.1 | 15777.5 | 18983.8 | 20487.1 | 22096.3 |
| 中国香港 | Hong Kong,China | 3294.2 | 4006.9 | 4555.7 | 4929.1 | 5355.5 |
| 美　国 | United States | 10560.4 | 12782.6 | 14804.3 | 15457.1 | 15789.7 |
| 英　国 | United Kingdom | 3548.9 | 4159.6 | 5025.4 | 4727.9 | 5413.5 |
| 德　国 | Germany | 11200.4 | 12589.2 | 14739.9 | 14051.0 | 14528.0 |
| 法　国 | France | 4847.8 | 5234.6 | 5964.7 | 5687.1 | 5796.5 |
| 意大利 | Italy | 4069.1 | 4473.0 | 5232.6 | 5013.1 | 5176.7 |
| 加拿大 | Canada | 3160.9 | 3874.8 | 4521.3 | 4552.5 | 4581.4 |
| 日　本 | Japan | 5807.2 | 7698.4 | 8231.8 | 7985.7 | 7151.0 |
| 韩　国 | Korea,Rep. | 3635.3 | 4663.8 | 5552.1 | 5478.7 | 5596.3 |
| 墨西哥 | Mexico | 2297.1 | 2983.1 | 3495.7 | 3706.4 | 3801.9 |
| 澳大利亚 | Australia | 1543.3 | 2126.3 | 2703.9 | 2564.2 | 2527.3 |
| 新西兰 | New Zealand | 249.3 | 314.0 | 376.7 | 373.0 | 394.7 |
| 印　度 | India | 1649.1 | 2263.5 | 3029.1 | 2968.1 | 3124.1 |
| 巴　西 | Brazil | 1529.9 | 2019.2 | 2560.4 | 2425.8 | 2421.8 |
| 俄罗斯联邦 | Russian Fed. | 3033.9 | 4006.3 | 5220.1 | 5292.6 | 5233.3 |
| 菲律宾 | Philippines | 384.4 | 515.0 | 483.1 | 521.0 | 539.8 |
| 马来西亚 | Malaysia | 1574.3 | 1986.1 | 2280.9 | 2275.4 | 2282.8 |
| 泰　国 | Thailand | 1524.2 | 1933.1 | 2225.8 | 2292.4 | 2285.3 |
| 新加坡 | Singapore | 2698.3 | 3518.7 | 4095.0 | 4083.9 | 4102.5 |
| 印度尼西亚 | Indonesia | 1196.5 | 1580.7 | 2007.9 | 1885.0 | 1835.5 |
| 文　莱 | Brunei Darussalam | 72.0 | 89.1 | 124.4 | 130.0 | 116.2 |
| 越　南 | Viet Nam | 571.0 | 722.4 | 969.1 | 1145.3 | 1321.3 |
| 缅　甸 | Myanmar | 66.6 | 86.6 | 92.4 | 88.8 | 103.0 |
| 老　挝 | Laos | 10.5 | 17.5 | 22.2 | 22.7 | 26.0 |
| 柬埔寨 | Cambodia | 42.0 | 51.4 | 69.5 | 78.4 | 91.0 |

# 附录2-51 货物进口总额

## Merchandise Import

资料来源：世界贸易组织数据库。
Source:WTO Database.

单位：亿美元 (100 million USD)

| 国家或地区 | Country or Area | 2009 | 2010 | 2011 | 2012 | 2013 |
|---|---|---|---|---|---|---|
| **世　界** | **World** | **127760.0** | **155040.0** | **184870.0** | **186080.0** | **188740.0** |
| 中　国 | China | 10059.2 | 13962.5 | 17434.8 | 18184.1 | 19503.8 |
| 中国香港 | Hong Kong,China | 3522.4 | 4413.7 | 5108.5 | 5534.9 | 6222.8 |
| 美　国 | United States | 16053.0 | 19691.8 | 22658.9 | 23355.4 | 23313.7 |
| 英　国 | United Kingdom | 5190.8 | 5910.9 | 6736.9 | 6905.6 | 6544.4 |
| 德　国 | Germany | 9263.5 | 10548.1 | 12548.7 | 11632.3 | 11872.5 |
| 法　国 | France | 5608.7 | 6096.5 | 7200.3 | 6744.2 | 6806.7 |
| 意大利 | Italy | 4151.0 | 4870.5 | 5587.9 | 4886.0 | 4772.9 |
| 加拿大 | Canada | 3299.1 | 4026.9 | 4634.1 | 4749.1 | 4743.5 |
| 日　本 | Japan | 5519.8 | 6940.6 | 8553.8 | 8858.4 | 8331.7 |
| 韩　国 | Korea,Rep. | 3230.8 | 4252.1 | 5244.1 | 5195.8 | 5155.8 |
| 墨西哥 | Mexico | 2415.2 | 3102.1 | 3610.7 | 3804.8 | 3909.7 |
| 澳大利亚 | Australia | 1654.7 | 2016.4 | 2437.0 | 2609.4 | 2421.3 |
| 新西兰 | New Zealand | 255.7 | 306.2 | 371.0 | 382.5 | 396.4 |
| 印　度 | India | 2572.0 | 3502.3 | 4644.6 | 4885.9 | 4658.9 |
| 巴　西 | Brazil | 1336.8 | 1915.4 | 2369.6 | 2333.9 | 2504.5 |
| 俄罗斯联邦 | Russian Fed. | 1918.0 | 2486.3 | 3238.3 | 3354.5 | 3442.8 |
| 菲律宾 | Philippines | 458.8 | 584.7 | 636.9 | 653.5 | 649.8 |
| 马来西亚 | Malaysia | 1238.3 | 1646.2 | 1874.7 | 1963.9 | 2060.1 |
| 泰　国 | Thailand | 1337.1 | 1829.2 | 2287.9 | 2499.9 | 2507.2 |
| 新加坡 | Singapore | 2457.9 | 3107.9 | 3657.7 | 3797.2 | 3730.2 |
| 印度尼西亚 | Indonesia | 937.9 | 1353.2 | 1762.0 | 1903.8 | 1873.7 |
| 文　莱 | Brunei Darussalam | 24.5 | 24.6 | 29.4 | 35.7 | 35.8 |
| 越　南 | Viet Nam | 699.5 | 848.4 | 1067.5 | 1137.8 | 1321.3 |
| 缅　甸 | Myanmar | 43.5 | 47.6 | 90.2 | 91.8 | 116.0 |
| 老　挝 | Laos | 14.6 | 20.6 | 24.0 | 24.7 | 29.0 |
| 柬埔寨 | Cambodia | 58.3 | 67.9 | 93.0 | 110.0 | 130.0 |

# 附录2-52　出口货物构成（2012年）

## Exports by Commodity Groups（2012）

资料来源：世界银行WDI数据库。
Source:World Bank WDI Database.

单位：%　　（%）

| 国家或地区 | Country or Area | 农业原材料 Agricultural Raw Materials | 食品 Food | 燃料 Fuel | 矿物和金属 Ores and Metals | 制成品 Manufactures | 其他 Others |
|---|---|---|---|---|---|---|---|
| **世　界** | **World** | **1.7** | **8.6** | **14.0** | **4.5** | **67.6** | **3.7** |
| 中　国 | China | 0.5 | 2.8 | 1.5 | 1.3 | 93.9 | 0.1 |
| 中国香港 | Hong Kong,China | 3.4 | 10.4 | 3.2 | 13.3 | 68.6 | 1.2 |
| 美　国 | United States | 2.5 | 10.2 | 10.3 | 3.7 | 63.4 | 10.1 |
| 英　国 | United Kingdom | 0.7 | 6.2 | 13.9 | 3.8 | 66.4 | 8.9 |
| 德　国 | Germany | 0.8 | 5.5 | 2.8 | 3.0 | 82.5 | 5.4 |
| 法　国 | France | 1.0 | 12.6 | 4.5 | 2.4 | 77.0 | 2.6 |
| 意大利 | Italy | 0.7 | 8.0 | 4.7 | 2.1 | 82.1 | 2.3 |
| 加拿大 | Canada | 4.0 | 11.1 | 28.2 | 8.0 | 47.3 | 1.4 |
| 日　本 | Japan | 0.8 | 0.6 | 1.7 | 2.9 | 89.6 | 4.5 |
| 韩　国 | Korea,Rep. | 1.1 | 1.2 | 10.4 | 2.1 | 85.1 | 0.1 |
| 墨西哥 | Mexico | 0.4 | 5.9 | 14.4 | 3.8 | 74.3 | 1.2 |
| 澳大利亚 | Australia | 2.9 | 12.8 | 30.4 | 34.3 | 15.6 | 4.1 |
| 新西兰 | New Zealand | 11.1 | 56.5 | 4.9 | 3.6 | 20.4 | 3.4 |
| 印　度 | India | 2.0 | 10.5 | 18.5 | 3.3 | 64.8 | 0.9 |
| 巴　西 | Brazil | 3.8 | 32.2 | 11.0 | 15.6 | 35.0 | 2.3 |
| 俄罗斯联邦 | Russian Fed. | 1.8 | 3.2 | 70.9 | 5.3 | 16.3 | 2.5 |
| 菲律宾 | Philippines | 0.9 | 9.0 | 2.4 | 5.1 | 82.6 | … |
| 马来西亚 | Malaysia | 2.4 | 12.5 | 20.4 | 2.3 | 61.7 | 0.6 |
| 泰　国 | Thailand | 4.9 | 13.8 | 6.2 | 1.4 | 73.8 | … |
| 新加坡 | Singapore | 0.3 | 2.2 | 18.5 | 1.1 | 69.8 | 8.2 |
| 印度尼西亚 | Indonesia | 5.9 | 17.9 | 33.6 | 6.3 | 36.2 | … |
| 文　莱 | Brunei Darussalam | 0.0 | 0.1 | 95.8 | 0.1 | 3.9 | 0.1 |
| 越　南 | Viet Nam | 2.7 | 17.1 | 9.9 | 0.6 | 69.4 | 0.3 |
| 缅　甸① | Myanmar① | 10.6 | 19.6 | 38.5 | 0.9 | 30.0 | 0.3 |
| 老　挝 | Laos | | | | | | |
| 柬埔寨 | Cambodia | 2.5 | 2.8 | … | 0.1 | 94.6 | 0.1 |

注：①2010年数据。
Note:①Data refer to 2010

# 附录2-53　进口货物构成（2012年）

## Imports by Commodity Groups（2012）

资料来源：世界银行WDI数据库。
Source:World Bank WDI Database.

单位：%　　(%)

| 国家或地区 | Country or Area | 农业原材料 Agricultural Raw Materials | 食　品 Food | 燃　料 Fuel | 矿物和金属 Ores and Metals | 制成品 Manufactures | 其　他 Others |
|---|---|---|---|---|---|---|---|
| **世　界** | **World** | **1.4** | **7.6** | **18.7** | **4.2** | **65.1** | **3.0** |
| 中　国 | China | 3.9 | 5.4 | 18.4 | 13.0 | 55.2 | 4.1 |
| 中国香港 | Hong Kong,China | 0.6 | 4.4 | 3.7 | 1.6 | 89.8 | … |
| 美　国 | United States | 0.9 | 5.1 | 18.7 | 2.3 | 70.1 | 3.0 |
| 英　国 | United Kingdom | 1.0 | 8.9 | 14.1 | 4.1 | 60.9 | 11.1 |
| 德　国 | Germany | 1.4 | 7.4 | 14.8 | 4.7 | 65.6 | 6.1 |
| 法　国 | France | 1.2 | 8.4 | 17.5 | 2.7 | 70.2 | 0.1 |
| 意大利 | Italy | 2.2 | 9.8 | 22.9 | 4.9 | 59.0 | 1.2 |
| 加拿大 | Canada | 1.0 | 7.4 | 11.5 | 2.7 | 75.7 | 1.7 |
| 日　本 | Japan | 1.4 | 8.9 | 34.1 | 6.7 | 47.6 | 1.4 |
| 韩　国 | Korea,Rep. | 1.6 | 4.8 | 35.6 | 8.0 | 50.0 | 0.1 |
| 墨西哥 | Mexico | 1.1 | 6.2 | 9.0 | 2.7 | 78.2 | 2.9 |
| 澳大利亚 | Australia | 0.6 | 5.2 | 17.3 | 1.5 | 72.8 | 2.6 |
| 新西兰 | New Zealand | 0.6 | 10.6 | 17.8 | 1.6 | 68.6 | 0.8 |
| 印　度 | India | 1.8 | 4.1 | 42.6 | 5.6 | 43.2 | 2.8 |
| 巴　西 | Brazil | 1.1 | 4.8 | 18.0 | 3.0 | 73.1 | … |
| 俄罗斯联邦 | Russian Fed. | 0.9 | 12.3 | 1.5 | 1.7 | 83.1 | 0.5 |
| 菲律宾 | Philippines | 0.7 | 10.5 | 21.7 | 3.3 | 63.9 | … |
| 马来西亚 | Malaysia | 2.5 | 8.5 | 14.4 | 5.1 | 69.0 | 0.5 |
| 泰　国 | Thailand | 1.8 | 5.4 | 20.2 | 3.9 | 68.7 | 0.1 |
| 新加坡 | Singapore | 0.4 | 3.3 | 32.7 | 1.6 | 60.2 | 1.8 |
| 印度尼西亚 | Indonesia | 2.6 | 8.3 | 22.4 | 3.1 | 62.4 | 1.2 |
| 文　莱 | Brunei Darussalam | 0.2 | 14.0 | 9.6 | 1.6 | 72.6 | 2.0 |
| 越　南 | Viet Nam | 3.3 | 8.3 | 10.1 | 4.3 | 73.7 | 0.3 |
| 缅　甸① | Myanmar① | 0.4 | 8.3 | 22.4 | 0.9 | 67.9 | … |
| 老　挝 | Laos | | | | | | |
| 柬埔寨 | Cambodia | 1.1 | 7.3 | 14.0 | 1.6 | 75.9 | 0.2 |

注：①2010年数据。
Note:①Data refer to 2010.

# 附录2-54 农产品进出口额

## Imports and Exports of Agriculture Products

资料来源：世界贸易组织数据库。
Source:WTO Database.

单位：亿美元 (100 million USD)

| 国家或地区 | Country or Area | 出口额 Emports | | | 进口额 Inports | | |
|---|---|---|---|---|---|---|---|
| | | 2010 | 2011 | 2012 | 2010 | 2011 | 2012 |
| **世　界** | **World** | **13614.6** | **16605.2** | **16567.1** | **13926.3** | **17043.0** | **17445.8** |
| 中　国 | China | 516.1 | 646.1 | 661.8 | 1082.6 | 1447.2 | 1568.2 |
| 中国香港 | Hong Kong,China | 80.3 | 92.2 | 93.5 | 206.2 | 242.3 | 250.0 |
| 美　国 | United States | 1425.7 | 1682.8 | 1719.1 | 1164.5 | 1371.6 | 1418.5 |
| 英　国 | United Kingdom | 289.9 | 344.0 | 338.7 | 611.4 | 686.8 | 687.2 |
| 德　国 | Germany | 802.8 | 944.4 | 917.6 | 991.3 | 1173.2 | 1113.1 |
| 法　国 | France | 667.9 | 835.5 | 786.8 | 601.6 | 697.4 | 654.7 |
| 意大利 | Italy | 386.3 | 440.4 | 426.4 | 564.0 | 653.0 | 577.7 |
| 加拿大 | Canada | 521.3 | 601.4 | 628.3 | 319.7 | 364.5 | 379.1 |
| 日　本 | Japan | 101.4 | 109.3 | 108.6 | 774.5 | 959.8 | 937.2 |
| 韩　国 | Korea,Rep. | 93.5 | 127.1 | 126.3 | 266.1 | 346.8 | 330.8 |
| 墨西哥 | Mexico | 187.9 | 229.5 | 228.5 | 235.3 | 292.4 | 270.8 |
| 澳大利亚 | Australia | 270.5 | 374.0 | 384.1 | 110.9 | 135.3 | 141.1 |
| 新西兰 | New Zealand | 195.7 | 240.7 | 239.8 | 33.8 | 41.3 | 42.9 |
| 印　度 | India | 231.1 | 344.9 | 424.0 | 178.6 | 225.5 | 256.7 |
| 巴　西 | Brazil | 685.9 | 864.4 | 864.4 | 107.6 | 135.8 | 131.1 |
| 俄罗斯联邦 | Russian Fed. | 212.5 | 292.4 | 316.0 | 364.7 | 432.6 | 419.8 |
| 菲律宾 | Philippines | 41.3 | 54.2 | 50.8 | 68.2 | 70.3 | 72.4 |
| 马来西亚 | Malaysia | 288.7 | 389.0 | 339.5 | 160.5 | 211.4 | 214.4 |
| 泰　国 | Thailand | 351.4 | 476.0 | 420.3 | 119.9 | 152.0 | 168.4 |
| 新加坡 | Singapore | 78.9 | 100.7 | 98.6 | 108.7 | 137.6 | 139.5 |
| 印度尼西亚 | Indonesia | 359.6 | 481.4 | 450.2 | 156.4 | 224.1 | 209.1 |
| 文　莱 | Brunei Darussalam | 0.1 | 0.1 | 0.1 | 4.2 | 5.1 | 5.1 |
| 越　南 | Viet Nam | 168.4 | 222.3 | 250.5 | 102.7 | 131.9 | 137.0 |
| 缅　甸 | Myanmar | 23.1 | 32.0 | 30.3 | 3.6 | 7.9 | 8.0 |
| 老　挝 | Laos | | | | | | |
| 柬埔寨 | Cambodia | 2.1 | 4.2 | 4.1 | 4.2 | 4.8 | 5.9 |

# 附录2-55　服务出口总额

## Commercial Service Exports

资料来源：世界贸易组织数据库。
Source:WTO Database.

单位：亿美元　　(100 million USD)

| 国家或地区 | Country or Area | 2009 | 2010 | 2011 | 2012 | 2013 |
|---|---|---|---|---|---|---|
| **世　界** | **World** | **34807.4** | **38233.5** | **42881.6** | **43821.7** | **46237.1** |
| 中　国 | China | 1285.3 | 1612.1 | 1756.7 | 1904.4 | 2070.2 |
| 中国香港 | Hong Kong,China | 844.2 | 1039.8 | 1188.4 | 1261.3 | 1350.2 |
| 美　国 | United States | 4934.3 | 5405.9 | 5979.2 | 6302.8 | 6621.1 |
| 英　国 | United Kingdom | 2546.2 | 2637.9 | 2927.6 | 2883.7 | 2899.7 |
| 德　国 | Germany | 2342.0 | 2425.5 | 2685.9 | 2655.5 | 2868.2 |
| 法　国 | France | 1895.3 | 1953.1 | 2344.0 | 2155.1 | 2332.9 |
| 意大利 | Italy | 928.5 | 967.8 | 1062.7 | 1039.0 | 1097.7 |
| 加拿大 | Canada | 636.0 | 719.6 | 782.2 | 775.3 | 777.9 |
| 日　本 | Japan | 1258.2 | 1387.0 | 1425.5 | 1424.9 | 1438.9 |
| 韩　国 | Korea,Rep. | 724.7 | 862.7 | 940.6 | 1103.2 | 1117.8 |
| 墨西哥 | Mexico | 148.2 | 152.3 | 155.8 | 161.5 | 195.9 |
| 澳大利亚 | Australia | 398.3 | 458.2 | 508.5 | 522.4 | 521.7 |
| 新西兰 | New Zealand | 80.2 | 89.0 | 99.8 | 112.7 | 112.5 |
| 印　度 | India | 921.4 | 1164.5 | 1381.6 | 1456.5 | 1525.9 |
| 巴　西 | Brazil | 262.5 | 300.7 | 364.4 | 381.2 | 374.6 |
| 俄罗斯联邦 | Russian Fed. | 419.7 | 445.7 | 545.3 | 582.3 | 656.1 |
| 菲律宾 | Philippines | 110.1 | 141.0 | 177.1 | 184.8 | 222.8 |
| 马来西亚 | Malaysia | 287.3 | 317.1 | 357.6 | 375.3 | 392.0 |
| 泰　国 | Thailand | 298.9 | 340.9 | 412.8 | 493.1 | 586.0 |
| 新加坡 | Singapore | 751.0 | 940.9 | 1083.6 | 1119.3 | 1165.6 |
| 印度尼西亚 | Indonesia | 126.2 | 162.1 | 201.2 | 225.2 | 219.5 |
| 文　莱 | Brunei Darussalam | 9.1 | 10.5 | 12.1 | | |
| 越　南 | Viet Nam | 56.7 | 73.6 | 85.8 | 95.1 | 103.8 |
| 缅　甸 | Myanmar | 2.8 | 3.3 | 5.8 | | |
| 老　挝 | Laos | 3.7 | 4.9 | 5.3 | 5.5 | |
| 柬埔寨 | Cambodia | 14.9 | 16.0 | 21.4 | 24.6 | 25.2 |

# 附录2-56 服务进口总额

## Commercial Service Imports

资料来源：世界贸易组织数据库。
Source:WTO Database.

单位：亿美元 (100 million USD)

| 国家或地区 | Country or Area | 2009 | 2010 | 2011 | 2012 | 2013 |
|---|---|---|---|---|---|---|
| **世　界** | **World** | **32977.9** | **36157.3** | **40537.4** | **41611.5** | **43414.3** |
| 中　国 | China | 1580.2 | 1921.7 | 2370.0 | 2801.6 | 3291.2 |
| 中国香港 | Hong Kong,China | 435.8 | 510.2 | 561.2 | 584.8 | 593.4 |
| 美　国 | United States | 3532.6 | 3748.9 | 4005.6 | 4168.1 | 4272.6 |
| 英　国 | United Kingdom | 1632.4 | 1645.4 | 1746.9 | 1752.2 | 1727.9 |
| 德　国 | Germany | 2598.3 | 2676.1 | 2968.5 | 2948.2 | 3147.4 |
| 法　国 | France | 1642.9 | 1672.2 | 1909.3 | 1739.9 | 1880.8 |
| 意大利 | Italy | 1040.2 | 1080.3 | 1134.3 | 1040.7 | 1068.8 |
| 加拿大 | Canada | 808.7 | 951.6 | 1043.6 | 1051.5 | 1049.2 |
| 日　本 | Japan | 1469.3 | 1556.1 | 1657.3 | 1749.2 | 1609.4 |
| 韩　国 | Korea,Rep. | 795.3 | 949.6 | 999.7 | 1048.7 | 1059.2 |
| 墨西哥 | Mexico | 226.8 | 222.9 | 259.3 | 265.4 | 276.5 |
| 澳大利亚 | Australia | 420.7 | 505.4 | 605.3 | 631.5 | 621.6 |
| 新西兰 | New Zealand | 78.4 | 92.1 | 108.0 | 120.3 | 121.4 |
| 印　度 | India | 794.3 | 1137.5 | 1238.9 | 1281.3 | 1267.7 |
| 巴　西 | Brazil | 440.7 | 595.2 | 729.8 | 777.5 | 835.4 |
| 俄罗斯联邦 | Russian Fed. | 598.3 | 713.6 | 873.1 | 1040.0 | 1234.2 |
| 菲律宾 | Philippines | 86.8 | 111.3 | 120.7 | 140.9 | 157.5 |
| 马来西亚 | Malaysia | 272.6 | 320.8 | 377.1 | 419.7 | 439.4 |
| 泰　国 | Thailand | 363.0 | 447.7 | 519.6 | 528.5 | 548.6 |
| 新加坡 | Singapore | 824.3 | 975.5 | 1145.3 | 1177.4 | 1223.2 |
| 印度尼西亚 | Indonesia | 226.4 | 256.0 | 307.9 | 333.0 | 338.4 |
| 文　莱 | Brunei Darussalam | 12.2 | 13.7 | 15.5 | | |
| 越　南 | Viet Nam | 80.5 | 97.7 | 117.1 | 123.5 | 130.2 |
| 缅　甸 | Myanmar | 5.9 | 7.5 | 10.7 | | |
| 老　挝 | Laos | 1.3 | 2.6 | 3.3 | 3.3 | |
| 柬埔寨 | Cambodia | 8.3 | 9.7 | 12.9 | 15.1 | 16.7 |

# 附录2-57 货物和服务出口占国内生产总值比重

## Exports of Goods and Services as Percentage of GDP

资料来源：世界银行WDI数据库。
Source:World Bank WDI Database.

单位：% (%)

| 国家或地区 | Country or Area | 2008 | 2009 | 2010 | 2011 | 2012 |
|---|---|---|---|---|---|---|
| **世　界** | **World** | **30.6** | **26.6** | **29.0** | **30.4** | |
| 中　国 | China | 35.0 | 26.7 | 30.6 | 31.4 | |
| 中国香港 | Hong Kong,China | 208.8 | 190.9 | 219.0 | 224.6 | 223.6 |
| 美　国 | United States | 13.0 | 11.4 | 12.8 | 14.0 | |
| 英　国 | United Kingdom | 29.8 | 28.8 | 30.5 | 32.5 | 31.7 |
| 德　国 | Germany | 48.2 | 42.4 | 47.0 | 50.2 | 51.6 |
| 法　国 | France | 26.9 | 23.4 | 25.5 | 26.9 | 27.4 |
| 意大利 | Italy | 28.5 | 23.7 | 26.6 | 28.8 | 30.3 |
| 加拿大 | Canada | 35.1 | 28.7 | 29.4 | 30.4 | |
| 日　本 | Japan | 17.7 | 12.7 | 15.2 | 15.1 | |
| 韩　国 | Korea,Rep. | 53.0 | 49.7 | 52.3 | 56.2 | |
| 墨西哥 | Mexico | 28.0 | 27.6 | 30.3 | 31.6 | 33.6 |
| 澳大利亚 | Australia | 19.9 | 22.6 | 19.6 | 21.2 | 21.4 |
| 新西兰 | New Zealand | 31.2 | 28.4 | 29.9 | | |
| 印　度 | India | 23.6 | 20.1 | 21.9 | 23.9 | 23.8 |
| 巴　西 | Brazil | 13.7 | 11.0 | 10.9 | 11.9 | 13.0 |
| 俄罗斯联邦 | Russian Fed. | 31.3 | 27.9 | 29.2 | 30.4 | 29.3 |
| 菲律宾 | Philippines | 36.9 | 32.2 | 34.8 | 31.0 | 26.1 |
| 马来西亚 | Malaysia | 99.5 | 91.4 | 93.7 | 91.6 | 87.5 |
| 泰　国 | Thailand | 76.4 | 68.4 | 71.3 | 76.9 | 78.0 |
| 新加坡 | Singapore | 232.9 | 196.0 | 203.6 | 207.2 | 200.7 |
| 印度尼西亚 | Indonesia | 29.8 | 24.2 | 24.6 | 26.3 | 31.6 |
| 文　莱 | Brunei Darussalam | 78.3 | 72.8 | 81.4 | 81.3 | 81.4 |
| 越　南 | Viet Nam | 77.9 | 68.3 | 77.5 | 87.0 | 89.8 |
| 缅　甸 | Myanmar | 0.1 | 0.1 | 0.1 | | |
| 老　挝 | Laos | 32.0 | 30.9 | 35.5 | 38.0 | |
| 柬埔寨 | Cambodia | 65.5 | 49.2 | 54.1 | 54.1 | |

# 附录2-58 货物和服务进口占国内生产总值比重

## Imports of Goods and Services as Percentage of GDP

资料来源：世界银行WDI数据库。
Source:World Bank WDI Database.

单位：% (%)

| 国家或地区 | Country or Area | 2008 | 2009 | 2010 | 2011 | 2012 |
|---|---|---|---|---|---|---|
| **世　界** | **World** | **30.9** | **26.3** | **28.9** | **30.6** | |
| 中　国 | China | 27.3 | 22.3 | 26.7 | 27.3 | |
| 中国香港 | Hong Kong,China | 198.6 | 183.4 | 213.5 | 221.5 | 223.6 |
| 美　国 | United States | 18.0 | 14.2 | 16.3 | 17.8 | |
| 英　国 | United Kingdom | 32.1 | 30.3 | 32.7 | 34.1 | 34.0 |
| 德　国 | Germany | 41.9 | 37.5 | 41.4 | 45.1 | 46.0 |
| 法　国 | France | 29.1 | 25.2 | 27.8 | 29.9 | 29.7 |
| 意大利 | Italy | 29.3 | 24.3 | 28.5 | 30.3 | 29.1 |
| 加拿大 | Canada | 33.6 | 30.4 | 31.3 | 31.6 | |
| 日　本 | Japan | 17.5 | 12.3 | 14.0 | 16.1 | |
| 韩　国 | Korea,Rep. | 54.2 | 46.0 | 49.7 | 54.2 | |
| 墨西哥 | Mexico | 30.3 | 29.1 | 31.6 | 32.9 | 35.9 |
| 澳大利亚 | Australia | 22.0 | 22.1 | 20.0 | 19.7 | 21.2 |
| 新西兰 | New Zealand | 32.4 | 26.8 | 28.5 | | |
| 印　度 | India | 28.7 | 25.4 | 26.3 | 30.3 | 31.5 |
| 巴　西 | Brazil | 13.5 | 11.1 | 11.9 | 12.6 | 13.9 |
| 俄罗斯联邦 | Russian Fed. | 22.1 | 20.5 | 21.1 | 21.8 | 22.1 |
| 菲律宾 | Philippines | 39.4 | 33.4 | 36.6 | 36.0 | 31.8 |
| 马来西亚 | Malaysia | 77.2 | 71.1 | 76.6 | 75.7 | 75.5 |
| 泰　国 | Thailand | 73.9 | 57.8 | 63.9 | 72.4 | 75.3 |
| 新加坡 | Singapore | 211.2 | 170.8 | 174.1 | 179.6 | 178.5 |
| 印度尼西亚 | Indonesia | 28.8 | 21.4 | 22.9 | 24.9 | 29.4 |
| 文　莱 | Brunei Darussalam | 27.6 | 35.8 | 32.9 | 29.1 | 31.2 |
| 越　南 | Viet Nam | 93.1 | 78.7 | 87.8 | 91.2 | 90.2 |
| 缅　甸 | Myanmar | 0.1 | 0.1 | 0.1 | | |
| 老　挝 | Laos | 44.2 | 40.1 | 37.9 | 44.3 | |
| 柬埔寨 | Cambodia | 67.8 | 55.9 | 59.5 | 59.5 | |

# 附录2-59 外商直接投资

## Foreign Direct Investment

资料来源：联合国贸发会议FDI数据库。
Source:UNCTAD FDI Database.

单位：亿美元 （100 million USD）

| 国家或地区 | Country or Area | 外商直接投资 FDI Inflows | | | 对外直接投资 FDI Outflows | | |
|---|---|---|---|---|---|---|---|
| | | 2010 | 2011 | 2012 | 2010 | 2011 | 2012 |
| **世　界** | **World** | **14085.4** | **16515.1** | **13509.3** | **15049.3** | **16780.4** | **13909.6** |
| 中　国 | China | 1147.3 | 1239.9 | 1210.8 | 688.1 | 746.5 | 842.2 |
| 中国香港 | Hong Kong,China | 827.1 | 961.3 | 745.8 | 984.1 | 958.9 | 839.9 |
| 美　国 | United States | 1979.1 | 2269.4 | 1676.2 | 3044.0 | 3966.6 | 3288.7 |
| 英　国 | United Kingdom | 506.0 | 511.4 | 623.5 | 395.0 | 1066.7 | 714.2 |
| 德　国 | Germany | 574.3 | 489.4 | 65.7 | 1215.3 | 521.7 | 669.3 |
| 法　国 | France | 336.3 | 385.5 | 250.9 | 645.8 | 595.5 | 372.0 |
| 意大利 | Italy | 91.8 | 343.2 | 96.3 | 326.6 | 536.3 | 304.0 |
| 加拿大 | Canada | 290.9 | 413.9 | 453.8 | 347.2 | 498.5 | 539.4 |
| 日　本 | Japan | -12.5 | -17.6 | 17.3 | 562.6 | 1076.0 | 1225.5 |
| 韩　国 | Korea,Rep. | 101.1 | 102.5 | 99.0 | 283.6 | 290.0 | 329.8 |
| 墨西哥 | Mexico | 213.7 | 215.0 | 126.6 | 150.5 | 121.4 | 256.0 |
| 澳大利亚 | Australia | 352.4 | 653.0 | 569.6 | 272.7 | 142.9 | 161.4 |
| 新西兰 | New Zealand | 4.5 | 43.2 | 29.1 | 5.3 | 25.3 | -4.9 |
| 印　度 | India | 211.3 | 361.9 | 255.4 | 159.3 | 124.6 | 85.8 |
| 巴　西 | Brazil | 485.1 | 666.6 | 652.7 | 115.9 | -10.3 | -28.2 |
| 俄罗斯联邦 | Russian Fed. | 431.7 | 550.8 | 514.2 | 526.2 | 668.5 | 510.6 |
| 菲律宾 | Philippines | 13.0 | 18.2 | 28.0 | 6.2 | 5.4 | 18.5 |
| 马来西亚 | Malaysia | 90.6 | 122.0 | 100.7 | 134.0 | 152.5 | 171.2 |
| 泰　国 | Thailand | 91.5 | 77.8 | 86.1 | 44.7 | 82.2 | 119.1 |
| 新加坡 | Singapore | 536.2 | 559.2 | 566.5 | 253.4 | 262.5 | 230.8 |
| 印度尼西亚 | Indonesia | 137.7 | 192.4 | 198.5 | 26.6 | 77.1 | 54.2 |
| 文　莱 | Brunei Darussalam | 6.3 | 12.1 | 8.5 | 0.1 | 0.1 | 0.1 |
| 越　南 | Viet Nam | 80.0 | 74.3 | 83.7 | 9.0 | 9.5 | 12.0 |
| 缅　甸 | Myanmar | 12.9 | 22.0 | 22.4 | | | |
| 老　挝 | Laos | 2.8 | 3.0 | 2.9 | … | … | -0.2 |
| 柬埔寨 | Cambodia | 7.8 | 9.0 | 15.6 | 0.2 | 0.3 | 0.3 |

# 附录2-60 货币汇率（年平均价）

## Exchange Rate（Period Average）

资料来源：世界银行WDI数据库。
Source:World Bank WDI Database.

单位：1美元合本币数 （local currency unit per US dollar）

| 国家或地区 | Country or Area | 2009 | 2010 | 2011 | 2012 | 2013 |
|---|---|---|---|---|---|---|
| **世　界** | **World** | | | | | |
| 中　国 | China | 6.83 | 6.77 | 6.46 | 6.31 | 6.20 |
| 中国香港 | Hong Kong,China | 7.75 | 7.77 | 7.78 | 7.76 | 7.76 |
| 美　国 | United States | 1.00 | 1.00 | 1.00 | 1.00 | 1.00 |
| 英　国 | United Kingdom | 0.64 | 0.65 | 0.62 | 0.63 | 0.64 |
| 德　国 | Germany | 0.72 | 0.76 | 0.72 | 0.78 | 0.75 |
| 法　国 | France | 0.72 | 0.76 | 0.72 | 0.78 | 0.75 |
| 意大利 | Italy | 0.72 | 0.76 | 0.72 | 0.78 | 0.75 |
| 加拿大 | Canada | 1.14 | 1.03 | 0.99 | 1.00 | 1.03 |
| 日　本 | Japan | 93.57 | 87.78 | 79.81 | 79.79 | 97.60 |
| 韩　国 | Korea,Rep. | 1276.93 | 1156.06 | 1108.29 | 1126.47 | 1094.85 |
| 墨西哥 | Mexico | 13.51 | 12.64 | 12.42 | 13.17 | 12.77 |
| 澳大利亚 | Australia | 1.28 | 1.09 | 0.97 | 0.97 | 1.04 |
| 新西兰 | New Zealand | 1.60 | 1.39 | 1.27 | 1.23 | 1.22 |
| 印　度 | India | 48.41 | 45.73 | 46.67 | 53.44 | 58.60 |
| 巴　西 | Brazil | 2.00 | 1.76 | 1.67 | 1.95 | 2.16 |
| 俄罗斯联邦 | Russian Fed. | 31.74 | 30.37 | 29.38 | 30.84 | 31.84 |
| 菲律宾 | Philippines | 47.68 | 45.11 | 43.31 | 42.23 | 42.45 |
| 马来西亚 | Malaysia | 3.53 | 3.22 | 3.06 | 3.09 | 3.15 |
| 泰　国 | Thailand | 34.29 | 31.69 | 30.49 | 31.08 | 30.73 |
| 新加坡 | Singapore | 1.46 | 1.36 | 1.26 | 1.25 | 1.25 |
| 印度尼西亚 | Indonesia | 10389.94 | 9090.43 | 8770.43 | 9386.63 | 10461.24 |
| 文　莱 | Brunei Darussalam | 1.46 | 1.36 | 1.26 | 1.25 | 1.25 |
| 越　南 | Viet Nam | 17065.08 | 18612.92 | 20509.75 | 20828.00 | |
| 缅　甸 | Myanmar | 5.58 | 5.64 | 5.44 | 640.65 | 933.57 |
| 老　挝 | Laos | 8516.05 | 8258.77 | 8030.06 | 8007.76 | |
| 柬埔寨 | Cambodia | 4139.33 | 4184.92 | 4058.50 | 4033.00 | 4027.25 |

# 附录2-61　国际旅游人数

## Number of Arrivals and Departures of International Tourism

资料来源：世界银行WDI数据库。
Source:World Bank WDI Database.

单位：万人　　　　(10 000 persons)

| 国家或地区 | Country or Area | 入境（过夜）旅游人数 Number of Arrivals | | | 出境旅游人数 Number of Departures | | |
|---|---|---|---|---|---|---|---|
| | | 2010 | 2011 | 2012 | 2010 | 2011 | 2012 |
| **世　界** | **World** | **98494** | **103028** | **107662** | **109620** | **114406** | **120307** |
| 中　国 | China | 5566 | 5758 | 5773 | 5739 | 7025 | 8318 |
| 中国香港 | Hong Kong,China | 2009 | 2232 | 2377 | 8444 | 8482 | 8528 |
| 美　国 | United States | 5980 | 6271 | 6697 | 6027 | 5850 | 6072 |
| 英　国 | United Kingdom | 2830 | 2931 | 2928 | 5556 | 5684 | 5654 |
| 德　国 | Germany | 2688 | 2837 | 3041 | | | |
| 法　国 | France | 7765 | 8155 | 8301 | 2504 | 2616 | 2545 |
| 意大利 | Italy | 4363 | 4612 | 4636 | 2982 | 2930 | 2881 |
| 加拿大 | Canada | 1622 | 1601 | 1634 | 2868 | 3045 | 3228 |
| 日　本 | Japan | 861 | 622 | 836 | 1664 | 1699 | 1849 |
| 韩　国 | Korea,Rep. | 880 | 980 | 1114 | 1249 | 1269 | 1374 |
| 墨西哥 | Mexico | 2329 | 2340 | 2340 | 1433 | 1480 | 1558 |
| 澳大利亚 | Australia | 589 | 588 | 615 | 711 | 780 | |
| 新西兰 | New Zealand | 244 | 251 | 247 | 203 | 209 | 217 |
| 印　度 | India | 578 | 631 | 658 | 1299 | 1399 | 1492 |
| 巴　西 | Brazil | 516 | 543 | 568 | 645 | 773 | 812 |
| 俄罗斯联邦 | Russian Fed. | 2228 | 2493 | 2818 | 3932 | | |
| 菲律宾 | Philippines | 352 | 392 | 427 | | | |
| 马来西亚 | Malaysia | 2458 | 2471 | 2503 | | | |
| 泰　国 | Thailand | 1594 | 1923 | 2235 | 545 | 540 | 572 |
| 新加坡 | Singapore | 916 | 1039 | 1110 | 734 | 775 | 805 |
| 印度尼西亚 | Indonesia | 700 | 765 | 804 | 624 | 675 | 745 |
| 文　莱 | Brunei Darussalam | 21 | 24 | 21 | | | |
| 越　南 | Viet Nam | 505 | 601 | 685 | | | |
| 缅　甸 | Myanmar | 31 | 39 | 59 | | | |
| 老　挝 | Laos | 167 | 179 | 214 | | | |
| 柬埔寨 | Cambodia | 251 | 288 | 358 | 51 | 71 | 79 |

# 附录2-62　国际旅游收支

## Expenditures and Receipts of International Tourism

资料来源：世界银行WDI数据库。
Source:World Bank WDI Database.

单位：亿美元　　(100 million USD)

| 国家或地区 | Country or Area | 国际旅游支出 International Tourism Expenditures | | | 国际旅游收入 International Tourism Receipts | | |
|---|---|---|---|---|---|---|---|
| | | 2010 | 2011 | 2012 | 2010 | 2011 | 2012 |
| **世　界** | **World** | **10163** | **11319** | **11871** | **11121** | **12549** | **12972** |
| 中　国 | China | 598 | 790 | 1099 | 502 | 533 | 549 |
| 中国香港 | Hong Kong,China | 175 | 192 | 202 | 272 | 332 | 380 |
| 美　国 | United States | 1103 | 1173 | 1266 | 1646 | 1845 | 2001 |
| 英　国 | United Kingdom | 614 | 646 | 662 | 407 | 459 | 460 |
| 德　国 | Germany | 912 | 1002 | 964 | 491 | 534 | 516 |
| 法　国 | France | 462 | 539 | 472 | 561 | 660 | 635 |
| 意大利 | Italy | 331 | 357 | 328 | 401 | 454 | 430 |
| 加拿大 | Canada | 370 | 412 | 430 | 184 | 200 | 207 |
| 日　本 | Japan | 393 | 398 | 410 | 154 | 125 | 162 |
| 韩　国 | Korea,Rep. | 208 | 222 | 224 | 144 | 175 | 197 |
| 墨西哥 | Mexico | 90 | 97 | 107 | 126 | 125 | 133 |
| 澳大利亚 | Australia | 275 | 333 | 347 | 323 | 342 | 341 |
| 新西兰 | New Zealand | 30 | 35 | 37 | 49 | 55 | 55 |
| 印　度 | India | 105 | 137 | 141 | 145 | 177 | 183 |
| 巴　西 | Brazil | 193 | 251 | 262 | 62 | 68 | 69 |
| 俄罗斯联邦 | Russian Fed. | 302 | 373 | 481 | 132 | 170 | 179 |
| 菲律宾 | Philippines | 42 | 58 | 68 | 32 | 40 | 49 |
| 马来西亚 | Malaysia | 83 | 102 | 115 | 182 | 196 | 203 |
| 泰　国 | Thailand | 72 | 73 | 79 | 238 | 309 | 377 |
| 新加坡 | Singapore | 187 | 214 | 224 | 142 | 181 | 193 |
| 印度尼西亚 | Indonesia | 84 | 87 | 95 | 76 | 90 | 95 |
| 文　莱 | Brunei Darussalam | | | | | | |
| 越　南 | Viet Nam | 15 | 17 | 19 | 45 | 57 | 68 |
| 缅　甸 | Myanmar | 1 | 1 | | 1 | 3 | |
| 老　挝 | Laos | 2 | 2 | 2 | 4 | 4 | 5 |
| 柬埔寨 | Cambodia | 3 | 3 | 4 | 13 | 18 | 20 |

# 主要统计指标解释

**人口密度** 指由年中人口除以国土面积得来。国土面积是指一个国家包括内陆水域和沿海水域在内的总面积。

**陆地面积** 是指土地的总面积，不包括内陆水域的面积。“内陆水域”的定义一般包括主要的河流与湖泊。

**耕地面积** 是指种植短期作物的土地面积（种植两季作物的土地面积只计算一次），供割草或放牧的短期性草场，供应市场的菜园和自用菜园，以及暂时休闲的土地（少于5年）。而转换耕作方式而休闲的土地不包括在此类。

**永久性作物面积** 是指有长期生长的作物而在每次收获后不需要再种植的土地面积，如可可、咖啡和橡胶；它包括生长灌木、果树、坚果树和藤本植物的土地，但不包括用材林所占的土地。

**永久性牧场面积** 是指有长期生长的作物而在每次收获后不需要再种植的牧场面积。

**探明储量** 指已探明可开采的原煤、原油、天然气的储量。

**已探明可开采的储量** 是将来在现有和可承受的经济条件下，已探明的可开采的吨数。

**二氧化碳排放量** 是指矿物燃料燃烧以及水泥制造等过程中排放的二氧化碳，包括使用固体、液体、气体燃料以及煤气时产生的二氧化碳。

**国内生产总值** 指生产活动总成果，等于所有常住单位创造的增加值的总和（包括产出价值中未包括的产品税，不包括各项产品补贴）。等于按购买者价格计算的货物和服务最终使用价值（不包括中间消费）减去进口的货物和服务价值，或等于常住生产单位初次收入分配的总和。

**国民总收入** 指国内生产总值减去生产税和进口税净额，减去支付给国外的雇员报酬和财产收入，加来自国外的雇员报酬和财产收入（即国内生产总值减去支付给非常住单位的初次收入，加上收到的非常住单位的初次收入）。按市场价格计算国民总收入的另一种方法是各部门所有初次收入的总和（注意，国民总收入即国民生产总值，后者是以往国民核算中使用的概念）。

**就业人员** 为一定年龄以上，在特定短期（一周或一天）内，属于下列类型的所有人：

（1）有酬从业人员，包括两类：①正在工作的人，指在参考期内做某些工作以得到现金或实物形式工资或薪金的人员；②有工作岗位但目前不工作的人，指现在有工作，却在短期内暂时不上班，但同时与工作单位有正式联系的人。这种正式联系，可以按照如下的一项或多项标准，根据各国的不同情况，予以判断：1）持续领到工资或薪金；2）保证在暂时的不上班状态终止后返回该岗位，或对返回的时间有协议；3）在不工作的这段时间里，该从业者能得到补偿而无须接受其他工作。

（2）自营就业者，包括两类：①正在工作，指在短期时间内以利润或家庭收入为目的，从事某些工作得到现金或实物的人；②拥有企业而不工作的人，指自己拥有企业（如商业企业，农场，服务性企业），在一定时期内因特殊原因暂不工作的人。

**失业人员** 在调查期内，适龄劳动人口中的失业者分为：

（1）没有工作，即没有得到有报酬的工作，又没有自营就业的人；

（2）目前有工作能力，即在调查期内可从事有酬工作和自营就业的人；

（3）正在寻找工作，在最近特定时期已采取具体步骤寻求有酬工作或自营就业的人。这些具体步骤包括：在公共或私人职业介绍所登记；向雇主提出就业申请；在工地、农场、工厂大门外、市场或其他聚集地寻找工作；通过报纸刊登广告或应聘；寻求亲友帮助就业；自己开业寻找土地、厂房、机器或设备；筹集资金；许可证和执照等。

**失业率** 反映了失业的严重程度。失业率是参考期内（一般是特定的一天或一周）特定分组的失业人数和同一时间该组就业、失业人数之和相比得出的。

**货币供应量** 货币（Money）指流通中现金和除中央政府以外的常住机构活期存款构成；准货币（Quasi-Money）指除中央政府以外的外汇现汇与期汇存款和外汇现汇储蓄与期汇存款之和，即由常住居民的现汇、储蓄、与外汇存款构成。货币（Money）通称为$M_1$，而货币和准货币之和通称为广义货币，相当于$M_2$。

**一次能源生产量** 固体能源指硬煤、褐煤、泥炭和油岩；液体能源指原油和液化天然气；气体能源指天然气；电能指水电、核电、地热发电、潮汐发电和太阳能发电。

**库存变化、进口和出口** 包括所有的一次能源和商业能源。

**国际运输燃料** 指供给国际运输的飞机或轮船的燃料，空运燃料包括航空汽油和喷气发动机燃料，海运燃料,包括硬煤、柴油等。

**能源消费量** 固体能源消费量指一次形式的固体燃料消费、二次形式的燃料的净进口和库存变化；液体能源消费量指各种形式的液体能源的消费；气体能源消费量指天然气的消费、煤气的净进口和库存变化。电能消费指一次形式的电能的消费和电能的净进口。

消费量＝产量＋进口－出口－国际运输燃料－库存变化

**平衡差额** 在“能源平衡表”中的“平衡差额”一项是为了使能源的生产和消费总量平衡，它一般是由于排除非能源用石油和无法取得的库存数据引起的。

**货物出口额** 是指按美元计价的本国向世界其他国家和地区提供的以离岸价格（F.O.B）计算的货物价值总和。

**货物进口额** 是指按美元计价的世界其他国家和地区向本国提供的以到岸价格（C.I.F）计算的货物价值总和。

# Explanatory Notes on Main Statistical Indicators

**Population Density** comes from population in mid-year divided by area of country soil is the total area including inland water area and marginal sea area.

**Land Area（in Hectares）** is a country total area, excluding area under inland water bodies, national claims to continental shelf, and exclusive economic zones. In most cases the definition of inland water bodies includes major rivers and lakes.

**Arable Land** includes land defined by the FAO as land under temporary crops（double-cropped areas are counted once）, temporary meadows for mowing or for pasture, land under market or kitchen gardens, and land temporarily fallow. Land abandoned as a result of shifting cultivation is excluded.

**Permanent Cropland** is land cultivated with crops that occupy the land for long periods and need not be replanted after each harvest, such as cocoa, coffee, and rubber. This category includes land under flowering shrubs, fruit trees, nut trees, and vines, but excludes land under trees grown for wood or timber.

**Permanent Pastures** is land used permanently（five years or more）for herbaceous forage crops, either cultivated or growing wild（wild prairie or grazing land）.

**Proved Amount in Place** is the tonnage of crude coal, crude petroleum, nature gas that has been both carefully measured and assessed.

**Proved Recoverable Reserves** are the tonnage of the proved amount in place that can be recovered under present and expected local economic conditions with existing available technology.

**Carbon Dioxide Emissions** are those stemming from the burning of fossil fuels and the manufacture of cement. They include contributions to the carbon dioxide produced during consumption of solid, liquid, and gas fuels and gas flaring.

**Gross Domestic Product** An aggregate measure of production equal to the sum of the gross values added of all resident institutional units engaged in production（plus any taxes, and minus any subsidies, on products not included in the value of their outputs）. The sum of the final uses of goods and services（all uses except intermediate consumption）measured in purchasers' prices, less the value of imports of goods and services, or the sum of primary incomes distributed by resident producer units.

**Gross National Income** is GDP less net taxes on production and imports, less compensation of employees and property income payable to the rest of the world plus the corresponding items receivable from the rest of the world（in other words, GDP less primary incomes payable to non- resident units plus primary incomes receivable from non-resident units）. An alternative approach to measuring GNI at market prices is as the aggregate value of the balances of gross primary incomes for all sectors;（note that gross national income is identical to gross national product（GNP）as previously used in national accounts generally）.

**Employment** comprise all persons above a specific age who during a specified brief period, either one week or one day, were in the following categories:

（1）paid employment:①at work: persons who during the reference period performed some work for wage or salary, in cash or in kind;②with a job but not at work: persons who, having already worked in their present job, were temporarily not at work during the reference period and had a formal attachment to their job. This formal job attachment should be determined in the light of national circumstance, according to one or more of the following criteria: 1）the continued receipt of wage or salary; 2）an assurance of return to work following the end of the contingency, or an agreement as to the data of return; 3）the elapsed duration of absence from the job which, wherever relevant, may be that duration for which workers can receive compensation benefits without obligations to accept other jobs.

（2）self-employment:①at work: person who

during the reference period performed some work for profit or family gain, in cash or in kind;②with an enterprise but not at work: persons with an enterprise, which may be a business enterprise, a farm or a service undertaking ,who were temporarily not at work during the reference period for any specific reason.

**Unemployment** comprise all persons above a specified age who during the reference period were: (1) Without works were not in paid employment or self-employment; (2) Currently available for work were available for paid employment or self-employment during the reference period; (3) Seeking work had taken specific steps in a specified reference period to seek paid employment or self-employment. The specific steps may include registration at a public or private employment exchange; application to employers; checking at worksites, farms, factory gates, market or other assembly places; placing or answering newspaper advertisement; seeking assistance of friends or relatives; looking for land, building, machinery or equipment to establish own enterprise; arranging for financial resources; applying for permits and licences, etc.

**Unemployment Rate** illustrate the relative severity of unemployment. These rates are calculated by relating the number of persons in the given group who are unemployed during the reference period (usually a particular day or a given week) to the total of employed and unemployed persons in the group at the same date.

**Money Supply** equals the sum of currency outside deposit money banks and demand deposits other than those of the central government. Quasi-Money equals the sum of time & foreign currency outside banks and time, savings & foreign currency deposit,comprising time,savings, and foreign currency deposits of resident sectors other than central government. The data of Money is commonly called $M_1$,while the sum of Money and Quasi-Money gives a broader measure of money which is commonly called $M_2$.

**Primary Energy Production** Including in the production of commercial primary energy for solids are hard coal, lignite, peat and oil shale; liquids are comprised of crude petroleum and natural gas liquids; gas comprises natural gas and natural gas liquids; electricity is comprised of primary electricity generation from hydro, nuclear, geothermal, wind, tide wave and solar sources.

**Changes in Stocks, Imports and Exports** refer to all primary and secondary forms of commercial energy.

**Bunkers** Airs bunkers refer to bunkers of aviation gasoline and jet fuel. Sea bunkers refer to bunkers of hard coal, gas-diesel oil and residual fuel oil.

**Energy Consumption** Including in the consumption of commercial energy for solids are consumption of primary forms of solid fuels, net imports and changes in stocks of secondary fuels; liquids are comprised of consumption of energy petroleum products including feed stocks, natural gasolene, condensate, refinery gas and input of crude petroleum to thermal power plants; gases including the consumption of natural gas, net imports and changes in stocks of gasworks and coke-oven gas; and Electricity is comprised of production of primary electricity and net imports of electricity.

Consumption=Production+Imports-Exports-Bunkers-Changes in stocks

**Balance** An unallocated has been created in order to balance out the difference between the results of the above formula for consumption and the total consumption. This inequality occurs primarily because of the exclusion of non-energy petroleum products as well as inadequate or unavailable stock data.

**Merchandize Exports Goods** which are generally reported on f.o.b. (free-on-board) basis, represent the value of all goods provided to the rest of the world. Data are usually in US$.

**Merchandize Imports Goods** which are generally reported on c.i.f. (cost, insurance, freight) basis, represent the value of all goods received from the rest of the world. Data are usually in US$.